BUSINESS ADMINISTRATION CLASSICS 工商管理经典译丛

工商管理经典译丛

E-COMMERCE: BUSINESS, TECHNOLOGY, SOCIETY

电子商务

商务、技术、社会

（第7版）

肯尼思·劳东（Kenneth C. Laudon）
卡罗尔·圭尔乔·特拉弗（Carol Guercio Traver） 著
劳帼龄 译

中国人民大学出版社
·北京·

图书在版编目（CIP）数据

电子商务：商务、技术、社会：第7版/劳东等著；劳帼龄译. —北京：中国人民大学出版社，2014.1
（工商管理经典译丛）
ISBN 978-7-300-18478-4

Ⅰ.①电… Ⅱ.①劳…②劳… Ⅲ.①电子商务-高等学校-教材 Ⅳ.①F713.36

中国版本图书馆CIP数据核字（2013）第295485号

工商管理经典译丛
电子商务——商务、技术、社会（第7版）
肯尼思·劳东
卡罗尔·圭尔乔·特拉弗 著
劳帼龄 译
Dianzi Shangwu

出版发行	中国人民大学出版社		
社　　址	北京中关村大街31号	**邮政编码**	100080
电　　话	010－62511242（总编室）		010－62511398（质管部）
	010－82501766（邮购部）		010－62514148（门市部）
	010－62515195（发行公司）		010－62515275（盗版举报）
网　　址	http://www.crup.com.cn		
	http://www.ttrnet.com（人大教研网）		
经　　销	新华书店		
印　　刷	北京鑫丰华彩印有限公司		
规　　格	185 mm×260 mm　16开本	**版　　次**	2014年2月第1版
印　　张	39.75 插页2	**印　　次**	2019年1月第5次印刷
字　　数	945 000	**定　　价**	72.00元

《工商管理经典译丛》
出版说明

随着中国改革开放的深入发展，中国经济高速增长，为中国企业带来了勃勃生机，也为中国管理人才提供了成长和一显身手的广阔天地。时代呼唤能够在国际市场上搏击的中国企业家，时代呼唤谙熟国际市场规则的职业经理人。中国的工商管理教育事业也迎来了快速发展的良机。中国人民大学出版社正是为了适应这样一种时代的需要，从1997年开始就组织策划《工商管理经典译丛》，这是国内第一套与国际管理教育全面接轨的引进版工商管理类丛书，该套丛书凝聚着100多位管理学专家学者的心血，一经推出，立即受到了国内管理学界和企业界读者们的一致好评和普遍欢迎，并持续畅销数年。全国人大常委会副委员长、国家自然科学基金会管理科学部主任成思危先生，以及全国MBA教育指导委员会的专家们，都对这套丛书给予了很高的评价，认为这套译丛为中国工商管理教育事业做了开创性的工作，为国内管理专业教学首次系统地引进了优秀的范本，并为广大管理专业教师提高教材甄选和编写水平发挥了很大的作用。据统计，本丛书现已成为目前国内管理院校和企业培训中采用率最高、影响最大的引进版教材。其中《人力资源管理》（第六版）获第十二届“中国图书奖”；《管理学》（第四版）获全国优秀畅销书奖。

进入21世纪后，随着经济全球化和信息化的发展，国际MBA教育在课程体系上进行了重大的改革，从20世纪80年代以行为科学为基础，注重营销管理、运营管理、财务管理到战略管理等方面的研究，到开始重视沟通、创业、公共关系和商业伦理等人文类内容；并且增加了基于网络的电子商务、技术管理、业务流程重组和统计学等技术类内容。另外，管理教育的国际化趋势也越来越明显，主要表现在师资的国际化、生源的国际化和教材的国际化方面。近年来，随着我国MBA和工商管理教育事业的快速发展，国内管理类引进版教材的品种越来越多，出版和更新的周期也在明显加快。为此，我们这套《工商管理经典译丛》也适时更新版本，增加新的内容，同时还将陆续推出新的系列和配套的案例教材、教学参考书，以顺应国际管理教育发展的大趋势。

本译丛入选的书目，都是世界著名的培生教育出版集团、美国麦格劳-希尔教育出版公司、圣智学习出版公司、约翰威立出版公司等权威出版机构畅销全球的工商管理教材，被世界各国（地区）的著名大学商学院和管理学院所普遍选用，是国际工商管理教育界最具影响力的教科书。本丛书的作者，皆为美国管理学界享有盛誉的著名教授，他们的这些教材，经过了美国和世界各地数千所大学和管理学院教学实践的检验，被证明是论述精辟、视野开阔、资料丰富、通俗易懂，又具有生动性、启发性和可操作性的经典之作。本译丛的译者，大多是国内各著名大学的优秀中青年学术骨干，他们大都曾留学欧美，在长期的教学研究和社会实践中积累了丰富的经验，具有较高的翻译水平。

本丛书的引进和运作过程，从市场调研与选题策划、每本书的推荐与论证、对译者翻译水平的考察与甄选、翻译规程与交稿要求的制定、对译者质量的严格把关和控制，到版式、封面和插图的设计等各方面，都坚持高水平和高标准的原则，力图奉献给读者一套译文准确、文字流畅、从内容到形式都保持原著风格的工商管理精品图书。

本丛书参考了国际上通行的MBA和工商管理专业核心课程的设置，并充分兼顾了我国管理各专业现行通开课与专业课程设置，以及企业管理培训的要求，故适应面较广，既可用于管理各专业不同层次的教学，又可供各类管理人员培训和个人自学使用。

为了本丛书的出版，我们成立了由中国人民大学、北京大学、中国社会科学院等单位专家学者组成的编辑委员会，德高望重的袁宝华同志、黄达教授和中国人民大学校长纪宝成教授，都给了我们强有力的支持，使本丛书得以在管理学界和企业界产生较大的影响。许多我国留美学者和国内管理学界著名专家教授，参与了原著的推荐、论证和翻译工作，原我社编辑闻洁女士在这套书的总体策划中付出了很多心血。在此，谨向他们致以崇高的敬意并表示衷心的感谢。

愿这套丛书为我国MBA和工商管理教育事业的发展，为中国企业管理水平的不断提升继续做出应有的贡献。

中国人民大学出版社

译者序

今天，若要列举一些出现频率比较高的名词，“电子商务”这四个字肯定是能排得上号的。但若要论对于电子商务的真正理解，则未必都能说得清楚。在我们身边，就有不少人把电子商务等同于网上购物。没错，网上购物确实是电子商务的一种形式，但不是电子商务的全部，电子商务的含义要比这大得多。

其实，无论是对学生还是对其他读者，要想真正理解什么是电子商务，必须首先理解与电子商务相关的商务理念、互联网技术以及社会与法律问题这三方面的关系，因为这三大主题渗透在电子商务的方方面面。

由劳东（Laudon）和特拉弗（Traver）合著的《电子商务——商务、技术、社会》（第7版）一书，正是从商务原理、网络技术、社会环境这三大主题相结合的角度论述电子商务。

本书以技术与管理相结合为主线，从电子商务的基本概念介绍入手，引出支持开展电子商务的技术基础，相关的商务原理及支撑电子商务发展的社会与法律环境，最后给出电子商务在各行各业的应用实例，脉络非常清晰。

本书在内容的编排上非常合理。全书由四部分内容组成，即电子商务导论、电子商务的技术基础、商务概念和社会问题、电子商务应用实务。

第Ⅰ篇“电子商务导论”，介绍了本书的主题。在这部分，给出了电子商务的定义、电子商务和电子业务的区别，定义了各种类型的电子商务，介绍了商业模式和盈利模式及其定义，阐述了B2C和B2B电子商务中常见的商业模式和盈利模式，还介绍了本书所涉及的基本商务原理，如行业结构、价值链及企业战略。

第Ⅱ篇“电子商务的技术基础”，关注支撑整个电子商务的技术基础。在这部分，回顾了第一代互联网的发展历程，阐述了今天互联网的工作机理，介绍了Web 2.0应用和第二代互联网；阐述了电子商务网站基础设施的内容，包括建立电子商务网站时的系统分析与设计流程，制定网站开发和虚拟主机外包决策时所需考虑的问题，以及如何选择软硬件等系统配置来提升网站性能；随后关注互联网安全和支付问题，介绍了数字信息安全的定义，阐述了电子商务所面临的安全威胁，讨论了企业管理者能够采取的安全技术措施和策略方案，还探讨了支付系统的利益相关者和建立支付体系时需谨慎思量的维度，介绍了各类在线支付系统。

第Ⅲ篇“商务概念和社会问题”，讨论与电子商务发展有关的商务和社会法律问题。在这部分，关注互联网受众和电子商务消费者的行为，介绍了网络营销和品牌建设的基本原理，包括网络营销技术和战略；讨论了网络广告、电子邮件营销等网络营销沟通方法；随后对电子商务引发的社会和法律问题进行了全面深入的阐述。

第Ⅳ篇“电子商务应用实务”，主要介绍电子商务在零售、服务、数字媒体、拍卖、门户、社区和B2C等各行各业的实际应用经验。在这部分，介绍了零售商品和服务市场中的电子商务应用经验；研究了在线内容网站和网络媒体行业的发展，回顾并总结了网络出版和娱乐产业过去几年发生的种种变化；讨论了在线拍卖、网络门户和社交网站；最后对 B2B 电子商务世界进行了探索，介绍了电子交易市场、会员专用网络以及协同商务的新发展。

本书有较为坚实的理论基础。在分析电子商务模式的经济学和营销概念时，采纳了交易成本、网络外部性、社交网络、市场细分、价格差异化以及市场定位等理论。在讨论电子商务相关技术时，引用了互联网标准和协议、客户端/服务器计算环境、多层服务器系统、云计算、数字平台、无线技术、公开密钥加密等技术概念。在涉及社会问题时，则依据了知识产权、隐私权、信息权、版权管理、监管、公共健康和福利等基本理论。此外，还借鉴了商业领域的诸多理论，如业务流程设计、投资回报、战略优势、行业竞争环境、寡头垄断和垄断竞争等，进行电子商务企业的分析。

本书深度聚焦于现实世界中的企业。全书介绍了 100 多个来自真实企业的电子商务案例，从阿卡迈科技到谷歌、微软、苹果、亚马逊，再到 Facebook、Twitter、MySpace，还包括 Netflix、VWSupplyGroup. com 等。本书第 9 章电子商务实例部分，对于亚马逊的分析尤为透彻。作者从企业的愿景入手，介绍了企业所采用的商业模式，然后通过对企业近三年财务报表的逐一比较，详细分析了企业的财务状况，再分别从企业采取的经营策略、目前的竞争状况、采用的技术以及面临的社会与法律的挑战这四个方面对企业进行全面的战略分析，最后对企业的发展前景进行了展望。应该说，类似这样详细的分析在其他电子商务书籍中并不多见。

作为在教材的编写方面硕果累累且积累了丰富经验的著名作者，作为信息系统与信息技术以及电子商务领域的知名学者，同时又是电子商务企业的亲身实践者，劳东领衔编写的这部著作非常适合作为本科、研究生及 MBA 的电子商务教材，同时也可供所有对电子商务感兴趣的人士参考。

本书由劳帼龄主译，参加本书翻译工作的还有刘寒冰、胡佩佩、高仲雷、付春红、臧亚琼、宋旭东、周明炜、张纯璐、陆敏媛、刘妍、马承秋。作为担任电子商务课程教学及电子商务相关研究的教师，本书的翻译过程对译者来说也是一次难得的学习过程。通过本书的翻译，译者对电子商务的原理及其应用有了更深刻的了解。不过，由于译者水平有限，书中难免有翻译不当之处，敬请广大读者批评指正。

劳帼龄

前 言

第 7 版新增内容

与时俱进

第 7 版的主要特色在于章首、章末和专栏均采用全新的案例。新版本中所引用的内容、数据和图标，皆是来自 eMarketer、皮尤、Forrester、Jupiter、Gartner 和 comScore 等调查机构的最新市场和商业调研资料。

全新的主题与内容

第 7 版聚焦于全新的主题和内容：

商务

- 2010 年的经济萧条使得传统零售商务遭遇大幅滑坡，而此时电子商务却呈现出繁荣生机。
- 电子商务发展迎来新的机遇：移动内容、应用程序、基于位置的服务、移动购物和移动支付。
- Twitter、Facebook 等 Web 2.0 服务保持迅猛增长，社交网络营销得以蓬勃发展。
- 社交电子商务成为在线商务领域一支强大的新生力军。
- 电子图书市场日渐蓬勃。
- 新搜索引擎必应（Bing）叫板传统巨头谷歌。
- 唱片公司、好莱坞制片厂和电视台开始试水网络分销。
- 谷歌浏览器 Chrome 进驻上网本操作系统市场，撼动着微软的霸主地位。

技术

- 智能手机、平板电脑、上网本和电子书阅读器等移动设备更新换代迅速，3G 和 4G 蜂窝网络的覆盖范围日益扩大。
- 云计算技术极大地增强了计算基础设施的信息处理能力，同时也为音乐和视频网络分销提供新的平台。
- 应用程序商店的发展开启了全新的软件和服务交付模式。

- 诸如 Drupal、Hadoop 等开源软件工具的出现，以及硬件价格的下降，使得大型网站的开发成本大大削减。
- 互联网安全问题始终令人担忧，网络战日益频繁。
- Web 3.0 和语义网络依旧是技术巨头公司研究的焦点。
- “网络中立”支持者宣称，差别定价是移动网络规模膨胀的代价。

社会

- 商业世界和社会生活中形成一种移动的、“始终在线”的新文化。
- 知识产权问题饱受争议；有些领域正探索其解决之道，如谷歌与出版行业签订图书和解协议。
- 数字盗版问题依旧严重：尽管 P2P 网站海盗湾已被迫关闭，但人们对隐私的顾虑并未阻止内容付费模式的扩展和应用。
- 社交网络用户希望控制个人隐私信息，网站又想要实现隐私信息货币化，双方的矛盾日益激化。
- 中国和其他亚洲国家的互联网规模扩张迅速，本地化网络不断发展。
- 电子商务风险资本急剧缩减，创业型公司却是数量空前，股票创业板亦是风生水起。
- 政府对互联网和万维网的监管更加严格。
- 随着行为定向广告在互联网上泛滥，消费者的抵制情绪高涨。

欢迎进入全新的电子商务世界

自 1995 年以来短短十几年里，美国电子商务的发展可谓一日千里，从起初的零起点，到如今零售交易额达 2 250 亿美元，B2B 电子商务的交易额更是高达 36 000 亿美元，遥居世界第一。企业、市场和消费者行为也随之发生翻天覆地的变化。从欧洲到亚洲再到拉丁美洲，全球经济和企业无一例外地受到电子商务的影响。起初，电子商务只是一种网络零售机制，短短时间就已经扩展至各个领域，其内涵亦更加丰富。如今，电子商务已成为孕育那些在现实世界梦寐难求的新服务和新功能的温床。Facebook、Twitter、谷歌搜索等诸多网络创新产物，现实世界中根本不存在能与其媲美之物。欢迎进入全新的电子商务世界！

尽管 2010 年全球经济步入萧条期，但各种形式的电子商务预计未来 5 年里仍将继续以两位数的速率增长，成为世界上发展最快的商务形式。正如汽车、飞机和电子设备是 20 世纪的标志，电子商务也将成为 21 世纪商业和社会的代名词。不仅是沃尔玛、福特、IBM、杰西潘尼（JCPenney）、通用电气等传统企业涉水电子商务，诸如谷歌、亚马逊、Facebook、雅虎、MySpace、Twitter、YouTube、Photobucket 等一批新兴互联网企业亦是蜂拥而出，整个经济和社会都朝着电子商务化的方向迈进。对于商学院和信息技术专业的学生而言，要想在未来 10 年发展为一位成功、高效的管理者，就必须打下扎实的电子商务基础。本书正是为明天的管理者而写。

尽管这两年诸多 Web 2.0 公司（如 Facebook、MySpace、YouTube、Twitter、Photobucket、Flickr 和 Blinkx 等）呈现爆炸式增长，赢得公众的关注，但传

统零售电子商务和服务仍然占据重要地位。过去一年的事实证明，面临经济萧条时，网络零售表现得要比实体零售渠道有弹性得多。这些公司过去 15 年的发展历程亦是本书关注的重点之一。它们的显著特征在于具备盈利性、可持续发展、高效率创新，同时也拥有强大的品牌能力。亚马逊、eBay、E* Trade、Priceline 和 Expedia 等许多网络零售和服务公司都是第一代电子商务时期（1995 年至 2000 年春天）的幸存者。得以存活，企业便开始改进业务模式，整合线上与线下资源，同时转变收入模式，最终扭亏为盈。作为学生，必须掌握如何开展种种电子商务业务，才能效力企业在电子商务时代取得成功。

任何人如果不愿正视第一代电子商务时期的经验教训，那只能说他是个傻瓜。以往那么多的技术革命（如汽车、电器、电话、电视及生物技术），哪种不是历经一番创业努力后才得以巩固的。2005 年，早期的电子商务幸存者开始思考，如何在保持收入持续高速增长的同时建立可盈利的模式。2010 年，电子商务创业公司进入新的爆发期，尤其是社交网络及用于智能手机和上网本的移动数字平台领域。这些技术和社交活动正使得市场、行业、消费者乃至整个社会发生巨大变化。2010 年，互联网创业公司的股价如同电子商务起步时那般扶摇直上。电子商务企业还为年轻管理者创造了数千个新的职位，涵盖营销、信息系统、企业家和管理者等诸多领域。如今，电子商务颇受传统老牌企业的推崇，它们拥有强大的品牌和资金实力，能够支撑电子商务技术和业务模式的长期发展。如果你正就职于一家传统企业，那么开展电子商务将是企业的发展良机，公司网站的外观形象则是成功的关键要素。而如果你想要创办一家新的电子商务公司，本书中的知识亦将大有裨益。

商务、技术、社会

商学院和技术专业的学生要想真正理解电子商务，必须首先理解电子商务中商业逻辑、信息技术和社会法律环境三者间的关系。这三大主题渗透在电子商务的方方面面，因此本书中的每一章都将围绕该章主题从商务、技术和社会方面进行探讨。

随着电子商务的不断发展及其影响不断扩大，所有学生，不论其专业背景如何，都需要了解推动电子商务发展的基本经济原理和商业逻辑。电子商务正在创造新的电子化市场，尽管还不够完美，但该市场具有价格透明、全球化和高效率等优点。电子商务将直接影响企业与供应商、客户、竞争对手及合作伙伴的关系，同时改变企业的产品推广、市场营销和品牌建设方式。无论你是否对营销、销售、设计、生产、金融、信息系统或物流领域感兴趣，你都需要知道电子商务技术是如何帮助企业有效降低供应链成本、提高生产效率、加强客户关系的。本书将帮助你了解电子商务中最基本的业务问题。

本书将用相当大的篇幅来研究“纯电子商务公司”的业务模式和企业战略，同时分析那些传统企业所采取的“鼠标加水泥”的商业模式。我们将探究早期电子商务企业失败的原因，分析其企业战略、财务、营销以及组织架构方面曾面临的挑战。我们还将介绍当代电子商务企业应该如何吸取早期电子商务企业的经验和教训，以及传统企业应该如何利用电子商务获取成功。最重要的是，我们将尝试通过实例让读者对常常被夸大的电子商务概念有明确的理解和清醒的认识。作为一家 dot. com 公司的创始人和第一代电子商务的见证者，我们认识到电子商务（e-commerce）中“e”的含义可不只是意味着“简单”（easy）。

互联网和电子商务的发展极大地推动了美国广告业和营销界的变革。本书用整整两章来讨论企业的营销和广告费用如何逐渐从传统媒体转移到用户群庞大的网络媒体，以及搜索引擎营销、定位广告、网络富媒体广告、视频广告和社交网络营销技术的发展。

电子商务由互联网技术驱动。或许可以说，网络技术和信息技术才是这场电子商务秀真正的明星。没有互联网，就不可能有电子商务。同样，本书中我们专门安排三章内容介绍互联网和电子商务技术。每章中我们都将依次介绍该章主题是如何在新信息技术的推动下形成的。例如，信息技术推动了支付体系的建设、安全机制的完善、营销与广告策略的发展，以及财务系统、企业间交易与零售电子商务的发展应用。我们还将介绍移动商务技术的快速发展、云计算环境的兴起以及 Web 2.0 技术和开源软件的应用，同时也会介绍新型网络信息系统是如何推动企业间电子商务市场发展的。

然而，电子商务还不只包括商务和技术两个主题。要完整理解电子商务，还需要关注第三个方面的内容，即社会。电子商务和互联网技术具有重要的社会价值，这是企业领导者所不容忽视的，否则必将自食后果。电子商务对人们的隐私观、知识产权理念甚至国家主权和管理统治思想提出了挑战。谷歌、亚马逊和分类广告网站记录着数百万美国及国外网络购物者的档案。盗版音乐和视频正在互联网上大肆传播，加之社交网站上未经允许转载版权内容的现象也日渐频繁，这对唱片公司、电影工作室和艺术家的知识产权形成极大挑战。许多国家，包括美国在内，都出于政治和社会原因想要对网站内容加以控制。美国和欧洲税务机构还希望电子商务网站缴纳消费税。电子商务和互联网确实撼动着现有的经济和政治体制，因而时常会涉及调查、诉讼和立法等问题。企业管理者需要了解此类社会发展问题。他们必须承认，互联网是无国界的，它受到多国的社会约束和法律管制。企业不应以市场效率作为开展互联网活动的唯一目标。在本书中，除专门用一章介绍电子商务的社会和法律影响外，还会在每章中探讨与该章主题相关的电子商务社会问题。

特色及内容

坚实的理论基础 本书将借鉴分析传统企业和市场时使用的基本概念，从经济、营销、财务、哲学和信息系统等多方面诠释电子商务、电子化市场的内涵。我们将尽量避免使用电子商务初期报纸上随处可见的晦涩理论术语。

我们用以分析电子商务模式的经济学和营销概念主要有：交易成本、网络外部性、社交网络、市场细分、价格差异化以及市场定位。本书中也涵盖大量来自信息系统和技术研究的重要概念，有互联网标准和协议、客户端/服务器计算环境、多层服务器系统、云计算、数字平台、无线技术、公开密钥加密等。此外，书中还采纳了不少道德和社会研究文献中的关键概念，如知识产权、隐私权、信息权、版权管理、监管、公共健康和福利等。

而商业领域的诸多概念也被引入本书中，诸如业务流程设计、投资回报、战略优势、行业竞争环境、寡头垄断和垄断竞争。电子商务发展初期形成的一句行话如今依旧十分贴切，即“除基本商业规则外，电子商务几乎颠覆了整个商业世界”。

企业要想长期发展下去，终究还是需要实现盈利。

聚焦现实世界中的企业 从阿卡迈科技（Akamai Technologies）到谷歌、微软、苹果、亚马逊，再到 Facebook、Twitter、MySpace，还包括 Netflix、VW-SupplyGroup. com 等，本书共介绍 100 多家真实的 dot. com 公司实例。本书每章中都有这类案例，特别是章首、章末和专栏的案例分析更为透彻。

深度探讨 B2B 电子商务 在本书中我们专门安排整整一章内容来研究 B2B 电子商务。编写该章时，我们采用独特且通俗易懂的分类框架来帮助学生理解颇为复杂的 B2B 电子商务模式。该章将阐述四种电子交易市场（电子分销市场、电子采购市场、电子交换市场和行业合作集团），以及会员专用网络和协同商务的发展。

今天和明天的技术 互联网及相关信息技术仍在持续不断地快速发展。电子商务领域发生的重大变化包括：电子商务基础设施价格急剧下降（开发大型网站的成本减少）；iPhone、iPad 和上网本等移动电子设备爆炸式增长；社交网络技术迅猛扩张。过去曾经短缺的通信容量如今已变得富余，个人计算机（PC）价格日趋下降，新的客户端设备不断涌现，互联网高速连接也已普及，且正在以两位数的速率增长，WiFi 和蜂窝网络在移动网络接入中逐渐起到重要作用。除全面讨论当前互联网环境外，我们还用大量篇幅阐述 Web 2.0 应用和第二代互联网等高端技术，如先进网络基础设施、光纤技术、无线 Web、3G 和 4G 技术、WiFi、IP 多点传送技术，以及将来的服务质量保障水平等。

最新的研究资料 本书的理论内容均来源于电子商务研究文献。我们力求在每章中都引入相关电子商务研究的经典著作、最新文献和分析资料。从资料的学科来源看，本书主要引用了有关经济学原理、营销原理、信息系统与信息技术，以及法律和社会科学方面的资料。

特别关注电子商务相关的社会和法律问题 全书对电子商务所处的社会和法律环境都特别关注。第 8 章用整整一章的篇幅研究了电子商务中的四类道德问题，即隐私权、知识产权、监管和公共福利保障。此外，还分析了联邦贸易委员会、各级监管部门和一些非营利组织的最新政策动向，揭示其可能对电子商务环境产生的潜在影响。

本书概述

本书由 4 部分组成：

第Ⅰ篇“电子商务导论”介绍了本书的主题。第 1 章给出了电子商务的定义、电子商务和电子业务的区别，定义了各种类型的电子商务。第 2 章介绍了商业模式和盈利模式及其定义，阐述了 B2C 和 B2B 电子商务中常见的商业模式和盈利模式，还介绍了本书所涉及的基本商务原理，如行业结构、价值链及企业战略。借助这些概念可以使读者更好地理解电子商务的内涵。

第Ⅱ篇“电子商务的技术基础”关注支撑整个电子商务的技术基础。第 3 章回顾了第一代互联网的发展历程，详细阐述了今天互联网的工作机理。此外，该章还聚焦于 Web 2.0 应用和第二代互联网，Internet Ⅱ技术虽尚处于萌芽阶段，但未来必将对电子商务产生根本影响。第 4 章在前一章介绍互联网基本知识的基础上，重点阐述了建立电子商务网站所需遵循的步骤。这一章主要是电子商务网站基础设施的内容，包括建立电子商务网站时的系统分析与设计流程，制定网站开发和虚拟主机外包决策时所需考虑的问题，如何选择软硬件等系统配置来提升网站性能。紧接着对网站基础设施的讨论，第5章将重点放在互联网安全和支付问题上。这一章介绍了数字信息安全的定义，阐述了电子商务所面临的安全威胁，进而讨论了企业管理者能够采取的安全技术措施和策略方案。此外，还探讨了支付系统的利益相关者和建立支付体系时需谨慎思量的维度，介绍了各类在线支付系统，如信用卡、储值支付系统（如 PayPal)、电子钱包（如 Google Checkout）等。

第Ⅲ篇“商务概念和社会问题”开始直接谈论与电子商务发展有关的商务和社会法律问题。第6章重点关注互联网受众和电子商务消费者的行为，主要介绍了网络营销和品牌建设的基本原理，包括网络营销技术和战略。第7章主要介绍诸如网络广告、电子邮件营销等网络营销沟通方法。第8章对电子商务引发的社会和法律问题做了全面深入的阐述。在该章中可以完整地了解到有关电子商务的道德和法律内容，包括隐私权、知识产权、互联网监管、管辖权、公共卫生与福利（如色情、赌博等），以及最新争论和政策动向。

第Ⅳ篇“电子商务应用实务”则主要阐述电子商务在零售、服务、数字媒体、拍卖、门户、社区和 B2C 等各行各业的实际应用经验。与前面章节所使用的概念模型不同，实务案例介绍主要按行业来划分，因为电子商务在不同行业的应用截然不同。第9章重点介绍了零售商品和服务市场中的电子商务应用经验。实务案例部分对亚马逊的商业战略和经营绩效进行了细致深入的分析。第10章主要研究在线内容网站和网络媒体行业的发展，回顾并总结了网络出版和娱乐产业过去两年来发生的种种变化。第11章研究的是在线拍卖、网络门户和社交网站。第12章对 B2B 电子商务世界进行了探索，介绍了电子交易市场和来势匆匆且大有用武之地的会员专用网络，同时阐述了协同商务的新发展趋势。

章节概要

为便于读者学习并提高大家的兴趣，本书精心设计，每章都包含如下单元的内容：

学习目标 围绕每章的重要概念，列出本章的学习目标以引导学生学习。

章首案例 每章都是从一家电子商务领头羊企业的案例故事开始，将本章的重点内容与现实世界的商务活动联系起来。

“透视”案例 围绕商务、技术和社会三大主题，每章都包含三个从主流杂志中摘录的简短案例。这些案例贯穿始末，覆盖本书对电子商务领域的全面阐述和分析。透视案例探索了诸如政府如何监管互联网内容、企业如何设计网络可访问性、奢侈品网络营销时所面临的实际困难及在线市场中潜在的反竞争冲突等现实问题。

企业实例 全书围绕所介绍的概念列举了100多家真正开展电子商务的企业的实例。

章末案例 每章都以一个综合性的现实案例结尾。章末案例能帮助学生梳理本章学到的概念，运用所学知识来解决实际问题，如评估广告间谍软件的道德性和合法性，评价 Liquidation. com 公司的营销计划以及 B2B 网站 Siemens' Click2procure 背后的商业模式。

章末学习资料　每章的后面都提供一系列教学资料，用以回顾学习目标，巩固所学内容。

关键术语　重要术语在全书第一次出现时，都在章末给出其定义。

思考题　主观性的思考题能激发学生兴趣，促使其总结归纳对本章内容的综合理解，将其所学运用到解决实际管理问题中。

实践项目　每章的末尾都给出了一些实践项目，鼓励学生运用所学知识来完成这些设计。许多实践项目需要使用互联网收集资料，要求学生用口头表述或书面报告的形式展示其调研成果。例如，有些项目可能会要求学生对证券交易委员会网站上公开披露的公司财务信息进行分析，评估跨国企业应选择何种支付系统，或是找出自己计算机中的前 10 个 Cookies，确定它们分别来自哪些网站。

教学支持包

经认证的教师可到网站的“教学资源中心”下载以下补充资料。如需帮助，可联系培生的工作人员。

● 教师手册。这本综合性教学手册向教师提供各种简单易用且高效的教学辅助工具。其中包括每章重点主题概括、学习目标扼要回顾、授课技巧、章末案例讨论及章末案例问题、思考题和实践项目的详细答案。

● 题库。为方便教师测试学生的学习成果，作者精心整理出这套题库，紧密围绕章节内容，力求发散学生思维。题库包含多选题、判断题和简答题三种题型，有 Word 和 TestGen 版本。TestGen 版本同时支持 WebCT 和 BlackBoard 两种格式。教师可利用 TestGen 浏览、编辑和添加题目。

● PPT 教学课件。PPT 课件中以教学讲义的形式介绍书中的主要知识点，解释图表内容。课件既可转换成幻灯片，也可直接在电子教室软件中播放。

致谢

就本书的编写和组织，培生教育出版集团曾向许多优秀的审稿人广泛征求意见。下面是一些给本书提出中肯、宝贵意见的人士：

Carrie Andersen，Madison Area Technical College

Dr. Shirley A. Becker，Northern Arizona University

Prasad Bingi，Indiana-Purdue University，Fort Wayne

Christine Barnes，Lakeland Community College

Cliff Butler，North Seattle Community College

Joanna Broder，University of Arizona

James Buchan，College of the Ozarks

Ashley Bush，Florida State University

Andrew Ciganek，Jacksonville State University

Daniel Connolly，University of Denver

Tom Critzer，Miami University

Dursan Delen，Oklahoma State University

Abhijit Deshmukh，University of Mas-

sachusetts
Brian L. Dos Santos, University of Louisville
Robert Drevs, University of Notre Dame
Akram El-Tannir, Hariri Canadian University, Lebanon
Kimberly Furumo, University of Hawaii at Hilo
John H. Gerdes, University of California, Riverside
Philip Gordon, University of California at Berkeley
Allan Greenberg, Brooklyn College
Peter Haried, University of Wisconsin-Milwaukee
Sherri Harms, University of Nebraska at Kearney
Sharon Heckel, St. Charles Community College
David Hite, Virgina Intermont College
Ellen Kraft, Georgian Court University
Gilliean Lee, Lander University
Zoonky Lee, University of Nebraska, Lincoln
Andre Lemaylleux, Boston University, Brussels
Haim Levkowitz, University of Massachusetts, Lowell
Yair Levy, Nova Southeastern University
Richard Lucic, Duke University
John Mendonca, Purdue University
Dr. Abdulrahman Mirza, DePaul University
Kent Palmer, MacMurray College
Karen Palumbo, University of St. Francis
Wayne Pauli, Dakota State University
Jamie Pinchot, Theil College
Barry Quinn, University of Ulster, Northern Ireland
Jay Rhee, San Jose State University
Jorge Romero, Towson University
John Sagi, Anne Arundel Community College
Patricia Sendall, Merrimack College
Dr. Carlos Serrao, ISCTE/DCTI, Portugal
Neerja Sethi, Nanyang Business School, Singapore
Amber Settle, DePaul CTI
Vivek Shah, Texas State University-San Marcos
Seung Jae Shin, Mississippi State University
Sumit Sircar, University of Texas at Arlington
Hongjun Song, University of Memphis
Pamela Specht, University of Nebraska at Omaha
Esther Swilley, Kansas State University
Tony Townsend, Iowa State University
Bill Troy, University of New Hampshire
Susan VandeVen, Southern Polytechnic State University
Hiep Van Dong, Madison Area Technical College
Mary Vitrano, Palm Beach Community College
Andrea Wachter, Point Park University
Catherine Wallace, Massey University, New Zealand
Biao Wang, Boston University
Harry Washington, Lincoln University
Rolf Wigand, University of Arkansas at Little Rock
Erin Wilkinson, Johnson & Wales University
Alice Wilson, Cedar Crest College
Dezhi Wu, Southern Utah University
Gene Yelle, SUNY Institute of Technology
David Zolzer, Northwestern State University

除上述人员外，我们还要感谢 eMarketer 公司和 David Iankelevich 先生慷慨地分享自己的研究报告、数据和图表资料。eMarketer 是一家领先的市场调研咨询公司，提供互联网、电子商务和新兴技术等诸多领域的统计数据、市场动向和研究报告。eMarketer 的电子商务数据覆盖全球各地，其资料来源渠道非常广泛。

此外，我们还要感谢培生教育出版集团所有为本书顺利出版付出艰辛努力的员工。感谢培生公司的执行编辑 Bob Haran，感谢助理编辑 Kelly Loftus 及其团队对图书编纂过程的支持。感谢 Judy Leale 和 Karalyn Holland 为本书的监督和审查所付出的努力。感谢 Steve Firm 为本书设计出精美的封面和插图。我们还要特别感谢 Azimuth Interactive 公司的 Megan Miller 和 Will Anderson，以及 Ann Cohen 为本书提供丰富的扩展资料。

我们还要感谢本书第一版和第二版的执行编辑 Susan Hartman，以及 Frank Ruggirello 先生，后者本书刚开始编写时是 Addison-Wesley 公司的发行人，如今已在 Benjamin-Cummings 公司担任副总裁和编辑部主管。

最后，尤其要深深感谢我们亲爱的家人和朋友，没有他们的支持就不会有本书的诞生。

肯尼思·劳东

卡罗尔·圭尔乔·特拉弗

目　录

第I篇 电子商务导论

Introduction to E-commerce

第 1 章 革命刚刚开始

学习目标

学完本章，你将能够：

- 给出电子商务的定义，说明电子商务与电子业务的区别
- 指出电子商务技术的特点及其商业意义
- 描述 Web 2.0 应用
- 概括电子商务的主要类型
- 阐述电子商务的愿景与推动力
- 了解电子商务的发展历程
- 识别未来电子商务的核心要素
- 说明电子商务研究的主题
- 说明电子商务所涉及的主要学科

章首案例

Facebook——电子商务的新"脸谱"

Facebook（脸谱网）的用户总数已攀升至 5 亿人，仅次于谷歌和雅虎，位居全球第三。其中，美国地区共有用户 1.5 亿人。超过半数的 Facebook 用户每天都会登录。Facebook 成功地建立了一种全新的电子商务模式——"社交电子商务"。作为全球最大的社交网络，Facebook 极可能会成为全球最大的搜索引擎、内容网站或社交广告网络，甚至也会是隐私侵犯活动的高危地带。因此，Facebook 的商业前景如何，在很大程度上取决于企业能否成功通过利益驱动诱使消费者放弃个人隐私权。

毫无疑问，Facebook 展示了未来几年电子商务的新面貌，其集社交和商务于一体

的模式已引起广泛讨论。假如 Facebook 上市（目前为私营企业），其市值估计将达 250 亿美元，几乎和雅虎相当。当然，用户数突破 5 亿大关是否就意味着 Facebook 真正实现盈利，外界无从知晓。Facebook 在隐私保护方面的表现处于众多大型互联网企业中最差的行列。Facebook 经常遭到用户抗议，许多小公司纷纷提供隐私控制权向 Facebook 发起挑战。

那么，“社交电子商务”究竟是什么？社交电子商务不仅仅是展示商品广告来引导用户购物，也不只是说商家通过创建 Facebook 主页来进行宣传推广，更不是单纯的广告搜索引擎那么简单。通常社交电子商务涵盖上述所有的功能和服务。例如，2010 年 5 月，迪士尼公司开发出一款名为“Disney Tickets Together”的 Facebook 应用，用户能直接在 Facebook 网站上购买《玩具总动员 3》的电影票。用户只需授权迪士尼票务系统访问个人的 Facebook 档案，再输入某地的邮政编码，该应用就会显示其附近的电影院和场次安排。此外，该应用还提供邀请好友（甚至是非 Facebook 好友）的功能。自迪士尼在其 Facebook 主页 Toy Story 添加该应用后，超过 500 万用户点击“喜欢”标签。不少用户还利用该应用为朋友购票，这一结果让迪士尼振奋不已。

迪士尼这款应用的独特之处在于：交易直接发生在 Facebook 页面，无须重新登录第三方网站。换句话说，Facebook 正逐渐向亚马逊和 eBay 之类的电子商务平台发展。仔细想想自己的购物过程，尤其是发掘新产品的环节。人们对新产品的了解绝大多数来自朋友、亲戚和邻居（即社交圈里或亲或疏的人）的介绍推荐。电视广告和互联网广告仍是主流的营销手段，但是自 20 世纪 30 年代以来，社会学家通过市场调研发现，产品或服务早期用户的社交圈对营销推广起着至关重要的作用。通常人们倾向于与朋友购买同样的商品。例如，要想了解你钟爱什么音乐，最好也最简单的方法就是去看看你的朋友们的喜好。如今，传统“面对面”的社交方式正逐步被诸如 Facebook 等社交网站取代。

假如有朋友向你推荐一款新品或一首新歌，你会作何反应？你肯定会向朋友询问或通过搜索引擎查找去哪里购买。如果朋友能直接把网址告诉你，岂不是更方便？这正是 Facebook 所构想的未来。正如《玩具总动员 3》的购票应用，用户根本无须离开 Facebook 网站就能直接购物。如此 Facebook 便能更贴近用户，也就能展示更多的广告，对 Facebook 来说再理想不过了。

登录 Facebook，用户无须再通过谷歌来搜索某一商品的最佳购买地，直接询问 Facebook 好友就行。更有甚者，你或许还会向自身社交网络圈子的好友或其他人寻求推荐。从本质上说，Facebook 的运作模式属于搜索引擎，是一种基于社交网络及其成员的搜索引擎。当搜索建立在海量的偏好基础上时，也就转变成为社交。人们通常不是通过谷歌来搜索“买些什么”，而是“到哪里买”。人们往往会浏览网上的商品评论，但最能左右其购买决策的仍旧是亲密好友或广大评论者的推荐。未来，Facebook 有望推出一套类似于 PayPal 的安全支付系统。社交电子商务意味着，每次你在其联盟的网络内购物，甚至是搜索任何商品信息，你的社交好友都会接到通知。你的一举一动都将对电子商务平台产生重要影响。谷歌可以说是个基于购物意向的“目的”数据库，而 Facebook 则是集姓名、位置、偏好、行为、梦想及动机于一体的综合数据库。这些消费者行为要素正是购物意向背后的真正诱因。

Facebook 能否实现社交电子商务功能，部分取决于其能否有效地说服用户放弃隐私权。Facebook 商业模式的基础就是“出售”个人信息的访问权。全球 5 亿用户的信息是 Facebook 的真正财富，其正是通过出售信息给广告商来获取收益的。如果用户拒绝分享个人信息和在线行为，Facebook 的社交电子商务愿景将只是黄粱一梦。

过去3年，Facebook创始人兼首席执行官（CEO）马克·扎克伯格（Mark Zuckerberg）竭尽所能地鼓励用户积极地展示个人生活细节。苦口婆心般的劝说似乎并不见效，于是公司便转向那些不太注重隐私的用户。Facebook宣称隐私是古老过时的东西，它将最初的隐私政策（只有好友能访问个人档案）更改为默认"无隐私"状态，用户的所有信息都被张贴到网上，并且能通过谷歌搜索出来。如果你是Facebook用户，在谷歌中搜索自己的名字，你的个人档案很可能会出现在搜索结果的前三位。2007年，Facebook推出Beacon广告系统，自动将用户偏好信息传送给加盟广告商（后因广为诟病而关闭）。2009年9月，Facebook发布新的隐私策略，鼓励用户公开自己的姓名、照片、性别信息。扎克伯格曾说，隐私是一种不断发展变化的"社会规范"。

2010年4月，Facebook推出一款新的"社交插件"，它能够嵌入到外部网站和应用程序中。例如，该程序能够将Facebook页面的"Like"按钮同步到其他网站和应用上。一旦点击"Like"按钮，无论你是否心甘情愿，好友都将获知该偏好信息。（2010年8月，Facebook遭到集体诉讼，被指控未经未成年人的父母允许，非法商业盗用未成年人的姓名和肖像。）

面临一连串的诉讼案件，加之国会和隐私保护组织施加的压力，Facebook不得不重新审视并修订其隐私政策，尽量简化隐私条款，便于用户理解。然而，Facebook仍断然拒绝将隐私默认设置更改为"不分享"。因此，市场上涌现出一大波小型社交网络，如Pip. io、OneSocialWeb、Crabgrass、Elgg等。它们承诺能完全保密用户的档案、好友列表、偏好和在线行为等隐私信息，并且赋予用户完全控制权，希望借此抢夺Facebook用户。

资料来源："Statistics," Facebook. com, September 26, 2010; "The Face of Facebook," by Jose Antonio Vargas, *The New Yorker*, September 20, 2010; "Facebook Faces Class Action Over "Like" Buttons," by Jennifer Van Grove, mashable. com, August 27, 2010; "Facebook Makes Headway Around the World," by Miguel Helft, *New York Times*, July 7, 2010; "The Evolution of Privacy on Facebook," by Matt McKeon (mattmckeon. com/facebook-privacy), June 4, 2010; "Facebook's Market Cap On SecondMarket is Now $25 Billion (Bigger Than Yahoo's)," by Erick Schonfeld, techcrunch. com, June 4, 2010; "Disney Puts Tickets on a Facebook Site," by Brooks Barnes, *New York Times*, June 1, 2010; "Rivals Seize on Troubles of Facebook," by Jenna Wortham, *New York Times*, May 23, 2010; "Facebook Wants to Know More Than Just Who Your Friends Are," by Jessica Vascellaro, *Wall Street Journal*, April 22, 2010.

1994年，如今广为人知的电子商务尚不存在。然而，2010年美国通过网络购买商品和服务的消费者就有近1.33亿人，其消费额高达2 560亿美元，企业间网络交易总额更是超过36 000亿美元。短短16年的时间，电子商务经历两次重大变革。

20世纪90年代末，电子商务开始萌芽。那段时期的电子商务处于构筑愿景、创造模式和不断探索与实践的阶段。实践结果很快证明，要想基于当时的愿景去构建新的成功商务模式实属不易。2000—2001年间，电子商务、电信等高科技股的股价暴跌90%多，以致股市大崩盘，许多企业面临裁员和价值重估。随着泡沫的破灭，企业家迅速从电子商务大军中撤出，预言它将停止增长，互联网用户数量也不会再有增加。但是，他们大错特错。从这场危机中幸存的企业重新构建其商业模式，最终寻得赚钱的窍门。2002—2008年间，零售电子商务的年增长率超过25%。

如今，电子商务正在经历另一次变革：在亚马逊等传统零售电子商务模式之外，一种充满朝气的、基于服务/社交网络的电子商务正在兴起。Facebook、Twitter、YouTube 和 Photobucket 等社交网站异军突起，用户可以在这些网站上发布内容（视频、音乐、照片、个人信息、博客、应用软件等）。智能手机（如 iPhone、安卓）、上网本和 iPad 等移动设备的推出，引发了移动娱乐和阅读的热潮，新型电子商务平台应运而生，我们称之为“社交电子商务”。社交电子商务与社交网络、智能手机、个人社会关系紧密相连。历史上从未有哪种营销媒体能聚集如此广大的受众群体，而且获取新用户如此容易。企业正在思考如何通过广告和营销更好地接触这批用户。政府、隐私团体和产业人士则在探索在新兴的电子商务平台上如何保护隐私。对传统媒体而言，社交网站和用户内容网站是毁灭性的技术。对这些网站的关注度越高，意味着电视、好莱坞电影和新闻杂志的曝光度就越低，因此传统媒体产业也将面临巨大变革。可以大胆地说，这也绝不会是电子商务的最后一次变革。

1.1 电子商务：革命刚刚开始

事实上，电子商务革命才刚刚开始。以 2010 年为例：

● 网络销售额增长 12.7%，而传统零售交易额只增长 2.5%（eMarketer, Inc.，2010a，Reuters，2010；National Retail Foundation，2010）。2008—2009 年经济萧条期间，传统零售交易额下跌 4.5%，而电子商务交易额却稳步上升。

● 美国网络零售交易额的增长主要归功于现有网络买家，而非新加入的买家。卖家则是先苦练内功，建立起诚信度和消费者信任后，再转战高价值商品市场，如电子消费品、家居、精美服饰等。

● 美国网络消费者数量由 2009 年的 2.11 亿上升到 2010 年的 2.21 亿（美国总人口数为 3.08 亿）。这些消费者中，成年人（18 岁以上）有 1.65 亿（eMarketer, Inc.，2010b；U. S. Census Bureau，2009）。

● 美国有 1.16 亿户家庭，使用互联网的家庭有 8 200 万户，超过 70%（U. S. Census Bureau，2010a；eMarketer，Inc.，2010b）。

● 平均每天有 78% 的美国成年网民上网。其中，62% 的人收发电子邮件，49% 使用搜索引擎，43% 看新闻，38% 使用社交网络，26% 使用在线银行，23% 在线观看视频，17% 利用维基百科查找信息（Pew Internet & American Life Project，2010）。

● 1.33 亿居民有过网购经历，1.62 亿人使用过网络收集商品信息（eMarketer，Inc.，2010a）。

● 网购用户规模持续扩大，不同用户的购买行为和媒体消费模式差异也逐渐显露（eMarketer，Inc.，2010a）。

● B2B 电子商务——企业与企业之间使用网络进行交易——交易总额预计将达 36 000 亿美元，占企业间交易总额的 30%（U. S. Census Bureau，2010b；authors' estimates）。

● 互联网普及不断深化，约 7 950 万户家庭（占美国家庭总数的 68%）已安装宽带或 DSL，8 300 万人使用移动设备上网（eMarketer，Inc.，2010b）。

上述发展阐述了这版新书的许多主题（见表 1—1）。社交网络正在形成一种可与传统电子商务平台相竞争抗衡的新型商务平台，为供应商和用户提供搜索、广告和支付服务。当人们有大批好友推荐音乐、服饰、汽车和视频信息，或者能在经常访问的社交网站看到广告时，谁还会使用谷歌搜索引擎？基于智能手机（iPhone等）、上网本和iPad等设备的移动数字平台则使移动电子商务变成现实。未来5年，美国绝大多数用户都将使用移动设备上网。

表1—1　　2010—2011年电子商务的发展趋势

商务
● 基于社交网络和广告主导的新“社交电子商务”平台涌现出来。
● 尽管2009年受经济萧条影响出现增速放缓，这两年零售电子商务持续以两位数的速度再度增长（大约为12.5%，是传统零售商务的6倍）。
● Facebook持续增长，全球用户数超过5亿。
● Twitter持续增长，在全球拥有超过1.45亿Tweeple（Twitter用户）。
● 大众消费品进入网络市场。
● Facebook和谷歌抢夺网络社交领域的统治地位。
● 越来越多的消费者将眼球转向网络，搜索引擎营销继续挑战传统广告和营销媒体。
● 社交和移动广告平台强势增长，叫板搜索引擎营销。
● 美国网民数量增长速度放缓，但人均购买量增加。
● 网购用户规模持续扩大，青少年、成年人和老年人数量均不断增加。
● 重构的商业模式和网络资本杠杆使电子商务保持盈利。
● 电子商务的第一次浪潮在音乐、中介、航空旅游行业引起轩然大波。如今，更多产业面临着同样的变革，包括市场营销/广告、电信、娱乐、媒体印刷、房地产、宾馆、支付和软件。
● 电子商务的覆盖范围更加广泛，延伸到娱乐、服装零售、奢侈品、软件和家居等领域。
● 小型企业继续跟随行业巨头（苹果、Facebook、亚马逊、谷歌和eBay）的步伐，源源不断地涌入电子商务市场，发展周边业务。
● 西尔斯、杰西潘尼、L. L. Bean和沃尔玛等大型企业利用“鼠标加水泥”的多渠道战略，提高品牌的网络知名度。
● B2B的供应链交易和协同商务持续增长，突破36 000亿美元大关。
技术
● 基于iPhone和黑莓等智能手机、上网本及iPad（新客户端）的移动计算和交流平台成为现实，开始对垒PC平台。
● 苹果的APP软件商店可提供25万多种应用，为软件和服务交付提供新的模式。
● 家庭和企业的宽带变得更强大，新电信技术也使宽带价格不断下降。
● 计算机和网络组件的价格持续下降。
● 云计算和网络服务给B2B商务创造巨大机遇，开展电子商务所需的设备成本大幅降低。
● 计算能力和数据库处理速度的提升使实时广告成为现实。
● 全球网络用户规模持续扩大，近25%的人口使用网络。
社会
● 越来越多的消费者和用户在社交网络、博客、维基百科上发布内容，数百万用户在虚拟网络中展示自我、分享个人信息。
● 美国人均每天产生的数据量（34 GB）持续增加。
● 社交网络鼓励曝光自我，对隐私保护构成威胁。
● 电视、报纸、书籍和杂志等传统媒体的订阅用户数锐减，这些企业转而采用在线交互模式和移动应用寻求新的广告和收入来源。
● 对版权管理和控制的争论从未停息，但网络分销商和版权所有者都心知肚明，彼此是互相需要的关系。
● 越来越多的人在线观看视频和电视节目。

续前表

- 加入社交网站的成年人日益增多，Facebook的知名度已在各类人群打响。
- 网络消费税的征税范围变广，大型网络零售商表示接受。
- 有关内容管理和控制的争论源源不绝。
- 国家和执政党加强了对网络通信的监控。
- 企业向政府部门开放个人信息的访问，人们对商业和政府隐私侵犯的关注日渐增加。
- 僵尸网络、恶意软件、垃圾邮件和身份盗用事件使网络安全恶化。
- 尽管有法律和反垃圾邮件技术的存在，垃圾邮件仍然是个大问题。
- 用户追踪技术更为精进，网络隐私侵犯问题加重。
- 中国和印度的网络用户数保持以每年15%～20%的速率增长。
- 谷歌因其搜索引擎领域的霸主地位而面临反垄断诉讼。

越来越多的个人和企业使用网络进行商务活动。网络工具的成本越来越低，企业正在学习如何利用互联网提升其网络服务。新电子商务品牌商的出现促使传统零售品牌（如西尔斯、杰西潘尼和沃尔玛）加强网络运营，深化巩固其“鼠标加水泥”的多渠道战略，以维持零售业龙头的地位。社会化的趋势日渐凸显。互联网创建起一个自创和分享内容的平台，人们可通过社交网络、博客和视频发布网站建立新的社会关系，巩固已有的社会关系。这些网站也带来了大量的隐私问题。数字版权所有者努力加强网络文件交换服务，虽成败参半，但与苹果、亚马逊和谷歌等技术巨头达成知识产权保护的协定。美国州政府已成功实施电子商务消费税。网络赌博网站因遭到刑事诉讼而急剧减少。主权国家已扩大对网络通信内容的监视和控制，将此视为反恐怖主义和保护国家利益的重要活动。如今数百万用户将个人信息公布到网络上，隐私在这个时代似乎已失去原本的意义。

1.1.1 电子商务革命的前30秒

意识到在16年的电子商务历史中发生的快速变化是非常重要的，因为革命才刚刚开始——我们可以称之为电子商务革命的前30秒。促进电子商务发展的技术（见第3章）也呈指数增长。网络技术的发展为传统企业推出新业务、建立新商业模式创造了机会，同时也对传统商业模式造成毁灭性的破坏。一旦拥有新的机会和投资资源，企业将以颠覆性的气势迅速变革。

信息技术的发展、持续的企业创新和广阔的市场前景将变革延续到下个世纪。可以大胆预测，21世纪将是一个数字驱动社会和商务活动的时代。分析师预计，2014年网络零售消费额将达到3.58亿美元，企业间网络交易额将达到52 000亿美元。产业分析师预测，到2020年电子商务将占据零售总额的20%。电子商务将对几乎所有的商务活动产生影响，到2050年绝大部分商务都将是电子商务。

电子商务有终点吗？电子商务会无限增长吗？电子商务会不会因为超载而减缓增长：人们没空看更多的视频、使用更多的电子邮件、阅读更多的博客、发更多的tweet、浏览更多的Facebook更新？但目前还不能预见互联网和电子商务技术的发展瓶颈，企业家仍能为这些技术找到新用途。因此，目前这种颠覆性发展还将持续一段时间。

商业利润就是在这种非凡的变革中产生——或丧失的。未来5年充满巨大的机遇，也暗藏巨大的风险。无论是新生的还是传统的企业，都应该充分利用数字技术来把握市场优势。由于数字革命给世界经济带来越来越多的影响，提供了无通胀的环境下生产力和收入高速增长的可能性，所以对于社会整体而言，数字技术可能在未来几十年创造巨大的社会财富。

作为商学院或者技术专业的学生，本书有助加强对上述机遇和风险的理解和认识。学完本书，你会理解促使电子商务增长的技术、商务和社会驱动力，并把这些认识运用到日后的工作学习中。

1.1.2　什么是电子商务

这本书的核心就是**电子商务**（e-commerce）——利用互联网和万维网进行商务交易。（尽管互联网和万维网这两个词经常混用，但实际上这是两个不同的概念。互联网是指由全世界的计算机网络构成的网络，而万维网只是互联网上最为流行的一项服务，提供几十亿个网页的链接。详细内容将在本节的后半部分和第3章中介绍。）更正式地说，电子商务指的是在组织以及个人间以数字化方式进行的商务交易。电子商务定义中的各个组成部分都非常重要。数字化交易是指所有以数字技术为媒介的交易，大多数情况下，交易是通过互联网和万维网进行的。商务交易是指组织与个人之间以产品和服务作为回报的价值交换（比如货币）。价值交换对于理解电子商务的定义至关重要。没有价值交换，就不会有商务活动发生。

1.1.3　电子商务与电子业务的区别

有关电子商务和电子业务的定义和限定，一些咨询顾问和专家学者曾有过一番争论。有人认为，电子商务包含用以支撑企业市场交易的全部电子化活动，包括企业的信息系统构架（Rayport and Jaworksi，2003）。另一些人则认为，电子业务包含企业内外所有电子化的活动，其中包括电子商务（Kalakota and Robinson，2003）。

本书认为这些专家、顾问说的是两种不同的现象，所以弄清楚电子商务和电子业务的区别很重要，而且电子商务并不是企业任意的电子化活动。本书的观点是，**电子业务**（e-business）一词主要指企业内部的数字化交易和处理流程，包括企业内部的信息系统。大多数情况下，电子业务不包括跨越组织边界的有价值交换的商务交易。例如，企业的在线存货管理机制是电子业务的一部分。不过根据我们的定义，这类内部处理没有像电子商务那样直接产生来自外部企业或消费者的业务收入。但是企业的电子业务基础构架确实能够支持电子商务交易，且两者涉及相同的基础设施和技能，可同时在企业边界的模糊地带起作用，比如在内部业务系统与供应商和客户相接触的地方（图1—1）。当发生价值交换时，电子业务就转化为电子商务（相似观点参见Mesenbourg，U. S. Department of Commerce，2010），本书第12章将对此展开进一步讨论。

图1—1说明了电子商务和电子业务之间的区别和复杂关系。

1.1.4　为什么要研究电子商务

为什么大学开设电子商务的相关课程，却没有关于“电视商务”（TV Commerce）、“无线电商务”（Radio Commerce）、“直接邮件商务”（Direct Mail Commerce）、“铁路商务”（Railroad Commerce）或者“公路商务”（Highway Commerce）的课程呢？这些技术都对20世纪的商务活动产生了广泛影响，甚至比电

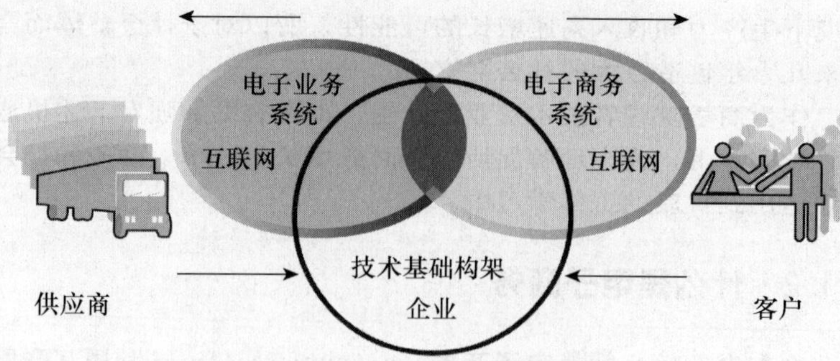

图 1—1　电子商务和电子业务的区别

说明：电子商务主要包括跨越企业边界的交易，而电子业务主要是研究数字技术在企业内部业务流程上的应用。

子商务的覆盖面还宽。许多大学（包括麻省理工学院、密歇根大学、康奈尔大学、加利福尼亚大学伯克利分校和法国 INSEAD 学院）都开设了社会交互技术与工艺、社交网络、网络社区发展、消费者自创媒体的课程，有的大学甚至还设置有"YouTube 101"课程，又叫做"向 YouTube 学习"。

原因你可能已经猜到了，那就是电子商务技术（具体将在第 3 和第 4 章介绍）与 20 世纪的任何一种技术都不同，电子商务技术的功能更强大。电子商务技术及其催生的数字化市场带来了前所未有的商务变革，从根本上改变了商务方式。虽然 20 世纪也出现了改变经济生活的新兴技术，但互联网与信息技术不同，它们是 21 世纪的塑造者。

在电子商务得到发展之前，商品营销和销售的途径就是采用大众营销和销售人员推销的模式。在这种方式下，消费者是广告大战的被动接受者，闪电式的品牌战略影响了消费者对产品的长期观念，导致立即购买行为。销售活动是通过绝缘良好的渠道进行的，消费者受到地理和社会因素的制约而无法大范围地选择物美价廉的商品。消费者无法获悉商品的价格、成本以及税费，这种信息不对称为销售企业创造了利润。所谓**信息不对称**（information asymmetry），是相关市场信息在交易各方之间的不一致。传统零售商务中，调整不同国家和地区间产品价格的成本很高（所谓的"菜单成本"），人们所接触的是"某国价格"这个名词，而动态价格（根据市场实时更新价格）根本前所未闻。在这种环境下，生产商大多依靠大规模生产盈利和发展，不能提供产品的个性化定制。电子商务减少了市场各方（客户和中间商）的信息不对称，成本、价格歧视策略、销售利润等信息很容易被客户获取，电子商务提高了整个潜在市场的价格竞争力。

1.1.5　电子商务技术的八大特点

表 1—2 列出了电子商务技术的八大特点。这些特点不但对传统的商务理念提出了挑战，同时揭示出人们对电子商务如此感兴趣的原因。电子商务技术的特点使得营销和销售可以尝试各种创新，因为商家能够向细分目标客户群提供一系列交互式的、丰富的、个性化的信息。商家还可以利用电子商务技术了解更多的消费者信息，比以往更有效地利用这些信息。网上商家也可以利用这些信息来制造新的信息不对称，提升自己的产品品牌，对高质量服务收取高额费用，把市场无限细分，针

对不同的客户群收取不同的价格。更有甚者，商家还可利用电子商务技术去深入了解其他商家，这样就会带来另一种可能，即商家可能在定价时相互勾结而不是竞争，从而抬高总体价格，尤其是在市场上商家数量较少时容易发生这种情况（Varian，2000a）。我们将在 1.2 节对此做进一步介绍，且贯穿全书都会有所论述。

表 1—2　　电子商务技术的 8 个特点

电子商务技术的特点	商业意义
普遍存在性——互联网/万维网技术无处不在，可随时随地（在单位、家里，或通过移动设备在任何地点）使用	市场已超越传统界限，不受时空和地理限制，即形成了“虚拟市场”，顾客随时都能购物，既方便又节省开支。
影响范围遍及全球——电子商务技术超越国界，遍及全球	商务活动已超越文化和种族的界限，无缝、不受干扰地进行。整个“虚拟市场”拥有全世界数十亿潜在消费者和数百万潜在卖家。
通用标准——形成一整套称为互联网标准的技术标准	形成一套全球通用、便宜的技术标准。
丰富性——包括视频、音频、文本等多种信息形式	在营销信息和消费经验的传播中整合视频、音频、文本等各种信息形式。
互动性——通过与用户的交互发挥作用	客户参与对话，这种对话可根据个体的不同随时调整，使客户参与商品的市场进入过程。
信息密度——降低了收集信息的成本，提高了信息质量	降低了信息的处理、存储和沟通成本，提高了信息的流通性、准确性和实时性。信息更加丰富、廉价、准确。
个性化/定制化——可在个人和组织间传递个性化的信息	按照个体的特性将市场信息个性化、产品服务定制化。
社交技术——用户生成内容和社交网络	新的社交商业模式支持用户在社交网络上创建和发布内容。

下面对表 1—2 所列出的电子商务技术的特点及其对商务活动的意义作简要说明，并将其与传统商务和其他技术驱动做比较。

普遍存在性

传统的商务活动中，**市场**（marketplace）是人们为进行交易而必须去的某个实际场所。例如，电视和无线电技术通常就用来刺激消费者，让他们到某一地方去购物。而电子商务则具有**普遍存在性**（ubiquity），这意味着可以随时随地实现商务活动。电子商务将市场从受到物理空间限制中解放出来，消费者可以利用移动设备在家里、单位办公桌前甚至是在车上购买商品。这就形成了所谓的**虚拟市场**（marketspace），即一个超越传统界限、不受时空限制的市场。从消费者的角度看，普遍存在性降低了交易成本，即参与市场所需要的成本。因为消费者不必再为实现一笔交易，而花费时间和金钱到实体市场去。而且在虚拟市场中，电子商务的普遍存在性降低了对认知精力的消耗。认知精力（cognitive energy）指的是完成一项任务所需要付出的脑力劳动。人们总是试图减少自己在认知精力上的支出。在条件允许的情况下，人们会选择付出努力最少即最便捷的途径（Shapiro and Varian，1999；Tversky and Kahneman，1981）。

影响范围遍及全球

与传统商务相比，电子商务技术使得商务活动能够更方便地跨越文化和国家的界限，比传统商务更具成本效益。因此，电子商务企业面临的潜在市场规模几乎就等于全球的网民数（约为19.7亿人）（Internet Worldstats，2010）。电子商务企业可获得的用户或者消费者数量就是衡量电子商务**影响范围**（reach）的主要标准（Evans and Wurster，1997）。

相反，大部分传统商务只局限于当地或本地区，参与者是当地的商家或由当地企业构成的本地区商家。如电视台、无线电台和报社，都属于本地或地区性组织，其覆盖面虽不算宽，但网络功能强大，足以吸引本国的受众。与电子商务技术相比，这些传统商务技术很难做到跨越国界，接触到全球范围的使用者。

通用标准

电子商务技术的显著特点就是互联网的技术标准，因此执行电子商务的技术标准就变成了**通用标准**（universal standards），全球所有国家都要遵循该标准。而大多数国家的传统商务技术标准是有差异的。比如全球各地的电视和无线电标准就不一样，移动电话技术亦是如此。电子商务和互联网的全球技术标准大大降低了市场进入成本，即商家要使其产品进入市场而必须支付的成本。同时该世界标准也降低了消费者的搜索成本，即为找到合意商品所付出的努力。利用这种单一的、全球性虚拟市场，可以低成本地向大众提供产品介绍和价格，价格发现变得更简单、快捷，也更准确（Banerjee，et al.，2005；Bakos，1997；Kambil，1997）。因为互联网用户（包括企业和个人）使用的技术相同，网络外部性的存在创造了利润。利用电子商务技术，人们能在世界任何地方容易地找到某商品的所有供应商、价格以及送货条款等有关信息，这是史无前例的。虽然今天我们还不能对所有的商品都做到这一点，但将来必定能实现。

丰富性

信息的**丰富性**（richness）指的是信息的内容及其复杂程度（Evans and Wurster，1999）。传统市场、本国的销售队伍以及小型零售店都具备良好的信息丰富性，因为它们能够提供面对面服务，在销售时进行视觉或听觉暗示。传统市场的信息丰富性为其创造了强有力的销售氛围或者商业氛围。在万维网出现以前，丰富性和影响范围之间存在着替代关系：能够影响的受众数越多，信息的丰富性就越差（见图1—2）。互联网能比传统媒体（印刷、广播、电视）提供更好的信息丰富性，因为其具有交互性，能将信息传递给特定用户。通过网络和销售人员交谈的客户体验接近于实体店的体验。网络丰富性能帮助分销商推销“复杂”的商品和服务，而之前这只能通过销售人员面对面讲解来完成。复杂商品具有多重属性：价格高、不易比较，如二手车、财务咨询、钻石戒指等（Fink，et al.，2004）。

交互性

电子商务是一种交互式的技术，可让商家和消费者进行双向沟通，这与20世纪的任何商务技术都不同（电话是一个例外）。比如，电视就无法向观众询问任何问题，不能与观众进行对话，也不能要求消费者填写表格。但是，这些活动在电子

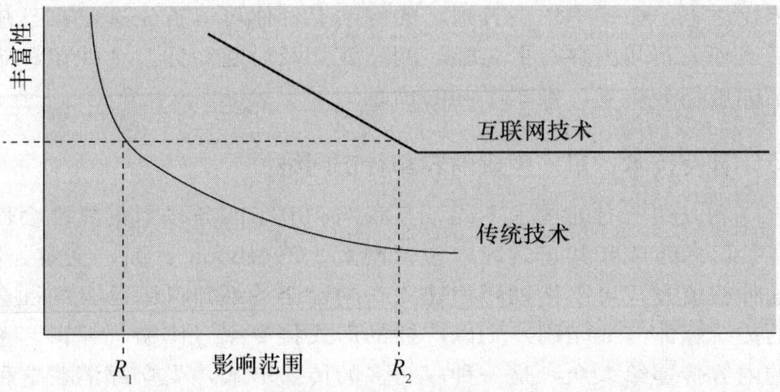

图 1—2　丰富性和影响范围间替代关系的变化图

说明：电子商务技术改变了丰富性和影响范围之间的传统替代关系。互联网和万维网可向数百万受众传送包含文本、视频和音频等多种形式的“丰富”营销信息，这用传统的无线电、电视或者杂志等商务技术是无法实现的。

资料来源：Evans and Wurster，2000.

商务网站上都可行。**交互性**（interactivity）可让网络商家与消费者以类似于面对面的方式进行沟通，且其覆盖范围能遍及全球。

信息密度

互联网和万维网大大提高了**信息密度**（information density），即所有参与市场的消费者、商家能获得的信息总量和质量。电子商务技术减少了信息收集、存储、加工和交流的成本。同时，这些技术还在很大程度上提高了信息的流通性、准确性和及时性，使得信息比以往任何时候更有用、更重要。所以，如今能获得的信息数量更多，成本更低，而质量却更高。

信息密度的增长导致大量商业行为的产生。在电子商务市场中，价格和成本都变得更加透明，价格透明是指消费者能方便地找到市场上的各种价格；成本透明是指消费者发现商家为其产品支付的实际成本的能力（Sinha，2000）。信息密度的提高对于商家来说同样是有利可图的。网络商家可以更多地了解消费者信息，根据不同消费群体的支付意愿来细分市场，借此实现价格歧视，即将相同或类似的商品，以不同的价格销售给不同的目标群体。例如，网络商家了解到某个消费者对费用昂贵的国外度假有强烈的渴望，预计他愿意为此支付高价，因此定制一份度假计划给他，把报价提高。而为那些对价格敏感的消费者提供类似的服务，价格则定得低一些。商家还可依据成本、品牌和质量进行产品分类。

个性化/定制化

利用电子商务技术可实现**个性化**（personalization），即商家能根据个人的姓名、兴趣和以往的购买经历来调整所提供的信息，针对特定个体提供营销信息。利用电子商务技术也可实现**定制化**（customization），即根据用户偏好和先前行为调整商品和服务。由于电子商务技术具有交互性的特点，商家可在消费者购买时收集大量的客户信息。信息密度的提高又使网络商家可以存储并利用消费者以往的购买行为数据，这样就使个性化和定制化程度达到空前的水平。比如，你可以通过选择频道来找到你想看的电视节目，但是却无法改变你所选择的频道中播放的内容。但相比之下，在《华尔街日报》的网站上，你可以首先选定自己想看的新闻类型，然后当相关新闻内容有更新时，网站就会及时通知你。个性化和定制化能帮助企业更精确地细分市场，推送不同的信息。

社交技术：用户生成内容和社交网络

和以往所有的技术不同，互联网和电子商务技术更具社会性，它可让用户在全球社区内生成和共享内容，包括网页、Facebook 页面、文本、视频、音乐和照片。这种交流方式可以帮助用户建立新的社会关系并巩固已有的社会关系。而现代社会的传统媒体（如印刷）则以广播的形式将专家（作家、编辑、董事、演员等）创建的内容传递给大众，是一种一对多的传播形式，受众都消费这种标准产品。电话是个例外，它不是“大众交流”技术，而是一对一的交流技术。互联网和电子商务技术具有转变这种标准媒体模式的潜力，用户可以大范围地生成和分享内容，规划自己的内容消费。网络提供特殊的多对多形式的大众交流。

1.1.6 Web 2.0——“我的地盘我做主”

互联网和电子商务的特点都汇集到一系列应用和社交媒体技术上，被称作 Web 2.0。一开始互联网只是简单地支持电子邮件和文件传送功能，目的是方便专家之间的交流。网络刚开始只是使用互联网展示网页，通过电子方式链接网页使用户能方便地访问不同网页。我们可以将此称作 Web 1.0——第一代 Web。2007 年，用户已经能在互联网上创建、编辑和发布内容，和他人分享自己的偏好、书签和个人信息，参与虚拟生活，进行网络交流。这种新的网络形式就叫做 Web 2.0，它借鉴于 Web 1.0，又远远超越 Web 1.0。

以下是一些典型的 Web 2.0 应用和网站示例：

- Twitter 是一个社交网站或者说微博站点，用户可输入 140 字的短信息（tweet）来分享“自己在干什么”。Twitter 有 1.45 亿用户（Tweeple），月发送 tweet 20 亿条，年增长率超过 1 000%。Twitter 通过为企业提供广告平台和营销服务实现盈利，企业可利用 Twitter 加强与客户的联系。
- YouTube 是全球最大的视频分享网站，被谷歌以 16.5 亿美元的价格收购。2010 年 8 月，YouTube 访问者数量达到 1.46 亿。据称，网站用户每天会分享 20 亿个视频。2010 年，YouTube 开始盈利（comScore，2010a；Kincaid，2010）。
- 社交网站以三位数的速度持续增长。Facebook 的全球用户数超过 5 亿，Twitter 有 1.45 亿，MySpace 也超过 1.2 亿。LinkedIn 也正以三位数速度增长，现有用户 7 500 万。这些受众群体形成了新社交电子商务平台的基础。
- Photobucket 为用户提供简便的照片与视频分享功能（利用电子邮件、即时信息和移动手机）。它还提供便捷的“一键分享”服务，可将内容同步分享到 Facebook、MySpace、博客和 Live Journal。Photobucket 拥有超过 1 亿的全球注册用户，每月有 2 600 万名访问者，用户每天创造的数字内容超过 70 亿条，分享 43 亿张图片（Photobucket，2010；comScore，2010b）。
- 苹果的 iPhone（2010 年售出 5 000 万部）支持移动版 Web 2.0 应用，如 WordPress（用户可通过 iPhone 和 iPod touch 发帖、上传照片、管理博客评论）、Mint（个人财务管理软件）、Borange（一款社交分享 iPhone 应用）、TagItLikeIt-

sHot（社会化书签）等 25 万种企业及个人应用。2010 年苹果公司发布的 iPad 是一款真正的移动商务产品。

● 谷歌成功吸引到一大批网络用户。2010 年 8 月，它在美国的月访问人数为 1.79 亿（comScore，2010b）。谷歌公司不断地实践创新和改革，如 Google App（一组基于 Web 的服务，提供免费的办公软件，如 Google Docs、日历等协同工具）、Google Desktop、Google Map、Google StreetView（提供多地的街景图片）、Google Chrome（网页浏览器）、Gmail、Google Scholar、Google Health（Google，2010）。用谷歌搜索全球排名前 20 位的品牌，超过 25%的搜索结果中包含到客户生成内容（评论、博客和照片）的链接。

● 第二人生（Second Life）是个 3D 虚拟世界，拥有约 10 亿游戏用户（称为居民）。玩家利用化身在"虚拟世界"生活，拥有土地资产，使用 Linden 币买卖交易，并且可建立、分享、购买"创作"（creations），包括化身的"皮肤"、服饰、建筑、家居、车等。玩家需要用真实货币兑换 Linden 币，平均每年购买虚拟生活用品的支出为 5 亿美元（Second Life，2010）。

● 维基百科（wikipedia）允许全球用户分享自己的知识，已成为最成功的网络百科全书，远超微软百科全书和大英百科全书等专业书籍。维基百科是全球最大的协同编辑参考资料数据库，拥有 3 400 多万个英文词条。2010 年其全球用户数达 3.65 亿。维基百科由用户自愿分享内容，完全免费，且不插入广告。维基网站所有者 Wikimedia Foundation 是一家非营利组织，依靠基金和捐赠维持运作。维基百科稳稳地排在最受欢迎网站的前 15 名（Wikipedia. org，2010；Wikimedia. org，2010；comScore，2010b）。

● 掘客（Digg）允许用户"挖掘"网页，然后分享给其他用户。用户可为自己最喜欢的内容投票，进行评论，以便这些内容排到网站前列。2010 年，Digg 的每月访问者数为 700 万～800 万（Compete. com，2010）。StumbleUpon、Reddit、Delicious、Kaboodle、Mixx、Newsvine、Diigo、Tipd 等网站都提供相似的社会化书签和标记系统。Twitter 是这些网站的主要竞争者。

● WorkPress 是一款帮助用户创建博客和网站的软件。它是一款开源产品，由自愿者社区建立，为用户提供免费服务。据 Workpress 调查，2 700 多万用户使用该软件创建了博客和网站（WordPress. com，2010）。

众多 Web 2.0 应用的共同点何在？首先，它们都依靠用户或消费者创建内容。这些应用都是由年龄在 18～34 岁之间，甚至包括 7～17 岁的人群创造的。不仅仅是专家和技术高手，"普通"人也能够建立、分享、修改和传播内容。其次，搜索的便捷性是促使其成功的重要特点。第三，它们都具有高度交互性，为人们提供建立社交的新机会。它们都支持用户间的交互，是"社交"网站。第四，它们都要与网络连接。第五，除谷歌外，其他网站目前都是盈利的。虽然 Web 2.0 应用的商业模式尚未被证明是成功的，但仍有大量投资资本流入，众多的使用者显示 Web 2.0 网站拥有巨大的收入创造潜力。第六，相比传统 Web 1.0 应用，Web 2.0 的吸引力更大，用户数量远超国家广播和有线电视节目的观众数。这些用户之间的关系错综复杂，并且每个用户都与多数人保持着长期联系。总之，Web 2.0 应用吸引着大量眼球。因此，Web 2.0 为营销和广告提供了另一种机会，也为消费者评估和搜索产品以及企业投资创造了机会。最后，这些网站都扮演着软件开发平台，用户可免费发布和使用应用软件。总而言之，Web 2.0 是个不同以往的新世界。本书最后一章有更多 Web 2.0 的相关内容。

1.1.7 电子商务的类型

电子商务的类型很多，其划分方法也不尽相同。表 1—3 列出了本书中讨论的 5 种主要的电子商务类型。[①]

表 1—3　　电子商务的主要类型

电子商务的类型	举例
B2C——企业对消费者	Amazon. com 就是一家向零售客户销售商品的网站。
B2B——企业对企业	Go2Paper. com 是一家服务于造纸业的独立第三方网站。
C2C——消费者对消费者	通过 eBay 等拍卖网站或 Craigslist 等分类网络，消费者可直接向其他消费者销售产品。
P2P——对等网络	BitTorrent 是一款软件应用，可帮助用户直接向其他人分享视频等内容，而不像 C2C 电子商务那样需要市场的介入。
M-commerce——移动商务	智能手机等无线移动设备能执行商务交易。

大多数情况下，我们根据市场参与者的相互关系，即谁卖东西给谁，来划分电子商务类型。但是对等网络和移动商务属于例外，这两种类型是根据其所采用的技术划分的。

B2C 电子商务

企业对消费者的电子商务（Business-to-Customer（B2C）e-commerce）是讨论最多的一种电子商务类型，网络企业尽全力赢得个体消费者。B2C 电子商务虽然规模相对较小（2010 年交易总额约为 2 550 亿美元），但自 1995 年至今一直呈指数增长，是消费者最愿意参与的电子商务类型。B2C 电子商务的商业模式也花样百出，第 2 章将详细阐述 7 种 B2C 电子商务模式，分别是：门户网站、电子零售商、内容提供商、交易经纪人、市场创建者、服务提供商以及社区提供商。

B2B 电子商务

企业对企业的电子商务（Business-to-Business（B2B）e-commerce）是目前业务规模最大的电子商务类型，企业的目标是把商品销售给其他企业。2010 年美国 B2B 电子商务交易总额达到 36 000 亿美元。据估计，各种渠道的企业间贸易总额约为 12.2 万亿美元，意味着 B2B 电子商务未来仍具有巨大的发展潜力。B2B 电子商务主要有两种商业模式：在线交易市场（包括电子分销市场、电子采购市场、电子交易市场和行业合作集团）和会员专用网络（单个企业和行业会员网络）。

C2C 电子商务

消费者对消费者的电子商务（Customer-to-Customer（C2C）e-commerce）借助拍卖网站 eBay 和分类网站 Craigslist 等网络市场创建者，为消费者提供一种互相

---

① 企业对政府的电子商务（Business-to-Government（B2G）e-commerce）可看做一种独立的电子商务类型。但本书中将政府看成是企业的一种简单形式，充当商品和服务的中间媒介，因此把 B2G 电子商务归并到 B2B 电子商务中。

销售商品的途径。2010 年，eBay 全球的商品交易总量为 600 亿～650 亿美元，全球 C2C 市场规模超过 800 亿美元（eBay，2010）。C2C 电子商务模式中，消费者准备好要拍卖或出售的商品，将其放到互联网上，然后借助市场创建者提供的目录功能展示商品，搜索引擎来帮助其他消费者查找商品，以及交易清算功能来完成支付。

P2P 电子商务

对等网络技术使得互联网用户无须通过中央 Web 服务器即可直接共享文件和计算机资源。纯粹的对等网络技术不需要中间媒介的参与，但实际上，大多数 P2P 网站都在使用“超级服务器”作为中间媒介，实现加速操作。自 1999 年以来，企业家和风险资本一直试图把 P2P 技术发展应用为**对等网络电子商务**（Peer-to-Peer (P2P) e-commerce）。P2P 网站主要是靠鼓励用户共享文件，借机向用户推送广告的方式实现盈利。P2P 网站实质就是广告网站。

常见的 P2P 网站有 BitTorrent（可下载大量的视频文件）、eDonkey（音乐文件共享）和海盗湾（见章末案例）。有些国家和地区的 P2P 网站流量占网络总流量的 43%～70%，但是许多国家最近的 P2P 文件共享量都下降至 3%以下，原因是合法的流服务和网络音乐商店变得更受欢迎（Naone，2009）。美国最大的 P2P 网站 LimeWire 就因其运作流程问题，正面临诸多诉讼。

移动商务

移动商务（mobile commerce 或 m-commerce）是指使用无线数字设备实现的网络交易活动。其基本原理是利用无线网络把移动电话、上网本、智能手机（iPhone、安卓和黑莓等）、iPad 连接到网络上，详细内容将在第 3 章阐述。一旦建立起连接，移动消费者就能进行各种类型的交易，包括股票买卖、价格比较、银行业务、旅游预订等。预计未来 5 年，美国的移动商务将呈现快速增长。

1.1.8　互联网和万维网的发展

互联网和万维网是电子商务发展的技术推动力。没有这两项技术，就不会有今天的电子商务。本书将在第 3 章详细介绍互联网和万维网。**互联网**（Internet）是由建立在通用标准上的计算机网络组成的全球性网络。互联网初创于 20 世纪 60 年代，当时主要是连接少量的大型机和终端用户。如今，互联网已发展成为世界最大的网络，所连接的计算机和无线设备不计其数，至少有 10 亿。互联网将企业、教育机构、政府部门以及个人连接起来，向用户提供诸如电子邮件、文件传输、购物、搜索、即时信息传递、音乐、视频以及新闻等服务。

图 1—3 中以互联网主机（互联网系统协会将其定义为具有 IP 地址的服务器，通过 DNS 域名转换，不同 IP 地址就会转换成相应的域名）数量为衡量标准，展现了互联网的发展。2010 年 1 月，互联网主机数量已超过 7.32 亿台，遍及 245 个国家，而 2000 年该数字仅为 7 000 万台（Internet Systems Consortium，2010）。

与以往的电子技术相比，互联网具有巨大的增长潜力。无线电技术历经 38 年时间才占领美国 30%的家庭，电视技术也历经 17 年才赢得 30%的市场份额。而自 1993 年网络图形用户接口技术出现开始算起，只用 10 年时间，互联网/万维网就已进入美国 53%的家庭。

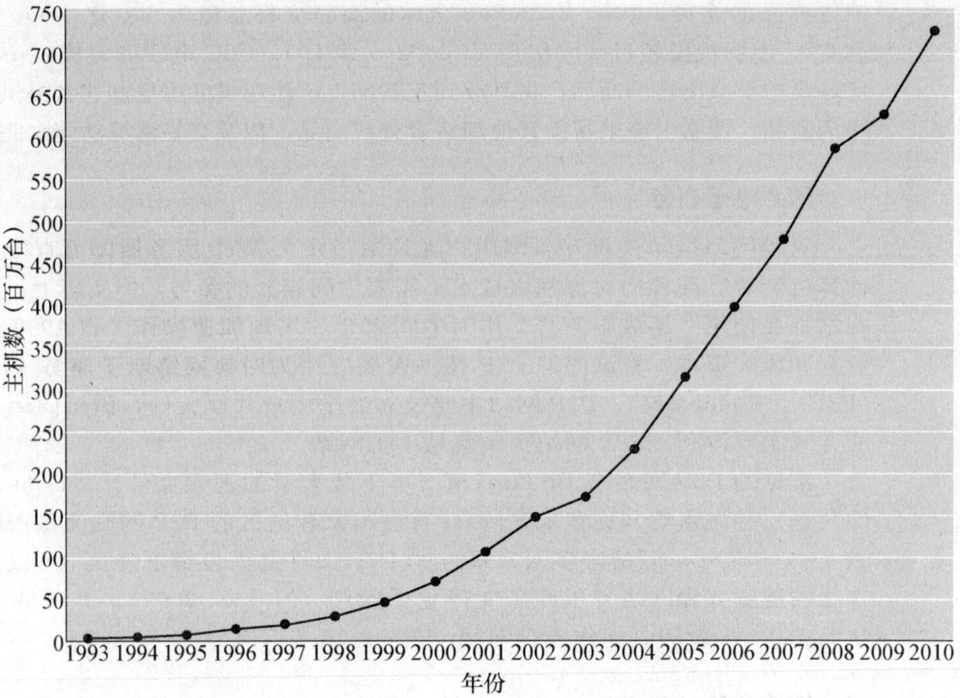

图 1—3　以互联网上主机数量为标准衡量的互联网发展状况

说明：1993—2010 年，以具有域名的互联网主机（服务器）数量来衡量的互联网规模增长情况。
资料来源：Internet Systems Consortium，Inc.，2010（http://www.isc.org）.

万维网（World Wide Web/the Web）是互联网上最流行的一种服务。万维网被称作是一种“致命的应用”，它使互联网充满商业吸引力，因而空前受欢迎。万维网出现于 20 世纪 90 年代初期，比互联网要晚。第 3 章将深入讨论万维网。Web 提供众多网页链接，可利用谷歌等搜索引擎查找到。网页是用超文本标记语言（HyperText Markup Language，HTML）编写的。HTML 网页上包含文本、图形、动画等各类对象。网页上的信息可谓包罗万象，既有西尔斯公司的整个产品目录，也有证券交易委员会的全部公开记录、当地图书馆的索引目录以及数百万的音乐唱片（部分是合法的）与视频。万维网出现前，互联网主要应用于文本交流、文件传输和远程计算等领域。万维网技术则引入了大量直接与商业相关的多媒体功能，因而更具商业吸引力。实际上，万维网将色彩、声音和视频功能增添到互联网中，建立起一个可与电视、无线电、报纸杂志乃至图书馆相媲美的基础沟通框架和信息存储系统。

搜索引擎只能检索到部分已知的网页，目前还没有方法能准确地测量现有网页的数量，因此无人知晓万维网到底有多大。据估计，谷歌目前能检索出 750 亿～1 000 亿网页。谷歌曾宣称其系统早在 2008 年 7 月就已识别出 1 万亿个网址，但其中有不少网页没有内容。搜索引擎 Cuil.com 称其在 2010 年 8 月检索出的网页数量为 1 200 亿，超过其他搜索引擎 3 倍多。据说所谓的“深度网络”中还包含约9 000 亿网页，不能被谷歌等普通搜索引擎检索。毫无疑问，自 1993 年以来网络内容一直呈指数增长。

阅读技术透视专栏“网络蜘蛛、领结理论、无尺度网络、深度网络”，它阐述了与万维网结构相关的最新研究。

技术透视

蜘蛛网络、领结理论、无尺度网络、深度网络

2008年7月，谷歌发布报告称其搜索系统中共统计有10 000亿不同的URL地址或者说网页链接。到2010年，该数字已攀升至20 000多亿。尽管该数字令人难以置信，但这部分网页还只是网络世界的冰山一角。更糟的是，网页数量每年都在呈指数式增长，以致人们难以确切地统计出究竟有多少网页，也无法获悉所有网页的内容。尽管如此，学者们仍在坚持不懈地尝试着。

说起万维网，人们很容易联想到一张巨大的蜘蛛网，任何事物都随机地与其他事物相连。只要沿着正确的链接，就能从蛛网的一端走到另一端。理论上说，利用超链接实现网页间的跳转是万维网与传统索引系统的区别所在。1968年，社会学家斯坦利·米尔格拉姆（Stanley Milgram）提出社交网络的"小世界理论"（又名"六度分割理论"），即任何陌生人之间所间隔的人不会超过6个。万维网中的"小世界理论"则表现为：平均点击19次链接就能从某个网页跳转到其他任何网页。早期一项小范围的网络抽样调研也证实了该原理，但之后IBM、康柏（Compaq）和AltaVista的科学家的联合研究却发现事实并非如此。科学家使用网络爬虫抓取2亿个网页，结果跟踪到这些网页间存在15亿个链接。

诸多研究发现，万维网根本不像蜘蛛网，反而更像是领结。依照领结理论，网络的中心是由5 600万拥有众多链接的网页（称为核心网页）构成的领结。领结的右端是一组目的网页，大概有4 400万个。目的网页能通过核心网页的链接访问到，但无法反向导航到核心网页。目的网页通常来自企业的内联网，或者是旨在"困住"登录用户的网站。而领结的左端是一组起源网页，也有4 400万个。起源网页能够链接到核心网页，但却无法从核心网页反向链接回来。这类网页通常是一些新创建的网页，因此多数核心网页尚未创建链接来访问它们。此外，还有4 300万网页既不能链接到核心网页，也不通过核心网页的链接触达，称为分离网页。最后，有1 600万网页与其他网页完全独立。

美国圣母大学阿尔伯特-拉兹洛·巴拉巴斯（Albert-Lazlo Barabasi）教授的研究进一步证实了网络的非随机性结构特征。研究发现，这些呈指数式爆炸增长的网页之间并非随机连接的。事实上人们的网络活动集中在一些高度连接的"超级节点"上，由这些节点连接到访问度不高的节点。巴拉巴斯教授将这类网络称为"无尺度网络"。事实证明，无尺度网络极易遭到破坏。一旦超级节点受到攻击，网络信息传递将会立即崩溃。但无尺度网络的优点在于，营销人员要想传播产品信息，只要将信息放置到某个超级节点上就会迅速向下蔓延。

密歇根大学最近的研究发现，2005—2010年期间网络的结构已发生巨大改变。大型电信运营商呈现高速发展，各类应用不断整合（2014年视频将占用网络流量的90%），云计算和大数据中心得以迅速扩张。如今，大部分网络流量已不再流经AT&T和Level 3等大型主干网络提供商。相反，谷歌、雅虎、Comcast、亚马逊和IBM等巨头公司正在尝试建立共同的流量交换协议，实现网络间的相互对接。目前，绝大多数网络活动已远离所谓的"主干网络"，而集中在超级节点的周围。

可见，该研究所得出的网络结构与以往的观点截然不同。大部分网页通常只需不到20个链接就能与其他任何网页相连，以及网页链接数目会随着网络规模的扩大呈指数式增长的观点，都得不到支持。事实上，某个网页无法到达另一随机网页的概率足有75%。以往的研究认为，网络流量是沿着随机生成的路由器路径流转的。现如今，学者

们却发现网络流量主要沿着少数“信息高速公路”移动，如亚马逊和IBM云计算中心、谷歌YouTube和阿卡迈公司的边缘网络。过去的高访问节点一晃成为今天的巨头公司。

随着网络全球化的发展，这个问题更值得人们关注。谷歌的英文爬虫软件无法抓取中文网页。此外，用英文关键字搜索谷歌，检索结果中极少会出现中文网页。爬虫能够抓取的10 000亿网页只是“深度网络”的一部分，剩下的未知部分或许也有10 000亿甚至更多。目前大型搜索引擎站点使用的爬虫技术很难访问到这部分网页。它们通常都是私人创建的页面，不提供搜索和订阅（如华尔街日报、航班和价格信息、医疗研究成果等），或者是数据库中不建立其他网页链接的页面。深度网络的存在意味着传统搜索引擎无法回答诸如“这周纽约飞往欧洲的最低票价是多少”之类的问题。Deeppeep.org等组织正投资展开对深度网络的研究。

网络结构的新诠释对企业家和营销专家的启示不言而喻。电子商务企业要开展业务，必须依赖于客户能通过搜索引擎访问到公司网站，因此，网站运营经理必须采取措施确保自身的网页成为核心互联节点或“超级节点”。首先要尽可能地建立与其他网站，尤其是核心节点的链接。其次，如果公司网站属于深度网络，要尽快走出去，让网络爬虫能够找到你。此外，如果想向全球化发展，就应当推出外文版的网站。如果想提高网站的搜索排名，就应该在网页上设置大量外网链接（变成“集线器”）。最后，吸引尽可能多的网站建立公司网站链接。这就是所谓的搜索引擎优化，对互联网越是了解，网站的效率就会越高。

资料来源：“Scientists Strive to Map the Shaper-Shifting Net,” by John Markoff, *New York Times*, March 1, 2010; “Atlas Internet Observatory Report,” by C. Labovitz, S. Lekel-Johnson, D. McPherson (Arbor Networks), J Oberheide (University of Michigan), and M. Karir (Merit Network, Inc.). Arbornetworks.com, 2010; Deeppeep.org, “About Us,” August 2009; Kosmix.com, “About Kosmix,” August 2009; “III-COR Discovering and Organizing Hidden-Web Sources,” by Juliana Freire, University of Utah. Grant application. National Science Foundation, IIS Division of Information & Intelligent Systems, IIS-0713637. April 2009; “Exploring a ‘Deep Web’ That Google Can't Grasp,” by Alex Wright, *New York Times*, February 23, 2009; “Invisible or Deep Web: What it is, Why it exists, How to find it, and Its inherent ambiguity,” www.lib.berkeley.edu, accessed August, 2008; “Accessing the Deep Web,” by Bin He, Mitesh Patel, Zhen Zhang, and Kevin Chen-Chuan Chang; *Communications of the ACM (CACM)* 50 (2): 94-101, May 2007; “The Bowtie Theory Explains Link Popularity,” by John Heard, Searchengineposition.com, June 1, 2000.

1.1.9 电子商务的起源和发展

很难准确地说电子商务到底是从何时开始的，电子商务的雏形有很多。20世纪70年代末期，一家名叫Baxter Healthcare的制药企业率先使用电话调制解调器，使医院能直接向Baxter订购产品，这是B2B电子商务的一种雏形。80年代该系统升级为基于PC的远程订单录入系统，在美国得以广泛使用。而互联网成为商务运作环境则是许久之后的事。80年代，电子数据交换（Electronic Data Interchange，EDI）的标准逐步形成，企业可利用专有网络交换商务文件，以数字化的方式处理商务交易。

在B2C电子商务方面，首个真正被广泛使用的数字化交易系统是1981年在法国诞生的Minitel系统。该系统将电话和一台8英寸显示器相结合，提供视频与文本功能。截至20世纪80年代中期，300多万套Minitel系统在法国推广使用，提供超过 13 000 项服务，包括订票代理、旅游服务、零售商品以及在线银行。2006 年 12 月 31 日，Minitel 系统的开发者法国电信集团将其关闭。

但是，这些电子商务的先驱系统都无法与互联网的强大功能相提并论。今天，一提到电子商务，通常就会联想到互联网。1994 年 10 月底，AT&T、沃尔沃、Sprint 和其他厂商在 Hotwired. com 上首次发布旗帜广告；1995 年年初，网景（Netscape）和 Infoseek 成功出售首个旗帜广告空间。本书以该时间为准，将电子商务的起始时间定为 1995 年。此后，电子商务成为美国增长最快的商务形式。图 1—4 和图 1—5 分别显示了 B2C 和 B2B 电子商务的发展历程以及未来几年的趋势。图中所预测的电子商务未来的增长率都很高，不过 B2C 的交易额显然比 B2B 要低得多。

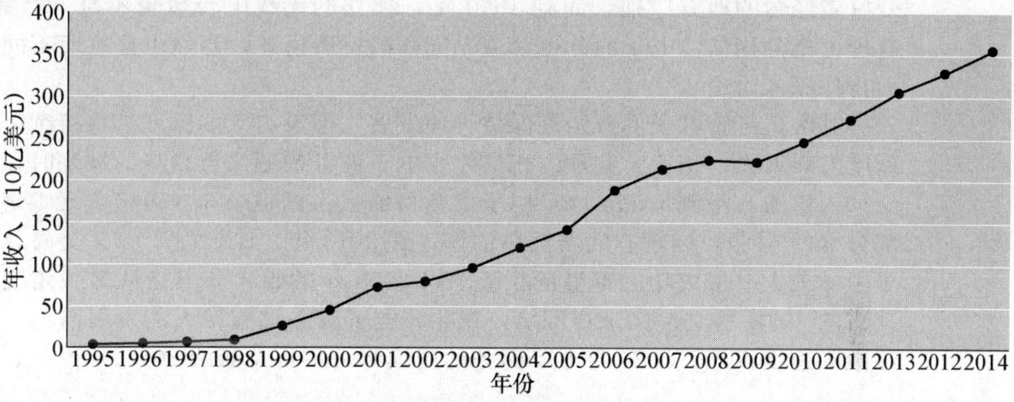

图 1—4　B2C 电子商务的增长

说明：发展早期，B2C 电子商务每年以 2 倍或 3 倍的速度增长，尽管 2009 年经济萧条时期，B2C 电子商务的增长速度减缓为 5%，但 2010 年又上升为 12.5%。

资料来源：Based on data from eMarketer, Inc. , 2010a; authors' estimates.

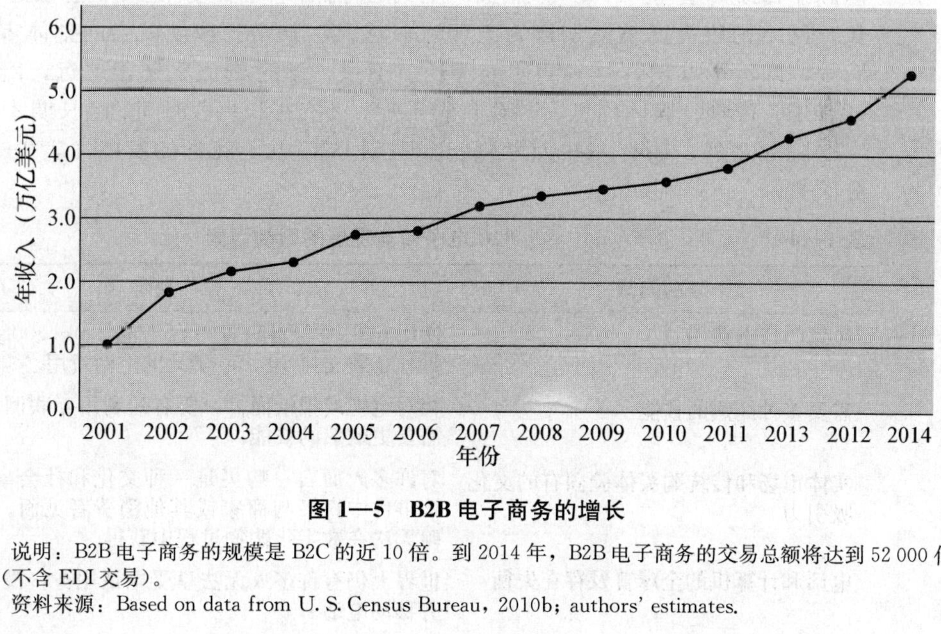

图 1—5　B2B 电子商务的增长

说明：B2B 电子商务的规模是 B2C 的近 10 倍。到 2014 年，B2B 电子商务的交易总额将达到 52 000 亿美元（不含 EDI 交易）。

资料来源：Based on data from U. S. Census Bureau, 2010b; authors' estimates.

1.1.10 正确认识技术和电子商务

尽管电子商务在许多方面都是新生的、与众不同的，但是正确看待电子商务也是很重要的。首先，许许多多的技术都极大地改变了美国乃至全世界的商务活动，互联网和万维网只是其中的两种。每一种技术都产生了新的业务模式和战略，带来商业优势和利润。这些技术在发展早期也都保持着惊人的增长，数以千计的企业因此崛起。但接下来是痛苦的行业紧缩，最后只有成功应用新技术的大型企业得以站稳脚跟。以汽车为例，1915 年，美国有 250 多家汽车生产商，到 1940 年就只剩下 5 家。再如无线电技术，1925 年，全美国有 2 000 多家无线电台，大部分是由业余爱好者经营的地方广播，而到 1990 年，独立的无线电台数量不足 500 家。因此，有理由充分相信，电子商务也会遵循同样的发展模式，当然也会有所不同，本书后面将作深入讨论。

其次，尽管电子商务始终保持飞速发展，但没有人能保证其将持续以如此快的速度发展下去。相反，有理由相信，当电子商务遭遇来自自身的缺陷时，其发展将会陷入停滞。举例来说，B2C 电子商务目前只占据整个 3.9 万亿美元零售市场的小部分（约 6%），以现有的增长率估算，到 2013 年，B2C 电子商务交易总额仍将低于全球最大、最成功的零售企业沃尔玛 2008 年的收入。当然从另一角度看，目前只有 6%的零售交易额来自网络，意味着电子商务拥有巨大的发展潜力。按目前两位数的速度发展，2020 年电子商务的规模将占零售总额的 20%。

1.1.11 B2C 电子商务发展的潜在障碍

数据显示，未来 5 年电子商务将以 10%的速度持续增长，比早期的增长率低，但高于传统零售业（4%）。然而，有理由相信电子商务收入不会永远以该速度增长。网络销售占据整体零售的比重越来越大，其增长速度就会向整体零售增长速度看齐，即每年以 5%～6%的速度增长。不过，该时刻似乎还很遥远，网络销售（包括音乐、视频、媒体信息、游戏、娱乐等）还有很长一段时间的增长期才会达到顶点。

除此之外，还有一些因素可能会限制 B2C 电子商务的发展，表 1—4 列出了部分因素。

表 1—4　　B2C 电子商务发展的限制因素

限制因素	说明
昂贵的技术费用	使用互联网需要购置一台价值 200～300 美元的电脑，每月还须支付 10～50 美元的上网费用。
需要多种娴熟的技能	相对电视或报纸而言，要有效利用互联网和电子商务，需要更娴熟的技能。
实体市场和传统购买体验固有的文化吸引力	对许多人而言，购买是一种文化和社会事件，人们在该事件中直接与商家或其他消费者见面。这种社交体验无法在数字化购物过程中获得。
电话和计算机的全球普及存在失衡	世界上仍有许多人无法享受电话服务，没有 PC，也没有移动电话。
饱和度和天花板效应	互联网用户规模增长放缓，其数量正在接近人口总量。

有些限制性因素可能会在未来几十年中逐步消除。例如，初级配置的计算机（如上网本）的价格已降至 200～300 美元/台，虽然对许多人而言，这仍然是一笔大支出。其他互联网客户端设备（如智能手机）的价格也大概在该区间内。在成本降低的同时，计算机的功能却不断增强，如实现与电视集成，可提供到休闲电影图书馆的链接，按观看影片的数量收费，还能提供大量娱乐软件。这些都有可能提高互联网在美国家庭的普及率，使之到 2014 年赶上有线电视的水平（约为 80%）。计算机的操作系统也会摆脱现在的 Windows 平台，使用更为简洁的界面，如 iPhone、平板电脑的界面。

无线网络技术能够最有效地减少互联网接入障碍，详细内容见第 3 章。如今，消费者可通过移动设备接入互联网，如移动电脑（手提电脑和上网本）、智能手机和 iPad。2010 年，大约 8 300 万人（占美国网络用户的 37%）使用移动设备上网，预计 2013 年该数字将增加至 12 600 万（eMarketer，Inc.，2010b）。图 1—6 显示了 2008—2013 年移动互联网的快速发展过程。

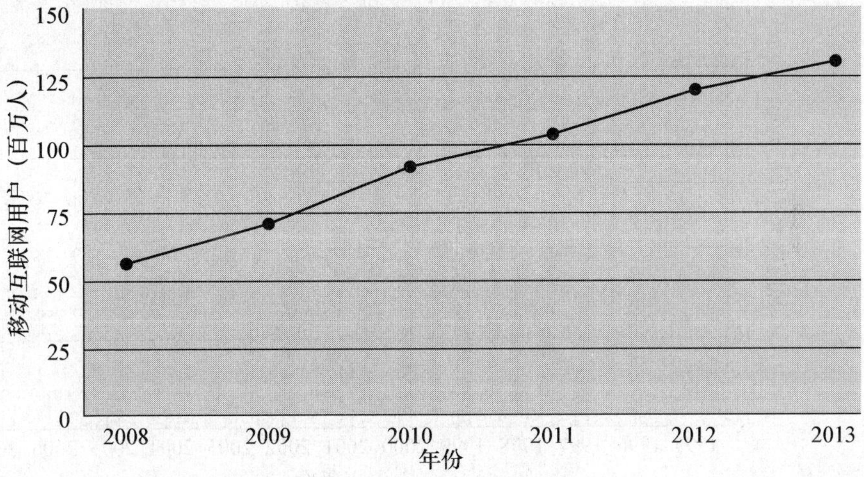

图 1—6　美国移动互联网

说明：移动互联网用户的增加将极大地刺激移动电子商务的发展。
资料来源：Based on data from eMarketer，Inc.，2010b.

总而言之，目前限制电子商务发展的技术因素将在未来几十年里退到次要位置，而社会和文化因素却不太可能改变。网络正在快速发展，许多人将会发现虚拟购物更加有趣。

1.2　电子商务发展历程

尽管电子商务出现不过几十年的时间，却已有自己的发展历史。电子商务的发展可划分为三个阶段：电子商务最早始于 1995 年，商界开始广泛在网络上发布商品广告，这是电子商务的快速发展和变革时期；但 2000 年互联网企业的股票价格触顶下滑，电子商务的飞速发展也出现中断，由此电子商务的发展进入第二阶段，人们开始冷静地重估电子商务企业的价值，之后电子商务又重新以两位数的发展速度继续增长；2006 年社交和用户生成内容网站的出现促使电子商务进入重新定义的时期。

1.2.1 1995—2000 年：电子商务的变革期

早期电子商务是美国商务历史上前景最令人欣慰的时期之一。当时电子商务的核心概念已经形成。数以千计的网络公司涌现出来，投入该领域的金融资本超过 1 250 亿美元，是美国历史上风险资本投入规模最大的一段时期。图 1—7 描述了 1995—2009 年间互联网企业所获得的风险资本投资额。可以看出，2000 年以后风险资本投入大幅降低，但仍比 1996 年以前的额度要大。经历 2008 年年末和 2009 年年初的金融危机后，2010 年电子商务的投资额再次恢复增长（Pricewaterhouse-Coopers，National Venture Capital Association Moneytree Report，Data：Thomson Financial，2010）。

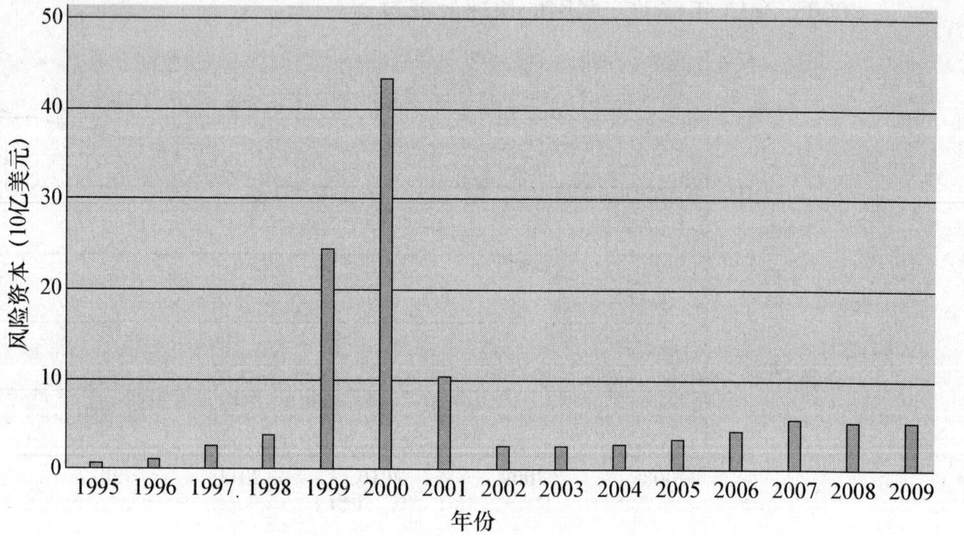

图 1—7 互联网企业的风险投资额

说明：互联网企业的风险资本投资额在 1999—2001 年期间达到顶峰，但 2002—2009 年间的数额仍然比 1999 年之前要高。

资料来源：Based on data from PricewaterhouseCoopers/National Venture Capital Association MoneyTree Report，Data：Thomson Financial，2010.

对于计算机科学家和信息技术专家来说，早期电子商务的成功是一系列信息技术发展的有力证明。这些技术的发展有 40 多年的历史，经历早期的互联网，到 PC 机的出现，再到局域网使用等各个时期。技术的发展目标是要形成全球统一的通信和计算环境，使得全世界任何人都可利用成本低廉的计算机进入这一环境，即建立由 HTML 页面组成的全球统一知识库，将数亿个人与成千上万的图书馆、政府和科学机构的信息都存储到这些页面中。人们为这样的事实而欢呼，即互联网不受任何个人或组织的控制，对所有人都是免费的。人们认为互联网应该保持这种自我管理、自我约束的状态，在互联网基础上发展起来的电子商务自然也应如此。

对于经济学家来说，早期的电子商务几乎是完美的市场：参与者获得的价格、成本和质量等信息一致，市场上有无穷多的供应商相互竞争，而消费者能获得世界上任何市场的相关信息，商家也能获得无数消费者的信息。互联网的发展衍生出数字市场，该市场中信息几乎是完美的——这在现实世界不可能发生。在信息近乎完美的虚拟市场里，搜索商品种类、价格、支付方式、订单履行情况的成本都大幅下降，因此交易成本将大大降低（Bakos，1997）。新搜索工具“购物机器人”（shopping bot）能自动地搜索整个网络，查找最优价格和最佳送货时间。对于厂商来说，搜索消费者的成本也会降低，因为可根据每个客户的需求打造个性化的广告，减少无用广告的浪费。对于消费者来说，价格甚至成本都更加透明，消费者如今能够快速、准确地知道全球大部分商品的最低成本、最佳质量。因此，信息的不对称大大减少了。有了互联网即时沟通的特性，有了强大的销售信息系统，有了低成本地调整网络价格（低菜单成本）等优势，生产厂商就可以根据实际需求给产品动态定价，全国实行统一价格和建议价格的局面得以打破。这也将导致市场上中间商作用的削弱甚至消失，即**非居间化**（disintermediation）。作为生产者和消费者之间的中介，分销商、批发商等都要收取一定的费用，以致成本上升，但中介环节却基本不增加价值。生产商和内容创造者将与客户直接建立市场关系。电子商务所导致的激烈竞争、中间商的减少和低廉的交易成本将会使商品品牌不复存在，同时也消除品牌、地理位置、生产要素等专有权带来垄断利润的可能性。服务和产品的价格将下降至某个合适的点：价格刚好等于生产成本加上资本的市盈率，再加上企业家所付出努力的一点小小回报（该项通常不可持续）。给投资资本带来巨大收益的不公平竞争优势（某个竞争对手拥有，其他人则没有）将不复存在。这种愿景称为**无摩擦商务**（friction-free commerce）（Smith，et al.，2000）。

对于现实世界中的企业家及其赞助商和市场专家而言，无摩擦商务与他们自己的目标还相距甚远。对这些人来说，电子商务代表的只是赚取远高于平常的投资收益、远高于资本的借贷成本的机会。电子商务的虚拟市场空间只是代表使用互联网及一套低价、通用、有效的营销沟通技术（电子邮件和网页）与数百万消费者沟通的渠道。营销人员可借助这些新技术完成以往的工作——如按照不同的需求和价格敏感性来细分市场，根据不同的品牌和促销信息来定位细分市场，确定每个细分市场的产品和价格等——而且能够更加精确。在这类新的虚拟市场中，**最先行动者**（first mover）将获得超额利润。所谓最先行动者，是指最早进入某一特定领域的市场并迅速获得市场份额的企业。最先行动者能够迅速地建立庞大的客户群，尽快树立品牌知名度，建立全新的分销渠道，通过网站独有的特点和最佳界面设计给用户设置一种转移成本，从而阻止其他竞争对手进入。利用新技术，网络企业能够创造传统商家无法具有的大信息容量、社区性的商务特点。这类“消费社区”也能为网络企业增加价值，而且传统厂商很难模仿。网络企业认为，消费者一旦习惯于某家企业的独特 Web 界面和其他特性，就不会轻易地改变，转向其他竞争厂商。理想的情况是，有创新精神的企业能发明适当的技术和技巧为大多数用户所用，从而营造一种网络效应。当所有的人都可以从其他人使用同样的工具或产品这一事实中得益时，**网络效应**（network effect）就发生了。这类工具或产品可以是通用的操作系统、电话系统，或者是诸如即时信息传递等应用软件，它们都具备共同特性，即使用的人数越多，其所带来的价值也就越大。① 成功的最先行动者将取代传统零售商和内容提供商，成为电子商务新的中间商，通过对消费者所获得的产品或服务价值收取一定的费用来获得利润。

---

① 网络效应可用梅特卡夫定律量化表示，该定律假设网络的价值随用户数的增加而提高，是用户数的平方。

企业家认为，要获取网络效应，就应该实行低价策略，以吸引消费者并阻止潜在的竞争对手。毕竟电子商务是一种全新的购物方式，所以必须向消费者提供直接的成本节约。相比传统的“砖块加水泥”型企业（甚至是直邮目录销售的企业），网络企业开展商务活动要有效得多，同时其获取新客户和留住客户的成本也要低得多，这些优势无疑会物化成商业利润。对创业初期的网络企业而言，由于环境的动态多变，市场份额、网站访问人数（眼球）和总销售额就远比赚取利润重要得多。因此，电子商务早期，企业家和风险资本家都知道，超额的利润需要经过若干年的亏损后才能实现。

早期电子商务的推动力就是新技术可能带来超额利润的愿景。这一阶段，企业的经营重点主要放在迅速提高市场知名度上，其资金来源主要是风险资本基金。这一阶段强调的思想意识是网络不受控制的“荒蛮西部”特性，认为政府和法律不可能对互联网加以限制和监管，而传统企业的节奏太慢，过于官僚和僵化，无法在电子商务的竞争中立足。有创新精神的新兴企业就成为早期电子商务应用实践的推动力，风险资本为其提供巨额资金。这一阶段的重点主要在于对传统分销渠道的解构（瓦解）和现有渠道的非居间化，以及利用纯粹网络企业获得最先行动者优势。总而言之，这一时期电子商务的特征是实验性、资本化和过度竞争（Varian, 2000a）。阅读商务透视专栏“2010年，互联网投资的指导原则——‘面条经济’”，进一步认识电子商务企业的筹资渠道。

商务透视

2010年，互联网投资的指导原则——“面条经济”

近几年可谓自20世纪30年代大萧条以来世界经济最为低迷的时期，按理说互联网投机性投资无疑会停滞，然而事实却并非如此。尽管2009年互联网领域风险资本交易额同比下降39%，与其他行业一样处于1997年以来的历史最低水平，但2010年第一季度的报表却又见曙光，风险资本交易额同比仅下降14%。从股票投资者的视角看，2009年和2010年高科技板块正是机遇所在。2009年高科技股上涨59%，而广义标准普尔500指数只上涨23%。高科技板块成为股市热门。

尽管经济萧条期互联网风险资本投资总额下滑严重，但不少刚起步的网络公司在2009—2010年间却获得可观的投资或被高价收购。例如，Intuit以1.7亿美元的价格收购个人理财网站Mint.com；笔记软件公司Evernote.com成功融资近1 000万美元；订餐网站OpenTable成功上市；2010年5月美国教材租赁网站完成第二轮融资，融资额为1 000万美元。

如果说互联网技术是电子商务的车轮，资金就是电子商务的燃料——只有有了资金，电子商务才能前进。1998—2000年间，总计约1 200亿美元的风险资本投入到12 450家互联网公司。其中有1 262家公司通过投资银行首次公开募股（IPO）上市。要准备IPO，投资银行家首先会分析公司的财务报表和商业计划，试图预估公司的市值，即投资大众愿意花多少钱购买该公司股票以及公众和其他机构会认购多少股份。之后投资银行承销该公司股票，在公开的证券交易所销售，并从承销业务中赚取可观的费用。如今，上市的基本流程没有发生变化，上市的方式却随着电子商务的发展而今非昔比。

电子商务早期（1998—2000年），网络公司首次公开发行的股票经常是一路飞涨，几分钟内就冲到了涨停板。有些股票的价格甚至在首个交易日就上涨了3～4倍，其中只有50%被视为合理溢价。因此，IPO优先认购权，即首个交易日公开交易前优先购买一定数量的股票，就成为预留给一些大机构、投资银行家的朋友和其他投资银行家的特权。有些承销商将IPO股票出售给企业客户的管理层，以此换取未来的承销业务，这种技术被称为“用股票钓鱼”。1999年，证券交易委员会宣布这种行为是违法的。

那些在这一时期IPO的网络公司随后又怎么样了呢？据一家名叫Thomson Financial的金融服务研究机构的资料，1998—2000年间上市的网络公司中，有12%的企业股票价格在2001年4月跌到了1美元甚至以下。这一事实让人震惊不已，想想当初这些公司的股价曾在很短的时间内上涨至如今的10～100倍。2007年，也就是互联网发展巅峰的7年之后，至少有5 000家互联网企业倒闭或被收购。当然，事情也有好的一面，研究表明早期互联网公司的年死亡率为20%，与其他行业繁荣期的死亡率持平。2007年，这些公司中仍然有近半数生存下来。

2000年3月互联网泡沫的破灭，标志着电子商务由繁荣时期进入变革阶段。风险资本开始转变“快速做大”和“先发优势”的投资理念，转而投向那些已经实现盈利的网络公司。这一时期，投资机构共斥资2 000亿美元的资金收购了4 000多家网络公司，收购的热点包括网络零售商（如eBay斥资6.2亿美元收购Shopping.com，E.W.Scripps以5.25亿美元的价格收购Shopzilla）、网络广告公司（如私募基金Hellman & Friedman以11亿美元收购DoubleClick）、搜索引擎（如在线旅游服务公司IAC以18.5亿美元收购Ask Jeeves，更名为Ask.com）、网络社区（纽约时报以4.1亿美元收购About.com）。然而，该时期最具标志性的事件是2004年谷歌的首次公开募股。谷歌早在上市3年前就已实现盈利，基于搜索的广告模式为公司持续创造不菲收益。当时社交网站才刚刚起步，并不被人们看好。但是，2005年7月鲁伯特·默多克新闻集团旗下的福克斯互动媒体公司却以5.8亿美元的高价收购Myspace。

到2006年，以财务绩效作为投资原则的时期逐渐落幕。风险资本再一次将赌注放在“快速做大”的网络公司上。高科技公司又一次成为投资热点，而这时用户规模是风险投资最重要的标准。2007年，谷歌公司的股价已从2004年首次发行的85美元飙升至750美元。2006—2008年间上市的科技公司中，62%没有实现盈利（低于2000年的85%）。YouTube公司是迄今为止“快速做大”模式无可匹敌的领先者。公司尚未盈利，但其2008年的总收入已达近2亿美元。谷歌确信YouTube的3 200万名用户具有巨大的潜在价值，因此斥资16.5亿美元收购YouTube。对于当时拥有300亿美元现金储备的谷歌来说，以这个价格购买一座“金矿”非常值得。华尔街的报道似乎也对此有所暗示。

谷歌收购YouTube的行为开启了所谓的“社交网络投资泡沫”。创办于2004年的Facebook此前一直只吸引到少量风险资本，但现在却有大量资本涌入，其中不仅包括风险资本，还包括私募股权公司和微软等商业巨头。这些机构的投资动机与谷歌一致：社交网络属于“赢者通吃”的市场，一旦确立行业领先的地位，其他企业根本无法抗衡，最后就只剩下一个赢家，其余的公司则被收购或倒闭。2008年年末和2009年全年，由于经济衰退，风险资本交易额跌落到1997年以来的最低水平。IPO市场几乎不对电子商务和互联网公司开放。但是，曾投资初创网络公司的天使投资者仍在继续投入，投资资金在50万～100万美元之间。如今新网站的建设成本大幅下降，利用现有技术测试互联网新商业理念的可行性，只要少量资金就能完成。2010年互联网投资的关键词是“LILO”：少量资本进入，大量资金流出。投资者正在寻找经济萧条期不受影响的“面条生意”，即那些自身能依靠低成本、高收入度过萧条期的网络公司。如今，新创办的网络公司更多的是靠可行的好点子驱动，大量资本涌入未经尝试的想法的现象已不多见。

资料来源：“Bookrenter Binds Up ＄10M More As Textbook Rentals Spread,” by Tomio Geron, *Wall Street Journal*, June 3, 2010；“Venture Capital Investing Has Modest Start in 2010 Amidst Economic and Market Uncertainty,” National Venture Capital Association and Price Waterhouse Coopers, press release, April 16, 2010；“Mint.com：Nutured by Super-Angel VCs,” by Spencer Ante, *BusinessWeek*, September 15, 2009；“The New Internet Start-Up Boom：Get Rich Slow,” by Josh Quittner, *Time Magazine*, April 9, 2009；“OpenTable IPO Lifts Hopes on the Stock Exchange,” by Deborah Gage, SFGate.com, May 22, 2009；“Was There Too Little Entry During the Dot Com Era?” by Brent Goldfarb, David Kirsch, and David Miller, Robert H. Smith School Research Paper No. RHS 06-029, April 24, 2006.

2000 年互联网企业股票价格的崩盘结束了早期电子商务的发展。回顾电子商务发展的前几年，显然其成功很大部分归功于互联网和万维网技术的发展，它们使电子商务年交易额从数千美元提高到数十亿美元。2010 年，B2C 电子商务产生 2 560 亿美元的收入，B2B 电子商务交易额则高达 36 000 亿美元，美国的网络买家人数增加至 13 300 万。电子商务技术架构的巩固和提高奠定了未来几十年电子商务高速发展的基础，后面章节将详细描述这一点。互联网的规模扩张迅速，电子商务中的“电子”就是其成功的基石。

从商业角度来看，早期电子商务成败参半，也带来了很多惊喜。1995 年出现了许多互联网企业，到 2010 年存活下来的只有 10%，而这其中只有少数企业是盈利的，但网络 B2C 商品和服务销售仍然在增长。消费者已然将网络作为商品信息的主要来源，不论这些商品是来自网络还是来自“砖块加水泥”的传统商店，对电器、汽车、电子产品等贵重消费品尤其如此。这类“受互联网影响”的商务难以估计，但 2009 年网络产生的销售收入约为 9 170 亿美元（Forrester Research, 2010）。2010 年，B2C 电子商务（网络购买和受网络影响的实际店铺购买）的收入超过 1 万亿美元，占总零售额的 25%。电子商务的“商务”功能十分奏效，至少在吸引消费者和产生利润方面都是如此。

1.2.2　2001—2006 年：电子商务的巩固期

2001—2006 年是电子商务的巩固期，电子商务的重点从“技术导向”转变为“商务导向”。大型传统企业已经学会如何使用互联网来加强市场地位和巩固品牌，相对于建立新品牌，它们更注重巩固已有的品牌。随着风险资本有意避开新兴行业，电子商务行业融资较为困难，而传统银行融资的成本更高。

1.2.3　2006 年至今：电子商务的再定义期

2006 年开始，电子商务进入第三个时期。谷歌和一些新兴媒体公司（如 MySpace）推动电子商务突破原有局限，走向更广阔的未来。电子商务的再定义包括互联网技术的延伸和基于用户生成内容以及社交网络的新商业模式。与其说这一时期的出现是一种技术或商业现象，不如说它是一种社会现象。新商业模式聚集了大量的使用者，虽然目前大多未能盈利，但最终大多数模式都能盈利。

表1—5总结了这三个时期电子商务的特征。

表1—5 电子商务的演变

1995—2000年 电子商务变革期	2001—2006年 电子商务巩固期	2006年至今 电子商务再定义期
技术推动	业务推动	受众、客户和社区推动
以资本增长为重点	以收入和利润为重点	以受众和社交网络为重点
风险资本融资	传统融资	较少的风险资本投资，早期的小公司被大型网络公司收购
无管制	管制力度变强	政府监管范围更广
创业型企业	大型传统企业	大型的"纯"网络企业
非居间化	中间性加强	小型网络中间商租用大企业的业务流程
完美市场	非完美市场、品牌和网络效应	持续的网络效应，社区竞争
单纯的网上策略	混合的"鼠标加水泥"策略	在新市场中运用纯网上策略，在传统市场中使用鼠标加水泥策略
最先行动者优势	策略跟进者优势，免费资产	新市场有最先行动者优势，传统企业采取跟进策略
复杂度低的零售产品	复杂度高的零售产品	服务

1.2.4 评价电子商务：成功、惊喜和失败

虽然电子商务在吸引消费者和提高收入方面表现不俗，但电子商务早期建立的许多愿景显然尚未实现。例如，经济学家所憧憬的"无摩擦"商务就没有完全实现。虽然网络价格一般较低，但低价往往是企业把价格降到成本之下销售的结果。消费者对于价格没有预期的那么敏感，更令人吃惊的是，收入最高的网站常常是价格最高的。网络上的价格差异仍然存在，甚至更严重：2000年产品的最低价与平均价之间的差异为8%，2010年该数字上升到了10%（Nash-equilibrium. com，2010）。换言之，网络上同一产品的价格和平均价格之间的标准差可达10%。货比三家！单个世界、单一市场、统一价格的设想没有实现，因为企业找到了区分产品和服务的新途径。虽然大多数商品的网络价格平均比实体店的价格低20%，但有时网络商品的价格也会高于线下商品，尤其是将运费考虑进去后。比如，图书和CD的价格差异会高达50%，机票的价格也会相差20%（Baye，2004；Baye，et al.，2004；Bailey，1998a，b；Brynjolfsson and Smith，2000；Aguiar and Hurst，2008；Alessandria，2009）。商户通过采取"游击定价"或者说实时更新价格法让竞争者永远都不知道自己的定价（消费者也不知道）；或者通过难以捉摸的价格诱导消费者从低毛利产品转向所谓的"更高质量"的高毛利产品，以此来适应网络竞争环境。电子商务环境中品牌依然很重要，因为消费者更愿意相信知名品牌商，认为这些企业会提供高质量的产品并按时送货（Slatalla，2005）。

最具市场效率的完全竞争模式并没有真正实现。商家和市场参与者的信息不对称依旧存在。虽然搜索成本已全面下降，但是完成电子商务交易的实际交易成本依旧很高，因为用户要做的决定太多，太令人困惑。比如，商家实际送来的会是什么

商品？什么时候送货？商家是否真的有目录里列出的商品？如何填写订单？很多电子商务购买在使用购物车的阶段就终止了，原因就是消费者面临的这些不确定因素。对于很多产品而言，直接打电话给一个可靠的产品目录商比在网上下订单要容易。最终，居间化并没有像设想的那样消失，大多数生产商没有采用戴尔的网络直销模式（生产商直接销售给消费者），甚至戴尔也转向了混合模式，倚重门店销售，例如消费者可在门店中试用键盘和显示屏。Apple Stores 是非常成功的实体店销售设备商。人们仍然喜欢在实体店中购物。

如果说有什么是实现了的话，那就是电子商务为中间商创造了许多新的机会，使得它们可以把内容、产品和服务引入到门户网站中，从而成为一种新的中间商。雅虎、MSN、亚马逊和第三方旅游网站 Travelocity、Orbitz、Expedia 就是这类新型中间商的实例。如图 1—8 所示，尽管电子商务为“纯”网络公司的建立提供了机会，但并没有将已有的零售链和目录商从业务中驱逐。事实上，零售商店比“纯”网络公司更多地使用网络销售。

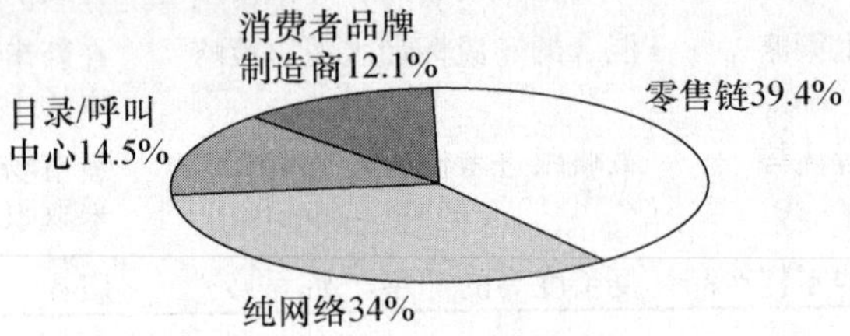

图 1—8　以公司类型分类的网络销售份额

说明：“纯”网络公司的收入低于网络零售公司收入的 1/3。
资料来源：Based on data from Internet Retailer，2010；eMarketer，Inc.，2010c.

许多企业家和风险资本家对于电子商务的预期也没有变成现实。最先行动者的优势只在很少的网站得到了体现。从以往的历史看，最先行动者就是长期的亏损者，最先进入市场的开拓者总是被那些具备开发成熟市场所需的财务、营销、法律和产品资产的“快速跟进者”取代，电子商务也是如此。大量的电子商务最先行动者，如 eToys、FogDog（主营体育产品）、WebVan（杂货店）和 Eve.com（主营化妆品）都已经破产。在电子商务早期，赢得消费者和保持消费者的成本是非常高的，如 E* Trade 和其他金融服务企业吸引一个新的客户要花费 400 美元。在网上开展商务活动的总成本包括技术成本、网站的设计和维护成本、建立数据库的成本，所以并不比那些最有效率的“砖块加水泥”的商店少。不管公司的网络是否存在，一个大仓库都要耗资数千万美元，而且运营仓库的知识是无价的，也是不会消失的。虽然网上企业最初的创立成本可以勉强应付，但随后试图通过抬高价格来获得盈利的方法则会导致大量消费者的背离。从电子商务商家的角度来看，e-commerce 中“e”并不是简单容易（easy）的代名词。

1.2.5　未来的预测：电子商务将带来更多的惊喜

过去的 10 多年里，电子商务发生了翻天覆地的变化，它的未来是不可预测的，只能说它将给我们带来更多的惊喜。电子商务的未来可以借助五个要素来定义。首先，毫无疑问，电子商务技术，包括互联网、万维网以及越来越多的无线互联网设备（构成了包括智能手机如 iPhone、安卓、黑莓、iPad 等在内的移动数字平台），将会继续在所有的商务活动中得到推广。在经历了2009年的平缓期后，2010年开始，电子商务（包括产品和服务）的总收入将继续增加，到2014年很可能达到10%～12%的年增长率。在网上销售的产品和服务数量以及订单量都将以两位数的比例保持增长，美国的网络购物人群也在以5%的年增长率持续增加。电子商务早期以书籍、计算机软件和硬件类为主，近几年，网络产品种类不断扩大（见表1—6）。随着电子商务中诚信体系的不断成熟，这一趋势将会持续下去（见第9章）。

表1—6　　2009年各类商品的网上零售额

分类	年销售额（10亿美元）
大众商品/百货	43.6
计算机/电器	23.8
办公用品	17.6
服饰/配件	14.9
图书/光盘	4.7
家居/家具	3.5
保健美容用品	3.5
五金制品/家居装饰	2.8
非服饰专业用品	2.7
食品/饮料	2.7
鲜花/礼品	2.7
体育用品	1.8
玩具	1.3
珠宝	1.1

资料来源：Based on data from Internet Retailer，2010；authors' estimates.

第二，电子商务价格会提高，以弥补网络交易的真实成本，这个定价会使消费者感受到网上购物的好处，同时让投资者获得合理的投资回报。第三，电子商务的边际收益（收入与成本之差）和利润将会提高到所有零售商的一般水平之上。第四，参与者将会发生根本的变化。具有良好基础和丰富经验的《财富》500强传统企业将在电子商务中扮演越来越重要的角色，同时新型企业也会快速获得大量的网络客户，因为它们能提供传统企业不熟悉的新产品和新服务。互联网的用户数将进一步增加，处于领先地位的前25个网站将拥有90%的互联网用户，占据网络销售总额的1/3。表1—7列出了2009年网络销售额最高的前25家网站，该表揭示了著名的传统品牌必将出现的趋势，如表中前15名包括Staples、Office Depot、OfficeMax、西尔斯、百思买、索尼、好市多、沃尔玛和惠普。

表1—7　　2009年网络销售额最高的前25家网络零售商

网络零售商	网络零售额（10亿美元）
亚马逊	24.5
Staples	9.8
戴尔	4.5
苹果	4.2
Office Depot	4.1
沃尔玛	3.5

续前表

网络零售商	网络零售额（10亿美元）
OfficeMax	2.8
西尔斯	2.8
CDW	2.5
百思买	2.5
Libery Media	2.4
新蛋	2.3
索尼	1.8
Netflix	1.7
好市多	1.6
杰西潘尼	1.5
惠普	1.5
Victoria's Secret	1.4
W. W. Grainger	1.4
塔吉特	1.2
马狮	1.2
Systemax	1.2
Gap	1.1
L. L. Bean	1.1
HSN	1.0

资料来源：Based on data from Internet Retailer，2010；company reports on Form 10-K filed with the Securities and Exchange Commission；eMarketer，Inc.，2010c.

第五，获得成功的纯网上企业的数量将进一步减少，大多数成功的电子商务企业将采用混合网上/线下实体店销售的策略，把传统的销售渠道（如实体店铺和印刷的产品分类目录）与网上销售结合起来。例如，传统的分类销售公司 L. L. Bean 已经转向混合销售，而且其过半的销售额来自网络销售渠道；宝洁公司将继续开发像 Tide. com 这样的大信息容量网站；大型汽车制造商将继续改进网站的内容和质量，尽管它们不会和消费者建立直接的销售关系，但是它们可以利用网络来辅助经销商销售（从而加强了传统的中介渠道）。

电子商务的未来预期之一是：无论是在美国还是在全世界，电子商务的监管力度都会加大。早期，计算机科学家和信息技术专家的观点是应该让互联网自我调整、自我监管，但现在各国政府已经开始对此表示质疑。互联网和电子商务获得了很大的成功并得以普及，已经直接渗透到了各个国家和文明的社会、文化和政治生活中。纵观历史，当某种技术获得了社会中非常重要、强大且显而易见的地位时，它就会成为监管的对象，目的是使该技术能发挥积极的社会作用，确保公众的安全和福利。无线电、电视、汽车、电力和铁路都是监管和立法的对象，电子商务也是如此。美国国会已经提出了一系列对互联网和电子商务中各种行为进行监管控制的立法提案，内容涉及消费者接触色情内容的隐私、赌博以及加密问题等。可以预计，随着电子商务影响面的扩大及其重要性的提高，美国以及全世界在电子商务监管方面的努力还会继续加强。

能源成本是影响电子商务发展的新因素，尤其是汽油和柴油。随着燃油成本的上升，去实体店的交通成本也会变昂贵，网络购物可以节约消费者的时间和能源成本。有证据表明，由于能源成本，门店正在改变习惯和场地，越来越倚重网络销售。

总而言之，未来的电子商务将会和传统零售渠道组合，以服务为主，媒体公司也会拓展其网络市场。亚马逊和 eBay 等早期的电子商务企业正逐步改善自身的财务状况，巩固市场地位；众多具有潜力的新公司如 Facebook、Twitter、MySpace 和 Photobucket 也迅速成为企业新星，数月间就获得众多的新用户。

1.3 理解电子商务：将几个主题有机地组织起来

全面理解电子商务对于教师和学生来说都是一件困难的事情，因为电子商务所涉及的领域太广泛，没有哪个独立学科能囊括电子商务的所有内容。经过多年的电子商务课程教学和编写本书后，我们开始意识到“理解”电子商务是一件多么困难的事情。不过我们探寻到一种有效的途径，把电子商务看做由三个相互联系的宽泛主题组成的，即技术、商务和社会。这里的顺序并不代表其重要程度。本书所遵循的思路只是依照所要理解和描述的问题特性来列出这三个主题。不过，就像历史上技术驱动商务革命一样，这也是一个循序渐进的过程。技术总是最先发展的，紧接着就是这些技术在商务领域的开发和应用，而一旦技术在商务领域得到广泛运用，就会产生一系列的社会、文化和政治问题。

1.3.1 技术：基础设施

数字计算和数字通信技术的大量应用是新涌现的全球数字经济——也就是我们所说的电子商务——的核心。要理解电子商务未来可能的发展，就需要对作为其基础的信息技术有一个基本的了解。电子商务首先是由技术驱动的，它依靠的是大量的信息技术和经历了 50 多年的发展历史的计算机科学的基本概念。电子商务的核心是互联网和万维网，具体我们将在第 3 章介绍。在这些技术的背后是大量对其作补充的技术，如个人电脑、手持电话/笔记本（如 iPhone）、局域网、关系数据库、客户机/服务器处理、云计算、光纤交换，等等。这些技术位于复杂的商务应用程序的核心，这些商务应用系统包括企业计算机系统、供应链管理系统、制造资源计划系统以及客户关系管理系统等。电子商务要依赖所有这些技术，而不仅仅是互联网。互联网尽管明显脱离了企业以前的计算和通信技术，但仍是企业计算机应用革命的最近发展，是基于计算机的业务创新链上的一部分。图 1—9 列出了企业计算机应用的各个主要发展阶段，同时也表明了互联网和万维网是如何适应这一发展轨迹的。

图 1—9 互联网与企业计算机应用的革命

计算机技术	业务应用
大型机 1950—1975 年	事务处理自动化 工资单 应收账

续前表

计算机技术	业务应用
小型机 1970—1980年	业务功能自动化 营销 人力资源 设计
个人电脑 1980年至今	桌面处理自动化 文字处理 电子表 数据库
局域网 客户机/服务器模式 1980年至今	工作组自动化 文档共享 计划管理 信息传递、电子邮件
企业级的应用 1990年至今	企业级的自动化 资源计划系统 集成的财务—制造系统 人力资源计划
互联网和万维网 1995年至今	行业系统自动化 供应链管理 客户关系管理 渠道管理系统

说明：互联网和万维网是不断演化的技术链条和相关业务应用的最新部分，都是建立在先前的技术和应用的基础上的。

所以，要真正理解电子商务，你需要了解包交换通信、TCP/IP协议、客户机/服务器处理模式、云计算、移动数字平台、Web服务器、HTML等内容以及软件编程工具如JavaScript和AJAX。所有这些主题都将在本书的第Ⅱ篇（第3～5章）作完整介绍。

1.3.2 商务：基本概念

在技术奠定了基础之后，接下来就是商务应用——它可以带来投资回报的巨大潜力——从而活跃了电子商务，创造了电子商务的吸引力。新技术为企业带来了组织生产和进行交易的新方法。新技术改变了现有企业的战略和规划：原有的战略已经陈旧过时，必须制定新的战略。新技术是伴随着新产品和新服务涌现出来的成千上万新企业诞生的温床，也是许多传统企业的坟墓，如唱片企业。要真正理解电子商务，你需要熟悉基本的商务原理，如数字化电子市场的本质、数字产品、业务模式、企业和行业价值链、价值网、行业结构、数字市场中的消费者行为以及基本的财务分析。我们将在第2章、第6～7章、第9～12章进一步介绍这些概念。

1.3.3 社会：消除破坏力

现在，全美国有1.65亿人在使用互联网，许多人都是出于电子商务的目的，全球则有18亿互联网用户，从中不难看出互联网和电子商务的影响是巨大的、全球性的。电子商务越来越多地受到国家和全球各机构所制定的法律的约束。我们需要了解，从全球电子商务的角度来看，在当代社会要成功地经营一个电子商务企业或全面地理解电子商务会面临什么样的压力。我们在本书中要讨论的社会问题主要包括个人隐私、知识产权和公共福利政策。

由于互联网和万维网被用来跟踪、确认在线用户的身份和行为，所以电子商务也给保护隐私带来了困难。所谓个人隐私保护，是指限制收集与个人有关的信息，并控制这些个人信息的使用。阅读社会透视专栏“谁真正关心网络隐私”，了解电子商务网站如何使用个人信息。

社会透视

谁真正关心网络隐私

2010 年 1 月，Facebook 的创始人马克·扎克伯格接受采访时称，Facebook 等众多社交网络的出现将给“隐私时代”画上句号，社会规范在变化之中。年轻人已经不在意和朋友以及他们的朋友（社交圈子）甚至所有社交用户分享个人信息和偏好。年长的人群仍在很大程度上受传统隐私文化的影响，因而可能不愿接受（多数 Facebook 用户年龄在 35 岁以上）。扎克伯格说，如果 Facebook 是现在而不是多年前创办的，他必定会将用户信息默认设置为公开。2009 年 12 月，扎克伯格如愿以偿地将默认信息设置更改过来。2009 年，Facebook 在隐私条款中声明公司无须征求订阅用户同意，有权将用户信息（姓名、档案、性别）分享到网络上，以便谷歌等搜索引擎能够检索到。2010 年 1 月，公司又宣布推出新的音乐共享服务，能自动将用户潘多拉音乐盒中的歌曲列表分享给好友，事实上任何社交用户也都能访问到。这些举措的支持者认为，“信息展示”的新时代已经到来，人们将进入开放和透明的新纪元。

Facebook 在全球拥有 5 亿用户，其中美国有 1.5 亿。拥有如此庞大的用户群，Facebook 的隐私政策将在很大程度上影响未来几年的网络隐私标准。2010 年 5 月，外国政府、国会、隐私提倡组织和用户对 Facebook 隐私措施的反对声高涨，一度达到历史最高。5 月底，扎克伯格不得不公开发表道歉声明，承诺发布新的隐私政策。这让他深刻体会到，事实上大多数权力机构和用户对隐私都十分在意。

对隐私的争论涉及相当多的经济利益，包括几十亿美元的广告费和交易费。Facebook、谷歌 Buzz、MySpace 以及数百家新创办的社交网站都基于“侵犯隐私”的商业模式，即鼓励甚至要求用户放弃对隐私的控制。这种商业模式依赖于无数用户自愿公开个人信息、偏好和行为，或者为换取某些利益而放弃隐私控制权，然后再将用户信息出售给广告商及其他第三方。“侵犯隐私”是社交网站盈利的主要途径，委婉地说是“用户价值货币化”。

“隐私时代”即将终结这一重磅新闻传到历史学家和法律专家的耳中，引发了他们对隐私基本概念的追溯。早在公元前 542 年罗马共和国宪法就规定，权力机构不得随意侵犯普通公民的个人文件和活动；西方社会现存的重要基本法（从 1215 年的大宪章到 1787 年的美国宪法）都限制政府窥探公民隐私。隐私是民主的基本原则，能够限制政府和私人机构收集和使用个人信息。隐私时代可谓历史悠久。

2004 年 Facebook 的隐私政策与 2009 年截然不同。当时用户完全拥有对信息的控制权。默认的隐私设置是只有受邀的直接好友能够访问用户的个人信息。其他用户看不到任何内容，别的社交网站的用户根本不可能搜索到。这些条款才是数百万 Facebook 用户当年注册时接受的隐私策略。

但是，自2004年以来，Facebook几乎每年都会突如其来地变更其隐私政策，以扩大自身对用户信息和内容的处置权。2007年，Facebook将用户隐私信息开放给其他所有成员；同年，Facebook推出Beacon计划，将用户在44家加盟网站的行为广播给其好友；2009年，Facebook在互联网上公开用户的基本信息，还宣布用户贡献的任何内容都将永久属于Facebook；2010年4月，Facebook推出可在第三方网站上使用的"Like"按钮，其功能类似于已关闭的Beacon系统，点击按钮可向好友发送推荐消息；2010年，Facebook同样未经用户许可就将其个人信息传送给Yelp、微软和潘多拉。谷歌Buzz也不甘示弱，其最新采纳的隐私策略是：基于新订阅用户的Gmail联系人和聊天室好友自动将其加入到预设的朋友圈中。

如今，Facebook和谷歌纷纷意识到用户确实很在意个人信息的所有权和控制权，这些信息不仅包括自愿输入社交网站的内容，还包括使用过的谷歌搜索关键字、YouTube的视频浏览历史等。Facebook每次发布所谓"终结隐私"的服务条款，都会招致数千甚至上百万用户的反对。Beacon计划刚推出时就遭到MoveOn.org团体成员发起的抗议，要求Facebook必须征求用户同意方可将用户行为透露给其他网站。短短10天不到，抗议者数量就突破5万名。2008—2009年期间，Facebook遭受过多次集体诉讼。为安抚用户，Facebook曾推出"选择加入"功能，但并不是默认的设置。即使是这项措施似乎也只是个骗局，用户信息仍然不断地流向Fandango、Blockbuster及HotWire等网站。2007—2008年，Facebook一度公开向用户致歉，2009年最终撤销该项服务，同时花费950万美元来和解集体诉讼。

此后，Facebook还煞费苦心地想要获取用户信息的永久控制权，但都招致用户的强烈反对。50多万名用户加入在线团体进行抵制，迫使Facebook最终放弃其隐私政策。2009年4月，Facebook发表一份新的关于权利义务的原则声明，网络调研表示75%的用户支持这份文件。该项新政策规定用户"拥有自身信息的所有权和控制权"。同时Facebook还增强了账户删除功能，限制对用户许可证书的访问，减少与外部开发者的信息交换。这些举措使用户的反抗情绪有所缓和。不幸的是，"新的"政策过于复杂，整个选择矩阵涵盖上千种选项，这让用户极为困惑。用户根本不愿针对170种信息分类设置不同的访问权限（开放给特定群体、社区用户或互联网用户），结果还是选择默认的"分享"选项。

2010年5月，扎克伯格再度公开道歉，承认"新的"隐私政策过于复杂，表示社交网络用户拥有信息控制权，承诺Facebook将简化信息控制机制。但是，2010年Facebook仍旧推出一系列的新应用，可能在用户不知情的情况下将信息传递给第三方，例如潘多拉音乐盒中的播放列表会分享给广告商。这让用户对扎克伯格的承诺始终保持怀疑。其实，Facebook要做的再简单不过，只需在全球实施统一的隐私控制，将默认设置"全部分享"更改为"从不分享"，由用户选择所要分享信息的好友和网络。

公众对Facebook隐私政策的反对态度引起了国会的关注。2010年4月，纽约参议员查尔斯·舒默（Charles Schumer）联合其他几位参议员要求联邦贸易委员会（FTC）对社交网络是否真正向用户坦白信息政策展开调查。他还表示希望FTC能够出台社交网站隐私使用指导原则，要求所有信息访问都必须经过用户授权同意。这位参议员认为Facebook的新政策是"复杂且难以理解的"，同时指出链接配置文件可谓是"营销数据金矿"，许多垃圾邮件和潜在网络诈骗集团都可能会入侵这些文件。2010年6月，FTC宣布正在测试Facebook的隐私保护措施。FTC主席乔恩·莱博维茨（Jon Leibowitz）接受采访时称："我们一直在密切关注 Facebook。保护消费者隐私和执行法律本就是我们的一大职责。”

资料来源：“Facebook Redesigns Privacy Controls,” by Ben Worthen, *Wall Street Journal*, May 27, 2010; “From Facebook, Answering Privacy Concerns With New Settings,” by Mark Zuckerberg, *Washington Post*, May 24, 2010; “How Facebook Pulled a Privacy Bait and Switch,” by Dan Tynan, *PC World*, May 2010; “Why No One Cares About Privacy Anymore,” by Declan McCullagh, *CNET News*, March 12, 2010; “Technology Coalition Seeks Stronger Privacy Laws,” by Miguel Helft, *New York Times*, March 20, 2010. “Redrawing the Route to Online Privacy,” by Steve Lohr, *New York Times*, February 28, 2010; “Anger Leads to Apology From Google About Buzz,” by Miguel Helft, *New York Times*, February 15 2010; The Constitution of the Roman Republic by Andrew Lintott, Oxford University Press, 1999.

电子商务对以往各种保护知识产权的方法都提出了特别的挑战，因为在互联网上传播知识产权产品——如音乐、图书和 VCD 等无形的脑力劳动产品——的数字化副本几乎是零成本的。

电子商务的全球性还带来国家政策的公正性、平等性、内容管理以及税收问题。比如，美国公共电话设施就受到公共设施和公共设备法规的管理，确保以合理的比率提供基本服务，让每个人都能使用电话服务。这些法律是否应该扩展到互联网和万维网呢？如果一个住在纽约州的人在某家加利福尼亚的网站上购买商品，该商品又是从伊利诺伊州的分拨中心运出，最后送到纽约，那么到底哪个州有权收取电子商务销售税？是否应对使用高带宽服务的用户额外收费？互联网是否应对网络流量使用问题保持中立？关于互联网、万维网和电子商务，国家及其公民又有什么权利？本书将在第 8 章详细阐述这些内容。

1.3.4　与电子商务相关的学科

电子商务涉及面之广泛，需要从多学科的角度来看待（见图 1—10）。研究电子商务的方法主要有两种：技术方法和行为方法。

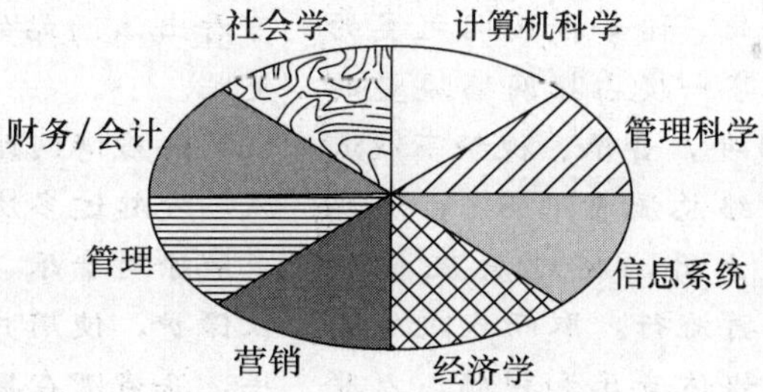

图 1—10　与电子商务相关的学科

说明：在学习和理解电子商务的过程中要涉猎众多学科。

技术方法

计算机科学家对电子商务感兴趣，主要是把它作为互联网技术的应用范例来看待。他们关注的是计算机软硬件、通信系统以及标准、加密技术、数据库的设计和运行等技术的发展。管理学家主要关注的是如何建立业务流程的数学模型以及如何对这些流程进行优化，他们之所以对电子商务感兴趣，是因为他们把电子商务看做研究企业如何利用互联网实现更有效的商业运作的机会。

行为方法

在行为方面，信息系统研究人员主要是对电子商务对企业和行业价值链、行业结构以及企业战略的影响感兴趣。信息系统学科是一个既涉及技术又涉及行为的学科。例如，信息系统专业的技术方面也关注数据挖掘、搜索引擎设计以及人工智能等技术。经济学家关注的是消费者在网上的行为、数字产品的定价以及数字化电子市场的特点。营销专家主要关注营销、品牌发展和延伸、消费者在网上的行为，以及互联网技术在细分和定位客户群体、区分产品方面的能力。经济学家和营销专家在某些方面的研究是一致的，如电子商务中消费者对于营销和广告宣传的反应，企业建立品牌、细分市场、确定目标客户和定位产品从而获得高于平均利润的投资回报的能力。

管理学家主要关注企业的创新行为，关注新创企业在短期内健全组织结构所面临的挑战。财会研究人员主要关注电子商务企业的价值和电子商务环境下的会计实践。社会学家——一定程度上也是心理学家——则主要研究一般大众使用互联网的情况、由于互联网效益的不均衡造成的社会不平等现象，以及 Web 作为个人和组织沟通工具的使用情况。法律学者则对保护知识产权、保护隐私以及内容监控这类问题感兴趣。

上述学科没有哪个可以主宰电子商务。我们所面临的挑战是要对各学科都有足够的了解，只有这样才能全面把握电子商务的重要意义。

案例研究

海盗湾：流媒体终结非法下载

版权音乐下载（不管是以合法还是非法形式）是当前互联网最流行的活动之一，21岁以下的人群尤其如此。诸如校园网之类的网站中，非法音乐共享一度占据网络流量的一半以上。然而2010年，音乐、视频下载流量急剧下降，仅为网络总流量的6%；流媒体流量文件则急剧上升，超过总流量的10%。盗版音乐已不再流行，取而代之的是更为时尚、方便的流媒体音乐和视频。互联网环境让音乐和视频“盗版党”的生存变得艰难。海盗湾就是个例证，它已经难以维持那种基于知识产权剽窃的商业模式的运作。

海盗湾（The Pirate Bay，TPB）是一家瑞典网站，已成为全球最受欢迎的盗版内容网站之一，免费提供众多的版权歌曲和好莱坞电影。2010年6月，海盗湾网站注册用户达2 400万，基数看似不大，但它远超过瑞典总人口（900万）的2倍。据互联网分析师称，海盗湾被选入2010年全球最受欢迎的百强网站。尽管如此，但从法院的庭审记录可看出该网站的年收入只有150万～300万美元。

海盗湾网站在欧洲掀起了一股反版权之风，发起过多次民间和政治抗议运动。它要求解除对音乐、视频、电视等数字内容的版权保护，使用户能够自由地免费下载。2009年，海盗湾在斯德哥尔摩一家法院外组织大规模抗议，声称“海盗湾旨在成为普通人和艺术家交流和传播文化的平台，我们将坚持不懈地完成这一使命”。国际唱片协会（IFPI）主席约翰·肯尼迪（John Kennedy）说，利用法律武器战胜美国Grokster、澳大利亚的Kazaa等P2P文件共享网站后，海盗湾已成为全球最大的非法音乐分享站点。

海盗湾提供“免费”音乐的模式与其他网站截然不同，它没有存储版权内容的数据库。海盗湾既不向用户提供存储版权内容的网络空间，也没有开发或推出任何相关软件(BitTorrent 等众多 P2P 网络都有下载工具)。那些都属于传统的音乐盗版工具。相反，海盗湾只是充当搜索引擎的角色，用户输入免费音乐和电影等关键词时，网站将返回一系列包含搜索内容的 P2P 网站列表。用户只需点击特定链接，就能到 P2P 网站免费下载版权内容。

瞧!“没有盗版内容，没有犯罪!”怎么能算是非法?海盗湾自称只是个搜索引擎，提供访问 P2P 网站的搜索结果，但这些网站并不受自己控制。海盗湾认为自己和谷歌、必应等搜索引擎没什么不同，当然也就无须对搜索内容负责。从宏观层面讲，海盗湾创始人称版权法通常会妨碍互联网信息的自由流通。他们认为海盗湾从未违反过瑞典版权法的规定，公司绝没有鼓励、煽动或帮助用户非法下载版权内容。

2009 年年初，瑞典几大唱片公司（华纳音乐、索尼、百代唱片集团等）向斯德哥尔摩初级法院提起诉讼，控告海盗湾侵犯版权。法院以违反瑞典版权法为由判处海盗湾的 4 名创始人一年有期徒刑，且向原告支付 350 万美元赔偿金。这一裁决打破了“法律总是落后于技术发展”的传统理念。

初级法院认为：“海盗湾网站提供强大的搜索功能，使得用户能够轻易访问非法 P2P 网站，轻松上传和存储版权内容，实质上是在助长版权侵犯的犯罪。”法院还指出，4 位被告明显意识到自身的网站在帮助非法版权内容的共享。海盗湾大肆访问他人的版权内容，并且将其用于商业目的，采用组织化的运作模式，这是法院判决的主要依据。换句话说，法院认为被告成立商业组织来鼓励用户侵犯版权。事实上，海盗湾运营的首要目标就是通过侵犯版权来为股东牟利（即商业目的）。

在海盗湾版权侵犯案中，“帮助”、“煽动”、“鼓励”侵犯版权，且“意图出售”，是法院裁决中使用的关键字。西方法律并不禁止使用这些概念，相反鼓励在新技术上使用这些概念，以使新技术符合社会需求。实际上，全世界的法院和检察官都有共识，版权侵犯案件不能简单地因为互联网技术使之可行来界定和判决。

被告以初审法官存在偏见而向瑞典高级法院提出上诉要求重审，但被法院驳回。海盗湾的二次上诉也悬而未决。看来这一事件在近几年内不太可能得以解决。目前，海盗湾网站仍旧一如既往地采用瑞典语版本，但它还是遭到法国、意大利、德国、爱尔兰和英国等主要欧洲国家的封杀。这些国家都禁止网络服务提供商接入到海盗湾网站。

4 位被告从未否认海盗湾是一家商业性质的企业。尽管海盗湾的所有言论都在鼓励免费，提倡文化的自由传播，但该网站的运营从一开始就是以盈利为目的的。广告是海盗湾网站的主要收入来源。2009 年 6 月 30 日，海盗湾创始人宣布已与全球游戏工厂(Global Gaming Factory X，GGFX，瑞典一家网吧管理软件公司）达成协议，以相当于 770 万美元的价格将海盗湾出售给后者。GGFX 表示公司收购海盗湾的目的是要将其改造成合法网站。这笔买卖让海盗湾的许多用户感到沮丧。但是，收购交易至今尚未完成。

与此同时，美国也以官方形式向瑞典政府施压，要求对方加强完善版权法，重磅打击猖獗的下载行为。在瑞典，从非法网站下载音乐和视频内容十分盛行，超过 43%的网民都存在这类行为。为完善版权法，瑞典采纳欧盟版权公约，规定版权所有者有权从网络提供商处获得盗窃其版权文件者的姓名和地址。但此举导致瑞典的网络流量降低 40%，至今仍未见恢复。

唱片行业想要取得音乐领域的垄断地位，而互联网用户又希望免费获取音乐，双方的矛盾冲突日益激化。海盗湾的案件只是此类冲突的冰山一角。米高梅电影公司和 Grokster 等也曾有过长达数年的官司。到 2005 年，这起案件最终上诉到美国联邦最高法院。同年 6 月，庭审成员达成一致意见，判决 Grokster、StreamCast、BitTorrent 和

Kazaa 等在线文件共享服务商对版权侵犯负连带赔偿责任，因为它们有意地激励、帮助和引导用户去共享唱片公司的音乐。实际上，这就是它们的商业模式：剽窃音乐，聚集大量的用户，再通过广告或订阅服务实现用户价值货币化。在判决后，Kazaa、Morpheus、Grokster、BearShare 和 iMesh 等公司有的选择放弃这类业务，有的则与唱片公司和解，通过与音乐公司建立关系转型为合法文件共享网站。2010 年 5 月，美国最大的盗版音乐网站 LimeWire 的创始人马克·戈顿（Mark Gorton）在一起侵权案件中败诉，被判处赔偿版权受损唱片公司 4.5 亿美元。

案件中版权方的胜诉并不足以证明法律手段已成为解决音乐产业所面临问题的灵丹妙药。除非法下载问题外，合法数字音乐的销售额至今尚未能弥补 CD 销售额下降的幅度。这两大问题彼此相关：如果用户能够免费下载音乐，谁还会去购买数字音乐或 CD 呢？

音乐下载——不管非法还是合法——是美国人的主要娱乐方式。2009 年，互联网几乎成了美国人的“音乐盒”，下载过音乐文件的美国网民大约有 6 500 万，其中有近 3 300 万使用非法 P2P 网站，剩余的则是通过合法渠道付费购买。使用非法网站免费下载音乐的人群大多是 14～21 岁之间、精通技术的年轻男性。21 岁以上人群则倾向于使用诸如 iTunes 等合法网站下载音乐。非法音乐网站拥有如此众多的年轻用户，这让广告商垂涎不已。每月有近 10 亿首歌曲在这些网站上共享和下载，相当于苹果 iTunes 两年的下载量。非法音乐下载占据音乐下载总量的 90%。也就是说，用户使用非法途径通常会下载更多的音乐。美国最高法院已宣布这些网站属于非法网站，怎么还会出现这种情况呢？

对唱片公司而言，网络音乐下载虽不致命，但已造成严重的影响。唱片业历来都是依赖实体产品的销售：黑胶唱片和 CD 光盘（可收纳 12 首及以上歌曲）。CD 销售持续下滑，使得不仅仅唱片公司，甚至包括分销商（出售 CD 的大型零售商，如沃尔玛、百思买、Tower 唱片公司和 Sam Goody，后两者已退出零售业）的财务业绩出现问题。三大唱片公司（EMI、华纳、索尼）以往的收入绝大多数来自 CD 销售。但是，2004 年宽带网络连接促进互联网进一步发展，CD 销售量开始受到影响。2007 年 CD 销售额下降 20%，随后两年仍以这一比例持续下降。到 2010 年，CD 的年销售额尚不及 2005 年的一半。同一时期，数字和 CD 专辑的销售也以每年 15% 的速度减少。自 2003 年以来，数以千计的音乐零售店倒闭，沃尔玛也一直在削减 CD 的货架空间，如今只摆放最流行的 CD。

转变商业模式，坚决向数字发行平台发展，是音乐产业生存下去的唯一希望。唱片公司正纷纷朝这个方向努力，但收入还是不断缩水。2010 年，数字音乐销售额只占全行业收入的 20%。

iTunes 的出现使 MP3 格式的网络音乐销售快速增长。2006 年以来，iTunes、Rhapsody 和 eMusic 网站的数字音乐销售每年以 50% 的速度增长。苹果公司迅速在音乐下载领域占据主导地位，取代沃尔玛一举成为美国最大的音乐零售商。截至 2010 年，iTunes 共计售出 25 亿首歌曲、5 000 万个电视节目和 130 多万部电影，成为全球最流行的网络音乐、电视和电影商店。2009 年，iTunes 的销售额同比增加 34%。如此优异的业绩主要是由其 i 系列设备的销售带来的。2010 年，苹果公司共售出 2.3 亿台各类型号的 iPod 和 5 100 多万部 iPhone。

基础计算平台的改变也对非法下载和合法音乐销售产生较大影响。苹果、谷歌等大型技术公司正朝着“云计算”模式发展——能在线存储音乐库，用户只需缴纳月租费，就能通过任何数字设备（iPhone、安卓或黑莓）随时访问歌曲。密歇根大学和 Arbor Networks 网络监测公司的研究发现，伴随 P2P 网站流量的急剧下降，来自合法网站的音乐视频流媒体流量则出现快速增长，超过网络总流量的 10%。研究人员推测，消费者意识到从这些网站在线访问音乐和视频更容易、便捷，而通过P2P网站下载一部电影可能要花上8小时。

购买唱片、磁带和光盘，或是将MP3存储到硬件设备中的理念正在被淘汰。以往的订阅模式仅限于在台式电脑和笔记本中播放音乐，这种方式已经过时。在移动互联网时代，用iPhone或黑莓等设备全天候随时播放音乐的理念更有吸引力。苹果公司正在积极备战移动的未来。它收购了提供在线音乐存储服务的互联网公司Lala。2010年，流媒体音乐服务商潘多拉宣布订阅用户超过6 000万，其中30%的用户是通过智能手机连接。同年，MySpace的东家新闻集团也收购两家基于“云”模式的音乐服务商iLike和imeem。英国音乐服务商Spotify在线提供800万首云歌曲，用户只需将歌曲拖拽到iPhone应用中，就能立即播放，而无须等待其下载，也无须用硬盘或存储设备保存这些歌曲。

针对这些全新的媒体传播平台，版权所有者（唱片公司、艺术家、好莱坞工作室）已与技术平台开发者和分销商达成许可协议。这些新平台为数字媒体销售提供双赢的解决方案。消费者无须再为P2P非法下载而困扰，能够即时访问高质量的歌曲和视频。就像《加勒比海盗》的结局那样，海盗湾等盗版网站已无力与全新极致的音乐和视频体验技术相竞争。

资料来源：“Pirate Bay Keeps Sinking: Another Law Suit Coming,” by Stan Schroeder, mashable.com, June 22, 2010; “Idea Man of LineWire at a Crossroads,” by Joseph Plambeck, *New York Times*, May 23, 2010; “Pirate Bay Sunk by Hollywood Injunction For Now,” by Charles Arthur, *The Guardian*, May 17, 2010; “British Put Teeth in Anti-Piracy Proposal,” by Eric Pfanner, *New York Times*, March 14, 2010; “How Pandora Slipped Past the Junkyard,” by Clain Cain Miller, *New York Times*, March 7, 2010; “Music Business Heads Into a Virtual World,” Deal Book, *New York Times*, December 16, 2009; “After Sale, Can Pirate Bay Survive?”, by David Kravits, Wired.com, June 30, 2009; “File-Sharing Site Violated Copyright, Court Says,” Eric Pfanner, *New York Times*, April 18, 2009; “Four Convicted in Sweden in Internet Piracy Case,” by Eric Pfanner, *New York Times*, April 18, 2009; “The Pirate Bay Operators: Heroes or Criminals,” Law Blog, *Wall Street Journal*, April 13, 2009.

[案例思考题]

1. 海盗湾网站如何盈利？其商业模式是什么？

2. 全新的“云媒体”网站和服务商如何盈利？其商业模式是什么？

3. P2P文件共享网站使得用户能够下载版权文件，唱片公司因此试图关闭这些网站是否合理？为什么？

4. 为什么消费者更愿意付费享受云平台的订阅服务，而不是从P2P网站免费下载音乐？

关键术语

电子商务（e-commerce） 借助于互联网和万维网进行的商务交易。更正式地说，是在组织以及个人间进行的数字化商务交易。

电子业务（e-business） 发生在企业内部的数字化交易和处理流程，包括企业内部的信息系统。

信息不对称（information asymmetry） 相关市场信息在交易各方之间的不一致。

市场（marketplace） 为进行交易而必须去的某个实际场所。

普遍存在性（ubiquity） 可以在任何时间、任何地点使用。

虚拟市场（marketspace） 超越传统界限、不受时空限制的市场。

影响范围（reach） 电子商务企业可获得的用户或消费者总数。

通用标准（universal standards） 全球各国都适用的标准。

丰富性（richness） 信息的内容及其复杂性。

交互性（interactivity） 在商家和消费者间进行双向沟通的技术。

信息密度（information density） 所有市场的参与者都能获得的信息总量和质量。

个性化（personalization） 根据个人的姓名、兴趣和以往购买经历来调整所提供的信息，针对特定个体提供营销信息。

定制化（customization） 根据用户偏好和先前行为调整商品和服务。

Web 2.0 允许用户创建、编辑和发布内容，分享偏好、书签和个人信息，参与虚拟生活，进行网络交流的一系列应用和技术。

企业对消费者的电子商务（Business-to-Customer（B2C）e-commerce） 网络企业销售产品给消费者。

企业对企业的电子商务（Business-to-Business（B2B）e-commerce） 网络企业销售产品给其他企业。

消费者对消费者的电子商务（Customer-to-Customer（C2C）e-commerce） 消费者通过网络销售商品给其他消费者。

对等网络电子商务（Peer-to-Peer（P2P）e-commerce） 在商务活动中采用对等网络技术，使互联网用户无须通过中央Web服务器即可直接共享文件和计算机资源。

移动商务（mobile-commerce 或 m-commerce） 使用无线数字设备进行网络交易。

互联网（Internet） 由建立在通用标准上的计算机网络组成的全球性网络。

万维网（World Wide Web/the Web） 互联网上最流行的一种服务，提供网页间的快速访问。

非居间化（disintermediation） 通过建立生产商和内容提供商与消费者之间的新的直接关系，消除曾经作为生产者和消费者之间媒介的中间商。

无摩擦商务（friction-free commerce） 一种商务形态，在这种形态中，信息平均分布，交易成本很低，价格可以根据需求动态调整，中间商数量减少，不公平竞争的优势不复存在。

最先行动者（first mover） 第一个进入某一特定领域的市场并迅速获得市场份额的企业。

网络效应（network effect） 当所有的人都可以从其他人使用同样的工具或产品这一事实中得益的时候，网络效应就产生了。

思考题

1. 什么是电子商务？电子商务与电子业务有何区别？电子商务与电子业务的交叉点在哪里？

2. 什么是信息不对称？

3. 电子商务技术的特点有哪些？

4. 什么是虚拟市场？

5. 通用标准的三大优点是什么？

6. 从信息丰富性的角度比较传统商务和电子商务。

7. 说出信息密度增长所导致的三种商业结果。

8. 什么是 Web 2.0？举出 Web 2.0 网站的实例，说明你认为它是 Web 2.0 网站的原因。

9. 除了本章所提到的，再分别举出 B2C、B2B、C2C 和 P2P 网站的实例。

10. 互联网和万维网与以往改变商务活动面貌的技术有何异同之处？

11. 描述电子商务演变过程中的三个阶段。

12. 限制电子商务发展的潜在因素有哪些？其中哪些最难克服？

13. 为互联网进入美国家庭做出贡献的三个因素是什么？

14. 定义非居间化，解释这一现象给互联网用户带来的好处。非居间化是如何影响无摩擦商务的？

15. 作为最先行动者主要有哪些优势和劣势？

16. 早期电子商务在哪些方面是成功的，而哪些方面又是失败的？

17. 列举早期电子商务和现在的电子商

务的 5 个主要区别。

18. 哪些核心要素将会影响未来 5 年电子商务的发展趋势?

19. 为什么需要从多学科的角度来理解电子商务?

设计题

1. 定义"社交电子商务",解释为什么它是广告、搜索和潜在商务的新方式。

2. 搜索网络,针对 1.1 节提到的 5 种主要电子商务类型分别找一个实例。准备一份演示文稿或者写一份书面报告,简要介绍每家网站(如果可能,附上网站的屏幕截图),解释它为什么属于该种类型。

3. 选择一家电子商务网站,从表 1—2 介绍的电子商务技术八大特点的角度来评价该网站。你认为该网站在哪方面做得较好,在哪方面做得较差,你有什么建议?准备一份提交给该公司总裁的简短备忘录,详细说明你的发现以及你的改进建议。

4. 根据 1995—2010 年间电子商务发展历史,预计未来 5 年电子商务的发展趋势。说明伴随着互联网的进一步发展和普及,在技术、商务以及社会领域将会发生哪些变化。准备一份简短的演示文稿或书面报告,解释你对未来电子商务的设想。

5. 追踪 Facebook 或其他社交网站在 2010 年(开篇案例的介绍到此时间为止)之后的发展。Facebook 继续在广告和搜索平台方面对谷歌提出挑战吗?它推出过其他新的电子商务业务吗?针对你的发现准备一份简短报告。

第2章 电子商务的商业模式和概念

学习目标

学完本章，你将能够：

- 了解电子商务商业模式的基本组成
- 描述主要的B2C电子商务商业模式
- 描述主要的B2B电子商务商业模式
- 识别电子商务领域的全新商业模式
- 理解电子商务中应用的基本商务原理和企业战略

章首案例

Tweet Tweet：难以捉摸的商业模式

Twitter是一家基于140字以内文本信息的社交网站，是互联网不可思议般发展的最新应用。你可以将它的出现看做“黑天鹅”事件（指难以预测的不寻常事件，通常会引起市场的负面连锁反应），但其引起的反应大多是正面的。事实上，即使是专家和大师也预料不到互联网应用和电子商务所取得的惊人成功，更无法预测其未来的发展趋势。

谁曾料想，2010年美国有1.74亿人使用搜索引擎，且平均每月产生150亿～170亿次搜索，1.5亿人观看近300亿网络视频，1.4亿人阅读博客？谁知道美国人会如此渴望交流呢？没有人！

2010年，社交网站延续互联网一直以来的传统，为人们带来惊喜。Twitter是今天最为流行的社交网络。类似Facebook、MySpace、YouTube、Flickr等社交网站，Twitter也为用户提供展示自我的平台，用户可创建内容与“好友”（这里是关注某人tweet消息的追随者）分享。Twitter同样面临如何盈利的问题。2010年9月，尽管拥有1.6亿美元资产，Twitter还是只获得微少收入，且未实现盈利。管理层仍在探寻如何更好地利用网站口碑和用户群。

Twitter创办于2006年，以提供基于网络的文本信息服务起家。全球有近50亿手机用户，短信服务（Short Messaging Service，SMS）是继语音之后最常见的服务。利用网络发送短信消息的想法产生于2006年3月的Odeo公司。当时公司正在全力寻找带来新收入增长点的产品和服务。于是，创始人杰克·多尔西（Jack Dorsey）就连同合伙人从风险资本家手中买下Odeo的股权。他们将Twitter从Odeo公司独立出来，之后成立私营公司Twitter. com。

Twitter的基本理念是将手机短信、网络及社交群体相结合。首先要在Twitter网上注册账户，然后添加好友。你用手机发送短信（称为"tweet"）给40404短码，就能告诉朋友你在干什么、在哪里及其他事情。所发送的短信内容限制在140字以内，但用户无须安装任何软件或花费任何费用。通过社交网络消息服务与好友保持联络，该模式大获成功。

要弄清楚Twitter的用户数实属不易。2010年9月，Twitter的注册用户总数预计在1.45亿左右，且每天新增近30万用户。但是，究竟多少用户在注册后会继续使用Twitter无从得知。行业观察者认为，Twitter已成为继Facebook和MySpace之后的美国第三大社交网站。

2006年创立初期，网站每天产生5 000多条tweet，而如今几乎每天都产生9 000多万条，且不断向全球蔓延。2009年6月伊朗叛乱期间，全球每小时产生20多万条tweet；2010年夏季世界杯期间，该数字达到2亿多条（每秒3 000多条）。然而，专家认为80%的tweet来自10%的用户。每条tweet的平均阅读量为1人（大多数是发送给单个追随者的）。相反，Lady Gaga的tweet有500多万个关注者。另外，Twitter的客户流失率约为60%，即仅有40%的用户使用其超过一个月。显然，许多用户已不再对朋友的日常生活感兴趣，还有人认为无须和刚认识的"好友"过于"亲近"。

思考独立访客数、tweet阅读量及流失率等问题，有助于更好地理解Twitter公司的商业价值。目前，Twitter仍处于亏损状态，且其收入不得而知。不过2009年2月，Twitter融资3 500万美元，市场估值为2.55亿美元。这笔融资交易的投资方有亚马逊创始人杰夫·贝佐斯（Jeff Bezos）、Benchmark资本、Spark资本。同年9月，Twitter宣布再次成功从投资公司、原有投资者和基金巨头T. Rowe Price融资1亿美元，估值高达10亿美元。短短数月间突飞猛进！然而，其价值不仅仅体现在完美的增长路径，更取决于公司能否实现盈利。

那么，Twitter是如何通过用户和tweet赚钱的呢？其商业模式是什么，随着时间的变化又会发生什么改变呢？我们先来看看Twitter公司的资产和客户价值主张。用户关注度和受众规模（每天吸引的眼球数）是公司的主要资产，其客户价值定位是"即时讯息"或者为用户提供实时信息。公司的重要资产还包括存储有受众评论、观点意见的tweet数据库和用于挖掘行为模式的搜索引擎。

2009年Twitter成为展示新闻、视频和图片的强大媒体平台，这也是其重要的资产。没有人预料到，Twitter会是第一家报道孟买恐怖袭击事件、哈德逊河喷气式客机迫降事件、2009年6月伊朗叛乱事件、2010年5月曼谷和肯尼亚政治暴乱事件的媒体。

如何将资产货币化呢？除广告之外还有哪些途径？2010年4月，Twitter推出Promoted Tweets广告服务宣布进军主流广告市场。想想Twitter搜索引擎：如果用户利用tweet搜索引擎检索上网本，返回的结果中将会列出百思买的上网本广告。公司称Promoted Tweets并非广告，看上去与其他tweet并无二致，都只是tweet消息流的一部分。因此，这些所谓的"有机tweet"与传统搜索引擎文本广告和社交网络广告大不相同。至今为止，百思买、博悦、红牛、索尼、星巴克以及维珍美国航空都已注册加入该广告项目。如果Promoted Tweets运作顺畅，将会有上千家公司加盟，以便向数百万搜索产品的用户发布短信。

Twitter公司实现货币化的第二次尝试是2010年6月推出的“Promoted Trends”（推广热门话题）服务。该模块是Twitter主页的一部分，向人们展示当前的热门话题。公司称该功能也是“有机的”，真实地反映人们正在谈论的事物。公司可在该页面底端放置Promoted Trends条幅，当用户点击该条幅时，就会进入相关页面。据Twitter公司介绍，迪士尼正利用Promoted Trends条幅为《玩具总动员3》做宣传。

2010年7月，Twitter宣布推出第三项创新服务——@earlybird账户，用户关注该账户就能接收特定的信息。为推广电影《魔法师的学徒》，沃尔特·迪士尼影片公司尝试使用了该服务，且提供半价优惠（电影票买一送一）。该服务主要提供即时、“新鲜”的娱乐、市场、奢侈品、技术和美妆资讯。迄今为止，@earlybird账户已有5万名关注者，公司希望这些人能够影响他人的购买决策。

还有一项能带来货币收入的服务，称为短暂即时搜索（temporal real-time search）。如果说有什么事物是Twitter相对其他社交网站所独有的，那便是实时信息。2010年，Twitter与谷歌、微软和雅虎达成协议，允许其搜索引擎索引到tweet内容。该服务能为搜索引擎提供免费的即时内容，而非存档信息。但是，这项服务中究竟是谁在为谁服务尚不清楚，其收益分配方案也不曾对外公开。

许多大型公司都在尝试使用Twitter。戴尔创建了自身的Twitter Outlet账户@DellOutlet，用以打折销售电脑；戴尔还维护着好几个客户服务账户。类似于亚马逊，Twitter也扮演着电子商务销售平台的角色，会向这类账户收取销售佣金。其他公司也曾向其Twitter粉丝促销打折机票（捷蓝公司）和礼品卡（Somecards公司）。

免费增值（freemium）模式是另一种可能的思路：要求用户为视频和音乐下载等高级服务支付订阅费。但是，该想法可能为时已晚，因为用户已习惯地认为此类服务应该是免费的。Twitter可帮助用户向医生、牙医、律师、美发沙龙等进行预约，从而向服务提供者收取费用。但是，Twitter最稳定的收入来源仍旧是其包含数十亿条即时消息的Tweet数据库。星巴克、亚马逊、Intuit（QuickBooks和Mint. Com）、戴尔等公司都曾通过Twitter来了解客户对产品、服务和网站的反馈，再据此加以改进。可以说，Twitter是走在互联网前沿的最佳情报站。

上述例子只是说明解决公司面临的收入缺乏问题（暂且不谈盈利）的几种思路，公司还有更多的可能性。Twitter一向都不愿公开自己的商业模式，有权威人士曾将其比作“硅谷的《蒙娜丽莎的微笑》”（意指Twitter的业务让人感到神秘）。这些华尔街的专家在硅谷常被认为不合群。借鉴苹果iTunes店和亚马逊的商家服务，Twitter已将其信息资本和软件平台开放给其他企业。例如，CoTweet. com公司可提供管理多个账户、支持群组访问的功能。谷歌向企业出售基于与其相关的5条最新tweet而定制的广告，推送给创建或查看这些tweet的用户。这项服务中Twitter不能收取任何费用。与此同时，行业观察者都在好奇，Twitter公司的资产是否在流失，其1.6亿美元的投资是否能值回票价。

资料来源：“Twitter Hits 145 Million User Mark, Sees Rise in Mobile Use,” by Matthew Shaer, *Christian Science Monitor*, September 3, 2010; “Lady Gaga to Steal Britney Spears' Twitter Crown,” by Jason Lipshutz, Reuters, August 19, 2010; “Twitter's Early Bird Ad Ploy Takes Flight,” by Emir Afrati, *Wall Street Journal*, July 14, 2010; “Twitter Tests New Promoted Trends Feature with ‘Toy Story 3’ from Disney's Pixar,” by Jessica Guynn, *Los Angeles Times*, June 16, 2010; “Will Twitter's Ad Strategy Work,” by Erica Naone, *Technology Review*, April 15, 2010; “Twitter Rolls Out Ads,” by Jessica Vascellaro and Emily Steel, *Wall Street Journal*, April 14, 2010; “Twitter's Latest Valuation: $1 Billion,” *New York Times*, September 24, 2009; “Twitter Makes a Racket. But Revenues?” by Jon Fine, *BusinessWeek*, April 9, 2009.

Twitter 的案例显示，即使拥有庞大的受众群体，要创造出将其转化为成功的商业模式（赚取收入实现盈利）是多么困难。

电子商务早期，数千家企业发现，消耗他人投资的速度远高于向消费者出售产品和服务赚取收入的速度。在大多数失败的案例中，企业的商业模式从一开始就有问题。相反，那些取得成功的电子商务企业则是充分抓住网络特性，向消费者提供实在的价值，采用高效的运营方法，避开对企业有害的法律和社会问题的纠缠，才最终实现盈利。然而，商业模式到底是什么，如何才能知道某种商业模式是否实现盈利呢？

本章重点关注各种商业模式及其基本商务原理，这些知识对于理解电子商务来说必不可少。

2.1　电子商务的商业模式

2.1.1　简介

商业模式（business model）是为从市场上获得利润而预先规划好的一系列活动（有时也叫业务流程）。尽管商业模式和企业战略有些类似，但它们并不总是相同的，因为商业模式通常会考虑竞争环境（Magretta，2002）。商业模式是商业计划的核心。**商业计划**（business plan）是一份描述企业商业模式的文档。商业计划通常也要考虑竞争环境。**电子商务商业模式**（e-commerce business model）旨在充分利用和发挥互联网和万维网特性（Timmers，1998）。

2.1.2　商业模式的八大基本要素

如果你希望在任何领域，而不仅限于电子商务，都能制定出成功的商业模式，就必须确保商业模式符合表 2—1 中所列举的八大要素，分别是：价值主张、盈利模式、市场机会、竞争环境、竞争优势、营销战略、组织发展和管理队伍（Ghosh，1998）。许多学者关注的都是企业的价值定位和盈利模式。虽然这两大要素是商业模式中最重要也最容易识别的部分，其他要素在评估企业商业模式和商业计划，或试图解释特定企业成败缘由时也同样重要（Kim and Mauborgne，2000）。下面的章节将分别详细阐述商业模式中的每一个要素。

表 2—1　　商业模式的基本组成要素

组成要素	核心问题
价值主张	为什么消费者要在你这里买东西？
盈利模式	你如何赚钱？
市场机会	你希望服务于什么市场？市场容量有多大？
竞争环境	哪些企业的目标市场与你相同？
竞争优势	进入目标市场，你有什么特殊的优势？
营销战略	你计划如何促销产品和服务来吸引目标客户？
组织发展	企业必须采用哪种组织架构以实现商业计划？
管理队伍	什么样的经历和背景对企业领导人来说是至关重要的？

价值主张

企业的价值主张是企业商业模式的核心。**价值主张**（value proposition）明确了一家企业的产品或者服务如何满足客户的需求（Kambil，Ginsberg and Bloch，1998）。为制定或分析价值主张，你需要回答以下关键问题：为什么客户要选择与贵公司，而不是其他企业做生意？贵公司能提供哪些其他企业不具备的东西？从消费者角度出发，成功的电子商务价值主张包括：个性化定制产品和服务，降低产品搜索成本，降低价格发现成本，以及通过交付管理使交易更便捷（Kambil，1997；Bakos，1998）。

例如，亚马逊网站出现之前，大多数消费者都要亲自跑到图书零售商那里去买书。有时，想要的书可能没货，消费者就不得不等上数天或者数周，然后再跑去书店拿书。亚马逊使得阅读爱好者在家或办公室，一天 24 小时都能舒适地购买所有已出版的图书，还能立刻知道要买的书是否有库存。Kindle 还能让用户直接获得电子书，无须等待配送过程。亚马逊的核心价值主张在于空前的选择余地和便利性。

盈利模式

盈利模式（revenue model）描述企业如何获得收入、产生利润以及获得高额的投资回报。书中常会交替使用盈利模式和财务模式这两个等价的概念。商业组织的功能就是产生利润和高于其他投资项目的回报。光有利润不足以使企业获得"成功"（Porter，1985），企业必须产生高于其他投资项目的回报。企业若做不到这一点，就会被淘汰出局。

例如，零售商向消费者销售个人电脑，消费者用现金或信用卡支付，从而产生销售收入。一般来说，商家出售电脑的收入要高于所支付的成本和经营费用，从而产生利润。但是为了开展业务，电脑销售商不得不投入资本——可能是借款，也可能是个人储蓄。电脑销售商从电脑业务中获得的利润就构成所投入资本的回报，并且这种回报要比商家同样把这些钱投资于其他地方（如投资房地产或存银行）所得到的回报高。

虽然电子商务盈利模式很多，但是大多数企业主要采用一种或几种模式的组合。这些盈利模式是：广告模式、订阅模式、交易佣金模式、销售模式和会员制模式。

在**广告盈利模式**（advertising revenue model）中，网站向其用户提供信息、服务或者产品，并设置广告专区供广告商付费使用。那些能吸引大量浏览者，或是能吸引高度专业化、与众不同的浏览者，且能获得用户持续关注（"黏住用户"）的网站，都能收取高额的广告费率。例如，雅虎的收入就主要来自于出售横幅广告和视频广告。

在**订阅盈利模式**（subscription revenue model）中，网站向用户提供信息和服务，并向用户收取某些内容的订阅费。例如，网络版本的 *Consumer Reports* 就只向订阅者提供信息，如详细的评分、评论和建议，订阅者可选择每月支付 5.95 美元或每年支付 26 美元的订阅费。从订阅盈利模式的经验来说，要想成功地让客户接受对网络信息付费的做法，就必须保证所提供的信息有更高的价值和增值，其他地方不易获取或不容易复制。成功应用订阅模式的公司有 Match.com、eHarmony

（约会服务）、Ancestry. com、Genealogy. com（家谱研究）、微软的 Xboxlive. com（视频游戏）、Rhapsody. com（音乐）、Hulu. com。

在**交易佣金盈利模式**（transaction fee revenue model）中，企业因帮助完成或执行交易而收取费用。例如，eBay 建立了网上拍卖市场，向成功出售商品的卖主收取小额的交易佣金。而在线股票经纪商 E* Trade 则就每一笔股票交易向客户收取交易费。

在**销售盈利模式**（sales revenue model）中，企业通过向顾客销售产品、信息或服务获取收入。亚马逊（销售图书、音乐等产品）、LLBean. com 和 Gap. com 等企业，都属于销售盈利模式。

在**会员制盈利模式**（affiliate revenue model）中，网站向会员提供业务机会，收取推荐费或从交易收入中获取一定百分比的提成。例如，MyPoints 通过向其会员提供优惠产品，为一些企业提供潜在客户而盈利。会员通过该优惠信息购买产品可获得能换取赠品的"积分"，而 MyPoints 则能赚取一定收入。Epinions 等社区反馈网站也通过引导潜在客户到特定网站购物来赚取收入。

表 2—2 对这些主要的盈利模式进行了总结。

表 2—2　　五种主要的盈利模式

盈利模式	举例	收入来源
广告	雅虎	通过提供广告来收取费用
订阅	WSJ. com Consumerreports. org	通过提供信息内容和服务来收取订阅者的费用
交易佣金	eBay E* Trade	通过完成交易或进行交易来收取费用（佣金）
销售	亚马逊 L. L. Bean Gap iTunes	销售产品、信息或服务
会员制	MyPoints	通过业务推荐收取费用

市场机会

术语**市场机会**（market opportunity）是指企业所预期的**市场**（marketplace）（即有实际或潜在商务价值的区域）以及企业在该市场中有可能获得潜在财务收入的机会。市场机会通常划分成一个个较小的市场来描述。实际的市场机会是用你希望从参与竞争的小市场中所能获得的潜在收入来定义的。

例如，假设你在分析一家软件培训公司，该公司通过互联网向企业销售自身开发的软件培训系统。软件培训领域所有细分市场的总规模大约为 700 亿美元，整个市场划分为两个主要的细分市场：由教练引导的培训产品市场，约占市场份额的 70%（490 亿美元的收入）；由计算机引导的培训产品市场，约占市场份额的 30%（210 亿美元的收入）。在这两大细分市场中，分别有更小的细分市场，例如，针对《财富》500 强企业的基于计算机的培训市场，以及针对小企业的基于计算机的培训市场。因为这家公司是一家新公司，不可能在基于计算机的培训市场（大约 150 亿美元）与大企业相抗衡，知名品牌的大培训企业主宰了这一市场，所以该公司实际的市场机会就是向上千家小企业销售自己的产品，这些小企业在基于计算机的培

训软件上的花费约为60亿美元，而且这些小企业很需要成本效益高的培训方案。这就是这家公司实际的市场机会（见图2—1）

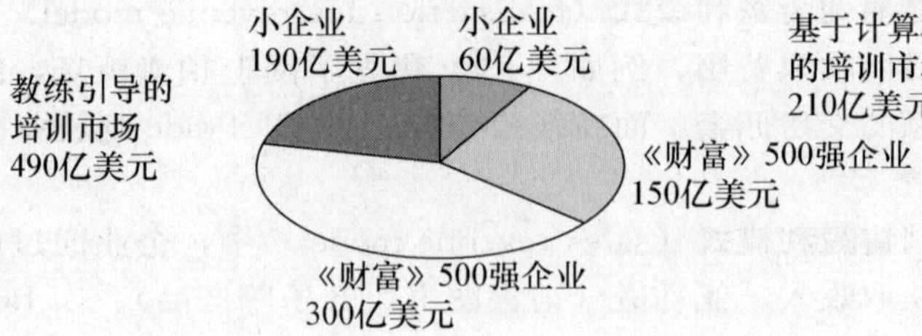

图2—1　软件培训市场的市场空间和市场机会

说明：市场空间由许多细分市场组成，实际的市场机会一般集中在一个或几个细分市场上。

竞争环境

企业的**竞争环境**（competitive environment）是指在同一市场中运作、销售相似产品的其他企业。它还指替代产品的存在和进入市场的新途径，以及客户和供应商的力量。本章后面小节中将探讨企业的竞争环境。竞争环境会受到如下因素的影响：有多少活跃的竞争对手，其规模有多大，每个竞争对手的市场份额有多大，这些企业的盈利情况如何，以及它们如何定价。

通常，企业既会遇到直接竞争对手，也会遇到间接竞争对手。直接竞争对手是那些在同一个细分市场销售相似产品或服务的企业。例如，Priceline和Travelocity两家公司都在线销售打折的机票，它们是直接竞争对手，因为它们销售同样的产品——便宜机票。间接竞争对手是那些可能处于不同行业但仍然产生竞争关系的企业，因为它们的产品可相互替代。例如，汽车制造商与航空公司属于不同的行业，但它们也是间接竞争对手，因为它们向消费者提供可替代的交通运输工具。新闻媒体CNN. com是ESPN. com的间接竞争对手，它们不仅销售相同的产品，还互相竞争消费者的上网时间。

任何细分市场中若存在大量的竞争对手，就意味着该市场处于饱和，很难获得利润。反之，缺少竞争对手的市场则可能意味着进入未开拓市场的机会，也可能意味着这是一个已经尝试过不可能成功的市场，因为赚不到钱。分析竞争环境有助于判断市场前景。

竞争优势

当企业能比竞争对手生产出更好的产品，或是向市场推出更低价格的产品时，它就获得了**竞争优势**（competitive advantage）（Portor，1985）。企业也在地域范围上开展竞争。有些企业能开拓全球市场，而另一些企业则只能发展国内或地区市场。能在全球范围内以较低的价格提供优质产品的企业是很有优势的。

许多企业能获得竞争优势，是因为它们总能获得其竞争对手所无法获得的各种生产要素，至少在短期内如此（Barney，1991）。这些要素包括：企业能从供应商、运输商或劳动力方面获得不错的条件；企业可能比其任何竞争对手更有经验，有更多的知识积累，有更忠实的雇员；企业还可能有他人不能仿照的产品专利，或者能通过以前的业务关系网得到投资资金，或者有其他企业不能复制的品牌和公共形象。当市场的某个参与者拥有比其他参与者更多的资源——财务援助、知识、信息或者权力时，**不对称**（asymmetry）就出现了。不对称使某些企业比其他企业更有优势，使得它们能以比竞争对手更快的速度将更好的产品投入市场，有时价格还更低。

例如，当苹果电脑的创始人兼CEO史蒂夫·乔布斯宣布iTunes提供合法的、可下载的、按每首歌曲0.99美元收费的音乐服务，可将音乐下载至安装iTunes软件的任何计算机或数字设备上时，公司就获得了比其他公司更大的成功机会，当然竞争对手也没有资源能提供这种服务。

一种独特的竞争优势来自于先行者。**先发优势**（first-mover advantage）是企业率先进入市场提供有用的产品和服务而获得的竞争优势。最先行动者如果建立起自己忠实的客户群，或设计出别人很难模仿的独特界面，就能在一段较长的时期内保持自己的先发优势（Arthur，1996）。亚马逊就是个很好的例子。但是在技术推动的商务创新历史上，大多数先发者都缺少保持优势的**互补资源**（complementary resources），所以反而常常是后来者获得最大的回报（Rigdon，2000；Teece，1986）。的确，本书中讨论的成功企业大多数是后来者——从先驱企业的失败中学习经验和教训，再进入市场。

有一些竞争优势被认为是“不公平”的。当一家企业在其他企业不能获得的条件因素上建立起优势时，**不公平的竞争优势**（unfair competitive advantage）就出现了（Barney，1991）。例如，品牌名称是不能购买的，在这个意义上品牌就是一种“不公平”的优势。正如我们将在第6章中所讨论的，品牌是建立在忠实、信任、可靠和质量上的。品牌一旦建立起来，就很难被复制或模仿，而且能让企业给自己的产品制定较高的价格。

在**完美市场**（perfect market）中，没有竞争优势和不对称，所有企业都能均等地获得所需要的生产要素（包括信息和知识）。然而，真实市场通常是不完美的，会由于不对称而导致竞争优势的存在，至少在短期内如此。大多数竞争优势都是短期的，虽然其中有些——如可口可乐因其品牌所享有的竞争优势——能保持相当长的一段时间，但是不可能永远都这样，可口可乐公司的甜味软饮料正越来越多地受到来自水果、健康和独特口味饮料的挑战。事实上，每年也都有很多品牌面临失败的困境。

当企业利用自己的竞争优势在周围市场中获得更多的竞争优势时，我们就说企业通过**杠杆作用**（leverage）利用了自己的竞争资产。例如，亚马逊利用公司巨大的消费者数据库和多年的电子商务经验，成功主导了在线零售市场。

营销战略

无论企业本身有多好，制定和执行营销战略对企业来说是很重要的。如果不能恰当地向潜在消费者进行营销，那么即使是最好的商务理念和构想也会失败。

为将企业的产品和服务推销给潜在消费者而做的每一件事都是营销。**营销战略**（market strategy）是一个阐述如何进入新市场、吸引新客户的详细计划。

例如，Twitter、YouTube和Photobucket的社交网站营销战略鼓励用户在网站上免费发布内容、建立个人档案、和朋友沟通、建立社区。在这些案例中，用户就是营销人员。

组织发展

虽然许多企业都是由一个富有想象力的人发起的，但是只靠个人将理念转变为数百万美元收入的企业是很罕见的。在大多数情况下，快速成长的企业——尤其是电子商务企业——需要员工的参与，更需要一套业务计划。简言之，所有的企业——尤其是新企业——都需要设立组织来有效地实现商业计划和战略。许多电子商务企业和尝试推行电子商务战略的传统企业都失败了，原因就在于它们缺乏支持新商务形式的组织结构和文化价值（Kanter，2001）。

对于希望兴旺发达的企业来说，需要一个**组织发展**（organizational development）计划（这是一个描述企业如何组织所要完成的工作的计划）。一般来说，企业的工作可划分到各职能部门，如生产、运输、营销、客户支持及财务。这些职能部门的工作需要明确定义，随后就能为特定的工作岗位和职责招聘人员。一般来说，刚开始的时候主要是招聘能从事多项工作的多面手。而随着企业的成长，招募的人员则会越来越专业化。例如，企业在起步初期可能只需要一名营销经理，但是在经历两三年的稳步发展后，一个营销岗位可能就会被划分为7个工作岗位，需要由7个人来完成。

例如，eBay的创始人皮埃尔·欧米迪亚（Pierre Omidyar）建立在线拍卖网站的目的是帮助女朋友和其他收藏者交易糖果盒。但是短短数月的工夫，拍卖业务量就远远超出其个人所能处理的程度，所以他开始雇用更有相关业务经验的人来帮忙。很快企业就聘请了许多员工，划分出许多部门，有了很多负责监督企业方方面面工作的管理人员。

管理团队

毫无疑问，商业模式中最重要的元素是负责模式运作的**管理团队**（management team）。一支强有力的管理队伍能让商业模式迅速获得外界投资人的信任，能立刻获得相关市场的知识，获得实施商业计划的经验。一支强有力的管理队伍或许不能拯救失败的商业模式，但却能改变模式，能够重新定义所必需的业务。

最后，大多数企业都意识到需要有几位高级执行官或经理。但是这些经理人所具备的技能既可能成为竞争优势之源泉，也可能成为竞争劣势之根源。关键在于如何找到既有经验又能把经验运用到新环境中的人。

要为初创企业找到好的经理人，首先要考虑的是，加盟企业的经理人应具备哪些经验才是对企业有帮助的。他们需要有什么样的技术背景？需要具备哪些管理经验？需要在某个特定领域工作过多少时间？需要具备什么样的工作能力：营销、生产、财务还是运营？尤其在企业初创时需要融资的阶段，特别要考虑未来的高级经理人有没有从外界投资人处获取融资的经验和渠道。

阅读商务透视专栏“在线杂货店：不断探索合适的模式”，它详细描述了FreshDirect如何在网络杂货店领域中推行成功的商业模式。

商务透视

在线杂货店：不断探索合适的模式

在线预订货物，选择送货时间，之后商店会在你选定的时间送货上门，还有什么比这更方便呢？不需要开车去商店，不用浪费汽油和时间，不用推着购物车来回穿梭于拥挤的人群中，也不用排长队等待结账。对于那些愿意放弃传统购物体验（如观察甜瓜的新鲜度、闻玉米的气味、查看腊肠切片等）的人来说，在线杂货店提供了另一种价值体验。2010年，美国共有250多家在线杂货店，拥有大约400万网络消费者，创造了28亿美元的销售收入。

2006年以来，在线杂货店的销售总额增长了75%，预计到2014年，杂货销售将以每年10%的速率增长到134亿美元。英国拥有最大的在线杂货市场，其销售额大约为100亿美元。实际上，在线杂货销售的增长率是线下销售的3倍。随着快餐店和汽油价格的提高，消费者更多地选择在家做饭，并通过网络寻找优惠、便捷的食物。同时，食谱网站的出现也促使在线杂货店的访问量增加近一倍。然而，美国在线杂货销售仅占杂货销售总额的2%，可见在线杂货销售仍有巨大的增长空间。

在线杂货销售主要有三种商业模式：生鲜模式、杠杆模式、本地商店。大规模在线杂货销售始于Webvan在线杂货店出售生鲜产品。Webvan在线杂货店成立于1999年，拥有4亿美元的风险投资和6亿美元的股票市值。Webvan提出了一个大胆的计划：开创全新的在线杂货分销系统，首先在10个城市提供服务，在接下来的几年里扩展到其他城市。Webvan在美国设有7个大型分销仓库，希望斥资10亿美元建造最大的在线杂货店。然而计划失败，Webvan于2001年7月宣布破产。权威人士和投资者认为整个在线杂货商务模式就是失败的。要和传统杂货企业竞争，需要高成本的分销系统（包括仓库和卡车车队）、市场运营以及IT基础建设，而Webvan提供低于市场的价格、任意时间的免费运送（即使是在交通堵塞的城市区域的小额订单）来解决这些问题，显然是不合理的。Webvan成为典型的电子商务失败案例，但它具有划时代的意义：2001年，只有少数消费者使用网络购物。如今，网络购物的文化已不同往日。

尽管Webvan失败了，但事实证明权威人士又一次错了。在线杂货店存活下来，并且发展迅速，拥有不同的愿景和商业模式。权威人士没想到，曼哈顿的FreshDirect（和数百家本地微型在线杂货店）继续实施在线杂货销售模式，传统杂货连锁店也开始采用在线销售，建立起稳固的商业模式和销售能力。这些公司正在学习如何利用这种潜在市场建立利润丰厚的商业模式。

如今最大的在线杂货商是传统企业，如加利福尼亚的西夫韦商店、APSupermarket. com、Shoprite. com、皇家阿霍德集团（美国Stop&Shop、Giant food store、互联网公司Peapod. com等的荷兰雇主）。Big-box折扣店（如好市多、BJ's、山姆俱乐部）也提供线下杂货销售服务。山姆俱乐部和沃尔玛拥有连锁的大卖场，为消费者提供"Click N' Pick"服务——在线下单，从最近的山姆俱乐部商店取货，不需要排队结账。这些传统企业构成了全国分销和供应链体系，发挥了杠杆作用，为购物者提供网上选择商品、本地商店取货或送货上门的服务。这些美国公司主要是效仿成功的先行者——英国杂货店特易购（英国最大的连锁超市，于1990年开展在线销售，是全球最大、最成功的在线杂货店）。

美国西夫韦旗下拥有Grocery. com，它为加利福尼亚、俄勒冈、华盛顿、亚利桑那、马里兰、弗吉尼亚、哥伦比亚特区的西夫韦商店及位于南加利福尼亚州和内华达州拉斯维加斯的Vons商店提供网上购物和送货服务。消费者登录网上商店，输入个人信息，就可以看见最近购买商品的列表。这些商品的价格和实体店的完全相同。西夫韦商店提供"picker"服务，能够引导消费者以最有效的方式逛附近的商店，甚至能按指定的顺序打包商品。选中的货物会在两小时内送给消费者手中，这项服务仅收取10美元的费用。

皇家阿霍德集团旗下的Peapod. com主要服务于旗下Stop&Shop和Giant food store在18个区域市场的消费者。购物者可查看已购清单和近4个月在附近线下商店购买的商品。Peapod是美国最大的在线杂货店，2010年的销售收入为4.1亿美元。消费者能够在网上查到线下商店购买过的商品清单。消费者可在线订货，再到附近商店取货，或直接打印购物清单到商店取货。这些传统的超市连锁店为消费者提供的价值就是便利和节约时间，商品的价格只比商家自销略高。

FreshDirect见证了第三种常见的在线杂货店商业模式：本地商店。其他的例子还包括Inland Marine（休斯敦）、Gopher Grocery（圣保罗）、Greenling（奥斯汀），总收入超过100万美元。这些本地在线杂货店注重于了解本地消费者，提供高质量的新鲜产品，提供低廉的价格和便捷送货。

2002年7月，乔·费德尔（Joe Fedele）和贾森·阿克曼（Jason Ackerman）创办了FreshDirect，主要在曼哈顿提供高质量、高技术的食物制作和送货服务，同时获得1.2亿美元的风险资本。FreshDirect的卡车将货物以低于纽约杂货店25%的价格从皇后区30万平方英尺的工厂沿河送往人口密集的曼哈顿、布鲁克林区，30美元起送，另外依据地点和订单规模不同收取5.49～6.79美元不等的运费。FreshDirect为消费者带来的价值就是便利和节约时间，同时提供物美价廉的商品。

FreshDirect是如何以该价位获得成功的呢？销售新鲜易腐食品，不销售低收益的干货是答案之一。例如，FreshDirect网站销售大约3 000种易腐食品和3 000多种包装食品，而不是像典型的杂货店那样提供25 000种包装食品和2 200种易腐食品。因而，FreshDirect建立了美国最现代化的自主新鲜食品处理工厂。大多数工厂的温度保持在36华氏度，以确保新鲜度和高质量，冷冻食品区保持25华氏度的低温，特别设计的果蔬温室则保持62华氏度的高温。在FreshDirect工厂，员工从整只动物身上取肉自制香肠，自己剁鱼、研磨咖啡、烤面包和糕点、制作饭食。和戴尔一样，FreshDirect也采取“按订单生产”策略。Cleanliness就是一家超过美国农业部标准的神奇工厂。

FreshDirect成功的关键是强大的IT基础设施，将消费者和库存、账单、卡车送货无缝连接起来。公司使用SAP软件（完整的资源计划系统）来跟踪库存，制作财务报表，标记能满足客户订单的产品，精确控制生产，告诉面包师每天要烘烤的面包圈数量和使用的温度。同时，公司使用自动旋转和输送机将订单传送给食物准备人员和包装人员。FreshDirect网站运行于BEA系统公司的Weblogic平台，能跟踪消费者偏好，如喜爱的水果成熟度或肉块重量。FreshDirect还使用网站流量和网络行为分析软件NetTracker，帮助公司更好地理解网络消费者，开拓网络市场。网站曾经在高峰期同时处理18 000个购物对话。FreshDirect大获成功的最后诀窍就是其供应链，包括直接与厂家和种植者联系，减少中间商成本，缩短供应链长度。FreshDirect不接受上架费（厂商为货架空间支付的费用），相反，它要求供应商以更低的价格帮助其直接销售货物给消费者。为鼓励供应商以更低的价格销售商品，FreshDirect在送货后的4个工作日内就向供应商支付货款，而不是行业普遍的35天。

FreshDirect于2008年首次实现盈利，这也坚定了其执行最初理念的决心，使其重新致力于客户服务，聆听客户。最近几年，FreshDirect引进如下“以消费者为中心”的理念：

- 产品：让专家评判产品的新鲜度，据此设定产品价格，从而减少消费者对无法感知产品质量的担心。
- 包装：根据消费者的抱怨，停止使用泡沫，减少使用纸箱。
- 收藏夹：开发客户关系管理系统，跟踪每位客户的历史购物记录，将其显示在界面上。订单量因此提高10%。

● 推荐系统：增加 YMAL（You-Might-Also-Like，你可能喜欢）交叉销售工具，推荐其他消费者购买的产品。使总收入增加 5%。

● 评价系统：推出评价系统，允许购物者展示最喜爱的商品。

● 订单分析：建立提醒系统，当系统认为客户最喜爱的产品快卖光时，会自动发电子邮件提醒顾客。

● 计算机化的卡车装箱：每周自动处理纽约市区的 45 000 次送货。

● 网络应用：2010 年 3 月，FreshDirect 引进 iPhone 应用，允许手机购物者访问网站。超过 65% 的 FreshDirect 消费者有智能手机，50% 的消费者有 iPhone。

这些功能和直接邮寄提高了 FreshDirect 网站的客户忠诚度，降低了客户流失率（离开公司的客户数）。目前网站大约 15 万的客户群体中，有 65% 的消费者会重复购买，忠诚客户的平均购买金额超过 120 美元，其消费额占 FreshDirect 收入的 80%。投资者计划于 2011 年将 FreshDirect 上市，这一消息吸引众多人的关注。10 年前 Webvan 的失败还历历在目，这次会有不同吗？技术已发生巨大改变，有更多的带宽来搜索网络食品，同时移动购物设备的出现也引起了购物文化的转变。

资料来源："US Online Grocery Sales Pack New Punch," by Jonathan Birchall, FT. com, September 14, 2010; "At FreshDirect, Reinvention After a Crisis," by Jessica Bruder, *New York Times*, August 11, 2010; "Inside FreshDirect's Expansion," Ken Bruno, Forbes. com, June 29, 2010; "Online Grocer FreshDirect Enters Mobile Commerce to Drive Sales," by Giselle Tsirulnik, Mobilecommercedaily. com, March 4, 2010; "UK, US Central to Online Grocery Sales Growth," by Chris Brook-Carter, Just-food. com, February 23, 2010; "Top 500 Guide 2010," Internet Retailer.

2.1.3 电子商务商业模式分类难

现在有许多电子商务商业模式，而且每天还有更多的模式出现。这些模式的数量仅仅受到人们想象力的限制，当然我们也不可能穷尽所有的商业模式。然而，尽管潜在的模式很多，但人们还是能确定电子商务舞台上已经建立的基本商业模式类型（及其细微的变化），并描述它们的关键特征。但是，在划分商业模式时并没有一种完全正确的方法，认识这点非常重要。

我们对商业模式进行分类的方法是根据电子商务应用的不同领域——B2C、B2B、C2C 来进行的。值得注意的是，类似的模式可能会出现在多个领域中。例如，在线零售商（常称为电子零售商）与电子分销商的商业模式就很相似。但是，可以根据其所关注的市场主题加以区分。B2C 领域的电子零售商关注的是销售给个人消费者，而 B2B 领域的电子分销商则关注销售给其他企业。

采用的电子商务技术类型也能影响商业模式的分类。例如，移动电子商务是指通过无线网络进行的电子商务，而电子零售商业模式也能用在移动电子商务中。不过，尽管其基本的商业模式大致上与 B2C 中一样，但还是要适应移动电子商务环境的挑战。

最后要注意的是，有些企业会同时采用几种商业模式。例如，eBay 既可看做是 B2C 中的市场创建者，也可看成是 C2C 商业模式和 B2C 移动商务商业模式（消费者使用智能手机或无线网络设备来竞标拍卖）。我们期望许多企业能够在其基本商业模式之上，变化出与 B2C、B2B 以及移动电子商务密切相关的各种商业模式，以将原有商业模式的资本和资产投入新的商业模式中。

2.2 B2C 电子商务的主要商业模式

在 B2C 电子商务中，网络企业尽全力去赢得个体消费者，这是人们最熟悉也最流行的电子商务类型。表 2—3 列出了 B2C 电子商务中主要的商业模式。

表 2—3　　B2C 商业模式

商业模式	变种	举例	说明	盈利模式
门户网站	水平的/综合的	雅虎 AOL MSN Facebook	提供一揽子内容、搜索、社交网络服务：新闻、电子邮件、聊天、音乐下载、视频流以及日历等。试图成为用户的主页	广告费 订阅费 交易费
	垂直的/专业化的（Vortal）	Sailnet	向专业市场提供服务和产品	同上
	搜索	谷歌 必应 Ask. com	主要聚焦于提供搜索服务	广告费 会员推荐费
电子零售商	虚拟商家	亚马逊 iTunes Bluefly. com	零售店的在线版本，消费者不用离开家或者办公室，可以在任何时候购物	产品销售
	水泥加鼠标	Walmart. com Sears. com	有实体店面的企业使用在线分销渠道	产品销售
	目录服务商	LLBean. com LillianVernon. com	目录直接邮购商的在线版本	产品销售
	制造商直销	Dell. com Mattel. com SonyStyle. com	制造商利用网络直接销售	产品销售
内容提供商		WSJ. com Sportsline. com CNN. com ESPN. com Rhapsody. com	信息和娱乐服务的供应商，如报纸、体育网站以及其他向消费者提供最新资讯和热点，提供向导、窍门和从事信息销售的网站	广告费 订阅费 会员推荐费
交易经纪人		E* Trade Expedia Monster Travelocity Hotels. com Orbitz	在线交易的处理者，如股票经纪人和旅游代理人，通过帮助客户更便捷地完成交易而提高客户生产率	交易费
市场创建者		eBay Priceline	基于网络的业务，使用互联网技术建立汇聚买卖双方的市场	交易费
服务提供商		VisaNow. com xDrive. com Linklaters Blue-Flag	通过向客户卖服务而不是产品挣钱的企业	服务销售

续前表

商业模式	变种	举例	说明	盈利模式
社区服务商		Facebook MySpace Twitter iVillage	聚集有特定兴趣爱好和共同经历的人们共享经历、交换意见的网站	广告费 订阅费 会员推荐费

2.2.1 门户网站

雅虎、MSN 以及 AOL 等**门户网站**（portal）都向客户提供强大的网络搜索工具，而且集成一体化的内容和服务，如新闻、电子邮件、即时消息传递、日历、购物、音乐下载、视频流等。最初门户网站都想成为通向互联网的“大门”，但今天，门户网站商业模式都转变为终点网站。它们成为消费者开始网络搜索的地方，消费者会在这里停留很长时间，看新闻、娱乐、和其他人聊天（将它当作度假村）。门户网站不直接销售任何东西——或看起来如此——因而它们称自己是公平的。这个市场的机会很大：2010 年，美国大约有 2.2 亿人访问互联网。门户网站的收入主要来自于向广告者收取网络广告占位费，收取将消费者引导向其他网站的推荐费，以及收取优质服务的费用。AOL、MSN（连同 Verizon）和雅虎（连同 AT&T）——不仅是门户网站，同时也是互联网服务提供商（ISP）——提供到互联网和万维网的连接服务，每月向每位用户收取订阅费，从而又多了一份收入来源。

尽管网络门户/搜索引擎网站数量众多，但排名前 5 位的网站（谷歌、雅虎、MSN/必应、AOL 和 ASK.com）占据了整个搜索引擎流量的 95%，因为这些网站具有出众的品牌知名度（Nielsen，2010）。很多排名位居前列的网站都是最先开展网上业务的，因而具有先发优势。先来者之所以有优势，是因为在这个市场上，消费者信任可靠的服务提供商，如果他们要转向后来出现的服务商，会遇到转移成本问题。通过大量市场的积累，先行者——就像电话网——能向消费者提供共享的理念、标准和体验（后面章节将其称为网络外部性（network externalities））。

门户网站已不再是传统的形式：Facebook 等社交网站现在都是门户网站，在美国拥有超过 6 000 万用户。Facebook 在短短几年内就发展成为第三大网络品牌，到 2010 年 8 月，共有 1.48 亿访问者。

人们一般将雅虎、AOL、MSN 以及其他类似网站称为水平门户网站，因为这类网站将其市场空间定义为包含互联网上的所有用户。垂直门户网站（有时称作垂直门户（Vortal））提供的是和水平门户网站相似的服务，但是它们只关注某个特定的主题或细分市场。例如，Sailnet 专注于消费用帆船市场，该市场大约覆盖自己有船或想租船的 800 万美国人。尽管垂直门户网站的用户要比水平网站少得多，但是如果细分市场有足够吸引力的话，广告商为影响目标受众也会愿意多花钱的。因而，访问小型专业网站要比访问雅虎等大众网站花费更多的钱。谷歌和 Ask.com 也可以算做门户网站的一种，但主要专注于提供搜索和广告服务。它们从搜索引擎广告销售中赚取收入，同时也收取会员推荐费。阅读技术透视专栏“必应能否成功挑战谷歌”了解更多信息。

技术透视

必应能否成功挑战谷歌

欢呼吧！静静观看全球最大软件公司和广告平台之间的竞争吧！微软一直在尝试开发能与谷歌抗衡的搜索引擎。终于在2009年5月，其最新搜索产品“必应”（Bing）问世。为什么叫必应？据说这个名字意味着有求必应（就像“bada bing!”只是一个音节，但可演变成动词“Bing it”，与“Google it”很相似）。必应的界面很简洁，但在某些方面比谷歌界面更丰富有趣，比如它每天都会显示一张新图片。许多观察者和用户也都觉得必应界面优雅。相反，受计算机科学家玛丽莎·梅耶尔（Marissa Meyer）的影响，谷歌自成立以来就没有改变其简约、鲜明的白色接口，而必应代表更丰富的客户体验。为跟随必应流行且生动的背景，谷歌现在也允许用户选择生动的背景（在谷歌页面的左下角）。可见，必应已经对谷歌产生了一定的影响。

微软将必应叫做“决策引擎”，因为它主要在四个方面帮助用户做决策：购物、医疗、旅游和本地商务。例如，用必应搜索“从西雅图到旧金山的航班”，结果将显示往返最便宜的航班，以及根据趋势计算出的未来7天的可能票价。必应旅游网站可链接到航空公司和旅行社的网站。而谷歌和雅虎等搜索引擎也能链接到航空公司和预订网站，但没有费用信息以及未来价格的预测。

2010年，微软在必应上又新增如下功能：

- 天气搜索，结果包含多个预测，且按优先顺序排列。
- 左侧导航栏，将重要的相关搜索放在左列。
- 在搜索列表顶部显示了主搜索的相关信息。
- Twitter更新提醒，链接到Facebook并显示好友图片。
- 整合搜索、地图和图片技术，更改图片的缩放级别。
- 将图片关联到检索词，如搜索纽约的大都会博物馆，将会显示文本结果及数千张专业和业余的图片集。
- 可视化搜索，让用户可通过图像而不是文本进行搜索。

目前还不清楚这些功能能否提高必应的受欢迎程度，但这至少说明微软相当重视与谷歌的竞争，也说明功能创新将在搜索战场上扮演重要角色。

微软一直想打入基于广告的搜索市场，必应也许是其推出的解决方案。2010年8月，谷歌的搜索量占美国搜索市场的65.4%，处于主导地位；雅虎占17.4%；微软/必应占11.1%。2009年以来，谷歌的搜索市场份额已降低1.7%，而必应增加了50%，达到网络搜索市场的13%。

万维网诞生时，谁也不曾想到2010年网络搜索会带来123亿美元的广告收入。事实上，早期的权威人士曾认为网络搜索将会是商品经济，最多只会是电子商务中的小角色。然而，没人想到搜索会和广告结合起来。从本质上看，搜索就是个巨大的广告平台。如今，搜索广告收入已占据网络广告总收入的50%。搜索引擎市场和网络广告市场正在蓬勃发展，所有类型的网络广告收入为250亿美元。显然，伴随着软硬件技术的发展，搜索已成为一种网络产业。但是谁将主导搜索市场，技术又将扮演何种角色，还有待明确。

现今，五大网站占据整个搜索市场的95%：谷歌、雅虎、微软/必应、AOL（3.8%）、Ask.com（2.3%），剩下的是一些不太流行或专业的搜索引擎（有100多家，如Kosmix）。这些搜索巨头中，谷歌是唯一的“纯”搜索引擎。对它来说，搜索是最核心的业务，而其他公司还拥有门户网站的业务（雅虎和AOL），微软则是95%的全球计算机操作系统提供商和全球领先的门户网站之一（MSN. com）。

凭借尖端的软件技术、高效的计算机硬件架构和优秀的网站设计，谷歌较早成为搜索市场的领军者。谷歌由两位斯坦福大学的毕业生谢尔盖·布林（Sergey Brin）和拉里·佩奇（Larry Page）（他们学习过数据挖掘和数据分析流程）于1996年创立。早期的搜索引擎，如AltaVista（曾占搜索市场90%的份额），只计算搜索词条在所有网站中出现的次数，以此来排列搜索结果的先后次序。布林和佩奇根据康奈尔大学的计算机科学家乔恩·克莱因伯格（Jon Kleinberg）的概念，建立全新的搜索算法，依据链接到其他网站（权威值）的数目和从其他网站（枢纽值）收到的链接数来排列网页。超链接诱发主题搜索（Hyperlinked Induced Topic Search，HITS）是一种自动识别超链接网页中权威值和枢纽值的算法。换言之，当你搜索某个主题时，HITS算法会链接到权威值和枢纽值都很高的网页。例如，当你搜索“麻疹”时，HITS算法会将梅奥诊所的网页放在首位，因为梅奥的网站收到麻疹相关网站的大量链接，也常链接到其他关于麻疹的网站（即该主题信息的枢纽）。现今大多数搜索引擎都使用HITS及其衍生算法，因为其中的理念并不受专利或版权的限制。

谷歌的HITS算法也使用网页流行度作为排列网页的重要指标。越多的其他网页链接到该网页，它的排位就越高，这就是PageRank（也叫做“链接分析”，是一种独立执行的查询）。一旦所有检索结果都排好序，谷歌再将其他影响因素加入进来，如网站链接的网页数目、网页文本内容、网站链接结构、搜索词间的相近度以及相邻网页的字体、标题和内容。布林和佩奇在学生时代发明的PageRank算法成为斯坦福大学的专利，当然允许谷歌使用。

然而，谷歌不只有网页排序算法，还是个硬件大师，拥有全球最大的民用计算系统，在全球16个服务器“工厂”拥有大量的服务器（据说在50万～100万台之间，大部分是双核或四核处理器）。计算机处理器总数预计约300亿台。

谷歌还在网络管理软件（能够并行处理查询请求）和信息管理软件两个领域占据领先地位，同时开创了利用数千台便宜的计算机和免费Linux软件在微秒的时间内处理大量数据（查询和应答）的先河。如果要处理有10亿多个网页的索引，就必须有强大的软件系统来协调大量计算机的工作。想知道纽约市有多少人在周末早8点到晚8点之间搜索过“宝马”一词吗？下次搜索的词条又是什么？或者，你想知道某个文本广告在不同时段内的查询次数和点击率是多少？为解答相关问题，谷歌开发了名为HADOOP（以一种玩具大象的名字命名）的开源程序。HADOOP能够使搜索引擎将大型数据集分解为由多个计算机存储的小数据块，查询小数据块就能在数秒内得到答案。

但是，随着微软大力投资搜索业务，以及许多小型搜索引擎的增长，谷歌能否保持其在搜索领域的技术领先优势，目前仍不得而知。此外，谷歌拥有的PageRank专利有效期也只维持到2011年。在搜索市场的竞争中，搜索软件不是制胜法宝，而只是基本要素。它是成功的必要不充分条件。

2004年，谷歌成功上市，为未来发展奠定雄厚的资本基础。谷歌的战略是加大其搜索引擎在广告和应用两方面的优势，继续寻求新的竞争优势。在CEO埃里克·施密特（Eric Schmidt）看来，谷歌就是“搜索、广告和应用”。其在搜索方面的应用包括图片、图书、学者、内容、金融和新闻，同时利用AdWords和AdSense程序来加强广告服务。AdWords是一款拍卖程序，负责处理广告商对谷歌页面空间的竞标；AdSense使谷歌能够在出版商网站（几乎所有网站都是“出版商”网站）设置广告。其他服务包括Google Geo（地图、地球、本地搜索）、Google CheckOut（在线钱包）。谷歌在广告平台方面的骄人成绩，是竞争对手尚不能比拟的。

必应无疑是谷歌未来唯一的真正对手。因为搜索是微软网络收入的核心，微软也会重点投资搜索业务。2008年5月，微软计划以475亿美元的价格购买雅虎16%的股份，以获取雅虎的搜索引擎和搜索广告业务（该业务拥有1.5亿互联网受众），期望每年从中赚取10亿美元的收入。结果遭到雅虎时任总裁的拒绝（该总裁后因此被总部解雇），于是微软花费1.2亿美元推出了必应，同时惠普、戴尔和Verizon以合作伙伴身份额外支助1亿美元。不论你愿意与否，必应很可能会绑定在你购买的硬件设备上。2009年7月，微软最终劝服雅虎达成为期10年的交易，微软获得雅虎的搜索引擎受众，雅虎不需要继续对搜索引擎技术投资，也能保留88%的搜索引擎广告收入。合作之前，必应占据大约11%的搜索市场份额，2010年8月底，必应和雅虎共占据30%的市场份额。最后，在搜索和网络广告方面，谷歌将迎来强大的竞争对手。不管怎样，在这场较量中用户将得到更好的搜索体验。

资料来源："comScore Releases August 2010 U. S. Search Engine Rankings," comScore, Inc., September 16, 2010; "Google Cedes Search Share to Yahoo, Bing Stays Flat," by Clint Boulton, eWeek.com, September 16, 2010; "Bing and Google in Race For Features," by Claire Cain Miller, and Ashlee Vance, *New York Times*, August 1, 2010; "Microsoft Looks to Expand Bing," by Nick Wingfield and Jessica Vascellaro, *Wall Street Journal*, June 10, 2010; "US Ad Spending," by David Hallerman, eMarketer, June 2010; "Bing Adds Visual Search Function," by Miguel Helft, *New York Times*, September 14, 2009; "With Microsoft Deal, Yahoo Tosses in the Search Engine Towel," by Sharon Gaudin, *Computerworld*, July 30, 2009; "Bing Is Off to a Good Start, ComScore Says," by Miguel Helft, *New York Times*, June 9, 2009; "HADOOP, a Free Software Program, Finds Use Beyond Search," *New York Times*, March 17, 2009.

2.2.2 电子零售商

在线零售店（常称为**电子零售商**（e-tailer））的规模大小各异，既有像亚马逊这样的网络巨人，也有只有一家网站的本地小商店。除客户需要接入互联网查看库存、下订单外，电子零售商更像是传统的门店。有时，人们把一些电子零售商称为"鼠标加水泥"，认为它们是对于现有实际门店的补充，销售的是同样的产品，如REI、杰西潘尼、正诺、沃尔玛和Staples就属于以在线门店为补充的例子。而其他的电子零售商只在虚拟世界里运营，与实际门店没有任何关系，如亚马逊、BlueNile.com和Drugstore.com就属于这类例子。此外，还有一些电子零售商的变种形式，如在线的直接目录邮购、在线购物中心以及制造商直销等。

2010年，美国零售市场总收入约为42 000亿美元，电子零售商的潜在市场机会巨大（U. S. Census Bureau，2010a）。每个互联网用户都是潜在的消费者，而那些赶时间的人就更有可能成为电子零售商的客户，因为他们需要的是不用开车去购物中心或商店就能购物的方案（Bellman，Lohse and Johnson，1999）。电子零售的盈利模式基于商品销售，消费者为所购买的商品支付费用。

但是，电子零售领域的竞争异常激烈。因为电子零售市场的**进入壁垒**（barriers to entry，进入新市场的总成本）很低，只要数万美元就能在网上开一家电子零售店。电子零售商如果没有知名的品牌和经验，要想盈利和生存是很困难的。电子零售商所面临的挑战是如何使自己的业务与现有的零售商不同。

那些希望赢得所有在线消费者的企业可能很快就会耗尽自己的资源，而那些以拾遗补缺为战略、清楚自己的目标市场和客户需求的企业，则是最可能获利的。保持较低的成本、提供广泛的选择、进行库存的控制，这是电子零售成功的关键，其中最难做到的就是库存控制。第 9 章将深入阐述网络零售的内容。

2.2.3　内容提供商

虽然互联网的应用形式广泛，但传播“信息内容”是互联网最大的用途之一。“信息内容”的定义很宽泛，包括各种知识产权形式。**知识产权**（intellectual property）指可记录在有形媒体（如书本、光盘或网络）上的各种形式的人类表达（Fisher，1999）。**内容提供商**（content provider）利用网络分销各类信息内容，如数字化视频、音乐、照片、文本以及艺术品。根据 eMarketer 预计，美国消费者 2010 年将为网络内容（如电影、音乐、视频、电视节目、电子书和新闻）花费 107 亿美元。

内容提供商通过向订阅者收取订阅费来获得收入。例如，Rhapsody. com 的用户需每月支付订阅费才能访问上千首歌曲。其他的内容提供商如 WSJ. com（华尔街日报在线版）、哈佛商业评论等则主要是向消费者收取内容下载的费用，作为对订阅费的替代或补充。小额支付技术为内容提供商提供了一种低成本、高效率地处理小额交易（25 美分到 5 美元）的办法。小额支付系统极大地提高了内容提供商希望通过下载收费模式来获得收入的预期。

当然，不是所有的在线内容提供商都收费，如 CBSSports. com、CIO. com、CNN. com 以及许多报纸和杂志在线版都不收费，用户可免费在这些网站上访问新闻和信息。这些受欢迎的网站采用的是另一种盈利模式，如通过网络广告或为合作伙伴搞促销来获得收入。然而，“免费内容”逐渐被限制至头版和文本，而优质内容（传输有深度的文章或视频）则要收费。

要想成为成功的内容提供商，关键是要拥有信息内容。信息内容版权的传统拥有者——图书报纸出版商、电台和电视台、音乐发行公司和电影制片厂——比网络新进入者更具优势，因为新进入者只提供分销渠道，必须付费购买内容（通常是以垄断价格）。

有些内容提供商并没有自己的信息内容，它们通过辛迪加联合（集合）的方式来发送他人的资讯。辛迪加联合（Syndication）组织是标准内容提供商模式的一种变形。另一种变形是网络聚合，它从各种来源收集信息，通过张贴—聚合服务为信息增值。例如，Shopping. com 收集数千条网络产品价格信息加以分析，向用户展示价格区间分布的图表。Shopping. com 通过收集聚合增加信息的价值，再将其卖给广告商。

任何想通过销售信息内容来获得收入的新兴电子商务企业，都有可能面临困难，除非它能拥有别人无法得到、独一无二的信息源。在大多数情况下，这类业务主要是被传统内容提供商把持。第 10 章将进一步阐述网络内容提供商的相关内容。

2.2.4　交易经纪人

通过电话和邮件为消费者处理个人交易的网站叫做**交易经纪人**（transaction

broker)。较多采用这种模式的行业是金融服务、旅游服务以及职业介绍服务。在线交易经纪人的价值主张在于节省时间和金钱。此外，大多数交易经纪人还提供及时的资讯和建议。例如，Monster.com 网站为求职者提供发挥自我才能的全国性市场，同时向雇主提供全国人才市场信息，无论是雇主还是求职者都为网站的便利和信息及时性所吸引。在线股票经纪人所收取的佣金一般要比传统经纪人低得多，很多在线股票经纪人还提供实实在在的交易好处，如现金折返和一定数量的免费交易，来吸引新客户。

越来越多的消费者对金融理财和股市感兴趣，在线交易经纪人的市场机会也随之扩大。不过，尽管成千上万的消费者转向在线经纪人，仍有很多人对于从提供个人建议的传统知名品牌经纪人转向在线经纪人非常谨慎。此外，对隐私侵犯和个人财务信息失控的担心，也成为该市场发展的障碍。所以，在线经纪人所面临的挑战就是要通过强调安全和恰当的保密措施，克服消费者的恐惧，就像实体银行和经纪公司一样，提供大范围的金融服务和股票交易。第 9 章将深入阐述该产业。

交易经纪人通过向每次交易收取佣金来获得收入。例如，无论是按固定费率还是按与交易额有关的浮动费率，每完成一次股票交易，企业就获得一笔收入。所以，吸引更多的新客户，鼓励他们经常进行交易，是这类企业获得更多收入的关键。求职网站一般是向排序靠前的雇主收取展示费用，而不是等招聘成功后收费。

过去几年里，由于新的进入者提供了比以往更能吸引消费者注册的服务，所以在线经纪人之间的竞争日益激烈。那些最初获得成功的企业都是最先行动者，如 E*Trade、Ameritrade、Datek 以及 Schwab。在电子商务早期，这些企业中的大部分都忙于扩张性的营销战，愿意花费 400 美元去获得一位新客户，而如今，在线的经纪业务则与进入在线市场的传统经纪业务企业发生直接竞争，所以该行业已出现不少大的并购。求职网站也大量涌现，但是最大的网站（具有最多职位列表的综合网站）则远远领先于那些针对小市场的企业。在这些行业中，只有少部分大企业才有可能长期存活下去。

2.2.5 市场创建者

市场创建者（market creator）建立了一个数字化的环境，使得买卖双方能够在此碰面，同时还能展示、检索产品，为产品定价。互联网和万维网出现以前，市场创建者主要依靠实际的场所来建立市场。从原始市场诞生一直到今天的纽约股票交易所，市场都是指进行交易的实际场所。万维网出现以前，几乎没有专用的数字化网络市场。万维网改变了这一切，将市场从实际的场所分离出来。一个最基本的例子就是 Priceline，消费者可以在该市场空间为自己愿意支付的旅游食宿等产品定价（有时也称作反向拍卖（reverse auction）），还有就是 eBay，一家同时为企业和消费者提供服务的在线拍卖网站。

例如，eBay 的拍卖商业模式是，为买卖双方建立一个数字化环境，使得他们在此碰面、协商价格、达成交易。这与交易经纪人不同，交易经纪人主要是直接为客户进行交易，其作用相当于大型市场中的代理人。但是在 eBay，买方和卖方都是自己的代理人。在 eBay 上，除了收取列出物品清单的费用外，每售出一件物品，公司还能获得一笔交易佣金。eBay 是少数从一开始就真正盈利的网站之一。eBay 为什么能盈利呢？原因之一就在于 eBay 没有存货，没有生产成本，只是充当中介。

市场创建者的潜在市场机会很大，但这仅当企业有足够的财力和良好的营销计划吸引足够的买家和卖家时才会出现。2010 年 6 月 30 日，eBay 有 8 700 万活跃用户，这足以形成有效的市场（eBay，2010）。各种拍卖品都有大量的买家和卖家。对于想建立新市场的企业来说，需要有一套大胆的品牌塑造和扩张计划，以此来吸引足够多的消费者。诸如亚马逊等大型网络企业已利用庞大的客户资源开辟网络拍卖业务；此外，还有很多数字化拍卖网站从更小、更专业化的垂直细分市场中涌现出来，如珠宝和汽车行业。

除营销和建立品牌，企业的管理团队和组织架构也能在新市场的建立中发挥重要作用，特别是曾经有过类似业务从业经验的经理人。在这种情况下，速度往往是关键，所以成功与失败的差异就在于能否迅速地投入运营。

2.2.6　服务提供商

电子零售商在网上销售产品，而**服务提供商**（service provider）则提供在线服务。网络服务已取得突破式增长。Web 2.0 应用都是面向消费者的在线服务，如照片分享、视频分享和用户生成内容（博客和社交网站）。谷歌在开发在线应用方面处于领先地位，如谷歌地图、谷歌文件和 Gmail。ThinkFree 和 Adobe Buzzword 是微软 Word 的网络替代服务，而不是一款套装软件。更多个人服务产品，如在线医疗账单管理、财务和养老规划、旅游推荐网站等，都在快速发展。

服务提供商的盈利模式不尽相同。有些在线服务商是收费的，如月租费，而有些则通过其他途径获得收入，如通过广告或直接营销中收集的个人信息。有些服务则是部分免费，如谷歌应用的基本版本是免费的，但虚拟会议空间和高级工具则每年向用户收取 50 美元的费用。零售商用产品赚钱，服务提供商用知识、经验、能力赚钱。

有些服务是无法在线提供的，如牙医、医疗服务、铺设管道、汽车维修无法通过互联网完成。但是，这些活动的工作安排可通过互联网进行。许多服务提供商的服务都与计算机有关，如提供信息存储、法律咨询，如 LinkLaters BlueFlag，或向高收入者提供建议和服务，如 HarrisMyCFO.com。杂货网站如 FreshDirect 和 Peapod 也是服务提供商。① 更复杂的是，前面提到的大多数金融交易经纪人也提供服务，如学费和养老金计划。旅游经纪人除完成机票和旅馆预订交易外，还提供度假计划服务。实际上，对经久耐用品的企业而言，搭配服务进行销售是一种强大的企业战略（如保修服务）。

服务提供商的基本价值主张在于向消费者提供比传统服务提供商更有价值、更便利、更省时、更低成本的服务，或者说在搜索引擎和大多数 Web 2.0 应用中，提供独特的网络服务。你在哪里可以搜索 500 万个网页，和朋友立即分享照片？例如，研究发现，影响在线购买决策的主要因素就是能否节省时间。一般来说，感到时间缺乏的人都是一些很忙碌的专业人士，他们的工作时间很长，根本就没有时间去挑选东西或购买杂物（Bellman，Lohse and Johnson，1999）。服务提供商的市场机会巨大，因为可提供服务的多样性比实际商品高。我们生活在基于服务的经济

---

① FreshDirect 等电子商务企业也可归入在线零售商范畴，因为它们一般将采购产品放入仓库，通过赚取买卖差价来获得利润。

和社会中，快餐店、快递公司和无线电话服务的快速发展证明了这一点。消费者对便利产品和服务的需求意味着服务提供商拥有美好的前景。

服务提供商的营销应该定位于减少消费者对在线服务的顾虑，同时还要与现有和潜在客户建立信任和熟悉的关系。建立信任对零售商和服务提供商都很关键。例如，柯达是个历史悠久的老品牌，这一品牌使其成为可信的照片服务网络提供商。柯达从产品公司（照相机和相纸）转变成现代数字服务公司。

2.2.7 社区服务商

虽然社区服务商并不是一个新事物，但借助互联网，这类网站可以让志趣相投的人们更容易地碰面交流，而不受地域和时间的限制。**社区服务商**（community provider）是那些创建数字化在线环境的网站，兴趣爱好相似的人可以在这里进行交易（买卖产品），分享兴趣爱好、照片、视频，和兴趣爱好相同的人沟通，和志同道合的人沟通，了解与自己兴趣相关的信息。社交网站 Facebook、MySpace、LinkedIn 和 Twitter，以及其他小型网站如 Doostang 和 Sportsvite，都提供用户社区工具和服务。

社区服务商的基本价值主张在于建立快速、方便、一站化的网站，让用户能够关注最感兴趣、最关心的事情，和好友分享经验，了解自己的兴趣爱好。社区服务商一般采取混合的盈利模式，包括收取订阅费，获得销售收入，收取交易费、会员推荐费以及广告费。

iVillage 这类社区网站一般通过与零售商建立合作关系和做广告来获得收入。例如，一对夫妇可能为了解给婴儿换尿布的技巧而访问 Babystyle，该网站提供了到 Huggies. com 的链接，如果这对夫妇点击了链接，并在 Huggies. com 上购买了东西，则 Babystyle 就能获得佣金。同样，横幅广告也给网站带来了收入。在 About. com 网站上，访问者可以根据广告提供的信息，转向亚马逊书店购买所推荐的图书，客户每完成一次购买，About. com 就可以获得一笔亚马逊书店返回的佣金。历史悠久的社区网站有 Well. com，该网站提供了一个有关技术和互联网相关问题讨论的论坛；还有 MotleyFool（Fool. com），该网站主要提供理财建议、新闻和各种观点。用户每月要向 Well 支付 10～20 美元不等的费用，MotleyFool 则通过广告费和产品销售收入来盈利。

消费者对于社区的兴趣似乎一直在高涨，所以社区网站的市场机会也在增加。多数社区网站有盈利的难题，随着时间的增加，许多网站都获得了成功。Facebook 和 MySpace 等社交网站都将广告收入作为主要的收入来源。大型社交网站，如 Facebook、MySpace 和 LinkedIn，以及拥有少量受众的小型网站，都是理想的营销和广告乐土。传统网络社区如 Well、iVillage 和 WebMD（为用户提供医疗信息）发现提供更深、更广的知识是成功的重要因素。社区成员通常寻求知识、引导和建议。缺乏经验的团队会严重阻碍社区的成长，需要管理者和促进者不断讨论相关的过程。对于新社区——社交网站来说，取得成功最重要的因素似乎就是使用的方便性和灵活性，以及准确的客户价值定位。例如，Facebook 通过鼓励用户建立自己的收入—生产应用一举超过了其竞争对手 MySpace，当然还包括广告收入和赞助费。

网络社区从线下的口头、文字和病毒营销中获利。网络社区反映了线下的关系，当你的朋友说他在 Facebook 上建立了一个文档，让你去访问时，你也可能会去建立自己的文档。

2.3　B2B 电子商务的主要商业模式

第 1 章提到过 B2B 电子商务，这是一种针对其他企业进行销售的业务形式。虽然 B2C 电子商务更受关注，但 B2B 电子商务的规模是 B2C 的 10 多倍。例如，2010 年各类 B2C 电子商务总收入（包括在线旅游和数字内容）估计有 2 560 亿美元，相比而言，2010 年各类 B2B 电子商务总收入则有 36 000 亿美元。电子商务中绝大多数收入来自 B2B 电子商务，只是大多数活动不为普通消费者所知所见而已。

表 2—4 列出了应用在 B2B 领域的主要商业模式。

表 2—4　B2B 商业模式

商业模式	举例	说明	盈利模式
		(1) 网络市场	
电子分销商	Grainger. com Partstore. com	零售商的网络版本；提供维护、维修和运作件及间接原料	产品销售
电子采购市场	Ariba Perfect Commerce	单个公司建立的数字市场，买卖双方在此交易间接原料	市场服务费；供应链管理 完成服务
电子交易市场	OceanConnect ChemConnect	交易直接原料的独立的第三方垂直市场	交易费和佣金
行业合作集团	Exostar Quadrem Elemica	向特定供应商开放的行业所有的垂直数字化市场	交易费和佣金
		(2) 会员专用网络	
单个公司	沃尔玛 宝洁	公司所有的网络，协调少数合作伙伴组成的供应链	由网络所有者支付费用，通过提高生产和分销效率来获利
行业范围内	1 SYNC Agentrics	行业所有，制定标准，协调行业内的供应链和物流	由行业内的公司所贡献，可提高生产和分销效率，收取交易费和服务费

2.3.1　电子分销商

直接向个体企业提供产品和服务的企业叫做**电子分销商**（e-distributor）。例如，W. W. Grainger 是最大的维护、维修和运作件（MRO）的供应商。MRO 原料被认为是生产过程的间接输入——相对于直接原料来说。过去，公司主要依靠目录销售和大城市中的实际分销中心来开展业务。1995 年，公司将其设备目录搬到网络上，在其网站 grainger. com 上提供 475 000 多种产品。企业采购代理可根据产品类目进行搜索，例如按汽车类、通风和空调类、流体技术类，也可按照特定的品牌搜索产品。

电子分销商是由一家寻求为多个客户服务的企业建立的。然而，与电子交易市场一样，客户数量仍是关键要素。对电子分销商来说，企业在其网站上提供的产品和服务越多，就越有可能吸引潜在客户。与为购买某个零部件或产品而访问无数网站相比，一站式的购物体验总是要理想得多。

2.3.2 电子采购市场

就像电子分销商向其他企业提供产品一样，**电子采购公司**（e-procurement firm）建立并出售进入数字化市场的途径。这些公司如 Ariba 编写了能帮助大公司组织生产过程的软件，为单个公司建立迷你数字化市场。Ariba 为采购公司创建了定制集成的在线目录（供应商企业可以列出自己的产品）。在销售层面，Ariba 通过提供集成建立目录、运输、保险和金融的软件帮助供应商向采购公司销售商品。买卖双方的软件都属于"价值链管理"软件。

B2B 服务提供商（B2B service provider）通过收取交易费来获得收入，费用是按照使用服务的工作站数量或每年的许可证费用来计算的。它们向采购公司提供顶尖的采购和供应链管理工具，帮助公司降低供应链成本。在软件的世界里，Ariba 之类的公司叫做**应用服务提供商**（application service provider，ASP），可通过规模经济向企业提供低成本的软件。**规模经济**（scale economies）指业务规模的增长带动效率大幅提高的现象。例如，当规模扩大时，成本固定的系统产品（如工厂或软件系统）可满负荷地运作。以软件为例，对软件程序进行数字化复制的边际成本几乎为零，为昂贵的软件程序多找到一个购买者，就多获得一份利润。这比企业自己开发供应链管理系统的效益要高得多，并且这么做还可以使得 Ariba 之类的公司能够专注地精通某一类系统，以低于开发价的价格向公司提供软件。

2.3.3 电子交易市场

电子交易市场由于其潜在的市场空间规模而在 B2B 电子商务中备受关注，也获得最早的资本注入。即使是今天，电子交易市场也在 B2B 市场中稳占一席之地。**电子交易市场**（exchange）是一个独立的数字化电子市场，供应商和商务采购者可以在此进行交易（Kaplan and Sawhney，2000）。电子交易市场由独立于买卖双方的独立方拥有，它通常是创业型的公司，它的业务就是创建市场，通过收取佣金或按照交易规模收取交易费来赚钱。它一般是为垂直产业服务的，如钢铁、聚合物、铝等可直接投入生产、采用短期合同和现货采购的行业。对于买方来说，利用 B2B 电子交易市场能够集成在一个地方收集信息，检验供应商，采集价格，了解最新发生的变化。而另一方面，对于卖方来说，则能从扩大与买方的接触而获益。因为潜在购买者的数量越大，则销售的成本就越低，促成销售的机会也越大。轻松、速度、交易量被概括地称为市场流动性。

理论上说，电子交易市场能极大地减少识别潜在的供应商、客户和合作伙伴，以及在彼此间开展业务所需要的成本和花费的时间，因而可以降低交易成本——进行买卖所需要的成本。交易中心还可以帮助企业降低产品成本和仓储成本——

产品储存在仓库中的成本。事实上，B2B 电子交易市场很难劝服数千个供应商转向单一的数字市场，而且在这个市场中供应商要面临激烈的价格竞争，同样也很难劝说企业离开长期合作的供应商（将在第 12 章详细阐述）。结果是，电子交易市场的数量从 2002 年的 1 500 多个降至不足 200 个，尽管这些交易市场已取得一定成功。

2.3.4 行业协会

行业协会（industry consortia）是为某个行业所有的、服务于特定企业的垂直市场，如汽车、航空、化学、花卉、采运业。而水平市场向大范围的企业销售特定产品和服务。垂直市场向小部分企业提供与所在行业有关的产品和服务，水平市场则向各行业的企业提供某一类特定的产品和服务，如与营销、财务或计算处理有关的。例如，Exostar 是航空和国防业的在线交易场所，由 BAE Systems、波音、洛克希德-马丁、雷神（Raytheon）和劳斯莱斯（Rolls-Royce）于 2000 年创建。Exostar 连接了 300 多个生产系统，有 7 万多个注册交易伙伴，遍布全球 95 个国家。

行业协会比独立的电子交易市场更容易成功，因为它们受到强大的、财力雄厚的业内人士监督，也因为它们加强而非试图改变传统采购行为。

2.3.5 会员专用网络

会员专用网络（private industrial networks，有时也叫交易专用平台或 PTXs）带来的交易额约占大企业 B2B 支出总额的 75%，远远超过所有形式网络交易市场的总支出。会员专用网络是数字化的网络（通常是基于互联网的网络，但并不总是如此），可以协调与业务有关的企业间通信流。例如，沃尔玛拥有全球最大的会员专用网络，供应商可利用沃尔玛会员网络监控每天的商品销售、运货状态、实际库存水平。B2B 电子商务极大地依赖于电子数据交换（EDI）技术（U. S. Census Bureau，2010b）。EDI 可用于单家供应商和单个采购方之间的一对一关系，最初是为专用网络设计的，之后很快应用到互联网中。大多数公司开始完善自己的 EDI 系统，强大的网络技术使系统可用于多对一和多对多关系，允许多家企业向单家或几家采购公司销售商品。在独立的电子交易市场中会同时存在多个卖方和买方，而 EDI 不适用于此类采购关系。会员专用网络共有两种：企业会员专用网络和行业会员专用网络。

企业会员专用网络是最常见的会员专用网络形式。企业会员专用网络通常由某家大型采购公司拥有，如沃尔玛和宝洁。只有信任的长期直接原料供应商才会受邀加入。企业会员专用网络逐步演变出公司自己的企业资源计划系统，努力将主要的供应商引入到商业决策中。

行业会员专用网络往往会演变出行业合作集团，通常由行业内大公司组成的协会所有，主要有以下几个目标：为网络商业沟通建立中立标准、公开共享解决行业问题的技术平台、在某些情况下提供运营网络以促使整个行业中的成员密切合作。从某种程度上说，行业会员专用网络可以说是某个企业会员专用网络成功后带来的结果。例如，沃尔玛拒绝向其他零售成员开放其网络，担心与西尔斯等零售商共享技术机密后会影响其成为行业标准的目标。

相反，西尔斯等全球范围内的零售商建立起自己的组织协会和网络，并向全行业开放。例如，Agentrics 是由两个行业范围内的会员专用网络合并而成的，方便且简化了零售商、供应商、合作伙伴和分销商之间的交易。目前，Agentrics 的客户包括全球排名前 25 位的零售商中的 15 家，以及来自非洲、亚洲、欧洲、南美洲和北美洲的 250 个供应商。Agentrics 提供协同设计工具、计划与管理、招标与谈判、订单执行、需求聚合、全球类目管理、全球物流，以及英语、法语、德语和西班牙语多种语言版本的全球目录（包含供应商 3 万多种产品的交易关系数据）（Agentrics LLC，2010）。从服务和产能列表中可以看出产业范围内的行业会员专用网络能比行业协会提供更多的功能，尽管这两个模式似乎很相似。第 12 章将深入探讨 B2B 商业的发展。

2.4 其他电子商务商业模式

当谈到业务形式时，人们一般会联想到由企业生产产品，然后出售给消费者。但是万维网让我们见识到一些新的业务形式，如消费者对消费者电子商务、对等电子商务以及移动商务。这些商业模式不能准确地归类于前面描述的典型电子商务商业模式。表 2—5 列出了这三种商业模式及其盈利模式。

表 2—5　新兴电子商务领域中的商业模式

类型	举例	说明	盈利模式
消费者对消费者电子商务	eBay. Half. com Craigslist. com	帮助消费者与其他想出售东西的消费者建立联系	交易费
对等电子商务	ThePirate Bay Cloudmark	利用技术使消费者在没有共同服务器的情况下通过万维网共享文件和服务	订阅费 广告费 交易费
移动商务	eBayMobile PayPal Mobile Checkout AOL Mobile-Moviefone	利用无线技术拓展商务应用	产品和服务销售

2.4.1 消费者对消费者（C2C）商业模式

从事 C2C 电子商务的企业为消费者提供相互在线销售商品的途径。最大的 C2C 网站是 eBay 和 Craigslist。eBay 采用拍卖市场商业模式，而 Craigslist 提供网络归类服务，使消费者能方便、快速地找到商品，或者以固定的价格出售商品。当众多卖家被组织在 eBay 上运营且实现盈利时，他们发现消费者不再如当初还是小企业（即电子零售商）时那么多。Craigslist. com 是全球最大的 C2C 网络归类广告服务商，也是 C2C 商务的领先者。网上有众多的小型分类服务商，其中多数是新闻分类网站。

在 eBay 和 Craigslist 出现之前，个体消费者使用车库展销、跳蚤市场和旧货商店，来买卖二手货。随着在线拍卖的出现，消费者不用再离开家或办公室跑到外面去购买自己感兴趣的东西，出售物品的卖方也不用再去租用昂贵的零售场所。作为向感兴趣的买卖双方提供联系的回报，eBay收取一小笔佣金。拍卖成交得越多，eBay获得的收入也就越多。事实上，eBay网站从上线第一天起就已实现盈利，而且一直持续好几年。

不喜欢拍卖，但仍想找到二手货的消费者可使用eBay的固定价格商品清单或访问Half.com（同样为eBay所有），消费者可利用该网站来向其他消费者以固定的价格出售自己不想要的图书、影片、音乐和游戏。作为帮助完成交易的回报，Half.com对每一笔交易收取5%～15%的佣金，再加上部分运货费。

即使是一家小型的手工艺品店，也可看做C2C电子商务。2010年，Etsy、DaWanda、1000Markets、ArtFire和Silkfair等成为C2C电子商务的典型。

2.4.2 对等（P2P）商业模式

与C2C模式相似，从事P2P电子商务的企业连接用户，使得他们不需要通过公共服务器就能共享文件和计算机资源。从事P2P电子商务的企业主要帮助个人向其他网络用户提供信息。对等软件技术已能实现版权音乐、视频和图像文件的共享，但这种做法有违数字版权法。所以对于从事P2P电子商务的企业来说，其挑战就在于要建立切实可行的、合法的商业模式，使得企业能够获得利润。第1章结尾的案例研究中讨论过海盗湾网站所面临的困难，它是P2P商业模式中最有名的例子之一。如今，不涉及共享非法内容的成功P2P电子商务网站很少。Cloudmark将该模式成功地运用于合法的业务中，提供一套名为Cloudmark Desktop的P2P反垃圾邮件解决方案。2010年，Cloudmark为全球10亿多电子邮箱提供保护。

2.4.3 移动商务商业模式

移动商务既吸收了传统电子商务的模式，同时又利用智能手机和上网本等移动设备的功能，以及宽带无线技术——第3章将会详细介绍——实现对网络的移动访问。无线网络技术将拓展现有的商业模式，为将来的移动工作人员和消费者服务。无线网络，包括蜂窝网络和WiFi，使用宽带和通信协议来连接移动用户和互联网。移动商务的主要优势是可利用无线设备，实现任何人随时随地都能访问网络。目前的主要技术是3G和4G手机（第三代和第四代无线手机）、WiFi（无线局域网）、蓝牙（短距离射频网络设备）。手机用户数（2010年全球共有50亿）已超过网络用户，亚洲和欧洲的手机用量比美国多。但是，2007年6月iPhone的诞生（第一款"智能手机"）、2008年7月3G版本的出现以及2010年6月4G网络的问世，重新燃起美国人对手机的兴趣，手机开始在电子商务中扮演重要角色。与此同时，黑莓和安卓智能手机的推出也使数字移动设备市场蓬勃发展。实施WiFi的标准于1997年首先推出，此后开始在美国及其他国家施行。分析师预计，2010年全球140个国家将有32万免费和付费的无线网热点（WiFi设备能连接附近无线局域网的地点）（JiWire.com，2010）。

2009年以前，美国的移动商务还很令人失望。随着iPhone等手机的推出，情况开始大为好转。例如，排名前100位的大型网络零售商，如亚马逊、新蛋、

1-800-Flowers. com 等已推出智能手机访问的网站版本，提供可下载到智能手机上的购物软件。所有电子商务企业面临的挑战是在满足消费者需求的同时，找出利用移动商务赚钱的方法。目前，数字内容的需求很高，如铃声、游戏、视频和壁纸。随着 iPhone 的问世，移动搜索应用开始流行。消费者应用也开始涌现出大量的个人交易平台，如 AOL 的 Moviefone 预订系统、eBay 的移动系统和移动支付平台（如 PayPal 的移动 Checkout）。

移动数字设备独有的业务功能是什么？它们对商业模式创新有什么贡献？第一，它们是手提式、便于携带，可在任何地方、任何时间购物，而不是局限在桌子旁边。该功能特性大大延长了网络购物的可用时间。截至 2010 年 6 月，亚马逊移动的 iPhone 应用创造了超过 10 亿美元的移动销售额。第二，智能手机配备有照相机，可在购物时扫描产品编码，该功能特性使消费者能在商店购物时用智能手机拍摄产品编码，进行产品比较，接收商店的优惠信息。第三，智能手机有内置的 GPS 功能，可识别用户的位置，该功能特性使商家能够基于消费者的位置提供服务。例如，餐厅、博物馆和书店可与在附近逛街的潜在客户联系。移动商务是美国发展最快的电子商务形式，也是发展最快的广告平台。第 3 章将详细阐述移动商务的发展。

正如社会透视专栏“你在那里吗？不在！”所阐述的，基于位置服务的移动商务日渐登上流行的舞台，但同时也引起了一系列棘手的社会问题。

社会透视

你在那里吗？不在！

互联网改变了世界，距离不再是问题。与购买当地的商品一样，你能够购买全球任意地方的商品。如今，随着 GPS 芯片和软件技术的发展，智能手机能实现准确定位，该功能为互联网企业家和营销专家所看重。上网本和笔记本生产商也在产品中增添了相似功能。然而，这些新功能既带来了商机，也带来了隐私和安全问题。

例如，Loopt 是一款免费的社交网络应用，用户可利用诸如 iPhone、黑莓、安卓等智能移动设备分享自己的状态、跟踪好友的位置。Loopt 拥有 400 多万用户，宣称能“提供社交地图服务，利用手机发现世界”。安装 Loopt iPhone 应用，你就能够定位朋友的位置，寻找附近的小吃和娱乐场所，查找附近优惠或折扣广告。如同其他基于位置服务的商业模式，Loopt 也采用广告盈利模式。Loopt 不向广告商出售用户信息，只是基于用户的位置信息展示广告：公司的隐私政策指出：“为提供相关广告服务，公司有权向合作公司、加盟伙伴或个人提供用户的部分信息（如身份认证、位置信息等）。”此外，Loopt 主要是与目标区域（用户所在地 200～250 米之内）的广告商合作。

尽管 2010 年移动广告市场规模尚小（5.93 亿美元），但随着越来越多的公司探寻基于位置服务的新业务，该市场正在快速增长（2009 年增速就高于 50%，预计 2013 年市场收入将超过 15 亿美元）。例如，阿尔特-朗讯（Alcatel-Lucent）提供一项由 1020 Placecast 托管的服务，能识别出广告商附近特定区域内的手机用户，推送最近的商家地址、手机号码以及优惠活动等信息。1020 Placecast 的客户包括凯悦（Hyatt）、联邦快递和安飞士。汉堡王和斯巴鲁使用 Useful Network 公司开发的 Store Finder 应用进行活动宣传，用户可点击手机条幅广告找到附近的商店。与手工输入邮政编码定位相比，应用 Store Finder 软件明显提高了工作效率。2010 年，Zagats 推出了可用于 iPhone 和黑莓手机的 Go To Zagats 应用，以帮助用户找到合适的餐厅。

没人会否认基于位置服务的有用性，但是它也引起隐私保护者的担心。如斯坦福大学法学院互联网和社会中心的执行董事劳伦·格尔曼（Lauren Gelman）等隐私专家好奇的是："企业如何保证其从地理位置服务中获利时不侵犯隐私?"此外，超过 60% 的智能手机用户认为地理位置功能会侵犯隐私。而事实上，基于位置的服务功能相当便捷，用户可在需要接收信息时暂时开启该服务，不用时再将其关闭。但是，谷歌的 Lattitude 服务和 Loopt 一直在鼓励人们持续广播位置信息，永远不要离线。

至今为止，基于位置的无线服务还没有受到管制。《无线通信和公共安全法案》（通常称作《911 法案》）将名词"位置"增加到客户专有网络信息（customer proprietary network information，CPNI）的定义中，使其符合 1934 年《通信法案》规定的特殊隐私保护。《911 法案》还要求联邦通信委员会（FCC）制定关于电信运营商如何对待 CPNI 的法规。FCC 于 2002 年 7 月颁布相关法规，要求企业必须征得用户的知情同意才能使用位置信息，所谓知情同意是用户明确"选择加入"。

2003 年《CAN-SPAM 法案》要求 FCC 制定相关法规，保护无线订阅者不受移动商业信息的干扰，允许消费者在"拒绝来电登记"（Nation Do Not Call Registry）上列出相关电话号码。2004 年 8 月，FCC 颁布一系列法规，大多数于 10 月生效，禁止发送无线商业电子邮件信息，除非发送方事先得到收件人的授权。同时，FCC 也建立其对外公开的无线域名列表，便于邮件发送方向目标客户发送邮件。2009 年，法院依据该条款规定判处涉及"汽车担保"电话骗局的三家公司必须向消费者作出赔偿。

国会也在不断讨论如何更好地保护无线订阅者，但目前除 2003 年《CAN-SPAM 法案》外，尚未通过其他法案。相反，欧洲和日本都有强力的隐私保护政策，严禁在未经用户同意的情况下使用位置数据，严格限制将信息出售给第三方。目前在电子商务背景下，隐私问题备受关注，因此无线网络行业要严格自律，以免政府颁布强制性的法律规章。2008 年 7 月，移动营销协会（MMA）采纳全球性的无线营销行为准则，扩大了美国之前制定的隐私保护条例的覆盖范围。该准则主要有以下 5 项基本条款：

- 通知：必须告知用户营销人员的身份和收集或使用位置信息的目的。
- 选择和知情：必须获得知情同意，提供简单的"选择退出"流程。
- 定制化和限制：应负责任地处理客户数据，只能用于提供相关有价值的服务。
- 安全：提供充分的安全措施以保护客户数据不被未授权的第三方访问和使用。
- 强制执行和问责制：MMA 成员应承诺遵守行为准则，对自身行为后果负责。

此外，有些公司还提供专门的技术解决方案。例如，WaveMarket 开发名为 Veriplace 的位置聚集平台（location aggregation platform），作为移动应用开发商和无线运营商之间的中间件，允许开发商利用应用软件实时访问用户位置数据。然而，该平台的核心技术是"隐私引擎"（Privacy Engine），它允许终端用户完全控制位置信息的公开与否。例如，终端用户可以决定是否在某一天或某一时段分享位置信息。终端用户还可以访问全部的位置查询历史，所以他们能知道谁在定位自己的位置信息。Foursquare 提供一款广受欢迎的移动社交应用，用户可据此查询当地酒吧和餐厅，选择目的地，进行"签到"（告知好友们）等。相对于实时跟踪用户，签到模式更容易了解用户的位置信息。此外，Facebook 和 Yelp 中也采用签到模式。利用这些功能，即使人们到达某地，也可以说"我不在这里"。消费者是否会真正使用这些功能来保护个人位置信息，还有待观察。

资料来源：“Apple Isn't the Only Company Making Cool Mobile Ads,” *Wall Street Journal*, July 2, 2010; “Apple Could Jump-Start Mobile Advertising, Challenge Old Media,” by Nat Worden, *New York Times*, June 7, 2010; “Telling Friends Where You Are (or Not),” by Jenna Wortham, *New York Times*, March 14, 2010; “Always-On Devices and Networks,” by Noah Elkin, eMarketer, January 2010. “MetaPlaces 09: Location-based Ads and Privacy,” TheWhereBusiness.com, July 16, 2009; “Cellphone Tracking Services: Friend Finder or Big Brother,” by Michael B. Farrell, *Christian Science Monitor*, May 1, 2009; “Wireless Communications: Voice and Data Privacy” and “When a Cell Phone Is More Than a Phone: Protecting Your Privacy in the Age of the Smartphone,” Privacy RightsClearinghouse, http://www.privacyrights.org (undated, accessed July 31, 2009).

2.4.4 电子商务使能者：淘金热模式

在1849年的淘金热中，近50万名开矿者涌入加利福尼亚，其中只有不到1%的人发了大财。但是，银行、运输公司、五金工具公司、房地产公司以及李维斯等制衣公司却获得了长期的财富。电子商务也是如此。对电子商务商业模式的探讨将永无休止，更不用说还有许多企业的商业模式是以提供电子商务企业存在、发展和兴旺所需要的基础设施为目标的。电子商务的使能者就是互联网基础设施公司。它们提供硬件、操作系统软件、网络和通信技术、应用软件、网站设计、咨询服务以及其他技术工具，使在网上开展商务活动成为可能（见表2—6）。尽管这些企业本身可能并不从事电子商务（虽然在许多例子中，电子商务在传统眼光里只是一种销售渠道），但却可能在电子商务的发展中获得最多的利益。后面的章节将会继续讨论这些企业。

表2—6　　电子商务使能者

基础设施	企业
硬件：Web服务器	IBM，HP，Dell，Oracle
软件：操作系统和服务器软件	Microsoft，RedHat Linux，Sun/Oracle，Apache Software Foundation
网络：路由器	Cisco，JDS Uniphase，Alcatel-Lucent
安全：加密软件	VeriSign，CheckPoint，Entrust，RSA，Thawte
电子商务软件系统（B2C，B2B）	IBM，Microsoft，Ariba，Broadvision，Oracle（BEA Systems）
流媒体解决方案	Real Networks，Microsoft，Apple，Adobe
客户关系管理软件	Oracle，SAP，GSI Commerce，Escalate Retail，Salesforce.com
支付系统	VeriSign，PayPal，Cybersource，Chase Paymentech
性能提升	Akamai，Limelight Networks
数据库	Oracle，Microsoft，Sybase，IBM
主机服务	IBM，WebIntellects，Qwest，Rackspace，Web.com

2.5 互联网和万维网如何变革商务：战略、结构和流程

现在你已经清楚地了解电子商务企业所使用的各种商业模式，你还需要知道互

联网和万维网在最近 10 年中是如何改变商务环境的，包括行业结构、企业战略、行业和企业运营（企业流程和价值链）。在探究电子商务现象时，我们要回到贯穿全书的基本概念上。总之，互联网是所有参与者均可使用的公开标准系统，也使新竞争者容易进入市场，提供替代产品和运输渠道。互联网使竞争更加激烈，因为每个人都能获得信息。互联网也加强了买方力量，因为买家能在网上快速发现价格最实惠的卖家。另一方面，互联网为创造价值、建立品牌、收取溢价和扩大已有线下业务（如沃尔玛或西尔斯）提供了许多新机会。

回忆第 1 章中的表 1—2，它描述了电子商务技术独有的特点。表 2—7 列出了每一特点对于整个商务环境的影响——行业结构、企业战略和运营。

表 2—7　　电子商务技术的 8 个特征

特征	对商务环境的影响
普遍存在	通过建立新的营销渠道和扩大整个市场的规模，来改变行业结构。在行业运营中创造新的效率，降低企业的销售运作成本。使新的差异化战略成为可能。
全球范围	通过降低进入障碍改变了行业结构，同时又大大地扩展了市场。通过提高生产和销售的效率，来降低行业和企业运营的成本。使全球范围的竞争成为可能。
通用标准	通过降低进入障碍和加强行业内的竞争改变了行业结构。通过降低处理和通信的成本，来降低行业和企业运营的成本。使宽范围战略成为可能。
丰富性	通过削弱分销渠道的力量改变行业结构。通过减少对销售人员的依赖，来降低行业和企业运营的成本。使售后服务战略成为可能。
交互性	通过加强定制减少替代品的威胁来改变行业结构。通过减少对于销售人员的依赖，来降低行业和企业运营的成本。使差异化战略成为可能。
个性化/定制化	通过降低替代品的威胁，提高进入障碍来改变行业结构。通过减少对于销售人员的依赖，来降低行业和企业的价值链成本。
信息密度	通过削弱销售渠道的力量，将还价力量转移给消费者来改变行业结构。通过降低获取、处理和分发有关供应商和消费者信息的成本，来降低行业和企业运营的成本。
社交网络技术	通过将设计和编辑权转移给消费者来改变行业结构，建立可替代的娱乐产品，激发一大群新的供应商。

2.5.1　行业结构

电子商务改变了行业结构，但其对不同行业的影响存在差异。**行业结构**（industry structure）指行业内各成员的特性和相互间的议价能力。行业结构特征可由五种力量来描述：现有竞争对手的威胁、替代品的威胁、行业进入壁垒、供应商的议价能力以及购买者的议价能力。当描述行业结构时，你其实是在描述该行业所处的一般商务环境，以及在该环境中开展业务的总体盈利能力。电子商务具有改变这些竞争力之间相对强度的潜力（见图 2—2）。

当你考虑一种商业模式及其潜在的长期盈利能力时，你必须分析其行业结构。**行业结构分析**（industry structural analysis）就是理解和阐述行业内的竞争本质、替代品本质、进入壁垒以及消费者和供应商的相对力量强弱。

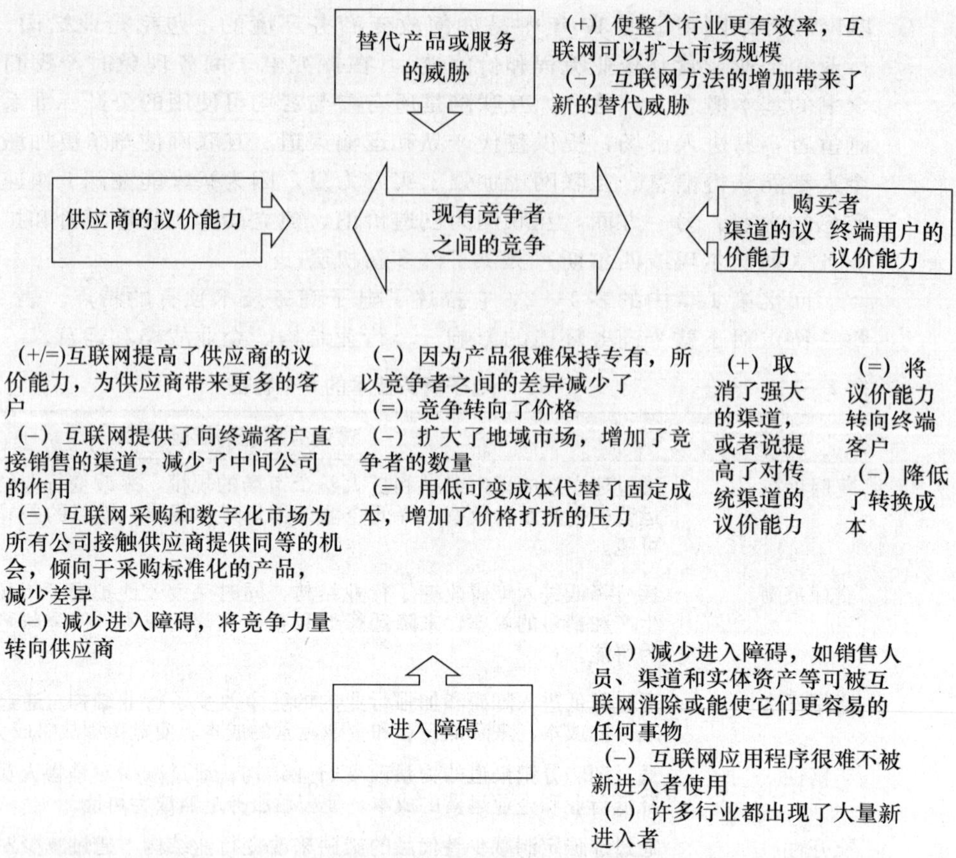

图 2—2　互联网如何影响行业结构

说明：互联网和电子商务极大地影响了行业结构和竞争条件。从单个企业的视角来看，这些改变可以带来积极的影响，也可以带来消极的影响。在这张图中，“+”表示对公司的积极影响，“–”表示消极影响，“=”表示无法预测影响是积极的还是消极的。每个行业受到的影响各不相同，必须分开分析。

资料来源：Porter，2001.

电子商务会以各种不同的方式影响行业结构。音乐唱片行业因为互联网和电子商务有了很大的改变。从历史上看，大型唱片公司拥有录制的音乐和歌星的独家经营权。随着替代提供商（如 Napster 和 Kazaa）进入市场，消费者开始使用互联网，使其完全越过了传统的音乐分销商和制作人。在旅游业，全新的中间商（如 Travelocity）进入市场和传统旅游代理商竞争。Travelocity、Expedia、CheapTickets 等旅游服务网站证明了利用电子商务营销机票的潜力，航班座位的实际拥有者——大型航空公司——联合起来形成了自己的互联网机票销售出口——Orbitz（虽然最终将公司出售给了私人投资集团），向消费者直接销售机票。电子商务和互联网建立了新的行业动态，即市场的给予和索取，改变了竞争对手的命运。

在其他行业中，互联网和电子商务加强了现有参与方的力量。在化学和汽车行业，电子商务被制造商用来加强传统的分销渠道。在这些行业中，电子商务技术没有从根本上改变行业内的竞争力——供应商的议价能力、进入障碍、买方的议价能力、替代品的威胁和竞争对手之间的竞争。因此，每个行业都有所不同，你必须仔细地观察每个行业，理解电子商务对竞争力和战略的影响。当消费者乐意用免费的维基百科或 50 美元的 DVD 版 Encarta 百科来代替 2 500 美元的大不列颠百科全书时，百科全书行业的竞争力就在发生根本变化。即使替代品是一种低级品，消费者也愿意以此来满足对儿童进行低成本教育的愿望（Gerace，1999）。

企业间的竞争是商务环境的一种，电子商务技术会对大多数行业造成影响。总之，互联网增加了几乎所有市场的价格竞争。现有的企业能相对容易地采用电子商务技术，并试图通过使用电子商务技术来获得相对于对手的竞争优势。例如，互联网天生就能将竞争的范围从本地、地区性转变为全国、全球性。因为消费者能够看到全球的价格信息，所以互联网给企业制造了降低价格（和降低利润）进行竞争的压力。另一方面，互联网使得一些企业将自己的产品和服务与其他的企业区分开来成为可能。例如，亚马逊为它的一键通购物技术申请了专利，而 eBay 则创建了一个独一无二、易于使用的界面和一个与众不同的品牌。REI 有限公司——一家专业生产登山器材的企业——则通过它的网站对户外用具这一特定的细分市场进行支持。因此，尽管互联网增加了对价格竞争的关注，但同时也使企业能建立让它们维持高价的差异化或品牌新战略。

很难说电子商务技术对于企业的盈利造成的是正面影响还是负面影响。每一个行业都是独立的，所以有必要对于每一个行业进行专门的分析。很明显，在有些行业尤其是信息产品行业（例如音乐、新闻报纸、图书和软件行业）以及其他诸如金融服务这类信息密集型的行业，电子商务已经撼动了这些行业的基础。在这些行业中，相对于供应商而言，消费者的力量在变强，价格在下降，总体盈利能力面临挑战。在其他行业尤其是制造业，互联网并没有对购买者的关系造成太大的变化，但却改变了与供应商的关系。渐渐地，整个行业中的制造企业捆绑到一起进行集中采购，从而建立了数字化的行业交易所和市场，并且把工业流程外包出去，以期从供应商那里获得更好的价格。贯穿全书，我们都将阐述产业结构中的这些变化，以及电子商务和互联网带来的市场变化。

2.5.2　行业价值链

行业结构分析能帮助我们理解电子商务技术对行业商务环境的影响，更具体的行业价值链分析则从行业层面更精确地帮助我们认识电子商务是如何改变商务运作的（Benjamin and Wigand，1995）。价值链是理解信息技术对行业和企业运营影响的基本工具之一。价值链的概念很简单：**价值链**（value chain）是一个行业内从原材料采购到形成最终产品或服务的一系列活动。其中每项活动都能为最终产品添加经济价值。所以，术语价值链是指一系列相互联系的价值增值活动。图 2—3 介绍了行业价值链中的 6 个基本角色：供应商、制造商、运货商、分销商、零售商和客户。

通过降低信息的成本，互联网向行业价值链中的每个角色提供通过降低成本或者提升价格来使其地位最大化的新机会。例如，制造商可以与其供应商一起通过建立基于网络的 B2B 交易所，来降低自己的采购成本。制造商可以通过自己的网站，直接与客户建立关系，从而消除了分销商和零售商的成本。分销商可以开发高效率的库存管理系统来降低自己的成本，零售商可以开发高效率的客户关系管理系统来加强对客户的服务。消费者可以使用万维网来查找高质量、快速运输和低价格的产品，由此降低了他们的交易成本和为最终的产品所支付的价格。最终，整个行业的运作效率提高了，价格下降了，消费者获得的价值增加了，而且还帮助该行业战胜

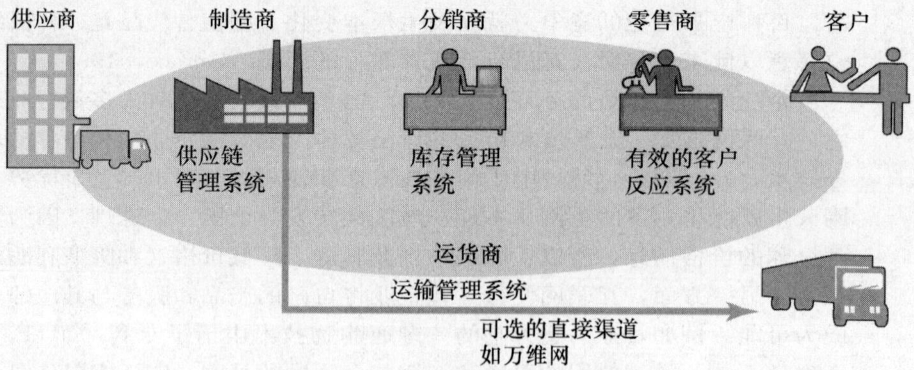

图 2—3　电子商务与行业价值链

说明：每个行业都以不同角色执行的一系列价值增值活动为特征。电子商务潜在影响着每一个角色的能力，同时也影响整个行业的运作效率。

了其他可替代行业。

2.5.3　企业价值链

价值链的概念也可用来分析单个企业的运营效率。问题是：电子商务技术如何潜在地影响企业的价值链？**企业价值链**（firm value chain）是企业内从原材料采购到形成最终产品的一系列活动。企业在从原材料到最终产品的生产过程中，每一步都要增加价值。此外，企业中还有一系列的支持活动来协调生产流程，提高整体效率。图 2—4 说明了企业价值链中的关键步骤和支持活动。

图 2—4　电子商务与企业价值链

说明：每个企业都以在企业内各种角色执行的一系列主要和次要的增值活动为特征。一个简单的企业价值链有 5 个主要的增值步骤：运入物流、运作、运出物流、销售和营销以及售后服务。

资料来源：Porter，1980；Porter and Millar，1985.

互联网向企业提供了许多提高其运营效率并使其产品差异化的机会。例如，企业可以利用互联网的通信功能，将一些主要和次要的活动外包给专业化的、更有效率的公司，而这种外包对消费者来说是看不见的。此外，企业还可以利用互联网更精确地协调价值链上的各个步骤，降低自己的成本。最后，企业还可以通过互联网向用户提供与众不同、更高价值的产品。例如，亚马逊利用互联网向消费者提供了更多的图书，而成本却比传统书店低。此外，它还提供了多种服务——如及时的专家建议和读者书评、其他读者的购买模式信息——这些都是传统书店做不到的。

2.5.4 企业价值网

公司可通过价值链活动产生价值，也可通过合作伙伴的价值链——供应商、分销商和运输公司产生价值。互联网为公司之间的合作和建立价值网创造了新机会。**价值网**（value web）是企业的一个网络生态系统，用互联网技术来协调合作企业之间的价值链，或是协调公司集团之间的价值链。图 2—5 描绘了价值网。

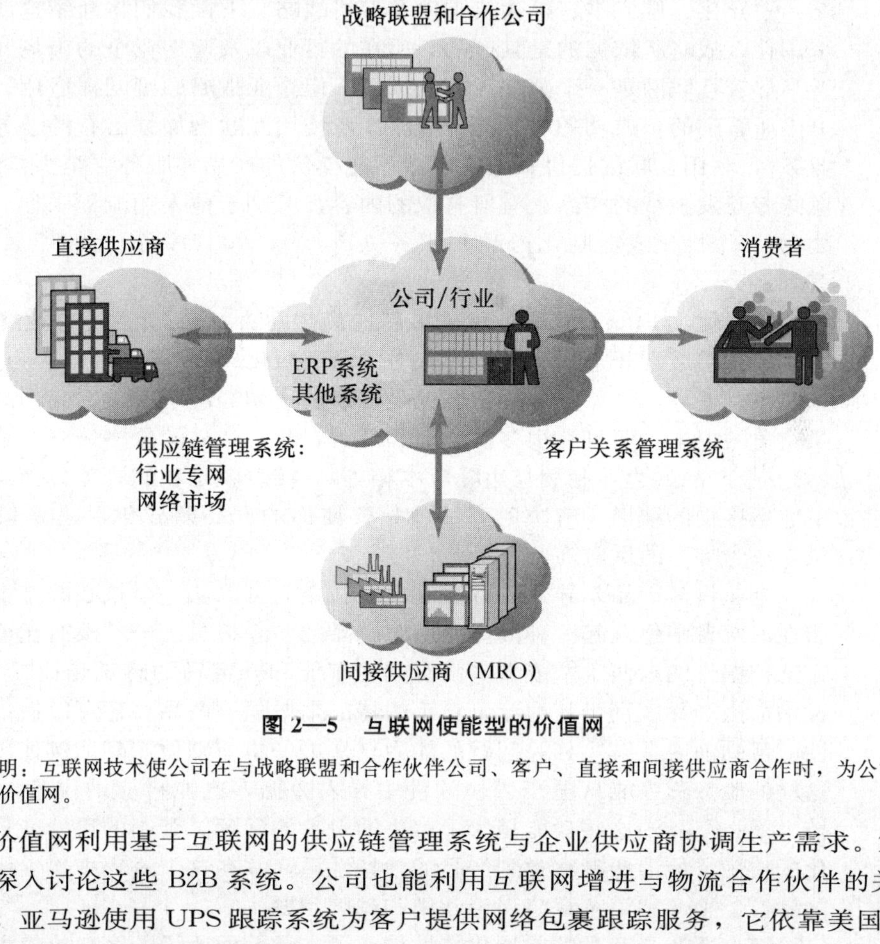

图 2—5　互联网使能型的价值网

说明：互联网技术使公司在与战略联盟和合作伙伴公司、客户、直接和间接供应商合作时，为公司创造更大的价值网。

价值网利用基于互联网的供应链管理系统与企业供应商协调生产需求。第 12 章将深入讨论这些 B2B 系统。公司也能利用互联网增进与物流合作伙伴的关系。例如，亚马逊使用 UPS 跟踪系统为客户提供网络包裹跟踪服务，它依靠美国邮政服务系统将包裹直接插到邮件流中。亚马逊和数百家企业合作，产生了大量客户，同时也要管理和这些客户的关系（第 6 章描述了网络客户关系管理系统）。实际上，当你更近地观察亚马逊时，你就会发现它传递给客户的价值大部分是它与其他公司合作的结果，并不是亚马逊的内部活动导致的。亚马逊的价值大部分是由其价值网合作伙伴传递的。这对于其他企业来说，是很难在短期内成功模仿的。

2.5.5 企业战略

企业战略（business strategy）是企业为所投入的资本获得较高的长期回报而

制定的一系列计划。所以，企业战略就是在一个较长的时期内在竞争环境中如何获得利润的计划。**利润**（profit）简单地说，是企业出售产品的价格和生产、分销产品的成本之间的差额。利润代表了经济价值。在任何时候，消费者愿意为某产品支付的价格超过制造该产品的成本，就创造了经济价值。那么为什么会有人愿意支付比生产成本高的价格呢？答案有很多，如该产品可能是唯一特有的（没有其他的供应商），该产品可能是这类产品中成本最低的，可能全世界各地买到的都是这样的产品，或者该产品能满足某些特殊的需求而其他产品却做不到。经济价值的每一个来源都说明了企业为其产品在市场上进行定位的战略。实现利润有四种基本的战略：差异化、低成本、扩大范围以及聚集战略。下面我们将介绍这四种战略。企业采用什么战略所依据的是其产品、所在的行业以及遭遇竞争的市场。

尽管互联网是一个独一无二的市场，但企业战略原则同样适用。正如我们在本书中所看到的，成功的电子商务战略涉及使用互联网加强已有的业务（而不是破坏业务），利用互联网提供其他竞争者不能模仿的产品和服务（至少是在短期内）。这意味着开发独特的产品、有所有权的内容、区别于他人的流程（如亚马逊的一键通购物）、个性化或定制化产品和服务（Porter，2001）。让我们更具体地描述这些概念。

差异化（differentiation）是指制造商想尽办法使产品具有独特性，能与其他的竞争对手区别开来。和差异化相对的是**同质化**（commoditization）——产品或服务间没有差异，唯一的选择依据就是价格。正如经济学家告诉我们的，当只有价格是竞争的根本，而且有很多供应商和消费者时，产品的价格最终会下降到制造成本（第 n 个产品的边际利润与边际成本相等）。接着就是利润为零！而这是任何商人都不愿意接受的结果。解决的办法就是要使你的产品差异化，建立起类似垄断的地位，成为唯一的供应商。

企业将其产品差异化的方法有很多。企业可以从一个核心的基本产品开始，随后在消费者中建立起一种渴望使用该产品的“经历”——“没有比可口可乐更能让人精神振作的东西了”或者“没有其他车能和开宝马的感觉相比”。企业也可以通过增加该产品区别于其他竞争对手的特征来增强该产品，还可以通过提高该产品的性能帮助消费者解决相关问题的能力，来进一步差别化产品。例如，像 Turbo Tax 这样的税务程序能从电子表格软件中导入数据，也能将应纳税收入以电子方式存档。增强产品的这些功能是为了解决消费者的问题。营销的目的就是创造这些差异化的特性，使消费者察觉到产品的独特性质，并在这个过程中建立代表这些特性的“品牌”。第 6 和第 7 章将讨论营销和品牌问题。

综上所述，产品的差异化特性构成了本章前面所说的客户价值主张。互联网和万维网为产品的差异化提供了一些独特的方法。利用网络实现购物体验的个性化，根据每个消费者的特殊需求来定制产品和服务，可能是其中最重要的方法。电子商务企业还可以利用万维网的普遍存在性（使得人们在家里、在单位、在路上就能购买产品）、全球范围特性（使得人们可以在全世界任何地方购买产品）、丰富性和交互性（提高产品使用者的网络体验，如特有的交互式内容、影片、用户的故事介绍及评论），以及信息密度（为使用该产品的客户存储和处理信息，如在网站上购买的所有产品的保证书或者在线的所得税信息），来使产品差异化。

采用成本竞争战略意味着，一家企业发现了其他企业在市场上无法获得的特有的业务流程和资源。业务流程是价值链中最小的单元。例如，图 2—4 中，运入物流的增值活动实际上是由卸货码头和仓库的工作人员所进行的许多不同的活动构成的。这些不同的活动称为业务流程——为完成价值链上的各种要素所需要的一系列步骤和过程。

当一家企业发现了新的更有效的业务流程时，它就能获得胜过竞争对手的成本优势。然后，它就能通过降低价格来吸引消费者，同时保持足够的利润。最终，它的竞争对手会被赶出市场，因为市场无疑会向低价供应商倾斜。或者，当一个企业发现了某种特有的资源，或者成为低价供应商的时候，它也会进行有效的价格战。例如，将生产转移到全球工资成本低的地方，就是一种降低成本的方法。

成本竞争是一种短期行为，并且很需要技巧。因为竞争对手也能找到同样的或不同的提高生产效率的方法，并且竞争对手也可以将生产转移到全球的低成本区，竞争对手还可能决定以牺牲短期的利润来进行成本竞争。

互联网为企业提供了一些进行成本竞争的新方法——至少在短期内如此。企业可以利用互联网的普遍存在性来降低订单的输入成本（所有的订单都由客户填写，所以不需要订单输入部门了）；利用互联网的全球范围和通用标准特性来建立一个全球范围内的单一的订单输入系统；利用互联网的丰富性、交互性和个性化特点来建立在线消费者的档案，区别对待每一个消费者——不需要像过去那样由一支花费巨大的销售人员队伍来做这些事情；最后，企业还可以利用互联网的信息密度特性来向消费者提供产品的详细信息，而不需要花大代价维护产品目录、支付销售人员的工资。

虽然互联网提供了加强成本竞争的强大动力，使得成本竞争看起来是一种可行的战略，但这么做的危险在于，竞争对手也能获得同样的技术，因为要素市场——生产商向其供应商进行购买的市场——对所有的人都是公开的。假设生产商拥有某些能降低成本的技术并打算使用这些技术，它们的竞争对手在市场上能买到许多同样能降低成本的技术，甚至有技能的工人也能在市场上买到。但是，自有的技术、专有的隐性技术（没有公开成文的技术）和忠诚的有经验的工人则是短期内很难在要素市场上购买到的。因此，成本竞争还是一种可行的战略。

其他两种战略是扩大范围战略和聚集战略。扩大范围战略是在全球所有的市场进行竞争的战略，而不是仅仅局限在本地、区域或者国内市场进行竞争。互联网的全球范围、通用标准及普遍存在特性毫无疑问可以帮助企业成为全球竞争对手。例如，雅虎及其他排名前20位的电子商务网站，就利用互联网轻易地获得了全球的席位。聚集战略是在狭小的细分市场和产品市场进行竞争的战略。该战略的目标是成为狭小市场上的第一号产品服务提供商。例如，L. L. Bean利用网络继续把目标集中在户外运动服饰上；W. W. Grainger——网上访问量最大的B2B网站——则集中在一个称为MRO（商业大楼的维护、维修和运营件）的狭小细分市场上。互联网为实施聚集战略提供了明显的可能。企业可以利用网络的丰富性和交互性特征，来建立对于不同细分市场的高度集中的消息；网络的信息密集使得在小型细分市场上进行电子邮件或其他形式的营销活动成为可能；个性化——及相关的定制化——意味着同样的产品能被定制化和个性化，以满足特定细分市场和消费者的需要。

行业结构、行业和企业的价值链、价值网以及企业战略是在分析电子商务网站的可行性和前景时必须用到的核心商务原理。尤其是在每一章末尾的案例研究中，都会提出有关如何识别、分析案例中的竞争力，以及案例如何阐述了行业结构的改变、行业和企业价值链的改变以及企业战略的改变等问题。

案例研究

潘多拉电台和免费增值商业模式

在网络电台订阅服务方面，潘多拉（Pandora）的做法是最成功的。2010年，潘多拉拥有6 000多万用户，且每周新增60万订阅者。潘多拉占据网络电台全部收听时段的44%。也许你会惊讶，在iTunes、Rhapsody的互联网时代，为什么有人选择网络电台收听音乐？电台不是已经过时了吗？

事情并非如此。通过潘多拉电台，用户可以选择喜欢的歌曲流派，计算机会根据算法自动收集用户要听的音乐，不仅有用户喜欢的歌手的歌曲，还包括其他歌手演唱的类似歌曲。计算机如何能准确地识别相关歌曲呢？计算机懂音乐吗？肯定不是！但是50多位音乐家会每天试听新歌，按400多条标准对其分类，比如男声或女声、电吉他或声学吉他、失真器、背景音、管弦乐等。计算机会按照这些标准将歌曲归为5个流派：流行乐/摇滚、嘻哈/电子乐、爵士乐、世界音乐、古典音乐，每个流派还可细分出众多小流派。喜欢泰勒·斯威夫特（Taylor Swift）吗？利用潘多拉创建新电台，将泰勒·斯威夫特（Taylor Swift）选为喜爱的艺术家，那你不仅可以收听她的歌曲，还会听到类似流派的歌手的佳作。

1999年，威尔·格拉泽（Will Glaser）和蒂姆·韦斯特格伦（Tim Westergren）（爵士音乐家）推动音乐基因组计划，研究得出目前的音乐流派识别算法。他们认为识别音乐流派和子流派是可能的，可以让专家团（由50多位音乐家组成）找出艺术家或歌曲之间的共同点。专家已归纳出400多项分类因素，只需由计算机程序根据用户的输入自动匹配相应流派的歌曲。专家团成员都是音乐编辑或电台节目主管，能够轻而易举地识别出爵士、古典音乐以及流行乐/电子乐的差别，再根据一般分类去细分具有共同特征的子流派。

2005年，格拉泽和韦斯特格伦在音乐基因组计划基础上建立Pandora.com网站，提供音乐服务。当时面临的最大挑战是，如何在竞争者提供免费音乐（大多数尚未植入广告）的情况下运作网络电台，同时还能够获得月租费和广告费。事实上，由于80%的音乐都能从P2P网站免费下载，音乐电台能避免破产就已算万幸。2001年iTunes问世，到2005年已取得非凡成绩。无须植入广告即能从每首歌曲下载赚取0.99美元。当时iTunes用户数已达2 000万。相比而言，通过私人电台收听喜欢的歌曲算是相当新奇的构想。

面对严峻的形势，潘多拉首次选择的商业模式是：让用户免费试用10小时，之后再收取每月36美元的月租费。结果10多万用户在试用结束后拒绝支付月租费。听众认可潘多拉，但不愿意为它买单，似乎早些年前就是如此。

迫于财务压力，2005年9月潘多拉选择转向广告盈利模式。用户每月最多可免费收听40小时，之后有三个选择：（a）当月支付0.99美元可继续使用；（b）注册付费服务获得无限量收听；（c）什么都不做。如果用户选择（c），服务便会停止，但用户仍可在下个月继续登录试用。转向广告盈利商业模式存在一定风险，因为潘多拉网站还没有广告服务系统，但是它吸引到众多用户之后具备充足的广告来源（包括苹果），该收入能够支持自己的基础设施投入。2006年，潘多拉在每首歌曲后增加“购买”按钮，开始和亚马逊、iTunes抢生意。现在，潘多拉采取收取关联费的策略，引导用户去亚马逊购买音乐。2008年，潘多拉推出一项iPhone应用，用户可从智能手机上登录，全天收听潘多拉电台。该举措使网站在一天内新增 35 000 名新用户。2009 年，凭借广告支持的“免费”模式，潘多拉吸引到 2 000 多万用户，并赚取 5 000 多万美元的收入，首次实现盈利。潘多拉的所有战略都严格遵照音乐公司的要求，如不能点播，不能重播，每个电台每小时最多只能播放 6 首歌曲等。此外，所有歌曲都用于商业用途或流传到国外。经历了几年的亏损，潘多拉最终找到喘息的机会。

潘多拉始终没有放弃提供增值服务。2009 年后期，公司推出一款增值桌面应用 Pandora One，提供无广告、高质量的流式音乐服务，并且不限制使用时间，费用也只有 36 美元。2010 年 7 月，潘多拉的付费用户达到 60 万，占全部用户的 1%，并为公司带来 2 180 万美元的收入。2009 年年末，潘多拉公布其第四季度首次盈利，年收入为 5 000 万美元。其中大部分来自广告收入，其他还包括订阅费用和 iTunes、亚马逊的交易佣金（引导用户到这些网站上购买音乐，公司能获得一笔费用）。华尔街的分析师认为，2010 年年底潘多拉的收入将达 1 亿美元。

潘多拉是“免费增值”（freemium）盈利模式的典范，通过向 99%的客户免费开放某些服务，依靠向另外 1%的客户提供收费的增值服务来盈利。《免费：商业的未来》（*Free: The Future of a Radical Price*）一书的作者在博客中写道：“你要放弃 99%的商品，以吸引肯付费的 1%的客户，这么做是因为数字产品的边际成本几乎为零，放弃的 99%对你来说根本不产生成本，反而会把你引入更广阔的市场。重要的是 1%的客户。”采用免费增值模式的成功企业还有许多。对报纸、杂志等传统印刷媒体来说，该模式是维持生存的途径，但不是所有网络企业都适用该模式。

对于免费增值模式所创造的效用，电商公司 CEO 和风险资本家争论不休。然而问题的关键在于，虽然免费增值模式能有效地聚集大批潜在客户，但如何将其眼球引向收费服务仍是个挑战。如果不能从客户处获取收入，那就只能依靠广告。

MailChimp 的故事虽然很成功，但也具有一定的警示意义。该公司允许客户向任何用户发送电子邮件简讯，管理客户列表，跟踪电子邮件营销的绩效。尽管能为营销提供强大的工具——开放式应用编程接口，但公司运营 10 年后，也只积累到 8.5 万的付费用户。

2009 年，MailChimp 公司 CEO 本·切斯特纳特（Ben Chestnut）认为，是时候实施新战略来吸引新客户了。于是 MailChimp 免费开放一些基本工具，只对特定的功能收取费用。公司认为，随着用户的电子邮件不断增多，他们会继续使用 MailChimp，并且愿意为增值服务付费，因为增值服务不仅能给群组发送邮件，还可利用分析工具帮助自己有效地定位电子市场。

7 个月内 MailChimp 的用户数增长 240%，发送的电子邮件数量增加 225%（从 2 亿封增加到 4.5 亿封），预计收入增加 200%。听起来似乎很不错，但这是有代价的。滥用邮件增加 354%，法律诉讼成本也增加 245%。垃圾邮件发送者通常能够成功地伪装自己，使 Spam Assassin 之类的软件无法识别，进而无法阻止邮件的发送。切斯特纳特研究过大多数网站后发现，大多数采用免费增值模式的网站都存在类似问题。

MailChimp 并未放弃免费增值模式，公司推出 Omnivore 计划，开发出一种能识别垃圾邮件的优化算法。自 Omnivore 推出后，公司共发出 35 539 次警告，暂停 4 233 个账户，清理掉 1 193 个用户。值得庆幸的是，该算法为公司找到了前进方向，提高了用户的邮件打开率。

对 MailChimp 而言，坚持免费增值模式是值得的。然而，不是每家公司都能如此。Ning 是一家提供用户自创社交网站服务的公司，它尝试过免费增值模式，结果却大相径庭。2010 年 7 月，Ning 最终选择放弃该模式。

首款网页浏览器 Mosaic 的开发者兼网景公司创始人马克·安德烈森（Mark Andressen）于 2004 年创办 Ning 网站。在他的努力下公司筹集到1.19亿美元的资金。尽管是领先的社交网络平台，而且拥有230万用户自建的社交网络和4 500万用户，Ning依旧难免面临常见的难题——如何将客户的眼球引向收费服务。公司只有13%的客户使用付费服务，收入少得可怜。公司获取的免费用户越多，其运营成本就越高。

2010年5月，Ning宣布计划放弃免费增值模式，将员工从167名裁减至98名。公司100%的资源都将用于吸引付费用户。与此同时，网站采用三级定价模式，基本服务费为每月19.95美元。Ning给现有客户30天的期限做出相应选择。此外，网站会对外公布每种定价模式的详细信息，包括用户数、存储量、可提供的带宽等。

Ning的新商业模式能带来一系列的收入：收费服务、谷歌广告、合作伙伴和赞助商。培生（Pearson Publishing）就是其合作伙伴之一，承诺在未来3年为Ning的8 600个教育网站（K-12和更高水平）提供赞助，而且将年订阅费用降至19.95美元。其他的合作伙伴还有CafePress（帮助消费者利用网络出售品牌商品）和ChipIn（帮助非营利消费者筹资、募集捐款）。

那么，何时采用免费增值模式是合理的呢？回答是当产品容易使用、有大量潜在受众（最好是100万以上）的时候。当然，客户价值主张是很关键的。如果拥有大量用户能增加产品（如约会服务）的感知价值，对采用免费增值模式也很有帮助。如果公司拥有良好、长期的客户保留率，并且产品价值会随着时间的增加而增加，免费增值模式也能起作用。最重要的是，向更多客户提供免费产品或服务的可变成本必须很低。

例如，Evernote是一款提供个人笔记服务的软件，采用免费增值商业模式。用户数达270万，其中有5万名付费用户，并且每天新增7 000名新注册用户。随着时间的增加，非活跃用户逐渐放弃该项服务，而活跃用户开始支付费用。用户数量每月增加10%，收入增长得更快，为18%。公司数据显示，一年前注册的新用户中有2%的人现在开始付费。Evernote等公司使用免费增值获得成功的关键要看每位活跃用户带来的收入和可变成本之差（对Evernote而言，每位用户可为其带来0.25美元的月收入，而成本只要0.09美元）。

通常只有2%～5%的免费用户愿意从免费产品或服务转向收费模式，所以Evernote网站2%的转换率属于预期范围。当采用免费增值战略时，计算能否在小规模情况下盈利对公司来说也很重要。

采用免费增值模式的公司还面临一个挑战，即考虑哪些产品或服务免费，哪些产品或服务收费（可能动态变化），支持免费用户所花的成本是多少，如何对收费服务定价等。此外，采用免费增值模式的企业的用户流失率经常变动，很难预测。所以，虽然免费增值是获取早期用户的有效方法，能为公司带来资金升级，但很难计算多少用户愿意付费，多少用户愿意保留服务。

免费增值战略能在潘多拉和Skype公司发挥作用，是因为它们的边际成本几乎低至零，可以支持免费用户。它也能对依靠网络为潜在客户带来价值的公司发挥作用，如Facebook。对于那些由愿意付费的客户支持的公司，尤其是当公司还没有获得赞助费和广告收入时，免费增值也能够发挥作用，如Evernote和潘多拉。

资料来源："How Pandora Grew to Get 60 Million Listeners," by Om Malik, Gigaom.com, July 21, 2010; "Ning Partners with Pearson to Sponsor Free Network Access for Educators," by Leena Rao, Techcrunch.com, June 24, 2010; "How To Avoid The Traps and Make a 'Freemium' Business Model Pay," Anna Johnson, Kikabink.com, June 14th, 2010; "6 Ways for Online Business Directories to Convert More Freemium to Premium," BusinessWeek.com, April 14, 2010; "Case Studies in Freemium: Pandora, Dropbox, Evernote, Automatic and MailChimp," by Liz Gannes, Gigacom.com, Mar. 26, 2010; "Struggling Pandora Earns First Profit, Sets Sights on a Future of Playing Everywhere," by Clair Cain Miller, *New York Times*, March 15, 2010; "Pandora Bringing Web Radio to Cars," by Sarah McBride, *Wall Street Journal*, January 7, 2010; "As Online Music Falters, Pandora Doubled

To 40 Million Users This Year," by MG Siegler, Techncrunch. com, December 16, 2009; *Free: The Future of a Radical Price*, by Chris Anderson, Hyperion, 2009.

[案例思考题]

1. 对比潘多拉最初和现在的商业模式。"免费"和"免费增值"盈利模式有何不同?

2. 潘多拉提供怎样的客户价值主张?

3. 同样是采用免费增值模式，为何MailChimp大获成功，而Ning却惨遭失败呢?

4. 在考虑采用免费增值盈利模式时，需重点衡量哪些问题?

关键术语

商业模式（business model）　为从市场上获得利润而预先规划好的一系列活动。

商业计划（business plan）　一份描述企业商业模式的文档。

电子商务商业模式（e-commerce business model）　旨在充分利用和发挥互联网和万维网特性的商业模式。

价值主张（value proposition）　确定一家企业的产品或者服务如何满足客户的需求。

盈利模式（revenue model）　描述企业如何获得收入、产生利润以及获得高额的投资回报。

广告盈利模式（advertising revenue model）　企业提供广告专区，向广告商收取广告费。

订阅盈利模式（subscription revenue model）　企业向用户提供信息和服务，并向用户收取某些内容的订阅费。

交易佣金盈利模式（transaction fee revenue model）　企业因帮助完成或执行交易收取费用。

销售盈利模式（sales revenue model）　企业通过向顾客销售产品、信息或服务获取收入。

会员制盈利模式（affiliate revenue model）　企业向会员提供业务机会，收取推荐费或从交易收入中获取一定百分比的提成。

市场机会（market opportunity）　指企业所预期的市场以及企业在该市场中有可能获得潜在财务收入的机会。

市场（marketplace）　企业想介入的、有实际或潜在商务价值的区域。

竞争环境（competitive environment）　在同一市场中运作、销售相似产品的其他企业。

竞争优势（competitive advantage）　当企业能比其竞争对手生产出更好的产品，或向市场推出更低价格的产品时而获得的优势。

不对称（asymmetry）　当市场的某个参与者拥有比其他参与者更多的资源时就出现了不对称。

先发优势（first-mover advantage）　企业率先进入市场提供有用的产品和服务而获得的竞争优势。

互补资源（complementary resources）　不直接参与企业的生产，却是企业成功不可或缺的资源和资产，如营销、管理、财务、资本、声誉。

不公平的竞争优势（unfair competitive advantage）　一家企业因其他企业不能获得的条件因素而建立的优势。

完美市场（perfect market）　没有竞争优势和不对称的市场环境，所有企业都能均等地获得所需的生产要素。

杠杆作用（leverage）　企业利用自己的竞争优势在周围市场中获得更多的优势。

营销战略（market strategy）　阐述如何进入新市场、吸引新客户的详细计划。

组织发展（organizational development）　描述企业如何组织所要完成的工作。

管理团队（management team）　企业中负责各类商业模式运作的员工。

门户网站（portal）　向客户提供强大的网络搜索工具，而且集成一体化内容和服务的网站。

电子零售商（e-tailer） 在线零售店。

进入障碍（barriers to entry） 进入新市场的总成本。

知识产权（intellectual property） 指可记录在有形媒体（如书本、光盘或网络）上的各种形式的人类表达。

内容提供商（content provider） 利用网络分销各类信息内容，如数字化视频、音乐、照片、影片以及艺术品。

交易经纪人（transaction broker） 通过电话和邮件为消费者处理个人交易的网站。

市场创建者（market creator） 建立一个数字化的环境，使得买卖双方能够在此碰面，同时还能展示、检索产品，为产品定价。

服务提供商（service provider） 提供在线服务。

社区服务商（community provider） 创建数字化在线环境的网站，有着类似兴趣爱好的人们可在此进行交易（买卖产品），分享兴趣爱好、照片、视频，和志同道合的人沟通，了解与自己兴趣相关的信息。

电子分销商（e-distributor） 直接向个体企业提供产品和服务的企业。

电子采购公司（e-procurement firm） 建立并出售进入数字化市场的途径。

B2B服务提供商（B2B service provider） 向其他公司提供企业服务。

应用服务提供商（application service provider，ASP） 向其他企业销售基于互联网的应用软件接入服务。

规模经济（scale economies） 随着企业规模的增加，效率大幅提高。

电子交易市场（exchange） 一个独立的数字化电子市场，供应商和商务采购者可以在此进行交易。

行业协会（industry consortia） 为某个行业所有的、服务于特定企业的垂直市场。

会员专用网络（private industrial networks） 数字化的网络，可协调与业务有关的企业间通信流。

行业结构（industry structure） 指行业内各成员的特性和相互间的议价能力。

行业结构分析（industry structural analysis） 理解和阐述行业内的竞争本质、替代品的特点、进入障碍以及消费者和供应商的相对力量强度。

价值链（value chain） 一个行业内从原材料采购到形成最终产品或服务的一系列活动。

企业价值链（firm value chain） 企业内从原材料采购到形成最终产品的一系列活动。

价值网（value web） 跨企业的网络系统，用于协调企业之间的价值链。

企业战略（business strategy） 企业为所投入的资本获得较高的长期回报而制定的一系列计划。

利润（profit） 企业出售产品的价格和生产、分销该产品的成本之间的差额。

差异化（differentiation） 制造商想尽办法使产品具有独特性，能与其他竞争对手区别开来。

同质化（commoditization） 产品或服务间没有差异，唯一的选择依据就是价格。

思考题

1. 什么是商业模式？如何与商业计划相区分？

2. 成功的商业模式有哪八大基本要素？

3. 亚马逊提供的客户价值主张是什么？

4. 描述电子商务企业使用的5种主要的盈利模式。

5. 为什么对于社区服务商来说，以小市场为目标比以大的细分市场为目标来得好？

6. 除音乐以外，还有哪些形式的信息能在对等网站上共享？存在合法的P2P电子商务吗？

7. 你认为亚马逊和eBay是直接竞争对

手还是间接竞争对手（你可能需要访问这两个网站才能回答）？

8. 企业获得竞争优势的方式有哪些？

9. 除广告和产品试用外，企业还能采用什么营销战略？

10. FreshDirect 商业模式的缺陷是什么？它的业务能向区域或全国范围扩展吗？

11. 为什么很难给电子商务商业模式分类？

12. 除本章给出的例子外，如今还有哪些垂直门户和水平门户网站？

13. 虚拟店铺（如 Drugstore.com）和鼠标加水泥方式（如 WalMart.com）的主要差别在哪里？各自有什么优点和缺点？

14. 除新闻和文章外，内容提供商还提供哪些形式的信息？

15. 什么是反向拍卖？举一个开展这类业务的企业的例子。

16. 电子交易市场的关键成功要素是什么？它与门户网站有何区别？

17. 什么是应用服务提供商？

18. 在消费者对消费者、对等电子商务领域中有什么样的商业模式？

19. 电子商务技术的独特性是如何改变旅游业的行业结构的？

20. 行业价值链上有哪些主要的角色？它们是如何受电子商务技术影响的？

21. 企业为获得利润所采用的四种基本企业战略是什么？

设计题

1. 选择一家电子商务企业。访问它的网站，根据你所发现的信息描述它的商业模式。判断该企业的客户价值主张、盈利模式以及它所处的市场、该企业的主要竞争对手、企业所具备的相对优势和它的营销战略。试着找找有关企业管理队伍和组织结构的信息（查找标有"the Company"，"About Us"，或其他类似字样的页面）。

2. 体验在网上购物的感受，与传统环境中的购物作比较。假设你想买一部数码相机（或选择其他任何东西）。首先，用传统方式购买相机，描述一下你是怎么做的（如你如何收集你要挑选的特定商品的必要信息，你会去哪家商店，要花多少时间，以及价格，等等）。然后，在网上购买同样的东西。比较你的经历。两种方式各有什么优缺点？你更喜欢哪一种？为什么？

3. 访问 eBay 的网站，了解各种拍卖方式。如果你想建立能与它相抗衡的专业在线拍卖网站，根据 eBay 提供的产品和拍卖社区特点，你追求的前三个市场机会是什么？准备一份幻灯片讲稿，来阐述你的分析和观点。

4. 在电子商务早期，先发优势被吹捧为唯一的成功路径。而有些人则认为市场追随者同样也能赚钱。事实证明哪种方式更成功——先行者还是追随者？选择两家电子商务企业来证明你的观点。准备一份简短的讲稿来解释你的分析和立场。

5. 准备一份 3～5 页的调查报告，阐述电子商务技术（包括移动设备）对出版行业当前的影响以及将来的潜在影响。

第Ⅱ篇 电子商务的技术基础

Technology Infrastructure for E-commerce

第3章 互联网与万维网：电子商务的基础设施

学习目标

学完本章，你将能够：

- 探讨互联网的起源
- 了解互联网的基本技术原理
- 描述互联网协议与实用程序的作用
- 解释目前的互联网结构
- 了解当前互联网的局限性
- 描述第二代互联网的潜在能力
- 理解万维网的工作原理
- 描述互联网与万维网支持电子商务的特色服务

章首案例

维基百科实景

走在都市的大街上，你可以数一数有多少人正低头看 iPhone 或者黑莓手机？漫步校园中，你又会发现有多少同学使用智能手机发送 Twitter，观看 YouTube 视频？踏上火车旅程，有多少同行旅客用手机阅读网络新闻？未来几年，美国乃至全世界人们的首选上网方式将是便捷上网本和智能手机，如苹果的 iPhone、黑莓 Curve 等。当然，传统的台式机和笔记本还是不可缺少的电子商务和互联网工具，只是这些活动已逐渐向移动平台转移。这就意味着电子商务产品和服务也逐渐转移到移动平台。预计到2013年，移动互联网的用户数将占所有互联网用户的一半。

维基百科实景（Wikitude.me）是一个在线移动平台的例子。该平台关注用户所处的位置，并使用维基工具来提供基于位置的实景服务。Wikitude软件采用一种特定的浏览方式，要求用户的智能手机配备内置GPS和指南针，以便识别用户所处的精确位置和手机所指方向。Wikitude.com服务器中有80多万条景点信息，浏览器能调出与你所搜索景点相关的所有信息，并将其呈现在智能手机的屏幕上，还能在刚拍摄的照片上生成标签。这款浏览器由奥地利Mobilizy股份有限公司开发，而这项技术又称为浏览器的“增强现实应用”。此外，维基百科实景还允许用户使用“地理标签”来标注身边的世界，然后将标签发送到Wikitude，与网上其他用户一起分享。这种基于用户创造内容数据库的技术可以增加数千个维基百科尚未标识的地方景点。如果旅行巴士上的乘客用智能手机的摄像头对准窗外的高山，手机屏幕上就会显示该山峰的名称和海拔高度。如果在某个欧洲中世纪的城市或者洛杉矶的小镇中迷路了，打开Wikitude浏览器，将手机的摄像头对准身边的建筑物就能知道自己所处的位置及其他相关信息。2010年，Mobilizy股份有限公司在温布尔登与IBM和Ogilvy合作，为安卓和iPhone智能手机开发一款称为SEER的应用程序，它能够显示比赛的实时赛况、选手表现以及其他餐饮和交通讯息。

Mobilizy和Wikitude目前仍处于开发阶段，尚未实现强大的商业应用，但是不难看出这些工具对于电子商务的价值所在。当用户参观或搜索邻近的兴趣点时，你经营的餐馆、水果摊、服务公司或者电影院都将会出现在他们的手机屏幕上，你觉得这样如何呢？下次海外旅行能有位贴身的在线导游全程服务，你愿意为此支付多少呢？

荷兰软件公司SPRXmobile也开发过一款类似的基于位置的“增强现实感”浏览器，称为Layar。阿姆斯特丹的用户可以免费下载Layar。Layar同时也是适用于iPhone和安卓系统的一种应用程序。当调用Layar应用程序时，智能手机将自动启动照相机。内置的GPS会自动定位手机所在的位置，指南针可以识别手机所指向的方向。该浏览器的商业合作伙伴自动匹配该坐标位置的相关信息，形成一个数字图层。用户只需轻轻触碰屏幕的边缘，就可以在各层之间自由切换，从原始图片切换到有增强信息的图片或者地图。餐馆、影院、理财服务公司和招聘单位等当地企业只需向SPRX mobile公司支付一定的费用，就能通过安卓智能手机的摄像头找到街上的ATM机、餐馆、酒吧、健康服务提供商和招聘启事。Layar浏览器最早在荷兰推出，加盟的合作伙伴都是各行业的市场领导者，如ING银行、Funda房地产公司、Hyves社交网络、Tempo-team求职中介和Zekur.nl护理中心。2010年5月，Verizon成为Layar首批商业用户之一，它主要是利用Layar对公司的安卓手机进行营销推广。

移动数字平台服务正逐渐向更多的传统网络活动渗透，如在线购物和比价等。Slifter是一项手机购物定位感知服务，可在线访问，也可下载到黑莓或者iPhone手机上使用。在参加重要商务会议的路上发现领带忘在酒店，或者是忘了穿婚纱鞋，该怎么办？没关系！Slifter会根据智能手机上的GPS定位告诉用户哪里可以找到合适的领带和鞋子，同时也会显示其价格、是否有货、商品详细信息、图片、促销活动和当地的地图。用户还可将产品和促销活动保存到移动购物车，并将自己的发现分享给Twitter或其他社交网络的朋友。Slifter服务成功的前提是大多数美国人都会在当地购物。事实确实如此：美国3.9万亿美元的零售商品市场中，只有不到5%属于在线渠道，其余都是本地商店线下销售的。相比帮助消费者寻找合适的商品和在线比价来说，帮助消费者发现最佳商店的市场更大，而且其商业模式会更持久、稳定。

这个领域的其他应用还有 NearbyNow 和 Krillion。ShopSavvy 条码扫描器则是其竞争对手，消费者利用该程序只需将手机的摄像头对准货架上商品的条形码，就能进行扫描，并向 ShopSavvy 服务器发送请求，服务器就会返回该商品在本地和网络市场上的最佳报价。Quattro 是另一类移动位置服务的例子。Quattro 是一家移动广告公司，它将其广告服务嵌入到苹果公司一款流行的应用 WHERE（一款移动应用程序）中，能向用户提供其周围人、事、物的相关信息。这些本地信息可谓包罗万象，从天气、新闻、餐厅点评，到最便宜的加油站、影院放映场次应有尽有，用户甚至还可以通过 Buddy Beacon 和 WHERE Wall 与他人联络。Quattro 和 WHERE 两者结合的服务主要是位置关键字搜索、赞助商插件和本地搜索。举个例子，药品连锁店（如 Walgreens）可以购买“头痛”、“胃痛”和“背痛”等移动关键字来吸引消费者到附近的 Walgreens 药房买药。地理围栏（geo-fencing）是一种更为积极的移动广告技术，它利用手机的 GPS 功能在客户的商店周围绘制虚拟围栏，消费者进入围栏区域时，商店就向其发送广告和折扣券。2010 年，Burger King、Applebee's 和 Quizno's 公司都已开始测试这项技术。

你是否曾经在商店里毫无头绪地寻找某件商品，或者千辛万苦找到某件衣服却发现没有适合自己的尺码？LBS 购物服务能够解决这些问题，给多年来深受在线零售威胁的当地零售商带来福音。曼哈顿的设计师卡马利（Kamali）注册了 ScanLife 服务，这使得消费者能够利用手机扫描条形码，并观看相关产品的视频。IBM 公司研发出 Presence Zones 技术，能够感知到有购买者进入店铺，及时提供优惠券和打折券，推荐相关商品。这项技术正用于思科和 IBM 联合开发的 Mobile Concierge 应用中。只要输入商品名称，系统会告诉用户商品在店铺的什么位置。

Facebook 也不甘落后，于 2010 年 8 月推出社交网络位置服务，称为 Places。与 Foursquare、Yelp 和 Gowalla 网站的服务类似，Places 允许用户使用 iPhone 手机进行定位，并把位置分享给自己的好友。用户还能查看附近的好友。

基于位置的服务市场尚处于起步阶段，2010 年创造了 2.15 亿美元左右的收入，到 2013 年收入将有望增加至 7 亿美元。2010 年，移动数字平台的其他收益流包括：iTunes 等应用商店的销售收入（50 亿美元）；铃声、音乐、视频和 TV 秀等休闲娱乐的下载收入（约 72 亿美元）；移动广告收入（9.95 亿美元）；Slifter 等直接购物服务收入（2.2 亿美元）；电子书销售收入（1.5 亿美元）。尽管这些数据还不算大，但移动电子商务是目前发展最快的电子商务模式，正以每年 50% 甚至更快的速度增长。预计到 2013 年，移动平台占据在线 B2C 电子商务的比例将达 10% 左右。

资料来源：“Facebook Unveils a Service to Announce Where Users Are,” by Miguel Helf and Jenna Wortham, *New York Times*, August 18, 2010; “Kicking Reality Up a Notch,” by Leslie Berlin, *New York Times*, July 12, 2009; “Wikitude Goes Wimbledon 2010,” press release, Wikitude.com, June 20, 2010; “IBM Unveils Smart New Mobile Applications to Keep Up to Date With Wimbledon 2009,” press release, IBM, June 17, 2009; “Mobile Applications,” by Noah Elkin, eMarketer, June 2009; “When the Customer is in the Neighborhood,” by Diana Ransom, *Wall Street Journal*, May 17, 2010; “Verizon Uses Layar's Augmented Reality to Promote Droid phones,” press release, Layar.com, May 14th 2010; “Mobile Location-Based Services Used by US Internet Users,” eMarketer, April 20, 2010; “Cellphones Let Shoppers Point, Click and Purchase,” by Stephanie Rosenbloom, *New York Times*, February 27, 2010; “The Emerging Mobile Digital Platform: Ecommerce and Business Impacts,” by Kenneth Laudon, *Managing the Digital Firm*, 11th edition. Learning Track. January, 2010; “US Mobile Internet Users, 2008—2013,” eMarketer, November 1, 2009; “Augmented Reality: Another (Virtual) Brick in the Wall,” by Michelle Delio, *MIT Technology Review*, February 15, 2005.

本章将介绍现在和未来的互联网与万维网的发展，其组成、工作原理，以及现在和未来的互联网和万维网为支持电子商务所提供的基础设施如何创造新的商业机遇。

开篇案例已经说明了商业人士了解互联网及相关技术的工作原理和及时获取网络新知识的重要性。这可能会极大地改变你的商务活动，还会给你带来新的机遇。在网上建立一个成功的网站，实施关键的网络商业策略，如个性化、客户化、市场细分和价格差异，所有这些都要求商务人士熟悉网络技术，随时了解网络的发展。

互联网及其基本的计算机技术并不是一成不变的，相反却是在飞速变化的。互联网过去在变化，现在也在变化。计算机已经与手机服务融合在一起，宽带已经接入各家各户，智能手机和笔记本接入无线宽带的技术正在飞速发展；博客上可以自主写作，可以进行网络社交，而且吸引了许多网络用户；新的软件技术，如网络服务、云计算和智能手机应用程序正在革新现行的商务模式。未来的商务策略将需要你对这些新技术有深入的了解，这样你才能更好地把产品和服务传递给客户。

3.1 互联网：技术背景

什么是互联网？它是如何产生的，又是如何推动万维网发展的？互联网最重要的操作原理是什么？互联网的技术你究竟需要了解多少？

首先，我们从最后一个问题入手。答案就是：这取决于你的职业兴趣。如果你走的是营销职业道路或者从事一般的管理业务，你需要了解互联网技术的基础知识。如果你走技术职业道路，并且希望成为一个网络设计者或在网络基础设施中谋求一份职业，你就需要从基础知识开始不断地深入了解。同时你也需要了解电子商务的边缘商务，这些你都可以从本书中得到深入的了解。

正如第1章所提到的，**互联网**（Internet）是一个由数百万台计算机（有时也称为宿主计算机或主机）组成，将企业、教育机构、政府机构和个人连接在一起的互联网络。目前，互联网正在向全世界的18亿用户（美国的用户约2.2亿）提供诸如电子邮件、新闻、网上购物、信息检索、即时信息、音乐、视频和新闻发布等服务（Internetworldstats.com，2010）。互联网并不受某个组织的控制，也不归属于某个人，而是为全世界的商务活动、学术研究和文化交流传递信息的基础设施。互联网一词是从互联网络（internetwork）衍生而来的，本意是指将两个或更多的网络连接起来的。**万维网**（World Wide Web)，通常缩写为Web，是互联网最受欢迎的服务之一，能够提供超过10亿甚至是万亿网页的访问、浏览。网页是指使用超文本标记语言（HTML）编写的，包括文本、图像、音频、视频或其他内容的文档。此外，网页中也包括便于用户从一个网页直接跳转到另一个网页的“超链接”。

3.1.1 从1961年到现在的互联网革命

今天的互联网已经发展了50年左右。从这个意义上说，互联网并不新奇，并不是昨天刚出现的。虽然口齿伶俐的记者和学者经常把互联网描述成快速发展的、实时的、引起全球变化的机制，但事实上，互联网是经历了近50年的努力才发展成今天的互联网。

互联网的发展历程可以分为三个阶段（见图3—1)。第一个阶段，也叫创新阶段，历经 1961—1974 年的 13 年时间。在这一阶段，互联网基础模块的理论以及实现该理论所需的硬件和软件都已出现。基础模块部分包括包交换设备、客户机/服务器计算架构以及 TCP/IP 通信协议（后面还会详细论述）等。人们在 20 世纪 60 年代末期设计互联网的初衷就是希望能够把大学里的大型机系统连接在一起。而在这之前，学校间一对一的通信只能通过电话和邮寄信件来实现。

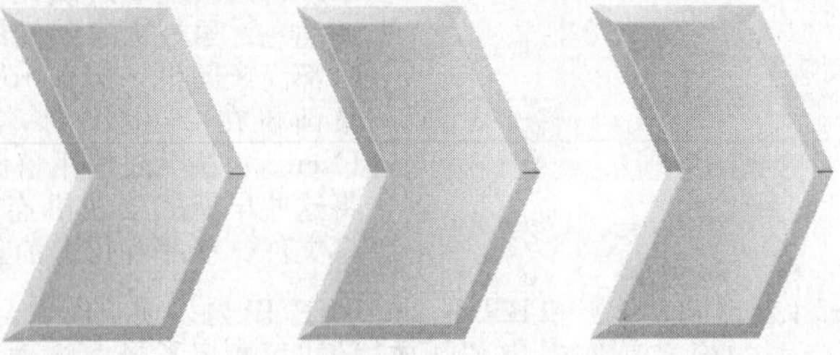

图 3—1　互联网发展历程

说明：互联网在 1961 年至今的 50 多年发展过程中经历了三个阶段。在创新阶段，互联网的基础理论和基础技术得以创立；在机构化阶段，这些理论和技术得以转变为现实；而在商业化阶段，随着这些理论和技术得到验证，私人企业将互联网应用带给了全世界数百万用户。

第二个阶段，也叫机构化阶段，经历了 1975—1995 年的 20 余年时间。在这一阶段，诸如美国国防部（Department of Defense）和美国国家科学基金会（National Science Foundation）这样的多个大型机构开始向当时还羽翼未丰的互联网提供资金支持，并为互联网的进一步发展扫清各种法律障碍。当互联网的基本理论在几个政府资助的试验项目中得到验证之后，美国国防部立刻投资 100 万美元，以期能够把这些理论和试验项目发展成为可以经受核战争考验的强大军事通信系统。这一努力最终造就了后来称为 ARPANET 的计算机网络。1986 年，美国国家科学基金会开始承担起发展民用互联网（后来称为 NSFNet）的重任，并着手实施一个耗资 2 亿美元、长达 10 年的网络拓展计划。

1995 年至今称为互联网发展的第三阶段或商业化阶段。在这一阶段，美国政府开始鼓励私人企业接管并扩展互联网的主干网络和各种面向普通大众的网络服务，普及对象包括一般家庭、美国境内的个人用户以及世界各地非大学在校生的网络用户。到 2000 年，互联网的辐射范围已远远超出了军事机构和科研院校的范围。

表 3—1 详细列出了 1961 年以来互联网的发展情况。

表 3—1　　**互联网发展时间表**

时间	事件	意义
创新阶段 1961—1974 年		
1961	Leonard Kleinrock（麻省理工学院）发表了一篇关于“包交换”网络的论文。	包交换理论正式问世。
1972	BBN 公司的 Ray Tomlinson 开发出首个 ARPANET 专用的应用程序——电子邮件程序，并在随后的 ICCC 会议上进行公开演示。之后，Larry Roberts 完成了第一个具备邮件列表、邮件转发和邮件回复功能的电子邮件管理程序。	互联网中第一个令人惊奇的应用程序正式问世。

续前表

时间	事件	意义
1973	Bob Metcalfe（XeroxPARC 实验室）发明了以太网（Ethernet）和局域网。	客户机/服务器计算架构正式诞生。以太网可以促进局域网和客户机/服务器计算架构的迅猛发展。在以太网中，众多全功能的桌面机能够进行短距离（小于 1 000 米）的网络互联，从而实现共享文件、运行程序和传递消息。虽然大家熟知的苹果电脑和 IBM 个人电脑当时都尚未问世，但 XeroxPARC 公司的首台功能强大的桌面机在 20 世纪 60 年代末期就已诞生。施乐公司（Xerox）甚至还使用自己的 Ethernet StarNetwork 网络将这些早期的桌面机连接在一起，组成了一个能够共享文件、程序并传递消息的办公网络。
1974	Vint Cerf（斯坦福大学）和 Bob Kahn（BBN）合著的论文首次提出“开放式架构”网络和 TCP/IP 协议的相关理论。	TCP/IP 协议横空出世。这篇论文为开发统一通用的通信协议奠定了坚实的理论基础。通过这样的协议，任何独立的局域网络和计算机都能够实现相互连接，人们也可以使用统一的地址解析方案找到网络中的任何一台计算机。 “开放式架构”和 TCP/IP 协议也使得“对等”、“开放”的网络互联成为可能。在此之前，只有当计算机都位于相同架构的网络中时才能相互通信，如 IBM 的 System Network Architecture。但在 TCP/IP 协议的帮助下，所有计算机和网络都能协同工作，不受本地操作系统和网络协议的制约。
机构化阶段 1980—1993 年		
1980	TCP/IP 协议正式被美国国防部确定为标准通信协议。	世界上规模最大的独立拥有计算机网络的机构最终接受了 TCP/IP 协议和包交换网络技术。
1980	个人电脑正式问世。	Altair 电脑、苹果电脑和 IBM 个人电脑相继问世，并最终成为当今互联网的基础组成部分，帮助成千上万的网民进入互联网中的精彩世界。
1984	苹果电脑公司发布 HyperCard 程序作为其图形界面操作系统 Macintosh 的一部分。	这标志着允许用户从一个网页或记录跳转到另一个网页或记录的“超链接”技术正式进入商业销售阶段。
1984	引入域名系统。	域名系统是一个用户友好系统，可以将 IP 地址翻译为人们易于理解的单词。
1989	位于瑞士的欧洲粒子物理实验室的 Tim Berners-Lee 首次提出使用超文本标记语言（HyperText Markup Language，HTML）编写的超链接文档为全世界提供网络服务的设想。	被称为万维网的互联网服务正式诞生。该服务基于使用通用标记语言编写的、包含允许用户在网络中随意畅游的“超链接”的各种“页面”。但这一设想并未得到迅速推广，大多数互联网用户还是依靠烦琐的 FTP 和 Gopher 服务检索文档。
1990	美国国家科学基金会开始设计并着手实施民用互联网主干网络的拓展计划，最终建成 NSFNET。① ARPANET 随后渐渐退出历史舞台。	在美国国家科学基金会的非军事项目投资的帮助下，面向所有用户的“民用”互联网的愿望终于成为现实。
1993	Mark Andreesen 与伊利诺伊大学美国国家超级计算中心（National Center for Supercomputing）的工作人员共同开发出世界上首款图形界面网络浏览器——Mosaic。	Mosaic 使得普通用户也能够方便快捷地连接到存放在世界上任何地方的 HTML 文档，从而帮助万维网开始飞速发展。

① “主干网”是指承担美国国内城市之间大量数据交换的网络干道。美国大学被授权可以发展自己的校园网络，但校园网必须接入国家主干网。

续前表

时间	事件	意义
1994	Andreesen 和 Jim Clark 创立了网景公司。	第一款成熟的网络浏览器 Netscape 正式上市销售。
1994	1994 年 10 月第一个横幅广告出现在 Hotwired. com 网站上。	电子商务从此诞生。
商业化阶段 1995 年至今		
1995	美国国家科学基金会进一步推动主干网的私有化进程，商业运营商逐渐接管了主干网的运营事宜。	完全意义上的、用于非军事目的的商业化互联网终于成为现实。ATT、Sprint、GTE、UUNet 和 MCI 等各大远程网络运营商开始全面负责互联网主干网的运营。Network Solutions（一家私营公司）独家负责互联网地址的分配事宜。
1995	Jeff Bezos 建立亚马逊；Pierre Omidyar 建立拍卖网（eBay）。	电子商务以单纯的在线零售商和拍卖商开始。
1998	美国联邦政府授权的国际互联网域名与地址管理机构（ICANN）正式成立。	从此，这家非营利性的私立国际组织开始掌管互联网的域名与地址管理事宜。
1999	第一家全面服务纯网上银行 First Internet Bank of Indiana 开始正式营业。	网络商业模式正在向传统服务渗透。
2003	阿比林的二代互联网已经更新至 10 Gbps。二代互联网已经覆盖 200 所大学、60 家公司、40 个附属成员。	最重要的里程碑正在形成，超高速的横贯大陆的网络比主干网络快好几倍。
2005	美国国家科学基金会提出全球网络研究首创精神，发展互联网更核心功能，包括新的命名服务、编址、身份体系结构；增强性能，包括附加的安全保障体系和高有效性的设计；新互联网服务和应用。	未来的互联网安全和功能要求对现有的互联网技术进行再思考。
2006	美国商业、科技和运输参议委员会举行网络中立听证会。	利用主干网络设施和网络内容，服务提供商和设备制造商实行差别价格，对此的争论越来越激烈。
2007	美国国家科学基金会提出 BBN 技术和设计下一代的互联网计划。	新的互联网的任务是提供不同的服务水准，保证服务等级和差别定价。
2008	互联网协会（ISOC）将信誉和身份作为互联网每一层的首要设计元素，并发出倡议，强调这些问题。	领先的互联网政策组认为今天的互联网受到现有网络中对安全和信誉的破坏行为的威胁。
2008	National LambdaRail 研发了第一个速度可达 40 Gbps 的互联网和第一个跨越大陆的以太网络。	大学和商业机构的主要合作伙伴使用思科的光学路由器，它可以为高速互联网实验提供一个全国范围的平台。
2008	互联网的云计算成为价值数十亿美元的产业。	互联网有能力为大公司和个人提供按需计算资源（进程、存储）服务，还有软件应用。
2009	智能手机成为主要的新的互联网接入平台。	智能手机扩大了互联网可触及的范围，进一步实现了互联网无处、无时、无地不在的承诺。
2009	宽带刺激计划和宽带数据改善行动相关法律政策颁布。	总统签署了刺激计划，为美国宽带的接入拨款 72 亿美元。

续前表

时间	事件	意义
2010	2010年《网络安全法案》颁布，S. 773。	法案授权总统可以增加公用和私人部门之间的协作，包括网络运营商、公用事业公司、联邦承包商、财政部门和其他部门，来实现国家的网络安全。

资料来源：Based on Leiner, et al., 2000; Zakon, 2005; Gross, 2005; Geni. net, 2007; nlr. net, 2010; ISOC. org, 2010; arstechnica. com, 2010.

3.1.2 互联网：关键技术概念

1995年，美国联邦网络委员会（FNC）正式通过了有关互联网术语定义的决议（见图3—2）。

> "美国联邦网络委员会（FNC）同意使用下述表述作为'互联网'一词的定义。
>
> '互联网'是指——
>
> （i）逻辑上通过网际协议（Internet Protocol，IP）或其后续扩展协议连接的、在全球拥有唯一地址空间的；
>
> （ii）能够使用传输控制协议/网际协议（Transmission Control Protocol/Internet Protocol）或其后续扩展协议，或者其他兼容于网际协议的通信协议进行通信的；
>
> （iii）能够为公众或个人提供基于数据通信和其他相关网络基础设施的高级网络服务的全球信息系统。"
>
> 1995年10月30日最终修订。

图3—2 美国联邦网络委员会决议

资料来源：Federal Networking Council, 1995.

按照这一定义，互联网本质上就是一个使用IP地址方案、支持TCP协议并向用户提供服务的巨大网络，这与为我们提供语音和数据服务的电话系统非常类似。

在这一正式定义的背后，有三个非常重要的基本原理成为大家理解互联网的基础概念。它们是包交换、TCP/IP通信协议和客户机/服务器计算架构。虽然互联网在过去的30年中已经发生了翻天覆地的变化，但这三个基本原理仍是当前互联网的运作核心，也是第二代互联网的技术基础。

包交换

包交换（packet switching）是一种将完整的数字信息分割成"包"（packet）并沿着不同的通信线路进行发送，最后在目的地进行重组的数据传送方法（见图3—3）。在包交换网络出现之前，早期计算机网络普遍使用的是租赁专用电话线路实现终端到其他计算机的通信连接方法。在电话系统这样的线路交换网络中，只有当一个完整的点对点的传输线路建立之后，通信才能正式开始。因此，早期计算机网络所使用的"专用"线路不仅价格昂贵，而且线路的传输容量也被大量浪费，因为不管是否进行数据传输，线路都要保持连接状态，不能为他人服务。此外，由于数据传递总是时有时无，将这些数据组合成适合线路的传输单元又会造成一定延迟，因此寻找和建立完整传输线路的耗时相当惊人。一般情况下，一条专用语音线路的七成时间会被白白浪费。所以，人们迫切需要使用更好的技术来取代线路交换方法。

我想和你通信	原始文本信息
00101101100010011011110001101	原始文本信息的数字编码
01100010　10101100　11000011	数字编码打包
0011001　10101100　11000011	每个包的头部还要加入目的地址和其他控制信息，如完整信息的长度和包的数量等

图 3—3　包交换

说明：在包交换方式下，信息在传输前被拆分成固定长度的“包”。包的头部信息用来说明包的源地址和目的地址、完整信息的长度以及目标节点应当接收的包的数量。由于各个包可以通过不同线路独立传输，因此一些包可能会先于其他包到达目的地，从而产生所谓的等待延迟。

第一本论述包交换技术的著作由伦纳德·克兰罗克（Leonard Kleinrock）在 1964 年完成（Kleinrock，1964），随后这一技术又在美国和英国国防研究实验室的技术人员的努力下进一步完善。在包交换技术的帮助下，传统网络的通信能力（用每秒传输的位①数进行衡量）能够提升 100 倍甚至更多。设想一下，如果不用对我们的汽车进行太多改造，就能把耗油量从 15 英里一加仑降至 1 500 英里一加仑，那将是一件多么令人激动的事情。

在包交换网络中，信息在发送前首先被拆分成包。每个包的头部还会被加上用以指示源地址（出发点）、目的地址、包的序列号以及差错控制等信息的数字编码。数据包并不会被直接送达目的地，而是通过计算机之间的交换和传递抵达目标机器。这些交换和传递数据包的计算机就是所谓的路由器。因此，**路由器**（router）是指连接互联网中成千上万个独立网络的专用计算机，负责为数据包寻找路径并把数据包转发至最终目的地。为了保证数据包经过最优路径到达目的地，路由器使用称作**路由算法**（routing algorithm）的计算机程序为数据包选取传输线路。

包交换不需要提前建立专用传输线路，任何线路的闲置容量都可被其充分利用。因此，包交换技术充分利用了所有可用线路中的传输容量。此外，如果某条线路突然不能使用或者某些线路处于超负荷运转，那么数据包可以立即通过其他传输线路到达目的地。

TCP/IP

虽然包交换技术可以使网络的通信能力有显著提升，但人们对于将数字信息拆分成包、将数据包发送到正确地址以及在目的地将分散的数据包重新合并成连贯的数据信息等细节的处理方法却始终没有达成共识。这种局面就好像一个只能够为信件贴上邮票却无法投递出去的邮政系统（即只有分散在各地的邮局和所有用户的地址，却没有相应的寄送控制措施）那样无法让人接受。解决的方案是建立一项**协议**（protocol）（数据传输的一系列规则和标准）来控制信息的设计、排序、压缩和错误的检查，同时详细说明传输的速度、网络设备运行的途径，提示是停止发送信息还是接收信息。

---

① 一位就是一个二进制数字，即 0 或 1。8 位二进制数构成一个字节。家用电话调制解调器接入互联网的速度一般为 56 Kbps（即每秒传送 56 000 位）。Mbps 是指每秒传输 100 万位的数据，Gbps 则是指每秒传输 10 亿位的数据。

1974年，温特·瑟夫（Vint Cerf）和鲍勃·卡恩（Bob Kahn）奠定了**传输控制协议/网际协议**（Transmission Control Protocol Internet Protocol，TCP/IP）的概念基础，这成为了互联网核心的通信协议（Cerf and Kahn，1974）。**传输控制协议**（TCP）建立了互联网计算机收发之间的连接，确保包从一个电脑发送到另一个电脑的相同序列包的无丢失性。**网际协议**（IP）提供了互联网的编制方案，保证了包的实际传输量。

TCP/IP协议可以分解为四个独立的逻辑层次，各个逻辑层在数据通信中扮演着不同的角色（见图3—4）。**网络接口层**（Network Interface Layer）负责通过局域网（以太网）、令牌环网或其他架构的任何网络收发数据包。因此，TCP/IP协议完全独立于用户所使用的具体网络细节，并且允许本地网络进行任何形式的变动。**网络层**（Internet Layer）负责数据的寻址、打包和网间路由等工作。**传输层**（Transport Layer）负责同具体的网络应用进行双向沟通，完成数据的确认和排序工作。**应用层**（Application Layer）则负责实现不同的网络应用与低层服务之间的相互衔接。应用层提供比较丰富的应用，可以接入最底层的服务。超文本传输协议（HTTP）、文件传输协议（FTP）和简单邮件传输协议（SMTP）等都是我们比较熟悉的网络应用，这些将在本章的后面继续介绍。

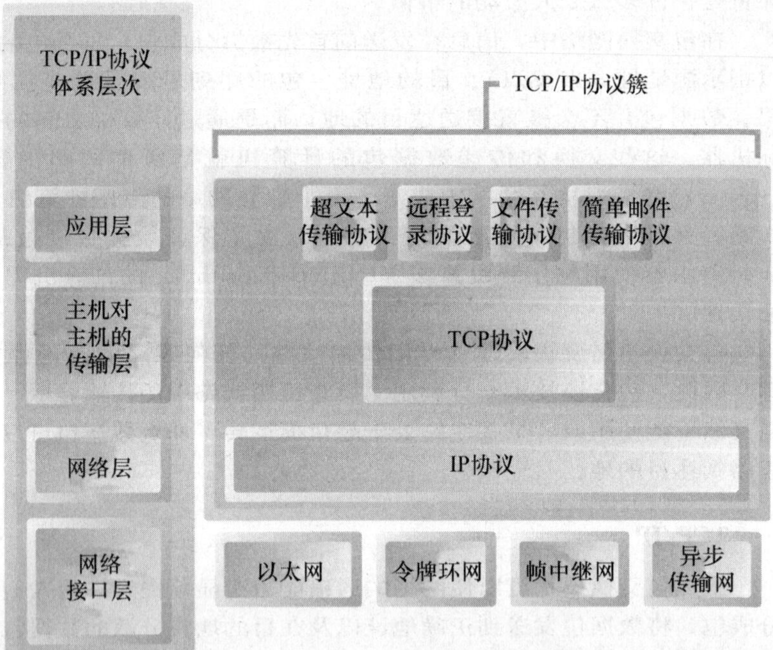

图3—4 TCP/IP协议架构和协议簇

说明：TCP/IP协议是大型计算机互联网络的行业标准通信协议，其主要目的是为用户提供高速网络的通信连接。

IP地址

IP编址方案回答了"如何让5亿台计算机连接到互联网与其他计算机进行通信"这个问题。这个问题的答案就是每台连接到互联网的计算机必须分配一个地址，否则它们不能发送和接收TCP包。比如，当你使用拨号上网时，网络服务提供商会给你的计算机分配一个临时地址。大部分公司和大学的计算机连接到本地的局域网时，就可以获得一个永久的 IP 地址。

现在使用的 IP 地址有两个版本。IPv4（版本 4）仍然是目前最常使用的版本。一个 **IPv4 互联网地址**（IPv4 Internet address）由 32 位二进制数字构成，由 4 个独立的数字组成，每个数字之间用句点分开，如 64.49.254.91。每个数字的范围是 0～255。这种点分 4 组的编址可以包含近 40 亿个地址（2^{32}）。在一个典型的类别 C 的互联网中，前三个数字用来识别网络（之前例子中，64.49.254 可以识别出是本地局域网），最后一个数字（91）可以识别出某一台特定的计算机。

由于许多 IP 地址已经被分配给大型企业和政府部门（用以满足这些组织当前和未来的发展需求），而各种新建网络和新上市的互联网设备又都需要唯一的 IP 地址才能接入互联网，因此新版 IP 协议 IPv6 已经正式出台。**IPV6 互联网地址**（IPv6 Internet address）分配方案采用 128 位地址长度，总共包含 1 000 多亿个（10^{15}个）独立地址（National Research Council，2000）。

图 3—5 说明了 TCP/IP 和包交换技术在互联网上协作发送数据的工作原理。

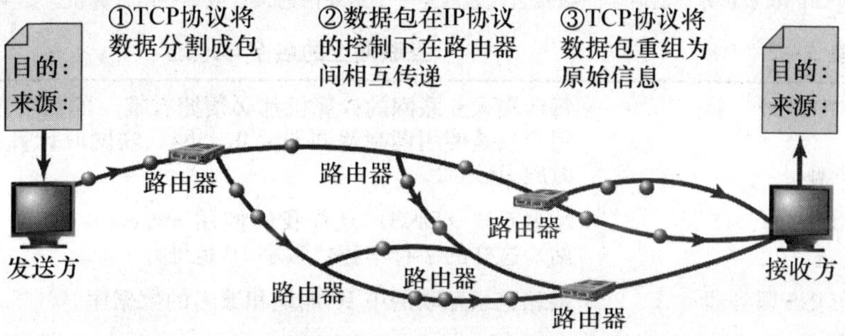

图 3—5　互联网中的信息传递：TCP/IP 协议与包交换

说明：互联网使用包交换网络和 TCP/IP 协议进行数据的发送、路由和重组。数据先被拆分成包，再通过不同的路由器到达最终目的地。

域名、域名系统和统一资源定位系统

由于大多数人都不可能轻易记住 32 位长的数字，因此 IP 地址被一种称作**域名**（domain name）的更加贴近自然语言表述的表示方式取代。**域名系统**（Domain Name System，DNS）允许我们使用 cnet. com 这样的字符串来代替数字形式的 IP 地址（cnet. com 的 IP 地址为 216. 200. 247. 134）。① 而网络浏览器用来确定网页内容地址所使用的**统一资源定位器**（Uniform Resource Locator，URL）也将域名作为 URL 的一个组成部分。正规的 URL 包括与对方连接时使用的协议以及待访问资源的具体位置。例如，http://www. azimuth-interactive. com/flash_test 指向 IP 地址为 208. 148. 84. 1，域名为 azimuth-interantive. com 的服务器，并说明使用超文本传输协议（HTTP）进行连接。而所访问的资源则放置在服务器的/flash _ test 目录下。一个 URL 可以分为 2～4 个部分，如 name1. name2. name3. org。我们将在 3. 4 节中对域名和 URL 进行详细论述。图 3—6 说明了域名系统的结构，表 3—2 概要介绍了互联网地址配置方案的主要组成部分。

---

① 你可以随意检测互联网中域名与 IP 地址的匹配情况。在 Windows 操作系统中，直接或通过 Start/Run/command 启动 DOS 窗口并输入命令“Ping ＜域名＞”后，你就可以得到该域名对应的 IP 地址。

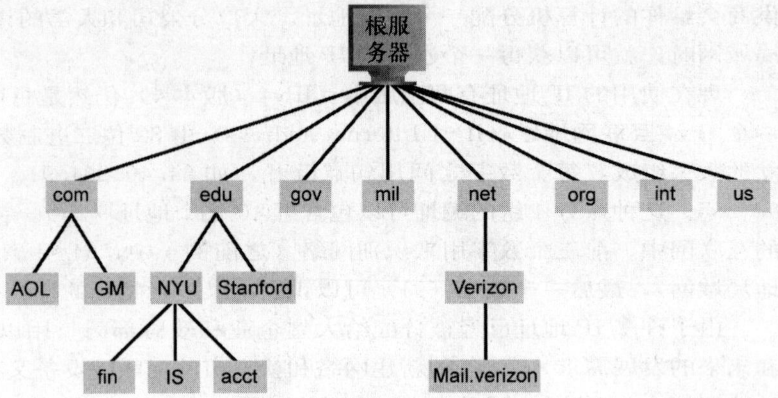

图 3—6　域名系统的层次结构

说明：域名系统是一个层次型的名字空间。根服务器位于最顶层，负责管理其下的一级域名，这些一级域名代表组织类型（如. com，. gov，. org 等）或地理位置（如. uk（英国），. ca（加拿大））。第二级域名服务器负责为每一个一级域名进行二级域名的分配和注册管理，这些二级域名可以是 IBM. com，Microsoft. com，Stanford. edu 等。最后，三级域名代表的是一个组织内的某台或某一组计算机，如 www. finance. nyu. edu.

表 3—2　　互联网上的名字与地址

IP 地址	每台接入互联网的计算机都必须拥有唯一的数字形式的 IP 地址。即使用户只是使用调制解调器偶尔上网，联网时计算机也会被分配一个临时的 IP 地址。
域名	域名系统（DNS）允许我们使用 aw. com（意为 Addison Wesley 的网站）这样的字符串替代数字 IP 地址。
DNS 服务器	跟踪记录互联网中 IP 地址和域名的数据库。
根域名服务器（Root servers）	根域名服务器上存放着能够列出所有正在使用的域名的中央目录。DNS 服务器在解析域名时碰到自己并不熟悉的域名，就会向根域名服务器进行查询。

客户机/服务器计算架构

虽然包交换技术使网络的通信能力实现了几何级的增长，TCP/IP 协议的问世也使网络通信开始走向统一有序，但真正引领当今互联网风暴的还是计算架构的革命性变化。这一变革的明显标志就是客户机/服务器计算架构的出现和普及。没有客户机/服务器计算架构，也就没有今天丰富多彩的互联网世界。其实，**客户机/服务器计算架构**（client/server computing）就是一种计算机间的协同工作模式。在这一模式下，许多被称作**客户机**（clients）的功能齐备的个人电脑共同与网络中的一台或多台服务器进行连接。这些客户机主要包括桌面电脑和手持设备，完全能够胜任复杂图形输出、大型文件存储和音频及视频文件处理等艰巨任务。而网络中的**服务器**（servers）则专注于满足客户机在网络环境下产生的各种公共需求，如存放文件、应用程序或联网必需的各种工具软件以及为各台客户机提供打印支持（见图 3—7）。互联网就是一个客户/服务计算最好的例子，数百万台位于世界各地的客户机可以很容易地连接位于世界各地的网络服务器。

如果你想要真正理解客户机/服务器计算架构的伟大意义，就必须对计算机的发展历史作一定了解。在 20 世纪六七十年代的大型机时代，计算机不仅价格昂贵，而且功能有限。例如，20 世纪 60 年代末期的顶级商用大型机只配备了 128k 的内存和

10 Mb 的硬盘，占地面积却多达数百平方英尺。这种大型机甚至应对普通文档中的彩色图片都有些力不从心，更不用说音频文件、超链接文档和数据库的处理任务了。

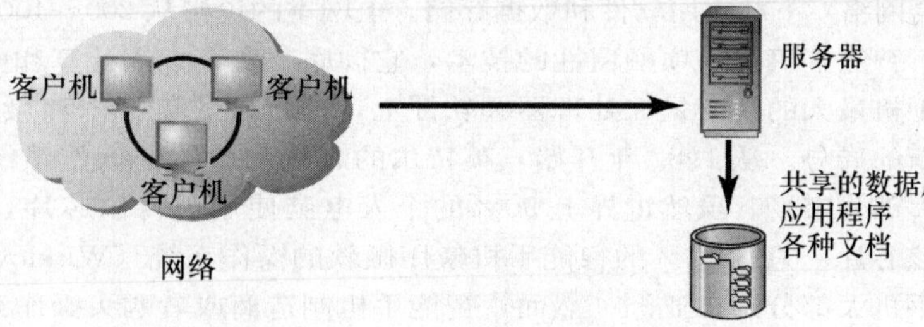

图 3—7　客户机/服务器计算模式

说明：在客户机/服务器计算模式中，众多客户机共同与网络中的一台或多台服务器进行连接。

而从 20 世纪 70 年代末 80 年代初开始，个人电脑和局域网的飞速发展使得客户机/服务器计算架构的问世成为可能。客户机/服务器计算架构具备了许多原来的中央大型机计算架构所不具备的优点。例如，只要增加服务器和客户机的数量，就可以提升整个系统的计算能力。此外，客户机/服务器网络也克服了中央计算架构存在的种种缺陷。例如，一旦某台服务器死机，后备服务器或镜像服务器能立刻填补空缺；若某台客户机出现问题，网络中的其他客户机仍然可以照常运转，等等。在客户机/服务器计算架构中，整个系统的运算负荷平均分配在众多小而强的计算机上，而不是由一台为整个系统服务的巨型计算机独自承担。因此，客户机/服务器环境中的软件和硬件都比大型机时代更加简单、经济。

如今，全球的个人电脑数量已经达到 15 亿台之多（Gaudinc，2010）。个人计算设备正在向手持设备转换，如苹果的 iPhone、RIM 的黑莓、T-Mobile 的安卓 G1（更薄的客户机）。在这一转变过程中，可能会有更多的处理任务暂时由系统中的中央服务器承担（令人回想起以前的大型机时代）。

3.1.3　新的客户机：新兴移动平台

城市中出现了新的客户机形式。近几年来，美国乃至世界范围内连接互联网的主要工具由传统的台式机和手提电脑向便捷的笔记本和智能手机转换。这就意味着电子商务产品和服务的主要平台也要转向移动平台。

硬件的变化已经达到一个转折点。2010 年，尽管世界范围内的个人电脑的销售运输量比 2009 年有全面回升，但增长最迅速的是手提电脑和更小型的上网本，而不是台式机。2013 年，世界范围内约 6 000 万台上网本将被售出，销售量将会翻番（Shenin，2010）。尽管全世界约有 15 亿台电脑，但是手机的数量早已超过了电脑的数量。2010 年约有 50 亿手机用户，美国的用户约为 3 亿，中国约为 8 亿，印度约为 6 亿。手机用户的数量至少是电脑用户数量的 3 倍。全世界 25%或者 10 亿部手机是智能手机，可以通过手机宽带网络接入互联网。美国约有 8 300 万用户使用移动设备来连接互联网，大部分移动设备是手机。2010 年，全世界销售了超过 10 亿部手机，其中 1.56 亿部是智能手机。

上网本也是移动数字平台的一部分，因为上网本可以使用无线网络连接互联网。上网本是小型的电脑，重量低于 2 磅，8 英寸的显示屏，没有硬盘驱动器、固态存储器，通常采用节能的非英特尔芯片，从 Linux 到 Windows XP 的各种操作系统。上网本不仅可以运行本地压缩的办公应用程序，而且可以连接无线互联网（WiFi 和移动蜂窝网络）下载应用软件和数据存储。上网本的价格从 200～400 美元不等。

智能手机是一项颠覆性的技术，它彻底改变了个人计算和电子商务的前景。智能手机最大的转变是在处理器和软件上，这打破了英特尔和微软近 40 年的双寡头垄断的局势。从 1982 年开始，英特尔的芯片和微软的操作系统占据了个人电脑的绝大部分市场。虽然世界上 90％的个人电脑使用英特尔芯片，但是很少有手机使用该芯片；只有 12％的智能手机使用微软的操作系统（Windows Mobile），而这样的手机大部分是在亚洲。然而，智能手机制造商或者购买操作系统，如处于世界领先地位的塞班系统，或者开发自己的基于 JAVA 或 Linux 平台的系统，如苹果的 iOS 和黑莓的 OS。每年生产的 10 亿部手机中有 90％使用的是高级精简指令集机器芯片（ARM），该芯片由 ARM 股份有限公司发行，由许多公司制造生产（Hansell，2009）。例如，苹果最新的 3G iPhone 使用的是有 600 MHz 处理速度的 ARM 11 芯片，该芯片使用 45 毫瓦特供能（典型的便携笔记本电脑的双核英特尔处理器的 25 瓦特供能是该芯片能耗的 500 倍）。苹果的 4G 手机和平板电脑使用苹果自行设计的称为 A4 的 ARM 芯片，它拥有更快的处理速度，尤其是图形处理速度。（苹果没有官方的芯片和制造商的信息。）智能手机不需要粉丝。手机不需要高耗电的硬件驱动，但是需要具有 32 Mb 的闪存。最新的能量之星 4 的磁盘驱动器在空闲状态下消耗 500 毫瓦特的能量，在读写情况下消耗 1 瓦特的能量，而闪存芯片在读写一个数据时只需消耗 50 毫瓦特（少用 20 倍的能量）。

新兴移动平台对电子商务产生了深远的影响，因为它会直接影响到消费者的买卖行为，如何时、何地以及如何购买。

3.1.4 互联网“云计算”模式：软件和硬件服务

互联网不断增长的带宽促使客户/服务器模式更上一层楼，向所谓的“云计算模式”发展（图 3—8）。

图 3—8 云计算模式

说明：在云计算模式下，互联网上提供的软硬件服务是由运行着超大型服务器和数据中心的企业来提供的。

云计算（cloud computing）是指一种计算模式，公司和个人利用这种模式通过互联网可以获得计算能力和软件应用，而不是购买硬件或者软件或者把这些装在自己的电脑上。目前，云计算是最快的计算模式，根据高德纳公司的研究报告，预测 2010 年其市场份额有 680 亿美元，2014 年市场份额将达到 1 480 亿美元（Gartner，2010）。

硬件公司，如 IBM、惠普和戴尔正在建立大规模的云计算中心，这可以提高计算力、数据存储，还可以为依赖互联网的商业应用软件公司提供更高速的网络连接。

软件公司，如谷歌、微软、SAP、甲骨文和 Salesforce. com 销售基于互联网的应用软件。在云计算模式中，软件不再是一个产品而是提供的服务。例如，谷歌声称有 2 500 万活跃的客户使用谷歌的应用程序，用户可以通过互联网获得办公软件，如文字处理软件、电子制表软件和日历。2010 年，全世界有超过 5 500 家公司使用 Salesforce. com 的客户关系管理软件，有些软件是安装在用户的 iPhone 和安卓 G1 上使用的。

过去，微软公司只向公司和个人销售盒装软件来盈利，而现在正尝试利用自己的软件＋服务、Windows Live 和在线技术措施来赢得市场（购买盒装版本，同时获得免费的在线服务）。

云计算对电子商务产生了非常重要的影响。对电子商务公司来说，云计算彻底减少了建立和运营网站的费用，因为一些必需的硬件和软件可以被看做从网络提供商那里得到的服务，部分费用是花在作为产品来购买的这种服务上。这就意味着公司可以采用“现收现付”和“按需付费”策略来建立自己的网站。以亚马逊为例，成千上万的客户使用亚马逊的网络服务设备，它可以为客户提供存储服务、计算服务、数据库服务、短信息服务和支付服务。对个人来说，云计算意味着你不再需要功能强大的笔记本或者台式机来完成电子商务或其他活动。相反，你可以使用只需几百美元的上网本或智能手机来完成。对企业来说，云计算意味着硬件和软件花费（基础设施花费）将减少，因为企业可以在线获得这些服务，在减少这部分支出的同时，它们也不需要雇用 IT 人员来维护基础设施。当然，好处也伴随着一定的风险：企业将完全依赖各自的云计算服务提供商。

3.1.5　其他互联网协议和实用程序

除了 TCP/IP 协议之外，互联网中的客户机和服务器还可以通过其他多种协议以网络应用的方式为用户提供服务。这些服务所依赖的协议或标准得到了所有互联网用户的认可，并且可以被所有用户使用。此外，这些服务也不是某一组织的专利，而是经历了多年发展，可以造福于所有互联网用户的通用网络服务。

互联网协议：HTTP，E-mail 协议，FTP，Telnet，SSL

超文本传输协议（HyperText Transfer Protocol，HTTP）是专门用于传输网页（详见下一节）的互联网协议。HTTP 协议是由万维网联盟和工程任务组（IETF）研究出的。HTTP 协议工作于 TCP/IP 协议中的应用层（见图 3—4）。当客户端浏览器向远程网络服务器发出网页请求时，一个新的 HTTP 会话就正式开始了。随后，服务器响应请求，将网页发送给客户端，请求该网页的 HTTP 会话也就随之结束。由于网页中除了文本以外，常常还会包含图片、声音、视频、框架等不同对象，因此客户端必须通过不同的 HTTP 会话分别向服务器请求不同的对象内容。若想了解更多关于 HTTP 的信息，你可以查看 RFC 2616，它详细地介绍了 HTTP/1.1 的标准和今天最常使用的 HTTP 版本（Internet Society，1999）。（RFC 是一份文件，由互联网协会（ISOC）或者为各种互联网相关技术设定标准的其他组织发布。）你将在本章的后面学习到更多关于互联网标准设定的其他组织。

在互联网的众多服务中，电子邮件是问世时间最早、使用频率最高，也是最重要的一种服务。和 HTTP 协议一样，各种各样的互联网协议曾用来处理工作于 TCP/IP 应用层的电子邮件。**简单邮件传输协议**（Simple Mail Transfer Protocol，SMTP）是专门负责向服务器发送电子邮件的互联网协议。SMTP 是相对简单的基于文本的协议，在 20 世纪 80 年代早期形成。SMTP 只用于处理电子邮件的发送。为了从服务器取回电子邮件，客户机使用**邮局协议 3**（Post Office Protocol 3，POP3）或者**互联网消息访问协议**（Internet Message Access Protocol，IMAP）。你可以设置邮局协议 3 来从服务器取回电子邮件信息，然后你可以删除服务器上的信息，也可以保存。IMAP 是比较常用的所有浏览器和大部分服务器、网络服务提供商都支持的电子邮件协议。IMAP 允许用户对从服务器上下载的电子邮件进行搜索、整理和过滤。若想更多了解 SMTP、POP3 和 IMAP，你可以查看 RFC 2821（SMTP）、1939（POP3）和 3501（IMAP）（Internet Society，2001，1996，2003）。在网络浏览器的 Preferences 或 Tools 菜单中的电子邮件设置部分，你可以看到浏览器是如何处理 SMTP、POP3 和 IMAP 的。

文件传输协议（File Transfer Protocol，FTP）是最早出现的互联网服务之一。FTP 协议工作在 TCP/IP 的应用层，允许用户从服务器到客户机传输文件，反之亦可。这些文件可以是普通文档、应用程序或大型数据库文件。当用户需要传送大于 1 Mb 的文件时，FTP 就是最佳选择，而邮件服务器就无法传输如此巨大的文件。RFC 0959 提供更多关于 FTP 的信息（Internet Society，1985）。

远程登录（Telnet）是一种基于 TCP/IP 协议的应用层的网络协议，可以用来在另一台计算机上进行远程登录。远程登录还指远程登录程序，可以为客户提供部分协议，使客户可以模拟大型计算机的终端。（大型机时代产业标准终端包括 VT-52、VT-100 和 IBM 3250。）还可与互联网中其他支持 Telnet 的计算机相连，从远程计算机中下载文件或远程运行程序。Telnet 是第一款允许用户进行远程操作的“远程工作”程序。

安全套接层协议（Secure Sockets Layer，SSL）运行于 TCP/IP 协议的传输层和应用层，用以保护客户机和服务器之间的网络通信。SSL 可以通过消息加密和数字签名等技术加强电子商务中的数据传递和电子支付等环节的安全性。我们将在第 5 章对这些技术进行深入讨论，这里就不再展开。

实用程序：Ping，Tracert 和 Pathping

网际数据包探测（Packet InterNet Groper，Ping）允许我们测试自己的客户端与 TCP/IP 网络的连接情况（见图 3—9）。Ping 命令也能够显示服务器的响应时间，帮助使用者估算自己与服务器之间的网络速度。我们可以在装有 Windows 操作系统的 DOS 窗口中输入“Ping ＜域名＞”启动该程序。由于网络中的计算机在同时收到太多 Ping 请求时会变慢甚至死机，因此我们将在第 5 章中对 Ping 命令作进一步讨论。

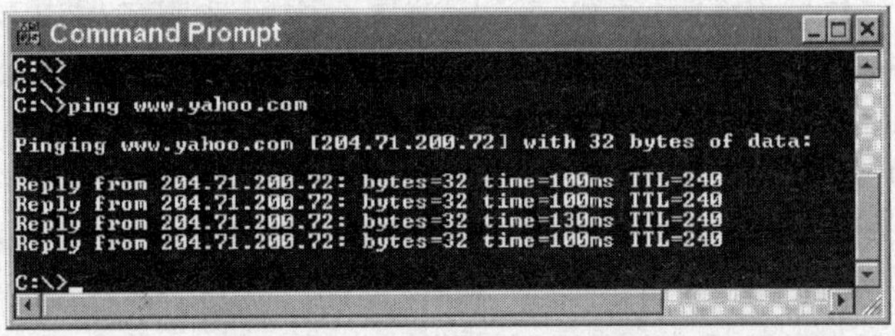

图 3—9　Ping 命令的结果

说明：我们可以用 Ping 命令检测主机地址，测试客户端到服务器的网络速度。

跟踪路由（Tracert）是几种常用的路由跟踪软件之一，可以帮助使用者跟踪数据从本地前往远程计算机所通过的完整路径。图 3—10 显示了一款名为 VisualRoute 的可视化路由追踪程序（Visualware 公司开发）输出的路由追踪结果。

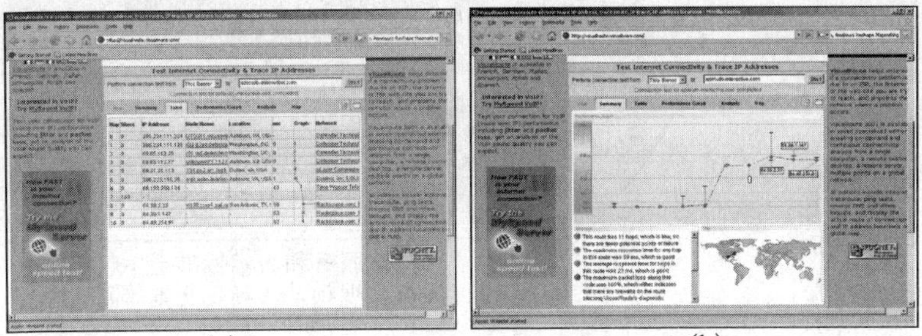

(a)　　(b)

图 3—10　互联网消息的路由追踪结果

说明：VisualRoute 或其他追踪程序都可以帮助我们进一步了解互联网的包交换原理。图中，一条消息从弗吉尼亚州的阿斯本最终到达得克萨斯州的圣安东尼奥。

Pathping 应用程序结合了 Ping 和 Tracert 的功能。依据主机始端和终端的节点数，通过 Pathping，你可以通过一段时间内各样本路径节点的数据，了解两台主机之间路径的详细信息。

3.2　今天的互联网

截至 2010 年，全球互联网用户的数量已经从 1997 年年底的 1 亿左右激增到约 19.6 亿。虽然这个数字很庞大，但是只占全球总人口数的 23%（Internet worldstats.com，2010）。美国互联网用户增长变慢，每年仅以 1%的速度增长，而亚洲每年的增长速度约为 10%，并且预计到 2014 年世界各地的互联网用户将超过 20 亿。有人可能会担忧以这样惊人的速度增长，互联网将出现超负荷的现象。不管怎样，从以下几点来看，这样的想法是不切实际的。第一，客户机/服务器计算架构的扩展性极强，只需要增加服务器和客户机的数量，就能保证互联网用户数量的持续增长。第二，互联网采取的是分层式的架构，任何一层都可以在不干扰其他层正常运转的前提下独立发展。例如，用于在互联网中传送消息的技术已经经历数次变革，消息传送的速度也越来越快，但其他基于互联网的桌面程序并未因此而受到影响。

图 3—11 向大家展示了互联网的“沙漏”架构。互联网在理论上分为四层：网络技术底层、传输服务和表示标准层、中间件服务层以及应用层。① **网络技术底层**（Network Technology Substrate layer）由远程通信网络和协议构成。**传输服务和表示标准层**（Transport Services and Representation Standards layer）中主要包括 TCP/IP 协议。**应用层**（Application layer）包括万维网、电子邮件、音频及视频播放等各种客户端应用。**中间件服务层**（Middleware Services layer）是帮助客户端应用与通信网络进行沟通的“桥梁”，可以提供加密、认证、寻址和存储等各种服务。用户直接与应用程序（如电子邮件）接触，很少意识到后台还有大量的中间件在为自己提供服务。由于所有层都使用 TCP/IP 协议和其他的公共标准相互连接，因此即使网络层发生重大变动，应用层也能继续保持正常工作。

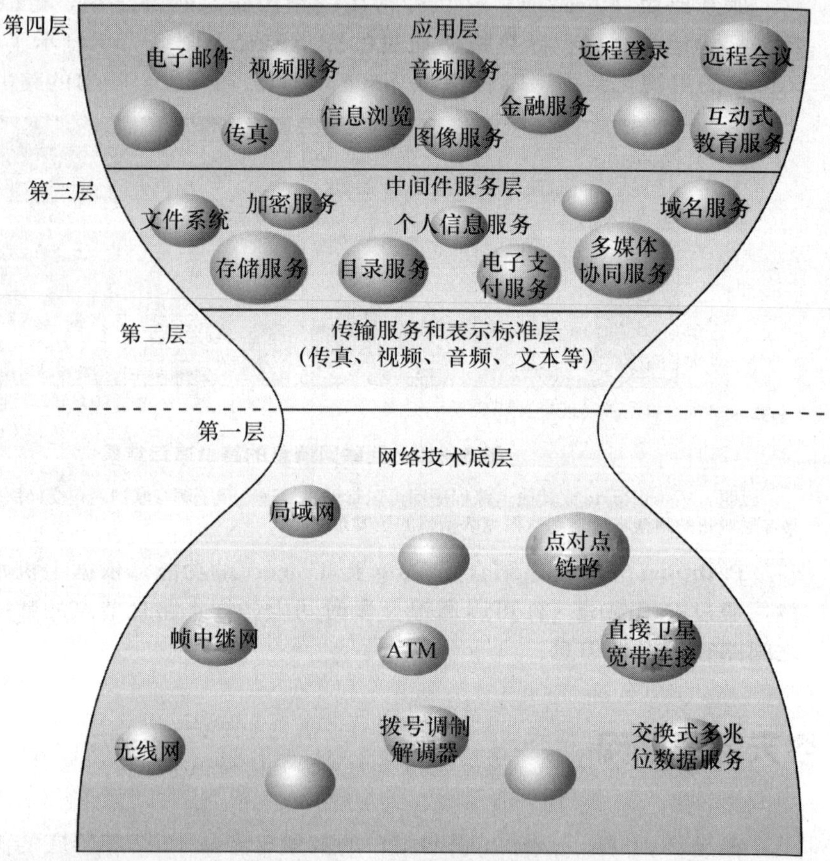

图 3—11　互联网沙漏模型

说明：互联网的整体架构与沙漏非常相似，底层为传输数据的基础设施（如线缆和交换机），顶层则是各种用户应用，如电子邮件和万维网。传输协议，如 TCP/IP 协议位于沙漏的腰部。

资料来源：Adapted from Computer Science and Telecommunications Board (CSTB), 2000.

3.2.1　互联网主干网

图 3—12 显示了目前互联网的主要组成部分。以前的互联网只有单一的主干网

① 注意：不要把 TCP/IP 通信协议的逻辑层次划分与互联网架构层相互混淆。

络，今天的互联网拥有几个物理上相互连接的主干网络，可以在专用网络之间相互传递信息。拥有并控制各个主要网络的**网络服务提供商**（Network Service Provider，NSP）相互连接，共同组成互联网的**主干网**（backbone）（见表 3—3）。为了更清晰，我们将这些主干网络当作一个“主干网络”。主干网就像一个巨大的传输管道，可以让数据在几毫秒内环游整个世界。美国的主干网全部采用光缆连接，带宽从 155 Mbps 至 2.5 Gbps 不等。**带宽**（bandwidth）是指网络在一定时间内传输的数据量，通常用每秒传输位数（bps）、每秒传输千位数（Kbps）、每秒传输兆位数（Mbps）或每秒传输千兆位数（Gbps）衡量。

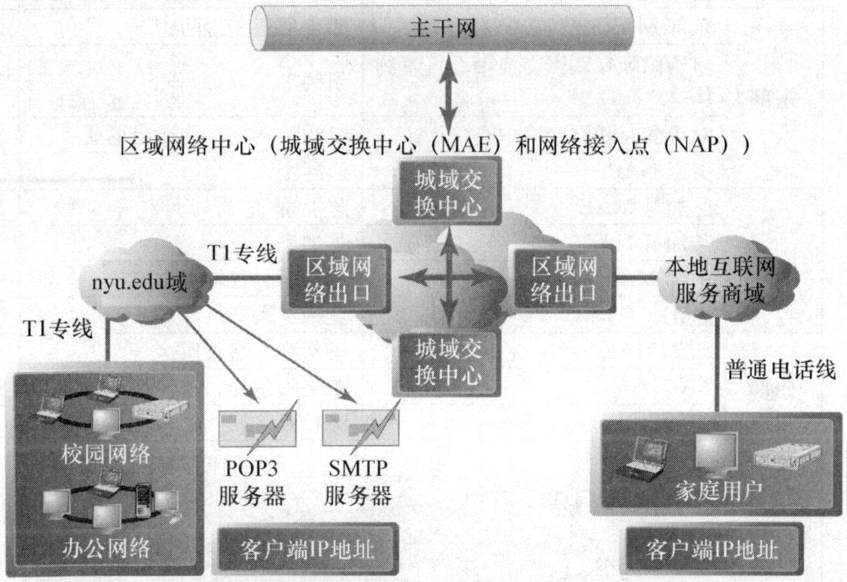

图 3—12　第一代互联网的网络架构

说明：目前的互联网采用开放式的多层网络架构体系，主要由各国的主干网、区域网络中心、校园网络和本地客户端构成。

表 3—3　美国主要的主干网运营商

AT&T	NTT/Verio
AOL Transit Data Network（ATDN）	Qwest
Cable & Wireless	Sprint
Global Crossing	Verizon
Level 3	

目前，全世界网络的洲际互联普遍采用海底光缆连接和卫星连接。除美国外，其他国家的主干网一般由私营企业和国有企业共同管理。美国的主干网得益于高度发达的互联网基础设施，在全世界发展得最快。当然，主干网必须加入适当的冗余设计，以备在局部出现问题时可以通过主干网的其他节点继续发送数据。**冗余**（redundancy）一般是指网络中的重复设备和传输路径。

3.2.2　互联网交换点

目前，美国的主干网主要通过若干网络中心与区域和局域网络相互连接，各个主干网运营商也通过网络中心彼此相连（见图3—13）。这些网络中心就是所谓的网络接入点（Network Access Point，NAP）或城域交换中心（Metropolitan Area Exchange，MAE），但是现在更常称为**互联网交换点**（Internet Exchange Point，IXP）。IXP使用具备高速数据交换能力的计算机连通主干网、区域网和局域网，实现数据的网际交换。区域网和局域网由贝尔公司（Bell）设在美国各地的地区性经营机构和MFS这样的私营电信公司分别管理，通常为100 Mbps以上的光纤网。区域网主要为互联网服务提供商、私人企业和政府机构提供线路租用服务。

地区	名称	地点	运营商
东部	东部MAE	弗吉尼亚和迈阿密	MCI
	纽约国际互联网交换中心（纽约IIX）	纽约	Telehouse
	对等和互联网交换中心（PAIX）	纽约、费城、北弗吉尼亚	Swith and Data
	美国NAP	迈阿密	Terramak
中部	芝加哥MAE	芝加哥	MCI
	芝加哥NAP	芝加哥	SBC
	中部MAE	达拉斯、亚特兰大	MCI
	PAIX	亚特兰大	Swith and Data
西部	西部MAE	圣何塞、洛杉矶	MCI
	PAIX	帕洛阿尔托、圣何塞、西雅图	Swith and Data
	洛杉矶IIX	洛杉矶	Telehouse

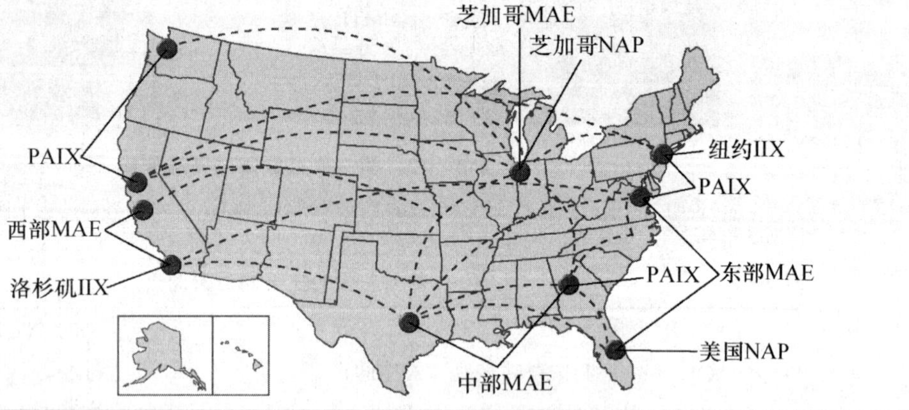

图3—13 美国主要地区的互联网交换点

3.2.3 校园网

校园网（campus area network，CAN）一般是指由某一组织独自管理的局域网络——如纽约大学校园网或微软公司的内部网络。事实上，大多数大企业都拥有上百个这样的局域网。由于这些企业的规模过于庞大，因此直接向区域网运营商或主干网运营商租用网络接入线路对这些企业来说更经济。局域网通常使用以太网（一种局域网专用协议）架构，网络内部的计算机主要安装Windows服务器、Linux或其他允许本地客户端通过本地网络服务器进入互联网的操作系统。校园网的传输速度一般在10～100 Mbps之间。

3.2.4　互联网服务提供商

我们通常将那些运作于互联网技术底层，向家庭用户、小型企业和一些大型机构出租互联网接入线路的企业统称为**互联网服务提供商**（Internet Service Provider，ISP）。ISP 属于零售型企业——它们主要负责互联网与路边小店、家庭和企业等最终用户之间“最后一英里”线路的网络服务。各家 ISP 主要通过高速电话线路或有线电缆（速度达 45 Mbps 或更快）与城域交换中心或网络接入点进行连接。

主流的 ISP 有很多种，如 AOL，Earthlink，AT&T，Comcast（在线的最优选择），Verizon，Sprint 和 Qwest。美国本土也有成千上万种 ISP，从本地电话公司的普通拨号和 DSL 宽带接入，到有线通信公司的有线电缆接入，再到各种“超小型”服务商专为小城镇甚至乡村提供的电话拨号接入。如果你拥有家庭互联网接入或者小的商业互联网接入，就肯定能够享受到 ISP 为你提供的周到服务。卫星公司同样也提供互联网接入，特别是为不能有效提供宽带服务的偏远地区提供互联网接入。

表 3—4 列举了 ISP 为用户提供的接入方式的各种服务、速度和收费情况。ISP 提供的服务可以分为窄带和宽带两大类。**窄带**（narrowband）服务主要使用速度为 56.6 Kbps 的传统电话调制解调器进行连接（由于线路噪声经常导致数据包重发，因此实际速度只能达到 30 Kbps 左右）。这曾是全世界最常用的接入方式，但是，在美国、欧洲和亚洲这种方式很快被宽带连接取代。**宽带**（broadband）服务主要基于 DSL、线缆调制解调器、电话专线（T1 和 T3 专线）以及卫星连接等多种方式。在互联网专用术语中，宽带技术泛指允许客户端以可以接受的质量在线播放音频流和视频流的速度在 100 Kbps 以上的通信技术。在美国，2004 年宽带用户的数量已经超过拨号上网的用户数量，2010 年有 7 950 万家庭宽带用户，只有 280 万家庭拨号上网用户（eMarketer，Inc.，2010a）。

表 3—4　ISP 服务与带宽选择

接入方式	费用/月（美元）	连接速度
电话调制解调器	10～25	30～56 Kbps
DSL Lite	15～50	768 Kbps～5 Mbps
DSL	90～130	15 Mbps～50 Mbps
线缆调制解调器	20～50	1 Mbps～20 Mbps
卫星连接	20～50	768 Kbps～5 Mbps
T1 专线	300～1 200	1.54 Mbps
T3 专线	2 500～10 000	45 Mbps

数据的实际吞吐量受到各种因素影响，包括线路噪声和客户请求服务的数量。上面引用的服务速度主要指下载网络内容的速度，上传的速度更慢。T1 是一个公开、规范的应用线路，提供有保障的服务水平，但是网络服务的其他方式的吞吐量是无法保证的。

数字用户线（Digital Subscriber Line，DSL）是指利用家庭或企业的普通电话线路提供高速接入服务的网络技术。DSL 的连接速度最低为 768 Kbps，最高可以达到 7 Mbps，但要求客户端与最近的电话交换中心的距离在 2 英里（大约 4 000 米）以内。

线缆调制解调器（cable modem）使用有线电视技术通过家庭接收电视信号的模拟视频线缆传输数字信号。有线网络是 DSL 服务的主要宽带服务替代品，大体上它提供更快的速度，一个月的花费可以获得三种服务产品：电话、电视和网络。线缆调制解调器服务的最低速度为 1 Mbps，最高速度为 15 Mbps。Comcast、Time Warner Road Runner 和 Cox 是最大的有线网络提供商。

T1 和 T3 都是用于数字通信的国际电话标准。**T1** 专线可以提供 1.54 Mbps 的带宽，而 **T3** 专线的速度则高达 43 Mbps。目前，租用 T1 专线的费用为每月 300～1 200 美元，租用 T3 专线的费用则在每月 2 500～10 000 美元之间。T1 和 T3 这样的专用高速出租线路完全可以满足企业、政府部门和 ISP 的有保证的高速联网需求。

卫星公司主要向位于郊区的家庭和办公室提供高速的宽带网络接入，这些地区 DSL 和有线网络无法接入。接入速度和月花费与 DSL 和有线网络差不多，但是刚开始需要安装一个圆盘式卫星接收器（18 英寸），费用较高。卫星服务提供商都有限制每个用户在一段时间内，通常是 24 小时，下载的总数据量的政策。用户下载的数据量超过临界值，将得到一段时间内下载速度变慢的惩罚。这些政策的目的是阻止重度消费者超额使用服务商的带宽，以免导致整体的数据传输速度下降。四个主要的卫星服务提供商是 hughesNet、WildBlue、Skyway 和 StarBand。

DSL 服务的价格急剧下降至每月 14.95 美元。有线宽带用户数占所有宽带用户数的 55%，几乎所有的大公司和政府机构都有宽带连接入网。因为下载网页和网页上不断增大的视频、音频文件的速度越来越快，对宽带服务的需求也在不断增加（见表 3—5）。随着互联网服务不断扩展到好莱坞的电影、音乐、游戏和其他丰富的媒体资源，对宽带接入的需求将持续增加。为了与有线网络公司竞争，电话公司引入了称为 FiOS 的光纤服务——比 DSL 更先进的模式，它为家庭提供的服务速度高达 50 Mbps，这比有线网络系统的速度更快。

表 3—5　　不同的互联网服务方式下下载 10 Mb 文件的用时

互联网服务方式	下载用时
窄带服务	
电话调制解调器	25 分钟
宽带服务	
DSL@1 Mbps	1.33 分钟
线缆调制解调器@10 Mbps	8 秒
T1	52 秒
T3	2 秒

3.2.5 内部网与外部网

为全世界提供服务的互联网所使用的网络技术，同样也能被企业和政府机构用来构建自己的内部网络。因此，**内部网**（Intranet）就是运行于单一组织内部，以网络通信和信息处理为主要目的的 TCP/IP 网络。一般而言，互联网技术比专用网络技术便宜许多，可用于内部网的应用程序也随处可得。事实上，所有运行于互联网的应用程序都可在独立的内部网中正常使用。局域网软件的服务的最大提供商是微软，紧接着是开放资源的 Linux，两者都使用 TCP/IP 网络协议。

一旦企业开始允许外部成员访问自己的内部 TCP/IP 网络，**外部网**（Extranet）就应运而生。例如，通用汽车公司授予配件供应商对公司内部网的访问权，使供应商能够及时获得自己的最新生产计划。这样，配件供应商就能得到需求时间、发货时间和发货地点等精确信息。

内部网和外部网通常不涉及市场中的商业交易行为，有关内容已超出了本书论述的范围。作为 B2B 交易的一种类型，外部网必将受到越来越多的关注（将在第 12 章详细介绍）。

3.2.6　谁来管理互联网

推动互联网事业不断前进的专业人士以及广大网民始终强调，互联网的发展不应当受到任何组织或个人的束缚。事实上，互联网天生就超出了法律涵盖的范畴，任何组织或个人都无法对其进行全面有效的控制。这些人士忽略的一点是运行在私人和公用通信设施上的网络自行受到法律的约束，同时受限于其通信载体的压力。事实上，互联网与复杂网络的管理主体、国家条例和国际专业组织相联系。因此，到目前为止，还没有一个能够真正约束互联网的管理实体出现。不过，还是有一些组织能够在一定程度上影响并监控互联网的发展方向。这些组织包括：

- 互联网架构委员会（Internet Architecture Board，IAB），协助设计互联网的整体架构。
- 互联网域名与地址管理机构（Internet Corporation for Assigning Numbers and Names，ICANN），负责分配 IP 地址和管理域名。ICANN 由美国商务部在 1998 年建立。
- 互联网工程指导组（Internet Engineering Steering Group，IESG），负责监督互联网各项标准的制定。
- 互联网工程工作组（Internet Engineering Task Force，IETF），对互联网的发展趋势作出预测，关注互联网的各种变革与实际运作。
- 互联网学会（Internet Society，ISOC），一个由企业、政府机构和非营利组织共同组成的联盟，负责监督有关政策的落实与互联网的实际运作情况。
- 万维网协会（World Wide Web Consortium，W3C），负责设定万维网使用的 HTML 和其他编程标准。
- 国际通信协会（International Telecommunication Union，ITU），负责建立各种技术标准。

尽管没有一个组织能够从根本上完全控制互联网的发展和运作，但这些组织确实可以在一定程度上对政府部门、大型网络运营商、ISP、企业以及众多以提升互联网运行效率为目标的软件开发者产生影响。ICANN 非常像是互联网的一个管理者，它反映了美国商务部在互联网管理上曾扮演的角色。

此外，互联网中的各种活动必须遵从活动举办地或活动所需网络设备（如服务器）安置地的地方法律规定。尽管互联网和万维网在发展初期很少受到立法机关和执法机关的干预，但在不久的将来，随着互联网对于信息（包括各种有害信息）和知识传播的重要性与日俱增，这种情况肯定会有所改变。

美国商务部最初建立 ICANN 的目的是用它来代替域名系统和 13 个根服务器（这些原先都处于互联网编址方案的核心地位）。不管怎样，一切不再如此。美国在 2005 年 6 月改变了方针，商务部发表声明将继续保持对根服务器的关注。这个举动有以下几个原因，包括恐怖组织利用互联网作为基本通信服务，并且可能引起社会动荡。2008 年，商务部再次重申其立场，并未计划将根区文件授权给 ICANN 进行过渡管理（U. S Department of Commerce，2008）。

我们可以从社会透视“互联网的政府监管”来进一步观察互联网内容和主旨的审查制度问题。

社会透视

互联网的政府监管

我们把互联网和万维网想象为人类创造力、创新精神和表达得到解放的一项神奇技术。这一技术发明比 15 世纪德国古腾伯格（Gutenberg）的移动发明规模大得多，它允许数亿人发送电子邮件，使用 Facebook，进行谷歌搜索和链接（我们这个互联网时代的各种新潮词语）。然而具有讽刺意味的是，互联网引起政府加大对个人的控制和监督。数十亿的电子邮件、搜索条目、博客和 Facebook 在网络上发送传播，通过网络你可以知道数百万人在做什么、说什么、想什么和搜索什么。可以得到论证的是，20 世纪的极权主义独裁者肯定愿意不惜一切代价来获得此项技术。

许多人认为，因为互联网的广泛传播性，对互联网的控制和监督将会很困难。许多新兴的音乐或视频盗版商相信在网络上是匿名的，无须为自己所做的事情负责任。他们称：“信息是自由的。”但不幸的是，利用现在的监督技术，这些言论要么是错误的，要么是具有误导性的。

现实中，国家对互联网的监督以及监督的内容都是很简单的，而且是很广泛的。根据互联网 Berkman 中心和无国界的记者的调查访问，包括伊朗、中国、古巴、乌兹别克斯坦和俄罗斯在内的 36 个政府都对公民上网有所监管。美国的各州和许多欧洲国家、澳大利亚也开始对互联网用户进行网页访问控制。越来越多的国家和地区开始对电子邮件和信息进行监控，其中包括美国、欧洲的所有国家和日本。事实上，几乎所有的政府都会对互联网的内容和信息实行某种控制和监督。这使得一些经常使用互联网的年轻人与各国的网络检查员和“安全警察”的战争一触即发。

所有国家的互联网通信都是由巨大的光纤干线来实现的。中国有 3 条这样的干线，需要一些公司管理这些干线，安装路由器，识别外部和内部的服务请求。当一个中国的用户请求访问芝加哥的网页时，中国的路由器要检查这个请求，查看这个网页是否列入黑名单，然后检查被请求网页的关键字是否包含被列入黑名单的术语。这个系统通常称为中国的防火墙，由思科（世界最大的路由器制造商）系统协助实现。此外，其他的一些美国企业也会涉入中国的检查和监督系统。

除了中国的万里防火墙，中国政府依赖更有效果的“自我审查”策略（或威胁）。在这方面，谷歌曾在中国市场遇到一些麻烦。而同样在中国运营的其他几家主要的搜索公司，如百度（中国和日本合资）、微软和雅虎，则均根据中国政府制定的标准，按照入乡随俗的观念自动地检查中国用户的搜索结果。

因为华尔街的投资商无法理解为何谷歌

很难进入中国市场，谷歌的股价受到很大的打击。谷歌的前创始人谢尔盖·布林称，奥巴马当局认为中国审查的问题是因为贸易和审查在互联网时代有摆脱不掉的关系，这才是至关重要的。布林说："既然服务和信息是我们最重要的出口产品，如果中国的条例阻碍了我们竞争力的发展，那么这将是个贸易壁垒。"

中国肯定不是唯一对公民的网络行为实行强有力控制的国家。2009 年 6 月，关于妮达·艾嘉·索尔坦被伊朗防暴警察枪击，在德黑兰的大街上流血至死的视频通过互联网和手机网络迅速传到世界各地。尽管伊朗政府为了控制视频的传播做出了很大的努力，关闭了整个国家的信息发送，封锁了 YouTube、MySpace 和 Facebook 等网站，将上网速度减慢了 90%，筛选电子邮件信息，这些举措还是无济于事。紧跟着 2009 年 6 月伊朗大选的抗议活动中，Twitter 和 YouTube 等其他社交网站成为抗议者主要的组织工具，也是世界上其他人的重要信息来源，尽管伊朗政府的检查机构为此做出了最大的努力，但是抗议者仍然能够连接上这些网站。

安全专家称伊朗的互联网监督机构"是世界上对互联网控制和检查最复杂的机构，它可以大规模地检查个人在线通信的内容"，甚至比中国的网络监督活动复杂。伊朗的系统远远不止是阻止网络接入一些特别的网站（如 BBC 世界新闻、谷歌和 Facebook）。绕过检查机制连接政府网站这项技术是众所周知的（总而言之，通过寻找一个国外的代理服务器，用户可以连接一些禁止的网站），政府需要做出更多的努力来控制网络的接入，了解公民究竟在思考什么。"深入包检查技术"可以检查每一篇电子邮件、文档和 Twitter tweet。政府通过"深入包检查技术"可以阅读信息，改变信息的内容来达到传递虚假信息的目的，并识别传送者和接收者。在用户和 ISP 之间连接计算机，打开每一个数字包，检查关键字、图像、重新组建信息，并把信息发出去，这对所有的网络通信都是有效的，包括 Skype、Facebook、电子邮件、tweet 和发往代理服务器的信息。这些操作会降低网络服务的速度，但是可以安装额外的服务器来避免这种延时。伊朗的网络监测中心被政府通信业垄断，网络通信的中心处于乡村地区。伊朗有世界上最好的深入包检测装备，这些装备由称为诺基亚西门子网络的合资企业提供。为什么伊朗政府不简单地全部关闭互联网，当然有许多原因。一方面，一些通信是商业需求；另一方面，保持网络正常运行可以帮助当局识别敌人和反对者。

欧洲和美国尽管没有达到伊朗、中国和其他国家的那种程度，但是也不甘落入下风，曾多次采取行动来控制公民接入网络，检查网页内容，从事大规模通信监测。例如，英国有一系列被封锁的网站，德国和法国也存在这种情况。澳大利亚通信和新闻局列出了几百个在澳大利亚禁止登记的网站，大部分是暴力电子游戏和在线色情网站。美国和欧洲国家也禁止销售、传播和拥有在线儿童色情内容。法国和德国禁止在线销售纳粹纪念品。美国试图通过法案管制普通的色情内容，但是大部分的法案被法院驳回。美国严加禁止网络赌博，已经拘捕了在美国从事网络赌博网站的几个欧洲企业。为了回应恐怖威胁，欧洲和美国政府也对电子邮件和文档通信采取深入包检查策略。这项监督不再只局限于跨境国际数据流，还包括对"普通"电子邮件的大规模国内监督。每一个美国政府机构会阅读约 1 500 亿封日常的电子邮件，尽管这看起来是荒谬的，但是事实上，这项任务只比谷歌每个月处理的 100 亿～120 亿次搜索查询复杂一点点。与主要互联网主干载体（AT&T、Verizon 和 Sprint）进行合作，并且拥有与谷歌相媲美的专用的信号智能计算能力，使得对几乎全部的电子邮件、文档和 Twitter 进行监督成为可能。互联网不再约束交流，甚至有助于世界各地的叛乱和革命，同时它也开始检测和证明民主国家和极权国家政府的监管能力。

资料来源："Google Co-founder Sergey Brin Urges US to Act Over China Web Censorship," by Bobbie Johnson, The Guardian. co. uk, May 10, 2010; "Journalists' E-mails Hacked in China," by Andrew Jacobs, *New York Times*, March 31, 2010; "Enemies of the Internet. Countries Under Surveillance," Reporters Without Borders, www. rsf. org, March 12, 2010; "Google Hack Smells More and More Like Chinese Government Job," by Katherine Noyes, Technewsworld. com, February 22, 2010; "Google Warns of China Exit Over Hacking," by Jessica Vallero, *Wall Street Journal*, January 13, 2010; "Clash on the Great Firewall," *Wall Street Journal*, January 4, 2010. "Foreign Intelligence Surveillance Act (FISA)," *New York Times*, July 23, 2009; "US and European Countries Jointly Responsible for Internet Censorship," Reporters Without Borders, www. rsf. org, July 23, 2009; "Senate Approves Bill to Broaden Wiretap Powers," by Eric Lichtblau, *New York Times*, July 10, 2009; "In a Death Seen Around the World, a Symbol of Iranian Protests," by Nazila Fathi, *New York Times*, June 23, 2009; "Iran's Web Spying Aided By Western Technology. European Gear Used in Vast Effort to Monitor Communications," by Christopher Rhoads, *Wall Street Journal*, June 22, 2009.

3.3 第二代互联网：未来的基础设施

随着新技术的不断出现，新的应用不断发展，互联网也在不断变化。我们将第二代互联网作为未来的基础设施。今天的私人企业、大学和政府机构正在构建互联网的第二个时代。想了解第二代互联网的各种优势，就必须对当前互联网架构的种种缺陷有所了解。

3.3.1 第一代互联网的缺陷

迄今为止，互联网基础设施中的大多数模块都已服役数十年之久（相当于互联网时代的一个世纪），自然会有种种缺陷和不足：

● 带宽限制。整个主干网和城域交换中心的通信容量严重不足，尤其是到家庭用户和小型企业用户的“最后一英里”线路的通信容量，更是无法令人满意。带宽限制直接导致网络服务速度缓慢（拥堵频繁），无力支撑视频、音频等内容的网络传输。

● 服务质量限制。目前，数据包在网络中总是要迂回前进才能抵达目的地，从而引发**延迟**（latency）问题——网络中不均匀的数据包流量造成的信息滞后。对于电子邮件，延迟不易察觉，但对于视频流传输和语音电话这样的同步通信服务来说，延迟往往表现为影片“跳帧”频频或语音通信时断时续，用户也可以明显觉察到延迟的存在。现在，互联网使用服务质量标准（QOS）在最大限度上保证网络服务的整体质量，但这一标准并不对数据何时到达以及能否到达作出保证，而且对所有数据包都提供同样水平的服务，忽略了用户身份以及包内数据的类型。因此，如果互联网想要不断满足各种新的需求（如视频点播和语音电话），就必须能够为用户提供更高水准的服务。

● 网络架构限制。现在，如果某台服务器中的一首歌曲收到1 000次下载申请，该服务器就会提供1 000次下载服务，逐一满足每个用户的需要。这种做法肯定会导致网络性能的下降，因为这些用户可能就住在同一个小区内，但服务器却将这首歌曲发送了1 000次。电视的传输机制与此相比则有很大不同，节目只需播出一次，就能让数百万用户同时欣赏。

- 语言开发限制。目前，编写网页所使用的HTML语言只能应对文本和简单图片，对于数据库、商业文件或复杂图形这样的“高级内容文档”就显得有些力不从心。而且，用于定义HTML页面元素的各种标记都已被固定成通用标准，网页开发人员根本无法根据需要对其重新修改。
- 有线的互联网。互联网是基于线缆的——光纤和同轴铜线。铜线是使用了几个世纪的老技术，而光纤的地下安装是很昂贵的。互联网的有线特性限制了用户的移动性，尽管随着WiFi热点的不断扩散和移动电话技术的不断进步，这些都在不断变化。然而，因为智能手机的数量在不断增加，移动系统经常出现超负荷的现象。

现在，我们可以展开想象，憧憬一个不受带宽、协议、架构、物理连接和语言限制的，起码比第一代互联网强大100倍的网络世界。这就是第二代互联网和下一代的电子商务。

3.3.2 Internet2®项目

Internet2®是一个由200多家大学、政府机构和私人企业组成的合作联盟，致力于寻求提高互联网效率的有效途径。[①] 它也是政府、企业和高等院校携手开发第一代互联网的合作延续。

Internet2旨在建立一个“巨大的测试平台”，为各种创新技术提供一个与现有互联网分离的独立测试环境。Internet2的三个主要目标是：

- 为国家研究部门创造一个使用前沿技术的先进网络；
- 实现各种网络应用的创新性变革；
- 确保新服务和新应用所必需的高速传输能够在未来向大众普及。

Internet2涉及的领域包括新一代网络架构、下一代网络技术、中间件以及高级网络应用。由Internet2各成员建立并正在使用的高性能网络为各种新技术的测试和改进提供了一个理想的试验环境。目前，包括Abilene和vBNS在内的几个新网络都已搭建完毕。Abilene和vBNS（very high performance Backbone Network Service，高性能主干网络服务的缩写）都是高性能主干网络，带宽达到2.5～10 Gbps，与Internet2各成员进入互联网所使用的**千兆级节点**（GigaPoP）直接相连。GigaPoP特指地区性的千兆级节点或Internet2的网络中传输速度达到1 Gbps以上的接入点（见图3—14）。2004年2月，Internet2更新了Abilene网络所有组成部分，并将速度提升至10 Gbps。2007年，Internet2部署了速度为100 Gbps的东西网络连接。在这样的速度下，网络处理数据的速度将超过客户机从硬盘驱动中读取数据的速度。使用100 Gbps的网络，你可以在几秒钟内发送高清版本的《黑客帝国》，而使用现在的Internet2则需要半分钟，使用传统的家庭宽带线路却需要2天。

3.3.3 更大的第二代互联网的技术环境：第一英里和最后一英里

当谈到近期对未来互联网的改进，Internet2只是冰山一角。2007年，美国国家科学基金会就开始致力于研究全球网络创新环境（GENI），来开发新的网络核心

① Internet2®项目只是庞大的第二代互联网的一个缩影。

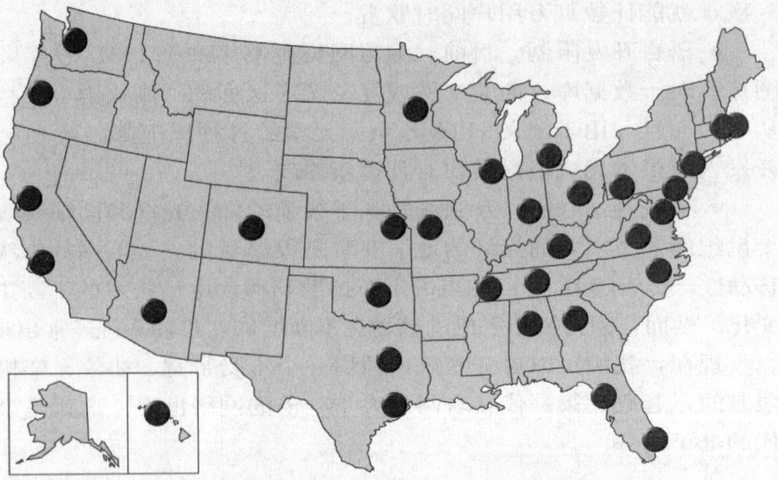

图 3—14　Internet2 的千兆级节点交换中心

说明：Internet2 基础设施的主干网由光缆构成，与分布于美国各地的传输速度高达 Gbps 的“千兆级节点”（图中黑色圆点）直接相连。

资料来源：Internet2. edu，2008.

功能，包括新的命名、寻址、身份结构；增强的功能，包括额外的安全结构、高可用性的设计方案；新的网络服务和应用（Geni. net，2008）。由于私人需求引起的变化（经常受到政府的影响）主要表现在以下两方面：光纤主干线的带宽和无线互联网服务。光纤与第一英里的通信有关，即运行远距离巨量通信的主干网络服务。无线互联网则与最后一英里有关——从较大的互联网连接到用户的手机或笔记本电脑。

第一英里的光纤与带宽增加

光缆（fiber-optic cable）由上百条玻璃纤维或塑料纤维组成，利用光线传输数据。光缆不仅容量大、速度快，而且抗干扰性和安全性也非常好，因此常常作为同轴电缆和双绞线的理想替代品。此外，与传统线缆相比，光缆更细更轻，安装时占用的空间也更少。正是基于以上种种优点，大家才对光缆寄予厚望，希望当 Internet2 开发的各种全新网络服务进入推广阶段时，互联网能在光缆的帮助下为即将到来的网络数据流量的激增做好准备。

1998—2001 年，长途主干网的能力获得了巨大的提升，再加上需求的下滑，这引起了包括 WorldCom 和 Global Crossing 在内的超过 60 家通信公司宣布破产，其他公司也出现亏损，使股东遭受巨大的损失。2010 年，洛杉矶和纽约之间 1.5 Mbps 的 T1 网线的收费从 100 000 美元每月降到 1 500 美元每月。美国成千上万米的光缆不再投入使用。光缆价格降低，部分原因是交换设备技术的持续改进，这使得公司可以通过完善处理器和技术，从原有的光缆中得到更高的指数级别的生产量。基于这个原因，近几年，远程光缆的安装可能相对稳定，公司对远程数字传输所收取的价格将稳定保持到 2013 年。

不管怎样，在这种迷茫的状态下还存在一线希望。光缆不会随时间消失，它代表了庞大的数字光速公路，YouTube（谷歌）、Facebook、MySpace 以及其他高带宽应用程序和正在调整资本为数字通信建立基于市场价格的新的商务模式的通信公司，都在开发这条高速公路。最终结果是社会最终受益于其所支付的超级低成本、远距离、高带宽的通信设施。

随着用户对电话、宽带接入和视频等的多元化需求的增加，对光缆的需求也会增加。互动的电视节目、好莱坞在线电影、便宜的互联网语音协议、电话和网络接入都来自同一家公司（Verizon、其他当地贝尔公司和有线公司），它们提供单一的电缆入户。2004 年，Verizon 开始建立自己的 FiOS 光缆网络服务、网络基础设施，并将花费 230 亿美元扩大这项服务。2010 年，有 130 亿 Verizon FiOS 宽带用户。用户为 FiOS 每个月支付的费用从 40～120 美元不等，并且可以享受 FiOS 提供的高达 50 Mbps 的下载速度和 10 Mbps 的上传速度。光纤入户（FTTP）将是下个 10 年里宽带连接发展最快的一种形式。不管怎样，对 Verizon 来说，安装 FiOS 价格太过昂贵，现在 Verizon 已经停止扩展这项服务。表 3—6 说明了几种光纤宽带的标准并与传统的 T 专线相比较。

图 3—15 对比了各种应用程序的带宽需求。

表 3—6　　高速光纤的带宽标准

标准	速度
T1	1.544 Mbps
T3	43.232 Mbps
OC3	155 Mbps
OC12	622 Mbps
OC48	2.5 Gbps
OC192	9.6 Gbps

注：OC 是 Optical Carrier 的缩写，用来表示光纤网络相对于同步光纤网 SONET 标准的传输速度。SONET（Synchronous Optical Network）包含一整套在光纤中传递数字信号的传输率，基本的光导传输率（OC-1）是 51.81 Mbps。

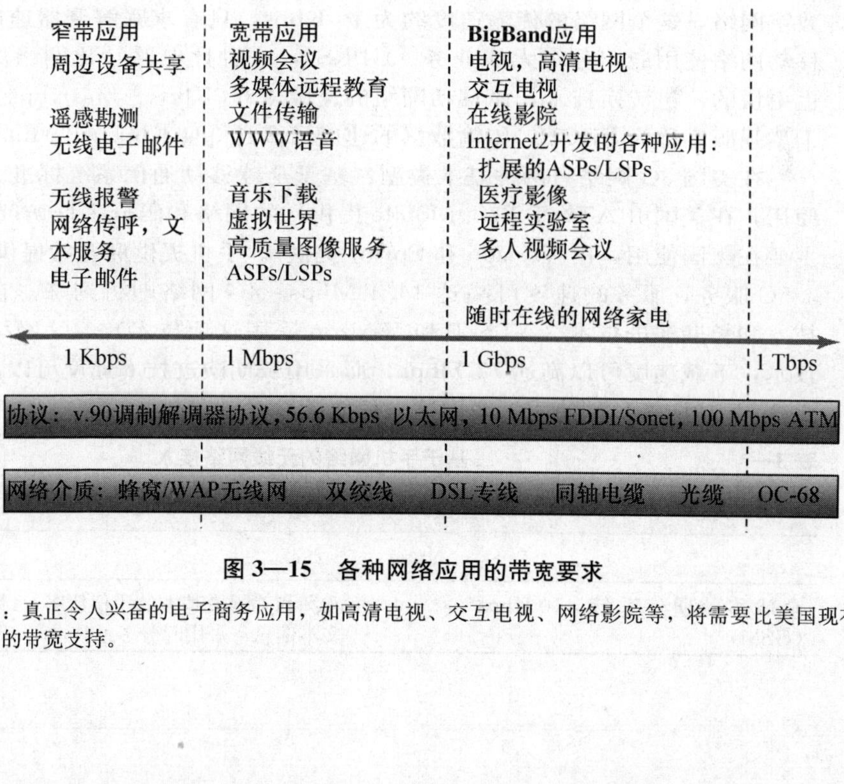

图 3—15　各种网络应用的带宽要求

说明：真正令人兴奋的电子商务应用，如高清电视、交互电视、网络影院等，将需要比美国现有的家庭带宽更高的带宽支持。

最后一英里：移动无线互联网接入

光纤网络完成互联网的长途、大容量通信，并且对 BigBand 进入家庭和小企业将起到很大的作用。但是伴随光纤和光子学的发展，过去 5 年广受争议的互联网的最重要发展是移动无线网络接入的出现。

无线网络是在最后一英里将互联网接入用户的家庭、办公室、汽车或者手机等任何地点。最后一英里接入互联网，除了利用小卫星接入人群外，就是陆地上的某些形式：同轴铜线电视电缆或者一些例子中的电话线、接入办公室的光纤。第二代的互联网将越来越依赖于无线技术将用户的智能手机和计算机连接到网络和局域网。2010 年，无线网络意味着要么是高速的移动手机连接，要么是网络 WiFi 连接。

2010 年，预计美国出售的笔记本电脑（大部分具有无线上网功能）将比台式机多（Stross，2009）。就网络接入来说，智能手机是发展最快的无线设备。明确地说，未来互联网的很大一部分将是移动的、无处不在的、宽带服务来传送视频、音乐和网页搜索。根据 eMarketer 的数据显示，2010 年在美国已经有 8 300 万移动网络用户，就整个世界来说几乎有 9 亿用户（eMarketer，Inc.，2010a，2010b）。

基于手机的网络接入和基于计算机的无线网络接入。无线网络接入有两种不同的基本形式：基于手机的网络接入和基于计算机的网络接入。

基于手机的无线网络接入将用户连接到全球手机系统（陆地、卫星、微波），这个系统具有很长的历史，可以同时处理成千上万的用户的需求，并且拥有大规模的缴费计费系统和相关的基础设施。移动电话和手机行业是目前无线网接入的最大服务提供商。2010 年，全世界销售出 10 亿部手机，几乎与 2009 年一年售出的数目一样。智能手机占比（17%）也在持续增加（IDC，2010）。

第一代的移动网络是模拟的。第二代的移动网络是速度相对较慢的电路转换的数字网络，这个网络的传输速度约为 10 Kbps，只有家庭解调器速度的 1/5。2.5G 移动网络使用通用分组无线业务（GPRS），一种比电路转化网络更有效的（当然也更快的）包转换技术，该移动网络的速度从 60 Kbps～144 Kbps 不等。GPRS 有个增强版本称为 EDGE，传输数据的速度可高达 384 Kbps～2 Mbps。

在美国 3G 网络有两种基本类型：基于全球移动通信系统标准（在全球范围内使用，在美国由 AT&T 和 T-Mobile 提供）的网络和码分多址访问技术（CDMA，主要在美国使用，由 Verizon 和 Sprint 提供）。手机提供商开始提供所谓的 3G+和 3.5G 服务，服务的速度可高达 14.4 Mbps。4G 网络即将到来，它采用 Wi-MAX 技术和长期演进技术（AT&T 和 Verizon 采用这项技术）。4G 网络使用 Wi-MAX 技术，下载速度可以高达 72 Mbps，而采用长期演进技术速度可以高达 300 Mbps。表 3—7 总结了各种使用无线网接入的电话技术。

表 3—7　基于手机网络的无线网络接入

技术	速度	说明	运营商
2G			
全球移动通信系统（GSM）	10 Kbps	欧洲和美国最基本的手机服务；文本信息；采用时分多址技术	Vodafone，Cigular，T-Mobile

续前表

技术	速度	说明	运营商
时分多址（TDMA）	10 Kbps	手机服务的最早标准。全球GSM网络采用该项技术	欧洲和日本的GSM网络
CDMA	10 Kbps	美国基本的电话服务标准；文本信息；由Qualcomm研发	Verizon，Sprint
		2.5G	
通用分组无线技术（GPRS）EDGE CDMA2000 1xRTT	30～170 Kbps	美国3G网络的过渡阶段。网页接入速度快	AT&T，T-Mobile，Vodafone，Verizon，Sprint
		3G	
CDMA 2000 EV-DO HSPA（W-CDMA）	144 Kbps～2 Mbps	高速、移动，通常用来传送电子邮件、浏览和即时通信。补充的技术包括CDMA 2000 EV-DO和HSPA。与WiFi速度相当	Verizon，Sprint AT&T，T-Mobile，Vodafone
		3.5G（3G＋）	
CDMA 2000 EV-DO，Rev. B	高达14.4 Mbps	CDMA 2000 EV-DO增强版	Verizon，Sprint
HSPA＋	高达11 Mbps	HSPA增强版	AT&T，T-Mobile
		4G	
长期演进技术（LTE）	高达100～300 Mbps	真正的手机宽带	AT&T，Verizon
WiMax	72 Mbps	与LTE一样，城市广域网络	Clearwire/Sprint

智能手机，如苹果的iPhone、T-Mobile、安卓G1/G2或者RIM的黑莓手机，不仅具有便携电脑的WiFi的功能，还拥有手机的功能。它结合了音乐、视频、网络接入和通话服务等功能。如果移动设备可以提供WiFi网络连接，并且实现从一个网络到另一个网络的无缝连接，它们就被称为充分融合设备。表3—8详细描述了2010年几款比较流行的智能手机。

表3—8　　几款比较流行的智能手机

设备	苹果iPhone 4G	Palm Pre	安卓G2	黑莓Curve
功能	手机；网络接入；电子邮件；GPS；相机；视频录制；语音命令	手机；网络接入；电子邮件；GPS；相机	手机；网络接入；电子邮件；GPS；相机；视频录制	手机；网络接入；电子邮件；GPS；相机；视频录制
应用	iTunes App商店；250 000款应用软件	掌上应用软件目录；3 500款应用程序	安卓市场；100 000款应用软件	黑莓软件世界；10 000款应用软件
硬件	触摸屏；64 GB存储；蓝牙	触摸屏；8 GB存储；蓝牙；键盘输入	触摸屏；64 GB存储；蓝牙	触摸屏；蓝牙

续前表

设备	苹果 iPhone 4G	Palm Pre	安卓 G2	黑莓 Curve
操作系统	iOS	网页操作系统	谷歌安卓	黑莓 6.0 操作系统
存储容量	64 GB	64 GB	64 GB，可扩充	64 GB
供应商/网络	AT&T 4G/3G/WiFi	Sprint 4G/3G/WiFi	T-Mobile 4G/3G/WiFi	Verizon 4G/3G/WiFi

用户通过智能手机建立连接，有几种不同的途径来传递网页。苹果的 iPhone 具有较高的分辨率和大屏幕，用户可以滚动浏览传统的 HTML 网页。黑莓的暴风系列手机也是如此。以前设备的屏幕性能较差，要么使用无线应用协议（WAP），要么使用日本 NTTDoCoMo 公司的 iMode。

基于无线局域网（WLAN）的网络接入源于背景完全不同的电话无线网络接入。最常用的 WiFi 和 WLAN 基于计算机局域网，它的任务是将客户机（一般是静止的）与几百米外的服务器连接起来。WLAN 通过发送无线电信号来工作，采用特定频率的无线电波（范围是 2.4～5.875 GHz，这依赖于所需的标准）来进行信号传输。它的核心技术是各种版本的 WiFi 和蓝牙。新兴的 WLAN 技术包括 WiMAX、Ultra-Wideband（UWB）和 ZigBee（见表 3—9）。

表 3—9　　基于计算机网络的无线互联网接入

技术	范围/速度	说明	供应商
WiFi（IEEE 802.11a-802.11n）	300 英尺/11～70 Mbps	具有较高的速度，固定宽带的无线局域网，主要为商业和居民用户服务	Linksys、Cisco 和其他 WiFi 路由器制造商；企业网络开发商
WiMAX（IEEE 802.16）	30 英里/50～70 Mbps	高速，中等覆盖范围，无线宽带城域网	Clearwire，Sprint，Fujitsu，Intel，Alcatel，Proxim/Terabeam
蓝牙（无线个人区域网络）	1～30 米/1～3 Mbps	一般的网速，低能耗，连接数字设备	爱立信、诺基亚、苹果、惠普和其他设备制造商
UWB（无线个人区域网络）	30 英尺/5～10 Mbps	低能耗，短程，高带宽，代替了家庭和办公室的有限网络	Ultrawideband 论坛、英特尔、Freescale
ZigBee（无线个人区域网络）	30 英尺/250 Kbps	短程，超低能耗，无线网络技术，控制工业、医学和家用的自动设备	ZigBee 联盟，Chipcon，Freescale，Mitsubishi，Motorola，MaxStream，SanJuan 软件

在 WiFi 网络中，无线网络接入点（也称为“热点”）通过宽频连接（电缆、数字用户专线电话或者 T1 线）直接接入互联网，然后将无线电信号传输给接收器或者传输器，这些传输器和接收器装在便携电脑或者掌上电脑上，使用 PC 卡或者嵌入设备（如英特尔的 Centrino 处理器，在便携设备中，它为 WiFi 提供嵌入式的支持）。图 3—16 说明了 WiFi 网络是如何工作的。

WiFi 拥有 11～70 Mbps 的高带宽，比任何 3G 和 4G 的服务网络的带宽要高，但是这样的带宽只局限于 300 米的范围内，当然 WiMax 是个例外，这将在下面进行介绍。WiFi 也特别便宜。在一座 14 层的企业大楼中建立 WiFi 网络，如果每个

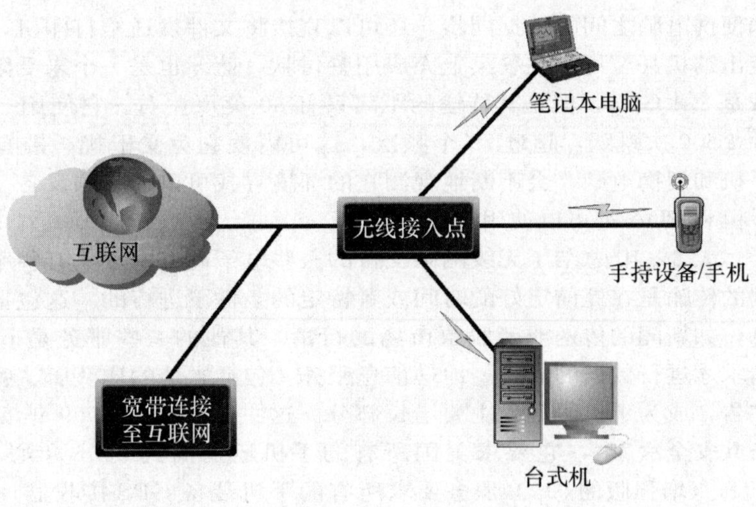

图 3—16　WiFi 网络

说明：在 WiFi 网络中，无线接入点通过宽带连接至互联网。客户端可以是笔记本电脑、台式机、手机，或是其他合适的手持设备，这些设备通过无线信号与接入点连接。

楼层设立一个接入点，每个接入点的价格不超过 100 美元。而在同样的楼层中建立以太网的电缆，价格则要超过 500 000 美元。不可否认，以太网的带宽在理论上可达到 100 Mbps，是 WiFi 带宽的 10 倍左右。然而在一些应用中不需要那么高的带宽，WiFi 则是个不错的选择。

尽管当初这只是一种草根、“嬉皮士和黑客”的公共访问技术，但是为了寻求创造营利性的无线网络，私人企业投入数十亿美元。现在最突出的网络是由 Boingo 无线网络公司建立的，在全球拥有 100 000 个接入点。Wayport（现在归 AT&T 所有）建立了另一个较大的网络，为宾馆、机场、麦当劳、IHOP、赫特福德的机场出租办公室提供 WiFi 服务，在美国建立了 20 000 个接入点。T-Mobile 和 Sprint 在 2 000 多家星巴克咖啡店等成千上万的公共场所建立了国家范围内的 WiFi 服务网络。反过来，苹果的 iPhone 和 iPad 可以自动使用 WiFi 服务，以代替价格相对较高和速度较慢的 3G 和 4G 移动系统。

WLAN 是否将与价格昂贵的手机 3G 服务直接竞争？答案是：“最终会的，但不是现在”。WiFi 最初是一种局域网技术，具有限制的服务范围，为稳定的客户机进行服务，可以支持大部分的网络搜索，满足一些企业对适度带宽的需求。移动手机系统是一个广域网络，几乎没有范围的限制，具有适度的和不断增强的性能，为电子邮件、图片和网页浏览（在一个非常小的屏幕上）提供支持。然而，WiFi 的最低价格加上 30 米服务范围的 WiMax（802.16）服务，这套雄心勃勃的方案可以从资本密集的移动系统那里吸引不少业务。

第二种连接互联网和将互联网设备与其他设备连接起来的 WLAN 技术称为蓝牙技术。蓝牙是一种产业标准，由斯堪的纳维亚电信公司在 20 世纪 90 年代提出，斯堪的纳维亚电信公司包括爱立信、诺基亚和西门子。**蓝牙**（Bluetooth）是一种个人的连接技术，用户通过它可以在移动电脑、移动手机、PDA 与网络之间建立连接（Bluetooth. com，2010）。蓝牙技术是通用的电缆切割刀，它承诺要摆脱目前困扰个人电脑的乱七八糟的电线、支架和一些特殊的附件。通过蓝牙技术，用户只要戴上耳麦就可以在路上和会议室里共享文件，不再需要数据线就可以实现 PDA

和便携电脑之间的数据同步，还可以直接将文件发送给打印机，使用内置蓝牙的现金出纳机甚至可以在餐桌上完成用餐付款。蓝牙也是一个未受限制的媒体，工作频域是 2.4 GHz，但是其传输的距离只有 30 英尺左右。它使用一个跳频信号，每秒钟 1 600 次跳跃，超过 79 个频次，这可以使它免受干扰。带有蓝牙的装备，包括手机和便携电脑，会不断地观测它的环境寻找可以连接的设备。目前，几乎所有的手机和 PDA 都可以使用蓝牙。

表 3—10 总结了无线网络支持的一些电子商务服务。有些服务是推送服务，数据的传输是在提前定好的时间或者特定的条件下进行的。这包括一些主动提供的信息，如新闻的传送或者股票市场的行情。其他的一些服务是 pull service，由用户请求才进行数据的传输。地理信息服务，包括本地的比萨店、餐厅和博物馆的宣传广告，成为手机服务的主要增长部分。这主要是因为 1999 年实施的《无线通信和公共安全法案》，它要求美国所有的手机运营商到 2006 年必须使用 E911 技术。E911（增强版的 911）服务要求所有的手机装备 GPS 接收器，可以相对精确地定位纬度和经度位置。实际上，所有的手机运营商都会识别 GPS 位置，不论用户拨打的是什么号码。这种增强的地理定位性能可以通过互联网或者移动网络方便地给用户发送当地的广告。

表 3—10　　通过无线互联网支持的可能的电子商务服务

服务	说明
横向市场服务	**应用于企业和公司间的服务**
私人信息	股价，新闻，基于用户需求和文件的引用
基于位置的本地信息	本地地图，旅馆查找，电影放映地点和时间，餐馆的位置和预约
媒体服务	视频，图片，新闻和音乐
银行服务	收支检查，转账，账单支付，透支提醒
金融服务	交易，股市提醒，基于用户账户信息的利率
纵向市场服务	**应用于企业和公司的服务**
销售支持	股票和产品信息，远程订单，日历，计划信息
预订系统	航班、火车、旅馆和与库存协调的预约
调度	沟通工作细节、部分信息和维修的程序
车队管理	控制车队运输和服务人员，跟踪车队位置和工作日程
包裹递送	快递跟踪、查询和服务态度监督
家庭自动化	协调家庭中的报警器和其他数字设备
产业自动化	控制工厂的机器

3.3.4　第二代互联网技术的优点

第二代互联网的高带宽和多连接不仅可以使用户享受到更快的网络访问和更丰富的通信内容，还可以为用户带来更多好处。通过光纤网络来创建第一英里的加强版可以提高互联网传输的可靠性和质量，同时创造新的商务模式和机遇。此外，网络技术的不断改进将会给我们带来 IP 多播（IP multicasting）、延迟解决方案、服务水平保证、误码率降低和收费下降等好处。广泛存在的无线互联网接入也将会使在线购物的空间扩大 2 倍甚至 3 倍，因为消费者可以随时随地购买和付款。这就相当于使美国的购物商场的物理空间扩大了 2 倍。我们将在以后的部分更详细地介绍这些好处。

IP 多播

未来的互联网将代替广播、电视和电影院成为美国人生活娱乐的中心。这就意味着曾经数字化的好莱坞的电影、电视秀和音乐将通过互联网从一个海岸传播到另一个海岸，来满足 2 亿用户的需求。在今天，这几乎会引起网络的崩溃。第二代互联网将解决这些问题。第二代互联网的一个功能就是 IP 多播。

IP 多播（IP multicasting）是一套能够向网络中多个地址高效传输数据的通信技术。与在信息源将信息复制多份并分发给多个接收端的传输方式不同，IP 多播技术最初只发送一次数据，直到数据抵达网络中最近的共用节点之后才会被再次复制并向各个接收端继续传送，从而能够显著减少网络带宽的消耗（见图 3—17）。在这个节点上，路由器根据客户请求进行复制，发送器只通过互联网发送一份数据。此外，由于 IP 多播技术不会由于同时处理并传送多个大型文件而速度变慢，每台客户端也无须单独向传输服务器发出下载请求，这样网络整体性能将会显著提升。IP 多播技术早已成功地应用于 Mbone 主干网中（一个传输视频数据的专用主干网），并已成为当今互联网的一个重要组成部分。IP 多播与协议，如 BitTorrent，结合起来使用，可以按比例增加来为全国的互联网用户提供服务。

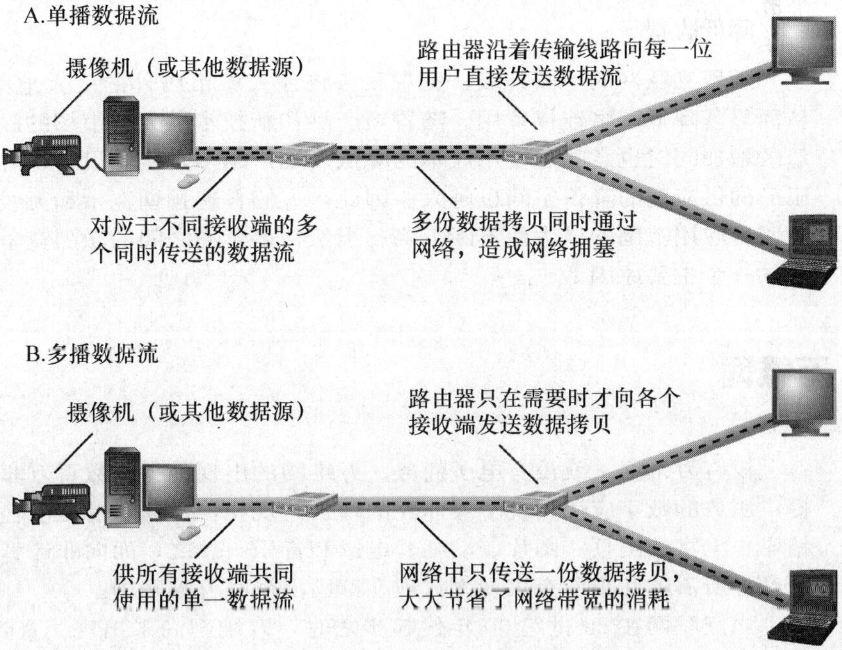

图 3—17　IP 多播

说明：IP 多播技术可以向多个客户端高效发送高带宽要求的视频文件，而不会引起网络拥堵或造成其他数据传送延迟。

资料来源：Adapted from Cisco Systems，2007；Internet2. edu，2000.

延迟解决方案

我们已经知道，包交换技术的基本原理就是将数据打包之后分别发送，最后在目的地进行重组。然而，包交换技术的一个重大缺陷在于传输时不区分数据包的优先级别，对视频数据这样的高优先级数据包和普通电子邮件这样的低优先级数据包一视同仁。由于数据包无法在客户端同时重组，因而可能造成音频、视频内容严重失真。

因此，第二代互联网特别加入了**差别化质量服务**（differentiated quality of service，diffserve）这一全新技术，从而可以根据传送数据的不同类型赋予数据包不同的优先级别。例如，几乎需要瞬时抵达的视频会议数据就可得到比电子邮件信息更高的传输优先级。这样，视频音频的服务质量会有明显上升，不再受到网络拥堵的困扰。当第二代互联网全面普及之后，实况转播和在线点播等梦想都将成为现实。但是差别化服务引起了一些争议，因为它意味着一些用户将比其他用户获得更大的带宽，可能他们不得不为高带宽支付更高的费用。

服务水平保证和降低误码率

目前，互联网运营商还无法通过有效方式确保网络服务的质量水平，用户即使花钱也无法获得数据稳定传输的服务承诺。互联网只能承诺尽最大的努力。因此，互联网到目前为止还是非常民主的——对所有用户都不偏不倚。但是，随着第二代互联网的出现，用户付费获得高质量数据传输服务也将成为现实。

不断改进的网络容量和数据包交换技术必将提高数据传输的质量，降低传输误码率，提升用户满意度。

降低收费

随着互联网的不断升级，宽带服务将在大城市以外的广大地区得到全面普及，从而显著降低网络连接费用。随着新产品和新技术在大众市场的深入推广，用户数量的增加同时也意味着使用成本的降低。用户越多，接入设备、客户端电脑和相关服务的供应商的降价空间也越大。因此，人们普遍预期宽带和无线服务的收费会跟随服务应用范围的扩大而不断下降。当然，运营商之间的激烈竞争也是导致费用下调的一个主要原因。

3.4 万维网

没有万维网，就没有电子商务。万维网的出现使得为数百万非计算机专业用户提供服务的数字应用实现了爆炸性的增长。现在，任何人都可以轻松享受万维网中精彩、丰富的网页、图片、动画、电影和音乐。总之，面向非计算机专业用户的电子商务所需的几乎所有表现方式现在都已出现在万维网中。

当互联网在20世纪60年代起步之时，万维网尚未出现。直到1989—1991年期间，欧洲粒子物理实验室（即大家熟知的CERN）的蒂姆·伯纳斯-李（Tim Berners-Lee）博士才最终将万维网变成现实（Berners-Lee，et al.，1994）。几位早期的作者——如范内瓦·布什（Vannevar Bush）（于1945年）和特德·纳尔逊（Ted Nelson）（在20世纪60年代）——很早就提出了通过一组互相链接的页面来组织信息并让用户自由浏览的设想（Bush，1945；Ziff Davis Publishing，1998）。伯纳斯-李和CERN的同事就是按照这样的想法开发出了最初版本的HTML语言、HTTP协议、Web服务器和浏览器等万维网的四个必备要素。

最初，他只是编写了一个计算机程序，以使自己计算机中存放的经过格式化的页面可以通过关键字（超链接）相互链接。这样，只需点击文档中的关键字，就能立即转向另一个文档。这些页面使用经过改进的标准通用标记语言（Standard Generalized Markup Language，SGML）进行创建。标准通用标记语言是一种功能强大的文本标记语言。

伯纳斯-李把自己使用的文本标记语言称作超文本标记语言，即 HTML。随后，他产生了将 HTML 页面存放在互联网中的想法。这样，远程客户端可以使用 HTTP 协议（我们在 3.2 节中已经讨论过 HTTP 协议，后面还会详述）访问这些页面。但是，这些最早出现的网页只能显示黑白文本，页面中的超链接使用方括号进行标注。因此，万维网起初只能支持纯文本服务，最初的网络浏览器的用户界面也只能显示文本信息。

这种局面一直持续到 1993 年。这一年，马克·安德烈森和设在伊利诺伊大学的美国国家超级计算应用中心（National Center for Supercomputing Applications，NCSA）的工作人员共同发明了具备图形用户界面的网络浏览器 **Mosaic**。Mosaic 可以输出各种图像元素，如彩色背景、图片和简单动画，并且与 Macintosh、Windows 以及 UNIX 等所有基于图形界面的操作系统兼容。从此，HTML 语言彻底从黑白文本中解放出来，全世界任何一位使用苹果电脑或个人电脑的用户都可使用鼠标来浏览网页内容。

Mosaic 不仅让网页变得多姿多彩，让全世界的用户都能随意浏览，还使得独立于操作系统的跨平台共享文件、信息、图像、音频、视频以及其他内容的**通用计算**（universal computing）成为可能。开发人员可以为所有主流操作系统量身定制浏览器软件，因此专为某个系统，如 Windows 系统设计的网页也能在苹果电脑或 UNIX 主机中完整再现。这样，无论用户身处何地，使用什么样的电脑，都可以浏览到同样的网页内容。从此，浏览器和万维网将我们带入了一个全新的通用计算和信息共享的网络世界，而这在 1993 年以前是根本无法想象的。

1994 年，安德烈森和吉姆·克拉克（Jim Clark）共同创立了网景公司，并推出了第一款商用浏览器 Netscape Navigator。虽然当时 Mosaic 依旧推行免费策略，但网景公司最初还是决定对 Netscape Navigator 收取费用。1995 年 8 月，微软公司正式发布 Internet Explorer（IE）。此后，网景公司就一蹶不振，市场份额从当初的 100%锐减到 2009 年的不足 5%。网景公司的失败教训非常值得电子商务企业引以为戒：在网络经济时代，技术创新者往往不是最后的赢家，而精明的追随者常常能够在长期竞争中最终胜出。

3.4.1　超文本

我们之所以能够通过互联网浏览网页，就是因为网络浏览器能够使用 HTTP 协议将网络服务器中存放的页面内容下载至我们的电脑之中。**超文本**（Hypertext）是一整套使用嵌入超链接格式化页面的规则标准。网页中的超链接不仅可以指向其他文档，也可以指向音频、视频或动画文件等内容。如果用户点击一张图片就能欣赏电影，那么用户实际上点击的是一个指向该电影片段的超链接。而当用户在浏览器中输入网址，如 http://www.sec.gov 时，浏览器就会向 sec.gov 网域的服务器发出 HTTP 请求，申请下载 sec.gov 的主页内容。

众所周知，HTTP 是所有网址的起始字段，之后才是网络的域名。域名用于指定某一专门存放网页的服务器。目前，绝大多数企业都已拥有与企业名称相同或相近的域名。目录路径和网页名称则是网址中另外两个非常重要的信息，它们可以帮助浏览器定位到所需的具体页面。域名、目录路径和网页名称组合在一起，就形成了一个完整的网络地址，也叫统一资源定位器（URL）。当用户在浏览器的地址栏中输入 URL 之后，浏览器就能获得网页地址的详细信息。例如，在 http://www.megacorp.com/content/features/082602.html 这样一个 URL 中，http 表示使用显示网页所使用的协议名称；www.megacorp.com 表示网域的域名；content/features 表示域中存放网页的服务器的一个具体目录路径；082602.html 表示所请求的文档名称与文档格式（html 表示请求 HTML 页面）。

表 3—11 列举了目前最常用且已经获得 ICANN 正式认可的顶级域名。此外，各个国家同样也有自己的专有的顶级域名，如.uk，.au 和.fr（英国、澳大利亚和法国）。2008 年，ICANN 批准了大量扩展的通用顶级域名，有一些具有代表性的城市（如.berlin）、地区（.africa）、民族（.eus）、行业/活动（.health），甚至有一些品牌（如.deloitte）。2009 年，ICANN 开始实施这些指导方针。

表 3—11　　　　顶级域名

通用顶级域名	推出年份	用途	赞助商/运营商
.com	20 世纪 80 年代	无限制（仅供商业注册用户）	VeriSign
.edu	20 世纪 80 年代	美国教育机构	Educause
.gov	20 世纪 80 年代	美国政府	美国联邦服务总局
.mil	20 世纪 80 年代	美国军队	美国国防部网络信息中心
.net	20 世纪 80 年代	无限制（原先只服务于网络供应商）	VeriSign
.org	20 世纪 80 年代	无限制（为不适用其他域名的组织使用）	公益域名注册机构（在 2002 年 9 月 30 日之前由 VeriSign 运营）
.int	1998	根据政府间的国际条约建立的组织机构	互联网地址分配机构（IANA）
.aero	2001	航空公司	国际电信航空协会（SITA）
.biz	2001	商业用途	NeuLevel
.coop	2001	合作社	DotCooperation
.info	2001	无限制	Afilias LLC
.museum	2001	博物馆	博物馆域名协会
.name	2001	个人用途	全球命名注册有限公司
.pro	2002	会计、律师、内科医生等专业人士	RegistryPro 有限公司
.jobs	2005	求职	Employ Media LLC
.travel	2005	旅行机构	Triallance Corporation
.mobi	2005	特别为手机建立的网页	mTLD 顶级域名有限公司
.cat	2005	推广加泰隆尼亚语言和文化的个人组织和公司	Fundacio puntCAT

续前表

通用顶级域名	推出年份	用途	赞助商/运营商
. asia	2006	专为亚洲企业组织和个人设计的局部域名	DotAsia 组织
. tel	2006	电话号码和其他联系信息	ICM Registry
. xxx	2010	色情内容的新的顶级域名	尚未批准

资料来源：Based on data from ICANN，2010.

3.4.2　标记语言

虽然大家都对网页的标准格式化语言 HTML 耳熟能详，但却很少有人知道文档格式化的思想起源于 20 世纪 60 年代出现的通用标记语言（Generalized Markup Language，GML）。

SGML

1986 年，国际标准化组织正式接纳从 GML 语言演变而来的标准通用标记语言（SGML）。SGML 语言主要用于帮助大型企业对大量文档进行格式化处理和分类保存。SGML 语言的最大优势在于它是一种通用标记语言，能够应用于任何软件程序。但是，SGML 语言也异常复杂难懂，造成很少有人能够真正精通 SGML 语言的使用技巧。而这也很可能就是其并未广泛推广的原因所在。

HTML

超文本标记语言（HyperText Markup Language，HTML）也是一种通用标记语言，但更加容易使用。HTML 语言向网页设计者提供了一整套用于格式化网页的固定标记"tag"（见图 3—18）。这些标记直接嵌入到网页内容当中，当浏览器发现"tag"后，就会对其进行解释并生成正确的页面布局。只要点击浏览器菜单中的"查看源码"选项，用户就可以查看当前网页的 HTML 源代码。在图 3—18 中，左边窗口所显示的就是右边网页的 HTML 编码。

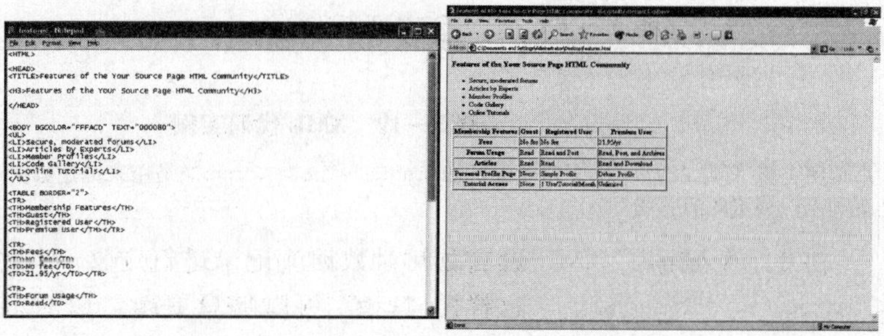

(a)　　　　　　　　　　(b)

图 3—18　HTML 源代码（a）和网页内容（b）实例

说明：HTML 是用于创建网页的文本标记语言，通过一整套"tag"告诉浏览器如何正确显示网页内容。图（a）中的 HTML 代码就是图（b）中网页的源代码。

HTML 语言主要用于定义网页结构和网页样式，如标题、图片位置、表格和文本格式等。自 HTML 语言问世以来，主要的浏览器就一直在寻求为 HTML 语言加入更多新的特性，以使网页设计人员能够进一步控制网页的布局细节。然而，遗憾的是，一些企业的许多改进都只能通过自家的浏览器加以实现。只要企业试图建立电子商务网站，就必须特别小心，以保证所有网页都能被主流浏览器甚至是已经过时的浏览器正确显示。

HTML 页面可以通过任何一种文本编辑器进行创建，记事本（Notepad）、写字板（Wordpad）、Word（只需在保存时选择将 Word 文档保存为网页即可）或任一专用网页编辑器，如 Microsoft Expression Web 和 Adobe Dreamweaver，都可帮助网页设计人员完成工作。

HTML 的现行版本为 4.0.1，HTML 5 正在研发中。HTML 5 引入了一些新的特性，如视频重放和拖放式功能，这在过去是由 Adobe Flash 的插件来实现的。尽管苹果拒绝在它的设备上使用 Flash，并且可能建立自己的播放工具，但是 2010 年 YouTube 和其他的视频网站仍在使用 Flash。

XML

可扩展标记语言（eXtensible Markup Language，XML）的引入使网页格式化发生了巨大飞跃。XML 是由万维网协会（W3C）制定的新一代标记语言规范，与 HTML 语言类似，但目的完全不同。HTML 语言主要用于显示网页中的数据内容，控制“网页的外观和用户浏览时的感受”，XML 则被设计成对页面中的数据和信息进行描述。例如，考虑图 3—19 中的 XML 文档实例。其中，第一行是 XML 声明，存在于所有 XML 页面之中，说明了文档使用的 XML 版本信息。例如，在本例中，文档遵从 XML 语言的 1.0 版规范。第二行定义了文档中的第一个元素（即根元素）<note>，随后 4 行定义了根的 4 个子元素（to，from，heading，body），最后一行则说明根元素到此结束。大家可能已经注意到，XML 语言并没有说明如何显示这些数据，或者这些文本该如何布局。因此，XML 语言在使用时必须同 HTML 语言相互配合，由 XML 语言描述数据，而由 HTML 语言把这些数据显示在浏览器上。

```
<?xml version="1.0"?>
<note>
<to>George</to>
<from>Carol</from>
<heading>Just a Reminder</heading>
<body>Don't forget to order the groceries from FreshDirect!</body>
</note>
```

图 3—19　XML 代码实例

说明：该 XML 文档实例中的标记，如<note><to><from>是用来描述数据和信息的，而不是网页的外观和用户浏览时的感受。

图 3—20 显示了 XML 语言如何对数据库记录进行定义。其中，像<company>，< name>，<Specialty>这样的“tag”可以随意更改，以对应某家企业或某个行业的名称。从初级的角度来看，XML 学起来特别容易，除了你可以建立自己的 tag 外，XML 与 HTML 非常相似。从高级的程度来看，XML 集合了丰富的语法和软件工具，这使得 XML 可以在网页上存储和传输各种类型数据。

XML 是一种“可扩展的”标记语言，用户可以自行定义描述和显示数据所用的“tag”。而在 HTML 语言中，这些“tag”都是预先定义好的，用户不能随意更改。此外，XML 语言也可以为信息设定新的显示格式，如从数据库导入数据后再

```
<?xml version="1.0"?>
<Companies>
  <Company>
        <Name>Azimuth Interactive Inc.</Name>
    <Specialties>
          <Specialty>HTML development</Specialty>
            <Specialty>technical documentation</Specialty>
          <Specialty>ROBO Help</Specialty>
          <Country>United States</Country>
    </Specialties>
   <Location>
          <Country>United States</Country>
        <State />
         <City>Chicago</City>
   </Location>
        <Telephone>301-555-1212</Telephone>
  </Company>
  <Company>
     ...
  </Company>
  ...
</Companies>
```

图 3—20　企业名录的 XML 代码实例

说明：该 XML 文件用标记来定义公司名字数据库。

按照表格方式加以显示。在 XML 的帮助下，可以对数据进行有选择的分析和显示，而这一点也是 HTML 无法企及的。因此，企业或整个行业都可使用与万维网兼容的标记语言来描述发票、应付账款、薪资记录和财务信息。这样，企业的所有商业文件都可以存放在内部网络的服务器中由所有员工共享。

3.4.3　网络服务器与客户机

我们已经讨论过客户机/服务器计算架构，以及客户机/服务器计算架构所带来的种种变革。我们现在也已经知道服务器就是一台连接在网络中，专门用于存放文件、控制周边设备，与外部世界——包括互联网——进行交互，并且帮助本地网络中的其他计算机处理信息的专用电脑。

那么，网络服务器与此相比又有什么区别呢？**网络服务器软件**（Web server software）是指能够使一台计算机将 HTML 网页通过网络传送给向自己发出 HTTP 请求的客户端电脑的专用软件。目前，两大领先的网络服务器软件品牌分别是占据 57％市场份额的免费软件 Apache 和占据 24％市场份额的微软 IIS（Netcraft，2010）。

除了响应客户端发出的网页请求之外，网络服务器软件还必须具备以下各种基本功能：

● 安全服务——主要包括各种认证服务，以确保只有授权用户才能访问网站。需要处理付费交易的网络服务器还必须支持安全套接层协议层（SSL），从而实现通过互联网收发加密信息。当网站需要用户的姓名、电话、地址和信用卡号等个人信息时，就可以使用 SSL 来保证服务器和浏览器之间数据交换的安全性。

● 文件传输（FTP）——FTP 服务允许用户和服务器相互交换文件。依据服务器设定不同的权限，用户可能在一些网站无法上传文件，而在另一些网站则无法下载文件。

● 搜索引擎——与帮助用户在整个互联网中搜索特定文档的搜索网站所提供的

服务类似，网络服务器软件中的搜索引擎模块可以对整个网站的页面和内容进行索引和排序，并且帮助用户使用关键字对整个站点的内容进行检索。执行搜索请求时，搜索引擎会利用包含服务器中所有文档信息的索引清单进行查询，通过搜索条件与索引记录的比较最终确定返回结果。

● 数据采集——网络服务器软件也可以帮助网站管理人员自动监视网站流量，记录访问网站的用户名称、用户停留时间、每次访问的日期和具体内容。这些信息集中保存在日志文件中，以备日后分析之用。通过查看日志文件，网站管理人员就能了解网站总访问量、访问者平均停留时间以及网站中最受欢迎的网页等信息。

从网络服务器软件具备的种种功能可以看出，网络服务器就是指运行网络服务器软件的计算机。目前，世界领先的服务器制造商有 IBM、戴尔和惠普等几大企业。虽然任意一台个人电脑都可以运行网络服务器软件，但要想获得满意的网站性能，最好还是使用经过优化配置的服务器。当然，每台网络服务器也都拥有各自的固定 IP 地址。例如，如果在浏览器中输入 http://www.pearsonhighered.com/laudon，浏览器就会向域名叫作 pearsonhighered.com 的网络服务器发送 HTTP 请求。随后，服务器在硬盘中找到名叫“laudon”的页面，并将该页面送回浏览器。最终，浏览器将网页内容完整显示在用户的屏幕之上。当然，企业也可以在企业内联网中使用网络浏览器。

除了为用户提供基本网页浏览服务的网络服务器软件之外，互联网中还有许多其他特殊用途的服务器，如数据库中检索特定信息的**数据库服务器**（database server）、发布定制广告条的**广告服务器**（ad server）、提供邮件消息服务的**邮件服务器**（mail server），以及提供视频内容的**视频服务器**（video server）等。一般情况下，一台单处理器服务器就足以胜任小型电子商务网站的各种需求，而大型企业的网站则往往需要上百台独立的多处理器服务器才能为用户提供上面所说的各种特定功能。我们将在第 4 章详细论述电子商务网站架构的相关问题，这里不再展开。

另一方面，**网络客户机**（Web client）是指任何接入互联网并能发送 HTTP 请求和显示 HTML 页面的计算设备。装有 Windows 操作系统的个人电脑或苹果公司的麦金托什计算机都是最常见的客户机，而安装 UNIX 操作系统的电脑的普及程度则稍逊一筹。然而，客户端中发展最为迅猛的却根本不是计算机，而是配备无线接入设备的智能手机、笔记本和 iPad。总之，网络客户机可以是任何能够通过网络服务器收发信息的设备——打印机、冰箱、电炉、家庭照明系统以及汽车驾驶面板都在其中。

除了显示网页内容这一核心功能之外，浏览器还有其他许多便捷的附加功能，如电子邮件和新闻组（在线讨论小组或论坛）。目前，最常用的浏览器是 IE，2010 年 9 月，IE 占有 60%的市场。2010 年 9 月，微软引入了 IE 的最新测试版本 9。Firefox（Mozilla）是目前第二受欢迎的浏览器，占有美国浏览器市场的 23%（Marketshare.hitslink.com，2010）。2004 年首次发行时，Firefox 是基于 Mozilla 的开源代码（最早是为 Netscape 提供代码），对 Windows、Linux 和 Macintosh 操作系统是免费的、开源的。它占用空间小，速度快，具有许多特性，如弹出窗口拦截和标签浏览。排名第三的是占有 8%市场份额的谷歌 Chrome，2008 年 9 月发行测试版，占用空间小，是先进的开源浏览器。尽管 Chrome 得到了广泛的应用，可以使复杂的网页得到简化，谷歌仍然希望可以在提高速度、安全性和稳定性的基础上建立一个新的浏览器。公司可以以此来与 Firefox，甚至是 IE 抗衡。其他的浏览器，包括苹果的 Safari 和 Opera，共同占有 7.5%的市场。

3.5 互联网与万维网：特色服务

互联网与万维网孕育了大量功能强大的网络应用，而这些应用也为电子商务的蓬勃发展奠定了坚实基础。你可以把这些看做网页服务，当你边阅读边将这些与传统的媒介，如电视和印刷媒体做比较时，你会觉得很有趣。如果你这么做了，你会发现互联网环境真丰富。

3.5.1 电子邮件

电子邮件（electronic mail，e-mail）从问世至今始终是互联网中最受欢迎的网络应用。全世界每年共有 29 亿封电子邮件，而流量则高达 9 万亿（Radicati Group，2010）。其中，垃圾邮件的数量从 40%上升到 90%。电子邮件和垃圾邮件将在第 7 章深入探讨。电子邮件使用一系列专用协议将包含文本、图片、声音和视频等内容的消息通过互联网从一个用户传递到另一个用户。电子邮件自身无与伦比的便利性与快速性已经使其成为当前最流行的商务沟通方式，甚至比电话、传真和传统信件（美国邮政服务）更受欢迎。

除了邮件本身包含的信息之外，电子邮件还允许发送者在其中插入各种**附件**（attachment），如文档、图片、声音或视频片断。

3.5.2 即时信息

人们在线交流最快的途径之一就是**即时信息**（instant messaging，IM）。IM 是基于即时信息服务器的客户软件。IM 即时发送文本信息，与电子邮件不同，它一次只发一行。在发送与接收之间，电子邮件存在几秒到几分钟不等的延时。IM 几乎即时地显示输入电脑的文本，接收者可以同时以相同的方式回复发送者。相比电子邮件来说，更像一个面对面的会话。使用 IM 之前，用户需建立通讯录，只要好友在线，输入短消息后，好友就可以即时地收到。尽管文本交流是 IM 最基本的交流机制，但是用户可以在短信中插入语音文件或者照片，甚至参与视频会议。

主要的 IM 系统是 AOL（1997 年首次引入 IM 作为其专有的客户服务）、微软的 Windows Live Message、雅虎的 Messager 和谷歌的 Talk。Facebook 和 MySpace 也提供即时信息服务。IM 系统开始是作为专有系统进行开发研究，竞争企业提供的版本之间不可相互通信。2003 年，仍然没有形成可以相互沟通的内置即时通信系统。

3.5.3 搜索引擎

没有人能说清到底有多少网页。表层网是网页的一部分，搜索引擎可以访问表层网，并记录相关信息。例如，谷歌一般搜索 600 亿～1 000 亿个网页，并将这些网页的信息存储在遍布美国的巨大的计算机网络上。但是有一种“深层网”可以包含 1 万亿其他网页，大部分是专有网页（如华尔街日报的网络版，没有密码是无法访问的）或在企业防火墙之后的其他网页（Zillman，2005）。

如何从这么多的网页中找到对你和你的企业有价值的网页是一个很重要的问题。例如，如何从 500 亿网页中找到 1 个或者 2 个你真正需要的网页？

搜索引擎（search engine）解决了从网页中及时找到有用信息的难题，是互联网时代的杀手级软件。近一半的美国互联网的成年用户每个月使用搜索引擎进行 150 亿～180 亿次查询（Pew Internet & American Life Project，2010；comScore，2010a）。虽然有成千上万的搜索引擎，但是大部分的搜索结果都是由五大供应商提供的（见图 3—21）。

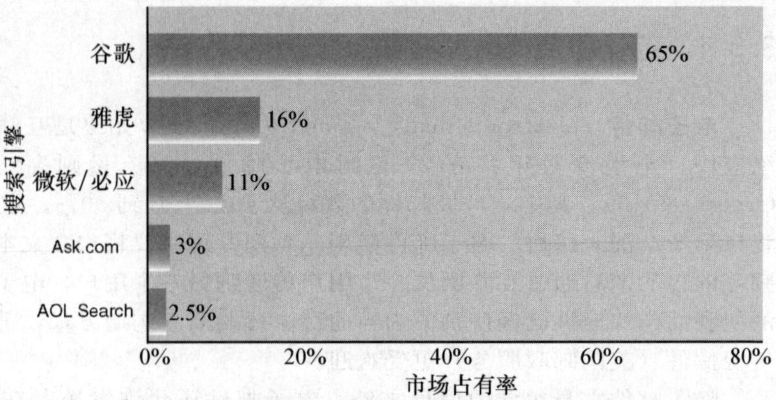

图 3—21　排名前五的搜索引擎

说明：谷歌依靠其在搜索引擎市场的占有率而遥遥领先。
资料来源：Based on data from comScore，2010a.

网页搜索引擎开始于 20 世纪 90 年代，也就是在网景公司发行它的第一款商用网页浏览器之后。早期的浏览器只是一些浏览网页的简单的软件程序，仅仅是访问和收集每个网页上的信息。早期的程序称为爬虫、蜘蛛和流浪者；给出网页全部内容的第一个全文爬虫是 1994 年发行的 Webcrawler。Alte Vista（1995）是首先得到广泛使用的搜索引擎之一，也是第一个允许自然语言查询，如“网页搜索引擎的历史”，而不是“历史＋网页搜索＋搜索引擎”的搜索引擎。

谷歌的搜索引擎持续不断地在网络上搜索，索引每个网页上的内容，计算访问量，缓存需要的相应网页。整个过程只需要大约半秒钟。

第一个搜索引擎采用简单的关键字索引所有访问过的网页。它可以计算一个词在网页中出现的次数，存储索引中的信息。但是，网页设计者只要简单地在主页中重复输入关键词，搜索引擎就会出错。搜索引擎的首创构想是源于国防部门的一款称为数字图书倡导的程序，该程序用来帮助 Petagon 在大量的数据库中搜寻学术论文。斯坦福、伯克利和其他三所大学为 20 世纪 90 年代中期的网页搜索构想提供了温床。1994 年，斯坦福大学计算机科学的两个学生——戴维·费罗（David Filo）和杨致远（Jerry Yang）为他们喜欢的网页建立了一个人工列表，被称为“另一种正式层级化体系”，也就是雅虎。刚开始雅虎并不是一个搜索引擎，仅对搜索网站进行筛选，这些网站由编辑者觉得有价值的分类网页构成。从此，雅虎开始建立起真正的搜索引擎能力。

1998年，拉里·佩奇和谢尔盖·布林，两位斯坦福大学计算机科学系的学生，发布了他们的第一个谷歌版本。该搜索引擎与众不同：不仅索引每个网页上的关键词，而且佩奇还发现，Alte Vista 搜索引擎不仅可以从网站上收集关键词，还可以计算其他网站和该网页的链接次数。通过每个网页上的网址，可以计算每个索引的浏览次数。但 Alte Vista 对这些信息不做任何处理。佩奇抓住这一点，并将它作为搜索查询判断优先级的主要因素。他为网页排序系统申请了专利（PageRank System），这个排序系统测度了网页的受欢迎程度。布林又锦上添花地创建了独特的网页爬虫程序，不仅可以索引网页上的关键词，还可以是词语的组合（如作者和他们的文章的标题）。这两个创意为谷歌搜索引擎奠定了坚实的基础（Brandt，2004）。图3—22给出了谷歌的工作流程。

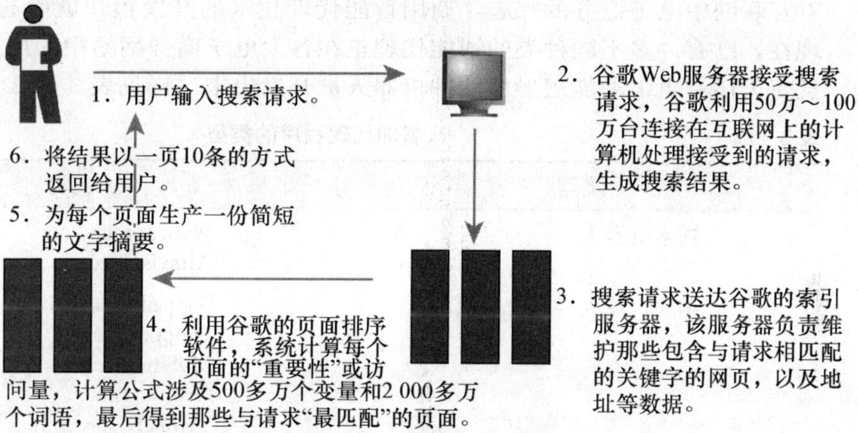

图3—22　谷歌的工作原理

说明：谷歌的搜索引擎持续不断地在网络上搜索，索引每个网页上的内容，计算访问量，缓存需要的相应网页。整个过程只需要大约半秒钟。

搜索引擎网站很受欢迎，而且容易使用，同时更是互联网的门户（见第11章）。除去谷歌的主导地位，搜索市场还是充满竞争的。微软和雅虎均投资超过10亿美元研发搜索引擎以与谷歌抗衡。2009年，雅虎首先认输，同意接纳微软的必应搜索引擎，雅虎的网站产生了88%的广告收入。

刚开始，没有人了解如何通过搜索引擎来盈利。到2000年，这种情况改变了，Goto.com（以后的Overture）接受广告公司竞标，中标的公司可以出现在搜索引擎的搜索结果中；谷歌通过AdWords项目延续了这种做法，这个项目允许广告商通过竞标在搜索结果中插入文本广告。广告公司的收入得到了惊人的增长（在过去几年内年增长率达到20%～25%），这使得搜索引擎转变成主要的购物工具，同时建立了一个完整的产业，称为"搜索引擎营销"。搜索引擎营销成为美国广告市场增长最快的营销形式，2010年创收125亿美元。当用户在谷歌、必应、雅虎或其他由这些搜索引擎服务的网站中输入搜索条目时，他们将看到两种类型的列表：付费链接，这些条目是由广告商赞助的（通常位于搜索结果的首页）；非付费"有机"搜索结果。另外，广告商也可以购买搜索页右边的广告栏。尽管主要的搜索引擎用来显示用户感兴趣的信息，搜索引擎还是成为了电子商务网站重要的工具。客户可以通过内部搜索程序，更容易地搜索他们想要的产品的信息。不同的是，在网站上，搜索引擎只允许从一个站点搜寻匹配项。此外，搜索引擎把它们的服务扩展到地图、卫星图像、电脑图像、电子邮件、组日历、群会谈工具和索引学术文献。除了电子邮件，搜索引擎承载了最普遍的在线日常活动，并且拥有最多的在线观众。

3.5.4 智能代理（机器人）

智能代理（intelligent agent）（也称为软件机器人、机器人）是专门用于收集或过滤特定主题的信息并向用户提交最终结果的软件程序，然后为用户提供一系列的搜索结果，例如从最低价格到可用性或交货条件。智能代理最初由开发人工智能（一种试图使电脑具备类人智能的计算机技术）技术的计算机专家发明。但是，随着互联网中电子商务的兴起，商用智能代理技术的开发很快就引起了人们的注意。现在，已有许多不同种类的智能代理正在各大电子商务网站中为用户提供服务，而且每天还有更多功能迥异的软件机器人被开发出来（详见表3—12）。

表3—12　智能代理程序的类型

类型	实例
搜索机器人	Webcrawler. com Altavista. com
购物机器人	Shopzilla. com Shopping. com MySimon. com Orbitz. com TripAdvisor. com
网络监控机器人	WebSite-Watcher TimelyWeb. com
新闻机器人	WebClipping. com
聊天机器人	Anna（IKEA） Ask Vic（Qantas） Virtual Advisor（Ultralase）

例如，如前所述，许多搜索引擎都在使用蜘蛛或爬虫软件从各个网络服务器中收集用于构建索引数据库的URL信息。这些蜘蛛或爬虫软件就是一种软件机器人，是可以用各种缘由搜寻网页的自动程序。

购物机器人是另一种常见的软件机器人，可以搜索所有在线零售网站并返回某类商品的存货和价格信息。例如，你可以使用MySimon. com网站中的购物机器人查找某种索尼数码相机的资料。之后，软件机器人会返回拥有该型号相机的在线零售商名单，并可显示每家零售商的存货、报价和送货费等细节。Orbitz的机器人可以发现最低价的机票、旅馆和汽车租赁。2010年，最受欢迎的购物网站有Nextag，PriceGabber，Shopping. com和Shopzilla/BizRate（eBizRate，2010）。

另一种机器人称为网页处理器机器人，可以帮助你查看网页上日常更新的材料，当网站上有更新的材料，它会及时向你发送邮件。新闻机器人为你提供报纸或文件夹文章，这些内容来自于世界各地的报纸。在稍后章节会详细介绍RSS，它是一种自动程序，可以将更新的内容发送给申请者，并且很快成为最常见的网页内容处理工具。聊天机器人是智能代理在线客户支持工具。

3.5.5　在线论坛和聊天

在线论坛（online forum）（也指消息区、公告栏、讨论区、讨论组或仅仅是消息区或者论坛）是网页应用，为互联网用户相互沟通提供平台，但是实时性较差。论坛为其成员进行各种各样的讨论提供了一个平台，这需要论坛管理者给成员授权，使他们能够发帖，并回复他人的帖子。大多数的论坛软件都可以支持不止一个论坛。论坛的管理者可以编辑、删除、移动或者修改论坛中的帖子。电子邮件自动向申请者发送信息，与电子邮件列表（列表服务）不同，在线论坛需要成员通过访问论坛了解新的公告。一些论坛提供了电子邮件提醒的功能，来提醒成员他们感兴趣的帖子有更新。

在线聊天（online chat）与在线论坛不同，而与 IM 相似，它帮助用户通过计算机进行实时交流。但是，不像即时消息那样只能实现两人之间的沟通，它可以实现多个用户之间的实时信息传递。用户登录"聊天室"，可以向其他人发送消息。一些聊天室提供一些虚拟的聊天，可以通过一个替身（用户的一个替代形象）参与到 2D 或者 3D 图像中，或者可以通过语音和视频来进行交流。聊天系统包括 IRC、Jabber、雅虎和 MSN，以及各种各样基于微软 Windows 和 Java 平台的专有系统。电子商务企业通过在线论坛和聊天形成自己的社区，并将其作为客户服务工具。在第 11 章我们将进一步讨论在线论坛作为社区建设的工具的应用。

3.5.6　流媒体

流媒体（streaming media）实现了音频、视频和其他大型文件的分段传输，因此用户可以先接收一部分内容进行播放，同时继续下载文件的后续内容并播放。一些情况下，如在线网页视频，文件被分为块，并由特定的服务商以块的形式提供给用户。客户端软件将这些块组合起来进行播放。另一些情况下，如 YouTube，从一台标准的网页服务器上下载一个大的文件，用户可以边下边播。流格式的多媒体文档必须"实时"处理，无法存储在客户端的硬盘之中。流格式的多媒体需有软件来播放，如 Microsoft Media Player、Apple QuickTime、Flash 和 Real Media Player。许多软件可以用来创建流文件，但是最常用的之一就是 Adobe 的 Flash 软件。大部分的客户机都有 Flash 播放器，在播放 Flash 文件时不需要插件。

诸如 YouTube、Metacafe 和 Google Video 这样的网站均有大量的用户自己制作的视频文件，网页的广告商正是利用这些视频来吸引访客。音频/视频文件经常在网页广告和新闻报道中使用，这可能是流文件服务最常见的形式。随着网络容量的增大，流媒体在电子商务中扮演着更重要的角色。

3.5.7　Cookies

Cookie 可以用来存放网站用户的相关信息，已经广泛采用。当访问者浏览网站内容时，网站会发送一个文本文件（cookie）到访问者的计算机中。这样，cookie 中存储的内容就可在用户下次访问网站时快速加载。cookie 可以存放网站设计人员需要的任何信息，如客户编码、浏览过的页面、经过客户确认的采购商品以及其他各种细节内容。此外，cookie也能为网站的用户带来许多方便。如果cookie中已经存放有用户的相关信息，下次浏览时网站就能自动识别用户的身份，免去用户重新注册或登录的麻烦。cookie这种识别回头客的功能非常有助于网站的个性化设计，使得网站可以根据用户过去的行为表现，向他们提供各种特殊服务。cookie也有助于定制化和市场细分——网站可以根据用户的历史信息设定商品价格（后面的章节中会详细论述）。当然，正如我们在后续内容中将要讨论的那样，cookie也会对用户的隐私造成威胁，有时甚至令人厌恶。因此，许多人在每天结束上网时都会清理cookie，还有些用户则干脆完全禁用cookie。

3.5.8 Web 2.0 时代的特点与服务

如今的宽带网络基础设施进一步为用户提供更方便的服务。这些新的性能形成了新的商务模式。数字化内容和数字通信是迅速发展的两个领域。Web 2.0应用和服务更社交化，因为它们支持群体和社交网络中的个人间的通信交流。

在线社交网络

如果说2010年存在不断发展的杀手级应用的话，那一定是社交网络。社交网络在本书的各章中都有介绍，因为它拥有遍及世界各地的观众，为新的广告平台和社交电子商务提供了基础（见第6，7，11章）。在线社交网络服务为朋友、同事，甚至是整个行业提供沟通的网络平台。最大的社交网络是Facebook（5亿人）、Twitter（1.45亿人）、MySpace（1.2亿人）和LinkedIn（7 500万人）。这些网络依赖于用户自己制作内容（信息、图片、视频），同时注重内容的共享。这些功能需要较好的宽带网络连接和大规模的云计算设施来存储内容。

博客

博客（blog）（开始也被称为网络日志）是个人主页，主要包括一系列由作者制作的按时间排列的条目（从新到旧）和与网页相关的链接。博客可能包括博客链接（一系列与其他博客的链接）和引用（其他博客的条目）。大部分的博客允许访客对博客进行评论。建立博客的行为称为“blogging”。博客不为第三方网站所拥有，如Blogger.com（谷歌），LiveJournal，TypePad，Xanga，WordPress或者微软的Windows Live Spaces。博客用户可以下载软件，如Movable Type和bBlog，来建立博客，由用户的互联网服务提供商所持有。博客的网页通常是模版上的变异，由博客服务或者软件提供，所以不需要对HTML有了解。因此，数百万对HTML技能不了解的人可以发布自己的网页，和亲戚朋友分享自己的内容。与微博相关的网页构成了博客圈。

博客越来越受欢迎。博客的预估数量在不断变化，Technorati（一个博客调研公司）声称2009年有超过13 300万的博客（Technorati，2009）。根据eMarketer的报道，美国有2 600万活跃的博客用户，11 300万博客的访问者（eMarketer, Inc.，2010c）。没有人知道有多少博客正在更新新闻，也没有人知道有多少博客比其他博客的访问量高。事实上，在这么多的博客中，你需要一个博客搜索引擎来寻找（如谷歌或Technorati的搜索引擎）或者查询最受欢迎的100个博客。我们将在第 6 和 7 章就市场营销和广告机制，在第 10 章就用户内容显著增长的部分进行深入的讨论。

简易信息聚合

博客的增长与网站的新闻和信息的发布机制有关，这些网站定期地更新它们的内容。**简易信息聚合**（Really Simple Syndication，RSS）是一种 XML 格式，允许用户使用数字内容，包括文本、文章、博客和播客音频文件，通过网络发送到他们的计算机上。你可以在你的电脑上安装一款 RSS 聚合应用软件，从网站和博客上收集资料，从而浏览网页上新的信息。有时这称为“聚合”内容，因为这是由新的组织和其他的辛迪加（或发布者）发布的。用户可以下载 RSS 聚合器，然后“订阅”RSS“源”。当你访问 RSS 聚合器网页时，不论你是以什么样的途径来发布，它都将显示最新的更新内容。

RSS 已经从早先的“技术”层面应用快速发展为如今参与量庞大的活动，没有人知道到底有多少人下载了 RSS 客户端程序，仅以《纽约时报》为例，其订阅 RSS 源的数量已经从 2003 年刚推出时的 50 万发展到如今的 800 万。

播客

播客（podcast）是一种音频呈现软件，如广播秀、来自于电影的音频或者仅仅是个人的音频呈现，以音频文件的形式存储，并发布到网站上。听众从网站上下载文件，在自己的电脑或者播放器上播放。你可以在苹果的 iPod 便携音乐播放器上或者任意的 MP3 播放器上播放。播客在“非法广播”的传统中从一个业余的独立生产媒体转变为一个专业的新闻、访谈内容频道。根据 eMarketer，大约 2 600 万的美国人每月至少收听一次播客，这个数目到 2013 年将增加至 3 800 万（eMarkter，2009）。

维基

维基（wiki）是一种网站应用程序，可以让用户便捷地在网上增加和编辑内容。（wiki 一词来源于 Honolulu 飞机场的“wiki wiki”（快）穿梭的巴士）。wiki 软件可以为用户共同合作文档提供方便。大部分的 wiki 系统是开源的、服务器端系统，可以存储相关数据库的内容。软件提供模板可以定义所有网页的布局和元素，显示用户可编辑的源代码（通常是纯文本），然后将内容呈现在 HTML 网页上，显示在网页浏览器上。一些 wiki 软件允许单一的基本文本模式，有些则允许使用表格、图片甚至是互动的元素，如竞选和游戏。根据 wiki 开源的性质，它允许任何人来改变网页，大部分的 wiki 提供了一种通过“最近改变”的网页来验证改变的稳定性的方式，这使得 wiki 社区的成员可以处理和查看其他用户的工作，并修正错误，阻止破坏。

wiki 是另一个 Web 2.0 杀手级应用。最著名的 wiki 是维基百科（Wikipedia），在线的百科全书，它包含超过 340 万各种主体的英语文献。Wikimedia Foundation 运行维基百科，也运行各种各样的相关项目，包括 Wikibooks，一系列免费的图书和手册；Wikinews，免费的新闻资源；Wikitionary，用来产生各种语言的多元的词典，有多样的定义、词源、发音、报价和同义词。根据 comScore，2010 年 7 月，Wikimedia 网站有 7 300 万访客，而且是 15 个最受欢迎的网站之一（comScore，

2010b)。在第 10 章将继续探讨 wiki。

音频和视频服务

由于早期的窄带连接网络，音频和视频文件很难下载和共享。随着带宽的增加，这些文件不仅司空见惯，而且大部分的学校和其他场所具有 25 年的登录历史，它们成了网络堵塞的主要原因。2010 年 7 月世界范围内销售了 3 亿部 iPod 和 iPhone，还有其他数百万部智能手机和 MP3 播放器。受此影响，互联网已经成为音频文件的虚拟数字长河。如今，iTunes 商店有超过1 100 万条记录，50 000 部电视剧，超过 7 500 部电影，包括 2 000 部高清电影（Apple，2010）。在线视频观看已经风靡。2010 年 5 月，约 1.8 亿美国人在线观看超过 330 亿个视频，第一次一个人超过 100 个视频（comScore，2010c）。

一些企业发现通过音频文件来宣传自己的产品是很有效的。无论是市场营销的材料还是客户报告，音频报告和讨论已经很普遍。

许多人认为在未来，有用的数字视频会成为杀手级应用。未来的数字视频网络将会通过网络向家里的或者路上的计算机或其他设备传播比广播质量更好的视频。高质量的音频和视频使得销售显示更有效、更栩栩如生，使公司可以用更好的形式呈现客户报告。新的视频和音频及其他的方式也正戏剧化地改变着媒体和新闻商务的特质。你可以很容易地通过网络来观看好莱坞的电影（见第 10 章）。

网络电话

如果今天重新来构建电话系统的话，它将是基于互联网使用 TCP/IP 进行包交换的网络，因为这将比现有的电话系统更便宜也更有效，现有电话系统是用数字主干进行电路交换。同样，如果有线电视也重新构建的话，也会因为同样的原因选择互联网技术。

几乎所有的预付费电话卡都使用互联网进行长途通话。美国打入和拨出的约 30%的国际电话均使用互联网。互联网电话已不算是一个全新的事物了。**IP 电话**（IP telephony）是对所有使用**互联网语音协议**（Voice over Internet Protocol，VoIP）和包交换网络通过互联网实现语音、传真或其他音频通信的技术的统称。VoIP 协议的使用无须向传统的电话公司缴纳长途电话费用。

2010 年，美国约有 2 100 万住户申请了 VoIP 业务，而且这一数字还在不断增加。VoIP 的国际份额增加得更快，从 1998 年的 0.2%到 2010 年占 41 700 万分钟国际通话的 20%。美国最受欢迎的 VoIP 服务是 Skype，有 8%的国际长途是通过 Skype 拨打的。

VoIP 可以称为一种具有颠覆性的技术。过去，语音通话和传真是固话网络的主要业务，但是伴随着互联网和电话的融合，本地和长途电话公司以及有线公司逐步成为互联网服务提供商，它们开始进军电话市场（见表 3—13），这种主导地位开始发生变化。2004 年，独立的服务提供商如 VoIP 业务先锋 Vonage 和 Skype 占据了美国 VoIP 服务市场 60%的份额，但是随着传统的运营商如 Comcast、Time Warner、Verizon、AT&T、Cox 和其他电话有线公司进入该市场，这一比例在 2010 年显著下降。

表 3—13　　　　几家大型的 IP 电话运营商

专长	公司
基于独立设备的服务提供商	Vonage Time Warner Digital Comcast Digital Voice Cablevision/Optimum Voice Cox Digital Phone Verizon AT&T SBC
基于客户端的服务提供商	Skype（eBay） Net2Phone MSN Yahoo Messenger Google Talk AOL Phoneline

网络电视

人们通过网络观看电视有三个途径：流格式的基于 Flash 的视频（如 YouTube 视频）、从各种网站（如苹果的 iTunes 商店）下载的视频，或使用 IPTV 协议的高清流媒体。迄今，YouTube 提供最普遍的互联网视频，每个月有超过 46 亿的视频流，有些是从电视网络上截取的短视频。电视和视频制造商使用电视广播作为营销工具，网站（如苹果的 iTunes 和独立的网站 videopodcast. tv）上每个月都发布上百万的电视下载资源。现在还没有关于每秒有多少电视资源被下载的详细数据。最大的合法付费的电视资源是 iTunes 商店，你可以购买整个季的电视秀和最大的电视制造商 NBC、NewsCrop、迪士尼公司及 Providence Equity Partners 所拥有的 Hulu 的视频。

网络电视（IPTV）是在互联网上收看电视的第三种方法，其原理是借助高速宽带在家里接收电视节目。一般普通质量标准的电视使用 MPEG2 压缩，需要 3 Mbps的传输速率，但是高清电视则需要 19 Mbps。若采用 MPEG4 压缩，则带宽可以减半。

IPTV 的清晰度是可以选择的，它同时使用多种协议（如 IP 多播）通过互联网来传输压缩的数字视频流，宽带的连接速度支持标准质量的电视流，但是 HDTV 需要更高的带宽，这使得传输的质量成了问题。商用 IPTV 业务正在欧洲蓬勃发展，已经有近 1 100 万用户。而在北美则有超过 500 万用户（Point Topic，2009）。

远程呈现和视频会议

尽管视频会议在近几年已经开始出现，但是由于视频装备和电话线租赁费，很少有人使用。不管怎样，最近几年，基于网络的视频会议已经开始替代传统的电话会议。只要拥有宽带接入和网络摄像机，每个人都可以进行网络视频会议。最广泛使用的网页会议工具是 WebEX（由思科拥有）。VoIP 公司（如 Skype）也提供了有限的网页视频会议功能。

“远程呈现”将视频会议进行了升级，不再是通过网页摄像机进行的个人会议，而是创造一个环境，在一个屋子里，用户被多媒体摄像头和屏幕围绕。当你看着屏幕中的人的时候，他们也在盯着你，起先会觉得这种感觉很奇怪。广播的质量和较高的屏幕分辨率使这种效果更明显，用户也会有一种同事就在现场的感觉，这在传统的摄像会议中是无法实现的。"远程呈现"软件和硬件的提供商包括思科、惠普和 Teliris。

在线软件和网络服务：网页应用、小构件、小配件

我们习惯了在个人电脑上安装软件，但是随着网络和电子商务不断向服务模式转变，应用程序将渐渐远离网络服务器。以前你购买的是一个盒装的产品，而现在你购买的将是网络服务。目前有多种免费的网络服务，既包括全功能的应用程序，也包括称为"小构件"、"小配件"的更小的代码块。

小构件将网页上的内容和功能放置到你想要的地方，比如你的主页、博客或者 Facebook 的网页。你可以在图片网站更清晰地看到网页小构件服务，如 Picnik. com，它提供免费的图片编辑功能，功能强大、操作简单。或者将 iLike 的附件拖到你的 Facebook 的网页中，分享你喜欢的音乐家、歌曲、电影和你与朋友的音乐会计划。超过 5 000 万人使用 Facebook 和其他平台的 iLike 的音乐应用。沃尔玛、eBay、亚马逊和其他零售商正在一起构建购物小构件，用户可以将它们拖到各种社交网络的博客或者个人网页上，这样访客可以停留在一个全功能在线商店，无须离开网页。雅虎、谷歌、MSN 和苹果在各自的网站上拥有成百上千的小构件。

小配件与小构件很相关。它们都是小块的代码，通常提供单一、有限的功能，如闹钟、日历、日记。你可以在网站 http://desktop. google. com/plugins 上查看一系列的配件。

随着网络带宽容量的增大，大部分的软件公司开始从盒装的模式向软件的网页发布的服务的方式转变。最清晰的领路者是谷歌，它拥有在线的文字处理、电子表格和简报程序，所有这些与微软的办公软件形成了激烈的竞争。微软计划将来将微软的办公软件打造为网页应用程序，但是如何创收还不明确。

在商务世界里，应用软件的数字图书馆开始允许公司或个人租借软件（或购买软件服务），而不再是购买。例如，SalesForce. com 通过网络向公司销售客户和销售人员管理软件服务，只收取订阅费而不是购买费。通过使用网页服务器，用户可以下载想要的软件。大部分的企业软件公司，如 SAP 和 Oracle 正从小的商务模式向网页服务模式转变。这种服务对昂贵的软件包很有价值，如图形设计或软件开发工具，这些价格没有几家公司和个人能支付得起。

应用服务提供商（ASP）可以在数据处理和存储上提供帮助，将它们分散到多个服务器中，而不是仅停留在一个服务器中。在线备份有许多优点，如你不需要购买额外的硬盘；你的信息备份在一个安全的环境中，由专业人员管理。iBackup. com 和 Box. net 提供备份和数据分散服务，如 FTP 服务器可以分享大的媒体或其他文件。

技术透视"应用生态系统：无所不能的 APPs"进一步介绍了有关新的网络应用和服务的情况。

技术透视

应用生态系统：无所不能的 APPs

当史蒂夫·乔布斯在 2007 年 1 月推出 iPhone 时，包括他自己在内，没有人会想到该设备会给消费者和商业软件带来革命性的改变，或将会成为一个主流的电子商务平台，更不用说成为一个主流游戏平台、广告平台和发布电视节目、电影、视频、电子书的大众媒体平台。简而言之，它将再一次彻底地代替个人电脑。

iPhone 最初的功能不仅仅是一部手机，它还拥有照相机、信息工具、网页浏览器等功能。当初苹果最匮乏的就是软件应用，为了解决这个问题，苹果找了数以万计的外部开发人员来开发软件，这些开发人员被潜在的高额利润引诱，同时他们设计的软件可以在苹果商店出售，这样一来，他们就可以名利双收。苹果有超过 2/3 的应用是免费的。苹果每个月都会从个人开发者那里收到 1 万个新应用，这些开发人员可能是一些年轻人（他们可能来自于修理厂），可能是游戏开发人员、出版商，还有的来自《财富》500 强的消费产品公司（这些公司使用应用程序进行营销和产品推广）。

2008 年 7 月，苹果推出了应用商店（App Store），为苹果公司以及开发人员的应用软件提供了一个交易平台。跟随着 iTunes 音乐商店的脚步，苹果希望软件应用商店可以大部分免费，这样可以带动 iPhone 设备的销量。当然，我们并不希望 App Store 成为苹果主要的收入来源。到 2010 年，App Store 已经有 25 万个获批准的应用。其他智能手机开发人员也紧跟其后，为 Palm、安卓和黑莓手机开发了成千上万个应用程序。2010 年 9 月，根据苹果报告，应用下载量达到 65 亿次。苹果没有单独报告它们的收入，但是华尔街的分析师预估有 17%的应用下载是收费的。根据这些分析，App Store 应用程序的平均价格是 3 美元。一方面，苹果从应用程序的收入中提取 30%的利润（每笔销售需支付 20 美分信用卡手续费）；另一方面，一些应用程序插入了广告，用户每点击一次，苹果就可从广告收入中得到 30%的利润。

分析师预测，2010 年苹果应用商店的收入将超过 4 亿美元。然而，苹果的总利润达到 330 亿美元，应用商店的收入只占总利润不到 1%的比例。但应用程序的目标不是赚钱，而是拉动苹果设备——iPhone，iPad 和 iPod 的销量，这些设备需要软件来使其功能更强大。这与打印机公司相反，打印机公司制造廉价的打印机是为了出售昂贵的墨盒。同时，这些应用将消费者联系到了一个硬件平台：你在手机上安装越来越多的应用，你把手机换成其他品牌（如安卓）的代价会更高，这点和 Windows 完全一样。

这种现象对安卓和黑莓操作系统平台是一种剧毒，同时也催生了一个新的电子生态系统，这个生态系统包括成百上千开发人员、一个非常流行的硬件平台、数以万计的消费者，这些消费者试图寻找一种能放在口袋中的电脑来代替现在笨重的微软笔记本电脑，这样他们在路上就可以像在数字媒体中心一样漂亮地完成工作。当然，它还是一部手机。

苹果应用平台约有 25 万款应用程序，它们的应用范围是惊人的，简要地描述一下它们的分类：烹饪、潮流、户外、音乐、工作、学习、理财、游戏、娱乐、旅游、远程控制。你可以使用 Genius 去评价你现有软件。有这么多的应用程序，这使得你搜寻一款特定的应用成了一个难题，除非你知道应用程序的名称或开发人员。谷歌可能是最好的应用搜索引擎。输入一个搜索字段例如“Kraft app”，你就会发现一款叫 iFood Assistant 的应用，这款应用提供卡夫食品的配方。下载最多的应用是游戏（65%），其次是音乐（46%）、社交网络（54%）、新闻和天气（56%）、地图（55%）、电影视频（25%）。

电子商务生态系统的含义是有象征意义的。你口袋中的智能手机不仅仅是一台普通的电脑，而且是一种消费者购物工具，也是投资者进行市场营销和宣传的新平台。早期的电子商务应用程序使用的是台式电脑和笔记本，允许用户穿着睡衣购物。智能手机将购买地点从家里扩展到办公室、火车、飞机和汽车。无论你是在谈话、打字、看电影还是听音乐，可以随时随地购物。

应用平台的市场机会正在被发掘，下面有几个典型的关于企业如何通过应用程序来推广和支持它们的品牌的例子：

● Bacardi Global Brands Mix Master：可让使用者搜寻饮料的配方。

● Benjamin Moore's Ben Color Capture：可让用户自行匹配颜色。

● Colgate-Palmolive's Max White Photo App：可以让用户尝试，如果自己的牙齿更白些，看起来感觉是不是更好。

● Gap StyleMixer：允许用户在商店中选择衣服进行混搭。

当然，仅由一家企业控制生态系统会存在很大的风险。苹果的iOS平台是封闭的、专有的"秘密花园"。你在这里购买的应用程序在其他系统中是无法运行的。许多应用程序具有令人难以置信的单一有限的用途。这不能说是通用阅读器，而是如《纽约时报》和《华尔街日报》所说的专用电子阅读器。我们要为每个出版物准备两个阅读器，还是一个电子阅读器呢？应用程序不附带任何回答。然而，苹果可以控制应用程序在系统中的运行，使应用程序充当一个内容审查者，或者充当一个垄断者，阻止某些应用程序进入市场，抑或是更像一台不可思议的官僚机器，决定哪些应用程序可以进入市场，哪些不可以。例如，2010年年初，苹果删除了5 000多款个性主题内容的应用程序。例如，在被删除的程序中有一款叫"Slider"的拼图游戏，要求用户重新拼出一幅图片，该图片上是一位衣着暴露的女演员。另外一款名叫"Sexy Scratch Off"的游戏，描绘的则是一位女性的衣服可以通过手指移动而脱掉，直至露出她的内衣。这样一类程序经常会出现在App商店的常用下载列表上。显然，苹果比较担心App Store成为一个成人数字主题公园，这将会失去很多父母和家庭的支持，而他们是iPhone和iPad的目标消费群。尽管如此，批评人士还是注意到，Sports Illustrated和Playboy应用程序躲过了苹果的清理。虽然Sports Illustrated和Playboy逃过此劫，但是一些小公司的应用程序未能幸免，并且失去了潜在的生机。

资料来源："iPhone Apps Overtaking Songs in Total Downloads," by Sarah Perez, ReadWriteWeb. com, September 8, 2010; "App Store Yields Just One Percent of Apple's Profit," by Adam Dickter, mobiledevice. com, June 23, 2010; "App Watch: Yahoo Reinvents Itself on iPad," *Wall Street Journal*, April 19, 2010; "Looking for a Few More Good Apps on the iPad," by Jennifer Valentino-DeVries, *Wall Street Journal*, April 7, 2010; " Mobile Apps and Consumer Product Brands," by Tobi Elkin, eMarketer, March 2010; "Apple Bans Some Apps for Sex-Tinged Content," by Jenna Wortham, *New York Times*, February 22, 2010; "Apple App Store Has Lost $450 Million To Piracy," by Garrett McIntyre and Phil MacDonald, 247Wallstreet. com, January 13, 2010; "Inside the App Economy," by Douglas MacMillan, *BusinessWeek*, October 22, 2009.

移动商务应用：下一个大事件

2010年，移动网络接入设备，如智能手机、iPad和笔记本的使用在美国正处于起步阶段。从2007年的零移动电子商务到今天，移动电子商务从移动广告、娱乐、定位服务、电子书销售和应用程序销售中得到的收入正在增加，在2010年有望达到130亿美元（占电子商务的5%）。2013年，移动电子商务的收入将达到370亿美元（占电子商务的10%）（作者估计和产业资料）。在以后的章节将有更全面的介绍。

电子商务在移动平台上的含义是积极的：消费者第一次可以随时随地地购物。交易和基础设施的花费将显著下降，这使得电子商务比固定地点、实体购物场所更方便、更易支付。谈论多年的移动电子商务终于付诸实施了。

案例研究

阿卡迈科技：网络带宽超负荷的解决方案提供商

2010 年 YouTube 产生的网络流量相当于 2000 年整个互联网的总流量。在英国，BBC 推出了一款可以让观众在个人电脑上观看高清电视节目的新型应用程序 iPlayer。在短短几个月里，这款应用消耗了 5%的互联网容量。专家称这样的应用为“网络炸弹”，因为它们威胁到了互联网的有效使用。一些大学和业内研究员总结出在美国网络流量在以 46%～60%的复合增长率（compound rate）增长，其中有半数以上是视频产生的流量。智能手机和其他利用 WiFi 联网设备的移动平台的流量在以 60%的速度增长，并且很快达到手机网络和互联网容量的极限。据全球最大的路由设备提供商思科估算，2010 年整个互联网的流量为 176 千兆兆，每两年翻一倍。（千兆兆可是在 10 后面有 18 个 0啊!）

所有这些数据说明了一个简单的事实：互联网容量的增长并不是在任何地方都能跟得上消费者和企业对于网络需求的增长。2010 年世界杯的时候，有超过 110 万观众在线观看了美国队战胜阿尔及利亚队的那场比赛，这是有史以来在线观看人数最多的体育赛事。很多观众爆料有掉帧、卡顿以及声音和画面不同步的现象。2009 年 1 月 20 日，互联网遭受了一场始料未及的瘫痪，这场瘫痪并没有引起大众的注意与关心。那是奥巴马在华府就职典礼的当天，超过 1 000 万人试着通过互联网见证盛况，但是因为网络无法承受如此巨大的流量，很多人并没有能够看到视频直播。不仅 300 万人没能看到视频，而且 700 万连上服务器的观众也只能享受到一卡一卡的声音和一卡一卡的视频，还有一些看不到背景。有线电视和普通电视观众则一点也没有受到影响。对于涉及海量观众的在线视频，互联网几乎没有前景。

大多数人喜爱网络，但是讨厌等待和延迟。研究表明，大多数人不会停留在加载页面需要好几秒的网站上。另外一些研究则表明，有半数以上的用户在视频广告或者体育直播需要很长时间的缓冲、出现跳帧或者像素不够高的情况下，会寻找同类竞争对手的网站。对于在线出版和零售商，在线视频很快成为它们商业战略的重要部分。为了让这些冒险探索能够取得成功，在线视频的观看体验需要近乎完美。对于那些越来越依赖于通过视频来与客户和公司建立更加亲密关系的市场人员，在线视频体验则起到了决定性作用。而对于 NBA 官网、ESPN、CNN、MySpace 以及 YouTube 这些将整个商业模式建立在向全世界提供高质量的音频、视频之上的网站，高速的宽带和高质量的媒体支持对于它们的成功至关重要。

在当今宽带和 DSL 上网的环境下，网民耐心的阈值大概远低于数秒钟的等待。用户对于音频、视频期望的增长，对任何试图提供 CD 音质的音乐和高清视频等多媒体内容的商家来说，都不是个好消息。YouTube 和 MySpace 引发了视频下载的洪流，导致整个互联网流量每年的增速达到了 50%～100%。用来分享文件的比特下载现在占全美国互联网流量的一半，在高校更是占到了校园网络流量的 80%以上。如果你是 SIRIUS/XM Radio，你想要每天给数百万用户提供在线音乐，那么你将肯定需要一些帮助。如果你是 MTV，你想要给 600 万观众提供在线音乐，那么你将肯定需要一些帮助。或者说如果你是苹果 iTunes，想要为 5 000 万用户提供在线下载音乐或者视频，那么你同样需要一些帮助。阿卡迈（Akamai）就是互联网上主要提供这种帮助的服务商之一，上述的每个公司以及互联网排名 2 000 位之前的网站都使用了 Akamai 的服务来加速它们自身内容的呈现。Akamai 每天同时为 100 万流媒体提供服务。

加载速度过慢的网页以及音频和视频，有时是由于不恰当的设计，但通常问题出在互联网底层的基础设施。在学习了这一章后我们知道，互联网原本是用于一小部分研究人员传输文本、邮件信息的，而不是同时为千百万用户传输高网络负载的图片、声音和视频的。互联网是一些相互传送信息的网络的集合。有时传输会不那么流畅，在网络上传输的每个含有 1 500 字节的数据包都会被接收它的服务器验证，并且将会发送“收到消息”的回复给发送者（参考 TCP 协议）。这不仅延迟了发送诸如音乐这类的内容，而且延缓了交互请求，如需要客户端与在线购物交互的在线支付。此外，每个数据包可能在它到达目的地的途中经过好多不同的服务器，一个数据包从纽约传送到旧金山所需要确认的次数需再乘以几个数量级。当今的互联网花费了太多的时间和容量来做验证，这导致了“时延”或者叫延时的问题。因此，一封带有 1 Mb PDF 附件的邮件将会消耗 50 Mb 的网络流量，还会占用服务器、客户端以及网络备份硬盘中的存储容量。

思科声称，2014 年网络视频流量将会是 2000 年全美主干网容量的近 700 倍。想要观看一个月里网络上传播的所有视频，将要花上 5 000 年。思科预计 2014 年每个月的网络视频流量会超过 18 千兆兆。因为有 Akamai 以及 CND（内容分发网络）业内的其他公司的存在，才使得互联网在如此高负载下没有到达崩溃的边缘。然而，整个 CND 业界能否承受住 2014 年网络的需求，如今还是个未知数。

Akamai（在夏威夷语中是聪明、酷的意思）科技公司由麻省理工学院的应用数学教授汤姆·莱顿（Tom Leighton）和麻省理工学院的毕业生丹尼尔·卢因（Daniel Lewin）创办，他们构思了扩展网络流量来克服限制的想法。当万维网之父伯纳斯-李意识到互联网的拥堵正在构成一个巨大的问题时，他向莱顿的研究团队提出了发明一种更好的方式来传输互联网内容的建议。结果就出来了一系列成为 Akamai 奠基石的突破性算法。卢因在 1998 年取得了电子工程和计算机科学的硕士学位。他的硕士论文就是该公司理论研究的起点。他的论文描述了在互联网上不同地方存储图像图片和视频片段的拷贝，这样就可以从附近的服务器上获取拷贝，使网页的加载速度快很多。

Akamai 于 1998 年 8 月正式成立，公司的产品包括可以让网站传输在线高清体验的数字资产解决方案、加速交互内容提供的动态站点解决方案，以及一系列让合作者可以最优化其网站性能的应用程序性能解决方案。Akamai 的产品可以让客户的网站内容更加贴近最终用户，比如，纽约的用户可以从 Akamai 在纽约的服务器上获取 L. L. Bean 站点的服务，旧金山的用户则可以从 Akamai 在旧金山的服务器上获取该站点的服务。据 Akamai 所说，85%的全球互联网用户都处在 Akamai 的服务器之下。Akamai 拥有大量的大企业和政府客户：世界 500 强企业中，每 3 个中就有 1 个；全美排名前 100 位的电商当中就有 90 个；所有美国军方的网络；所有的顶尖门户网站；全美主要的体育联盟等。Akamai 在全世界 70 个国家的大概 1 000 个网络中有超过 73 000 台服务器。2010 年 Akamai 传输了 15%～30%的网络流量，以及数百亿的日常网络交互。另外一些 CDN 业界的竞争者包括 Blue Coat、LimeLight、SAVVIS，以及 Mirror Image Internet。

完成这样看似简单的任务，Akamai 需要监控整个互联网，定位潜在卡顿的地方，以及找出更快的信息传播路径。客户网站频繁使用的部分或者难以快速发送给用户的大视频、音频文件都存储在 Akamai 位于全球的 73 000 台服务器上。当用户发出音频或者视频的请求时，他的请求会被重新定向到 Akamai 在附近的一个服务器，请求的内容服务就由这个地方的服务器提供。Akamai 的服务器都部署在一级主干网提供商的网络上，如大的 ISP、大学以及其他的网络。Akamai 的软件决定哪个服务器对用户是最适宜的，然后将 Akamai 化的内容传送给用户。Akamai 化的网站比非 Akamai 化的网站要快

4～10倍。Akamai在对互联网调查的基础上开发了另外一些商业服务，包括基于用户地理位置和邮编的内容定位推荐、内容安全、商务智能化、灾难恢复、实时带宽支持以及与IBM合作在互联网流量上涨时容量计算、存储、全球流量管理和流服务。

Akamai还提供一种叫做广告决定方案的产品线，给公司提供基于网络活动的互联网最准确也最复杂的智能决策。Akamai大量的服务器部署以及与全球网络的关系可以使之最优化地收集地理和宽带信息。所以，Akamai可以提供全球范围的高精确度的信息。客户将一个小程序集成到他们的Web服务器或者应用程序服务器上，该程序与Akamai的服务器通信来获取最新的信息。Akamai的服务器网络不时地映射网络，同时各个公司的软件也在持续地和Akamai的服务器通信。结果就是：数据总是实时的。广告商可以从国家、地区、城市、市场区域、县市、邮政编码、连接方式以及网速等方面考虑来提供广告。你可以通过访问Akamai的网站实时浏览互联网信息。

虽然Akamai的功能让人印象深刻，它还是不能完全应对互联网未来十年每年40%的增长。不知道美国或者世界其他国家的政府官员是否已意识到互联网需求与容量的严重失衡。奥巴马政府保证未来十年让无线网的带宽增加一倍。如果成功了，这样的努力也是不够的，因为移动互联网的流量预计将在未来4年里翻番。私人企业界将很难满足带宽的需求，除非它们有权按流量收费，而不是不管用户用了多少流量，对所有人都同样单一收费。"网络中立性"的支持者反对按具体使用收费，FTC也不允许业界以具体使用收费。网络中立性的支持者中包括不少重量级的企业如谷歌、微软、AOL和雅虎，它们都想让用户认为无论自己点击了什么内容，互联网都是免费的。华府与业界意见不一致的不详预兆出现在2010年5月，Verizon公司终止了其价值230亿美元的光纤到户网络项目，因为公司担心其无法收回投资，除非公司能按照使用的流量来向用户收费。

资料来源："Facts & Figures," Akamai, September 28, 2010; "Obama Pledges to Increase Internet Capacity," by Stephanie Kirschgassener, FT.com, June 29, 2010; "Web Caught Up in World Cup Mania," by Mark Walsch, mediapost.com, June 25, 2010; "ESPN3.com's World Cup Coverage: A Bit Choppy, But There," Appscout.com, June 11, 2010; "Cisco Visual Networking Index: Forecast and Methodology, 2009—2014," Cisco Systems, Inc., June 2, 2010; "State of the Internet," by Akamai, Inc., June, 2010; "FCC Seeks New Web Plan," by Amy Schatz, *Wall Street Journal*, April 8, 2010; "Neutering the Net," by Holman Jenkins, *Wall Street Journal*, September 23, 2009.

[案例思考题]

1. 为什么Akamai要按照地理位置的不同分散部署其服务器，以向用户传递所需要的网页内容？

2. 若你需要在互联网上发布软件，你会注册Akamai的服务吗？还有什么其他公司可选择？

3. 对投放广告者来说，利用Akamai的EdgeScape服务投放广告有什么好处？哪些产品会从这类服务中受益？

4. 为什么大企业不利用BitTorrent这类对等网络发布其视频内容？

5. 你认为应该严格按照所消耗的带宽流量来向网络用户收费，还是应该提供一个大致流量的套餐计划？

关键术语

互联网（Internet） 将众多独立网络和计算机连接在一起的世界性公众网络，用户包括企业、教育机构、政府机构和个人。

万维网（World Wide Web） 互联网中最受欢迎的服务之一，可以帮助用户实现对众多网页的访问浏览。

包交换（packet switching） 将完整的数字信息分割成"包"并沿着不同的通信线

路进行发送，最后在目的地进行重组的数据传送方法。

包（packet） 为了便于在互联网中进行传输，数字信息需要被拆分成的若干个传输单元。

路由器（router） 连接互联网中成千上万个独立网络的专用计算机，负责为数据包寻找路径并把数据包转发至最终目的地。

路由算法（routing algorithm） 路由器为寻找数据包的最优路径而使用的专用计算机程序。

协议（protocol） 进行数据传输的一系列规则和标准。

传输控制协议/网际协议（Transmission Control Protocol/Internet Protocol，TCP/IP） 互联网的核心通信协议。

传输控制协议（TCP） 用以实现在收发数据的计算机之间建立网络连接，在发送端打包数据并在接收端对包进行重组等功能的网络协议。

网际协议（IP） 用以实现互联网地址解析的网络协议。

网络接口层（Network Interface Layer） 负责将包放置在网络媒介上，或从网络中接收包。

网络层（Internet Layer） 负责数据的寻址、打包和网间路由等工作。

传输层（Transport Layer） 通过对应用程序中的包进行确认和排序与应用程序进行通信。

应用层（Application Layer） 提供了多样的应用程序，该程序可以访问该服务的低层。

IPv4 互联网地址（IPv4 Internet address） 由32位二进制数字构成的互联网地址，通常表示为4个独立的用句点隔开的十进制数字，如64.49.254.91。

IPv6 互联网地址（IPv6 Internet address） 由128位二进制数字构成的互联网地址。

域名（domain name） 以自然语言来表述的IP地址。

域名系统（Domain Name System，DNS） 以自然语言来表述数字化的IP地址的系统。

统一资源定位器（Uniform Resource Locator，URL） 通过网络浏览器来确定网络上内容位置的地址。

客户机/服务器计算架构（client/server computing） 众多功能齐备的个人电脑共同与网络中的一台或多台服务器进行连接，以获取服务器提供的公共网络服务的计算机协同工作模式。

客户机（client） 接入网络的各种功能齐备的个人电脑，能够胜任复杂图形输出、大型文件存储和音频及视频文件处理等艰巨任务。

服务器（server） 网络中专注于满足客户机在网络环境下产生的文件、应用程序及工具软件存储或网络打印等公共需求的计算机。

云计算（cloud computing） 一种计算模式，它可以使个人或企业从网络上获得计算能力和软件。

超文本传输协议（HyperText Transfer Protocol，HTTP） 负责传输网页的互联网协议。

简单邮件传输协议（Simple Mail Transfer Protocol，SMTP） 专门负责向服务器发送电子邮件的互联网协议。

邮局协议3（Post Office Protocol 3，POP3） 客户机从服务器上收取邮件时使用的网络协议。

互联网信息访问协议（Internet Message Access Protocol，IMAP） 一种更加先进的电子邮件协议，允许用户在下载邮件之前就对邮件进行检索、组织和过滤。

文件传输协议（File Transfer Protocol，FTP） 最早出现的互联网服务之一，是TCP/IP协议的一部分，可以帮助用户从服务器下载文件，或向服务器上传文件。

远程登录（Telnet） 基于TCP/IP协议的终端模拟程序。

安全套接层协议（Secure Sockets Layer，SSL） 保护客户机和服务器网络通信的网络协议。

网际数据包探测（Ping） 测试客户机与服务器之间连接情况的程序。

跟踪路由（Tracert） 几种常用的路由跟踪软件之一，可以帮助使用者跟踪数据从本地发送到远程计算机所通过的完整路径。

Pathping 结合了Ping和Tracert的功能。

网络技术底层（Network Technology Substrate layer） 由远程通信网络和协议构成。

传输服务和表示标准层（Transport Services and Representation Standards layer） 主要包括TCP/IP协议。

应用层（Application layer） 包括万维网、电子邮件、音频及视频播放等各种客户端应用。

中间件服务层（Middleware Services layer） 帮助客户端应用与通信网络进行沟通的"桥梁"，可以提供加密、认证、寻址和存储库等各种服务。

网络服务提供商（Network Service Provider，NSP） 拥有并控制主干网的主要网络运营商。

主干网（backbone） 互联网中的高速宽带光纤网络。

带宽（bandwidth） 网络在一定时间内传输的数据量，通常用每秒传输位数（bps）、每秒传输千位数（Kbps）、每秒传输兆位数（Mbps）或每秒传输千兆位数（Gbps）衡量。

冗余（redundancy） 网络中的重复设备和传输路径。

互联网交换点（Internet Exchange Point，IXP） 实现主干网与区域网和局域网的相互连接以及主干网之间的相互连接的网络中心。

校园网（campus area network，CAN） 由某一组织独自管理的局域网络，通过向区域网运营商或主干网运营商租用接入线路与互联网连接。

互联网服务提供商（Internet Service Provider，ISP） 运作于互联网技术底层，专门向家庭用户、小型企业和一些大型机构出租互联网接入线路的企业。

窄带（narrowband） 使用56.6 Kbps的传统电话调制解调器接入网络。

宽带（broadband） 允许客户端以可以接受的质量在线播放音频流和视频流的通信技术，传输速度在100 Kbps以上。

数字用户线（digital subscriber line，DSL） 利用家庭或企业的普通电话线路提供高速接入服务的网络技术。

线缆调制解调器（cable modem） 使用有线电视技术通过家庭接收电视信号的模拟视频线缆传输数字信号。

T1 用于数字通信的国际电话标准，速度可达1.54 Mbps。

T3 用于数字通信的国际电话标准，速度可达43 Mbps。

内部网（intranet） 运行于单一组织内部，以网络通信和信息处理为主要目的的TCP/IP网络。

外部网（extranet） 当企业允许外部人访问自己的内部TCP/IP网络时形成的网络。

延迟（latency） 网络中不均匀的数据包流量造成的信息滞后。

Internet2® 由200多家大学、政府机构和私人企业组成的合作联盟，致力于寻求提高互联网效率的有效途径。

千兆级节点（GigaPoP） 特指地区性的千兆级节点或Internet2网络中传输速度达到1 Gbps以上的接入点。

光缆（fiber-optic cable） 由上百条玻璃纤维或塑料纤维组成，利用光线进行传输数据。

蓝牙（Bluetooth） 能够实现10米之内的短距离无线信号传输的新型技术标准。

IP多播（IP multicasting） 一套能够向网络中多个地址高效传输数据的通信技术。

差别化质量服务（differentiated quality of service，diffserve） 可以根据传送数据的不同类型赋予数据包不同优先级别的网络技术。

Mosaic 一种网络浏览器，具备图形用户界面并且可以输出各种图像元素。

通用计算（universal computing） 独立于操作系统的跨平台共享文件、信息、图像、音频、视频以及其他内容。

Netscape Navigator 世界上第一款商用

网络浏览器。

Internet Explorer（**IE**） 微软公司开发的网络浏览器。

超文本（Hypertext） 一整套使用嵌入超链接格式化页面的规则标准，网页中的超链接不仅可以指向其他文档，也可以指向音频、视频或动画文件等内容。

超文本标记语言（HyperText Markup Language，HTML） 一种更易使用的通用标记语言，通过一整套用于格式化网页的固定标记"tag"对网页进行编码。

可扩展标记语言（Extensible Markup Language，XML） 由万维网协会开发的新一代标记语言规范，用于描述页面中的数据和信息。

网络服务器软件（Web server software） 能使一台计算机将用HTML编写的万维网页面传输给在网上通过HTTP请求这种服务的客户端机器的软件。

数据库服务器（database server） 用来在数据库中检索特定信息的服务器。

广告服务器（ad server） 发布定制广告条的服务器。

邮件服务器（mail server） 提供邮件消息服务的服务器。

视频服务器（video server） 提供视频内容的服务器。

网络客户机（Web client） 任何接入互联网并能发送HTTP请求和显示HTML页面的计算设备，装有Windows操作系统的个人电脑或苹果公司的麦金托什计算机是最常见的客户机。

电子邮件（electronic mail，e-mail） 互联网中最受欢迎的网络应用，使用一系列专用协议将包含文本、图片、声音和视频等内容的消息通过互联网从一个用户传递到另一个用户。

附件（attachment） 插入电子邮件中的额外文件。

即时信息（instant messaging，IM） 几乎即时地显示输入电脑的文本，接收者可以同时以相同的方式回复发送者。相比电子邮件，更像一个面对面的会话。

搜索引擎（search engine） 按照用户输入的关键字（也叫查询请求）检索网页内容，并将最匹配的结果列表返回给用户。

智能代理（intelligent agent） 专门用于收集或过滤特定主题的信息并向用户提交最终结果的软件程序。

在线论坛（online forum） 一种网页应用，为互联网使用者相互沟通提供平台，但是实时性较差。

在线聊天（online chat） 帮助用户通过计算机进行实时交流的信息传递方式。与即时消息不同，聊天可以实现多个用户之间的实时沟通。

流媒体（streaming media） 实现了音频、视频和其他大型文件的分段传输，用户可以先接收一部分内容进行播放，同时继续下载文件的后续内容并播放。

cookie 用来存放网站用户相关信息的工具。当访问者浏览网站内容时，网站发送一个文本文件（cookie）到访问者的计算机中，这样，cookie中存储的内容就可在用户下次访问网站时快速加载。

博客（blog） 个人网页，由个体或企业创建，目的是与读者沟通。

简易信息聚合（Really Simple Syndication，RSS） 一种程序，它允许用户使用数字内容，包括文本、文章、博客和播客音频文件，通过网络发送到他们的计算机。

播客（podcast） 一种音频呈现软件，如广播秀、来自于电影的音频或者仅仅是个人的音频呈现，以音频文件的形式存储，并发布到网站上。

维基（wiki） 一种可以让用户便捷地在网上增加和编辑网页内容的Web应用程序

IP电话（IP telephony） 所有使用互联网语音协议和包交换网络通过互联网实现语音、传真或其他音频通信的技术。

互联网语音协议（Voice over Internet Protocol，VoIP） 通过互联网实现语音、传真或其他音频通信的协议。

网络电视（IPTV） 借助高速宽带可以在家里接收电视节目。

思考题

1. 什么是互联网的三大基本组成？

2. 什么是延迟？延迟如何干扰互联网的正常运行？

3. 解释包交换的工作原理。

4. TCP/IP 协议如何实现互联网中的信息传输？

5. 哪些技术革新实现了客户机/服务器计算架构？客户机/服务器计算架构对互联网有什么影响？

6. 尽管互联网中的电脑数量众多，但海量信息的共享仍然受到种种限制，造成这一局限的原因是什么？

7. 互联网为什么没有出现超负荷运转？它会到达容量极限吗？

8. 今天，哪些类型的企业在掌管互联网的主干网？

9. IXP 的作用是什么？

10. 什么是校园网络？哪些用户正在使用校园网络？

11. 从整体上比较内部网、外部网和互联网的异同之处。

12. 目前，互联网的四个主要缺陷是什么？

13. 管理互联网的难处何在？谁对网站中的内容拥有决定权？

14. 比较 WiFi 和 3G/4G 无线网的异同之处。

15. 新型无线技术包括哪些内容？它们在第二代互联网中有何作用？

16. 第二代互联网的技术优势主要体现在哪些方面？请对每种优势都进行详细论述。

17. 为什么浏览器的出现对万维网的发展如此重要？

18. 请列举出各种 Web 标记语言并找出它们之间的区别。

19. 请列举出目前常见的五种网络服务。

20. 请至少列举三种在第二代互联网中提供的新服务。

设计题

1. 登录 MySimon. com 网站并检索以下商品：MP3 播放器，图书 *Seabiscuit：An American Legend*，以及一打玫瑰花。你在检索时找到了哪些信息？请详细记录整个检索过程、检索结果以及检索过程中碰到的种种不便之处。你认为网站中提供检索服务的智能代理的主要优点和缺点是什么？

2. 打开存放 cookie 文件的文件夹，列出前 10 个 cookie 文件并记录这些 cookie 文件分别属于哪些网站。你认为这些 cookie 文件能够提供哪些用途？此外，你认为 cookie 的主要优点和缺点是什么？你认为使用 cookie 是利大于弊还是弊大于利？

3. 请致电本地的 ISP、有线接入运营商和 DSL 专线运营商，并收集这些运营商各自的服务信息。准备一份简要报告，分别说明不同服务的特点、优势和费用。其中，哪种接入服务的速度最快？你认为每种服务的缺点体现在哪些方面（如用户需要购买额外设备）？

4. 选择两个国家（美国除外），并准备一份简要报告，说明两个国家各自的互联网基础架构。这些国家的互联网由政府控制还是实行商业化运作？它们通过何种方式，在什么地点与美国的主干网进行连接？

5. 在本章中，我们已经提到几个高速的千兆网络。请在网络中搜索与高速网络相关的各种内容并找出目前保持速度纪录的网络信息（一般作为研究目的）。之后，再找出目前已经进入实用阶段的速度最快的网络。

第 4 章 建立电子商务网站

学习目标

学完本章，你将能够：

- 阐述建立电子商务网站的过程
- 说明网站开发和主机维护外包决策相关的问题
- 了解在选择网络服务器和电子商务服务器软件时主要考虑的问题
- 知道如何为电子商务网站选择最合适的硬件配置
- 了解能够改善网站性能的工具

章首案例

汤米·希尔费格——量身打造自己的网上商店

汤米·希尔费格（Tommy Hilfiger）是美国一个专为 18～35 岁人群打造的全球知名时装品牌。公司创办于 1985 年，其创始人是来自纽约的青年设计师汤姆·希尔费格。公司的主要产品包括男士、女士及儿童休闲服饰。该品牌已入驻全球多家大型专业零售商、百货商场，且扩展至 1 000 多家加盟或直营店。2010 年，CK 品牌所属的 PVH 集团以 30 亿美元的价格收购汤米·希尔费格。如今，新公司的年收入达 46 亿美元，是全球最大的服装公司。

自 2007 年以来，在线销售渠道已成为希尔费格公司业务增长的重要推动力。早在 2000 年，公司就开发了一家网上商店，当时只是为了便于零售商在线访问公司商品目录。2004 年起，网上商店开始涉足在线销售业务。2006 年，管理层意识到有效地开展线上销售需要的不只是展示商品目录的网络店铺，更需要能快速响应客户查询请求的数据库。当前网站无法满足个人消费者和企业客户的需求和预期。例如，网站难以按需调整商品目录，而实时调价、发起促销或根据浏览历史和行为提供个性化服务等功能也都没有实现。当时，推荐系统也尚未建立，无法根据客户浏览历史推荐相关服饰。相反，促销商品的选择完全是依照市场经理的个人意愿，而忽略了客户的真正需求。如果客户购买过一条牛仔裤，那么基于浏览历史推荐一条腰带或一双新鞋，促成交易的机会必然大增。

希尔费格不打算雇用 IT 工程师来建立网站，也不想自己购买建立电子商务网站所需的硬件和远程通信设备。相反，公司选择了 ATG（Art Technology Group）——一家专注于实现电子商务网站硬件和软件解决方案的公司。ATG 向希尔费格的管理者提供最新的电子商务平台，该平台可自动向顾客提供有针对性的建议，并通过技术先进的商务控制中心向管理者展示促销和营销活动。最重要的是，ATG 平台是一种在线网络平台，希尔费格不必购买软硬件，也不必雇用 IT 技术员工来创建网站。建设网站基础设施的最佳方法之一就是将成本和风险转移到外部的专业软件公司。结果希尔费格获得了巨大成功，在线销售量第一年就增长 30%。

大多数初创公司都不会选择将网站设计和设施外包出去。相反，它们愿意自己来 DIY（自己来做网站）。对于小公司来说，这样不需要太高成本，规模也合适。假如你要为你的园艺器材公司创立一家网站。你已经经营了 5 年，树立了以高质量闻名的区域器材品牌，拥有 12 000 多位顾客和 21 家批发经销商。通过分析市场报告，你希望网站在第一年平均每天能有 1 200 位访问者。平均每个来访者会浏览 8 个网页，每年产生 400 万次页面浏览量。你还希望所有访问者中，大约 10% 的人会买些东西，其余的人会去了解价格和产品信息。在高峰时期（4，5，6 和 12 月），你预计每天会有 3 000 次点击量，并且集中在上午 9 点到下午 5 点之间，每小时有 375 位来访者或是每秒钟接待 6 位。这段时间网站在每秒钟需要服务 40 台电脑，这些电脑主要是检索数据库中有关产品和价格的信息。在高峰时段网页必须保证在顾客点击后两秒内能够完成加载，否则顾客会失去耐心而选择浏览其他网页。如果你已经决定自己创建网站（包括采购软硬件设备），你仍需将网站设计工作交由设计公司来完成，到当地电信公司做好安排以确保互联网连接畅通。

在你开始工作之前，有一些问题是必须弄清楚的。你的网站需要多少台服务器？每台服务器需要多少中央处理器？网站的数据库容量和处理能力如何？你需要多快的网络连接速度？还有电力问题：本地电网可靠吗？你是否需要自备柴油发电机？

大型网络公司通常使用软硬件提供商（如 IBM、微软和惠普）出售的模拟软件来解决这些问题。IBM 的模拟器叫做 OPERA（On Demand Performance Adviser）。基于工作量模式、绩效目标和专业的软硬件，OPERA 能够估计网络服务器的能力和表现。OPERA 具有易于操作的界面，能够根据用户的数据和设想对各种电子商务应用程序（例如购物、银行、经纪、拍卖、门户网站、B2B 和预订系统）的工作情况进行评估；还可以提供关于各种运行参数的 what-if 分析，例如吞吐量、反应时间、资源利用率、并发用户数量和网页浏览率；同时也能给出生成页面地址的独特算法，以应对高峰时段用户显著增加的情况。这个模拟器兼具各种硬件（例如 IBM、Sun 和惠普的服务器）、软件和基础设施模型的性能特点。OPERA 使用特殊的分析模型来评估软硬件配置，预测性能表现，并用图表展示出可提升的能力瓶颈。IBM 也提供 Sonoma——一种基于 OPERA 的网络服务，可用于评估服务导向架构（SOA）的工作能力和表现。

但你与 eBay 或 Fidelity 的情况不同，可能只是像俗话说的那样，“独自一人在自家车库里鼓捣”。例如，戴维·诺瓦克（Dave

Novak）仅仅使用一台Macbook Pro笔记本电脑在一间空卧室里，成功创建了SteamShowers4Less.com网站。SteamShowers4Less.com是一个像eBay一样成功的案例。网站销售奢华的卫浴产品，而且相当重视DIY市场。公司专卖封闭式自动化涡旋淋浴箱，自称是第一家制造能够与iPod兼容的同行业产品的公司。其淋浴箱的配置包括FM立体音响、话筒、电脑控制系统、LED照明装置、足部按摩器等。另外，诺瓦克现在每年还能售出100万美元的洗浴设备。

对于只有一名员工（即创业者自身）或只有几名员工和朋友的小型企业来说，即使不使用像IBM OPERA或ATG电子商务平台这样的高级工具，它们也有很多低成本的选择。你还面临着一些与大公司相同的问题：需要多少台电脑，电脑要买什么型号，多大带宽的网络连接，以及使用哪种数据库。对于小型企业，它通常不关心要花多少时间和金钱来DIY，反而是大公司更关心这些问题。例如，一种解决办法是使用Yahoo! Merchant Solutions、亚马逊、eBay、Network Solutions等网站提供的预设模板来创建网站。费用从几百到几千美元不等。这些公司负责管理你的网站，随着你公司商业规模的扩大，能解决能力和规模问题。例如，Yahoo! Merchant Solutions提供三种不同的服务包：初级版、标准版和专业版。亚马逊甚至能比你和你的员工更出色地满足你的需求。

另一种方式是雇用专业设计人员（1 000～5 000美无），让他们在你的办公室通过网络建立电子商务网站。人们都是在不断尝试和犯错中成长的。一旦网站有了知名度，你就需要一台计算能力更强大的电脑（多核处理器、运行速度更快、硬盘驱动器容量更大）。如果用户遇到网页打开速度过慢的问题，你需要将网络连接升级到更高速的级别。还有一种方法就是一切事情都由自己来做（设计网站、采购和建设服务器、连接到互联网），直到网站开始吸引顾客。

创建网站的成本已经显著下降，不仅由于硬件成本的下降，也由于创建和运营网站所需的软件成本显著下降，甚至免费。市场上有许多免费开源的网站创建和数据库架构工具，这类工具可以为初学者所使用，就像使用博客那样简单，但其他技术则需要专业背景和相关培训。分析师相信，2000年花费100万美元创建的网站在2010年只需不超过5万美元。例如，你可以使用Linux操作系统和开源购物车订单系统osCommerce。在以前，建立自己的购物车系统需要花费25万美元甚至几百万美元。此外，谷歌提供超过20种免费的网站管理和运营工具。然而，面对所有的这些DIY解决方案，你都需要考虑如何保持增长、稳定性、电脑应对需求峰值的能力、本地ISP能否满足所需的持续性能力等问题。即便你决定将网站管理外包出去，你仍需考虑这些问题。请记住，电子商务中的“电子”并不容易实现。

资料来源：“ShopTommy.com Dresses For Online Success—On Demand,” Case Study, ATG.com, June 2010；“Finding the Right Fit for Multi-Channel Commerce: American Eagle Outfitters,” Case Study, ATG.com, June 2010. “Technology for the Solo Entrepreneur,” by William Bulkeley, *Wall Street Journal*, *May* 17, 2010；“Calvin Klein Owner Buys Tommy Hilfiger,” BBCnews.co.uk, March 15, 2010；“The Open Source Web Design Toolbox：100 Web Design Template Sources, Tools and Resources,” by Emil ustafa, Designvitality.com, July 28, 2009；“23 Google Tools for Your Website,” by Tom Now, StartupNation, July 18th, 2009；“End-to-End Banking Transformation in the Product Domain” by Chin Huang, Nimesh Bhatia, and Steve Chu, IBM High Performance On Demand Solutions (HiPODS), May 2009；“Sonoma: Web Service for Estimating Capacity and Performance of Service-Oriented Architecture (SOA) Workloads,” by Eugene Hung, Qi He, Jinzy Zhu, IBM Working Paper, October 9, 2006.

在第 3 章，我们已经了解互联网和万维网的基础结构和电子商务的技术基础，现在我们可以再深入一步，学习建立电子商务网站的知识。

本章将主要讨论企业管理人员在建立电子商务网站时要考虑哪些问题。我们将把重点放在管理人员必须制定的网站经营管理决策上。建立功能复杂的电子商务网站实属不易。即使现今的网站构建工具比从前要便宜且功能强大得多，你也未必能像亚马逊或 eBay 那么成功。在本章，我们既关注那些想要建立网站的小型和中型企业，也关注每天甚至每小时接待成百上千顾客的大型企业。你将会看到，规模也许十分重要，但规则和想法也同样重要。

4.1　建立电子商务网站：系统化方法

建立成功的电子商务网站绝对是一项庞大的系统工程，既需要相关人员对商务、技术和社会问题有深入了解，同时又需要一套系统化的方法。但是，许多企业目前只是把这项工作交给技术人员和程序员来完成。

一般来说，企业在建立电子商务网站时会面临两大管理难题：(a) 清晰地描绘出自己的商业目标；(b) 选择合适的技术来实现这些目标。第一点要求管理人员制定出开发企业网站的详细计划，第二点则要求管理人员必须对电子商务网站基础设施的组成要素有所了解。业务决定技术！

即使企业已经决定把电子商务网站的所有开发和运营工作外包给 Loudcloud 等专业服务提供商，企业的管理人员仍然需要制定详细的网站开发计划，对电子商务网站基础设施中的基本问题做到心知肚明，如成本、容量及局限性等。如果缺少计划又不具备相关基础知识，那么管理人员就无法对企业电子商务的开展制定令人信服的管理决策（Laudon and Laudon，2001）。

4.1.1　建立网站要考虑的各类问题

假设你是一家生产工业零部件的中等规模企业的经理，该企业在全世界拥有 1 万名员工，分公司遍及欧洲、亚洲和北美洲的 10 多个国家。现在，高级管理层拨给你 100 万美元的资金，要求你在一年内建立起一个电子商务网站。建立该网站的目的主要是向企业的 2 万家客户销售产品并提供相关服务。这些客户分布在世界各地，大多是一些小型的机械和金属预制件经销商。那你该从何入手呢？

首先，你必须知道自己需要做哪些方面的决策（见图 4—1）。从组织和人力资源的角度来看，你需要将各类人员糅合成一个能互相协作的高效开发团队，这些人

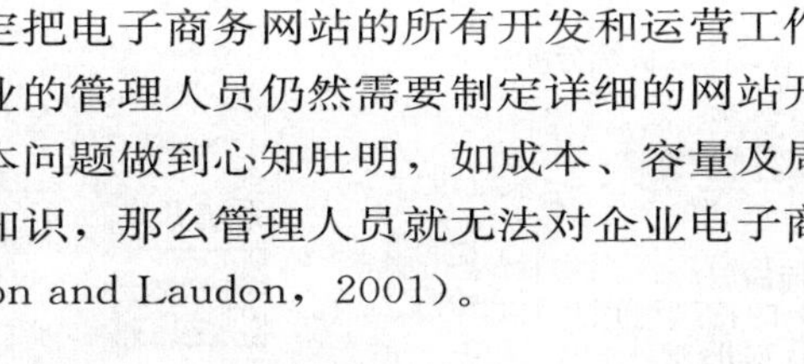

图 4—1　建立电子商务网站要考虑的各类问题

说明：建立电子商务网站需要管理人员从全局出发，对各类问题进行系统的考虑。

具备成功地建立和管理网站所需要的技能。开发团队将决定网站所使用的技术、网站的设计风格以及网站所采用的公关和信息策略。如果你不希望重蹈其他公司失败的覆辙，就必须对所有工作进行严格管理和监督。

此外，你还要确定网站采用什么样的硬件、软件和通信设施。虽然有技术顾问的帮助，但从根本上说，保证网站正常运营是你义不容辞的职责。你要根据企业客户的需要来决定采用什么技术，因为客户总是希望你所采用的技术能够帮助它们方便地检索产品、浏览产品介绍、订购产品并迅速地收到所购买的产品。不仅如此，你还必须仔细地斟酌网站的设计风格。一旦确定好这些细节问题，你就应该制定一个详细的网站开发计划。

4.1.2 制定计划：系统开发生命周期法

建立电子商务网站的第二步是制定开发计划。为应对建立电子商务网站会遇到的复杂局面，你需要系统性地一步一步前进，不能操之过急。在制定电子商务网站开发计划时使用的方法之一就是系统开发生命周期法（见图 4—2）。

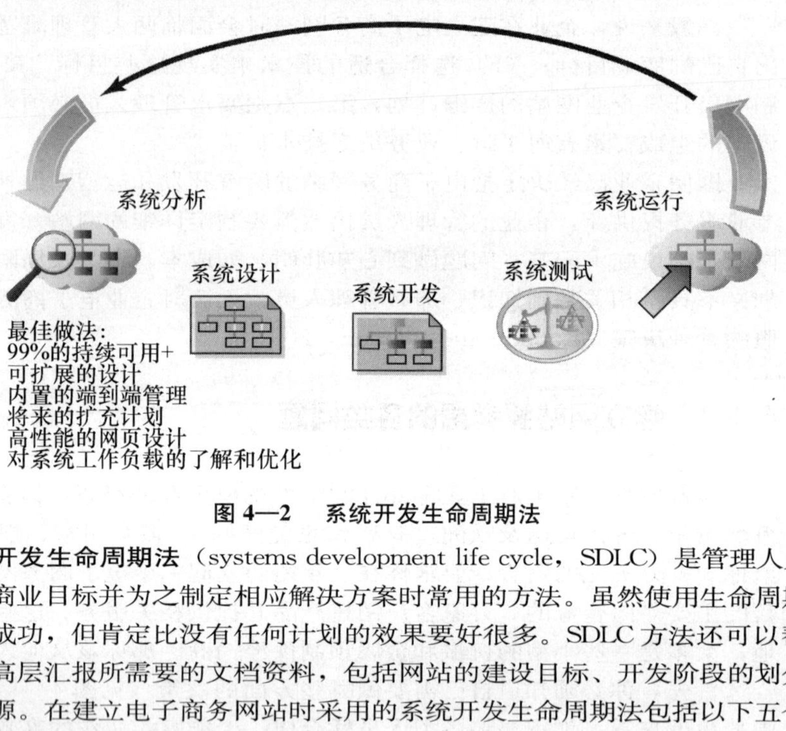

图 4—2 系统开发生命周期法

系统开发生命周期法（systems development life cycle，SDLC）是管理人员了解任何系统的商业目标并为之制定相应解决方案时常用的方法。虽然使用生命周期法不一定能确保成功，但肯定比没有任何计划的效果要好很多。SDLC 方法还可以帮助你建立向企业高层汇报所需要的文档资料，包括网站的建设目标、开发阶段的划分以及所需要的资源。在建立电子商务网站时采用的系统开发生命周期法包括以下五个步骤：

- 系统分析；
- 系统设计；
- 系统开发；
- 系统测试；
- 系统运行。

4.1.3 系统分析：确定商业目标、系统功能以及信息需求

SDLC 方法在系统分析阶段主要回答以下问题：“我们希望电子商务网站做些

什么?”关键要了解驱动企业战略所需的技术。这里，我们假定你已经明确知道企业战略，而且制定出实现该战略所需要的业务模式（见第 2 章），但你如何把战略目标、业务模式和经营理念融入到电子商务网站中呢?

我们可以从确定网站所需实现的特定商业目标入手，之后再仔细考虑网站应当实现的系统功能以及网站的信息需求。**商业目标**（business objectives）是对你希望自己的网站应当具备的各种能力的总称。

系统功能（system functionalities）是指实现网站商业目标的各种信息系统手段。而系统的**信息需求**（information requirements）则是指为实现商业目标，系统必须具备的信息元素。最后，你需要将网站的商业目标、系统功能和信息需求告知系统开发人员和程序设计人员，使他们明确自己的职责。

表 4—1 列举了典型电子商务站点的商业目标、系统功能和信息需求。从表中可以看到，电子商务网站通常有 9 个基本的商业目标。这些商业目标必须转换为对应的系统功能描述，以及最后的信息需求细节。不过，实际的系统信息需求要比表 4—1 中所说明的更加详细。从整体来看，电子商务网站的商业目标与普通零售商店的商业目标并无太大差别，两者真正的区别是在系统功能和信息需求上，即对于电子商务网站来说，商业目标完全以数字化方式实现，没有实际的销售场地，也没有全天候工作的销售人员。

表 4—1　　系统分析：典型电子商务站点的商业目标、系统功能和信息需求

商业目标	系统功能	信息需求
展示样品	数字目录	有关产品的动态文字与图片介绍。
提供产品信息	产品信息数据库	产品说明，库存代码，库存水平。
个性化/定制化产品	客户浏览的记录	每位客户的网站浏览日志记录；使用数据挖掘技术从这些记录中找出客户共同感兴趣的信息。
进行交易	购物车/支付系统	加密的信用卡结算数据；多种支付方式。
客户信息采集	客户信息数据库	所有客户的姓名、地址、电话和电子邮件等信息；网上客户注册信息。
提供售后服务支持	销售信息数据库	客户编号、所购产品、订单日期、支付信息、发货日期。
相互配合的营销/广告计划	广告服务器，电子邮件服务器，电子邮件促销活动管理，横幅广告管理	按照邮件或广告促销活动的要求，从网站的客户行为与偏好记录中寻找相应的信息。
检验营销效果	网站跟踪与报告系统	营销活动吸引的访问者的数量，以及客户到达网站后浏览的页面和购买的产品等信息。
提供生产系统与供应商的数据连接	库存管理系统	生产数量和库存水平，供应商编号及联系方式，每种产品的订购数量。

4.1.4　系统设计：硬件与软件平台

当你确定网站的商业目标和系统功能，列出详细的信息需求之后，就可以开始考虑如何把这些愿望变为现实。这时，你必须提出**系统设计说明书**（system design specification）——对系统主要功能模块以及模块间相互关系的说明。系统设计阶段本身又可分为两步：逻辑设计和物理设计。**逻辑设计**（logical design）包括描述电子商务网站信息流动的数据流图的设计，以及确定网站必需的处理功能和采用的数据库平台。此外，在逻辑设计阶段还要确定网站使用的安全和应急备份程序，以及整个系统使用的控制程序。

物理设计（physical design）阶段的主要工作就是把逻辑设计转变为现实的网站组件。例如，网站的物理设计要详细说明需要购买的服务器型号、网站使用的软件、通信线路应当具备的容量、系统的数据备份方式以及系统抵御外部入侵的措施等。

图 4—3（a）给出了普通网站逻辑设计的简单数据流图。该网站响应客户端浏览器发出的 HTTP 请求，将 HTML 格式的产品目录页面发送至客户端。图 4—3（b）则给出了对应的物理设计图。网站上每个处理流程都可以拆分成更精细的低层设计，从而准确地说明该流程的信息流动和所需要的设备。

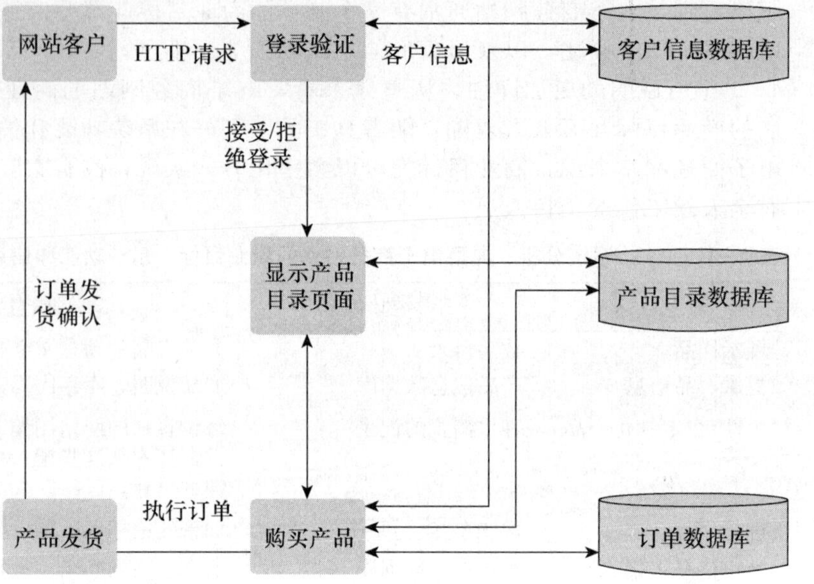

(a) 简单的数据流图
这张数据流图反映了普通电子商务网站中客户请求和网站响应的信息流动。

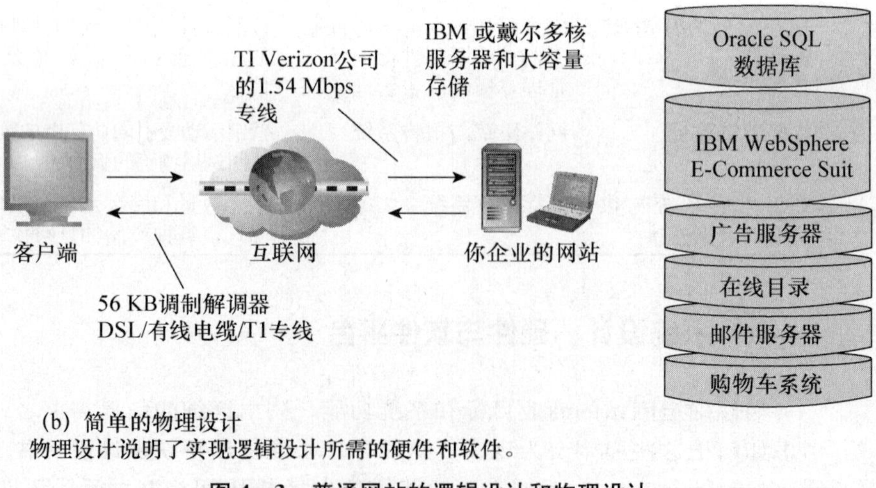

(b) 简单的物理设计
物理设计说明了实现逻辑设计所需的硬件和软件。

图 4—3　普通网站的逻辑设计和物理设计

4.1.5　系统开发：自主开发与外包

你已经对网站的逻辑设计和物理设计有了清晰的思路，现在可以考虑建立网站的实际操作问题。这时，你面临多种选择（这大多由你愿意花费的资金决定），可以将全部工程外包（包括实际的系统分析与设计），也可以选择自主开发所有项目。**外包**（outsourcing）意味着你需要雇用企业外部的厂商，帮助你完成自身无法实现的与建立网站相关的工作。此外，你还要进行第二项决策：是公司自己负责主机的维护（运作）工作，还是外包给专业的主机托管服务提供商？虽然这些决策彼此相互独立，但通常都需要同时作出。目前市场上有很多专门从事网站设计、网站建立和主机托管服务的公司，也有很多只提供网站建立或主机托管服务的企业（只提供一种服务）。图 4—4 给出了各种选择。

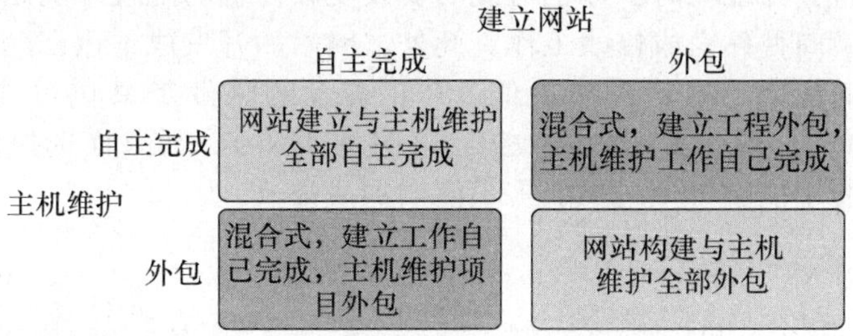

图 4—4　建立网站与主机维护的不同方式

说明：企业在考虑如何构建电子商务网站和如何完成主机维护工作时，有多种方式可供选择。

自主构建与外包

我们首先来讨论构建网站的决策。如果你选择由自己来构建网站，这里有一系列问题。如果你有娴熟的技术，你可以使用预建模板来开发自己的网站。例如 Yahoo Merchant Solutions、Amazon Stores 和 eBay 都可以提供模板，创建完成后你只需向其中添加文字、图片或其他数据就行。这是花费最少也最简单的方法，但界面风格和功能将会受限。

你或许可以选择完全自主开发。有很多自主开发工具可供选择，包括彻底从零做起的工具如 Adobe Dreamweaver 和 Microsoft Expressions，也包括按需建立网站的顶级工具包（见图 4—5）。我们将在下一节中对市面上常见的电子商务软件作进一步讨论。

图 4—5　企业自己构建电子商务网站时可选的软件工具

完全由企业自主构建网站的决策具有一定的风险。网站开发中所涉及的复杂功能，如购物车、信用卡认证结算、库存管理、订单处理等，都需要高昂的开发成本，而最终开发出的系统则有可能无法满足企业的需求。如果出现这种情况，你只能转而使用其他专业公司提供的现成产品，网站的员工也可能需要花很长的时间重新学习，从而影响网站投入使用的进度。这样，你所有的努力都会付诸东流。但是，自主构建决策也有其积极的效果。这么做不但有可能建立完全符合企业需求的网站，更重要的是，一旦市场环境发生变化，你可以利用自主开发网站时积累的知识迅速地调整网站，从而使网站尽快适应这些变化。

如果你选择采用价格高一点的网站构建工具包，就必须购买已通过严格测试且在目前技术水平下最具稳定性的软件工具。只有这样，你的网站才有可能迅速占领市场。但是，为了使自己的决定令人信服，你必须对多种软件包进行评估，而这项工作将会异常耗时。你也可能需要改变软件包的配置来满足自己的需求，雇用其他外部厂商替你完成修改工作。此外，网站的开发成本也会随着对软件包修改次数的增多而快速上升，一套价值 4 000 美元的软件工具包可能轻易地变成一项价值 40 000～60 000 美元的庞大工程（见图 4—6）。如果你选择使用模板化的工具，就只能使用模板自带的功能，不能增加或修改。

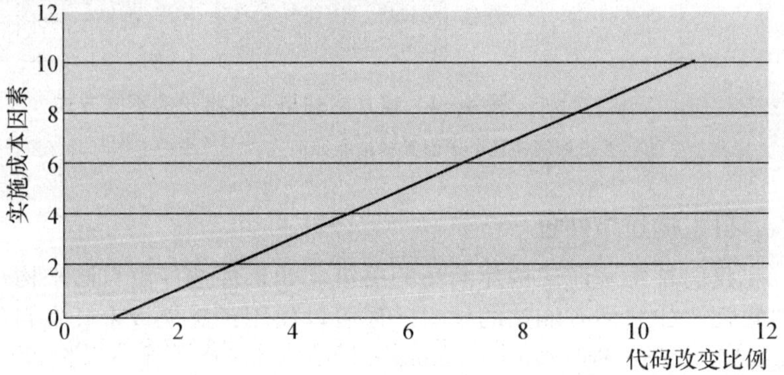

图 4—6　对电子商务软件工具包作修改的成本

说明：虽然完善的网站开发工具包可以降低开发成本，加快网站投入运营的速度，但通过对工具软件作修改来满足自己商业需求的工作，其成本也异常巨大。一套价值 4 000 美元的软件工具包可以轻易地变成一项价值 40 000～60 000 美元的庞大工程。

过去，向往建立电子商务网站的传统零售商通常自己设计网站（因为它们早已拥有技巧娴熟的员工，并且对数据库和通信设施等信息设备投入巨资），之后再聘请外部厂商和顾问帮助自己构建稳定、完善的电子商务网站。刚刚起步的小企业可以选择由自己的技术人员从底层做起，逐步建立自己的网站，这样可以节省开发成本。而新创立的中型企业则通常可以选择购买现成的建站工具包，再根据自己的需要对其进行修改。对于规模非常小的小商铺来说，使用模板软件生成简单的虚拟店铺就已经足够了。对于电子商务网站来说，近 5 年开发成本显著下降，导致其对企业的资本要求较低（参见商务透视专栏“美发用品网站与汽车评价网站：低成本创业的典范”）。

商务透视

美发用品网站与汽车评价网站：低成本创业的典范

电子商务市场被许多大型品牌占领，前100家零售公司斩获零售业90%的利润。你可能会想，新加入者还有机会吗？答案是肯定的：仍有约230亿美元的潜在网络零售市场，这还不算额外的广告收入。事实证明，规模庞大的公司不一定能迅速反应。2010年掀起了一股电子商务热潮，几乎所有的网站都苦于极为激烈的竞争，只有一类网站例外：模式精简的基于低成本技术的新兴网站和能聚集大批客户的社交网站（无须电视营销预算）。如果你的网站能够吸引一群有共同爱好的人，你就会赢得忠实的观众。

NaturallyCurly. com是低成本、利基导向门户网站的优秀范例。1998年，格蕾琴·希伯（Gretchen Heber）和米歇尔·布雷耶（Michelle Breyer）两位记者用500美元创立了这家网站。有意思的是，两人都有着一头卷发。“大热天我们总会不停抱怨自己顶着卷发的万分痛苦，”希伯说，“但又觉得卷发看起来的确不错。”基于其他卷发人士也可能有类似烦恼的假设，他们决定创办NaturallyCurly. com。他们花200美元购买域名，又买了些卷发产品放在网页上。该网站只有一个简单的服务器，是由一位年仅14岁的网页设计师开发的。他们的想法是将该网站打造成收集社区反馈的内容站点，于是在网页中增加公告栏，用来收集浏览者的评论。

起初他们没有任何竞争者，也未在谷歌上投放过广告。但该网站一开始就出现在谷歌“卷发”关键字搜索结果的第一页。2000年，经过一年的运作，他们收到宝洁公司的邮件，询问他们是否愿意在两年内以每月2 000美元的价格将宝洁的广告放置到他们的网站上。从那时起，这家网站通过投放例如Aveda、Paul Mitchell和Redken等个人洗护产品公司的广告成长起来，现在它的广告收入以及curlmart. com卷发产品的网络销售收入已超过100万美元。2007年5月，公司又争取到一家风险投资公司的60万美元投资，用以招募营销和后勤人员，提升网站技术，扩展运输和处理业务。

截至2010年，NaturallyCurly. com每月吸引超过45万用户。公司通过创建Facebook主页和Twitter账户迅速向社交营销迈进，希望能够进军“卷发者社区”，同时还希望能够运营Curlmart. com（一家电子商务网站，展示50多种不同品牌、500多件经审查的产品）。2010年9月，NaturallyCurly推出博客CurlyNikki. com，进一步扩展其宣传范围和用户群。

MotorMouths. com是另一家低成本网站的典型。MotorMouths——一家总结汽车评论和提供新车型排名的网站，是约翰·泰曼（John Tayman）的创意。泰曼只依靠他的PowerBook和1万美元预算起家。通过在线研究，他发现了Ruby on Rails和RentACoder等开源软件，以及能帮助他找到自由职业程序员的网站（如Elance）。短短几个月内，他招募到20名网络员工，来自5个不同国家，各自负责部分网站工作。2009年1月，MotorMouths. com正式建成，共计花费9 800美元和每周10小时的人力成本。此外，每月他还需支付75美元的服务器费用。

网站前几个月的增长较为缓慢。但到2010年，由于其良好的口碑，分析师十分看好这家只有1万用户的创业网站。MotorMouths. com依靠汽车网站（如Automotive）或汽车制造公司（如BMW Mini）投放广告获取收入。泰曼对未来充满信心：“如果我们保持现在的增长速度，18个月后MotorMouths将成为年收入25万美元的公司。”对于1万美元的投入来讲，公司有如此的发展还是不错的。

该故事的寓意是：创立网络公司的成本空前低廉。根据硅谷创业家协会（SVASE）主席克里斯·吉尔（Chris Gill）的说法，“两三年前花费 100 万美元的东西，如今只需 2.5 万美元。”事实上，经济萧条是企业家最好的朋友。在经济萧条的背景下，失败变得不引人注目，反之会创造更好的、鼓励创新的冒险环境。正如一位高科技投资人所说：“失败的成本很低，低到你可以反复尝试许多次。”

资料来源：“NaturallyCurly Expands Network and Content Coverage with Acquisition of CurlyNikki. com,” NaturallyCurly. com, September 16, 2010; “Web Start Up Frenzy 2.0,” by Sharon Machlis, Computerworld. com, April 29, 2010; “Splitting Hairs,” by Virginia Heffernan, *New York Times*, April 4, 2010; “Launching an E-commerce Site With Social Networking,” Marketingsherpa. com, March 3, 2010; “Software and Technology Services NaturallyCurly. com, Inc.,” BusinessWeek. com, July 28, 2009; “The New Internet Startup Boom: Get Rich Slow,” by Josh Quittner, Time. com, April 9, 2009.

自主维护与外包维护

现在我们来讨论主机维护的问题。大多数企业选择外包维护，即向专门提供主机维护服务的公司支付费用，由这些公司来负责企业网站服务器的维护工作，确保企业网站 24 小时正常运行。当双方对月服务费达成一致后，大多数设置或维护服务器的技术工作就不再由企业自己承担，企业从此也不用再聘请专门的技术人员。

当然，你也可以选择**主机托管**（co-location），即由企业购买或租赁网络服务器（由企业完全控制服务器的运行），再把服务器放置在托管服务商提供的机房中。托管服务商负责机房、通信线路以及服务器的日常维护工作。随着硬件虚拟化的扩散，一台服务器拥有多处理器（4～16 个），能同时运行多个操作系统的网站。此时，你无须购买服务器，只要按月缴纳租赁费用，其成本通常是购买决策的 1/4。表 4—2 列举了一些知名的主机维护服务/主机托管服务提供商。托管服务的价格差异较大，取决于网站的规模、带宽、存储容量和支持需求。有的是每月 4.95 美元，有的则甚至要数万美元每月。

表 4—2　主机维护服务/主机托管服务的主要提供商

GoDaddy. com	Qwest Communications
BlueHost	NTT/Verio
IBM Global Services	Rackspace
GSI Commerce	ServerBeach

对于许多普通企业来说，主机维护服务与主机托管服务已经成为必不可少且非常实用的一项服务：大型服务提供商（如 Exodus、IBM 和 Qwest）正在世界各地兴建巨大的“服务器农场”，以获得规模经济效应，降低主机维护与主机托管的费用。这意味着托管费用与服务器费用都在快速下降，每年降低 50%，通信费用也在下降。这样一来，大多数托管服务都与众不同，能够提供丰富的网站设计、市场营销与优化服务。虽然小型互联网服务提供商也可以提供主机维护服务，但服务的质量总是令人担心。大家经常怀疑它们是否具备提供全年不间断服务的能力，是否拥有能够满足自己需要的服务人员。

外包维护的缺点在于，如果你选择了一家服务提供商，你要确信服务商能够满足你日益增长的需求。你需要了解你的网站副本备份、内部活动监控和安全记录使用了哪种安全策略。服务提供商对安全漏洞有公共记录吗？大部分《财富》500 强企业选择自己维护，以确保掌握控制权。另一方面，小型企业自主维护却需要承担风险。你需要做出选择，但是你也应当清楚，自己维护的成本可能要高于大型服务商为企业提供服务的成本，因为企业必须购买硬件和软件、建设机房、租用通信线路、聘请专业人员，还要建立安全和备份设施。

4.1.6　系统测试

当系统开发完毕，所有程序都完成编码后，就应进入系统测试环节。根据系统规模的大小，测试工作可能会相当费时费力。无论是外包还是自主开发的程序，都需要测试。复杂的电子商务网站内部拥有上千条通路，每条通路都必须记录在案并进行测试。**单元测试**（unit testing）是指一次测试网站的一个程序模块。**系统测试**（system testing）则是指按照典型用户使用网站的方式，对网站进行整体测试。但由于很难找出真正意义上的“典型”用户，因此系统测试要求对所有可能出现的情况都进行试验。最后进行的是**验收测试**（acceptance testing），即将整个系统安装在测试用的互联网服务器或内部网服务器上，由包括营销、生产和销售部门经理以及总经理在内的企业核心管理人员进行试用。验收测试可以检验企业最初制定的网站商业目标是否得到实现。需要指出的是，系统测试经常面临资金不足的困扰，因为测试与重建的费用可能会占整个系统软件开发费用的一半以上（由最初系统设计的质量决定）。

4.1.7　系统运行与维护

大多数人对系统的生命周期并不了解，误认为一旦信息系统投入使用，就可宣布大功告成。其实，虽然系统的前期建设工作已经全部完成，但系统的后期运行才刚刚开始。系统还有可能因为各种各样的原因遭到破坏——大多数是不可预计的因素。因此，整个系统需要持续不断地检查、测试和维护。尽管系统维护工作如此重要，但却常常被人们忽略。一般来说，企业每年用于系统维护的开支与系统开发的费用大体相当。若一个电子商务网站的开发费用为 4 万美元，则该网站的年维护费用也要将近 4 万美元。不过，规模越大的电子商务网站，也越容易获得规模经济效应。例如，开发费用高达 100 万美元的电子商务网站，其年维护费用可能只有 50 万～70 万美元。

为什么电子商务网站的维护费用会这么高呢？以企业的工资管理系统为例，电子商务网站与工资管理系统有很大的不同，电子商务网站总是处于变化、改进和修正之中。一项针对日常系统维护工作所作的研究发现，20%的维护工作时间用来调试代码和处理紧急情况（例如，你的互联网服务提供商安装了一台全新的服务器之后，你的网页中的超链接和 CGI 脚本全部失效——此时，网站实际已经瘫痪）（Lientz and Swanson，1980；Banker and Kemerer，1989）。另外 20%的维护工作时间用来汇报网站变更、整理数据资料以及与后台数据库交换数据。其余 60%的时间则花在日常管理（如更改产品目录中的产品信息和价格）以及改变与增强系统功能的工作上。电子商务网站的维护工作永无尽头，因为网站总是在不停地进行建设和重建。所以，电子商务网站与工资管理系统相比，网站的工作更加变化多端。

电子商务网站的长期成功需要依靠一支敬业奉献的员工队伍（即所谓的 Web

团队）。这些员工的唯一工作就是监控网站的运行，随时调整网站以使其紧跟千变万化的市场环境。这支队伍还必须样样精通，通常由程序员、设计师、从营销部门抽调的业务管理人员、生产人员以及销售支持人员组成。Web团队的首要任务是听取客户对网站的反馈意见，根据需要对网站进行调整。第二项任务是全面监控网站的运行，每周对网站测试一次，以确保网站链接的有效性、商品价格的准确性以及页面更新的及时性。此外，Web团队还要负责**对比评测**（benchmarking）的工作（即将本公司的网站与竞争对手的网站在响应速度、布局质量和设计水平等方面进行比较），以确保本公司网站的价格和宣传优势。否则，竞争对手随处可见的网络环境会让你的网站很快一蹶不振，失去所有的客户。

4.1.8 优化网站性能

网站的目标是向顾客传递内容并完成交易。从商业角度来说，越快速、可靠地实现这两点，网站效率就越高。如果你是一名经理或市场营销总监，你会希望网站以一种能够满足顾客期望的方式运行。你会希望优化网站来达到商业目标。优化网站性能比想象中的要难得多，它包括三个方面：页面内容、页面生成和页面交付（见图4—7）。在本章，我们介绍你在开发网站中需要的硬件和软件；这些是优化网站性能的重要部分。

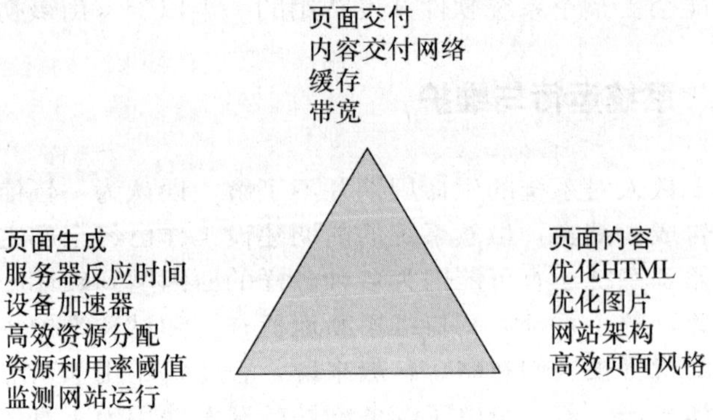

图4—7 优化网站性能

说明：网站优化要求包括三个方面：页面内容、页面生成和页面交付。

使用有效的页面设计方式和技术可以减少2～5秒的反应时间。步骤包括减少不必要的HTML注释及空白部分、使用更高效的图片和避免不必要的链接。页面生成速度可以通过分散服务器功能（例如静态页面生成，应用程序载入，多媒体服务器和数据服务器）和使用提供商的多种设备来提高。使用一个或多个服务器来实现不同任务可以减少超过50%的吞吐量。加速页面交付可以使用缓存设备（例如阿卡迈）、专门的内容交付网络（例如RealNetwork）和增大本地带宽。

4.1.9 网站预算

建立网站的花费取决于网站的功能。建立和维护简单网站第一年可能只需要5 000美元或更少。对于大公司提供的具有强大交互能力的系统，一年则需要花费几十万甚至上百万美元的开发和维护费用。例如，2006年9月，Bluefly——一家在线出售男士和女士名牌服装的公司，开始开发基于 ATG 公司软件的高级版本网站。新网站于 2008 年 8 月推出，后续发展还投入了超过 530 万美元资金（Bluefly, Inc.，2009）。

然而，建立网站的花费也取决于你的支付能力和盈利机会。图 4—8 提供了关于各种网站花费的一点看法。通常来讲，自 2000 年以来，硬件、软件和电信设备价格显著下降（超过 50%），使得小型企业建立网站成为可能。与此同时，因为技术使得系统开发的成本降低，系统维护和创建内容的花费提升到预算比例的一半以上。提供内容和全天候服务都是劳动密集型工作。

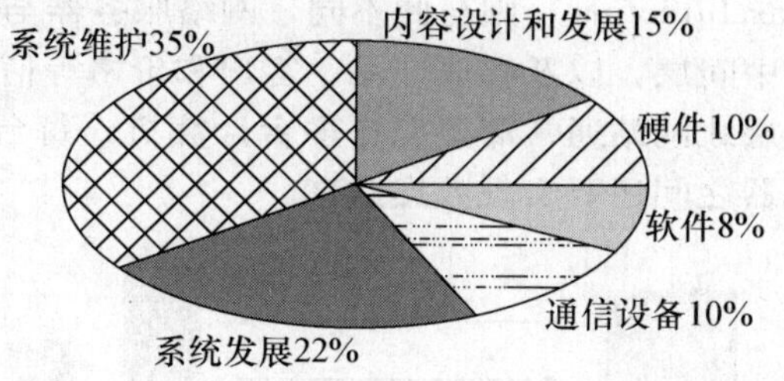

图 4—8

4.2　选择服务器软件

从广义上说，电子商务网站所具备的功能全部来自于服务器所安装的软件。作为负责构建网站的管理人员，你必须掌握一些电子商务软件的基本知识。网站使用的软件越成熟稳定，网站销售的商品、提供服务的方式就越多，企业的商业效率也越高。在本节中，我们主要讨论目前运营电子网站所需要的各种软件。随后在下一节中，我们再讨论运行这些软件所需要的硬件设备。

4.2.1　单层与多层式的网站构架

在电子商务蓬勃发展之前，网站的功能非常简单，只是响应用户通过浏览器发出的 HTML 页面请求，再把网页传回至用户端即可。与此对应，网站使用的软件也非常简单——整个网站就是一台运行基本网络服务器软件的计算机。我们把这种配置称为单层系统构架。**系统构架**（system architecture）是指信息系统内部用以实现特定功能的软件、硬件以及任务作业的配置方式（与房屋构架的概念非常相似，即用以实现特定功能的建筑材料的搭配方式）。StreamShowers4Less 和 NaturallyCurly 都以不存在现金交易的方式运营。成千上万的网络公司也是如此。订单可通过电话而不是在线方式下达。

但是，随着电子商务的不断发展，人们对网站的功能也提出了更高的要求，如响应用户输入（姓名地址输入表单）、处理客户下达的商品订单、即时完成信用卡结算、检索价格与商品信息数据库，甚至还可能需要根据用户端的设置自动调整页面广告在屏幕上的位置。这种在功能上有了极大扩展的网站需要网络应用服务器和多层式系统构架的有力支撑。网络应用服务器是一套特殊的软件程序，用以处理与电子商务相关的各种交易流程。我们在后面的内容中会对其详细讨论。

除了安装专门的网络应用服务器软件之外，电子商务网站还必须具备从企业现有数据库中提取数据并向其添加信息的能力。这些在电子商务出现之前就已投入使用的数据库通常称作后台或现有的数据库。企业过去曾经为这些系统投入巨资，并且在这些数据库中存放客户、产品、雇员以及供货商的重要信息。这些后台系统共同构成了多层式网站中的一层。

图 4—9 显示了一个简单的两层式电子商务网站的系统构架，以及一个复杂的多层式电子商务网站的构架。在**两层式构架**（two-tier architecture）中，网络服务器响应来自客户端的网页请求，数据库服务器提供后台数据存储功能。**多层式构架**（multi-tier architecture）则与此不同，网络服务器与实现特定功能的一系列应用服务器构成的中间层，以及存放产品、客户和价格等信息的企业现有系统构成的后端层相连。多层式网站通常需要配备多台计算机，每台机器都运行特定的软件程序，并且各台机器之间还要实现数据共享。

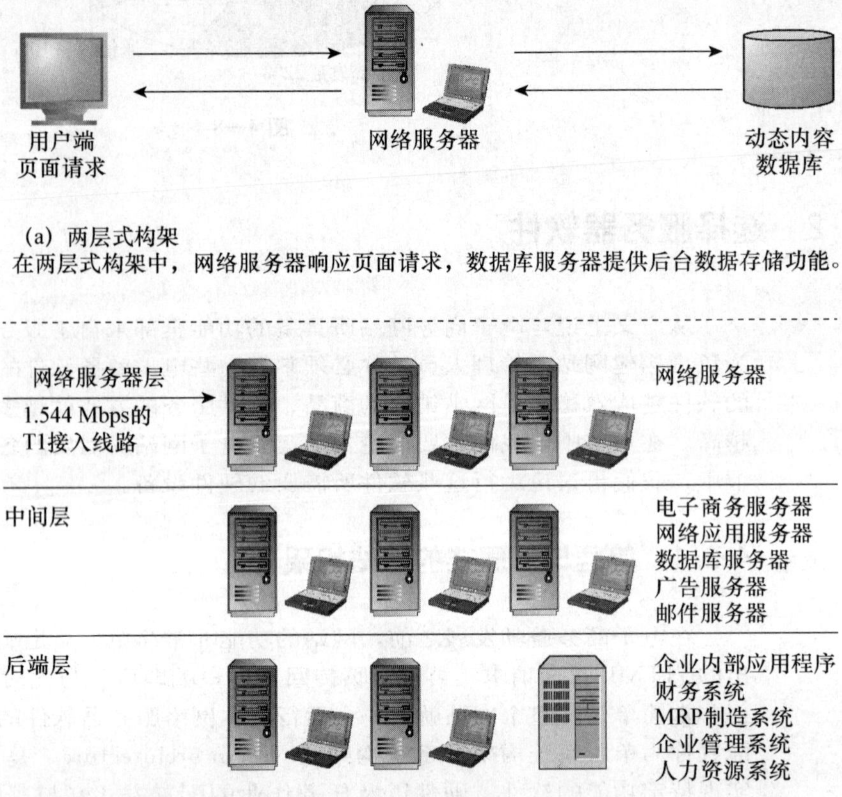

(a) 两层式构架
在两层式构架中，网络服务器响应页面请求，数据库服务器提供后台数据存储功能。

(b) 多层式构架
在多层式构架中，网络服务器与应用服务器构成的中间层和企业现有系统构成的后端层相连。

图 4—9　两层与多层式的电子商务网站构架

后面将讨论基本的网络服务器软件功能以及各类网络应用服务器。

4.2.2　网络服务器软件

所有的电子商务网站都需要安装基本的网络服务器软件，以响应用户发出的

HTML 和 XML 页面请求。

企业在选择网络服务器软件的同时，也要为网站的计算机选择合适的操作系统。Apache HTTP 是目前网络服务器软件市场的领头羊，占有率已经超过 54%，但该软件只能在 Unix 操作系统中运行。Unix 是在互联网和万维网上最早使用的编程环境。Apache 由全世界的网络高手共同开发，不仅可以从很多站点免费下载，而且可以安装在大多数的 IBM 网络服务器中。目前，全世界有数以千计的程序员成年累月地投身于 Apache 的完善工作，因此该软件已经相当稳定。此外，成千上万专为 Apache 开发的软件工具也已问世，这些工具可以提供当前电子商务网站所需要的所有功能。但是，为了使用 Apache，企业必须雇用精通 Unix 操作系统的专业人员（或者是精通 Unix 的 PC 变种——Linux 的专业人员）。

微软的 Internet Information Server（IIS）是当前排名第二的网络服务器软件平台，但还是与 Apache 相距甚远，只有 25%左右的市场占有率。IIS 基于 Windows 操作系统，同时兼容许多微软开发的软件或其他支持工具。在《财富》1 000 强公司中这些比例各不相同，如果算上微软和谷歌为自己提供的博客，情况又会不同。

此外，还有至少上百家小型的网络服务器软件提供商，它们开发的软件中，绝大多数都使用 Unix 或 Sun Solaris 平台。需要指出的是，不同的网络服务器软件对网站用户的影响微乎其微。不论你选择哪种开发环境，用户最终看到的页面效果都是一样的。不过，微软的开发套件与其他产品相比，具有很多优势，如紧密集成、功能强大且易于使用。但从另一方面考虑，Unix 操作系统则在可靠性和稳定性上又胜人一筹，而且还有全世界的开放软件支持者在不断开发和测试基于 Unix 平台的网络服务器软件。

表 4—3 列举了所有网络服务器软件都具备的一些基本功能。

表 4—3　　网络服务器软件的基本功能

功能	说明
处理 HTTP 请求	接收并响应客户端发出的 HTML 页面请求。
安全服务（安全套接层）	检验用户名和密码；处理信用卡结算以及其他安全信息交流所需的数字证书和私有/公开密钥。
文件传输协议	提供服务器之间的大型数据文件的传输服务。
搜索引擎	为网站内容编制索引；具备关键字检索功能。
数据获取	对所有访问以及相关的时间、期限和来源等信息的日志文件记录功能。
电子邮件	发送、接收和存储电子邮件的功能。
网站管理工具	计算并显示网站的主要统计数据，如访问者数量、页面请求数量以及请求的来源。此外，还应当具备检验网页超链接的功能。

网站管理工具

第 3 章已讨论过表 4—3 中列举的大多数网络服务器软件的基本功能。但还有一项功能没有加以论述，那就是**网站管理工具**（site management tools）。如果你希望网站能够持续稳定地工作，并且希望能够随时了解网站运行的状态，网站管理工具就是你必备的一件利器。网站管理工具可以检验页面中的超链接是否依然有效，也可以帮你找出网站中的孤立文档，即不与任何页面发生关联的文档。通过对网站中所有页面的超链接进行测试，网站管理工具能够迅速找出用户可能会遇到的潜在问题和错误。在你的网站遇到“404 Error：Page Does Not Exist”会给顾客留下不好的印象。那些被移动或被删除的超链接通常称为死链接，用户试图访问这些链接时就会收到错误提示。定期检查所有的链接对网站的运营大有益处，可以有效地避免挑剔的用户一怒之下将业务转向其他网站的情况出现。

此外，还有一些网站管理软件和服务值得购买，如 Webtrends. com 提供的各种服务。这些软件或服务可以帮助你更加有效地监测客户在网站中的购买行为和网站营销活动效果，并且让你随时掌握页面点击总数和页面访问信息。图 4—10 包含两张介绍网站分析工具的截图：WebTrends Analytics 9 和 Google Analytics。

图 4—10

说明：利用 WebTrends 或 Google Analytics 这类网站管理程序，你可以迅速、方便地了解谁正在访问你的网站，他是从哪个网站来的，什么时候来的，以及访问了哪些页面。

资料来源：Webtrends，Inc.，2009；Google，2009.

动态页面生成工具

在众多协助网站运行的工具中，动态页面生成工具无疑是最具创新性的工具之一。电子商务出现之前，大多数网站都只能向用户发送内容固定不变的静态 HTML 网页。尽管静态页面足以展示图片和产品信息，但回想一下表 4—1 中列举的典型电子网站必备的各种功能，或者参照一家你认为是非常优秀的电子商务网站，你就会发现静态页面还远远不够。成功的电子商务网站的内容总是不断更新，而且通常是一天一换，因为每天都会有新产品和新的促销方式与消费者见面，会有价格的改变、新闻事件的报道以及优秀用户的介绍。由于用户不仅希望看到页面，更希望得到产品、价格、实用性以及库存数量等信息，因此电子商务网站必须随时保持与用户之间的密切交流。动态性最强的网站当数拍卖网站 eBay. com。在 eBay. com 中，网页的内容每分钟都在变化。所以说，电子商务网站与现实的市场是很像的——它们都是动态变化的。

电子商务网站的动态和复杂特性，需要能支持静态 HTML 页面以外的专业软件工具的支持。在这些工具中，最重要的莫过于动态页面生成工具。在**动态页面生成**（dynamic page generation）的概念中，网页的内容作为一个对象存储在数据库中，而不是直接使用 HTML 进行编码。当用户发出页面请求之后，该页的内容再从数据库中被调出。我们一般使用 CGI（Common Gateway Interface，公共网关接口）、ASP（Active Server Pages）、JSP（Java Server Pages）或者其他服务器端的程序从数据库中获取这些内容对象。我们将在本章最后一节对 CGI、ASP 和 JSP 加以讨论。这种方式比直接使用 HTML 编码更加高效，因为改变数据库中存放的内容比改变 HTML 网页的代码更方便。目前，称作开放数据库互联（Open Database Connectivity，ODBC）的数据库访问标准已经使得从任何应用程序访问存储在任何数据库中的任何数据这一愿望成为现实。大多数大型数据库的供应商，如 Oracle、Sybase 和 IBM，都可对 ODBC 提供良好的支持。ODBC 还可以帮助 HTML 网页直接与企业的后台数据库相连，而不受数据库平台开发商的局限。因此，电子商务网站必须能够从这些数据库中提取数据，并向其中添加信息。例如，当顾客点击了靴子的照片之后，网站应当立即访问存储在 DB2 数据库平台中的产品目录数据库和存储在 Oracle 数据库平台中的库存数据库，确认靴子的存货数量并向顾客报告当前的售价。

与传统商业相比，动态页面生成使电子商务网站获得了成本及盈利优势。动态页面生成技术降低了调配成本（改变商品描述和价格所带来的成本）。动态网页生成也允许简单的网上市场细分——向不同市场出售同一商品的能力。例如，你可能想根据顾客观看的次数来变动同一条横幅广告。在第一次接触到一条汽车广告时，你可能想突出品牌标志和独有特性。第二次观看时你可能想要强调一些特别的东西，比如用“受绝大多数家庭欢迎”来突出品牌的不同之处。这种能力也使得无成本的差别定价（将同一种商品以不同的价格卖给不同的客户）成为可能。例如，你可能想用不同的市场主题向企业和政府机构出售同一种产品。你可以将客户端文件置于 cookie 上，或者对来访者区别是来自企业还是政府，这样你将能够针对企业或政府采用不同的市场营销策略和宣传材料。你可能想要以较低的价格回馈老顾客（如 DVD 或音乐曲目），而向新顾客抛出全价。总之，动态页面开发允许你将不同的资讯和价格传递给不同的顾客。

动态页面开发允许你使用网站内容管理系统。**网站内容管理系统**（Web content management system，WCMS，WebCMS）被用来创建和管理网站内容。网站管理系统将内容的设计和描述（例如HTML文件、图片、视频、音频）和内容的创建相分离。网站内容保存在数据库中并和网站建立动态链接。网站管理系统通常包括：可自动适应新建立的或已存在内容的模板、使编辑和描述内容更加容易的WYSIWIG编辑工具、协作、工作流程和文件管理工具。通常，经验丰富的程序员需要安装这个系统，但在此以后，无经验的工人也可以简单地添加和管理网站内容。市场上有很多商用网站管理系统，从Autonomy/Interwoven、EMC/Documentum、Open Text、IBM和Oracle提供的高端系统，到Ixiasoft、Paperthin、Ektron和Hot Banana提供的中型市场系统，以及Clickability、CrownPeak Technology和OmniUpdate提供的托管软件。还有一些开源网站管理系统可供选择，例如Joomla、Drupal、OpenCms等（RealStoryGroup. com，2010）。

4.2.3 应用服务器

网络应用服务器（web application server）是提供网站所需的特定商务功能的软件程序。应用服务器的基本思想是把商务应用程序与前台显示网页、后台连接数据库的细节工作分离。因此，应用服务器也是一种中间件（middleware software），不但可以帮助企业将原有的系统与客户保持继续连接，还可以为企业提供经营电子商务所需的所有功能。早期，许多软件公司曾为电子商务网站的各种功能开发了大量独立的专业软件，但这些专业软件很快就被集成的软件工具包取代。集成软件工具包可以一步到位，把电子商务网站需要的所有功能都集中在一个单一的开发环境中。

表4—4列举了市场中各种常见的应用服务器软件。表中的软件主要涉及提供网上销售产品功能的“卖方”应用服务器软件。而所谓的“买方”和“连接”应用服务器软件主要帮助企业实现与供应链合作伙伴的连接，或者帮助企业寻找特定零部件的供货商。我们将在第12章中详细讨论买方和连接应用服务器软件。

表4—4　　应用服务器以及功能

应用服务器	功能
目录显示	为产品说明和价格提供数据库存储功能
交易处理（购物车）	接受订单并完成支付结算
列表服务器	创建并维护邮件列表，管理邮件方式的促销活动
代理服务器	监测并控制用户对网站主服务器的访问，提供防火墙保护功能
邮件服务器	管理电子邮件
音频/视频服务器	存储并发送流媒体内容
聊天服务器	为企业客服人员与顾客创建一个实时的文字与语音交流环境
新闻服务器	报告新闻，并提供到新闻出处的链接
传真服务器	使用网站服务器，为企业提供传真收发的服务
群件服务器	为网上协同工作的员工创造一个类似工作小组的合作环境
数据库服务器	存储客户、产品和价格等信息
广告服务器	维护可通过网络访问的、存储网站横幅广告信息的数据库，并根据不同用户的习惯和特点显示定制化和个性化的广告
拍卖服务器	提供网上拍卖的交易环境
B2B服务器	为企业间的商务往来提供买卖服务以及与市场的连接

目前，应用服务器软件的提供商多如牛毛。对 UNIX 平台来说，许多应用服务器软件都可从各种网站免费下载。面对如此琳琅满目的选择，大多数企业最终都决定使用称作商务服务器软件的集成软件工具包。

4.2.4 电子商务商务服务器软件的功能

电子商务商务服务器软件（e-commerce merchant server software）可以为我们提供网上销售所需的基本功能，包括在线目录、通过网站购物车系统实现的接收订单以及在线信用卡结算等。

在线目录

希望通过网络出售商品的企业，必须在网站上向客户提供产品列表，即**在线目录**（online catalog）。商务服务器软件通常都带有数据库功能，可以帮助企业按照自己的需要建立在线目录。在线目录的复杂性和完备性与企业的规模和产品线的种类密切相关。小型企业，或者产品种类比较单一的企业，只需要在目录中提供文字说明和彩色照片就可以了。而大型的网站则可能需要考虑在目录中添加音频、动画或视频内容（对展示产品非常有效），或者提供各种交互性的服务，如由企业客服人员通过即时消息软件实时回答客户的提问。如今，大型公司都更广泛地使用视频流。

购物车

在线**购物车**（shopping cart）与现实中的原型非常相似，两者都可以帮助购物者暂时存放希望购买的商品，以备付款结账。两者的区别在于，在线购物车是网站服务器端的商务服务器软件的一个组成部分，允许顾客先挑选、复查、改变自己想要购买的商品，之后再点击按钮，进入实际采购流程。购物车中的数据会被商务服务器软件自动保存。

信用卡结算

通常情况下，网站的购物车系统与信用卡结算系统直接对接。信用卡结算系统可以验证购物者的信用卡，从卡中扣款，并在结算成功后将金额记入企业的账目中。电子商务软件套件通常提供具有这种功能的软件。如果没有信用卡结算系统，用户就必须与各信用卡发卡银行或结算中心分别签订结算协议。

4.2.5 商务服务器软件包（电子商务软件套件）

与使用各种独立的应用软件来开发网站不同，利用**商务服务器软件包**（merchant server software package）（也叫**电子商务软件套件**（e-commerce server suite））开发网站不仅方便快捷，而且成本低廉。商务服务器软件包/电子商务软件套件可以为我们提供一个集成的开发环境，满足我们建设一个完善的、以客户为本的电子商务网站所需要的大部分功能需求。电子商务软件套件按照价格和功能的不同，可分为三种类型。

Bizland、Hypermart、Yahoo! Merchant Solutions 等目前可以为我们提供实

现基本电子商务应用所需的基本软件套件。FreeWebs. com 也提供网站创建工具和维护服务。OSCommerce 是一款免费的开源套件，被许多刚起步的小型公司采用。PayPal 可以在简单网站上用作支付系统，并且部件可以添加有趣的功能。

IBM 的 WebSphere Commerce Express Edition 和微软的 Commerce Server 2009 则属于中型应用套件。而专为大型跨国公司设计的高端企业解决方案是由 IBM WebSphere's Commerce Professional and Enterprise Editions、BroadVision Commerce 以及其他专业公司提供的。目前，提供电子商务软件套件的企业已达上百家之多，使得企业做出明智决定更加困难。很多企业简单地选择综合声誉最高的提供商，这样做的结果往往是产生昂贵却不可行的方案。表 4—5 列举了一些采用率较高的中型和高端电子商务软件套件。

表 4—5　　采用率较高的几种中型和高端电子商务软件套件

软件名称	价格
Microsoft Commerce Server	每个处理器 7 075 美元，企业版 20 218 美元
IBM WebSphere Commerce	299 美元/PVU，标准配置 20 000 美元
Pricing based on PVU（processor value units）	专业版 1 130 美元/PVU，标准配置 11 300 美元
InterShop EnfinitySuite 6 Consumer Channel	12.5 万～25 万美元
ATG（Art Technology Group）	四核 CPU 许可 38 万美元/个

如何选择电子商务软件套件

面对如此众多的厂商和产品，该如何选择适合自己的软件套件呢？对这些软件工具包进行评估并从中选出适合自己的一款软件套件，将会是你构建电子商务网站时所做出的最重要的决策之一。此外，真正需要企业投入巨资的环节并不在软件本身，而在于培训员工使用这些软件，并把这些软件工具与企业现有的业务流程和组织文化紧密结合起来。以下是你在选择电子商务软件套件时必须考虑的一些重要因素：

- 软件功能；
- 软件对不同业务模式的支持程度；
- 是否具备业务流程建模工具；
- 是否具备可视化网站管理与报告工具；
- 软件的性能与扩展性；
- 与企业现有系统的集成程度；
- 与各种行业标准的兼容程度；
- 是否支持不同地区的销售税金计算与购物规则。

例如，尽管电子商务软件套件承诺可以为我们实现一切，但企业可能还是会需要一些特殊的功能，如流媒体格式的视频和音频服务。因此，你需要列出网站所有必备的商务功能。企业也有可能同时采用多种业务模式——零售与 B2B 同时兼顾；或超额库存拍卖与固定价格销售兼而有之。因此，你必须保证选用的软件包能够支持企业所有的业务模式。当然，你还有可能希望改变现有的业务流程，如改变现有的订单生成和订单执行流程，那么你一定要清楚所选用的软件包是否包含业务流程和工作流建模工具。如果你希望对网站的运作有所了解，可视化报告工具就显得必不可少，因为这些工具可以使整个网站的运作流程高度透明，让企业所有的员工都能轻松理解。众所周知，随着网站的访问量和交易量上升到每小时甚至是每分钟就数以千计，功能不健全的软件工具包将会极大地影响网站性能。所以，在正式做出决策之前，你需要对试用版的软件工具包进行性能测试，或者向软件提供商索要相关的软件性能负载数据，以确认该软件工具包的性能与扩展性。由于需要把电子商务软件套件与企业现有系统进行集成，你还需要考虑软件工具包与企业现有系统的集成程度，以及自己的下属是否能够高效地完成这些集成工作。目前，技术环境的快速变化尤其是移动商务领域的日新月异，已经使电子商务软件套件对现有行业标准的兼容程度，以及如何适应未来技术的发展都变得非常关键。最后，由于企业的电子商务网站可能会同时面向本国市场和国际市场，你还需要设计进行外币结算的外语页面，也需要在各地区和各国的税务系统中确定销售税金的计算方法。因此，你必须确定所选用的电子商务软件套件是否能够满足这些高标准的全球化和本地化要求。

4.2.6　自主开发电子商务软件：网站服务和开源方案

现有的公司通常拥有资金来投资电子商务软件套件，而小型和刚起步的公司则没有，它们最初必须建立自己的网站。这又有两种选择，但关键问题是时间的长短和编程经验的多少。一种选择是使用像 Yahoo's Merchant Solutions 提供的电子商务服务。只需 50 美元安装费和 39.95 美元的初始资金，便可拥有一整套服务，包括建立网站、网站的维护、购物车程序、电话技术支持和付款系统。BigStep. com 通过创建网站的过程一步步积累客户。Entrabase. com 和 Tripod 提供易于操作的网站创建工具和电子商务网站模板。电子商务网站模板是一种预先设计好的，允许使用者自定义外观，以适应商业需求并提供一系列标准的网站。今天大多数的模板都包括像购物车、支付通和网站管理工具这样的现成设计。

另一种不需要多少编程技能就可以创建网站的低成本工具是 Homestead. com。用 Homestead 创建网站包括三个步骤：从 2 000 种模板中选择一种设计，自定义标志和内容，使用 IP 地址和电子邮件通过 Homestead 的服务器将网站发布出去。一旦你建立好网站，Homestead 会为你提供全面的服务，例如 PayPal 和信用卡支付结算、在线目录、购物车、实时事务处理和顾客送货表。还可以通过优化搜索引擎或者在谷歌、亚马逊、MSN 上面打广告来支持市场营销。它有 30 天的免费试用，基本服务每月收费 4.99 美元，额外服务费另收。

如果你有比较多的（至少有些）编程背景，你可以考虑开源商用服务器软件。正如第 3 章所说，开源软件是社会上的程序员与设计者共同开发并且免费使用的软件。表 4—6 提供了一些可选的开源软件的情况。

表 4—6　可供选择的开源软件

商业服务器功能	开源软件
网络服务器	Apache（首屈一指的专为中小企业打造的 Web 服务器）。
购物车、在线目录	有许多供应商：Zen-Cart. com，AgoraCart. com，X-Cart. com，os-Commerce. com。

续前表

商业服务器功能	开源软件
信用卡处理	有许多供应商：Echo Internet Gateway；ASPDotNetStoreFront。信用卡验收功能是购物车软件提供的典型功能，但你也需要银行的商业账户。
数据库	MySQL（首屈一指的开源商用数据库）。
编程/脚本语言	PHP（一种嵌入HTML文件的脚本语言，但只能由为执行简单HTML编辑的服务器来执行）。PERL是另一种可选的语言，JavaScript程序是向用户提供界面组件的客户端程序。Ruby on Rails（RoR，Rails）是另一款受欢迎的开源应用框架。
分析工具	分析程序追踪网站客户的行为和成功的广告。如果你在谷歌投放了广告，你也可以使用Google Analytics，一种不错的跟踪工具。大多数托管服务提供商也提供这种服务。其他开源分析工具包括Piwik，CrawlTrack和Open Web Analytics。

使用开源软件的优势在于你可以准确地得到你想要的东西——一个独一无二、自定义的网站。缺点是会花费一个工程师几个月的时间来创建网站和调试各工具有序运行。从一个创意诞生到投入市场的过程，你愿意等几个月呢？

另一种建立网站的方法是首先创建一个博客，在你的博客上发展你的商业构想和潜在客户。一旦你在博客上测试你的构想且得到受众支持，你就可以转向建立小型网站了。

4.3 电子商务网站的硬件选购

作为一名负责建立电子商务网站的管理者，你对网站性能的好坏负有不可推卸的责任。不论你选择自主维护网站，还是选择外包维护和运行网站，你都需要了解计算机硬件平台的相关知识。**硬件平台**（hard ware platform）是指系统实现电子商务功能所用的计算机设备。你的最终目标就是保证硬件平台有足够的能力应对网站可能遇到的访问高峰（避免出现超负荷运行的情况），但又不能花费太多。无法应对访问高峰意味着你的网站可能会非常迟钝，甚至崩溃。切记，网站可能是你唯一或主要的收入来源。那么，多大计算能力和通信容量才够应对访问高峰？网站每天能承受的访问人数是多少呢？

为回答这些问题，你必须了解影响电子商务网站速度、容量和扩展性的各种因素。

4.3.1 选择合适的硬件平台：按需配置

决定网站速度最重要的一点就是顾客对网站的需求。表4—7列出了评估网站需求时你需要考虑的因素。

表 4—7　　正确评估电子商务网站平台的因素

网站种类	出版/订阅	购物	客户自助服务	交易	网络服务/B2B
示例	WSJ. com	亚马逊	Travelocity	E* Trade	Ariba e-procurement exchanges
内容	动态 多作者 高容量 非用户特定	目录 动态项目 用户配置文件 与数据挖掘	传统应用程序数据 多数据源	时间敏感 高波动 多供应商和消费者 复杂交易	传统应用程序数据 多数据源 复杂交易
安全	低	私密的 不可否认性 诚信 认证 法规	私密的 不可否认性 诚信 认证 法规	私密的 不可否认性 诚信 认证 法规	私密的 不可否认性 诚信 认证 法规
安全页比例	低	中	中	高	中
交叉会话信息	无	高	高	高	高
搜索	动态 低容量	动态 高容量	非动态 低容量	非动态 低容量	非动态 中度容量
独有项目(SKU)	高	中～高	中	高	中～高
交易量	中	中～高	中	高～极高	中
集成复杂度	低	中	高	高	高
页面浏览数(点击量)	高～极高	中～高	低～中	中～高	中

网站需求着实复杂并且取决于你所运营的网站种类。高峰时段同时在线用户、顾客需求特征、内容的种类、安全需求、库存项目数量、页面请求数量、可能需要向网页提供数据的传统应用程序，都是网站系统整体需求的重要因素。

我们首要考虑的因素应当是同时登录网站的用户数量。总的来说，单个用户给网站服务器带来的负荷非常有限，并且不会持久。典型用户产生的网络进程是**无状态**（stateless）的，即服务器与用户之间无须保持连续的专用交互连接。网络进程通常从页面请求开始，之后服务器响应请求，进程结束。每个用户的进程可以持续 1/10 秒至 1 分钟。无论如何，随着同时请求服务的用户越来越多，网站的性能将会显著下降。但令人感到欣慰的是，网站性能的下降（用"每秒完成的处理数量"和响应的"等待时间"或延迟来衡量）有一个循序渐进的过程，直到网站的负荷达到顶点时才会出现，此时网站的服务质量也变得令人无法接受（见图 4—11）。

静态页面服务属于 **I/O 密集型服务**（I/O intensive)，只需要输入/输出处理，不需要强大的计算能力的支持。此时，网站的性能主要受服务器输入/输出（I/O）的限制以及通信线路带宽的制约，与处理器的速度无关。

下面，我们讨论应当采取哪些措施，才能使网站服务质量达到应有水准。通常，我们可以购买配备了高速 CPU 或多 CPU 以及大容量硬盘的服务器。但是，这样带来的性能改进并不一定与你的投入成正比，有时可能还会造成资金浪费。

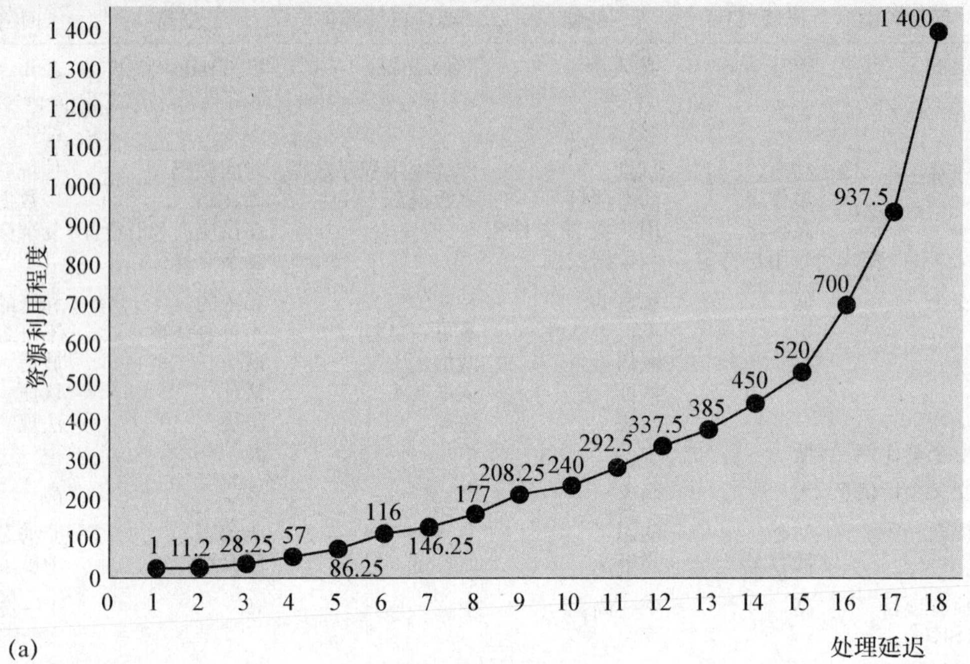

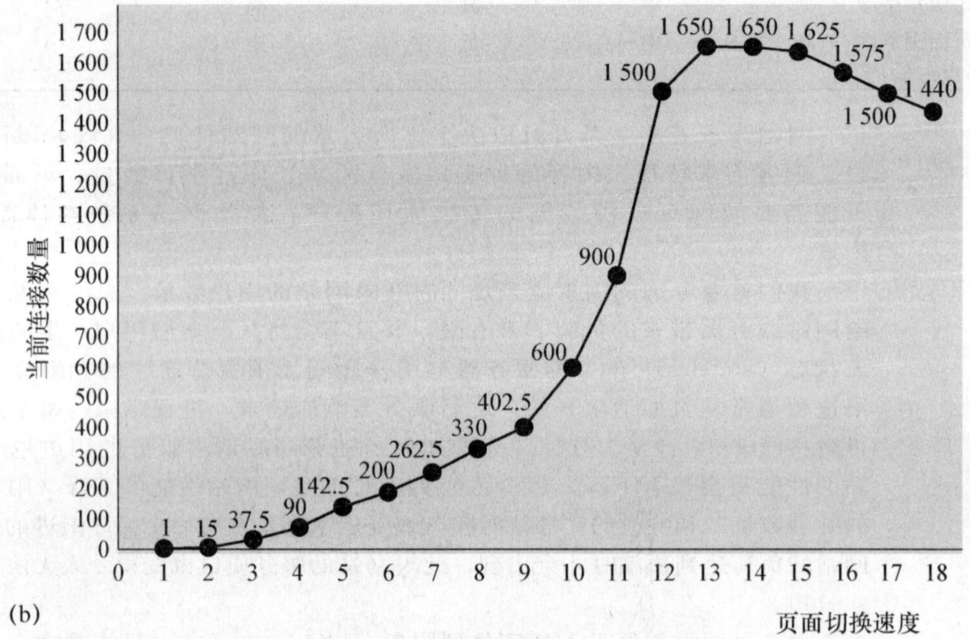

图 4—11 网站性能下降与用户数量的关系曲线

说明：当用户数上升或系统资源利用程度提高时，服务器性能开始下降。在（a）中，处理延迟缓慢上升直至到达拐点，然后急剧上升到一个惊人水平。在（b）中，页面切换速度缓慢上升，而后随着用户数激增而迅速上升，在一个明显的拐点处因服务器瘫痪而下降。

图 4—12 显示了一台服务器的处理器从 1 个增加到 8 个后的性能增长情况。从图中可以看出，当处理器到达 8 个之后，服务器的负荷容量只是单处理器负荷容量的 3 倍多一点。

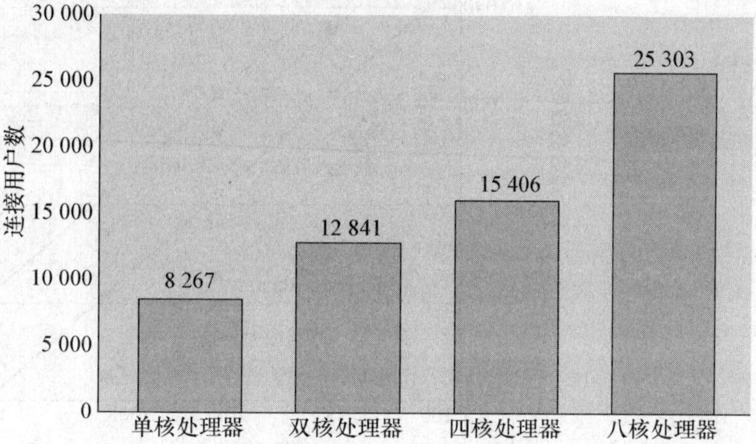

图 4—12　静态网页服务器的容量

说明：典型的单处理器静态网页服务器可以同时应对 8 000 多名用户的访问。当到达 8 个处理器后，同一台服务器可以同时为 25 000 多名用户提供服务。

第二个需要考虑的因素是**用户特征**（user profile），即用户请求的特点和用户在网站中的行为习惯（如用户浏览多少网页，需要什么样的服务）。

网络服务器在提供静态页面服务时极为高效。但是，如果用户请求更加高级的服务，如查询内容、通过购物车下单或者下载大容量的多媒体音频和视频文档，就需要服务器具备强大的计算能力，否则网站的性能将会迅速恶化。

网站内容的特点是我们需要考虑的另外一个因素。如果你的网站大量使用动态页面，服务器的处理器负荷就会快速上升，网站的性能也会随之降低。动态页面与各种商务逻辑功能（如购物车）都是 **CPU 密集型服务**（CPU-intensive）——它们都需要强大的计算能力的支持。例如，只使用动态页面的网站的性能，只能达到图 4—12 中的单处理器服务器性能的 1/10。此时，网站只能同时为 1 000 位用户提供服务，而不是 8 000 多位。动态网页与用户的任何交互都需要访问数据库，如填写表单、为购物车添加商品、购买以及问卷调查，这些都给服务器带来了数量可观的计算负荷。

最后一个需要我们用心考虑的因素就是网站与网络的通信连接，以及与用户端网络连接速度的变化趋势。图 4—13 显示了网站与网络连接的不同带宽所导致的网站每秒点击次数的变化。可以看出，网站的可用带宽越高，能够同时访问网站的用户数量也越多。例如，如果网站使用 1.5 Mbps 的低速 DSL 线路接入网络，网站中 1 KB 文档的每秒访问数量最高仅为 100 人次左右。大多数企业之所以选择在互联网服务提供商处放置服务器，就是因为这些提供商在合同的约束下必须（或愿意）为企业的网站提供足够的带宽，以应对可能出现的访问高峰。但是，提供商不为宽带服务提供质量保证，而且会以带宽有限为借口推脱责任。所以，你应当亲自检验互联网服务提供商的可用带宽，每日监测自己网站的实际性能。

不过，随着光缆的大量普及和客户端网速的提高，带宽对网络服务器的影响已经微乎其微。2010 年，美国有大约 7 500 户宽带家庭。而截至 2014 年，这个数字可能超过 9 100 万（eMarketer，Inc.，2010）。这意味着他们可以向你的网站发送

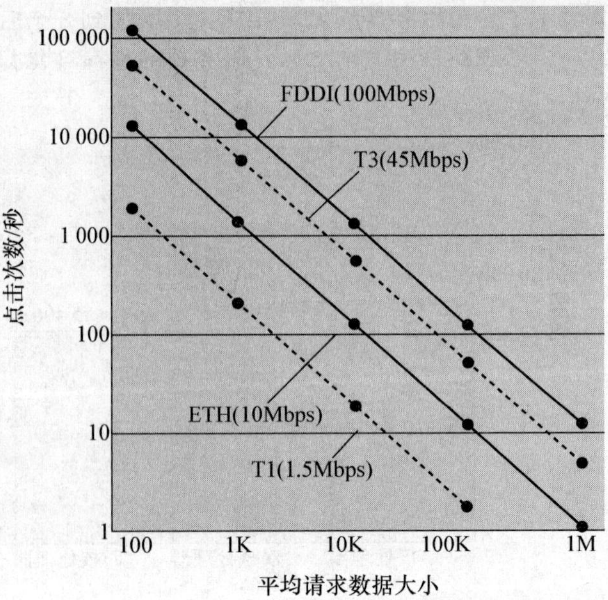

图 4—13　带宽与网站点击数量的关系曲线

说明：带宽越高，处理器能力不下降的情况下可接受用户数越多。
资料来源：IBM，2003.

更多的请求，也会要求网站向他们提供更丰富的内容和服务，例如视频、游戏、广播和仿真特效。而这一趋势将很快导致网站向动态内容和其他附加功能的转变。

4.3.2　选择合适的硬件平台：持续扩展

当你大致确定了网站需求之后，应当考虑如何逐步扩展网站，以满足这些需求。我们已经讨论过一种不需要太多精力的解决办法：将网站外包给基于云的服务。参见第3章关于云计算服务的内容。然而，如果你决定自己建立一个网站，扩展性是一个需要考虑的因素。**扩展性**（scalability）是指网站为了保证需求得到满足而不断扩大规模的能力。你可以采取以下三种方式来保证自己的网站能够始终胜任服务的要求：垂直扩展硬件，水平扩展硬件，改进网站的计算构架（见表4—8）。**垂直扩展**（vertical scaling）是提高单位组件的计算能力，**水平扩展**（horizontal scaling）是增加服务器和物理设备而分担工作量以提高设备覆盖率（IBM，2002）。

表 4—8　垂直扩展和水平扩展

技术	应用
使用更快的计算机	应用于边缘服务器、演示服务器、数据服务器等
创建计算机群	使用平行计算机以均衡负载
使用设备服务器	优化专门任务的特殊用途计算机
分担工作量	将传入任务分派给专门计算机
批处理请求	将有关数据请求集合成组，成组处理
聚合用户数据	将传统应用程序中用户数据集合到单一的数据池中
缓存	将高频使用的数据置于缓存而不是硬盘中

你可以把网站服务器从单处理器升级为多处理器，以实现垂直扩展网站的目标（见图 4—14)。你可以一直这样持续升级，直到服务器的处理器数量达到 20 个，并且可以同时升级处理器的工作频率。

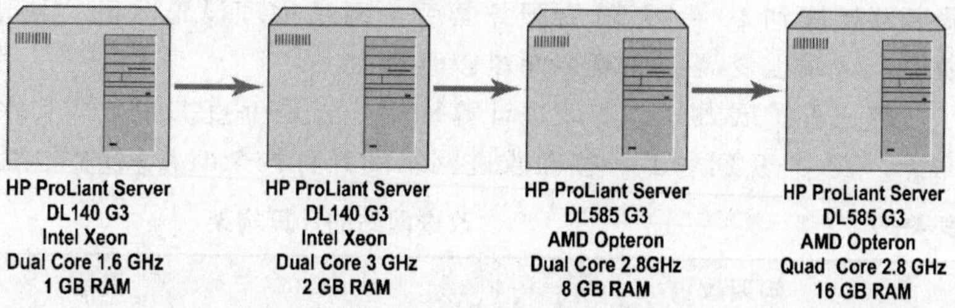

图 4—14 垂直扩展系统

说明：你可以通过改进处理器的效能和增加处理器的数量两种方式，实现垂直扩展系统的目标。

但是，垂直扩展系统也有两个缺点。第一，由于扩展持续的周期较长，这种方式下购买设备的成本较高。第二，网站完全依赖少数性能强大的服务器才能保持运转。如果你有两台服务器，而其中一台死机，那么半个网站甚至整个网站就会彻底崩溃。

水平扩展网站可以通过在网站中增加多台单处理器服务器，并在各服务器之间平衡负载这种方式实现。当然，你也可以把网站的负载分类，让一些服务器专门负责 HTML 或 ASP 页面的请求，另一些服务器专门执行数据库相关操作。此时，你需要使用专用的负载平衡软件（这类软件的提供商为数不少，如思科、微软和 IBM)，将进入网站的请求引导至不同的服务器（见图 4—15)。

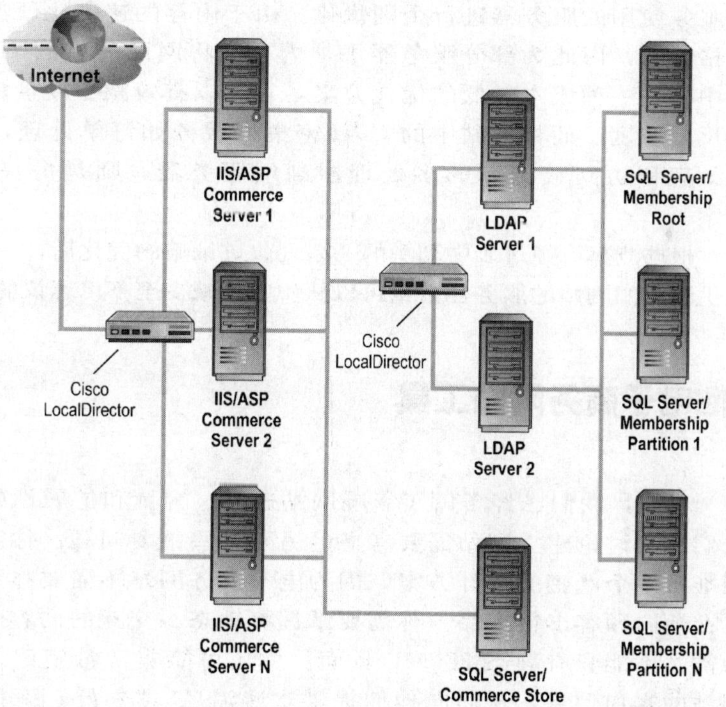

图 4—15 水平扩展系统

说明：你可以通过增加价廉物美的单处理器服务器，并使用负载平衡软件把用户发送的请求分配至不同服务器的方式实现水平扩展系统。图中所示的是思科的 LocalDirector。

水平扩展系统的方式具有许多优点，不仅成本低廉，还可以充分利用企业准备淘汰的计算机资源。水平扩展同时也为系统引入了冗余的功能——如果一台服务器出现故障，其他服务器会立即接管该服务器所有的负载。但是，当你的网站从一台服务器扩展到10台或20台服务器后，网站物理设施（即"场地"）的需求量随之激增，网站也变得更加复杂而难以管理。

第三种扩展方式——改进计算构架——是垂直扩展方式和水平扩展方式的巧妙综合。表4—9列举了一些在改进网站的计算构架时常用的策略。

表4—9　　改进网站的计算构架

构架改进	说明
静态与动态内容分离	为每种类型的内容准备独立的服务器
缓冲静态内容	将服务器的内存增加至GB水平，把静态内容直接存放在内存之中
缓冲数据库查询表	缓冲用于查询数据库记录的表单
强化专用服务器的商业逻辑功能	将购物车、信用卡结算和其他CPU密集型服务配置在专用服务器中
优化ASP代码	反复测试代码，以确保代码运行高效
优化数据库平台设置	检测数据库的搜索时间，采取措施尽量减少数据库的访问时间

表中列举的大多数计算构架改进方法都包括把网站的负载分为I/O密集型服务（如网页服务）和CPU密集型服务（如订单处理）。这样，你就可以对每种服务使用的服务器进行个别优化。由于内存的速度比硬盘的速度快上千倍且价格低廉，因此为部分服务器添加内存，将网站所有的HTML网页存放在内存中，是一种成本较低的优化方案，它可以有效减少硬盘负担并显著加快网站的反应速度。而将网站中的CPU密集型服务如订单处理，转移至专门用于订单处理和访问数据库的多处理器高端服务器，则是另一种行之有效的改进方案。

根据测算，经过表中列举的一系列改进策略的优化后，一个同时向1万名用户提供服务的网站的服务器数量可以从100台减少至不可思议的20台。

4.4　其他电子商务网站工具

现在，我们已经了解了影响网站速度、容量和扩展性的主要因素，接下来我们继续讨论建立网站需要考虑的另外一些重要问题。你需要为网站的商务功能准备一个严密的设计方案，因为电子商务网站不需要哗众取宠，而是要实实在在地向顾客出售商品。你需要掌握将动态、交互的内容引入网站的技巧，因为网站不能只有静态HTML页面。你还可能非常希望记录到达、离开和重回网站的客户信息，从而向他们提供欢迎消息（"你好，萨拉，欢迎再次惠顾本站"），并追踪客户在网站的活动，随时向他们提供个性化和定制化的服务。最后，你需要为网站制定一系列的信息策略，包括隐私策略、易用策略、信息访问策略等。

为实现上述商务功能，你必须了解可以满足这些商务需求的网站设计思想及低成本的辅助软件工具。

4.4.1 网站设计：以基本商务功能为本

本书并不是关于网站设计的教材（在第 7 章中，我们也只是从营销的角度出发，讨论网站设计的相关问题）。但是，作为一名企业的管理人员，你必须就确定的设计目标与网站设计人员进行沟通，以使他们知道你对目前设计工作的想法。从最低要求来看，顾客必须能够在网站中找到自己所需的东西，然后购买，最后满意离开。恼人的网站存在永久性失去顾客的风险。例如，Hostway 的调查发现，大约 75％的受访者说他们有很大可能不会再访问一家冒犯人的网站，并且会关掉相关的促销信息。大约 71％的受访者说他们会拒绝购买这种网站上的东西，并且会对这家公司产生很坏的看法。大约 55％的受访者说他们会向朋友和亲人抱怨这家公司。45％的受访者说他们甚至会拒绝购买这家公司门店中的商品（Hostway，2007）。图 4—16 列出了用户最有可能抱怨网站的原因。

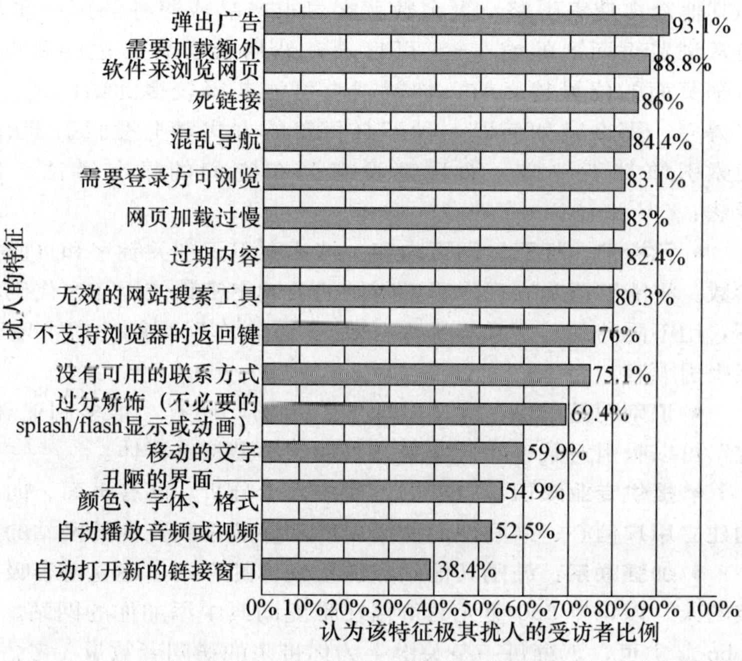

图 4—16 电子商务网站扰人的特征

资料来源：Hostway Corporation，2007.

一些评论家认为，设计失败的网站远比设计成功的多，明确网站如何吸引用户要比明确如何设计一个优秀的网站容易许多。在设计非常糟糕的电子商务网站中，消费者很难寻找产品信息，购买程序也异常烦琐；此外，丢失的页面和失效的链接随处可见，导航结构令人晕头转向，而且经常出现无法关闭的恼人的图片和声音。表 4—10 列举了设计优秀的电子商务网站的几点成功之处。

表 4—10　　设计优秀的电子商务网站的 8 点成功要素

成功要素	说明
功能完备	网页可快速加载，有效地将用户引向网站销售的商品
信息丰富	具备可帮助消费者轻松找到更多企业和产品信息的链接
简单易用	具备简单的傻瓜型导航工具
多重导航	具备指向同一内容的多条导航通路
购买方便	只需一两次点击就可完成购买
支持多种浏览器	网站必须与大多数流行的浏览器兼容
用户控制	避免出现用户无法控制的令人厌烦的图像和音频内容
文本清晰	避免使用容易造成文本扭曲或字体不清晰的背景

4.4.2 网站优化工具

从商业的角度来说，一个网站只有来访者众多才是有价值的。我们这里所讲的网站优化就是如何吸引大量来访者。当然，一个回答是利用谷歌、必应、Ask和其他众多搜索引擎。大多数顾客寻求产品或服务的第一步就是打开搜索引擎，通常浏览页面上的前 3～5 页目录，然后会看看右边的赞助商广告。你在搜索引擎页面的位置越靠前，你就越有可能获得较多的访问流量。第一页比第二页好得多。那么，如何以一种不必付费的方式登上搜索引擎的第一页呢？大多数搜索引擎都不一样，而且都没有公布它们的排名算法。这里有一些有效的看法：

● **元标记、标题、网页内容**：搜索引擎识别关键字和页面标题并将其编为搜索参数。将能够精确表现你所说所做的关键字密集使用在源代码的描述部分。试验一下，用不同的关键字看看哪些有效。“复古车”可能比“古董车”或“整修车”更能吸引顾客。

● **识别利基市场**：除了“珠宝”市场，还有“维多利亚珠宝”或“50 年代珠宝”可以吸引对某一时代珠宝感兴趣的小型特殊群体。

● **提供专业知识**：白皮书、业内人士分析、问答页面、向导和访问历史是极好的建立用户信心、鼓励他们使用帮助和导航来浏览你的网站的方式。

● **加强联系**：鼓励其他站点链接到你的网站；建立博客吸引能够分享你网址链接的人。以每年 300 美元的价格在雅虎词典中添加你的网站。为你的公司建立 Facebook 主页，观察每一条关键字为你带来的访问者数量。考虑使用 Twitter 来为你的产品建立粉丝群。

● **购买广告**：通过向搜索引擎付钱和打广告来补充你的网站搜索优化。选择你的关键字，然后买下关键字与网站的直接联系。你可以制定预算和上限以防大额损失。观察每一条关键字为你带来的访问者数量。

● **本地电子商务**：建立一个全国型的网站可能会花费很长时间。如果你的网站对当地人很有吸引力，或者在本地出售产品，那么使用包含地址的关键字，这样人们可以在附近找到你。关键字中的乡镇、城市和地区名字会很有帮助，例如，“佛蒙特奶酪”或“旧金山蓝调音乐”。

4.4.3　动态与交互内容工具

作为对网站建设直接负责的管理者，你肯定希望用户能够方便、快捷地与网站互动。正如后面所论述的，网站的交互性越强，网站的销售量就越高，回头客也会越多。

尽管功能完备和简单易用是网站设计的首要目标，但你的网站同样需要具备与用户互动的能力，为用户营造一种栩栩如生的“动感”购物氛围。此外，你还应当根据客户的个人需要为他们提供个性化的购物服务，按照顾客在网站中的行为表现或流露出的购买欲望为他们显示定制化的内容。例如，你可能希望通过网站程序与消费者交互，为他们免费提供抵押计算或担保建议的服务。为了实现这些目标，你需要仔细考虑哪些工具能够为你提供帮助。从简单的交互过程，如顾客提交姓名，到复杂的互动过程，如信用卡结算、用户喜好和反馈的实时记录，都需要专用程序的支持。下面向大家介绍一些常用的可以帮助网站实现高交互性目标的软件工具。

装饰您的博客：Web 2.0 设计元素

提升网站能力的一种简单方法就是添加一些应用部件。**部件**（widget）是一小块可以自动在 HTML 网页中执行的代码。它们是预先写好的，并且很多都是免费的。社交网络和博客都使用部件向用户呈现来自网络（来自具体新闻资源的标题、声明、新闻稿和其他常规内容）、日历、时钟、天气、电视直播、游戏和其他功能的内容。你可以将这些代码复制到 HTML 网页中。从 Google Gadgets 或 Yahoo Widgets 开始是很不错的选择。

混合搭配有些复杂，正如第 3 章所讲，你需要把一个程序中的功能和数据放进另一个程序中。最通常的混搭是使用谷歌地图和软件并将其与其他数据结合。例如，如果你有一个当地房产网站，你可以将谷歌地图和卫星图片应用下载到网站中，这样来访者就可以了解周围的环境。有很多种谷歌地图搭配，从缅甸政治抗争地图到《财富》500 强企业地图。再有的搭配就是体育、照片、视频、购物和新闻。

Web 2.0 应用的关键是提高用户对你的网站的兴趣和参与程度，以及简单地囊括先进功能和独有数据。

CGI

公共网关接口（Common Gateway Interface，CGI）是浏览器和网站服务器上运行的与用户进行互动的程序进行通信时所遵循的一条列标准。CGI 允许可执行程序按照用户提交的请求访问网站内的所有信息。之后，程序就可以把所有收集到的内容整理成返回页面（HTML 网页、脚本代码、文本内容等），通过网络服务器送回至客户端。例如，如果用户点击了“我的购物车”按钮，服务器就会收到一条请求并运行一个相应的 CGI 程序。该 CGI 程序从数据库中找到用户购物车中的商品信息，并把信息返回给服务器。之后，服务器再把这些信息通过 HTML 页面展现在用户面前的显示器上。要注意的是，这里所有的计算处理都发生在服务器端（这也是 CGI 程序和其他类似的程序被称作“服务器端”程序的原因）。

CGI 程序几乎可以在任何编程语言中使用，只要它们遵循 CGI 标准。目前，

Perl是最流行的CGI脚本语言。通常来说，CGI程序使用在Unix服务器中。CGI的最大缺点就是扩展性不高，因为一个新程序必须为满足每个要求而创建，这就限制了可被提交的并发请求数量。CGI脚本在没有大量客户流量的小到中等规模应用程序上使用最佳。也可以使用网络服务器扩展工具，例如FastCGI，它可以提高CGI的扩展性（Doyle and Lopes，2005）。

Active Server Pages（ASP）

Active Server Pages（ASP）是微软公司专为Windows平台开发的服务器端程序。从1996年问世至今，ASP已经迅速发展为Windows环境中的服务器端网络程序的主要技术平台。ASP可以帮助开发人员轻松地在数据库中添加记录、读取记录，运行HTML页面中的程序代码，并处理电子商务网站所有类型的交互表单。与CGI类似，ASP允许浏览器和服务器之间进行互动。ASP程序只能在装有微软IIS Web服务器软件的Windows 2000/2003/NT Web服务器中使用。

Java、Java Server Pages（JSP）与JavaScript

Java是帮助开发人员编写在客户端计算机运行的互动程序的编程语言，可以大大减轻服务器的负担。Java由Sun Microsystems公司于1990年提出，起初只是一种消费类电子产品使用的跨平台编程语言。Java旨在创建一种能够忽略操作系统，可在任何机器中运行的程序，即一次编写，任意使用（Write Once Run Anywhere，WORA)。如果操作系统（Macintosh、Windows、DOS、UNIX和主流MVS系统的主机）都安装了专为本系统解释Java程序所用的Java虚拟机（Virtual Machine，VM)，这一美好愿望就能实现。

但是，直到1995年，人们才意识到Java更适用于互联网环境，而不是消费类电子产品。Java程序（现在称为Java applets）可以通过网络下载至客户端计算机，并完全在客户端计算机中运行。Java程序的标识符也可以内嵌在HTML网页中，但这要求浏览器必须安装Java虚拟机。目前，主流的浏览器都已内带运行Java程序的虚拟机。当浏览器访问带有Java程序的网页时，会向服务器发出请求并把程序下载至本地运行，之后再在页面中分配空间以显示程序运行的结果。Java程序可用来显示各种有趣的图像，创建互动性极高的交互环境（如抵押计算），或者直接访问Web服务器。

现在，包括微软、IBM、惠普和其他开发商在内的不同厂商，已经开发出不同版本的Java语言和Java虚拟机。使用Microsoft Java编写的Java程序只能在微软的Internet Explorer浏览器中良好地运行。因此，同一个Java程序可以在所有网络客户端正确运行的愿望并未实现。出于安全考虑，许多企业也不允许Java程序通过企业网络的防火墙。尽管Java程序不会访问客户端系统的本地资源（基于安全因素，Java程序采取“封箱”的运行机制），企业信息系统的管理人员还是对允许Java程序从远程服务器进入企业防火墙感到忧心忡忡。许多Java程序经常出现崩溃或无法正常运行，从而浪费大量的系统资源。某些程序即使能够良好运转，功能也非常有限（如闪烁的徽标）。

Java Server Pages（JSP）与CGI和ASP类似，是一种帮助编程人员将HTML、JSP脚本代码和Java集成在动态生成的网页中，以响应用户请求的页面编码标准。JSP使用Java servlets，即网页专用的在服务器端运行的小型Java程序，在服务器将网页发回至客户端前对网页的内容加以变更。目前，市场中的主流应用服务器软件都可对 JSP 提供良好的支持。

JavaScript 是一种由网景公司开发的编程语言，用来控制 HTML 页面中的对象，并处理页面与浏览器的交互。JavaScript 经常被用来验证用户输入的代码和各种商业逻辑功能。例如，用户注册表单就可以使用 JavaScript 检验用户是否输入了正确的电话号码、邮政编码或电子邮箱地址。在用户完成表单提交之前，还可以使用 JavaScript 对用户输入的电子邮箱地址的有效性进行验证。由于 JavaScript 更加稳定，且只能在 HTML 网页中运行，JavaScript 更容易被企业和市场接受。

ActiveX 和 VBScript

微软公司并未被 Sun Microsystems 和网景击败，它也成功地开发出了 **ActiveX** 和 **VBScript** 编程语言，分别同 Java 和 JavaScript 进行竞争。当浏览器收到带有 ActiveX 控件（与 Java 程序对应）的网页后，浏览器只是简单地运行控件中的代码。但是，与 Java 不同，ActiveX 能够完全地访问客户端资源，如打印机、网络、硬盘。VBScript 则与 JavaScript 的运行机制相同。当然，只有当用户使用 Internet Explorer 时，ActiveX 和 VBScript 才会正常运行。否则，肯定有部分运行结果不能正确显示。

通常情况下，由于 Java 与 ActiveX 和 VBScript 并不相容，用户端的电脑平台也千差万别，因此大多数电子商务网站都尽量避免使用这几种工具。而 CGI、JSP 和 JavaScript 也理所当然地成为网站向用户提供动态、交互性内容的首选开发工具。

ColdFusion

ColdFusion 是开发网络互动应用程序所使用的服务器端集成开发环境。ColdFusion 由 Macromedia 公司推出，集直观的标识符脚本语言与标识符服务器脚本语言于一身（CFML，ColdFusion 标记语言），可以显著降低互动内容的开发成本。ColdFusion 可以为使用者提供一整套用于视觉设计、编程、调试和安装的强大工具。

4.4.4　个性化工具

企业肯定希望自己的网站能够尽量满足每个顾客的不同需求，并像现实中面对面的交易市场那样，令人感到亲切。个性化（网站按照消费者的个人特性和消费记录为其提供个性化服务的能力）和定制化（随时改变产品配置，以更好地满足客户需求的能力）是电子商务网站具备与现实交易市场相同魅力的两个关键因素，甚至还可以帮助网上购物方式超越直接邮购和在市郊的大型购物中心采购等消费方式，赢得消费者的青睐。但是，在常见的人山人海的交易市场中，商家很难与消费者进行一对一的直接沟通，也很难做到按照消费者的个人要求对产品进行调整，目前大多数企业还是采取一种产品服务大众的方式进行生产和销售。

实现个性化服务和定制化服务的途径多种多样。例如，如果你知道访问者的个人背景资料，就可以为其提供个性化的网页内容。你也可以对每个访问者感兴趣的页面和内容加以分析，从中找出有用的数据。我们会在后面章节中从营销的角度出发，详细讨论这些方法。目前，在客户端计算机设置 cookie 文件是网站个性化和定制化服务使用的主要技术。正如我们在第 3 章中讨论的，cookie 是一种安装在客户端计算机中的小型文本文件，可以存放任何类型的客户资料，如客户编号、交易编号或所购物品。随后，当顾客返回网站，或需要进一步浏览信息时，服务器就可以从数据库中调出顾客的历史记录。这样，顾客所有的历史访问信息都被收集起来，网站就可以在这些数据的基础上为顾客提供个性化的内容和定制化的产品。

例如，当用户再次登录网站之后，我们可以利用程序从 cookie 文件中读出客户编号，再根据客户编号从数据库中找出客户姓名，并在网页中显示相应的欢迎消息。（“你好，玛丽！欢迎再次惠顾本站！”）当然，顾客采购的历史记录也可以被保存下来，用以向顾客推荐其他相关商品。（“您已经购买了扳手，是否还需要扳手工具箱?”）此外，定制产品的愿望也能够借助 cookie 得以实现。（“您似乎对 Word 的基础培训项目很感兴趣。我们有专为 Office 软件的初学者设计的 “How to Study” 计划。您是否愿意先观看在线演示?”）

我们将在第 8 章中详细论述 cookie 文件的使用方法，以及 cookie 文件如何帮助企业建立与客户一对一的服务关系，这里不再展开。

4.4.5 信息策略

在开发电子商务网站的同时，你也需要考虑网站应当采取哪些信息策略。你应当制定**隐私策略**（privacy policy），即向公众声明企业如何保护在网站中收集到的客户的个人信息。你还应当制定**易用策略**（accessibility rules），即确保残障用户能够顺利使用网站的一系列设计目标。美国有 4 000 多万残障人士，他们不仅需要借助专用设备完成出行，也需要借助专用工具使用计算机（请阅读社会透视“构建无障碍上网的 Web 2.0 时代”）。我们将在第 8 章中对电子商务信息策略作进一步的讨论，这里不再展开。

社会透视

构建无障碍上网的 Web 2.0 时代

你见过听力有障碍的人也能观看的 YouTube 视频字幕吗？使用 IE 访问亚马逊页面时，你听过有关帮助听力障碍人群理解内容的音频描述吗？事实上两个答案都是：没有。但是，为什么没有呢？美国约 5 400 万人患有残疾；其中 3 500 万人程度严重。大约 800 万人无法阅读报纸，800 万人无法聆听谈话内容，1 600 万人有认知、精神或情感功能障碍。此外，残疾的患病率会随着人口老龄化而提高。

这些残疾人的上网问题可由智能软件和硬件来解决。对普通人而言，上网并不困难。然而对残疾人来说，网络是最不友好的地方之一。为弥补失误，美国联邦通信委员会于 2010 年 4 月出台旨在扩大美国无障碍宽带互联网的白皮书，呼吁立法加强从智能手机网络到社交网站等宽带服务设施的无障碍性要求。该报告产生于 2009 年一项名为“21 世纪无障碍通信与视频”的法律行动。

残疾人代表方也采取过诉讼手段来推进相关立法行动。2010 年 1 月，亚利桑那州立大学（ASU）与全国盲人联合会及美国盲人理事会代表的盲人原告达成和解。2009年7月，原告起诉要求ASU停止其在教学中使用盲人学生无法操作的Kindle电子书的试点方案。虽然Kindle有音频功能，部分图书有音频版本，但Kindle电子书的导航菜单无法由语音命令操控，而且大多数图书没有音频版。在亚马逊的支持下，ASU计划于2010年在全校范围内推行Kindle电子书作为示范和试验。Kindle电子教材只需纸质课本一半的价格。与亚马逊试验有关的其他学校（普林斯顿大学、西储大学、瑞德学院、佩斯大学、弗吉尼亚大学）同意要求ASU搁置Kindle电子书计划，直到其可完全被盲人学生使用。现在亚马逊正努力改善Kindle，使其更易于残疾人使用。

这项诉讼和判决引发了教育和司法部门的关注。2010年6月，教育部致信各大学校长和院长，要求确保上课时使用的电子书设备能被残疾学生使用，否则将视作触犯联邦法律。类似的要求也被传递给美国的基础教育机构。

1998年，国会修正了《康复法》，要求接受联邦拨款的美国政府机构和承办商对其IT设备进行改造，以便残疾人能够使用。这项法案，也就是我们所熟知的第508条，要求联邦政府资助的网站必须能被视力、听力、视听力及鼠标使用障碍患者使用。然而，这项法案只适用于接受联邦拨款的美国政府机构、政府承办商等，而对更广大的电子商务公司不适用。

首起在网络服务领域适用第508条的诉讼案中，Access Now公司（一家保护残疾人的倡导组织）代表500万美国残疾人（他们希望能够使用适合残疾人的网站），于2001年起诉了西南航空公司，理由是航空公司有违1990年《残疾人法案》（ADA）。2002年12月，佛罗里达州联邦地区法院的一审判决认定，ADA只适用于现实场所，而不适用于虚拟环境。然而，法官在补充说明中提到，像西南航空这样以顾客为导向的公司居然没有采取任何技术来增强网站可用性（能吸引客户资源从而增加收入），这让她惊讶万分。

该案件过后，法律解释和公众的情绪都促使许多知名网站考虑遵循第508条，有时是出于自愿，而有时则是考虑到公众宣传的压力。例如，RadioShack、亚马逊、Ramada和Priceline已与全国盲人联合会及美国盲人理事会达成共识。与此同时，全国盲人联合会（NFB）因塔吉特网站无法被残疾人使用而发起集体诉讼。他们称，残疾人无法使用塔吉特的购物车系统，原因是需要使用鼠标、影像地图、图形界面以及缺少ALT文本。而塔吉特宣称，ADA不适用于自己的网站。

2006年9月，一家联邦地区法院裁定ADA适用于互联网。这家法院坚持认为："ADA反对商品、服务、器械或特权歧视的普遍含义是，不论提供什么产品或服务，市场都不得歧视残疾人对该产品或服务的需求。"因此这家法院驳回塔吉特声称只有实体店才适用ADA的辩解，判定塔吉特的所有服务（包括网站），都必须可以为残疾人所使用。2007年10月，法院受理该集体诉讼官司。

2008年8月，塔吉特和NFB达成和解。塔吉特不承认触犯ADA，但同意截至2009年2月28日，将调整网站使其遵循网络辅助技术准则，并且由NFB确认。此外，塔吉特同意支付600万美元的赔偿。许多无障碍网络倡导者对判决结果表示失望，认为光是和解无法带动后续的任何法律行动。不过作为一家谨慎的电子商务公司，扩展网站的无障碍性既可以吸引用户群，也能避免不必要的诉讼。

那么，盲人该如何使用网络，设计师又该如何为盲人创建可使用的网页呢？大多数盲人使用和其他人一样的电脑，但盲人使用可将文本信息翻译成合成语音或盲文的屏幕阅读软件。大多数盲人使用IE浏览器，也有其他浏览器能供盲人使用，如Lynx（只在Unix系统下运行的文字浏览器）和IBM

的主页阅读器。

盲人通过点击超文本链接来浏览网络，使用 Tab 键从一个链接跳到另一个链接。随着所选链接的移动，屏幕阅读器会自动阅读标题。如果标题是“如何与我们取得联系”，盲人浏览者就会很容易理解链接的含义。但如果是“请点击这里”或“这里”，就很难不借助其他工具来帮助盲人解读其含义。随着越来越多的屏幕阅读器和浏览器结合在一起，盲人浏览者想要一次阅读一行文字渐渐成为可能。然而，检查网页的每一处细节以了解超链接的含义是个费时的过程，应尽量避免。我们应该尽可能多地应用盲人阅读器能够转换成合成语音或盲文的 ASCII 文本。

一旦发现所需的超链接，盲人浏览者就会按下回车键前往链接到的地方。如果屏幕上有待填的表格，盲人浏览者通常会跳到文字输入栏以正常的方式键入信息。其他例如复选框、组合框、单选按钮等，如果屏幕阅读器能检测到它们，都可以被使用。网页设计师还有其他措施来提高无障碍性，例如在图片背后嵌入文本描述并允许屏幕阅读器读出这些描述。所以当屏幕阅读器读取图片时，用户会听见譬如“停在港口里的巡洋舰照片”而不是“图片”，但是允许用户选择颜色和字体的功能会受到影响。此外，添加屏幕放大工具和音频标签是另外两种扩展无障碍性的方法。

无障碍倡导者要求网站必须提供图像内容替代品，以帮助残疾人用户接收到屏幕上的信息。创建无障碍页面常用的 Guideline 能够使文本和图像信息在无色彩页面中依旧被了解，也能使页面元素通过各种输入设备（如键盘、光标或盲文阅读器）激活，还能提供清晰的导航机制。

2010 年 6 月，万维网联盟（W3C）发布了网站内容无障碍指南 2.0（WCAG），向所有组织提供可容纳残疾人用户的策略。残疾用户遇到的问题包括：所谓的“验证码”（输入文本框以获准进入网站的扭曲文字）、不能被阅读器读出的图片式而非文字按钮，以及 YouTube 影片字幕。

资料来源：“Federal Government Requiring Colleges to Include Blind-friendly Electronic book Readers，” by Dorie Turner，Associated Press，June 29th，2010；“W3C Web Accessibility Initiative [Final Draft]，” WC3. org，June 2010；“A Giant Leap and a Big Deal：Delivering on the Promise of Equal Access to Broadband for People with Disabilities，” Federal Communications Commission，April 23，2010；“21st Century Communications and Video Accessibility Act of 2009，” Hearings，111th Congress，House of Representatives，H. R. 3101，April 2010；“A Giant Leap & a Big Deal，” by Elizabeth Lyle，Federal Communications Commission，Working Paper Series No. 2，April 2010. “Blindness Organizations and Arizona State University Resolve Litigation Over Kindle，” National Federation of the Blind，Press Release，January 11，2010；“Web Accessibility：Making Your Site Accessible to the Blind，” by Curtiss Chong，National Federation of the Blind，accessed August 14，2009.

案例研究

REI——翻越网络的高山

大多数有关网站成功案例的故事通常暗示着，一旦网站建成，公司就会一直保持原有的良好状态，网站设计师转而从事其他工作，然后故事结束。事实上，有经验的网站管理者和设计师都知道，网站不是一蹴而就的，需要不断地加以改善，有时甚至需要重建。成功的网站时刻都在改变。随着科技、用户期望、产品与服务、管理经验的改变，历史悠久的成功企业的网站每隔几年都会经历若干次重建。REI 证实了这一点。

总部设在华盛顿的 REI 是当今世界最大的户外用品电子零售商。REI 也是美国电子商务的先驱之一，于1996年创办第一家网站。2010年，公司着手第四次重建网站。REI是美国大型零售业电子商务的典范，它既投身于改变互联网技术，也投身于影响顾客的品味和文化。

华盛顿州西雅图的两名登山者劳埃德(Lloyd)与玛丽·安德森(Mary Anderson)于1938年创立了REI。他们首先从澳大利亚引进一种特制的冰斧，随后就决定建立一家企业，来帮助那些需要质量一流、价格公道的登山宿营工具的朋友及户外运动爱好者。今天，REI已经成为美国最大的消费合作组织，拥有390万会员。会员一次性缴纳20美元会费后，就可享受金额相当于本年度购买总额10%的返利。此外，REI的业务在不断增长。目前，公司拥有分布在27个州的110家零售商店、两家线上商店、一个国际邮购订单处理中心以及一家旅行社REI Adventures。每一家商店的公共信息查询中心允许顾客在REI.com或REI-Outlet.com中的任意一家网站购买商品。REI拥有9 500多名员工，2009年创造14.5亿美元的利润，其中约2.59亿美元来自线上商店。在2009年的经济萧条期，REI实体店铺业绩下滑3%，而线上商店销售额却增长了9%。

REI从1995年夏季开始涉足互联网领域。当时，网景公司刚刚问世，第一代电子商务初露端倪。与其他成功企业类似，REI的网络业务也是由公司高级管理人员发起和负责的。高管们意识到网络会给市场带来巨大变革，这给企业既带来挑战又带来机遇。

当时，许多传统的实体零售商都担心，一旦引入网络销售渠道，会对企业现有的零售业务造成巨大冲击。它们最不愿看到刚成立的网上商店从自己的传统销售渠道中“偷走”客户。但REI却不然。其总裁兼CEO丹尼斯·马德森(Dennis Madsen)指出：“我们非常清楚，如果公司无法为那些希望通过网络完成交易的用户提供服务，他们就会转向其他网络零售商。其实建立网站对我们来说不是一件难事。开展网络业务，意味着向顾客提供更好的服务。事实证明，认为网络销售渠道会与其他销售渠道自相残杀的想法只不过是杞人忧天，许多顾客都同时通过多种渠道向我们购买商品，这些顾客往往也是企业最好的客户。”

REI用大约50万美元的预算建立起第一家网站。当时，只有网景公司能够提供完整的电子商务软件套件，因此REI最终选择了网景公司的Merchant Server软件和IBM RS/6000服务器。尽管这一计划的负责人马特·海德(Matt Hyde)明白REI只是一家从事贸易活动的零售商，不是一家软件开发商，但他还是决定使用现成的网站构建工具来自主设计网站，而未把网站开发外包给其他企业。海德解释道：“当我们跳出过去那种认为贸易企业只能运营网站而不能开发网站的传统思维定式后，我们发现自己可以做得更多，也意识到我们必须把网站当作企业的核心竞争力。因此，网站设计不能交由外人来完成。”

但是，海德的决策也给公司带来沉重的负担：REI.com完全由REI管理，没有外人插手。网站规模的不断成长使REI的人力资源变得异常紧张。公司很快就发现很难找到自己需要的技术人员，即使能够找到，其薪资要价也比销售人员高出许多。1996年9月，当有些传统零售商还在观望网络销售时，REI.com正式开张，通过直接邮递广告和在零售店内张贴海报大肆宣传。1997年2月，海德和下属意识到自身的思路是完全正确的。在圣诞节后的两个月内，网站流量就增加了50%。但这也使网站暴露出许多问题。海德指出，“我们当初选择网景，是因为它当时确实是这一领域的领导者。但网站运行不久，我们就发现网景公司的软件有太多的局限性。当网站流量从几千人上涨到每月数百万人次后，你就必须升级网站的基础设施配置。”

海德还指出：“从表面来看，电子商务的实现轻而易举。但如果你亲身参与过将规模庞大、功能繁多的网站与企业现有业务流程应用集成的工作，你就会明白实现电子商务远比人们所想象的困难。这就像一座冰山，人们只能从浏览器中看到为建设完美、盈利的电子商务网站所付出努力的很小一部分，可能只有10%。”

1998年，REI开始设计第二家网站。此时REI有了更多的选择余地，包括微软、IBM、Broadvision和OpenMarket。“如果你改变网站所用的电子商务软件包，那将需要漫长的时间重新学习适应。我可以改变一次，但绝对不会有第二次。因此，我希望选择一款合适的软件包……来满足公司未来几年的需要。”1998年初，REI最终决定使用IBM的Net. Commerce服务器软件包。影响这项决策的重要因素在于，IBM能够完整保留过去两年里REI自己开发的所有代码，这些代码主要用于保持网上商店与公司原有系统的连接。“即使我只投入过数十万美元而非上百万美元到该系统中，我也不希望原来的投资无果而终。而且，Net. Commerce还能减少今后自己编写代码的工作量，因此选择Net. Commerce可谓是一举两得。”1998年8月，REI的第二家网站正式投入运营。

2002年，REI开始了第三次重建，通过一个独立平台进行标准化，即IBM的WebSphere——一系列完整的电子商务网站发展和优化工具。在此之前，REI电子商务构架是由部分自主开发和大量外包商开发的软件共同构成的。1998年重建后，IBM开发了一套符合Java和Unix标准的工具，包括WebSphere Application Server和WebSphere Commerce。它们都在基于Unix的IBM p系列服务器上运行。这种服务器支持多处理器，便于商业规模的扩展（见图4—17）。REI倾向于单个供应商提供集成平台，利用其定制个性化信息的能力完善用户功能，门店和网站都变得更加便利。例如，REI拥有向顾客推荐附近在售商店的能力。REI可通过邮箱向购买自行车的顾客发送自行车头盔的网络优惠券。WebSphere可向阅读徒步旅行——“学习和分享”文章的顾客的页面上投放登山靴的图片。

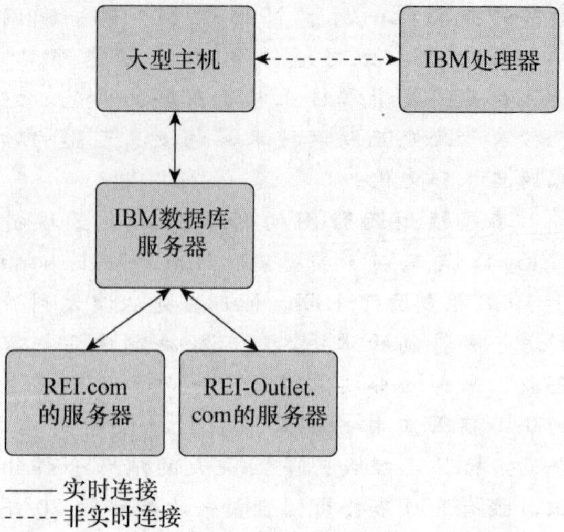

图4—17

REI“虚实结合”的企业战略已为公司带来丰厚回报。除了显著增强公司与已有客户间的关系外，网络销售还为公司发掘出大量的新客户。近36%的网络客户不是REI组织的成员，说明他们很可能都是公司的新顾客。而传统的零售渠道中新客户只有15%的比例。与管理层早年的担心截然相反，网络销售并未对REI原有的销售渠道造成冲击。基于WebSphere Commerce平台的门店配送服务就是一个很好的例子。该系统向网络订货顾客提供免费的店内配送服务。为完善这项服务，REI将网络和门店的订单系统结合起来，将顾客近两周的门店和网络订单商品用同一辆卡车配送过去。实践表明，这项服务是成功的。在前12个月里，对网上订单的店内配送服务共计实现4 000万美元的年收入，约占在线销售的1/3。如今，REI. com网站超过40%的订单商品被递送到门店，而1/3前来取件的顾客会多买90美元的商品。

考虑到谷歌和搜索引擎营销的流行，REI意识到能挤到搜索引擎结果的第一页是多么重要。REI与一家叫做Netconcepts的公司合作，重新设计自己的网页，停止使用动态URL链接，优化目录页和搜索服务。这样网页可以被更好地浏览，无须付费就产生自然搜索用户增长200%的效果。2006年，REI开始使用软件服务——Mercent Retail

来帮助自己更好地处理从购物门户网站转来的客户。这项服务能够与后端零售管理软件系统集成，同时帮助 REI 维持品牌定位并和三家合作网站建立稳固的商业关系。2007 年，REI 从自己专有的搜索引擎转向使用 Mercado Software 的搜索引擎，使得客户能够通过品牌、价格和畅销产品迅速搜寻到想要的物品。

2008 年，REI 开始第四次网站重建并于 2010 年完成。如今的互联网更具交互性、个性化、社交化、视频导向。2010 年的 REI 网站在 1996 年甚至 2006 年来看都是不可想象的。新网站最重要的特点是标准化、个性化、搜索功能和社交属性（用户写下产品评价，通过各种社交渠道将消息传递给朋友）。新网站注重加强购物体验、延长在线时间和增加销售。网络公司 Hitwise 曾评论，REI 网站访客的平均在线时间从 2007 年的 10 分钟延长到 11 分 23 秒，涨幅达 14%。

当你运行的是只包含几张网页的网站时，你可以手动设置链接。但如果你的网站有 4 万个产品页面时，你的数据库就需要使用标准化模板了。这样你只需做微小改动，就能使其他 4 万个页面也随之自动更改。新网站也必须采用这种标准化模板来建立，以使网站开发者和工程师能够更容易地改动主页或产品页面。“是时候将 REI. com 带入 21 世纪了，”REI 电子商务和网站策略副总裁布拉德·布朗（Brad Brown）说，“我们现在可以只改动模板，然后每个使用模板的页面都会自动更新。4 000 个页面的统一模板使你只需改动一次，而不是像没有模板的年代那样依次改动 4 000 个不同的网页。”

为使自己更具个性化特征，REI 采用 PowerReviews 公司的评价系统和 OpinionLab 公司的调查系统。如今网站上已拥有 35 000 条评论。为追随时刻变化的技术和顾客文化，REI 于 2010 年推出两款免费的手机应用程序：一款是 Bike Your Drive，供用户骑自行车时使用，可记录运动里程、上传标有位置的照片或计算旅程节约的碳排放量；另一款是 REI Snow Report，使 iPhone、黑莓和 Windows Mobile 用户能接收美国、加拿大、欧洲等地滑雪场和滑雪山的即时资讯。这两种免费应用程序都能一键进入 REI 网站。REI 的网站上拥有大量视频，且计划增加更多视频来吸引更多专业视频用户。例如，购物者可能会看一段关于如何更换自行车轮胎的视频，那么相关产品的链接就会出现在页面上。2010 年，REI 扩充了更丰富的媒体、视频广播和其他 Web 2.0 工具。HeckYes! Productions 上丰富的媒体应用使购物者能够从多角度观察 3D 产品图像。RSS 是 REI 使用的另一种新工具。正如你在第 3 章了解到的，RSS 具有将更新信息从所选网站直接传到用户桌面的数据传送功能。REI 使用 RSS 将流量吸引至 REI-Outlet. com 的“deal of the day”。

REI 根据客户需求持续变革，将音乐和视频作为营销工具来吸引年轻听众在页面上驻留更长时间。例如，公司推出有 10 首独家歌曲的 REI Go Playlist，顾客可在 REIGo-Playlist. com 网站下载。另外，REI 的雪地运动品牌也已与乐队合作。“所有的音频都是 REI Go Playlist 所独有的，你在别的网站和 CD 上无法找到，”一位发言人说。许多知名品牌生产商赞助了这一播放器，包括 Burton、K2、Marmot、Ride、Rossignol、Smith、Salomon、The North Face 和 Volko。REI 市场部副总裁汤姆·沃格（Tom Vogl）说道：“通过推出大量的歌曲，我们希望 REI Go Playlist 能够使现有的顾客对即将到来的冰雪季节感到兴奋。”该程序自 2008 年 10 月起上线，一直运行到 2009 年 3 月，获得极大的成功。

历时 3 年，REI 投资数百万美元打造了数据仓库，它可以将商店、网络、呼叫中心和其他渠道的用户信息汇集到单一数据库。该数据仓库能帮助 REI 提供针对性的营销信息和个性化客户服务：“喜欢 Robbers 音乐的人们也一定喜欢 Rossignol Skis。”处于网络领先地位就要时刻追求创新和投入。2010 年 REI 的重点是发展和完善“Omniture Recommendation”评价系统。这款软件精选出

REI数据仓库里顾客经常结队抢购的商品、浏览最多和卖得最多的商品、顾客购买历史记录、顾客购物时提供的商品评价等信息。评价系统能使REI的销量增加10%～20%。

资料来源："About Us," REI.com, August 2010;"Top 500 Guide, 2010 Edition," Internet Retailer, 2010;"REI Announces 2009 Revenues and Member Dividend; Net Income Recovers in a ChallengingRetail Environment," Press Release, REI Inc., March 22, 2010;"REI Outfits Its E-commerce Site With More Personalization Features," Internet Retailer, January 27, 2010;"REI Peddles Pedaling With a Free Tracking Program for Mobile Phones," Internet Retailer, July 8, 2009;"REI Gives Skiers and Snowboarders Their Own Mobile Application," Internet Retailer, December 18, 2008;"REI's Approach to Online Music: Free and Exclusive," Internet Retailer, October 24, 2008;"REI Makes Standardization the Bedrock of Its New Web Site Design," Internet Retailer, October 1, 2008;"REI Combines 20 Sources of Customer Informationinto One Data Warehouse," Internet Retailer, March 18, 2008;"Driving Sales," Internet Retailer, March 2008;"REI's Online Performance Climbs with Mercent Retail," March 20, 2007.

[案例思考题]

1. 根据案例中提供的信息，自己再去调查加以补充，为REI.com网站进行简单的逻辑设计和物理设计。

2. 读完案例研究后，找出REI.com取得巨大成功的关键因素。

3. 登录REI.com，按照表4—10中列举的8个项目为网站打分（1分最低，10分最高），说明如此评分的理由。

4. 准备一份有关户外体育用品行业与服装行业的简短分析报告。REI的主要竞争对手有哪些？它们在多渠道销售方面的表现如何？

关键术语

系统开发生命周期法（systems development life cycle, SDLC） 了解任何系统的商业目标并为之制定相应解决方案所普遍采用的一种方法。

商业目标（business objectives） 网站应当具备的各种能力。

系统功能（system functionalities） 实现网站商业目标的各种信息系统手段。

信息需求（information requirements） 系统为实现商业目标而必须具备的信息元素。

系统设计说明书（system design specification） 对系统主要功能模块以及模块间相互关系的说明。

逻辑设计（logical design） 描述电子商务网站的信息流、网站必需的处理功能、网站采用的数据库、网站使用的安全和应急备份程序以及整个系统的控制程序。

物理设计（physical design） 把逻辑设计转变为现实的网站组件。

外包（outsourcing） 雇用外部厂商来帮助企业完成自身无法实现的与建立网站相关的工作。

主机托管（co-location） 企业购买或租赁网络服务器（由企业完全控制服务器的运行），再把服务器放置在托管服务商提供的机房中，由托管服务商负责机房、通信线路以及服务器的日常维护工作。

单元测试（unit testing） 一次测试网站的一个程序模块。

系统测试（system testing） 按照典型用户使用网站的方式，对网站进行整体测试。

验收测试（acceptance testing） 检验企业最初制定的网站商业目标是否得以实现。

对比评测（benchmarking） 将本企业的网站与竞争对手的网站在响应速度、布局质量和设计水平等方面进行比较的工作。

系统构架（system architecture） 信息系统内部用以实现特定功能的软件、硬件以及任务作业的配置方式。

两层式构架（two-tier architecture） 由网络服务器响应网页请求，由数据库服务器提供后台数据存储功能的网站构架。

多层式构架（multi-tier architecture）　网络服务器与实现特定功能的一系列应用服务器构成的中间层，以及企业现有系统构成的底层相连的网站构架。

网站管理工具（site management tools）　检验页面中的超链接是否有效，并帮助网站管理员找出孤立文档的工具包。

动态页面生成（dynamic page generation）　网页的内容作为一个对象存储在数据库中，而不是直接使用HTML进行编码。当用户发出页面请求之后，该页的内容再从数据库中调出。

网站内容管理系统（Web content management system，WCMS，WebCMS）用来创建和管理网站内容的系统。

网络应用服务器（web application server）　提供网站所需特定商务功能的软件程序。

电子商务商务服务器软件（e-commerce merchant server software）　提供网上销售所需的基本功能的软件，如在线目录、通过网站购物车系统实现的接收订单以及在线信用卡结算等功能。

在线目录（online catalog）　网站提供的产品列表。

购物车（shopping cart）　帮助购物者暂时存放希望购买的商品，使顾客在挑选、复查、改变之后再进入实际购物流程付款结账的软件系统。

商务服务器软件包（电子商务软件套件）（merchant server software package（e-commerce server suite））　提供集成开发环境，满足人们建设一个完善的、以客户为本的电子商务站点的大部分功能需求的软件工具包。

硬件平台（hardware platform）　系统实现电子商务功能所用的计算机设备。

无状态（stateless）　服务器与用户之间无须保持连续的专用交互连接。

I/O密集型服务（I/O intensive）　只需输入/输出处理，不需要强大计算能力支持的服务。

用户特征（user profile）用户请求的特点和用户在网站中的行为习惯。

CPU密集型服务（CPU-intensive）　需要强大计算能力支持的服务。

扩展性（scalability）　网站为了保证需求得到满足而不断扩大规模的能力。

垂直扩展（vertical scaling）　提高单位组件的计算能力。

水平扩展（horizontal scaling）　增加服务器和物理设备来分担工作量。

部件（widget）　一小块预先写好的可以自动在HTML网页中执行的代码，能够执行一系列任务。

公共网关接口（Common Gateway Interface，CGI）　浏览器和网站服务器上运行的与用户进行互动的程序进行通信时所遵循的一系列标准。

Active Server Pages（ASP）　帮助开发人员利用微软IIS平台创建动态页面的专用软件开发工具。

Java　帮助开发人员编写在客户端计算机运行的互动程序，从而显著减轻服务器负担的编程语言。

Java Server Pages（JSP）　与CGI和ASP类似，是一种帮助编程人员动态生成网页内容，以响应用户请求的页面编码标准。

JavaScript　由网景公司开发的编程语言，用来控制HTML页面中的对象，并处理页面与浏览器的交互。

ActiveX　微软开发的用于和Java进行竞争的编程语言。

VBScript　微软开发的用于和JavaScript进行竞争的编程语言。

ColdFusion　开发网络互动应用程序所用的服务器端集成开发环境。

隐私策略（privacy policy）　向公众声明企业如何保护在网站中收集到的客户的个人信息。

易用策略（accessibility rules）　确保残障用户能够顺利使用网站的一系列设计目标。

思考题

1. 请列出建立电子商务网站时要考虑的6个主要问题。

2. 请说明系统开发生命周期法的定义，并列出使用该方法开发电子商务网站时的几个步骤。

3. 请说明网站的逻辑设计与物理设计的区别。

4. 为什么系统测试至关重要？请举出3种测试方法，并说出它们之间的联系。

5. 比较系统开发与系统维护的成本，并说明哪一项的成本更高。为什么？

6. 为什么维护网站的开支如此惊人？请说明影响网站维护开支的主要因素。

7. 单层式网站构架与多层式网站构架的主要区别是什么？

8. 请列出网络服务器的5项基本功能。

9. 选择适合网站的平台时，应当重点考虑的3个因素是什么？

10. 为什么带宽对电子商务网站来说具有举足轻重的地位？

11. 比较不同的网站扩展方式，并解释为何扩展性对网站来说如此重要。

12. 请说明影响网站设计的8个主要因素，以及它们如何影响网站的运营。

13. 什么是Java和JavaScript？它们对网站设计有何作用？

14. 请列出网站追踪客户个人信息时所使用的3种工具，并说明为何这些工具对电子商务网站来说必不可少。

15. 电子商务网站在开发阶段必须制定哪些策略？为什么要制定这些策略？

设计题

1. 登录www.FreeWebs.com或NetworkSolutions.com。两家网站都可以帮助用户建立简单的电子零售站点，并允许用户免费试用一段时间。用户建立的网站至少包含四个网页，分别是主页、产品页面、购物车及联系页面。额外的信用卡结算系统则作为一种复杂创新的附加服务向用户提供。在两家网站中建立一个能够展示你的电子零售理念的网站，并向其他同学介绍。

2. 登录本章所列案例以外的其他电子商务网站，按照表4—1中的9项目标/功能对这家网站进行评估。选择一家你认为在各方面都非常优秀的网站作为案例，准备一份包括网站截图在内的演示文稿，向大家介绍该网站的详细情况。

3. 假设你是一家快速发展的电子商务新兴企业的IT部门负责人，负责开发公司的网站。你可以与现有员工一起自主开发网站，也可以将全部开发工作外包给其他承包商。请选择一种你认为最适合公司的开发方式，并准备一份简短的演示文稿，来说明自己思路的要点。为什么你会选择这种方式？你认为这种方式与另一种方式相比，成本支出的情况如何？（你可能需要进行一些假设，不必非常精确。）

4. 从表4—5中选出两种电子商务软件套件，按照“如何选择电子商务软件套件”中列出的要素对这两种软件套件进行评估，并准备相应的评估图表。如果你正在开发一个本章所说的电子商务网站，你会选择哪种软件套件？为什么？

5. 选择一个开源网站内容管理系统，例如Joomla、Drupal或其他网站。同样准备一张评价表。你会选择哪一家网站？为什么？

第 5 章 网络安全与支付系统

学习目标

学完本章，你将能够：

- 理解电子商务犯罪和安全问题所涉及的范围
- 描述电子商务安全的基本组成
- 理解在保障安全和其他价值间的取向问题
- 识别电子商务环境中的主要安全威胁
- 说明如何利用各种加密技术来保护互联网上所传递信息的安全
- 了解在互联网上建立安全通信信道的工具
- 了解保护网络、服务器和客户端计算机的工具
- 正确评价各种安全政策、程序和法律对创造安全环境的重要性
- 描述传统支付系统的特征
- 理解主要的电子商务支付机制
- 理解电子账单和支付系统的特征和功能

章首案例

网络战：虚拟世界中的 MAD

2010 年 1 月 13 日，谷歌宣布关闭其在中国的办事处，原因是其在全球的计算机系统都受到了频繁的网络攻击，攻击目标为中国用户的 Gmail 账号，并且谷歌认为原始攻击来自中国。之后，其他 34 家公司和政府机构也受到了类似的攻击。作为全球最大的搜索引擎，谷歌收集了大量的个人信息、隐私，被认为是全球最先进的平民计算机系统。2010 年 2 月，谷歌向美国国家安全局申请技术援助，帮助其调查 1 月发生的计算

机网络攻击事件。

此次攻击并不是只针对个人电子邮件账户，也包括谷歌所有服务的密码系统。事件的起因是，一位谷歌中国员工点击了一条即时信息上的链接，一不小心下载了黑客软件（能够控制用户电脑），最终黑客攻入了位于加利福尼亚负责密码系统的软件开发人员的计算机。

随着美国等发达国家的企业和政府对互联网的依赖与日俱增，网络战已不再是新鲜话题，而且越来越复杂，同时也蕴涵着巨大的破坏性。此次事件不只是一次简单的破坏行动，也属于对全球知名企业的一连串打击。2003—2005年间，美国政府部门曾经历一系列名为"Titan Rain"的攻击，并且认为攻击源来自中国。2007年，爱沙尼亚遭受了等同于由全球超过100万台计算机组成的僵尸网络（由个人或群体控制的僵尸计算机网络）的大规模攻击，被迫关闭主要的政府和金融机构，专家认为原始攻击来自俄罗斯，并且有政府背景。2008年，格鲁吉亚受到来自俄罗斯的网络攻击，其金融和政府基础设施数天之内都萎靡不振。2009年3月，韩国和美国的许多网站遭受了类似的攻击，韩国的11个政府网站受到袭击，包括门户网站Naver.com和新韩银行等，美国的14个主要网站也中枪了，包括白宫、国务院、财政部、特勤局、联邦贸易委员会和纽约证券交易所，专家推测这次攻击的组织者是朝鲜。

这次谷歌事件只是近年来大规模网络战中的一例。所谓网络战，就是指组织、国家和社会通过互联网进行的"战争"，不仅指攻击、破坏、入侵等一些常见的犯罪活动，也指对社会基础造成的严重威胁，包括金融、医疗、政府和工业（在现代社会，这些机构的日常运作都依赖于互联网）。通常，网络战是由国家组织的用于打击敌对国家的活动，超级工厂病毒（Stuxnet worm）就是一个实例。2010年6月，人们发现了超级工厂这一蠕虫病毒，它是首个针对工业系统（用于核电站的西门子控制系统）而编写的。超过60%的被感染计算机位于伊朗，数字安全公司卡巴斯基实验室推测该蠕虫是由他国支持的，意图破坏伊朗的核电站。

美国的公共网络、航空控制系统、医疗和通信服务都曾遭受入侵，且认为这些入侵都是由中国组织的。美国相关部门称，发现中国和俄罗斯试图侵入美国电网，它们已经拦截了破坏系统的软件代码，一旦攻击电网成功，后果不堪设想，所以最好是不将美国电网接入互联网。

全球有几十亿台联网计算机，通过点击文件下载链接，通常有10%的用户在无意间就下载了"隐形"的恶意程序。RustockB就是一种常用的盗窃程序，能够将不知情用户添加到僵尸网络中。这些程序会在用户没有察觉的情况下掌控电脑，然后通过指挥和控制服务器远程遥控计算机。僵尸网络一旦得逞，就可以向众多中招的计算机散布垃圾邮件和信息。全球80%的垃圾邮件都是由僵尸网络散布的，这是它们最主要的利润来源。僵尸网络也被用来收集信用卡信息、个人身份证号码和银行账户信息，基于此也产生了名为"身份盗窃团"（identity theft candidates）的经济体。此外，僵尸网络也可以向外出租，租用者可以使用分布式拒绝服务（DDoS）攻击任何网站。

通常，网络攻击被看做离散事件，实际上它们是由几个主要案件串联成的连续事件。2010年，互联网数据分析合作协会（CAIDA）连续3周观察了12 000多起针对5 000多个不同目标的攻击，包括电商公司亚马逊和Hotmail，也包括小型国外互联网服务提供商。Shadowserver是一个关注电脑安全的志愿者组织，也跟踪了被僵尸网络感染的40万台（只是一部分）电脑和1 500台控制器。

毫无疑问，美国拥有最强的网络战实力，或许已经发动过网络战。防御网络战的威胁需要对提升计算机能力进行大量投资，同时重视对管理人员的培养。对于网络战的防御，与核战争一样，目前还没有确切的技术防御方法。强势国家能够发动网络战，但不一定能轻松防御网络战。五角大楼建立了网络指挥部，保护网络防御中的国家安全。2008年，联邦政府下达了正式的国家安全指令以保护国家安全。同年，国土安全部推出了名为网络风暴Ⅱ的战争演习。2010年，国务卿希拉里·克林顿宣布"美国会保护我们的网络"，但没有明示用什么来保护，其中隐含着：如果美国或其同盟国的网络基础设施遭到袭击或破坏，美国将采取网络进攻行动摧毁侵略者的网络基础设施。其结果将是众多国家的互联网毁于一旦。在冷战时期，这一做法叫做"相互摧毁"（mutually assured destruction，MAD），在互联网时代，可以叫做MAD 2.0。

MAD 2.0的做法有一定的约束力，2010年7月，包括美国和俄罗斯在内的15个国家签订了保证国际计算机安全的一系列条约。由于所有的国家都依赖于安全的互联网基础设施，并且担心相互摧毁带来的威胁，最终大规模网络战得到了政治上的和平解决。历史上也曾有先例，最著名的是为了协调世界各地的电报标准于1845年成立的国际电信联盟（International Telecommunications Union，ITU）。现今，ITU是一个协调无线电、电视和卫星通信的国际机构，职责之一是保证任何一个国家或国家团体都不会受其他国家电信的干扰。

资料来源："Stuxnet Malware is 'Weapon' Out to Destroy ... Iran's Bushehr Nuclear Plant?", by Mark Clayton, *Christian Science Monitor*, September 21, 2010; "Steps Take to End Impasse Over Cybersecurity Talks," by John Markoff, *New York Times*, July 16, 2010; "Obama and Cyber Defense," by L. Gordon Crovitz, *Wall Street Journal*, June 29, 2009; "Cyberattack on Google Said to Hit Password System," by John Markoff, New York Times, April 10, 2010; *Cyber War: The Next Threat to National Security and What to Do About It*, by Richard A. Clarke and Robert K. Knake. Ecco/HarperCollins Publishers, March 2010; "Mutually Assured Destruction 2.0," *New York Times*, January 26, 2010; "Cyberwar: In Digital Combat, U.S. Finds No Easy Deterrent," by John Markoff, David Sanger, and Thom Shanker, *New York Times*, January 26, 2010; "Google, Citing Attack, Threatens to Exit China," by Andrew Jacobs, *New York Times*, January 12, 2010; "Security Researchers Zero In On Twitter Hackers," by Gregg Keizer, Computerworld, August 7, 2009; "Webs Anonymity Makes Cyberattack Hard to Trace," by John Markoff, *New York Times*, July 17, 2009; "Obama and Cyber Defense," by L. Gordon Crovitz, *Wall Street Journal*, June 29, 2009; "Obama Announces U.S. Cyber Security Plan," by Lolita Baldor, *New York Times*, May 29, 2009; "Vast Spy System Loots Computers in 103 Countries," by John Markoff, *New York Times*, March 29, 2009; "Georgia Takes aBeating in the Cyberwar with Russia," by John Markoff, *New York Times*, August 11, 2008.

正如开篇案例所描述的，互联网和万维网极易被大规模攻击，从而遭受大规模的损失。这些攻击的范围逐渐扩散到全球，这是全球化意想不到的结果之一。更糟的是，大范围的攻击往往是由国家组织和赞助的，目的是对抗他国的互联网资源。目前，无论是个人还是企业，可用来应对攻击的方法都较少。然而，保护网络或个人信息不被惯常的安全攻击攻破的方法还是存在的。阅读本章，思考你的企业怎样在大规模的网络中断中生存。

本章将讨论电子商务安全和支付问题。首先，识别主要的安全风险和成本，并介绍现有的各类安全解决方案；然后，归纳主要的支付方法，思考如何完善安全的支付环境。

5.1 电子商务安全环境

对于大多数守法公民而言，互联网意味着庞大且方便的全球市场，在合理的价格内提供了与世界各地的人、商品、服务和企业进行接触的途径。而对于犯罪分子来说，互联网创造了一条崭新的、有利的盗窃途径。无论是产品、服务还是现金、信息，都可以在互联网上获得。

在网络上进行盗窃，风险也比较小。相比人工抢劫银行，互联网可以远程、匿名地进行抢劫。相比在实体音响店偷窃光盘，你可以从网上免费下载相同的音乐，而且不必担风险。互联网的匿名功能使许多犯罪分子披上了看似合法的身份外衣，使得他们可以向网上商家发出虚假的订单，可以通过拦截电子邮件盗取信息，还可以利用软件病毒和蠕虫攻击轻易地使电子商务网站瘫痪。互联网从来都不是为全球市场设计的，它缺乏许多传统网络（如电话系统和广播电视网络）的基本的安全功能。谁听说过电话系统被攻击，或被东欧的程序员攻克？相对来说，互联网是个开放的、天生脆弱的网络。网络犯罪行为使企业和个人付出了很大的代价，因为他们要采取价格更高的额外的安全措施。如今，企业和政府都在网络设备和企业流程方面投入了巨资，全面的安全环境指日可待。

5.1.1 问题涉及的领域

对组织和消费者来说，网络犯罪日益严重。僵尸网络、DDoS 攻击（如开篇案例所示）、木马、网络钓鱼（通过邮件或诈骗网站骗取受害人的金融信息）、数据偷窃、身份盗窃、信用卡欺诈和间谍网络只是成为每日头版头条的危害中的一部分。最近，社交网络（如 Twitter 和 Facebook）也出现了安全漏洞。例如，有人攻克了小甜甜布兰妮的 Twitter 账户，并以此散布该歌手已死的消息。但即使对网络犯罪的关注与日俱增，也难以估计此类犯罪的实际数量，部分原因是很多犯罪并没有报道出来，因为厂家害怕失去合法消费者的信任。而且即便报道出来了，也很难评估所遭受的损失额。

犯罪资料来源之一是国家白领犯罪中心和联邦调查局联合建立的单位——互联网犯罪投诉中心（Internet Crime Complaint Center，IC3）。IC3 的数据有助于评估易被消费者发现的电子商务犯罪类型和损失的金额。2009 年，IC3 收到了超过 33.6 万次举报（同比增长 22%），并将其中 14.6 万个案例交给了联邦政府、州政府和当地执法部门（同比增长 100%），这些事件损失的金额大约为 5.59 亿美元，比 2008 年增长了 100%，平均每一起事件损失 575 美元，其中以金融欺诈事件损失的金额最高，平均为 32 00 美元（National White Collar Crime Center and the Federal Bureau of Investigation，2010）。无论具体数字是多少，毫无疑问，2009 年的举报数目有较大的增加。

计算机安全协会的年度网络犯罪和安全调查是有关计算机犯罪资料的又一个来源。在 2009 年的调查中，有 525 个参与者，包括美国公司、政府部门、金融机构、医疗组织和高校。调查显示，2008 年 49%的被调查组织发生过计算机安全事件。图 5—1 显示了计算机系统攻击的不同类型，不是所有的事件都涉及电子商务，但大多数都涉及。少数公司愿意向外公布这些数字，在愿意公布的公司中，损失的总额为 4 150 万美元，平均每年损失 28.8 万美元。其中损失最大的事件是金融欺诈，为平均 50 万美元，其次为僵尸网络（34.5 万美元）（Computer Security Institute，2009）。

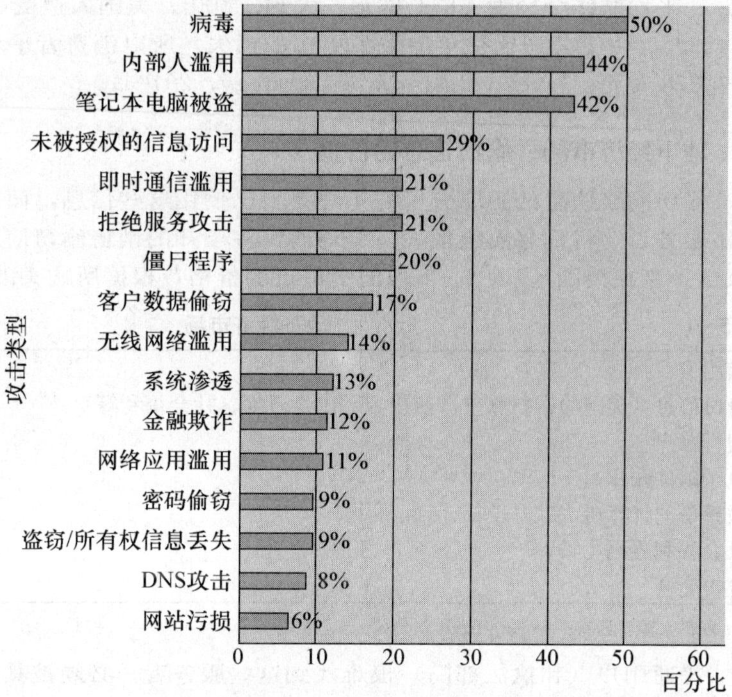

图 5—1　网络犯罪类型

说明：最常见的攻击为病毒、内部人滥用互联网接入、笔记本电脑被盗、未经授权的信息访问、即时通信滥用、拒绝服务攻击。有些和电子商务有关，有些无关。

资料来源：Based on data from Computer Security Institute，2009.

安全产品提供商（如 Symantec）的报告是数据的另一个来源。例如，Symantec 公司用 24 万台传感器监测了 200 个国家的网络活动，并发布了互联网安全威胁上半年度报告；监测了使用公司的防病毒产品的 1.2 亿个系统，并发布了恶意代码报告。2009 年，公司报道了 16.5 万多个新的恶意代码，比 2007 年增长了 165%。它指出每天平均有 7.5 万台计算机被僵尸网络感染，有 5.5 万多台钓鱼主机，同比增长 66%（Symantec，2010）。然而，Symantec 公司并不试图量化任何实际的犯罪行为和这些行为造成的损失。公司发现，许多网络犯罪软件工具允许人们定制恶意代码用于偷窃数据和个人信息。Zeus21 套件的价格低至 700 美元。技术进步大大降低了网络犯罪行为的进入成本和技能要求。

网上信用卡诈骗和钓鱼网络很有可能成为电子商务犯罪中最典型的犯罪行为。尽管个人信用卡欺诈平均损失金额较小，但总金额较大。调研公司 CyberSource 估计，2009 年，美国的网络信用卡欺诈总额约为 33 亿美元（CyberSource，2010）。网络信用卡欺诈额为网络信用卡交易总额的 1.2%。商户和信用卡公司完善了其安全系统以阻止普通的低水平欺诈，所以作为电子商务收入一部分的信用卡欺诈事件有所减少。信用卡欺诈的特征也发生了变化，从单一的信用卡号码被盗和在部分网站实施盗窃，到数百万的信用卡号码被盗和成千上万的盗窃团伙的犯罪活动。本章详细描述了新出现的“身份盗窃”，它是一种主要的欺诈行为，使用偷窃的信用卡信息建立虚假账户，增加了欺诈事件的发生率，同时也提高了信用卡欺诈总额。例如，美国标杆战略研究公司发布的《2010年身份欺诈调研报告》显示，身份欺诈的发生率和成本都有所提高。犯罪成本增加为5 400亿美元，比2008年增加了12%。平均欺诈金额为4 871美元。大约1 100万美国人遭受了身份欺诈，同比增加4.8%。由于公司比往年遭受了更多的损失，所以消费者平均成本从498美元下降至378美元（Javelin Research & Strategy，2010a）。

地下经济市场：偷窃信息的价值

偷窃网络信息的犯罪分子并不总是自己使用这些信息，而是通过所谓的“地下经济服务者”将信息卖给他人。全球有许多已知的销售偷窃信息的地下经济服务者（大约一半在美国）。表5—1列出了最近的价格，根据所购买的数量有所不同。

表5—1　　地下经济市场

信用卡	1～30美元
身份信息（美国的银行账户、信用卡、出生日期、社会福利等）	3～20美元
银行账户	10～125美元
电子邮件账户	5～12美元
被感染的计算机	6～20美元
社会福利号码	5～7美元
攻击套装	每月120美元

资料来源：Based on data from Symantec，2010.

普通用户（和执法部门）很难找到这些服务者，必须被其他犯罪分子审核后才能接触。这些审核程序通过电子邮件来交换信息、金钱和名誉，犯罪分子相当安全。

并不是所有的网上犯罪者都是为了金钱。在有些案件中，犯罪者只是想让人们丢面子，想要破坏甚至摧毁网站，而并不是为了窃取商品或者服务。这类攻击所造成的损失不仅涉及修复网站所要花费的时间和精力，还包括网站的声誉和形象遭受的破坏以及攻击所导致的财务损失。

那么，我们可以从网络犯罪中得到怎样的结论呢？针对电子商务网站的网络犯罪是动态的，随时都可能发生变化，经常出现新的风险。企业遭受的损失看起来很大，但数额很稳定，而且占总销售额的比重日益减少，因为企业已投资完善网络安全，以抵御简单的犯罪。个人面临着新的欺诈风险（与信用卡不同，联邦法律将个人信用卡损失限制到了50美元），包括银行卡和信用卡投保损失。电子商务网站要时刻准备面对各种犯罪攻击，更新安全技术。

5.1.2　什么是良好的电子商务安全

什么样的商务交易才算是一次安全的交易？其实，任何时候你进入一个市场，你都承担丧失隐私（有关你购买了什么的信息）的风险。对消费者来说，会遇到的最基本的风险是，付了钱却没有得到所购买的东西。实际上，你可能付了钱但却什么也没得到！更糟糕的是，可能你还在市场中逗留选购商品时，就有人偷走了你的钱。对市场中的商家来说，会遇到的风险则是，商品销售出去了但却没拿到钱。窃贼们拿走了商品却不付钱，或者采用欺骗性的手段，用偷来的信用卡或者假币来支付。

尽管在电子商务中，商家和消费者处于一个全新的数字环境中，但他们仍然面对着许多与传统商务的参与者一样的风险。无论是采用数字化的手段还是采用传统的方式，其实窃贼就是窃贼。入室行窃、非法闯入、挪用钱款、侵占他人财产、恶意损毁、故意破坏，所有这些犯罪活动既存在于传统的商务环境中，同样也存在于电子商务环境中。而要减少电子商务中的风险则是一个复杂的过程，其中要涉及新技术的应用，涉及组织策略和程序，还要涉及新的法律和行业标准，这些新的法律和行业标准可以让执法人员有更大的权力查处违法者的行为。图 5—2 描述了电子商务安全的多层次特性。

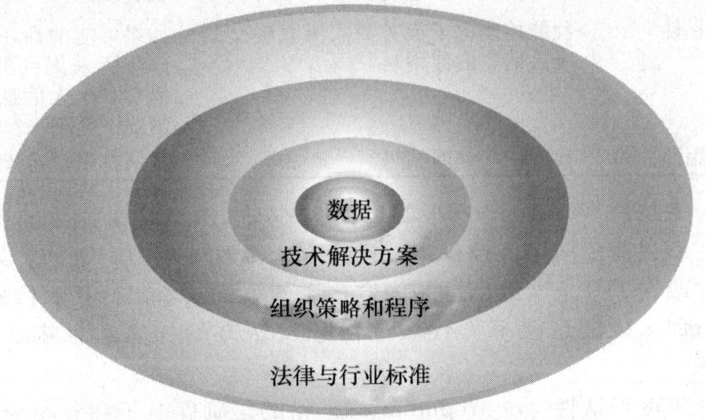

图 5—2　电子商务安全环境

说明：整个电子商务安全是由多个层次组成的，必须全面考虑新技术的应用、组织策略和程序以及法律和行业标准。

为了尽可能实现最高级别的安全，应考虑新技术的应用，而且必须应用新技术。但是光靠这些技术本身并不能解决问题，所以就需要依靠组织策略和程序来确保这些技术的应用。最后，还需要依靠行业标准和政府法令来强化支付机制，查处违法者，保护电子商务交易中财产转移的安全。

电子商务安全的发展史告诉我们，只要有足够的资源可利用，任何安全的系统都有可能被攻破。所以说安全不是绝对的，也不需要永远完美的安全，尤其在信息时代更是如此。就像金钱有时效性一样，信息也有时效性。有时对某条信息来说，保护几个小时、几天或者几年就足够了。而且由于安全是有代价的，所以我们应该不断地衡量安全的需求和成本。最后，我们还知道了安全是一个环环相扣的链条，这根安全链条断裂的地方往往也就是安全最薄弱的环节。使用上锁的方法要比使用对钥匙进行管理的方法更有用。

我们可以得出这样的结论：良好的电子商务安全需要一系列的法律、程序、政策和技术的保护，以保护个人和组织在一定程度上远离电子商务市场中各种无法预料的行为（Garfinkel and Spafford，1997）。

5.1.3　电子商务安全的维度

电子商务安全有 6 个基本维度：完整性、不可否认性、真实性、机密性、隐私性、可用性（见表5—2）。

表5—2　　从消费者和商家角度来看电子商务安全的不同方面

不同方面	消费者角度	商家角度
完整性	我发出或接收的信息是否被篡改了？	网站上的数据是否未经授权就被改变了？数据是否来自合法的消费者？
不可否认性	和我进行交易的一方以后是否会否认曾进行过交易？	消费者会否认曾订购过产品吗？
真实性	谁在和我做交易？我如何确认此人或者此团体就是他所声称的？	消费者的真实身份是什么？
机密性	除了我指定的接收方外还有其他人能读取我的信息吗？	信息或者机密数据是否会被那些未经授权者看到？
隐私性	我能控制电子商务商家对我提交的个人信息的使用吗？	如果可能的话，作为电子商务交易的一部分所采集到的个人数据该如何使用？消费者个人信息可以在未得到其授权的情况下使用吗？
可用性	我能访问该网站吗？	网站在正常运营吗？

完整性（integrity）指的是确保网站上发布的或者通过互联网传递和接收的信息，不会被任何未经授权方以任何方式修改的能力。例如，如果某个未经授权者截取并改变了某条网上信息的内容，比如重置某条银行转账信息，使款项划入其他账户，那么该信息就不再代表原信息发送方的初衷，意味着信息的完整性遭到了破坏。

不可否认性（nonrepudiation）指的是确保电子商务参与者无法抵赖（或否认）其网上行为的能力。例如，使用免费的电子邮件账户，人们可以很容易地提出意见或者传送信息，而事后却很可能否认曾做过这些事。即使消费者使用的是真实的姓名和真实的电子邮件地址，他在给网上商家下了订单后，否认曾下过订单还是十分容易的。大多数情况下，由于商家通常无法获得由消费者签名的订单副本，所以信用卡发行者就会站在消费者一边，因为商家没有法律上的有效证据来说明消费者确实向他们订购过商品。

真实性（authenticity）指的是确认与你在互联网上交易的个人或者实体的身份的能力。消费者如何能知道网站的运营者就是其所声称的呢？商家又如何确信消费者真是他自己所说的那个人呢？有些声称自己是某某人或某某商家，其实是在"欺骗"消费者或商家，其身份是伪造的。

机密性（confidentiality）是指确保信息和数据只能被得到授权的人读取的能力。机密性有时会和**隐私性**（privacy）相混淆，隐私性是指控制自己提供给电子商务商家的个人信息如何使用的能力。

对电子商务商家来说，会涉及两个与隐私性相关的问题：它们必须建立内部的政策来管理自身对消费者信息的使用；它们必须保护消费者的信息不被非法或未经授权使用。举例来说，如果黑客攻破了某个电子商务网站并获取了信用卡信息或其他信息，这不仅会损害信息的机密性，也会破坏和威胁到提供信息的个人的隐私。

可用性（availability）是指确保电子商务网站继续按照预期功能运行的能力。

电子商务安全的宗旨就是要保护这6个方面。当其中任一方面遇到威胁的时候，安全问题就出现了。

5.1.4　在安全及其他价值间的取向

是否需要更严格的安全呢？答案是肯定的，与某些人对安全的认识不同，安全不是绝对的。提高计算机安全级别会增加企业的运营成本，同时，也为犯罪分子隐藏犯罪行为和意图提供了机会。

便于使用

在保证安全和便于使用这两者间做选择，是不可避免的。如果传统商家由于害怕抢劫者而在上了锁的商店里营业，则一般的顾客是不会愿意进去的。在网上，情况也是如此。一般来说，电子商务网站所采取的安全措施越多，其越难使用，而且速度也越慢。学完本章你就会发现，数字安全是以降低处理器速度并大大增加对存储设备的数据存储能力要求为代价的。安全需要耗费技术和业务成本，这些费用原本可以用于企业运营。过分的安全会影响企业的利润，而安全力度不够则可能会让你彻底破产。

公共安全与犯罪分子对安全的利用

对个人来说，一般在进行某些活动时希望能匿名（隐藏自己的身份），而公共官员则需要保护可能受到犯罪分子和恐怖分子威胁的公共安全，这两者之间也同样存在着不可避免的取向问题。这已经不是一个新的问题，甚至也不是一个电子时代才出现的新问题。早在 19 世纪 60 年代南北战争时期，美国政府就开始采用非正式的电报窃听手段，而在电话发明 20 年之后的 19 世纪 90 年代，警察首次窃听了地方电话系统（Schwartz，2001）。没有任何一个主权国家会允许有一种犯罪分子可以计划犯罪而不惧怕官方监督和调查的技术天堂存在。就这一点而言，互联网和其他任何通信系统是没有差别的。毒品交易集团大量利用声音、传真以及数据加密设备；大型国际犯罪组织偷窃商业网站信息，并卖给其他犯罪分子进行金融欺诈。近几年，美国政府成功追索到了各种“卡片论坛”（这种网站便于被盗的信用卡和借记卡的出售），如 Shadowcrew. com 和 Carderplanet. com，逮捕并检举了这些网站的数名员工，这些网站也随之倒闭。但是，又出现了其他犯罪组织，如 Cardersmarket. com（据说在全球有数千名员工的网站）和 CCpowerForums. com。

恐怖分子也热衷成为互联网用户，并且已有多年的历史。制造世贸中心爆炸案的恐怖集团成员之一——拉姆齐·尤瑟夫（Ramsey Yousef）1993 年使用加密的文件来掩藏其炸毁美国 11 个航班的计划。2001 年 9 月 11 日，又利用互联网进行袭击事件的计划和协调工作。1995 年在东京地铁释放毒气（造成 12 人死亡，6 000 人入院治疗）的日本奥姆真理教教徒把他们的袭击计划记录保存在其他国家的计算机里，还使用了一种名叫 RSA 的强大加密方式（在后面会介绍）进行加密，不过幸运的是，官方在一个软盘中找到了加密密钥（Deming and Bauugh，1999）。五角大楼的官员称，奥马尔·法鲁克·阿卜杜勒穆塔拉布的案例说明了恐怖分子如何利用互联网对新的恐怖分子进行有效的游说、招募、培训和协调。五角大楼反恐官员称，阿卜杜勒穆塔拉布企图在 2009 年圣诞节炸毁底特律的美国客机，他在6个星期内完成了寻找、联系、招募和培训新成员的工作，这比奥萨马·本·拉登的速度还要快（本·拉登花费两年半的时间策划2001年袭击美国）。

最近，海军研究院的教授约翰·阿尔奎拉（John Arquilla）（在10多年前提出了“网络战”）说，基地组织及其党羽已在利用互联网克服时间和空间的阻碍。英美安全专家说，基地组织将网络当作培训资料的动态图书馆，包括制造毒药、爆炸袭击、快速攻击的战术协调、建立更大的恐怖集团。互联网具有匿名性和普遍性特征，是犯罪分子和恐怖集团理想的交流工具（Peretti，2008）。

5.2 电子商务环境中的安全威胁

从技术角度来看，在电子商务中有三个关键的薄弱点：客户机、服务器以及通信信道。图5—3描述了一个典型的电子商务交易过程，在这一过程中，消费者使用信用卡购买商品。图5—4说明的是在交易中每个主要薄弱环节——互联网通信信道、服务器端和客户端可能出现的问题。

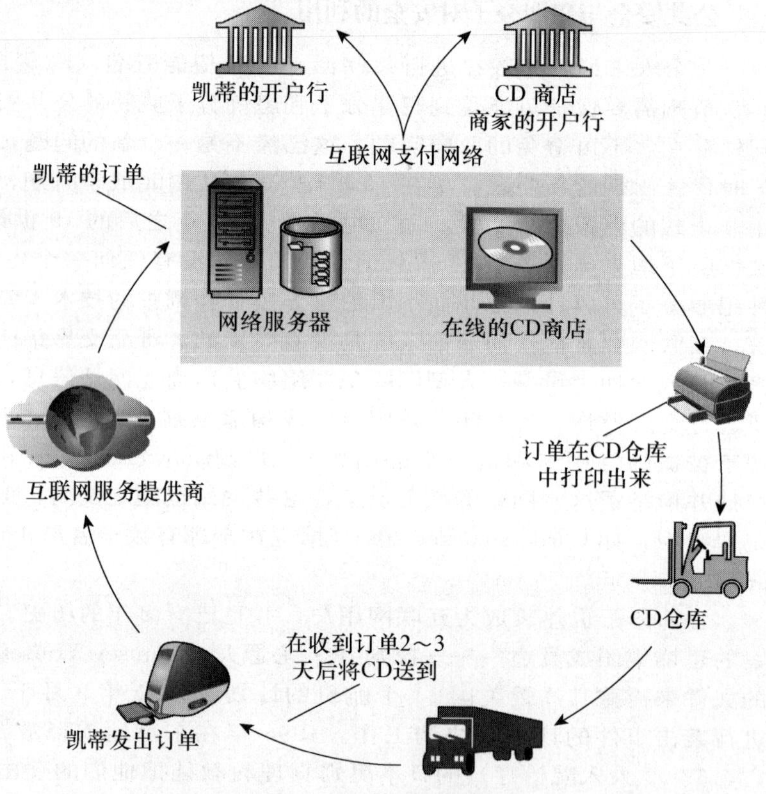

图5—3 典型的电子商务交易

说明：在一个典型的电子商务交易过程中，消费者使用信用卡和现有的信用卡支付系统。这个交易存在很多薄弱环节。

资料来源：Boncella，2000.

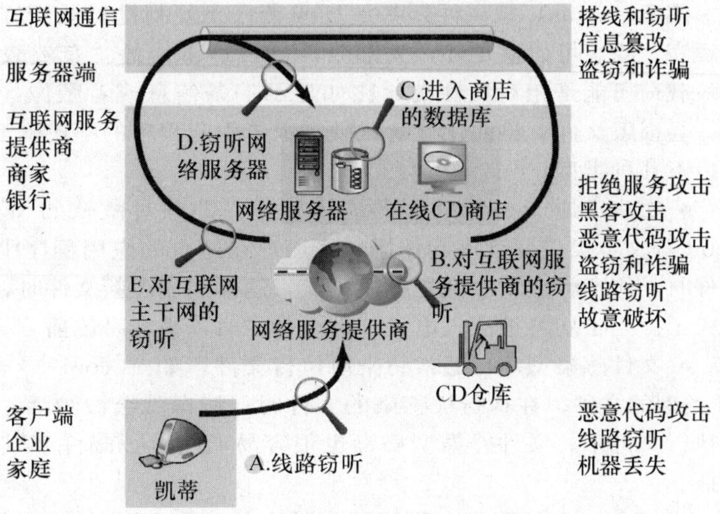

图 5—4　电子商务环境中的薄弱环节

说明：在电子商务交易中有三个薄弱环节：互联网通信信道、服务器端和客户端。
资料来源：Bocella，2000.

我们将在这一节中介绍一系列针对电子商务消费者和网站运营商的最常见也是最具破坏性的安全威胁，包括：恶意代码、不必要程序、网络钓鱼和身份盗窃、黑客与网络破坏、信用卡诈骗与盗窃、电子欺骗（或域欺骗）、垃圾邮件（垃圾网站）、拒绝服务攻击和分布式拒绝服务攻击、网络窃听、内部攻击以及设计不当的服务器和客户端软件。

5.2.1　恶意代码

恶意代码（malicious，malware）包括各种威胁，比如病毒、蠕虫、特洛伊木马以及僵尸。2010 年，微软称其安全产品在 2009 年下半年共检测到了近 1.26 亿个恶意文件（Microsoft，2010）。过去，恶意代码只简单地用于损坏电脑，通常仅由一个黑客授权，但它逐渐被用于偷窃电子邮件地址、登录密码、个人数据和金融信息。恶意代码还通常被用于开发综合性恶意软件，以窃取信息和金钱。

散布恶意代码的革新之一是将其嵌入网络广告链中，包括谷歌等广告网站。随着网络广告链的复杂程度逐渐提高，审核投入网站的广告是不是恶意软件也变得困难。2010 年，网络安全公司 Armorize 调查了前 20 万个网站，包括纽约时报和德拉吉报告，发现 1%的网站感染了恶意代码，并且这些网站都支持所谓的“隐蔽强迫下载”（drive by downloads）（当用户在网站上下载文件时，会随之下载恶意代码）（Mills，2010）。例如，虽然 eWeek. com（技术网站）、MLB. com（美国职业棒球大联盟）以及 AmericanIdol. com 是完全不同的网站，但它们都发生过广告中嵌入恶意代码或将点击者定向转到恶意网站界面的案例。PDF 文件中嵌入恶意代码事件也常发生。相对于以传统的文件附件来感染计算机，恶意代码编写者也逐渐较多地使用嵌入电子邮件中的链接方式，这些链接直接指向恶意代码下载或包含恶意 JavaScript 代码的网站。同样，恶意代码的编写者由业余黑客转为有组织的犯罪分子，以对企业和个人进行诈骗。换句话说，现在比以前更关注收益。

病毒（virus）是一种具备重复或者自我复制且扩散到其他文件的能力的计算机程序。除了可以重复外，大部分计算机病毒传播“有效载荷”（payload）。这种有效载荷可能是相对良性的，比如显示一条信息或者图像，也可能是极具破坏性的，会损毁文件、格式化计算机硬盘或者引起程序的不正确运行。计算机病毒主要有以下几种类型：

● 宏病毒属于有针对性的应用程序，即只对微软的 Word、Excel 和 PowerPoint 等文本类应用程序起作用。当用户在适合的应用程序中打开了一个被感染的文件时，病毒就会复制到程序模板上，这样当创建新文件时，新文件也就被宏病毒感染了。当宏病毒被嵌入电子邮件附件中时，很容易传播。

● 文件感染型病毒通常感染可执行文件，如 *.com、*.exe、*.drv 以及 *.dll 类型的文件。在执行被感染的文件时，病毒就会被激活，并自我复制到其他的可执行文件中。文件感染型病毒也很容易通过电子邮件和其他任何文件传输系统传播。

● 脚本病毒是用脚本程序语言编写的，如 VBScript（Visual Basic Script）和 JavaScript。这种病毒只要简单地双击受感染的 *.vbs 或者 *.js 文件，就会被激活。ILOVEYOU 病毒（又叫爱虫（Love Bug）病毒）会重写 *.jpg 和 *.mp3 文件，是最出名的脚本病毒。

病毒通常都与蠕虫结合在一起。实际上，研究者认为典型病毒——原始恶意程序——的普遍度下降了，而具有更多危害的蠕虫的使用度在快速提高。原因很简单：病毒只感染一台计算机，或许会破坏数据，但从中得到的收益有限，而犯罪行为的主力从业余黑客转为专业的犯罪集团，他们对金钱更感兴趣，编写可以在计算机中相互传染的蠕虫可以带来更大的收益，也许有数百万美元。

相对于只在文件中相互传播的病毒来说，**蠕虫**（worm）可以在计算机间传播，而且它不需要用户或应用程序激活就可以进行自我复制。例如，Slammer 蠕虫利用微软 SQL Server 数据库软件的漏洞，在 10 分钟之内，就能感染全球 90%的计算机——使美国银行的取款机（尤其是美国西南部）崩溃；感染超市（如亚特兰大的 Publix 连锁超市）的自动收款机，使收银员无法收款；毁坏韩国大部分的互联网链接，扰乱当地的股票市场。2008 年 11 月出现的 Conficker 蠕虫，是自 Slammer 以来最有名的蠕虫，据称感染了全球 900 万～1 500 万台计算机。有名的蠕虫还有 MyDoom 蠕虫、Sasser 蠕虫、Zotob 蠕虫和 Nymex 蠕虫（Symantec，2010）。

特洛伊木马（Trojan horse）看起来是良性的，但是往往产生意想不到的后果。特洛伊木马本身不是病毒，因为它不能复制，但它通常是病毒或其他恶意代码（如僵尸或 rootkits，即能破坏计算机操作系统控制的应用程序）感染计算机系统的一种途径。特洛伊木马一词来源于荷马史诗《伊利亚特》中的巨大木马。据史诗记载，希腊人送给他们的对手特洛伊人一件礼物，实际上里面藏有上百个希腊士兵。当特洛伊人将这个巨大的木马运入城后，士兵们就跳出来攻占了城市。在今天，特洛伊木马可能伪装成一个游戏，但是实际上却隐藏着一个可以盗窃密码并将其通过电子邮件发送给其他人的程序。据 Symantec 称，2010 年发现的排名前 10 位的恶意代码家族中，有 6 个是特洛伊木马，它们占据了排名前 50 位的恶意代码的 68%（Symantec，2010）。以 Monster.com 为例，它被名为 Infostealer.Monsters 的特洛伊木马感染，导致 160 万条记录被盗，这些记录包括在 Monster 网站上投递简历的求职者的姓名、电子邮件地址、家庭住址和电话号码（Kreizer，2007b）。2010 年，最常见的特洛伊木马是 Zeus，它通过用户的按键记录来盗取信息。Zeus 僵尸网络由数百万台计算机组成，可利用驱动下载和网络钓鱼诱使用户下载带有特洛伊木马的文件。

僵尸程序（Bots，是 robot 的缩写）是恶意代码的一种，可隐秘地安装在连接互联网的计算机上。90%的垃圾邮件和 80%的恶意软件是由僵尸网络散布的。计算机一旦被安装上僵尸程序，就会响应外部攻击者发出的指令，从而成为“僵尸”，被外部的第三方（僵尸牧人）控制。僵尸网络由一系列被感染的计算机组成，可用于散布恶意代码，如发送垃圾邮件，参与 DDoS 攻击（将在后面提及），偷窃计算机的信息，存储网络流量（用于分析）。被感染的计算机（是僵尸网络的一部分）的数量在 600 万～2 400 万台之间，而僵尸网络业务的数量尚不清楚，估计有数千种。毫无疑问，2010—2011 年间，僵尸程序和僵尸网络都对互联网和电子商务产生了巨大的威胁，它们可以通过各种技术发动大规模的网络攻击。2009 年，Conficker 蠕虫的编写者用该蠕虫制造了一个大型的僵尸网络，目前这个僵尸网络还在继续扩大。虽然现在僵尸网络还没有用于病毒软件之中，但安全专家仍然认为这将是一种威胁（Kerner，2009）。

2010 年最大的僵尸网络来自西班牙，波及西班牙、美国和英国。2010 年 3 月，西班牙当局逮捕了 Mariposa 僵尸网络的领导人，它是世界上最大的僵尸网络之一，控制了大约 1 270 万台计算机。《财富》1 000 强中过半的公司、40 家大型银行和众多的政府机构都被感染了，而且并不知情。Mariposa 主要的活动是偷窃信用卡和网上银行密码，然后在不同的网站上出售。

恶意代码对客户层和服务层都具有威胁性，尽管服务者比消费者进行了更多的反病毒活动。在服务层，恶意代码可以侵入整个网站，阻止用户使用。这种事件并不常发生，恶意代码攻击常发生在客户层，造成的损害可以快速地蔓延至数百万台联网的计算机。表 5—3 列举了部分有名的恶意代码。

表 5—3　　恶意代码举例

名称	类型	说明
Conficker	蠕虫	首次出现于 2008 年 11 月，针对微软操作系统。使用先进的恶意代码技术，是自 2003 年 Slammer 出现以来最大的蠕虫。
Sality. AE	病毒/蠕虫	2010 年最常见的恶意代码，首次出现于 2009 年。删除安全应用和服务，下载并安装漏洞。
Netsky. P	蠕虫/特洛伊木马	首次出现于 2003 年早期，仍然是最常见的计算机蠕虫之一。它收集被感染计算机上的电子邮件地址，从该计算机上发送电子邮件到所有的联系人，以此进行传播。它常被僵尸网络用于发送垃圾邮件和进行 DoS 攻击。
Storm（Peacomm，NuWar）	蠕虫/特洛伊木马	首次出现于 2007 年 1 月，和 Netsky. P 蠕虫的传播方式相同。可以下载和运行其他特洛伊木马和蠕虫。
Nymex	蠕虫	于 2006 年 1 月被首次发现，通过群发邮件进行传播。在每月的第三天被激活，会破坏特定类型的文件。
Zotob	蠕虫	首次出现于 2005 年 8 月，是感染大量美国媒体公司的著名蠕虫。
Sasser	蠕虫	首次出现于 2004 年，探寻 LSASS 中的脆弱点，造成网络问题。
Mydoom	蠕虫	首次出现于 2004 年 1 月，传播速度最快的大量发送邮件的蠕虫之一。
Slammer	蠕虫	出现于 2003 年 1 月，造成了大量的问题。

续前表

名称	类型	说明
Klez	蠕虫	2002年传播最广的病毒。由随机的路线和信息主体通过电子邮件传播，一旦被发送出去，蠕虫会自动将自己发送给Windows通讯录、即时信息传递软件ICQ数据库和本地文件中的所有联系人。
CodeRed	蠕虫	出现于2001年，曾在10分钟之内感染了2万多个系统，最终传播到了数千万个系统上。
Melissa	宏病毒/蠕虫	首次出现于1999年3月，是当时发现的感染型病毒中传播最快的一种。Melissa攻击了微软Word软件的normal.dot全局模板，因而感染所有新创建的文件，并把遭感染的Word文件发给每个用户的Outlook地址簿中的前50个人。
Chemobyl	文件感染型病毒	首次出现于1998年。它会擦去硬盘上的前一兆字节（这样其余数据就不可用了）。每年4月26日，是Chemobyl造成灾难的纪念日。

5.2.2 不必要程序

除恶意代码之外，电子商务安全环境还受到不必要程序的挑战，如广告软件、浏览器寄生虫、间谍软件和其他能在不经客户同意的情况下自己安装到计算机上的应用程序。这些程序逐渐在社交网络和用户生成内容网站上被发现，导致用户被误导地安装了它们。这些程序一经安装，就很难移除。

广告软件（将在第7章讲解）通常在用户访问网站时调出弹出式广告。虽然广告软件令人讨厌，但它通常不用于犯罪活动。ZangoSearch和PurityScan是两种广告软件，在搜索引擎中输入特定的关键词时，它们会打开相关网站的网页或弹出式广告。**浏览器寄生虫**（browser parasite）是一种能监视并修改用户浏览器设置的应用程序，例如，它能改变浏览器的主页设置，发送访问的网站信息至远程计算机。浏览器寄生虫通常是广告软件的一部分，例如，Websearch就是广告软件的组成部分，它可以修改浏览器默认的主页和搜索设置。

而**间谍软件**（spyware）可以用于获取信息，如用户的击键记录、电子邮件和即时信息的副本，甚至是屏幕截图（获取密码等相关数据）。SpySheriff是一种间谍软件，虽然它据说是一款间谍软件清除应用，但实际上它是一款恶意间谍软件应用程序。间谍软件（和下面讲解的网络钓鱼一起）常用于身份盗窃。

5.2.3 网络钓鱼和身份盗窃

网络钓鱼（phishing）是指第三方以任意欺骗性的网络行为获得用户的保密信息，以实现某种金融目的的行为。网络钓鱼不涉及恶意代码，只依靠简单的误导和欺诈，即所谓的"社会工程"技术。最常见的网络钓鱼攻击是电子邮件诈骗信，信的开头通常是这样的：富有的前尼日利亚石油部长要寻找一个银行账户暂时存放数百万美元资金，您是否愿意帮这个忙，向我们提供您的银行账号？您将获得100万美元的报酬。这种电子邮件诈骗信通常称作"尼日利亚诈骗信"（见图5—5）。

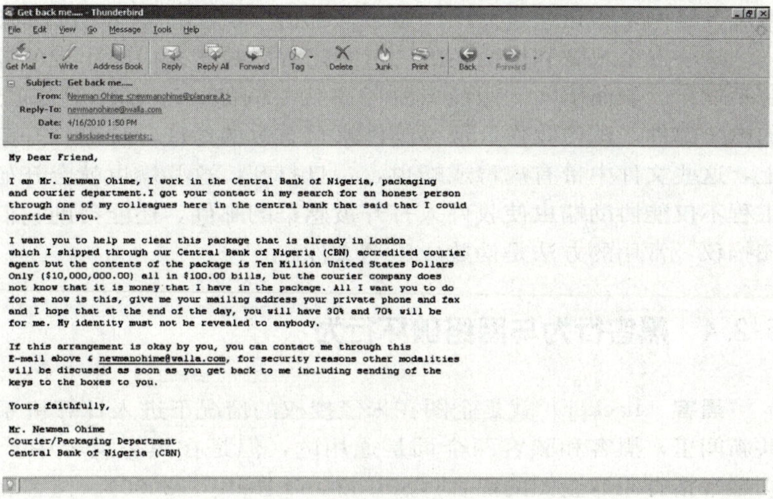

图 5—5　典型尼日利亚诈骗电子邮件示例

说明：这是尼日利亚诈骗电子邮件的一个示例。

诈骗信有很多种，有些会假装成 eBay、PayPal 或花旗银行对你进行"账户验证"（如鱼叉式网络钓鱼，或针对某家银行或公司的特定客户）。点击邮件中的链接，就会进入被诈骗者控制的网站，并出现输入账号保密信息的提示，如账号和 PIN 码（见图 5—6）。一天之内，数百万此类诈骗邮件被发送出去，总有一部分人会上当受骗，泄露自己的账号信息。

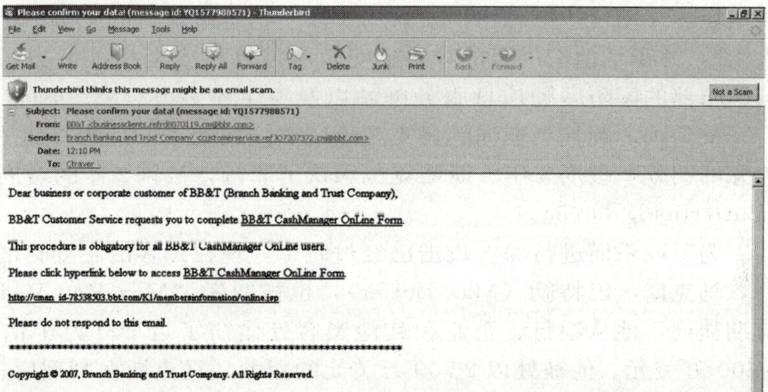

图 5—6　典型的网络钓鱼电了邮件示例

说明：这是网络钓鱼电子邮件的一个示例。

钓鱼者采取传统的"赢得受骗人信任"的诈骗策略，通过电子邮件诱使受骗人自愿泄露金融密码、银行账号、信用卡账号等个人信息。通常，钓鱼者会创建一个自称为合法的金融机构网站，诱骗用户输入金融信息或者下载恶意软件（如键盘记录器）。钓鱼者利用收集到的信息进行诈骗，如对信用卡收费、窃取银行卡中的资金或其他"偷窃身份"（身份盗窃）的方法。网络钓鱼是电子商务犯罪中发展最快的攻击行为。2010 年，Symantec 发现了 2 400 多个钓鱼网站，同比增长 66%。金融服务是网络钓鱼最常使用的旗号（约占 80%），其他还包括亚马逊和 eBay。

这些安全威胁利用所谓的"社会工程"技术来应对出现的安全漏洞，这些技术包括欺诈、歪曲事实、假装成别的事物。例如，Netsky. P 蠕虫使用带有发送通知的电子邮件，诱使收件人认为邮件来自有效的地址，从而打开附件中的文件，实际上，这些文件中带有病毒或蠕虫，一旦打开，这些蠕虫就会开始掌控计算机。社会工程不仅能协助蠕虫使收件人打开被感染的邮件，还能帮助它们逃避内容过滤器或扫描仪，常用的方法是伪装成压缩文件。

5.2.4 黑客行为与网络破坏行为

黑客（hacker）就是企图在未经授权的情况下进入计算机系统的人。虽然在公共新闻里，黑客和骇客两个词是通用的，但是在黑客世界中，**骇客**（cracker）一词通常指有犯罪企图的黑客（Sinrod and Reilly，2000）。黑客和骇客通常利用互联网作为开放系统便于使用的特性，通过寻找 Web 网站和计算机系统的安全程序漏洞，来进行未经授权的访问。黑客和骇客都是计算机的狂热爱好者，面对攻破企业和政府网站的挑战会让他们变得很兴奋。有时，他们仅仅能访问电子商务网站的文档就感到很满足。但另一些人则抱有更大的恶意，会进行一些**网络破坏行为**（cybervandalism），故意破坏网站，使企业名誉受损，甚至摧毁整个站点。

例如，来自旧金山的罗伯特·利特尔（Robert Lyttle）和来自佛罗里达州圣彼得堡的本杰明·斯塔克（Benjamin Stark）被指控破坏位于加利福尼亚州莫菲特场的美国航空航天局的艾姆斯研究中心，他们偷窃了该机构的天体生物学研究所的成员信息，并用这些信息污损航天局天体生物学研究所的主页。他们自称为"欺骗二人组"，并承认他们的目的只是证明政府计算机安全系统很脆弱。他们也闯入了美国国防部的国防后勤信息服务网站以及卫生事务办公室。利特尔承认了自己的罪行，被美国加利福利亚洲的奥克兰地区法院判处 4 个月的有期徒刑，并处以 71 181 美元的罚款，缓刑 3 年。斯塔克也承认了罪行，被判 2 年的缓刑，罚款 29 006 美元（Butterfield，2005）。

为了取乐而进行黑客攻击已经过时了，现在黑客的主要目的是金钱。2010 年 2 月，马克斯·巴特勒（Max Butler），也被叫做"Max Ray Vision"，被判处 13 年有期徒刑，他从银行、企业和其他黑客处偷窃了近 200 万个信用卡账号，诈骗了 8 600 万美元。他被处以 2 700 万美元的罚款。马克斯在判刑后进行了悔过："我很后悔，我最大的失败就是没有尽一个社会人应尽的责任和义务。"

黑客现象长期以来呈现出多样性。一般情况下，良性黑客和污损黑客已经消失了，因为执法机构和私人团体学会了如何监测肇事者。黑客行为已经超越了系统入侵的范围，还包括商品和信息的盗取、故意破坏和系统损害行为。

称为"老虎队"（tiger teams）的黑客团体则可以帮助企业安全部门检查自身的安全措施情况。雇用黑客从外部入侵系统，可以帮助企业寻找计算机系统的薄弱环节。这些"好黑客"就称为**白色黑客**（white hats），因为他们的作用是帮助企业寻找安全隐患。白色黑客根据与用户签订的合约进行工作，雇用他们的用户在协议中写明了不会因其努力入侵用户的系统而起诉他们。

相比之下，**黑色黑客**（black hats）从事同样的活动，但却不会得到任何被入侵企业的报酬，因为他们的行为具有破坏企图。他们入侵网站，泄露所找到的机密信息或者私人信息。这些黑客坚信，信息应该是免费的，所以他们把共享机密信息作为自己的部分使命。

介于这两者之间的就是**灰色黑客**（grey hats），他们认为入侵并寻找系统缺陷可以得到更大的利益。灰色黑客找到系统安全中的弱点，然后既不破坏网站也不利用其获利，而是直接把网站的弱点公布出来，他们的回报仅仅是发现网站弱点所赢得的声誉。但灰色黑客的行为还是受到了人们的质疑，尤其是当他们找到的安全漏洞可以让其他的犯罪分子更容易进入系统时。

5.2.5　信用卡诈骗

信用卡数据的盗窃是互联网上最可怕的现象之一。许多用户由于担心信用卡信息可能被盗，而不敢进行网上购物。而有意思的是，这种令人恐惧的事件似乎并没有大面积地发生。信用卡信息被盗事件的发生率要比用户想象的低，占网络信用卡交易总额的1.2%（CyberSource，2010）。

在传统商务活动中，确实存在严重的信用卡欺诈情况，但是消费者在很大程度上可以通过联邦法律挽回损失。过去，发生信用卡诈骗最常见的原因就是信用卡遗失，或者信用卡被盗后被别人使用，其次的原因还包括员工窃取消费者卡号，以及盗用身份（犯罪分子在申请信用卡时使用虚假身份）。联邦法律针对信用卡被盗这类情况，一般把个人的责任限定在50美元以内。超过50美元的部分，通常由信用卡公司承担责任，尽管某些情况下，是由商家来承担责任，因为它没能核实账户或者参考信用卡公司公布的挂失卡列表。银行一般通过对欠款余额收取更高利率的方法来弥补自己因信用卡诈骗而遭受的损失，商家则一般采取提高价格的方法。

但是现今，信用卡被盗的最大原因是系统性的黑客攻击，导致公司服务层中存储的数百万的信用卡购物信息被盗。例如，2010年3月，阿尔伯特·冈萨雷斯（Albert Gonzales）组织了美国历史上最大的信用卡盗窃案，被判20年有期徒刑。他和两个俄罗斯同谋一起侵入了TJX、BJs、巴诺书店等公司的中央计算机系统，盗取了1.6亿多张信用卡信息，造成了2亿多美元的损失。

国际订单最容易出现被否认的情况。如果某个外国客户下了订单然后否认，网上的商家通常没有办法来证明货物实际已经送达给他，而且信用卡的持有者就是下订单的人。

许多网站采取的解决办法是制定一种新的身份验证机制，这种机制目前正在发展中，我们会在稍后部分讨论这方面内容。一般来说，除非消费者的身份能保证得到确认，否则网上企业要比传统的网下企业面临更大的损失风险。联邦政府试图通过制定《全球及全国商务电子签名法案》（电子签名法）来解决这一问题，赋予商务活动中的电子签名和手写签名同等的法律效应。这部法案的目的也在于鼓励人们使用电子签名，并促使电子签名更容易使用。除了大型企业的互联网交易外，这部法案对B2C商务的影响力有限，不过这种情况将会发生变化。

5.2.6　电子欺骗（网址嫁接）和垃圾网站

企图隐藏自己真实身份的黑客通常采用**电子欺骗**（spoof），即用虚假的电子邮件地址来虚构自己的身份或者伪装成其他人。网站电子欺骗也叫做网址嫁接，即通过把网站伪装成指定的地址，来把网络链接重新定向到非指定的其他地址。这种用来重新定向到某一网站的连接设计可以通过重新设置，把用户带到一个完全不相关的网站，而黑客则可能从中获益。

尽管电子欺骗并不直接损害文档或者网络服务器，但是它却威胁到了网站的完整性。例如，如果黑客将消费者引导到某个看起来很接近真实地址的虚假网站，他们就可能收集并处理客户所下订单，从而从真实的网站抢走交易。而如果其目的是破坏而不是偷盗，则黑客也可能会更改订单，如增加订单的数量或者修改订购的产品，然后再把经过篡改的订单发到真实的网站等待处理和发货。这样消费者就会对错误的订单运送物品不满，企业则可能因为过大的库存变动而影响其正常运作。

除了威胁完整性外，电子欺骗还给真实性带来威胁，因为辨别真实的信息发送方会变得很困难。聪明的黑客可以让你几乎无法辨别身份及网址的真伪。而垃圾网站又有一些不同，它们承诺提供产品或服务，但实际上只是为其他网站打广告，有些网站还包含恶意代码。例如，你搜索某个小镇的天气，然后点击看似提供了这个信息的链接，结果发现这个网站显示的全部都是和天气或其他网站相关的产品。

垃圾网站常出现在搜索结果列表上，并不包括电子邮件。这些网站使用与合法公司名字相似的域名来伪装自己的身份，然后将流量引向垃圾网站，如 topsearch10. com。

5.2.7 拒绝服务攻击和分布式拒绝服务攻击

在**拒绝服务攻击**（Denial of Service（DoS）attack）中，黑客向网站大量发送无用的通信来淹没网络并使网络瘫痪。而且，拒绝服务攻击能够利用僵尸网络，将众多客户端计算机组成所谓的“分布式攻击”。拒绝服务攻击可以造成网络关闭，使用户无法进入网站。对于业务繁忙的电子商务网站来说，这些攻击会带来巨大的损失，因为一旦网站关闭，消费者就不能购物，而且网站关闭的时间越长，对网站声誉的打击就越大。虽然这类攻击并不破坏信息或者入侵服务器的受限区域，但是给企业的网络运营制造了麻烦。拒绝服务攻击通常都伴随着敲诈，网站所有者为了消除这类攻击，要向黑客支付几万甚至几十万美元。

分布式拒绝服务攻击（Distributed Denial of Service（DDoS）attack）由众多计算机从不同的节点攻击目标网络。拒绝服务攻击和分布式拒绝服务攻击都会威胁系统运营，因为它们会无限期地关闭网络。雅虎和微软等大型网站对此类攻击有丰富的经验，它们已经意识到自己的不足，并不断推出新措施来防范未来的攻击。到目前为止，最强的分布式拒绝服务攻击发生在 2007 年，当时由数千台计算机组成的僵尸网络攻击了威瑞信公司（VeriSign）负责的部分互联网域名服务系统，有 13 个威瑞信旗下的域名体系受影响，包括 . com 和 . org（Markoff，2007）。这次攻击使服务受阻，但没有引起系统瘫痪，如果系统瘫痪了，互联网将在很长一段时间无法服务。

黑客不断使用分布式拒绝服务攻击来攻击网站，如开篇案例中所述，2010 年，韩国政府、美国政府和商业网站等都遭受了政府支持的分布式拒绝服务攻击，Twitter 也被迫关闭了近一天。

5.2.8　网络窃听

网络窃听（sniff）是窃听程序的一种，可以监视通过网络传递的信息。当合法使用时，网络窃听可以帮助企业发现网络上可能有问题的节点，但当用于非法目的时，这些程序则会造成危害，而且很难探测到。黑客利用网络窃听，可以从网络上任何地方盗取企业的专有信息，包括电子邮件信息、企业文件以及机密报告。例如，2009 年 3 月，黑客在域名注册商 Network Solution（提供域名注册和托管服务）的服务器上插入了一段代码，监听并拦截了 57.3 万多名客户的信用卡、银行卡和个人认证信息（Channelinsider. com，2009）。网络窃听导致个人机密信息有被盗或被公开的危险。

电子邮件窃听是网络窃听的一个新变种。电子邮件窃听其实是隐藏在电子邮件信息中的代码，可监视所有随后的附带原信息发送的消息，可安装在服务端或客户端计算机上。例如，《美国爱国者法案》允许美国联邦调查局让互联网服务提供商在邮件服务器上安装黑盒子，扣押某人或某个群体的邮件来进行案件分析。在美国公民与其他公民发生交流的情况下，FBI 特工或政府律师只需要向美国外国情报监视法庭的 11 名审判员证明将获得的信息和正在进行的犯罪调查有关，就能获准安装窃听软件。但审判员并没有辨别力，所以安装窃听软件必须取得政府工作人员的支持（Associated Press，2005）。国会对 1978 年《外国情报监视法案》（FISA）作出了修改，支持国家安全局监视在美人员的国际电子邮件和电话通话，以收集国外情报（Foreign Intelligence Surveillance Act of 1978；Protect America Act of 2007）。

5.2.9　内部攻击

我们一般都认为，企业的安全威胁来自组织外部。实际上，对企业来说最大的财务威胁不是来自掠夺，而是来自内部的盗用，银行员工偷窃的钱比劫匪更多。对于电子商务网站也是如此。部分造成严重后果的服务中断、网站破坏以及消费者信用卡数据和个人信息的被盗，都是内部人员所为，即那些曾经被信任的雇员。这些雇员有权获得某些信息，在内部安全措施不完善的情况下，他们经常可以在企业的系统里“闲逛”而不留一点痕迹。2009 年，犯罪现场调查发现在过去的 12 个月里，内部人滥用系统排在最常发生的攻击的第二位，44%的被调查人员认为，内部人造成了公司的部分财务损失（Computer Security Institute，2009）。密歇根州立大学研究发现，70%的身份盗窃（包括信用卡盗窃）是内部人所为（Borden，2007）。在某些案例中，内部人并没有犯罪意图，却无意中泄露了可被人利用的数据。例如，Ponemon 研究院对美国、英国、法国和德国的组织进行了调查，发现 75%的组织遭受过由内部员工不谨慎造成的数据泄露。

5.2.10　设计不当的服务器和客户端软件

许多安全问题源于设计不当的服务器和客户端软件，可能是操作系统，可能是应用软件，也可能是浏览器。随着软件程序的规模和复杂性逐渐增加，以及市场需求的不断变化，黑客可以利用的软件漏洞也逐步增多。安全公司每年都可以检测出数千个互联网和软件漏洞。例如，Symantec 在其半年度互联网安全威胁报告中识别出了 384 个浏览器漏洞：Firefox 中有 169 个，Safari 中有 94 个，Internet Explorer 中有 45 个，Chrome 中有 41 个，Opera 中有 25 个，这些漏洞中有些是关键性的（Symantec，2010）。2009 年排名前 10 位的网络攻击中有 6 次是利用微软 Windows 服务器和客户端软件的缺点而发动的。个人计算机的设计包括许多开放的通信端口，可与外部计算机互通信息。攻击通常是针对 TCP 445 端口进行的。然而，鉴于其复杂性和设计目标，所有的操作系统和应用软件，包括 Linux 和 Macintosh，都有漏洞，其中"zero-day"漏洞逐渐增多，即漏洞不为安全专家所知，在被利用之后公司才会匆忙开发补丁。例如，2010 年 9 月 20 日那一周，美国计算机应急预备小组（US-CERT；Department of Homeland Security）报告了 67 个新发现的服务器和应用软件漏洞，其中有 12 个高危险级别安全漏洞（US-CERT，2010）。

5.2.11 移动平台的安全

移动数字设备——上网本、iPhone、黑莓逐渐普及，并成为强大的互联网接入设备。手机使用者在手机中存储了个人和财务信息，使它们成为黑客的理想目标。总之，移动设备面临着任何互联网设备所面临的风险，包括一些伴随着无线网络安全的新风险。虽然大多数人都担心自己的计算机和网站被黑客攻击或含有恶意代码，但他们认为移动电话和固定电话一样安全。

手机恶意代码最早由 Cabir 在 2004 年开发，是一个可影响塞班操作系统（诺基亚手机）的蓝牙蠕虫，它使手机不断搜索其他蓝牙设备，快速耗尽手机电池。最近，Ike4e. B 出现在越狱 iPhone 上，将手机变为僵尸网络控制设备。在欧洲的 iPhone 可以被在美国的 iPhone 攻击，将所有的隐私数据传送给在波兰的服务器。Ike4e. B 使手机僵尸网络变得可行。

Vishing 攻击用语音信箱攻击容易上当的手机用户，让他们打电话给某个特定的号码，并捐钱给海地的饥饿儿童。Smishing 攻击发送包含电子邮件和网站地址的手机短信给无辜的手机用户，让他们链接到恶意网站。iTunes 等应用商店的小部分可下载应用程序也包含恶意软件。

5.3 技术解决方案

乍一看，人们对互联网安全漏洞的猛烈攻击似乎无计可施。回顾前面章节所提到的安全威胁，可知电子商务所面临的威胁是真实的，对个人、企业甚至整个国家都具有潜在的破坏性，并且随着电子商务的发展，安全问题的强度逐渐增加。实际上，安全公司、个人用户、网络管理员、技术公司和政府机构已经采取了一些应对措施。防卫主要可以分为两种：技术解决方案和政策解决方案。本节主要讨论技术解决方案，下一节将介绍政策解决方案。

对一个电子商务网站来说，抵御各种安全威胁的第一道防线就是利用一整套技术工具，使外部人员难以入侵和破坏网站。图 5—7 列出了可以帮助网站实现网络安全的主要工具。下面我们将详细介绍这些工具。

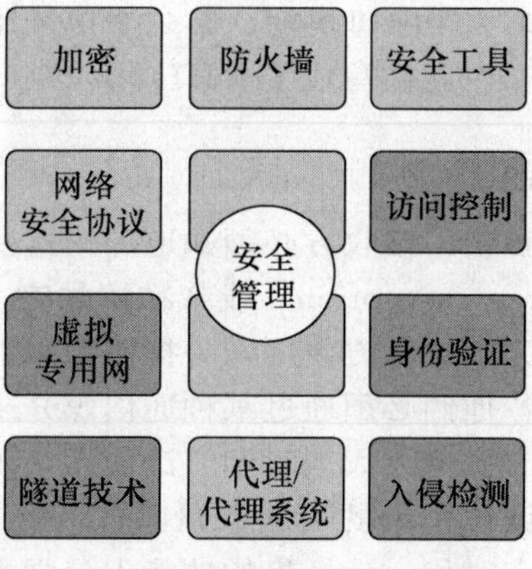

图 5—7 实现网络安全的可用工具

说明：这些是可以实现网络安全的可用工具。

5.3.1 保护互联网的通信

因为电子商务交易必须通过公共的互联网进行，数据包在传递过程中要经过上千个路由器和服务器，所以安全专家认为，最大的安全威胁就发生在互联网的通信层。这与在通信双方间建立专用通信线路的专有网络有很大区别。保护互联网通信安全的工具有很多，其中最基本的工具就是进行信息的加密。

5.3.2 加密

加密（encryption）就是把明文转换成除发送方和接收方以外任何人都无法读取的**密文**（cipher text）的过程。加密的目的是：(a) 保证存储信息的安全；(b) 保证信息传送的安全。加密可以为表 5—2 中提到的电子商务安全的 6 个关键方面提供 4 个方面的保障：

- 信息完整性——提供信息没有被篡改的保证。
- 不可否认性——防止用户否认曾经发送过消息。
- 真实性——提供发送信息的个人（或机器）的身份证明。
- 机密性——保证信息不被他人读取。

从明文到密文的转换是通过使用密钥来完成的。**密钥**（key）或**密码**（cipher）就是把明文转换成密文的方法。

自从出现最早的书写形式和商务交易，就开始使用加密了。古代埃及人和腓尼基人的商务记录就是利用替代密码和调位密码来加密的。在**替代密码**（substitution cipher）方法中，每一个出现的给定字母都系统地被另一个字母替代。例如，如果我们使用"加两个字母"密码方法，则意味着单词中的每一个字母都用其后两个的字母代替，这样明文单词"hello"就会被转换成下面的密文："JGNNQ"。在**调位密码**（transposition cipher）方法中，每个单词中的字母顺序都以某种系统方式改变。如列奥纳多·达芬奇（Leonardo Da Vinci）用相反的顺序来记录其销售记录，只有用镜子，这些数据才可读。如"hello"一词可以倒过来写成"OLLEH"。而更加复杂的密钥则可能：(a) 把所有的单词都变成两个单词；(b) 第一个单词用每两个字母中的第一个字母拼写，第二个单词用所有剩下的单词拼写。在这种加密方式中，“HELLO”就被写成了“HLO EL”。

对称密钥加密

为了对信息解密，接收方必须知道加密这些明文的密钥，这就称为**对称密钥加密**（symmetric key encryption）或者**私钥加密**（secret key encryption）。在对称密钥加密中，发送方和接收方使用同一把密钥来加密和解密信息。那他们如何才能拥有同一把密钥呢？他们必须通过某种通信媒介来传送密钥或者直接当面交换。对称密钥加密曾在第二次世界大战时期广泛使用，现在仍在互联网加密中使用。

简单替代和调位密码的可能数量其实有无穷种，但它们却为常见的缺陷所困扰。首先，在数字时代，计算机的功能十分强大，运算速度很快，所以这些古老的加密方式很快就会被破解。其次，对称密钥加密要求双方持有同一把密钥。为了分享这把密钥，他们必须通过不那么安全的媒介来传送密钥，这样密钥就有可能被盗并用来解密信息。一旦密钥丢失或被盗，则整个加密系统也就失败了。第三，在商务应用中，我们并不是只与同一个团队的成员进行交易，和你进行交易的每一个对方都需要一把密钥，如一个密钥给银行，一个密钥给百货公司，另一个给政府。在用户数量很大的时候，结果就会出现 $n(n-1)$ 个密钥。而对于数百万的互联网用户来说，就需要有几十亿的密钥来分配给所有的电子商务消费者（在美国估计有1.33亿购买者），可能会需要有（1.33亿）^{2}个不同的密钥。很显然，这在实际应用中是无法实现的。

现代加密系统是数字化的系统。把明文转化为密文的密钥是数字串。计算机以0和1组成的二进制字符串来存储文本或者其他数据。例如，根据计算机的ASCII编码方式，大写字母“A”的二进制表示形式是由8个二进制数（位）组成的：01000001。将数字字符串转换成密文的一种方式是在每个字母上乘以另一个二进制数，例如，一个8位的密钥数01010101。如果我们用这个8位的密钥去乘以文本信息中的每个数字字符，再把加密信息发送给持有这个8位密钥的朋友，他就可以很容易地解密信息了。

现代安全保护的强度是用加密数据所使用的二进制密钥的长度来衡量的。在上面的例子中，8位的密钥很容易破解，因为它只有 2^8 或者说256种可能性。如果入侵者知道你使用的是8位的密钥，那么使用现代的台式个人电脑，他只要硬性地检查每一种可能，就能在几秒钟内解密信息。正是出于这一原因，现代的数字加密系统一般都使用56位、256位或者是512位的密钥。如果使用512位的加密密钥，那就要检查 2^{512} 种可能性，要想找到答案估计需要全世界所有的计算机花费10年的时间。

数据加密标准（Data Encryption Standard，DES）是由美国国家安全委员会和IBM在20世纪50年代开发的，使用56位的加密密钥。为了应对运算速度更快的计算机，DES最近已经升级为三重加密（Triple DES）——每次使用一个单独的密钥把信息加密三次。现今，使用最广泛的对称密钥加密算法是**高级加密标准**（Advanced Encryption Standard，AES），提供128位、192位和256位的加密密钥。此外，其他很多对称加密系统则使用高达2 048位的密钥。①

① 例如：DESX和RDES使用168位的密钥；RC系列的RC2、RC4和RC5使用2 048位的密钥；IDEA算法、基本的PGP以及本章后面将提到的电子邮件公钥加密软件使用的是128位的密钥。

公钥加密

1976年，惠特菲尔德·迪菲（Whitfield Diffie）和马丁·赫尔曼（Martin Hellman）发明了一种崭新的信息加密方法，称为**公钥加密体系**（public key cryptography）。公钥加密体系解决了密钥的交换问题。这一方法采用两个算术上相关的数字密钥：一个公开密钥和一个私有密钥。私钥由拥有者保存，公钥可以广泛发布。两个密钥都可以用来加密和解密信息。但是，一旦某个密钥被用来加密信息，就不能再用它来解密信息。产生密钥的数学算法是一个单向函数。利用这种单向不可逆的数学函数来作为算法，是无法从输出信息中倒推出输入信息的。大多数食谱就属于这种类型。例如，做一份炒鸡蛋很容易，但是要从炒鸡蛋变成原来的整个鸡蛋却是不可能的。公钥加密体系就是建立在这种不可逆的数学函数基础上的。其密钥的长度相当长（128位、256位以及512位），这样即使使用现有最大、最快的计算机，要想推导出密钥，也要耗费不计其数的计算机能力。图5—8说明了公钥加密体系的简单应用，列出了使用公钥和私钥过程中的重要步骤。

步骤	描述
1. 发送方创建一条数字信息	该信息可以是文档、表格或任何数字化对象。
2. 发送方从公共目录得到了接收方的公钥，并用其加密信息	广泛发布的公钥可以直接从接收方处得到。
3. 应用接收方的公钥生成加密的密文信息	一旦使用该公钥加密，信息就不能再用同一把公钥进行反操作即解密。这一过程是不可逆的。
4. 加密后的信息通过互联网传递	加密后的信息被分解成若干数据包并通过不同的路径传送，使想要截取完整的信息变得十分困难（但并不是不可能）。
5. 接收方用他的私钥来解密信息	唯一能够解密信息的人就是拥有接收方私钥的人。但愿这就是合法的接收方。

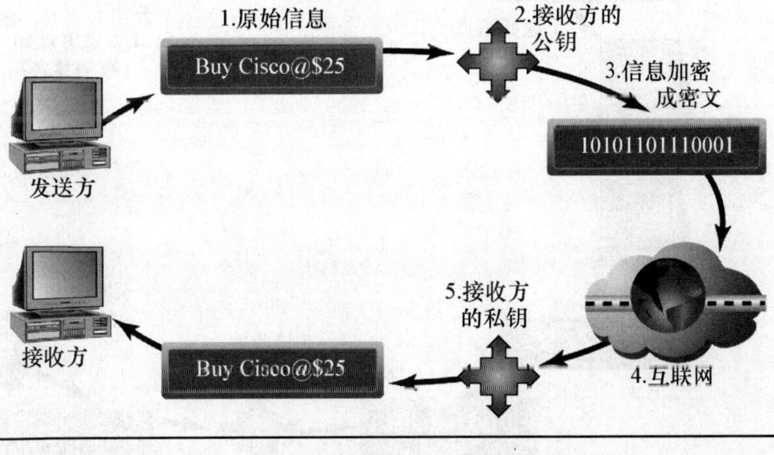

图5—8　公钥加密体系——一个简单的例子

说明：在公钥加密体系的这一简单应用中，发送方用接收方的公钥来加密信息，然后通过互联网发送。唯一可以解密信息的人就是接收方，用他的私钥来解密。但是，这个简单的例子并不保证信息的机密性或者可信性。

使用数字签名和散列摘要的公钥加密

在公钥加密中，忽略了一些基本的安全要素。尽管我们可能很确定信息没有被第三方读取（信息机密性），但是却无法保证发送方就是那个要发送的人，因为没有验证发送方的身份。这意味着发送方可以否认曾发送过信息（否认）。此外，我们也无法保证信息在传输过程中没有被篡改过。例如，信息“Buy Cisco @ $ 25”可能已经碰巧或者被故意改成了“Sell Cisco @ $ 25”。这表明这一加密体系可能缺乏完整性。

利用一个更加复杂的公钥加密体系可以实现数据的真实性、不可否认性和完整性。图5—9介绍了这种更有效的方法。

步骤	描述
1. 发送方创建一条原始信息	该信息可以是任何数字文件。
2. 发送方利用散列函数生成一个128位的散列值	散列函数根据信息内容生成了一个唯一的信息摘要。
3. 发送方用接收方的公钥加密信息和散列值	利用这一不可逆过程生成的密文，只有接收方用自己的私钥才能读取。
4. 发送方用自己的私钥对上述结果加密	发送方的私钥就是数字签名，发送方是唯一能创建这一数字标记的人。
5. 这一经过双重加密的数据通过互联网传递	信息以一系列独立的数据包的形式在互联网上传递。
6. 接收方用发送方的公钥来验证信息的来源	唯一能发送这一信息的人，就是名义上的发送方。
7. 接收方用自己的私钥解密散列函数和原始信息，然后核对以确保原始信息和散列函数产生的结果彼此吻合	散列函数在这里用于核对原始信息，从而保证信息在传输过程中没有被篡改。

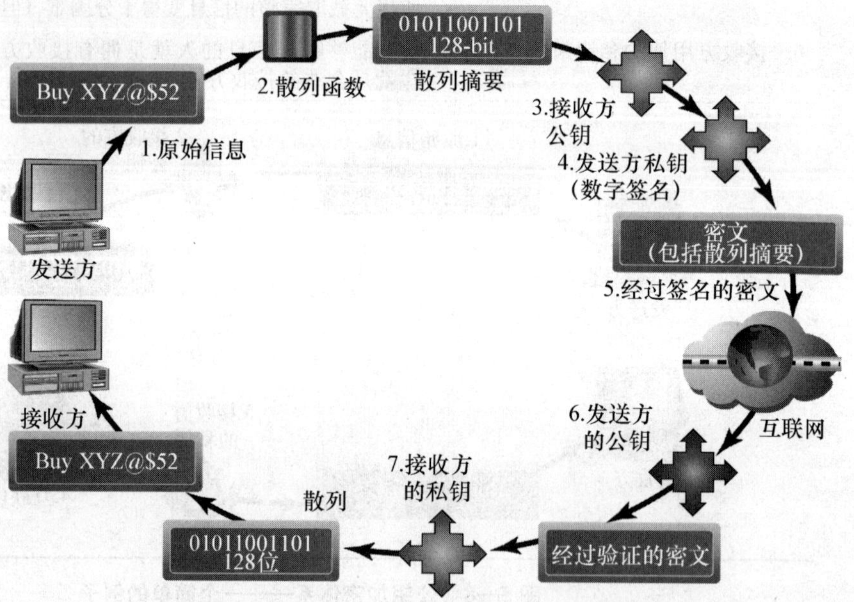

图5—9　具有数字签名的公钥加密体系

说明：一个更实用的公钥加密体系使用了散列函数和数字签名来确保信息的机密性和对发送方的身份验证。唯一能够发出上面信息的人就是私钥的主人或使用该私钥的发送方，这验证了信息的真实性。散列函数可以确保信息在传输过程中未被篡改过。和前面一样，唯一能够解密信息的人就是接收方，利用其私钥来解密。

为了核实信息的机密性并确保其没有在传输过程中被篡改过，该加密方法首先使用散列函数来生成一个信息摘要。**散列函数**（hash function）是一种可以产生一个称为散列或者信息摘要的固定长度数字的算法。散列函数可以很简单，仅仅只是计算一下信息中数字“1”的数目；散列函数也可以很复杂，产生一个128位的数字，反映信息中0的个数、1的个数、00的个数、11的个数等。标准的散列函数是公开的（MD4和MD5可以生成128和160位的散列值）（Stein，1998）。这些复杂的散列函数可以针对每条不同的信息产生唯一的散列结果。发送方把应用散列函数后的结果传递给接收方。接收方收到信息后，会对接收到的信息应用同样的散列函数，并核对是否产生的是同样的结果。如果是的话，则说明该信息未被篡改。随后，发送方用接收方的公钥对散列结果和原始信息加密（见图5—8），生成一个单一的密文块。

这中间还需要另外一个步骤。即为了确保信息的真实性和不可否认性，发送方用自己的私钥将整个密文块再加密一次。这就产生了**数字签名**（digital signature）（也称为**电子签名**（e-signature））或叫作“经过签名”的密文，随后就可以通过互联网发送了。

数字签名与手写签名很类似。与手写签名一样，数字签名也具有唯一性，即唯一属于拥有私钥的那个人。在与散列函数同时使用时，数字签名的唯一性保障比手写签名还要强。数字签名除了对于某个人具有唯一性之外，当用来签名散列文件时，数字签名对于文件来说也是唯一的，而且对于每个文件都是不同的。

接收方收到这种经过签名的密文后，首先用发送方的公钥来验证信息的真实性。一旦真实性得到了证实，接收方就用自己的私钥来解密得到散列结果和原始信息。最后，接收方用同一个散列函数来对原始信息进行处理得到散列值，并将得到的散列结果与发送方发送来的散列结果进行比较。如果两个结果相同，则接收方就知道该信息在传输过程中未被篡改。该信息是完整的。

早期的数字签名程序要求使用者有数字证书，导致个人难以使用。出自小公司的新程序是基于互联网的，不要求使用者安装软件或懂得数字认证技术。DocuSign、EchoSign、Sertifi公司都提供网络数字签名。富达国民金融公司及其他保险、金融、担保公司都开始允许客户以电子方式签署文件。

数字信封

公钥加密的计算速度很慢。假设某人用128位或256位的密钥来加密一个大型文件，如本章或者整本书，将会出现传输速度的显著减慢以及处理时间上的显著增加。而对称密钥加密的计算速度则比较快，但正如我们在前面已指出的，这种加密方法有一个弱点，即必须通过不安全的传输路径将对称密钥传递给接收方。解决这一问题的一种办法是，用速度比较快的对称密钥来对大型文件加密和解密，而用公钥加密方法来加密和传送这把对称密钥。这种技术方法叫做使用**数字信封**（digital envelope）。图5—10说明了数字信封的工作原理。

在图5—10中，用对称密钥对对外文件加密。接收方用来解密文件所需要的对称密钥自身则用接收方的公钥进行了加密，所以我们就有了一把“对密钥进行加密的密钥”或者称为数字信封。加密后的报告和数字信封通过网络传输。随后，接收方首先用自己的私钥来解密得到对称密钥，然后再用这把对称密钥来解密对外报告。由于加密和解密都使用了速度更快的对称密钥，因此这种方法可以节约时间。

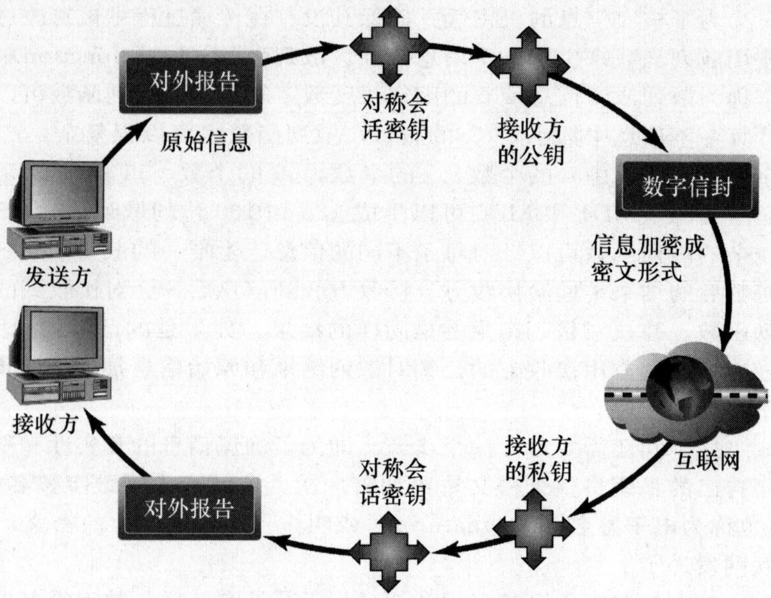

图 5—10　公钥加密体系：建立数字信封

说明：创建数字信封的目的是传送对称密钥，接收方可以用这把密钥来解密信息，并确保该信息在传输过程中未被截获。

数字证书和公开密钥基础设施

在上面介绍的信息安全措施中其实仍存在一些缺陷。例如，我们如何判断某个人或机构就是其所声称的身份？任何人都有可能制作一套私钥和公钥，然后假称自己是其他人。在你给亚马逊书店这样的网上商家下订单前，你会想要确定一下电脑屏幕上所显示的的确就是亚马逊书店，而不是某个冒充的欺骗者。在现实世界里，当某人问你你是谁而你出示自己的社保卡号码时，他们会去核对你的身份证照片或采用其他可确认或能验证你身份的方式。如果对你的身份表示怀疑，他们可能会求助于其他权威机构或者直接拜访这些机构。同样，在数字世界里我们也需要一种可以知道某人或某机构真实身份的方法。

数字证书，以及其所支持的公开密钥基础设施，都是为解决这一数字身份问题所做的尝试。**数字证书**（digital certificate）是由受信任的第三方机构，即**认证中心**（certification authority，CA），发放的一个数字文件，其中包括主体或公司的名称、主体的公钥、数字证书的序列号、截止日期、发放日期、认证中心的数字签名（用 CA 的私钥加密后的 CA 的名称）以及其他识别信息（见图 5—11）。

在美国，类似威瑞信这样的私人企业以及美国邮政总局、联邦储备局这样的政府机构，都扮演着 CA 的角色。由于信誉较好、规模较大的 CA 要为不太知名的 CA 做认证，因而形成了一个相互认证的社团，所以事实上 CA 是多层式的结构。**公开密钥基础设施**（public key infrastructure，PKI）指的是各方都接受的认证中心和数字证书规程。

要创建一份数字证书，用户首先要生成一个公/私密钥对，并把证书请求和用户的公钥一起发送给 CA。CA 核实信息（这一过程视不同的 CA 而定），然后发放一份包含用户公钥和其他相关信息的证书。最后，CA 给证书本身创建一个信息摘

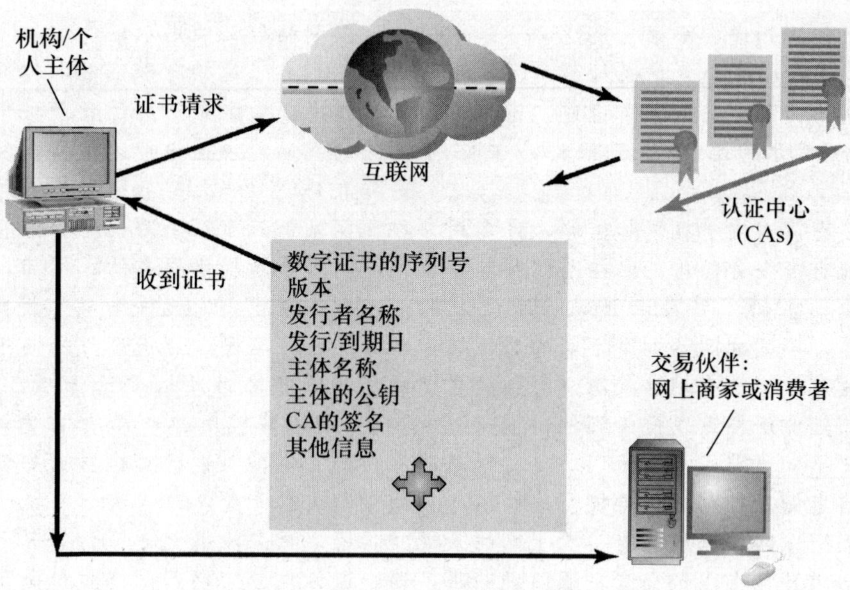

图 5—11　数字证书和认证中心

说明：公开密钥基础设施中包括发行、验证并担保数字证书的认证中心。数字证书用于在电子商务中确认交易伙伴身份。

要（就像散列摘要一样）并用 CA 的私钥签名，这个签名后的摘要就称为签名证书。我们最终就得到了一个完全唯一的加密文件——这个世界只有一份这样的签名证书。

在商务活动中使用证书的方式有多种。在交易开始前，消费者可以请求商家提供签名的数字证书，然后使用商家的公钥来解密，获得信息摘要和发放的证书。如果信息摘要和证书相匹配，那么商家和公钥就是真实的。反之，商家也可以要求验证用户的证书，在这种情况下，消费者可以把自己的个人证书传送给商家。证书的种类有很多，如个人证书、企业证书、Web 服务器证书、软件发行者证书以及 CA 自身的证书。

在 PGP 的网站 pgpi. org 上，可以很容易地获得个人及非商业用途的公/私密钥对。**良好隐私**（Pretty Good Privacy，PGP）是由菲尔·齐默尔曼（Phil Zimmerman）于 1991 年开发的，现已成为世界上使用最广泛的电子邮件公钥加密软件工具之一。将 PGP 软件安装到电脑上，你就可以压缩并加密你的信息，而且还可以验证自己和接收方的身份。请阅读社会透视"'网络狗'和匿名性"，了解人们为确保电子邮件安全所做出的努力。

社会透视

"网络狗"和匿名性

漫画家彼得·斯坦纳（Peter Steiner）曾在《纽约人》杂志上发表过一则卡通漫画，能够反映互联网乱糟糟的安全现状：两条狗坐在屏幕前，一条在打字，而漫画的标题为"在网上，没人知道你是一条狗"。这句话简洁地概括了所有的网络安全问题：在网上，你不知道在跟谁打交道，不知道该相信谁，不放心将个人信息放到网上，不放心进行购物、社交、沟通。也许，垃圾邮件发送者会以你的名义发送邮件，破坏你的信誉。

然而，真实情况更加糟糕。许多用户在网上都有多个身份，他们在不同网站有不同的账号、密码、个人识别码（如母亲的姓氏）等，不同的网站也有不同的文件共享和隐私政策。在社交网站，用户会展示自己的特质，其他用户可以搜索到他们。所以，多数用户不知道别人拥有他们的哪些信息，用这些信息做了什么，是谁拥有这些信息。通过互联网、路由器或智能手机上网的人通常也不知道自己在跟谁交流。顺便说一下，路由器是指导互联网流量的交通警察，它将数据包信息发送给另一个路由器，并告知传送的地址，其前提假设是从其他路由器处收到的信息都是合法、有效的。然而，过去3年，全球互联网流量多次被流氓程序或错误或有意地传送到中国。

上述问题称为“Identity 2.0”，联邦政府和隐私组织也正在解决这一问题。2010年6月25日，白宫网络安全负责人霍华德·施密特（Howard Schmidt）提出一项草案，名为“自愿受信身份”（voluntary trusted identity）体系，试图规范网络参与方（个人、机构、计算机、网络路由器和电话等应用）颇受争议的数字身份。该文件提出了“身份生态系统”，在其中人们可以安全地进行活动。当然，身份体系要具有“很强的证件性”，证件可以包括数字密钥（可以唯一识别你的计算机的私人数字化钥匙）、指纹（或者其他可以唯一标识你的生物特征）和数字照片（或其他标识，如母亲的姓氏）。

身份证件存放在哪里呢？草案上说，证件可以存放在便于携带的智能卡中，或存放在用户的计算机中。你可以把它当作互联网驾照或者“类信用卡”。当然，互联网用户不一定要有这张身份证件，但是进入某些重要网站就必须出示证件。

有了这些身份证件，你就可以通过刷卡或发送数字身份文件登录任何需要身份认证的网站，包括银行、学校以及政府机构。单点登录（single sign-in）意味着你登录所有网站都只有一个密码，谷歌和微软都是通过单点登录提供服务的。然而，匿名性是互联网的祸根，它允许用户隐藏自己的真实身份滥用互联网，身份证件的使用会消除或大大降低匿名性。从理论上看，如果僵尸网络（或计算机用户）没有首先经过身份验证，那么它向其他计算机发送邮件或服务的请求就会被拒绝，这也大大降低了钓鱼网站的风险。如果没有经过IP验证、身份认证以及激活电脑，僵尸网络主机是不可能一次性发布数百万条垃圾邮件的。如果没有经过身份认证，你就不能登录博客和网站，也不能发送电子邮件。总之，实施这种技术将会减少匿名性问题。

那么由谁控制这个身份识别体系呢？联邦政府呼吁将私人和公共网络身份识别体系联合起来。例如，银行、联邦机构、谷歌、美国邮政总局、威瑞信及其他信用机构一旦证实你的身份，就将为你提供电子智能身份卡或数字化证件（与金融机构发行的信用卡类似）。其他能进行身份识别的机构就是联邦政府，学术界和政界的计算机科学家都支持这个选择，他们认为这种解决方法更容易实施。然而，许多隐私拥护者和私人企业希望公共的和私人的机构能共同控制安全生态系统。

安全专家则怀疑新的身份生态系统是否能在现在的互联网范围内建立起来，或者即使建起来了，能否按照计划运作。安全研究专家史蒂文·贝洛文（Steven Bellovin）说：“网络安全最大的问题是错误代码，认证不能阻止坏人绕过认证系统，他们可以在认证前找到可利用的或系统本身的漏洞，也可以滥用由合法用户设置的身份验证连接，而且这些攻击方式在数年前就出现了。”另一个问题就是确保安全系统授予的数字身份和个人真实身份相匹配。在现实中，信用卡公司往往向窃取他人身份的骗子发行信用卡或提供信用卡结算服务，银行和政府机构也常向窃取他人安全证件的人提供服务。如果线下认证有缺陷，线上认证也就无望了。

公钥措施一直都在大型机构中得到很好的应用。然而，这种安全成本是很高的：加密减慢了网速，增加了处理公钥内置认证信息的成本。当然，美国从未签署“国家身份识别卡”体系。尽管30%的欧洲网上银行用户使用个人读卡器进行身份认证，但至今为止美国尚未提议这么做。况且大多数美国人都乐意在钱包里多带一张卡，他们认为这样做会显得更加安全。

资料来源：“White House's Trusted Identities Strategy Doesn't Inspire Trust,” by Matthew Harwood, Securitymanagement.com, July 27, 2010, “Real ID Online? New Federal Online Identity Plan Raises Privacy and Free Speech,” by Lee Tien and Seth Schoe, Electronic Frontier Foundation, July 20, 2010, “Takingthe Mystery Out of Web Anonymity,” John Markoff, *New York Times*, July 2, 2010; “White House Strategy For Secure Cyberspace Based on Identify-theftflawed Meatspace,” by Joe Campana, Examiner.com, June 29, 2010; “How Safe Will You Be with Obama's ‘trusted’ identity solution?,” by Kervin McCaney, *Federal Computer Week*, June 29, 2010; “National Strategy for Trusted Identities in Cyberspace Creating Options for Enhanced Online Security and Privacy,” Draft, Department of Homeland Security, June 25, 2010.

加密解决方案的局限性

公开密钥基础设施对于安全问题是一个强有力的技术解决方案，但是它也有很多局限性。PKI主要用来保护在互联网上传输的信息，但对于内部人员（如雇员）——那些可以合法访问包含消费者信息的企业系统的人来说，却是无效的。目前大部分电子商务网站并没有用加密的形式来存储消费者的信息。此外，还有一些其他的缺点也很明显。首先是，如何保护你的私钥？大多数私钥都是保存在不安全的台式计算机或笔记本电脑里。

你无法保证使用你的电脑（甚至你的私钥）的那个人就是你，因为电脑和手机都可能丢失，那将导致私钥的丢失。同样，其他人也可能使用你的个人身份证件，如社保卡等，来获取你的PKI网络证书。没有真实世界中的身份认证体系，就没有网上的身份认证体系。根据许多数字签名法（如犹他州和华盛顿州的法律）的规定，你必须对使用你的私钥所产生的一切后果负责，即使你并不是使用者也是如此。这与进行邮购或电话订购时的信用卡使用规则有很大的区别，在这两种情况下，你有权拒付。其次，无法保证商家用来作验证的电脑是安全的。第三，许多CA都是自我推选出来的机构，其目的是进入认证这一领域，这些CA可能并不是其认证的企业和个人所认定的权威机构。举例来说，一个CA怎么能了解所有的行业以及某个行业内的所有企业，从而判断其是否合法？另一个相关的问题是CA用什么方式来认定证书的持有者。只凭填写了网上表格的申请者自己的声明就可以证实这个电子邮件交易吗？例如，威瑞信发现自己曾错误地发放了两份数字证书给某个冒充微软代理的人。数字证书已被黑客攻破，诱使消费者公开自己的个人信息。最后，证书的撤销和更新政策又是怎样的呢？数字证书或私钥的预计使用寿命是其使用频率以及使用证书系统的漏洞的函数。但是，迄今大多数的CA还没有证书政策，或者只有每年重新发放证书的政策。

5.3.3 通信信道的安全

公钥加密原理通常用在保证通信信道的安全上。

安全套接层

保护通信信道安全最常用的方法是利用 TCP/IP 协议（在第 3 章详细介绍过）的安全套接层（SSL）。当你接收到一条你将与之通过安全信道进行通信的网络服务器的信息时，这意味着你可以使用 SSL 来建立一个安全协商会话（要注意其中的 URL 从 HTTP 开头变成了 HTTPS 开头）。**安全协商会话**（secure negotiated session）是一种客户机/服务器之间的会话，其中所请求文档的 URL，以及所交换的内容、表单的内容和 cookies 都进行了加密（见图 5—12）。例如，你输入表单的信用卡号码就会被加密。通过一系列的“握手”（handshakes）和通信，浏览器和服务器彼此交换数字证书建立了信任，确定了最强有力的共享的加密形式，然后便开始使用双方一致同意的会话密钥进行通信。**会话密钥**（session key）是挑选出来在单个安全会话中使用的唯一的对称加密密钥。某个会话密钥一旦用过，就永远不再使用。图 5—12 说明了会话密钥的工作原理。

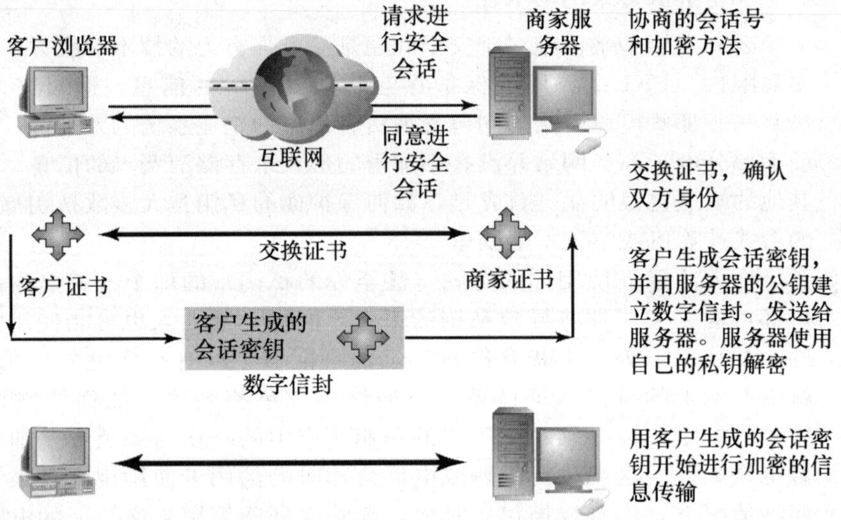

图 5—12 利用 SSL 进行安全协商会话

说明：在利用 SSL 建立安全通信信道的过程中，证书扮演了重要的角色。

在实际生活中，大多数的个人并没有数字证书。这种情况下，商家服务器可能就不要求个人的数字证书，但是一旦服务器请求进行安全会话，客户浏览器会要求商家的证书。

SSL 协议为 TCP/IP 连接提供数据加密、服务器身份认证、可选的客户身份认证以及信息的完整性保护。SSL 提供 40 位和 128 位密钥两种级别的保护，主要取决于你所使用的浏览器的版本。一般来说，总是选择功能最强的共享加密。

SSL 的设计目的是希望通过允许用户验证其他用户的身份，或服务器的身份来解决真实性的威胁。SSL 还可以保护所交换信息的完整性。但遗憾的是，商家在收到加密的信用卡和订单信息后，却通常就将这些信息以不加密的格式存储在商家的服务器上。

虽然 SSL 协议提供了商家和消费者间的安全交易，但它只是保证了服务器一端的真实性，因为对客户身份的认证是可做可不做的。

此外，SSL 无法提供不可否认性保护——消费者可以订购商品或者下载信息类商品，然后却声称交易从未发生过。目前已经出现其他一些用来保护金融交易的协议如安全电子交易协议（Secure Electronic Transaction Protocol，SET），SET 协议要求交易的各方都要使用数字证书。SET 正在发展中，但尚未广泛采用。

安全超文本传输协议

一种具有竞争力的方法就是**安全超文本传输协议**（Secure Hypertext Transfer Protocol，S-HTTP）。S-HTTP 是一种安全的以信息为导向的通信协议，与 HTTP 联合使用。其设计目的是希望与 HTTP 并存，并可以方便地与 HTTP 应用集成。SSL 的设计目的是用来建立两个计算机间的安全连接，而 S-HTTP 则是用来安全地传递个人信息。并非所有的浏览器和网站都支持 S-HTTP。当 URL 以"SHTTP"开头时，你就可以知道你正在与一个支持它的网站联系，使用 SHTTP 作为锚标记，意味着目标服务器支持 S-HTTP。使用 S-HTTP 协议，可以对任何信息进行签名、验证、加密，或者进行上述任何一种组合操作。S-HTTP 协议的基本出发点就是要使 HTTP 更加安全。

虚拟专用网

虚拟专用网（virtual private networks，VPN）使用点到点隧道协议，使得远程用户可以通过互联网安全地访问内部网络。**点到点隧道协议**（Point-to-Point Tunneling Protocol，PPTP）是一种使得某个本地网络可以利用互联网作为管道来和另一个网络连接的加密机制。一个远程用户可以拨号接入某个本地的 ISP，然后利用 PPTP 建立起从该 ISP 到某个企业网络的连接，给人的感觉就好像用户是直接拨号接入企业网络一样。因为 PPTP 通过增加一个隐藏信息内容的不可见封装建立了一个专有的连接，因此这种从一个协议（PPTP）连接到另一个协议（IP）的方法就叫做"建立隧道"。由于有 PPTP 的加密封装，所以当信息通过互联网在 ISP 和企业网络间传递时，就不会被其他人发现。

之所以说虚拟专用网是"虚拟的"，是因为对于用户来说它似乎是一个专用的安全线路，但实际上却只是一个暂时的安全通道。虚拟专用网的主要用途是在业务伙伴间——那些大型供应商或者客户间——进行安全的通信。与业务伙伴建立专用的连接可能非常昂贵，而利用互联网和 PPTP 作为连接方法则可以大大减少安全通信的成本。

5.3.4　网络保护

保护好了通信通道，下一步就是考虑如何保护网络了，包括服务器端网络和客户端网络。

防火墙

防火墙和代理服务器都是要在你的网络以及相连的服务器和客户端的周围建立起一堵围墙，其目的就像在现实世界里防火墙能在有限时间里保护你免受大火的侵害一样，对你的网络起保护作用。防火墙和代理服务器具有某些类似的功能，但是它们的区别很大。

防火墙（firewall）是指出于安全考虑过滤通信数据包，阻止某些数据包进入网络的软件和硬件。防火墙控制出入服务器和客户端的流量，阻止不受信任的通信，只允许受信任的通信通过。网络接收或发送的每条信息都要经过防火墙软件的处理，由它来判断该信息是否符合企业制定的安全政策，如果符合，就允许其传输，否则就拒绝其进入。防火墙可以基于数据属性，如源 IP 地址、目的端口或 IP 地址、服务类型（如 www 或 http）、域名等维度，来过滤通信流量。许多能保护局域网络的硬件防火墙被默认设置好了，几乎不需要管理员的干预，就能简单、有效地阻止内部请求之外的数据包地传入，防火墙只允许你请求的服务器发送的服务进入。常见的硬件防火墙（DSL 和电缆调制解调器）默认设置忽视了和最常见的被攻击端口——TCP 445 端口之间的通信。家庭和公司网络中防火墙的使用极大地降低了攻击的效率，迫使黑客更加专注于通过电子邮件附件散布蠕虫和病毒。

防火墙对通信的检查主要有两种方式：包过滤和应用网关。包过滤方式通过对数据包的检查来判断它们是否要发送到禁止的目的端口，或者来自于禁止的 IP 地址（由安全管理者具体规定）。过滤器在判断某信息是否应该传输时，尤其注意的是信息源和目的地址，同时也包括端口和包的类型。包过滤方式的一个缺陷是它容易产生电子欺骗，因为包过滤方式并不对真实性进行验证。

作为防火墙的一种，应用网关方式主要是基于所请求的应用，而不是信息源或目的地址来对通信进行过滤。这类防火墙还要处理应用层的请求，所以与包过滤方式相比，距离客户计算机更远。通过提供一个中央过滤点，应用网关可以提供比包过滤更大的安全性，但这其中也有系统自身性能的因素。

代理服务器（proxy server，proxy）是一种对来自于互联网或发送到互联网上的通信信息进行处理的软件服务器（通常位于某台专用的计算机上），在企业中扮演了发言人或者卫兵的角色。代理的主要作用是限制内部用户访问外部的互联网服务器，尽管有些代理服务器也作为防火墙使用。代理服务器有时也称为双主系统（dual home system），因为它有两个网络接口。对于内部计算机来说，代理服务器就是网关，而对于外部计算机而言，它则是邮件服务器或者数字地址。

当某个内部网用户请求访问网页时，该请求首先被送到代理服务器。代理服务器验证用户的身份以及请求的性质后，再把请求送到互联网上。由外部互联网发来的网页首先要经过代理服务器。如果可以接收，该网页就进入到内部网络的网络服务器，然后送到用户的桌面上。通过禁止用户直接与互联网通信，企业可以限制用户访问某些类型的网站，如色情、拍卖或者股票交易网站。代理服务器通过在本地存储经常请求的网页，减少了上传时间，隐藏了内部网的地址，使黑客更难监视网络，提高了网络的性能。图 5—13 说明了防火墙和代理服务器是如何保护局域网免受互联网入侵者的破坏以及阻止内部用户进入禁止的网络服务器的。

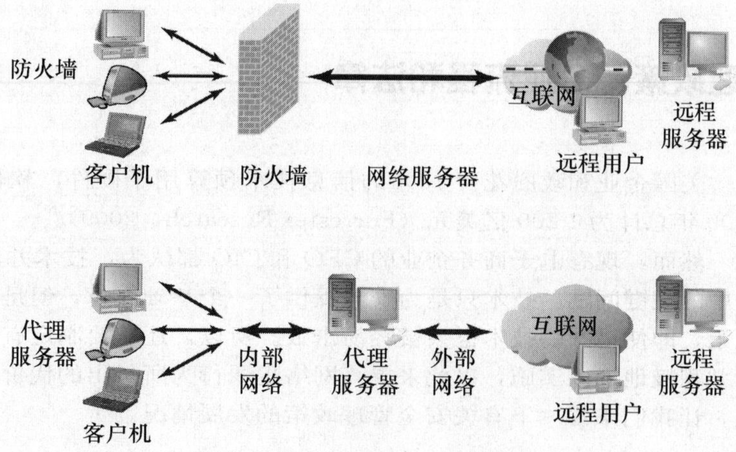

图 5—13　防火墙和代理服务器

说明：防火墙的主要功能是拒绝远程用户机访问本地机。代理服务器的主要目的是提供本地机到远程机器的访问控制。

5.3.5　保护服务器和客户机

利用操作系统的特性和防病毒软件的帮助可以进一步保护服务器和客户机免遭某些攻击。

提升操作系统安全

保护服务器和客户机的最好方式就是使用微软或苹果公司的计算机安全自主升级。为了修补被黑客发现的漏洞，微软不断升级 Windows Server 2008/2003、Windows XP、Windows Vista 以及 Windows 7。这些补丁是自动的，也就是说，当你使用 Windows 操作系统并联网时，系统会提醒你可以进行升级。用户可以很容易地免费下载这些补丁。保持更新服务器和客户操作系统是阻止常见的蠕虫和病毒的简易方法。应用补丁也可以这样安装。例如，Mozilla 和 Internet Explorer 会在客户较少干预的情况下自动更新。

防病毒软件

抵御系统完整性侵害最容易也最便宜的方法就是安装防病毒软件。McAfee 和 Symantec（诺顿杀毒软件）等提供了便宜的工具，可以在病毒进入计算机时识别和根除最常见的病毒，还可以清除潜伏在硬盘上的病毒。防病毒软件可以在你点击邮件前先对其进行检查，删除含有蠕虫或病毒的附件。但是仅仅一次性地安装防病毒软件还不够，因为新的病毒每天都在出现，要抵御新病毒的感染，就必须对防病毒软件进行定期更新。

防病毒套件包和独立程序也可以消除入侵者，如僵尸程序、广告软件等安全威胁。这类程序在寻找可以识别的黑客工具以及已知入侵者的活动信号时和杀毒软件十分相似。由于这类系统的设计特点是，当发现这些行为时就发出警报，所以必须有工作人员或者入侵检测设备对其进行监控，才能使其更好地发挥作用。

5.4 管理政策、企业流程和法律

美国企业和政府花费12%的信息技术预算用于硬件、软件和服务器安全，在2009年总计为1 200亿美元（Forrester Research，2009）。

然而，现有电子商务企业的CEO和CIO都认为，技术并不是电子商务风险管理中的关键问题。技术只是为安全提供了一个基础保障，但是如果缺乏明智的管理政策，即使最好的技术也会被轻易击败。所以，还需要制定有关网络犯罪的公众法律并积极地加以实施，以此来提高网络犯罪行为所付出的代价，并制止企业滥用信息。让我们来看一下有关安全管理政策的发展情况。

5.4.1 安全计划：管理政策

为了使安全威胁最小化，电子商务企业必须制定一整套企业政策来考虑企业会遇到哪些风险，哪些信息资产需要保护，防范风险需要采取哪些措施和技术，以及相应的实施和审计机制。图5—14说明了制定一个有效的安全计划所包括的关键步骤。

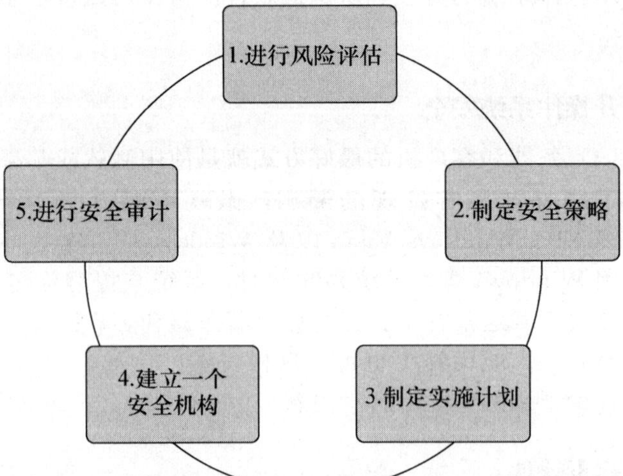

图5—14　制定一个电子商务安全计划

说明：建立一个电子商务安全计划包括5个步骤。

安全计划的制定是从**风险评估**（risk assessment）开始的，风险评估就是对风险及薄弱环节的评估。第一步就是详细清点网站和企业的信息和知识资产。哪些信息暴露在风险中？是消费者的信息、企业的专有设计、商务活动、机密流程，还是诸如价格表、行政人员的补偿或者工资这类的其他内部信息？对于每种类型的信息资产，都要估计如果此类信息受到侵害，企业可能遭受的损失金额，然后再用发生损失的可能性去乘以这个数字。做完之后，把结果排序。现在你就有了一个根据对企业的价值按优先级排序后的信息资产列表。

根据你的风险量化列表，就可以开始制定**安全策略**（security policy）了——这是一套陈述内容，包括按优先级别排列的信息风险、确定可接受的风险目标，以及确定实现这些目标的机制。很明显，你将从风险评估中优先级最高的信息资产开始。在企业里由谁来生成和控制这个信息？现有的安全政策是如何保护这一信息的？要提高这些最有价值的资产的安全性，你有什么改进建议？对其中的每一种资产你愿意承受怎样的风险等级？你是否愿意，比如，每10年丢失一次客户信用卡数据？或者你追求的是可抵御百年飓风的策略，为信用卡数据建立一个可以抵御百年一遇灾害的安全大厦？你要估算一下，要实现这种可接受的风险等级，你要付出多大代价。要记住，全面彻底的安全可能需要惊人的财务资源支持。通过回答这些问题，你应该有了安全策略的开头部分。

接下来考虑**实施计划**（implementation plan）——为实现安全计划目标所采取的行动步骤。特别要注意的是，你必须确定如何把可接受的风险级别转化成一套工具、技术、策略和程序。为实现这些目标你需要应用哪些新技术？需要制定哪些新的员工雇佣计划？

要实施你的计划，就需要一个组织机构来对安全进行管理，而且需要一个安全管理员——负责日常的安全事务。对一个小型电子商务网站来说，安全管理员很可能就是管理互联网服务的人或者是网站管理员；而对于大企业，则通常需要有一支专门的队伍，需要有预算的支持。**安全机构**（security organization）负责教育培训用户，使管理层了解安全威胁和破坏的存在，并对实施安全的工具进行维护。

安全机构通常对访问控制、验证机制以及授权策略进行管理。**访问控制**（access controls）决定哪些外部和内部人员可以合法地访问你的网络。外部人员的访问控制包括防火墙和代理服务器，而内部人员的访问控制通常由登录机制组成（用户名、密码和访问代码）。

验证机制（authentication procedures）包括使用数字签名、权威机构发放的证书，以及公钥基础设施。现在电子签名已经拥有与原始手写签名一样的法律地位，许多企业正在寻找可以测试并确认签名者身份的方法。附加数字指纹和显示签名者的活动影像是两种正在考虑的方法。企业通常采用的方法是，要求签名者输入自己的全名，然后点击某个按钮，表示他们知道自己刚刚签署了一份合约或者文件。

利用生物测定装置，如指纹、视网膜扫描或者语言识别系统，与数字签名一起使用，可以确定与个人有关的物理属性。（生物测定学是对于可测度的生物或物理特征的研究。）例如，企业可以要求个人在获准访问网站之前，或者获准用信用卡支付商品货款前，先进行指纹扫描。利用生物测定设备可以使黑客更难入侵网站，从而大大降低了电子欺骗的可能性。

授权策略（authorization policies）对不同级别的用户确定访问信息资产的不同级别。**授权管理系统**（authorization management systems）规定了用户在何时何地可以访问Web网站的某个部分。两者的基本功能是限制访问企业互联网基础设施中的专用信息。尽管近来出现了不少授权管理产品，但其工作方式基本上是类似的：系统把一个用户的会话加密成像通行密码一样的函数，跟踪用户进入一个又一个网页，根据系统数据库中的设置信息，只允许用户访问那些可以进入的区域。通过给每个用户建立进入规则，授权管理系统就可以随时知道谁可以访问什么地方了。

制定电子商务安全计划的最后一步是执行安全审计。**安全审计**（security audit）包括对于访问日志的常规检查（确定外部人员如何使用网站以及内部人员如何访问网站资源）。安全审计每月要生成一份报告，反映对于系统的常规和非常规的访问，并识别非正常的活动。大企业的网站经常利用老虎队来评估现有安全措施的强度。近5年里，涌现出很多专门给大企业网站提供这类服务的小企业。

技术透视“你的智能手机安全吗”讨论了安全政策需要关心的新问题——智能手机安全。

技术透视

你的智能手机安全吗

至今为止，有关智能手机安全事件的报道很少。2010年，智能手机所面临的最大安全问题就是手机丢失。一旦手机丢失，所有私人和公司数据都有被盗的危险。在华尔街，丢手机就等于丢工作。

iPhone用户认为他们的手机不会被攻破，因为iPhone是苹果公司的产品，攻击苹果电脑Macs的恶意软件要比攻击PC的少。如果你可以攻击95%的人群使用的电脑（PC平台），为什么要去攻击剩下的5%（苹果公司推出的Macintosh平台）呢？同样，安卓用户也相信，操作系统生产商（谷歌）或网络服务提供商Verizon会保护他们免受病毒和恶意软件的侵扰。况且，没有人听说过某个手机黑客造成数百万美元的损失，或数百万信用卡盗窃，抑或是威胁到国家安全。但美国有5 000万部智能手机，8 300万人通过移动设备上网，公司员工也向移动平台转移，同时消费者使用手机进行金融交易。随着智能手机使用范围和深度的拓展，黑客可攻击的目标也逐渐增多。现今，对犯罪分子来说，智能手机生态系统是个巨大的目标，蕴涵大量的机会。

如今，用户可以使用智能手机下载文件，阅读文件，收发财经、个人和商业信息。事实上，智能手机是能被黑客攻破的，与互联网设备一样，黑客可以监视和控制智能手机：在不经用户许可的情况下发送恶意文件、删除文件；安装可以监视用户行为的后台程序；默默地将智能手机变成僵尸网络的一员，向其他人发送短信。

应用软件是造成安全漏洞的一大因素。目前，苹果、谷歌和RIM（黑莓）总共发布了70多万个应用程序。苹果断言它对每个程序都进行了严格检测，确保符合苹果iTunes规则，但是危险依然存在。2008年4月，苹果收回了一款流行游戏，因为该程序会在用户不知情的情况下将通讯录（姓名、联系号码、电子邮件、通信地址）发送到公司服务器上。2009年，苹果因为类似的安全问题宣布撤回数百种应用程序。此外，在iTunes应用程序中，一些用户信息（包括GPS定位和姓名）还会错误地出现在其他应用程序上。应用软件带来的问题不止这些，还有其他更多的问题。瑞士研究员尼古拉斯·塞里奥特（Nicolas Seriot）制作了一款测试软件“SpyPhone”，能在用户不知情的情况下跟踪用户的行为，并将数据传送到远程服务器上。在这款软件截获了地理定位数据、密码、通讯录和电子邮件账号等信息之后，苹果才发现这款软件，并将其撤回。事实可见，苹果不能有效地检测这些应用。

在谷歌的控制下，安卓平台的安全问题比较少，因为谷歌采取的是“开放应用模式”（open app model）。谷歌无须对安卓平台的任何应用进行审查，而是通过用户的反馈来识别具有攻击性的应用。安卓应用可以使用Droid手机上的任何个人信息，但是必须通知用户每个应用能做什么，需要哪些个人信息。在安卓平台上，用户是知情者（苹果的应用程序都默认用户是知情的，而实际上用户是不知情的）。

谷歌可以在用户不参与的情况下远程移除Droid手机上的攻击性程序，这一做法非常巧妙，但如果黑客进入远程移除系统，它就成为了安全漏洞。在某次事件中，谷歌撤回了数十款由名为“09Droid”的开发者推出的手机银行应用，据说这些应用能使用户进入不同的银行系统，如果要登录汇丰银行伦敦分行，只要输入账号就可以进入银行账户。实际上，这些应用不能接入任何银行，需要在它们带来危害前就将其移除。另外，谷歌采取了一些预防措施来减少这些恶意软件，如调查开发者的背景，要求开发人员注册其Checkout支付服务（不仅鼓励用户购买应用，还强制开发者展示他们的资质和财务状况）。

除了应用软件带来的威胁外，智能手机也容易受到基于浏览器的恶意软件的影响（这些恶意软件利用了浏览器的弱点）。此外，多数智能手机（包括iPhone）都允许生产商远程下载配置文件以更新操作系统和安全保护系统。但2010年，密码学家在远程接入iPhone的公共密钥程序中发现，“iPhone/iPod不会因为下载手机配置而信任根证书（root CAs，CA认证是公钥文件的基础）”。

评论家认为人们夸大了这些问题，但事实也许就如夸大的一样。2010年2月，FBI网络部开始调查涉及银行业务的手机应用以及其他国家的间谍软件，同时明文禁止内部员工下载软件至工作手机。2010年3月，Air Force公司也禁止员工下载软件至配置的黑莓手机。出于安全考虑，许多大公司都适当地削弱了员工的黑莓手机性能，使他们无法下载任何应用。

资料来源：“Experts：Android，iPhone Security Different But Matched，” by Elinor Mills，CNET News，July 1，2010；“Dark Side Arises For Phone Apps，” by Spencer Ante，*Wall Street Journal*，June 4，2010；FBI Probing AT&T iPad Security Breach，Reuters，June 10，2010；“iPhone Certificate Flaws，iPhone PKI Kandling flaws，” by Cryptopath. com，Archive for January 2010，January 2010；“SpyPhone iPhone App Can Harvest Personal Data，” by Denis Fisher，Threatpost. com，December 4，2009.

5.4.2　法律及公共政策的作用

现今的公共政策环境与早期的电子商务时期大不一样，其最终结果就是互联网不再是一个无管制、无监督、仅进行自我约束的“技术神像”（technology juggernaut）了。与过去70年来的金融市场一样，人们越来越多地认识到只有制定一系列有效的法律制度和强制措施，电子商务市场才能运转。这些法律有助于建立一个有序、合理、公平的市场环境。这一正在发展中的公共政策环境与电子商务本身一样，正在朝全球化的方向发展。尽管国际上出现了一些针对美国电子商务网站的重大攻击事件，但却很难找到攻击的来源和涉案的犯罪分子，即使能找到，最终也没能对他们进行起诉。

在识别黑客的犯罪活动和帮助法律进行强制执行方面，志愿者和个人的努力起了很大作用。自1995年以来，随着电子商务的迅速发展，有关国家和地方的法律也得到极大的发展。目前已经通过了一些新的法律，这些新的法律为地方和国家权力机构识别、跟踪并起诉网络犯罪分子提供了新的工具和机制。表5—4列出了一些最重要的联邦电子商务安全法规。

表 5—4　　电子商务安全法规

法规	重要意义
计算机反欺诈和滥用法（Computer Fraud and Abuse Act（1986））	打击计算机犯罪的主要联邦法令
电子通信隐私权保护法（Electronic Communication Privacy Act（1986））	对于访问、截取或者泄露他人私有电子邮件通信的人处以罚款及监禁
国家信息基础设施保护法（National Information Infrastructure Protection Act（1996））	规定使用拒绝服务进行攻击是违法行为，同时在联邦调查局下设国家基础设施保护中心
网上电子安全法案（cyberspace electronic security act（CESA，2000））	减少对出口的限制
计算机安全加强法案（Computer Security Enhancement Act（2000））	保护联邦政府系统不受黑客攻击
全球及全国商务电子签名法案（电子签名法）（Electronic Signatures in Global and National Commerce Act（the“E-Sign”Law）（2000））	授权在文件中使用电子签名
美国爱国者法案（USA PATRIOT Act（2001））	授权对可疑的恐怖分子进行计算机监视
国土安全法（Homeland Security Act（2002））	授权建立国土安全局，负责制定美国主要资源和关键基础设施的国家安全全面计划，国土安全局成为网络安全的中央指挥部
控制非自愿色情和促销攻击法案（CAN-SPAM Act（2003））	尽管公民和管理部门有反垃圾邮件的一些措施，《控制非自愿色情和促销攻击法案》还是建立了一些新法条，旨在解决行为人对收件人、互联网服务提供商或执法部门隐藏自己的身份或垃圾邮件来源的问题
美国网络安全法（U.S.SAFE WEB Act（2006））	提高联邦贸易委员会为遭遇间谍软件、垃圾邮件、网络欺诈或受骗上当的消费者获得货币补偿的能力，同时也提高联邦贸易委员会收集信息、协助国外同行进行调查的能力

1996年通过的《国家信息基础设施保护法》规定，利用拒绝服务进行攻击和病毒传播在联邦内是违法行为。这项法案通过之后，美国联邦调查局和司法部又联合建立了国家基础设施保护中心（NIPC）。作为国土安全局的国家网络安全办公室的一个内部单位，其主要任务就是识别并应对针对美国技术和电信基础设施的威胁。

通过加大对网络犯罪的惩罚力度，美国政府正试图威慑未来的黑客。同时通过将这类活动定义为联邦犯罪活动，政府就可以把国际黑客引渡到美国，并在国内对他们进行起诉。

2001年9月11日之后，国会通过了《美国爱国者法案》，极大地加强了执法部门的调查和监督权。该法案规定可以对电子邮件和互联网使用进行监督。目前，这只是一部试用法，但政府正努力将它变为永久法，并加强执法部门的监督力度。2002年颁布的《国土安全法》也在试图打击网络恐怖分子，增强政府强制计算机和网络服务供应商披露信息的能力。

私人机构和公私合作做出的努力

好消息是，电子商务网站不再是孤军作战来寻求互联网安全。一些机构——既有公共机构又有私人企业——都已参与到抵御针对互联网和电子商务网站的攻击中，致力于跟踪各类犯罪组织和犯罪分子。其中比较知名的私人机构之一就是卡内基・梅隆大学的**计算机应急反应小组协调中心**（CERT Coordination Center）（正式的说法是计算机应急反应小组（Computer Emergency Response Team））。CERT 检测并跟踪由寻求其帮助的私人企业和政府机构报告的网上犯罪活动。CERT 的组成人员既有全职的专家，也有兼职的专家，虽然互联网十分复杂，但是这些专家仍可以跟踪到攻击网站的源头所在。CERT 的工作人员还帮助企业找出安全问题，制定安全解决方案，并就广泛传播的黑客威胁问题与公众进行沟通。CERT 协调中心还提供安全产品评估、安全报告和安全培训，以增加公众对于安全威胁的认识和对于安全解决方法的了解。美国国土安全局也成立了**美国计算机应急反应小组**（US-CERT），协调网络事件警报，在政府和私人部门之间做出应答。

政府对于加密软件的政策和控制

正如在本章开头所提到的，作为制止和防止犯罪和恐怖活动的手段，很多政府一直在寻求限制加密系统的使用和出口。在美国，主要由国会及其执行分支机构来负责对加密算法的使用进行管制。而在国际上，对加密软件的国际交流施加影响的主要有四大国际组织，分别是：经济与合作发展组织（Organization for Economic Cooperation and Development，OECD）、八国峰会（G-7/G-8，全球八大工业化国家首脑会议）、欧洲理事会以及瓦圣那协议（Wassnaar Arrangement，由来自全球前 33 个工业化国家的执法人员组成）（EPIC，2000）。许多政府都提出了对加密软件进行控制，或者至少是防止犯罪分子获得有效的加密工具（见表 5—5）。

表 5—5　政府在控制加密上所做的努力

管制方面的努力	造成的影响
限制功能强大的安全软件出口	对功能强大的安全产品的出口进行限制主要是美国政府在支持，但是加密方法的广泛传播对这项政策有削弱作用。目前这项政策有所改变，政府允许把加密产品出口到非常落后的国家。
密钥托管与密钥恢复方案	在 20 世纪 90 年代，法国、英国和美国都支持这种努力，但目前已基本放弃这一方案，原因是很少有真正可信任的第三方。
法律许可的访问和强制披露	在最近的美国立法以及 OECD 国家中，对此支持者有所增加。
官方的黑客行为	所有的国家都在迅速增加预算，成立执法所需的“技术中心”，并培训相应人员。成立这类技术中心的目的是，监测并跟踪由可疑犯罪分子进行的基于计算机的加密活动。联邦调查局的 DCS100 系统最近已经投入使用。

OECD 条约

2002 年 7 月，OECD 正式发布了《信息系统和网络安全条约：向安全文化靠齐》。该条约有 9 条方针，旨在增强公共意识，提高公民教育，促进信息共享，加强培训，使公民更好地理解网络安全并采取最好的行动。“安全文化”代表思考的新方式——在人人都使用计算机和网络的世界里，互联网也有其要扮演的角色。该条约是全部 30 个 OECD 成员达成的共识，它们都支持 OECD 促进经济增长、贸易和发展的宏伟目标。

5.5 支付系统

5.5.1 支付系统的类型

要理解电子商务支付系统，你首先需要熟悉各种常见的支付体系，然后应能阐明电子商务支付系统必须满足的各种不同需求，并能识别电子商务技术为发展新型支付系统带来的机遇。支付体系有五种主要的类型：现金、支票转账、信用卡、储值卡以及余额累计。

现金

现金（cash），作为国家权力机关确定的代表价值的法定清偿物，从交易数量角度来说是最常见的支付形式。现金的关键特性就是它不需要任何机构作为中介，就可以立即转换为其他的价值形式。例如，免费航行里程数就不是现金，因为它不能立即转换为其他价值形式——需要通过第三方（航空公司）作为中介来进行价值（一张飞机票）的转换。一些私人机构有时会发放一种称为临时凭证的专用现金，这种临时凭证可以用于组织活动兑换成商品或者现金，例如邮票、积分券（"point" program）以及其他各种形式的消费者忠诚度货币券。

为什么直到今天现金依然如此受欢迎呢？这是因为现金可以携带，在使用时不需要任何身份验证，而且持有者可以获得即时购买力。利用现金可以进行微支付（小额支付）。使用现金是"免费"的，因为商家和消费者都不用支付使用费。使用现金还不需要任何辅助设施，如特殊的硬件或者是账户，而且对使用者的认知能力要求也很低。现金是匿名的且很难跟踪，正是因为这一点，所以说现金是"隐秘的"。而其他的支付形式则在很大程度上要依赖第三方，而且还会遗留很多数字的或是书面的痕迹。

但是从另一方面来说，现金只能用于小额交易（你用现金来买车或买房就不是那么方便了），又很容易被盗，而且不提供任何**"时延"**（float，从购买发生到实际支付发生之间的时间间隔），现金一旦使用，就不再属于你了。除非得到销售方的同意，否则，使用现金的购买就是终结性的、不可撤销的（如交易不可否认）。

支票转账

支票转账（checking transfers）就是资金通过签名汇票或者支票直接从消费者的支票账户转到商家或其他人的账户上。从交易数量角度而言，这是第二种最常见的支付形式，而从交易总金额的角度来说，则是排名第一位的支付形式。

虽然支票在小额和大额交易中都可以使用，但是通常并不用于微型支付（低于1美元）。支票是有一定时延的（最长可有10天的清偿期），而且支票账户的金额还能赚取利息。支票是非匿名的，而且要有第三方的参与。支票同时也给商家带来了安全上的风险，因为支票比现金更容易伪造，因此使用支票必须进行身份验证。对于商家来说，支票还比现金多了一些额外的风险，因为在账户清偿之前支票可能被撤销，或者在账户里没有足额资金时被银行退票。

信用卡

信用卡（credit card）指的是一种可以为消费者提供信用，允许其在购买商品时延期支付，并在同一时间对多个卖家进行支付的账户。**信用卡组织**（credit card associations）如 Visa 和 MasterCard 都是非营利组织，它们负责为信用卡发卡银行制定标准。像花旗银行这类信用卡**发卡银行**（issuing banks）则实际发行信用卡并处理信用卡交易。其他的第三方机构（称为**处理中心**（processing center）或**清算所**（clearinghouse））通常处理账户及余额的审查事宜。在这里，信用卡发卡银行扮演了金融中介的角色，通过它的作用可以将交易各方的风险降到最低。

信用卡赋予客户一定的信用空间，使其拥有可以即时进行各类小额和大额交易的能力。作为一种被广泛接受的支付形式，信用卡既降低了携带现金带来的盗窃风险，又增加了消费者的便利。信用卡还为客户带来了可观的时延。例如，使用信用卡，消费者通常不需要马上对所购买的商品进行支付，而是可以等到 30 天后收到信用卡账单时再付款。信用卡的使用增加了消费者的购买量，所以商家从中获得了收益，但是它们也要承担沉重的交易费支付给发卡银行，其费率一般是购买价的 3%～5%。此外，联邦 Z 法令（federal regulation Z）还把大部分的交易风险（如信用卡诈骗、否认交易的发生、不付款等）都转嫁到了商家和信用卡发卡银行的身上。根据 Z 法令的规定，在信用卡挂失之前发生的未经授权的交易，持卡人应承担的责任最高为 50 美元，而一旦信用卡挂失，消费者就不必承担以后发生的任何费用。

信用卡的终止性要比其他支付系统差，因为消费者可以在某些情况下否认购买的发生，信用卡降低了消费者的风险，但却增加了商家和银行的风险。

储值卡

通过存入资金建立的账户，所需资金也从此账户中提取或支付，就称为**储值支付系统**（stored-value payment system）。储值支付系统在某些方面与支票转账有点类似，因为支票转账也要存入资金，但储值支付系统不需要写支票。储值支付系统的例子包括借记卡、礼券、预付卡以及智能卡（将在本章后面详细介绍）。**借记卡**（debit card）会立即借记到支票或者其他活期账户上。对于多数消费者来说，使用借记卡免除了开纸面支票的需要。现在，美国的借记卡数量超过 5 亿张。由于借记卡要依赖于消费者银行账户上的可用资金数量，所以通常大额交易还是要通过信用卡来支付。而且，美国消费者对借记卡的接受程度并不高，因为若接受借记卡的话，他们就得不到 Z 法令的保护，而且没有任何付款时延。

像 PayPal（将在 5.6 节中讨论）这样的对等网络（P2P）支付系统是储值概念的变体。P2P 支付系统并不一定要预先支付，但是必须有一个存有资金的账户，或者是有可用资金的支票账户，或者是有未使用的信用余额的信用卡。PayPal 被认定为 P2P 支付系统，因为它允许小商家和个人在没有中介银行或处理中心的参与下进行交易清算。

余额累计

可以累计支出费用让消费者定期付款的账户就称为**余额累计支付系统**（accumulating balance payment system）。传统的例子如公用事业费、电话费以及美国运通卡账户都属于余额累计账户，这些账户通常累计一个特定的时期（一般为一个月），然后在期终时一次付清。

表5—6总结了上面提到的各类支付系统在各个方面的区别，并突出了有关支付系统的一些关键问题。首先，对支付系统作评价是一个复杂的过程，需要从多方面进行考虑。表5—6也暗示了企业建立一种新的支付机制来取代现有支付系统（现金、支票以及信用卡）的困难程度。正如我们将在下面讨论的，从总体来说，大多数网上支付系统并没有被美国的消费者接受，在网络交易中最常使用的还是信用卡支付。

表5—6　　支付系统的各方面特点

各方面特点	现金	个人支票	信用卡	储值系统（借记卡）	余额累计
不需要中介，可以即时转换	是	否	否	否	否
在小额交易中交易成本较低	是	否	否	否	是
在大额交易中交易成本较低	否	是	是	是	是
商家的固定成本较低	是	是	否	否	否
可否认（可辩驳）	否	是	是	否（通常）	是
消费者有金融风险	是	否	最高50美元	有限	否
商家有金融风险	否	是	是	否	是
消费者可匿名	是	否	否	否	否
商家可匿名	是	否	否	否	否
可立即重新使用	是	否	否	否	否
针对未经授权使用的安全性	否	部分	部分	部分	部分
可抵御篡改	是	否	是	是	是
需要进行身份验证	否	是	是	是	是
需要特殊硬件	否	否	是——对商家	是——对商家	是——对商家
买方有付款时延	否	是	是	否	是
需要有账户	否	是	是	是	是
拥有即时货币价值	是	否	否	是	否

资料来源：Adapted from MacKie-Mason and White，1996.

表5—6还揭示，与支付系统有利益关系的各方（stakeholder，利益相关者）会对支付系统的各个方面有不同的偏好。支付系统的主要利益相关者是消费者、商家、金融中介机构以及政府监管机构。

消费者主要对低风险、低成本、可辩驳（能够驳倒或否认）、方便、可靠的支付系统感兴趣。消费者已经表明，除非与现有系统相比，新的支付系统能带来更多的好处，否则他们不会使用新的支付机制。一般来说，大部分消费者使用的是现金、支票和信用卡，至于具体选择何种支付系统则要视具体交易情况而定。例如，消费者可能愿意使用现金来完成一些秘密的匿名交易，但是同样的消费者，当他在购买汽车时则可能就想要留下交易记录。

商家主要对低风险、低成本、不可否认（即交易终止性）、安全、可靠的支付系统感兴趣。目前，商家承担着大量的支票和信用卡诈骗以及拒绝付款的风险，同时还承担着大量对支付进行验证的硬件设备的成本。一般来说，商家希望消费者用现金、支票来支付，信用卡则次之，因为使用信用卡，商家通常要支付高额的费用，而且消费者会在购买后对交易进行否认。

银行和信用卡网络等金融中介机构感兴趣的则主要是那些可以把风险和成本转嫁给消费者和商家，而把支付给自己的交易费最大化的安全系统。金融中介机构偏爱的支付机制是支票转账、借记卡和信用卡。

政府监管机构关注的是保持人们对金融系统的信任。监管机构致力于保护各方在使用支付系统时免受诈骗和滥用的侵害，确保在消费者和商家的利益与政府所监管的金融中介机构的利益间取得一定的平衡，并强制实施信息报告法规。对支付系统来说最重要的法律法规是Z法令、E法令以及1978年颁布的用以规范ATM的《电子资金转账法案》（EFTA）。Z法令限定了消费者在使用信用卡时的风险，而与之相反，《电子资金转账法案》和E法令则把使用借记卡和ATM卡的大部分风险都加在了消费者身上。例如，如果你丢失了ATM卡或者借记卡，你就要承担账户上发生的一切损失。不过，Visa和MasterCard已经制定了一些政策，把消费者丢失借记卡后要承担的风险限定在与信用卡一样的50美元范围内。

5.6　电子商务支付系统

电子商务的出现带来了许多新的金融需求，而很多情况下，传统的支付系统无法有效地满足这些需求。例如，网上个人间的拍卖这类新型的购买关系就需要采用对等网络支付手段，让个人可以通过电子邮件进行支付。新型的网上信息产品，如iTunes、视频购买或租赁、新闻和报纸杂志，要求采用低于5美元的微型支付。很多情况下，已有的支付机制能被新的网络环境采用，电子商务技术为创建可代替现有支付系统并提高系统性能的新系统带来了极大的可能性。在这一节里，我们来纵览一下目前正在使用的电子商务支付系统。

尽管可替代的支付方式正在增多，但在美国信用卡仍然是网上支付的主要方式。2009年，信用卡支付占美国网络交易总额的55%，借记卡占28%。图5—15列出了各种支付类型所占的比重。PayPal是信用卡和借记卡网上支付使用最多的平台。（在“在线储值支付系统”一节中有更多关于PayPal的信息。）

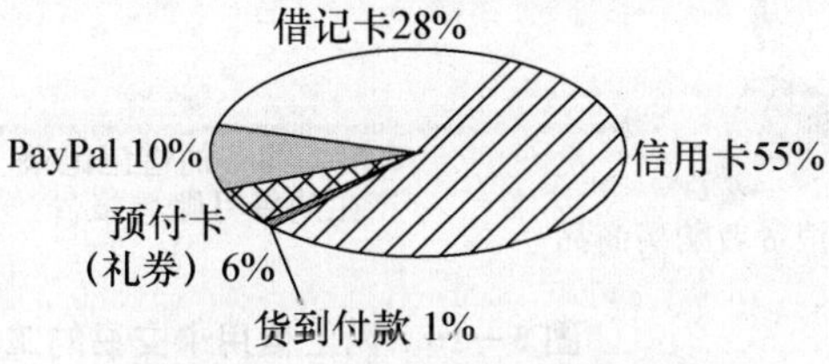

图5—15　美国的网上支付方式

说明：尽管诸如PayPal之类的替代支付方法逐渐增多，传统的信用卡支付仍然在网络购物中占据主导地位。

资料来源：Based on data from Strategy & Research，2010b；authors' estimates.

在世界的其他地方，电子商务支付和传统支付方式及基础设施有很大不同，信用卡支付并不占主导地位。如果你打算在欧洲、亚洲或拉丁美洲运营网站，你必须为每个区域开发不同的支付系统。欧洲的消费者倾向于使用银行借记卡（尤其是在德国）和信用卡。中国的网民通常使用支票或现金。日本的消费者一般使用邮局汇款、银行转账、利用当地的便利店作为终端的货到付款（konbini）和电话公司的余额累计账户。

5.6.1 网上信用卡交易

由于信用卡是网上支付中的主导方式，所以理解网上信用卡交易的工作原理，并认识这一支付系统的优缺点就显得十分重要。网上信用卡交易与在商店里购物的过程很相似，最主要的区别是在线商家永远看不到实际使用卡的过程，既看不到信用卡，也没有签名。网上信用卡交易和电话邮购交易（MOTO transactions）十分相似。这些购买方式也称为不见卡（card not present，CNP）的交易，这也是事后消费者拒绝付费的主要原因。正是由于商家根本看不到信用卡，也无法收到消费者签名的购买协议，所以当发生争端时，即便商品已经发运出去或者用户已经下载数字产品，商家也可能会面临交易取消的风险。

图 5—16 说明了在网上使用信用卡进行购买的流程。在网上信用卡购买过程中包括 5 个参与方：消费者、商家、清算所、商家银行（有时也叫“收单行”），以及消费者所持信用卡的发卡行。为了接受信用卡的支付，在线商家必须在银行或者金融机构开立一个商家账户。**商家账户**（merchant account）就是一个简单的银行账户，企业可以通过该账户处理信用卡支付并接收来自这些交易的资金。

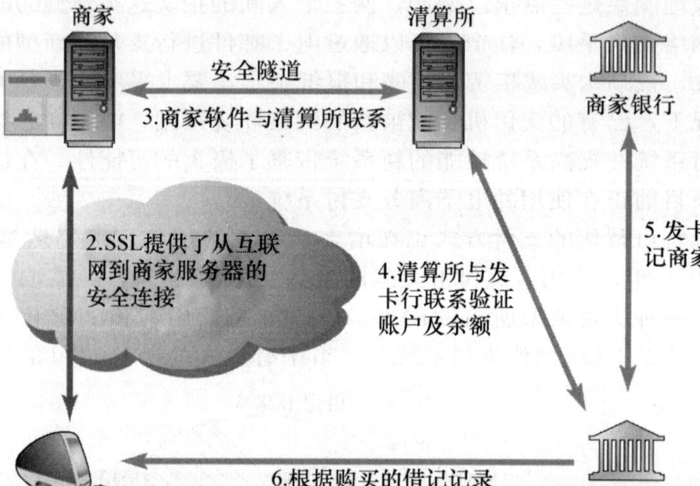

图 5—16 网上信用卡交易的工作原理

如图 5—16 所示，网上信用卡交易是从购买开始的（1）。当消费者想购买商品时，就把该商品放入购物车。在付款时，安全套接层协议（SSL）就会建立互联网安全隧道，利用加密手段，保证信用卡信息传输的安全，并保护信息不被互联网上的入侵者接触到（2）。但 SSL 并不验证商家和消费者的身份，交易的各方必须彼此信任。

一旦商家收到了消费者的信用卡信息，商家的软件就与清算所进行联系（3）。正如前面提到的，清算所是一个金融中介机构，负责验证信用卡的真实性并审核账户余额。随后，清算所与发卡行联系以验证账户信息（4）。一旦确认完毕，发卡行就贷记商家银行中的商家账户（这通常在夜间的批处理过程中进行）（5）。而消费者账户的借记情况则以每月账单报告的形式发送给消费者（6）。

信用卡：电子商务的赋能者

企业只拥有商家账户还不够，它还需要购买或者建立可以处理在线交易的工具，保护商家账户的安全只是两个处理步骤中的第一步。今天，互联网支付服务提供商既能提供商家账户，也能提供处理网上信用卡购物所需的软件工具。

例如，Authorize. net 是互联网支付服务提供商，可与某个商家账户提供商一起帮助商家保护账户的安全，同时向商家提供可安装的支付处理软件。该软件收集商家网站上的交易信息，然后通过 Authorize. net 的“支付网关”（payment gateway）把信息传送到相应的银行，确保消费者在购买时得到交易授权。随后把交易资金转入商家的账户上。

网上信用卡支付系统的弱点

现有的信用卡支付系统有很多弱点，其中最主要的弱点有：安全、商家风险、成本以及社会公正。

现有系统的安全性都很差，无法对商家和消费者的身份进行充分认证。参与交易的商家可能是一个专门收集信用卡数据的犯罪组织，而消费者则可能正在使用窃取的或者伪造的信用卡进行交易。商家面临的风险很大：即便商品已经发出或者数字产品已经下载，消费者也可以拒绝付费。2000 年，银行业曾试图开发安全电子交易协议（SET），但是因为对消费者和商家来说都太复杂而失败了。

商家承担的成本也十分惊人——约为购买金额的 3.5%再加上每笔交易 20～30 美分的交易费，还有其他的起步费用。PayPal 依照交易的规模收取 1.5%～3%的交易费。高成本使得商家不愿意在网上销售低于 10 美元的商品。此外，个人文章、音乐唱片及其他小商品的销售都不能使用信用卡付费。解决这个问题的方法之一就是将某个消费者在一段时间内的消费累计起来，再用信用卡进行支付。苹果 iTunes 商店就采用这种方法，这家商店现在采用动态定价体系，即老歌每首 69 美分，大多数歌曲是 99 美分，热门歌曲每首 1.29 美元。苹果公司并不是在你购买单首歌曲时要求你用信用卡支付，而是将你在 24 小时内的购买额累计起来，你可以一起支付。iTunes 在单独销售上几乎没有突破，但如果消费者购买大量的歌曲，就很赚钱。但是信用卡公司反对“累计支付”，因为这减少了它们的利润。

尽管信用卡看起来似乎很普及，但它并不是平民化的。数百万年轻人没有信用卡，此外还有近 1 亿成年美国人由于无法负担信用卡或者由于收入低被认为信用等级不够而没有信用卡。

5.6.2 数字钱包

除了信用卡之外，还有许多新的支付方式，它们是：数字钱包、数字现金、网上储值支付系统、数字化余额累计支付系统以及数字支票支付系统。

数字钱包（digital wallets）力图模仿被人们带在身边的钱包的功能。数字钱包最重要的功能就是：（a）利用数字证书或者其他加密手段来验证消费者的身份；

(b) 存储和转移价值；(c) 保障从消费者到商家的支付过程的安全。早期，许多公司尝试推广数字钱包，但都失败了。微软也曾提供专有的服务器端的数字钱包，一开始是 Passport，后来是 MSN 钱包，但在 2005 年 2 月放弃了。最近开发的电子钱包是谷歌的 Checkout，它是一个支付处理系统，使网上购物更方便简单。它不像 PayPal 那样可以储存价值，但可以为商家提供交易中需要的购物者的信用卡和个人信息。谷歌目前还不像 PayPal 一样强大和受欢迎，原因之一是 eBay 不允许商家使用 Checkout。智能手机是数字钱包的救世主，在章末的案例研究中，智能手机正在加强用数字方式购买商品和服务的能力。

5.6.3 数字现金

数字现金 (digital cash，有时也称为电子现金) 是为电子商务开发的最早的支付系统之一。数字现金最基本的概念是通过将独特的、被认证的、可代表现金价值的符号从消费者处转移至商家来进行网上支付。使用者可以在银行卡中存入资金，或提供信用卡。银行会对各种面值的现金发行数字货币（唯一的加密号码），消费者可以在商家的网站用这些货币，商家也可以将这些货币存入银行卡中。DigiCash、First Virtual 和 Millicent，所有早期的数字现金都不再按原来的设想提供服务。总之，协议和实践将数字现金变成了复杂的事物。然而，仍然有许多公司在追求数字现金这一理想。一些公司，如 GoldMoney，关注有黄金支持的电子货币。

5.6.4 在线储值支付系统

在线储值支付系统 (online stored value payment systems) 使消费者可以利用存在网上账户中的资金即时地向商家或者其他个人进行网上支付。

PayPal (2002 年被 eBay 收购) 使个人和企业能够使用电子邮件进行一定限额的支付或收款活动。2009 年，PayPal 处理了 710 亿美元的支付交易（310 亿美元来自 eBay，400 亿美元来自其他网站），共有 8 700 万注册用户。PayPal 建立在业务所在国家已有的金融基础设施上。当进行网上交易时，你可以用指定的用来支付或收款的信用卡、借记卡或支票账户建立一个 PayPal 账户。当使用 PayPal 进行支付，你要将支付款通过电子邮件发送到商家账户中，PayPal 会将资金从你的信用卡或支票账户转移至商家的银行卡账户中。PayPal 的美好之处在于个人信用卡信息不会被共享，也可以用于小额支付。PayPal 存在的问题有：高成本；当欺诈或否认交易发生时缺乏消费者保障。章末的案例研究将进一步介绍 PayPal。

除了 PayPal 之外，在线储值支付系统还包括其他几种类型，有一些（如 Valista）是商家平台，其他的（如 QPass）则针对小额支付市场，如无线运营商和零售出版商。

智能卡 (smart card) 是另一种形式的储值系统，使用的是与信用卡一样大小的塑料卡，卡上嵌有存储个人信息的芯片，可支持移动无线电子商务支付。它们不能用于在电脑上购物，但可以通过在阅读器前挥动智能卡或将卡插入阅读器来购买小额商品。信用卡只能使用背面的磁条存储一个简单的费用账户数据，而智能卡却可以保存相当于信用卡 100 倍的数据，其中包括大量的信用卡数据和有关健康保险、运输、个人身份、银行账户以及像飞行常旅客账户这一类的忠诚度项目的信息。与携带一个装了一堆信用卡和身份卡的实际钱包相比，智能卡的这种功能使其成为颇有吸引力的替代者。与信用卡不同，智能卡也可以设置密码，还可以再增加一重安全保护。

根据嵌入技术的不同，实际使用中有两种不同类型的智能卡——接触型的和非接触型的。要读取接触型卡的信息，就必须把卡插入读卡器，而非接触型卡有一个内置的天线，可以使用 RFID 技术在不直接接触的情况下传送数据。**无线射频识别**（radio frequency identification，RFID）是一种使用短距离无线信号识别物体和使用者的自动识别方法。储值智能卡，如花几美元就能买到的零售礼品卡，就是接触型卡，因为要用它进行支付就必须将其插入读卡器。EZPass 这样的公路收费支付系统就是一种非接触型卡，EZPass 卡中的设备可以由一个远程传感器读取，在旅途结束的时候相应的费用可以自动从卡中扣除。

智能卡作为一种支付工具，在欧洲和亚洲很常见。Mondex 卡是最早的智能卡之一，由英国的 NatWest 银行在 1990 年开发。使用 Mondex 卡，消费者可以通过与 Mondex 兼容的电话或者连接在电脑上的读卡器把银行账户上的现金下载到卡上，进行大额或者小额的支付。Mondex 卡可以同时携带 5 种不同货币，安装了读卡器的商家都能接受其支付。Mondex 是万事达卡全球智能卡产品套件中的一部分。

Octopus 卡是在中国香港使用的可充值的非接触型储值智能卡，于 1997 年作为公共交通体系的收费系统首次亮相。现在，它已经成为全球最成功的储值智能卡，它不仅可以用于公共交通，还可以用于便利店、快餐店、停车场以及天然气和自动售货机的销售点。Octopus 卡共有 1 700 多万张，每天可执行 1 000 万次交易。这种卡可以在网上、柜台或特定的充值机进行充值。至今为止，智能卡对支持空中电子交易（用手机进行小额支付，如地铁乘客）所起的作用有限。但是，将来智能卡技术会与手机融合，支持移动电子商务的无线支付系统将广泛使用。

5.6.5　数字化余额累计支付系统

数字化余额累计支付系统（digital accumulating balance payment system）可以让消费者进行微型支付和网上购物，还能累计借方余额给出月末账单。与公用事业费账单和电话费账单一样，消费者只要在月末用支票或者信用卡账户付清余额就可以了。数字化余额累计支付系统对于在网上购买单首歌曲、书籍的部分章节或者报纸上的有些文章这样的知识型商品来说，是一种理想的支付工具。Valista 的 PaymentPlus 就是一个很好的例子，它是个可累计小额交易余额的系统。AOL、Vodafone、NTT DoCoMo、Tiscali 和 T-Online 等公司都在使用 PaymentPlus。

Clickshare 采用了不同的方法，消费者在他们选择的网站有一个账户，可以用该账户购买其他网站上的数字内容，而不需要重新输入信用卡和个人信息。Clickshare 受到网上报纸和出版产业的极大欢迎。

Bill Me Later 是一种不同的数字余额累计支付系统，属于 eBay 公司，它将自己视为一种开放式信用账户。用户在结账时选择 Bill Me Later 选项，输入自己的生日和身份证号码的后四位，Bill Me Later 会为他们垫付 10～14 天的账单。Bill Me Later 会吸引那些不想在网上输入自己信用卡信息的消费者，目前，已有1 000 多家商户采纳。

5.6.6 数字支票支付系统

2004 年 12 月，联邦储备局宣布，电子支付交易额在历史上（信用卡、借记卡等电子支付方式）首次超过了纸质支票的额度。但是，古老的支票还没有退出历史舞台。2007 年联邦储备局支付研究报告显示，美国当年签署的支票共有 300 亿张。**数字支票支付系统**（digital checking payment system）是网上购物支付工具的一种，拓展了现有支票账户的功能。

ITI 互联网服务的 PayByCheck 系统是基于消费者现有的支票账户的。当消费者想在网站上用支票付款时，就会出现模仿纸质支票外观的在线授权表格，用户填写相应的支票账户信息，包括有效的支票号码、银行行号和银行账户号码。用户必须填写全名，如果商家要求的话还必须填写社会保险卡后四位数字，才能对支付进行授权。支付信息会与 PayByCheck 的各种数据库进行对比，包括背书者的信息、客户开户行当前银行账户状态的实时信息、欺诈数据库、验证客户姓名和地址的地址验证系统。还可以使用计算机连接的指纹扫描仪进行生物验证。PayByCheck 会产生具有购买额度的支票或电子借记卡，并将其传送给商家。商家会收下这张支票，并到客户开户行要求支付，如纸质的支票一样。eBillme 是另一个数字支票支付系统，连接了客户的网上银行账户。数字支票目前远未达到成功的地步，因为很难对网上消费者进行验证。

5.6.7 移动支付系统

2010 年中国的手机超过了 10 亿部，是美国人口的 2 倍多，美国的手机数量为 3 亿部，而全球大约有 50 亿部手机，比全球个人计算机多 15 亿。在日本，超过 95%的居民有手机。

欧洲、日本和韩国已经将移动设备当作支付设备。日本在为客户提供非语音服务（即真正的移动商务）方面无疑是最先进的。在日本，手机可以当作条形码阅读器、GPS 定位仪、FM 调频收音机、录音机、模拟电视调谐器使用，也可以用来购买火车票、报纸、快餐、杂货、图书等常见物品和服务。日本有三种移动支付系统，为美国未来的移动支付提供了参考。日本的手机支持电子货币（存储在信用卡和借记卡中的价值体系）、移动借记卡（和个人银行账户绑定）和移动信用卡。日本的手机就像移动钱包，包含一系列的支付机制。消费者可以通过在支付设备前挥动手机进行付款。例如，当你在火车站或快餐店购买报纸时，手机如何与商家进行沟通呢？2004 年，日本最大的电话公司 NTT DoCoMo 推出了一款无线射频识别手机及其相关的支付系统（FeliCa）。目前，在日本出售的手机中，有 5 000 多万部配备了“Osaifu-Keitai”（字面意思为“电话钱包”）系统（Davies，2009）。

在美国，手机还没有演变成有足够能力的移动商务和支付系统。但是，随着智能手机的出现，尤其是 iPhone 的出现，移动支付开始呈指数级增长。2010 年，移动数字下载创造了 71 亿美元的利润，移动零售为 3.5 亿美元，基于位置的服务为 2.15 亿美元，移动应用为 30 亿美元。这些交易全部都使用智能手机作为支付工具。请阅读商务透视“移动支付的未来：‘刷机支付’和短信支付”，预见美国移动支付的未来。

商务透视

移动支付的未来："刷机支付"和短信支付

目前，移动商务已经在美国得到了发展。移动商务是个广义词，包括移动广告收入（3.13 亿美元）、移动零售收入（10 亿美元）、本地服务（2.15 亿美元）、媒体下载（包括图书、视频、新闻和电视节目，共 70 亿美元）和应用销售收入（30 亿美元）。2010 年，这些收入总计 130 亿美元，占电子商务收入总额的 5%。虽然该比例较小，但以智能手机、上网本和蜂窝网络推动的移动商务的年增长率超过了 20%。然而，移动商务缺少快速方便、安全可靠的移动支付系统。

在手机支付出现之前，智能卡是亚洲和欧洲主要的移动支付工具，但美国并非如此。智能卡里的金额来自于客户的银行账户，类似于电子借记卡，可以在任意地点进行支付，但不像信用卡那样需要精密的网络认证系统。目前为止，手机比智能卡流行，谁还会需要卡片进行支付呢？

许多大规模试验都表明，技术的发展将使手机成为非接触式支付的中心。非接触式支付系统不需要客户刷信用卡，只需要客户站在阅读器几米范围内，对着机器晃动手机就可以进行支付，因此也可称为"刷机支付"。在日本，数百万消费者通过"刷机支付"来购买火车票、咖啡、食物、报纸和其他小物件。尤其是内置了 RFID 芯片的诺基亚手机，更能说明"刷机支付"。RFID 是包括阅读器和应答机的系统，用无线射频进行通信和识别目标。在支付应用领域，当你对着阅读器晃动手机时，RFID 芯片会将消费者的账户信息传送给阅读器，阅读器发出用户认证码（类似于 PIN）请求，消费者输入认证码后，购买金额就从消费者的账户转入商家账户，整个过程只需要几秒钟就能完成。即使你的手机被盗，没有个人认证码，其他人也不能用你的手机进行支付。

2009 年，在美国由银行和信用卡机构发行的非接触式支付卡共有 4 500 万张。行业专家估计，现在共有 8 万家商户使用非接触式阅读器，总计 40 万台，这个数字仍在增长中，消费者大多为 25～34 岁的年轻人，其中 10%的人每周至少使用一次非接触式支付。要成为非接触式支付方式，智能手机可以通过两种方法实现：内置 RFID 芯片和短信。

智能手机中可以配置近距离无线通信（Near Field Communicate，NFC）芯片。NFC 是一种短距离 RFID 技术，允许芯片在 10 英寸内和阅读器交换数据。目前，诺基亚和摩托罗拉都在手机中安置了这种芯片。Visa、Cingular、JP 摩根和诺基亚还在亚特兰大的飞利浦球馆（是亚特兰大 NBA 老鹰队和 NHL 鸫鸟队的主场球馆）建立了一个蜂窝测试平台。万事达卡和 7-Eleven 便利连锁店也纷纷推出了基于诺基亚手机的试验系统。

有一种简单的方法可以将手机变为有标签的数字钱包。2010 年，创业邦公司（Bling Nation）推出可以粘在手机上的贴标签，这个贴标签内置 RFID 芯片，将手机与特定的传感器（数字收银台）轻轻接触就完成了支付。PayPal 和 eBay 就为员工完成内部支付配备了 Bling 贴标签。2010 年，PayPal 总裁斯科特 · 汤普森（Scott Thompson）在采访中说，公司的当务之急是"开发软件，将手机等设备转换为'数字钱包'，让消费者可以轻松购物、存储数据"。PayPal 的战略是开发软件，无论用户是在线购物还是到实体店购物，都能使用手机支付。另外，FaceCash 提供了另一种解决方法。只需在手机上安装它的应用程序即可，在店铺结账时，只要打开手机中独一无二的条形码就可以登录手机银行，查看账户余额、付款、转账。

PayPal 和一些新公司还使用手机短信进

行点对点支付。PayPal Mobile 是一种 PayPal 应用，可用来在 eBay 上购物。首先，用户要注册 PayPal 账号，输入一个 PIN 码（在认证阶段使用），当购物时，用短信向 PayPal 发送支付请求，之后 PayPal 电询用户求证支付请求，获得证实后，PayPal 将款项转给收款方。Obopay 也开发了类似的服务，为花旗集团提供移动支付服务。2009 年，诺基亚向 Obopay 投资 3 500 万美元，是继花旗集团和高通公司之后的又一投资者。2009 年 5 月，Obopay 为万事达卡开发了 MoneySend 平台，实现了“人对人”（person-to-person）的移动支付。2009 年 8 月，诺基亚和 Obopay 联合推出了类似的移动支付服务 Nokia Money。当然，谷歌也应引起我们的注意。2007 年，谷歌为 gPay 申请了专利（gPay 是一个基于短信的独立支付系统）。但是，谷歌没有宣布有关 gPay 的计划。总之，文本形式的支付方式有其自身的优点——不需要特定的配备 NFC 的手机设备。另外，一些新公司也正在进入这个市场。Boku 于 2009 年 6 月推出，并且获得了 1 300 万美元的风险投资。Boku 使用户能够通过短信购买数字产品，而且手机生产商也能从中获利。此外，Zong 公司也提供相似的服务。

RFID 手机和短信支付方式正在飞速发展，然而，美国的手机网络技术却跟不上步伐。迄今为止，美国似乎在推动先进的手机功能方面表现得异常缓慢。不过一旦当局者认识到移动支付的盈利能力或者消费者需求达到了欧洲和亚洲的水平，这一状况就会发生改变。

资料来源：“‘Pay As You Go’ Takes on New Meaning,” By Spencer Ante and Roger Cheng, *Wall Street Journal*, August 31, 2010; “In Silicon Valley, Forget Your Wallet-But Not Your Phone,” *Wall Street Journal*, July 30, 2010; “Cellphone Payments Offer Alternative to Cash,” by Claire Cain Miller and Nick Bilton, *Wall Street Journal*, April 28, 2010; “Mobile Payment Systems Are Adapting, Developing,” by Brendan Gibbons, *Practical Ecommerce*, January 28, 2010; “Mobile Payments Are Taking Off. But Which One to Use?,” by Chris Dannen, *Fast Company*, September 1, 2009; “Nokia, Obopay Launch Mobile Payment Service,” by Chris Harnick, MobileMarketer. com, August 27, 2009; “Investors Bet on Payments via Cellphone,” by Claire Cain Miller and Matt Richtel, *New York Times*, June 21, 2009; “Nokia Sends $35 Million to Obopay to Develop Mobile Payments,” by Claire Cain Miller, *New York Times*, March 25, 2009.

5.7 电子账单的展示与支付

2007 年，网上账单支付的数额首次超过了纸质支票支付的数额（Fiserv, 2007）。在总额为 14.2 万亿美元的美国经济中，有 10 万亿美元来自消费市场，其中有大量账单需要支付。虽然没有人知道确切的数字，不过一些专家认为，一份企业账单从账单开出到支付，其生命期成本在 3～7 美元之间。这种计算方式中还没有包括消费者打开账单、阅读账单、填写支票、写信封、贴邮票，然后再汇款所用的时间价值。互联网作为一个可以大大减少支付账单成本和消费者支付时间的电子账单支付系统，在这一账单市场中将面临空前的机遇。虽然各方的估计数据并不相同，但是可以肯定，网上支付的单位处理成本只有 20～30 美分。

电子账单展示和支付系统（electronic billing presentment and payment system, EBPP）是新型的每月账单网上支付系统。利用 EBPP 的服务，消费者可以电子化地浏览账单，并通过电子资金转账的方式从银行或者信用卡账户进行账单的支付。越来越多的企业选择用电子方式发出账单或月结单，而不是邮寄纸质账单文件。即使是那些邮寄纸质账单的企业，也越来越多地开始提供网上账单支付功能来供消费者选择，让他们可以立即从其银行账户中划转资金支付账单。

5.7.1 市场规模与增长

2001年，使用网上账单系统的家庭只有1 200万户（占美国家庭的11%）。根据Ferris Research公司的调研，2010年，使用网上账单系统的家庭估计为5 200万户，占总数的65%。网上账单系统将缓慢但稳定地增长，到2014年，预计将有6 600万户家庭使用这个系统。

引发EBPP使用狂潮的一个主要原因就是企业开始意识到，通过网上支付账单，它们可以省下一大笔钱。这种节约不仅体现在邮寄和处理费用上，而且支付的款项可以到达得更快（比普通的纸质账单邮寄快3～12天），从而加快了现金流。为了使消费者意识到这种方法更节省，许多公司开始对邮寄账单收费，从而鼓励客户使用电子账单支付系统。

不过，仅仅金融领域并不能全面说明问题。许多企业开始意识到账单是一个销售和保留客户的机会，电子媒介提供了更多的营销和促销的选择。折扣、返利、交叉销售和向上销售都可以在数字领域中实现。

消费者也越来越接受网上账单支付。Fiserv调研公司的研究显示，80%的被调查者偏向网上账单支付，因为它比其他支付方法更快；70%的人认为，容易使用、节约邮票成本、极大地节省了完成付款的时间也是这种方法带来的好处；60%的人是受环境的影响。

5.7.2 EBPP业务模式

EBPP市场主要有两种业务模式：直接付款（biller-direct）模式和合并付款（consolidator）模式。直接付款系统最初是由每月发出数百万份账单的大型公用事业企业开发的，目的是让消费者更方便地通过网络支付常规的公用事业费以及其他费用。现在，电话、信用卡公司以及大量的个体商店也经常提供这样的服务。公司实施直接付款系统，可以开发自己的系统（大公司可以选择这么做），安装来自第三方EBPP软件供应商的系统，使用第三方EBPP服务机构（服务机构建有账单网站，使消费者能够查看并支付账单，可提供处理所有的客户登入、账单出示、支付处理的服务），或使用应用服务提供商（和服务机构类似，只是这是在自己的网站上操作，而不是托管给服务提供商的网站）。

目前，直接付款模式是EBPP模式中的主导模式，尽管Forrester公司预测到2012年合并付款模式将会超过它。在合并付款模式中，第三方机构（如金融机构和门户网站——综合门户网站雅虎、Bill Pay以及专业门户网站Bills. com、Intuit's Paytrust. com）收集消费者所有的账单，然后理想化地实现一站式的账单支付（可以付款给任何人）。合并付款模式中还有两个子模式——“厚”合并和“薄”合并。在厚合并模式中，账单总额和明细都存放在网站上，而在薄合并模式中，只有账单总额，消费者点击某个链接才能在其他地址看到账单明细。目前，金融机构在网上账单支付方面比门户网站做得成功。合并付款模式面临许多挑战，对发账单者来说，这种模式意味着增加发账单和支付的时间，而且在公司和客户之间增加了一个中介；对消费者来说，该模式仍然存在安全问题，有些消费者不愿意支付网络账单形式的费用，有些消费者不愿意和非金融机构分享个人金融信息。如今，越来越多的银行为客户提供免费的网上账单支付服务，以鼓励消费者使用网上账单支付系统。

基础设施提供商，如 Harbor Payment、Online Resources（2006 年收购了 Princeton eCom）、Yodlee、Fiserv（有自己的账单支付门户网站 MyCheckFree.com）、Metavante、MasterCard RPPS（远程支付和展示服务）、Corillian 等都提供软件来建立 EBPP 系统或提供收集和处理账单的服务，以支持这两种基本的 EBPP 业务模式。图 5—17 分类显示了 EBPP 市场主要的参与者。

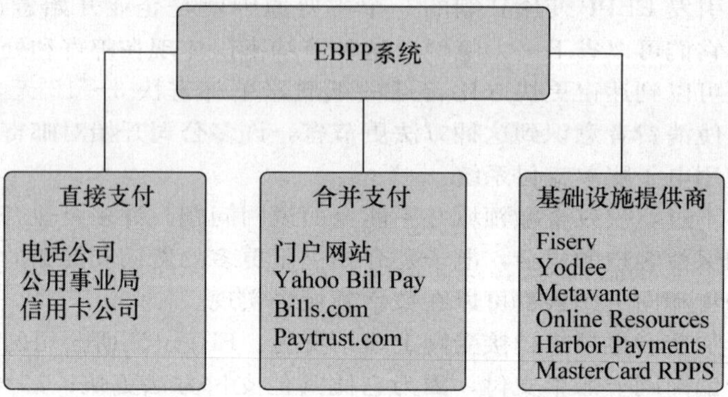

图 5—17　EBPP 市场主要的参与者

说明：EBPP 市场中主要的业务模式是直接支付和合并支付，基础设施提供商为这两种模式提供支持。

案例研究

PayPal 面临竞争

PayPal 是 eBay 旗下的网络支付服务提供商，也是首个成功的值得信赖的电子商务支付系统。1999 年 11 月 16 日，彼得·泰尔（Peter Theil）和朋友在餐厅用餐之后结账时，他用 Palm Pilot 设备与朋友分摊了账单，这就为 PayPal 的建立奠定了基础。之后，泰尔和马克斯·列夫琴（Max Levchin）共同开发了一个系统，使人们可以通过 Palm Pilot 进行彼此转账。首个点对点支付系统就这样产生了：个人可以通过电子邮件转账给其他人。

PayPal 强调付款人和收款人都能轻松使用系统，下面简单介绍一下它的工作流程。首先，用户在 PayPal 网站注册一个账户，这个过程需要填写一张申请表，提供银行卡或信用卡信息（只对 PayPal 开放，而不对收款人开放）。然后，当使用 PayPal 进行支付时，资金从银行卡或信用卡转入自动交换中心（ACH）网络（是一种私有金融中介服务，在金融机构之间跟踪、转移资金），资金到位后，PayPal 发送电子邮件给收款方，如果收款方有 PayPal 账号，资金就自动存入这个账号，如果收款人没有 PayPal 账号，就需要先注册一个账号，才能收到资金。收款人可以将 PayPal 账户中的资金转入自己的支票账户，也可以转账给其他人。

列夫琴和泰尔原本是将 PayPal 当作资金转移工具，便于拥有掌上 PDA 的用户进行交易，可惜没有成功，之后将目标改为在相互认识的人群中转移资金。他们很快认识到，这一方法也能在 eBay 之类的公司应用，为买卖双方提供一种省时的支付方式，省去了邮寄支付和汇款中的烦琐过程，而且卖方可以在资金到位之后再发货。然而，对于小型网络商家来说，接受信用卡支付的成本很高，也很困难，况且信用卡公司只向真实企业提供服务，还通常要求企业有实体销售地点。

自 1999 年建立以来，PayPal 聚集了大量的用户，截至 2010 年，有效 PayPal 账户共有 8 700 万个，遍及 190 个国家。现今，PayPal 已是最大的网络支付服务提供商。2009 年，PayPal 处理的交易额为 710 亿美元（其中 310 亿来自 eBay，400 亿来自其他网站）。PayPal 业务涉及 190 个市场，适用 17 种语言，使用 19 种货币，与全球 27 个金融网络以及 1.5 万家银行合作。PayPal 占美国消费者电子商务支付市场份额的 15%，占全球商户支付市场份额的 6%。为了实现其主导全球电子商务支付市场的目标，还有很大的发展空间。

PayPal 成功的原因之一来自网络经济或“病毒效应”（viral effect）：使用 PayPal 的用户越多，消费者从中获得的利益越大。举例来说，如果我通过 PayPal 汇款给你，你首先要注册 PayPal 账户，然后才能收款。

PayPal 的盈利来自多方面。首先，向网络卖家（个人或小企业，他们难以获得企业信用卡账户）收取交易费（30 美分加上交易额的 1.9%～2.9%）。在 100 美元的交易中，这种方式大概能收到 3.3%，但信用卡公司通常要多收 0.3%，因为它们的客户获得成本更高。所以，对于商家来说，PayPal 的收费比信用卡公司低。此外，交易费有时也会向付款人而不是收款人收取，当涉及不同的货币时，还要另外收取外币兑换费。

eBay 的商家所具有的优势就是，不需要提供商家银行账户，而信用卡机构有这种要求（商业银行处理信用卡交易并收取费用）。PayPal 不会直接向消费者收取费用，但商家会通过将费用附加到产品上而转嫁给消费者。另外，PayPal 可以收取消费者放在支付系统里的资金的利息。PayPal 还可以向国外银行收取货币兑换费，提供新金融产品，如 PayPal 信用卡。

PayPal 所具有的优势就在于现行的信用卡和支票支付体系，但同时这也是它的一大缺点。有报道称，PayPal 的欺诈水平比信用卡体系高。为预防欺诈，PayPal 要求对超过 200 美元的支付进行认证。

2002 年，PayPal 上市，进行首次公开募股，其发展神速的原因之一就在于 eBay。看到 PayPal 获得的巨大利益，eBay 也投入 1 亿美元建立自己的支付系统 Billpoint，却无济于事。2002 年 10 月，eBay 以 15 亿美元收购 PayPal（股价大约为 20 美元）。当时，分析师认为这是不值的，但 eBay 还是笑到了最后。如今，在 eBay 的总收入中，PayPal 占据的份额不断增加（2009 年占 30% 左右），而且增长势头不减。2008 年第二季度，PayPal 的企业服务业务支付额首次超过了来自 eBay 的支付额，这一趋势一直持续到 2009 年，PayPal 的非 eBay 交易额大约为 410 亿美元，占交易总额的 56%。2008 年，PayPal 的营业收入为 23 亿美元，2009 年上升为 26 亿美元，增加了 13%。相对于以前，该增长率偏低，原因是消费者购物总额减少，尤其是在 2009 年的下半年。但该增长率仍非常可观，因为 2009 年 eBay 的拍卖业务收入降低了 6%。

一度成为唯一的广泛采用的网上平台（除了信用卡公司），PayPal 也非常高兴，但情况在不断地变化。现在，已经出现了其他支付服务平台，包括谷歌 Checkout、亚马逊支付以及苹果 iTunes 在线商店（使用苹果账户和信用卡处理小额交易支付，如每首歌曲收费 0.99 美元）。然而，这些在零售网站上使用的企业支付系统无法转化为 P2P 支付系统。在 P2P 市场中，Facebook、苹果和 Twitter 都在计划推出新服务。eBay 也开始担心 PayPal 会丢失这些新技术和新服务的市场份额。

谷歌 Checkout 已经向企业支付市场进军，而且其安卓手机平台也在向 P2P 支付系统迈进。谷歌 Checkout 中存储了用户的金融信息（包括信用卡信息），交易时这些信息会被自动传递给商户，消费者无须再填写表格。

然而，目前为止，Checkout 仍不支持 P2P 支付。谷歌不直接在 P2P 市场挑战 PayPal，是因为 eBay（PayPal 的母公司）是谷歌最大的广告商，谷歌是 eBay 流量的重要来源，它们彼此需要。此外，谷歌也使用 Checkout 支持其广告市场，接受 Checkout 的网络广告会用图表重点突出，这就增加了用户的点击机会，也增加了用户的购买机会，同时也为接受 Checkout 的商户增加了流量。然而，谷歌 Checkout 转向手机 P2P 市场有一定难度，谷歌也在和 PayPal 商谈如何在安卓上整合 PayPal 系统。一旦成功，PayPal 的 8 700 万注册账户将为安卓带来大量的用户。

凭借 iTunes 在线商店成功的微支付处理系统，苹果公司或许也会加入支付市场。一些分析师认为，苹果正考虑将已有的 iTunes 支付系统转化为网上销售数字产品的第三方供应商。iPhone 用户可以使用 iTunes 账户购买或订阅一些第三方虚拟产品。2010 年 8 月，苹果为 P2P 金融交易设备和方法申请了专利，设备主要指 iPhone 和 iPad，方法是指使用内置 RFID 芯片的近距离无线通信（NFC）技术。这项专利是苹果手机 P2P 支付系统的基础，消费者可以用来购物，如电影票和咖啡等。其他的 P2P 支付还有 Square，它是内嵌于 iPhone 和 iPad 中的方形塑料信用卡读卡器（square. com）。Square 由 Twitter 的创始人之一杰克·多尔西（Jack Dorsey）发明，可以用于 P2P 信用卡支付，如在 Craigslist 网站上进行支付。

2009 年夏天，Facebook 开始推出虚拟货币“Facebook 信用币”（使用信用卡支付），使用户能够在 Facebook 商店中购物。2009 年 5 月，公司向一些第三方游戏开发商和虚拟产品市场推出该项服务。除美元之外，Facebook 还接受 14 种货币。2009 年 8 月，Facebook 宣称正在测试一个支持实体商品购买的支付系统。此外，公司还推出一项使用户通过手机话费购买 Facebook 信用币的测试。分析师认为 Facebook 正试图创建自己的支付系统，像网上钱包一样，为 Facebook Connect（Facebook 的 API 平台）提供网络一键购物服务。在用户（大约 3.5 亿）方面，Facebook 希望与 eBay 合作以增加用户数量。

Twitter 正考虑在短信服务上建立 P2P 支付系统。2010 年，Twitter 有两个支付系统：Twippr 和 Twitpay。利用 Twitter 短信，支付流程会在两个系统中进行。当 Twippr 或 Twitpay 下载了支付短信，系统会识别收款人、数量、货币，再通知收款人进行交易。但是，这些服务依靠 PayPal 在后台进行交易清算。此外，Twipper 向每笔交易收取 0.05 美分，而 Twitpay 收取每笔交易额的 4%。

PayPal 面临的另一个挑战来自手机运营商，如 AT&T 和 Verizon，尤其是在 P2P 支付市场。PayPal 建立在现有的信用卡系统基础之上，如果能消除信用卡中间商，情况会怎样？移动支付公司 Obopay 允许用户通过手机进行支付，只要手机连接了无线网络，那么用户就可以转移资金。此外，Obopay 还与 Verizon、诺基亚、黑莓、花旗集团以及万事达卡合作。目前，Obopay 用户可以在网上下载 Obopay 账户，作为借记卡或贷记卡，或者作为银行账户。但是未来，Obopay 希望能将此项服务与手机提供商的话费服务整合，消除信用卡公司这个环节，为消费者和商户降低交易成本，提供便捷服务。例如，新公司 Boku 和 Zong 就是基于这个目的成立的。

为了在新服务上取得竞争优势，2009 年 6 月，PayPal 宣布向软件开发商开放其 API，使它们能在手机以及社交网站（如 Facebook）上嵌入 PayPal 功能。此外，PayPal 还推出了许多发展策略。例如，和 Napster 以及苹果 iTunes 音乐商店进行合作，作为其迈入微支付市场的第一步。事实证明这是成功的一步，PayPal 推出了一个微支付定价计划，以鼓励消费者购买低价格数字产品。PayPal 还制定了海外发展战略，在 18 个异地市场建立了本地网站。目前，有邮箱的企业和消费者可以使用 PayPal 在 190 个国家发送网上支付请求，在 65 个国家接受支付资金（PayPal 接受 19 种货币）。另外，PayPal 拓展了非 eBay 业务，与其他大型网络零售商（如雅虎和亚马逊）建立首选商户关系，并且获得了一半的成功——亚马逊有自己的信用卡和常用的支付方法，但雅虎将PayPal作为推荐支付方法。PayPal还向电子商务网站进军，如美国航空、奥马哈牛排、Walmart. com、Zappos和法拉利。PayPal不断改善其移动短信支付系统，使手机用户能通过向PayPal发送短信来向商家购买产品和服务。

PayPal对消费者的保护无法与信用卡公司相比。例如，你可以拒绝信用卡收费，而且如果信用卡信息被盗或被用于商业行为，最多只有50美元的最高赔偿责任；而使用PayPal，你是否能收回钱，取决于PayPal是否能收回钱以及其他的一系列条件。于是PayPal推出了消费者保护计划，同时在2006年与28个州检察长讨论了一些关于商业行为的担忧。当然，重点是希望用户允许PayPal直接向消费者银行账户划款，这样PayPal就能避免向信用卡公司支付2%的费用。如果你将信用卡和银行卡信息都给了PayPal，那么系统默认你的支付方式为银行卡支付，而且一旦资金从你的银行账户转出，就不会再流入，相反信用卡则可以。这样一来，消费者承担的风险就更大了。另外，信用卡公司可以从商家那里更快地索回错误支付的资金，只需要反向贷记它们的企业银行账户就行了。最近eBay正试图解决这些问题，并投入1.69亿美元收购了Fraud Services公司，以加快欺诈检测，提高PayPal的风险管理能力。

尽管面对各种挑战，PayPal的前途依旧是光明的。实际上，分析师认为PayPal可能有一天会创造比eBay更大的奇迹。

资料来源："Making Online Payments Using Twitter," Squidoo. com, August 27, 2010; "Apple Hires Expert on Mobile Payments," by Nick Bilton, *New York Times*, August 16, 2010; "eBay's PayPal Looks to Social Media," *Wall Street Journal*, February 24, 2010; "Facebook Integrates PayPal, Targets International," *Wall Street Journal*, February 18, 2010; eBay Inc. Reporton 10-K For the Fiscal Year Ended December 31, 2009; filed with the Securities and Exchange Commission, February 17, 2010; "Mobile Payments are Taking Off. But Which One to Use?" by Chris Dannen, *Fast Company*, September 1, 2009; "Facebook Sets Sights on Online Payments Business," cnnmoney. com, August 31, 2009; "eBay's PayPal Faces Increasing Competition in Payments Space," by Ina Steiner, Auctionbytes. com, August 27, 2009; "Apple Wants to Build a PayPal Killer, Say Wall Street Gossips," by Nicholas Carlson, *Silicon Alley Insider*, August 4, 2009.

[案例思考题]

1. PayPal为消费者提供了什么价值？为商户呢？

2. 相比信用卡和借记卡，使用PayPal有哪些风险？

3. 苹果和谷歌推出的在移动设备上使用的P2P支付系统会对PayPal造成威胁吗？PayPal能开发自己的iPhone P2P应用吗？

4. 为了保证未来5年能够增长，请你向PayPal提出一些战略意见。

关键术语

完整性（integrity） 确保网站上发布的或者通过互联网传递接收的信息，不会被任何未经授权方以任何方式修改的能力。

不可否认性（nonrepudiation） 确保电子商务参与者无法抵赖（或否认）其网上行为的能力。

真实性（authenticity） 确认与你在互联网上交易的个人或者实体的身份的能力。

机密性（confidentiality） 确保信息和数据只能被得到授权的人读取的能力。

隐私性（privacy） 控制与自身有关的信息如何使用的能力。

可用性（availability） 确保电子商务网站继续按照预期功能运行的能力。

恶意代码（malicious code, malware） 包括各种威胁，如病毒、蠕虫、特洛伊木马以及僵尸。

病毒（virus） 具备重复或者自我复制且扩散到其他文件能力的计算机程序。

蠕虫（worm） 一种可以在计算机间进行传播的宏病毒。

特洛伊木马（Trojan horse） 看起来似乎是良性的，但是往往产生意想不到的后果。通常是病毒或其他恶意代码感染计算机系统的一种途径。

僵尸程序（Bot） 是一种恶意代码，可隐秘地安装在连接互联网的计算机上。计算机一旦被安装上僵尸程序，就会响应外部攻击者发出的指令。

僵尸网络（Botnet） 被僵尸程序感染的计算机组成的网络。

浏览器寄生虫（browser parasite） 能监视和修改浏览器设置的应用程序。

间谍软件（Spyware） 用于获取信息的一种应用程序，可获得用户的击键记录、电子邮件、即时信息等信息。

网络钓鱼（phishing） 指第三方以任意欺骗性的网络行为获得用户的保密信息，以实现某种金融目的的行为。

黑客（hacker） 企图在未经授权的情况下进入计算机系统的人。

骇客（cracker） 在黑客世界里，这一术语通常指有犯罪企图的黑客。

网络破坏行为（cybervandalism） 故意破坏网站、损害企业名誉甚至摧毁网站。

白色黑客（white hats） 帮助组织寻找安全隐患的“好”黑客。

黑色黑客（black hats） 带有破坏目的的黑客。

灰色黑客（grey hats） 认为自己通过入侵发现系统缺陷是在追求更大的利益的黑客。

电子欺骗（spoof） 用虚假的电子邮件地址来虚构自己的身份或者伪装成其他人。

拒绝服务攻击（Denial of Service（DoS）attack） 向网站大量发送无用的通信从而淹没网络并使网络瘫痪。

分布式拒绝服务攻击（distributed Denial of Service（DDoS）attack） 使用大量的计算机从众多的发送节点来攻击目标网络。

网络窃听（sniffer） 一种窃听程序，可以监视通过网络传递的信息。

加密（encryption） 把明文或者数据转换成除发送方和接收方以外任何人都无法读取的密文的过程。加密的目的是：(a) 保证存储信息的安全；(b) 保证信息传送的安全。

密文（cipher text） 经过加密、无法被除发送方和接收方之外的任何人读取的文档。

密钥/密码（key/cipher） 把明文转换成密文的方法。

替代密码（substitution cipher） 每一个出现的给定字母都系统地被另一个字母替代。

调位密码（transposition cipher） 每个单词中的字母顺序都以某种系统方式改变。

对称密钥加密/私钥加密（symmetric key encryption，secret key encryption） 发送方和接收方使用同一把密钥来加密和解密信息。

数据加密标准（Data Encryption Standard，DES） 由国家安全委员会（NSA）和IBM共同开发的56位的加密密钥。

高级加密标准（Advanced Encryption Standard，AES） 使用最广泛的对称密钥加密算法，提供128位、192位和256位的加密密钥。

公钥加密体系（public key cryptography） 使用两个算术上相关的数字密钥：一个公开密钥和一个私有密钥。私钥由拥有者保存，公钥可以广泛发布。两个密钥都可以用来加密和解密信息。但是，一旦某个密钥被用来加密信息，就不能再用它来解密信息。

散列函数（hash function） 一种可以产生一个称为散列或者信息摘要的固定长度数字的算法。

数字签名（digital signature，e-signature） 可以通过互联网传输的“经过签名”的密文。

数字信封（digital envelope） 一种对于大文件采用对称加密，但是对于对称密钥的加密和传输采用公钥加密的技术。

数字证书（digital certificate） 由认证中心发放的一个数字文件，其中包括主体或公司的名称、主体的公钥、数字证书的序列号、截止日期、发放日期、认证中心的数字签名以及其他识别信息。

认证中心（certification authority，CA） 发放数字证书的受信任的第三方。

公开密钥基础设施（public key infrastructure，PKI） 由各方所接受的认证中心以及数字证书规程组成。

良好隐私（Pretty Good Privacy，PGP） 一种广泛用于电子邮件的公钥加密软件程序。

安全协商会话（secure negotiated session） 一种客户机/服务器之间的会话，其中所请求文档的 URL，以及所交换的内容、表单的内容和 cookie 都进行了加密。

会话密钥（session key） 挑选出来在单个安全会话中使用的唯一的对称加密密钥。

安全超文本传输协议（Secure Hypertext Transfer Protocol，S-HTTP） 一种安全的以信息为导向的通信协议，与 HTTP 联合使用，但不保护非 HTTP 信息的安全。

虚拟专用网（virtual private networks，VPN） 使用点到点隧道协议，使得远程用户可以通过互联网安全地访问内部网络。

点到点隧道协议（Point-to-Point Tunneling Protocol，PPTP） 一种使得某个本地网络可以利用互联网作为管道和另一个网络连接的加密机制。

防火墙（firewall） 出于安全考虑过滤通信数据包，组织某些数据包进入网络的软件和硬件。

代理服务器（proxy server，proxy） 一种对来自于互联网或发送到互联网上的通信信息进行处理的软件服务器，在企业中扮演了发言人或者卫兵的角色。

风险评估（risk assessment） 对风险及薄弱环节的评估。

安全策略（security policy） 一套陈述内容，包括按优先级别排列的信息风险、确定可接受的风险目标，以及确定实现这些目标的机制。

实施计划（implementation plan） 为实现安全计划目标所采取的行动步骤。

安全机构（security organization） 负责教育培训用户，使管理层了解安全威胁和破坏的存在，并对实施安全的工具进行维护。

访问控制（access controls） 决定谁可以合法地访问某个网络。

验证机制（authentication procedures） 包括使用数字签名、权威机构发放的证书，以及公钥基础设施。

生物测定学（biometrics） 对于可测度的生物或物理特征的研究。

授权策略（authorization policies） 对不同级别的用户确定访问信息资产的不同级别。

授权管理系统（authorization management system） 规定了用户在何时何地可以访问 Web 网站的某个部分。

安全审计（security audit） 包括对于访问日志的常规检查（确定外部人员如何使用网站以及内部人员如何访问网站资源）。

计算机应急反应小组协调中心（CERT Coordination Center） 检测并跟踪由寻求其帮助的私人企业和政府机构报告的网上犯罪活动。

美国计算机应急反应小组（US-CERT） 美国国土安全局的一个部门，负责协调网络事件警报，在政府和私人部门之间做出应答。

现金（cash） 由国家权力机关确定的代表价值的法定清偿物。

时延（float） 从购买发生到实际支付发生之间的时间间隔。

支票转账（checking transfers） 资金通过签名汇票或支票直接从消费者的支票账户转到商家或者其他个人的账户上。

信用卡（credit card） 一种可以为消费者提供信用，允许其在购买商品时延期支付，并在同一时间对多个卖家进行支付的账户。

信用卡组织（credit card associations） 为发卡银行制定标准的非营利组织。

发卡银行（issuing banks） 实际发放信用卡并处理信用卡交易的银行。

处理中心/清算所（processing center/clearinghouse） 审查处理账户及余额的机构。

储值支付系统（stored-value payment system） 通过存入资金建立的账户，以后所需资金就从该账户中提取或者支付。

借记卡（debit card） 可以立即在支票账户或者其他活期账户的借方登记。

余额累计支付系统（accumulating balance payment system） 可以累计支出费用让消费者定期付款的账户。

商家账户（merchant account） 一个银行账户，企业可以通过该账户处理信用卡支付并接收来自这些交易的资金。

数字钱包（digital wallets） 通过利用数字证书或者其他加密手段来验证消费者的身份、存储和转移价值、保障从消费者到商家的支付过程的安全来模仿钱包的功能。

数字现金（digital cash） 现有的可以进行价值存储和价值交换的数字形式，可以有限地转化为其他价值形式，需要由中介机构来完成这一转化过程。

在线储值支付系统（online stored value payment systems） 使消费者可以利用存在网上账户中的资金即时地向商家或者其他个人进行网上支付。

智能卡（smart card） 一种使用与信用卡一样大小的塑料卡片的储值系统，卡上嵌有存储个人信息的芯片，可用于移动无线电子商务支付。

无线射频识别（radio frequency identification，RFID） 一种使用短距离无线信号识别物体和使用者的自动识别方法。

数字化余额累计支付系统（digital accumulating balance payment system） 可以让消费者进行微型支付、网上购物，还能累计借方余额给出月末账单。

数字支票支付系统（digital checking payment system） 网上购物支付工具的一种，拓展了现有支票账户的功能。

电子账单展示与支付系统（electronic billing presentment and payment system，EBPP） 新型的每月账单网上支付系统。

思考题

1. 为什么在网上进行盗窃风险很小？举出几种犯罪分子欺骗消费者和商家的方法。
2. 解释为什么电子商务网站不愿意报告它们成为了网络犯罪的目标。
3. 举出一个与电子商务的6个安全维度之一有关的安全性遭破坏的例子，比如，什么是隐私性遭破坏事件。
4. 你如何防止计算机遭受拒绝服务攻击？
5. 解释为什么美国政府要限制高性能加密系统的出口。为什么其他国家要反对？
6. 说出典型的网上交易过程中主要的安全薄弱环节。
7. 电子欺骗是如何威胁网站运行的？
8. 广告软件和间谍软件为什么会对安全造成威胁？
9. 企业可以采取哪些步骤来减少来自内部的网络犯罪活动？
10. 解释与加密有关的一些现代法律。为什么今天的加密方法不如21世纪初那么安全了？
11. 简要介绍公钥加密体系的工作原理。
12. 比较防火墙和代理服务器以及两者的安全功效。
13. 安装防病毒软件的电脑就可以对病毒免疫了吗？为什么？
14. 说明并讨论制定电子商务安全计划的5个步骤。
15. 生物测定装置是如何帮助提高安全性的？它们主要可以减少哪一类安全漏洞？
16. 什么是“老虎队”？谁在雇用他们？

他们在工作中使用什么战略?

17. 支付系统中四类主要的利益相关者，其利益是如何相互影响的?

18. 比较分析储值支付系统与支票转账。

19. 为什么不能把信用卡看做余额累计支付系统?

20. 指出使用现金作为支付手段的6个优点和6个缺点。

21. 说明信用卡组织与发卡银行间的关系。

22. 什么是Z法令? 它是如何保护消费者的?

23. 简要论述把信用卡作为网上支付标准的缺点。要求用信用卡进行支付是如何造成针对某些消费者的歧视的?

24. 描述网上信用卡交易的主要步骤。

25. 比较智能卡与传统信用卡。

26. 在使用无线设备进行交易时，资金是如何转移的?

27. 讨论为什么EBPP系统越来越受欢迎。

28. 两类主要的EBPP系统有什么异同?

设计题

1. 假设你是一家电子商务网站的主人。你的网站遭到黑客攻击时会出现什么标志? 讨论网站可能会受到的攻击和造成的损失。准备一份简要的展示文稿。

2. 向移动商务发展的趋势愈加明显，对移动商务犯罪做个调研，找出并讨论针对这类技术的新的安全威胁。准备一份展示文稿，列出你认为的网络犯罪的新可能性。

3. 找出三家认证中心，并比较每家企业提供的数字证书的特点。简单描述每家企业，包括其客户数量。准备一份简短的展示文稿陈述你的发现。

4. 研究跨国支付所面临的挑战，并准备展示文稿简要陈述你的发现。是否大多数电子商务企业都进行跨国交易? 它们如何保护自己免遭交易中的否认风险? 汇率是如何影响网上采购的? 运费的影响又是怎样的? 概括性地总结一位美国客户和一位国际客户在向一家美国电子商务企业购买商品时有何不同。

第Ⅲ篇 商务概念和社会问题

Business Concepts and Social Issues

第6章 电子商务营销原理

学习目标

学完本章，你将能够：

- 明确互联网用户的主要特点
- 论述消费者行为和购买决策的基本原理
- 理解消费者的网上行为方式
- 说明理解网络营销所必需的基本营销原理
- 了解并描述支持网络营销的主要技术
- 了解并描述基本的电子商务营销战略和品牌战略

章首案例

Netflix——品牌建设之路

经济不景气时，美国人喜欢看电影。Netflix公司2010年的表现就是很好的例证。2009年Netflix公司的年收入突破16亿美元，比上年增长22%。2010年前两季度更上一层楼，收入和利润均比上年同期高25%。2010年，Netflix平均每月新增订阅用户30万。最近，公司推出了第20亿部电影。想象一下这些电影每天会被租赁多少次？大多数人猜测是1 000次，但事实是5.1万次，这个数字让很多人感到诧异。显然，大多数人明显低估了美国人对于电影的热衷程度和对好莱坞影片的需求。2010年，Netflix公司进行了一项可能会对自身的业务造成毁灭性打击的变革：一年内缩减25%的线下邮寄DVD服务。但事实是，同期的订阅总基数在一年内增长了50%。为什么会出现这样的情况呢？答案是60%新注册用户选择在线观看影片，而不是租赁DVD。

Netflix是美国目前最大的在线娱乐订

阅服务商。2010年，Netflix为1 500万用户提供大约10万部DVD电影（库存大约超过5 500万部）。Netflix提供的基本服务是为有订阅需求的用户提供DVD租赁服务，为使用电脑、游戏机、iPhone和iPad等终端设备的用户提供在线观看服务。Netflix服务的价位从4.99美元/月到16.99美元/月不等。当然，月租费用越高，用户可同时租赁的DVD数量也就越多，在电脑或电视上可同时观看的影片也就越多。自1999年以来，Netflix的订阅人数以每年79%的速度增长，利润以每年113%的速度增长。

Netflix已成为被大家认可的标志性品牌，即基于强大的网络服务，提供良好的用户体验。这也是Netflix与其他竞争者的不同之处。当人们想要看DVD时，首先想到的就是Netflix，基本不会考虑其他同类服务商。另外，90%的订阅者会向朋友推荐Netflix。Netflix坚信其主要的竞争优势是品牌认知度和个性化服务，也就是能够为用户提供他们想要的影片，或者向用户推荐未知但适合他们的影片。

尽管有上述明显的优势，Netflix也一直为可持续发展而努力。就像当初打破传统库存业务模式一样，Netflix对威胁到其商业模式与市场的竞争者也不会手软。2010年，零售巨头沃尔玛收购了Vudu。Vudu是一家创立于硅谷、为用户提供基于电视和蓝光播放器的电影服务公司。亚马逊已针对Tivo公司的家用数码录像机（DVR）提供在线视频流服务。2010年6月，Hulu（为主流网络电视商所有）推出一项在线流媒体订阅服务，即允许用户利用电视或其他设备观看电视节目。甚至YouTube（可想象成就是谷歌）也急切地想要进入高质量电影分销市场。在低端市场中，Redbox在超市和商店里放置超过1.5万台自动售卖机，以1美元/天的价格提供DVD租赁服务。在多元化竞争的环境中，即使拥有强大品牌的公司也未必能笑到最后。事实上，Netflix需要不断地改造创新。

先介绍背景情况：behemoth Blockbuster（线下视频商店）拥有500万用户和9万部DVD电影，共有7 000家地区门店和500个报摊。市场中已有如此强大的品牌，Netflix是怎样成功建立起品牌的全国知名度的呢？

作为地区性的在线电影商店，Netflix始建于加利福尼亚州洛斯盖多斯（位于硅谷和洛杉矶海湾的中心），主要为海岸地区的顾客提供按影片名称和领衔主演排序的简单列表。影片通过邮寄方式被租赁出去，但租赁方若一周之内未寄回，则要收取一定的滞纳金。尽管当时的业务模式较为简单，但由于存在区域限制，1998年Netflix的毛利润仍超过100万美元。而2010年，在其推出在线租赁模式的首个年度，就遭受超过1 100万美元的亏损。这对Netflix而言绝非好兆头。许多人都质疑美国邮寄服务在处理区域性的DVD邮寄业务上有些力不从心，更不用说数百万全国性邮寄业务。

2000年，Netflix将其业务模式调整为全国范围的订阅模式，与好莱坞制片商建立良好的合作关系，以加快获得最新电影的进程。同时不断扩展网站功能，将战略营销目标定位为全国公认的在线品牌。Netflix还将按租赁数量计算的收费模式变更为不限制影片租赁时间、固定的月租金模式。用户可根据预付的月租金租赁相应数量的影片，大多数用户会选择每月3部影片的租赁模式。Netflix针对影片发烧友推出16.99元/月的套餐，可同时租赁8部影片。最重要的是，Netflix还取消了全国消费者都抱怨的滞纳金。为满足全国范围内的订单需求，Netflix在美国各大城市建立了59个影片仓库，并与美国邮政总局建立长期合作关系，以确保全国95%的地区都能在一两天内送达。Netflix同时为租赁用户提供预先贴好邮票的邮包，供租赁用户寄还DVD时使用。这些成本能通过向某些用户出售DVD得到弥补。

为在全国建立起品牌知名度，Netflix

采取了各种电子商务营销手段。Netflix在雅虎、MSN和AOL上购买横幅广告进行服务宣传。用户经常能在这些门户网站上看到醒目的Netflix红色横幅广告。Netflix还在主流的搜索站点购买搜索引擎广告和付费排名。

Netflix网站本身也向用户提供免费试看服务，获得较高的转化率。推出新电影后，好莱坞制片厂一般会先到影院上映，6个月后进入家庭影片市场，7个月后投入按次付费（pay-per-view）市场，一年后投入优质的卫星和有线电视系统（premium satellite and cable system），两三年内再搬到大众广播电视和有限电视网络上。Netflix不用花费巨额投资去购买好莱坞影片，而是与几大制片商采用利润分成的策略合作，即允许Netflix低成本购买DVD，但要与制片商分享租赁利润。因此，Netflix就能以少量的投资建立起庞大的影片库。

但是，建立品牌同样需要与用户建立可信任的高价值关系，给予消费者独特甚至使之愿意付费的深度关怀。为建立如此深厚的关系，Netflix将主题目录从几千个扩展至10万多，比知名音像店Blockbuster还多10倍。本章后面部分会介绍如何通过“图书馆效应”增加客户价值。

曾经在Blockbuster找一部影片搜寻整夜，是不是极为苦恼？Netflix最注重的就是顾客在网站上的体验。Netflix网站引入推荐系统来减少用户选择影片的困惑，竭尽所能地为用户提供个性化影片租赁服务。Netflix要求消费者提供对租赁影片的观点、评论和推荐，建立自己的客户知识库。迄今为止，Netflix已收集超过30亿的影片评分，然后利用这些信息建立起完整的网络用户数据库。这是一种极具价值且独一无二的资源。60%的Netflix订阅用户会使用该推荐系统。

2006年，公司举办过一场比赛，任何能将Netflix的推荐成功率提高10%的参赛个人或团体将获得100万美元的奖励。2009年，两个团队成功将推荐率提高10%，其中有来自AT&T的名为BPC（Belkor Pragmatic Chaos）的团队。他们使用与亚马逊相同的数据挖掘技术和协同过滤工具，基于消费者先前的浏览记录和其他类似偏好消费者的观看记录向顾客推荐新的影片。Netflix会根据顾客以往的租赁记录给顾客发送电子邮件，提供最新发布的影片信息，或是给具有特殊爱好的顾客提供合适的新上线影片。

除投入大量资金提高在线顾客体验、改进推荐机制以减少顾客选择影片的困扰外，Netflix还采取一系列措施来加强自身品牌。2010年，Netflix与华纳兄弟签订一份协议，规定Netflix可拥有华纳的庞大电影主题名单，且在华纳电影上映一个月后即可获得电影的播放权。2010年7月，Netflix与传媒公司签订协议，可与PPV有线电视频道（如明星电影频道）同步播放好莱坞电影。2010年8月，Netflix斥资10亿美元从Paramount、Lions Gate和MGM购买影片，将这些影片增加到网站的订阅服务中。Netflix已悄悄进入可与PPV有线电视频道相竞争，甚至与电影院几乎同步放映影片的网络服务市场。

资料来源：“Netflix to Pay Nearly $1 Billion to Add Films to On-Demand Service,” *New York Times*, August 10, 2010; “Always Pushing Beyond the Envelope,” by Damon Darlin, *New York Times*, August 7, 2010; “Analysts' Views: What Hulu's New Service Means For Netflix,” by Jennifer Valentino-DeVries, *Wall Street Journal*, June 30, 2010; “Redbox's Vending Machines Are Giving Netflix Competition,” Associated Press, *New York Times*, June 22, 2009; Netflix Inc Form 10 Q for the quarter ended March 31, 2010, filed with the Securities and Exchange Commission on April 28, 2010; “Blockbuster Shares Fall on Chapter 11 Warning,” by Associated Press, *New York Times*, March 17, 2010; Netflix Inc Form 10-K for the fiscal year ended December 31, 2009, filed with the Securities and Exchange Commission on March 15, 2010; “Netflix Deal With Warner,” by Brad Stone, *New York Times*, January 11, 2010; “Adding

Wal-Mart's Clout to Streamed Shows," by Brad Stone, *New York Times*, February 23, 2010; "Netflix Awards $1M Price to Improve Movie Picks," by Barbara Ortutay, AP Technology, Monday September 21, 2009; "Netflix Announces Agreement with Disney-ABC Television Group to Stream Several Hit ABC Series," Netflix, August 3, 2009.

Netflix展示了网络如何撼动实业以及推动新商业模式在激烈竞争中大展拳脚的例子。但是，受网络影响最深的恐怕要属营销和营销沟通领域。作为一种沟通工具，网络能以比传统媒体更低的成本满足营销者与数百万潜在客户沟通的需求。网络还能提供即时、自发的机制来收集顾客信息，调整产品供应，并且增加顾客价值。从Netflix等案例中可见，网络已衍生出大量新的工具用于识别顾客，与顾客进行有效沟通，包括搜索引擎营销、数据挖掘、推荐系统和定向邮件。

2010—2011年，广告商纷纷追随消费者偏好的转变，从传统媒体走向社交网络、用户自创内容、在线内容网站等Web 2.0应用。例如，Internet Retailer的数据显示，前500家在线零售商中，75%注册有Facebook账号，超过50%曾在YouTube上张贴过商业广告、产品展示短片等视频，或是使用Twitter Feed服务（Internet Retailer，2010）。本章和第7章将讨论互联网营销和广告工具。本章重点介绍理解和评价电子商务营销活动所必需的基本营销原理，包括在线消费者行为、品牌理论、电子市场的独有特征以及品牌建设技术。对学习过营销课程的学生而言，本章是对以往所学的精要回顾，而从未接触过营销知识的学生，则能了解到营销领域的基本概念。第7章将深入讨论诸如广告等电子商务营销沟通工具。

6.1 在线消费者：互联网用户与消费者行为

企业利用网络销售产品前，首先要了解网络消费者是哪一类群体，其在网络市场环境中的行为是怎样的。本节将重点关注B2C领域的个体消费者行为。当然，本节所讨论的内容同样适用于B2B领域，只不过是由企业而非消费者来制定购买决策。

6.1.1 互联网用户

首先来分析美国网络消费者的基本统计资料。营销与销售的第一原则是要尽可能了解消费者。谁在上网？哪些人会在网上购物？他们会购买什么商品？

6.1.2 互联网使用情况：网络消费者档案

2010年，美国的网民数大约为2.21亿，上网的家庭超过8 200户（约占美国家庭总数的70%）（eMarketer, Inc.，2010a）。相比而言，美国约有98%的家庭拥有电视机，94%拥有电话。

尽管自20世纪90年代后期以来，网民数每年以30%甚至更高的速度增长，但在最近几年，增长率已有所放缓，降低至2%～3%。考虑到网络接入费用及计算机操作的复杂性，互联网在近几年还无法像电视机和收音机那样普及。随着计算机价格不断下降，操作日益简单，这种情况将有所改变。电子商务企业再也不能寄希望于网民数以 30%的速度增长来提高收入。美国互联网用户数飞速增长的时代已经过去。

网络活动的密度和范围

尽管美国网络用户的增长速度在放慢，但其网络活动的密度和范围却在增加。一些研究表明，互联网用户在网上花费的时间越来越多。整体来说，用户上网的频率越来越高，美国 78%的成年人（1.28 亿）每天都会上网（Pew Internet & American Life Project，2010a）。根据 Pew Report 的统计，互联网用户上网的时间越长，对网络的功能和服务就越熟悉和满意，也就越可能使用更多的服务。

人们在网上所从事的活动范围比以前更广。电子邮件是人们使用最多的互联网服务，其他活动包括：使用搜索引擎、搜寻产品和服务、追踪新闻、收集感兴趣的信息、查阅健康资讯、从事与工作相关的研究、浏览金融信息等。表 6—1 列出了美国成年网络用户所从事的各类互联网活动，每个百分点代表约 168 万人。

表 6—1　　一系列网络活动：互联网用户的一天（2010 年）

活动	参与该活动的网络用户的比例（%）
使用互联网	78
收发电子邮件	62
使用搜索引擎查询信息	49
获取新闻	43
娱乐或打发时间	38
访问社交网站	38
查询天气	34
网上银行交易	26
浏览视频网站，观看视频	23
访问关于政治的新闻或信息	19
用 Wikipedia 搜索信息	17
发送即时信息	15
获取金融信息	12
浏览政府网站	12
使用分类广告或网址	11
阅读在线期刊或博客	10
查询健康/医药信息	10
查询招聘信息	10
使用 Twitter 或其他状态更新服务	10
对新闻群组、网站、博客或相册网站进行评论	8
查询认识或要见面的人的资料	8
购物	8
查询怎么做，如何自己解决	7
查询宗教/精神信息	5
对产品、服务估价或使用在线估价系统	4
创建或写博客	4

续前表

活动	参与该活动的网络用户的比例（%）
购买或预订旅行信息	3
下载播客视频	3
使用 P2P 文件共享网络下载或共享文件	3
参加在线拍卖	3
访问在线约会网站	2
参加在线讨论组	1

资料来源：Pew Internet & American Life Project，2010a.

人口统计数据与用户上网情况

自 1995 年以来，互联网和电子商务用户的人口特征发生了巨大变化。1999 年以前，年轻、单身、受过大学教育、高收入的白人男性在整个互联网用户中占据统治地位。接入和使用互联网的不平等，引起人们对"数字鸿沟"的担忧。然而，近几年女性、少数族裔以及中等收入家庭的上网人数明显增加，早期的那种不平等性大大降低，但尚未完全消除。以下的讨论均基于 Pew Internet & American Life Project 调研所收集的数据。

性别。男性和女性使用互联网的比例相同，都是 79%。相对来说，日常生活中，每天使用互联网的女性可能会多于男性，尽管相比而言女性网上购物的可能性会小一些。

年龄。从互联网用户的年龄分布看，青少年（12～17 岁）和年轻人（18～29 岁）上网率最高，占 95%。成年人（30～49 岁）上网率为 87%，同样是很大的比重，而且一直保持增长。还有 19%的 12 岁以下儿童也已开始了网上冲浪。随着计算机和互联网在家庭和学校的普及，这一比例还将快速增长。另一个增长较快的群组是 65 岁以上的老人，其中 42%也开始使用互联网，是 2002 年的 2 倍。

族裔。不同族裔间的上网率差异没有不同年龄段之间的上网率差异那么大。2002 年，不同族裔间的差异很明显，但是差别在逐渐减少。2010 年白种人的上网率为 80%，拉丁裔美洲人为 72%，非裔美洲人为 71%。在 2002—2010 年的这段时间里，拉丁裔和非裔美洲人的增长率均高于白种人，族裔间的差异正在逐渐缩小。

社区类型。一直以来，乡村区域的互联网接入比例要明显低于其他社区，尽管这种现状正在一点点地慢慢改变。2010 年，仍然只有 67%的乡村家庭接入互联网，并且不同州之间差异显著。

收入水平。收入超过 7.5 万美元的家庭中有 95%已经接入了互联网。相对来说，收入低于 3 万美元的家庭只有 63%接入了互联网。然而，这些低收入家庭互联网接入比例的增长速度比收入大于 7.5 万美元的家庭要快。随着时间的推移，收入差距在逐渐缩小，但是仍很明显。收入与接触互联网和上网时间没有显著的联系。

受教育程度。受教育程度对上网率也有一定的影响。2010 年，受教育程度在高中以下的人群的上网率为 52%，而大学及大学以上人群的上网率则为 96%，甚至高中教育程度人群的互联网使用率也高达 67%。一般来说，受教育程度对互联网接入和使用的影响要远远大于其他因素。

总的来说，人们的年龄、收入、族裔和受教育程度与互联网使用有密切的联系。所谓的数字鸿沟实际上已缓解，但若是从收入、受教育程度、年龄、宗教和族裔中单个维度看依然存在。表 6—2 总结了上面讨论的几个主要差异及其变化情况。

表 6—2　　互联网接入比例在人口统计特征的差异及其变化

分组	每一组的上网率（%）	
	2010 年	2002 年
所有成年人	79	50
女性	79	56
男性	79	60
年龄		
18～29 岁	95	74
30～49 岁	87	67
50～64 岁	78	52
65 岁以上	42	18
人种/种族划分		
白人，非西班牙裔	80	60
黑人，非西班牙裔	71	45
西班牙裔（说英语）	82	54
社区类型		
都市	81	67
郊区	82	66
乡村	67	52
家庭收入		
低于 3 万美元	63	38
3 万～5 万美元	84	65
5 万～7.5 万美元	89	74
高于 7.5 万美元	95	86
受教育程度		
高中以下	52	N/A
高中	67	45
大学	90	72
大学以上	96	82

资料来源：Pew Internet & American Life Project，2010b，2005a，2005b.

互联网连接类型：带宽的影响

2010 年，约有 7 950 万户家庭享有宽带服务，占全部家庭的 68.5%（eMarketer，Inc.，2010a）。调查显示，宽带用户与拨号上网用户有所不同（见表 6—3）。市场营销人员在制定营销计划时，需要考虑这些差异。相对来说，宽带用户受教育程度更高，财富更多，大多为中年人。宽带用户与互联网联系更加紧密，也更熟悉互联网使用。营销人员有机会利用多媒体广告和营销活动，有针对性地向这类用户宣传独特的商品。另一方面，280 万户拨号上网家庭也会在线购物、浏览新闻资讯和使用社交网站，只是不如宽带家庭那么频繁。

表6—3　　不同接入方式用户的网络活动（2009年11月）

活动	拨号上网用户	宽带用户
在线购买产品	56%	83%
获取地方或社区信息	55%	80%
浏览地方、州或联邦政府网站	53%	79%
获取国际或国内新闻	54%	77%
网上银行	43%	69%
获取招聘信息	39%	60%
使用社交网站	41%	55%
对产品或服务发表观点	36%	55%
从政府代理人获取健康或安全建议	39%	54%
下载或在线听音乐	22%	52%
在线玩游戏	38%	48%
上传或共享内容	26%	48%
下载或在线看视频	18%	42%
上传内容到自己的博客或群组博客	7%	26%
获取在线课程	8%	24%
玩复杂的在线角色游戏	9%	14%

资料来源：Based on data from Federal Communications Commission，2010.

社区效应：社会化蔓延

对实体零售商来说，影响销售额最重要的因素是地理位置。如果门店坐落在每天都有熙熙攘攘过往人群的闹市区，生意一定会很火爆。但对网络零售商来说，只要顾客在其配送所覆盖的范围以内（如有UPS或邮局的网点），地理位置根本毫无影响。互联网上真正影响消费者购买决策的是其是否处在网络购物用户的“邻近区域”。“邻近效应”和从众心理对消费决策的影响在计算机等商品中尤为明显。对在线杂货店的调查发现，网站位于其他在线杂货店顾客的“邻近位置”，吸引用户购买的可能性比一般要高50%（Bell and Song，2004）。网络营销人员逐渐意识到线上和线下社交联系和沟通对品牌和销售的重要性。通过本章你将会看到，社交网站、博客、社会化标签正在逐步影响消费者的行为。人们倾向于访问朋友们经常去的网站。

生活方式和社会影响

人们将大量的时间花费在互联网上，其造成的影响引起了人们的担忧。互联网的使用可能会引起传统社交活动的减少，如与邻居及家庭成员之间的交流将会减少。无论是在家里还是在办公室，互联网会使人们与家庭成员或朋友之间的相处时间减少，使他们将更多的时间用在工作上。斯坦福大学的一批政治学者所作的研究表明，互联网用户与周围人的联系正在减少。每周上网时间为2～5小时的人只花很少的时间与家庭成员及朋友进行面对面的交流或电话交流，每周上网5小时的人经常在家里加班，而每周上网5小时以上的人发现自己的工作时间也在增加。互联网占用了上班族很大一部分空闲时间。从另一方面来说，电子邮件、即时信息传递以及聊天室等互联网上最流行的应用显然也是一种社交活动，但它们不是直接面对面的活动。

更多最近的调查发现，互联网的使用加强和补充了传统的面对面的交流方式。上网时，用户坐在屏幕前，基本上与看电视一样，所不同的是互联网上可能会涉及较多的社会交互活动。互联网对儿童的影响也令人担心，有关其影响的程度仍需进一步研究。就互联网妨碍儿童进行面对面的交流和户外活动而言，它会对儿童的社会发展产生不良影响（Nie and Erbring，2000）。另一方面，一项最新的研究表明，互联网通过日常事务的邮件联系加强了兄弟姐妹、儿童和父母的联系。一项关于互联网在 1995—2003 年对社交的影响分析得出混合的结论，这项研究发现线上和线下的交互会互相影响，但是在线的交流不会转化为面对面的交流（Saunders and Chester，2008；Shklovski，et al.，2004）。

由时尚手机和移动互联接入支撑的当代的互联网实时在线文化已经引起了科学家的担忧：搜索引擎的经常使用减弱了科学调查成果的效力，使人们对科学研究的关注越来越狭隘；经常使用时尚手机使家庭之间的交流越来越少，削弱了家庭联系的纽带，将家庭与工作混为一谈。调查发现，多任务者和在课堂上经常分心于数字设备的学生相对于那些关注点不在电脑上的人表现会差一些（Carr，2010；Greenfield，2009）。其他的研究指出，由于电子邮件、IM、短信打扰而减少工作量与工作时漫不经心地在网上闲逛是相关的。关于在中学和在家里使用电脑的调查表明，这样会降低学生在英语和数学上的表现，但是提高了计算机的能力（Malamud and Pop-Echeles，2010）。

媒体选择和多任务：互联网和其他媒体渠道的对抗

互联网也极大地影响了市场营销。根据斯坦福大学的研究结果，人们在互联网上花费的时间越多，就越疏远传统媒体。人们每增加一小时的上网时间，就会相应地减少看电视、读报纸和听广播的时间。传统媒体正在与互联网争夺消费者的注意力，从目前来看，赢家可能是互联网。媒体的多任务也在增加：超过 1 亿美国成年互联网用户在上网的同时，也在看电视，另一些可能在听收音机、看杂志或报纸。一项 USC 的研究发现，80％的互联网用户至少有一段时间在上网的时候也在干其他事情。由于人们一次可能使用多种媒体，所以这种媒体多任务现象使得对各种显现的媒体的测试更难。我们将会在第 10 章更深入地讨论媒体消费。

6.1.3 消费者行为模型

对网络消费者的基本情况有大致了解后，企业就需要关注其网络行为方式。对**消费者行为**（consumer behavior）的研究属于一门社会科学，尝试通过建模来理解人们的市场行为方式。社会学、心理学以及经济学等社会科学理论将对消费者行为研究起到重要作用。建立消费者行为模型的目的在于预测和解释如下几个问题：消费者需要什么产品？他们会在何时何地购买这些产品？其所能承受的价格是多少？以及为什么要购买这些产品？企业如果能够理解消费者的购买决策过程，就可以更胸有成竹地开展营销和销售。图 6—1 展示的是综合消费者市场决策过程的众多影响要素的一般行为模型。

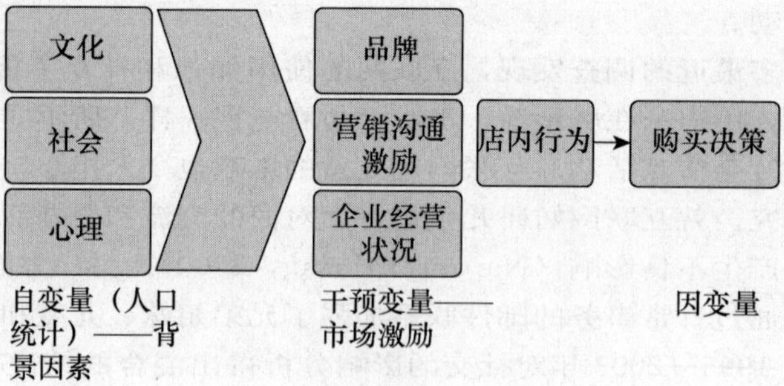

图 6—1　消费者行为的一般模型

说明：消费者行为模型试图对市场环境下消费者的决策作出预测。
资料来源：Adapted from Kotler and Armstrong，2009.

消费者行为模型尝试综合考虑消费者的背景因素、一系列干扰因素和影响最终决策的直接变量，对消费者的决策作出预测。

背景因素包括文化、社会和天生的心理特征。企业必须认识和了解这些因素对消费者的重要影响，并相应地调整营销战略。**文化**（culture）因素对消费者行为的影响最广泛，因为它形成了消费者的价值观、需求、感觉及行为。对文化因素的了解有助于预测消费者的市场行为，例如：消费者在不同市场上会购买哪些商品？如何购买？选择什么支付方式？一般来说，文化会对整个国家、民族产生影响，因此文化因素在国际营销活动中会起重要作用。例如，一家销售烹饪调料的美国电子商务网站要想在中国和日本经营就会困难重重，因为这些国家通常没有大型食品店，人们都是在本地邻家小店里购买食品和调料，而且通常习惯在购买前闻一闻或品尝一下味道，还会在购买时挑挑拣拣。

一个国家的亚文化对消费者行为的影响尤其重要。**亚文化**（subculture）是文化的子集，它由主要的社会差异形成，如族裔、年龄、生活方式以及地理位置。在美国，族裔的差异在消费者行为中表现显著。4 000 万非裔美国人的年购买力为 1 万亿美元，4 700 万西班牙裔的年购买力也是 1 万亿美元，而 1 550 万亚裔的购买力则为 5 000 亿美元（Catalyst，2010）。每个族裔对企业来说都意味着一个巨大的市场。丰田在拉丁语版的 MSN、雅虎、AOL、悠景（Universion）和 Terra 等门户网站上投放广告，引导消费者访问公司的拉丁语主页。最后，丰田公司成为拉丁美洲新车销量第一的公司。百思买同样创建了拉丁语网站。影响消费者行为的诸多社会因素还包括消费者所属的相关群体。消费者或者是直接参与其中，或者间接从属于该群体，与之有联系或感兴趣或被吸引。最强有力的干扰因素是消费者从属的社交网络和社区，总是能向消费者传达营销刺激。在面对面交流的现实世界中，这种群组称为**直接相关群体**（direct reference groups），包括个人的家庭、专业或职业、宗教信仰、所住社区及就读学校。而在网络世界中，这类群体指的是消费者所属的社交网络或专业社区。**间接相关群体**（indirect reference groups）包括个人的人生阶段、所处的社会层级及生活圈（将在后面讨论），类似于网络名人博客、各类评论网站、时尚网站和粉丝网站。社交网络对于理解病毒营销至关重要。

每一类相关群体中都有**意见领袖**（opinion leaders）（或网络营销人员所定义的**核心影响者**（viral influencers）），因其个性、技能或其他因素而影响他人的行为。

因此，营销人员在沟通和促销活动中努力寻找这些意见领袖。有人认为意见领袖占群体总人数的10%，能直接影响其余90%的消费者（Barry and Keller，2003）。例如，许多网站都提供老客推荐功能。那些发表评论的消费者通常被认为是意见领袖——“消息灵通的聪明人士”。例如，宝洁公司的网站上，那些对宝洁产品有特别爱好的“宝洁顾问”可发表产品证言。

尽管“影响者”的概念听上去引人入胜，实际上或许不能描述病毒信息何以在网络上传播（Barry and Keller，2003）。有人提出反对观点，认为90%的非影响者必须能接受来自影响者的任何信息（Watts，2004）。网站上的“喜欢”按钮就能在任意两人间传递信息，无论双方的网络社交地位如何。

生活方式群体（lifestyle group）是一种独特的相关群体，指集活动（业余爱好、体育运动、购物偏好、所参加的社交活动）、兴趣（食品、时尚、家庭、娱乐）及观点（社会的、商业的、政府的）于一体的综合模式。

生活方式群体的界定方式多样，其目的在于设计出能描述个人生活、消费、行为的完整模式的分类方案。该理论认为，一旦你了解每位消费者或大学生等典型群体的生活方式，你就能够针对这类人群设计产品和营销信息。按生活方式分类是另一种市场细分方法。

除按生活方式分类以外，营销人员还对消费者的心理档案感兴趣。**心理档案**（psychological profile）体现人的欲望、天性、动机、感觉和模仿行为，还包括态度和信念。通过产品设计、促销以及营销沟通，营销人员尝试尽力去迎合顾客的心理特征。例如，许多健康咨询类电子商务网站强调能为顾客提供疾病诊断和治疗的相关信息，帮助控制健康状况。对于想要控制和了解自身健康状况的网络用户来说，这类网站极大地满足了自己对健康、教育、专业和技术知识的需求。

营销人员无法影响背景因素，但可以调整品牌定位、与消费者沟通的方式以及企业的经营方式，使之符合实际的背景因素。例如，美国职业篮球联赛（NBA）网站 NBA. com 就能满足各类球迷群体的需求，包括对某支球队感兴趣的热心球迷、购买某支 NBA 球队服装的时尚球迷以及想要拍卖纪念品的球迷。

6.1.4 网络消费者档案

消费者的网络行为与线下行为相差甚大。首先要理解消费者为何要通过网络完成交易。表 6—4 表明了消费者选择网络渠道的主要原因。

表 6—4　消费者选择网络渠道的原因

原因	对应的百分比（%）
可随时购物	88
可同时搜索许多商品	66
可找到商店中没有的产品	54
不需要应对销售人员	53
网络上能获得更多的产品信息	45
相对于询问店铺营业员，利用网络更容易找到信息	44
网络的价格优势	40
产品一般都有现货	40

资料来源：eMarketer，Inc.，2007a；Sterling Commerce and Deloitte Consulting，2007.

尽管价格因素出现在上述列表中，但消费者选择网络购物的核心因素还是便利性，能够大大节省消费者的时间。总体来说，消费者选择网络渠道的主要驱动力是交易成本减少，其次是产品或服务成本的降低。

6.1.5 购买决策

一旦决定使用网络购物，消费者如何选择特定网站购买产品或服务？许多模型和调研都在尝试回答该问题。**心理研究**（psychographic research，即综合消费者的人口统计和心理数据，基于社会层级、生活方式和/或个性特征细分消费市场）通过分析活跃消费者的行为，尝试发现决定消费者购买行为的心理特征。例如，沃顿电子商务论坛（Wharton Forum on Electronic Commerce）发起一项研究，通过调查 2 500 人来识别能够预测电子商务购买行为的因素（Lohse，Bellman，and Johnson，2000）。研究发现，用于预测顾客购买行为的最重要因素包括：（1）利用网络查找产品信息；（2）“连线的生活方式”（消费者花费大量的工作和业余时间上网）；（3）最近的订购情况。图 6—2 同样列出了影响消费者网络购买决策的因素。

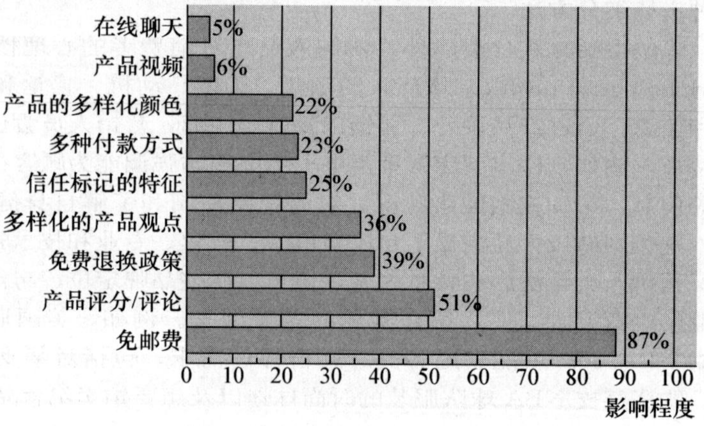

图 6—2 影响消费者购买决策的因素

说明：用于预测顾客购买决策的主要变量有：免邮费、产品评分/评论、免费退换政策（按影响程度由低到高列出）。

资料来源：Channel Advisor，2009.

了解影响消费者行为的诸多因素后，你需要进一步考虑购买者如何制定实际购买决策，以及互联网环境如何影响消费者的决策。消费者的决策过程可分为五个阶段：产生购买欲望、查询相关信息、评价可选择的商品、做出实际购买决策、与厂家的售后联系（Kotler and Armstrong，2009）。图 6—3 展示了网络和线下消费者的决策过程，以及支持购买前、购买中、购买后的营销沟通方式。

如图 6—3 所示，传统大众媒体、产品目录和直邮营销能将潜在客户吸引到网站上。网络购物的新颖之处在于网络能提供一些新的媒体营销沟通渠道，如搜索引擎、社交媒体、社交网络、社会购物网站、在线产品评论、视频广告、旗帜广告、许可的目标电子邮件、电子公告栏、聊天室等。简言之，网络极大地提升了企业与顾客沟通的营销手段和能力，使顾客能够充分地了解产品信息，提高顾客购买的可能性（Awad，et al.，2007）。第 7 章将介绍这些新的沟通技巧，并详细讨论其有效性。

营销沟通	产生购买欲望——识别需求	收集信息	评价可选择的商品	购买	后续行为——忠诚度
线下沟通	大众媒体 电视、收音机 印刷媒体 社交网络	目录 印刷品广告 大众媒体 销售人员 产品定价员 逛商店	相关群体 意见领袖 大众媒体 产品定价员 逛商店	促销 直邮 大众媒体 印刷媒体	质量担保 电话服务 配件与修理 客户群
在线沟通	有针对性的横幅广告 插播式广告 有针对性的商品促销信息	搜索引擎 在线目录 网站访问 有针对性的电子邮件	搜索引擎 在线目录 网站访问 产品评论 用户评价	网络促销 奖券 折扣 有针对性的电子邮件	消费社区 简讯 顾客的电子邮件 网上更新

图 6—3　消费者决策过程及营销沟通方式

传统和网络营销沟通工具都可用于支持网络购买决策的五个阶段。

6.1.6　一般网络消费者行为模型

网络消费者的行为与线下消费者有本质区别吗？答案是既有相似之处，又各有千秋。有些人拼命鼓吹电子商务世界将产生根本性变革。然而，事实并非如此。例如，无论是网络购物还是传统方式购物，消费者的决策过程基本一致。另一方面，典型的消费者行为模型需要考虑新环境的因素而作出适当修正。图 6—4 中对一般行为模型进行了调整，除品牌优势、市场沟通等传统要素外，还重点关注用户特征、产品特点、网站特色以及线下和线上社区的影响（Watts，2004；Lohse，etal. 2000；Pavlou and Fygenson，2005；Pavlou and Dimoka，2006）。图 6—4 总结了目前的相关研究成果。

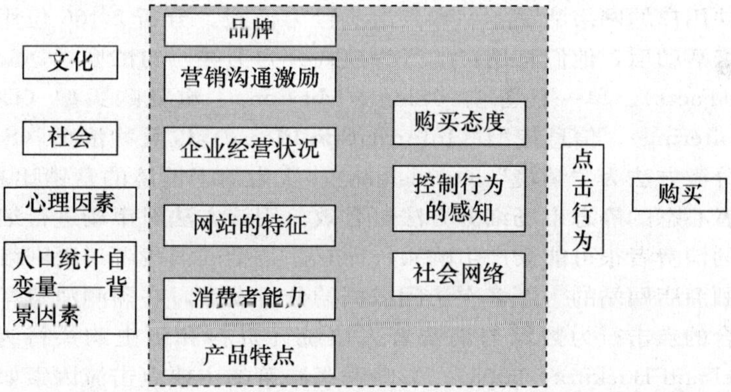

图 6—4　在线消费者行为模式

说明：从在线消费者行为模式看，购买决策会受到消费自身的人口统计背景因素、一系列的干扰因素的影响，而对最终购买影响最大的是消费者的点击行为。

网络环境中，网站特色、消费者能力、产品特征、对待网络购物的态度和网络环境的可控性是影响消费者行为的主要因素。网站特征包括潜在因素（下载延迟）、导航性和对网站安全性的信心（第 7 章将深入探讨涉及营销的网站设计问题）。现实世界也有许多共通之处。例如，众所周知，店铺设计能够影响顾客的购买行为，准确地了解消费者在实体店的行为，再据此将促销商品摆放到消费者最可能经过的地方，就能增加销量。例如，消费者刚进入店铺时经常是往右拐，因此可将高利润商品（珠宝和化妆品）陈列在此。此外，由于顾客总是会购买鲜奶等产品，因此商场将其放置到最里面。沃尔玛利用实体店的顾客追踪数据库优化商品展示位置，以使顾客能够方便地购物——将服饰类商品摆放在卖场入口附近，而相机等电子产品则摆放在卖场最里面。优化店面设计和精确的消费者追踪不是什么新鲜理念，但网络环境的低成本、新技术、普遍性和综合性是前所未有的。

消费者能力是指消费者拥有的如何完成网络交易的知识（会随着消费者经验增加）。产品特征是指这样的事实，某些产品很容易通过网络进行介绍、包装和配送（如图书、软件及DVD），而有些产品却不能。这些因素与品牌、广告和经营能力等传统因素一起，会促使用户决定选择特定的商家和产品（网站信任和良好的用户体验），同时形成对网站环境可控性的认知。

点击流行为（clickstream behavior）是指消费者浏览网页时产生的事务日志，涵盖从搜索引擎开始，浏览一系列网站，再到特定一家网站，进入特定页面，最后做出购买决策的整个过程。这些宝贵的时刻类似于传统零售中的购买决策点。

许多研究者都认为，理解互联网用户的背景因素似乎没有必要，很多事物根本无法预测。大多数对消费者行为的研究表明，人口统计背景因素对被观察者行为的影响程度通常不到5%。许多人认为，预测网络消费行为的最重要因素是消费者的网络活动特点及其点击流行为。这些信息能帮助企业了解顾客在什么时候会需要哪些商品及其愿意支付的价格，也能帮助企业准确地定位恰当的沟通方式。

例如，美国博斯管理顾问公司（Booz Allen & Hamilton）和NetRatings合作的研究发现，光是人口统计背景因素，甚至包括态度和生活方式的背景因素，不能反映用户的网络活动类型和点击流行为模式。分析2 466位用户的总计186 797次网络活动后，他们将用户的行为模式分为七类：匆忙型（Quickies）、务实型（Just the Facts）、单一任务型（Single Mission）、重复购买型（Do It Again）、漫游型（Loitering）、信息控型（Information Please）以及冲浪型（Surfing）。研究者称这种分类方法为“情境”（occasions），认为基于情境的营销比基于人口统计和/或消费者心态的静态市场细分方法更有效。用该方法对市场进行细分，他们发现某些类型的消费者很可能会产生购买，而有些类型的消费者讨厌网络广告。通过对一家葡萄酒商店网站的1万多次访问数据的分析发现，在预测消费者购买决策时，细节和综合的点击行为数据与消费者人口统计资料和历史购买行为同等重要（Van den Poel and Buckinx，2005）。影响购买决策的主要点击流因素如下：

- 上次访问后的天数；
- 点击速度；
- 上次访问时查看的产品数；
- 查看的页面数量；
- 提供个人信息（信任）；
- 上次购买后的天数；

● 上次购买的数量。

基于消费者网络点击行为的营销方式充分发挥了网络的优势。它能在尚未了解消费者的情况下（涉及个人隐私问题），通过消费者浏览网站的行为过程建立消费者的动态信息。例如，搜索引擎营销（付费广告展示到搜查结果页）能否成功在很大程度上取决于消费者此刻在找什么，如何查找（详细的点击数据）。分析完详细数据后，可使用一般的点击数据（上次访问后的时间、上次购买的数量）进行预测。可以的话，综合使用人口统计资料数据（地区、城市、性别）。

6.1.7　购物者：浏览与购买

上节所描绘的互联网用户画像强调了网络行为的复杂性。尽管目前网络用户还集中在受过良好教育、富有的年轻人，但是网络用户的分布情况正逐渐趋于分散化。对网络点击行为的分析表明，人们上网的原因多种多样。网络购物也同样复杂。2010 年，B2C 电子商务市场的总额达到 2 250 亿美元，但网络用户的购物方式千差万别。

如图 6—5 所示，大约 72%的网络用户属于“购买者”，他们确实通过网络购买商品，而另外 16%则是利用网络研究产品信息，然后到传统商店购买（属于“浏览者”）。这两类人群均可称为“购物者”，约占网络用户的 87.5%。2010 年，美国互联网用户数（14 岁及以上）大约为 1.85 亿，网络购物者人数（包括购买者和浏览者）超过 1.62 亿。该数字让不少营销人员激动不已。

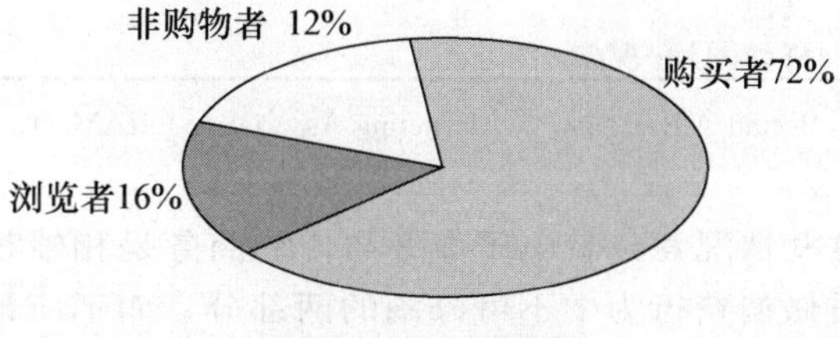

图 6—5　网上购物者

说明：88%的互联网用户会在网上购物，无论是使用网络研究产品信息还是购买产品。网络购物者占比已达 72%，比 2005 年增加 11 个百分点，仅 12%的互联网用户不曾在网上购物。

资料来源：eMarketer，2010b.

千万别低估网络浏览行为对消费者线下购物的重要性！尽管很难精确衡量在线产品搜索带来的线下销售额，但不少研究发现，大约 1/3 的线下购买是由搜索、博客、横幅广告等网络曝光渠道促成的。网络对线下销售的影响程度因产品而异，大约每年带来 1 万亿销售额，这是个惊人的数字（Forrester Research，2010a）。

电子商务是传统商务活动的主要动力源泉。反过来，传统的品牌和购物也将推动电子商务的发展。在网络搜索影响线下购买的同时，线下营销媒体也深刻影响着网络购物行为。到目前为止，传统印刷媒体（杂志和报纸）和电视是促使和引导消费者上网搜索新产品信息的强大媒体（见表 6—5）。在线交流和博客也会产生影响，只是不如传统媒体那么强大。这一点令许多着重以社交网络为营销工具的人大为惊讶，但这也同样反映对消费者行为影响的差异。公司的营销预算中，传统媒体依然占主要支配地位。

表 6—5　　影响消费者上网搜索产品的媒体

媒体类型	对应的百分数（%）
杂志	47
读文章	43
电视	43
报纸	41
面对面的交流	39
有线电视	36
优惠券	36
直接邮件	30
收音机	29
商店促销	27
网络广告	26
互联网广告	26
电子邮件广告	25
网上交流	19
室外广告版	12
博客	10
即时信息	8
移动电话	7
公司黄页	7
文本信息	6
其他	6
移动图片/视频	4

资料来源：Retail Advertising & Marketing Association（RAMA），2010；industry sources，author's estimates.

上述这些情况意味着电子商务与传统商务是相辅相成的，商家（及研究人员）应将二者看做消费行为中不可分割的两部分，而不应该一头独大。商务就是商务，其面对的消费者是一样的。这些发现对营销人员来说意义非凡。网络商家应该在其网站上提供大量信息供浏览者访问，不只关注销售本身，同时为消费者创造更安全、舒心的网络购物环境。

6.1.8　消费者上网浏览和购买哪些商品

网络销售的商品大致可分为两类：小额商品和大件商品。大件商品包括电脑设备和消费电子产品，订单金额超过 500 美元；小额商品包括服饰、书籍、保健品、化妆品、办公用品、音乐、软件、视频和玩具等，金额低于 100 美元。电子商务时代早期，种种原因导致小额商品的销量要远远高于大件商品。网络的先行者早期卖的就是小额商品，其价格低廉（降低消费者风险）、体积小（运输成本低）、利润高（至少 CD 和软件如此）、产品的可选范围广（电子商务企业可与传统商店竞争产品规模）。但是，诸如电脑硬件、消费电子、家具和珠宝等大件商品近期的增长改变了整个销售格局。消费者现在更有信心去购买大件商品。最初家具和大家电因体积大而不在网上销售，但是最近几年这些品类的网络销售持续见涨。消费者经验水平将决定购买的产品类型（U. S. C. Annenberg School Center for the Digital Future,

2004)。网络新用户主要购买小额产品，经验丰富的老用户除购买小额商品外，也愿意购买大件商品。图 6—6 列示了 2009 年消费者在前 500 名互联网零售商中购买不同种类商品的花费。

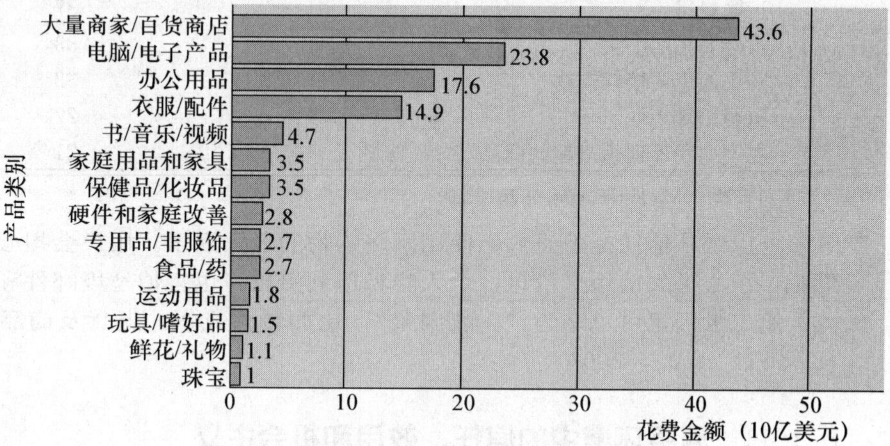

图 6—6　消费者在网上购买的商品

说明：该图列示了消费者在前 500 名互联网零售商中购买不同种类产品的花费。
资料来源：eMarketer，Inc.，2010b，Internet Retailer，2010.

6.1.9　有目的的行为：购物者在网上查询卖方信息的方式

“点击此处”的横幅广告大肆盛行，有人可能觉得顾客会不假思索地被广告带到商家的网站。而事实上，只有少数顾客会通过浏览横幅广告来查询商家信息。59%的网络购物者是通过搜索引擎检索或购买商品，29%的顾客会为要买的特定产品访问优惠券网站，27%会去比价网站，25%依赖电子邮件营销。社交网络排在目标搜索列表后面，约为 5%（eMarketer，Inc.，2009a）。网络购物者带有高度的倾向性。他们通常只浏览所查找的特定产品、公司和服务。如果商家能够与“目标导向”的购物者进行有针对性的沟通，将网站设计得更加合理，使顾客访问网站和查询产品信息更方便，向顾客提供更多的商品选择、更好的客户服务，那么商家就能将这些购物者转变为自己的买方（Wolfinbarger and Gilly，2001）。这可不是个小任务。当然也会有例外。有些人浏览网页时并不确定自己要找什么。StumbleUpon. com 是一家适合没有购物目的的顾客的网站，即适合那些追随型和团体型的顾客，而非特定产品的搜索者。StumbleUpon 识别普通用户的兴趣主题，依赖协作过滤工具指引消费者到有相同兴趣的人曾经访问过和认为有意思的网站。

6.1.10　为什么没有更多的人使用网络购物

消费者行为研究要解决的最后问题是：为什么没有更多的人使用网络购物？大约 28%的互联网用户不使用网上购物，为什么？表 6—6 列出了美国互联网用户进行网络购物时关注的要点。

表 6—6　　互联网用户对于网络购物的关注点（%）

信用卡在线支付操作复杂	44
关注个人数据隐私	42
运输费用	37
没必要在网上买	33
购买前想要接触实物	32
退货困难	27
在网上找不到感兴趣的商品	21

资料来源：eMarketer，Inc.，2010c.

可以说，信任是阻碍人们使用网络购物的最大因素。用户会担心受网络商店的欺骗，担心丢失信用卡信息，个人隐私遭到侵犯，也害怕垃圾邮件和泛滥广告的轰炸。第二大因素可总结为“干扰因素”，比如转移成本、退货及商品的不可触摸性（Doolin，et al.，2007）。

6.1.11　网络环境中的信任、效用和机会主义

最近的调查显示，影响网络购买决策最重要的两大因素是效用和信任（Ba and Pavlou，2002）。任何网络购买决策都深受这两个因素的影响。消费者需要的是价格便宜、方便和交付快的购物体验。简而言之，消费者是在寻求效用最大化。另一方面，任何买卖关系中都存在信息不对称。卖方会比买方知道更多有关产品质量和交易的信息，这就会导致卖方的投机行为（Akerlof，1970；Williamson，1985；Mishra，1998）。消费者需要信任商家才会产生购买。卖方可通过建立诚信、公平的声誉，交付高质量产品（品牌基本要素）来建立与消费者的信任关系。Epinions.com（现属于 Shopping.com）、亚马逊书评和 eBay 反馈论坛等都是建立网络商店信任机制的例子（Opinion Research Corporation，2009）。与顾客建立起信任关系后，商家就能收取产品和服务溢价（Kim and Benbaset，2006；Kim and Benbaset，2007；Pavlou，2002）。回顾以往文献可知，建立可信任网络关系的最重要因素是对网站信用、易用性和风险的感知（Corritore，et al.，2006）。

6.2　基本营销概念

上节讨论了与购买决策有关的两个问题，即网络用户的类型及其在线行为。本节将开始阐述范畴更广的营销主题。**营销**（marketing）是企业为与客户建立关系并促使其购买自己的产品和服务所采取的策略和行动。**网络营销**（Internet marketing）的主要目的是利用网络及传统渠道与客户（无论网上还是线下）建立积极、长期的关系，以便能就产品和服务收取高于竞争对手的价格，获得竞争优势。

正式开始前，你必须先熟悉一些基本的营销概念。回忆第 2 章所讲的内容（2.5 节），一个行业的获利能力取决于：（1）替代产品或服务进入市场的难易程度；（2）新进入者进入市场的难易程度；（3）客户与供应商对价格的影响力大小；（4）行业内的竞争程度。竞争性市场是在市场上有很多替代品、进入市场容易、客户和供应商都有很强讨价还价能力的市场。

营销直接着眼于行业和企业的竞争状况。其目的是促使企业生产或提供独特、差异化程度高的产品或服务（变成小型垄断者）。市场上几乎不存在任何替代产品或服务，即使有也是极少的。新进入者很难在短期内生产或提供具有相同**特征集**（feature set,产品或服务所具备的功能和企业所提供的各项服务的集合）的产品或服务。如果能成功地做到这些，小型垄断者就能削弱客户讨价还价的能力，因为它们是客户购买产品的唯一来源。而面对供应商时，这些垄断者也具有很大的优势。

营销的目的在于避免纯粹的价格战，通过创建有限竞争的市场环境，使企业获得高于行业平均水平的投资回报率，消费者愿意支付品牌溢价享受独特的服务。营销需要鼓励消费者购买非市场化（也就是非价格化）的产品。企业利用营销阻止自身产品和服务沦为大众商品。**大众商品**（commodity）是由许多商家提供的无差异产品或服务。对大众商品而言，价格和配送构成消费者购买决策的基本因素。例如，小麦、棉花、钢铁都属于大众商品。

6.2.1 特征集

营销的核心任务是要确定并向顾客传达产品或服务特征集中所蕴涵的独特性能或服务。由图 6—7 可知，一种产品或服务可分为三个层次：核心层、实际层、外延层。虽然该图是以有形产品为例，但这些概念同样适用于数字产品或服务。

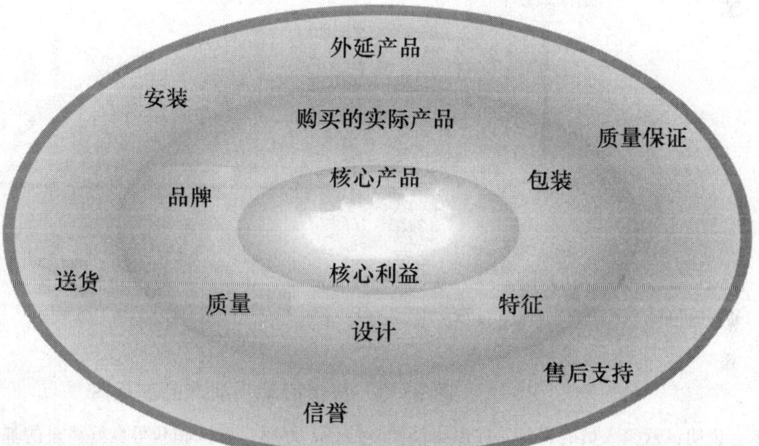

图 6—7　特征集

说明：特征集的每一个元素都能用来将一种产品和市场上的其他产品区分开来。

核心层位于特征集的中心。**核心层**（core product）是指顾客从产品中获得的核心利益。例如，假设核心产品是一部手机。**实际层**（actual product）是为传递产品的核心利益而设计的一系列特征。营销人员必须使自身的手机有别于其他制造商所生产的手机。以苹果手机为例，实际层是可连接无线网络的音乐播放器和大屏幕。苹果标识就意味着一定的特征和性能，比如，高速的网络连接、大屏幕浏览、设计高雅、包装完美和丰富的应用程序。**外延层**（augmented product）是指除实际层所体现的核心利益外，产品所增设的附加值。同样是苹果手机的例子，外延层包括 1 年的质量保证期、额外 1 年的“苹果延保服务”（AppleCare Protection

Plan)、iPhone 网络支持以及其他售后服务。外延层是创建苹果品牌的基础（即所谓的品牌创建过程）。外延层是产品品牌的基础。

6.2.2 产品、品牌与品牌创建过程

能真正让产品在消费者心中独一无二的因素就是产品品牌。**品牌**（brand）是指消费者购买或使用某公司的产品或服务时所持有的期望集。这些期望建立在以往消费该产品时所获得的经验之上，建立在对使用该产品的其他消费者的信赖之上，还建立在商家利用媒体渠道所传达的独特性能和承诺的基础之上。

品牌能产生的重要期望包括质量、可靠性、耐用性、信任、好感、忠诚以及声誉。营销人员的承诺也会形成顾客期望。正如露华浓（Revlon）创始人查尔斯·雷夫森（Charles Revson）所说，“工厂中是在生产化妆品，店铺里则是在销售希望”（Kotler and Armstrong，2009）。化妆品商家对顾客的承诺是：“如果使用我们的产品，你将会变得更美。”苹果手机的案例中，营销人员（包括乔布斯自己）巧妙地建立起消费者对完美的产品设计、质量保证和设计独特产生期望。拥有苹果手机就代表一种酷、时尚和高科技的生活方式。苹果手机的外延特征及其品牌声誉，促使消费者愿意为苹果手机支付比同类产品更高的价格。图 6—8 描述了品牌的创立过程，或称为品牌化（branding）。

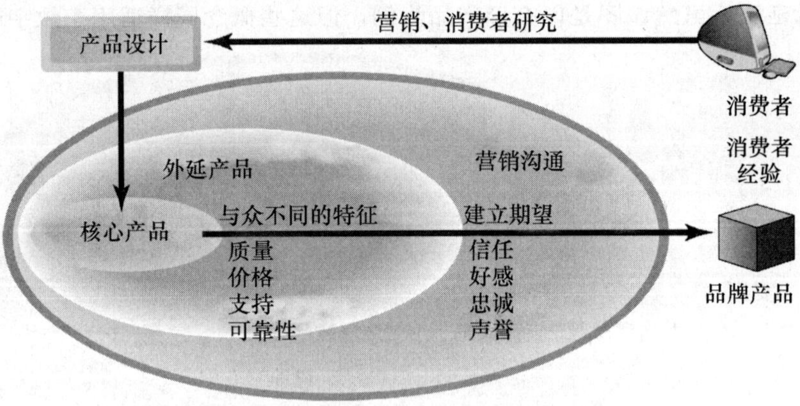

图 6—8 营销活动：从产品到品牌

说明：营销人员的目标是在赢得消费者信任、好感、忠诚和获得良好声誉的基础上创建品牌知名度。

商家必须明确自身产品的实际层和外延层特征，再利用各种营销沟通活动将这些特征集传达给消费者。有以往的消费经验和营销人员的承诺，消费者就会建立对于某种产品的期望。例如，当消费者购买一部苹果手机时，他期望收到的是一部独特、高质量、易用的手机。消费者也愿意为这些性能支付额外的产品溢价。如果苹果手机实际上不能达到顾客的预期目标，顾客对它的品牌印象就会减弱，而且不再愿意支付额外的溢价。换句话说，强大的品牌需要有优质的产品作保障。但是，如果苹果手机的功能确实与顾客的预期目标一致，那么顾客就对该产品产生忠诚：他们愿意再次购买或是推荐给他人，他们会信任、喜欢该公司及其产品。公司品牌将在消费者心中形成良好的声誉。

理想的情况是营销人员能够直接影响产品的设计，以确保产品拥有功能完善、质量高、价格合理、服务到位、性能可靠等特征。当营销人员能够根据市场反馈信

息直接影响核心层的设计时，这种营销就称作**闭环营销**（closed loop marketing）。然而更多情况下，营销人员都是被雇用来销售已成型的产品。下面将会看到，电子商务给闭环营销创造了一些独特的机会。

营销人员需要策划和实施品牌战略。**品牌战略**（brand strategy）是企业为使自身产品有别于竞争对手，并将这些差异信息有效地传达到市场上而实施的一系列计划。正如本书通篇所介绍的，在创建电子商务品牌过程中，策划和制定品牌战略的能力已成为许多企业成败的关键。

哪一类产品能够建立起品牌？许多营销专家认为，品牌不受产品种类的限制。任何一种产品都有创立品牌的潜力。让你感觉最棒的运动鞋是耐克，在漆黑的雨夜里乘坐沃尔沃汽车会让你感到安全，穿着 Polo 衬衣会让你觉得正走在去乡间俱乐部的路上。这些都是消费者愿意支付溢价的国际著名品牌商品。

品牌的价值到底有多大？不同品牌间的区别在于其在市场上的力量和价值。**品牌资产**（brand equity）是指相对大众商品而言，消费者使用品牌产品时所愿意支付的品牌溢价的估计值（Feldwick，1996）。2010 年国际品牌集团评出的全球最具价值品牌中，排名世界前 5 位的品牌及其品牌资产估值分别是：可口可乐（704 亿美元）、IBM（647 亿美元）、微软（609 亿美元）、谷歌（435 亿美元）以及通用电气（428 亿美元）。由于品牌能增加企业未来的收入现金流，因此品牌资产还能影响股票的价格。品牌作为一种无形资产，具有一定的市场价值。目前已有许多估计品牌价值的方法，但这些内容超出了本书范围，这里不做详细阐述（Berg，et al.，2007；Ailawadi，2003）。

6.2.3　市场细分、目标市场选择与目标市场定位

市场不是统一的整体，而是由具有形形色色需求的不同种类的消费者组成的。企业首先要根据消费者对产品的不同需要来细分市场。一旦细分好整个市场，就要针对每个细分市场定位不同的产品。对于每个细分市场内，产品要定位于独一无二、高价值等特性，成为唯独适应该细分市场中顾客需要的品牌产品。

表 6—7 展示了市场细分和目标市场选择的 6 种主要方式。通过市场细分，企业可根据细分市场顾客的不同需求定制差异化产品。相对于传统的统一定价方式，企业可针对不同细分市场创造同一产品的几种变形，再制定不同的价格，实现企业利润最大化。市场细分和定位不是什么新鲜的东西，但是互联网为消费者层面的精准市场细分提供了独特契机。营销人员拥有足够的消费者信息后，就能够有针对性地宣传个性化的市场信息，以准确地满足每位用户的需求。现实世界中，营销采用类似报纸、视频和电视等媒体技术，很难满足个性化的信息需求。

表 6—7　　网络市场细分和定位主要类型

行为	基于市场行为的细分。在传统的商店里包括顾客的购物路径。在网上，网站的所有者和广告网络营销人员可以动态识别客户所属的群组，然后将他们的行为信息与其他信息整合。利用社交网络偏好和相关内容为个人或好友群组投放广告。
人口统计因素	根据年龄、种族、地区和其他人口统计因素来细分市场。在网上利用的是用户的注册信息或其他用户自我披露的信息。用户访问的网站会潜在地披露用户的年龄。比如，访问音乐网站的用户一般都是年轻人。

续前表

心理因素	将具有共同兴趣、价值观、对个性的看法、态度和生活方式偏好的用户划分为一个群组。用户访问的网站就可以直接作为测量标准。例如，如果顾客访问一些时尚网站的话，就反映出此顾客倾向自主选择生活方式和价值观。
技术	基于购物技术收集的信息进行市场细分。在线下商店购物的用户会有购物车。在网上，每个访问的用户都会产生一个域名、IP地址、浏览器、计算机平台和网络连接类型，以及用户来源的URL地址和时间日期。比如，使用宽带媒体的用户下载音乐的可能性会更大。
前后关系	基于事件发生的前后关系或是事件本身的信息内容进行市场细分。参加摇滚音乐会的人会倾向于买音乐CD。在网上，阅读在线《华尔街日报》的用户可作为金融服务广告的营销目标。
调查	基于消费者此刻明确表现出来的兴趣进行市场细分和定位。搜索能直接反映市场的永恒法则：卖想买的商品。这或许也是最简单的市场细分。

一旦细分好市场，企业就可以针对每个细分市场上消费者的需要建立相应的品牌。例如，汽车制造商可从多方面来细分汽车市场，如按照人口统计数据（年龄、性别、收入和职业）、地理区域（地区）、利益（独特性能特征）、心理统计数据（自我形象和情感需求）。针对每个细分市场，汽车制造商可提供独特品牌的产品。

6.2.4 品牌效应合理吗

可口可乐是美国商场上历史最悠久也最知名的品牌。其核心层是有色、可口的碳酸糖水。其外延层的品牌特征是深受欢迎的、清爽的、名扬天下的、味道独一无二的饮料。顾客愿意支付给基于保密配方的可口可乐高于其他品牌可乐一倍的价格。可口可乐是一家通过营销建立起来的微型垄断者，市场上只有一种可口可乐和一家供应商。为什么顾客愿意支付给可口可乐两倍于其他品牌的价格？这合理吗？

答案当然是肯定的。品牌能够减少顾客的搜寻成本和决策成本，从而提高市场效率。知名品牌是优质产品的象征。品牌本身蕴涵一种信息。面对琳琅满目的产品，消费者可以迅速、不假思索地选择可口可乐，而且可以确信这杯饮料与以往所喝的可口可乐完全一样。在鱼龙混杂的市场上，品牌降低了顾客的风险和不确定性。如同保险，品牌能有效地避免购买到劣质品，所以顾客愿意为此支付品牌溢价——小心不出大错。

品牌能够转化成企业的资产——品牌资产，因为品牌意味着顾客将会支付品牌溢价，这也激励企业提供更好的产品或服务来满足顾客需求。因此，尽管品牌会造成部分垄断，增加市场成本，导致高于平均水平的投资回报率（垄断租金），但它同样会为消费者带来市场效率的提高。

对企业来说，品牌显然是收入的主要来源，这是合情合理的。品牌降低企业获得新客户的成本，同时能更容易地留住现有客户。品牌的名气越大，就越容易吸引新客户。**客户获得成本**（customer acquisition costs）是指将潜在顾客转变为消费者所需的费用，包括全部营销费用和广告费。**客户保留成本**（customer retention costs）是指为使现有顾客再次购买产品而支付的一切费用。一般来说，客户获得成本要高于客户保留成本。例如，赖克霍德和谢菲特（Reichheld and Schefter）计算过，获得新客户的成本高昂，电子商务网站第一年要在每位客户身上损失高达20～80美元，但这些成本被后来留住的忠诚客户弥补（Reichheld and Schefter,

2000）。可是，有些电子商务企业尚未发展到这一步就已不幸被淘汰。

成功的品牌能够赢得长期的、稳定的、不公平的竞争优势。正如第2章所讨论的，如果竞争优势是基于创新、有效的生产过程或是理论上能被竞争对手模仿或购买的因素，那么这种竞争就是一种公平竞争。不公平的竞争优势则无法在要素市场上购买到，包括专利、版权、秘密工艺、不寻常的技术或献身企业的员工和管理者，当然还包括品牌。品牌是不能购买的（除非收购整家公司）。

6.2.5 品牌能够长久吗

然而，品牌不一定能够长久存在，由此发展起来的小型垄断者也未必长命。在一项有关品牌寿命的调查中，戈尔德（Golder）发现，1923年市场占有率最高的企业中，只有23%到1997年仍处于领先地位，还有28%已经破产（Golder，2000）。1917年的《财富》500强到1997年只剩下10%（Starbuck and Nystrom，1997）。读者文摘、Blockbuster、Dollar Thrift、T-Mobile和RadioShack等诸多品牌可能会在2010年消失（McIntyre，2010）。这便是所谓的"好花不常开，好景不常在"。一段较长的时期内，当一家企业能够以比现有领头羊企业更快的速度开发新技术和公众需求时，市场将会发生变化。

6.2.6 在互联网上品牌还有生命力吗

正如第1章所指出的，第一代电子商务时期，许多学者和企业咨询师都认为，网络将会孕育出全新的、信息对称的、"无摩擦"的商务世界。在该世界中，产品和价格信息在互联网上随处可见，消费者也将拥有诸如智能购物代理等新工具。因此消费者能够随时随地购物，而且直接与产品供应商达成交易。市场的价格将降至边际成本水平，渠道中间商也不可避免地被挤出市场（Wigand and Benjamin，1995；Rayport and Sviolka，1995；Evans and Wurster，1999；Sinha，2000）。[①] 如此就会导致**"单一价格法则"**（Law of One Price）的产生：完全信息市场上，价格是完全透明的，任何商品在全世界只有统一的价格。当然，"无摩擦商务"世界的出现将意味着基于品牌的营销时代的终结。

然而，结果并非如此。价格不是决定消费者行为的唯一因素。电子商务企业仍然要依靠品牌吸引顾客，从而获得品牌溢价。例如，网络零售商会利用"秒杀"活动（某些畅销产品在某天或某时间段内降价出售）来创造市场轰动效应，活动结束后恢复原价。通过使用个性化、定制化和社区营销（下一节将会讲到）等互联网技术，企业可对产品进行无限细分，因此有效地降低搜索成本下降和供应商数量增多对产品价格的影响。通过创造信息不对称，厂商就能避免直接价格竞争。

究竟网络价格是否真正低于商品实体价格同样是人们争论的问题。例如，贝利和布林约尔松（Bailey and Brynjolfsson，1997）发现，图书、音乐CD和软件等商品的网络价格不比传统商店或目录销售的价格低多少（克莱（Clay）等在1999年也得出相同结论）。后期的研究发现，音乐CD在电子商务网站上的价格比传统零售店里的价格低9%～16%（还要看网络价格中是否包含税收和邮费），但他们同

① 无摩擦商务理论并非互联网独有，在近20年里，计算机化的股票和期权市场也试图实现低摩擦交易。

时还发现不同网站间的价格差异较大——几乎和传统市场上同种商品的价差一样大（Brynjolfsson and Smith，2000）。也有研究发现，网络价格会随着季节而变化：11—12月的假期时，网络价格会上涨；等到春天，价格又会回落。这种现象在传统零售商店是不存在的。

差价（price dispersion）指的是市场上最高价格和最低价格之间的差额。完美市场上不存在任何差价。有证据显示，市场上供应商数量众多，产品琳琅满目，价格千差万别时，消费者会选择从可信的商家高价购买，以获得快速高效的购物体验。通常来说，访问量和使用量最高的电子商务网站上的商品价格通常都不是最低的（Smith，et al.，1999）。

对品牌和差价、品牌的持续影响力、顾客忠诚度及信息对称性等方面的研究证实了网络营销的复杂性。有些用户发现线上价格要高于线下价格（Baye，et al.，2002a；Scholten and Smith，2002）。有些则发现，大多数品类的商品，其线上价格要低于线下价格。差价可用来衡量竞争程度，日常必需品（常见生活用品）的差价通常要低于图书或其他品类的商品。此外，熟悉互联网的用户会利用购物比价网站来系统性地搜寻最低价格的产品。也有些互联网用户不在乎差价，而是选择在知名网站上购物，比如亚马逊。销售人员投入巨资来实现产品和服务的差异化，从而创建起自身网络品牌，更好地赚取产品溢价。结果就是同种商品的价格差别甚大。例如，研究人员预估，如果亚马逊的商品价格上涨1%，销量将减少0.5%，但是在巴诺书店，价格同样上涨1%，销量将会减少4%（Baye，et al.，2002b）。差价同样会受到“市场厚度”的影响，即市场上销售无差异产品的竞争者数量。网络市场上的销售人员越多（如摄影），差价也就越小（Leiter and Warin，2007）。经济学家迈克尔·贝叶（Michael Bay）、约翰·摩根（John Morgan）与帕特里克·斯科尔滕（Patrick Sholten）创办的纳什均衡网站（Nash-equilibrium. com），可以用来绘制市场厚度、相关差价和其他经济指标之间关系的图表（见图6—9）。

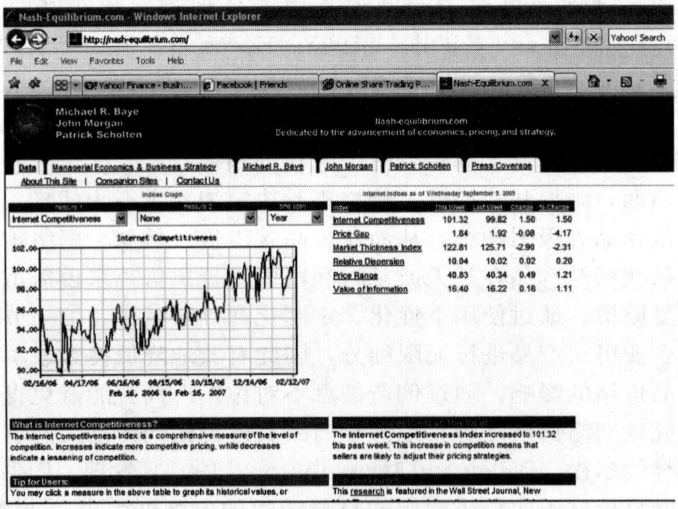

图6—9 纳什均衡网站

说明：纳什均衡网站是由经济学家迈克尔·贝叶、约翰·摩根和帕特里克·斯科尔滕一起建立的网站，主要提供各类与互联网相关的经济指数，包括网络竞争力指数、价格差异指数、价格波动指数以及网络扩散统计指数。

资料来源：Nash-equilibrium. com，2008.

网络销售人员采用的另一策略是**“图书馆效应”**（library effect，也称作目录效应）。如果商店的商品像图书馆藏书那样一应俱全，这对你而言会有多大的价值？消费者只要停住脚步，就能购买到任何想要的商品。藏书达1 000册的图书馆和只有几百册的图书馆，用户更愿意选择哪个？亚马逊的在线图书数量是巴诺超级书店的23倍，是常见书店的57倍。有分析认为，网络书店每年创造的经济价值（也称消费者福利）大约有10亿美元，比在网络上通过降低价格实现规模经济要高出5倍（Brynjolfsson，Smith，and Hu，2003）。亚马逊等商店将产品丰富度作为品牌形象的一部分，通过营销沟通传达给消费者，以获取产品的品牌溢价。显然，“图书馆效应”只适用于产品种类丰富或可售产品众多（如音乐、DVD、CD、图书、旅行安排、飞机票和可通过网络交易但非绝迹的收藏品）的情况。

由此可见，品牌是鲜活的，同样适用于互联网环境。消费者愿意为所感知到的差异化产品和服务支付额外的溢价。相对于线下消费，人们更愿意选择网络购物，一方面，网络上产品更具多样性；另一方面，尽管多数情况下高于线下价格，但消费者愿意为网络购物的便捷性额外支付溢价。这些证据同样充分支持了早期电子商务行业流行的一句谚语“先做大”（get big fast）。相比价格，产品的可选择性将会成为网站的最大优势，创造消费者福利最大化。另一种战略是尝试引导刚起步的互联网商家追求规模经济和图书馆效应，从而提高商家的集中度。

现在你已对营销基本概念有了大致了解。下一节将继续介绍网络营销与传统营销的差别所在。

6.3　网络营销技术

网络营销与传统营销有许多相似之处，但也存在不少差别。与任何营销类似，网络营销的目标就是要与客户建立长期关系，以使企业能够获得高于平均水平的投资回报率（通过提供优质的产品或服务，将其特征集传递给客户）。但是网络营销又与传统营销大有不同，这是因为它所使用媒体的特性和功能与传统媒体截然不同。要理解网络营销的特性所在，首先需要熟悉基本的网络营销技术。

第7章将详细阐述营销沟通渠道和广告。尽管可用于营销和品牌推广，但搜索引擎营销更多还是在销售方面发挥作用。不过，本书也会对搜索引擎营销作简要介绍。

6.3.1　网络营销技术的创新

第1章中介绍过电子商务技术的8大特点。表6—8列出了这些新技术给营销带来的变化。

表 6—8　　电子商务技术的特点对营销的影响

电子商务技术的特点	对营销的影响
普遍存在性	营销沟通可在家庭、办公室和移动平台上实现；地域对营销的限制已然降低。短期的、地区性的营销市场也逐渐被网络营销市场替代。消费者购物的便捷性增强，购物成本也有一定程度的降低。
全球性	能够实现全球性的客户服务和营销沟通。大量的潜在客户都能接收到营销信息。
统一标准	互联网标准是全球共享的、通用的。因此传送信息和获得用户反馈的成本大大降低。
丰富性	视频、音频和文本营销信息可被整合成单个营销信息和消费体验。
交互性	客户可直接进行沟通，交互地调整消费者体验，使得客户成为所售产品和服务的合作创造人员。
信息密集性	首次收集和分析有关顾客实时行为的各种详细信息。为达到营销目的，利用"数据挖掘"技术分析每天的海量客户数据。
个性化/定制化	这些特征帮助企业为消费者提供针对个体需求的差异化产品和服务，以增强营销人员树立品牌的能力。
社交技术	用户生成内容、社交网站以及博客已创造出大量的网络新受众。这些受众为营销人员扩展了新的营销渠道，无须再以传统方式去接触潜在客户。形形色色的营销新技术正涌现出来。但同样这些技术也具有一定的风险：意见不合的用户拥有较大的市场影响力，可能会操纵公众意见。

总体来说，互联网对营销的影响主要有三种。首先，从营销所能覆盖的顾客人数来说，互联网作为一种沟通媒体，扩大了营销沟通的范围。第二，基于图、文、声、像并茂的丰富信息，互联网使营销沟通的内容更为充实。毫无疑问，与电视、广播等媒体相比，互联网的丰富度更高，承载的信息更复杂，覆盖范围也更广。此外，用户还能控制信息的交互过程。第三，通过向营销人员（和消费者）提供实时的消费者在线交易的详细信息，互联网大大提高了市场信息的密集度。

6.3.2　网站事务日志

相对于传统商店而言，电子商务网站如何了解客户的更多消费行为信息？网站的客户信息主要来源于网站服务器所记录的事务日志。**事务日志**（transaction log）记录用户在网站上的活动。事务日志建立在网站服务器软件上。图 6—10 是 azimuth-interactive. com 站点几分钟内的事务日志，这是一家软件培训网站。图中对日志内容有细微修改，略去用户的真实姓名，且只显示每位访问者的几条记录。事实上，访问者通常会在日志上产生几十至几百条记录，每一条记录代表用户请求某个页面或对象的入口。

以图中第一条事务日志为例，表 6—9 列出了网站事务日志所包含的数据元素，以及这些数据元素在营销中有何用途。

```
dsl254-068-173.nyc1.dsl.speakeasy.net - - [22/Oct/2010:11:29:32 -0400] "GET
/masthead.cgi?page=hompage&ad=1 HTTP/1.1" 200 3646 "http://www.azimuth-interactive.com/"
"Mozilla/5.0 (Windows; U; Windows NT 5.0; en-US; rv:1.6) Gecko/20040113"

dsl254-068-173.nyc1.dsl.speakeasy.net - - [22/Oct/2010:11:29:32 -0400] "GET
/images/newredspacer.gif HTTP/1.1" 200 35 "http://www.azimuth-interactive.com/homepage2.php"
"Mozilla/5.0 (Windows; U; Windows NT 5.0; en-US; rv:1.6) Gecko/20040113"

dsl254-068-173.nyc1.dsl.speakeasy.net - - [22/Oct/2010:11:29:32 -0400] "GET
/images/azimuthweblogo2.gif HTTP/1.1" 200 1494 "http://www.azimuth-
interactive.com/masthead.cgi?page=hompage&ad=1" "Mozilla/5.0 (Windows; U; Windows NT 5.0;
en-US; rv:1.6) Gecko/20040113"

dsl254-068-173.nyc1.dsl.speakeasy.net - - [22/Oct/2010:11:29:32 -0400] "GET
/images/newmastheadart.gif HTTP/1.1" 200 26349 "http://www.azimuth-
interactive.com/masthead.cgi?page=hompage&ad=1" "Mozilla/5.0 (Windows; U; Windows NT 5.0;
en-US; rv:1.6) Gecko/20040113"

dsl254-068-173.nyc1.dsl.speakeasy.net - - [22/Oct/2010:11:29:32 -0400] "GET
/images/whitespacer.gif HTTP/1.1" 200 45 "http://www.azimuth-
interactive.com/masthead.cgi?page=hompage&ad=1" "Mozilla/5.0 (Windows; U; Windows NT 5.0;
en-US; rv:1.6) Gecko/20040113"

dsl254-068-173.nyc1.dsl.speakeasy.net - - [22/Oct/2010:11:29:32 -0400] "GET
/images/corpsolutionsnav.gif HTTP/1.1" 200 206 "http://www.azimuth-
interactive.com/masthead.cgi?page=hompage&ad=1" "Mozilla/5.0 (Windows; U; Windows NT 5.0;
en-US; rv:1.6) Gecko/20040113"

dsl254-068-173.nyc1.dsl.speakeasy.net - - [22/Oct/2010:11:29:32 -0400] "GET
/images/softcoursesnav.gif HTTP/1.1" 200 239 "http://www.azimuth-
interactive.com/masthead.cgi?page=hompage&ad=1" "Mozilla/5.0 (Windows; U; Windows NT 5.0;
en-US; rv:1.6) Gecko/20040113"

dsl254-068-173.nyc1.dsl.speakeasy.net - - [22/Oct/2010:11:29:32 -0400] "GET
/images/coursebooksnav.gif HTTP/1.1" 200 165 "http://www.azimuth-
interactive.com/masthead.cgi?page=hompage&ad=1" "Mozilla/5.0 (Windows; U; Windows NT 5.0;
en-US; rv:1.6) Gecko/20040113"

dsl254-068-173.nyc1.dsl.speakeasy.net - - [22/Oct/2010:11:29:32 -0400] "GET
/images/onlinecoursesnav.gif HTTP/1.1" 200 174 "http://www.azimuth-
interactive.com/masthead.cgi?page=hompage&ad=1" "Mozilla/5.0 (Windows; U; Windows NT 5.0;
en-US; rv:1.6) Gecko/20040113"

dsl254-068-173.nyc1.dsl.speakeasy.net - - [22/Oct/2010:11:29:32 -0400] "GET
/images/onlinetestingnav.gif HTTP/1.1" 200 175 "http://www.azimuth-
interactive.com/masthead.cgi?page=hompage&ad=1" "Mozilla/5.0 (Windows; U; Windows NT 5.0;
en-US; rv:1.6) Gecko/20040113"
```

图 6—10　azimuth-interactive. com 网站的事务日志

说明：几分钟内的网站事务日志。

表 6—9　　网站的事务日志数据对营销的作用

数据元素	在营销中的作用
访问者的 IP 地址：dsl254-068-173.nyc1.dsl.speakeasy.net	当用户使用固定网址而不是拨号 Modem 时，该地址可用于发送营销邮件。拨号 Modem 使用临时 IP 地址，因此不能用来发送电子邮件。
日期与时间戳：[22/Oct/2009:11:29:32-0400]	了解用户网络活动的时间。
所请求和访问的网页或对象（“Get”语句）：GET/masthead.cgi? page=hompage&ad=1HTTP/1.1	了解特定用户对哪些网络内容感兴趣（点击流）。可用于日后推送“个性化”信息、“定制化产品”，或者简单地用来发送相关产品信息的电子邮件。
网站服务器的响应：200	监视断开的连接，以及没有返回给用户的页面。
发送的网页的大小（信息的字节数）：3646	了解对服务器和通信连接能力的要求。
用户来自的网站名或网页名：“http://www.azimuth-interactive.com/”	了解登录用户的来源及其之后的网络行为方式。
用户使用的浏览器名和版本：Mozilla/5.0(Windows;U;Windows NT 5.0;en-us;rv:1.6)Gecko/20040113	有助于了解客户浏览器的版本类型，确保网站能和客户所使用的浏览器兼容。
用户所使用的操作系统名和版本：(Windows;U;Windows NT 5.0;en-us;rv:1.6)	有助于了解客户机的性能，版本较新的操作系统意味着客户使用的是新机器，或者该客户熟悉技术。
在访问网站的这一段时间内，用户浏览的所有网页和对象的历史信息	建立用户的个人资料，分析其在网站上的活动，了解哪些网页和资源最受欢迎。

第 4 章讨论过的 WebTrends 是分析日志文件的最佳工具。访问者所生成的另两个数据文件是注册表和购物车数据库，将日志文件和这两个文件结合起来，能产生更有价值的信息。网站可通过不同方式（如免费赠品或特别服务）来吸引用户填写注册表。**注册表**（registration forms）用来收集用户的个人信息，如姓名、地址、电话、邮编、电子邮件地址（通常是必填项），以及其他有关兴趣偏好的选填项。用户购物时还会向购物车数据库中添加信息。**购物车数据库**（shopping cart database）记录消费者所选择的商品、购买和支付信息。此外，还有一些信息来自于用户提交的产品使用情况反馈表或聊天室以及用户单击“与我联系”时发送的电子邮件。

对于单月访问量达 100 万人次的网站来说，平均每个访问者每次会产生 15 条页面请求信息，因此整个网站每月将产生 1 500 万条日志记录。这些事务日志、注册表以及购物车数据库中的数据所蕴涵的综合信息，无论是对网站还是整个网络行业来说，都是极为宝贵的营销资源。几乎所有新的网络营销功能都是建立在这些数据收集工具之上的。例如，下面列出了几个有趣的营销问题，这些问题可通过查看网站的事务日志、注册表和购物车数据库得到答案：

- 团体和个人消费者主要对什么感兴趣？购买方式是什么？
- 大多数用户到达主页后会首先跳转到哪一页？其次呢？再次呢？
- 某些特定消费者（能辨识他们）对什么感兴趣？

- 网站怎样才能向用户提供更多的方便，使他们能够迅速找到所需要的东西？
- 如何更改网站的设计以引导访问者购买高盈利性产品？
- 用户是从哪个网站转到我们网站的（如何优化网站上加盟网站的展示）？
- 如何针对单个用户提供个性化的信息、服务和产品？

回答这些问题还需要其他一些技术。正如 Jupiter Research 公司所指出的，网站上的海量日志信息会让企业无从下手。下面将介绍一些能帮助企业更有效地利用日志信息的技术。

6.3.3　补充日志：cookies 和网络蠕虫

除日志文件外，还有两种可收集网络信息的补充技术：cookies 和网络蠕虫。正如第 3 章所介绍的，cookie 是一个小文本文件，当浏览者每次访问网站时，网站服务器就会在浏览者的计算机硬盘上创建 cookie 文件，作为特别文件在浏览者再次访问网站时使用。cookies 允许网站服务器在用户计算机上存储部分数据，当用户再次访问该网站时，服务器就能自动读取这些数据。图 6—11 的 Mozilla Firefox Cookies 日志给出了一份典型的 cookie 文件（此 cookies 来自纽约时报网站）。典型的 cookie 文件包括姓名（每个浏览者生成唯一且存储到浏览者计算机硬盘上的 ID 号）、域名（指定允许访问的相关 Web 服务器/域名）、路径（指定相关网页访问 cookies 的路径）以及一套规定只能通过安全协议传输的安全设置（非必需）和结束时间。第一方的 cookies 来自用户访问页面相同的域名。第三方的 cookies 来自另外的域名，比如广告服务商或广告软件公司、附属营销公司或间谍服务软件。

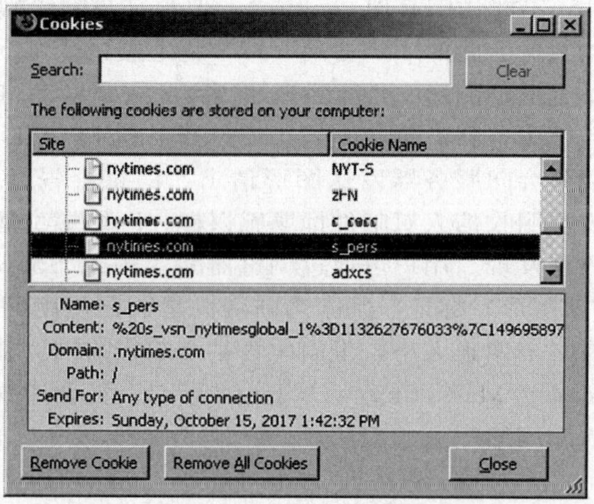

图 6—11　Firefox 的 Cookies 对话框

说明：Firefox 的 Cookies 对话框能识别计算机上各种各样的日志文件。

cookie 文件可帮助网络营销人员快速地识别消费者，了解其在网站上的过往行为。无论是新用户还是重复访问用户，也不管其访问频率如何，网站都可以根据 cookies 来判定网站的访问用户数。有时用户可能会共用电脑，或经常使用多台电脑，也可能用户的 cookies 记录不完整或已被清除，因此 cookies 也不是非常精确。加入购物车的商品存储在用户唯一 ID 下的网站数据库中，通过网站跟踪用户添加到购物车的行为，cookies会给出添加到购物车和“立即结算”的选项。

cookie文件在电脑中的位置取决于用户使用的浏览器版本。对于火狐3.6（Firefox 3.6）或更高版本的浏览器，用户可通过打开工具栏菜单，点击“选项”按钮，选择“隐私标签”，点击“移除个人cookies”（早期版本有“显示cookies”按钮），就可打开cookies日志文件。对于IE 7或IE 8，用户对cookie文件拥有更高的私人控制权限。用户能够根据需要设置隐私级别，可选择拒绝所有cookies记录（屏蔽所有cookies）或接受部分来自第三方和第一方有隐私保护政策的cookies追踪（中等）或接受所有cookies追踪（接受所有cookies）。操作流程是：选取“工具”、“Internet选项”、“隐私标签”，可使用滚动条设置隐私保护级别。最新版浏览器都允许在客户端设置隐私模式，能清除全部的浏览活动记录。

随着对隐私的日渐关注，越来越多的用户会选择删除cookies记录（Truste，2009）。被删除的cookies越多，页面和广告服务器的指标就越不精确，营销人员越难以知道访问网站的用户是谁、从何而来。结果广告商转而寻找别的方案。一种途径就是利用Adobe Flash软件，它自身能创建cookies文件，即众所周知的Flash cookies。Flash cookies可设置成永久运行，且能存储5 MB信息。一般cookies记录只能存储1 MB左右。2009年，加利福尼亚大学伯克利分校针对排名前100位的网站展开调研，分析Flash cookies的使用情况。研究发现，98%的网站使用常规cookies，54%使用Flash cookies记录，但存储与常规cookies同样的信息。还有些网站利用Flash cookies恢复用户刚刚删掉的cookies记录。即使IE 8和火狐3的最高隐私模式，也无法删除Flash cookies记录，火狐也不提供“清除个人数据”选项（Soltani，et al.，2009）。

尽管cookie文件只对特定的网站有效（网站只能存取自己在客户端存储的cookie文件，不能访问其他cookies），但当其与网络蠕虫结合起来，就能创建跨网站的用户档案。后面的“广告网”章节将继续讨论该问题。网络蠕虫是隐藏在电子邮件或网站上的小图形文件（1×1像素）。它会自动将用户信息及其访问的网页信息传递给监视服务器。例如，当用户打开一封HTML格式的电子邮件或打开网页时，客户端就会向服务器发送图形请求。信息会告诉营销者，该电子邮件被打开过，这至少说明收信人对邮件标题感兴趣。网络蠕虫通常是无色或者白色的，因而不易被接收者发现。用户可通过浏览器的“View Source”（查看源代码）功能，查询“IMG”（图形）标记，判断当前网页是否在使用网络蠕虫。如上所述，网络蠕虫通常只有一个像素大小，里面包含某个非当前网页请求的服务器的网址（见w2.eff.org/Privacy/Marketing/web_bug.html）。社会透视“网络追踪：监视你的一举一动”将展示网络蠕虫的应用。

社会透视

网络追踪：监控你的一举一动

最近一次浏览常用门户网站时，有没有看到不感兴趣的广告？无须多想，绝大部分用户每周都会遇到大量无关广告。要解决这些烦人的无关广告，需要采用目标营销，即根据用户兴趣展示相关广告。如同谷歌广告平台，实施目标营销就是在法律允许的范围内，追踪用户的每一次点击和浏览的每个网页，再基于此挖掘出用户想要的广告。

"空白GIF图片"、"网站标识"、"不可见GIF图片"等听上去没什么威胁。但是，如果说它们指代的就是"网络蠕虫"，互联网用户才会逐渐意识到其真正的意图。网络蠕虫会以多种形式潜入客户端，但基本是通过将用户看不见的微小图像插入网页或电子邮件，再将该标志发送到完全不相关的第三方网站，以便其追踪该图像。一旦用户访问隐藏有网络蠕虫的网页，或者阅读插有网络蠕虫的电子邮件，第三方网站就会监测到用户的信息。如此，第三方网站就能通过用户访问记录或是所购买的商品了解需求。

利用网络蠕虫开展营销活动的企业声称，这样做有两个目的：一是网络蠕虫能帮助收集网页的详细信息，提高广告的展示效果，比如统计网站访问者数量，哪个网页最受欢迎，哪个横幅广告的效果最好；二是提高营销和广告的效果，即根据用户以往的行为开展精准营销。这就是基于广告的"用户行为分析"或"营销业绩导向"，或雅虎的所谓"智能广告"(SmartAds)，不管用户是访问偏好的网站，还是在搜索、购物，网站都能展示合适的横幅广告。横幅广告的反馈率都很低，一般在0.1%以下，明显低于搜索引擎广告（1%～6%）。微软的研究表明，定向广告能将广告的点击率（CTR）提高6倍。

如同DoubleClick的网络广告平台，谷歌、微软、AOL等搜索引擎和门户网站也都开始使用精准营销。加拿大网络安全公司的全方位安全空间（Security Space）定期从200万域名中抽取2 000万网页样本，调查出前100名安装网络蠕虫的网站。排名靠前的是谷歌分析（Google Analytics）、谷歌联合（Google Syndication）、谷歌、雅虎、亚马逊和几家受欢迎的Web 2.0网站——YouTube、Photobucket和Flickr。20%的谷歌网站含有网络蠕虫。无论何时，用户只要进入谷歌网站，都有可能被追踪。这些网站总共抓取了美国2.21亿网民的网络行为数据，其行为已违反现行联邦或州的法律法规。

2009年，谷歌宣布"基于兴趣的广告"项目上线。其功能是在现有内容的基础上，根据用户先前的浏览记录展示精准横幅广告。可是谷歌和DoubleClick怎么能知道你的浏览记录呢？答案很简单，就是从属于DoubleClick广告网络的数千家知名站点一直在收集用户数据。一旦DoubleClick监测到你登录这些网站，安装在你浏览器上的网络蠕虫和缓存就会启动，你还可能看到基于他人浏览行为推荐的广告（如你的孩子）。隐私保护者担心"基于兴趣的广告"只是精准营销的第一步，接下来谷歌网站将能知道你在谷歌网站上的所有行为，包括YouTube、Picassa和其他应用的站点。互联网广告局（Internet Advertising Bureau）副总裁迈克·扎尼斯（Mike Zanies）承认高精准营销会使用户紧张，但这种紧张本身不会对消费者造成任何伤害。

谷歌允许消费者到谷歌隐私中心设置选择不加入DoubleClick精准营销项目。但要想找到隐私中心的页面，用户要大费一番周折。谷歌隐私中心的主管声称公司隐私政策包含三大原则：禁止售卖用户信息；禁止未经用户允许收集其信息；禁止未经允许向用户推荐广告。但他未曾提到拒绝授权的过程有多复杂：用户必须主动进入隐私中心设置退出，其默认设置是允许。谷歌从未对外公布选择退出和拒绝授权的用户数。

隐私保护人士一直在质疑：网络蠕虫如果没有任何潜在伤害，为什么要隐藏起来？为什么不告诉消费者正在被追踪，或是用黄色按钮提示用户该网站会跟踪访问记录？据了解，尽管网络蠕虫设计的初衷只是简单地提供交易账户，但当与第三方资源的信息结合后，网络蠕虫能给营销人员提供完整的个人信息视图。该视图可细化到家庭地址、网络账户余额、账户号码以及是否有其他用户使用其电脑等重要营销信息。

网络蠕虫能使营销人员了解网站的在线用户信息，包括用户的浏览记录、选择购买的商家、地址等。当这些追踪技术被用于与第三方（如 DoubleClick）建立连接的网站时，消费者的个人档案将更详细，导致个人隐私大受侵犯。在以 Facebook、MySpace、YouTube 和 Photobucket 为代表的 Web 2.0 社区时代，营销人员需要尽快找到自身的市场定位。这也促使网络蠕虫技术更快增长。个人主页和基于用户内容的网站最容易被植入蠕虫。隐私基金会已发布网络蠕虫使用原则，规定网络蠕虫应该在屏幕上显示为可视化图标，并注明功能及放置该蠕虫的公司名称。当用户点击该网络蠕虫时，它会告知用户正在收集什么数据，哪些公司将会拥有这些数据，这些公司将如何使用所收集的数据，这些数据会与其他哪些数据组合使用，网络蠕虫是否使用过缓存文件等；用户有权禁用网络蠕虫收集数据记录；禁止网络蠕虫从医疗、金融、职业或性相关的敏感网页上收集数据。

为解决日益激烈的隐私安全问题，建立网络用户的信任，网络广告促进协会（Network Advertising Initiative，NAI）以广告团体的身份主动发布自我约束规则。另几家大型广告行业集团也已接受该项网络广告行为自我约束规则。该规则着重强调，网络蠕虫应具有透明性（告诉消费者会如何使用其信息），以及能保证用户的选择权（接受还是拒绝）。NAI 将网络蠕虫重命名为“网络信标”（web beacons），要求网络公司告知消费者邮件或网页上是否有网络蠕虫，使用目的何在，将会向第三方机构提供哪些信息。NAI 还要求保留用户选择是否愿将个人信息提供给第三方机构的权利。这些规则对其自身网站（代理人）不适用。此外，NAI 还向全部网络用户开放“禁止网络广告收集个人信息”的选择权。只是用户需要去 NAI 网站下载一份 cookie 文件到浏览器上，该功能才能生效，广告网络才不会收集该用户信息。

目前，政府尚未颁布相关法律来保护互联网用户免受网络蠕虫、行为定向等技术的伤害。谷歌、微软、雅虎和 AT&T 唯恐引起公众对网络追踪的集体抗议，正游说国会进行相关立法，来规范对互联网的未来发展和持续创新至关重要的网络追踪技术的使用。另外，社会学家和计算机专家也在想办法保护消费者。其中之一是基于软件的“隐私提醒器”，当用户进入的网站会收集真实私人信息时，会收到实时的提醒和警告。卡内基·梅隆大学的计算机科学家洛里·克拉诺（Lorrie Cranor）指出，人们在上网时常常不经意就暴露私人信息。消费者协会的一名代理人说，用户利用网络购物不一定需要放弃私人隐私。技术的发展正突破现有消费者保护措施的防线。与此同时，2010 年手机定位追踪技术也已取得重大突破。

资料来源：“Web Bug Report，” SecuritySpace，July 2010；“Technology Coalition Seeks Stronger Privacy Laws，” by Miguel Helft，*New York Times*，March 30，2010；“Study Finds Behaviorally-Targeted Ads More Than Twice As Valuable，Twice as Effective As Non-targeted Online Ads，” Network Advertising Initiative，March 24，2010；“Redrawing the Route to Online Privacy，” by Steve Lohr，*New York Times*，February 28，2010；“The Collection and Use of Location Information for Commercial Purposes Hearings，” U.S. House of Representatives，Committee on Energy and Commerce，Subcommittee on Commerce，Trade and Consumer Protection，February 24，2010；“Groups Call for New Checks on Behavioral Ad Data，” by Tom Krazit，CNET News，September 1，2009；“What Google Knows About You，” by Richard Mitchell，Computerworld，May 11，2009；“A Push to Limit the Tracking of Web Surfers' Clicks，” by Louise Story，*New York Times*，March 20，2008.

6.3.4 数据库、数据仓库与数据挖掘的发展概况

数据库、数据仓库、数据挖掘等诸多所谓的数据归档技术，都能够支持网络营销决策，在网络营销变革中处于核心地位。这些技术都能精确地定位网络消费者，

识别他们的需求，然后精确地予以满足。相比传统媒体或电话营销中所使用的人口统计方式和市场细分技术，这些技术的功能更强大、精确度更高、粒度更细。

为研究事务日志、注册表、购物车、cookies、网络蠕虫以及其他数据源，网络营销者需要功能强大的大容量数据库、数据库管理系统和数据建模工具。回想前面图 6—10 中的事务日志，你就可以想象，每天要在上百万条日志文件中找到消费者习惯，是多么复杂。

数据库

要对大量的事务流进行解释，第一步就是要系统地存储这些信息。**数据库**（database）是一种存储记录及其属性的应用软件。电话簿就是存储个人记录和属性（如姓名、地址、电话号码）的实际数据库。**数据库管理系统**（database management system，DBMS）是一种用于建立、维护、存取数据库的企业应用软件。最常用的 DBMS 有 IBM 的 DB2 以及 Oracle、Sybase 等的 SQL 数据库。**结构化查询语言**（structured query language，SQL）是一种用在关系数据库中的符合行业标准的查询操作语言。**关系数据库**（relational database）以二维表的形式存储数据，一行代表一条记录，一列代表一种属性，与电子数据表非常相似。DB2 和 SQL 都属于关系型数据库。只要表与表之间存在相同数据项，就可创建表与表之间（以及所包含数据之间）的灵活相关关系。

关系数据库非常灵活，营销人员和管理者能够快速地从不同维度查看和分析数据库。图 6—12 显示了客户的关系数据库视图。数据组织在四个表中：客户、订单、产品和供应商。这些表之间至少有一个数据项是共享的。使用该模型，将能查询到购买过某一特定产品的所有客户列表，或在库存降至规定水平以下时自动通知供应商，或在产品暂时缺货时自动给客户发送电子邮件。

图 6—12　电子商务客户的一个关系数据库视图

说明：在关系数据库中，从电子商务网站收集的数据存储在硬盘上，以关联表的形式呈现给网站管理者。

数据仓库与数据挖掘

数据仓库（data warehouse）是一种将企业的交易数据和客户数据集中起来的分析数据库，主要为营销和网站管理人员分析所用。这些数据来源于企业的核心运作部门，包括网站事务日志、购物车数据、商店销售终端（产品扫描器）数据、仓库库存、现场销售报告、由第三方提供的外部扫描数据以及财务支付数据。数据仓库的目的是要将企业所有事务数据和客户数据集中到同一逻辑库中，这样企业管理人员就能在不干扰基础业务和数据库系统正常运作或不加重其负载的情况下进行数据分析和建模。数据仓库快速地发展成为包含大量客户数据的知识库，数千兆容量的数据代表着客户在公司零售店和网站上的行为信息。借助数据仓库中的数据，企业就能回答下列问题。例如，在特定地区或城市，哪种产品获利能力最强？哪些地区正在实施营销活动？公司网站促销活动的效果如何？通过快速访问数据，公司管理人员能更全面地了解顾客，从而能够更好地细分市场和获得更多收益。

数据挖掘（data mining）是一系列用于发现数据库或数据仓库中数据的模式，或建立消费者行为模型的分析技术，可通过挖掘网站的数据库建立访问者或顾客的个人档案（见图 6—13）。**客户资料**（customer profile）是对网站单个或群体消费者的典型行为的描述。当网站的访问人数超过 100 万时，客户资料能够帮助企业识别单个和群体消费者的行为模式。比如，你的每笔金融交易都会经过数据挖掘应用程序的处理，以监测是否存在诈骗。电话公司会密切监视你的智能手机使用情况，以侦测手机是否被偷或处于非正常呼叫模式。金融机构和电话公司通过使用数据挖掘来建立诈骗档案。一旦用户的行为与诈骗档案一致，该交易就会被自动终止（Mobasher，2007）。

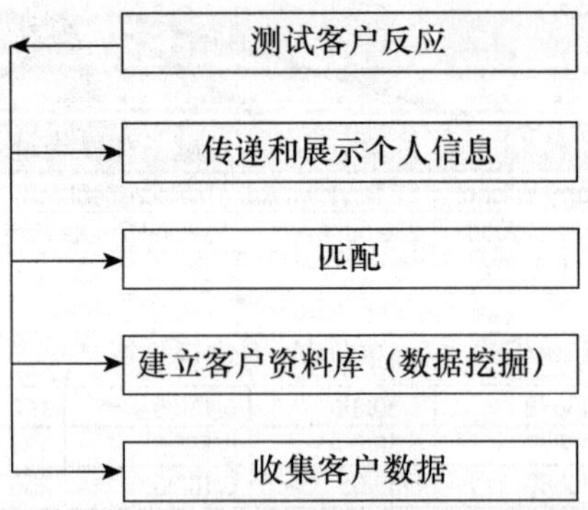

图 6—13　数据挖掘和个性化

说明：基于数据挖掘技术的内容和营销个性化能够产生个人消费者行为的可信任档案。
资料来源：Adomavicius and Tuzhilin，2001b. © 2001 IEEE.

数据挖掘的方式有多种。最简单的一种是**查询驱动的数据挖掘**（query-driven data mining）——建立在特定查询基础之上的数据挖掘。例如，有些营销人员猜测数据库中的数据之间有某种特定的关系，或者有些人要回答某一特定的问题，如“不同产品的销量与当天的不同时段之间有何关系？”营销人员能方便地查询数据库，创建一天中每小时销量前十的商品列表。根据查询结果，营销人员就可调整公司网站的内容，在不同时段加强特定产品的促销，或者根据时间调整网站主页中呈现的商品，以提高产品的销量。

另一种形式的数据挖掘是模型驱动的数据挖掘。**模型驱动的数据挖掘**（model-driven data mining）通过建立模型对与决策者利益相关的主要变量进行分析。例如，营销管理人员可能希望删除网站上的某些滞销商品，以降低网站数据库的容量，只要建立网络商品收益的智能化决策模型。

一种更有意思的数据挖掘是建立在规则基础之上的。**规则驱动的数据挖掘**（rule-based data mining）分析网站个人或群体顾客的人口统计特征和交易数据，尝试导出访问者行为的一般规则。它有两种分析方法：事实分析法和行为分析法。两种方法分析的粒度粗细不同，大到细分市场，小到个人。在事实分析法中，实际的人口统计数据、交易数据（购买价格、购买产品）以及其他可观测的资料都被存储在客户资料表中进行分析，目的是将市场很好地细分成不同的消费群体。Engage Technologies 公司和 Personify 公司使用的就是这种方法。例如，平均购买金额在 50 美元以上，且浏览过旅游文章的女性顾客，将会收到旅游度假广告。过滤的原则是由营销主管基于专家经验并采用试错法设定的。这些规则用于划分不同的消费群体和细分市场。访问者的类型可谓有上千种，营销人员不得不制定上千种营销决策或过滤器。

有一种特殊的基于行为分析的数据挖掘技术称为**协同过滤**（collaborative filtering）（见技术透视专栏“长尾理论：营销应用中的双刃剑”）。行为分析方法尽量从数据本身得出规则，而不是由专业营销人员根据经验制定规则。协同过滤技术最早是由麻省理工学院的媒体实验室开发的，后由其所支持和创办的 Firefly 公司推出商业化应用。该方法中，与专业营销人员基于自身最佳实践、经验和公司需要（如需要删除旧的库存）作出决策的方式不同，网站的访问者根据浏览行为将自己归类。也就是人们会将自己归属到有共同兴趣的“亲密群体”中。通过查询数据库可将购买过相同产品的人群分离出来。当亲密群体中的某些消费者购买某种商品时，系统将会向该群体的其他消费者推荐同种商品。例如，购买有关业余飞行刊物的所有消费者都会购买一些介绍飞行小技术的光盘，随后，如果发现“业余飞行爱好者团体”中的某些人购买过跳伞相关的书籍，那么网站就会向团体中的所有人推荐同样的跳伞书籍。这种用户定位不考虑个人的人口统计背景因素。

与由单个消费者行为（及一些人口统计信息）推导出细分市场或亲密群体整体的行为规则不同，一种粒度更细的行为分析方法是只从单个消费者行为推导出他自己的行为规则（Adomavicious and Tuzhilin，2001；Fawcett and Provost，1996，1997；Chan，1999）。这种方式中，某一特定用户实际所访问的网页被作为一套联系规则存储起来。譬如说威廉·威尔森（William Wilson）访问某个网站时，总是（作为规则）先由主页进入金融新闻板块，再浏览亚洲板块，并且经常购买金融最新资讯板块的文章。那么，完全基于其历史购买行为模式，就可向该用户推销有关亚洲金融市场的书籍。根据个人所访问的一系列网站，系统会自动导出这些规则。

上述所有技术都存在一定的缺陷。至少，使用这些技术将会建立起上万条规则，并且很多规则毫无实际意义，不少规则只是顾客的短期行为。因此，这些规则需要经过验证和筛选（Adomavicious and Tuzhilin，2000）。同时，还有上万个亲密群体和数据模型只是暂时的或者无意义的。要分离出有效的、强大的（可盈利的）模型用于促销是很困难的。后面将会看到，要同时做到粒度小、精度高、速度快，几乎是不可能的。我们将不得不权衡粒度、精度和速度几大因素，作出最佳选择。

技术透视

长尾理论：营销应用中的双刃剑

“长尾”是多样化统计分布中的一种俗称，指的是小样本事件发生的概率高，而大量事件发生的概率低的分布。自 2004 年《连线杂志》（*Wired Magazine*）作家克里斯·安德森（Chris Anderson）提出该概念以来，网络环境下的“长尾理论”引起许多学者的研究兴趣，也给网络营销人员带来巨大的挑战。这一概念的含义显而易见：想象一下好莱坞电影，确实有很多影片深受观众欢迎，但也有数以千计的电影几乎就没怎么听人说过，而且只有一小部分人观看过。这也就是经济学上所谓的帕累托定律：20%的产品能发挥 80%的效用，即产生 80%的利润。反过来讲，剩下 80%的产品只能带来 20%的利润。这 80%的不畅销产品构成所谓的长尾。安德森还发现了新的 98%原则：不论在网站上放置多少产品，总会有人在某些时候发现并购买这些产品。安德森认为互联网的出现改变了帕累托定律，因为互联网使消费者能更容易地搜索到原本难以寻觅的产品。由安德森的理论同样可以得出，人们对于流行品的需求可能会减退。eBay 就是个很好的例子。其网站上展示着从世界各地搜罗来的数百万种商品，通过设置网络标签方便买家查找。但若没有网络市场，这种模式将难以实现。

互联网的搜索成本甚微，存储和展示成本更是可以忽略不计。因此亚马逊能够在线提供几百万册图书供消费者选择，而规模较大的传统书店也只能陈列 4 万～10 万册。CD、DVD、数码相机和 MP3 播放器等产品亦是如此。用户在互联网上总是能找到大量的存货商品，甚至相当多产品只能引起少量用户的购买兴趣。但总是有人会需要这些产品。假设网络中有 10 亿用户，即使是只占百万分之一的产品也会有 1 000 位消费者。根据安德森的理论，音乐网站每季度有 98%的主题能产生交易。Netflix 公司 15%的利润来自于排名 3 000 及以下的电影。Netfilx 的数据显示，其 10 万个主题中，超过 50%的主题每天都有人租赁。与沃尔玛、西尔斯等实体商店相比，网络商店的日常开支和劳动力成本更低，因此它们能加大某些非畅销品的库存。研究人员认为，互联网将“二八定律”演变成“三七定律”，即相对于传统行业而言，利基产品的市场份额正在变大。

网络营销领域中的长尾理论对实践应用有不少启示。安德森等专家认为，互联网增强了利基产品的盈利性，使网络数字内容产生极大变化。甚至利基产品所创造的收入有望超过热销电影、歌曲和书籍的收入。这就意味着好莱坞制片商应当减少对目前市场上高盈利商品的关注，而将目光放在受众数量少但能可持续盈利的产品上。长尾理论是市场自发产生的一种现象：即使是鲜为人知的电影、歌曲、图书，也拥有一部分网络市场。这也正是博客和 garage band 的希望。经济学家认为，长尾理论能带来额外的净社会福利，因为消费者不再只是接受热销的冲击，而能准确地找到自己真正想要的商品。网络长尾理论既满足了消费者，又激发了利基产品的盈利潜能，有助于推动独立音乐和电影的发展。

长尾理论存在的问题在于人们很难找到那些“未知”的东西。搜索引擎对信息查找甚有帮助，但其返回的信息量太大，用户难以筛选和抉择。在搜索引擎的结果中经常会看到上百个闻所未闻的主题，这些内容让用户困惑不已，反而耽误用户的选择，提高其焦虑程度，以及潜在地浪费用户的时间。因此，需求量低的产品会由于不被普遍了解而失去盈利价值。此时，推荐系统应运而生：能根据其他用户的推荐引导消费者找到非畅销商品。2010 年，Netflix 投入 100 万美元优化推荐系统，其准确度提高了 10%。

推荐系统根据用户喜好和历史行为数据来预测用户未来的行为。首先基于相似度的标准来细分用户群，再针对具有类似喜好和行为的细分用户组来推荐相关商品，然后计算特定细分用户群对某些商品的平均购买倾向，据此作出推荐。推荐系统依据的是用户的历史购买行为，能一定程度地反映顾客当前的需求和偏好（当然也可能无关）。但是，缩减用户的选择列表，能使信息收集过程更有效，这对多数用户都大有帮助。社交网络也使长尾理论现象的应用更为广泛。比如，网络用户发现一款未曾听闻过的利基产品时，可通过社交网站分享给好友。

但是，近期的研究开始质疑长尾理论的盈利潜能。网络上未被播放过的DVD版本数量持续增长，同时，畅销的"通吃型"商品也日渐增多。网络DVD销售的大部分利润来自于稳定的畅销商品。随着时间的推移，"长尾"区间内的DVD数量屡创新高，而音乐网站上未播放唱片的比例从2%上升到12%。一项针对英国数百万数字下载的研究发现，75%的数字版本从未被下载过。"长尾"区间成为无人问津的市场。现实市场中似乎是少数商品的销量巨大，而大多数商品的销售屈指可数。美国的一项研究同样发现，"狂想曲"音乐网站上10%的音乐产品产生78%的利润。沃顿的研究人员测试了2000—2005年间Netflix的1.7万部电影(48万名用户观看过)，发现长尾理论的效应正逐渐消失：前20%电影的用户比重已扩展到86%～90%。他们还指出，长尾理论不适用于Netflix和亚马逊这样拥有实体库存的网络零售商，因为用户要花大量的搜索成本去寻找中意的利基商品。尽管存在推荐系统，但该系统不是完全智能的，其本身需要依赖用户发现利基商品，再推荐给其他好友。长尾理论效应在狂想曲和网络报纸等纯数字产业上的表现可能更明显。

长尾理论和"畅销通吃"策略都为营销和产品设计人员带来不少启示。应用长尾理论时，网络商店，尤其是经营数字内容的商家，应当建立起海量的商品库，这样受众较少的利基商品能贡献较大的利润。而采用"畅销通吃"策略时，利基商品只能创造微小的利润，商家应当集中精力经营畅销的商品。令人惊讶的是，事实与安德森提出的理论大相径庭，越来越多的事例都支持"畅销通吃"的策略。引用汤姆·克鲁斯（Tom Cruise）的一句话：不用担心！

资料来源："Keyword Strategies—The Long Tail," by Matt Daily Searchengineguide. com，July 2010；"Anatomy of the Long Tail：Ordinary People with Extraordinary Tastes," by Sharad Goel，et. al.，(Yahoo Research). Proceedings of the Third ACM International Conference on Web Search and Data Mining，New York，New York. 2010；"Rethinking the Long Tail Theory：How to Define Hits and Misses," by Serguel Netessine and Tom Tan，Knowledge @ Wharton，October 7，2009；"The Long Tail of P2P," by Will Page and Eric Garland，*Economic Insight*，August 14，2009；"Should You Invest in the Long Tail?," by Anita Elberse，Harvard Business Review，July-August 2008；"Superstars and Underdogs：An Examination of the Long Tail Phenomenon in Video Sales," by Anita Elberse and Felix Oberholzer-Gee，Harvard Business School Working Paper Series，No. 07－015，December，2006；"From Niches to Riches：Anatomy of the Long Tail," by Eric Brynjolfsson，Yu Hu，and Michael Smith，*MIT Sloan Management Review*，Summer 2006；"The Long Tail," by Chris Anderson，*Wired Magazine*，October 2004.

6.3.5　客户关系管理系统

客户关系管理系统是另一种重要的网络营销技术。**客户关系管理系统**（customer relationship management（CRM）system）是记录客户与企业（包括网站）的所有接触活动并生成客户资料的信息库，企业中任何需要了解客户信息的人都能够获得这些客户资料。CRM 系统也提供分析和使用客户信息的功能。客户不仅使用网络与企业建立联系，还会通过电话呼叫中心、客户服务代表、销售代表、自动声讯应答系统、ATM 和电话亭、商店 POS 终端及移动设备（移动商务）与企业联系。过去，企业通常没有独立的客户信息库，客户信息是与产品线挂钩的，每条产品线各自维护一份客户列表（通常不在企业内共享）。

通常情况下，企业不知道自己的客户是谁，盈利程度如何，或对营销活动的反应怎样。例如，一位银行客户可能会看到一则包含 800 电话号码的低息汽车贷款电视广告。但是，如果该客户使用银行网站贷款而没有拨打 800 电话，营销人员就无法得知电视营销的效果，因为网络客户的数据与 800 呼叫中心的数据没有任何关系。图 6—14 阐明了 CRM 系统是如何将客户接触数据集成到单个系统中的。

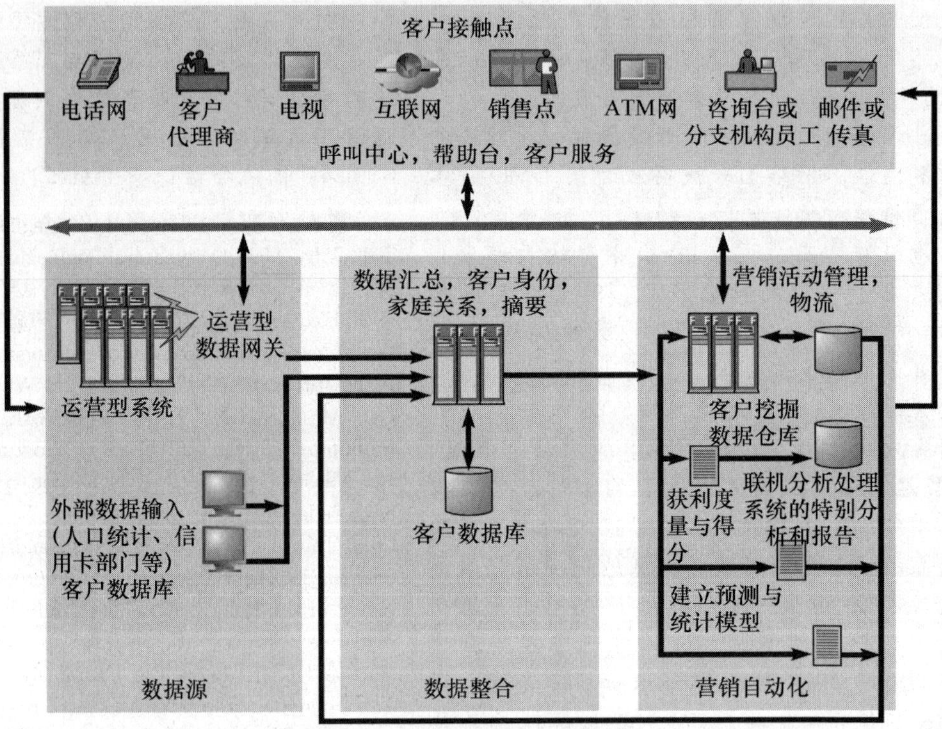

图 6—14　客户关系管理系统

说明：这是一家金融服务机构的 CRM 系统。该系统从所有的客户接触点以及其他数据源收集客户信息，并将数据整合到单个客户数据库或数据仓库中。它能够为客户提供更好的服务，创建营销所需要的客户个人资料。利用在线分析处理（OLAP）功能，管理人员能够动态地分析客户的活动以预测其发展趋势，发现客户所遇到的问题。还可利用其他软件分析客户群体的行为，识别哪些是有利可图的客户，哪些是无利可图的客户，同时了解客户的活动。

资料来源：Compaq，1998.

CRM 系统是企业的营销策略从以产品为中心向以客户为中心转变的重要部分。CRM 系统将客户视作差异化的个体，向他们提供差异化的产品和服务。本质上，它是一种强调单个顾客需求的强大数据库技术。客户资料可包含下列信息：

- 客户与企业的关系情况；
- 所购买的产品及其使用情况；
- 人口统计数据及心理统计数据；
- 获利程度；

- 汇总客户通过多种分销渠道与企业进行接触的历史数据；
- 客户所收到的营销和销售信息以及他们的反馈信息；
- 电子邮件活动的反馈信息。

有了这些资料，CRM 就能帮助企业销售更多的产品和服务，开发新产品，提高产品使用率，降低营销成本，识别和留住可盈利的客户，优化服务传递成本，留住生命周期价值高的客户，与客户进行个性化沟通，提高客户的忠诚度，增加产品的获利能力。

例如，家得宝（Home Depot）发现网络硬件商店竞争日益激烈，决定将着重发展电子商务作为企业战略的一部分。该公司寻找一种综合 CRM 解决方案，来系统地分析顾客的点击信息。公司使用 Epiphany Insight 的 CRM 软件包来更好地了解哪些产品在网络上销售，因而将服务重点从线下商店转移到线上。Epiphany 现已被思富（Infor）软件公司收购。市场上领先的 CRM 系统供应商还有 SAP、SalesForce. com、Oracle、Kana 和 eGain。

6.4 B2B 和 B2C 中的电子商务营销与品牌战略

上述新营销技术的出现开启了营销领域的新纪元，传统营销技术的功能也得到增强（如附有网站地址的直邮营销）。本节将介绍市场进入、客户获取、客户保留、定价以及解决渠道冲突等多种网络营销战略。值得一提的是，尽管 B2B 电子商务与 B2C 电子商务的特点不尽相同（例如 B2C 电子商务的营销是针对单个消费者，而 B2B 商务中，买方的购买决策通常会涉及多位决策者），但是本节所讨论的战略在大多数情况下也对 B2B 适用。

6.4.1 市场进入战略

无论是新企业还是传统企业，都面临着如何进入市场，如何实现市场占有率目标的问题。图 6—15 介绍了四种基本的市场进入战略。

我们先来看看新企业所面临的情况——图 6—15 中的第 1、第 2 象限。第一代电子商务时期，典型的市场进入战略是“纯鼠标”/先发优势战略。亚马逊、eBay 以及 E* Trade 都采用的是该战略（第 1 象限）。实际上，该战略是电子商务这场新经济运动的核心，已吸纳几十亿美元投资资金。该战略的设想很简单，但也极具诱惑力，即先入为主，获得先发优势——提高知名度，迅速发展业务——随后建立强大的品牌。深谙该战略的资深人士认为，先行者会经历短暂的微型垄断时期。前几个月，它们是唯一的供应商。但由于市场进入成本低，其他模仿者将接踵而至。为阻止新竞争者闯入市场，先行者必须迅速增加用户数量，而不是一味地以盈利和收入作为核心目标。

采用该战略的企业通常都把大部分营销预算资金（营销资金本身占据企业可用资金的大头）花在购买高收视率的传统媒体广告上，如电视（超级碗广告）、广播、报纸、杂志，来建立品牌（网站）知名度。如果先行企业能够吸引某一类特定产品（如宠物、葡萄酒、花园用品等）的绝大多数消费者，则新商家的进入将肯定受到阻碍，因为顾客不愿意支付转移成本。如此，顾客就被“锁定”在某家先行企业的

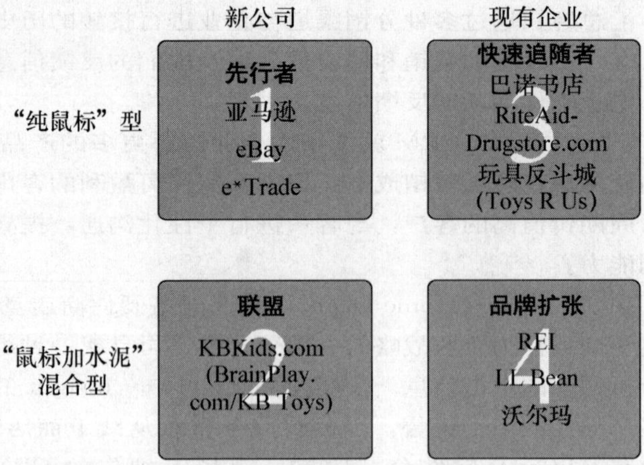

图 6—15　一般市场进入战略

说明：无论是新公司还是传统企业，都面临着如何进入电子商务市场的选择问题——"鼠标"型或"鼠标加水泥"型。

网站上。此外，即使轻轻点击鼠标就能转换到其他竞争对手，品牌优势也会阻止顾客的转移倾向和行为。

如今看来，大多数采取"先行者"战略的企业都未能大获成功。尽管先行者战略具有诱人的优势，但其同样会带来巨大的债务负担。据统计，绝大多数商业领域的先行者都因为缺乏长期竞争所必需的充足资金和资源而惨遭失败。作为创新者，先行者通常缺乏足够的财力、营销资源支撑，缺乏忠诚顾客，缺乏强大的品牌，还缺乏满足顾客需要的生产设施（Teece，1986）。网络广告的相关研究标明，尽管高成本的广告活动能提高品牌知名度，但顾客对品牌的信任、忠诚以及品牌的良好声誉却未能随之建立起来。最重要的是，网站的访问者不一定总是会转变成购买者（Ellison，2000）。

新公司可能采用的另一种战略是"鼠标加水泥"的混合型战略，即综合利用网络与其他营销渠道（第 2 象限）。但是，几乎没有哪家网络企业能够承担发展传统业务所需的高昂成本，它们往往要与拥有知名品牌的传统公司建立联盟，由其提供完善的生产和销售设施和开展网络营销所需的资金。例如，网络儿童商品零售商 BrainPlay 就是采用这种战略，联合传统玩具连锁零售店 KB Toys 共同组建网络公司 KBKids. com。

现在来看看传统企业。传统企业同样面临选择问题，当然情况有所不同：传统企业往往拥有雄厚的资金和大量现金流，能够较长时间地支撑电子商务的探索。例如，亚马逊成功建立网络书店后，全球最大的图书零售商巴诺书店也创办了网上书店 Barnesandnoble. com（第 3 象限）。尽管承载了巴诺的品牌名，但该网站是作为独立的公司来运营，属于"纯"网络企业。随着网上药店的成功，来爱德公司（Rite-Aid）也建立了自己的网站 Riteaid. com，而后还与 Drugstore. com 结盟，负责执行 Drugstore. com 网站的处方药订购服务（且提供后台保险支付业务）。

"鼠标加水泥"是传统企业最常用的业务拓展和品牌扩张战略，它将网络营销与传统店铺销售紧密结合起来（第 4 象限）。采用该品牌扩张战略的企业有 REI（美国户外用品连锁店）、L. L. Bean（服装连锁店）、沃尔玛等传统大型零售商。与快速追随者类似，"鼠标加水泥"品牌战略的优势在于利用先前已创建的品牌和客户关系。但其比快速追随者更有优势，品牌扩张者不是建立独立的网络公司，而是从开始就将网络渠道与传统渠道结合起来。L. L. Bean 和沃尔玛都将网络视作现有业务流程、营销和品牌活动的扩展。

上述四种市场进入策略的成功和失败的案例比比皆是。不过，战略的最终选择依赖于企业现有产品的知名度、管理力度、经营能力以及资金状况（Gulati and Garino，2000）。今天，绝大多数企业都选择鼠标加水泥的混合型战略，希望能帮助自己更快实现盈利。

6.4.2 建立客户关系

企业一旦确定市场进入策略，下一步就要建立客户关系。传统公关和广告媒体（报纸、直邮、杂志、电视甚至广播）在建立企业知名度的过程中仍然发挥着重要作用。但是，许多独特的网络营销技巧已被实践证明能有效地增加网站访问量和销售。本节将讨论几种新的营销技巧：广告网、许可营销、会员制营销、病毒营销、博客营销、社交网络营销。购买关键字和搜索引擎竞价排名（也就是"搜索引擎营销"）作为一种新的广告或营销沟通手段将在第 8 章详细讨论。

广告网

电子商务发展早期，公司通常是将广告投放到当时的流行网站上。但到 2000 年年初，已经有数百万家网站上展示着广告。许多企业，甚至包括大公司，没有能力将导航或营销广告投放到如此之多的网站，更无法监控广告投放效果。如今，专业的营销公司涌现出来，被称为**广告网络**（advertising network），其目的是帮助电子商务网站充分利用和发挥互联网强大的追踪能力和营销潜力。

广告网络代表着当前网络数据库的最高应用，体现了网络营销和传统营销的区别。广告网站向希望曝光给网络消费者的公司出售广告和营销机会（广告资源位）。广告网站提供一系列展示机会给需要利用网络展示商品或讯息的合作站点，据此收取相应的广告收入。那些投放广告的网站称为网络出版商。广告网站会与网络出版商共享利润分成。广告网站已开发出能够追踪顾客在加盟网站的行为的软件，比如说从亚马逊转到 Travelocity，再去访问谷歌、雅虎、eBay。针对顾客的每次访问，广告软件会基于顾客的以往浏览行为决定展示哪类横幅广告、视频或其他广告。比如，消费者在 Travelocity 网站浏览英国度假攻略后，再去谷歌搜索英国的城市，然后当他浏览雅虎网站时，广告网络就可能向他展示雨衣的广告（因为英国多雨）。网络广告人员决定广告的展示规则。你是否好奇，尽管你从未在线查询过在售公寓或房产信息，为什么你总会看到那么多房地产贷款广告？那是因为投放广告的信贷公司和广告网络会判定你的年龄和地理位置，再据此展示与你条件类似的其他用户需求的贷款广告。该过程并未考虑你的网络行为。广告网不总是能够鉴定用户的以往行为。

DoubleClick 可谓是最知名的广告网站。公司于 1996 年推出第一代追踪系统 DART。2007 年 4 月，谷歌以 31 亿美元的价格收购 DoubleClick。24/7 Real Media's Open AaStream（2007 年 7 月被全球最大的营销公司 WPP 以 6.49 亿美元的价格收购）和 aQuantive（2007 年 5 月被微软以 61 亿美元的价格收购）也是主要的广告网站。

为什么企业家要巨额投资广告网络公司？像谷歌、微软等技术巨头，收购网络广告公司能快速获得大量的网络广告展示业务，实现年利润30亿美元。而对于像WPP这样的营销公司，收购24/7 Real Media后能为传统业务提供广告支持，同时在网络广告市场上开展第三线业务。

DoubleClick公司每月投放的横幅广告有600亿（大概每分钟24 000个），掌握着数亿网络消费者的个人档案。公司利用专用服务器来存储和发送适合特定顾客群的横幅广告。该系统依据cookies、网络蠕虫以及后台的海量用户档案数据库来向用户投放广告，记录投放效果（包括销售情况）。该系统也将市场的反馈信息存储在数据库中。例如，DoubleClick的智能定位服务允许广告人员根据用户表现出的对某一领域的兴趣，或是用户最近频繁访问的网站类型投放合适的广告。与此同时，DoubleClick网站上的Boomerang服务也允许网站针对匿名访问DoubleClick客户网站的用户群体投放广告。

图6—16展示了该系统的工作原理。首先，消费者从广告网络的成员网站上请求页面（#1）。与第三方的广告服务器建立连接（#2）。广告服务器通过读取用户硬盘上的cookie文件和查询用户资料库中的个人资料来识别用户（#3）。根据用户资料中的历史购买情况、兴趣、人口统计数据等，广告服务器选择最合适的横幅广告（#4）。以后，无论用户何时上网，访问哪家成员网站，广告服务器都能识别出用户，向其展示类似或不同的广告，而不必考虑所访问网站的内容是什么。利用网络蠕虫，广告网络能够追踪用户在不同网站的活动（#5）。

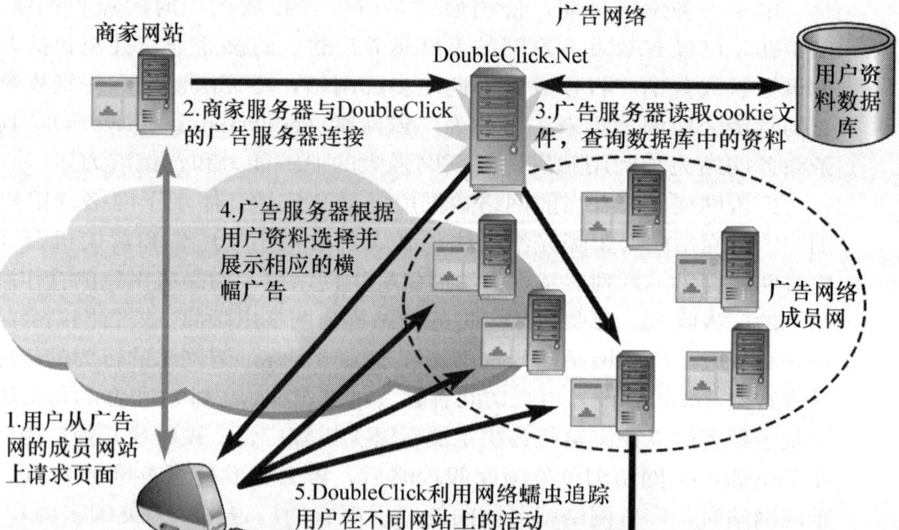

图6—16　DoubleClick广告网的工作原理

说明：广告网络能追踪网络消费者的行为，因此遭到隐私保护者的反对。第8章将讨论个人隐私问题。

许可营销

“许可营销”（permission marketing）一词是由作家兼咨询顾问塞恩·戈丁（Seth Godin）提出的，其解释是在给顾客发送信息或促销包之前先要征得顾客同意的战略（Godin，1999）。戈丁认为，事先获得顾客的同意，然后再发信息的方式更容易使企业与客户建立关系。如果同意接受促销信息，顾客可以选择接受

(opt-in)。顾客同样可以选择拒绝（opt-out），以拒绝接受促销信息。

绝大多数顾客只有在特定诱惑下，才愿意花费时间阅览促销资讯或提供个人信息（有助于提高企业营销效果）。戈丁之前供职于 Yoyodyne 公司时，曾发明网上抽奖和参加游戏的方法，借此收集那些想获得奖金和奖品的参与者的信息。另外一家名叫 Iwon. com 的门户网站则每周都向网站访问者提供赢钱的机会。公司每月都会向那些愿意在私人生活调查中提供详细信息的用户发放奖金。由此，网站能获得有用的用户信息，而用户也能赢得获取免费奖品的机会，可谓两全其美。

电子邮件是许可营销的重要组成部分。除了是互联网应用最广泛的工具之一，电子邮件也已成为一种非常有效的营销工具。企业获得用户的电子邮件地址后，就可以向他们发送可能感兴趣的营销信息。有些企业定期发送信息，甚至是每周都发，其他企业则在适当的时候进行促销。这种方式不仅成本低，而且具有针对性、可衡量和有效等特点。第 7 章将详细阐述电子邮件作为营销沟通工具的内容。

联盟营销

现实世界中，推荐是带来优质潜在客户的最佳渠道之一。**联盟营销**（affiliate marketing）是这种营销思路在网络中的应用，即一家网站同意向为其推荐新业务机会的网站支付一定佣金。推荐网站会在自己的网站上建立超级链接，以连接到被推荐的网站，增加后者的访问可能性。有些联盟网站根据所产生的销售额计费，有些则根据访问量或注册人数计费，还有些按固定费率或综合某些方式来计算佣金。

例如，亚马逊有一个强大的会员合作项目，参与网站数量已达 100 万以上。这些网站被称为会员。会员每成功推荐一笔业务，就可获取销售收入 15%的佣金。eBay 的会员项目是，每当一位访问者转变为注册用户时，就向其会员支付 20～35 美元。亚马逊和 eBay 等大型电子商务公司通常都是亲自管理自己的会员项目。那些想采用联盟营销战略的小型电子商务公司则经常选择加入某个会员网络（有时也称作会员经纪人）。会员网络主要起中间人的作用。会员网络把想成为会员的网站与寻找会员的商家聚集起来，帮助会员在自己的网站上建立必要的链接，追踪所有的活动，并且安排支付事宜。会员网络的领头企业有广告联盟（Commission Junction）和 LinkSharc。通常，会员网络向会员收取其收入的 20%作为服务费。尽管会员市场的规模到底有多大尚不清楚，但行业专家估计，在线零售额的 10%将来自于会员网络。（相比而言，搜索引擎广告创造的收入占网络销售额的 30%。）

联盟营销的主要优点在于根据业绩付费，会员提供高质量的销售机会才能获得事先商定好的佣金。联盟营销的另一优点是会员能直接获得会员联盟已有的客户群。对会员来说，联盟营销的吸引力在于能从这种关系中获得稳定且相当可观的收入。此外，展示其他企业的商标和品牌还能够衡量企业自身的声誉和信用。

但是，如果管理不善的话，联盟营销也会产生一些问题，例如，链接太多与公司主业不相关的网站将导致该公司品牌的混乱。只有当会员的选择与自身网站内容一致时，联盟营销模式才能运作良好。那些提供会员链接的网站也面临着客户流失的潜在威胁。有些用户在点击链接访问相关网站后，可能再也不会回来访问这个网站了，除非网站采取一定措施来防止这种现象的发生。例如，打开新窗口的链接在新窗口关闭后，会使用户仍旧返回原来的网站。

Web 2.0 环境下的病毒营销

与联盟营销利用可信任网站来向用户推荐一样，**病毒营销**（viral marketing）

是让用户把企业的营销信息传递给他们的朋友、家人和同事。它是一种在线的口头传播广告，其速度比现实世界的口头传播更快。在线下，口头广告是人们发现新产品的第二重要的手段，仅次于电视。美国有数百万成年用户是“影响者”，他们愿意在各种各样的网站上分享对产品的观点。除能够扩大企业的用户规模，用户推荐还会降低企业获取新客户的成本，因为这些新客户较少使用线上支持服务，他们更倾向于听取其他人的建议。此外，由于获取和保留这类顾客的成本相对较低，因此推荐而来的顾客能更快地为公司创造盈利。Web 2.0 时代，许多在线场所都在应用病毒营销。邮件营销曾经是最主要的病毒营销应用场景（“请将这份邮件转发给您的朋友”），但是博客和社交网站正逐渐成为主流的应用场所。Half. com 网站上的推荐朋友项目就是使用病毒营销的例子。该网站允许注册用户出售旧书、音乐、电影和游戏，并且利用一定的奖励（优惠券）刺激这些用户将网站推荐给朋友。当用户点击推荐朋友的图标后，网站会要求他们输入所推荐的朋友或家庭成员的姓名及电子邮件地址。Half 网站会向用户推荐的朋友发送一封简短的电子邮件，邀请其访问 Half 网站。而且如果首次购物金额达到 10 美元，就能获得价值 5 美元的优惠券。当任何一位被推荐者的购物金额达到 10 美元时，第一位推荐者就能获得 5 美元的推荐费。病毒营销过程也会涉及互不相识的人。当某个消费者决定购买一种比较昂贵的商品（如山地车）时，他会首先咨询那些使用过该产品的人。网络上轻易就能找到有经验用户撰写的各种款式自行车的评论。像 Epinions. com 和 Consumerreports. org 这样的网站都会让已购买或使用过该系列产品和服务的用户来发表评价。消费者可根据这些反馈和评价，到相关的电子商务网站购买。Epinions 也链接到一些网络零售商的网站，这些网站根据其带来的订单向 Epinions 支付一定的费用。

博客营销

博客已成为主流网络文化的一部分（见第 3 章关于博客和 RSS 的描述）。2010 年，大约 1. 13 亿美国人每月至少阅读一篇博客，约有 2 600 万人创建过自己的博客。预计到 2014 年，博客的访问用户将达到 1. 5 亿，拥有博客的用户将达到 3 300 万（eMarketer，2010d）。知名公司的高管、政治家、记者、学者和政府官员都有自己的博客，当然许多普通大众也已开通自己的博客。博客创建者通常是年轻人、宽带用户、互联网大虾、有钱人或受过高等教育的人。营销人员能很快发现这群人的目光聚焦点，找到适当的营销方式。由于博客都是基于作者自身的观点，博主是展开病毒营销活动最理想的起点。

博客与普通网站一样，不仅可用于不以销售为目的的品牌营销，还可展示以销售为目的的营销广告。但博客通常是由私人创建的，只希望能公开地表达个人陈述，所以博主没有大公司的网络营销和广告资源。相对于门户网站来讲，博客能吸引的公众眼光只是很小的一部分。所以现在的问题是：如何将这些小型的网络听众整合成值得广告人员关注的公众目光聚焦点？

一种方法就是建立博客用户的广告网，允许博客用户注册这些网站，同意在其博客上展示广告。若有用户点击博客上的广告，博主就能获得一定的报酬。最近两年，博客领域最大的两家网站 Technorati 和 Six Apart 都建立了博客广告网，将博客网站与广告人员聚集在一起。Blogads. com 也提供类似的服务。

谷歌的 AdSence 也是一家主要的博客广告商。AdSence 服务会“阅读”每一篇博客，识别该篇博客记录的主题，然后在该篇博客上放置与博客内容相符的广告。比如，BoingBoing. net 是一个非常有名的科技博客，被广大配件爱好者熟知，其上展示的主要就是诸如惠普、Version 和 Rackspace 之类的广告。

最近几年，博客以每年超过 50%的速度增长，这种新颖的博客营销方式在未来的几年还会持续不断地盈利。2009 年，博客广告的盈利已经达到了 5.3 亿美元，若不考虑经济萧条的影响，预计到 2012 年，将实现盈利 7.46 亿美元（eMarketer，2008a）。和邮件营销一样，这种现象也存在一定的局限性。博客圈（互联网上的博客积聚社区）也仅仅是为了个人金钱利益才发布博客。例如，“石棉诉讼”上一个网站的创建者就承认其建立网站的目的就是为了联系“石棉诉讼”相关的个人和法律公司而赚取利润（Rodgers，2005）。还有部分公司会雇用一些博主去发布它们的产品，以造成一定的社会影响力（Blogola）。这种行为降低了博客营销的公众信任度和效率，如果不能很好地掌控博客内容的话，可能会导致广告人员不再信任博客广告。

谈到博客营销，我们不得不说起 Twitter。第 2 章中已介绍过，Twitter 是微博的经典案例，是要求发表文字少于 140 字的一种微型博客。2010 年，Twitter 在大众媒体界赢得高度关注，营销人员（Twitter 用户）也在深入研究怎样更好地挖掘这种服务。营销人员会利用 Twitter 收集顾客信息，与顾客分享，以更好、更主动地传递相关服务。就像联邦媒体的 ExecTweets（一种即时工具），营销人员会根据实际应用聚集或细分 Twitter 市场。

社交网络营销和社会化购物

线下世界的社交网络是人们自发地聚集在一起进行沟通交流。而在线社交网络就是诸如 Facebook、MySpace、LinkedIn、Ning、Tagged、Xanga、Orkut、Friendster、Buzznet 和 Bebo 这类的社交网站，它们能够引导用户之间进行交流，形成关系密切的圈子，并与其分享个人的兴趣、价值及各种想法。用户一般先建立自己的个人网上档案，也会有自己的照片，再邀请自己的朋友加入，并建立好友关系。这种网络的建立依赖于口头传播及电子邮件链接。尼尔森的调查显示，2010 年 6 月，用户将 25%的时间花在社交网站上，比一年前多 15%（Nielsen Company，2010）。社交网站成为增长最快的智能手机应用，30%的智能手机用户会用手机浏览社交网站（comScore，2010）。2010 年，营销人员将网上营销费用的 5%花在社交网站上，约为 16 亿美元。目前最流行的社交网站 Facebook 预计将在 2010 年产生 8.35 亿美元的盈利，MySpace 将创造 3.2 亿美元的盈利，这两个社交网站的盈利几乎占全部社交网站盈利的 70%（eMarketer，Inc.，2010e）。

用户会更偏向于买他们的朋友购买或推荐的产品，基于这一点，企业开始利用快速扩张的社交网络向其中的参与人员营销。排名前 50 位的在线零售商都在 Facebook 上有自己的介绍。Yub. com 网站提供了几种**社会化购物**（social shopping）的模式：用户可以看到他们好友的购买记录及喜好，可以通过点击产品的图片直接链接到相应的购物网站，Yub. com 在其中收取 10%～15%的推荐费。Friendster（交友网站）也是利用同样的技术将用户推荐到亚马逊网站上，然后收取一定的推荐费。其他在线零售商试图建立自己的用户社区。在 Overstock. com 网站上，其竞拍服务的用户可以免费建立自己的在线档案，并且与好友分享他们购买的新品。社交网络营销在 B2B 中的应用发展非常迅速，比如潜在客户开发流程、客户服务以及播客（思维引导）（eMarketer，Inc.，2010f）。请阅读商业透视专栏“社交网络营销：让我们都去买吧”，进一步了解社交网络营销。

商务透视

社交网络营销：让我们都去买吧

物以类聚就是指社交网络时代，“兴趣爱好相同的人会聚在一起购物”的趋势。当然，用户自动聚在一起，并且倾向于购买朋友买过的产品的想法不是新出现的。对20世纪30年代收音机大众购物营销的研究发现，市场沟通存在多层级结构：从中心广播的消息先传到当地社区（有些人可能还是第一次听说该产品），然后再往其他人群不断散播，最终产生购买。2010年，这种思想才正式定义为网络社区。

事实证明，社交网络营销在近10年经历了最激动人心的跳跃式发展。各种各样的社交网站为品牌商和消费者提供了理想的交流场所。2010年，有1.41亿独立访问用户加入社交网络。Facebook、MySpace、Twitter、Flickr、YouTube和许多垂直社交网站成为营销人员争夺消费者及其好友的目标市场。Facebook在全球拥有5亿用户。2010年4月，Twitter推出名为“微博推广”（Promoted Tweets）的广告平台，可直接向消费者发送营销信息。

与社交网站和微博平台共同发展起来的还有社会化新闻/书签网站，如掘客网（Digg）、红迪网（Reddit）、Delicious和StumbleUpon。这些网站吸引了大量传统浏览用户。在社会化新闻/书签网站上，访问者可向好友或同事发送故事链接或喜欢的书签网址链接。新闻故事和博客的流行程度取决于其推荐写得是否足够吸引人。博客是供作者表达观点、浏览者发表评论的另一种网络社区。康姆斯克媒体矩阵公司（comScore Media Metrix）追踪到前25家流行博客一个月之间有7.7亿人次的访问。预估有3亿用户会在社交网站上发表对产品和品牌的看法，并且上传到博客。诸多事实表明，博客发布者就是潜在的“影响者”。社交网络就等同于线下的口头传播网络，其对消费者行为具有重大影响力。68%的社交网络用户表明会因为好友的正面推荐而购买或访问商店，这也就证明社交网络会对顾客的购买决策产生直接影响。这是一种加强型的数字化口头营销。

最新的词典已有对新社交网络营销工具的描述：

- 网络口头营销：给用户在网络上讨论产品的理由。
- 口碑营销：利用高知名度的娱乐、游戏和新闻让人们在网上讨论公司的产品。
- 网络病毒营销：设计信息，再通过邮件、博客或社交网络发送给他人。
- 网络社区营销：建立垂直的网络社区，供人们讨论对品牌的兴趣。
- 网络基层营销：组织志愿者或雇用用户去影响身边的朋友。
- 影响力营销：寻找社区中的意见领袖或有强大影响力的用户。
- 对话营销：利用电子邮件或社交网络发送有趣、搞笑的网络广告开展口头营销活动。
- 品牌博客：通过创建、参与或雇用他人的博客，来分享和提升企业的品牌价值。

2010年社交网络营销预计将创造13亿美元的销售额。尽管只占不到5%，但是网络营销的年增长率高达13%。因此，营销人员都竭尽所能地要紧紧抓住社交网络营销的机遇。正当搜索引擎营销的增长速度有所放缓时，社交网络营销顺理成章地成为网络营销市场中发展最快的领域。当然，这其中也存在风险。比如，你将无法全面掌控博主、微博用户、聊天室成员及网络专员对品牌产品所发表的评论，可能他们会对产品设计和改进、产品的不合理特性、定位及政策等方面提出颇有价值的反馈意见，你却无法看到。你也不希望自身品牌与Facebook和YouTube上的粗俗内容放在一起。你怎样知道人们如何谈论你的品牌，你又能做什么？唯一的办法就是：倾听、及时反应。

李维斯是最早使用Facebook和Twitter的美国本土品牌之一，允许消费者和朋友分享自己的购买情况。李维斯的Facebook主页上已张贴出50万条来自朋友分享的“喜欢”牛仔裤的消息。分享活动开始的第一周，李维斯就收到4 000个“分享”。该公司自2010年开始使用Twitter，设计了一个23岁USC毕业的“李维斯”形象男孩来吸引消费者。公司的Twitter拥有6 000名粉丝，负责反馈和与用户交流李维斯品牌信息。基于位置的事件广告是公司的下一步策略：如果你参加明年的影视音乐节，你将有希望收到李维斯发送的tweets。李维斯的数字化营销主管梅甘·奥康纳（Megan O'Connor）讲道：“公司在Twitter和Facebook上的努力能够随时展示品牌形象，以实际行动和口头营销拉动销售。”

社交网络营销和传统媒体营销的不同之处是企业能够掌控所有信息和媒体。社交网络营销是一种消费者和公司间无任何限制的对话。许多公司涌现出来，提供“社交媒体分析”服务。比如，媒体评级公司尼尔森创办的BuzzMetrics网站就利用搜索引擎扫描影响客户企业品牌的网络短语、评论、关键词、语句和图片。通过分析词汇、语言模式和短语来判定该评价是正面还是负面，尽可能地挖掘发表该评论的用户的人口统计特征。从某种意义上说，该公司将互联网视作在线群体聚集地。BuzzMetrics曾说：“每天有数百万消费者利用网络社区进行交流，在论坛、博客和社交网络上讨论，也就是说人们正转向互联网来分享观点、建议、委屈和推荐。你是否在倾听、沟通，并及时反馈来保护和加强自身品牌?”Umbria、Cymfony和Biz360等公司也提供类似的服务。可口可乐曾使用BuzzMetrics来评估其上传的YouTube视频的反响。ConAgra曾使用这些技术来预测生活方式和食品的发展趋势。索尼公司也通过这些公司追踪过人们对其开发的计算机游戏的兴趣。

智能网络品牌市场也正逐步向实时监控的社交网络生态系统发展。基于堪萨斯的VML（WPP群组单元）利用其品牌管理工具SEER实时追踪博客圈动态，据此创建出一套可视化的博客圈地图，其中标出评论的发起者、订阅者及其相互间的联系。该图能告诉客户（如阿迪达斯）博客圈的消费者正在抱怨“Predator”系列足球鞋的褪色问题。这样，阿迪达斯就能在消费者购买球鞋时提前告诉他们如何在穿前处理皮革，同时改进用于着色的配方染料。

资料来源：‘“The Blogosphere: ——Colliding with Social and Mainstream Media,” by Paul Verna, eMarketer, September 2010, “Social Media Draws a Crowd: Start-Ups and Established Agencies Look to Carve a Niche in Online Action,” by Suzanne Vranica, *Wall Street Journal*, July 18, 2010; “How Social Media Drives New Business: Six Case Studies,” by Leena Rao, TechCrunch. com, July 17, 2010; “Linking Customer Loyalty With Social Networking,” by Stephanie Clifford, *New York Times*, April 28, 2010; “Marketers Watch as Friends Interact Online,” by Emily Steel, *New York Times*, April 15, 2010; “Twitter Rolls Out Ads,” by Jessica Vascellaro and Emily Steel, *Wall Street Journal*, April 14, 2010; “Social Media Analytics,” by Rick Lawrence, et al., OR-MS Today, February 2010; “Social Network Ad Spending: 2010 Outlook,” by Debra Aho Williamson, eMarketer, December 2009.

移动平台营销

移动营销是目前发展最为迅速的营销平台，美国有超过8 300万用户经常使用手机访问网络。尽管还处在发展初期，移动营销已经囊括了导航广告、游戏、邮件、文本信息、商店信息和基于本地的服务等应用。2010 年，超过 90%的零售营销从业人员计划开展移动营销活动。现在很难预估这一市场的规模，大部分人估计 2010 年基于位置的移动平台营销盈利将达到 6 亿美元，占据了展示广告和基于位置的服务的大部分。到 2013 年，移动营销盈利可能会达到 13 亿美元（eMarketer, 2009b)。

基于群组自由的营销

至此，我们已经介绍 Web 2.0 时代企业应用于购买广告、发送电子邮件、促销活动及竞赛向消费者传递企业信息的相关技术。这确实是一种与消费者建立良好的关系的方式。但是在 Web 2.0 时代，消费者可以使用多种技术与企业沟通，企业可以此来调整自己的产品和服务。在这种新的关系中，消费者主导信息，但若消费者发表了对企业的负面信息，这对处于这种关系中的企业来说是非常不利的。

群组自由。是不是大群组的用户发表的建议、预测及估计就一定比个人或小团体的更好、更准确呢？2004 年，詹姆士·索罗维基（James Surowiechi）以此为题写了一本书——《群组自由》。里面提到了很多大群组产生的估计和评论优于个人或小群组的案例。比如，其中对于民主的引出，就是大量独立的竞投者个人比独裁者、国王、官僚人员和委员会能产生更好的政策决议。经济学家还以此来研究如何在一个陌生的城镇里找到一家最好的餐厅。答案是：人最多的餐厅（当然是当地人知道最好的餐厅在哪里）。在金融理论里，对一个公司当期价值的估计就是把它放在自由开放的市场里，这样的市场上大量的人是为他们自己的经济利益考虑。在统计学上，对参数最好的估计就是均值，也就是将几千个独立的样本汇总，求均值。

一般来讲，当有许多来自不同背景的独立决策者来制定决策，并有一套机制（类似于市场或选举流程）来收集每个个体的结果或选择的时候，这样的群组是自由的。然而，也有一些群组不适用于这些条件，并且最后的结果可能是有失公正的。聚集的暴民、畜群及失控的股票市场就是群组做出的但是不利的估计或决策。在这些案例中，群组成员的多样性和独立性的缺乏就会导致“信息级联”，抑制独立的公正判别。回想一下，当你刚下飞机，站在行李传送装置旁领取行李时，若大家不按顺序规则领取，就是一种不理智的行为，会造成非常混乱的场面。

索罗维基认为，若某个理智群组符合上述四个条件，这个群组的成员就会一起做出公正的决议、预测或估计。许多人认为，满足理智群组条件的真的很少，尤其是在大家使用博客、网络和邮件相互联系的网络世界中。与其他人的联系降低了参与者的独立性，使用户易受操纵者的影响，情绪失控。

Web 2.0 时代，基于社会群组自由和群组知识的想法催生出许多应用。例如，维基百科就是基于数百万参与者的不同观点产生的百科全书，这是个人或少数人的力量所不能企及的。在市场营销中，“群组自由”就是建议公司应该去咨询大量的新消费者，与消费者建立良好的关系，然后再去了解他们对于产品和服务的使用心得（或了解为什么拒绝使用本公司的产品和服务）。积极征求客户的意见，与其建立相互信任关系，并明确告知客户我们在意他们的想法，这样就可以得到很多来自客户的建议。下面列举了几个公司应用该技术的场合。

市场预测。尽管所有的市场都会根据一部分参与者的交易记录或是部分赌徒在赌场的赌注来做预测和评估，但市场预测应该是建立起一个对等的赌注市场，即参与人员能根据特定的产出来下赌注，也就是说能根据新品的季度销售、新品的设计以及相关政策下的收益来作出自己的选择。参与人员根据即将产生的确定收益来下相应唯一的赌注。结果就是能够创建一套达到消费者预期产出的资产，这部分资产就能够反映市场聚集的价值。

世界最大的商业预测市场是创办于 2000 年的 Betfair. com，你可以在上面为足球比赛的输赢、马术比赛的输赢，以及道琼斯指数某天是升还是降来下赌注。艾奥瓦电子市场（Iowa Electronic Markets，IEM）是致力于选举的一个学术市场。你可以在上面猜测地方或国家的选举结果。IEM 同样允许交易人员购买或销售基于政策选举结果和经济指标的合同。这种合同是由长期买家和短期卖家定价的一种资产，上限为 500 美元。

现在来看一下有没有哪两家网站的设计工作比较适合你的公司。与其让一小组的委员会人员或者少数有经验的行政人员制定决策，还不如让消费者在竞赛网站上下赌注来决定哪个是最有效率的网站。当然。你需要拿出 100 美元（不是法币）给每一个消费者，给他们一个可根据自己的想法来购买市场份额的机会，然后从消费者的眼光来决定哪个是较好的。经过一个星期的交易后关闭市场，具有最高市场份额的网站就是成功的网站。其中参与我们的活动且选择最佳网站的用户可以得到的报酬是 100 美元现金及享受一年网站提供的相关服务。

大众分类法和社会化标签。"群组自由"在市场上的另一个应用是利用大量用户来进行产品分类，一般分为电影、照片、书籍、幻灯片或消费品。大众分类法就是"分类法"的一种，即对某一类对象的分类模式。一般分类都由个人或少数专家来完成。大众分类法是由用户群众根据自己的判别标准对一系列产品贴上分类标签。大众分类法是一种大量人参与的、自底向上的、自发组织的分类活动。

依赖于大量网络用户进行识别和分类的另一种现象是社会化标签，一般分为产品、服务、事件及竞赛这几类。社会化标签网站允许大量用户将他们的标签或喜欢的竞赛作为一个单独的网址，其他的用户可以看到这个链接。如果你的发现同其他用户的发现一起很受欢迎，它们就可以排在列表的前面，这样就会有更多的用户看到这些标签。

那么作为一个网络营销人员，你怎样将社会化标签和大众分类转变成你自己的优势呢？其中一种方法是通过组织喜欢你的产品的用户设置的标签来影响社会化标签网站。另外，还可以请求你的消费者对你的网站贴标签并将其发送给他们的好友。如果不考虑这一举动的伦理，这种现象在很大程度上是很难加以控制的，并且试图进行控制可能会对企业造成一定的损害。

延伸品牌

品牌延伸战略是第二代电子商务时期最成功的网上客户获取战略之一（Carpenter，2000）。**品牌延伸**（brand leveraging）是指利用现有品牌的作用来获得新产品或新服务的顾客。例如，虽然 Tab 首先发现了减肥可乐的巨大市场，但可口可乐成功地发挥了品牌作用，使其新产品减肥可口最终主宰整个市场。

曾经有一些研究者预测，传统的知名企业不能将其业务转到网上进行，因为消费者知道谁的产品在网上的售价最低，这就会导致品牌溢价的消失（价格变得透明）（Sinha，2000）。然而，事实并非如此。在零售行业中，沃尔玛、杰西潘尼这些企业充分地利用了传统品牌的优势，将上万个顾客吸引到它们的网站上，最终使得这些企业只花很短的时间就进入了网上零售企业的前 10 名。在金融服务领域，如富国银行（Wells-Fargo）、花旗银行（Citibank）、富达公司（Fidelity）以及美林证券（Merrill Lynch）等企业，都基于它们强大的网下客户群和品牌，成功地获得了数万个网上客户。在报刊领域，《华尔街日报》（*Wall Street Journal*）和《消费者报告》（*Consumer Reports*）是最成功的基于订阅的内容提供商。相对于不知名的新公司，发挥品牌作用可以降低新顾客的获得成本（Kotler and Armstrong，2009）。

6.4.3 留住顾客：加强客户关系

互联网提供了几种特别的营销技巧来建立强大的客户关系，并提供差异化的产品和服务。

一对一个性化营销

应用最广泛的、最受专家好评的网络营销技巧是“一对一”或“个性化营销”。**一对一营销**（one-to-one marketing）在准确、及时地了解一个顾客需求的基础上，对市场进行细分，针对不同的顾客提供特定的促销信息，然后向顾客提供一种与其竞争对手完全不同的商品（Peppers and Rogers，1997）。企业应该把一对一的营销作为市场细分、目标市场选择和目标市场定位的最终形式，这个市场可以一直细分到单个消费者。

随着 20 世纪 30 年代系统化的市场调查理论和大众媒体的发展，市场细分也逐步走向深入。不过，电子商务和互联网与大众媒体不同，利用电子商务和互联网，可以进行大规模的、个性化的一对一营销。图 6—17 描述了营销的几个不同的连续发展阶段——从向所有消费者提供单一款式、价格的无差异产品的大众营销，最终发展到个性化的一对一营销。

营销战略	营销特性：产品	对象	定价	技巧
大众营销	简单	所有顾客	全国统一价	大众媒体
直复营销	不同档次	细分市场	一个价格	有针对性的沟通，例如邮件、电话
微观营销	复杂	微型细分市场	可变定价	细分市场资料
个性化的一对一营销	高度复杂	个人	唯一定价	个人资料

图 6—17 从大众营销到个性化营销的连续发展

说明：个性化的一对一营销是营销战略连续集的一部分。战略的选择取决于产品的性质和实施不同营销战略所要求的技术。

大众营销是利用大众媒体将相同的信息传递给全国所有的受众，并对产品制定一个统一的价格，这种营销方式适用于相对简单的产品并能够以一种款式吸引所有的消费者。可口可乐、汰渍以及麦当劳都采用这种营销战略。直复营销是通过邮件和电话使可能购买产品的消费者获得促销信息，其产品价格几乎没有差异（但对忠诚的客户可能会有一定的优惠），这种营销方式常用于一种产品系列存在不同档次产品的情况。微观营销主要针对消费者的地理统计区域（社区、城市）或特别的细分市场（技术爱好者），这是第一种真正使用数据库信息来进行营销的方式。例如，Frito Lay 的全国销售数据库中记录了 1 万名固定路线销售员和 5 万多家商店终端的销售信息。每天营业结束时，公司的营销人员会准确地知道洛杉矶销售了多少袋小包的 Salsa 味玉米片，马萨诸塞州坎布里奇市以及附近社区的每家商店销售了多少袋 Ranch 味玉米片。这看起来很简单，但是，玉米片有多种不同的口味来满足不同社区的不同顾客的需要。利用这个数据库，Frito Lay 公司每天都能够根据市场情况、竞争对手的产品以及定价来动态地调整自己的商品价格。

个性化的一对一营销适用于如下产品：(1) 能够根据个人的品味生产出复杂的、不同形式的产品；(2) 能够根据个性化的水平来调整价格；(3) 能够有效地估量出个人的品味和偏好。

Amazon. com 和 Barnesandnoble. com 是两个将个性化营销战略运用得非常好的例子。这两个网站都会主动地问候每个注册用户（基于 cookie 文件），会根据用户的偏好（根据数据库中的用户资料）向他们推荐新书，还会参照客户先前的购买记录来加快结账过程。

纽约时代和 Orbiz 等几家美国公司引入了一种基于用户许可的、个性化的“直接营销”横幅广告，该广告可根据用户的姓名和先前的购买行为向他们展示他们需要的广告。例如，直信（Dotomi）就是一家为出版商网站投放个性化横幅广告的营销公司。在消费者同意接收来自各家公司的网站广告后，就会向消费者发送基于先前购买和行为的个性化广告。Yair Goldfinger 在 AOL 工作期间创造了即时信息传递系统，这种系统可以利用回头客 cookies 识别其下面要访问的网络。这种广告是针对每个用户独立建立的。2010 年传统横幅广告的反馈率是 0.1%，而个性化营销广告的反馈率是 34%（Giuliani，2009）。但现在该服务的很多现有用户还是会收到很多老式的、大量散发的垃圾广告。

网上个性化的推荐与当地独立书店店主给你的推荐，哪个更好？也许不能。但不管怎样，这些基于网络的营销技术因为使用了更多的个人信息，所以其个性化程度要高于传统的大众媒体，而且高于直接邮寄信件的方式。

然而，个性化未必就一定很好。调查结果表明，若个性化能够帮助消费者提高自己的控制力和自由度，就会深受绝大多数消费者欢迎。这些手段包括通过个性化的订单跟踪、购买历史记录以及数据库中的个人信息确保其在将来的会话、发送电子邮件告知顾客新品及特定交易的时候，帮助顾客迅速地找到商品、完成交易。参加沃尔芬巴格（Wolfinbarger）和吉利（Gilly）的座谈会的网购用户则表示他们讨厌个性化，他们认为，个性化经常是不经过人们的许可就推荐商品，个性化降低了网上用户身份的匿名性，因而使得人们的控制力减弱，自由度降低（Wolfinbarger and Gilly，2001）。此外，尽管在过去几年里个性化技术有了很大的发展，但是要使用计算机来准确地了解和预测消费者的兴趣和需求仍然很困难。偏离消费者意愿的个性化不仅不会让消费者满意，反而会引起消费者更大的反感（Waltner，2001）。当你打开像雅虎这样的网站，有多少次发现页面上的广告与你的兴趣毫不相关？

定制化和客户参与生产

定制化是个性化的延伸。**定制化**（customization）是根据顾客的偏好来改变产品，而不是仅仅改变促销信息。**客户参与生产**（customer co-production）意味着用户可以自己思考产品的创新，以帮助研发新产品。例如，对于许多新产品及改良产品的研究发现，其中有很多就来自于密集型客户。开源系统 Linux 就是由用户建立的，还有山地车、冲浪板、帆船、齿轮、滑雪装备和大量的工业产品都是由“领先用户”发明的（von Hippel，2005，1994）。网络环境下，客户参与生产允许顾客互动参与产品的生产，是定制化的进一步发展。

很多处于领先地位的企业正在开始大规模地提供基于订单的定制化产品，创造产品的差异化，希望能够以此提高客户的忠诚度。顾客似乎也愿意为独特的商品而多付一定的费用。要使这种生产方式可行，关键在于提供一些标准的组件，使顾客能自由组合这些组件以达到他们想要的效果。例如，耐克从 1999 年起就开始在它的网站上通过耐克 ID 方案向顾客提供定制化的运动鞋。顾客可以选择鞋的款式、颜色、材料，甚至还可以选择不超过 8 个字母的标识。通过网络，耐克将这些订单送到中国和朝鲜的特定加工厂。顾客只需多花 10 美元就可以在 3 周内拿到定制的运动鞋。在 M&M 网站上，客户在自己的 M&M 客户定制专区获得自己的定制信息；Timberland. com 也提供产品的网上定制服务。

信息产品——其价值在于信息内容——也适用于这种定制化的生产方式。例如，《纽约时报》——及其他许多报刊分销商——允许读者选择自己希望了解的每日新闻。许多网站，尤其是雅虎、MSN、AOL 等门户网站，也都允许用户创建他们自己的定制化网站。通常情况下，需要对这些定制的网页采取一定的安全措施，如要求用户名和密码，以保护隐私和机密。

可交易内容

根据几次调查的结果，人们上网的主要目的是沟通（电子邮件）和查询信息。与我们在 6.1 节中提到的一样，购物并不是网上消费者的基本活动。

营销企业已经据此调整了它们的网络营销战略。由此产生了“可交易内容”，这个词最初是由一家网络研究公司 Forrester Research 提出的（Forrester Research，1997，1998）。**可交易内容**（transactive content）将传统信息（如文章和产品描述）与从产品数据库中精选出来的动态信息（如新产品公告）组合起来，为客户量身定制信息。例如，向顾客提供一种产品的信息，其价格正好在顾客订单所订购产品的价格范围内，这种应用方式动态地满足了用户的需要和偏好。Iexplore. com 是一家旅游公司，它的网站上提供了有关探险旅游的建议、产品和服务。你可能在这个网站上浏览了一篇有关非洲旅行的文章。根据你的个人资料以及实时的网上点击行为（例如，你曾经流露出对水上运动感兴趣），网站会为你提供一个链接，在所链接的内容中，网站将为你提供有关在非洲漂流和狩猎的信息。交易数据、内容与互动性组合成了完美的体验。

客户服务

向顾客提供网上服务可能会有助于营销，也可能会对营销产生不利影响。网上客户服务远不只是简单地完成订单，它还涉及客户与公司的沟通能力以及及时获得所需信息的能力。客户服务可以降低顾客受挫的概率，减少顾客放弃购物车的次数，增加企业的销售收入。

沃尔芬巴格和吉利指出，只要顾客能够很容易地获得所需信息，他们愿意也将会自我服务。绝大多数的网上顾客不喜欢“高接触性的服务”，除非他们遇到问题或困难，对于个人的疑惑，他们也希望能够快速得到公司的答复。最近由 Jupiter Media Metrix 公司所作的一项调查表明，绝大多数的网上消费者希望企业能在 6 小时之内回复他们的电子邮件，解决他们的问题。沃尔芬巴格和吉利也声称，参与他们的研究的人说，只有当他们的订单出问题时，他们才第一次去关心网上品牌，只有当网上购买者得知可以通过网络或拨打 800 号码来联系服务代表，而且销售代表愿意并能够快速帮他们解决问题时，客户的忠诚度才会提高。反之，如果网上购买者不能在出现这些严重问题时得到满意的答复，他们将会终止与网站的关系，转向那些虽然收费较高但却能提供较好客户服务的网站（Wolfinbarger and Gilly, 2001）。

除了前面提到的客户关系管理系统之外，企业还可以采用如下方式来加强与潜在顾客以及现有顾客的互动，提供客户服务，这些方式是常见问题回答、客户服务聊天系统、智能代理人和自动应答系统。

常见问题回答（frequently asked questions，FAQ），是一份常见问题及答案的文字列表，它以一种廉价的方式来估计客户可能提出的问题，并给出解答。在网站上添加与搜索引擎相链接的 FAQ 页面，可以帮助客户快速查找到他们所需要的信息，让他们自己解决问题。通过首先将客户引导到 FAQ 页面，网站可以向客户提供一些常见问题的答案。如果在 FAQ 列表里没有客户所需要的问题和答案，对网站来说，最重要的是要让客户能简单、方便地联系到公司的相关人员。通常的做法是在 FAQ 页面的底部添加一个提供客户服务的电子邮件链接。

实时客户服务聊天系统（real-time customer service chat systems，即企业的客户服务代表与一个或多个客户实时互动地交流文字信息）是企业帮助购物者在网上购物的一种较普遍的方法。网上客户服务代表与顾客聊天时可以向顾客提供购物指导、回答顾客的问题，但任何一次回答的失误都会使一次销售夭折。LivePerson 以及 InstantService 是提供实时客户服务聊天系统的领头羊企业。它们认为，聊天系统的成本要比通过电话为客户服务的成本低得多。但是也有人认为，这种说法是建立在聊天服务代表能够同时为三四个顾客服务，并且聊天时间不超过电话服务时间的乐观假定基础上的。此外，聊天信息为文本信息，可能并不像与顾客在电话中聊天那样丰富。另外也有报道称，聊天可以提高订单预售指标，因为服务人员在经公司允许后，可在顾客决策阶段接触到客户以进行营销。康姆斯科表明聊天可以降低顾客购物车订单取消率，增加单笔交易的商品数，提高客单价。2010 年，约有 5%的网上零售商提供了在线聊天，另外有 5%提供自动虚拟聊天。由于其能大大提高销售额，所以将有 37%的网上零售商计划在下一年开展这项服务（Forrester Research，2010b；Internet Retailer，2010）。“点击通话”或“在线通话”是另一种形式的实时在线客户服务系统，客户可以通过点击此链接或接受邀请与销售代表进行电话交流。

第 3 章介绍的智能代理技术是向网上购物者提供客户服务的另一种方式。它部分地减少了顾客与销售服务代表进行联系的成本。**自动应答系统**（automated response system）发送订单确认的电子邮件和回复问题的电子邮件，有时则是通知客户需要花一两天的时间来研究他所提出的问题。另外，自动发送发货确认信息和订单状态报告也很常见。尽管安装和实施自动系统的待摊费用很高，但是它潜在地减少了使用电话服务和网上帮助中心的次数，这可以使企业尽可能地实施网上购物的自动化。不过，企业必须谨慎小心地使用和监视自动应答系统，否则，其效果会适得其反。目前，很多顾客仍然不愿意使用自动化的沟通方式，即便它们已经个性化。如果自动应答系统发挥不了作用，它将刺激消费者使用更多的人工服务。

6.4.4 网上产品的定价战略

在竞争市场上，企业通过价格、产品的性能、经营的范围、目标集中战略来争夺客户。**定价**（pricing，即规定产品和服务的价值）是营销战略的一个基本组成部分。性价比决定了顾客价值。事实证明，无论是企业家还是投资者，都很难通晓电子商务商品的定价策略。

传统企业通常是根据固定成本和可变成本以及市场**需求曲线**（demand curve，即在不同的价格下所能售出的商品数量）来给商品（如图书、药品和汽车）定价的。固定成本是购买或建造生产设备所花费的成本。可变成本是指运行生产设备所涉及的费用——主要是劳动力。一旦制造商支付了固定成本并开始营业，在完全竞争市场上，由于产品是无差异的，所以它的价格会趋向于边际成本（增加一单位产量所增加的成本）。

企业通常通过测试不同的价格和需求量的组合来寻找它们的需求曲线，密切观察它们的成本结构。在正常情况下，它们根据利润最大化原则来制定价格。为了达到利润最大化，企业根据边际收入（增加一单位产品的销售，企业所获得的收入）等于边际成本的原则来制定产品的价格。如果产品的边际收入大于产品的边际成本，企业将降低价格，出售更多的产品。（当收入随销量增加而增加时，企业怎么会不增加产品的销售呢？）如果产品的边际收入小于产品的边际成本，则企业将减少销售量，提高产品的价格。（企业怎么可能销售那些使它们亏损的产品呢？）

在第一代电子商务时期却出现了一种奇怪的现象：卖方所制定的产品价格大大低于边际成本。有些商家甚至在每一笔交易中都是亏损的。怎么会发生这种现象呢？是因为新经济？新技术？网络时代？都不是。网上商家能够以低于边际成本的价格出售商品（甚至是免费赠送），仅仅是因为很多企业家及其风险资本投资者认为这样做是值得的——至少在短期内是这样。第一代电子商务时期的观念是要用免费的商品和服务来吸引眼球，一旦网站拥有了大量忠诚用户，它们就可以向那些在网站上做广告的企业收取大量的广告费，也可能对面向顾客的增值服务收取服务费（这就是所谓的“骑背”战略，即对一小部分人的增值服务收取较高的费用，而对大多数人所使用的一般服务收取一个标准的或较低的服务费，大部分人是“骑在”这一小部分人身上的）。对传统的需求曲线进行研究，将有助于我们理解第一代电子商务时期那些新兴企业的行为（见图6—18）。

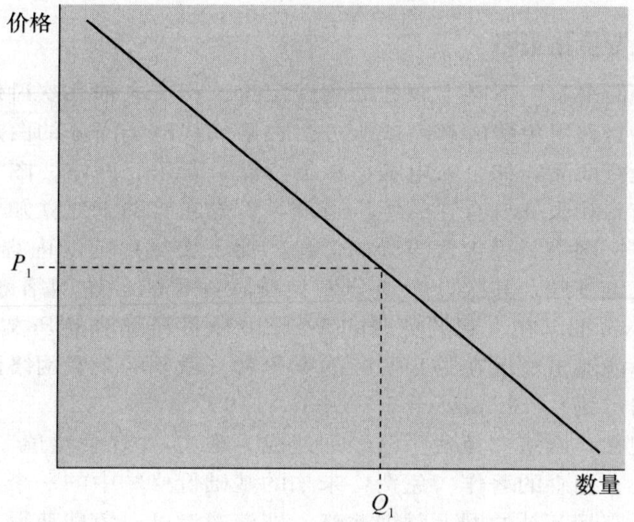

图 6—18　需求曲线

说明：需求曲线表明了在不同的价格（P）下，所能销售的产品的数量（Q）。

愿意为所购买的商品支付很高价格（远高于 P_1）的消费者很少，而愿意支付 P_1 价格的消费者则很多，如果商品的价格低于 P_1，将会有更多的消费者。假设商品的价格为零，那么需求将会接近于无穷。理论上，为了使销量最大和利润最多，商家希望能够以人们所愿意支付的最高价格来出售商品以赚取市场上所有可能的收入。这就是所谓的**价格歧视**（price discrimination）——根据个人或群体所愿意支付的最高价将商品以不同的价格出售给他们。如果有些人确实需要这种商品，就以最高价出售给他们。对于那些需求欲望较低的人，所制定的商品价格也要低一些，否则，他们是不会购买商品的。只有满足如下条件，商家才能实施差别定价：(a) 能够识别出每个人所愿意支付的最高价格；(b) 能够将消费者分隔开，使他们无法了解其他消费者所支付的价格。因此，绝大多数企业通常只是对其产品制定一个固定的价格（P_1），或对同一种产品的不同档次制定不同的价格。

第一代电子商务时期的企业希望通过对产品和服务制定一个远低于其成本的价格，甚至是免费赠送一些有价值的服务，来吸引大量的用户。几百万的访问者接受了免费的或者是价格低于成本——几乎是免费——的产品和服务。

如果商品的边际成本为零，将会是怎样的情形呢？这些商品的价格会是多少呢？因为边际成本等于零，所以不可能根据边际收入等于边际成本的规则来制定价格。互联网上的产品主要是信息商品：音乐、研究报告、股票报价、小说、天气预报、文章、图片及观点，如果在网上分销这些产品的话，这些产品的边际成本为零。所以，某些商品（如信息商品）在网上免费的另一个原因是它们是以其成本价——零——出售的。电视、CD 和好莱坞电影都是零成本的产品。当这些网站用这些资源来满足客户需求时，也是零成本的。

超过 9 000 万用户曾下载过用户生成内容，包括资料、照片、视频、博客和评论等，通常也以免费展示和存储作为回报。社交网站就是依赖于这些免费的资源来吸引用户，出售广告（eMarketer，Inc.，2010g；Trendstream，2009）。然而，这些公司也需要稳定网络和不断增加成本来存储这些免费资源。

免费价格策略

我们来看一下网上服务的免费定价。每个人都喜欢讨价还价，而讨价还价的最好结果是获得免费的产品或服务。在第一代电子商务的白热化时期，企业提供了大量的免费商品，如个人电脑、数据存储、音乐、网站、图片存储、网络连接。免费赠送商品和服务自有它的经济道理，首先它有助于建立知名度（例如，免费的《纽约时报》网络版只包含当天的信息，而不提供以前的内容），这将为以后销售其他商品奠定基础；其次，大量分发免费软件也能创造网络效应（上万个用户使用与 Windows 捆绑在一起的免费的 WinZip 软件压缩和解压文件）；最后，免费的产品和服务能够击垮潜在的和实际的竞争者（微软的免费网络浏览器占领了网景的网络浏览器市场）（Shapiro and Varian，1999）。

现在，网络“免费”已经加速成为现实，“免费增值”（freemium）一词就是克里斯·安德森的著作《免费：未来的基础价格》中的一个短语。免费增值价格模型是一种交叉互补的网上营销战略，即消费者可以免费获得基础的服务，但同时需要为更多的附加服务付费。开通增值服务的用户希望能够获得免费的帮扶服务。网络电话就是使用这样一种免费增值模型：大量的用户可以免费通过互联网呼叫其他网络电话用户，但若用固网电信或手机联系时就要付费。Flickr、谷歌、雅虎等其他一些网站以一定的价格提供“免费增值”服务，以加入支持“免费”服务的潮流。YouTube 为了在好莱坞电影获得一个独特的价格，也会提供一定的免费增值服务。Evernote. com 给网络用户提供“通用存储空间”，供用户在 Evernote 上面存储任何数字信息（照片、视频和文件），然后整合笔记本电脑、台式机和小型手机的所有数字设备的信息。基本服务免费，但是附加的存储和特殊服务要求用户每个月支付 5 美元的服务费（Takahashi，2010）。

“免费”和“免费增值”作为一种定价策略也有它的局限性。过去，许多电子商务企业发现很难将吸引来的用户转变成购买者。YouTube 迄今还没有实现盈利。免费网站吸引了上千个对价格敏感的“贪图便宜用户”，他们不愿意为任何产品或服务付费，一旦这个网站开始收费，他们就会转向另一个免费网站。捎带策略也没有获得很大成功。“免费”模式消除了较大的价格歧视战略。很明显，许多免费下载的用户确实每月也在支付一定数量的费用，只是这部分利润最终给了提供重要免费服务的公司。也有一些人认为，网络用户希望未来所有的数字产品都应该免费。广播电视也曾为用户提供“免费”模式，只靠广告赚钱，但用户最终还是转向了付费的有线电视和 DVD。用户对于免费的期望是针对一些有价值的流媒体信息，也就是独特的、非普遍的、拥有即时消费和投资价值的服务。即使是在互联网时代，这种数字流媒体服务也应有一定的价格。世界上没有免费的午餐，除非是不值得去吃。

分级定价策略

解决免费信息商品所存在问题的一种方法就是**分级**（versioning）——生产一种产品的不同档次的系列，在不同的细分市场以不同的价格销售本质相同而档次不同的产品。在这种情况下，价格依赖于消费者对产品价值的认定。消费者会把他们自己分成不同种类，支付不同的费用来购买不同档次的商品（Shapiro and Varian，1998）。分级定价策略与经过修正的免费定价策略相结合，可以产生很好的效果。

如低价值商品可以是免费的，但是高价值商品则以较高的价格提供。什么是低价值版本的商品呢？低价值商品——对信息产品来说，甚至是免费的——与高价值商品相比，使用不太方便、简单、速度慢、功能较弱、所提供的支持也较少。通用汽车公司根据不同的市场需要提供了不同的汽车品牌（凯迪拉克、别克、雪佛兰、庞帝亚克），在每一种品牌中，还有上百种不同的档次，从提供最基本的、简单功能的汽车到强大的、复杂的多功能汽车。与通用汽车一样，信息化产品也可以实现分级化，通过细分和选择不同的目标市场来定位产品。在信息商品领域，电子杂志、音乐公司及图书出版公司都提供免费的内容简介，但如果客户想要获得更多的信息内容，则需支付一定的费用。例如，《纽约时报》在每期出版后，会在网上免费提供几天该期的内容，但要获得更多的过期归档内容则要按每篇文章收费。作家、编辑和分析人士都更愿意付费访问经过精心组织的归档信息。有些网站虽然提供免费服务，但同时也伴随着恼人的广告，如果不希望有广告，则其服务就要收取月费。

捆绑销售定价策略

齐格·菲尔德（“Ziggy” Ziegfeld）是 20 世纪初纽约著名的齐格菲歌舞团的创始人，他发现周五晚上剧院的空座率接近 1/3，在周末白天的表演中，空座率则达到了一半。于是他萌生了一个新的设想，捆绑出售两张半价的戏票，即购买一张全价戏票，可以免费获赠一张。这种出售套票的方式现在仍然是纽约大剧院的惯例。这类定价方式主要基于如下想法：（a）再增加一位观众的边际成本为零；（b）很多不会购买单张戏票的人却会以相同或略高一些的价格购买捆绑在一起的两张戏票。

捆绑网上信息产品是这种套票观念的延伸。**捆绑**（bundling）是以一种商品的价格向顾客提供两种甚至更多的商品。捆绑思想的核心在于：虽然消费者对一种商品价值的认定大不相同，但他们较容易接受固定价格的捆绑商品。事实上，人们所愿意支付的捆绑商品的价格通常高于这种商品分开销售时的价格。捆绑销售降低了市场需求的差异性。图 6—19 阐明了当对信息产品进行捆绑销售时需求曲线的变化。

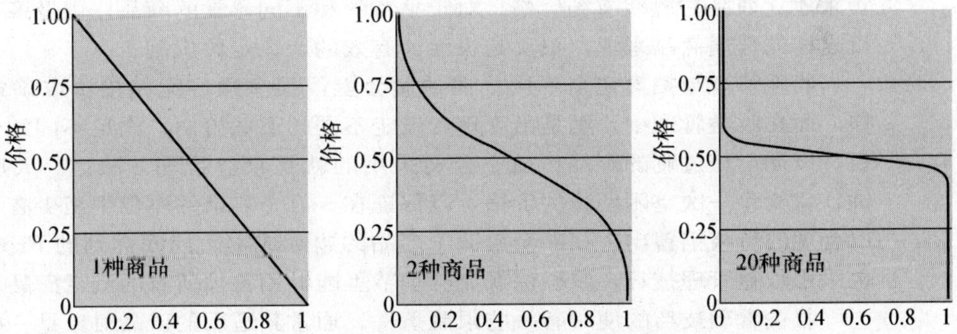

图 6—19　捆绑 1～20 种商品时需求曲线的变化

说明：捆绑的商品种类越多，消费者愿意支付的价格越高。
资料来源：Bakos and Brynjolfsson，1999.

在信息产品市场上，捆绑销售的例子为数不少。例如，微软将独立的 Office 工具软件（Word、Excel、PowerPoint 和 Access）捆绑在一个 MS Office 套装软件中。尽管很多人只用 Word 和 Excel，使用 PowerPoint 或 Access 的人较少，但是，当所有的产品被捆绑在一起时，绝大多数人认为用 399 美元（每款软件大约 100 美元）购买这么多的产品是值得的。同样，微软在其基本的操作系统中捆绑的应用软件越多，就会有越多的人认为该软件包的价格是合理的。现在，很多内容网站也开始进行捆绑销售而不再出售单一的产品。例如，像 E-Library. com 和 NetLibrary. com 这样的电子图书馆，就提供了上千种出版物，并按年度收取固定的费用。理论上，相对于不进行捆绑销售或无法进行捆绑销售的企业来说，进行捆绑销售的企业有明显的竞争优势。尤其是与不实行捆绑销售的企业相比，对供应方，实施捆绑销售的企业有能力支付较高的价格，而对需求方，这类企业则能索取较高的价格（Bakos and Brynjolfsson，2000）。

然而，捆绑销售定价策略并不总是奏效，其依赖于捆绑的产品及其定价。比如，世界最大的科学杂志出版商 Reed Elsevier 为美国的大学创造了一款包含 1 500 种数字科学期刊的捆绑产品，其定价持续高于大学为少数期刊的付费，也就是将价格提高到大学不能接受的捆绑定价。结果就是遭到了市场的抗议，因为事实上这些期刊上的调查都是纳税人通过政府的拨款赞助的。

动态定价策略

到目前为止，我们前面所讨论的定价策略都是固定价格战略。以固定价格销售不同档次的商品和捆绑商品是基于企业尽量使其收益最大化的动机。但是，如果货架上还有剩余商品，并且得知有些人会支付较低的价格来购买这种商品，该怎么办呢？当然，我们应该出售这些商品，这样至少可以获得一定的收入，而不是让它们留在货架上甚至烂掉。在其他情形下，如古玩，产品的价值只能通过市场来决定（通常是因为人们相信市场的定价会高于所有者所支付的成本价）。在这种情况下，产品的价值等同于在市场上人们所愿意支付的价格（与它的成本无关）。这就是动态定价机制产生的原因，同时它还能充分利用网络优势。

通常有两种不同的动态定价机制：拍卖和收益管理。几个世纪以来，人们用拍卖来建立商品的短期市场价格。对于独特的和不同寻常的商品，以及像计算机和相机这样的普通商品来说，拍卖是灵活、有效的市场定价机制。

收益管理与拍卖完全不同。在拍卖会上，很多顾客竞相抬价以确定商品的价格。而在收益管理中，则是由管理者设定不同的市场价格，满足不同细分市场的需要，以期出售过剩的产品。航空公司采用的就是收益管理方法：一天里每隔几分钟，就调整一次空闲座位的价格，以保证在 5 万个剩余的座位中至少有一部分能够以合理的价格销售出去，甚至会低于产品的边际成本。前面提到的 Frito Lay 公司也采用收益管理技巧，以确保在流行季节里能够销售掉所有的流行商品。

收益管理技巧的使用有一些限制条件。通常其适用的产品对象是一些易坏、不经久（当没有满载的飞机起飞时，空座将不再具有价值）、需求会随季节变化、市场细分明确、市场上存在竞争以及市场条件快速变化的商品（Cross，1997）。一般来说，只有那些拥有强大的监控系统和良好的数据库系统的大公司，才能实施收益管理技术。

第三种动态定价策略是动态营销，其在旅游服务、奢侈服装和其他一些产品已经表现出很不错的效果。使用电子邮件通知忠诚用户（重复购买用户）或着重于网站的特色建设、厂家限时供应低价的产品和服务等都是动态营销。捷蓝公司（JetBlue）提供了14个纽约和洛杉矶之间的航班，豪华旅馆的房间一晚只要1美元。HauteLook和Gilt Groupe等公司也都在使用动态营销技术。一瞬间，你可能就会错过它们提供的很诱人的价格。Gilt. com从主要的流行品牌那里购买库存过剩的产品，然后通过电子邮件动态信息将这些商品以打折的价格提供给其用户。一般是限时2小时或直到库存被售空。只要Gilt. com开展一次销售，它就会成为访问最频繁的网站（Sweeney，2010；Higgins，2009）。也有人指出，这种方式抓住了强迫症用户的特点，会引导顾客过度购买。

互联网已经真正使动态的甚至是误导价格战略成为一种可能。每小时都会有大量的消费者使用网站，进入强大的数据库。商家每一分钟都可能会提高价格，一秒钟之内就可能使其他的竞争者远远落在后面。这种"挂羊头卖狗肉"的战术已经成为一种普遍现象：用一种低价的商品引流，但实际上其他的产品并不是很实惠。

我们将在第11章详细讨论动态定价、拍卖及收益管理技巧。

6.4.5　渠道战略：管理渠道冲突

在商务环境下，**渠道**（channel）指的是商品分销的不同方式。传统的渠道包括制造商直接销售产品和通过中间商（制造商代表、分销商、零售商）销售产品。电子商务在网络上的出现创建了一种分销商品的新渠道，也引起了渠道冲突。当一种新的销售产品或服务的方式破坏原有的销售方式时，就产生了**渠道冲突**（channel conflict）。渠道冲突由来已久，但是网络更激发了产品和服务的生产商与客户建立直接的关系，从而消除像分销商和零售商这样的"中间人"。例如，1998年，李维斯公司决定开始在它的新建网站Levi. com和Dockers. com上销售李维斯牛仔服和Dockers服装。同时，它禁止零售商（如李维斯的最大零售商之一——Macy's）在网上销售产品。但是，2000年年初，由于零售商的抗议、销售量的下跌及利润的下滑，公司不得不终止了自己的网上销售业务，允许零售商通过它们的销售渠道来销售产品。

许多制造商已开始转向采用合作模式，而不是选择单一渠道。例如，Ethan Allen公司创建了自己的网站来直接面向消费者销售所有的家具产品。同时，Ethan Allen公司也意识到自己的310家独立的零售店在运输、服务方面的重要作用，所以公司给当地零售商提供了很大的支持，并向它们支付网上销售收入的25%作为运输费和服务费，即便是这些零售店没有参与任何运输或服务，也能得到网上销售收入的10%。

这种渠道范围的另一个极端就是，一些制造商只是单纯地将网络作为营销和品牌机制，以防止渠道冲突。例如，福特、通用汽车等大多数汽车制造商继续依赖于代理商进行销售，并没有试图在网上自己直接销售。

案例研究

ExchangeHunterJumper. com的品牌建设之路

互联网使无数的商业创意成为现实。网　络上小型企业的创建成本大为降低，同时又能有效地利用与大企业相同的营销和销售工具。小企业通常占据的是主流市场以外的小众利基市场。美国的高端马戏杂技巡演就是个小型的利基市场。真就有人愿意花 20 万美元观赏骏马如何轻而易举地跳跃 5 英尺高的栅栏。这确实是个非常小的市场，但人们进行马匹交易的兴致甚高，他们愿意花钱来享受这个过程。ExchangeHunterJumper. com（以下简称 Exchange）就是一个专注于该小众市场而成功建立起自身网络品牌的案例。

Exchange 网站创始人达格尼·安伯·阿斯林（Dagny Amber Aslin）曾说道，创办一家帮助业主与职业驯马师买卖高端赛马的销售网站很难赚取丰厚利润，甚至难以实现盈利。她还补充道："这其中存在许多固有的传统观念……我在探索一条他人从未涉足的道路，花费相当多的资金和精力，也从经历挫折中吸取到不少教训。"

但是，这家网站还是逐步发展起来，相比其他倒闭的网站也算是大获成功。阿斯林是如何打破常规，建立一家服务于专业人员买卖交易的网站的呢？她如何建立用户的信任，又是如何营销的呢？

答案就是经验。阿斯林是从马术界和互联网营销领域的实际经验起步的。阿斯林儿童时期就经常参加骑马比赛，曾经做过几年专业驯马师。当时要每周工作 6 天，她几乎将所有时间都花在骑马、教授驯马技术和参加竞赛上。她亲眼见证到职业驯马师所面临的种种挑战，因此能赢得广大观众可贵的信任。

踏入马术行业后，她意识到要以此维持生计多么艰难。阿斯林于是利用业余时间兼职在加利福尼亚一家领先的房地产公司做助理，主要负责协助圣塔巴巴拉地区的高端房产营销和销售工作。此外，她还要帮老板开发和推广公司的网站。通过这次经历，阿斯林意识到卖"六位数价格的马"和"七位数价位的房子"是同样的道理：两种商品定价都高，都牵涉到情感因素，需要高效、有激情的谈判，会涉及中介机构，按照特定规则流程进行。

2005 年，当阿斯林从加利福尼亚搬回伴随她成长的中西部时，就着手创办 Exchange 网站。5 年后，她根据在圣塔巴巴拉做助理时接触到的房地产项目经验，定制出赛马交易的营销模型。

阿斯林知道，忙碌的专业驯马师需要拥有大量高质量的可信渠道，以便为顾客提供合适的坐骑。但是，终日繁忙的工作使他们无暇到市场上搜寻，而且驯马师通常对现代化的媒体技术不怎么熟悉。这同样是优质马匹销售所面临的困境。

因此，她制定出一套有组织的专业化流程，来设计马匹销售网络广告。销售人员需填写详细的表格。阿斯林坚持认为提供马匹的清晰图片和视频，能够更清晰地描述马的特性和能力。她还设计出一套合理、可接受的收费结构，建立起多渠道的营销系统。

阿斯林知道自己的商业计划不能是呆板的，而需要根据市场需求动态变化。这促使她大胆试水向来抗拒改变的传统行业。大多数马术职业人员白天都在外面跑，倾向于只跟熟悉的人做生意，彼此间的信任程度相当低。许多已有的马匹交易网站只是网络分类信息库，其可靠性和可信度都无法得到保证。尽管专业驯马师没法轻易学会使用互联网和计算机，但智能手机的出现大大提高了他们使用电子邮件和网络技术的能力和便利性。

Exchang 网站将所有这些都考虑在内，但阿斯林想得更远。她的创业目标是创办一家优质的马匹供应网站，为专业马术师提供最可靠的服务。为此，她几乎问遍了所有潜在的可提供建议的人。有时，她会亲自去找销售人员，坚持让他们提供更高质量的图片和视频。一旦发现网站所展示的马匹信息不真实，她会立马责令相关人员将该业务下线。

付出总会有回报。如今 Exchange 网站已为遍及全美国的卖家和驯马师代理营销业务。2010 年，参演马匹的价格普遍从 1.5 万美元涨到 6 位数，平均价格为 7.5 万美元。经济萧条导致价格整体下跌 10%～15%。该市场的玩家通常都具有抵御衰退的能力。Exchange 网站严格专注于能参加 Hunter-

Jumper比赛的马匹，尤其是适合参加高端比赛的优质马匹。网站的主要收入来源是为卖家展示横幅广告，所有针对买家的服务全部免费。

驯马师或卖家首次入驻广告平台时需要缴纳一定的平台服务费，包括提供照片、撰写描述、视频、表演记录等。后续要每月缴纳维护、更新和附加的营销费用。现在销售人员要填写两份表格：一份是快速入门指南，另一份是每匹马的资料。表格中包括预先设计好选项的组合框，也有文本字段来填写标准化的语言描述。这样就能帮助买家更好地区分不同马匹的差别。未来，这两份表格将整合到一份综合的表格中。

Exchange网站为所展示的每匹马都制定独特的营销策略，如回顾评论、梳理每匹马的表演记录、挖掘最可能的买家。公司的广告文案撰写得相当专业，而且会针对性地传达给买家。如果Exchange网站认为所上传的图片或视频不能促进销售，工作人员将会向卖家提出改进建议。这些建议来源于公司全国性经营各类品种马匹的营销经验，以及对市场上现有买家的资料和地理分布的全面掌握。

此外，Exchange网站还为潜在买家提供个性化服务。买家可在网页上填写个人的需求和预算，阿斯林将搜索网站当前在售的马匹，找出最匹配的马匹推荐给买家。

由销售人员提交网站广告是Exchange网络营销策略的核心。网站平均每月有5 000位访问用户，有2 000个视频被下载，新上线的马匹有1 000～2 000的访问量。卖家会经常调整索要的价格，以使其更加合理。马匹信息的真实描述，配上适当的图片和高质量视频，该小众市场的成交率相当高。

Exchange网站的营销策略还包括在全国A级马术比赛上分发全国销售列表、电子邮件营销、RSS订阅（每月订阅用户数近1 200）、杂志营销（每月触达20 000用户）、社交媒体和口头传播。

“全国销售列表”是Exchange网站最新的营销创新之举。除打印分发的传单外，还在一流的网络出版网站YUDU.com上提供在线版。在该网站上搜索Exchange，用户便可浏览全部的马匹广告目录和链接。这种方式取代了原本由Exchange花费高昂费用预制DVD视频列表、直接给专业驯马师发送邮件和在赛马场分发传单等做法。

2009年起，Exchange开始尝试病毒营销和Facebook、Twitter、YouTube、RSS订阅及苹果应用等社交网络营销。全年网站流量获取33%的提升。目前，超过2 000位用户会收到营销资讯，包括新的视频、即将开始的比赛、比赛结果、商品列表变更等内容。

阿斯林认为，Facebook是Exchange直接接触终端消费者、促进销售的最有效方式。尽管上传马匹视频到YouTube网站确实能引来大批流量，但无法直接促进销售。YouTube视频投放的长期效果难以监测，况且交易的成功到底是YouTube视频投放的结果，还是客户自身的意向，也很难界定清楚。顾客可能来自多个渠道。由于每笔交易都不同，阿斯林的经验告诉她，对于电子商务网站来讲，利用社交媒体来判定哪种渠道能够最有效地接触特定目标客户是相当重要的。

2010年，合作的社交媒体总共为Exchange网站带来1.5万直接访问流量（其中超过1.1万流量来自Facebook），产生4.42万次页面浏览。这说明用户在访问吸引自身的落地页面以外，也会访问其他马匹的信息。

Exchange与竞争对手的不同之处还在于Exchange拥有自己的制作工作室，用于设计媒体资料、制定发展战略、管理营销活动（集合专业营销知识、技术知识和人力）。Exchange网站对整个营销细节的重视程度远高于马匹交易网站。

阿斯林会亲自监管所有的营销渠道。她经常到各比赛现场观看，拍摄马匹比赛的照片放到网站上。视频的编辑和格式制定都由公司自己完成，以确保视频的可重复使用性，同时能发布到营销平台上。

统计显示，新马匹上线首月的网页浏览量最高。外加公司每月会举行营销管理活动，从而保证每匹马的营销资讯都是最新的。信息更新能使一匹马的流行度瞬间上升30%，引来新的潜在买家。同时Exchange也鼓励销售人员频繁地更新马匹信息，包括即将到来的比赛播报、令人印象深刻的比赛结果、列表细节的变更（比如价格调整）、上传新图片和视频等。这些措施都十分见效。知名马术比赛的网络视频能大大促进销售。对于刚上线或是刚调整价格标签的马，网络视频是相当重要的宣传渠道。这些讯息通常会及时更新到网站上，同时通过Facebook、电子邮件等推广渠道进行宣传。

自2009年1月起，该网站的流量呈现逐月连续增长的趋势。2009全年网站流量有33%的增长，页面访问量增长220%。2009年下半年的销售额共计150万美元。2010年1月，网站访问人数有5.2万，页面访问量达21万，而视频访问量为1.65万。此外，销售额为50万美元，平均成交价是8.6万美元，中位数价格是7.4万美元。

网站的收入来自于广告展示费用：每匹马收取250美元占位费，外加35美元的月费。横幅广告费用也带来额外收益，定价为每5万次曝光付费150～250美元。访问者通常是富人，而且分布地域广泛。但是由于整体用户规模尚未达到主要广告商的需求，因此广告只占网站收入的小部分。

Exchange马匹营销活动的价值在于幕后的付出。公司自己的制作工作室需要完成许多任务（媒体准备、战略制定、营销策划等），花费数小时的人力和专业技术知识。这也正是Exchange与普通马匹交易网站的差异所在：Exchange对整个营销过程细节的高度关注和专业态度。

当谈及Exchange创办之初所遭遇的困难时，阿斯林首先提到的就是自身所缺乏的知识，尤其是图形设计和网络技术领域的专业技能。尽管她深知职业驯马师真正需要什么，但她当时不懂得如何将其转化成图片设计，如何上传到网站呈现出来。她说："现在去回想当初的logo和版面设计过程是件痛苦的事情。"但阿斯林对公司目前的发展方向十分满意。

创业初期，由于没有足够的资金用于前台建设，预算也是很大的障碍。但是，事后回想，这种状况反而是自己的优势，阿斯林说，至少能迫使自己去发现市场的真实需求。她的主要竞争者都走了相反的路，在初期投入大量资金构建网站，却没有紧紧抓住消费者的特征，结果现在反而惨遭倒闭。

此外，行业专家和潜在买家也曾对Exchange网站持消极态度，认为基于互联网的马匹营销广告不值一文。更糟的是，许多潜在目标客户不懂得使用计算机，也没有电子邮件。这些人已经使用传统方式工作数十年，短时间难以转变。这对马匹圈内的人员来讲，是个尚需弥补的空白。通过整合市场知识、在线培训、持之以恒且悉心聆听市场的声音，Exchange最终成功地填补了这个空白。

网站的屡屡创新和全方位、多渠道营销策略都是为了迎合客户需求。这也说明Exchange不仅仅是一家分类网站。每次整改都会带来访问量的不断增加、列表数目的增长以及销售额的提升。最初建立的商业计划流程中就包括严格审查，这也意味着不管要花多少钱，都必须保证每个环节的质量：马、购买用户、流量和广告。要白手起家建立其自身的声誉和口碑，是个既费钱又艰难的过程，但通过坚持不懈的努力，阿斯林和Exchange做到了。

如今，Exchange网站正计划升级自2005年以来沿用的后台技术。新后台将能加快更新网站讯息的速度，这样员工的工作效率将大大提高，网站的销售能力也将站上新台阶。最初的网站是阿斯林自己开发的，但这次她决定让专业的程序员来负责后台开发。尽管这么做的花费更多，但她愿意支付这笔费用，以便完善数据库和CMS平台的功能，从而使网站的内容更丰富，信息量更大。

最后，阿斯林目前面临的最大挑战可能就是定价结构。用户可能只感知到将马匹信息上传到互联网是轻而易举的，但是Exchange要做的远不止这些。根据阿斯林所说："遗憾的是，许多用户还不能意识到网站的价值，往往要到实际达成交易他们才恍然大悟。人们还是把我们误认为是单纯的在线售马网站。与这类网站相比，我们的服务价格似乎高出很多。值得欣慰的是，大多数人在了解我们为促成交易所付出的努力后，都会成为回头客。”

阿斯林所面临的下一个挑战就是，如何让操纵销售大盘的业务员把钱花在刀刃上？为此Exchange网站正在开发一套新的价格体系，引入销售激励，将那些许久未售出的昂贵马匹排除在某些营销活动之外。

资料来源：“About The Exchange and Eohippus，LLC.，”. exchangehunterjumper. com/about. htm，August 2010；Interview with Amber Aslin，founder of Exchange-HunterJumper，August 2010.

［案例思考题］

1. 找一家提供马匹分类广告的网站，比较其与Exchangehunterjumper. com提供的服务（顾客价值主张）。Exchange提供哪些其他网站没有的服务？

2. 社交媒体是怎样推动Exchange的品牌建设的？哪种媒体带来的销售额和访问量最高？为什么？

3. 列举Exchange针对买家和卖家的所有个性化服务措施。

关键术语

消费者行为（consumer behavior）　尝试通过建模来理解消费者市场行为的社会科学理论。

文化（culture）　形成人们最基本的价值观、需求、感觉及行为。

亚文化（subculture）　由主要的社会差异形成的文化的子集。

直接相关群体（direct reference groups）　个人的家庭、专业或职业、宗教信仰、所住社区以及就读学校。

间接相关群体（indirect reference groups）　个人的人生阶段、所处的社会层级及生活圈。

意见领袖/核心影响者（opinion leaders/viral influencers）　因自身的个性、技能或其他因素而影响他人的行为。

生活方式群体（lifestyle group）　集活动、兴趣及观点于一体的综合模式。

心理档案（psychological profile）　体现人的欲望、天性、动机、感觉和模仿行为。

心理研究（psychographic research）　基于社会层级、生活方式和/或个性特征将市场细分为不同群体。

点击流行为（clickstream behavior）　当顾客浏览网页时产生的事务日志。

营销（marketing）　企业为与客户建立关系并促使其购买自己的产品和服务所采取的策略和行动。

网络营销（Internet marketing）　利用网络及传统渠道与客户建立积极的、长期的关系，使企业可以对自己的产品和服务收取比竞争对手更高的价格，从而获得竞争优势。

特征集（feature set）　产品或服务所具有的功能和企业所提供的各种服务的集合。

大众商品（commodity）　许多商家所提供的无差异的产品或服务。

核心层（core product）　顾客从产品中获得的核心利益。

实际层（actual product）　为传递产品的核心利益而设计的一系列特征。

外延层（augmented product）　除了通过实际产品体现核心利益之外，产品所增设的附加值。

品牌（brand）　消费者购买或使用某企业的产品或服务时所持有的期望集。

品牌化（branding）　品牌的创建过程。

闭环营销（closed loop marketing）　营销人员能够根据市场反馈信息直接影响核心层的设计。

品牌战略（brand strategy）　企业为使自身产品有别于竞争对手，并将这些差异信息有效地传达到市场上而实施的一系列计划。

品牌资产（brand equity） 相对于大众商品而言，消费者使用品牌产品时所愿意支付的品牌溢价的估计值。

客户获得成本（customer acquisition costs） 将潜在顾客转变为消费者所花费的费用。

客户保留成本（customer retention costs） 为使现有顾客再次购买而支付的一切费用。

单一价格法则（Law of One Price） 完全信息市场上，价格是完全透明的，任何商品在全世界只有统一的价格。

差价（price dispersion） 市场上最高价格和最低价格之间的差额。

图书馆效应（library effect） 通过提供扩充的产品数量来满足消费者需求。

事务日志（transaction log） 记录用户在网站上的活动。

注册表（registration forms） 收集用户的个人信息，如姓名、地址、电话、邮编、电子邮件地址（通常是必须填写的），以及其他有关兴趣偏好的选填项。

购物车数据库（shopping cart database） 记录消费者所选择的商品、购买和支付信息。

数据库（database） 一种存储记录及其属性的应用软件。

数据库管理系统（database management system，DBMS） 一种用于建立、维护、存取数据库的企业应用软件。

结构化查询语言（structured query language，SQL） 一种用在关系数据库中的符合行业标准的查询操作语言。

关系数据库（relational databases） 以二维表的形式存储数据，一行代表一条记录，一列代表一种属性，只要表与表之间存在相同数据项，就可创建不同表之间的灵活关系。

数据仓库（data warehouse） 一种将企业的交易数据和客户数据集中起来的分析数据库。

数据挖掘（data mining） 一系列用于发现数据库或数据仓库中数据的模式，或建立消费者行为模型的分析技术。

客户资料（customer profile） 对网站的单个消费者或群体消费者的典型行为的描述。

查询驱动的数据挖掘（query-driven data mining） 基于特定查询的数据挖掘。

模型驱动的数据挖掘（model-driven data mining） 建立模型来分析与决策者利益相关的主要变量。

规则驱动的数据挖掘（rule-based data mining） 分析网站顾客或顾客群的人口统计特征和交易数据，尝试导出访问者行为的一般规则。

协同过滤（collaborative filtering） 网站的访问者将自己归属到有相同兴趣的亲密群体中，商家可根据亲密群体中部分消费者最近的购买记录向其他消费者推荐产品。

客户关系管理系统（customer relationship management（CRM）system） 记录客户与企业（包括网站）的所有接触活动并生成客户资料的信息库，企业中任何一个需要了解客户信息的人都能够获得这些客户资料。

广告网络（advertising network） 基于用户行为数据库中的数据向用户展示横幅广告。

许可营销（permission marketing） 企业在向顾客发信息或促销消息之前先要征得顾客同意的营销战略。

联盟营销（affiliate marketing） 一家网站同意向为其推荐新业务机会的网站支付一定佣金。

病毒营销（viral marketing） 让用户将企业营销信息传递给朋友、家人和同事。

社交购物（social shopping） 与线上的朋友共享对于产品的选择。

品牌延伸（brand leveraging） 利用现有品牌的作用来获得新产品或新服务的顾客。

一对一营销（one-to-one marketing） 在准确、及时地了解一个顾客需求的基础上，对市场进行细分，针对不同的顾客提供特定的促销信息，然后向顾客提供一种与其竞争对手完全不同的商品。

定制化（customization） 根据顾客的偏好来改变产品，而不是仅仅改变促销信息。

客户参与生产（customer co-production） 网络环境下更进一步的定制化，它允许顾客互动参与产品的生产。

可交易内容（transactive content） 将文章和产品描述等传统信息与从产品数据库中精选出来的动态信息组合起来，为客户量身定制信息。

常见问题回答（frequently asked questions，FAQ） 一份常见问题及答案的文字列表。

实时客户服务聊天系统（real-time customer service chat systems） 企业的客户服务代表与一个或多个客户实时互动地交流文字信息。

自动应答系统（automated response system） 发送订单确认的电子邮件和回复问题的电子邮件。

定价（pricing） 规定产品和服务的价值。

需求曲线（demand curve） 在不同的价格下所能售出的商品数量。

价格歧视（price discrimination） 以个人或群体所愿意支付的最高价格将商品出售给他们。

分级（versioning） 生产同一产品的不同档次的系列商品，对不同的细分市场以不同的价格销售本质相同而档次不同的产品。

捆绑（bundling） 以一种商品的价格向顾客提供两种甚至更多的商品。

渠道（channel） 指的是商品分销的不同方式。

渠道冲突（channel conflict） 当一种新的销售产品或服务的方式破坏原有的销售方式时发生的冲突。

思考题

1. 互联网用户数会无限制地增长吗？如果不会，哪些因素会阻碍其增长呢？

2. 除搜索引擎外，互联网上最流行的应用还有哪些？

3. 你认为互联网是促进还是妨碍了社交活动？说明你的理由。

4. 为什么人们所积累的网上经验将会增加他们对互联网的使用？

5. 研究表明，很多消费者在实际购买商品之前先从网上了解产品的信息，然后在传统商店购物。这对网上商家有什么影响？如何才能诱使用户更多地在网上购物，而不仅仅是在网上进行查询？

6. 列出4种对网上商家来说可以把更多的浏览者转变为购买者的改进措施。

7. 列出购买决策过程所包含的5个阶段，并简单描述对每一阶段产生影响的网上和网下的营销活动。

8. 为什么商家希望自己成为“小型垄断者”？

9. 分别从客户和供应商的角度来描述完全竞争市场。

10. 解释不完全竞争市场对企业更有利的原因。

11. 在特征集中，核心产品、实际产品、外延产品各由什么组成？

12. 列举名牌产品的主要优点。它对消费者购买有什么正面影响？

13. 产品的定位和品牌有何关系？有何区别？

14. 说明数据库、数据仓库和数据挖掘之间的区别。

15. 网络营销中使用的4种数据挖掘技术有哪些缺点？

16. 广告网为什么会引起人们的争议？如果有的话，采用什么办法能够克服人们对这种技术的抵制？

17. 在4种市场进入战略中，哪一种对企业最有利？

18. 比较企业在大众营销、直复营销、

微观营销和一对一营销中使用的4种营销战略。

19. 在第一代电子商务时期，哪些定价战略导致了许多电子商务企业的失败？为什么？

20. 价格歧视与分级定价有区别吗？如果有的话，区别在哪里？

21. 免费赠品，如免费的网络服务和免费样品，对网上销售量的提高无效的原因是什么？

22. 解释分级定价策略。它与动态定价有何不同？

23. 为什么将产品和服务进行捆绑销售比单一销售对商家更有利？

设计题

1. 访问SRI网站（www.future.sri.com/VALS/VALSindex.shtml）。点击“Survey”按钮，通过调查来判断你属于哪一种生活方式。准备一篇两页的短文，描述你的生活方式和价值观对你从事网上电子商务活动的影响。你的生活方式会怎样影响你的网上消费行为？

2. 举出一个你认为既为目标导向型的消费者又为体验型的消费者提供了良好服务的网站，并说明你的理由。

3. 在网上选择一种数字内容产品并描述它的特征集。

4. 访问www.eluxury.com网站，为它设计一个网络营销计划，该计划包括如下几部分内容：

- 一对一营销；
- 联盟营销；
- 病毒营销；
- 博客营销；
- 社交网络营销。

说明每一部分的作用，并用幻灯片演示你的营销计划。

第7章 电子商务营销沟通

学习目标

学完本章，你将能够：

- 明确网络营销沟通的主要形式
- 了解网络营销沟通的成本和收益
- 论述将网站作为营销沟通工具的方法

章首案例

视频广告：拍摄、点击、购买

或许人们还没反应过来，网络视频广告时代已悄然而至。随着视频制作工具日臻完善，宽带速度节节攀升，流媒体质量不断提高，网络视频市场保持着持续的超高速增长。视频制作不再只是纽约和好莱坞少数人的特权，相反，大多数人都成为潜在的创作者。此外，观看网络视频的方式也不再那么单一。如今，台式电脑、笔记本、智能手机、上网本和IP电视都能播放网络视频。在线新闻网站通常在首页的顶端放置视频内容。目前，《华尔街日报》在线网站就有两个视频窗口，每天进行两次新闻直播。

网络视频的受众群体庞大。2010年8月，有1.78亿的美国互联网用户观看过网络视频，平均每位观看者花费14.3小时！网络视频吸引到如此之多的眼球，自然就成为备受追捧的广告媒介。如今，互联网用户已经会本能地转移观看屏幕的视线，以回避传统横幅广告的干扰。横幅广告的点击率低得惨不忍睹，网络视频却是另一番景象：视频的点击率非常之高，仅次于搜索引擎营销和电子邮件定向营销。美国最大的网上鞋城Zappos发现，附有视频的产品广告，其点击率会提高6～30个百分点。营销人员自然紧跟潮流，美国前50位的在线零售网站有70%提供视频内容。2010年8月美国共有近38亿个视频广告。

目前企业主要使用两种方式进行视频营销。许多公司亲自制作视频广告来宣传品牌、促进销售。其他公司则试图将广告内容嵌入到他人创作的视频中进行营销。

埃文·索弗伦（Evan Sofron）创办的零售公司Actiontuners就是亲自制作营销视频的范例。String Master自动吉他调音器是该公司一款出色的产品，它的一端连接到计算机上的接听装置，另一端利用引擎齿轮来调准琴弦。埃文最早选择谷歌的关键字广告和文本广告来进行关键字和网站定位营销。销售业绩提高了15%，但他觉得这样宣传很难真正传递产品的功能特性，单纯的文字性描述无法形象、立体地展示产品外观。此外，仅仅0.5%的广告点击率也让他大失所望。几年前，谷歌公司开始尝试在其广告联盟（AdSense）网络中发布视频广告。埃文制作了一个长约30秒的视频来展示String Master的工作原理，然后与谷歌内容网络合作，挑选出多家吉他、音乐和音乐家网站投放视频广告。随后，他致力于增加这些网站上视频的播放次数和用户停留时间。数周之后，他清楚地知道哪些网站的点击率更高，因而将视频广告从其他站点撤下，集中投放到这些站点。几个月后，String Master调音器的销售额增加了40%，平均点击率达8.5%。有些网站甚至高达30%。

《财富》500强都有类似的经验：相比横幅广告和谷歌文本广告，视频更容易吸引眼球，同时视频内容在脑海中的印象也更深刻。许多大公司纷纷跻身于网络视频营销队伍，投入高额的预算和经验丰富的营销人员来攻城略地。例如，2010年经济疲软时期，连锁药店Rite Aid千方百计想要提升业绩。当时的想法之一是利用网站宣传来带动其4 800多家连锁门店的销售，于是公司启动了一个名为Video Values的项目。所有观看Rite Aid相关产品视频的网络用户将获得可在门店使用的产品折扣券。此外，每观看20个视频还可额外获得5美元的代金券。如今，Rite Aid网站每月的视频播放量为50万，会产生20%的折扣返还。由于折扣券采取实名制，用户必须注册才能享受。这样一来，Rite Aid就能收集到参与用户的海量人口统计数据，可作邮件定向营销之用。反过来，便宜商品的推荐网站和博客也会在页面添加社交组件，从而引导追求物美价廉的客户到Rite Aid的网站。

另外，Gap和Allstate等知名公司也正在使用网络视频。服装公司Gap竭力想要重新占领高端时尚牛仔裤市场。该公司制作了一段采访“1969经典牛仔”系列的设计者帕特里克·鲁宾逊（Patrick Robinson）的视频，上传到borntofit.com网站进行营销。保险公司Allstate专门开通YouTube频道来向潜在客户解释巨灾风险，树立自身品牌形象。500强公司大多开通了YouTube频道，亲自制作视频内容，设计和控制营销环境。

小型公司也在使用视频营销。网络时装零售商KarmalLoop自制了在线电视频道KarmalLoopTV，将所有的视频集中到公司网站展示，目的是要创建一个流行服饰社区。网站上的视频多为对时尚设计者、品牌创始人、艺术家和音乐人的独家采访。KarmalLoopTV频道每周的视频播放量已超过10万。

相比横幅广告和电子邮件，视频更能吸引用户，这使其成为理想的广告媒介。视频广告技术历经数次变革，已大大推进视频营销效果的提升。比如，视频广告交互功能的实现，使消费者能在观看视频的同时，直接点击商品加入购物车。这与“流媒体商务”有几分相似。2010年展示广告日渐被人们忽视。相反，交互式视频广告却备受宠爱，大举占领各类网站，尤其是新闻类站点。视频广告还具备编辑优化功能，零售商可更改视频中的元素，然后实时监测变化带来的效果。2010年，iPad的推出使得视频观看体验更为便捷、愉悦。人们在iPad上观看视频的交互比率是普通台式电脑的6倍。然而，如今的困难在于如何将广告信息更为直接地植入视频中，或者说如何将广告融入到数百万的用户自创视频中，以及如何监测视频广告的营销效果。谷歌、雅虎、AOL和众多小公司正在全力研究如何实现广告和视频内容的最佳匹配。虽然计算机能解码视频脚本，但它本身无法解读和理解视频的内容，因此这个匹配过程会十分复杂。Yume.com是一家新成立的公司，专注于将广告匹配到流行的网络视频中。但其中存在这样的风险：广告被嵌入到完全不搭边的视频中。没有人愿意将广告融入到盗窃、色情或是无关的视频中。

怎样在不影响消费者观看体验的前提下，将广告在合适的时机展现在视频中，是另一大挑战。最后，大量视频无法加载而出现黑屏的话，会造成访问者的流失，这正是如今展示广告的弊病。因此，如何避免视频加载错误也亟待解决。为此，YouTube正在测试实施"可跳过"的视频广告，允许用户跳过视频中嵌入的广告，且若用户选择跳过广告则不向该广告商收费。可跳过的视频广告有助于视频广告市场实现自我优胜劣汰，那些不受欢迎、烦人的、经常被跳过的广告将会逐渐消失。

资料来源："comScore Releases August 2010 U.S. Online Video Rankings," comScore, September 30, 2010; "YouTube to Introduce 'Skippable' Ads," *Wall Street Journal*, June 29, 2010; "2010 Promises Massive Digital Video Adoption—and Advertising Potential," by Meghan Keane, eConsultancy.com, June 15, 2010; "Video E-Commerce: Innovative Models Drive Sales," by Jeffrey Grant, eMarketer, May, 2010; "Video Ad Start-Up YuMe Raises $25 Million," by Brad Stone, *New York Times*, February 17, 2010; "Online Ads Are Booming, if They're Attached to a Video," by Brian Stelter, *New York Times*, November 11, 2009; "YouTube Wedding Spurs Music Sales," by Brad Stone, *New York Times*, July 30, 2009.

开篇案例从一个很有意思的视角向我们讲述了家庭和商务视频的影响力的提高、新的互联网技术的提升以及数字摄像机的广泛分布对用户选择和品牌认知产生了很深的影响，同样也讲述了营销人员在应用这种新的广告形式时可能会面临的一些挑战。

最近几年，互联网广告越来越炙手可热。2008—2009年出现的经济萧条导致网络广告花费占比下降了3%。2010年，互联网广告花费占比再次增长了11%，而其他形式的媒体广告花费占比收缩了2%（比如，报纸花费占比下降了11%）。与此同时，线上与线下的整个广告行业在经历一段时间的剧烈变革。互联网和在线广告正在逐步侵蚀由电视和纸质媒体主导的传统行业。随着消费者对网络关注的增加，广告的支出预算也逐渐转移到网络，而纸质媒体和电视的支出基本维持不变或减少。表7—1总结了广告行业在2010—2011年的变化。

表7—1 2010—2011年互联网广告的变化

趋势	影响
互联网广告在侵蚀传统媒体广告总预算的份额	2010—2011年，美国互联网广告的花费在全部广告预算的占比将增长到15%。
广告总预算减少，但是网络广告支出呈增长趋势	尽管处于经济萧条时期，2010年互联网广告增长了11%，达到250亿美元，且会保持持续增长；2011年广告总支出下降，但是网络广告依然增长了9%。

续前表

趋势	影响
搜索引擎营销的费用将持续是网络广告费用主要支出，大约占 50%	搜索引擎营销在 2010 年增长了 15.7%，将达到 120 亿美元，且会持续增长。到 2011 年将达到 135 亿美元，大约为横幅广告（54 亿美元）的 2 倍，只是增长速度放慢。
互联网广告的行业巨头出现	从宝洁到百威啤酒在内的主流包装产品公司都在将增加的广告支出用在网络上，主要针对类似视频、品牌网站、Twitter 和社交网络的互动品牌营销方式。
新的广告形式出现	类似于横幅展示形式的广告市场都逐步被视频广告、游戏广告、装饰广告和虚拟网站广告市场占领。
行为广告和个性化的网站体验增加	基于行为的营销技术使在合适的时间向合适的用户展示广告逐渐成为现实。个性化的网站体验也在逐步实现。同时，隐私抗议也在增长。
社交网站正寻求利用展示和互动的广告获利的模式	随着人们对社交网站的关注度越来越高，社交网站的广告盈利增长到了 16 亿美元（其支出只占广告总支出的 5%）。
谷歌、AOL、微软和雅虎与传统广告竞争市场	搜索广告增长率下降，导致搜索门户网站通过收购在线广告网络进入展示广告行业以扳回其在搜索行业的位置。
指标：挑战和解决方案	行业指标的缺乏导致衡量广告效果和了解广告价值这两个问题变得更为困难。

2001 年经济形势下滑，互联网泡沫破裂，动画横幅广告以及在进入或退出网页时的弹窗式强制性广告呈爆炸式发展。电子邮件和垃圾邮件泛滥，导致互联网用户花费 80%～90%的时间在电子邮件交易上。谷歌、雅虎、微软和其他公司提供的搜索引擎广告（也称“拉式广告”，就是用户在上面查找信息和付费文本广告）突然普及，使其逐步发展成为一种独立的、最大的广告形式。视频广告虽然是整个互联网广告市场的一小部分，但却是增长最快的一种广告形式。由于需求的不断增长，互联网广告成本越来越高，但依然比传统媒体的广告成本要低很多。

在第 6 章里我们曾指出，品牌是顾客对企业所销售商品的期望，企业所从事的部分营销活动就是为了创建这些期望。本章我们将注重学习**网络营销沟通**（online marketing communications）——网上企业用来与消费者沟通并创建强大品牌期望的方法。什么是将人们吸引到网站上并将其转化为顾客的最好方法？我们将把网站也作为一种营销沟通工具来进行研究，探讨网站的设计是如何影响销售的。

7.1 网络营销沟通

营销沟通有双重目的：创建品牌和销售。营销沟通的一个目的是通过让消费者了解企业产品和服务与众不同的特征，来建立和加强公司的品牌。另一个目的是，通过鼓励消费者购买产品（越快越好），将营销沟通直接用于商品的促销。以创建品牌为目的的沟通与以销售为目的的沟通，两者间的差异虽然很小但却很重要，因为为创建品牌而进行的沟通不同于为促销而进行的沟通。**促销沟通**（promotional sales communications）几乎总是建议消费者“现在就买”，并且所提供的价格也是鼓励消费者即刻购买。**品牌沟通**（branding communications）则很少鼓励消费者立即购买，而是大力吹捧消费该产品或服务可以获得与众不同的收益。

网络营销沟通有多种方式，包括网络广告、电子邮件营销和公共关系。甚至网站自身也可以作为营销沟通工具。

7.1.1 网络广告

广告是人们最熟悉的也是最常用的营销沟通工具。2010 年，企业广告费用预计将达到 1 660 亿美元，其中，**网络广告**（online advertising，网站上的付费信息、搜索列表、视频、桌面小工具、游戏或其他的网络媒体，比如即时信息）的费用估计为 250 亿美元（见图 7—1）（eMarketer，Inc.，2010a）。

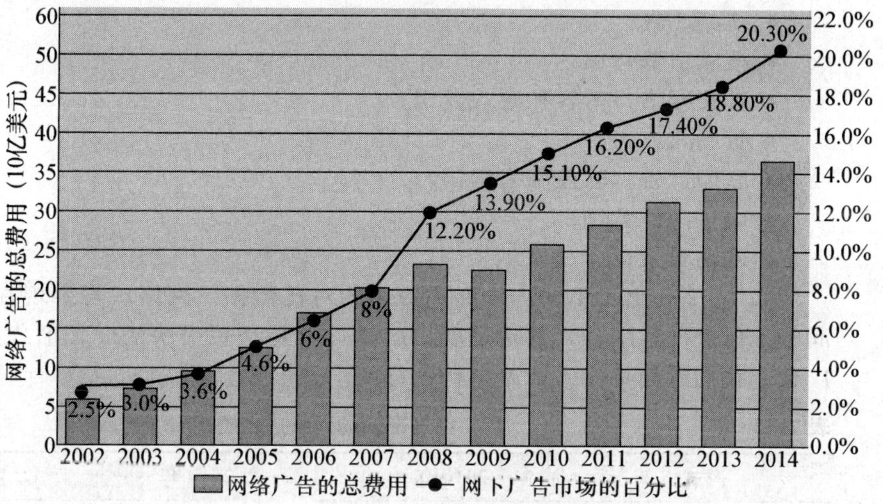

图 7—1　2002—2014 年的网络广告

说明：网络广告费预计从现在到 2014 年以 10%的比率增长，在整个广告费用中占比也会增加。
资料来源：Based on data from eMarketer，Inc.，2010a.

在最近 5 年内，网络广告花费增长非常迅速，与此同时，也削减了传统渠道，比如收音机、电视和报纸等的支出。尽管网络广告是广告中增长最为迅速的一种方式，其在整个广告市场中仍只占很小的一部分，到 2014 年也仅达到 20%。

不同行业在网络广告上的花费是不同的。零售业占比最高，为 20%，其次是电信占 16%，金融服务占 12%，汽车行业占 11%，计算机占 10%（Interactive Advertising Bureau/PricewaterhouseCoppers，2010）。旅行和消费包装品/食品各占 6%。与电视、广播、出版物（杂志和报纸）等传统媒体相比，网络广告既有优点也有缺点。网络广告的一个优势是互联网用户是活跃的，尤其是在 18～34 岁之间的用户，年龄大于 65 岁且在不断增长的“婴儿潮”一代也符合这一特征。第二个优势是能够针对更小的细分市场做广告，并且能够几乎实时地追踪广告效果。**广告定位**（ad targeting），就是向特定的群组发送营销信息以增加购买的可能性。但广告定位也造成了一定的价格歧视：将同样的产品和服务以不同的价格销售给不同的人群。在第 6 章，表 6—7 列出了 6 种主要的细分市场，以及定位方法（行为、人口统计学、消费心态、技术、情境和搜索）。在本节，我们将更深入地讨论广告定位。

理论上，网络广告可以个性化每一条广告信息，以精准匹配每一个消费者的需求、兴趣和价值。实际上由于垃圾邮件和频频跳出的弹窗广告很难再引起消费者的兴趣，在现实世界实施也就变得很困难。网络广告同样为互动、广告主与潜在客户之间的双向沟通提供了很多机会。网络广告最主要的劣势是收支平衡问题，怎样准确衡量广告的效果和提供展示广告的优良场所。例如，出售广告位置的网站所有者不能像传统媒体那样有统一的标准和日常审查来核实它们宣称的数量。我们将在 7.2 节测试网络广告的成本和收益，并研究其有效性。

网络广告有多种不同的形式：

- 展示广告（横幅广告和弹窗）；
- 富媒体广告；
- 视频广告；
- 搜索引擎营销；
- 社交网络、博客和游戏营销；
- 赞助式广告；
- 联盟广告（联盟网络营销）；
- 电子邮件营销；
- 网络目录。

表 7—2 列出了不同广告形式费用的对比数据。网络广告中现在能产生最大利润的是付费搜索广告，其次是展示广告，但是增长最快的广告形式是富媒体/视频广告。我们后面将深入讨论各种各样的广告形式。

表 7—2　部分形式的网络广告费用　单位：10 亿美元

形式	2010 年	2014 年	变化率（%）
搜索广告	12 374	16 771	36
横幅广告	5 477	7 373	35
分类广告	1 958	1 960	0
富媒体广告	1 576	1 815	15
潜在顾客开发流程	1 531	2 033	33
视频广告	1 506	5 518	266
赞助式广告	402	501	25
电子邮件广告	276	330	20
总计	25 100	36 300	45

资料来源：Based on eMarketer，Inc. 2010a.

展示广告：横幅广告和弹窗广告

横幅广告是最早出现在互联网上的广告。**横幅广告**（banner ad）是在屏幕的顶部或底部显示的长方形的促销信息框。它与传统出版物上的广告很相似，但又优于传统广告。如果点击广告，它会把潜在客户直接链接到广告主的网站上。此外，网络广告的动态特性要远强于印刷媒体广告：它能够显示多种图片信息或使广告的外观不断变化。

横幅广告一般是动态的 GIF 格式的图片，它快速、连续地显示不同的图片，创建动态效果。美国交互广告局（之前为互联网广告局，IAB）是广告业的行业组织，负责发布横幅广告的行业标准。全横幅式广告是最常用的一种横幅广告，当分辨率为 72 dpi（每英寸的点数）时，它的宽为 468 个像素，高为 60 个像素，文件最大为 13 KB。

IAB 标准规定了几乎所有类型的广告和按钮广告，包括“摩天大楼式广告”（又高又窄的横幅式广告，其高度几乎是传统垂直横幅广告高度的 3 倍）、不同规格的矩形和正方形弹出式广告（在一个单独的窗口打开），以允许广告人员设计出具有交互性和创造性的广告。各种各样的广告类型（包括下面将要讨论的富媒体/视频广告）是为了帮助广告人员打破用户由于接触大量的展示广告而造成的嘈杂混乱的印象。像 DoubleClick 这样的广告网络一年提供 5 000 亿各种不同印象类型的广告。调研公司估计互联网用户每天要被展示 1 000 幅广告。图 7—2 是 IAB 所规定的一些不同类型的横幅广告标准。

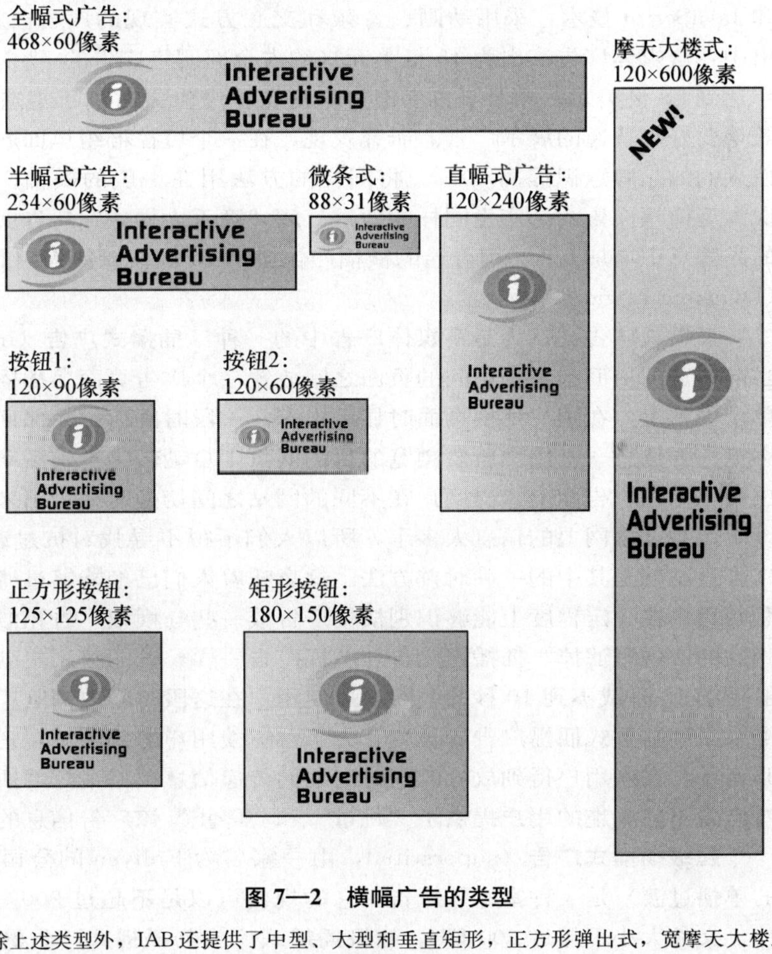

图 7—2　横幅广告的类型

说明：除上述类型外，IAB 还提供了中型、大型和垂直矩形，正方形弹出式，宽摩天大楼式，半页式，以及一种名叫“排行榜”的（728×90 像素）的广告的标准。

资料来源：Interactive Advertising Bureau，2008.

弹窗广告（pop-up ad）是未经用户同意就弹出的广告或按钮。一般这些广告符合 IAB 设定的横幅和按钮大小。**隐藏式弹窗广告**（pop-under ad）是弹出式广告的一种类型，即打开一个在后台运行的活动浏览器窗口，直到用户关闭当前的活动窗口，它才显示出来。该广告窗口在用户关闭它之前一直是可见的。弹窗广告会在消费者目标页面打开之前出现，期间或之后才会消失。

许多调查发现，这种在网页上出现的弹出式广告容易引起顾客的消极情绪。弹出式广告成为仅次于电话营销的一种最令人反感的营销沟通方式。一些互联网服务供应商和搜索引擎/门户网站（比如雅虎、谷歌、AOL 和地球在线等）提供弹出窗口阻止工具栏。火狐、IE 7 和 IE 8 也为消费者提供了类似的工具。研究发现，弹出式广告的点击率是一般横幅广告的 2 倍（有些情况是顾客不知道怎么关闭或不小心点击进去）。即使遭到强烈反对，弹出式广告和隐藏式弹出广告的数量有可能下降，也不会完全消失。

富媒体广告

富媒体广告（rich media ads）是利用 Flash、动态 HTML（DHTML）、Java 和 JavaScript 技术，采用动画、音频和交互方式实现的广告。2010 年网上广告支出中，富媒体广告支出为 15 亿美元（约占全部网络广告的 7%），并且有望在 2014 年达到 18 亿美元。相对于拉动销售，富媒体广告更有利于塑造企业的品牌，并且效果要好于普通的展示广告。研究发现，在一个可控群组里面展示富媒体广告将会使人们的品牌意识提高 10%。将同样的方法用在一般的横幅广告上，需要显示 3 次大型横幅广告才会产生同样的效果。用“摩天大楼式”广告展示 6 次才可使用户的品牌意识增加 8%；用普通的横幅广告显示 10 次仅能使人们的品牌意识提高 6%（Dynamic Logic，2004）。

插播式广告被认为是富媒体广告中的一种。**插播式广告**（interstitial ad）是在当前浏览的页面和将要访问的页面之间放置一个广告页面。插播式广告通常插入在单个网站上，在用户切换页面时显示出来。一段时间后——保证用户有足够的时间浏览广告信息——用户所要浏览的目的网页则自动转为当前活动网页。插播式广告也可以用在广告网上，当用户在不同的网站之间切换时显示出来。

因为互联网上的信息太多了，所以人们不得不寻找对抗过载信息刺激的方法。广告过滤就是其中的一种对抗方法。这意味着人们已经能够过滤掉大量的信息。互联网用户在一定程度上能够识别横幅广告或一些与横幅广告相似的信息并将大量不相关的广告过滤掉。插播式广告与电视广告一样，试图让用户浏览广告信息。它一般持续 10 秒或不到 10 秒的时间，迫使用户在这段时间内浏览广告。IAB 制定了标准来限制前置式插播广告的长度。为了避免使用户感到厌烦，它通常利用动态图像和音乐，在使用户得到放松的同时向他们传递信息。一个好的插播式广告还向那些对广告不感兴趣的用户提供了“跳过”和“停止”该广告信息的功能。

超级插播式广告（superstitial，由一家名为 Enliven 的公司提供，有时指动画的单播过渡）是一种富媒体广告。它的规格可以是不超过 900×500 像素的任何尺寸，文件大小不超过 600 KB。超级插播式广告与插播式广告的区别在于，它先被载入浏览器的缓存中并且在没有下载完之前是不会显示的。下载完以后，与插播式广告一样，当用户向一个新页面发出请求时才从缓存中调出该广告页面。

视频广告

视频广告（video ad）类似于电视广告，以页面内部商业视频的形式在各种视频的前面、中间或最后展示的广告形式。表7—3描述了IAB的一些视频广告标准。

表7—3 视频广告类型

格式	描述	使用时机	使用方式
线性视频广告	前置式；代替；广告需要占据视频一定的时间	前置式，后置式，或是插播式	文本，横幅，多媒体视频广告播放器界面
非线性视频广告	叠加；网络蠕虫；与视频播放同时进行，但是不会占据整个屏幕	期间，结束或是同时进行	
植入横幅视频广告	多媒体；与横幅广告一起启动，但可能大于横幅广告	与网页一起，可能会被其他内容包围	无
植入文本视频广告	多媒体；当鼠标经过相关文本时传送广告	与网页一起，被判定为相关内容的高亮文本	无

视频广告是目前增长最快的网络广告。目前网络视频广告支出大约为15亿美元，并且有可能在2014年增加到55亿美元。然而，从总收入角度来看，与搜索引擎营销费用相比，网络视频广告的费用还比较小。电视广告的费用也是如此。

主流新闻和娱乐网站、门户网站、幽默和用户生成内容的网站上视频内容的激增也为品牌营销人员接触他们的目标用户提供了便利。2010年，美国2.21亿互联网用户中，80%的人每月观看了大约330亿个视频广告。2010年5月，YouTube.com突破了146亿个视频的观看纪录，成为历史最高点，第一次突破了100个/位的观看纪录（comScore，2010a）。网络视频正在逐步代替电视广播网络和好莱坞电影厂商，逐步成为21世纪用户的关注焦点。

如何更好地利用这个机会仍然是个难题。只要没有广告干扰或广告较短，观众会愿意为了观看短视频剪辑而去听下广告内容。现在有许多展示视频广告的形式。目前最常用的就是“前置式”（其次是中置式和后置式），即迫使用户在观看视频前播放广告，或是观看中间插播广告或是影片结束的时候播放广告。尽管广告公司能成功地将视频广告格式出售给公司，但是像YouTube和MySpace这样的主流视频网站很难销售它们的广告空间，也很难从大量的观众上盈利。

现在有许多专门的视频网站，如VideoEgg、Advertising.com、Broadband、Roo等，它们针对本地用户开展视频广告活动，然后将这些视频广告挂在各自的网站上。企业也可以建立自己的视频和电视网站来推销它们的产品。例如，Anhenser Busch创建了Bud.tv，以供饮酒者坐下来，通过观看喜剧、运动和网络娱乐视频来放松休息。

不管使用哪种类型的广告，大量的广告人员通过与诸如广告网络（如DoubleClick）这样的广告中介或拥有广告投放和创意员工的广告代理合作。也有其他人选择与其他网站互相投放广告，直接与网络出版商（展示广告的网站）交易。**横幅**

广告互换（banner swapping）是一种协议，根据该协议，每个公司都可以在其他的联盟网站上免费发布广告。**广告交换**（advertising exchanges）安排在公司之间进行横幅广告互换，这些公司通常是一些没有能力支付广告网（如 DoubleClick）高昂广告费的小公司。通过发布其他公司的广告，该公司也有权在其他公司的网站上做广告。与原来只是在雅虎广告、谷歌广告和微软广告上廉价地进行广告展示相比，小企业现在拥有更多的机会。现在每家公司都可以提供广告定位、市场细分、交叉销售技术和广告定制。

搜索引擎营销：付费的搜索引擎置入和排名

网络营销在过去 5 年中最显著的变化是搜索引擎营销的爆炸式增长，这一点是毋庸置疑的。搜索引擎营销几乎改变了整个营销沟通行业，也使其成为增长最快的一种形式：尽管年增长率只有 10%～13%，但是搜索引擎营销产生的利润在整个网络广告市场中的占比已经由 2000 年的 1%增长到了 2010 年将近 50%（见图 7—3）。搜索引擎的用户几乎和邮件用户数一样庞大。美国，平均每天有 8 300 万年轻人（大约为年轻网络用户的一半）使用搜索引擎（Pew Internet & American Life Project，2010）。总计起来，每月将进行 150 亿～170 亿次搜索。简而言之，搜索引擎在这短短的几分钟时间里，最能把握用户的需求，它可以根据用户的喜好和倾向投放最有效的广告。搜索引擎营销的点击率（CTR）一般为 1%～5%，并且很稳定。

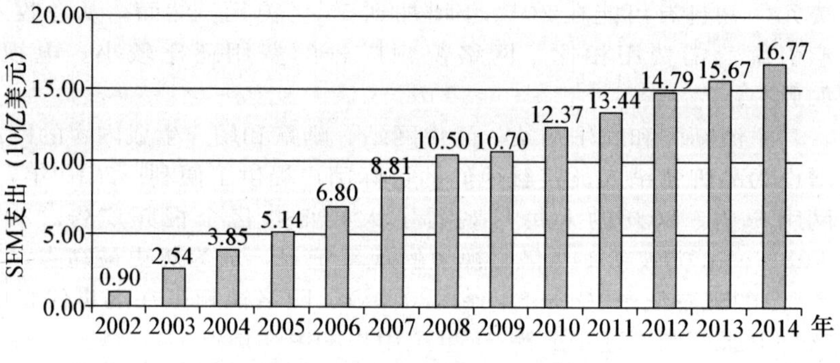

图 7—3　搜索引擎营销的收益

说明：搜索引擎营销已占据了网络广告市场的 50%，不过其增长率已放慢至两位数。
资料来源：Based on data from eMarketer，Inc.，2010a，2007，2005.

现在，互联网上大约有数百家搜索引擎网站，差不多有 25 个主流的搜索网站占据了大部分的搜索流量。搜索引擎营销具有很高的聚集度。前三家搜索引擎提供商（谷歌、雅虎和微软）的业务占据了前 20 家搜索网站业务的 98%（见图 3—21）。

搜索引擎营销的类型。现在至少有 3 种类型的搜索引擎营销：关键字付费排名、广告关键字和基于搜索引擎的广告网络。搜索引擎网站一开始很公正地展示网络的海量网页的搜索结果，主要依靠横幅广告盈利。这种形式的搜索结果称为“**自然搜索**”（organic search），因为其网站的排名依赖于搜索引擎应用的一系列公正的规则。但从 1998 年开始，搜索引擎网站渐渐地转变为数字黄页，企业需要支付一定的费用才能将自己的网页收录到搜索引擎中（先前是免费的，并且是建立在“客观”标准上的），也就是所谓的支付置入费，若要确保企业的链接一定出现在相关搜索结果的显著位置，则还要支付排名费。

许多搜索引擎提供**付费置入**（paid inclusion）程序，通过收费保证该网站的内容出现在搜索结果中，并且尽可能频繁地被网络爬虫发现，还可对改进自然搜索的结果提供建议。搜索引擎声称这些付费程序（花费制造商一年成千上万美元）不影响网站的自然搜索结果，只是会将其包含在搜索结果内。然而，页面植入广告的点击越多，其页面排名就越靠前，从而导致自然搜索的结果排名越高。

有些搜索引擎没有付费置入程序，但会对结果页面上的赞助链接区域或与自然搜索结果混合形式（用户不知情）的小型文本广告收费。尽管谷歌会在页面顶部放置2～3个赞助商广告链接，并予以标明，但谷歌声称不会因为公司的付费而改变自然搜索结果的排名。一些小型的搜索引擎使消费者很难识别排名在前几位的搜索结果是付费页面还是按照客观标准搜索的结果。若商家的网站内容不在搜索结果列表的第一页，某种意义上就意味着生存的机会渺茫。

研究表明自然搜索结果和付费位置排名都很重要，而相对来讲，用户更偏重于自然搜索的结果排名（见图7—4）。研究者利用热点追踪工具测量了用户在搜索引擎上的行为。他们发现，消费者从上到下扫描搜索结果列表呈现一个"F"的形状模式，其关注的重点在页面的左半部分。只用很少的时间去看下右边的付费文本广告，并且通常只关注广告的前3个。用户通常只会看自然搜索结果的前3个，查看赞助链接列表的可能性很小。这是通过多次使用眼热图得出的结论（Google，2009；Shrestha and Lenz，2007；Nielsen，2006）。

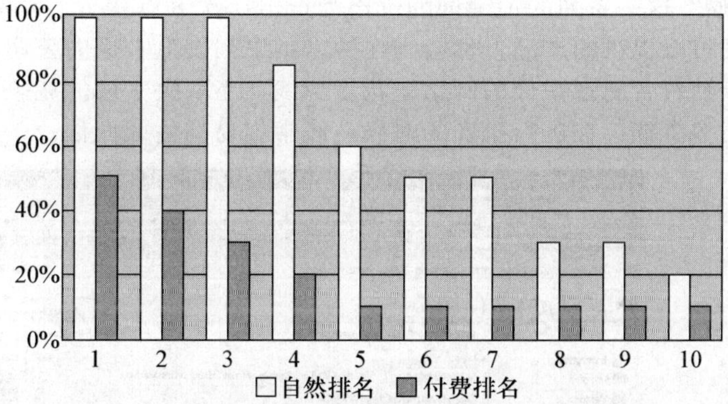

图7—4　消费者对两种类型搜索排名的重视程度

说明：自然搜索结果的前3个，几乎每个人都会关注，但第4～10的结果，关注的人就急剧减少。只有50%的人会关注排名第一的赞助链接，对排在后面的关注度急剧下降。

资料来源：Based on data from Hotchkiss，et al.，2007.

另外两种类型的搜索引擎营销依靠在网上拍卖出售关键字。

在**关键字广告**（keyword advertising）中，商家通过搜索网站的竞标程序来购买关键字，任何时候，只要用户搜索购买的关键词，它们的广告就会出现在屏幕的某个位置，通常是作为一个小型的文本广告放在右边，但是也有可能放在列表的顶部。商家付费越高，排名就会越靠前，广告被用户看见的可能性就越大。一般来讲，尽管搜索引擎控制会对语言运用进行监控，但也不会使用关于广告质量和内容编辑的判断。另外，有一些搜索引擎是根据广告本身的流行度来排名，而不仅仅根据付费数量和单位时间内的点击数。谷歌的关键字程序是AdWords，雅虎的为Sponsored Search，微软的名为adCenter。

2002 年谷歌引入了一种独特的关键字广告：**网络关键字广告/语义广告**（network key word advertising，amtext advertising）。下面介绍这种搜索引擎网络如何工作。出版商（网站所有者）加入该网络，且允许搜索引擎在网站上放置相关的广告。由要刊登广告信息的人支付广告费用。谷歌文本信息是比较常见的。点击搜索结果赚取的利润由搜索引擎和网站出版商共同分享，并且大多数情况下，网络出版商占比高一些。出版商网站不能直接控制在其网页上展示的广告，广告人员也不能决定其广告的展示位置。但是，搜索引擎可以使用多种工具（关键字分析和关键字邻近原则），确保其广告展示在相关的、适合的网站上。这些工具会试图去解码网站的上下语义环境内容，以决定广告展示的位置，所以网络关键字广告也称为"语义营销"。谷歌称这种基于上下文环境来判定放置广告位置的方法为"AdSence"，雅虎称之为"语义匹配"。搜索引擎营销增长的大部分利润来源于关键字和网络关键字广告。谷歌一半的利润来自 AdWords，其余来自 AdSence。

搜索引擎可以利用这种方式将关键字广告从自己的网站扩展到其他大量的网站上。遗憾的是，这种程序导致"垃圾 AdSence"网站的建立，该网站由来自网络的一些重新开放的链接组成，并导致一个即使用户点击 AdSence 链接，也不支付相关费用的违法人员组成的完整的行业。

所有类型的关键字广告中关键字的价格差别较大，从几美分/次到 25 美元/次或者更高（见图 7—5）。最高的关键字价格由法律公司的潜在诉讼消费者来支付。"肿瘤"这一系列的关键词的价格为点击一次 800 美元。消费者刚好要找一个你们公司可以提供的产品，你会为在搜索结果列表上有你们公司支付多少钱？这当然取决于消费者愿意在你的网站上花多少钱，还取决于你的竞争者愿意为同样的关键字支付多少钱。在进行拍卖的时候，经常容易高估或低估。

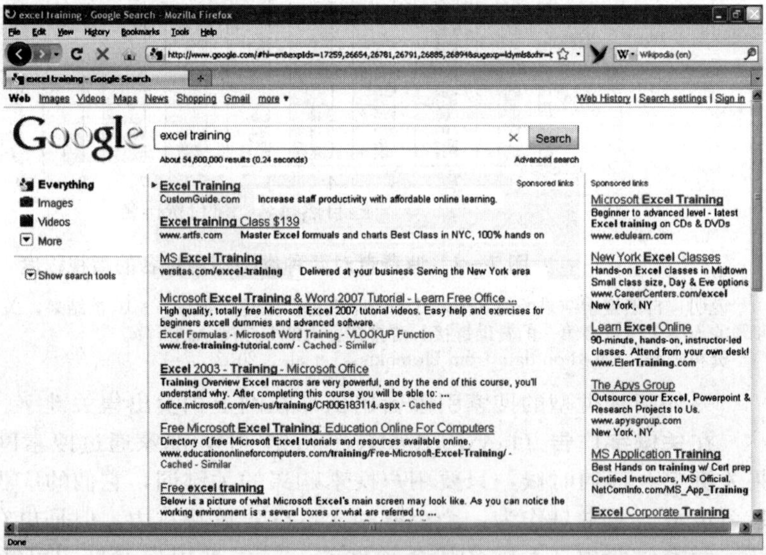

图 7—5　谷歌的付费列表

说明：通过谷歌搜索引擎搜索"Excel training"得到的列表，列出了那些支付了置入和排名费的公司名单。

资料来源：Google. com. Reproduced with permission of Google Inc. © 2010 Google.

搜索引擎营销几乎是一种完美的精准营销技术：在消费者寻找产品的关键时刻，向其提供合适的广告。像 DoubleClick 和 Real Media 24/7 这样的广告网络一开始也有这样的想法，但是它们的数据库技术并不能保证在精确的时刻向用户传达广告。传统的线上/线下精准营销方法是基于搜索大量的数据库和客户资料信息，而搜索引擎营销是基于进行关键字搜索的特定时刻的一种更加有效的方法（尽管来自于 IP 地址的优先搜索，从谷歌邮箱等其他资源收集的关键字会影响结果），且统计顾客的点击流数据库或人口统计学背景的数据库。消费者查找一个厂商恰巧在售的商品，这对搜索引擎营销人员来说是最重要的事实。

许多情况下，搜索引擎并不会告诉消费者哪些结果是参与的公司付费排名的，或是使消费者很难分辨哪些结果是付费的，哪些结果是自然搜索出来的。一些分析人员认为，只要能够搜索到相关的结果，消费者并不关注哪些是付费的，就像在使用黄页的时候也不在乎一样。也有一些人认为告诉消费者付费列表的商业特性对电子商务是不公平的，因为用户已经习惯了去屏蔽一些商业化的信息。如果搜索结果列表由商业手段操纵，用户可能就很难准确地找到合适的、相关的链接信息。联邦交易委员会已经备案了一些来自客户的抱怨：搜索引擎没有明确地表明由于付费致使排名较高是一种欺诈行为。2002 年 7 月，它下令搜索引擎行业需要公开搜索结果的付费内容（Sullivan，2003）。一项来自消费者报告网络观察的研究显示，参与测试的所有搜索引擎都没有按照用户的需求，将付费内容公开或进行说明；还包括同时可以展示几家搜索引擎结果的元搜索引擎，也没有在搜索结果中充分说明付费位置和付费内容，使消费者很难发现哪一部分为付费内容。报告同时发现，网站公开的关于营销人员商业操作的信息（他们的操作怎样影响搜索结果列表）经常是令人困惑、晦涩难懂的。但也有一些搜索引擎，比如谷歌（FTC 上没有被投诉的几个主要网站之一）会将付费广告和自然搜索的结果分开，让人们可以更直观地分辨搜索结果（Consumer Report WebMatch，2004，2005）。搜索引擎行业没有明确地告诉用户这些搜索结果的来源。PEW Internet & American Life Project 的报告发现，62%的搜索引擎用户不能分辨出付费和非付费搜索结果，70%可以接受赞助链接的搜索结果。同时也有一半的人表明，假如他们发现搜索的结果不是按实际情况排序的，他们将会停止使用该搜索引擎（PEW Internet & American Life Project，2005）。

为什么搜索引擎营销依然运行良好，并在商家和消费者之间如此流行？对于商家来说，搜索引擎营销最能使销售推广达到理想的效果。付费搜索引擎内容和位置是一种最有效的营销沟通工具，每天有 8 300 万美国年轻人利用搜索引擎查找商品和信息。

搜索引擎对不能承担大型营销活动的小公司非常有用。购物用户会利用搜索引擎去搜索特定的商品和服务，而这些人（查找信息并且有购买欲望的人）就是营销人员期待见到的用户。更重要的是，搜索引擎只会收取点击费用，商家可以不用为没有效果的广告付费。最后还有一点，商家不用受并不完全了解的搜索规则支配。没有一个人可以确切知道，谷歌为什么以及如何将一家公司的排名放在前面，为什么有的公司没有展示在列表首页。也没有人确切知道如何提高网站的排名（尽管有几百家公司声称它们可以）。根据谷歌自己对其搜索引擎的介绍，排名会偏向于链接消费者的比较流行的网站，但会忽视一些新成立的公司，这些公司一般在搜索结果的后面。谷歌编辑也会通过某种未知的方式去惩罚或奖励一些网站。像谷歌这样的搜索引擎通过使用付费列表，可以保证小公司在本地市场的垄断。公司只会简单地付费给谷歌或其他的搜索引擎网站，确定它们将会出现在搜索结果页面上，且会根据竞价进行排名。对于大多数使用此项服务的商家，它们认为只要能降低不确定性就值得付费。

那么对于消费者呢？当其查找特定产品的时候就可以出现相关商家的广告，消费者从中也是受益的。这些搜索结果不会被当做弹出式广告、动画广告、视频广告、插播式广告、电子邮件或是其他不相关的沟通方式来对待。因此，搜索引擎营销节省了消费者的认知精力。搜索引擎营销之所以有这样的效果是因为其具有导向性：消费者输入的正是其想要查找的信息。

搜索引擎点击欺诈和虚假广告。搜索引擎营销唯一致命的弱点就是“点击欺诈”。就像垃圾邮件降低了邮件营销的可用性一样，点击欺诈增加了搜索引擎营销的成本，削弱了其对商家的吸引力。大多数网络都是基于参与人员开放、诚信和道德的假设，而点击欺诈正是利用了这些假设的弊端。

任何人，包括竞争者，都可以通过点击搜索引擎广告，最后却不购买，来抬高商家的成本。若你是网络出版商，你就可以让你的朋友或亲戚通过在你的网站上点击谷歌或微软的广告来盈利。**点击欺诈**（click fraud）主要发生于：（a）一个竞争者频繁点击另一个竞争者投放的广告来增加后者的营销成本；（b）网站出版商频繁点击在其网站上投放的广告来增加盈利。一些网站欺诈人员发明了一种“点击机器人”，它可以利用几百个不同的IP地址和僵尸电脑（在网络上被广告软件捕获的未受保护的客户机）自动点击广告，却不会被追踪。另一种类型的点击欺诈是搜索包含竞争对手广告的搜索结果页面，却不对其进行点击。这会导致其在谷歌AdWords和AdSence广告上热度排名很低，从而使其广告的排名处在靠后的位置。

搜索引擎网站试图通过观察流量模式来监控和阻止这种行为，但是因为诈骗者会隐藏其IP地址，追踪这种频繁的点击很困难。目前的研究显示，美国的诈骗点击率为18%（Click Forensics，2010）。出版商网站控制的诈骗点击数量现在还未知。国际搜索引擎营销专家组织（Search Engine Marketing Professional Organization，SEMPO，一家搜索引擎公司赞助的营销人员交易协会）报道，40%的营销人员认为点击欺诈确实是一个严重的问题，19%的广告人员试图追踪点击欺诈，50%的广告人员因为点击欺诈而减少了他们的关键字搜索预算（Fair Isaac Corporation，2007）。点击欺诈很难监测，但也不是不可能去做。典型的欺诈模式就是点击数量上升，但是销售量稳定或下降。在很大程度上偏离历史点击率（比如偏离一个标准差或更多）是可疑的。而像谷歌和雅虎这样的搜索引擎公司是不会退还这种状况下的点击费用的。另一个相对来说不是很严重的问题是“虚假广告”，它是由谷歌AdSence程序会利用一种试图理解网页内容的计算机程序将广告放置在数千个网站上引起的。有时，这种计算机程序也会出错，比如，当你搜索术语“败犬女”（英文为lost dogs）时，谷歌会提供大量关于丢失的狗的信息和一些“疾病”、“污染物”、“腐烂”的广告。更令广告人员困扰的是，有时展示的产品广告与用户想要的产品没有任何关系。比如，卡夫食品的奶酪广告有时就会出现在“白人国家主义”的网站上，这会导致该网站上经常使用“感恩”词语的用户感到厌烦。

移动广告：iAd 和移动广告

智能手机、苹果手机、iPad 等移动设备的普及增加了人们访问网络的机会。2010 年，约有 8 300 万用户（占美国互联网用户的一半）使用移动设备接入互联网。智能手机用户每天使用应用程序和互联网的时间平均为 30 分钟。苹果和谷歌现在都迅速利用其独立的操作系统和应用软件开发新的移动广告平台，这是未来流行性和功能性不断增强的基础。2010 年，这还只是一个新兴的小市场，广告盈利仅为 5 亿美元，但是以 35%的增长速度成为发展最快的平台。随着搜索和展示广告的增长速度达到两位数，移动平台广告市场逐渐发展起来（Kane and Steel，2010）。

2009 年 9 月，谷歌成功击败了苹果，以 7.5 亿美元的价格收购了一家自主研发应用程序进行广告展示的公司——AdMob。2010 年 1 月，苹果以 2.75 亿美元价格收购了一家同样的公司——Quattro Wireless。两家公司都是为了能够更好地利用其操作系统来发展业务。与传统的网络广告（和大多数移动广告）公司不同的是，这种新的移动广告平台不需要将用户带到外部网站，只要用户进入应用程序就可以看到广告，这样也就保证了这种应用程序开发的盈利。

应用程序开发人员既对应用程序收费，也向广告展示收费。ESPN、CBS、CNN 和其他的大型媒体公司为提高品牌知名度，为用户提供免费的应用程序，以更好地呈现其内容，并且为展示广告寻找新的平台。广告人员都处在开发 iAD 和移动广告的实验阶段，并且尽力确保这种新的平台会有一个很好的效果（LeClaire，2010；Clifford，2009）。

赞助式广告

赞助式广告（sponsorship）尽力将广告主的公司名称与特定的信息、事件、场所联系起来，以提升企业品牌的知名度，虽然企业要支付一定的费用，但它并不是明显的商业行为。赞助的目的通常是建立品牌而不是促销。最常用的一种赞助是软广告，即将编辑内容与广告信息结合起来，增加广告信息的价值，使它更能引起受众的兴趣。例如，美国制药行业领先的信息网站——WebMD. com 就在其网站上提供“赞助式网站”，以获得对儿童缺陷障碍的更多关注，比如飞利浦用来描述其家用电震发生器、礼来用来描述药物方案。根据 eMarketer 的报告，2008 年赞助式广告的盈利为 4.02 亿美元。

联盟营销（联盟网络营销）

联盟关系（affiliate relationship）允许一个企业把它的标识或横幅广告发布在另一个企业的网站上，该网站的用户可以通过广告来访问做广告的会员企业网站。大量的个人网站含有亚马逊和其他网站的 logo，当点击这些 logo 的时候会将用户引流到亚马逊，用以为网站产生收益。这种关系通常称为“租赁待遇”，因为它允许一个企业成为其他网站的免费租户。亚马逊就与许多零售商有租赁关系。从本质上说，联盟关系是一种战略伙伴关系，它增加了双方的利益又不存在直接的金钱交易。有些联盟关系是很常见的。如母公司和投资集团为了提高下属所有网站的经营业绩，就会在其子公司的网站上创建子公司之间的链接。此外，如果两个网站销售的是互补的产品，它们也会建立起联盟关系以方便顾客购买产品。

7.1.2 电子邮件营销和垃圾邮件泛滥

在电子商务早期，**直接电子邮件营销**（direct e-mail marketing，用电子邮件将营销信息直接发送给对其感兴趣的用户）已被证明是最有效的营销沟通方式之一。用户对发送营销信息的邮件感兴趣是直接电子邮件营销产生效果的关键。直接电子邮件营销不等于垃圾邮件。垃圾邮件是指向大量对产品不感兴趣的互联网用户发送未经他们同意的电子邮件。而直接电子邮件营销信息只发给那些“选择加入”邮寄名单的网络用户，他们曾经对广告商所发送的信息感兴趣。通过给那些“选择加入”邮寄名单的用户发送电子邮件，广告商可以把目标锁定在那些对产品感兴趣的用户身上。电子邮件营销的回复率为6%，具体取决于针对的目标顾客情况。由于回复率较高且成本较低，所以直接电子邮件营销是发展最快的一种网络营销方式。2010年，美国所有公司在电子邮件营销上的总花费为2.76亿美元（eMarketer，Inc.，2010a）。合法电子邮件的点击率取决于提供的促销（要约）、产品以及目标客户的数量，一般内部列表平均为6%，高于邮寄邮件的反馈率（3.5%）（Direct Marketing Association，2010）。尽管垃圾邮件泛滥，但电子邮件营销仍然是与顾客沟通的最有效的方式，并且能在较小程度上发现新的客户。

电子邮件营销和广告是一种成本较低的方式，并且与发送的数量无关，也就是发送1 000封电子邮件的成本与发送100万封相同。电子邮件营销的基本成本就是购买接收电子邮件用户的信箱地址。无论在哪里，每个用户的邮件地址价格通常在5～20美分，具体由所定位的客户来决定。而发送电子邮件的费用基本为零。与此相比，直接邮寄一张5×7英寸的明信片所花的邮寄费是15美分，但是印刷费和邮寄费加在一起则使整张明信片的总费用达到75～80美分。尽管高质量的商业许可电子邮件的合法邮件信息成本为每1 000封5～10美元，但是若所有成本加起来，每1 000封的成本就是500～700美元。

2010年，以下3个原因导致电子邮件的受欢迎程度大不如从前：垃圾邮件、控制用户删除较多垃圾邮件的软件工具和不精准的目标购买用户邮件列表。**垃圾邮件**（spam）就是无用的邮件，垃圾邮件发送者就是指向大量对产品不感兴趣的互联网用户发送未经许可的电子邮件的人。垃圾邮件发送者通常发送色情内容、欺诈性协议和服务、诡计和在文明社会不能推崇的东西。由于垃圾邮件的泛滥，合法的直接许可电子邮件营销并不像广告横幅、弹出式广告和搜索引擎营销发展得那么迅速。消费者甚至越来越不相信合法的电子邮件。大约75%的用户会查看与其有业务往来的公司的邮件，但是只有17%的用户查看与公司没有业务往来的邮件。由于互联网用户对垃圾邮件过滤越来越有经验，所以有越来越多的用户（大约70%）不会打开邮件，直接在收件箱或看标题行就将邮件删掉。超过60%的用户表示看到商业垃圾邮件会很不爽，20%的用户会因为垃圾邮件而减少对邮箱的使用。一般来说，电子邮件的作用就只能是维持用户关系，而很难通过其获得新的用户。

正如点击欺诈是搜索引擎营销的致命弱点一样，垃圾邮件也是有效电子邮件营销和广告的罪魁祸首。2010年，垃圾邮件的占比达到了全部邮件的90%（Symantec MessageLabs，2010）（见图7—6）。美国是垃圾邮件最泛滥的国家，其有数量最大的僵尸网络，垃圾邮件的比例占全世界的10%。

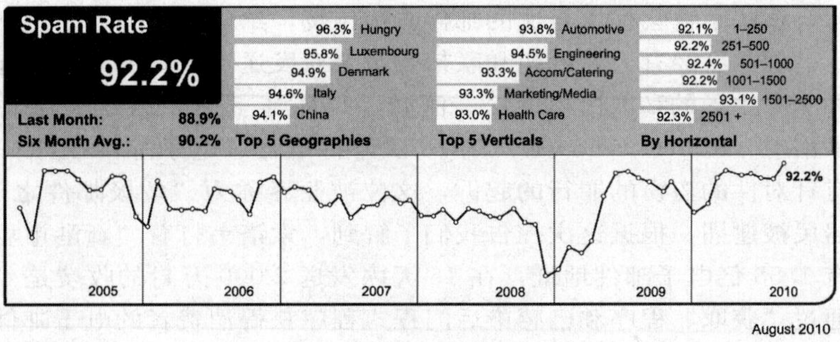

图 7—6　垃圾邮件的比例

说明：经历了一段时间的下降后，垃圾邮件的数量再次因“垃圾邮件僵尸”和“僵尸网络”的增多而大幅上升，这些僵尸网络中捕获了大量的计算机来发送和回复垃圾邮件信息。垃圾邮件的数量呈季节性变化，很多月份会受到新技术（对垃圾邮件发送者有利或无利都有）、新的诉讼以及季节性的产品和服务需求的影响。垃圾邮件数量的高峰似乎是在 6 月。

资料来源：Symantec MessageLabs，2010.

进入垃圾邮件行业或批量电子邮件行业的成本很低。在网上可以买到数百个程序，其允许发送垃圾邮件的人通过网络版主和聊天室获得客户的电子邮件地址，下载大量的客户名称。通过使用捕获的客户端和服务器电脑，发送垃圾邮件不用花费任何成本。85％的垃圾邮件来自僵尸网络。控制垃圾邮件泛滥的工作也基本没有成效。目前有四种抑制垃圾邮件的方法：技术、政府法律、自我约束和依靠志愿者的力量来识别发送垃圾邮件者，然后将其关闭或通知权威机构。显然，现在没有一种方法能够成功控制垃圾邮件泛滥，但每一种方式都有它的作用和专长。所以，如果将这些方法综合起来，可能会有一定的效果。

利用法律去控制垃圾邮件泛滥的方式目前尚未完全奏效。美国有 37 个州都颁布了相关法律禁止垃圾邮件（National Conference of State Legislature，2010）。州法律一般都要求垃圾邮件在标题行加上“ADV”的标签，表明邮件信息为广告。发送邮件需要获得用户的许可授权，禁止来自不明路径和域名信息的邮件（几乎所有发送垃圾邮件的人都会隐藏域名、ISP 和 IP 地址）。加利福尼亚州和特拉华州对未经许可的电子邮件要求更为严格，禁止一切未经许可的发送给本州居民或本州居民发出的电子邮件。在弗吉尼亚州，发送垃圾邮件是一种重罪。

议会在 2003 年通过了国家反垃圾邮件法（《控制未经许可的色情内容和营销的攻击或反垃圾邮件法案》），并于 2004 年 1 月生效。该法案不是禁止未经许可的邮件（垃圾邮件），而是要求必须用标签注明为未经许可的商业邮件信息，消费者可以选择不接收该类邮件，并且要标明发送者的邮件地址。禁止欺诈性标题和错误标题的使用。FTC 还被授权（但未要求）建立禁止邮件注册法案。尽管目前的条款仅能解决虚假问题和欺骗性问题，但要求注明未经许可邮件和禁止整个的类似信息的法律就会首先发挥作用。该法案对未经许可的色情邮件罚款 10 美元，且授权州律师享有对发送垃圾邮件人员的诉讼权。该法案使发送大量的未经许可的邮件信息合法化，要求禁止一定程度上的欺诈行为，保证消费者可以选择是否接收这样的邮件。在这种情况下有人质疑，反垃圾邮件法案使得只要发送垃圾邮件的人符合以上规则就是合法的。也正是由于这个原因，大量的发送邮件者成为该法案的最大支持者，而用户是最质疑该法案的群组。主要的商业产权群体也反对该法案的条款。Citicorp、Schwab、宝洁、国家零售基金会、工业协会安全处和美国保险协会都表明，该法案将会损害合法的邮件营销市场，给电子商务带来很不好的影响。

现在已经有大量的州和联邦委员会对发送垃圾邮件人员的起诉，也有由微软这样 ISP 主导的私人民事诉讼。例如，2007 年 5 月，通过联邦大陪审团对罗伯特·索洛韦（Robert Soloway）的 16 次邮件欺诈、电子邮件欺诈、有线欺诈和集中的有针对性的盗窃的罪行的起诉，这位被业界称为“垃圾邮件之王”的 27 岁的美国居民被逮捕。根据这次控告我们了解到，索洛韦打着“新港市场营销”旗号声称拥有 1.58 亿电子邮件地址，在 15 天内发送 2 000 万封的收费是 495 美元。索洛韦是通过“获取”程序和已感染后门程式程序获得消费者的电子邮件地址的。他声称已经获得了该邮件列表的发送权，然后将其卖给广告人员，最后利用远程僵尸网络，一次发送了 2 000 万～1 亿封的垃圾邮件。2007 年，检察官胜诉，获得了 780 万美元的赔偿。2008 年 5 月，索洛韦承认了自己的罪行，却没有能力支付垃圾邮件收入的税费，最终索洛韦只能面临 26 年的有期徒刑。到现在为止，联邦调查和司法部门已经进行了超过 100 次的垃圾邮件和网络钓鱼攻击的调查。其中最大的一起起诉案件是 2009 年 6 月，5 位来自底特律的垃圾邮件发送者被判处 5 年的有期徒刑。他们策划了一场系统性的诈骗活动：通过发送美国拥有的垃圾股和由中国香港控制的“物质虚假、误导或遗漏信息”，欺骗消费者。

业内志愿者的努力是控制垃圾邮件泛滥的另一个有效的手段。尤其是直接营销协会（Direct Marketing Association，DMA）。它作为一个代表使用邮局系统和合法电子邮件公司的行业交易组织，除了自愿的指导方针外，同样强烈支持对垃圾邮件的合法控制。DMA 会保护作为营销技术的合法电子邮件的使用，它成立了 15 人的反垃圾邮件小组，每年花费 50 万美元去识别发送垃圾邮件的人。DMA 同样是 NCFTA（National Cyber-Forensics & Training Alliance，与联邦调查局有密切联系的非营利组织）的支持者。NCFTA 开展了一个名为“严厉打击垃圾邮件”的项目，试图识别最大垃圾邮件发送者的 IP 地址，目前已建立拥有 400 个已知垃圾邮件发送地址的数据库。

7.1.3 网上目录

网上目录是纸质目录的网上等价物。网络目录在电子商务早期特别流行，但是页面需要花费很长时间才能下载，导致其很快就不受广告人员的青睐。但是到 2010 年，96%的家庭使用高速宽带，可视图形页面能以较快的速度下载，所以重新使用页面图像目录的人也越来越多。像 Catalogs. com 这样的网络出版商使小型公司发现目标用户和再利用其昂贵的四色脱机目录变得更容易。结果是网络目录重新得到应用。2010 年网络目录的数量是 2005 年的 2 倍。2009 年，由于经济衰退，电子目录的销售额由 180 亿美元下降至 140 亿美元。在衰退之前，预计未来每年的增长率为 10%（Internet Retailer，2010a；eMarketer，Inc.，2010b）。

目录的基本功能是展示商家的产品（见图 7—7）。电子版的目录一般包括每一种产品的彩色图片，产品的描述，以及规格、颜色、质地组成和价格信息。现在有两种类型的网络目录：铺满整页和分格展示。许多网上零售商采用分格展示，这样在一个很小的邮票图像上就可以展示更多样的产品。这也是亚马逊、LLBean. com 和 Gap. com 的典型做法。另一种方式就是在一页上用很大的图片来展示 1～2 个商品；Hammahcer. com、Landsend. com 和 Restorationhardware. com 等其他网站使用的就是这种方法。一个小型网站建立网络目录的成本为 3 000～5 000 美元，而对于有大量产品和图片的公司，建立网络目录的成本可以高达几百万美元。

图 7—7　BEVAL 的在线目录

说明：Beval Saddlery Ltd 的网站上提供了很多与骑马有关的服饰和用品。顾客点击屏幕左边的产品类别，系统就会显示出该类别下的所有产品。点击相应的产品，就可以看到该产品的详细说明和产品的图片，网页上还提供了订购按钮。

资料来源：Beval Saddlery，Ltd.，2010.

那么公司如何整合实体的目录与网上目录呢？许多目录直邮公司继续使用纸质直邮目录，纯网络公司为它们的纸质目录提供网上目录。直邮公司在发送纸质目录前先发送电子目录给消费者，可以提高运作效率。订单流也是这样处理的。一般来讲，很多商家将线上与线下目录作为互补品，而不是替代品。随着公司品牌大局意识的增加，订单流也增加，也就开始同时使用两种方式。另一方面，研究显示这种效果是比较微妙的，这取决于消费者的类型（“好的”与“最好的”消费者）和消费者的互联网经验。

7.1.4　社会化营销：博客、社交网站和游戏

Web 2.0 时代最重要的两个关键点是：用户内容生成网站及社会化和分享型互联网使用的迅速增长。2010 年，Facebook 在全世界有 5 亿用户，Twitter 有 1.45 亿，加入 LinkedIn 的用户也有 7 500 万。2010 年 8 月，在美国 Facebook 已有大约 1.5 亿独立访问用户，Fox Interactive（MySpace）有大约 8 000 万（comScore，2010b）。不难想象，营销人员和广告人员都在为能够连接这么多的用户的前景而兴奋不已。微软对于 Facebook 的收购兴趣以及谷歌对于 YouTube 的收购兴趣都表明了针对社交网络的潜在的广告营销社区的热度。一些主流品牌公司冒着其内容可能会不受控制的风险，也开始尝试大量的新的方式。2010 年，社交网站广告和营销预计超过 16 亿美元（eMarketer，Inc.，2010e）。

很难精确地定义“社会化营销”。其中一个层面就是在社交网站上简单地展示

广告。但有一个更全面的定义是拒绝传统营销中一对多的模式（就是由一个中心向大量的用户发送同样的信息），而是开始使用多对多模式的广告。比如，2010 年 6 月，当迪士尼在 YouTube 上发布《玩具总动员 3》的视频后，很快产生了 1 300 万的访问量。大约有 100 万用户观看后将其分享给朋友，大约 80 万用户点击了 Facebook 或其他社交网站上的“喜欢”按钮以分享给朋友。所以，一个由许多用户和他们的朋友组成的社交网络将迪士尼的信息传递给了更多的人。

这种营销之所以称为“社会化”，是因为它很像传统的口头营销和病毒营销，它依赖于已经存在的社会化网络来散布信息。只是在这种情况下，社交网络已经存在于互联网中，人们使用数字化网络使信息传播得更远、更广、更快速。社交网络的主要组成部分也都是线下的朋友或线下朋友的朋友（Ellison，et al.，2006）。因此，线上和线下的连接同样密切。

三种主要的进行社会化营销的区域是博客、社交网络和广告游戏。

博客广告

博客是营销执行人员较为重视的一个广告战术。2010 年，博客营销的盈利达到了 5 亿美元（全部网络广告的花费是 250 亿美元），并且在 2012 年将会达到 7.46 亿美元（eMarketer，Inc.，2008）。因为几篇博客就可以吸引大量的观众，并且大多数博客的主题都是私人的、有特色的，所以很难用盈利来衡量博客的效果。搜索引擎也很难去“读”博客，很难理解其内容，很难为其匹配的合适的广告清单做一个合适的判断。因此将广告的营收主要聚集在前 100 个主题相关且吸引了大量受众的博客上。因为博客的阅读者和创建者都受过教育，拥有很高的收入，通常是意见领袖，因此他们是为这类特定人群定制的产品和服务最理想的受众。专门在博客上提供有效广告信息的广告网络和博客网络一样，是一小组流行博客的汇集，由一个中心的管理团队组织，并且能够向更多的受众传达信息。其余在这前 100 名博客之外的博客广告只占网络广告中很小的一部分。

社交网络广告

随着广告人员对于社交网络用户的关注，社交网络营销每年以 34%的速度增长，增长速度超过了其他任何网络形式。尽管还只是处在初期形式，但社交网络广告已经成为社会化营销中最大且增长最快的一种方式，2010 年创造了 16 亿美元的盈利。社交网络的类型也是各不相同，从一般的社交网站（Facebook）到由公司创建、赞助的专注于各种专业和爱好的细分网站，应有尽有。然而，大多数社交网络广告是在 Facebook（8.35 亿美元）、MySpace（3.3 亿美元）和 YouTube（5 亿～8 亿美元）（eMarketer，Inc.，2010e）上开展。Twitter 和 LinkedIn 的盈利还只是一小部分，但是也一直在增加。

社交网络为广告人员提供了可在门户网站和搜索网站上发现的各种形式的广告，包括横幅广告（最常见）、短片头广告、后置式广告和赞助式内容广告。比如，阿迪达斯、汉堡王、通用电气、丰田和 Verizon 在 Facebook 和 MySpace 上都有自己的档案资料。其他的一些知名公司将自己的视频传到 YouTube 上。雪佛兰、Geico 和玛氏（Mars）也通过为优秀作品提供赞助，鼓励用户创作他们自己的广告。

社交网络广告也面临着几种危险。用户自发产生的广告可能会使一些负面信息广泛传播。YouTube 上的视频和 MySpace 上的档案有些是令用户反感的，尽管娱乐公司可能会从这种环境中受益，但这可能会对品牌形象造成很不好的影响。即使谷歌和 YouTube 在播放视频时添加了文字和背景信息，许多广告人员还是不太信任使用软件筛选的适合的广告视频。

例如，2010 年的一项研究发现，79%的社交网络用户会更偏向于社交网站中的好友推荐的视频。33%的用户会由于在社交网站上看到的一条信息而去观看新的视频。很明显，社交网站会影响人们观看习惯的养成（Cable & Telecommunications Association for Marketing（CTAM），2010）。

虽然容易夸大社会化营销的增长，但是绝不能忽视这种增长趋势。目前，三大搜索/门户网站比最大的社交网站拥有更高的美国日访问量和周访问量的网络受众份额。每月谷歌和雅虎各自拥有 1.8 亿的独立访问用户，微软有 1.65 亿，AOL 有 1.07 亿。但是，社交网站仍有很稳定的用户群。因此，营销人员在继续投资搜索引擎和门户网站展示广告的同时，应该尝试使用社会化营销。根据现在的趋势，未来 5 年，社交网站可能会拥有与门户网站和搜索引擎同样数量的用户群，挑战这些广告平台的老盈利霸主地位。

广告游戏

根据 CTAM 发布的报告，约有 40%的美国家庭（5 000 万）拥有一台游戏机（CTAM，2009）。广告游戏平台之所以扩展如此迅速，得益于智能手机游戏的飞速发展：每个月使用手机玩游戏的人有 6 400 万。现在许多游戏都是基于多人在同一个房间的社会环境或是在网络上。由于人们在相互影响的社会环境中玩数字视频游戏，我们将他们召集起来进行社会化营销。当然，许多游戏都是由游戏赞助商发起的，在 2009 年，有超过 8 亿的赞助式游戏被下载。这种所谓的广告游戏也是为了推动品牌的塑造。可口可乐、汉堡王、贝尔和其他许多美国本土品牌都使用自己的广告游戏。这种类型的游戏被认为是最独特的展示广告的方式，它拥有很高的互动性，但又不一定社会化。

2010 年，美国的视频广告游戏将会产生 11 亿美元的销售额，预计在 2013 年将会达到 14 亿美元。可能大多数人认为网络游戏玩家均为男性，但实际有 40%的游戏玩家是女性，并且根据 Nintendo Wii 的介绍，这一比例还在不断增长。1/4 的游戏玩家在 50 岁以上，大约一半的游戏玩家在 18～29 岁之间。

广告游戏的局限性在于其内容可能仅仅吸引年轻人，但这不是一个很庞大的群体。许多广告人员不希望他们的视频游戏含有暴力、伤残、战争场景和关于性的内容。下面的社会透视“社交网络时代针对儿童进行营销”探讨了目前在网上对儿童进行营销所引起的一系列社会问题。

社会透视

社交网络时代针对儿童进行营销

现在的儿童是在互联网的环境中成长起来的，在美国大约有 70%的家庭接入了互联网。据统计，18 岁以下的孩子大约有 4 200 万，其中有数百万儿童会访问像 Candystand.com（最甜蜜的网络游戏）、Postopia.com（带给孩子乐趣的网站）和 Millsberry.com

（一个拥有很多儿童用户的网站）这样的网站。Millsberry 是通用磨坊公司（General Mills）赞助的一家游戏网站，该网站鼓励儿童观看《幸运护身符》动画片，通过在网上玩游戏可以获得 Reese's Puffs（一种甜品）。孩子们在这些网站上花费的时间要远远多于看电视的时间。尽管该行业明确规定禁止针对 12 岁以下的儿童做广告，但是像 Kraft's NabiscoWorld. com 这样的网站仍然会有面向未成年用户的游戏，比如在斯塔弗的奥利奥比赛中，由游戏者控制的一个角色能够扭一扭、舔一舔、泡一泡超大的奥利奥饼干。一份来自 FTC 的报告也表明，美国食品公司每年为儿童投入 16 亿美元的广告费，并且有一半的花费是针对 12 岁以下的儿童。还有一些人认为大量的食品广告会使儿童变肥胖，进而会对儿童身体健康造成一定的威胁。FTC 在报告中也表示了同样的担心。

现在三四岁的儿童在可以读之前经常能够辨识品牌和商品的地位，4 岁儿童中大约有 75%通常会向他们的父母索要某一特定品牌的商品。这一发现对部分营销人员来说是一件值得庆祝的事情。在美国，5 600 万学龄儿童每年花费近 1 000 亿美元用于购买食品、饮料、影视和电子产品、玩具以及服饰，这些钱一部分是他们自己的，一部分是父母的。此外，他们对约 1 650 亿美元的家庭消费决策有影响。

为了能够在这部分市场上分得一杯羹，并且能够在儿童未来的消费中有一定的位置，营销人员越来越有兴趣直接针对儿童进行广告宣传。除了投资电视广告——占全国儿童市场广告费的 70%之外，营销企业现在也开始逐步转移到网上进行广告宣传。超过 20%的互联网用户为儿童，年龄在 18 岁以下的总共有 4 300 万，其中 2～11 岁年龄段的用户有2 000 万，剩下的 12～17 岁年龄段的有 2 300 万。

网络给营销人员提供了一个完整的新的兵工厂（arsenal），然后用此对现实世界中的儿童产生影响。那么什么是兵工厂呢？举一些常用的儿童营销工具：移动电话营销，行为分析，数字“360buzz”活动，商业化的在线社区，病毒影片，广告游戏，阿凡达广告。通过在线自定义的横幅广告、产品特性、游戏、虚拟世界以及问卷调查，营销人员在影响人们行为的同时，也收集到了有关消费者购买偏好和家庭成员的有价值信息。这些信息与卧室内的电视机、视频游戏机、手机和其他的数字设备一起，创建了一个通过内置途径来了解儿童心智的“数字文化”，而儿童自己的年幼的头脑思维还不足以辨别哪些是营销信息，什么时候接触到的信息是误导的、有害的。

除了上面提到的这些，社交网站、针对儿童的虚拟世界和社会化标签网站同样也会对儿童产生影响。预计 2010 年会有 200 个针对 18 岁以下儿童的虚拟世界。超过 1 600 万儿童会定期访问虚拟世界，有 1 700 万儿童会访问社交网站。一项由微软、新闻集团（News Corp.（MySpace））和 Verizon（一家通信公司）进行的研究发现，有 70%的儿童每周都会访问社交网站。过去一个月中有 50%的儿童参与了这种访问公司网站的广告品牌活动。营销人员通过使用社交网络和虚拟营销使儿童在早期就被他们的品牌吸引。例如，红牛在全世界 100 个国家销售功能饮料，但是只做很少的传统电视广告。相反，它利用基于网站的内容和类似“Red Bull Art of Can”的游戏来进行宣传。“Red Bull Art of Can”活动就是人们可以利用红牛的包装罐雕刻，然后将他们的手工艺品拍照上传，获奖者可以获得一次双人瑞士之旅。

你可能还没听说过 AXE，它是联合利华的一种产品，用以去除令很多女性反感的男性身上的臭味。AXE 的副总裁的目标是将其做成真正意义上的全球性的品牌。销售的定位很简单：“嗨，帅哥，喷点 AXE，你将会迷倒无数漂亮 MM 哦！”用以宣传的品牌信息是：一头母狮发出一种性感的声音（用性感的女人配音）：“Bom Chicka Wah Wah”。通过将这一有影响力的信息传递给全世界的年轻人，将这段有“AXE 效应”（女性会主动追求使用 AXE 的男性）的视频上传到网上，AXE 在美国引起了巨大的反响：数百万人用电子邮件向他们的朋友发送这段视频，造成了一种病毒式的传播效果。营销人员同样制作了一个游戏：男性可以给出自己喜欢哪种类型女性的暗示，然后据此推荐可购买的适合的 AXE 香氛。与你想到的一样，许多分享和传递该条信息的人是 13 岁以下的儿童。使用社交网络、博客和 YouTube 会比早期的网络营销对儿童产生更大的影响，营销人员可以很轻松地对没有任何防范意识的儿童进行营销。

尽管上面这些方式都是很有效的营销方式，但它们是否真的合乎道德？一些人认为这确实是不道德的。1996 年由媒体教育中心（Center for Media Education，CME）进行的一项调查表明，儿童并不了解泄露自己的私人信息可能会有什么潜在的后果，也不能辨别其身边的大量的网上和广告实际内容的真假。尽管有一些家长会试图监控孩子对于互联网的使用，但是也有一些家长因为没有时间、自身计算机能力的局限以及缺乏风险意识而疏于管理。定位于儿童的营销技术会导致大量私人信息的泄露，这类技术的使用需要受到相关部门的监管。

一些专家认为儿童在八九岁之前并不会意识到自己是被说服的，因此在他们能够区分广告与现实世界之前对其进行广告宣传是一种不道德的行为。其他人也认为公平的广告在现在的未成年人的成长过程中是很重要也很必要的一部分。但是，确实有儿童越来越频繁通过网站访问不健康的活动信息，比如喝啤酒（beer drinking）。尽管啤酒厂家承认它们定位于儿童市场，并且已经在屏幕上显示了警告信息要求用户登记注册，填写生日，以确保浏览者达到法定的饮酒年龄，但是事实上并没有查证这些数据的任何过程，这就使那些在法定年龄以下的用户很容易进入网站，受到饮酒网站娱乐内容的影响。

1998 年，FTC 发现有 80％的网站针对儿童收集个人信息，并且只有 1％的网站获得了家长的允许，所以议会通过了《儿童网上隐私保护法案》（COPPA）。根据 COPPA，公司需要在网站上公布隐私政策，明确指出怎样从消费者那里收集信息，怎样使用消费者信息，以及从哪个角度保护消费者的隐私。公司禁止在未获得父母同意前，针对 13 岁以下的儿童收集私人信息。但是，现在的问题是 FTC 和其他相关人员不能确切界定什么是“可证实内容”。直到像数字信号这样的技术被大量接受后，才出现了能够提供“可证实内容”的一种可信赖的方式。FTC 通过提出一个要求“可衡量经父母证实内容的标准”的短期规则（现在是长期）来实现这一事实。如果公司只想要在内部使用儿童的私人信息，FTC 要求要有一封来自其父母的确认邮件，还需要提供一种其他形式的证明，比如信用卡或电话号码。对出售儿童个人信息的公司要求更为严格，除了电子邮件，还需要提供以下证明形式中的一种：一份打印出来的同意书、信用卡交易信息、雇主的免费查询号码，或一封含有密码或 PIN 码的电子邮件。

在该法律生效后，FTC 处理了一定数量的该类问题，并处以高达 100 万美元的罚款。2008 年 12 月，索尼 BMG 音乐娱乐（Sony BMG Music Entertainment）因为违反 COPPA，被 FTC 处以 100 万美元的罚款。委员会宣称，索尼音乐通过这个音乐粉丝网站，在未经父母同意的情况下，非法收集、持有、公开几千名 13 岁以下儿童的个人信息。索尼音乐赔付的民事罚款是目前罚款最多的 COPPA 案例。在此之前，一家针对孩子及“吞世代”（1990 年以后出生的孩子）的社交网站，imbee.com 的经营者同意为其违反联邦法律的数据收集行为支付 13 万美元的罚款，相对来说是较少的一次。Industrions Kid 及其拥有者珍妮特·西蒙斯（Jeanette Symons）致力于将 imbee.com 网站定位为一个针对 8～14 岁的孩子的免费、安全的社交网站和博客。另外，这家网站被提升到“目标是保证为年轻用户提供最高程度的安全性和满意度”和“绝对比其他的社交网站安全”的战略高度。但根据FTC的介绍，imbee.com第一次收集和持有未满13岁儿童的个人信息就未通知父母且未经父母的同意。在早期的执法行动中，Xanga由于未通知父母且未经父母同意就收集、使用、公开13岁儿童以下的个人信息而被罚款100万美元。起诉时的指控说有确切消息证明被告收集并公开了儿童的私人信息。Xanga网站声称未满13岁的儿童不能加入，但在实际的注册过程中，若提供的信息显示未满13岁，也可创建账户。而且，它也没有通知父母自己孩子的行为信息，或提供父母可以监控孩子信息的渠道。辩护律师还阐述道，Xanga已经有170万未满13岁的儿童账户。先前的FTC COPPA的案件中还包括Mrs. Field' Original Cookies、好时食品、UMG recordings和Bonzi Software公司。这些案件并没有实际使用儿童信息的意图，只是忽略了这一规定。

2010年，艾尼康斯品牌集团公司（Iconix Brand Group）因为违反COPPA支付了25万美元罚款。在线上和线下，艾康尼斯经营了几个面向儿童和青少年的服装品牌，其中有Mudd、Candie's、Bongo和OP. Iconix。该公司要求消费者在其特有的品牌网站上提供一些个人信息，比如姓名、电子邮件地址、邮政编码，某些情况下也要求提供邮件地址、性别、电话和出生年月，目的是可以使客户接收品牌更新信息、参加抽奖竞赛、参与品牌互动活动和其他的网站特色活动。根据FTC的阐述，从2006年开始，艾康尼斯在未通知父母或未经父母同意的情况下，故意收集和存储了大约1 000个儿童的个人信息。另外，艾康尼斯还允许小女孩在其中的一个名为MyMuddWorld.com的网站上分享自己的私人信息和图片。

尽管在一般情况下，自觉遵守COPPA就很不错了，而且大多数的网站会很谨慎地避免收集儿童个人信息以作为其营销的一部分，但是网站还是会将儿童作为它们的直接营销目标。如ClubPenguin、Webkinz（最流行的儿童网站）和NeoPets会提供网络工具和可使儿童参与互动、喂养宠物、玩赞助的广告游戏及披露个人信息的环境。在玩游戏的过程中，儿童就为产品设计人员提供了营销信息。尽管每一个网站的政策都声称会严格遵守COPPA的限制条令，但是谁也不清楚它们怎么知道哪些儿童在13岁以上，哪些儿童不满13岁，或哪些是获得了父母同意的未满13岁儿童。

2010年，面向儿童的社交网站的迅速发展使得这些网站如何收集和使用儿童信息的相关问题再次成为人们关注的焦点。2010年4月，参议院商务委员会（Senate Commerce Committee）为针对怎样使面向儿童的社交网站更好地遵守COPPA的条款举行了听证会。社交网站为儿童分享信息提供了新的环境，但同时也方便了广告人员收集信息。隐私组织认为COPPA对收集私人信息的条款限制应扩展到13～18岁儿童，且禁止收集用户的位置信息。营销行业人员和Facebook的代表对上述两条提议都表示抗议。

资料来源：Watchdog Group Calls For Stronger Online Child Privacy Law, by Mike Sachoff, Webpronews.com, April 29, 2010; "Virtual Worlds and Kids: Mapping the Risks. A Report to Congress," Federal Trade Commission, December 2009; "Iconix Brand Group Settles Charges Its Apparel Web Sites Violated Children's Online Privacy Protection Act," Federal Trade Commission, Press Release, October 20, 2009; "The Maine Act: Preventing Predatory Marketing Practices Against Minors," by Eric Sinrod, Blog. findlaw.com/technologist, August 11, 2009; "Ad It Up: Kids in a Commercial World," Federal Trade Commission, March 12, 2009; "Sony Music Settles Charges Its Music Fan Websites Violated the Children's Online Privacy Protection Act," Federal Trade Commission, December 11, 2008; "Online Age Verification for Children Brings Privacy Worries," by Brad Stone, *New York Times*, November 16, 2008; "No Escape: Marketing to Kids in the Digital Age," by Jeff Chester and Kathryn Montgomery, Multinational Monitor, July/August 2008.

7.1.5　行为定位：个性化趋势

在第 6 章，我们已经了解到营销人员定位目标市场的 6 种主要的方式（参见表 6—7）：行为、人口统计学、心理形态、技术、上下文语义环境和网上收集的搜索数据。广告的行为定位是包括根据消费者的线下和线上消费行为在网上为消费者提供实时的合适的广告信息。目的就是增强营销和广告的效果，增加被行为定位的消费者所访问公司的利润流。由于“行为定位”是一种不悦耳的称呼，所以以谷歌为首的网络广告行业为行为定位营销引入了一个新的名字：基于用户兴趣的广告。

最开始的初衷是可以根据用户的数据向用户传递定制的广告信息，然后测量点击和购买结果。原来，谷歌和雅虎是根据浏览的网页内容来展示相关的广告。如果你在浏览珠宝网站，你就会看到关于珠宝的广告；若你在搜索中输入“钻石”，你将会看到很多关于钻石和其他珠宝的文本信息广告。而现在更进一步的发展是广告网络能够整合几千个网站。广告网络可以跟随你穿越几千个网站，然后根据你的浏览记录产生一个你感兴趣的想法，再向你展示你感兴趣的相关信息。例如，你花几个小时逛了几个男装店，后面你将会看到很多你没有见过的男装店广告，它们可能跟它们本身的主题内容无关，但会是你感兴趣的。行为定位营销是在此基础上的更进一步的活动，它会整合你所有的网络行为数据，汇集成你感兴趣的区域，然后基于你或你朋友的兴趣向你展示合适的广告信息。今天的行为定位营销的创新之处就在于数据收集的广度：你的邮件内容、社交网络网页内容、网络购物、阅读或购买的书籍、浏览的新闻网站和其他的一些行为。最终，**广告交易**（ad exchanges）就是利用所有这些信息进行下一步的活动。大多数流行网站上都有 100 多个由第三方数据收集公司拥有的追踪程序，然后它们将这些信息实时地在线卖给出最高竞价的广告人员。

网络广告人员有三种使用行为定为营销的方法：搜索引擎查询、个人网络浏览历史数据的收集（先前的、非私人验证的信息）及不断增加的线上和线下信息（包括收入、受教育程度、地址、购买模式、信用卡记录、驾驶记录和其他描述个人特征的信息）的整合。这种层次的整合包括线上匿名个人数据和线下的个人数据，不只是依赖于谷歌和其他的直接操控者。当然，这一切由鲜为人知的收集器整合，然后将其卖给第三方广告。平均而言，线下的信息收集处有每个成年人的 150 个数据元素，线上的信息库也拥有同样详细的互联网用户档案。

在本章的前面部分我们详细介绍了搜索引擎营销。搜索引擎营销被认为是最有效的网络营销方式。世界最大的网络广告代理商——谷歌，其 90％的收入来自搜索引擎营销。为什么搜索引擎营销如此有效？许多人认为是因为用户会在搜索引擎中输入查询，这就暴露了一个很重要的特定的购物对比或购买的意图。当在关键时刻根据用户的这些行为展示广告时，肯定会比其他方式的有效性高 3～4 倍。2003 年，约翰·巴特尔（John Battle）创造了该术语，并且提出网络就是一个巨大的意图数据库。

“意图数据库可以这样简单地描述：曾经输入的每次搜索的聚集结果、曾经提供的每一条结果列表和得到结果的每一条路径。它存在于许多地方，但有 3～4 个特定的地方有大量的这种数据（例如，MSN、谷歌和雅虎）。这种聚集形式下的信息代表一个拥有人类意图的地方，一个包含可被发现、传唤、获取和发掘各种形式的人类需求、需要、想要和喜欢的大容量数据库。这是一个之前人类历史文化中从未出现的骗局，但是保证从现在开始，几乎会以指数级飞速增长。这种假象可以告诉我们关于我是谁以及我想要什么这样非凡的问题。”（Beattelle，2003）

搜索引擎营销从最初两位数的增长率到现在高个位数的增长率表明搜索引擎广告增长率的下降，这也导致几家主要的搜索引擎公司在寻找其他的可替代方式来维持未来的增长。像雅虎和 AOL 这样的门户网站横幅广告也面临同样的情况：横幅广告的有效性和价格也在下降。门户网站公司正准备利用行为定位营销来保证互联网广告未来的增长。广告代理公司也希望签到更多的精准营销广告，而不是非精准营销广告。

行为定位是根据网站访问者先前暴露的个人信息优化消费者的反应，如果可以，将会结合由像 Acxiom 这样的公司收集的消费者线下的特征和消费信息进行精准营销。行为定位基于消费者浏览网站的实时信息，包括访问的页面、观看的内容、搜索查询、广告点击、视频观看、内容分享和购买的产品等各种信息。一旦收集到信息，就会由敏捷的行为定位程序来分析，试图建立消费者的个人档案，然后据此向消费者展示最符合其兴趣的广告。2010 年，美国公司在行为定位上花费了超过 2 亿美元，到 2014 年，按照每年 50%的增长率，预计将会翻倍，成为网络营销技术中发展最快的一种（eMarketer，2008b）。到 2014 年，网络展示广告中将有 23%为行为定位广告。对于这一领域的追求激发了最近的四个产物：Google-DoubleClick、Yahoo-Right Media、Wpp Group-24/7 Media 和 Microsoft-aQuantive。若没有大规模的可密切追踪客户行为和展示广告的网络，就不可能精准地定位客户的行为。这些技术中许多都不是新出现的，而是原来线下技术的延伸。不同的是这种是在网上获取信息，在用户不知道的情况下悄悄地获取，然后敏捷地进行动态分析，在可接受的 5～10 微秒的反应时间里采取合适的相应措施。基于广告行业的研究表明精准营销广告的效果是非精准营销广告的 2 倍（NAI，2010）。一个热爱该行业的人声称：“……互联网广告交易就是基于人们目光聚集的市场，广告人员彼此实时竞争向一个网站浏览者直接传达信息的能力，交易竞争只需要 50 微秒的时间。”

由于各种各样的技术及其他原因，这样的愿景还没有被大家广泛接受。现在拥有的大量的网络广告的数据的质量是很不错的，但是理解和反应的能力（商务智能和分析）相对较弱，阻止了公司在顾客在线的时候以一种有用的方式快速做出反应。尽管在一般情况下，精准营销的广告的效果比非精准营销广告好 4～10 倍，但由于产品与消费者决策的接近程度不同，所以有时达不到这样的效果。并且营销公司并没有准备好去采用这样的想法，因为在同样的展示广告下需要依据客户的档案进行几百次甚至几千次的变化。这样做会提高成本。最后，用户开始抵制这种行为定位，导致很多用户避免被网络追踪。前几年为了反映用户意愿，宾夕法尼亚大学和加利福尼亚大学伯克利分校进行了一项独立研究，发现 67%的美国互联网用户不支持行为定位。若用户了解各种各样的追踪机制，则调查者中拒绝的比率还会更高。许多行业巨头声称现在的年轻人不在乎个人隐私，但 18～24 岁年龄段的人也拒绝精准营销广告。事实证明年轻人也很在乎行为定位，只是不如年纪大的人关注的程度高（Turow，et al.，2009）。

结果，每个人使用门户网站时，认为其显示的广告与他们的个人兴趣几乎没有关系。如果消费者知道怎样拒绝追踪，则追踪被关闭的概率更高。另外，搜索引擎营销仍然是最接近用户意向的唯一技术。

然而，参与实验的公司还是很看好精准营销广告的前景。Snapple 利用行为定位方法（在网络广告公司 Tacoda 的帮助下），识别对 Snapple 绿茶感兴趣的用户群体类型。答案是：喜欢艺术和文学、喜欢国际旅行、访问健康网站的人群。微软给 MSN 的广告人员提供了从 2.7 亿的 Windows Live 用户衍生的信息。一些广告人员声称点击率已有 50%的增长。通用汽车使用 Digitas（波士顿的一家网络广告公司）为其 Acadia 车型创建了几百个版本的独立广告。访问者一进入网站就可以看到展示品牌、特色和社区的广告。在随后的访问中，他们将会看到根据人口统计学、生活方式和行为习惯展示的不同版本的广告。男性将会看到关于引擎、特性和性能版本的广告，而女性将会看到强调舒适、可接受性和家庭版本的广告（Story，2007）。

随着行为定位营销的影响力、接触度和范围的不断增长，它开始引起隐私群体和 FTC 的关注。2007 年 9 月，FTC 举行了一次听证会考虑隐私保护人员提倡的建立“禁止追踪列表”，对追踪的用户建立可视的网络提示，并且允许人们可以选择退出追踪的提议。2008 年 6 月，参议院举行了关于行为定位营销和隐私的听证会。虽然谷歌、微软和雅虎为保护自己免受消费者投诉而辩护，但 FTC 拒绝考虑新的立法以保护消费者隐私。相反，FTC 提出了行业自律规范。2009 年，广告公司的一个财团（网络广告促进会）积极响应 FTC 提出的原则以规范在线行为广告。参议院关于行为定位的听证会从 2009 年开始一直在进行。2010 年，隐私保护倡导者和消费者群体请求 FTC 规范行为定位营销，迫使公司接受以下战略：承认进行私人信息交易，确保消费者对他们自己的信息获得公平的补偿（Center for Digital Democracy，2010）。所有这些调整都是为了强调透明度，用户可控制自己的信息、安全性和私人承诺的暂时稳定性（不允许在事先未通知的情况下突然改变私人信息）。现在也只有很少的关于行为定位的行业或政府法律。

或许核心的问题是理解用户对自己的可识别的互联网档案资料拥有什么权利。是所有权还是仅仅是一件令人感兴趣的财产？消费者是否有对个人档案资料的访问权和编辑权？为什么没有？消费者是否可以使用联邦政府的“禁止追踪列表”选择不被追踪？谁能够拥有整个文化的意图？我们将在第 8 章中讨论这些问题。

7.1.6 传统营销沟通方式与网络营销沟通方式的综合使用

在第一代电子商务时期，很多人相信，开拓网上商务世界的时代将会淘汰基于大众媒体的传统营销方式。在“新经济”时代，几乎所有的营销沟通都是在网上进行的。然而，事实上，这种现象并没有发生。发生的事实是在定向消费者行业，热衷于线下营销的人员学会了怎样使用互联网向受过高等教育、富有的计算机学者、网络受众来宣传他们的品牌形象和销售活动。专注于互联网实践大型媒体开发的较大的广告代理公司很快就学会了如何整合线上和线下的活动。纯粹的网络公司也学会了如何利用传统的印刷和电视广告来作为拉动网站销售的手段。事实证明，实体的目录是网站销售的最佳驱动器。

在提供网站流量方面，最成功的营销沟通方式是综合使用线上和线下的技巧，而不是只依赖于其中的一种方式。其目标是，引起那些已经在线上的顾客的关注，并把他们吸引到一个新的网站上，同时吸引那些将要上网的顾客，建议他们也访问这个新网站。多次研究结果表明，最有效的网络广告是那些同时在其他媒体上作同样宣传的广告（Briggs，1999）。在美国，像电视和广播这类传统媒体的市场普及率几乎为100%，拥有1.16亿用户。每天读报的成年人超过4 800万。如果不利用这种更普及的媒体来吸引网上业务会是很愚蠢的想法。在电子商务早期，互联网用户与普通大众相当不同，这时只使用网络营销的方式或许是招揽这些顾客的最好方法，但随着互联网应用的普及，互联网用户已与普通大众相差无几，这时还只用网络营销的方式就行不通了。

许多网上企业都利用传统的营销技巧来将顾客招揽到自己的网站上，提高自己的知名度，建立品牌资产。例如，LendingTree.com就是利用电视广告引导用户到网站上寻求抵押贷款。巴诺书店，连同杰西潘尼和REI，利用印刷的产品目录来进行线上/线下营销的连接。事实证明，这种出版物和网站之间的纽带连接能够非常成功地扩大网上业务。

另一个例子是，所有网上企业都利用印刷的产品目录来进行线上/线下营销的连接。一些网上企业印制产品目录并寄给顾客，以此来加强企业与这些群体之间的关系。

多渠道营销和沟通的事实也反映了消费者渠道多样性越来越高（见第9章）。60%的用户在网上搜索产品后再到实体店购买，48%的美国零售额受网络搜索的影响，35%的网络零售额由互联网零售的前500名网站通过大量的商家、多渠道零售商（除网站外，还有实体店和目录）产生。

请阅读商务透视“富人和我们差别很大吗”，并思考奢侈品提供商是如何将网络营销与传统营销相结合的。

商务透视

富人和我们差别很大吗

“富人确实跟我们很不一样!”这是尼克·卡洛韦（Nick Carroway）看完F·斯科特·菲茨杰拉德（F. Scott Fitzgerald）的小说《了不起的盖茨比》后最深刻的印象，该小说描述了20世纪20年代非常富裕的生活状态。棕榈滩有沃斯大道，纽约有第五大道，洛杉矶有罗迪欧大道，芝加哥有壮丽大道。那为什么那些富人还要到网上购买5 000美元一件的酒会礼服或3 000美元一件的意大利欧式西装呢？或去买一个周仰杰（Jimmy Choo）的手提包怎么样？或者是阿玛尼？现在，从上面来看，富人跟我们也没有什么不同：他们也会选择网上交易，因为5 000美元一件的酒会礼服在网上可能只要3 500美元，或者他们会只用510美元就可以在eBay上购买一个白色的镶嵌皮草的手提包。谁能抗拒这些低价的诱惑呢？

在美国，有1 600万户富裕家庭净资产达50万美元。收入超过10万美元的网上购物家庭有5 000万户，这些家庭有40%的支出用于网上消费。零售消费倾斜的程度较大：美国前10%的富裕家庭的消费占全部消费的35%。净资产超过500万美元的用户中大约有80%会使用网络，在网上购买服装、珠宝，还有一些大家都会买的音乐、视频等。大约有60%的富裕的互联网用户在社交网站上交谈。2009年，收入超过10万美元的家庭在互联网上的消费增加了17%，2010年变化不大。不过，富人的消费已经有所减少。

确实，经济衰退给真正富裕的人造成了一定的打击。让我们来设想一下，假如你只有500万美元的净资产（处于次级富裕的阶层）、2套房子、3辆车（可能会有一定的贷款）、股票和债券，但是在经济衰退形势下，所有这些财产的价值缩水了30%～40%。那还能做什么？你只有一份工作，所以你只能削减开支，卖掉其中的一辆车，在沃尔玛购买廉价的商品，然后只是看着类似蒂芙尼、内曼·马库斯和阿玛尼这样的奢侈品商店里不可思议的价格。作为有这种偏好的消费者，你也开始注意网上的电子邮件，因为奢侈品零售商会在邮件中提供一时的能够使你心动的产品价格。

可问题是真正的网上奢侈品牌是没有很大销量的，至少在普通大众间并不盛行。奢侈品零售商不愿让利销售，因为它们认为那样是在贬低自己的品牌价值。世界著名的珠宝商蒂芙尼的副总裁曾经提到："我们不会进行价格促销。我们只想说，'这就是我们的产品，明码标价，但价格是很公道的。'"

当然，这种状况也在慢慢改变（或者说由于网络的原因）。随着时间的推移，2010年鳄鱼（印有鳄鱼商标的polo衫）结束了印刷广告，开始将所有的营销经费都转移到互联网上。你或许也意识到，这与90年代法巴芝只是在一个单独的网站上用网络的力量来介绍其第一款奢侈品珠宝的情况已经大相径庭。在网站上提供了大约100种商品，价位在48万～1 000万美元不等。一份法巴芝的报告发现，越有精力的富人越愿意在网上购物。需要加入购物车吗？回答一般为"请"或"不，谢谢"，上述就是在购物网站购物的流程，一般简化为"逛一下吗"，"当然了"，就像是在实体店中的"进店看一下吧！"

过去，奢侈品牌要么完全不使用网络，要么只是在网站上展示动画和高端图片。但在经济萧条时期，当一般的商店甚至奢侈品都要开始打折时，这种高端定位的品牌才开始放下姿态，利用网络市场与传统的百货商店进行激烈的竞争。

事实上，奢侈品零售商也会进行打折，只不过是秘密进行的。销售怎么能秘密进行呢？如同在实体店中的打折私语（"嘘，这家店裙子的价格很低哦！"）一样，在网上会有类似的一闪而过的电子邮件营销活动和针对一些对价格敏感的消费者进行的私人在线销售，比如3 000美元的包在接下来的两个小时内只卖800美元。内曼·马库斯称之为"限时特卖"（middy dash sales）。只能通过点击邮件的购买链接参加网上限时两小时的5折特卖活动。巴宝莉会在本周限时特卖的活动中将1 395美元的包包降到575美元。卡门·马克·瓦尔沃设计的雪纺裙会在特殊的慈善派对场合中由1 150美元降为575美元。可汗原价为165美元的平底鞋有时会以仅82美元的价格售出。

由于经济衰退，实体店的销售遭到了一定的打击，奢侈品零售商就将相应的活动转移到网上，它们会选择一批不追逐名牌的用户提供离散的价格，通过品牌特卖和限时销售创造一种急促的感觉，以促进消费者的购买欲望。但同时，又不承认自己在打折销售自己的商品。若以公开的价格出售，那么消费者就会知道他们今天花800美元购买的阿玛尼衬衫明天的销售价格仅为400美元。这样，他们就会认为这些商品不值这个价，至少不值零售价。网上的特卖有些类似于在沃尔玛超市的冲动消费，但不是花5美元买20节电池，而是花1 000美元买了一个巴宝莉的包。富人会因为一次大金额的冲动消费而更满足。但是在其他人看来，即使是半价，也是一件不太值的商品。

总体来说，现在对于网上奢侈品零售商不是很好的机遇，但也并不坏。因为当线下的零售商店因为利润下降20%～30%而努力挣扎时，网上的销售还能基本维持不变或只有轻微的下降。不过值得高兴的是，在经济危机情况下，网上奢侈品销售最多也就下降了8%。通过压缩成本、控制库存，奢侈品零售商在过去的一段时间内还可以维持盈利。2009年，最大的奢侈品公司——蒂芙尼在经历了第二季度利润的下滑后，仍然处于盈利状态。高于5万美元的商品销量下降，但银质和金质流行珠宝表现出良好的增长势头。爱马仕一直反复强调，蒂芙尼的战略不是降低原有商品的价格，而是通过增加低价商品丰富市场品类。比如原来只有15 000美元的吊坠（带有大型闪光物），现在也有只卖150美元的吊坠了。尽管经济衰退，内曼·马库斯、萨克斯和爱马仕的销售业绩也是这种情况。

根据贝恩咨询公司的报告，2010年，在美国整个奢侈品销售行业下滑了8%的情况下，网上奢侈品的销售额预计达到38亿美元，相比上一年增加了20%。我们仍然会进行这种奢侈品的消费，只是稍微有些减少：2009年珠宝行业网络销售额下降了7%。而其他类似奢华服装的销售呈增长趋势。Yoox、Saks.com、Zagliani和阿玛尼都报道，它们的网络销售额正逐步达到旗舰店的销售额。还是会有很多奢侈品消费者用净资产的30%去购买奢侈品。

不过，像内曼·马库斯、蒂芙尼、阿玛尼和迪奥这样的奢侈品零售商在初期为富人开展网上销售的时候也经历了一段困难的时期。有评论称，它们用很长时间来了解它们富裕的网络消费者。奢侈品机构最近的一份报告发现，网络奢侈品零售商不具备建立社区的能力。尽管大部分网站会使用搜索引擎优化，但并未追踪消费者在评论和评级网站、博客（Twitter）上的评论。若你的品牌物美价廉，还用在乎消费者说什么吗？

奢侈品牌和零售商面临的一个很大的市场难题是不仅要使有钱的消费者开心，还要尽力讨好这些消费者的下一代，并且它们需要经历相当困难的一段时间去建立一个可信的品牌形象，而不仅仅是一个购物网站。

比如，内曼·马库斯通过两个虚拟的精品店、Kate Spade的特色手提包和John Hardy的银袖扣来推广它的第一个网站，网站设计人员都惊讶于它的图片及动画展示。但是，大多数消费者却因为他们不能找到在售的足够多的商品，而且没有很有效的网站导航而直接将网页关闭了。那些漂亮、时髦的东西在今天已经过时了。Neimanmarcus.com不再突出任何动画片和动画图片，而是更注重商品的有序排列和设计。简而言之，就像杰西潘尼公司的网上目录。内曼·马库斯的网站因其设计的简便性和导航的有效性而获得了很高的评价，尽管也有评论认为在网上有时很难找到内曼·马库斯的较受欢迎的线下营销方式：定价高达10万美元的“他和她”的双人肖像巧克力和140万美元的私人潜水艇的圣诞节目录。

当世界名牌珠宝公司蒂芙尼在1999年重新设计其网站时，它所面临的最大挑战是：要制定一个既能维持公司独立品牌形象，同时又能吸引很多顾客的网络营销方案。蒂芙尼公司有可能是美国最知名的珠宝公司，其所处的地位令很多人望尘莫及。公司在线下的营销目标是建立一个漂亮的、高品质的、带有永恒风格的品牌。蒂芙尼怎样才能在这种强调快速、奢华而不仅仅强调优美和典雅的网络媒体世界里实现自己的目标呢？因为在早些时候，网络还被认为是一种低廉的、泛滥的东西，是被一些高端商家厌恶的一种媒体。

蒂芙尼网站的设计者是Oven Digital有限公司，整体的设计采用温和的中性色，较少的文字和图片以淡出的方式慢慢出现在屏幕上。网站的购物部分仅展示产品的大图，底部配有缩小的照片，点击这些小照片，就可将图片放大。但是，同样存在的问题是很难使消费者知道网站在卖什么。有人抱怨蒂芙尼在网上销售的东西太少，动画图片太慢，动画太多，并且可售卖的产品线并没有一个很好的组织。尽管蒂芙尼声称在网上有2 000种商品，但是找到它们并下单购买真的是一个很费力的过程。为了让网站内容更为集中，蒂芙尼又请内部团队重新进行了设计。现在的蒂芙尼从线下的目录中照搬了很多直接的营销方法到线上目录中，效果较为显著。蒂芙尼现在在加拿大、英国和日本都开设了新的网站。蒂芙尼将2 800种商品放在5个目录下面：钻石、珠宝、手表、餐桌布置、礼品及配件。2009年，蒂芙尼的网上销售额超过了1.4亿美元，占全部销售额（大约28亿美元）的5%。这也使其排到了网络珠宝行业的第二，其中蓝色尼罗河以3亿美元的销售额荣获第一。

迪奥、阿玛尼和宝缇嘉等其他前沿的流行品牌只是在初期管理自己的网站。结果就是网站并没有发挥什么作用。网站就只是类似于商店里商品图片的集中展示，只是想要用互联网和相关战略将它们的形象与用户紧紧地联系在一起。许多奢侈品由于面临种种困难，不得不选择将它们的网站外包出去。例如，Louis Vuitton、DKNY和阿玛尼都将它们的网络时装店外包给了像Yoox这样的网站运营公司，后者是一个在网上很有经验的流行品牌零售商。在阿玛尼的案例中，安普里奥·阿玛尼（Emporio Armani）会亲自指导网络工作。为了避免使目录看起来很廉价，他利用自己的室内设计团队给出米兰旗舰店的建筑设计计划，这样Yoox就可直接用此作为网站的模型进行设计。现在访问者可以像在米兰的商店里一样闲逛，在展示的产品中间进行一次虚拟的旅行。阿玛尼想要营造一种三维的视觉效果，可以通过在被测试的产品上打亮光，在商店里使用特效，使其呈现出优雅的视觉效果。开网店的成本只是开一家实体店的一小部分，并且风险也要小得多，至少我们不会担心因为位置而影响生意。在阿玛尼网站上的一次访问就相当于实际逛了实体店：在最近一季的服饰中，通过阿玛尼牛仔、彩色皮夹克等商品极好的视频图片展示可使客户身临其境，并且可以随时进行实际的购买。

资料来源："High Fashion Relents to Web's Pull," by Stephanie Clifford, *New York Times*, July 11, 2010; Luxury Brands Warming to the Web, Reuters, June 3, 2010; "The New Must-Have Accessory," by Vanessa O' Connell, *New York Times*, October 31, 2009; "From the Runway to Your Laptop," by Christina Binkley, *Wall Street Journal*, October 1, 2009; "Online Luxury Retail Remains Elusive," by Lauren Sherman, *BusinessWeek*, November 19, 2009; "Faberge Takes New Jewels Online," by Vidya Ram, Forbes. com, September 10, 2009; "Lacoste Shoots Its Wad Online," by Laurie Burkitt, Forbes. com, October 29, 2009; "CEO Helps Jimmy Choo Diversify," Jimmychoo. com, September 2, 2009; "High End Retailers Offering More Discounts," by Stephanie Rosenblum, *New York Times*, August 1, 2009; "In Luxury Sector, Discounting Can Be Dangerous," by Brian Burnsaid, *BusinessWeek*, July 23, 2009; "Luxury Goods Retailers Fall Short in Online Community Building," *Internet Retailer*, July 3, 2009; "Affluents Online: Living the Life in Private," by Lisa Phillips, eMarketer, May 2009.

7.2 了解网络营销沟通的成本和收益

正如我们在7.1节中所看到的，网络营销沟通仍然只占世界上所有营销沟通的很小一部分。这主要是由几个方面的原因造成的，其中最主要的两个原因是：网络广告是否真正起作用？如何准确衡量网络广告的成本和收益？本节主要探讨这两个问题。但是，要分析网络广告是否有效的问题，我们首先要了解它所涉及的一些重要术语。

7.2.1 网络广告度量：术语

为了理解通过网络营销沟通来吸引潜在用户访问企业网站并将他们转换成顾客

的过程，你首先需要熟悉网络营销的行话。表 7—4 列出了一些描述网络营销的影响和效果的常用术语。

表 7—4　　营销效果评价术语

常用术语	描述
印象	广告被下载、显示的次数
点击率（CTR）	广告被点击的次数
访问率（VTR）	广告未被立即点击，而在 30 天内被用户访问的概率
点击次数	HTTP 请求次数
网页浏览量	网页被浏览的次数
黏度	访问者在一个网站上的平均停留时间
单独用户数	一定时期内单个访问者的数量
忠诚度	随着网页浏览量而变化，单一用户访问网站的频率；或一年内再次在站点购物的顾客人数占顾客总数的百分比
到达率	潜在的购买者人数占网站访问者人数的百分比；或者说，一个网站上的购买者人数占整个市场购买者人数的百分比
最近一次消费	购买者最近一次访问网站或购买的时间
获得率	通过注册或者浏览产品信息表现出对网站上的产品感兴趣的访问者的百分比
转换率	由访问者转变为顾客的百分比
浏览购买比	浏览产品的顾客中购买的比例
浏览加入购物车比	在产品页面点击“加入购物车”的比例
购物车转换率	点击“加入购物车”后，最终成为订单的比例
结账转换率	开始结账后最终成为订单的比例
放弃率	中途放弃购物车离开网站的购物者比例
保留率	现有顾客中定期购物者的比例（与忠诚度相似）
流失率	在首次购买后，下一年内不再来购买商品的顾客百分比
电子邮件	
打开率	邮件接收者打开邮件看到信息的概率
传递率	邮件接收者收到邮件的概率
点击率（电子邮件）	邮件被点击的概率
跳退率	邮件没有被传递到的概率
退订率	邮件接收者点击退订的概率
转换率	邮件接收者实际进行购买的概率

前 9 个术语主要是衡量网站获得顾客或占领市场份额的程度，它主要是通过招揽购物者访问网站来实现的。在第一代电子商务时期，这些度量方式通常代替了用销售收入来度量的方式，成为电子商务企业在寻找投资者和吸引“眼球”（浏览者）方面所取得的成就的依据。

印象（impressions）是广告下载、显示的次数。**点击率**（click-through rate，CTR）衡量实际点击广告的人数占被展示广告人数的百分比。因为并非所有的广告都是立刻可以产生点击的，所以该行业人员又发明了一个新的术语**访问率**（view-through rate，VTR），指在 30 天内对广告做出回应的概率。**点击次数**（hits）是企业服务器收到的HTTP请求的次数。用点击次数衡量网站的活动可能会产生误导，因为一次点击并不等同于一次网页请求。若一个网页上包含多个图像或图片的话，它会产生多次点击。一个网站访问者能够产生上百次点击。所以，尽管通常情况下很容易统计点击次数，但点击次数并不能精确代表网站的负载量或访问量。点击次数量很大——听起来好像感觉不错，但是与站点的实际活动量并不一致。**网页浏览量**（page views）是网页被访问者浏览的次数。但是，框架网页将页面划分成几个独立的部分，一个由3个框架组成的页面将会产生3个网页访问。因此，随着越来越多的网页框架的使用，网页浏览量基本上也不能作为一个很有用的衡量标准。

黏度（stickiness，有时也称为持续时间）是指访问者在一个网站的平均停留时间。黏度对营销者来说很重要，因为访问者在网站的停留时间越长，其购买的可能性就越大。例如，2010年，谷歌的1.79亿独立访问用户在一个月的时间内，停留在该网站上的平均时间是2小时5分钟；雅虎的1.78亿用户的平均停留时间是2小时28分钟；Facebook用户的平均时间是7小时1分钟！尽管Facebook产生很大的用户黏性，但它不是直接带来更多广告、更多销售、更多盈利的一种方式。还需要关注人们在他们的网站上做什么，而不是只是单纯的在上面停留多长时间。人们不会跑到Facebook上购买或是查找商品，而谷歌上的访问用户大多是为了想买什么东西而来（Nielsen，2010；comScore，2010b）。

访问者的数量是在评价一个网站的受欢迎程度时使用最多的一种方法。**单独用户数**（unique visitors）用来统计网站上的单个不同访问者的数量，而不考虑他浏览了多少网页。**忠诚度**（loyalty）是指一年内再次来网站的购买者的百分比。忠诚度可以很好地体现一个网站在网上被推崇的程度，以及购物者对网站的信任。**到达率**（reach）一般是指访问网站的消费者人数占市场上消费者总人数的百分比。例如，一年内有10%的购书者会至少访问一次亚马逊网站并在该网站买书。到达率反映了网站吸引市场份额的能力。**最近一次消费**（recency）——与忠诚度相似——衡量网站吸引回头客的能力，通常以购物者上次购物或客户上次访问网站以来的平均间隔天数来计算。例如，最近一次消费的值为25天，意味着消费者平均每隔25天就会再次访问网站。

到目前为止，前面介绍的术语与商务活动的关系并不大，或者说还不能帮助我们了解由访问者向顾客转变的情况。**获得率**（acquisition rate）是注册或浏览产品信息的访问者百分比（表示对产品感兴趣）。**转换率**（conversion rate）衡量实际购买商品的访问者百分比。转化率依据网站的成功程度，数据差别会比较大。在电子零售小组第9次年度商家调查中，发现有56%的应答者声称转换率在1%～3%之间，21%的在3%～5%之间，17%的商家转换率在5%～8%之间（e-Tailing Group，2010）。**浏览购买比**（browse-to buy ratio）是指浏览了产品页面的用户中最终购买的比例；**浏览加入购物车比**（view-to-cart ratio）是指在产品页面点击了“加入购物车”的比例；**购物车转换率**（cart conversion rate）只是点击了“加入购物车”中最终成为订单的比例。**结账转换率**（checkout conversion rate）是指点击“开始结账”中最终形成订单的比例。**放弃率**（abandonment rate）计算的是中途放弃购物车并离开网站的购物者百分比。放弃率反映了很多潜在的问题——购物表单设计得不合理，顾客对网站缺乏信任，或由其他因素所导致的购买不确定性。由PayPal和comScore进行的一项调查发现，45%的美国网上购物用户在调查的前3个星期内多次放弃过购物车。放弃商品的平均损失是100美元。放弃的原因中

21%是安全问题，22%是没有发现消费者支持服务，24%是没有自己偏好的支付方式，23%是产品不能结账（eMarketer，Inc.，2009b）。80%以上的网上购物者在访问网站时一般都有购买欲望，高放弃率对网站是很大的销售损失。**保留率**（retention rate）代表现有顾客中一直定期购物的客户百分比。**流失率**（attrition rate）是指曾经购买过一次商品，但一年来再也没有来过的顾客百分比（与它对应的是客户忠诚度和客户保留率）。

电子邮件活动也有自己的衡量术语。**打开率**（open rate）是消费者打开电子邮件看到信息的概率。一般打开率会比较高，在50%以上。然而，也有一些是浏览者将鼠标移过电子邮件标题行就可以打开邮件，这部分数据目前无法解释。**传递率**（delivery rate）是电子邮件接收者最终收到电子邮件的概率。**点击率（电子邮件）**（click-through rate（e-mail））是指电子邮件接收者点击收到的电子邮件的概率。最后，**跳退率**（bounce-back rate）指邮件未成功发送的概率。

图7—8给出了从简单的网络广告印象、站点访问、网页浏览，到产品的购买，再到最终企业获得利润的详细过程。你首先要让顾客意识到他们需要你的产品并设法引导他们来访问你的网站。一旦顾客来到了你的网站，你就要使他们相信，与其他公司的产品相比，你所提供的产品价值——性价比最高。此外，你还必须尽力使他们相信公司对网上交易的处理能力（通过提供安全的环境和快速履行订单）。如果你能成功地做到这一切，那么一部分顾客就会成为公司的忠诚客户，再次来公司的网站购物或将公司网站推荐给其他人。

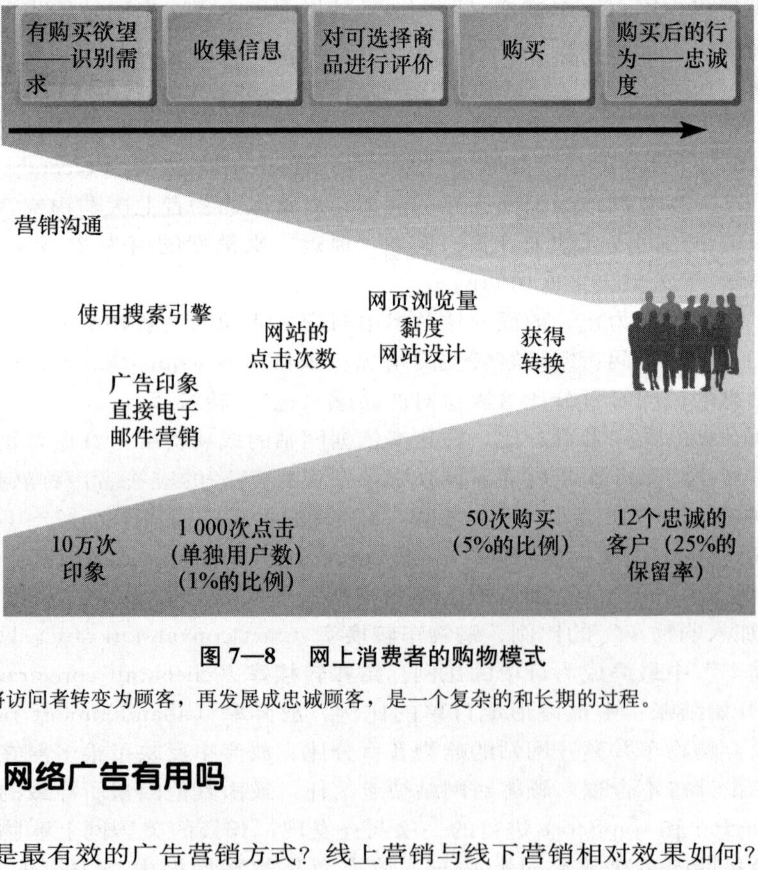

图7—8　网上消费者的购物模式

说明：将访问者转变为顾客，再发展成忠诚顾客，是一个复杂的和长期的过程。

7.2.2　网络广告有用吗

什么是最有效的广告营销方式？线上营销与线下营销相对效果如何？这要基于

活动的目的、产品的属性，以及消费者直接面对的网站的质量。当然，还要基于你自己的衡量标准。点击率是比较有效的衡量方式，但只是衡量了广告活动投入的回报。一个比较宽泛的理解是这关系到你考虑的要购买的促销物及邮件列表的成本、视频和电视广告的制作成本。此外，因为广告上的产品不同，所以每种媒体都有每次接触的潜在收入。比如，相对于报纸、杂志和电视广告来说，网上购买的一般都是小件产品（尽管现在正在慢慢发生改变）。

表 7—5 列出了不同类型的网络营销沟通工具的点击率。由于任意一种营销工具都有其多样性，所以表 7—5 只是对点击率的一般估计。在所有这些方式下，点击率起到了一种个性化和其他精准化技术的功能。比如，有几项研究都发现，通过添加社会分享链接，电子邮件的反馈率提高了 20%以上。谷歌的平均点击率是 2%，但是一些商家通过设定一些针对某类有特定喜好的人群的特定广告，使其点击率达到了 10%，有的甚至更高。经许可的电子邮件点击率在过去的 5 年内，一直维持在 5%～6%之间。将收件人的名字显示在标题行，可使点击率翻倍。（即使有 20%的美国人偶尔会点击未经许可的邮件，但是未经许可邮件及垃圾邮件的反馈率依然很低。）

表 7—5　　**网络营销沟通**

网络营销沟通的方式	通常的点击率
展示式广告	0.06%～0.35%
插播式广告	0.02%～0.16%
超级插播式广告	0.02%～0.16%
付费的搜索引擎置入和排名	1.00%～5.00%
视频和多媒体广告	0.50%～2.65%
赞助	1.50%～3.00%
联盟关系	0.20%～0.40%
基于内部列表的电子邮件营销	5.00%～6.00%
基于购买列表的电子邮件营销	0.01%～1.50%
网上目录	3.00%～6.00%

资料来源：Based on data from eMarketer，Inc.，2010d，2010e；industry sources；author estimates.

视频广告的点击率看起来很低，但却是普通展示式广告的 2 倍。多媒体广告和视频广告的互动率（有时也称作“dwell rate”）高达 7%～8%。“互动”意味着用户在视频上进行了点击，打开，关闭，或者是进行了其他的操作（很有可能是直接跳过了广告）（eMarketer，2009c；Eyeblaster，2009）。

随着消费者越来越熟悉新的网络广告模式，广告的点击率在逐渐下降。在过去的 4 年中，横幅广告的反馈率已经降低了 50%，电子邮件的反馈率相比一开始也有所下降。视频和多媒体广告的反馈率没有降低也是不现实的，只是由于网络视频的质量和故事性使其反馈率比较稳定。

那么，怎样才能使线上的广告相对于线下的广告更有效果？下面的图 7—9 可能给该问题提供一些研究视角。一般来讲，线上渠道（电子邮件、横幅广告和视频）相对于传统的广告渠道会有一些有利条件。在过去的 5 年中，搜索引擎营销成为成本效益最好的营销方式之一，这在很大程度上也得益于谷歌和其他搜索引擎的快速增长。但令人惊讶的是，经许可的电子邮件的成本收益是搜索引擎营销的 2 倍，有一部分原因是相对于关键字，邮件列表比较便宜。

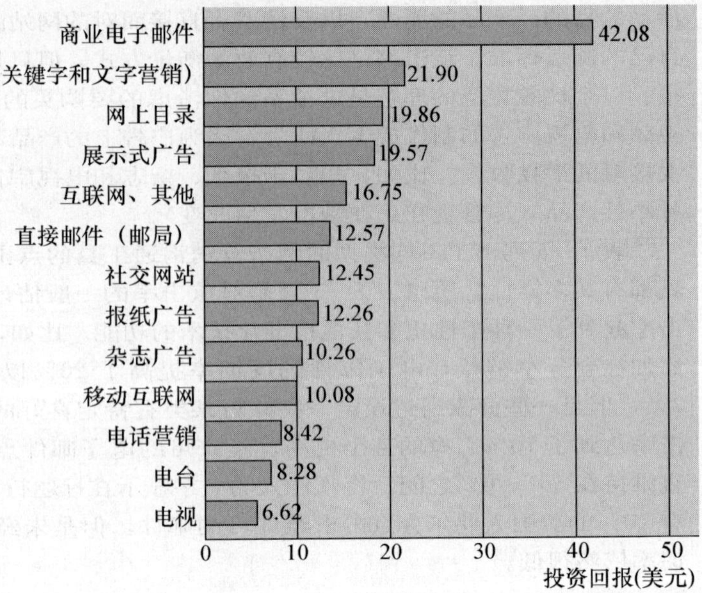

图 7—9　投入产出效果对比

说明：图中的数字表示使用不同类型的广告工具每投入1美元所得到的回报，搜索引擎已经代替电子邮件成为成本收益最好的网络广告。这些数字是估计值，可能会因为产品、广告效果、广告位置、定位的不同而不同。

资料来源：Based on data from eMarketer，Inc.，2001b；Direct Marketing Association（DMA），2009.

资料显示，搜索引擎营销的投入产出效果已经达到了顶峰，其增长率的下降是由于关键字的成本显著增长，并且由于零售商开始从购买核心关键字扩展到更多的外围关键词，购买的关键字数量也越来越庞大。结果就是每次点击的成本逐渐上升，且与品牌相关的关键词的效果越来越差。在最近一段时间，搜索引擎广告的利润增长会慢慢下降，像谷歌和微软这样的搜索引擎公司也在通过收购广告网络、展示广告公司和移动广告公司来寻找其他的机会。

对比线上、线下营销效果的一项研究表明，最有效果的营销活动是使用包括网络、目录、电视、收音机、报纸和零售商店在内的多种营销方式的组合。尽管广告人员已经减少了印刷媒体广告的开支，但是像电视和印刷媒体这样的传统渠道仍然是消费者发现新产品的主要渠道。大家都比较认同的一个观点是通过多渠道购物的消费者要比单一渠道购物的消费者花费更多，部分原因是他们有较多的可支配收入，另一个原因是营销人员为其设定的“接触点”的组合数量较多。消费者营销中增长最快的是多渠道购物者。

如果横幅广告能够针对特定的场合（基于场合的营销）、特定的搜索关键字（后面将会讲到）或有明确资料的用户，并在合适的时间投放的话，那么其广告效果将会更好。要准确发布这种广告，通常需要广告网公司提供服务，如 DoubleClick 或 24/7 Real Media。

7.2.3　网络广告的成本

如果不分析广告的成本，我们将无法探讨广告的有效性问题。最初，绝大多数的网络广告都是以商品交换的形式或者以**每千次印象成本**（cost per thousand,

CPM）（M在拉丁语中表示千）来计价的，即广告客户以1 000次印象为单位来购买广告。现在，还出现了一些按其他方式来定价的广告模式，包括每次点击成本（CPC）、每次行动成本（CPA）以及混合定价模式。**每次点击成本**（cost per click，CPC）是指广告客户根据事先商定好的每次广告被点击的费率来支付费用。**每次行动成本**（cost per action，CPA）是指只有当用户完成特定行动之后，如注册或购买之后，广告客户才付费。而混合定价模式则是综合采用这些计价方式中的两种或多种（见表7—6）。

表7—6　　网络广告的不同定价模式

定价模式	描述
易货	以等价物交换广告位。
每千次印象成本（CPM）	广告客户以1 000次印象为单位来购买广告。
每次点击成本（CPC）	广告客户根据事先商定好的每次广告被点击的费率来支付费用。
每次行动成本（CPA）	只有当用户完成特定行动之后，如注册或购买之后，广告客户才付费。
混合定价	综合以上两种或两种以上的定价模式来定价。
赞助	按项目收费；广告客户支付固定费用。

在电子商务早期，部分网站为获得一个新客户而花费的营销和广告成本高达400美元，当时的平均成本从没有那么高。表7—7显示了不同类型的媒体为获取一个新客户需花费的平均成本。

表7—7　　2010年在美国不同类型的媒体获取新客户的平均成本　　单位：美元

互联网搜索引擎	8.5
电子邮件（经许可的）	10
电视	11
杂志	19
黄页	20
报纸	25
网络展示广告	50
直接邮件	50

资料来源：Industry sources；authors'estimates.

尽管线下的成本要高于线上的成本，但是线下的东西一般都比较昂贵。当你在《华尔街日报》投放广告的时候，你就进入了一个富人的群体，他们可能会对购买岛屿、飞机、其他公司和法国的一些较贵的房子感兴趣。在《华尔街日报》上一页全黑白的广告要花费35万美元，在其他的媒体上只需要1万～10万美元。对于这种价格，就需要多卖一些苹果，或是飞机租赁协议。

网络营销的一个优势是能够直接观察到它对网上销售的影响。企业能够准确地知道特定的横幅广告或向潜在顾客发送特定的电子邮件产生多少收入。衡量网络营销绩效的一种方式是用增加的收入除以竞销的成本（收入/成本）。任何大于1的结果都表明该营销活动是值得的。

当网上和网下的销售收入都受到了网络营销的影响时，问题就比较复杂了。正如我们在前面所看到的，40%的网络用户使用互联网来"购物"，但他们并不在网上购买商品，而是在传统商店购买。此外，在第二代电子商务时期，像西尔斯和沃尔玛这类商家将采用电子邮件来通知其注册用户有关网上或网下传统商店的特价促销信息。但遗憾的是，传统商店的销售量很难与网上的电子邮件促销活动建立起准确的关系。在这种情况下，商家不得不采用不太精确的度量方式，如在传统商店里进行客户调查，以估计网上竞销的有效性。

在任何时候，衡量网络营销沟通的有效性——以及准确划分营销沟通的目的（是建立品牌还是促进销售）——对企业利润的分析都是至关重要的。要衡量营销的有效性，你需要了解通过不同媒体进行营销的成本，还要了解将网上潜在顾客转化为顾客的过程。

一般来说，网络营销的成本要低于通过传统大众媒体营销的成本，但是可以很有效地带动销售。表7—8列出了网上和网下营销沟通的一般费用。例如，在当地电视台投放30秒广告的播放费用为4 000～40 000美元，再附加40 000美元的广告制作费，总费用为44 000～80 000美元。该地区的收视人数为200万，则CPM为2～4美分，使得电视成为最便宜、最有效的接触用户的方式。网站的横幅广告制作费用是零，每千次印象的价格是2～15美元。邮寄一封信的成本为80美分～1美元，而发送一封电子邮件到1 000个家庭只需要5～15美元，因此电子邮件比邮寄信件便宜很多。

表7—8　传统广告与网络广告成本的比较

传统广告	
当地电视台	在电视剧中插播30秒商业广告的费用为4 000美元，高收视率的则为45 000美元。
电视网联播	黄金时段30秒广告的播放费为80 000～600 000美元，平均为120 000～140 000美元。
有线电视	黄金时段30秒广告的价格是5 000～8 000美元。
广播	根据节目收听率和播出时间的不同，60秒广告的费用为200～1 000美元不等。
报纸	一整版广告的费用为每千份报纸120美元。
杂志	刊登在区域性或全国性杂志上的广告，每千份费用为50美元，而当地杂志则需要120美元。
直邮	普通促销信的费用为每千封15～20美元，夹在报纸中的广告页为每千份25～40美元。
街头广告	高速公路广告牌的1～3个月的出租费为5 000～25 000美元。
网络广告	
横幅广告	根据锁定目标的程度不同，每千次印象为2～15美元不等（针对性越强，价格也就越高）。
多媒体广告	每千次印象为20～25美元，主要由网站的统计结果来决定。
电子邮件	广告商每提供1 000个有针对性的电子邮件地址的费用为5～15美元。
赞助	每千次网页浏览的价格为30～75美元，具体由赞助的唯一性决定（唯一性越高，价格也就越高）。

7.2.4　测量网络营销效果的软件

用来自动统计网站活动的软件有很多种。图7—10给出了某个网站的活动分析中提供的信息。

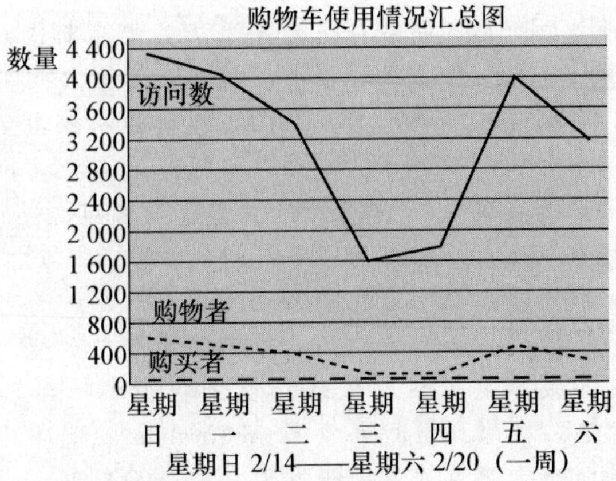

购物车使用情况汇总表	
总访问数	24 134
购物率	16.7%
购物者总数	4 031
放弃率	97.4%
转换率	0.4%
购买者总数	103

购物车使用情况汇总——帮助卡

放弃率——没有转换成购买者的购物者人数占购物者总数的百分比。它包括丢弃购物车的人和没有完成支付的人。

转换率——成为购买者的访问者比例。

购物率——成为购物者的访问者比例。

购买者总数——访问网站的购买者人数。购买者是那些一直访问到订单完成页面的访问者。

购物者总数——访问网站的购物者人数。购物者是那些一直访问到购物页面的访问者。

总访问数——访问者访问网站的次数。

图 7—10　网站活动分析

此外，还有其他一些软件和服务可以帮助营销主管准确地识别营销活动是否带来了盈利。技术透视“现在是上午 10 点，知道谁在你的网站上吗”介绍了这类软件的功能。

技术透视

现在是上午 10 点，知道谁在你的网站上吗

可能你还没有机会去使用，但如果你使用类似 Adobe SiteCatalyst 这样的分析软件套装，你就可以随时知道谁在你的网站上。而如果多关注一下这些问题，你肯定能为网站创造更多的盈利，使网站的转换率提高 5%，甚至投资回报率也将提高 8%。为什么？因为你能实时地知道什么类型的人在你的网站上，就能实时调整你的网站营销和广告信息，调整产品组合，改变产品的陈列位置，以最大限度地提升将访问者变成购买者的转换率。

现在还没有一个统一的标准可以衡量网站的效果，网站的所有者也被淹没在消费者表面上的大量的点击数据中，而 SiteCatalyst 可以帮助网站管理人员更有效地分析消费者的点击流。SiteCatalyst 作为一种服务软件，主要针对网站的用户，而不是服务器。2009 年，SiteCatalyst 产生了 3 亿美元的盈利，整整高出 2007 年盈利一倍。2010 年，尽管是在经济萧条期，消费者的热情也使其盈利增加了 134%。

Omniture 公司创造了 SiteCatalyst 软件，2009 年被 Adobe System 收购。该公司拥有自己的一套网络监控产品。SiteCatalyst 目前被应用于美国和欧洲大约 5 100 个用户，其中包括新闻周刊、达美和 Scotts 等。该软件套装是一系列工具的集合，允许管理人员实时监控谁在他们的网站上，消费

者从何种渠道来到他们的网站，哪个页面是最受欢迎的，哪个页面是最盈利的。此外，还允许营销人员实时根据网站内容做出改变，并及时测量信息。

目前 Coremetrics 和 Nedstat 也可以提供类似的服务业务，它们可以提供像 NetIQ 和 SPSS 这样的网站管理软件和商务智能工具，对网站进行相关的业务分析。微软广告和数字河这样的数字营销和电子商务服务提供商也可以提供综合网站的分析服务。谷歌有面向用户的谷歌分析程序：搜索引擎营销工具 AdSence 和 AdWord。

SiteCatalyst 允许网站拥有人员实时监控和分析网站流量，能够收集用户信息，且能为即将展示的页面做出最迅速的调整。大多数情况下也能够提供网站营销管理人员想要的对投资回报率相关问题的答案。SiteCatalyst 是基于用户的浏览行为进行收集、处理、存储，然后汇报用户的相关行为。报告会指出哪一种营销活动会使访问者对其做出怎样的反应，用户使用什么搜索引擎，输入什么关键字，在网页上花费多长时间，在网上购买了什么，什么时候放弃了购物车，以及他们在网络中的位置。报告还会包括网站导航分析，包括计算顾客长期价值和衡量营销活动的转换率分析以及管理展示板。

SiteCatalyst 可以评估消费者在网站上的页面到页面之间的导航路径。通过向每一个 HTML 页面中嵌入一小段代码（反映客户想要追踪和分析的内容）就能完成该服务。对于客户来讲，其中可盈利的一个方面就是 SiteCatalyst 消除了捕获、存储和处理日志文件的需求，因为运行和维持日志文件是昂贵的，并且会花费公司宝贵的时间和资源。SiteCatalyst 无须安装到客户的计算机或其设备上，只是需要作为一个网站服务（software as a service，SaaS）软件运行，也就不会涉及安装的任何问题。因此，SiteCatalyst 只需要维护和运营成本。

当消费者浏览网站的时候，SiteCatalyst 就能够对在线客户进行细分。例如，一些消费者可能就是为了替代品而来，可以在其浏览的过程中，向其展示本公司的其他交叉销售产品。正在寻找打印机硒鼓吗？为什么不考虑买一台打印机？大多数访问者来到网站（尤其像微软、惠普和梅西这样的品牌网站），就是为了寻找特定的产品。只要你的网站上有消费者想要的特定产品，为什么不诱使其考虑购买其他相关的产品和服务呢？如果一个 L. L. Bean 的消费者来 L. L. Bean 的网站上寻找睡衣，SiteCatalyst 就能决定哪一条广告或促销能够带来额外的销售。一般来讲，人们来买睡衣，可以向其推荐睡觉或是较温馨的相关产品，比如内衣、毯子、枕头等。

为了在 Web 2.0 时代不被淘汰，SiteCatalyst 同样提供了“社交网络优化”工具。如果在你的网站上有社交网络元素，比如用户评论、用户产生的内容、可能被分享的视频或书签，SiteCatalyst 的网络优化机制可以帮助你理解访问者的消费和创造习惯，识别哪一种社交元素可以增加销售，从而能够使用户处于具有消费刺激的环境中，为你的产品和品牌创造友好的情感链接。

国家地理社会（National Geographic Society）是世界最大的非营利组织，致力于开发地理知识。2009 年的报告显示，SiteCatalyst 和搜索中心服务能够将网站的访问量提高 150%。国家地理的网站分析管理人员特德·麦克唐纳（Ted McDonald）说：“在使用 SiteCatalyst 之前，没有数据帮助我们理解网站上的每一部分对于消费者的价值，以及怎样将关键字广告转变成一种反馈系统，而综合使用 SiteCatalyst 和搜索中心可以使我们清楚地知道付费搜索在网站的每一部分的费用和收益，这对我们来说具有巨大的商业价值。”国家地理通过部署搜索中心来优化付费搜索的主动性，以实现广告花费的特定回报。从付费搜索方面来讲，其主要目标是带动反馈系统，并且通过使用搜索中心发现有 90%的公司的关键字只是在烧钱。国家地理小组通过验证哪些关键字变化是无效的，重新分配关键字的费用，维持10%的盈利，从而使公司所有的付费搜索广告都处于盈利状态。麦克唐纳还提到："通过使用搜索中心，我们将广告优化到不需要我们人工进行频繁的更换，系统可以自动进行维护，这样可以使我们集中精力从事更有价值的任务。当盈利状态发生变化的时候，我们有管理展示板来显示每一个搜索活动的投资回报比，然后我们就可以随时做出改变。"

SteveMadden.com使用SiteCatalyst来推动营销和网站设计的推测，用它来代替用户的行为数据。史蒂夫·马登（Steve Madden）是鞋类公司SteveMadden的创建者，他生产的鞋总会成为美国网上和实体店中最热门的流行品。SteveMadden有限公司在美国仅有84家零售商店，主要设计、生产、销售鞋、手提包和配件，并且其52%的利润来自批发商、百货商店、专营店、目录地址和独立的商店。其最大的顾客是梅西百货、DSW、Nordstorm、Famous Footwear、Dillard's、Lord & Taylor和维多利亚的秘密。2009年，通过网站SteveMadden.com创造的盈利占公司全部盈利的18%，在公司的盈利中占据很重要的地位。

在使用SiteCatalyst之前，公司网站的营销人员不知道如何将购物者变成顾客，并且只能去猜测哪个产品、哪条促销信息最有价值。营销人员缺少网站访问者的实时的行动数据。他们想要拥有改变网站的能力和能够实时看到消费者行为变化的能力。而使用SiteCatalyst，他们就可以掌握主动权，监控页面内容、功能和相关的网站活动。在一次测试中，营销人员通过测试不同的购物车来寻求降低购物车放弃率。在拥有SteveMadden零售店的州，也出现了一个新的面向消费者的横幅——"用信心购物!"第二个在有SteveMadden零售店的州展示的是"尽情享受免税购物吧!"再加上对空白屏幕的使用，转换率上升了5%。在第二种针对注册了SteveMadden营销邮件的用户的邮件信息促销测试中，消费者可以看到各种不同的横幅广告，包括限时销售、免费送货横幅和基于用户先前购买的个性化信息。在营销信息中，这种微小的改变使转换率平均上升了7%。

资料来源："SteveMadden.com Increases Sales and Continuously Optimizes E-commerce Site," Case Study, SteveMadden.com, August 2010; "Steve Madden's Online Sales Jump After Site Redesign," by Rose Gordon, DMNews.com, June 11, 2010; "RE/MAX launched a new Internet strategy using Google Analytics," Google.com/analytics/case _ study, June 29, 2010; "Buying Your Brand On Search—Up To 23% Revenue Lift!," SiteCatalyst Articles, September 1, 2009; "National Geographic Increases Site Visits, Page Views and Return on Ad Spend With SiteCatalyst SearchCenter and SiteCatalyst SiteCatalyst," Case Study, SiteCatalyst, August 26, 2009.

7.3 网站——营销沟通工具

能够满足消费者需要的功能齐全的网站是最强大的网络营销沟通工具之一。从某种程度来讲，可以把网站看做扩大的网络广告。合适的域名、优化的搜索引擎、合理的网站设计，这些都是一个协调的营销沟通战略中不可缺少的组成部分，同时也是电子商务最终取得成功所必不可少的条件。

7.3.1 域名

电子商务网站与潜在用户之间最早的沟通之一是通过URL来进行的。域名对加强一个现有品牌和/或创建一个新品牌起着重要的作用。在选择域名时有一系列问题需要考虑，理想情况下，域名应该简短、易记，不容易与其他域名相混淆，并且不容易拼错。如果可能的话，域名还应该反映企业的业务特性。否则，企业将不得不投入额外的时间、精力和金钱来建立品牌。Dot. com 域名至今仍被公认为最受欢迎的域名，尤其是在美国。

但是，现在要选择一个能够满足如上所有标准的域名很难。很多好的域名已经被别的企业注册了。还有很多公司在出售域名（如 GreatDomains. com 和 BuyDomains. com）。大多数的域名注册网站，像 NetworkSolutions. com，Godaddy. com 和 Register. com，都有工具来帮助你找到合适的域名。

7.3.2 搜索引擎优化

美国现在每天有 1 亿用户使用搜索引擎，所以优化公司网站的搜索引擎排名变得更为重要。尽管各大搜索引擎正在逐渐转向采用“付费的置入和排名”模式，但设法客观地提高网站在搜索引擎上的可见性仍然是必要的。甚至你会使用付费搜索引擎营销，通过优化你的网站来提高网站的自然搜索排名，你能够增加你的网站出现在所有搜索结果中最重要的第一页的概率，减少消费者的获取成本。对于小的公司，自然排名是拉动营销的最重要的工具。

现在的搜索引擎主要是通过使用网络蠕虫、软件程序来搜索网页，索引内容，识别网站链接到页面的数量，然后向大型数据库传送搜索到的内容。

不同的搜索引擎公司索引和排名网页的方法是不同的。现在有很多咨询公司、图书和网络资源可以为如何提高网站在网络蠕虫中的可见性提供相应的指导。大多数建议都是雷同的，并且没有一个敢保证就一定会有效果。

提高企业网站在搜索引擎排名的第一步就是在尽可能多的搜索引擎上注册。这样，当用户查找相似网站时，就很有可能看到该企业的网站。几乎所有的搜索引擎都有注册页面。

第二步是确保用在网站描述中的关键字尽可能与潜在用户用作搜索短语的关键字相匹配。例如，如果大多数潜在用户查找的是“日光灯”，而你用“灯泡”作为关键字，对你在搜索引擎中的排名是没有帮助的。搜索引擎间是有区别的，但绝大多数搜索引擎是通过阅读主页的标题标记、元标记和主页的其他文本来理解和检索网页内容的。

第三步是在网站的中继标记和页面标题中嵌入关键字。一个中继标记就是包含一系列描述网站内容的 HTML 标签。搜索引擎公司就是利用中继标记来判定你的网站内容与用户搜索内容的相关性。标题标签中有一段对网站内容的简短描述。中继标记和标题标签的文字一定要与主页的内容相吻合。另外，将网站的首页包含用户喜欢搜索的相关标题可以提高网站在搜索结果中的排名。许多蠕虫程序只是索引出首页的文本内容，而不会深入地搜索网站的二级页面。

优化企业搜索引擎排名的第四步是尽可能多地链接到其他网站上，包括链入和链出。搜索引擎就是评估各种类型的链接，评估它们对于识别网页如何流行和如何将自己链接到其他网站的质量。谷歌等搜索引擎认为，当输入一种产品的查询信息时，一个网站被其他网站链接的次数越多，这个网站上的产品满足需要的概率也越大。它假设一个网站的链接数越大，该网站就越有用。那么一个企业该如何增加其网站的链接数呢？投放广告是一种方法：横幅广告、按钮广告、插播式广告、超级插播式广告，这些都是链接企业网站的方法。与另一个网站建立联盟关系也是获得链接的一种方法。搜索引擎会利用不同的、未知的方法来消除这些误导的作用。

然而，上面的步骤仅仅是搜索引擎优化的开始，提高企业在搜索结果中的排名是一门艺术，要真正达到良好的效果，需要依靠专职的专业人员对元标记、关键字以及网络链接进行精心的处理。由于不同搜索引擎采用的索引方式略有不同，所以这项任务变得非常复杂，常常需要几个月的时间。

7.3.3 网站的功能

将用户吸引到企业网站是营销的目标，一旦消费者访问了企业的网站，销售过程就开始了。这意味着是什么原因促使消费者访问网站这一问题已不再重要，而网站的内容将最终决定消费者是否购买或再次访问网站。对一个网页和网站来讲，首要的也是最重要的是软件界面。问题是：什么才是最有效的软件界面？一般来讲，人们希望软件界面好用，并且易操作（学术名称为技术接受模型）。因此，功能和易用性也就成了设计网站最重要的一个部分。包括网站信用和可信度在内的其他因素对消费者的决策同样重要，其将会在后面网站设计的文献中介绍（Fogg，et al.，2003）。一项基于 2 600 名参与者的关于网站可信度的探索性研究表明，影响网站可信度的前 3 个主要因素是外观设计、信息设计/架构和信息焦点（Fogg，et al.，2003）（见图 7—11）。弗拉尼根和梅茨格在 2007 年的一份研究报告中显示了同样的结果（Flanigan and Metzger，2007）。设计是最重要的因素。

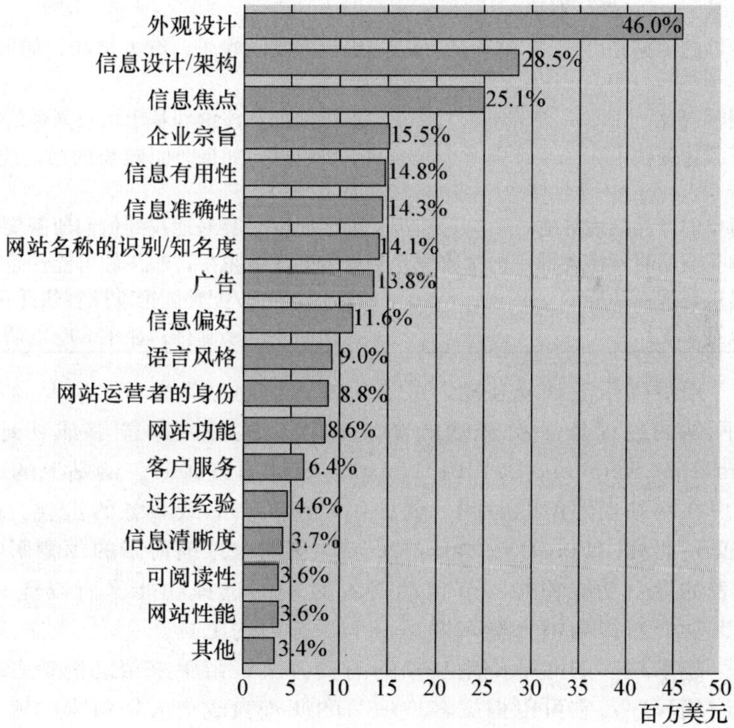

图 7—11　影响网站可信度的因素

说明：当评价一个网站的可信度时，参与调查者都认为，相比网站的其他特性，网站的外观设计是最重要的。

资料来源：Based on data from Fogg，et al.，2003.

该项研究的作者感觉比较遗憾的是，用户更重视网站的设计风格，而不是网站的功能和易用性。

关于网站功能的调查发现，信息组织的方式对首次访问用户特别重要，随着浏览次数的增多，重要性逐渐下降。随着时间的推移，网站的信息内容会成为吸引未来用户的最主要因素（Davern，et al.，2001）。在此项调查中，网站使用的次数是内容质量、网站组织架构、网站的可用性和网站的易用性四个变量的函数。随着使用时间延长，用户熟悉了网站的组织架构，学会了如何更有效地收集信息。这种现象表明提高网站的内容和可用性应该是一个公司首要考虑的内容，然后再认真渐进地改善网站的设计。完全改变网站的设计会导致网站消失“锁定效应”（Davern，et al.，2001）。大多数公司冒着可能会使用户不适应的风险，最终放弃了原来的设计，去寻找一种更有用、更有意思的设计，以产生更多的销售：世界前500位的网络零售商中有65%在2010年重新设计了网站（Internet Retailer，2010b）。

在第4章（4.4节，尤其是表4—10），我们从企业的角度出发，定义了一个网站要吸引和留住顾客所需具备的8个基本的设计特征。网站必须具备一定的功能，信息量丰富，采用简单导航（容易使用），使用冗余导航，方便顾客购物，与多种浏览器兼容，采用简单的图片和易读的文本。研究人员还发现了其他很多会影响消费者购物的网站设计特点，这些问题也应该引起营销主管的注意（见表7—9）。

表7—9　　影响网上购物的网站设计特点

设计特点	说明
美妙的浏览经历	提供互动、娱乐，有人情味，能够引起人们访问网站的兴趣。
编辑内容	提供帮助、评论和基于用户兴趣的特征以增加用户黏性。
下载速度快	越快越好，如果时间较长的话，应该向用户提供一些消遣活动。
简单的产品列表导航	顾客能够很容易地找到他们所需要的产品。
购买商品时所需要的点击次数少	点击的次数越少，购买的可能性越大。
提供代理商功能	推荐代理商/配置能帮助顾客快速正确地选择。
应答系统	自动回复电子邮件；显示800电话号码。

提供娱乐活动或互动，或者说使人们对网站感兴趣，从这一意义上说，人们访问网站的过程是一次美妙的浏览过程，这种网站能够成功地吸引和留住访问者（Internet Retailer，2010b；Novak，et al.，2000）。网站上的可编辑内容能够增加用户在网站上停留的时间，增加用户购买产品或服务的机会。而设计的简单性很难定义，研究（Lohse，et al.，2000）发现对月销售量的预测影响最大的因素是产品列表的导航功能和能够节省消费者时间的选择功能。所以亚马逊书店的“一键购买”功能对提高销售量来说是一个强有力的工具。

越来越多的网站使用互动的消费者决策帮手来帮助消费者决策。推荐代理是一种应用程序，它可以根据客户填写的调查表或个人资料来向客户推荐产品。戴尔公司使用在线配置功能来帮助用户决定订购什么样的计算机（Hauble and Trifts，2000）。

网站上的自动回复同样对建立网站的可信度有重要作用。公司正在逐步发展，但是仍然有很长的路要走。eGain的一项调查发现，尽管网上零售商是一个亮点

(在过去的几年中得分较高),但在排名靠前的北美企业中,有70%的多渠道顾客体验服务在均值以下,甚至更低(eGain,2010)。一般来讲,大型公司会接受对"设计简便性和可用性"的较高评级,但对用户的反馈评级很低。其他研究者发现,消费者更愿意到保密性强的网站或大家熟知的网站上购物(Tsai,et al.,2007)。

无论线上和线下的营销活动有多成功,如果网站不能传递信息,不能让客户感受到方便,再好的营销活动也将前功尽弃。所以,关注网站的设计特点将有助于确保企业的成功。

案例研究

即时广告:交易中的实时营销

广告营销的最终目的就是要在合适的时间向合适的人传递合适的信息。如果能做到这一点,也就不会出现用户收到并不能让他们提起兴趣的广告的现象,也不再会有广告资金的浪费,这样既能降低终端用户的成本,也可以使每一美元都花得更有价值。在现实世界中,目前只能有这样一个大概的想法,很难真正去实施。广告营销人员也只能是根据人口统计学和兴趣相同的潜在消费者去投放更多的电视、视频、新闻广告和广告牌。而互联网的出现改变了这一事实。在互联网上,广告是基于用户的个人特征、兴趣、最近的点击行为而设定的面向消费者个人的精准化促销信息。第一代电子商务时期的一个愿景就是要在个人隐私和效率之间取得平衡:让我们对你有一些了解,我们将只向你显示你所感兴趣的一些广告和产品。电子商务将终结电视时代蓬勃发展起来的大众广告的现象。

但是,事实与大众普遍的想象,还有隐私保护者的恐惧相反。目前网站上向网站访问者展示的广告,不管是长期的还是短期的,大多与消费者的兴趣基本没有任何关系。在这种情况下,横幅广告的点击率仍然只有0.5%。广告的投放效果很差,导致广告价格也在下降。可通过以下操作来看一下现状:将浏览器打开到雅虎网站(全球最大的广告展示网站),看看右边显示的较突出的广告,然后问问你自己此时此刻是否真的对这些广告感兴趣。在这之前的广告又是怎样的?虽然广告适合你的人口统计学特征,但此刻能引起你兴趣的概率确实很低,并且很多时候有些广告是你完全不感兴趣或从来没听说过的。

造成这种问题的原因之一是类似雅虎这样的网络广告出版商及其广告网络直到现在或许也没有很了解你,它们知道的也只是一些大概的信息:女性、邮政编码、年龄等,或许还有以前的购买行为。它们根据这些信息建立一个你的档案,但是并不精确。结果就是向你展示的广告经常会偏离你的兴趣。即使它们知道你的每一条信息,其广告网络也没有一个很好的机制为潜在的用户推荐相关广告信息。也正是由于这个原因,网站上展示的横幅广告很少能与你的兴趣相关。也就违背了最初的广告营销的目的,许多基于网络的展示广告并没有做到基于用户个人信息及需求信息向其展示恰当的广告。搜索引擎广告相对来说要好一些,毕竟它会对你输入的信息作出即时的响应。

最近两年,行为定位和网络行为追踪正逐步通过扩大调查范围、调查广度和个人信息深度来改善展示网络广告的状况,能够针对不同的消费者调整网站的展示广告,针对不同类型的消费者形成更细粒度的个人消费者数字图片。几乎所有的主流网站都在访问者的电脑里安装了追踪软件,再通过 beacons、网络蠕虫、缓存和动态缓存来追踪用户的行为记录。《华尔街日报》通过研究发现，美国的前 50 家网站含有 40%的页面在测试电脑上安装了大约 3 180 个相关网站的追踪软件。其中唯一没有安装追踪软件的是维基百科。131 家公司安装了其中 2/3 的追踪软件。可以猜下最大的追踪者是谁？答案是：谷歌、微软和雅虎。这些追踪软件中的大部分是通过第三方 cookies 和 beacons 来追踪，也就是不安装在你访问的网址上，而是通过与用户访问网站的合作协议及追踪公司来设置缓存和 beacons 进行追踪。

现在，若用户访问相关网站，就会有相当数量的追踪 cookies 定位在用户身上。一般是安装 beacons 或网络蠕虫来追踪用户在网上输入的文字。比如，一个 beacon 会记录你对汽车的评价或不满，最喜欢的电影，喜欢《美国大兵》，玩填字游戏，购买了阅读器，购买了浪漫主题的书，有 iPad，安装了《纽约时报》阅读器等。当用户访问已被追踪公司安装该软件的其他网站时，该用户也将会被识别，从而会被监控到更多的行为信息，然后将这些信息累加到客户电脑中原有缓存记录上，再通过已安装的 beacon 将这些资料发送给公司的追踪服务器。当用户访问网站的时候，这些监控信息就不断累积。追踪软件监控器基本是追踪用户的键盘输入和网站的访问记录。一些大型的公司设定了一些需遵循的原则：谷歌可能会将部分永久保留，但会在 9 个月后隐藏用户名；必应会在 6 个月后删除所有的信息；雅虎将在 90 天内删除数据；还有一些小型公司就没有宣布它们的追踪政策，但事实是谁也不清楚这些数据到底将会被保存多久。

在记录用户的所有这些信息后，下一步会做什么呢？利用缓存和 beacon 收集这些信息的人会将其卖给广告营销人员。像 Bluekai Inc.，eXelate Media 和市场的三巨头（谷歌、微软和雅虎）这样的数据交换公司会基于这些个人和点击行为信息建立一份用户的个人档案。这些信息档案基本以每份 10 美分的价格卖给广告营销人员。广告营销人员会从其中挑出他们想要的用户的档案，比如：男性、24～35 岁、城市户口、开跑车、体育迷、高收入、爱看书，这类人就会被设想为宝马的潜在消费者。一旦满足这些资料的用户出现在网站上，广告营销人员就会向其展示预先设定好的针对这类用户的广告。这就是精准化和个性化，作为一种非常有效的网络沟通过程，这种方法能使看到自己感兴趣的信息的用户开心，也因此会带来更多的点击。

当然上述方法并没有完全准备好去实施。在这种令人激动的行为追踪和目标定位过程中还有很重要的一点，就是即时性。你现在点击搜索引擎搜索出来的信息是因为你此时此刻就对这种产品和服务感兴趣。谷歌拥有全球 75%的用户，用户规模达到 9.43 亿，被认为是人们兴趣最大的、最好的即时智能仓库。精准化展示广告也做不到完全匹配用户的需求。广告营销人员会基于用户档案信息将用户分类，为同类客户设置相应的展示信息，比如，可接受的网页、广告在页面上的位置、展示频率等。其实关于你是哪位，此时此刻你会对什么样的页面感兴趣这样的问题，有时可能你自己也搞不清楚。所以广告营销人员也不能做出这种恰逢其时的、动态的决策，也就是基于消费者之前的行为，能在消费者在到达这一页面的一刹那把握用户需求，并为其展示合适的广告。

2010 年，形势渐渐有所好转。门户网站及其自建的广告网络首次能够基于用户之前的个人行为向其展示合适的广告。通常包含两类参与者。一类是经常收集次要数据的公司（第三方的缓存和 beacon 拥有者）。它们和大型公司一样进行数据交易，也就是广告营销人员可以向其购买所有经允许的个人层次上的数据。这些数据有很多应用和市场。第二类是像谷歌、微软和雅虎这样非常大的广告商。它们通过相关交易允许广告营销人员购买消费者在网上的实时访问数据，比如用户输入的网址（或点击搜索查询），再加上先前的购买交易记录数据向其展示合适的页面。

例如，谷歌开发了一套实时竞标系统或

者称之为买卖展示广告的交易系统。广告销售方（也就是网站出版商）提供一系列网上的可用的广告位置，广告购买方根据其目标客户最有可能看到的位置来竞标。谷歌称之为双击广告交易（Doubleclick Ad Exchange），雅虎称之为右翼媒体（Right Media）。现在已经有超过50个广告网络购买谷歌的展示广告。通过广告交易，在你输入URL到进入落地页面的几微秒内，广告人员就已经购买了定位到你的广告。在很短时间内，广告营销人员就会基于他们拥有的关于你的cookies和beacon数据记录来向你展示合适的广告。

这样的广告交易机制更接近于最初的广告营销的目的，即允许广告人员迅速地在几秒钟时间里决定向用户展示什么样的广告。这与传统的广告展示流程是完全不同的，传统方式是在广告展示前一周或一个月的时间就已经确定好需要展示的广告。

将精准广告营销的概念更进一步，类似像AppNexus这样的新公司，已经改善了对于个人层次上的追踪流程，即根据用户在网上几分钟前的点击而不是用户个人档案来向其展示合适的广告。例如，eBay就与AppNexus合作开发了一个基于用户先前行为的"即时广告"机制。假如，一个男性用户在eBay上搜索跑鞋，那么eBay就能实时追踪该用户，让后面的广告商向其展示满足其运动偏好的个性化广告，比如运动袜、短裤和衬衫，还可以提供运动相关的影片、练肌肉的保健药品和健身器械，或许还有心脏监控器等。这些新的功能允许广告实时评估用户细小的及私人基础上的个人信息。eBay网络营销和广告的副总监马修·阿克利（Matthew Ackley）提到："我们知道很难从展示广告上得到高质量的结果，但现在这种方式对我们来讲会是一个全新的世界。"

下一步会做什么？目前用于私人数据交易的个人信息并没有被分享给大型的数据交易商，而未来肯定会有相关的行业兼并，以及包括谷歌、微软、雅虎这样的大型公司去收购小的数据交易商，将其内部信息与购买的用户最新数据进行整合。一些大型公司为了避免分离的服务数据信息偏离消费者实际需求，已经进行了后台数据的合并。例如，谷歌已经决定合并谷歌结账和Gmail邮件信息及服务定位信息。现在还不清楚雅虎是否要整合用户邮箱内容和展示广告信息，但它们一定会合并的。谷歌由于受到很多拥有其他大型追踪数据库的竞争者的压力，所以其姿态也一定会发生改变。通过数据交易，谷歌也正逐步成为网络交易的数据交易所，即使来自其他资源的数据信息也可在此进行交易。雅虎和微软也紧随其后，想要建立它们自有的包含各种类型的广告和数据交易。在这类市场上，自我约束和自我规范似乎很难起作用，也有许多公司与议会合作制定一些保护消费者隐私的指导方针，希望能参与国会的工作来保证自己未来的盈利。但所有人面临的争论是：在现在的商业市场中，广告营销人员比你的家人和朋友更了解你，那所谓的隐私又是什么呢？

资料来源："Google Agonizes on Privacy as Ad World Vaults Ahead," by Jessica Vascellaro, *Wall Street Journal*, August 10, 2010; "Sites Feed Personal Details to New Tracking Industry," by Julia Angwin and Tom McGinty, *Wall Street Journal*, July 30, 2010; "Yahoo Finally Allows Real-Time Bidding on Network and Exchange," Kate Kaye, ClickZ. com, March 15, 2010; "Google Gains Traction in Display Ad Push," by Jessica Vascellaro and Emily Steel, *Wall Street Journal*, March 11, 2010; "Instant Ads Set the Pace on the Web," by Stephanie Clifford, *New York Times*, March 10, 2010; "Online Ad Auctions," by Hal Varian, Draft, University of California and Google, February 16, 2009.

[案例思考题]

1. 访问一个你所喜欢的门户网站，数一数首页上有多少广告。统计一下有多少广告：(a) 符合你的兴趣，与你直接相关；(b) 是你感兴趣的但不是现在直接相关；(c) 既不感兴趣也不相关。选择10个网站重复上述问题，计算三者的比率，说说你发现了什么，为什么会有这样的结果。

2. 广告人员在决策时使用不同的"档案"来决定如何向消费者展示广告。识别案例中有哪些不同的档案，解释为什么它们与网络展示广告有关。

3. 怎样使展示广告获得类似搜索引擎的效果？

4. 你认为基于先前点击行为的即时广告和搜索引擎营销哪个更有效果？为什么？

关键术语

网络营销沟通（online marketing communications） 网上企业用来与消费者沟通并创建强大品牌期望的方法。

促销沟通（promotional sales communications） 建议消费者“现在就买”，并且所提供的价格也是鼓励消费者即刻购买。

品牌沟通（branding communications） 大力吹捧消费该产品或服务可以获得的与众不同的收益。

网络广告（online advertising） 网站上的付费信息、在线服务或其他的互动媒体。

横幅广告（banner ad） 在屏幕的顶部或底部显示的长方形的促销信息框。

广告定位（ad targeting） 向特定的群体发送营销信息以增加购买的可能性。

弹窗广告（pop-up ad） 未经用户同意就弹出的广告或按钮。

隐藏式弹窗广告（pop-under ad） 打开一个在后台运行的活动浏览器窗口，直到用户关闭当前的活动窗口，它才显示出来。

富媒体广告（rich media ads） 利用Flash、DHTML、Java和JavaScript技术，采用动画、音频和交互方式实现的广告。

插播式广告（interstitial ad） 在当前浏览的页面和将要访问的页面之间放置一个广告页面。

超级插播式广告（superstitial） 一种富媒体广告，预先载入在浏览器的缓存中，直到下载完毕并且用户访问一个新页面时才显示出来。

视频广告（video ad） 类似于电视广告，以页面内部商业视频的形式在各种视频的前面、中间或最后展示的广告形式。

横幅广告互换（banner swapping） 是一种协议，根据该协议，每个公司都可以在其他的联盟网站上免费发布广告。

广告交换（advertising exchanges） 安排在公司之间进行横幅广告互换。

自然搜索（organic search） 根据搜索引擎应用的一系列公正的规则进行搜索，依据网站出现的多寡进行置入和排名。

付费置入（paid inclusion） 通过收费保证该网站的内容出现在搜索结果中，并且尽可能频繁地被网络爬虫发现，还可对改进自然搜索的结果提供建议。

关键字广告（keyword advertising） 商家通过搜索网站的竞标程序来购买关键字，任何时候，只要用户搜索购买的关键词，它们的广告就会出现在屏幕的某个位置。

网络关键字广告/语义广告（network keyword advertising, context advertising） 出版商网络接受谷歌放置在其网站上的广告，一旦广告被点击就可收费。

点击欺诈（click fraud） 竞争对手雇用第三方（通常来自低收入国家）欺诈性地点击另一竞争对手的广告。

赞助式广告（sponsorship） 尽力将广告主的公司名称与特定的信息、事件、场所联系起来，以提升企业品牌的知名度，虽然企业要支付一定的费用，但它不完全是商业行为。

联盟关系（affiliate relationship） 允许一个企业把它的标识或横幅广告发布在另一个企业的网站上，该网站的用户可以通过广告来访问做广告的会员企业网站。

直接电子邮件营销（direct e-mail marketing） 将电子邮件营销信息直接发送给感兴趣的用户。

垃圾邮件（spam） 未经许可的商用电子邮件。

广告交易（ad exchange） 一种在线、实时的拍卖，数据收集者将追踪到的个人信息出售给广告主。

印象（impressions） 广告下载、显示的次数。

点击率（click-through rate，CTR） 实际点击广告的人占被展示广告人数的百分比。

访问率（view-through rate，CTR） 广告未被立即点击，但在30天内用户回应的概率。

点击次数（hits） 企业服务器收到的HTTP请求的次数。

网页浏览量（page views） 网页被访问者浏览的次数。

黏度（stickiness/duration） 访问者在一个网站上的平均停留时间。

单独用户数（unique visitors） 网站上的单个不同访问者的数量。

忠诚度（loyalty） 一年内再次来网站的购买者百分比。

到达率（reach） 访问网站的消费者人数占市场上消费者总人数的百分比。

最近一次消费（recency） 自访问网站以来的平均间隔天数。

获得率（acquisition rate） 注册或浏览产品信息的访问者百分比。

转换率（conversion rate） 实际购买商品的访问者百分比。

浏览购买比（browse-to buy ratio） 浏览了产品页面的用户中最终购买的比例。

浏览加入购物车比（view-to-cart ratio） 在产品页面点击了“加入购物车”的比例。

购物车转换率（cart conversion rate） 点击了“加入购物车”中最终成为订单的比例。

结账转换率（checkout conversion rate） 点击“开始结账”中最终成为订单的比例。

放弃率（abandonment rate） 中途放弃购物车的购物者百分比。

保留率（retention rate） 现有顾客中一直定期购物的客户百分比。

流失率（attrition rate） 曾经购买过一次商品，但一年来再也没有来过的顾客百分比。

打开率（open rate） 消费者打开电子邮件看到信息的概率。

传递率（delivery rate） 电子邮件接收者最终收到电子邮件的概率。

点击率（电子邮件）（click-through rate (e-mail)） 电子邮件接收者点击收到的电子邮件的概率。

跳退率（bounce-back rate） 邮件未成功发送的概率。

每千次印象成本（cost per thousand，CPM） 广告客户以1 000次印象为单位来购买广告。

每次点击成本（cost per click，CPC） 广告客户根据事先商定好的每次广告被点击的费率来支付费用。

每次行动成本（cost per action，CPA） 只有当用户完成特定行动之后，广告客户才付费。

思考题

1. 解释营销和营销沟通的区别。

2. 解释建立品牌的沟通与销售/促销沟通之间的不同。

3. 为什么网络广告在整个广告市场中只占不到5%？原因是什么？

4. 哪些产品最适合在网上做广告？

5. 插播式广告与超级插播式广告有什么区别？

6. 目前，导致横幅广告点击率下降的原因有哪些？如何才能提高横幅广告的有效性？

7. 为什么一些会员制关系被称作“租赁”待遇？它们与纯粹的会员协议有什么不同？

8. 付费的搜索引擎排名已经引起了人们的争议。它存在哪些问题？为什么用户反对这种方式？

9. 直接电子邮件营销的优点是什么？

10. 为什么传统广告仍然很重要？

11. 点击次数和网页浏览量之间有什么不同？为什么它们不是衡量网络流量的最好方法？而计算流量的最好方法又是什么？

12. 给出 CTR、CPM、CPC、CPA 和 VTR 的定义。

13. 好的域名应该具备哪些特性？

14. 企业可以采取哪些步骤来优化其网站在搜索引擎的排名？

15. 列出并说明影响网上购物的网站设计特征。

设计题

1. 利用网上消费者购物模型（图 7—8）来评价一个向美国 18～26 岁的年轻人销售服饰的小网站所开展的电子邮件竞销活动的有效性。假定该营销活动要发送 10 万封电子邮件（每封 25 美分）。预期的点击率为 15%，顾客的转换率为 10%，忠诚客户的保留率为 25%。商品的平均售价是 60 美元，利润率为 50%（商品成本是 30 美元）。这次营销活动会盈利吗？对于增加购买量和提升顾客的忠诚度你有什么好的建议？关于网站的设计特征呢？还有沟通信息呢？

2. 上网浏览至少 15 分钟，访问两个不同的网站。将你看到的网站所使用的营销沟通工具用一张表详细地描述出来。你认为哪一种营销沟通工具最有效？为什么？

3. 用至少 3 种搜索引擎来查询一种产品，仔细观察搜索结果。如果搜索结果中包含付费置入链接的话，你能识别出它们吗？如果能的话，你是如何识别的？在搜索结果的网页上还有哪些与你的搜索相关的营销沟通？

4. 分析富媒体在广告中的使用。寻找并描述使用视频流、音频流或其他多媒体技术的广告，至少要找到两个例子。（提示：访问广告代理商的网站来寻找实例。）这类广告有哪些优点和缺点？就你的分析结果准备一份 3～5 页的报告。

5. 浏览你的 Facebook 页面，测试广告是否符合你的意向。简述广告上展示了什么。你怎么相信它与你的兴趣和先前的网络行为相关？你也可以搜索几次谷歌的零售产品和相关产品，然后访问雅虎或其他较为流行的网站，验证你的行为是否已经被广告追踪。

第 8 章 电子商务引发的道德、社会和政治问题

学习目标

学完本章，你将能够：

- 理解为何电子商务会引发道德、社会和政治问题
- 认识电子商务所引发的主要道德、社会和政治问题
- 了解分析道德困境的步骤
- 理解隐私相关的一些基本概念
- 了解涉及威胁隐私的电商企业实例
- 描述在线隐私保护的各类措施
- 了解知识产权的不同形式和知识产权保护所面临的挑战
- 了解互联网监管的发展历程
- 解释为何征收电子商务税会引起治理和管辖权问题
- 了解电子商务引发的主要公共安全与福利问题

章首案例

虚拟世界的法律和道德探索之旅

第二人生（Second Life）是一款大型多人在线角色扮演游戏（MMORPG），游戏中塑造的是一个基于互联网的虚拟世界场景。该游戏每月的活跃玩家接近 100 万。玩家加入这款游戏多半不是为了追求竞技感，而是要逃离现实生活，到虚拟世界寻找乐趣。

当然，也有不少玩家是奔着赚钱而来。该游戏中使用的虚拟货币“林登币”（Linden dollars，L$）具备流通性，目前实际1美元可兑换250～270林登币。玩家创建好自己的虚拟角色后，就可以购买和出售虚拟资产——商品或服务，如背包、汽车、家具、建筑房产、头像、服装和配饰等。预计全球虚拟商品市场年交易额将在15亿美元左右，其中第二人生游戏贡献不凡。2009年，第二人生游戏中虚拟商品和服务的交易额就有近5亿美元，预计这一数字还将持续攀升。2010年用户间交易的价值有望创历史新高。购物已成为第二人生虚拟世界中最活跃、最有趣的活动之一，上市出售的虚拟商品有数百万种。

恶作剧也是第二人生游戏中常见的活动。现实世界中，法律和风俗习惯往往对恶作剧行为有所限制。但虚拟世界没有法律约束，这就会引发大量问题。玩家的在线恶作剧行为可能会伤害到现实世界中的个人或企业。好比旧西部时期，法律条令尚未颁布，人们苦苦等待着能有位像电影 *High Noon* 中警长般英勇的人物在时机成熟时现身建立秩序。第二人生游戏中也有警长角色，由其扮演者负责指定哪些行为是非法的。警长经常会制定和颁发一些法律条文，以期建立一套完善的自我管制体系。

例如，第二人生虚拟世界中出售的许多资产、商品和服务并不真正“属于”卖家。玩家可以为其角色购买虚拟的古琦包、法拉利车（才1 995 L$，巨划算）、劳力士表、雷朋太阳镜、普拉达服装、耐克鞋和苹果iPod。有几位律师曾开展过一次小规模调查，随机在第二人生游戏中抽取10家虚拟商店，发现有7家正在出售名牌仿制品。但也有些商店只出售正牌商品。然而，由于这些商品都是虚拟的，迄今为止上述品牌所有者中还没有哪家起诉仿冒的“居民”。律师指出，如果企业想在虚拟世界中开发商标、建立品牌，应尽量避免与无数出售仿冒品的居民发生争端。受到侵权时，企业应当想方设法巩固商标的品牌形象，诉讼只会让双方都失去商标所有权。2009年就发生过类似的案件：Taser是现实世界中一家电枪制造商，它向美国亚利桑那州地方法院提起诉讼，控告林登实验室（第二人生游戏的开发者）允许第二人生游戏中交易虚拟Taser枪支，以致公司名誉和业绩双双受损。随后林登实验室的管理层决定将相关的仿冒商品下架，案件也就不了了之。事实上，林登实验室在服务条款中有明确的知识产权保护政策，规定除知识产权所有者外，未经许可不得擅自使用受版权、商标保护或具有名人效应的物品。但是，这些条款的日常执行不尽如人意，只有在收到商标所有者的抱怨投诉后才会严肃处理。

最近还发生了一起重大法律案件。第二人生游戏的六大主要内容创造者提交了一份版权和商标侵犯起诉文件，指控的是虚拟世界中居住在纽约皇后区的Thomas Simon。据称，Simon在发现第二人生程序中的漏洞后，利用第三方复制软件制作了数以千计的复制品，涉案商品包括人物服饰、皮肤、身型、脚本对象、家具等。更糟糕的是，原告为收集Simon侵权的证据，曾经非法入侵Simon的道具箱。现实世界中，通过非法手段取得的证据会被视作无效。最终，双方达成和解协议，Simon因未经允许擅自复制原告知识产权作品支付525美元作为补偿。林登实验室认为，按照美国《数字千年版权法案》的规定，作为一家互联网服务提供商，无须为用户的版权侵犯行为承担任何责任。

第二人生虚拟世界中还存在各种各样的道德问题，林登实验室不得不出面管制。游戏中明令禁止六大类行为：偏执（包括诋毁他人）、骚扰、攻击（利用软件袭击人物角色也包括在内）、曝光他人真实身份相关隐私、猥亵他人（包括未成年人的性行为）及扰乱治安。凡是有上述违规行为，将立即受到林登实验室管理员的警告、放逐甚至封号处分，而且玩家无权提出上诉。为屏蔽青少年的上述行为，林登实验室专门开发了面向 13～17 岁用户的第二人生未成年人版，该版本对角色行为的限制更为严格。

第二人生中频繁发生的商标、版权侵犯案件，已引起人们对现实和虚拟世界法律法规的强烈关注。虚拟偷窃行为将按现实偷窃行为等同处理。虚拟赌博却非如此：林登实验室的服务条款明确声明禁止一切非法行为，但就虚拟赌博是否非法的界定并不清晰。2007 年，联邦调查局受邀视察第二人生游戏中赌场的运作过程，但并未对其合法性作出裁定。林登实验室商务副总裁允恩（Ginsu Yoon）说："从法律上讲，3D 虚拟世界的娱乐场所是否和现实的赌场是一回事，我们自己还不清楚，我们所咨询的执法机关也难以断定。""即使法律有明文规定，公司也无法监控或阻止一切虚拟赌博行为，就好比执法机关难以监管到邻居间的牌局或公司篮球场上的赌球一样。"允恩说道。"第二人生游戏有数百万注册玩家，虚拟人物角色更是有好几千万。即使公司愿意，也不可能轻易监督到全部游戏内容。这比雅虎或谷歌监控发出的邮件要困难得多。况且人们也没有要求这些公司防范电子邮件的所有非法用途。"听上去似乎在说虚拟世界的人物都是不受控制的，现实的法律并不适用。此番论证 P2P 音乐网站也使用过。但最终，高等法院裁定强制关闭那些音乐网站，理由是其蓄意违反版权法的规定。2007 年年末，林登实验室宣布，任何形式的虚拟赌博都将视作非法行为。

2010 年，一批第二人生游戏玩家以其虚拟资产受损向林登实验室发起集体诉讼。按照林登实验室最初的服务条款，对于在第二人生游戏中购买的虚拟资产和商品，玩家拥有最终的所有权。但后来，林登实验室将虚拟资产的所有权转移到网站名下，并将服务条款更改为"玩家拥有虚拟资产的使用许可证，但林登实验室可酌情进行再分配"。林登实验室未经玩家允许就没收其虚拟财产，且不给予任何形式的补偿，如此才惹上官司。原告提出，被告涉嫌违反消费者保护法，希望获得至少 500 万美元的补偿。

林登实验室和第二人生的发展之路可谓是跋山涉水、跌宕起伏。第二人生创始人原本想将该游戏塑造成自我监管的虚拟社区，善良的人们能在此幻境之地自娱自乐。然而 2009 年，公司却推出多项举措来促进第二人生与现实世界的整合接轨。年初，公司收购了 OnRez 和 xStreetSL 两家在线虚拟商品交易网站，希望以此为基础建立一个类似于亚马逊的虚拟商品交易市场（公司从中赚取交易服务费）。同时推出一项 AvaLine 服务，让玩家在游戏中也能接听现实世界打来的手机或 IP 电话。林登实验室还不辞辛苦地鼓励和劝说 IBM、Northrop、耐克和可口可乐等企业参与进来，在第二人生虚拟世界召开会议、发布产品介绍和使用教程、发起营销活动等。

林登实验室的努力并未带来预期的效果。它原本期望第二人生未来能成为服务现实企业的支持系统，成为可信的电子商务交易平台。但目前看来，这一愿景似乎难以实现。第二人生中的企业家每年能赚取上百万美元，如此高的收益在虚拟业务中尚属例外。但是，经济的持续低迷，以及 Facebook 对游戏平台的涉足，已对第二人生的发展形成阻碍。2010 年，林登实验室宣称拟裁员 30%以保持盈利。第二人生目前仍有不俗表现，但除非其管理者能够创新性地解决虚拟世界的道德和法律问题，否则现实中的企业还将继续对其置之不理。而这些企业的加盟对第二人生的未来却至关重要。

资料来源："Second Life's Linden Lab to Cut 30% of Staff," by Steven E. F. Brown, *San Francisco Business Times*, June 9, 2010; "A Real-World Battle over Virtual-Property Rights," by David Lazarus, *Los Angeles Times*, April 30, 2010; "Second Life Economy At Record High," by Curt Hopkins, www.readwriteweb.com, April 28, 2010; "Trademarked, Copyrighted, and Celebrity Material in Second Life," wiki.secondlife.com/wiki/Intellectual _ Property, accessed September 7, 2009; "Linden Lab Hires VP of Web Development to Help

Users More Closely Integrate Second Life with their Online Lives," press release, Linden Lab, August 31, 2009; "Taser Sues 'Second Life' for Trademark Infringement," by Ian Rowan, Switched.com, April 24, 2009; "Linden Goes Shopping, Buys Virtual Goods Marketplace to Integrate Web Shopping With Second Life," press pelease, Linden Lab, January 20, 2009; "Ethics of Practice in Virtual Worlds," by Benjamin Duranske, Virtuallyblind.com, November 2, 2008; "Rapid Trademark Infringement in Second Life Costs Millions, Undermines Future Enforcement," by Benjamin Duranske, Virtuallyblind.com, October 30, 2007.

就互联网和电子商务快速发展历程中出现的道德、社会和政治问题而言，如何管制可能产生现实影响的虚拟行为只是冰山一角。这些问题不仅涉及个人道德，还牵涉到家庭、学校和企业等社会团体。同时这些问题有明显的政治影响，因为其中通常涉及对于如何生活以及在什么法律体制下生活的集体选择。

本章将对电子商务引发的道德、社会和政治问题加以论述，为读者勾勒出这些争论的大体框架，向电子商务企业的运营管理者提出适当建议，告诉他们如何才能使企业遵照为社会普遍接受的标准运作。

8.1 理解电子商务引发的道德、社会和政治问题

互联网自身及其在电子商务领域的应用已引发空前规模的道德、社会和政治问题，而且这些争论都与计算机技术密不可分。各种日报和周刊纷纷用整版篇幅来报道互联网对社会造成的种种影响。为什么会出现这种情况呢？互联网为何会成为人们争相议论的焦点？一方面与互联网技术的某些本质特性有关；另一方面则在于企业利用互联网技术的方式存在争议。互联网技术及其电子商务应用改变了现有社会的商务关系和人们对这些关系的理解。

回顾第1章表1—2中列举的互联网技术的种种特点。如果不考虑每一特点的商业用途，它们都或多或少存在一些道德、社会和政治影响（见表8—1）。

表8—1　电子商务技术特点以及各自潜在的道德、社会和政治影响

电子商务技术特点	潜在影响
普遍存在性——在办公室、家里甚至任何地方，只要有移动网络设备就能使用互联网/Web技术	随处办公和随时购物会干扰正常家庭生活；工作时网上购物会分散员工的注意力，降低生产效率；移动设备的普及导致汽车和生产事故频发；同时还会引发复杂的税务转移问题。
覆盖全球——互联网技术打破国界的限制，覆盖到全世界	降低商品的文化差异性；削弱本地小型企业，促进大型跨国公司的扩张；商品制造将会转移到工资水平更低的国家和地区；削弱所有国家——不论大小——对本国信息的控制。
通用标准——全球共用一套唯一的技术标准，称为互联网协议	更易受到病毒入侵和黑客攻击，单次伤害能同时波及全球数百万网民；增加"信息"犯罪、计算机犯罪和诈骗发生的概率。
丰富性——视频、音频、文本消息应有尽有	屏幕技术将人们的注意力转移到视频和音频内容上，减少了文本的使用和阅读；降低人们对众多独立信息源的依赖。

续前表

电子商务技术特点	潜在影响
交互性——互联网技术需要与用户交互发挥作用	商业网站的互动性可能毫无意义；客户不经常阅读收到的营销邮件；用户并未像贡献销售那样参与产品设计；真正个性化定制的产品少之又少，通常是预先设立通用模板或插件选项加以实现。
信息密度——互联网技术降低信息使用成本，提高信息质量	随着可用信息总量的不断增加，错误、无用信息也泛滥成灾；信息的真实、准确、完整、可靠以及其他质量特性都可能有所下降；个人和企业理解海量信息的能力有限。
个性化/定制化——互联网技术能够向个人或群体传送个性化内容	出于商业和政治目的而侵犯隐私信息的概率将空前增加。
社交技术——互联网技术使用户能够自创内容，建立社交圈	网络欺骗、言语谩骂和掠夺性竞争发生可能性大为增加；有关机构和企业拥有新的渠道来监测个人行为；隐私和发布信息的合理使用存在挑战。

我们生活在“信息社会”，信息和知识被视作核心资产，日渐成为权力和财富的象征。对信息的争论时常体现在权力、财富、影响力等方面的认识分歧。与蒸汽机、电力、电话、电视等技术类似，互联网和电子商务也能促进社会进步，这在很大程度上已得到验证。但是，这些技术同样会被用于实施犯罪、破坏环境，甚至打破现有的社会道德标准。汽车发明以前，跨州犯罪活动极少，自然不怎么涉及联邦管辖权问题。互联网亦是如此：互联网出现之前，根本没有所谓的“网上犯罪”。

尽管互联网和电子商务的发展让企业和个人获益匪浅，但人们乃至整个社会也因此付出代价。因此，在新环境下探索道德和社会责任的抉择时必须慎重考虑相关的成本和收益。然而问题就在于：管理者应如何对开展电子商务业务的运营之道作出合理判断，例如怎样保护用户隐私，如何确保公司域名的完整性等。

8.1.1　一种划分问题的模式

电子商务和互联网引发的道德、社会和政治问题如此繁多，很难将其一一归类，因此也难以理清种种问题之间的相互关系。但很显然，道德、社会和政治问题确实彼此关联。图 8—1 所示的方法可用于组织和划分电子商务所涉及的道德、社会和政治问题。个人的道德问题——例如“我该做什么？”——都会反映到社会和政治层面——如“社会和政府该做什么？”因此，互联网企业管理者所面临的道德困境必定会引发社会和政府机构广泛的关注和辩论。过去十年间电子商务领域所出现的道德、社会和政治问题大致可从四个维度来划分：信息权、财产权、监管、公共安全与福利。有些道德、社会和政治问题可能在这四大领域兼而有之。

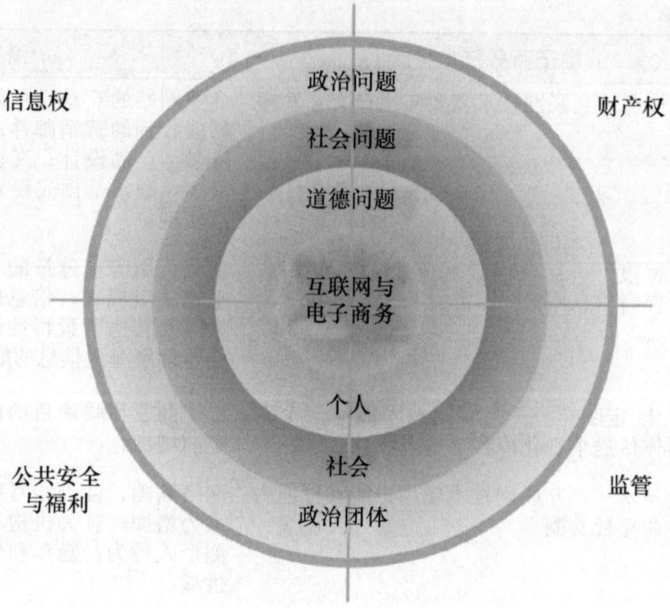

图 8—1　互联网社会中的种种道德问题

说明：图中显示了互联网和电子商务的发展对个人、社会和政治团体产生的影响。这些影响可从财产权、信息权、监管以及公共安全与福利四个维度进行划分。

- **信息权**：当互联网技术能够轻而易举地收集各种信息时，在公共场所或私人领域，人们对自己的私人信息还享有哪些权利？对企业或其他组织的信息，人们又拥有哪些访问权？
- **财产权**：互联网环境下版权作品的复制可在几秒钟内完成并扩散到全世界，因此传统知识产权保护政策应如何执行？
- **监管**：互联网和电子商务活动是否受公共法律的约束？如果是，又应由哪家立法机构来行使管辖权——州政府、联邦政府还是国际机构？
- **公共安全与福利**：我们应该采取哪些切实有效的手段来保证大家都能公平地使用互联网和电子商务？政府是否有责任让所有的中小学和高校都接入互联网？在线赌博和色情等特定内容是否会对公共安全与福利造成威胁？是否应该接受和推广基于移动设备的移动商务？

举例来说，想想在任何特定的历史时期，社会和个人的道德平衡状态都来自于个人、社会组织和政治团体间的相互制约。个人知道自己应当做些什么，企业等社会组织也深知自身的权限、能力和职责，政治团体则负责制定市场法规、银行法和商业法律，从而能够惩治各类违法犯罪行为。

现在，假设将互联网和电子商务这一强大的新技术引入到当前平衡的环境中。一时之间，个人、企业和政府发现可以借助这些新技术从事很多新鲜事务。例如，人们发现可从网站上免费下载音质完美的数字音乐，这在原有的CD技术条件下根本无可企及。然而，数字音乐的下载忽略了一个事实，即从法律角度来说，这些数字音乐依然“属于”音乐家和唱片公司等版权所有者。企业则能从中发掘新的商机，虽然从传统意义上说自己并不“拥有”数字音乐的版权，但可以通过为音乐爱好者收集各种数字音乐或者建立一套共享机制来开展新业务。

起初，唱片公司、法院和国会对在线传播数字拷贝给传统唱片业带来的冲击显得束手无策。立法机关和法院必须尽快出台新的法律，就版权作品的数字副本归谁所有、在何种情况下允许共享数字副本等问题达成决议。然而，要形成新标准、完善新法律并使社会成员对新环境中可采取的行动达成共识绝非易事，起码也要花费数年之久才能实现。与此同时，企业管理者必须思考，当身处明显与道德原则相冲突但尚未有相关法律条款制约的“灰色地带”时应如何行事。在此情形下，人们应如何抉择才能做出正确的决策？

在深入探讨以上四个维度的电子商务道德问题之前，我们先简要地复习一些基本的伦理推理概念，包括个人作出道德决策时应遵循的指导原则，以及分析互联网社会和政治问题所用的通用推理规则。

8.1.2　伦理学的基本概念：责任、连带责任和赔偿责任

社会和政治团体对互联网争论的核心就在于伦理道德问题。所谓**伦理学**（ethics），就是对道德规范准则的研究，个人和组织都基于这些准则判断自身行为的是与非。伦理学的研究首先假定个人是拥有道德感且能够完全自主决策的行为人，再研究当面临抉择时，如何判断哪一种才是最符合道德的选择。尽管将个人领域的伦理研究扩展到企业乃至整个社会相当困难，但并非不可能。只要是存在决策主体（如企业董事会主席或CEO、政府机构）的伦理问题，就可以利用一系列的道德准则对其决策加以判断。

了解一些基本的道德准则，能够提高对社会或政治争议的判断推理能力。西方文化中有三条伦理思想学派所公认的基本原则：责任、连带责任和赔偿责任。**责任**（responsibility）指的是作为道德自由的行为人，个人、组织和社会都必须对自身行为造成的后果承担完全责任。**连带责任**（accountability）是指个人、组织和社会必须为自身行为后果对他人产生的影响承担责任。**赔偿责任**（liability）原则将责任和连带责任延伸到法律范畴。赔偿责任是政治体系的一大特征，指社会中存在一套完善的法律法规来帮助个人在因其他人或组织机构的行为受到伤害后索要补偿。**正当程序**（duc process）是法制社会的特征，指法律从为人知悉，到理解，再到由最高权力机关公正执行的过程。

有了这些概念，我们就能很快理解当今互联网广受争议的问题。例如，回想2005年美国联邦最高法院对米高梅电影公司诉Grokster案的判决。米高梅公司指控Grokster等P2P共享网站侵犯其作品版权。法院认定，Grokster、StreamCast、Kazaa等服务商提供的P2P文件共享服务的出发点和目的在于帮助交换仍受版权保护的音频和视频文件，严重侵犯版权所有者的权益，判定文件共享服务提供商承担连带责任，应立即关闭相关网站。Crokster等网站虽然知道其P2P软件最经常用于非法数字音乐文件交换，但还一直辩称人们实际上经常使用自身网站从事合法的文件共享。它们还认为自己不应当因为个人用户使用其产品的行为后果承担连带责任，就像索尼、施乐无须对VCR和复印机使用者的侵权行为负责一样。最终，高等法院裁决Grokster等网站有意将其P2P技术用于非法文件共享和下载，而且以该功能作为营销重点，事实上间接促成使用者的非法行为，应当承担连带责任。最高法院的判决是依据版权法得出的，但可以看出，这些法律条款确实体现出责任、连带责任和赔偿责任等基本的道德原则。

早期人们普遍认为，互联网是不受监管、难以控制的“荒蛮西部”。Grokster

案件的判决结果彻底否定了这一观点。在某些定义明确的情形下，执法机关将会介入确保互联网的合法使用。任何有组织的文明社会都不会接受技术高于社会基础文化价值观的荒谬观点。迄今为止所有的工业和技术革命期间，社会都会受到法律和政治的干预，以保证在不阻碍创新和财务创造的前提下使技术产生可为社会接受的正效应。从这层意义上说，互联网并不例外。我们希望全世界都能对互联网和电子商务进行更加切实有效的监管，从而一方面深化改革创新和财富创造，另一方面促进其他社会目标的实现，达成两者间的平衡。不过，这一愿望的实现异常困难，而对于到底应如何实现，也是仁者见仁，智者见智。

8.1.3 分析道德困境

道德、社会和政治问题时常会陷入左右为难的困境。**困境**（dilemma）通常是至少存在两种完全对立的选择，每种选择却都有合理结果的情境。当面临道德困境时，如何对困境进行分析推理呢？以下五个步骤或许会有所帮助：

1. 认清事实。首先，我们必须搞清楚到底是何人在何时、何地对谁做出怎样的举动，以及他是如何做的。许多案例中存在最初报道的情况与事实不符的问题，而且经常是只要认清事实就能很快地锁定解决问题之道。此外，认清事实还可促进陷入困境的对立双方就事实本身达成共识。

2. 找出冲突或困境所在，认清牵涉到的更高价值诉求。一般来说，道德、社会和政治问题总会牵扯到更高的价值诉求。否则，也就不可能一直争持不下。争论双方都会声称自己是在追求更高的价值（如自由、隐私、产权保护、自由企业制度等）。例如，针对 DoubleClick 等广告网络的使用问题，支持方认为跟踪消费者的网络活动能够提高市场效率，从而增加整个社会的财富。反对方则辩称所谓的高效率是以牺牲个人隐私为前提取得的，广告网络应当立即停止这类行为，至少应当给予用户自主选择是否被跟踪的权利。

3. 识别利益相关者。任何道德、社会和政治问题都有利益相关者，包括道德困境最终结果的受益方、投资方和各方发言人。找出这些利益相关群体，认清各自的诉求，这将对后续解决方案的设计大有好处。

4. 提出能被接受的合理方案。你会发现没有一种方案能同时满足各方的利益，但有些主张确实明显优于其他观点。有时，好的解决方案并不一定要在所有的利益相关群体间达成平衡。

5. 仔细考虑所提方案的潜在后果。有些方案从道德上讲可能无懈可击，但从其他角度看可能糟糕透顶。也有些方案可能在某种情况下可行，但在其他类似情况中却毫无作为。因此，时常扪心自问："一旦作此抉择，后果会怎样？"

分析完成后，你就可以参照以下公认的道德准则来帮助制定决策。

8.1.4 可供选择的道德准则

尽管是你最终决定优先遵守哪些道德准则行事，然而对各种文化中源远流长、早已深入人心的道德准则有所了解，对你的决策是有益的。

- **黄金法则**："欲人施于己者，必先施于人。"换位思考，站在他人的立场，把自己看成决策结果的影响对象能够帮助你在决策时兼顾公平性。

● **普遍主义原则**：如果一项决策对所有情况都不适用，那么对于任何特定的情况也就不再正确（伊曼努尔·康德的绝对命令）。问问自己："如果每项决策都遵照某个原则，组织或者社会能持续发展吗？"

● **滑坡理论**：如果某个方案无法重复使用，那么就根本不应当被采纳（笛卡尔的变化规则）。有些方案在某种情况下能够解决问题，但重复采用却可能导致负面结果。简单来说，这条原则意味着"一旦从光滑的斜坡开始往下走，你就不可能再停止"。

● **集体功利主义原则**：选择能实现社会整体价值最大化的方案。这条原则假定我们已对各种方案的价值排序，并且清楚知道不同行为的后果。

● **风险规避原则**：选择产生最少负面效应或最小潜在成本的决策。有些方案一旦失败，成本不堪设想，收益却极低（如在城市内建造核电站）或一般（如超速行驶导致交通事故）。尽量避免做出失败成本非常高的决策，而选择那些即使失败也不至于造成灾难性后果的方案。

● **"没有免费的午餐"原则**：除非特别说明，否则应当假定一切有形和无形的优势都归他人所有（这就是道德准则中的"天下没有免费的午餐"原则）。如果他人创造的东西对你有用，那么它就有价值，你就应当接受创造者会向你索取报酬。

● **《纽约时报》试验（完备信息规则）**：假设你对某件事的最终决定将成为明天《纽约时报》的头条新闻，那么读者的反应会是正面的还是负面的？你的父母、朋友和孩子会因你的决定而感到自豪吗？大多数罪犯和不道德者都认为信息是不完备的，从而天真地以为事情永远不会被别人知道。因此，当你必须做出抉择时，最好事先假定存在完备信息的市场。

● **社会契约法则**：如果你所认同的原则变成整个社会普遍接受的原则，你愿意生活在这样的社会中吗？

例如，你非常喜欢下载非法的数字音乐，但你肯定不愿生活在个人知识产权（汽车的财产所有权、学术论文或原创艺术品的知识产权）不受尊重的社会。

当然，这些原则都不是绝对真理，任何原则都存在例外和逻辑悖论。但无论如何，我们还是应当对那些无法经受这些原则检验的决策保持警惕，因为不道德的行为最终也会使你和你的企业遭受同样的伤害。

现在，我们已经对基本的道德准则有所了解，下面就深入探讨电子商务中存在的各种道德、社会和政治问题。

8.2　隐私权和信息权

隐私权（privacy）是一种个人享受独处，不受包括政府在内的其他个人和组织的监督和干扰的精神权利。隐私权也是自由的核心内容：如果没有不受恐吓地进行思考、写作、计划以及独立社交所必需的隐私权，社会自由和政治自由也就非常脆弱，甚至可能被完全摧毁。**信息隐私**（information privacy）是隐私权的组成部分，包括要求特定信息不被政府和企业擅自获取的权利以及对被收集的信息的控制权。个人拥有对私有信息的控制权是隐私概念的核心。

在隐私的范畴中，正当程序是极为重要的概念。据记载，20 世纪 70 年代初颁布的公平信息处理条例最先对正当程序做出完善表述。到 20 世纪 90 年代后期，正当程序的概念逐渐扩展到网上隐私保护领域（详见下文）。

互联网的发展给个人因素带来的威胁有两大类：一类来自私人领域，涉及商业网站收集多少用户私人信息，将如何使用这些信息；另一类则来自公共领域，联邦、州和当地政府机构收集过多少隐私信息，它们又将作何用处。尽管这些威胁能从概念上加以区分，但实际中却是混为一谈的，因为联邦政府越来越依赖互联网企业提供特定个人或群体的情报，搜索引擎和亚马逊等企业收集的互联网活动记录如今深受执法和检察机关的欢迎。

早在19世纪末，小报记者就经常偷偷拍摄富裕工厂主的私密生活，当时隐私申诉案件屡屡发生。自此美国人就开始重视个人隐私。然而，20世纪大多数时间里，关于隐私保护的思考和立法只集中在如何限制政府收集和使用隐私信息方面。直到1995年，网络营销公司开始大肆收集个人隐私信息，人们才逐渐思考该如何限制私有企业对个人隐私信息的收集和使用。隐私诉求的呼声也开始在工作场所出现：数百万员工整天受到各种电子设备的监督，其中多数情形都涉及企业内部网和互联网技术。例如，美国大多数企业都会监视员工访问哪些网站，跟踪员工的电子邮箱和即时信息内容。员工发布在留言板和博客上的信息也开始受到监控。

互联网和万维网为企业和政府提供了前所未有的侵犯他人隐私的理想环境。仅美国地区的网民就有2亿，涉及范围很广，因此近年来在线隐私保护问题备受社会和政治机构的普遍关注。涉及电子商务和隐私权的主要道德问题包括：人们在何种情况下才能窥视他人隐私？什么原因使通过暗中监视、市场调查等方式窥探他人隐私的行为被认为是合法的？与电子商务和隐私相关的主要社会问题在于人们对隐私权的预期、隐私规范和公众对隐私保护的态度的变化。现实生活中，哪些领域应被当作“私有区域”而不是公共区域对待？而关于电子商务和隐私的政治问题主要是完善监管信息收集者和个人之间关系的相关法案。许多公共团队和私有组织压根就不愿意舍弃私密信息所带来的种种好处，这时应如何限制其遵守保护隐私的相关法律条款呢？在下一节，我们首先来看看电子商务企业所采用的各种可能会对个人隐私产生威胁的技术手段。

8.2.1 电子商务网站上的信息收集

正如前面章节所述，电子商务网站往往会收集网站访客和客户的大量信息。这其中就有构成个人身份信息的数据。**个人身份信息**（personally identifiable information，PII）指任何可用于标识、定位或联系个人的信息（FTC，2000a）。此外，大多数网站还会收集不包括任何个人身份标识在内的**匿名信息**（anonymous information），包括人口统计和个人行为特征方面的信息，如年龄、职业、收入、邮政编码、民族等。表8—2列举了当前电子商务网站经常记录的个人身份信息，但并未诠尽所有。

表8—2　电子商务网站经常收集的个人信息

姓名	银行账号	受教育程度
地址	信用卡账号	个人偏好
电话号码	性别	交易数据
电子邮件地址	年龄	点击流
社会保险号	职业	浏览器类型

广告网络和搜索引擎也会利用 cookies 文件、网站 beacons、追踪软件、间谍软件等技术，跟踪用户在上千家知名网站的行为数据。

表 8—3 列举了互联网企业收集消费者信息时所采用的主要方式。

表 8—3　互联网上收集信息的主要工具及其对隐私的影响

收集方式	对个人隐私的影响
广告网络	用于跟踪消费者在大量网站间的来回移动
社交网站	收集用户分享和创造内容，如小说、音乐等，以及个人兴趣、偏好和生活习惯信息
cookies	跟踪用户在单个站点的行为
第三方 cookies	外部第三方广告商提供的 cookies 文件，用以监视和跟踪消费者的在线行为、搜索内容以及访问网站的信息，目的是投放“相关”的营销广告
间谍软件	用以记录用户的所有键盘输入，包括网站账号、社会保险号等，也会基于跟踪到的搜索内容和行为信息展示相关的广告
搜索引擎行为定向（谷歌等搜索引擎站点）	基于搜索历史、人口统计信息、兴趣爱好、地理位置等用户输入的信息进行定向营销
深度包检测	利用安装在 ISP 层的软件跟踪用户的所有点击行为，再将这些信息出售给广告商，用于广告营销
购物车	可用于收集详细的购物和支付信息
表单	用户为换取承诺的利益或奖励而填写在线表单，加上点击和行为数据共同创建成用户档案
网站交易日志	可用来收集和分析用户访问的详细页面内容
搜索引擎	能够跟踪用户对新闻组、聊天组和公共论坛的看法和观点，概括出用户的社交和政治观念记入档案。谷歌搜索中输入某个电话号码，就会返回持有人的姓名、地址和地图上的方位
电子钱包（单点接入服务）	电子钱包客户端软件，将用户的信息传送到网站进行身份验证
数字版权管理（DRM）	要求在线媒体用户输入验证信息才能浏览版权内容，如 Windows Media Player 软件
可信计算环境	利用软硬件来控制对版权内容的浏览，要求身份验证

8.2.2　社交网络与隐私权

社交网络鼓励人们更多地展示和分享私人生活的详细情节，如喜好、爱情、偏好、照片、视频和个人兴趣等，对隐私保护提出了巨大挑战。有些社交用户甚至会与社交网站的所有人共享私人的信息！乍看起来，这似乎意味着加入社交网站的用户都自愿放弃个人隐私权。社交用户对隐私期待的诉求是什么？当个人的全部信息都被共享时，何谓隐私呢？

然而，事实却是超过 18 岁的成年社交网络用户大多数都有强烈的隐私意识。许多知名的社交网络想要将会员信息用于广告和定向营销来获取货币化收益，但往往都遭到用户的强烈反对。Facebook 是试图货币化用户信息而惨遭失败的典型。

2007 年 12 月，Facebook 的 CEO 马克·扎克伯格宣布 Beacon 广告平台上线运行。Beacon 系统由 40 多家大型企业共同发起，能够跟踪 Facebook 用户在自身网站的购物记录，然后完全不征求用户同意将这些信息分享给其好友。不过数日，就有数十万用户自发组织起来集体抗议。随后 Facebook 管理层声明，用户只需要选择拒绝加入该项目就能将其永久关闭。可口可乐原本以为 Beacon 只是一项“选择加入”的功能，得知事实后退出了赞助。许多最初参与赞助的合作企业也因不堪反对方声势日益浩大而退出 Beacon。与此同时，大量开源软件应用被开发出来阻截 Beacon 系统消息。Mozilla 公司也在火狐浏览器上新增 Beacon 锁定功能，能够阻止购物网站向 Facebook 发送用户消费信息。最终，Facebook 选择关闭广受诟病的 Beacon 系统。

2009 年 2 月，Facebook 又犯了类似的错误。它企图更改公司的信息保留和收集政策（即服务条款），赋予自身几乎无所限制的数据收集权利，而且 Facebook 将能够永久无偿地拥有用户自创内容的控制权。Facebook 管理层没发任何通知就擅自执行该计划，没给公众丝毫反对的机会，更有甚者还将新政策应用于原有政策下注册的用户。超过 10 万 Facebook 用户加入到各类博客网站和隐私团体发起抗议，坚信个人隐私信息属于自己，绝不是 Facebook。没过几天，Facebook 又撤回到原先的服务政策，还特地开设单独的用户论坛来讨论服务条款，收集用户对待个人隐私的意见和态度。尽管如此，仍有上百万的 Facebook 用户会使用网站上的第三方测试应用（如“测试哪款鸡尾酒最适合你”），殊不知这些应用的开发者能够随意地访问其个人隐私信息。Facebook 默认的隐私设置是几乎向所有人开放个人档案，只会对一些敏感的信息进行保密。到 2010 年，不仅仅亲密好友能访问 Facebook 用户的个人信息，甚至所有互联网用户都能够浏览到。公司的隐私控制政策过于复杂，以致根本难以实施。2010 年 5 月，欧洲和美国政府收到公众的抱怨投诉后对 Facebook 持续施压，Facebook 才重新出台一项简化的隐私控制新政策（Helft，2010）。

诸如此类隐私争议的最终结果表明，社交网络用户确实有强烈的隐私意识，他们期望能够自己控制个人信息的用途。人们认为自身拥有所创造内容的所有权。社交网站隐私保护牵涉到一些基本原则：用户对自身信息用途有选择权和控制权、告知用户并征求同意、邀请用户参与信息政策的制定过程以及坚持正当程序原则。许多管理者都迫切地想要从社交网站用户身上赚取收益，头脑中根本没有这些观念。如果某个用户发布一些内容开放给所有用户，这只是个人一种自愿性的“公开表演”行为，好比作家和艺术家。但这并不意味着用户能够接受全部隐私信息被互联网上的自动追踪代理监视。

8.2.3 用户画像和行为定向

美国平均每天有 1.28 亿成年人上网（Pew Internet & American Life Project，2010）。广告公司希望知道这些上网的用户都是什么人，其兴趣点何在，以及他们购买过哪些东西。用户信息越准确、越完善，对预测和营销就越有价值。有了这些信息，广告公司就能向特定个人或群体推荐有针对性的广告，从而提升营销效果。

许多网站都允许像 Microsoft Advertising（前身是 aQuantive）、DoubleClick 等第三方网络广告公司在访问者的电脑上放置 cookie 和追踪软件，以便跟踪用户的网络活动，绘制用户画像。第三方 cookie 技术常用于跟踪用户在广告网络平台下无数网站的浏览行为。**用户画像**（profiling）指的是创建描述在线用户个人和群体行为特征的数字化形象。**匿名档案**（anonymous profiles）是指描绘特定高度细分用户群体的特征的画像，如 20～30 岁之间、大学及以上学历、年收入超过 3 万美元且对时装感兴趣的男性用户。**个人档案**（personal profiles）则是在用户行为数据基础上增加电子邮件、邮政编码和/或电话号码等信息的画像。如今，越来越多的互联网企业将用户的在线档案与其他数据和零售公司收集到的线下信用卡购买记录结合起来。过去，个体商店会观察用户在店内的购物行为收集用户偏好等数据，并据此调整店铺的布局。此外，许多商店会合作将消费者的购物和支付数据结合起来，用于为直接邮件营销、店内促销和大众媒体广告投放定位目标客户群。然而，这些数据通常要在购物行为发生很久后才能得到。

如今，DoubleClick、24/7 Real Media 等广告网络在传统营销技术上增添了新的内容。首先，广告网络不仅能够精确地跟踪消费者的购买行为，还能跟踪消费者在数千家知名网站的浏览记录，包括阅读的图书列表、偏好信息以及所浏览的网页内容。其次，广告网络能够动态调整呈现给消费者的页面内容，包括价格在内。最后，广告网络能够建立且不断更新用户数据画像和行为档案（Laudon，1996）。许多广告网络公司还开发出植入用户计算机的间谍软件，不仅能够收集用户的所有互联网活动，制成报告发送到广告公司的服务器上，还能在用户计算机上展示广告。

谷歌公司"基于结果"的个性化营销是一种较为独特的用户画像技术和行为定向新方式。谷歌拥有一套已申请专利的系统，帮助广告商利用谷歌 AdWord 系统中有关用户档案和搜索历史的数据进行定向广告。这些信息主要包括用户搜索、用户提交给谷歌的内容以及谷歌自身收集的数据，例如年龄、地区等人口统计信息和博客等网络行为。此外，谷歌还申请了一项系统专利，允许谷歌协助广告商针对不同细分市场选择关键字并设计特定的广告，例如为服装公司设计针对年轻女性的定向广告。2007 年 8 月，谷歌开始尝试将这些想法付诸实践，利用行为定向技术展示更多基于搜索关键字的"相关"广告。谷歌声称该项功能旨在通过更深入地洞察用户想法来提升营销效果。谷歌免费电子邮件服务 Gmail 则能够提供更好的交互，截至 2009 年 9 月，该邮箱已提供 7.7 GB 的免费存储容量。作为交换，谷歌服务器有权阅读所有进进出出的邮件，并在邮件正文的边栏放置相关广告。用户档案就是根据个人用户的往来电子邮件中的内容抽取建立的。谷歌的 Chrome 浏览器也有一项"推荐"（Suggest）功能，用户输入搜索关键词后能自动推荐相关查询和网站。有批评者指出，这其实是一种键盘记录服务，将会永久地记录用户的所有击键内容。谷歌回应，公司将全天候隐藏这些数据并匿名处理。2010 年，谷歌完全没有通知用户和征求意见就开始返回个性化的搜索结果。"选择加入"是默认的设置。谷歌会根据过去的检索记录调整用户界面展示的广告。当谷歌工具条处于开启状态时，谷歌还能跟踪到搜索用户后续访问的网站。

深度包检测（deep packet inspection）是另一种在 ISP 层面记录所有用户击键内容用以推送定向广告的技术。广告网络的跟踪会局限在联盟网站上，即使是谷歌也不能覆盖所有的搜索用户，但 ISP 层面的深度包检测技术确实能捕捉全球互联网用户的行为。NebuAd 是一家以该技术闻名的公司。2008 年，美国国会参议院对多家网络服务提供商的软硬件技术进行调查，发现大量 ISP 提供的用户数据被用于广告技术，这引起隐私倡导组织和国会的强烈抗议。最终，ISP 和 NebuAd 被迫停止使用这项技术（Nakashima，2008）。

与以往使用的线下手段相比，用户画像和行为定向技术的不同之处在于数据收集的广度和深度，以及利用在线购物环境为商家创造竞争优势的能力。其中大多数活动都发生在后台，并且通常不到一秒钟就能完成，这让购物者丝毫无法察觉。可以说，这两项技术简直就是乔治·奥韦尔（George Orwell）的小说《1984》中主角"老大哥"的现实版，其他任何网络技术都难以企及。以下内容来自美国联邦贸易委员会提交的一份报告《在线用户画像——给国会的报告》，讲述了在线用户画像的情况。

> 网上消费者乔·史密斯登录一家销售体育用品的网站，点击进入高尔夫球包的网页后，他看到一条 USAad Network 放置的横幅广告，对此毫无兴趣的他自然将其忽略。随后，乔又进入一家旅游网站，输入"夏威夷"进行关键字检索。USAad Network 同样又在这家网站上发布广告。乔在这里看到一条有关汽车租赁的广告。随后，乔又登录一家网上书店，浏览了世界上最棒的高尔夫教程书籍。USAad Network 同样是这家网站的广告商。一周以后，乔访问他最喜欢的新闻网站时，看到一条夏威夷高尔夫假期畅想之旅的广告。乔对此十分感兴趣，欣喜地点击了这一广告，该广告是由 USAad Network 发布的。后来，乔感觉有些奇怪，隐约感到这条广告的出现并非偶然。如果不是，那么这一切又该如何解释（Federal Trade Commission，2000b）。

这一例子展现了用户档案的几大特点。第一，为乔建立的档案是完全匿名的，不需要姓名、电子邮件地址或者社会保险号之类的个人信息。显然，如果系统能够获取乔的个人信息的话，该用户档案会更有价值，因为这样就能向乔发送营销邮件。第二，广告网络无法准确知悉浏览器的使用者究竟是谁。如果乔的家人也用同一台电脑上网购物，他们同样会看到高尔夫假期的广告，而乔也可能看到对其妻子或孩子更有价值的广告。第三，用户档案常常是不精确的，"最好的猜测"的结果还是猜测。建立用户档案所使用的商品/服务评分系统通常不注重细节，因此用户档案也会显得比较粗糙。

上述例子中，乔显然对高尔夫和旅游有浓厚兴趣，因为他有意地表现过这些爱好。当然，他也可能只是希望去夏威夷潜水，或是拜访老友，根本没计划去打高尔夫球。例子中的用户档案系统判定夏威夷的高尔夫假期就是乔真正想要的。这种猜测有时的确有效，但系统收集到的大多数证据只能说明乔想去夏威夷，从而只能向他推销前往夏威夷的旅行服务，因此 USAad Network 根本没提供多少附加价值。

网络广告公司却始终强调创建用户画像对消费者和商家都有好处。用户画像有助于开展精准营销，确保向消费者推送他们确实感兴趣的商品和服务广告。商家也不会再向客户发送无用的广告，从而节省不少营销费用。广告行业普遍认为，由于网络广告的效果十分理想，越来越多的广告收入将来自线上，这部分收入转而能维持互联网上免费内容的存在。最后，产品设计者和制造者能通过分析用户搜索内容和画像信息了解用户对于新产品和服务的真正需求，从而为企业创造利润。

批评家则认为，创建用户画像严重破坏了绝大多数用户对匿名和在线隐私保护的诉求，将原本私人的网上体验变成一举一动都被监视的可怕经历。当意识到自身的举动都会被记录时，人们就不再愿意探究敏感性话题、浏览或阅读有争议性话题的内容。大多数情况下，用户画像过程是隐藏的，对用户不可见。系统也不会通知用户正在收集其信息建立档案。创建用户画像时系统会聚合来自成百上千家网站的信息。广告网络放置在用户电脑上的 cookie 文件并非瞬时的，几天、几个月、几年甚至是永久有效，因此网站能够长期跟踪用户，其用户每次登录都会更新 cookie 内容。cookie 文件包含的用户点击流数据可用于创建消费者的画像，通常每位用户的信息就有上百个字段。要为所谓的匿名档案加上个人信息也是轻而易举，网站还能迅速更换跟踪策略而不被用户发现。一些批评家认为，创建用户画像容易导致**网络歧视**（weblining），即根据用户档案向不同的消费者收取不同的价格和服务费。虽然网络广告商收集的信息多以匿名信息为主（非个人身份信息），但很多时候，通过跟踪用户网络活动而创建的档案会与个人身份信息联系起来或合并。DoubleClick 等网络广告公司已纷纷尝试收购从事线下消费数据收集的营销公司，以便实现个人线上与线下消费行为的匹配。然而，迫于公众的强烈反对，至今尚未有哪家网络广告商敢公开承认自己正在对比匹配用户的线下个人身份信息和线上档案。尽管如此，网站还是利用价格优惠、额外收益或更多信息访问权等手段来吸引用户注册，以获取电子邮件、住址等个人信息。在线的匿名行为数据若是能与线下电子邮件、邮编等个人信息联系起来，将更有价值。

匿名数据也可直接与用户的线下购买记录或从调查问卷和注册表单中收集的信息结合使用。互联网的接入方式已从动态分配 IP 地址的电话调制解调器连接发展为基于固定 IP 地址的 DSL 和电缆宽带连接，因此匿名档案与用户姓名、电子邮件信息的联系将更容易实现，也会更加普遍。

从隐私保护的角度来看，广告网络引发出一系列的问题：谁有权看到和使用私人企业所有的信息；是否有权将用户档案与姓名、社会保险号、银行账号和信用卡号等个人身份信息匹配起来；用户缺乏对自身信息作何用途的控制权；用户丧失选择和知情的权利；信息收集缺少必要的检查和修改程序。

目前，互联网上大量肆意收集隐私信息的现象已经引起广大网民的恐惧和反感。2010 年一项针对 2 111 位网民的调查显示，81%的受访者表示自己比较或相当介意企业收集自身上网活动信息用于广告营销的行为，88%的受访者表示企业未经用户允许收集其信息的行为是不公平的。2009 年的一项调查也发现，美国 2/3 的互联网用户反对在线跟踪。80%的网民表示乐意接受“拒绝跟踪”列表计划的实施（Gruenwald，2010）。用户对互联网企业缺乏信任，同时又担心隐私受到侵犯，这样的结果之一就是在线购买行为的减少。例如，有调查显示，超过 70%的受访者表示会因网站要求输入自己不愿透露的信息而放弃注册网站或购买商品。Gartner 的调研也发现，美国近一半成年网民曾经因信息盗窃、数据泄露或互联网攻击而受损失，其购物、支付、交易或邮件联络行为受到严重影响。由此造成的实际销售损失难以估量，理论上估计，如果有 25%的消费者停止在线购物行为，将会造成高达 570 亿美元的损失。即使只有 10%的客户流失成为现实，也会造成 228 亿美元的销售损失（eMarketer，Inc.，2009）。

正如前面章节所了解的，互联网和电子商务已将政府和私人企业收集、存储和分析个人信息能力提升到隐私保护提倡者和立法者难以想象的程度。网络技术使隐私侵犯的成本下降，而收益和效率却大幅提升。

8.2.4 电子商务监管：政府侵犯隐私

如今，大多数政府机构和执法部门都能轻易地获取消费者的在线档案、购物和交易行为信息，这也引起不少网络消费者的担忧，甚至不少人选择离开网络市场。人们一度以为政府无法控制或监管互联网活动，但事实远非如此。早在诸多律例中就有声明，执法机构有权按照法院命令和司法审查程序监督任何形式的电子沟通行为，以避免犯罪行为的发生。这其中就包括对消费者电子商务活动的监管。互联网环境下，执法机构主要通过在疑犯所使用的 ISP 服务器上安装嗅探器软件进行监视，与利用通信监听器和追踪装置来窃听电话通话的手法类似。《执法中的通信协助法案》、《爱国者法案》、《网络安全加强法案》和《国土安全法》等诸多法案都强调执法机关有权暗中对互联网用户实行监督，紧要关头甚至可以不受司法监督。此外，政府机构也是私营商业数据公司的大客户之一。这类公司有 ChoicePoint、Acxiom、Experian 和 TransUnion 集团等。它们收集海量的消费者信息，线上、线下应有尽有，如公共档案和电话簿、来自信用卡公司的信用账户“头信息”（通常包括姓名、别名、出生日期、社会保险号、现居住地、曾居住地和联系电话）。个人资料数据库中存储的信息不仅包括姓名、电话号码等个人身份信息，还包括驾驶记录、犯罪和民事记录、财产清单等详细信息。这些信息与许多商业公司采集的在线行为数据结合在一起，被编制成个人线上、线下行为的完全档案（Frackman，Ray，and Martin，2002；Federal Trade Commission，1997）。

2006 年 6 月，司法部特命专责小组来审查一项提议，即互联网企业有权保留用户的访问记录、搜索关键词和往来邮件的联络方信息长达两年时间，供政府部门征用。欧洲议会也于 2005 年 12 月通过类似的律例条款。2007 年，谷歌、雅虎、微软和 Ask. com 四大搜索引擎公司纷纷出台新的信息保留政策，谷歌和微软将保留用户信息 18 个月，雅虎是 13 个月，Ask. com 则推出一款新的工具“Ask 橡皮擦”，用户利用它可删除任何保留的搜索关键字和 IP 地址信息。2008 年 4 月，欧盟数据保护工作组号召搜索引擎公司将数据保留时间设置为 6 个月。同年 9 月，在欧洲监管机构的施压之下，谷歌宣布要在欧洲和美国将服务器日志中保留 IP 地址的时间减少至 9 个月。12 月，雅虎也出奇招，宣布将不仅缩短保留时间，而且删除服务器中超过 3 个月的用户的身份信息（IP 地址后八位）。雅虎还表示将隐藏每个日志相关的 cookie 数据，去掉所有的个人身份信息，如姓名、电话、地址和社会保险号等。雅虎这项新的数据保留政策也将应用于所收集的其他数据，如浏览内容、页面点击、广告点击等。2010 年，欧盟要求所有搜索引擎公司将数据保留时间限制在 18 个月之内。

8.2.5 法律保护

在加拿大和德国等欧洲法系国家，公民隐私权可从宪法基本法典和其他特定法案中获取保障。英美法系中普通法也包含隐私保护的内容，通常会归结为民事侵权和个人伤害案件。例如，美国法律关于私人企业造成的个人伤害定义中，就声明了四项与隐私相关的民事侵权行为：侵入私人领地、公开私人事物、公开诽谤他人、出于商业目的非法侵犯他人姓名肖像权（主要牵涉社会名流）（Laudon，1996）。

美国宪法第一修正案中保证言论自由和集会自由的相关条款主要是保护个人隐私不受政府侵犯，第四修正案主要是保护私人文件和房产不被政府无端搜查和没收，第十四修正案则对正当程序加以保护。

除普通法和宪法外，联邦和州也有相关立法保护个人隐私不受政府侵犯，且针对金融、教育和媒体机构定义过某些特定的隐私权（见表 8—4）。

表 8—4　联邦和州立隐私法案

法案名称	说明
联邦隐私法	
1966 年信息自由法案 Freedom of Information Act of 1966	赋予公民查看政府文件中个人信息的权利；也让个人和组织享有公共知情权，可要求政府公开档案记录。
1974 年隐私法案修正案 Privacy Act of 1974，as amended	对联邦政府通过政府机构收集、使用和公布信息的程序加以规范。赋予个人查看和修正政府记录的权利。
1986 年电子通信隐私法案 Electronic Communications Privacy Act of 1986	正式认定危害电子通信安全的行为属于违法行为。
1988 年计算机匹配与隐私保护法 Computer Matching and Privacy Protection Act of 1988	对政府机构使用计算机匹配文档的做法加以规范。
1987 年计算机安全法案 Computer Security Act of 1987	正式认定危害计算机文件安全的行为属于违法行为。
1994 年驾驶员隐私保护法案 Driver's Privacy Protection Act of 1994	限制州政府车辆管理部门只向基于合法商业目的的访问者公开驾驶员信息。还规定驾驶员有权拒绝向商家和大众公开驾照信息。
2002 年电子政府法案 E-Government Act of 2002	监管联邦机构收集和使用网民信息的行为。
对私人机构影响深远的隐私法案	
1970 年公平信用报告法案 Fair Credit Reporting Act of 1970	对信用调查和报告行业加以规范。如果人们对调查机构的数据持有异议，有权对这些数据进行审核并按照一定程序予以纠正。
1974 年家庭教育权和隐私法案 Family Educational Rights and Privacy Act of 1974	要求中小学校和大专院校能够让学生和家长查看学生记录并修正错误信息；同时也限制学校向第三方泄露这些记录。
1978 年财务权隐私法案 Right to Financial Privacy Act of 1978	对金融行业使用个人财务信息加以规范；建立了政府机关访问这些信息时必须遵循的一整套严密程序。
1980 年隐私保护法案 Privacy Protection Act of 1980	禁止政府机关在企业办公室无人时突然对其进行搜查。
1984 年有线通信政策法案 Cable Communications Policy Act of 1984	对有线通信行业收集和公开服务订阅者信息的行为加以规范。
1988 年视频隐私保护法案 Video Privacy Protection Act of 1988	未经法院授权或本人同意，禁止公开个人的录像带租借记录。

续前表

法案名称	说明
儿童网上隐私保护法案 Child Online Privacy Protection Act（1998）	禁止利用欺诈手段获取、使用甚至暴露儿童的在线隐私。
金融服务现代化法案（格雷姆-里奇-比利雷法） Financial Modernization Act（Gramm-Leach-Bliley Act）（1999）	强制要求金融机构必须明确告知消费者公司的相关隐私政策，并赋予消费者对自身信息一定的控制权。
1996年健康保险携带和责任法案 Health Insurance Portability and Accountability Act of 1996（HIPAA）	要求医疗保健提供商、保险公司及其他第三方机构对外公布其隐私政策，同时建立正当程序制度。
部分州立隐私法案	
在线隐私政策	2003年加利福尼亚州颁布的在线隐私保护法案是美国第一部要求商业网站所有者或网络服务商张贴隐私政策的法律。隐私政策中必须声明会收集访问者的哪些个人身份信息，以及将与哪些网站共享用户信息。未遵守该规定的企业，将因不正当经营而面临民事诉讼。内布拉斯加州和宾夕法尼亚州禁止网站发布包含虚假或误导性信息的隐私政策。超过16个州要求政府机构在网站上公布隐私政策。
间谍法案 Spyware legislation	加利福尼亚州、犹他州、亚利桑那州、阿肯色州、弗吉尼亚州等都已通过立法，规定未经允许不得擅自在个人计算机上安装间谍软件，否则将视作违法行为。
安全漏洞披露 Disclosure of security breaches	2002年，加利福尼亚州颁布法律规定，拥有个人信息的州立机构或企业必须通知州内常住居民所存在的潜在安全漏洞。如今，几乎所有州政府都已颁布类似法案。
个人隐私 Privacy of personal information	内华达和明尼苏达两个州都立法要求互联网服务提供商必须对用户的私人身份信息加以严格保密，未经本人许可不得擅自公开。明尼苏达州还规定服务商必须征得订阅者同意方能将在线行为习惯信息公开。
数据加密 Data encryption	2007年10月，内华达州首部数据加密法案决议通过，规定必须对数据传输过程加密。该法案于2008年10月1日起正式生效。

知情同意

知情同意（informed content）的概念（在掌握制定理性决策所需的所有信息之后表示同意）对保护隐私意义重大。在美国，企业（和政府部门）能够收集市场中所有的交易信息，并为其他营销目的使用这些信息而不需要事先得到个人的知情同意。例如，如果一位美国的网上购物者在DoubleClick这样的广告网覆盖的网站上购买了有关篮球的书籍，相应的cookie就会被放置在消费者的硬盘中并被其他成员网站使用，以向消费者推销运动服装等相关产品，而无须提前获得消费者的明确许可，甚至可以对消费者隐瞒这种做法。这种用户的网上偏好信息还可以与个人身份信息相链接。但在欧洲，这样做是违法的。除了服务于当前这笔交易之外，只要消费者没有书面授权或者填写网页表单表示同意，不论出于何种目的，欧洲的企业都不能随意使用市场中的交易信息。

知情同意有两种形式：**"选择接受"**（opt-in）和**"选择拒绝"**（opt-out）。选择接受是指必须提前获得用户对于收集和使用个人信息的许可。例如，如果使用 opt-in 模式，用户应当首先回答是否愿意自己的个人信息被收集并被使用，如果同意，就在确认框内打勾。否则，缺省认为用户不同意对个人信息进行收集。而在 opt-out 模式中，缺省认为用户允许收集信息，除非用户在拒绝框内打勾或者填写表单表示反对。

直到现在，美国大多数电子商务企业仍然不愿接受知情同意，而只是简单地将信息使用政策发布在网站上。它们辩称，告知用户信息的使用方式就足以获取用户的知情同意。即使是采取知情同意的企业，也是将"选择接受"设为默认值。用户若不想被动参与促销活动，必须到网站的特定页面去申请"选择拒绝"。有些网站则将 opt-out 选择框放置在信息政策声明页面的底端，消费者根本难以察觉。隐私提倡团体指出，大多数网站的信息政策声明都晦涩难懂，往往其规定的信息用途几乎无所不包。例如，雅虎网站隐私政策声明的第一句就是："雅虎非常重视客户的隐私"，接下来是具体细则："雅虎绝不会将你的个人身份信息出售、出租或分享给任何人"。但声明下段就直接列举出一系列的例外情况，如雅虎可能会将用户信息分享给与雅虎有生意往来的可信合作伙伴，不论用户是否愿意与这些伙伴发生联系。

联邦贸易委员会的公平信息操作原则

美国联邦贸易委员会（FTC）牵头展开对在线隐私保护的研究，并向国会提交立法建议。FTC 属于内阁机构，主要负责保护消费者免受不平等待遇和商业欺骗，鼓励市场竞争来丰富消费者的选择，促进市场效率的提高。此外，还申请完善现有立法，能够直接起诉违反联邦公平贸易法律的企业。

1995 年，鉴于互联网隐私侵犯多少牵涉到欺骗和不公平行为，FTC 进行过一系列调查。1998 年，FTC 根据其对在线隐私的评估和建议颁布了公平信息操作原则（Fair Information Practice，FIP）。表 8—5 列举了这五项公平信息操作原则，其中有两项是基础的"核心"原则，必须予以执行以保护在线隐私，其他三项属于辅助性原则。早在 1973 年美国卫生部、教育部和社会福利部就提出过公平信息操作规则，FTC 重申了这些原则并加以强化，以使其能够适应在线隐私保护的新环境。

表 8—5　　联邦贸易委员会的公平信息操作原则

原则	说明
提醒/警告（核心原则）	网站必须在收集数据前公开自己的信息操作细节，包括身份信息的收集，数据的使用，访问数据的其他人员，数据收集方式（主动/被动），用户自愿还是强制执行，用户拒绝的后果，确保数据的机密性、完整性和高质量的相关程序等。
选择/同意（核心原则）	必须设立选择机制，使用户能够选择是否同意自己的信息在除支持交易以外的其他场合使用，包括企业内部自用和第三方共享。选择接受/选择拒绝为必备选项。

续前表

原则	说明
访问/参与	应当向用户提供一种快捷、低成本的方式，帮助用户检查被收集数据的准确性和完整性，并向有关部门提出质疑。
安全	数据收集者必须采取有效手段，保证用户信息的准确安全，保证用户信息不会被非法滥用。
强制	必须建立强制执行公平信息操作原则的机制，如自律、赋予用户反抗侵害的合法途径的法律或联邦/州出台的法律法规。

资料来源：Based on data from Federal Trade Commission，1998，2000a.

FTC的FIP原则奠定了美国境内电子商务企业、政府网站和非营利性网站寻求隐私保护正当程序的基础规则。

从这一点来看，FTC的FIP原则只是一般性指导方针，并不是法律。FTC也鼓励私营企业和行业协会建立自己的隐私保护指导原则（详见下文）。但是，FTC的FIP原则正被作为新法制定的参照基础。迄今为止，受FTC的FIP原则直接影响的最重要的在线隐私法律就是1998年颁布的《儿童网上隐私保护法案》（COPPA）。该法案要求，网站必须获得家长授权才能收集13岁以下儿童的个人信息。

2000年7月，FTC建议国会立法保护在线消费者的隐私，使其免受网络广告带来的种种威胁。表8—6总结了FTC提出的诸多建议。上呈的建议书除继续提倡限制信息收集的原则外①，着重强调了FIP中的提醒和选择原则。FTC虽然十分提倡行业自律，但也强烈建议通过立法手段来强制所有网络广告网站及其联盟企业遵守相关条例。然而，截至目前，该项立法尚未经国会审议通过。

表8—6　联邦贸易委员会对在线建立用户档案的建议

原则	说明
提醒	网站必须毫无保留地向用户公开自己的做法并提供相应选项。 涉及个人身份信息时必须“醒目”注明（收集的时间/地点；在收集之前通知用户）。 对于非个人身份信息的收集也要有清楚、显著的提示。
选择	个人身份信息收集只能使用选择接受模式，非个人身份信息收集使用选择拒绝模式。 未经同意，不能将非个人身份信息转换为个人身份信息。 网站必须提供对单个页面上的任何一个或所有网络广告商的选择拒绝功能。
访问	必须提供令用户满意的检查和修改信息的方式。
安全	必须采取有效手段防止信息的丢失、滥用和非法访问。
强制	由认证程序和审计公司等独立的第三方监督企业执行。
限制收集	广告网不能收集财务或医疗数据、性行为或性取向等敏感数据，也不能使用社会保险号来建立用户档案。

2007年11月，FTC举行了一次为期两天的工作会议，专门针对在线广告、行为定向广告和在线隐私问题进行探讨。消费者隐私保护团体向FTC提出申请出台

① 大多数通用隐私法案能够覆盖到政府（如1974年隐私法案修正案），限制其收集公民的政治和社会行为信息。但FTC的限制原则同样重要，因为这是FTC在限制特定信息的收集上作出的首次尝试和努力。

一份类似于“Do Not Call”电话广告清单的“Do Not Track”清单，以便消费者更简便地选择退出那些跟踪在线行为的活动，实时了解到是否被跟踪，并赋予其查阅和修改自身档案的权利。毫不奇怪，网络广告行业反驳称 FTC 的监管将扼杀该行业的创造力。会上，不少 FTC 委员建议必须立即出台隐私政策管理规定，FTC 自身也应当加强对网络广告行业的监督和审查（Story，2007）。

2008 年，许多搜索引擎公司收购知名网络广告网站（如谷歌并购 DoubleClick），一时间行为定向广告铺天盖地，这使得公众对隐私侵犯的担忧与日俱增。鉴于舆论的压力，美国于 6 月举办了一场听证会。谷歌、微软等行业领袖提倡制定新的隐私保护法对其行为定向营销进行监管。同年 8 月，4 位议员写信给包括顶级搜索引擎谷歌在内的 33 家互联网企业，要求其详细解释其隐私政策的内容（Clifford，2008）。

2009 年 2 月，FTC 也举行听证会讨论通过行业自律项目来监管行为定向广告的议案。听证会上，广告行业组织——网络广告促进协会公布了自身的行业自律原则，与 FTC 的要求基本相符。但是，隐私保护团体、政府和网络广告行业仍未能就此达成协议。隐私保护团体要求所有网站采取“选择加入”的策略，并建立一份全国通用的“Do Not Track”清单。网络行业极力反对该项举措，坚持只提供“选择拒绝”功能作为解除跟踪的唯一途径（FTC，2009）。2010 年，FTC 和参议院仍在继续举行各类听证会和研讨会，进一步探讨互联网隐私保护之道。

欧洲的数据保护条令

欧洲的隐私保护标准比美国更为严格。美国政府允许私人组织和企业不事先征得消费者的同意而将交易中收集到的个人身份信息用于商业目的（即所谓的 PII 二次使用）。美国政府也尚未建立专门的机构来负责执行隐私保护法案。相反，隐私保护法律主要通过企业自律和消费者诉求赔偿得以推行。这种做法不但成本高昂，而且效果极差。相比之下，欧洲的隐私保护措施就显得更为全面和规范。欧洲国家不仅不允许企业在未得到消费者授权的前提下擅自使用个人身份信息，而且成立了专门的数据保护机构受理公民投诉，强制执行相关隐私保护法律。

1998 年 10 月 25 日，欧盟颁布的《数据保护指令》正式生效，欧盟各国的隐私保护条例更加标准化，范围也有所扩大。欧盟《数据保护指令》基于公平信息操作原则，着重扩大个人对于自身信息的控制权。该指令要求企业在收集个人信息前必须提示消费者，并告知信息的保存方式和使用途径。除非消费者表示知情同意，否则企业使用个人信息属于非法行为。此外，消费者能够随时查看、修改这些信息，而且有权要求企业停止收集更多的信息。该指令还禁止任何机构向尚未有类似严格隐私保护政策的组织或者国家传送欧盟公民的个人身份信息。这也意味着美国企业在欧洲收集的数据不能传送到美国进行处理（因为美国的隐私保护制度不够严格），这势必会对美国和欧洲间每年 3 500 亿美元的商贸往来产生影响。

因此，美国商务部正在和欧盟加紧合作，为美国企业开发一套安全港框架。**安全港**（safe harbor）是一套满足政府立法和监管规定，但又不受政府机构干涉的自律政策和执行机制。但这其中，政府要充当验证安全港是否有效的角色。计划参与安全港计划的企业必须制定符合欧洲标准的隐私保护政策，到商务部网站公开登记注册。安全港计划中隐私保护法案的执行由美国政府负责，很大程度是以行业自律为主，辅以政府公平交易法令的执行。有关安全港和欧盟《数据保护指令》的更多信息，可参见 www.export.gov/safeharbor/sh-workbook.html。

8.2.6 行业自律

美国互联网企业历来极其反对隐私保护立法，认为在隐私保护方面行业能比政府做得更好。然而，AOL、雅虎和谷歌等大型公司都建立了各自的隐私保护政策，希望以此缓解公众对互联网隐私侵犯的担忧。1998 年，面对公众与日俱增的忧虑以及 FTC 和隐私保护团体提出的法律制裁威胁，互联网行业发起成立在线隐私联盟（Online Privacy Alliance，OPA），以鼓励行业自律。

随后，美国的私营企业根据政府制定的各项法规提出了安全港这一设想。例如，《儿童网上隐私保护法案》中就有条款规定，允许行业协会或者其他组织向 FTC 提交自律申请，以保障公平信息操作原则和 FTC 各项规定的落实。2001 年 5 月，FTC 依据《儿童网上隐私保护法案》的规定，批准成立 TRUSTe 在线隐私保护项目作为首个安全港。①

在线隐私联盟还建立了一套会员企业必须执行的隐私规则。互联网行业共同致力于开发出能够证明网站隐私策略达标的网上“认证”系统。美国公司贸易局（BBB）、TRUSTe、WebTrust 以及各大会计师事务所——普华永道旗下的 BetterWeb 也在其中——都已建立起相应的认证机制。要获得认证，网站运营商必须遵从特定的隐私保护规则，具备相应的投诉解决流程，并接受认证机构的监督。目前，已经有 1 200 多家网站获取 TRUSTe 的认证，超过 5.7 万家网站通过 BBB 的可靠性认证。尽管如此，该认证计划对于网上隐私保护的影响还是十分有限。批评者指出，认证计划在保护隐私方面收效甚微。因此，FTC 始终未将认证计划视作安全港项目（基于《儿童网上隐私保护法案》的 TRUSTe 儿童隐私认证除外），而政府机构也正在推进立法程序，以强制企业执行隐私保护条例。

网络广告行业也成立了自己的行业协会——网络广告促进协会（Network Advertising Initiative，NAI），来开发相关的隐私保护策略。网络广告促进协会已联合 FTC 共同制定出一套隐私保护规则，NAI 的隐私策略旨在实现以下两大目标：为用户提供“选择拒绝”网络广告（包括电子邮件广告）的机会；对因信息滥用而蒙受损失的用户进行赔偿。为实现选择拒绝功能，网络广告促进协会建立了专门的网站 networkadvertising.org，消费者可利用该网站提供的通用“选择拒绝”功能，阻止网络广告机构在自己的电脑上设置 cookie 文件。NAI 网站还提供 Truste.org 网站的链接，用户如有不满可去登记投诉。消费者还是会像往常一样收到网络广告，但这些广告不再是基于其在线行为定向发出的（Network Advertising Initiative，2009a）。

2009 年，NAI 发布一套有关行为跟踪的自我监管指导原则，与 FTC 设定的原则基本相符。其行业自律原则涉及透明、选择性、安全和数据保留以及隐私政策的变化。2010 年 4 月，NAI 与互联网广告局共同发布 CLEAR 行为广告规范。此外，NAI 还建议广告网络在广告之中或一侧设置可点击的小图标，直观地向用户呈现在线行为广告的附加信息和可选择操作。该理念旨在提高透明度，同时加强用户对

① 儿童广告审查机构（Children's Advertising Review Unit，CARU）是另一个长期安全港计划，成立于 1974 年，作为儿童广告自律机构，致力于保护儿童隐私。

隐私信息的控制权（Network Advertising Initiative，2009b，2010）。

总的来说，目前互联网企业在隐私保护行业自律方面的努力，尚未能成功地缓解美国公众对在线交易过程中隐私侵犯的担忧，也未能显著减少隐私侵犯行为的发生。行业自律最多只能告知消费者是否存在隐私策略，但通常都不能体现信息的真正用途，也没有为消费者提供查看和修改信息的权利，更不用说控制信息的使用。此外，还未给出任何保障信息安全的承诺，也没有指明任何落实机制（Hoofnagle，2005）。FTC 和国会则指出，采用行业自律措施主要是因为在线隐私保护领域尚未建立完善的监管法律。阅读商务透视“首席隐私官”，了解另一种行业自律的方式。

商务透视

首席隐私官

如何才能保证企业始终严格遵照网站公布的隐私策略开展业务？如何才能使企业紧跟隐私保护法案和欧洲隐私政策的最新动向？如何充分挖掘客户信息的价值，而又使客户感觉不到丝毫的尴尬或冒犯？

大多数企业选择设立新的行政职位——首席隐私官（Chief Privacy Official，CPO）。CPO 职位的出现有 10 年左右的时间，如今已成为企业管理领域增长最快的职位。美国法律对商业网站利用客户信息的监管不够完善，那些依赖客户信息获取财务收益的企业很容易就会踏入“雷区”。医疗、金融、技术和消费品等行业都纷纷引入首席隐私官职位，很大程度是因为数据隐私相关的法律监管日臻严格，企业亟须做好万全的应对之策。比如 Facebook、谷歌、IBM、AT&T、Verizon、DoubleClick（谷歌旗下网站）、纽约人寿、英特尔、Loopt、ChoicePoint 和微软等众多公司都已设立 CPO 职位。隐私权专家国际协会（IAPP）是由全球 CPO 组成的专业隐私组织，2010 年已有 7 000 多位成员。其中来自美国的成员占 85%，是 2007 年的 2 倍多。近期的调查显示，隐私官属于组织管理层级中的高层，61%的隐私官与公司 CEO 之间的汇报层级不超过 2 个；近 60%的隐私官管理 2 个及以上的全职下属；36%的受访企业表示公司的隐私策略和体制已步入成熟期。

CPO 的职责都有哪些呢？该职位的工作涉及多个方面。一般来说，CPO 日常工作的第一要务就是设计并实施公司所需遵循的隐私策略。隐私策略一旦制定到位，就必须予以执行和监督。随后隐私部门要组织培训，使业务部门和员工了解隐私的重要性，详细讲解隐私策略的内容，使内部上下都铭记于心。例如，万豪国际酒店集团负责信息安全和隐私保护的副总裁克里斯·佐拉兹（Chris Zoladz）曾说：“好的隐私策略是经营成功的保障。”万豪的营销总裁提出要将用户信息传送到连锁酒店的前台系统，以便基于预订过程收集的信息提供定制化的服务。佐拉兹必须参与这一项目，以保证信息的使用合理、合法。

CPO 的另一重要职责是避免企业触碰到隐私“雷区”，即确保企业远离任何政策和技术过失，以免企业遭到隐私保护团体的强烈抗议而无法脱身。大型企业陷入用户隐私外泄或失控的事故频频发生，似乎每年至少都有一次，CPO 必须敲醒警钟。

近年来，隐私处理方面过失最多的企业当属 Facebook。2009 年 2 月，社交网站 Facebook 推出一项新的服务条款，试图扩大对用户分享内容的处置权。起初，公司 CEO 扎克伯格非常支持这一新策略。但当大批用户对此表示强烈不满后，他不得不转变态度，以安抚用户的情绪。2010年，类似的错误再次出现。Facebook网站启用一系列新功能，尝试实现与其他站点的互连，从而使整个网络变得更加社会化和个性化。然而，Facebook没有考虑到普通用户的隐私控制能力较弱，以致用户信息和分享的内容再次泄露。扎克伯格无奈再次公开道歉，承诺新的功能中将增加更严格的隐私控制。随后还发生过一次丑闻，这使得大多数Facebook用户对任何新功能都产生怀疑甚至排斥。例如，2010年8月，Facebook推出"定位"服务，帮助用户实时掌握好友的位置信息。问题在于用户本人可能并不愿意分享签到的位置，但好友却能未经本人允许轻易得到。此外，用户很难甚至根本无法取消这项功能。

社交网站主要通过向定向营销广告商出售会员信息来实现盈利（用华尔街的行话来说是用户价值货币化）。Facebook能够出售的信息越丰富，其所能赚取的收益就越高。隐私侵犯可谓利润丰厚！Facebook的CPO克里斯·凯利（Chris Kelly）一直提倡授予用户控制个人隐私和选择服务的自主权。尽管凯利声称Facebook网站隐私策略的原则是"用户享有个人信息的所有权"，但这些看似毫无止境的隐私丑闻却说明，凯利要让Facebook公司树立对用户隐私负责的态度，还有硬仗要打。

因缺乏CPO而陷入重重困境的公司不胜枚举。美国合众银行因违反其所声明的隐私政策，将用户的财务信息出售给广告公司而遭到起诉，随后不得不赔偿300万美元才达成和解。Real Networks公司的在线音乐软件产品RealJukebox被曝出擅自收集用户的偏好信息，公司不得不公开致歉，并更正其数据收集和保留政策。ChoicePoint和里德·埃尔塞维尔集团旗下的LexisNexis等数据库公司也发生过不少数据丢失和非法侵入事故，以致数百万用户档案外泄。国会也介入调查这些事件，对相关责任公司处以罚款，命令司法部门加强对数据库行业的立法监管。

企业对隐私保护的高度重视让普华永道会计师事务所发现了新的业务机会。普华永道接手过数百个隐私审计的项目。数据盗窃或丢失、隐私入侵会对公司名誉造成直接影响，因此企业都不敢轻视，纷纷严阵以待。隐私审计能够帮助企业识别出潜在风险，提出合理的应对方案，以免企业遭到集体诉讼、网民抗议或者是让股东失望。那么，审计结果又如何呢？普华永道发现，80%的审计客户都没有遵守事先声明的隐私策略，而这类情况大多是培训不到位或人为过失造成的。例如，Expedia公司接受普华永道的隐私审计后，随即将公司的信息收集策略由"选择拒绝"改为"选择接受"。如今，Expedia用户需要主动点击订阅按钮，才能收到网站提供的最新旅游资讯。如此一来，取消邮件订阅的用户越来越少。Expedia管理者相信用户最关心的是信任和隐私，任何有助于增进相互信任的举措对公司业务发展而言都大有好处。

CPO又会有哪些烦恼呢？CPO经常发现，要培养企业内部重视隐私保护的意识相当困难，同时要调整隐私策略来应对危机也会面临重重阻碍。ChoicePoint公司在14.5万用户档案被伪装成真实企业的犯罪团伙窃取后，决定雇用一位CPO，其直接向董事会和CEO汇报。新上任的CPO发现，ChoicePoint在处理访问数据库的业务请求时，根本不进行任何真实性或合法性的检查。

联邦法律要求企业告知每位用户其隐私政策，这也让CPO为之苦恼。1999年的《金融现代化法案》规定，所有金融服务企业必须将隐私政策告知消费者。结果，上亿本隐私宣传册寄给消费者，其内容尽是专业法律术语，极为晦涩难懂。《联邦健康保险法案》（HIPPA）的颁布旨在保障医疗保健机构间病历记录传输的安全性和有效性，规定所有医疗保健机构，即使是只有7名医生的小型保健室，也必须配备1名隐私管理员。

国际隐私专家协会等专业组织公开对盲目遵守联邦法律表示担心，认为联邦法律未能考虑到消费者的实际需求和隐私对企业战略的重要影响。

目前，奥巴马政府正要求有关行政部门和国会建立规范互联网隐私信息使用的法律体系。因此在不远的将来，CPO 的需求极可能会持续增加，隐私保护之路任重道远。

资料来源："About the IAPP," Privacyassociation. org，accessed September 30，2010；"Microsoft's Chief Privacy Officer Opens Up," by Wendy M. Grossman，TheInquirer. net，September 8，2010；"Facebook's Chief Privacy Officer：Balancing Needs of Users with the Business of Social Networks," by C. G. Lynch，*CIO Magazine*，April 1，2009；"Facebook's Chief Privacy Officer：Users Own All Their Data," Insidefacebook. com，February 22nd，2009；"Facebook's About-Face on Data," by Jessica Vascellaro，*Wall Street Journal*，February 10，2009；"Online Privacy Decisions Confront Obama," by Kim Hart，*Washington Post*，January 13，2009.

8.2.7　隐私保护组织

互联网中存在相当数量的隐私保护组织，这些组织随时监督有关隐私保护的最新进展。其中有些组织是由行业发起的，也有些组织依靠个人基金和捐款维持运作。表 8—7 列举了一些知名的隐私保护组织。

表 8—7　　隐私保护组织

隐私保护组织	说明
Epic. org	总部设在华盛顿的监督组织
Pricacyinternational. org	关注国际隐私保护最新动态的组织
Cdt. org（民主与技术中心）	得到基金和企业支持、关注立法保护隐私的组织
Privacy. org	由 EPIC 和 Privacy International 赞助的信息交换所
Privacyrights. org	教育型的信息交换所
Privacyalliance. org	由行业支持的信息交换所

8.2.8　隐私保护催生新的商机

随着互联网对个人信息的侵犯性及其激进程度日益增强，人们对隐私保护更为关注，这催生出一批新的销售隐私保护产品的企业。2010 年，风险资本窥见这一趋势，纷纷投入数百万美元到一些新兴的小公司，它们笃定消费者一定会愿意为隐私保护买单。以开展隐私保护业务筹集资金的企业有 SocialShield、Abine、SaveWeb 和 TRUSTe。用户只需每月支付 14. 95 美元，就能监测到社交网站上他人对自己或家人的评论内容。要说这类企业是否能成功还为时尚早。尽管对个人和企业名誉的损坏远比想象的严重，但先前的一些业务尝试并未能吸引到足够多的客户（Tam and Worthen，2010）。

8.2.9　在线隐私保护的技术方案

目前，人们已开发出一系列强大的隐私保护技术，帮助用户在与互联网交互的过程中保护个人隐私（见表 8—8）。其中绝大多数技术都强调安全功能——保护个人通信消息和文件免遭非法入侵。但安全能力只是隐私保护的一小方面。隐私保护还涉及制定相应的保密和公开政策，使消费者能够对市场交易中的信息收集和使用加以控制。

表 8—8　　在线隐私保护技术

技术	产品	保护说明
间谍软件拦截器	Spyware Doctor，ZoneAlarm，Ad-Aware and Spybot—Search & Destroy (Spybot-S&D)（freeware）	监测是否有间谍软件、广告插件、键盘记录器等恶意软件，发现后将其移除
弹出窗口拦截器	浏览器：Firefox，IE 6 SP2，7/8，Safari，Opera 工具栏：Google，Yahoo，MSN 附加程序：STOPzilla，Adbock，No-Ads	阻止向广告服务器发送请求，拦截弹出式、隐藏式广告；限制客户端图片加载
安全电子邮件	ZL 技术：SafeMessage. com，Hushmail. com，Pretty Good Privacy (PGP)	对电子邮件和文件进行加密
匿名发信	W3-Anonymous Remailer，Jack B Nymble，Jave Anonymous Proxy	发送无法被跟踪的电子邮件
匿名浏览	Freedom Websecure，Anonymizer. com，Tor，GhostSurf，IE 8 Inprivate Browing	无法被跟踪的浏览技术
cookie 过滤器	CookieCrusher 及大多数浏览器	阻止网站向客户端计算机设置 cookies
磁盘/文件删除程序	Mutilate File Wiper，Eraser，DiskVac 2. 0	彻底删除硬盘和软盘中的文件
策略生成器	OECD Privacy Policy Generator	自动生成遵从 OECD 标准的隐私策略
隐私策略阅读器	P3P	自动向用户报告当前隐私策略的软件
公钥加密	PGD Desktop	邮件和文档加密算法

越来越多的消费者开始使用间谍软件拦截器、cookie 过滤器、浏览器弹出广告拦截器等工具，这给基于 cookie 技术的网络广告行业造成巨大的打击，因为大部分广告商至今尚未找到合适的广告技术作为替代。

各类隐私保护技术中，应用最广的当属 W3C 组织（World Wide Web Consortium——行业发起的国际化、非营利性互联网标准化组织）提出的 P3P 技术（Platform for Privacy Preferences，P3P），它是一套与互联网用户沟通网站隐私策略的标准，将网站策略同用户偏好或 FTC 的 FIP 原则和欧盟《数据保护指令》等其他标准进行比较。P3P 没有设定自己的隐私标准，而是由政府和行业来制定标准。P3P 技术及后期诸如 TAMI（MIT）和 PRIME（欧洲）等技术的基本理念是让用户通过机器可读的表单表达自己的偏好，以便全球的网站都能访问和了解。

P3P 的工作要基于用户的网络浏览器完成。服务器端的 P3P 组件能帮助网站将自身的隐私策略转换成机器可读的标准 XML 格式。这样，任何浏览器或内置插件应用都能够显示网站的隐私策略。客户端的 P3P 组件帮助浏览器自动接收经过转换的隐私策略，并“公示”给用户。整个工作流程如图 8—2（A）所示。

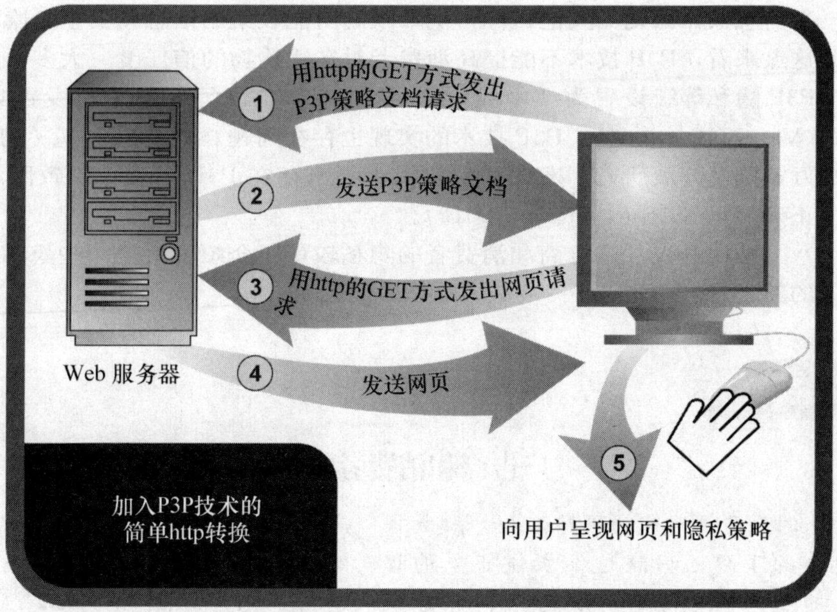

图 8—2（A）　P3P 技术的工作原理

说明：P3P 标准有助于实现电子商务网站和消费者之间隐私策略的自动传送。
资料来源：W3C Platform for Privacy Preferences Initiative，2003.

如今 Firefox、IE 6.0/8.0 等浏览器都已内置 P3P 组件。用户只需拖动滑块选择自身所希望的隐私策略，浏览器会自动读取所访问网站的隐私政策，若发现与用户设置的偏好不匹配，就会向用户发出警告（见图 8—2（B））。

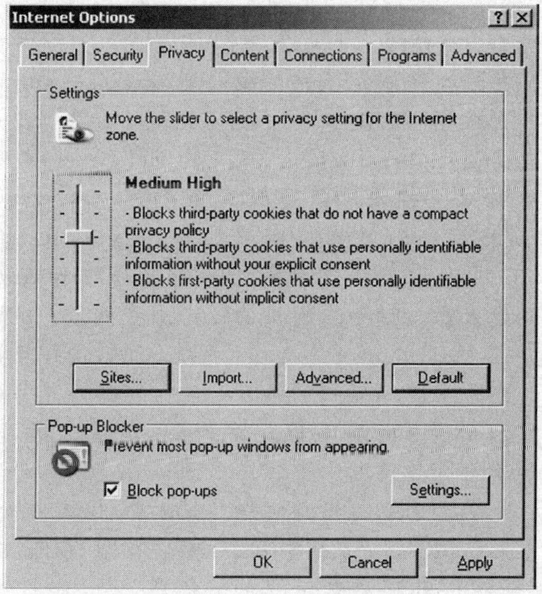

图 8—2（B）　IE 7 中实现 P3P 的设置

说明：IE 7 中实现 P3P 的个人隐私设置：单击"工具"命令；选择"Internet 选项"；在弹出的对话框中单击"隐私"选项。

然而，P3P 技术仅仅能够帮助用户注意和理解网站的隐私策略，并不能实现公平信息操作原则的其他目标，例如限制所能收集的信息、安全、隐私权的执行。从这点来看，P3P技术不能提高消费者对在线购物的信任度。大多数用户只是默认将P3P隐私等级设置为“中级”，本身并不清楚该等级的隐私设置具体是什么内容（Van Kirk，2005）。P3P技术的实现也存在问题。日前卡内基·梅隆大学针对3.3万家网站开展研究，发现其中有1.1万家存在P3P错误，以致网站隐私策略无法正确显示（Leon，et al.，2010）。

技术透视“广告商和消费者的隐私较量”介绍了其他一些隐私窥视和隐私保护的新技术。

技术透视

广告商和消费者的隐私较量

如今的互联网时代，网络广告商和数据公司对你的了解远远超过你所能想象的程度。你的收入、信用评分、房产、开哪款车、中意什么车型、有无违章记录，等等，甚至包括你的网络活动，如听过的音乐、在亚马逊订购的书籍、购物频率、Twitter账号以及使用过的苹果Apps等，它们都一清二楚。过去，线下广告商和数据公司掌握的用户信息要比网络公司多得多。例如，Acxiom是美国最大的线下市场营销公司之一。Acxiom公司数据库中存储有每位成年人的1 500多项相关数据。但如今，随着线下、线上广告商将各自数据融合起来，由数据库独立导致的信息隔离现象逐渐消失。这个过程需要全新的数据跟踪技术加以协调。其结果就是人们的所有网络活动都将留下“脚印”。在emc.com网站上可查询到每个人留在网络上的信息量大小。如劳东教授的“脚印”大小就超过427 GB。

如今，关于隐私跟踪和隐私保护的技术拉锯战已悄然打响。隐私跟踪的阵营里，谷歌是网络活动追踪领域当之无愧的老大。正如某位评论员所说：“谷歌比你的妈妈更了解你!”谷歌搜索、Gmail、Google Sites、Health等一批应用服务积累了海量用户的珍贵资料，谷歌开始以此为基础探索行为定向营销。过去谷歌从事的是内容营销：用户输入搜索关键字，谷歌就会返回与之相关的广告。谷歌现在已将一部分精力转移到所谓的“兴趣”营销，也被广泛称为“效果营销”、“行为定向”。例如，人们感觉到有些胃酸，用Gmail写封邮件告知私人医生，谷歌页面就会显示治疗胃酸药物的广告。此外，谷歌已成功将美国最大的网络广告公司DoubleClick收入麾下，一段时间内无论你浏览什么网页，都可能看到胃药的横幅广告。

Experian公司将网站与数据库直接互连，向客户网站实时提供访问者的姓名和地址信息。Acxiom公司则将线上和线下的购买和行为数据集成到单个数据库中，其推出的Relecance-X广告服务就利用该数据库中的信息来有针对性地选择投放哪些网络广告。MySpace也推出名为“超级锁定”（HyperTargeting）的广告系统，从用户档案中挖掘其兴趣所在，进而推送相关的广告。2007年，Facebook推出Beacon广告系统，可追踪用户在其他网站的购物行为，并利用消息广播给该用户的Facebook好友。Beacon系统一上线就获得可口可乐和Verizon等40多家公司的加盟支持。然而，该系统却遭到Facebook用户和隐私保护团体的强烈抵制。2007年年底，Facebook的CEO扎克伯格出面向Facebook用户道歉，承诺将改版Beacon系统，用户将有权选择是否对外分享自己的网络活动。2008年8月，

Facebook 因侵犯用户隐私权而遭遇集体诉讼，指控其 Beacon 系统未经用户允许擅自发布个人隐私信息。2009 年 9 月，广受诟病的 Beacon 广告系统被迫关闭。不过，Facebook 后续依旧推出了不少支持定向广告或信息共享的功能和服务。

广告商为侵入人们私人网络生活辩护的主要理由有两点。首先，广告商指出，互联网并非真正免费。DoubleClick 网络公司的高层曾说，互联网免费的隐含前提是人们在获取内容的同时接收广告。购买计算机的 1 000 美元成本，加上每月 50～100 美元的网络服务费，与互联网信息的价值相比，根本是九牛一毛。只要人们从互联网上免费获取内容，即使不是广告，人们也将不得不以其他方式为此买单。如果没有定向广告，网站盈利将减少，其所提供的服务也就会削减或变糟，谷歌也不会提供那么多免费的应用。那样的话，再细微的服务也将是收费的。第二，用户行为信息有助于提高营销效率和效果。广告商对用户越了解，就越能提供个性化的定制营销活动，在正确的时间投其所好。当然，广告商也就能向客户企业收取更高的费用。网络广告商认为，消费者诉求的是"把我的隐私拿去，但是要给我提供免费的内容和服务"。这真是消费者的心声吗？

为了解消费者对待互联网隐私的态度，加州大学伯克利分校的一群学生对网络用户展开调查，而且深入研究了 FTC 收到的隐私投诉。结果显示，消费者普遍认为自己缺乏对信息的控制权，隐私受到侵犯时不知道找谁投诉。针对网站运营，消费者认为网站经常收集隐私信息，却不告知用户，其对信息的使用政策也不透明。网站还经常与合作伙伴共享这些隐私信息，但却从不透露是哪些合作网站及其数量多少。（新闻集团旗下的 MySpace 社交网站与 1 500 多家合作网站分享过用户信息。）此外，消费者还表示网络爬虫无所不在，但当他们浏览网页时，网站并未提示正被爬虫软件追踪。大量调查表明，"把隐私拿走吧，我无所谓，只要能享受免费的服务就行"这一理念根本不是消费者的心声，他们诉说的是："我们希望能够知道自己在网络上留下哪些信息，对这些信息的收集和使用拥有一定的控制权，并且有权选择不被跟踪。此外，还希望网站的信息使用政策能够更加透明，政策的变更应当有我们的参与和认可。"（完整报告见 knowprivacy. org。）

另一项行业发起的调查也印证了上述观点。接受调查的 1 000 多位网民中，只有 14%表示同意网站使用隐私信息以便享受个性化的服务内容，而多达 71%表示不愿意接受，只在当务之急时才会勉强做此选择。也有调查发现，41%的受访者表示，过去 6 个月内曾因不想透露隐私而向要求填写个人信息的网站提供假数据。这样看来，人们似乎在说："给我免费的内容，同时也保护我的隐私！"然而，也有调查发现青少年和年轻人对隐私的关注程度要比老年人低得多。隐私专家认为，其主要原因在于年轻人尚未意识到网站收集了大量的个人信息。还有研究认为，年轻人对隐私的关注度不亚于老年人。Facebook 的 CEO 扎克伯格曾辩称，新时代的年轻人确实不怎么在乎隐私。

而倡导隐私保护的阵营中，企业纷纷向用户提供许多实用软件工具。整个互联网行业都在探索如何真正做好隐私保护。P3P 技术无疑是目前公认的个人隐私保护策略，但却收效甚微。P3P 提高了用户对个人隐私信息的控制权，用户能清楚知道网站对个人信息做出何种处理。如今，ISP 服务商和软件公司推出的许多工具颇有成效且简单易用。AOL 推出一项名为"Do Not Track"的服务，消费者直接点击浏览器上的按钮就能选择不被大多数广告公司"监视"。谷歌也效仿 AOL：谷歌隐私中心页面设有一个按钮，任何时候用户只要点击按钮就能清除 AdSense 加盟站点、DoubleClick 广告服务和许多基于 DoubleClick cookie 的谷歌服务所留下的 cookie 文件。然而，隐私中心页面的位置极其隐蔽，用户多半不知道如何访问。

网络广告促进会也推出一款工具，能帮助用户清除第三方网络广告商埋下的 cookie 文件。浏览器的弹出式图像拦截器也能有效阻止网络广告。cookie 封锁软件和反间谍软件的使用率正逐年上升，诺顿等安全软件商已将这些功能附加到安全软件套装中，能自动默认安装。例如，最近一份调查表明，美国80%以上的成年网民都在使用反病毒、反间谍和防火墙软件，其中超过2/3对浏览器或操作系统进行过设置，以拦截弹窗、拒绝 cookie 或拦截特定网页。

舆论压力的增加使得隐私保护问题上升到国会甚至立法的高度，这很大程度上促进企业保护隐私的积极性。随着公众对行为定向广告的关注，政策透明性和问责机制的呼声日渐高涨，华盛顿政府施加的压力也越来越大。硅谷那些受益于用户隐私数据的企业领导者再也不敢向公众宣称“隐私将不存在，你们必须适应”。相反，行业、隐私保护团体和国会已达成共识：用户需要的是安全、透明、控制和选择权，网站对数据的保留要符合规定，做出的隐私保护承诺不得擅自更改。Facebook 用户可不想某天早上醒来发现扎克伯格决定将他们的信息出售给合作网站。几大广告行业协会也已采纳“广告行业自我约束机制”的隐私政策。但就用户对被收集信息的访问权、选择权、透明机制的实施和信息分享等方面的操作问题还存在分歧。民主与科技中心（Center for Democracy and Technology，CDT）提倡由政府网站创建一份“Do Not Track”的在线列表，用户只需到网站注册并填写自己的意愿，所有广告商在推送广告前都必须事先查阅数据库，获得用户同意。广告商却认为，这一机制下消费者的操作过于简单，这就会有更多的消费者屏蔽隐私，导致广告商无法有效地利用消费者信息。

资料来源：“On the Web's Cutting Edge，Anonymity in Name Only，” by Emily Steel and Julia Angwin，*Wall Street Journal*，August 4，2010；“Microsoft Quashed Effort to Boost Online Privacy，” by Nick Wingfield，*Wall Street Journal*，August 2，2010；“What They Know About You，” by Jennifer Valentino-Devries，*Wall Street Journal*，July 31，2010；“Sites Feed Personal Details to New Tracking Industry，” by Julia Angwin and Tom McGinty，*Wall Street Journal*，July 30，2010；“The Web's New Goldmine：Your Secrets，” by Julia Angwin，*Wall Street Journal*，July 30，2010；“Know Privacy. The Current State of Web Privacy，Data Collection，and Information Sharing，” Knowprivacy. org，accessed September 8，2009；“Ads Follow Web Users，and Get More Personal，” by Stephanie Clifford，*New York Times*，July 31，2009；“The Paradox of Privacy，” by Eric Pfanner，*New York Times*，July 13，2009；“Web Privacy Efforts Targeted. Facing Rules，Ad Firms Give Consumers More Control，” by Emily Steel，*Wall Street Journal*，June 25，2009；“Social Networking Sites Could Be Embroiled in Privacy Crackdown，” Telegraph，June 18，2009；“Google to Officer Ads Based on Interests，” by Miguel Helft，*New York Times*，March 11，2009；“When Everyone's a Friend，Is Anything Private，” by Randall Stross，*New York Times*，March 8，2009；“Link by Link. As Data Collecting Grows，Privacy Erodes，” by Noam Cohen，*New York Times*，February 16，2009；“Self-Regulatory Principles For Online Behavioral Advertising. Behavioral Advertising，Tracking，Targeting，and Technology，” Federal Trade Commission Staff Report，Washington D. C.，February 2009；“Many See Privacy on Web as Big Issue，Survey Says，” by Stephanie Clifford，*New York Times*，March 16，2009；“A Call to Legislate Internet Privacy，” by Saul Hansell，*New York Times*，March 13，2009；“Facebook Rules，” *New York Times*，February 18，2009；“Agency Skeptical of Internet Privacy Policies，” by Saul Hansell，*New York Times*，February 13，2009.

8.3 知识产权

国会有权“制定在一定时间内保护作者和发明人对自己作品和发明拥有的

专有权利的法律，以促进科学和艺术的进一步发展”。

——《美国宪法》第 8 章第 1 条，1788

知识产权仅次于隐私，也是电子商务领域最受争议的道德、社会和政治问题之一。知识财产包括人类思想中所有有形和无形的结晶。知识产品的创造者享有知识产权，这在美国已是一条尽人皆知的公理。例如，如果你自己创建了一个电子商务网站，那么它就完全归你所有，你也享有绝对的排他使用权，任何法律规定下都是如此。但是，互联网的飞速发展正潜在地改变着这一切。一旦知识作品变成数字化的，其访问、使用、分发和复制就难以控制。而这也正是知识产权保护致力解决的问题。

数字媒体与图书、期刊以及其他媒体截然不同：可以轻易复制、传输和修改；很难将软件产品归入到程序、图书或音乐等类别中；易压缩的特性容易导致盗版猖獗；可模仿性强，难以保障其独特性。互联网普及之前，软件、图书、杂志文章或电影副本必须存放在纸张、计算机磁盘或录像带等物理介质中，难以大量分发。

如今，互联网技术使得任何人都可以制作各种作品的完美数字副本——从音乐到戏剧、诗歌以及杂志文章——再以几乎可以忽略不计的成本传递给数亿网络用户。在网络环境下，创新的速度如此之快，以致许多企业家根本无暇顾及其网站运用的商业技术或方案的专利权到底归谁所有。互联网崇尚随心所欲，因此不少企业也开始无视商标法的存在，用极易与其他公司商标相混淆的域名注册。简而言之，互联网逐渐显示出将彻底摧毁两个多世纪以来建立的传统知识产权观念的潜力和趋势。

与电子商务和知识产权有关的主要道德问题是：企业和个人该如何对待属于他人的财产？主要的道德问题则是：互联网时代知识产权保护是否仍然有价值？将产权的概念推广到无形知识领域，将对社会造成怎样的影响？有利还是有害？而主要的政治问题包括：如何规范、管理互联网和电子商务，才能既保护知识产权制度，又促进互联网和电子商务的发展？

8.3.1　知识产权的保护类型

知识产权保护主要分为三种类型：版权法、专利法和商标法。美国的知识产权法萌芽于 1788 年颁布的《美国宪法》，宪法明确要求国会出台一套法律体制来促进“科学和艺术的发展”。美国国会于 1790 年通过第一版的版权法，规定文学原著享有 14 年的版权保护期，如作者在世还可再延长 14 年。自此以后，版权保护的思想逐渐扩大到音乐、电影、译著、摄影等领域（1998 年），前不久连 200 英尺以下的舰船设计方案也获得版权保护（Fisher，2000）。过去 40 年间，版权法先后经过 11 次修订，其内容不断扩充和完善。

知识产权法的目的是平衡冲突双方（公众和个人）的利益。公众利益指的是共享发明、艺术品、音乐、文学作品等各种形式的知识产品。而私人利益则是指作者自身在一段时间内对作品的独占权，以及由此获得的各种奖励。

但是，双方的利益平衡常常被各种新技术发明打破。现在看来，产生于 20 世纪的信息技术——从无线电、电视机到光盘、互联网——从一开始就有可能会削弱知识产权法的保护。尽管知识产权所有者通常能够成功地强迫国会和法院完善知识产权法以弥补新技术带来的威胁，甚至延长产权保护期限并将知识产权保护扩展到新的领域，但并不是总能如愿。互联网和电子商务技术的发展，再次对知识产权保护提出严峻的挑战。下面，我们从版权、专利和商标这三个方面来讨论知识产权的发展。

8.3.2 版权：数字复制与加密问题

美国的**版权法**（copyright law）能够保护著作（书籍、期刊、讲座讲义）、艺术作品、摄影作品、音乐、电影、表演方式和计算机程序等原创作品在一段时间内不被他人复制、抄袭。1998年之前，版权法规定个人作品的版权保护期为作者的一生再加50年，归企业所有的创作品，如迪士尼的米老鼠卡通形象，则享有75年的版权期。版权法不能保护未成形的想法，如只在纸张、磁带或者手写便条等有形介质上非正式表述的想法。

1998年，国会通过议案将企业创作品的版权保护期延长至95年，个人著作的保护期延长至作者死后的70年以内（《版权期限延长法案》，CTEA）。2003年1月16日，在埃尔德雷德诉雅思科案中，原告质疑CTEA的合理性，认为国会给予版权所有者永久的垄断权，现有著作的高成本将抑制新作品和观点的创作。但最高法院的判决重申CTEA的权威性（Greenhouse，2003a）。图书管理员、学者等需要低成本获取他人著作的人群纷纷表示反对该项立法。

自1790年颁布第一部联邦版权法案以来，美国国会一直试图通过保障创造者的经济和其他收益权来鼓励创新和发明。大多数工业国家都有自己的版权保护法律。此外，国家之间还可通过国际惯例和双边协议进行协调，以填补各自的法律空白。

20世纪60年代中期，美国版权局开始允许计算机软件注册商标，国会也于1980年通过《计算机软件版权法案》，明确提出要为软件的源代码和目标代码、商业交易中的复制版程序提供保护，规定在不损害创造者法定权利的前提下购买者拥有各项使用权。例如，网页的HTML代码——尽管浏览器可轻易读取——不能被复制或用于商业用途，例如创建看似一样的网站。

软件版权保护的思想简单明了：整个程序或部分代码都不能随意复制。但是，由于软件版权法只能保护形成的作品，不能保护作品背后的创新思想，因此这一缺陷也造成对软件版权的侵害防不胜防。竞争者完全能够合法地查看你的源代码，了解其中的特效，再将这些技术用于构建其他网站，这样根本不构成版权侵犯。

界面外观

针对界面外观的版权侵犯诉讼，其实质就是思想与表达之间的区别。例如，1988年，苹果电脑公司起诉微软和惠普抄袭其Mac操作系统的界面，侵犯苹果公司的版权。苹果公司指控被告抄袭自己的重叠式窗口样式。但是，20世纪60年代后期，苹果公司开发出利用重叠效果展现计算机屏幕的表达方式时，没有为这一创意申请专利。两家被告公司反驳称，重叠式窗口的思想只有一种简单的表达方式，依据版权法中合并原则不受版权保护。当思想与表现融为一体（例如，只存在一种表达方式）时，其表达方式不受版权保护，然而实现表达的具体方法却有可能获得专利保护（1989 年苹果微软诉讼案）。总之，法院在处理类似的诉讼时总是参照 1992 年 Brown Bag 软件公司与赛门铁克公司（Symantec）的归因逻辑。在这起案件中，法院将原告声称遭受侵权的软件拆解为诸多元素一一考虑。最后，联邦巡回法院认定，相似的开发理念、功能、通用功能性特征（如下拉菜单）和颜色都不构成版权法保护的对象（Brown Bag vs. Symantec Corp.，1992）。

合理使用原则

与其他权利类似，版权也不是绝对的。有些情况下，严格遵守版权法反而会使社会遭受损失，可能会限制人们的言论思想自由。因此，**合理使用原则**（doctrine of fair use）应运而生。合理使用原则规定教师和作家在特定情况下可不事先获得授权就使用他人的版权作品。表 8—9 列举了法院在认定是否适用合理使用原则时考虑的五个因素。

表 8—9　　版权保护中的合理使用原则

参考因素	说明
使用特征	出于非营利目的或教育目的而使用，不能是其他商业目的。
作品本质	剧本或小说等创作性作品比新闻报道等事实陈述性作品受到更多保护。
使用数量	从诗歌和图书中抽取某一段加以借鉴是允许的，但禁止全篇挪用或抄袭。
市场影响	是否会对原作品的市场销售造成不利影响？是否已经对市面上的原作品形成冲击？
使用方式	临下课前，教师可即兴地引用他人版权作品的某些内容，但备课时绝不能有意地抄袭。

合理使用原则以宪法第一修正案中的言论（写作）自由保护条款为依据。新闻记者、作家和学者要讨论甚至是批评他人版权作品时，对原著内容的参考和引用必须加以注明。任课教授可提前从所要评述的文章中截取一段，复印后作为参考实例分发给学生进行讨论。但是，教授绝对不能在未支付版权费的前提下将整篇文章的内容都纳入教学计划之中。

近期许多案件都涉及合理使用的构成认定问题，如章末案例中介绍的谷歌图书搜索计划。2003 年的 Kelly 诉 ArribaSoft 案和 2007 年的 Perfect 10 诉亚马逊案中，美国第十巡回上诉法院判定搜索结果返回中展示的缩略图片属于合理使用。2006 年内华达州法院对 Field 诉谷歌案的判决结果与之类似，谷歌公司利用高速缓存存储用于展示搜索结果的网页的做法适用合理使用原则。所有这类案件中，法院都认同这一观点，缓存用于搜索结果展示的内容是一种公共福利，对版权作品也起到营销推广的作用，从而能够增加版权作品的商业价值。公平使用也是 2007 年 3 月 Viacom 起诉谷歌和 YouTube 案件的核心所在，将在后面详细介绍。

1998 年《数字千年版权法案》

1998 年颁布的**《数字千年版权法案》**（Digital Millennium Copyright Act，DMCA）是首部将传统版权法应用于互联网环境的修订法案。该法案也是美国诸多版权所有者（出版商、作曲家、唱片公司和电影公司等）、互联网服务提供商与图书馆、大专院校和消费者等版权作品最终用户相互之间博弈的结果。相对于互联网的快速发展，社会组织和政治团体的反应速度被认为过于迟缓。近几年版权所有者群体纷纷想要提供在线服务。例如 Napster 的音乐服务。Napster 创办于 1999 年，但实际上早在 1995 年就由世界知识产权组织（World Intellectual Property Organization，WIPO）——由横跨北美、欧洲和日本等主要版权所有国组成的国际性组织——负责运作。表 8—10 列举了《数字千年版权法案》中的主要条款。

表 8—10　数字千年版权法案

章节	意义
第一篇 WIPO 有关版权条约及表演和录影制品条约的执行法案	任何规避有效控制他人访问或复制作品的技术保护措施，或规避电子著作权管理信息的行为均属违法行为。
第二篇网络著作权侵权责任限定法	若托管网站存在侵权行为，ISP 服务商必须立即关闭该网站；搜索引擎必须屏蔽侵权网站的导航链接；对 ISP 和搜索引擎网站所应承担的责任进行界定。
第三篇电脑维修竞争保障法案	允许用户在维修电脑时复制其中的程序文件。
第四篇杂项条例	要求版权局向国会报告远程教育中版权作品的使用情况；允许图书馆制作数字版副本，但仅供内部使用；将网络广播纳入音乐版权的范畴。

资料来源：Based on data from United States Copyright Office，1998.

针对故意违反《数字千年版权法案》的行为，可判决的惩罚包括赔偿版权侵犯造成的所有损失。联邦检察官的判罚标准为：对初犯处以 50 万美元以下罚款和 5 年以下有期徒刑，对惯犯处以 100 万美元以下罚款和 10 年以下有期徒刑。惩处力度较大。

《数字千年版权法案》需要解决互联网时代两大难题。首先，如果黑客能够破解所有现实的加密算法，并且将破解方法公之于众，那么社会应如何保护网络版权？第二，众多 ISP 服务商经常提供版权侵犯网站的主机托管服务，或是向侵犯版权的个人提供互联网接入服务，社会又该如何控制 ISP 服务商的行为？对此，ISP 服务商辩解道，自己的角色与电话运营商类似，只是负责信息的传递，而不想过多地监视用户行为或者干涉他们的隐私。但该法案中强调 ISP 服务商对用户的行为拥有一定的控制权。

《数字千年版权法案》还涵盖了联合国下属世界知识产权组织于 1996 年颁布的相关版权条例。该条例规定，任何传播、制作盗版作品，或使用专用设备规避版权作品的技术保护措施的行为均属违法行为，应当处以高额罚款和监禁。单靠这些条款仍不足以有效阻止黑客的技术保护规避行为，法案规定包括大学在内的 ISP 服务商必须为其所托管网站或个人的版权侵犯行为负直接或连带责任。该法案不要求 ISP 服务商干涉其用户的正常行为。但是，一旦版权所有者通知 ISP 服务商某网站或个人存在侵权行为，该 ISP 必须立刻“关闭”相关服务，以免遭受连带责任和罚款。ISP 服务商有义务向订阅用户公布自身的版权管理策略。版权所有者可向侵犯其版权的 ISP 账号提出诉讼。有些情况下，侵权内容只在网站中短暂出现且 ISP 毫不知情，这使得 ISP 责任条款存在一定的局限性。但是，如果 ISP 服务商也从侵权行为中获益，等同于侵犯者，应处以同等惩罚。

法案第一篇针对黑客问题提出一些解决之道。黑客高手有能力轻易破解任何可行的加密算法，并且能通过将破解工具分享给公众实现大规模攻击。法案不否认这些行为的技术可能性，只是将其认定为违法行为，并禁止人们散播、存储或转发那些破译工具。有了这些条款就能促使 ISP 时刻保持警惕。

不过，上述版权保护条款中存在一些例外情况。以图书馆为例，为收藏著作而进行的调查、为实现软件兼容而做的反向工程、对加密算法的研究和出于隐私保护目的而进行的安全测试等都属于合法行为。YouTube、谷歌和 MySpace 等公司纷纷针对该法案的规定作出响应，基于版权所有者的请求，将侵权内容移除到“安全港”区域，以免因版权侵犯而承担连带责任。最近，Viacom 起诉谷歌和 YouTube 索赔 10 亿美元的版权侵犯案件中，就涉及“安全港”问题。

该诉讼案件中，Viacom 公司控告 YouTube 和谷歌参与大量版权侵犯活动，故意将侵权内容集中起来，以此吸引流量、提升网站商业价值。谷歌和 YouTube 则反驳称，其所作所为完全符合 DMCA 的安全港条款和公平使用原则，况且视频内容是否侵权根本难以判断。YouTube 也从不在视频网页上展示任何广告内容，除非获得视频发布者的同意。2007 年 10 月，谷歌推出一套过滤系统来解决该问题。该系统要求视频创造者向谷歌提供一套视频副本，用于导入其自动识别系统进行鉴定。版权所有者可指定是否允许他人发布该视频内容。之后，一旦有新视频上传到 YouTube 网站上，该过滤系统就能够将其与视频副本数据库进行匹配，如发现任何未经授权的重复视频，可立即将其从 YouTube 中移除。视频创造者是否会喜欢该过滤系统尚不知晓，但某个主流媒体和互联网企业联盟鼓励用户自创内容网站在处理版权视频时采用该过滤技术，从而有效阻止侵权内容发布到网上。2010 年 6 月，联邦州立法院驳回原告的起诉，认为根据 DMCA 法案，YouTube 已经移除近 10 万涉及侵权的视频，而且 YouTube 处于 DMCA 法案中安全港声明的保护之下。Viacom 正向美国第二巡回上诉法院提起上诉。

最让 YouTube 及其东家谷歌头疼的问题是自创视频的访问量极低，没有商家会愿意将广告投放到无人问津的视频上，因此这些视频难以带来收益。而 YouTube 上能吸引大量流量的视频往往又都是有版权的音乐 MV、好莱坞预告片和故事片。这些视频确确实实能给 YouTube 创造不少收益。因此，YouTube 迅速转变对待版权所有者的态度和对版权概念的理解。创办之初，YouTube 非常鼓励用户随意上传任意视频内容，但自 2008 年起，YouTube 开始与视频内容创造者积极沟通，买下版权视频的所有权，或者是在版权内容界面投放广告，并与视频所有者共享广告收入。好莱坞和纽约的电影工作室也对 YouTube 大为改观，以前将其视作竞争对手，如今已成为互利共赢的合作伙伴。2010 年，世界大型媒体工作室纷纷开始学习如何与内容发布网站合作开展业务。

尽管 YouTube 如果事先未收到警告，能够不征求所有者的知情同意就发布有版权的内容，但同样的做法对大学校园网络和首轮放映好莱坞影片的网站来说却是禁止的。2010 年 6 月，9 家网站因非法首轮放映好莱坞影片而被联邦任务小组强制关闭，所有现金和计算机设备被没收充公，网站所有者也被通缉。国家知识产权权利协调中心是移民与海关执法局、联邦调查局以及食品与药品管理局共同设立的机构。大学向来是非法文件共享活动滋生的温床，如今该机构要求所有大学必须谨慎对待校园网络隐私，如发生侵权事件将取消其联邦资助基金。2010 年 6 月起，许多大学纷纷出台新规，违反网络使用规定的学生将受到退学处分，并采用新的监管技术来监控学生的网络使用情况。

8.3.3 专利：业务模式与流程

> 凡发明或发现任何新颖而实用的程序、机器、产品、物质的组分，或其任何新颖而实用的改进，可以按照本法所规定的条件和要求取得专利权。
>
> ——《美国专利法案》第101条

专利（patent）能够赋予发明创造者对其创新理念和作品拥有长达20年的排他独占权。国家专利法的目的就是在保障发明者从新机器、新设备或新工艺中获取应得的劳动报酬的同时，促进发明创造的普及应用，让所有想要的人都能征得发明者授权获取详细资料。专利权需要到1812年成立的美国专利商标局（USPTO）注册申请。申请专利比寻求版权保护（作品诞生之后就自动获得）难度更大，审批时间也更长。发明人必须提出正式申请，再由专利局严格按照标准流程审查授予条件是否满足，最后由联邦法院裁决该项专利何时生效，并规定侵权行为的范围。

专利与版权有天壤之别，它除了保护思想的表达形式外，还保护思想本身。根据专利法的规定，以下4种发明可申请专利：机器、手工制品、合成物和工艺流程。后来，最高法院又将专利的申请范围扩展到任何满足专利法要求的人造物品（Diamondand Chakrabarty，1980）。自然规律、自然现象和抽象概念不能申请专利。例如，某一数学算法本身不能申请专利，除非能利用有形的机器或流程将其实现，创造出有意义的成果。

要获得专利，申请人必须证明其发明创造具备全新、原创、新奇和非凡等特性，并且与以往的艺术品和设计完全不同。与版权类似，专利授予范围也已远远超出国会首次颁布的专利条例中界定的范围——只限于工业设计与机器设备。如今，专利授予范围已扩大到加工制品（1842年）、农产品（1930年）、诊疗方法（1950年）以及软件（1981年）等诸多新领域。专利局起初并不同意授予软件专利。直到1981年，最高法院裁定计算机软件也可作为专利内容。自此以后，数以千计的软件产品获得专利保护。理论上说，任何软件只要是新奇的、花费心思设计出来的，就可以申请专利。

从本质来看，专利对技术和工艺流程的发展具有双重推动作用。一方面，专利可以鼓励企业家继续发明更多有用的新设备；另一方面，使用者又可借助专利授权或技术模仿（即开发使用不同实现方法，却能提供与专利品相同功能的新设备）来应用各种创新，从而促进新技术的推广与普及（Winston，1998）。此外，专利也鼓励人们创造出能实现现有专利相同功能的新技术。例如，亚马逊的一键式购买获得专利后，Barnesandnoble.com又推出了与之类似的两次点击式购买流程。

专利的负面影响在于增加行业进入壁垒，导致自由竞争受到抑制。专利要求新进入者必须向专利持有者支付高昂的专利费，冗长的专利申请期还会减缓新技术的发展步伐。

电子商务专利

在美国和欧洲，许多互联网基础设施和软件都产生于公共基金赞助的科学和军事项目。萨缪尔·摩斯发明摩斯密码，大大促进电报技术的发展，因此获得专利。

然而，大多数互联网和电子商务新应用的发明人都未申请专利。互联网发展早期十分推崇全球共同开发和思想共享，很少有人考虑个人财富问题（Winston，1998）。20 世纪 90 年代中期，随着万维网商业应用的快速崛起和发展，早期的互联网精神才慢慢开始转变。

1998 年，美国道富银行信托投资公司诉 Signature 金融集团案是商业方法专利的标志性判例，引起企业对商业方法专利的广泛关注。该案中，Signature 金融公司开发出一套方法帮助管理者监控和记录合作基金服务体系中的财务信息流，道富公司向法院起诉认为该专利无效，初审判决支持上诉人的请求。而联邦巡回上诉法院二审撤销原判并重审，认定 Signature 金融公司的商业方法属于有效专利。过去，从未有过任何商业方法成功申请专利。但是，法院裁定没有任何理由阻止商业方法或者任何其他“电子、化学或机械的且广义上包含算法”的流程享受专利保护。该案件的裁决结果导致电子商务领域“商业方法”专利出现爆发式增长，仅 2009 年就有超过 1.5 万项（见图 8—3）。当然，递交的专利申请总数也有突破性增加，从 1995 年的 23.7 万项急剧上涨至 2009 年的 48.2 万项。

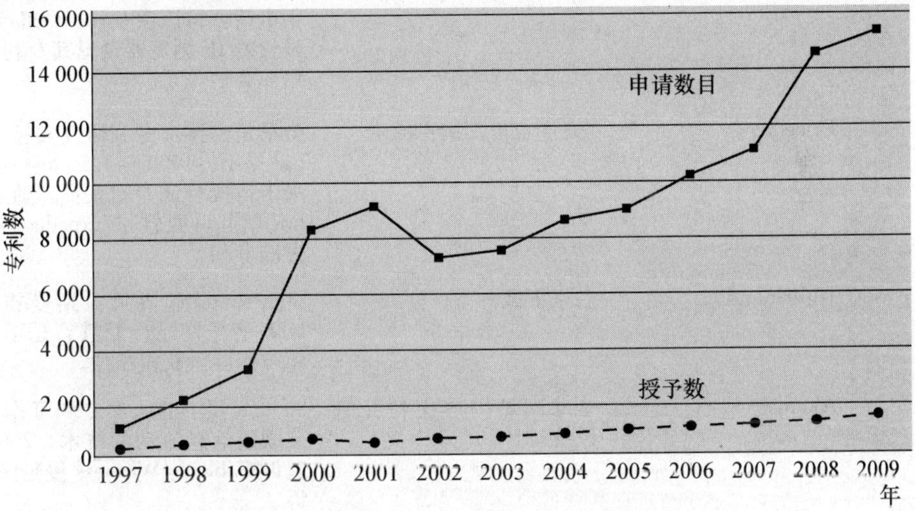

图 8—3　互联网和电子商务商业方法专利

说明：自 1998 年道富案判决以来，商业方法专利在美国进入“大发展”时代，申请专利数从 1997 年的 1 337 项到 2001 年的 9 288 项。2002—2005 年间商业方法专利热潮慢慢降温，每年申请数基本维持在 7 500～8 500 项之间。然而自 2006 年起，商业方法专利再次风起云涌，2009 年申请授权数已超过 15 000 项。

表 8—11 列举了部分广受争议的知名电子商务专利。仔细浏览表中内容，你会发现当前业内普遍关注的热点问题。有些专利的定义范围非常宽泛（例如“自主定价”销售模式），有些则早在前互联网时代就已经存在（例如购物车），还有些看上去极为“简单”（如一键式购买）。因此，有批评家认为，专利局对互联网“商业方法”专利的审批标准设得过宽，而且许多情况下获批的专利只是传统“商业方法”的翻版，实质不存在任何“创新”（Harmon，2003；Thurm，2000；Chiappetta，2001）。但是，专利局反驳称，其互联网工作组的成员是在互联网和电子商务技术领域有多年经验的工程师、律师和专家，而且在授予专利前还会咨询外部技术专家。更糟糕的是，欧洲专利公约和大多数欧洲国家的专利法并不认可商业方法，除非利用某些技术将这些方法加以实施（Takenaka，2001）。

表 8—11　　部分电子商务商业方法专利

公司名称	专利名称	动态
Leon Stambler	安全通信	1992—1998 年间共创造 7 项电子通信验证代码专利。2003 年，Leon 将 RSA 和 VeriSign 告上法庭，但特拉华州法院裁定 Security 和 VeriSign 技术不对上述专利构成侵犯。Leon 公司向联邦巡回上诉法院提出上诉，但在 2005 年 2 月被驳回。
亚马逊	一键式购买	1999 年亚马逊以该专利被侵犯为由将竞争对手巴诺书店告上法庭，要求其改变网站设计。但联邦上诉法院推翻原判并撤回重审，最终双方达成庭外和解。2007 年 9 月，美国专利商标局宣布亚马逊的一键式购买专利失效，因为有另一项类似的专利先于其申请成功。
Eolas Technologies	网站嵌入式交互技术	加州大学附属技术研究公司 Eolas 于 1998 年申请获得该项专利。1999 年，Eolas 起诉微软的 IE 浏览器侵犯其专利权，2003 年获赔 5.2 亿美元。
Priceline	"自主定价"销售模式	最早是由技术专利研发实验室 Walker Digital 提出。1999 年 Priceline 向美国专利商标局申请授予该专利获批。随后不久，Priceline 就起诉微软和 Expedia 涉嫌抄袭其商业方法专利。
Sightsound	音乐下载	Sightsound 起诉贝拉斯曼旗下 CDNow 和 N2K 音乐网站侵犯其音乐下载专利，2004 年被判胜诉获得赔偿。
Akamai	全球网站内容交付托管系统	2000 年授予的该项专利可作用于任何促进互联网信息流动的技术。2001 年，Akamai 起诉 Cable & Wireless 侵犯该专利，获得胜诉。
DoubleClick	网络广告动态交付技术	2000 年，DoubleClick 获批在线横幅广告动态交付商业方法专利。DoubleClick 以侵犯该专利为由将竞争对手 24/7 Real Media 和 L90 告上法庭，最终各方达成和解。
Overture	按搜索效果付费	能改变搜索引擎网站结果页的位置的系统和方法，2001 年被授予专利。其竞争对手 FindWhat. com 起诉 Overture，称该商业方法是通过非法手段获取的。Overture 做出回击，以专利侵犯为由同时将 FindWhat 和谷歌告上法庭。2004 年，谷歌同意向 Overture 支付专利许可费以达成和解。
Acacia Technologies	流媒体传输	接收和传输音频、视频等流媒体的商业方法专利，20 世纪 90 年代左右授予给最早提出该方法的 Greenwich 信息技术公司。2001 年 Acacia 公司将该专利买下，以开展相关业务。

续前表

公司名称	专利名称	动态
Soverain Software	在线购物技术	涉及消费者、商家和支付系统三方的交易系统（即电子商务）中所谓的“购物车”功能专利。最早专利执有者是 Open Markets 公司，后转给 Divine 公司，如今已被 Soverain 买下。Soverain 起诉亚马逊侵犯其购物车专利。
MercExchange (Thomas Woolston)	拍卖技术	有关私人拍卖机制和数据库检索的专利，1995 年被授予。2003 年，eBay 因侵犯该专利权赔偿 2 500 万美元。2007 年 7 月，eBay 为“立即购买”功能申请永久禁止令，被美国联邦地方法院否决。
谷歌	搜索技术	1998 年谷歌申请搜索网页排名专利，2001 年获批。
谷歌	定位技术	2010 年谷歌宣布获得基于定位信息的广告系统的商业方法专利。
苹果	社交技术	2010 年苹果公司申请该专利，社交技术将能帮助一群好友随时沟通与互动，分享生活动态。

2010 年 6 月，美国最高法院在审理 Bilski 诉 Kappos 一案时，针对商业方法专利出现意见分歧（Bilski et al. v. Kappos，2010）。大多数陪审员支持授予商业方法专利，尽管商业方法不符合所谓的“机器或转变检验方法”。也有少数人持强烈的反对意见，因为任何流程步骤都可称为商业方法，其界定不够清晰（Schwartz，2010）。

专利改革

过去几年间，商业方法专利问题、专利钓饵（出于商业目的购买大量专利，以此来威胁可能侵权的企业）以及法庭审理标准不一等现象频繁发生，使得专利改革的呼声日渐高涨，尤其是在技术公司。专利改革立法的目的之一就是限制和规范专门从事专利钓饵的公司的行为。2000 年，内森·麦沃尔德（Nathan Myhrvold）新创办了一家名为 Intellectual Ventures 的专利投资公司。作为微软前首席技术官，麦沃尔德通过从中小企业处购买的方式，已经积累超过 2 万项电子技术（包括电子商务）专利。麦沃尔德专门去研究那些可能侵犯或威胁其专利的企业并提起诉讼。索尼、谷歌、Verizon 等大型公司都因此支付不少的赔款，并且纷纷选择投资这家企业以获取未来收益（Sharma and Clark，2008）。2010 年，微软合伙人保罗·艾伦起诉包括谷歌、Facebook 和 eBay 在内的许多硅谷巨头，声称多年前他就已经提出过如今这些企业的运营模式。艾伦透露，其前东家 Interval Research 早就创造出弹出式股票报价、阅读推荐、页面边界视频等当前电子商务网站常用的技术。另一起专利钓饵案件中，2010 年 NTP 起诉微软侵犯其向智能手机无线传输电子邮件的专利。

2007 年 9 月，美国众议院审议通过一项专利改革法案，其中涉及将专利授予机制由“谁先发明”转变为“谁先申请”、变革专利侵犯所造成损失的计算方法、提供庭外寻求专利权保障的新途径、限制能够受理专利侵权案件的法院范围、提高蓄意侵犯的认定标准等多项条款。目前，参议院司法委员会正在拟定“2010 年专利改革法案”。

8.3.4 商标：在线侵权和淡化

> 商标是“任何字词、名字、符号、图案或它们的任意组合……用于商业用途……标识和区别……商品……与其他厂家和销售商的商品加以区分并指示出商品的真正来源”。
>
> ——《商标法》，1946 年

商标法是一种针对**商标**（trademark）——用以标识、区分商品并显示商品真正来源的标志——的知识产权保护形式。在美国，商标受到联邦政府和州政府的双重保护。制定商标法主要有两个目的：第一，确保消费者付款之后得到货真价实的商品，保护消费者的市场利益；第二，保护商标所有者——那些投入相当时间、资金和精力创造出商品并引入市场的经济主体——免遭隐私侵犯和商标盗用。现在，商标已经从简单的文字扩展到图片、性状、包装和颜色多个方面。但是，有些事物不能用作商标，如单纯的描述性词语（如“时钟”）、国旗、不道德或欺骗性标志以及他人使用的标签。商标申请的前提是企业涉及开展跨州域的商务活动，再由企业到美国专利商标局去登记注册。商标的保护期为 10 年且可无限延续。

对商标法的争议包括侵犯的认定标准问题。判定是否侵权包括两方面：市场混淆和恶意欺骗。使用极易与已有商标产生混淆造成消费者误解或是篡改商品来源地的商标的行为构成侵权。另外，故意使用他人商标中的字词和符号，从合法商标所有者手中盗取经济利益（“恶意欺骗”）的行为被严令禁止。

1995 年，美国国会正式通过《联邦商标反淡化法案》（Federal Trademark Dilution Act），为政府治理淡化著名商标的行动提出法律依据。新法案取消用于调查是否会引起市场混淆的测试程序（尽管在认定侵权时仍需要测试），保护知名品牌商标不被淡化。所谓**淡化**（dilution），是指任何削弱商标和商品之间联系的行为。淡化又可分为模糊（削弱商标和商品之间的联系）和污化（恶意使用劣质商品玷污他人商标的名誉）两种类型。

商标与互联网

互联网商业化进程的高速推进为拥有知名商标的企业提供了扩大品牌影响力的绝佳机会，但同样也给某些别有用心的个人和企业带来种种便利，使其能够抢注名牌商标的域名，或迷惑消费者，淡化各种著名商标（甚至包括你的名字和影星的名字）。互联网中唯一的域名注册代理商 Network Solutions 公司（NSI）一直奉行“先到先服务”的原则，导致合法商标持有者和蓄意抢注域名的企业之间的冲突不断升级。“先到先服务”意味着任何人都可以注册任何没有注册过的域名，而不管该域名与商标之间有什么关系。之所以会出现这种局面，完全是因为 NSI 没有裁决商标相关问题的权力（Nash，1997）。

越来越多的知名企业发现自己的商标已经被网络投机者提前抢注盗用而怨声载道，美国国会于 1999 年 11 月表决通过**《反网络域名抢注消费者保护法案》**（Anticybersquatling Consumer Protection，ACPA)。该法案认定，任何恶意抢注与现有知名商标相同或相似的域名以牟取不正当利益的行为必须承担民事责任，尚未规定刑事制裁。该法案禁止使用欺骗性域名盗取合法商标持有者的经济利益（域名抢注），禁止使用欺骗性域名吸引网络流量，恶意诋毁、玷污原有商标，引起市场混乱（域名盗用）。此外，在未经他人许可的情况下，故意使用他人姓名或与姓名接近的名称注册域名，再向当事人兜售的行为也属违法行为。

目前，互联网中的商标滥用案件不胜枚举，表 8—12 列举了一些较重大的互联网商标侵权案例。

表 8—12　　互联网商标侵权案件

侵权方式	说明	实际案例
域名抢注	恶意抢注与他人商标相同或相似的域名，试图从商标合法持有者处牟取不正当利益。	*E. & J. Gallo Winery v. Spider Webs Ltd.*, 129 F. Supp. 2d 1033 (S. D. Tex., 2001) aff'd 286 F. 3d 270 (5th Cir., 2002)
域名盗用	故意注册与他人商标相同或相似的域名，将消费者吸引到自己的网站上。	*Ford Motor Co. v. Lapertosa*, 2001 U. S. Dist. LEXIS 253 (E. D. Mich., 2001); *PaineWebber Inc. v. Fortuny*, Civ. A. No. 99-0456-A (E. D. Va., 1999); *Playboy Enterprises, Inc. v. Global Site Designs, Inc.*, 1999 *WL* 311707 (*S. D. Fla.*, 1999), *Audi AG and Volkswagen of America Inc. v. Bob D' Amato* (No. 05-2359; 6th Cir., November 27, 2006).
元标记	网页的元标记中使用他人商标词语。	*Bernina of America, Inc. v. Fashion Fabrics Int'l, Inc.*, 2001 U. S. Dist. LEXIS 1211 (N. D. Ill., 2001); *Nissan Motor Co., Ltd. v. Nissan Computer Corp.*, 289 F. Supp. 2d 1154 (C. D. Cal., 2000), aff'd, 246 F. 3rd 675 (9th Cir., 2000).
利用关键字	在网页中放置可见或不可见的商标关键字。	*Playboy Enterprises, Inc. v. Netscape Communications, Inc.*, 354 F. 3rd 1020 (9th Cir., 2004); *Nettis Environment Ltd. v. IWI, Inc.*, 46 F. Supp. 2d 722 (N. D. Ohio, 1999); *Government Employees Insurance Company v. Google, Inc.*, Civ. Action No. 1: 04cv507 (E. D. VA, 2004); *Google, Inc. v. American Blind & Wallpaper Factory, Inc.*, Case No. 03-5340 JF (RS) (N. D. Cal., April 18, 2007)
直接链接	屏蔽其他网站主页，直接与含有特定内容的页面进行链接。	*Ticketmaster Corp. v. Tickets. com*, 2000 U. S. Dist. Lexis 4553 (C. D. Cal., 2000)
框架屏蔽	将其他网站的页面内容置入自己页面的框架之中。	*The Washington Post, et al. v. TotalNews, Inc., et al.*, (S. D. N. Y., Civil Action Number 97-1190)

域名抢注与品牌劫持

涉及 ACPA 的首起案件是著名的酒精类饮料商标"Ernest and Julio Gallo"的持有者 E. & J. Gallo Winery 公司诉 Spider Webs 公司使用域名"ernestandjuliogallo. com”一案。Spider Webs 公司是一家域名投机公司，拥有很多以知名企业的名称注册的域名。ernestandjuliogallo. com 网站不仅有讨论酒精类饮料危害和反对 E. & J. Gallo Winery 公司的内容，而且页面效果极差。法院最终认定，由于“ernestandjuliogallo. com”指向的网站中每页都含有“ernestandjuliogallo. com”字样，其行为已构成商标淡化，违反 APCA 的规定，裁定 Spider Webs 公司不得继续使用“ernestandjuliogallo. com”域名（E. & J. Gallo Winery v. Spider Webs Ltd.，2001）。根据 MarkMonitor 公司发布的品牌劫持指数，2009 年域名抢注案件已达 56.5 万起，同比增长 8%，仅第四季度就有 26 万起（MarkMonitor，2010）。2009 年 8 月，法院审理裁定出迄今为止赔偿金额最高的域名抢注案：Verizon 公司起诉网络域名注册公司 OnlineNIC 侵犯其域名获赔 3 300 万美元。OnlineNIC 曾经注册过 660 多个易与 Verizon 域名产生混淆的域名。

域名盗用

域名盗用（cyberpiracy）与域名抢注的手段类似，但盗用者的主要目是抢夺合法网站的流量。在福特汽车公司诉 Lapertosa 公司一案中，Lapertosa 公司以 www. fordercalls. com 为域名注册一家成人娱乐网站。法院最终认定，www. fordercalls. com 试图通过欺骗手段淡化福特公司的合法商标，违反了 APCA 的规定（Ford Motor Co. v. Lapertosa，2001）。

此次联邦法院的判决主要是参考另外两起域名盗用案的审判结果。在 Paine Webber 诉 Fortuny 一案中，法院判决禁止 Fortuny 公司继续使用 Wwwpainewebber. com 域名传播色情内容，认为该域名的使用对 Paine Webber 公司的合法商标构成淡化和诋毁，并且其通过欺骗手段转移 Paine 公司合法网站 www. painewebber. com 流量的行为也属非法（PaineWebber Inc. v. Fortuny，1999）。而在 Playboy Enterprises 诉 Global Site Designs 一案中，法院同样判决被告不得在域名 playboyonline. net 和 playmatesearch. net 中继续使用“Playboy”和“Playmate”等字眼，同时移除网页的元标记中任何有关 Playboy 公司商标的标签（Playboy Enterprises，Inc. v. Global Site Designs，Inc.，1999）。上述案件中，被告的行为都属于试图通过欺骗手段吸引合法网站用户来获取经济利益。

在最近的一起案件中，奥迪股份公司和大众美国分公司联合向地区法庭提出诉讼，控告 Bob D'Amato 运营的网站域名 Audisport. com 对奥迪的四环商标标识构成淡化和诋毁。地区法庭依据 ACPA 的规定判决被告的行为存在侵权。Bob D'Amato 向美国第六巡回上诉法院提出上诉，但被驳回（Audi AG and Volkswagen of America Inc. v. Bob D'Amato，2006）。

误植域名（typosquatting）是域名盗用的一种形式，即通过注册拼错的流行网站域名获利。这时，网络用户往往会被误导到与其本想访问的网站完全无关的站点。例如，约翰·米卡里尼（John Zuccarini）就是个臭名昭著的误植者，他利用知名儿童品牌 Bob the Bulider 和 Teletubbies 的错误拼写申请域名，创建了不少色情网站。2002 年约翰因其可耻行径而被判入狱。2007 年 10 月，约翰又因参与类似犯罪活动而遭到 FTC 的罚款（McMillan，2007）。

元标记

网页的元标记中使用知名商标是否合法的界定更加复杂和敏感。如果网页中使用商标作为元标记不会造成混淆，以致误导消费者，这种做法就属于合法行为。界定是否造成混淆则主要取决于网页的内容。对一家汽车经销商而言，在网页的元标记中使用某品牌汽车的商标是合法的，而如果是色情网站或该品牌竞争对手的经销商，就不能使用这一商标。例如，如果福特汽车的经销商在元标记中使用"本田"等字样，则可能构成侵权。而使用"福特"就不大可能存在侵权的问题，因为福特公司没理由会去控告其经销商使用自身的商标名称。

在 Bernina 诉 Fashion Fabric 一案中，Bernina 是一家缝纫机生产商，控告分销商 Fabric 网站的元标记中使用"Bernina"和"Bernette"商标名。法院查明被告网站中对 Bernina 商品的介绍存在误导性成分，易使消费者产生误会。法院认为，被告在网页的元标记中使用 Bernina 商标，其实并未违反 APCA，但结合网站的误导性言论可能会让消费者混淆，构成侵权，因而判决 Fabric 不得再使用属于 Bernina 公司的商标名（Bernina of America，Inc. v. Fashion Fabrics Int'l，Inc.，2001）。

在 Nissan 商标之争的案件中，Uzi Nissan 自 1980 年起就一直使用自己的姓"Nissan"作为商标开展贸易活动，如尼桑计算机公司。Uzi Nissan 先后于 1994 年和 1996 年注册了 Nissan. com 和 Nissan. net 两个域名。原本 Nissan. com 和日产汽车公司毫无瓜葛，但随着这几年 Nissan. com 开始销售汽车零部件，两者便出现了摩擦。日产汽车公司认为这样会迷惑消费者，侵犯自身的商标，因此反对 Uzi Nissan 继续使用含有"Nissan"的域名和元标记。Uzi Nissan 提出以数百万美元的价格将此域名转让给日产汽车，但遭到拒绝。法院最终裁定尼桑计算机公司确实侵犯日产汽车的商标，但其不必关闭网站且可继续使用"Nissan"等元标记，只是必须在网页上标注与日产汽车无任何关联（Nissan Motor Co.，Ltd. v. Nissan Computer Corp.，2000）。

利用关键字

搜索引擎中使用商标作为关键字是否合法也值得推敲，取决于是否出于商业目的、是否对用户造成潜在困惑以及搜索结果如何。

在《花花公子》杂志与网景的商标案件中，《花花公子》反对当人们输入"playboy"、"playmate"和"playgirl"等关键字后，Netscape 和 Excite 搜索引擎会显示与《花花公子》杂志无关的横幅广告。最终，第九巡回上诉法庭驳回被告的简易判决动议，坚持认为横幅广告不得使用与广告方无关的标志，如广告中含"Playboy"字样又不指向《花花公子》杂志，容易造成消费者困惑，从而构成商标侵权（Playboy Enterprise，Inc. v. Netscape Communications，Inc.，2004）。

然而，在 Nettis 诉 IWI 一案中，原被告是通风设备行业的竞争对手关系。IWI 公司在 400 多个搜索引擎中注册"nettis"和"nettis environmental"商标关键字，还在自己网站的元标记中使用这些商标。法院认为，搜索 Nettis 的产品会导航到 IWI 网站，这会引起消费者的困惑和误解。因此裁定 IWI 公司将这些商标从元标记中移除，并在所有搜索引擎中注销（Nettis Environment Ltd. v. IWI，Inc.，1999）。

谷歌公司也因在线广告业务涉及非法利用他人商标而官司缠身。例如，保险公司 GEICO 就以搜索"Geico"关键字时会返回竞争对手广告为由起诉谷歌。2004 年 12 月，美国联邦地方法院判定只要内容中不包含 Geico 等字眼，谷歌的做法并不违反联邦商标法（Government Employees Insurance Company v. Google，Inc.，

2004)。尽管如此，谷歌随即停止在广告文字中使用 Geico，并与对方达成和解协议（Associated Press，2005）。然而，这并未阻止其他公司起诉谷歌侵犯商标权。例如，2009 年 7 月，语言学习软件公司 Rosetta Stone 控告谷歌侵犯其商标权，理由是谷歌的关键字竞价广告 AdWords 允许其他公司未经允许随意在广告中使用 Rosetta Stone 的商标。早在 5 月，谷歌宣布将商标关键字广告推广到 190 多个国家，任何人都可将他人商标注册为广告关键字。无论商标所有者是否同意，广告商有权在搜索引擎广告中有限地使用其商标名。谷歌此举一出台就受到多方反对。Rosetta 一案只是谷歌遭受的 9 起类似商标侵权诉讼之一。2009 年，奢侈品巨头 LVMH 也曾因此状告谷歌，但欧洲法院最终判决谷歌胜诉，允许谷歌继续向奢侈品生产商出售基于关键字的搜索引擎广告。即使是 LVMH 的竞争对手也能够竞标“LVMH”关键字（Ram，2009）。如今，任何人都有权购买他人商标作为关键字。

直接链接

链接（linking）是指建立从某网站到另一网站的超文本链接。它一直以来都被认为是万维网的独有特色和优势。**深度链接**（deep linking）则是指绕过目标网站的首页，直接访问特定内容页面的链接。在 Ticketmaster（TM）诉 Tickets. com（T. com）一案中，微软旗下 T. com 公司与 TM 是订票市场上两家直接竞争的企业。当某项赛事或节目的票缺货时，T. com 网站会绕过 TM 首页，而将用户直接导航至 TM 的购票页面。尽管该页面包含 TM 标志，但 TM 公司仍旧强烈反对，认为此类“深度链接”违反了自身的用户协议（列示在 TM 网站，等同于拆封授权），属于发布虚假广告，构成版权侵犯。但是，法院认为，由于不涉及复制行为，深度链接本身不触犯版权法。况且，TM 的用户协议列示的位置也不够明显。而用户也没必要每次购票前都去阅读该协议条款。因此，法院最终做出不利于 TM 的裁决。但这一判决后续引发不少有关许可问题的深入讨论。尽管如此，T. com 最后还是同意终止使用深度链接，与 TM 公司达成庭外和解（Ticketmaster v. Tickets. com，2000）。

框架屏蔽

框架屏蔽（framing）是指利用框架或窗体布局技术将其他网站的内容展示在自身网页中。用户无须离开采用框架屏蔽的网站就能浏览其他内容，因此就只会看到该网站中的广告，其他网站的广告则会被屏蔽。更有甚者，网站可能不会标出框架内容的真正来源。在《华盛顿邮报》等诉 TotalNews 一案中，华盛顿邮报、CNN、路透社等多家新闻机构联合起诉 TotalNews 公司，控告其 TotalNews. com 网站所使用的框架屏蔽技术侵犯了原告的版权和商标权，淡化了原告网站的内容。原告还强调称，TotalNew 的框架屏蔽行为已对其网站广告收入造成巨大损失。

TotalNews. com 网站采用四格非对称框架布局。中间偏右的框架最大，新闻内容的正文呈现在此。屏幕左侧的垂直框架中则放置新闻机构的导航链接。TotalNews 商标展示在屏幕底端的左侧框架中，右侧充斥着各式各样的广告。用户点击某家新闻机构链接时，即可在“新闻框架”中看到该机构网站的内容和广告。但有时，框架技术会改变甚至破坏链接网站的广告布局和呈现方式。然而，自身网站的广告内容由于放置在独立的框架中，不会受任何影响。此外，尽管网页最大框架的内容来自其他网站，但页面的 URL 始终固定为 TotalNews 的地址。不过，“新闻框架”也不会完全消除其他新闻网站独有的页面特征。

此案最终以庭外和解告终。上述新闻机构仍允许 TotalNews 继续链接自己的网站，但禁止其采用框架屏蔽技术或任何暗示与这些新闻机构有密切关系的做法（The Washington Post，et al. v. TotalNews，Inc.，1997）。

8.3.5 挑战：寻求知识产权保护与其他价值诉求之间的平衡

面对互联网环境对传统版权、专利和商标领域提出的种种挑战，社会都迅速做出了反应。三个领域内的传统知识产权观念不仅得以保护和延续，甚至有所加强。《数字千年版权法案》的颁布限制新闻工作者和研究学者对经过加密的版权资料的使用，而传统文献资料（本身难以加密）则未受到如此严格的保护。由于网上侵权行为时有发生，专利保护的对象也随之扩展到互联网业务模式，而商标更是受到空前强烈的保护。电子商务发展初期，许多评论家曾认为，互联网技术的发展将会彻底冲垮企业保护知识产权的力量和信心（Dueker，1996）。过去十年音乐行业的历程就是强有力的例证，见证了新兴技术如何破坏原本稳固的商业模式，甚至摧毁整个行业。传统音乐行业毫不犹豫地选择正版合法的体系运作，并在过去取得骄人成绩。但如今，音乐文件分享软件已大肆扩散，几乎随处可见。（例如，BitTorrent 就不受专利限制，任何人只需一台电脑即可使用。）共享的音乐文件分散到网络中无数的计算机用户，没有任何个人或组织在操控。但是，行业协会可调查出被窃音乐的来源和主要散播者，对其提起上诉（包括网络计算系统的运营商和个人）。

例如，2009—2010 年间，美国唱片工业协会（RIAA）成功追踪不少音乐盗窃行为，并获取民事诉讼胜利。其中包括将电脑存储的音乐曲目提供给他人下载的个人，以及服务器允许下载非法音乐的大学。（截至 2009 年，RIAA 已发起 3 万多起侵权诉讼。）2008 年 9 月，联邦调查局逮捕了一位被控告侵犯版权的洛杉矶男性，其将摇滚乐团 Guns N' Roses 即将发售的唱片中的 9 首歌曲上传到个人主页。该案件是美国历史上第二起隐私相关的刑事诉讼案，但它是标志性的。版权所有者日渐相信，监禁处罚将能够遏制非法文件共享行为。

很显然，企业拥有强有力的法律武器来保护其数字知识产权。如今的难题在于：对那些财大气粗的企业似乎保护过度，导致某些效仿的网站和内容无法被广泛传播和认知，这有违宪法第一修正案中保障的言论自由权。

8.4 监　管

监管（governance）与社会控制有关：谁来控制互联网？谁来控制电子商务流程、内容和活动？应该控制哪些要素？如何保障控制措施的落实？说到监管，首先必须明确的是：为何社会需要对电子商务进行“控制”？答案就在于尽管其本质不同，但电子商务与互联网息息相关，因此控制电子商务也会对规范互联网有所帮助。

8.4.1 谁来监管电子商务和互联网

对互联网和电子商务的监管经历了 4 个阶段。表 8—13 总结了电子商务监管的发展历程。

表 8—13　　电子商务监管的发展阶段

发展阶段	说明
政府控制阶段，1970—1994 年	互联网监管完全由美国国防部高级研究计划署和国家科学基金会在政府资助下进行。
私有化阶段，1995—1998 年	NSI 公司被授权专门负责互联网顶级域名的分配和跟踪。骨干网被售予私营电信公司。但许多政策性问题尚未得到完全解决。
自治阶段，1995 年至今	克林顿总统和美国商务部鼓励设立半私有化组织——国际互联网域名与地址管理机构（ICANN）负责解决各种冲突，制定相关政策。目前 ICANN 已持有国会签署的授权协议，能够监管某些互联网领域。
政府规范阶段，1998 年至今	世界各国的立法、执法和审判机构开始对互联网和电子商务实施直接控制。

1995 年以前，互联网发展只是政府的项目。从 1995 年开始，私营企业才被授权控制互联网基础设施及 IP 地址与域名的分配。然而，该阶段设立的垄断企业 NSI 不能代表全球互联网用户的利益，也不能解决互联网领域亟待出台公共政策的问题，如商标与知识产权保护、域名公平分配等，更无法遏制人们对少部分企业正从互联网的发展中谋利的担忧。

因此，克林顿总统于 1995 年使用商务部资金推动组建国际性监管组织——国际互联网域名与地址管理机构（ICANN），希望该机构能通过与更多国家合作，代表更广大全体的利益，同时开始着手处理公共政策制定问题。ICANN 的定位是互联网/电子商务行业的自治机构，而不属于政府部门。

然而，互联网和电子商务的爆炸式发展引起了许多 ICANN 无权管理的新问题。色情、赌博、谩骂等低级内容以及电子商务知识产权保护问题，开启了政府规范互联网和电子商务监管的新纪元。如今，我们处在一种混合的政策环境下，互联网政策和技术机构自治与政府适当规范共存。

今天，ICANN 依旧掌管着域名（如 www. company. com）到 IP 地址映射的域名系统，但已将域名注册数据库的维护工作分包给一些私有企业。互联网的 A-根服务器则是由美国政府控制。然而，这些监管机制逐渐受到中国、俄罗斯、沙特阿拉伯和多数欧盟国家的挑战，它们希望美国放弃对互联网的控制，将其转交给诸如国际电信联盟（ITU，一家联合国机构）等国际性组织。2005 年 11 月，在 ITU 组织的世界互联网峰会上各国达成协议，互联网域名服务器暂时仍由美国控制，但要在未来几年组织世界性的论坛再次商讨互联网政策问题（Miller and Rhoads，2005）。在 2001 年“9 · 11”恐怖袭击事件后，美国在国际互联网监管领域的地位一落千丈。如今，美国政府也无意恢复往日在国际或国内互联网监控中的地位。

互联网控制能实现吗

早期互联网的推崇者曾说过，互联网与以往任何技术都大不相同。他们主张，互联网控制是无法实现的。互联网固有的非集中式设计、跨国界的特性以及基础包交换技术都使监视和控制信息内容寸步难行。到如今，仍有不少人深信如此，其口号就是“信息是自由的”，“网络无处不在”（不受中央集中控制）。这些口号的潜台词是：电子商务乃至任何互联网站点中的内容和活动是无法控制的，如同广播和电视等传统媒体一样。但是，随着越来越多的政府机构和企业加强对互联网和万维网的监管控制，这一观念正在悄然改变（Stone，2010）。

从技术上看，实现互联网的中央控制和监视其实十分容易，譬如监管好网络访问点、网络服务器和路由器等。例如，中国、沙特阿拉伯、伊朗、朝鲜、泰国、新加坡等国家就利用政府控制的中央路由器来管理内外数据流的访问（如中国的国家长城防火墙，政府能够利用它屏蔽对美国或某些欧洲网站的访问），或者由受政府严格管制的大型 ISP 对网络访问进行直接控制。例如，中国所有的 ISP 运营商都必须获得信息产业部颁发的经营牌照，且禁止散布任何危害国家或涉及色情、赌博、邪教煽动内容的信息。此外，ISP 和谷歌、雅虎、MSN 等搜索引擎通常都会自我审查其在亚洲运营的站点内容，保证只使用经政府认可的信息来源。MySpace 也会核查任何可能引起中国政府不满的内容。尽管如此，2007 年 10 月，中国政府仍将谷歌、微软、雅虎等搜索引擎的流量重定向至国内搜索引擎站点——百度（Ho，2007；Elgin and Einhorn，2006）。2008 年奥运会期间，中国政府照例对西方媒体和常用网站的内容进行严格审查，其中包括 BBC. com。

有时，企业还需要积极配合中国的政府职员和新闻记者的工作，这是在中国继续开展业务的条件。例如，雅虎公司曾协助中国政府证实某位男子将“机密政府信息”发布到一家美国网站上，最终该男子被判 10 年有期徒刑，而雅虎却因此备受美国民众的严厉抨击。

2009 年 6 月，伊朗国内爆发大型街头游行示威，抗议总统选举不公。随后，伊朗政府发动堪称全球最为复杂严密的机制来控制和审查网络内容。政府利用西门子、诺基亚等西方企业开发的基于深度包监测的监控系统，打开任何通信数据包，查询替换掉敏感关键字，经重新密封后再发布到网络上。

在美国，正如知识产权保护章节所讨论的，违反现行法律的电子商务网站会被勒令关闭。政府会强行要求 ISP“删除”非法或偷窃的内容。联邦调查局等政府安全机构也可在获得法院授权后，对 ISP 的数据流和数百万的电子邮件信息加以监视。2011 年世贸中心遭“9·11”恐怖袭击后，美国政府审议通过《爱国者法案》，规定国家情报机构有权监视和读取任何疑似与恐怖组织有关的互联网流量，紧急情况下甚至可绕过司法审查流程。美国安全机构已与国内大型通信运营商（如 AT&T、Verizon 等）展开合作，能够访问几乎全国所有的互联网通信。许多美国企业还制定了员工网络使用限定规范，防止员工从事与工作无关的赌博、购物等网络活动。

目前，美国国内对加强网络媒体控制的强烈呼声已与保护言论自由的社会和政治价值观产生剧烈摩擦。最高法院在数起案件中的裁决给予提倡制定网站内容限制法案的人们重重一击。美国宪法第一修正案中规定：“国会不能通过含有以下内容的法律……限制言论自由或出版自由。”事实也证明，已有 200 多年的《权利法案》

对尝试控制电子商务内容的种种努力构成极大限制。

8.4.2 公共管理与法律

人民选举政府表面上是规范和管理国内事务。尽管国际环境和贸易问题需要多国协调，但大多数情况下，普通百姓并不关心别国的动向。而电子商务和互联网的发展却给强调治理内部事务的国家带来许多新的管理难题。国家在规范互联网发展方面的作用之关键是毋庸置疑的。

8.4.3 税收

电子商务税收相关的治理和管辖问题超乎想象地复杂。欧洲和美国的税收收入主要依赖基于商品种类和出售价值的销售税。在欧洲，整个价值链环节都需缴纳该税种，称为“增值税”（value-added taxes，VAT），出售给终端消费者的环节自不例外。而在美国，州和地方政府只对销售给消费者的最终环节征税，称为“消费税”和“使用税”。只有在最终出售环节才需缴纳被称作消费税的销售税。美国有50个州、3 000个郡和12 000个自治市，各地均有独立的税率和税收政策。有的州对奶酪征收“小吃”税，但其他州可能只将其作为基本食品而不征收任何税种（如威斯康星州）。消费占据低收入人群支出中的绝大部分，因此消费税对其十分不利。因此许多人都呼吁国会取消消费税。

美国20世纪30年代末期首次开征销售税。当时经济处于萧条时期，地方政府利用消费税筹集财政收入。该税收收入最初皆用于道路、学校和商业基础设施的建设，但多年后逐渐成为州政府和地方政府的一般管理费用。大多数州都实行全州统一的销售税，再附加小部分地方销售税。各地税率也不尽相同，有些州是实行零消费税税率（如北达科他州），而纽约市的税率则高达13%。

20世纪70年代，美国零售业兴起诸如邮购/电话订购（MOTO）的“远程销售”模式，打破地理位置与贸易之间的传统关系，也使州政府和地方政府向零售商征税变得更加复杂。州政府要求MOTO零售商按照收货人的地址统计缴纳销售税，但1967年和1992年最高法院的两次裁决中声明，除非零售商的经营活动与该州具有某种“联系”（地理位置），否则州政府无权向MOTO零售商征收州销售税。国会当然可以立法赋予州政府征收消费税的权力，只是种种努力都因目录销售商和消费者的强烈反对无果而终。直邮销售商仍享受全额的税收补贴。

电子商务可以看做“远程销售”的最新形态，其飞速发展使政府再次面临是否开征消费税以及如何征收的难题。由于商品可能被销往高税率地区，电子商务零售商从一开始就享受着高达13%的税收补贴，地方零售商对其享有如此高额的税收补贴颇有微词。对此，电子商务企业辩称，新的业务模式尚在发展初期，必定需要国家的扶持和鼓励。况且，各州间的消费税和使用税征收机制大相径庭，也不适用于在线销售领域。诸如亚马逊等大型在线零售商坚持自己无须向开展业务所在地以外的其他州政府缴纳消费税，因为公司并未享受当地的学校、消防、警局等政府服务。此时，州政府和地方政府发现，几十亿美元的税收财政收入正悄然流失，在从自己手中悄悄溜走。2010年，亚马逊、蓝色尼罗河、eBay、Overstock等上千家在线零售商都未向公司所在地以外的州政府缴纳消费税。

1998 年，美国国会通过了《互联网税收自由法案》，规定 3 年内禁止征收针对电子商务和互联网接入服务的税收，于 2001 年 10 月效力终止。2001 年 10 月又再次将其效力延期至 2003 年 11 月。2002 年 11 月，来自 32 个州的代表讨论通过采取示范立法的方式来建立网络销售征税体系。2003 年全国州长协会（NGA）确立了“精简消费税项目”（Streamlined Sales Tax Project，SSTP），要求截至 2005 年年底，所有加盟州必须保证只对个人财产或服务征收一种有效税种。到 2007 年，已有 15 个州政府同意参加 SSTP 项目。NGA 理事一直在积极与国会交涉，争取其推翻延期征收网络消费税的司法意见，开始向在线零售商强制征收消费税。尽管如此，国会于 2004 年 12 月再次颁布《互联网税收非歧视法案》（亦称为公众法律 108—435），将电子商务和互联网接入服务的免税时间延长至 2007 年 11 月 1 日。2007 年 10 月，国会再度将互联网税收豁免期延长到 2014 年（Gross，2007）。事实证明，征收电子商务税的理念在美国不太受欢迎。

实体企业开展电子商务活动，使电子商务税收问题更加复杂。目前，美国前 100 大在线零售企业中，绝大多数都已向业务所在地的州政府缴纳税款，但 eBay 等零售商仍拒绝缴纳地方税款，声称所谓的消费税精简项目最终只覆盖 49 000 个邮政地区，算不上精简。服务领域的税收体制也相当复杂。例如，没有一家大型旅游网站全额向州政府和地方政府缴纳过酒店税或航空税。这些网站只是按酒店或机票的基础价格，而不是消费者实际支付的全部金额缴纳税收。

州政府不曾放弃从网络零售商处征收数亿美元税收的机会。2010 年州政府主要采取两大策略：一是将有联盟伙伴在当地认定为存在某种“联系”，辩称合作伙伴等同于门店。亚马逊、蓝色尼罗河和 Overstock 随即在采纳该策略的州取消合作者加盟计划。另一策略则是采取税收精简计划。如果州政府拥有精简、统一的税收体制，至少国会和法院会考虑征收电子商务税收。迄今已有 20 个州政府采用精简税收系统，只不过无一是大州。

欧洲及欧美间贸易的征税情况同样复杂。负责协调欧洲、美国和日本等国经济政策的经济合作与发展组织（Organization for Economic Cooperation and Development，OECD）正在评估针对电子下载商品的消费税和营业利润税的不同税收方案。2003 年，欧盟也开始考虑如何向外国企业征收数字商品（如数字音乐和软件）增值税。目前，欧盟已要求企业向联盟国家消费者收取增值税，美国企业则可享受免税待遇。这使美国企业获得巨大的税收价格优势。

综上所述，当前还不存在针对国内外电子商务的合理综合税收方案（Varian，2001）。面向国内外的互联网贸易正在挑战美国 20 世纪 30 年代建立的税收体制，以地理区域为基础的贸易和税收管辖机制陷入崩溃。虽然亚马逊等大型网络销售商已默许政府征收网络消费税的想法，但其对统一税率的坚持却可能使税收政策的出台拖延数年之久。此外，任何电子商务征税的提案都可能惹怒美国 1.33 亿网络消费者，而国会也不可能完全忽视这股强大的反对力量。

8.4.4　网络中立

与其说是概念，“网络中立”更像是一个政治口号。每个人都有不同的理解。如今，无论占用带宽如何，文字处理、邮件收发和视频下载等网络活动实行的是统一费率。从这层意义上说，主干网服务商应平等（或曰“中立”）看待所有网络流量。但是，提供主干网络的电话和有线电视公司则想要根据网络活动所占据的带宽收取差别价格，就如同公用事业公司根据居民消耗的电量收取电费一样。公用事业公司如此收费，是因为电是一种稀缺资源，发电过程耗费成本，且其使用量易于度量。电话和有线电视公司也希望配给供应带宽，以便在需求高峰时限制某些流量（称为“贷款滥用”），保障收发电子邮件等活动的畅通。实现配给供应有两种方式：定价和速度（带宽控制）。当超出带宽限制时，高带宽用户将需支付更高的使用费率。这种措施也称为“高峰期收费”或“网络计量”。

高带宽用户同样可以根据使用统计量选择自行减慢网络速度。此外，YouTube视频等高带宽服务商也需支付额外的网络费。网站支付额外的带宽费，其内容将获得优先的网络使用权，享受更快网速。而拒绝支付额外网费的公司则只能忍受拥堵的网络。

同样，家庭及个人用户如果下载大量电影文件，要比只上网冲浪和收发电子邮件每月支付更多的网络服务费。例如，2008年，美国最大的网络运营商Comcast开始使用BitTorrent对等协议限制视频用户的网络流量，并非因为所下载视频是盗版内容，而是在高峰时间占用过多Comcast的网络容量。Comcast自称其做法是在合法管理网络容量。联邦通信委员会（FCC）全然不同意，于2008年8月裁定Comcast公司非法禁止用户使用其高速网络下载共享文件。Comcast已向哥伦比亚地区巡回上诉法院提出上诉，同时起诉FCC。2010年4月，巡回上诉法院判定FCC无权管辖互联网服务商，也不能阻止Comcast公司向高带宽用户额外收费或降低服务质量。如今，时代华纳有线电视公司正在得克萨斯州博蒙特郡试行网络计量机制，对于超过5 GB的流量活动，每GB额外收取1美元的服务费。差别定价方式在有线电视行业已极为普遍。

那些反对网络计量方式的议员时常游说国会建立新的网络监管机制，要求网络运营商一视同仁地管理网络活动。谷歌、YouTube、Facebook和微软等占用高带宽的公司通常不愿用户为增值服务支付额外费用，担心用户会因费用上涨而犹豫是否继续使用其服务。其他提倡所谓网络中立的机构主张，未来互联网的创新需要公平定价环境。2009年，FCC着手设计全国带宽策略，配合政府刺激计划。这其中就包括颁发何种条例来保障互联网流量的交付。鉴于FCC在该领域的权威存在质疑，该刺激计划尚处于保密阶段。与此同时，Verizon等通信运营商和谷歌等网络分销商已达成妥协：保留现有运输线路的规则，但对移动网络实施差别定价。如今，内容分销商和网络分销商已逐渐意识到彼此间相互依存的关系。最后，网络中立意味着双方都能从中获益。一切依旧是利益优先！

8.5 公共安全与福利

任何政府都时刻以公共安全、健康和福利为己任。因此，政府颁布诸多法律对从高速公路度量衡到广播和电视节目内容等方方面面进行管理。过去，政府对所有类型的电子媒体（电报、电话、广播和电视）都加以管制，以便维持有序的商业通信环境，同时控制住可能危害政府或大型社会团体的媒体内容。一直以来，得益于宪法对言论自由的保护，美国的报纸和印刷媒体始终不受政府制约。但是，广播和电视等电子媒体由于使用公共无线频道，因此常受到某种程度的内容约束。此外，电话作为承担特殊社会职能的公共设施与“公用载体”，也一直受到管制，但其通话内容不受限制。

目前，美国社会对电子商务争论的焦点主要是围绕儿童保护、对公共媒体中色情内容的强烈不满、如何控制赌博，以及如何限制毒品和香烟的销售保障公共健康等话题。

8.5.1　儿童保护

色情业是互联网中极为成功的行业。网络色情活动的最新数据仍是几年前的统计结果，且误差甚大。然而，保守估计，2010 年色情网站的收入已超过 30 亿美元。据报道，成人网站每月的独立访问人数有 7 500 万之多，占互联网使用人数的 12%（New York Times，2009；Worthen，2009；Wondracek，et al.，2010）。

为对色情传播网络加以控制，美国国会于 1996 年颁布《通信规范法案》（Communications Decency Act，CDA）。该法案规定，使用任何通信设备向他人，尤其是 18 岁以下未成年人传送“任何猥亵、淫秽、黄色、肮脏或者下流的言论、请求、建议、提议、图片”等信息都属于严重犯罪行为（1996 年《通信规范法案》第 502 条）。1997 年，最高法院因其违反宪法和第一修正案中保护言论自由的相关条款，宣布《通信规范法案》无效。尽管政府认为《通信规范法案》只是一部区域性法案，旨在限制 18 岁以下未成年人访问“成人”网站，但最高法院认为该法案只是笼统地概括所禁止内容，以其含混不清、难以执行为由驳回政府的抗辩。2002 年，最高法院再度废止另一部法案 1996 年《反儿童色情法案》，该法规定依托计算机图片创造、散布或张贴儿童或青少年色情内容属犯罪行为，最高法院认为青少年亦涵盖在内，与真正的儿童相比，对象范围过于宽泛。

1998 年，美国国会通过了《儿童在线保护法案》（Children's Online Protection Act，COPA），规定出于“商业目的”散播任何有害未成年人的内容属于严重犯罪行为。有害内容的认定包括淫秽、性行为描述或对未成年人无积极意义的其他内容。该法案与《通信规范法案》的区别在于强调“商业目的”，且将对象限定为未成年人。1999 年 2 月，宾夕法尼亚州联邦地方法院却在本州推翻《儿童在线保护法案》，认为该法案违反宪法第一修正案中保护网络内容的相关条款。不过，法院也意识到国会和社会对互联网和电子商务环境下保护儿童的良苦用心。2002 年 5 月，最高法院将该案转回巡回法院重审，暂停执行该法案。2003 年 3 月，第三巡回上诉法院维持原判，认定 COPA 法案违宪。COPA 限制成年人对众多在线演讲内容的访问，与第一修正案中保障的自由权背道而驰。2004 年，最高法院再次以其有违宪法第一修正案为由宣布该法案完全失效，但同时提醒各地区法院不断探索新的互联网过滤技术，以此实现该法案的目标。为此，司法部于 2006 年 1 月向谷歌、AOL、雅虎和微软四家技术巨头发出正式传票，要求其提供一周左右的搜索记录和随机抽样的 100 万个网络地址，借此考察哪些内容可能危及儿童健康以及过滤技术的有效性。此举随即引起一番骚动。AOL、微软和雅虎皆同意提供司法部索要的数据，但谷歌却以保护商业机密、隐私和公共关系等诸多理由百般推辞

(Hafner and Richtel，2006)。法院因此只要求谷歌提供抽样的URL地址。2007年3月，地区法院又再因有违宪法第一和第五修正案而废止COPA法案，并颁发指令永久禁止政府执行COPA法案。政府同样再次上诉。2008年7月，第三巡回上诉法院维持地区法院的原判，认为COPA违反宪法第一修正案。2009年1月21日，最高法院驳回政府上诉，维持地区巡回上诉法院的判决。这一起传奇的法案诉讼也终于尘埃落定。

《美国2003保护法案》是一部综合性法案，旨在保护儿童免受计算机色情内容的危害。第十一巡回上诉法院曾判定该法案的部分条例违宪。但是2008年5月，最高法院驳回上诉法院的判定，出面维护该法案（Greenhouse，2008）。

国会一直在推动1998年的《儿童网络隐私保护法案》（COPPA，如8.2节所述），以避免儿童和其他消费者遭受色情内容的荼毒。虽其努力屡遭波折，该法案却似乎在防止电子商务网站未经家长允许擅自收集未成年人信息方面大获成功。除非征得家长同意，色情工作者不得收集儿童的任何信息，否则将被视作潜在犯罪。由于COPPA本身不是针对电子商务站点内容的监管条款，迄今尚未受到法庭的挑战。

2001年，国会颁布美国《儿童网络保护法案》（CIPA），要求所有学校和公共图书馆必须采取“反科技保护措施”（一款过滤软件），避免学生遭受色情内容的危害。2003年6月，最高法院推翻联邦地区法院对CIPA有违宪法第一修正案保障的言论自由权的判决，可见其对该法案的支持。最高法院陪审团的意见是3对3的。支持方认为对图书馆收藏的书籍加以限制，就如同适当限制互联网的接入，应不算构成对言论自由权的威胁。反对的陪审员则认为这种类比并不恰当，相反认为此举好比图书馆购买色情图书收藏，又将可能危害学生的书页撕掉。不过，所有法官都认同现有屏蔽软件过于迟钝，无法有效区别儿童色情内容和色情素材（受宪法第一修正案保护），即使有所区分也不可信（Greenhouse，2003b）。诸如2002年的《域名法案》等法律尝试阻止缺德的网站运营者利用迷惑性的域名或儿童熟知的字段引诱其访问色情内容。同年颁布的《儿童网站域名法案》则规定要为儿童网站建立二级域名标识，任何儿童网站必须声明其不包含危害儿童的内容。2010年6月，互联网名称与数字地址分配机构最终讨论通过另一类似的法案，即为成人网站创建独有的.xxx域名。至今该法案尚未正式实行。

除政策法规监管外，社会团体施加的强大压力也迫使一些网站删除页面中的色情内容。例如，2008年6月，迫于纽约司法部长的压力，Verizon、Time Warner Cable和Sprint公司都同意对某些甚至所有网络用户组进行限制，以便屏蔽对儿童色情内容的访问。AT&T、AOL和Comcast于7月也争相效仿随同。2010年9月，克雷格列表因17位州司法部长的压力而移除色情服务列表，取而代之的是经过审查的屏幕标志。

8.5.2 赌博、香烟与药品：网络真的无边界吗

美国的州政府与联邦政府都会采用法律手段控制某些活动与商品，以增强公共健康和福利。赌博、香烟、医用麻醉药以及其他易上瘾的药物都受到州政府和联邦政府法律的明文禁止或严格管制（见社会透视专栏“网上药店该如何监管”）。然而，电子商务网站可在美国境外设立公司，其运营不受美国联邦和州法

律的管辖，因此成为这些特殊商品和服务的理想传播工具。在香烟问题上，州政府和联邦政府施压 PayPal 和信用卡公司将香烟零售商从系统中删除，成功关闭美国境内免税香烟网站。UPS、FedEX 和 DHL 等大型物流公司也被迫拒绝运输未应税的香烟。Phillip Morris 烟草公司也同意绝不向涉嫌非法利用互联网或直邮方式销售香烟的分销商提供香烟。但是，东欧和美国印第安保留地的网站依旧利用支票和货到付款的方式，通过邮政系统配送来进行香烟买卖。然而，消费者担心一旦被发现使用此类网站，将收到州税务部门巨额的纳税账单。因此，这些网站的销售一落千丈。2010 年，奥巴马总统签署《禁止一切非法卷烟运输法案》，约束互联网上销售未应税香烟或其他烟草制品的活动，禁止美国邮政系统运输任何烟草品。

社会透视

网上药店该如何监管

2010 年 7 月，得克萨斯博蒙特一家联邦法院宣判，David Allen Vogel 买卖管制药品和洗黑钱罪名成立，没收从其 6 个银行账户所搜缴到的 430 万美元存款，另处 2 400 万美元罚款和 45 年有期徒刑。据调查，Vogel 是该网上药店犯罪案件的主谋。涉案药店为 Madison Pain Clinic 网站，年收入上百万美元。2000—2007 年间非法在线招标和买卖处方药品。交易的药品多为高剂型麻醉氢可酮和抗焦虑的阿普唑仑。药店方面称安排了一位医生在线解答消费者的疑问。但据警方调查，网站完全不去核实任何病患信息，就将处方药品出售给买家。

早在一年前，奥兰多市一家地方法院也以非法交易药物和洗黑钱的罪名判处被告 Jude Lacour 8 年有期徒刑。Lacour 及其同伙设立一家名为 Jive Network 的网上药店，向一般消费者出售管制和处方药品。这些消费者都没有医生开的处方，甚至没去看过医生，也无须提供病例档案就能买药。运营 3 年内，Jive Network 网站共取得超过8 500 万美元收入。法院还判决 Lacour 向联邦政府缴纳 980 万美元的现金罚款。上述两起案件中涉及的只是网上药店非法经营的两个例子，越来越多的网上药店在非法交易利他林、阿普唑仑、维柯丁等易上瘾的药物。

宾夕法尼亚大学 Treatment 研究所的一份调查显示，全世界有 200 多万个网站出售易上瘾甚至致命的药物给没有处方的消费者。这些网站大多数来自药品管理法律法规尚不完善的国家。网络品牌保护公司 MarkMonitor 调查研究了 2 968 家网上药店，发现存在问题的网站远远超过半数。以“药物+无需处方”为关键字搜索谷歌，会返回 1 600多万条结果。这项研究还以头痛处方药和勃起功能障碍药为关键字进行搜索，分析结果中的付费搜索广告发现，排名靠前的广告商多数是一些国外虚假的网上药店。在出售药品前根本不向买家索要处方单，甚至不去核对病患年龄等信息。

2009 年 3 月，联合国麻醉药监管机构“国际麻醉药管制委员会”发布控制互联网滥用处方药行为的指导方针。报告提到，美国一份调研报告发现，被调查的 365 家所谓网上药店中，只有 2 家是合法的。此外，在许多国家，非法交易处方药的规模已等同甚至超过海洛因、可卡因和苯丙胺的总销量。世界卫生组织宣称，2010 年美国 8%的进口药品是伪劣或者不合标准的，非法药店的交易额多达 210 亿美元，占全世界药品市场的 10%左右。尽管合理监管网上药店已提升该市场的竞争程度，扩大缺药地区的覆盖范围，但网上药店的监管之路任重道远。

网上药店的危害不只在于无需处方出售药物。网上药店还可能出售假冒药品，甚至是违禁药品。例如，美国食品与药品管理局（FDA）曾发出警告，不少从网上购买安必恩、维柯丁和百忧解的消费者收到的药物中包含强效镇静剂成分 haloperial。美国许多正规制药公司的搜索引擎广告也涉嫌违规销售药物。在必应或谷歌搜索栏输入“胆固醇过高”，会收到大量吹捧立普妥疗效的广告（立普妥是辉瑞公司最好的他汀类药物）。2009 年，FDA 给予这些企业警告，其搜索引擎广告已违反相关法律，命令它们明确注明广告药品的副作用。

即使存在较大威胁，网上药店市场依旧十分诱人，是增长最快的商业模式之一。作为最守法群体之一的老年人会经常到网上购买便宜的药品。据估计，每年世界前 1 000 家网上药店的年总收入有近 40 亿美元。网上药店的主要吸引力在于价格。通常，网上药店都来自于那些对处方药价格有所限制或成本较低的国家，如加拿大、印度、墨西哥、英国和其他欧洲国家等。对美国居民而言，从网上购买进口处方药能节省 50%～70%之多。

目前，监管网上药品销售的相关法律也十分混乱。就联邦政府而言，1938 年颁布的《食品、药品与化妆品法案》（FDCA）规定，某些药品必须持医生开具的有效处方到经许可的药店购买。为满足该要求，不少网站投机取巧，利用调查问卷来诊断病情，并将问卷交给医生来开具处方。这一做法并不被联邦法庭认可。国会也考虑制定相关法律，明确规定有效处方的定义和构成，但截至目前该议案尚未通过。更糟糕的是，多数网上药店是国外注册的，这使联邦和地方执法机关难以行使司法管辖权。联邦法律有规定，网上药店上线营业前必须到 FDA 注册，必须遵守业务所在地的药店经营行政许可法的规定开展业务。这一规定也难以执行，因为国外的网上药店会在境外创立网站。2010 年 9 月，国会计划约见互联网域名管理机构 ICANN，共同商议网上药店的认定机制和制裁措施。

与此同时，FDA 还提倡消费者关注网站上是否有国家药房委员协会（NABP）和网上药房开业认证网站（VIPPS）的标志。VIPPS 会核实每家新设立的网上药店是否合法，并要求其严格按照处方出售管制药品。目前为止，已有 23 家大型网上药店获得认证，包括 Drugstore. com、Caremark. com、CVS. com 和 Walgreens. com 等。但是，作为一个美国的贸易协会，NABP 未曾深入考察过加拿大或欧洲的药店，国内药品的价格依旧十分高昂。如此一来，那些追求低价的消费者还是会以谨慎的态度去非正规的网上药店买药。

资料来源：“White House Calls Meeting on Rogue Online Pharmacies,” Krebsonsecurity. com, August 26, 2010; “Drug Scam May Lead to a View that Has Bars,” by Cindy Horswell, *Houston Chronicle*, July 5, 2010; “Jury Finds New Yorker Guilty In Internet Drug Conspiracy,” U. S. Department of Justice, July 1, 2010. “Rogue Pharmacies Still a Problem For Search Engines,” by Lance Whitney, CNET News, August 19, 2009; “Eleven Members of Internet Drug Organization Sentenced,” United States Attorney's Office, Middle District of Florida, July 29, 2009; “Microsoft's Bing Hit With Illegal Pharmacy Ads,” by Rick Aristotle Munarriz, Fool. com, August 19, 2009; “Report on Yahoo! Rogue Internet Pharmacy Ads,” LegitScript. com, August 18, 2009; “FDA Warns Drug Firms Over Internet Ads,” by Jerod Favole, *Wall Street Journal*, April 4, 2009; “U. N. Issues Guidelines on Illegal Web Pharmacies,” by Reuters, *PC Magazine*, March 17, 2009; “Don't Put Your Health in the Hands of Crooks,” Federal Bureau of Investigation, Headline Archives, March 3, 2009; “Owner of Hi-Tech Pharmaceuticals and Co-conspirators Sentenced in Prescription Drug Importation Ring,” U. S. Department of Justice, February 3, 2009; “Ryan Haight Online Pharmacy Consumer Protection Act,” H. R. 6353, 110th Congress, 2008.

赌博亦是个非常有趣的例子，充分反映传统管辖权与网络自由、无边界特性间的冲突。绝大多数赌博网站都设立在境外，主要集中在英国和诸多加勒比岛屿。2000—2006 年间，赌博网站经历飞速发展，年收入高达 500 亿～600 亿美元。几乎 50%的网络赌博参与者都是美国消费者。尽管联邦政府主张网络赌博违反美国联邦法律，但由于联邦众多法院的意见不一，政府最初也没能遏制网络赌博活动。但是，2006 年夏天，联邦政府加大打击力度，两位境外赌博网站的执行官从美国过境时将其逮捕，迫使其关闭在美国运营的站点。此举有效地震慑住许多赌博网站，在美国境内合法经营。自那时起，大型赌博网站纷纷关闭其在美国的业务。但是，该条款不曾完全消除美国的网络赌博活动，不少小型企业仍私下运营境外赌博网站。赌博网站群体成立的行业联盟辩称该法案有违宪法，声称网络赌博应受宪法第一修正案中隐私权的保护，而且赌博网站也已经采取过滤技术，确保儿童和嗜赌如命的赌徒无法访问境外赌博网站。2009 年 9 月，第三巡回上诉法院驳回这些抗辩。世界贸易组织裁定美国干涉赌博网站的行为实属非法，许多国家据此向美国政府索要赔偿。2010 年，众议院提倡联邦政府和州政府立法管制赌博网站，而且对赌博网站的收入征税。支持者认为，既然网络赌博活动难以根除，何不加以管制并开征税收呢？

案例研究

谷歌图书和解协议：平等吗

随着互联网时代的到来，人们普遍认为纸质图书将被淘汰。2010 年，YouTube 网站月均视频播放量超过 330 亿，视频内容涵盖人们所知的各类话题。另外，全世界的信息也都能通过谷歌搜索访问。这样一来，还有谁会愿意去阅读纸质图书呢！乔布斯在接受采访时指出了对 Kindlc 电子阅读器的看法："电子阅读产品本身是否完美根本无所谓，事实就是人们不再阅读。去年美国 40%的人只阅读过一本甚至更少的书。整个概念的核心就有瑕疵，因为人们已不再阅读。"

2010 年出版的新书超过 60 万本，图书销量约 30 亿册，销售额在 250 亿美元左右，同比下降 1%。美国出版商协会统计，2010 年电子书销售呈爆发式增长，其占整个图书销售市场的份额从 1.5%上升到 5%。亚马逊指出，2009 年电子书的年增长率接近 400%。事实上，平均每位美国人每年阅读 10 本书，17 岁以上人群的阅读量要更多一些。在这个"不下滑即是进步"的萧条时期，图书行业却能保持稳定，其表现远好于日用消费和金融服务等行业。2009—2010 年间，只有硅谷的高科技企业表现不俗。意想不到的是，图书竟成为 2010 年的另一大亮点。一方面 iPad 和电子阅读器得到迅速普及；另一方面谷歌和科技巨头公司、作者、出版商、国会、司法部和欧盟委员会等上演的电子书籍版权争夺战，也将图书一词推到舆论的风口浪尖。

谷歌迫不及待地要将一切事物电子化，存储到公司服务器上。连接到谷歌就能够访问到全世界的信息，这让创始人特别引以为傲。此外，谷歌通过匹配用户搜索内容出售广告，从而实现盈利。然而，如果谷歌尚未拥有所存储信息的所有权，就会产生麻烦。有版权的音乐和视频下载网站屡见不鲜。这类企业大多通过境外注册来逃避本国法律的约束，鼓励互联网用户非法免费下载有版权保护的资源。与此同时，公司通过网站广告从广告商赚取上百万美元的收入。

但谷歌绝不是一家非法组织。长期以来，公司的格言就是"绝不作恶"。扫描上百万他人所有的版权图书，未经许可就通过搜索引擎免费提供给所有用户，并且私吞以此赚取的全部广告收入，这样的行为与谷歌格格不入。谷歌和大多数资源共享网站的主要区别在于，谷歌自身资金实力雄厚，而且是在美国本土注册，受到法律的严密监管。

整个事件要追溯到2002年，谷歌秘密启动一项图书计划，即扫描各大图书馆馆藏的数据，将某些章节（片段）收录到网上，然后在图书搜索结果，甚至是章节内容的页面出售广告。2004年，谷歌对外宣布“Google Print”（谷歌扫描）项目正式上线，后改名为“Google Books”（谷歌图书）。Print项目包含两个子项目，其一是Publisher Program（出版商计划）。谷歌极力说服出版商授权自己扫描图书内容，将图书的部分章节，或是简单的目录信息（标题、作者、出版商）传到网络，用户可通过谷歌搜索引擎查询访问。这一计划未引起争议，不只是谷歌能够扩大广告销售，出版商和作者也有机会渗透到更大的市场，甚至能够在线销售电子图书。此外，谷歌还承诺出版商可享受70%的图书和广告销售收入，这比亚马逊50%的销售回扣要划算得多。

然而，第二个子项目“Library Project”（图书馆计划）遭到广泛的质疑和反对。谷歌拟对大学和公立图书馆的全部馆藏图书进行扫描，制成电子版。用户只需通过谷歌搜索关键字，就能浏览到书中的章节片段。这一计划完全不知会图书出版商，更不用说寻求对方的同意或是支付版权费。谷歌声称只是开放相关片段，绝不会在未经版权所有者同意的情况下提供全文浏览。直到2005年11月，谷歌才要求出版商给出不愿用以制作电子版图书的书籍清单。此外，谷歌计划扫描上百万册绝版图书，上传到服务器免费对搜索用户开放。该计划启动之初，谷歌公然表示立场坚定，作家和出版商心有不满的话，“有本事就阻止我们”。

图书馆计划获得不少名牌大学和知名图书馆的支持，如密歇根大学、哈佛大学、斯坦福大学、牛津大学和纽约公立图书馆等。然而，也有一些图书馆表示反对。支持方认为此举将促进公众与图书馆的联系，反对方则担心书籍的作者和出版商将遭受巨大损失。史密森学会、波士顿公共图书馆以及东北部19家学术科研图书馆联合声明，谷歌对扫描图书施加的限制过于苛刻，因此拒绝参与该图书馆计划。谷歌要求参与合作的图书馆必须保证不再将扫描图书用于任何其他商业搜索服务。谷歌号称该举措是为公众谋求福利，扫描上传电子版图书，能方便用户上网访问相关章节片段。出版商也有望在线销售那些原本陈列在图书馆货架上布满灰尘的书籍的电子版副本。

2005年，出版业针对谷歌的图书扫描项目发起反击，向纽约联邦法庭提出两起诉讼。其一是作家协会发起的集体诉讼，另一起则是美国五大出版公司（麦格劳-希尔、培生教育、企鹅集团、西蒙舒斯特和约翰威利）申述遭到版权侵犯。美国出版商协会指控谷歌企图私自篡改版权法。除非他人明确声明“拒绝”，否则就有权复制任何图书。这一行为将扰乱整个知识产权体系的正常运作。谷歌还始终号称此举是为世界谋福利，其作为根本不符合法律原则。谷歌正在盗取公众的财产，还称得上“绝不作恶”吗！正如某位评论员所说，图书馆计划就像是开门让窃贼肆意扫荡厨房，将会一发不可收拾。

另一方面，谷歌声称其做法依照的是合理使用原则。该原则产生于多年来法庭的判决实例，并于1976年首次写入版权法。版权法修订案第108节“图书馆复制权的例外规定”指出：20世纪30年代以后，图书馆只要与出版商达成“君子协定”，就有权合理复制和转借版权书籍。图书馆必须事先购买至少一本影印本，才能转借给公众阅读一段时间。许多人从图书馆借阅书籍以后会推荐给好友。而很多时候好友们不愿意大老远跑去图书馆借阅，会选择购买该书籍。正因为如此，出版商将图书馆视作扩大图书受众市场的潜在机会。此外，图书馆还因能提升文学教育而被盛赞为服务公众的典范。

2008年，谷歌同意与作家和出版商达成

和解。协议指明谷歌愿意为侵权扫描图书和出售广告支付1.25亿美元现金作为赔偿。其中，1 500万美元用于赔偿诉讼费用，剩余部分成立专项维权基金；4 500万美元用于补偿截至2009年9月1日以前版权受侵犯的作者和出版商；3 450万美元用于成立一家图书版权登记处，专门负责版权所有人查找和许可流程简化等；余下的3 100万美元则作为该登记处的日常管理和运营资金。此外，谷歌还同意将图书馆计划收入的70%分配给版权登记处，并承担不超过10%的运营费用。协议中不涉及任何有关公共图书（政府或版权过期图书）或版权不明的“孤儿图书”的条款。谷歌数字化扫描的所有图书都将在登记处公示。

2009年，包括微软、雅虎、亚马逊在内的一些企业、高校联盟、AAP等私人组织、作家协会成员及一批欧盟出版商纷纷向法院上诉反对该和解协议。此外，这些科技公司还成立“开放图书联盟”以示抵制。随后，众多隐私保护团体也加入该阵列，它们声称谷歌将能够随时跟踪用户的电子阅读行为，该指控也不无道理。索尼是唯一一家支持谷歌的技术公司。欧洲出版商、作家和版权所有人也表态反对美国法庭提出的和解协议。2009年9月，上述群体的代表在欧洲委员会发起的听证会上公开拒绝和解，认为仍在版权保护期内的绝版图书有上百万册，谷歌如果拥有排他性使用权，将造成权势过大、过于集中。

司法部也介入调查和解协议是否有垄断嫌疑。批评者辩称该协议将给谷歌带来事实垄断地位，其他竞争对手难以进入该领域，使谷歌享有广泛的豁免权。协议虽然规定谷歌对图书的访问权属于非独占性，但竞争对手必须扫描同等数量的图书，才可能与之形成抗衡。从资金实力上看，几乎不可能实现。谷歌辩称数字化扫描有助于增加数百万布满灰尘的书籍的曝光机会。AAP和作家协会则反驳称，谷歌图书数据库会是排他性的，其他企业或非营利组织无法访问，而建立类似的开源图书数据库的成本又高不可攀。最终谷歌将拥有所有的数字化图书，就好比掌握着未来的图书馆。

2010年，谷歌宣布计划推出电子书店Editions，与亚马逊、苹果和巴诺等电子图书零售商进行正面交锋。就好比谷歌应用提供涵盖微软Office套件功能的在线应用，Editions书店的服务都能在线访问，无需任何电子阅读设备。谷歌若能实现这项服务，任何能上网的设备都将变身为电子阅读器。到2010年9月，该服务尚未正式推出。然而，这最终会对电子书市场参与者构成巨大威胁。

资料来源：“What is Google Editions?” by Peter Osnos, Theatlantic.com, July 10, 2010. “AAP Reports Book Sales Estimated at $23.9 Billion in 2009”, Publishers.org, April 7, 2010. “11th Hour Filings Oppose Google's Book Settlement,” by Miguel Helft, *New York Times*, September 9, 2009; “Congress to Weigh Google Books Settlement,” *New York Times*, September 9, 2009; “Tech Heavyweights Put Google's Books Deal in Crosshairs,” by Jessica Vascellaro and Geoffrey Fowler, *Wall Street Journal*, August 21, 2009; “Probe of Google Book Deal Heats Up,” by Elizabeth Williamson, J. Trachtenberg, and J. Vascellaro, *Wall Street Journal*, June 10, 2009; “Preparing to Sell E-books, Google Takes on Amazon,” by Motoko Rich, *New York Times*, June 1, 2009; “Justice Department Opens Antitrust Inquiry Into Google Books Deal,” by Miguel Helft, *New York Times*, April 29, 2009; *The Authors Guild, Inc., Association of American Publishers, Inc., et al., v. Google Inc.*, Preliminary Settlement, Case 1: 05-cv-08136-JES Document 56, Filed 10/28/2008; *The McGraw Hill Companies, et. al., v. Google Inc.*, United States Southern District Court, Southern District of New York, October 19, 2005.

[案例思考题]

1. 谷歌图书馆计划的受害方有哪些？列举出这些群体，尝试为每个群体设计一套避免或减轻伤害的方案。

2. 谷歌开展图书馆计划的目的何在？它能为谷歌带来哪些利益？请列举出来。

3. 如果你是一位图书管理员，你是否支持谷歌的图书馆计划？解释原因。

4. 亚马逊、雅虎和微软等企业为何要反

对谷歌的图书计划？索尼公司又缘何力挺谷歌？

5. 谷歌图书计划是否会导致电子书市场的事实垄断？有没有可能出现其他竞争对手？

关键术语

伦理学（ethics） 对道德规范准则的研究，个人和组织都基于这些准则判断自身行为的是与非。

责任（responsibility） 作为道德自由的行为人，个人、组织和社会都必须对自身行为造成的后果负担完全责任。

连带责任（accountability） 个人、组织和社会必须为自己行动的后果对他人产生的影响承担责任。

赔偿责任（liability） 政治体系的一大特征，指社会中存在一套完善的法律法规来帮助个人在因其他人或组织机构的行为受到伤害后索要补偿。

正当程序（due process） 指法律从为人知悉，到理解，再到由最高权力机关公正执行的过程。

困境（dilemma） 至少存在两种完全对立的选择，每种选择却都有合理结果的情境。

隐私权（privacy） 指个人享受独处，不受包括政府在内的其他个人和组织的监督和干扰的精神权利。

信息隐私（information privacy） 要求特定信息不被政府和企业擅自获取的权利以及对被收集的信息的控制权。

个人身份信息（personally identifiable information，PII） 任何可用于标识、定位或联系个人的信息。

匿名信息（anonymous information） 不包括个人身份标识在内的人口统计和个人行为特征数据。

用户画像（profiling） 创建描述在线用户个人和群体行为特征的数字化形象。

匿名档案（anonymous profiles） 描绘特定高度细分用户群体的特征的画像。

个人档案（personal profiles） 在用户行为数据基础上增加电子邮件、邮政编码和/或电话号码等信息的画像。

深度包检测（deep packet inspection） 一种在 ISP 层面记录每一个击键动作的技术。

网络歧视（weblining） 根据用户档案向不同的消费者收取不同的价格和服务费。

知情同意（informed consent） 在掌握制定理性决策所需的所有信息之后表示同意。

选择接受（opt-in） 必须提前获得用户对于收集和使用个人信息的许可。

选择拒绝（opt-out） 缺省认为用户允许收集信息，除非用户在拒绝框内打勾或者填写表单表示反对。

安全港（safe harbor） 一套满足政府立法和监管规定，但又不受政府机构干涉的自律政策和执行机制。

P3P（Platform for Privacy Preferences） 一套与互联网用户沟通网站隐私策略的标准，将网站策略同用户偏好或联邦贸易委员会的 FIP 原则和欧盟数据保护指令等其他标准进行比较。

版权法（copyright law） 保护著作（书籍、期刊、讲座讲义）、艺术作品、摄影作品、音乐、电影、表演方式和计算机程序等原创作品在一段时间内不被他人复制、抄袭的法律。

合理使用原则（doctrine of fair use） 在特定情况下不必事先获得授权就可使用他人的版权作品。

《数字千年版权法案》（Digital Millennium Copyright Act，DMCA） 首部将传统版权法应用于互联网环境的修订法案。

专利（patent） 赋予发明创造者对其创新理念和作品拥有长达 20 年的排他独占权。

商标（trademark） 用以标识、区分商品并显示商品真正来源的标志。

淡化（dilution） 任何削弱商标和商品之间联系的行为。

《反域名抢注消费者保护法案》（Anticybersquatting Consumer Protection Act，ACPA）认定任何恶意抢注与现有知名商标相同或相似的域名，或以淡化知名商标为目的的抢注域名等利用现有知名商标牟取不正当利益的行为必须承担民事责任。

域名抢注（cybersquatting） 以从商标合法持有者处牟取利益为目的，使用他人商标注册域名或其他在互联网中使用他人商标的行为。

域名盗用（cyberpiracy） 与域名抢注的手段类似，但盗用者的主要目是抢夺合法网站的流量。

链接（linking） 建立从一个网站到另一个网站的超文本链接。

深度链接（deep linking） 绕过目标网站的首页，直接与特定内容的页面进行链接。

框架屏蔽（framing） 利用框架或窗体布局技术将其他网站的内容展示在自身网页中。

监管（governance） 与社会控制有关：谁来控制互联网？谁来控制电子商务流程、内容和活动？应该控制哪些要素？如何保障控制措施的落实？

思考题

1. 道德研究中对于个体有哪些基本假设？

2. 道德标准中的三条基本原则是什么？正当程序与之有何关系？

3. 解释谷歌何以认定 YouTube 网站并未侵犯视频版权所有者的知识产权。

4. 解释普遍性原则、斜坡理论、完美信息规则和社会契约法则在道德问题中的含义。

5. 举例说明严重疾病患者选择通过医用搜索引擎或药店网站查找和诊断病情的原因。如今有哪些技术能够防止个人身份信息被泄露？

6. 请列举出网站日常所收集的访问者信息。

7. 网站交易日志与网页表单收集信息的方式有何区别？哪种方式收集的用户信息更完整？

8. 知情同意中的选择接受模式和选择拒绝模式的差别何在？哪种模式让消费者保留了更多的控制权？

9. 联邦贸易委员会的公平信息操作原则的两个核心原则是什么？

10. 安全港如何保护个人隐私？其中政府扮演什么角色？

11. 营销网络比传统营销技术有哪些改进和补充，至少想出三个方面。

12. 解释用户档案如何能使消费者和企业双双获益。

13. 首席隐私官要面临哪些职业挑战？

14. 互联网是如何潜移默化地改变知识产权保护的？互联网环境下知识产权法律的执行遭遇哪些阻力？

15.《数字千年版权法案》能够解决什么问题？为何要制定该法案？它能遏制哪些产权侵犯行为？

16. 什么是域名抢注？它与域名盗用有什么区别？域名抢注属于哪类知识产权侵犯行为？

17. 什么是深度链接？为何深度链接会构成商标侵权？请比较深度链接与框架屏蔽的异同。

18. 诸如网络投注和赌场等非法电子商务网站是凭借什么策略成功逃避法律制裁的？

设计题

1. 访问谷歌网站，点击搜索>搜索设置（位于首页的右上角），研究搜索页面中的各种安全搜索过滤选项。针对每种设置，输入被认为危害儿童的关键字进行搜索。对比各种限制条件的利弊何在？有没有哪些词汇能通过家长控制，却被过滤软件识别为非法？列出五个存在该问题的关键词。就搜索过程中发现的问题准备一份简短的报告，解释该过滤软件的优缺点。

2. 如果网站想要重视隐私保护，应该提供哪些隐私保护的功能？请列举出来。再访问至少四家知名的网站，研究它们的隐私策略。完成一份调查报告，根据你所确定的标准对这几家网站隐私策略的优劣进行排序。

3. 回顾1998年颁布的《数字千年版权法案》的相关规定。阅读该法案的每个章节，列出向版权所有者和版权资料使用者所保障的权益。你认为该法案能否合理地平衡双方的利益？对于该法案中的“公平使用”规定，你有何改进的意见？

4. 访问4家支持电子商务纳税观点的网站，包括全国州议会联合会官网（Ncsl. org）和全国州长协会的网站（Nga. org）。再去浏览一些反对该观点的地方企业或民间群体的网站。根据调查总结出支持和反对电子商务纳税的理由。

5. 思考前面讨论的司法部发传票索要搜索记录的事件。被传唤的企业是否应该应允这一请求？分别列出赞成和反对的理由。这起事件中牵涉到什么道德困境？你所列出的理由中，存在哪些价值冲突？你认为社会应如何解决这样的道德困境？你可以参考8.1节介绍的“可供选择的道德准则”进行思考和总结。

6. 开篇案例描绘了第二人生游戏中创建的虚拟世界。找出另一家虚拟世界游戏网站，对比两家网站在功能方面的差别。准备一份报告简要总结你的发现。

第Ⅳ篇

电子商务应用实务

E-commerce in Action

第9章 网络零售和在线服务

学习目标

学完本章，你将能够：

- 了解目前网络零售业的运营环境
- 解释如何分析网络零售企业的经济生存能力
- 了解各类网络零售商面临的挑战
- 描述网上服务业的主要特征
- 讨论网上金融服务业的发展趋势
- 描述当今网上旅游服务业的主要发展趋势
- 了解目前网上招聘服务的发展趋势

章首案例

为你的"克利奥帕特拉"选择蓝色尼罗河

男士们：想要为你的"克利奥帕特拉"(Cleopatra)奉上一份特别的礼物，却又不想浪费过多的时间去选购？想用一颗硕大的、经过专业机构（如美国宝石学会，GIA）鉴定的钻石向女友求婚，却又不忍心豪掷一大把钞票？不用烦恼，比零售价格便宜35%怎么样？你可能不清楚钻石的未来价值，对珍珠、黄金以及白银也不太了解。

蓝色尼罗河（BuleNile.com）能解答你的困惑。蓝色尼罗河是一家在线钻石珠宝销售商，有6万多种钻石供你为心爱的人挑选。用户只需选择合适的钻石，蓝色尼罗河会将其切割打磨，镶嵌到戒指、手镯、耳环、项链、吊坠、手表及胸针等首饰上，这些首饰的样式能够在线挑选。网站上的所有钻石都已依照"4C"划分等级：克拉数（carats）、切工（cut）、色泽（color）和净度（clarity），且附有GIA的认证报告。为便于小伙子们理解，网站还会将克拉换算成毫克，1克拉恰好等于200毫克。有了蓝色尼罗河，你只需要问问另一半需要多大的尺寸，再摸摸钱包就能购买了。尽管浏览该网站的用户多数是女性，但其85%的消费者还是男性。

2007年6月，蓝色尼罗河做成一笔互联网零售史上交易金额最高的生意，一颗大约10克拉重的裸钻以150万美元的价格售出（10克拉约为2克，戴在手上有一枚便士大小）。目前，网上销售还在如火如荼地进行。

1999年3月，蓝色尼罗河以RockShop.com起家，总部设在华盛顿州西雅图市。同年5月，公司收购西雅图一家在线珠宝商——Williams and Son，将其改名为互联网钻石股份有限公司（Internet Diamond）。11月，公司推出蓝色尼罗河的品牌，改名为蓝色尼罗河公司。BlueNile.com网站于同年12月推出上线。2004年5月，蓝色尼罗河以每股20美元的IPO价格上市，当天其股价就跃升至28美元（增长38%）。早在1999年，互联网专家一致认为，在网络上交易优质珠宝是不可能的。为什么呢？因为当时所有人都认为互联网擅长交易CD和图书，这些商品与钻石大不相同。

商家普遍认为，购买珠宝尤其是昂贵的钻石是件大事。将钻石作为礼物通常都攸关情感方面的重要事件，比如订婚、结婚或者纪念日。如此重大的事情自然要与另一半分享，因此通常会同行去挑选钻石。网上购物的感觉（无论是独自还是两个人）完全无法比拟亲身踏进蒂芙尼或其他零售实体店，一眼望去洁净的橱窗里满是极致璀璨、绚丽华彩的首饰时的感受。珠宝门店里为数不多、喷着香水的销售人员的妙语连珠的讲解也会让你感觉自己是多么特别。钻石的成本很高，且其价值和定价具有很大的不确定性。调查显示，绝大多数消费者认为珠宝定价过高，同时人们普遍缺乏该领域的知识和信息，根本无法去议价，甚至连辨别珠宝质量都做不到。消费者不知道如何合理地比较各款钻石，一家门店中的选择也极为有限。再加上销售人员要同时为多位顾客服务，这样的环境会给顾客一种压力感。专家认为，考虑到钻石价格的不确定性和情感因素，极少有消费者愿意到陌生的网站，花费5 000美元甚至更多购买一颗钻石，而且好几天都无法看到或触摸到无疑会增加他们内心的焦虑感。

但是，珠宝和时装零售却成为在线零售领域交易额第二的市场，2004年开始崭露头角，创造出超高的增长率和销售水平。事实证明，网上销售是珠宝零售的理想之选。下面看看其原因何在。

美国传统珠宝零售业是一个拜占庭式的、细分度高的市场，珠宝实体店有5万多家，市场交易额近600亿美元。95%的珠宝零售公司都只开设一家门店。如此细分的市场必然会形成包含多层批发商和中间商的供应链体系，从钻石原石经纪人到钻石切割中心、钻石批发商、珠宝制造商、珠宝批发商，最后到区域分销商。奇怪的是，钻石原石的开采被戴比尔斯（De Beers）一家公司垄断，全世界超过2/3的市场被其控制。由于钻石原石的垄断定价，诸多供应商和分销商也就纷纷涨价。目前，钻石的零售价格相比成本普遍加成50%～100%。而蓝色尼罗河的加成大约是30%。

2008年至2009年初，整个珠宝行业深受经济衰退的影响，富人和年轻恋人的购买力普遍收紧。但到2009年下半年，珠宝销售开始回暖。2009财年，蓝色尼罗河的年销售额达到3.02亿美元，比上一年的2.95亿美元上升2.3%，净收入也从2008年的1 160万美元上升到1 280万美元。境外销售收入继续攀高，增长近20%，占总销售额的11%。2010年上半年，销售额继续以同比14%的速率持续增长，境外销售增长率再创纪录，高达近50%。

珠宝折扣网站Bidz.com是蓝色尼罗河的主要竞争对手。其他竞争对手有Tiffany.com、Ice.com，甚至亚马逊也插了一脚。这些公司正在变革拜占庭式的传统珠宝生意。例如，蓝色尼罗河通过“准时生产”的方式来精简钻石供应链，由客户订单促动公司的采购和支付流程。这样蓝色尼罗河成功削减多层中间供应商，而与钻石批发商和珠宝制造商直接交易。

直销的供应链体系使蓝色尼罗河得以最大限度地削减库存成本，同时控制库存积压风险。而在分销方面，蓝色尼罗河不设立实体店，没有销售人员，也无须购置昂贵的玻璃橱窗，管理和销售费用大幅降低。相反，蓝色尼罗河通过统一的网站门户来汇聚成千上万访客对钻石的不同需求，同时带给客户比传统零售店更极致的购物体验。合理的供应链和分销链结构，有效地降低了加成。举例来说，蓝色尼罗河从供应商处采购一对椭圆形祖母绿钻石耳环的成本是 850 美元，再以 1 020 美元的价格销售给客户，而传统零售商向消费者的要价会是 1 258 美元。

蓝色尼罗河专注于通过创造一种可靠、专业的环境，来减少消费者对钻石价值的困惑和担忧，以提升购物体验。事实上，蓝色尼罗河等网络零售商提供给客户的信息丝毫不逊于宝石鉴定专家的意见。网站上包含钻石专业知识和分级体系方面的教程，还提供由 GIA 等非营利机构鉴定颁发的质量等级认证。网站还承诺 30 天无理由全额退款。蓝色尼罗河 CEO 黛安娜·欧文（Diane Irvine）宣传，公司的理念就是“将信息传达给客户”，同时也鼓励客户多多咨询。顾客平均几个星期内就会再次访问网站，浏览 200 多个页面，通常还会至少呼叫一次在线客服专线。

2009 年，蓝色尼罗河成立 10 年来首次改版网站，旨在扩大女性客户群体的同时，增强网站对男性消费者的吸引力。新版网站取消了旧网页设计中常见的左侧菜单栏，扩大图片位置，并添加可视化软件，能够在图片周围覆上阴影，从而看到钻石的闪光效果。此外扩充了产品的细节描述，优化搜索引擎。网站上“自我设计戒指”的功能也采用全新的布局，简洁易用，预览更为清晰。蓝色尼罗河还进一步完善其支付功能，客户能够使用自己国家的货币来交易。如今，除美元外，网站支持的支付币种已有 24 种。

尽管较低的定价导致毛利润降低，但蓝色尼罗河的主营业务净利润却比其线下头号竞争对手 Zales 公司要高出一截。Zales 是美国最大的珠宝实体零售商。举例说明蓝色尼罗河的运营效率：要创造 3 亿美元的珠宝销售收入，像 Zales 这样的传统实体零售商需要 300 多家门店的业绩加和，而蓝色尼罗河只需 3 个站点、2 间仓库和 180 名工人即能实现。

目前蓝色尼罗河这种低毛利、高效率的在线销售模式已对小型夫妻珠宝店造成较大影响。过去几年，近 3 000 家小型珠宝零售店因为各种各样的原因倒闭了。蒂芙尼、Zales 等大型零售商的销售业绩要好于蓝色尼罗河，其利润大多来自结婚或订婚钻戒的销售。蒂芙尼和 Zales 也都有自己的网站。蒂芙尼的网站主要是推广品牌，但其在线图库和销售能力已有很大提升。与蒂芙尼相比，Zales 的网站更偏重于销售，提供设计戒指的功能，但其专业性始终无法与蓝色尼罗河相提并论。考虑到对手的规模，蓝色尼罗河要想成功，必须密切关注与自己旗鼓相当的竞争对手的动向。但至少从目前来看，蓝色尼罗河前景一片大好！

资料来源：“Selling Information, Not Diamonds,” by Kaihan Krippendorf, Fastcompany. com, September 1, 2010; “Blue Nile Sparkles,” by Kaihan Krippendorf, Fastcompany. com, August 30, 2010; Blue Nile Inc. Report on Form 10-Q for the fiscal quarter ended July 4, 2010, filed with the Securities and Exchange Commission on August 11, 2010; Blue Nile Inc. Report on Form 10-K for the fiscal year ended January 3, 2010, filed with the Securities and Exchange Commission on February 25, 2010; “Digital Bling: Diamonds For Sale Online,” by Wendy Kaufman, NPR. org, February 14, 2010; “Blue Nile Gets Makover to Please Ladies,” by Geoffrey Fowler, *Wall Street Journal*, September 1, 2009; “New Blue Site Hits Web,” *New York Times*, September 1, 2009; “Blue Niles Aims to Sparkle With Re-designed Web Site,” *Internet Retailer*, September 1, 2009; “Blue Nile: A Guy's Best Friend,” by Jay Greene, *Business Week*, May 29, 2008.

蓝色尼罗河的案例说明，与传统零售相比，网络零售既有优势又有劣势。网上服务公司能够简化供应链，形成一种全新的网络销售系统，这比传统零售更加有效率。网络零售能够为消费者创造更好的价值定位，改善消费者服务和提高满足感。另一方面，网上公司常常获得微薄的利润，没有实体店向非网络用户进行销售，并且都是在未经证明的商业假设（从长期来看，也可能无法证实）基础上经营。相反，大型的实体店，如沃尔玛、杰西潘尼、西尔斯和塔吉特，已经建立了自己的品牌，进行了巨大的房地产投资，拥有忠实的客户基础，还具有非常有效的库存控制和执行系统。正如我们将要在本章看到的，传统的目录零售商更加有优势。我们还能看到，传统零售商为了充分利用其资产和核心竞争力，需要形成新的竞争力和成熟的业务计划，以便能够在网上取得成功。

对于零售商品，纯粹的网上供应商能够比“鼠标加水泥”型的供应商，在较低的成本上为成千上万的消费者提供更加优质、便利的服务，同时又能取得可观的投资回报。服务业是从事电子商务最自然的途径之一，因为服务业的价值建立在收集、存储和交换信息的基础之上。事实上，网上服务已经在银行、经纪、旅游和求职方面取得了巨大成功。网络能够向消费者提供大量的有关金融、旅游和求职方面的信息。

网络零售部门——像网络零售商——既取得了爆炸性的增长，也经历过失败。虽然失败过，但网上服务已经走到了重要的一步，在网络消费时代扮演重要角色。在经纪、银行以及旅游方面，网上服务都取得了较大成功。许多早期的企业，如递送服务公司 Kozmo 和 WebVan，咨询服务公司 BizConsult. com，都已经不复存在。然而，一些早期的公司，如 E* Trade、Schwab、Expedia 和 Monster，依然取得了成功。许多传统的服务提供商，如 Citigroup、JPMorgan Chase、Wells Fargo、Bank of America 以及一些大型航空公司，也都成功开发了电子商务服务网站。在本章的 9.5 节到 9.7 节，我们将具体介绍三种最成功的网上服务：金融服务（包括保险和房地产）、旅游服务和招聘服务。

9.1 网络零售

表 9—1 总结了 2010—2011 年间网络零售的新特点。最大的特点就是零售商通过集成自己的业务（线上和线下）以多种方式向客户提供服务。

表 9—1　　2010—2011 年网络零售的新特点

- 随着社交网络和用户创造内容网站的快速发展，出现了“社交性购物”，人们可以在虚拟网络上发表自己的观点，也可以向其他人提出建议。
- 尽管在 2010 年经济出现衰退，但是网上购物的人数却增长了 6%，达到 1.33 亿，并且平均年购物额也增加了 5%，达到了 11.39 亿美元。其中亚马逊的销售额增长了 28%。
- 尽管经济出现衰退，但是由于注重收入增长，网络零售商依然盈利，增加了平均购物量，提高了经营效率。
- 网络零售的渠道在快速增加。在 2010 年，邮购及电话订购（MOTO）成为新的零售渠道。
- 网上购物已经成为一种主流方式。目前在美国大约有 87%的网民在网上购物。
- 随着顾客信任度和体验度的提高，可选商品的种类也在增加，其中包括奢侈品，譬如珠宝、美食、家具以及酒类。

- 像汽车、家电这样的大额项目的购物依然在增加，并且扩大到包括几乎所有的零售商品（包括耐用品和易耗品）。
- 成功的零售网站表明，网络零售在迅速增长是由于他们采用了用户自定商品的措施。
- 网络零售商强调"购物体验"。其中包括便捷的操作、在线存货的更新、互动工具、客户反馈以及社交购物的机会。
- 网络零售商使用互动的多媒体技术和 Web 2.0 技术，例如博客、用户生成内容以及音频，同时提供变焦、颜色选择、产品配置以及家庭和企业的虚拟仿真等功能。
- 零售中介扩展到许多领域，包括食品、汽车、家电以及家具等。
- 零售商在整合多个零售渠道时更加有效率。
- 超过一半的网上购物和近 1/3 的消费都是发生在工作期间。随着家庭宽带连接的增加，夜间消费成为网络零售增长最快的一部分，这样一来减轻了工作期间的压力。

不管从哪个角度衡量，美国的零售市场都是巨大的。在 14.2 万亿美元的经济总量中，个人对零售商品和服务的消费达到 10 万亿美元，大约占 GDP 的 70%，超过全部经济总量的 2/3（U. S. Census Bureau，2010）。

进一步分析个人消费，我们可以发现其中 61%为服务消费，10%为耐用品消费，其余 29%则是易耗品消费。服务包括医疗服务、教育服务、金融服务和食品服务。**耐用品**（durable goods）是指消费期较长（通常超过一年）的商品，如汽车、家电和家具。**易耗品**（nondurable goods）则是指消费很快、生命期较短的商品，如日用百货、服装、唱片、药品和杂货等。

"商品"和"服务"之间的分界并不总是那么明显，而且正在渐渐模糊。实物商品的制造商和零售商也开始为消费者提供能够增加商品价值含量的支持服务。很难想象高科技产品的售价中不包含高昂的服务成本在内。在套装软件市场，"基于产品的服务"已经成为发展潮流。微软的 Windows、Office 系列产品的用户都可享受通过微软的各个网站提供的附加增值服务。向服务收费，特别是采取每月订阅收费的方式，能够为厂商带来高额的利润。例如，担保、保险、售后维修和消费信贷都在渐渐成为制造商和零售商的一大利润源泉。现在，我们知道了零售商品中也含有多种服务，但本章讨论的零售商品只涉及实物商品，零售商是指那些向消费者出售实物商品的商家。

9.1.1　零售业

零售业是由各类不同的企业组成的。图 9—1 将零售商分为 8 种主要类型：耐用品、日用百货、杂货、专卖店、汽油燃料、餐饮、MOTO 和网络零售。

每类零售商都可以在互联网中开展业务，但不同零售商对互联网的利用程度不同。有些餐馆利用网络向人们宣传自己的菜单和地址，还有些餐馆则可接受网上订单并送货上门（虽然这并不是一个非常成功的模式）。消费者通过网络购买的主要是小额易耗品，但耐用品的零售商通常还是将网络看做信息传递工具，并不利用网络直接销售。例如，汽车制造商至今仍未在网上销售汽车，只是通过网络为消费者提供信息，帮助消费者挑选车型。事实上，在 2009 年的一项调查中，几乎 90%的购车者主要关注产品、服务和网站点击率（Microsoft，2009）。

日用百货和杂货在美国零售市场中的份额最大。这两个领域特别是日用百货领域中云集着各大垄断企业。这些商业巨人都已拥有高度自动化的实时库存控制系统（即能够从收银台的 POS 机中提取数据、更新库存记录以及通知供应商目

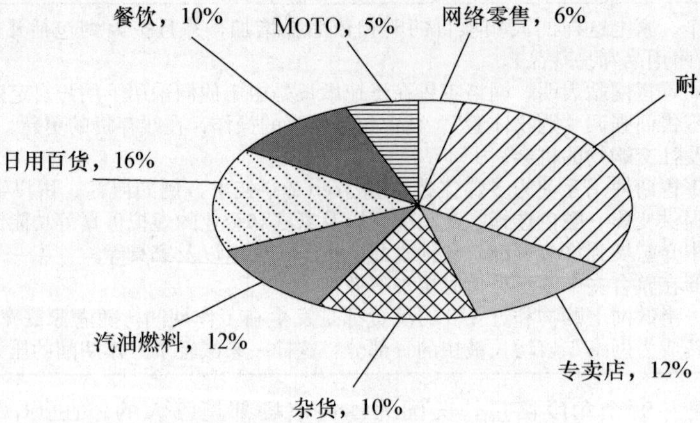

图 9—1　美国零售业的构成

说明：整个零售业由 8 类主要的零售企业组成。
资料来源：Based on data from U. S. Census Bureau，2010.

前库存水平的自动化系统）、庞大的国内客户群以及包含详细购买记录的客户数据库。

日用百货通常与专业零售商形成竞争。现代零售业开始在一个集中的位置成为小型零售商店的集合，客户能够依次访问这些零售商。购物通常指到鞋店、服装店、药店和干货店等走一遭。20 世纪 60 年代，大众市场的百货公司在零售业中发展最快，而在市场中占有小份额的专业商店在实体店中发展最快。Gap、Banana Republic、Athlete's Foot、Sports Authority、Victoria's Secret、Staple 以及其他商店在市场细分策略的基础上，形成了国际连锁商店。专业零售的成功取决于为每个细分市场创造独特的产品，提供强大的客户服务，同时提供具有吸引力的购物体验以支持品牌形象。

MOTO 零售商与网络零售商最为相似。虽然没有自己的店面，但 MOTO 零售商依然能够向千家万户散发各种商品目录（这是其成本最大的一个环节）并通过大型电话呼叫中心接受订单。MOTO 零售商还拥有非常高效的配送中心，通常在 24 小时之内就可将商品送到消费者的手中。MOTO 是在 20 世纪七八十年代发展最快的零售企业。其发展是国内免费呼叫系统改进和长途电话费用下降的直接结果，当然也离不开银行信用卡业及其他相关技术的发展。如果没有这些相关技术的推动，无论是 MOTO 还是电子商务，都不可能将触角延伸至全国的角角落落。MOTO 是电子商务之前零售业的最后一次技术革命。由于 MOTO 零售商在处理小订单方面的经验，它们在电子商务竞争中处于有利地位，并且向电子商务企业转型也不会有太大困难。

9.1.2　网络零售

网络零售也许是电子商务中最引人注意的一种形式。在过去的 10 年中，网络零售经历了飞速发展和全面萧条两个极端。

现在，许多网络零售市场的拓荒者都已不复存在，其余一些也在为生存苦苦挣扎。显然，企业家和投资者当初都不知道应当如何在这一市场取得成功。不过，抛开失败不谈，网络零售在电子商务发展历程中的地位仍然是非常重要的。

第一代电子商务时期：美好愿景

在第一代电子商务时期，网络零售成为美国经济中增长潜力最大的一个领域，数以千计的网络零售商也因此纷纷涌入这个巨大的市场。许多企业家最初都认为进入零售市场是很容易的。当时，人们普遍预期占据美国经济大半江山的零售业必将发生称为"数字风暴"的重大变革，正如两位咨询专家在一本著名的哈佛商学院教材中强调的（Evans and Wurster，2000）。认为要发生变革的依据主要有4个。第一，由于互联网大大降低了检索成本和交易成本，所以消费者将利用网络来寻找成本最低的商品。结果就会导致消费者逐渐向网络转移，在网上购物，造成只有那些价格低、服务好、质量高的网络零售商才能生存。这里，经济学家假定网络消费者都是理性的和追求低成本的行为人，不受附加价值和品牌等非理性因素的影响。

第二，网络零售市场的进入成本远远低于现实中开设零售门店的支出，网络零售商在营销和订单履行方面也比传统零售商的效率更高。人们还认为建立一个功能齐备的零售网站要比搭建仓库、配送中心和实际店铺便宜很多。由于相关技术人所共知，而技术成本也以每年50%的速度下降，因此订单输入系统、购物车系统及订单履行系统的开发并不困难。甚至人们还认为在网上获得客户的成本也非常低，因为搜索引擎几乎可以立即就把消费者与网上商家联系到一起。

第三，随着价格的下降，传统零售商会被赶出市场，而亚马逊等新兴企业将会取而代之。人们认为只要网络零售商动作迅速，就会获得先发优势，把反应迟缓的传统商家关在网络零售的大门之外。

第四，在电子产品、服饰及数字内容等领域，制造商或分销商会直接与客户建立关系，不再需要零售中间商或中间人的帮助，市场也将朝着非居间化的方向发展。在这种情况下，传统的零售渠道——商店、售货员及企业的销售部门——将会被单一的网络渠道取代。

另一方面，很多人还预测会出现一种建立在虚拟企业概念基础上的超级中介。在将仓储和订单履行等职能外包给专业公司处理之后，这种超级中介可以获得比传统零售商更多的优势。这一理念起源于亚马逊和Drugstore.com。

但是，正如后来的实际情况，这些美好愿景中没有几个成为现实。美国的零售市场结构并未出现"数字风暴"、非居间化或其他堪称变革的变化。网络零售作为一个独立平台，也未能成功培育出"单渠道"纯网上企业。事实证明，网络消费者并不是价格驱动的，相比之下，品牌、诚信和送货时间显得要比价格更为重要（Brynjolfsson，Dick，and Smith，2004）。

互联网为那些已经拥有线下品牌的多渠道公司创造了一个全新的场地，在某些情况下，互联网支持纯线上厂商的发展，包括日常百货和专业零售商。正如所预测的，网络零售取得了快速发展，并且形成了动态的销售渠道。互联网为亿万消费者提供了新的购物场所，方便他们购物。互联网也为那些具有新型商业模式的公司——如蓝色尼罗河提供新的机会。在线销售渠道可能会与其他渠道——直接销售、实体店和邮购发生冲突，但这种冲突是可以管理的，可以形成更强的销售渠道。

今天的网络零售业

虽然网络零售的整体规模不算很大，只占目前全部零售市场的6%，但始终保持着极快的发展速度，每天都有新的服务和新的产品出现（见图 9—2）。由于经济萧条，2009 年的零售收入与 2008 年相比有所下滑。但是，零售商预计在 2010—2014 年间零售收入将以每年 10%～15%的增长率增长。我们所说的网络零售收入并不包括网上服务收入，网上服务收入包括旅游、求职以及应用软件和音乐的下载所带来的收入等。本章所讲的网络零售主要指网上实物的销售。网络零售给零售商既带来了机遇，又带来了挑战。表 9—2 总结了一些机遇与挑战。

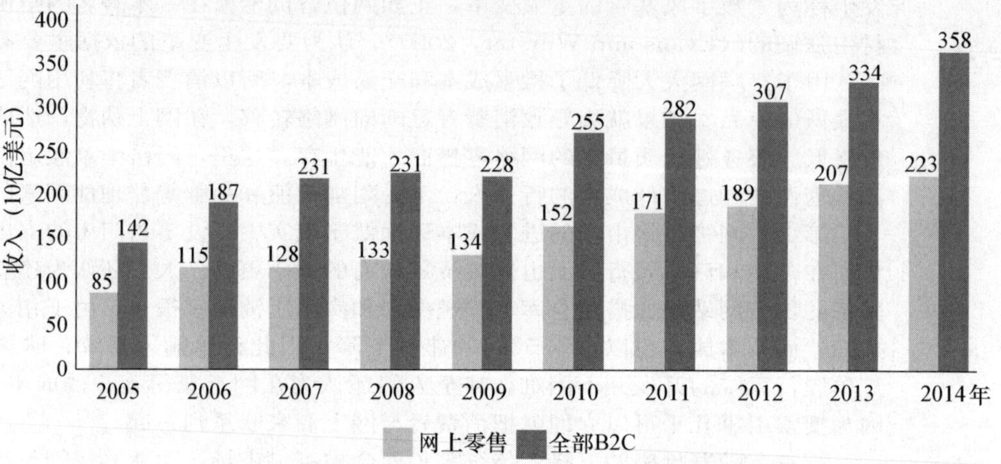

图 9—2 网络零售和 B2C 电子商务的发展趋势

说明：2009 年的零售收入与 2008 年相比有所下滑，预计 2010 年将达到 1 520 亿美元，2014 年将达到 2 230 亿美元。2014 年全部 B2C 电子商务收入（包括旅游、其他服务以及数字产品的下载）将达到 3 580 亿美元。

资料来源：Based on data from eMarketer，2010a；author estimates.

表 9—2 网络零售的机遇和挑战

机遇	挑战
● 整合需求，降低供应链成本，增强购买力 ● 网上销售成本低于实体店销售成本 ● 能够接触并且服务更多的在地理上分散的消费者 ● 能够快速对消费者的需求做出反应 ● 能够立即对价格做出改变 ● 能够快速对商品描述做出改变 ● 节省了散发传单和邮件的直接营销成本 ● 增加了个性化和定制化的机会 ● 增强了向消费者传递信息和知识的能力 ● 能够降低消费者市场交易成本	● 消费者关心的是交易的安全性 ● 消费者关心网上个人信息的私密性 ● 与实体店购物相比，网上购物的到货时间较长 ● 退货不方便 ● 需提高消费者对网上品牌的信任度 ● 增加了网上图片、音频和动画的成本 ● 增加了网上营销的成本，如搜索成本、电子邮件成本、网上展示成本 ● 增加了产品供应和顾客服务的复杂性 ● 更多的顾客信息带来价格竞争、更低的利润

尽管早期网络零售的成功率很低，但网络消费者却在增多。对于绝大多数消费者来说，网购是利大于弊的。2010 年，估计大约有 72%的 14 岁以上的网民（大约 13 350 万人）在网上购物，网络零售额达到 1 520 亿美元。美国已有大约 71%的人口在使用网络，新网民数量也不会像之前那样快速增加，但这不会阻碍零售电子商务的增长，因为每个网购者每年将会花更多的金钱和时间在网上寻找新的购买对象。例如，2003 年平均每个网民在网上的消费为 675 美元，到 2010 年增长到 1 139 美元（eMarketer，Inc.，2010a，2005）。第 6 章讲到，很多消费者在网上选择产品

时，会受其在实体店消费的影响。

随着消费产品的不断增加，最大的受益者不仅仅是纯粹的网络公司，也包括那些依靠品牌认可、支持性基础设施和金融资产成功进入网络市场的线下零售商。表 1—7 列出了网络零售企业的排名。其中包括以网络为单一渠道的零售商，如亚马逊（排名第 1 位）和新蛋（排名第 11 位）；也包括以线下实体店为主、网络为辅的多渠道零售企业，如 Staples（排名第 2 位）、Office Depot（排名第 5 位）、沃尔玛（排名第 6 位）、OfficeMax（排名第 7 位）、西尔斯（排名第 8 位）、百思买（排名第 10 位）、杰西潘尼（排名第 17 位）；还包括电脑和电子设备制造商，如戴尔（排名第 3 位）、苹果（排名第 4 位）和索尼（排名第 14 位）。其中排名前 15 位的零售商的网络零售额占全部网络零售额的 40%之多。由于单一渠道的网络零售商对网络具有很大的依赖性，它们面临的挑战就是如何将浏览者变成消费者，同时采取有效的措施获得长期利益。由于传统企业很少依赖网上销售，因此它们面临的最大挑战就是将线下渠道与线上渠道进行整合，以使消费者能够在不同的环境中进行选择。

多渠道整合

2010—2011 年未来电子商务最重要的零售主题之一就是，传统企业如沃尔玛、塔吉特、杰西潘尼、Staples 及其他公司有能力将网上经营与实体店经营整合起来，以便提供“综合性购物的客户体验”，同时充分利用自己实体店的价值。表 9—3 列出了一些整合方式。这张表不能概括所有的方式，零售商可以在不同方式之间整合形成新的方式。

表 9—3　　　　零售电子商务：多渠道整合方式

整合类型	说明
网上下订单，实体店提货	很可能是第一种整合方式
网上下订单，商店导航	当网上商品断货时，提示顾客实体店的库存和地址
实体店下订单，送货上门	实体店缺货时，顾客网上下订单，只需在家等待收货，前提是顾客会上网
店员下订单，送货上门	与上面的相似，需要零售业务员检查库存，保证库存在正常水平
网上下订单，商店退货或换货	网上订购的商品可以退回到任何一家商店
网络目录	网上目录零售是对线下目录零售的补充，同时网上能够展示更多的商品
网络促销将顾客引向零售店	像 Colgate-Palmolive 和宝洁这样的消费品公司，利用网络渠道进行产品的设计和营销
商品卡和积分卡可以用在任一种渠道中	顾客可以用商品卡和积分卡在实体店或者网上消费

多渠道整合的另一个重要组成部分就是快速发展的移动商务。2010 年，移动商务成为网络零售的重要组成部分。消费者能够随时随地浏览商品、比较价格。例如，eBay 通过 iPhone 应用程序和移动商务网站公布其在 2009 年的销售收入达 6 亿美元，估计 2010 年达到 15 亿美元（Internet Retailer，2010）。零售商预计，2011 年以后销售额会持续增长。

除了非中介结构，网络零售中介结构在零售业的发展中发挥了强大作用。传统零售商也快速获得了网上市场份额。越来越多的消费者被稳定的、知名的、可信赖的零售品牌和零售商吸引。网上受众对品牌很敏感（正如第 6 章所描述的），他们并不主要是选择低成本的商品，其他因素也同样重要，如可靠性、信任、履行和客户服务。

9.2 分析网上企业的生存能力

我们将在本章和下一章对代表特定电子商务模式的各类网上企业的生存能力进行分析。我们主要对这些企业的中短期（1～3 年）经济生存能力及业务模式感兴趣。**经济生存能力**（economic viability）是指企业在一定时期内作为有盈利的商业企业生存下来的能力。我们将采用战略分析和财务分析这两种业务分析方法来回答与经济生存能力有关的问题。

9.2.1 战略分析

与经济生存能力相关的战略同时涉及企业所处的行业以及企业本身（见第 2 章 2.2 节和 2.5 节）。关键的行业战略因素是：

● 进入障碍：新进企业是否会受到过高的资本成本或知识产权壁垒（如专利保护和版权保护）的阻碍而无法进入该行业？

● 供应商的力量：供应商能否一手控制高价格？企业能否在多个供应商之间进行选择？企业是否达到足够的规模与供应商讨价还价以获得低价？

● 消费者的力量：消费者能否在多个相互竞争的供应商之间进行选择，从而使供应商无法抬高价格、获得高额利润？

● 替代品的存在：产品或服务提供的功能是否可从其他渠道或其他行业的竞争产品中获得？替代商品和服务是否会在近期出现？

● 行业价值链：行业中生产链和销售链的改变对企业有利还是有弊？

● 行业内的竞争特点：行业内部的竞争是以产品和服务的差异化、低成本、扩大范围为主，还是以聚焦战略为主？行业内的竞争特点有何变化？这些改变对企业是否有利？

与企业及其相关业务特别有关的战略因素包括：

● 企业价值链：企业采用的业务流程和运营方式能否使企业的运营效率达到业内最高？技术的变革是否会迫使企业重组业务流程？

● 核心竞争力：企业是否拥有他人无法轻易模仿的独特竞争力和独特技能？技术变革是削弱还是加强了企业的竞争力？

● 他人配合：企业是否能够利用自己的下属企业或其他战略合作伙伴和联盟企业的竞争能力和资产帮助自己？

● 技术：企业是否掌握了能随需求增长而不断扩大规模的相关技术？企业是否掌握了能够确保企业得以生存的运营技术（如客户关系管理系统、订单履行系统、供应链管理系统、库存控制系统和人力资源管理系统）？

● 社会与法律挑战：企业是否已经采取措施来解决消费者的信任问题（隐私保护和个人信息安全）？企业是否会由于受到起诉，如知识产权的诉讼，而影响自己的业务模式？企业是否必须提前做好准备，以应对互联网税收法规变化或其他可预见的法律法规的变化？

9.2.2　财务分析

战略分析可以帮助我们了解企业的竞争现状，而财务分析则可以帮我们了解企业的实际运营状况。财务分析主要包括两个部分：一是运营状况分析；二是资产负债分析。运营状况分析能够揭示出企业盈利或亏损了多少；资产负债分析揭示出企业有多少资产用于现在和将来的运营。

下面是一些关于运营状况分析的关键因素：

● 收入：收入是否增长？以何种速度增长？网络作为一种新型渠道，许多电子商务公司已经经历过爆炸式的增长。

● 销售成本：与收入相比，企业的销售成本是多少？销售成本一般包括产品销售成本和相关成本。销售成本越低，毛利越高。

● 毛利润率：企业的毛利润率是多少？是上升还是下降？**毛利润率**（gross margin）由毛利润除以销售净额得到。毛利润率反映了一个企业是获得还是失去了市场控制力。

● 经营费用：企业的经营费用是多少？是增加还是减少？经营费用一般包括销售成本、技术成本和管理成本。按照专业会计标准（见下文），还包括员工和管理人员的股票分红、商誉和其他无形资产摊销以及投资减值。对于电子商务公司来讲，这些费用是很重要的。一些电子商务公司用公司股票（或股权）来补偿自己的员工，一些公司通过兼并其他公司来发展自己。许多公司使用公司的股票而不是现金来购买一些高价值的东西，在许多情况下，有可能会导致公司的市场价值大幅下跌。

● 经营收益率：当前企业的经营收益率是多少？**经营收益率**（operating margin）是由经营收入（或亏损）除以销售净额所得。经营收益率反映了企业将销售额转变成税前利润的能力，也说明了企业当前的经营能否弥补经营费用（不包括利息费用和其他非经营费用）。

● 净利润率：**净利润率**（net margin）是指企业扣除全部费用之后的收入占毛收入的百分比，可以通过净收入或净亏损除以销售净额求得。净利润率集中显示出企业从每一美元销售额中获利的情况。同时通过测量销售收入占毛收入的百分比，来衡量公司的经营效率。净利润率需要考虑许多非经营费用，如利息和股票期权等。

根据一般公认会计原则（GAAP，主要是由国际会计标准委员会制定），网络公司不会公布它们的净收入，在对电子商务公司进行财务分析时，意识到这一点是很重要的。早期的电子商务公司采用一种新的核算方式，称作预估盈余（也称作EBITDA，即未计利息、税项、折旧及摊销前的利润）。预估盈余并不扣除股票分红、折旧以及摊销费用。这样一来，预估盈余的核算方式要比 GAAP 认定方式好些。以这种方式核算的公司通常宣称，这些费用不是经常发生的。美国证券交易委员会（SEC）颁布新的指导方针（G 号文件），禁止公司向 SEC 报告预估盈余，但仍允许公司在公开声明中公布预估盈余（Weil，2003）。在本书中，我们将依据 GAAP 来衡量一个公司的收益或损失。

资产负债表（balance sheet）能够为我们提供截至某一天的企业资产和负债的

简要财务描述。**资产**（assets）是指企业所有有价值的东西。**流动资产**（current assets）是指现金、债券、应收账款、存货以及其他能在一年内变现的投资。**负债**（liabilities）是指企业的未清偿债务。**流动负债**（current liabilities）就是必须在一年内偿还的债务。而在一年或者一年以上才需偿还的债务叫**长期负债**（long-term debt）。只要比较一下企业的流动资产和流动负债，就能立刻了解企业短期内的财务安全状况。如果流动资产少于流动负债或只比流动负债多一点，企业就很可能遇到短期债务偿还的麻烦。相反，如果企业拥有大量的流动资产，那么它就能维持长期的经营费用。

9.3 电子商务实例：网络零售的业务模式

到目前为止，我们只对网络零售的整体状况进行了讨论。其实，正如我们在第2章中提到的，网络零售的业务模式共有四种主要类型：虚拟商家、多渠道销售商（有时称作鼠标加水泥型）、网上目录销售商以及制造商直销。另外，在eBay、亚马逊和雅虎商城上存在着许多夫妻零售店，还有一些加盟商（主要依靠其网站的访问流量来获得收入）。不同类型的网络零售商面临不同的战略环境，行业和企业的经济状况也完全不同。

9.3.1 虚拟商家

虚拟商家（virtual merchants）属于单渠道的网上企业，收入几乎全部来自网上销售。虚拟商家在制定经营战略时面临非常特殊的挑战：它们都是白手起家，身处全新的渠道之中，还面临诸多虚拟商家的激烈竞争（特别是低价值的小商品领域），只有快速开展业务并打响品牌才能生存。这些企业一般无须承担建立和维护实体店铺的成本，但建立/维护网站和开展营销所需的开支同样惊人。此外，虚拟商家获取客户的成本也非常高，学习曲线非常陡峭。与其他零售企业一样，虚拟商家的利润（零售价与成本之间的差额）很低。因此，虚拟商家必须达到足够高的运营效率，才能保证获得利润，同时必须尽快打响品牌以吸引到足够数量的客户，才能弥补其经营成本。采用这种模式的商家都采取降低成本和方便客户的策略，再加上非常高效的履行过程，以确保客户尽快收到自己所购买的商品。在下面的电子商务实例中，我们将深入分析亚马逊的商业策略和财务状况。除了亚马逊之外，其他成功的虚拟商家有Newegg、Netflix、Zappos（现在是亚马逊的一部分）、Drugstore.com、Buy.com、Blue Nile、Bluefly、Bidz.com，以及eBags.com。

电子商务实例

Amazon.com

亚马逊是网络上最有名的纯网络商家之一。亚马逊的创立者杰夫·贝佐斯曾在公司年终报告中声明，亚马逊的目标就是“提供全球最多的选择，成为全球最大的消费者服务公司”，在这里商品应有尽有。让消费者和投资者明确这一目标，仍然是个关键问题。但这一点并不能阻止贝佐斯和他的团队成为网络上最成功、最富创新力的零售商。

很少有商业公司有过从早期快速增长，到巨大亏损，再到盈利的经历。亚马逊的股票价格恰能反映它过去 10 年的变化，从 1999 年每股 106 美元，下跌到 2001 年每股 6 美元。之后股价上涨，在 2003—2009 年，其股价在 50～90 美元之间徘徊。2010 年 9 月，股价又攀升到 140 美元。这一变化说明了亚马逊是网络中的幸存者，它很有可能会在长期取得更大成功。2002 年秋季是亚马逊的第一个盈利季度，2003 年是其盈利的第一年。尽管经历坎坷，亚马逊仍然是电子商务历史上最富创新力的零售商之一。在电子商务早期，亚马逊就根据自己的市场经验和对网上消费的远见形成了自己的商业模式。

愿景

杰夫·贝佐斯和他的朋友的最初想法是，互联网给商务带来了新的革命，并且只有大公司（不考虑盈利）才有可能生存下去。贝佐斯认为，要成功则需要做到三点：价格低廉，选择多样，以及便利服务（快速可靠的执行、方便的操作等）。现在，亚马逊向消费者提供包括新的、旧的及可收集的类型在内的多种选择，分成 13 类：书籍；视频、音乐和游戏；数字下载；电子书产品；电脑和办公软件；电子产品；宠物用品；日常用品；儿童玩具；服装首饰；运动和户外产品；工具类以及家用产品。如果在亚马逊上找不到你要的产品，它会向你提供相关产品的信息，如谁拥有你想要的产品。简而言之，亚马逊已经成为网络上最大的零售商之一，其“购物平台”与“产品搜索”功能的结合使其能够与其他大型网络零售商（如 eBay）和提供搜索引擎服务的公司（雅虎、MSN 甚至是谷歌）相竞争。虽然亚马逊已经成为世界最大的网上商店，但其最初成为网络上最大的产品供应商和搜索服务提供商的愿景仍需继续实践。

商业模式

现在亚马逊的商业范围可分为两个基本的部分——北美市场和国际市场。在这些市场上，亚马逊不仅服务于消费者，也服务于商家。其零售业务与传统零售商一样，就是向消费者出售产品。

亚马逊商业模式中另一个重要组成部分是第三方厂商。第三方厂商能够将自己的产品放到亚马逊的网站上，同时能够使用亚马逊的客服技术。早期，亚马逊与大型厂商（如玩具反斗城、Borders 和塔吉特）合作，并在其网站上为这些商家提供店面。尽管其仍然向 Bebe、OshKosh B'Gosh、Yimex 和马狮提供网上服务，但现在越来越多的厂家成了亚马逊的竞争对手（塔吉特宣称将在 2011 年终止与亚马逊的合作）。亚马逊也开始把注意力转向中小零售商。

许多厂商已经与亚马逊签署了协议，即使在竞争环境下也要向其提供产品。例如，在亚马逊的网站上可以看到，一件男士用品可以是亚马逊提供的，也可以是知名商家如塔吉特提供的，还可以是一些小型独立厂商提供的。对于这些厂商来说，亚马逊并不是销售情况的记录者，也不是产品拥有者，更不会充当产品运输的第三方（即使有时其提供了执行服务）。亚马逊的主要收入来源于固定的月租费、销售佣金（通常为销售额的 10%～20%）、单位产品的交易费用等。亚马逊只是扮演了网上商店的角色，从中收取“租金”并向厂商提供服务。

eBay 是网上最成功的第三方交易平台，能同时容纳 9 000 万人进行在线交易。在许多方面，亚马逊的第三方销售部分能与 eBay 进行正面竞争。另外，亚马逊也拥有了自己的支付币（用于亚马逊结账）。同时，eBay 开始向亚马逊的商业模式转变，也鼓励厂商销售产品，而不仅仅是在自己的网站上进行拍卖。（“Buy It Now”、eBay 实体店以及其他定价销售占 eBay 全部销售的 53%。）

亚马逊商业模式中另一个重要成分是亚马逊网上服务（Amazon Web Services，AWS）。亚马逊向厂商提供了多种服务，厂商可以直接访问亚马逊的技术平台，也可以在技术平台上建立自己的应用。2002年公司实施了这一措施，5年之后，亚马逊拥有20万家建立了自己的应用和服务的厂商，强化了公司的业务。然而，贝佐斯并不满足于此。2006年，亚马逊首次对多种服务进行整合，贝佐斯希望通过整合多种服务使亚马逊的商业之路走得更远。借助简单存储服务（Simple Storage Service，S3）和弹性云计算（Elastic Compute Cloud，EC2），亚马逊进入了有效计算市场。公司意识到在技术上投资20亿美元是大有价值的。亚马逊拥有巨大的能力，但与其他公司一样只使用了很小的一部分。亚马逊开始“出售”自己的计算能力，就像电力公司销售电能一样。

S3是一种数据存储服务，其设计的初衷是使万维网规模的计算操作起来更容易，同时也可以减轻开发者的负担。客户可以将数据存储在亚马逊的网络硬盘上，在50 TB以内每GB只收取15美分，超过50 TB的部分将会有优惠。此外，传入的数据每GB收费10美分；输出的数据每GB收费15美分，输出数据总量超过10 TB将会有优惠。与S3共同作业，EC2可使商家利用亚马逊的服务器进行计算任务，比如测试软件。如果使用EC2完成Linux/Unix任务，每小时收费8.5美分，完成Windows任务则收取12美分。使用EC2就相当于为用户提供了一台计算机（1.7 GB的内存、160 GB硬盘、1.0～1.2 GHz奔腾处理器和250 MB的网络宽带）。另外，亚马逊还提供其他一些基础网络服务，如简单队列服务（Simple Queue Service，SQS）、SimpleDB、CloudFront和Elastic MapReduce。

除了上述网络服务，亚马逊还提供虚拟私有云（Virtual Private Cloud，VPC），能够在企业IT设施和亚马逊云之间建立VPN。灵活付款服务（Flexible Payments Service，FPS）为开发者提供了支付服务。DevPay是一种网上账单管理服务，能够服务于创建亚马逊云应用的开发者。执行Web服务（Fulfillment Web Services，FWS）允许商家通过一些简单的Web服务接口获取亚马逊的执行能力。

尽管亚马逊在其财务报告中没有说明收入状况，分析者认为AWS在2010年为其创造了5亿～6.5亿美元的价值，在接下来的3年内将会增长到10亿美元。如果预测准确的话，这一数字表明亚马逊已成为“基础服务市场”的领军者。尽管在AWS方面取得了巨大成功，亚马逊仍继续关注销售产品的收入。2009年，从书籍、CD、DVD以及音乐产品中获得的收入大约占全部收入的52%，而电子产品和其他零售产品的收入只占45%。

除了在美国有Amazon.com，亚马逊在日本、德国、英国和加拿大建立了当地的网站。然而，国际业务取得的成功并没有获得较多关注。例如，2009年，亚马逊从国际业务中获得了117亿美元的收入，占全部毛收入的47%。2009—2010年间，亚马逊继续研发新技术和Kindle的新版本，同时开发了iPad、黑莓以及安卓的应用程序。来自亚马逊的报告显示，Kindle成为其最畅销的产品。

财务分析

亚马逊的收入从1998年的6亿美元增长到2009年的245亿美元。在过去3年，其收入增长了65%（见表9—4）。这种收入增长是爆炸式的。为了促进销售，亚马逊宣称超过25美元的订单可以免运费，这一点增加了其运营成本，降低了净利润率。然而，亚马逊能够通过关注运营成本和扩大市场来弥补低价策略和免运费政策所带来的成本。尽管2009年销售额增加了28%，但其市场成本一直保持在占收入2%的水平。管理成本也一直控制在较低的水平，大约占收入的1%。这就意味着市场和管理成本的增加并不会引起收入的减少。但净利润一直处

表 9—4　　亚马逊公司 2007—2009 年经营业绩合并报表与资产负债表摘要数据　　单位：千美元

亚马逊公司经营业绩合并报表

	2009 年	2008 年	2007 年
收入			
销售净额	24 509 000	19 166 000	14 835 000
销售成本	18 978 000	14 896 000	11 482 000
毛利	5 531 000	4 270 000	3 353 000
毛利润率（%）	22.5	22	23
经营费用			
营销	680 000	482 000	344 000
发货	2 052 000	1 658 000	1 292 000
技术与网站开发	1 240 000	1 033 000	818 000
一般费用与管理费用	328 000	279 000	235 000
其他经营费用	102 000	24 000	9 000
经营费用合计	4 402 000	3 428 000	2 698 000
经营收入	1 129 000	842 000	655 000
经营收益率（%）	4.6	4.4	4.4
全部非经营收入	32 000	59 000	5 000
税前收入	—	901 000	660 000
预提所得税	(253 000)	(247 000)	(184 000)
权益投资损益（税后）	(6 000)	(9 000)	—
会计准则调整前的收入		—	476 000
净收入（亏损）	—	645 000	476 000
净利润率（%）	3.7	3.4	3.2

资产负债表摘要

12 月 31 日	2009 年	2008 年	2007 年
资产			
现金与现金等价物	6 366 000	3 727 000	3 112 000
全部流动资产	9 797 000	6 157 000	5 164 000
资产总计	13 813 000	8 314 000	6 485 000
负债			
全部流动负债	7 364 000	4 746 000	3 714 000
长期负债及其他	1 192 000	896 000	1 574 000
周转资金	2 433 000	1 411 000	1 450 000
股权收入（赤字）	5 257 000	2 672 000	1 197 000

资料来源：Amazon. com，Inc.，2010.

于忽高忽低的水平，2003 年只增长了 0.7%，2004 年达到 8.5%，2009 年又降到 3.7%。净利润的下降主要与免运费有关，但从亚马逊的财务状况综合分析，可以看出现在的情况要比之前有很大改观。

过去 3 年的资产负债表更能说明亚马逊的一些财务问题。2009 年 12 月底，其现金和证券的市场价值大约为 63 亿美元，全部资产总额达 138 亿美元。公司比较注重现金流，这表明其有充足的现金偿还短期负债。

2009年，亚马逊继续减少长期负债，年末时只有1.09亿美元的长期负债。

战略分析——商业战略

亚马逊制定了一系列商业战略来增加销售额。其盈利策略有：促进电子书的销售，增强网络服务，以及扩大第三方交易平台等。在过去3年，亚马逊建立了许多网店，如户外娱乐网店，掌上网店，有关运动产品、珠宝、手表和个人健康产品的网店，软件产品网店等。实践表明，这些网店的发展相当之快。亚马逊是继沃尔玛、eBay之后的又一典型例子，它试图成为大型的、低价的多样产品的网上超市，顾客能买到其想买的任何产品。在这种环境下要实现盈利，亚马逊除了继续提供优质的客户服务和免运费政策之外，还要加强供应链管理和战略执行。

增加零售收入的策略就是继续实施免运费政策，同时提供更多的产品选择，缩短订单执行的时间。网上消费者经常受高运费困扰，并且等待货物时间较长。2009年，亚马逊宣称7个城市的消费者可以当天收到货物，并且不加收额外的费用。

2009—2010年，亚马逊还进行了战略性的收购，收购了Zappos. com（知名的网上鞋商）和Woot. com（拥有自己的原创品牌）。

亚马逊正向移动购物进军，分别在2008年12月、2009年4月、2009年8月、2010年5月，开发了iPhone、黑莓、安卓和iPad的购物应用程序。2010年7月杰夫·贝佐斯就注意到，在前12个月内消费者通过移动设备在亚马逊上的购物金额超过了10亿美元。2009—2010年度，亚马逊加强了在Kindle及其新版本（Kindle 2，Kindle DX，Kindle 3G/Kindle Wi-Fi）上的无线技术投入。截至2010年8月，在Kindle商店上可以阅读超过63万种图书。

在成本方面，过去3年亚马逊实施了一些重要的措施来降低成本。最重要的措施有雇用专业人员对其6个仓库进行管理，最优配置运输数量等。同时，公司越来越多地使用第三方物流，这样亚马逊卡车只需要将包裹运送到美国邮政系统中心。

战略分析——竞争

亚马逊的竞争对手主要是那些从事线上和线下交易的大型商家。这些竞争对手既包括网络公司eBay，也包括像沃尔玛、西尔斯和杰西潘尼这样的多渠道零售商。在某些方面，亚马逊也与像L. L. Bean和Lands' End这样的目录零售商形成竞争。作为最大的网络零售书店，亚马逊难免与Barnesandnoble. com产生竞争。到目前为止，MSN、雅虎也开放了自己的网上商店，毫无疑问，这肯定会与亚马逊相竞争。另外，亚马逊还会与一些提供网上服务的企业形成竞争。2007年，亚马逊开始出售MP3，这必然会与音频服务商如iTunes、Netflix、Blockbuster等争夺市场。2008年9月，亚马逊推出了自己的视频服务，能够提供75 000多个视频和电视节目，同时可以下载到PC和Tivo存储盒中。2009年4月，亚马逊提供高清的视频和电视节目服务。

战略分析——技术

那些说"IT并不重要"的人其实并不了解亚马逊。亚马逊拥有很强大且很专业化的网络零售技术。亚马逊已经利用自己的技术，建立了网站管理、客户互动、业务处理及履行服务等系统。这些系统能够满足消费者的订货需求，并对每一个订单进行跟踪。2009年，亚马逊在技术上投资了12亿美元，2010年也投入了同样数额的资金。

战略分析——社会和法律挑战

2009年，亚马逊与之前合作伙伴玩具反斗城的长期诉讼终于结束。玩具反斗城起诉亚马逊侵犯了自己的专利权，而亚马逊最终向玩具反斗城赔偿5 100万美元。亚马逊依然面临有关商业方面的诉讼。

未来展望

亚马逊已经通过提高经营效率和销售增长来改善自己的财务状况。2009年，净销售额增长了28%，达到245亿美元；净收入增长了大约 40%，达到 9.02 亿美元。2010 年第 2 季度，亚马逊在净销售额、营业收入、净收入方面都比前一年有较大增长。2009 年上半年销售收入达到 95 亿美元，而 2010 年则为 137 亿美元，净收入也从 3.19 亿美元上升到 5.05 亿美元

与零售巨头沃尔玛相比，亚马逊还需继续努力，因为其净利润率很低。虽然亚马逊获得了巨大利润，但它还有很长的路要走。

9.3.2 多渠道零售商：鼠标加水泥型

鼠标加水泥型零售商（bricks-and-clicks），又称多渠道零售商，是指既将实体店铺作为主要零售渠道，又通过互联网出售商品的零售商。鼠标加水泥型零售商如沃尔玛、西尔斯、杰西潘尼、Staples、Office Max、好市多、Macy's、塔吉特以及其他商家都属于多渠道零售企业。虽然鼠标加水泥型零售商面临着实体店铺和大量销售人员带来的高昂成本，但也在品牌、国内客户群、仓库、规模（较大规模也可以帮助商家制衡供应商）以及训练有素的员工等方面具有优势。由于它们的名称尽人皆知，因此寻找客户的成本极低。不过，它们也面临着多种挑战，包括协调不同渠道中的商品价格，处理网上购买商品的网下退货等。但是，这些零售商已经习惯在微薄的利润下经营，习惯斥巨资进行采购，习惯通过库存控制系统来控制成本，习惯对多个销售渠道的退货进行协调。此外，如何在网络环境中充分利用自己的竞争优势和现有资产，如何建立可靠的电子商务网站，如何雇用掌握新技术的员工，以及如何建立快速响应的订单输入和履行系统等，这些都是鼠标加水泥型零售商所面临的挑战。2009 年网络零售额达到 500 亿美元，几乎占全部零售额的 40%。此外，网店的数目还将继续增加（Internet Retailer，2010）。

JCPenney. com 就是一个鼠标加水泥型零售商的典型代表。2009 年，网络零售 500 强排名中，其排名第 16 位。

杰西潘尼由詹姆斯·卡什·潘尼（James Cash Penney）在 1902 年创建。潘尼最初的想法是，根据一种称作"百货商店"的商业模式来建立一个全国性的连锁店。此外，潘尼预见到目录邮购型的商业模式能够与成功的西尔斯模式相抗衡。目前，杰西潘尼已是最大的全国百货连锁店之一，在美国和波多黎各拥有 1 100 多家百货商店。此外，杰西潘尼也是美国最大的零售公司之一。2009 年 12 月底，杰西潘尼决定停止目录零售业务，这是因为目录零售业务不能满足消费者网上购物的需求（Internet Retailer，2010；Halkias，2010）。

与许多传统零售商一样，杰西潘尼必须改变自己的商业模式以适应互联网时代和消费者需求，要做到这一点就必须加强网上经营。杰西潘尼于 1998 年开通了自己的网站，并把所有目录零售商品转移到网上。百货商店和网上渠道共同服务于"大款"和"暴发户"，还包括年收入在 5 万美元以上的双职工家庭。

在网站 JCPenney. com 上，消费者可以买到居家服饰、珠宝、鞋类、饰品及家具等多种商品。无论消费者在商店直接购买，还是参照商品目录邮购，或是登录网站发出订单，都可以通过商店或邮寄退换商品。的确，将线上和线下的销售和经营进行整合，对多渠道零售商来说非常重要。成功的多渠道零售商的第二个特点就是，了解消费者的偏好以使不同的产品适合不同的渠道。此外，许多项目由于太昂贵而不能在实体店中实施，但是现在可以在网上实施了。

杰西潘尼网上销售的成功也得益于公司精明的决策：公司将20多万种商品搬到网上，从女士内衣到家具应有尽有；通过丰富商品种类、锁定女性消费群体以及提升网站易用性等方式在竞争中确立优势。在多样选择方面，杰西潘尼能够与亚马逊相竞争。通过这一系列措施，杰西潘尼深深吸引了一大批年轻的新顾客，其中有1/4的新顾客甚至从未在公司的百货商店里买过商品。

目前，杰西潘尼已经成功将目录零售业务转移到网上。2009年，网上销售额达到15亿美元，几乎与2008年相同。相比其他业务引起销售额下降5%而言，网上销售的前途是光明的。在这一领域继续不断改进，做亚马逊和eBay不擅长的，杰西潘尼一定能取得长远的业绩（JCPenny，2010；Internet Retailer，2010）。

9.3.3 目录零售商

Lands' End、L. L. Bean、Eddie Bauer和Victoria's Secret等知名**目录零售商**（catalog merchants）一直以面向国内市场的网下目录零售为主要销售渠道，但最近也开始涉足网络零售。杰西潘尼由于也有规模较大的目录零售业务，也可归为此类。目录零售商的印刷和邮寄成本非常高，而且很多商品目录的生命期也非常短暂，需要不断地重新印刷和邮寄。不过，由于目录零售商的运营效率非常高，因此利润率也位居零售业榜首。即使需要，目录零售商也只会开设很少的销售门店。不过，绝大多数目录零售商都拥有集中的发货和电话中心、出色的服务，并同联邦快递（FedEx）和UPS这样的快递公司保持着非常紧密的合作关系。目前，目录公司销售增长率处于下滑阶段，与20世纪80年代30%的年增长率相比明显低了许多，但仍高于一般的零售商。为此，目录零售商必须形成多样化的渠道，要么建立实体店（L. L. Bean），要么被其他公司兼并（西尔斯兼并了Lands' End），或者建立一个强大的网络。

现在，目录零售商与传统零售商一样，也需要把现有资产和能力融入到新的技术环境中，建立可靠网上展示并雇用新的员工。但是，目录零售商也有自己的独特优势，它们已经拥有了非常高效、反应灵敏的订货发货系统。2009年目录零售商的网络零售额将近183亿美元（Internet Retailer，2010）。

LandsEnd. com是网上目录零售商最成功的案例之一。Lands' End成立于1963年，主要销售船艇设备和服装，当时每天最多能处理15个订单。之后其向目录零售进军，每年能销售2亿件目录商品。Lands' End在1995年开通了自己的网站，并上传了100多种商品和一些旅行知识短评。在威斯康星，它已经成为最成功的服装销售网站之一。

Lands' End一直是网络零售技术的引导者，强调个性化和定制化产品。Lands' End的"Get Live Help"功能能够让消费者与客服代表在线交流；"Lands' End Custom"功能能够让消费者定制个性化的服装。尽管在网络零售早期定制服装被人们认为是骗人的，但是现在Lands' End网上销售服装的40%都是定制的。2003年，Lands' End被西尔斯（其在2004年被凯马特收购）收购，但仍作为独立的网络零售部分进行销售。西尔斯已经将许多Lands' End的网上技术运用到自己的网站Sears. com上（Landsend. com，2010）。

9.3.4 制造商直销

制造商直销（manufacturer-direct）是指单渠道或多渠道的制造商绕过零售商

这一中介，直接通过互联网向消费者出售商品。人们曾预计制造商直销将会在电子商务中占据重要地位，但事实并非如此。不过，计算机硬件制造商倒是一个例外。戴尔、苹果、索尼和惠普的总销量已经占计算机网络零售的 70%多。有些制造商在进入互联网之前就有零售经验（如戴尔靠直销起家），而另一些——如惠普——则没有任何直接销售经验。总体来看，消费品制造商的销售额大约占全部网络零售的 12%（大约 150 亿美元）（Internet Retailer，2010）。

正如第 6 章中所论述的，实施制造商直销的企业面临渠道冲突的挑战。由于生产厂商不必负担库存、销售店面和销售人员，因此当传统零售商必须与直销厂商在价格和库存方面直接竞争时，渠道冲突也由此产生。不过，以前没有直接营销经验的厂商也要应对建立快速响应的网上订货发货系统、寻找客户以及按市场需求协调供应链等额外挑战。由于戴尔公司从来就没有零售渠道，在进入互联网之前还建立了一套由供应链管理、电话中心和生产车间组成的“按需生产”定制计算机的业务模式，所以避免了很多麻烦。从**供给推动模式**（supply-push model，没有订单，根据需求预测来生产产品）到**需求拉动模式**（demand-pull model，根据实际收到的订单来生产产品）的转换已经被证明对于传统厂商是极其困难的。因此，对许多商品来说，直销厂商拥有更多优势，如拥有知名品牌和雄厚的客户基础。此外，直销厂商因为自己生产产品，无须与他人分享利润，所以成本甚至比目录零售商还低。因此，制造商直销应该具有较高的利润。

戴尔公司是全球最大的计算机系统直销商，为大型企业、政府、中小企业和个人用户提供计算机产品和服务。公司通过设在得克萨斯州奥斯汀的总部直接接收订单。尽管销售代表可以通过电话、传真和互联网为直接向戴尔公司购买产品的大企业客户、个人和小型企业提供支持，但 2009 年有约 45 亿美元的销售收入来自网上（网络零售 500 强中排名第 3 位）。

当迈克尔·戴尔（Michael Dell）于 1984 年在自己的大学宿舍中创建戴尔公司的时候，就已经有了为顾客定制生产计算机，减少中间环节，更好地满足顾客的技术需求的意识。今天，戴尔公司不仅销售个人计算机系统，还销售企业系统、工作站与便携电脑。此外，安装调试、金融支持、维护修理和管理等服务也是公司业务重要的组成部分。在按单生产这种制造流程的帮助下，公司提高了库存周转率（5天），降低了部件和成品的库存率，从而最终减少了产品过时对公司利润的影响。

直销模式简化了公司的运作，消除了对批发商和零售商的依赖，降低了产品价格，并使戴尔公司能够完全控制自己的客户数据库。此外，戴尔公司组装、运输电脑的速度几乎与直接从库存中出货的目录零售商一样迅速。

为了增加直销模式的利润，戴尔公司正在积极努力，将销售、服务与支持全部转移到互联网上。每月有 1 300 万～1 400 万人访问网站，网站上有专为 80 多个国家定制的页面内容。利用 Premier. Dell. com 服务功能，戴尔公司使企业客户的产品调查、完成订单、商品采购、实时跟踪订单以及查看所有历史记录等需求都能通过网络一站完成。对于小企业客户，戴尔公司也能提供在线虚拟助手、备件订购系统以及能够直接访问技术支持数据库的虚拟帮助桌面等相关服务。在单纯产品销售以外，又进一步扩大业务范围，增加了担保服务、产品整合和安装服务、网络接入、软件、外围设备和技术咨询等“机箱外”业务。这其中也包括与戴尔产品捆绑在一起的、来自世界一流厂商的近 30 000 款软件和周边设备。戴尔公司还通过社交媒介增强网站功能，如创建和维护博客，网上发帖，共享在线照片等。戴尔公司已经在Facebook、MySpace和Twitter上创建了自己的主页，用户可以访问，同时可以在67个国家使用15种语言进行评论（Dell，Inc.，2010；Internet Retailer，2010）。

9.3.5 网络零售的共同特征

前面我们讨论了一些不同类型的企业，从只经营网上业务的新兴企业到已有的老牌商业巨人，应有尽有。网络零售这一电子商务模式确实存在，而且对某些零售商来说非常成功，特别是那些拥有强势品牌的传统零售商。从收入角度衡量，网络零售是零售业中增长最快的销售渠道。此外，客户群增加的速度和多种非必需品销售的占有率增加速度也位居前列。不过，网络零售商现在正处于最困难的时期，没有利润已经成为困扰大家的主要问题。譬如，亚马逊经过8年时间才实现盈利。

现在，大家都已明白网络零售商无法盈利的原因所在。网络零售商的成功关键在于吸引大量的消费者，收取足够高的价格来弥补商品成本和营销成本，开发高效的库存与订单履行系统来提供低于竞争对手的价格并依然保持盈利。但是，早期许多商家都没有遵循这一基本思路，它们或者是将价格压到总的商品和运营成本之下，或者是没有建立高效率的业务流程，或者是在争取客户和市场营销中花费太多。现在，网络零售企业已开始提高价格，同时将某些商品的线上价格与线下价格相匹配。由于网购所带来的便利，消费者也愿意接受较高的价格。

从网络零售的整体来看，非居间化的现象并没有出现，零售中间商也没有就此消失。实际上，除了电子产品和软件市场之外，只有虚拟商家和那些杀入互联网的传统商业巨人真正控制了消费者。除了电子产品之外，其他产品的生产厂商只是把互联网作为一种信息资源来利用，以此推动、鼓励消费者在传统渠道中购买商品。

不考虑亚马逊，诸如沃尔玛、西尔斯、好市多、杰西潘尼、Macy's、塔吉特和诺德斯特龙这样的传统巨头的网络业务发展最快。许多先行一步的纯网络零售商由于无法实现盈利又耗尽了风险投资，在2000—2001年期间纷纷倒闭。传统零售商则是最快的跟进者（虽然很多传统零售商还不算“快”），通过扩展自己的传统竞争优势和资产，最有可能获得真正成功。从这一点上讲，电子商务的技术创新遵从的是与历史上其他技术驱动的商业变革一样的规律，如由汽车、无线电、电视驱动的商务革命都是如此。

要想在网上取得成功，传统商家需要建立一个整合的购物环境，将商品目录、店面和网上销售组合在一起。尽管传统零售商已经在订单履行、库存管理、供应链管理以及其他方面拥有竞争优势，并能把这些优势直接应用到网络渠道之中，同时这些传统零售商已经推出了网上业务，但它们的电子商务经营活动并不见得能盈利。要想在网上取得成功，传统商家还需要扩展品牌，鼓励消费者使用网络渠道，并避免渠道冲突，还要与雅虎、MSN和AOL等门户网站建立合作伙伴关系。

网络零售快速增长的第二个方面就是销售高档、时尚、奢侈品的专业商家如蓝色尼罗河兴起，另外还有一些公司出售打折的电子产品（BestBuy.com）、打折的服装（Gap.com）或者打折的办公产品（OfficeDepot.com）。这些公司都展示了互联网的活力和开放性，同时也拓宽了网上销售产品的范围。许多虚拟厂商已经形成了大量的在线客户基础，同时在线工具也需要拥有客户基础的市场来支持。通过与那些能够增强库存管理和履行服务的能力的同盟者合作，可以强化在线品牌。虚拟厂商需要加强经营实力和效率，这样才有可能有利可图。

无论是纯网络零售商还是那些希望扩大网络零售业务的传统零售商，都将受益于未来新型零售技术的不断发展，譬如高速互联网的发展、潜在客户的发掘、移动商务的应用、改进的购物网站的应用，正如技术透视“网上购物可以货比千家”中描述的。

技术透视

网上购物可以货比千家

早期的想法虽然简单，却描述了电子商务技术的一些特征：网站上列出成千上万种产品，能够供消费者比较产品价格、浏览产品特征以及了解商家信誉；进行比较之后，消费者点击满意的产品，就会进入商家的网站进行购买，商家则向比较购物网站支付中介费以及关键词费。由于这一做法会给商家带来更多的客户以及增加销售量，因此商家愿意接受，也愿意支付相关费用。当然，商家需要将产品价格以及相关信息展示到比较购物网站上。

20 世纪 90 年代中期，一篇有关“网络的潜在用户”的评论就指出了上述做法，并提出了“购物机器人”(shopping robots)。购物机器人通常是指刷新网上价格的搜索引擎，也可称为比较购物网站，现在变得越来越重要。不管未来会出现什么变化，分析人士认为在 2010 年将会有超过 100 家价格比较网站，其中排名靠前的包括 NexTag，PriceGrabber，Shopping. com，Shopzilla/BizRato，Pronto，TheFind，Become 和 Smarter。NexTag 的数据显示，平均每个月有 3 000多万用户在其网站上搜索、比较在线产品和服务。根据电子商务软件和服务提供商 Channel Advisor 的报告，比较购物网站能够使电子商务的收益提升 15%，这一点使其成为零售商的重要渠道。目前，网络零售 500 强公司中有超过 50%的厂商选择比较购物网站（如 Shopping. com，PriceGrabber，以及 Pronto 等）。

大型厂商（如亚马逊）和搜索引擎服务公司（如谷歌和必应）也在发展自身的比较购物能力。这些购物网站通常根据点击率（不管交易是否成功）向加盟商收取费用，因而出现了比较购物优惠券网站（comparison shopping coupon system），如 Wow-Coupons，CurrentCodes 和 FatWallet 等（都是通过促销、优惠的方式提高点击率）。

比较购物网站最初跟踪电子消费品、计算机等的网上价格，是因为这些产品通常由知名制造商生产且具有统一标准，很容易进行比较。以数码相机为例，在电脑上输入变焦范围和价格，然后按下回车键，就会得到一系列数码相机的相关信息，你可以从中精挑细选并且能够查看商家信誉。

在 Shopping. com 上能够查到 6 000 多万种、大约 2 700 个不同品牌的产品，但是几乎不包括女性消费的“软产品”。目前，女性的网上购买力水平已经赶上了男性。1998 年，网上消费的 65%是由男性产生的，而现在超过 60%的网上消费是由女性产生的。而女性又喜欢在像服装、珠宝、装饰品、手提包和小礼品这样的软产品上消费，况且这些产品也是网上增长速度最快的。基于这些原因，比较购物网站开始将软产品加入其服务对象之中。

但比较购物网站对软产品的处理，并不像处理数字电视和数码相机之类的硬产品一样简单。比较购物网站的优势就是，能够在不同的价格和信誉水平下从不同的商家那里找出相似或相同的产品。但是在更加复杂的产品领域中，比如服装和珠宝，并不存在统一的标准。事实上，产品制造商也会强调自己的独特性，而不是相似性。一种解决方法就是关注产品的品牌而不是价格，如古琦的包、Benetton 的运动衫等。

随着比较购物网站的发展，一些新功能也在不断出现。Shopping.com 根据浏览者的记录，来帮助他们做出买什么及在哪买的决定。此外，Shopping.com 也在向移动平台进军。2010 年 3 月，它开发了 iPhone 平台应用程序，使消费者能够在商店中通过手机上网查询产品和比较价格。Shopzilla 则研发了数据分类技术，也称作 Robozilla，它能够提高购物处理速度，减少产品的搜索时间（从原来的 6～9 秒到平均 1.2 秒）。NexTag 则向消费者提供产品价格的历史走势图。另外，这些网站也都增加了消费者对产品的评论。

当然，这个市场的竞争也很激烈，每天都有新的公司加入。HealthPricer 提供 36 万种健康产品的信息；StylePath 主要关注珠宝、服装一类的软产品，并且根据消费者的偏好为其提供搜索信息；在 StylePath 的网站上大约有 20 万种产品信息。

除了上述创新，比较购物网站还提供了有关质量和可靠性的评估，然而浏览者更多的还是进行价格查询。很明显，比较购物网站与搜索引擎公司形成了竞争（如谷歌和必应，它们都有自己的比较购物服务）。随着搜索引擎关键词价格的上涨，比较购物网站成了最大的受益者。但是，2009 年一些商家开始抱怨——比较购物网站收费提高了。再加上谷歌的产品搜索是免费的，因此 2010 年谷歌成了最受欢迎的比较购物搜索引擎（排名前 500 名的网络零售商中 73% 的公司使用这种技术）。另外，厂商无须支付关键词费用，也不用缴纳中介费，就可以利用谷歌提供的分析工具评价网站绩效。而谷歌主要是通过 AdSense 系统将广告内置到商家提供的信息中来收取广告费。当然，谷歌对浏览者也不收取任何费用。

资料来源："Comparison Shopping Engines: Strategies for Smaller Merchants," *Practical eCommerce*, August 25, 2010; "Amazon Moves Up in a Ranking of Comparison Shopping Sites," by Don Davis, Internet Retailer, July 20, 2010; "Beyond Compare," by Don Davis, *Internet Retailer*, May 27, 2010; "8 Top Sites for Online Shopping Deals," by Jennifer Mulrean, moneycentral.msn.com, September 14, 2009; "Shopzilla Site Redo—You Get What You Measure," by Philip Dixon, en.oreilly.com, June 24, 2009.

9.4 服务业：传统的和网上的

在工业发达国家，如美国、欧洲及一些亚洲国家，服务业是整个经济中份额最大、发展最快的部分。在美国，从事服务业（广义的定义）的人数大约有 1.12 亿人（占整个劳动力大军的 77%），服务业的 GDP 为 8.6 万亿美元（约占全部 GDP 的 60%）（U. S. Census Bureau，2010）。美国劳动力中仅有 12%的劳动力从事体力劳动。

另一方面，服务业的产值远远落后于工业产值和农业产值。在过去的 10 年里，服务业平均产值为 1%，而农业和工业的平均产值为 5%（U. S. Census Bureau，2001）。虽然自 1995 以来信息技术资本投资的剧增毫无疑问地提高了整个产值，但是"白领"服务业员工从中获得的收益却没有工厂工人所获得的收益多。部分是服务业的特点所造成的——这是一个以高度个性化、定制化的方式为他人服务的行业——由计算机化带来的益处对这样的行业是免疫的。尽管工作质量得到了提高，但所有从事服务业的人员——医生、律师、会计、商业咨询师的每单位时间内的产值并没有受到信息技术爆炸的显著影响。遗憾的是，工作质量并不能通过统计产品数量进行衡量。例如，在美国能够在几分钟内（在过去需要几小时）找到从纽约飞往洛杉矶的最低票价，这种效率的提高是无法通过产品统计进行衡量的。对电子商务而言，这意味着只要电子商务网站能够传输信息和知识，提高交易的效率，服务业就面临着极大的机遇。

9.4.1 什么是服务

究竟什么是服务？美国劳动部把**服务职业**（service occupations）定义为“从事与家政、商业企业、机构有关的活动”（U. S. Department of Labor，1991）。美国统计局把**服务行业**（service industries）定义为“向消费者、企业、政府以及其他组织提供服务的机构”（U. S. Census Bureau，2001）。主要的服务业包括金融、保险、房地产、旅游、专业服务（如法律和会计）、商业服务、健康服务以及教育服务。商业服务包括咨询、广告与营销以及信息处理活动。

9.4.2 服务业的划分

在这些不同的服务行业中，可以进一步把提供服务的企业划分为两种：提供**交易经纪**（transaction brokering，像中间人那样起到推动交易的作用）的企业和提供面对面服务的企业。例如，提供金融服务的证券经纪人是买卖双方交易的中间人，像 LendingTree. com 这样的网上抵押公司则将客户介绍给实际经营抵押业务的公司，职业中介所将出售劳动力的卖方和购买劳动力的买方撮合到一起。这些例子中所涉及的服务都是交易中的经纪业务。

与此不同的是，法律、医疗、会计以及其他一些这样的行业向客户提供的则是一种特定的直接面对面的服务。为了提供服务，这些职业者需要直接面对面地与客户进行沟通。对于这些服务业而言，电子商务的机遇是不同的。目前，医生和牙医还不能通过网络来治病。但是，互联网可以通过向客户提供信息、知识和沟通渠道来协助这些服务人员和企业的服务。

9.4.3 知识和信息密集型

除了有些职业（如清洁、园艺等体力劳动的提供者）外，知识和信息密集型基本上可以说是服务业（职业）最重要的特征。为了提供价值，服务业要处理大量的信息并雇用高技术的、受过一定教育的劳动者。例如，要提供法律服务，你需要那些具有法律学位的律师，律师事务所要处理大量的文本信息。医疗服务也是如此。金融服务并不属于知识密集型，它要求在信息处理方面有很大的投资以追踪交易情况和投资情况。事实上，金融服务业是信息技术的最大投资者，80%以上的投资资本投入在信息技术设备和服务方面（Laudon and Laudon，2011）。

正是出于这些原因，所以很多服务特别适合应用电子商务和利用互联网的优点，这些服务是：收集、存储、传递高质量的信息和提供可靠、快速的沟通。

9.4.4 个性化和定制化

尽管几乎所有的服务都要求一定的个性化和定制化，但要求的程度有所不同。

有些服务，如法律、医疗和会计服务，对个性化的要求很高——服务的提供者要根据个人或对象的需要来准确地调整服务。其他服务，如金融服务，则通过允许个人从有限的菜单中进行选择而从定制化中受益。互联网和电子商务技术提供个性化和定制化服务或提供服务组合的能力，是制约电子商务迅速发展的主要因素。未来电子服务业的扩张将部分依赖于电子商务企业将定制化服务（从列表中进行选择）转变为真正个性化服务的能力。例如，提供数字化的、紧随客户需求的（其程度至少与职业服务提供者一样）、独一无二的建议和咨询。

9.5 网上金融服务

金融服务（金融、保险和房地产）为美国的 GDP 创造了 2.8 万亿美元的价值，大约占全部 GDP 的 20%。网上金融服务业是电子商务中取得成功的典型案例，当然其中也充满了曲折。尽管纯网络公司如 E* Trade 已经向经纪业转型，但是在银行、保险和房地产方面，电子商务的发展处于停滞状态。例如，纯粹的网上银行并没有消失，也没有向全国性大型银行甚至是地方银行转型。但是电子商务确实改变了银行业和金融业，各大机构都建立了自己的网上应用来服务于日益增长的网上用户。现在有 80%的家庭用户开始使用网上银行。超过 20%的移动网络用户（大约 1 600 万人）正在通过手机终端应用使用移动银行。保险业更加规范化，并且更容易在网上购买到。随着 2008—2009 年金融机构陷入危机之中，消费者转向网上金融咨询和跟踪服务，因为他们对银行失去了信心。消费者比过去更加信任网上银行提供的金融信息。新兴企业，如 Mint. com、SmartyPig、Cake Financial、Wesable 和 Credit Karma，2008—2009 年实现了两位数的增长，但是 2010 年放缓到个位数。传统的金融服务企业每年的网上交易也呈现小幅上扬，在 2%～4%之间。

9.5.1 金融服务业的发展趋势

金融服务业一般提供四种服务：储蓄和借贷、资产保值、资产增值工具以及资金的流动。在美国及其他国家，这些金融服务历来是由不同的机构提供的（见表 9—5）。

表 9—5　　金融服务的传统提供者

金融服务	提供机构
储蓄和信贷	银行业、借贷机构
资产保值	保险业
资产增值	投资公司、经纪公司
资金的流动（支付）	银行、信用卡公司

然而，金融服务业两个重要的全球化趋势直接影响着网上金融服务公司并改变着金融服务机构的结构。第一个趋势是行业融合（见图 9—3）。

根据 1934 年颁布的《格拉斯-斯蒂格尔法》（Glass-Steagall Act）的规定，美国的银行业、金融业、经纪业和保险业是分离的，目的是防止银行业、金融业、经

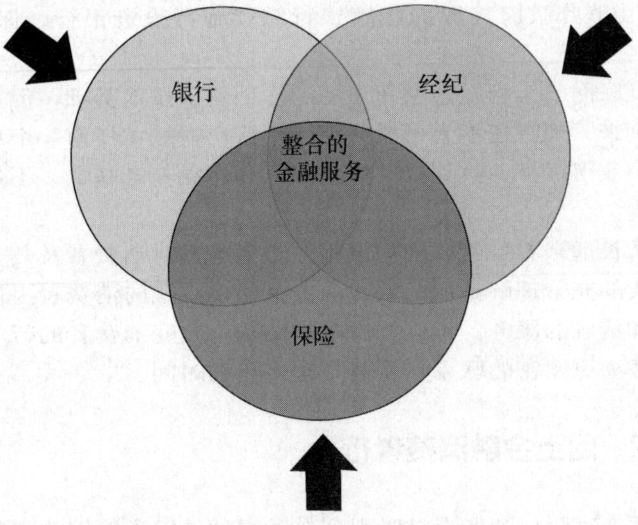

图 9—3　行业整合和整合的金融服务

说明：金融服务业的主要趋势就是行业整合以及向消费者提供整合的金融服务。

纪业和保险业重蹈 1929 年股市崩溃和随之萧条所引起的金融机构破产大灾难的覆辙。该法案禁止银行、保险公司、经纪公司相互之间存在重大的金融利益关系。《格拉斯-斯蒂格尔法》还禁止大银行在其他州开设银行。法定的分离意味着美国的金融机构不能向顾客提供集成的金融服务，也不能在全国范围内运营。结果导致了小型的、低效率的地区性银行的快速增长，使美国成为一个“过量银行”的国家。由于西欧和日本的金融机构没有类似的限制，所以美国的金融行业处于极为不利的地位。1998 年《金融服务现代化法》（The Financial Reform Act）修改了《格拉斯-斯蒂格尔法》，允许银行、经纪、保险公司相互合并，建立全国性的银行。这一新的法案引起了金融服务业的合并。

2008—2009 年发生的金融危机证明了禁止金融机构合并是有风险的。风险转移工具（信用违约掉期）和债务抵押的迅速增长，极大地拓展了它们的杠杆作用，同时使次级贷款客户的贷款速度也迅速增长。商业银行与保险业及投资银行的合并，意味着它们要共担风险：如果投资银行投资的项目失败了，商业银行也将失败，而保险公司要向其赔偿。2007—2008 年，当美国住房和信贷市场崩溃时，全球的银行和投资机构也陷入危机之中。固定资产的价值减少，甚至没有价值。一个结果就是，大型货币中心银行购买了没有价值的商业银行，以及投资银行和经纪公司。银行和投资领域的整合将继续增长。

第一个相关趋势是朝着提供集成化金融服务的方向发展。一旦允许银行、经纪公司和保险公司之间相互持股，将可能给消费者提供信任、服务和方便，无数次调查结果表明，这确确实实是消费者所想要的。金融服务集成化的运动开始于 20 世纪 80 年代，当时，美林公司开发了第一个“现金管理账户”，它把经纪和现金管理业务集成在一个账户里提供给客户。每天交易结束时每个客户账户上的闲置资金就被投入到货币基金市场中。20 世纪 90 年代，花旗银行和其他大型货币中心银行开发了金融超市的理念：客户可以在任何一个实际的金融中心或分行找到任何金融产品或服务。现在几乎所有大型国家银行都提供一定形式的金融理财计划和投资服务。在 2008 年的金融危机期间，美国银行接管了失败的美林（经纪公司和投资银行）。由联邦政府控股的花旗银行继续施行投资银行、保险和经纪一体化的经营模式。

互联网已为网上金融超市的运作创建了技术基础，但是金融超市时代基本上还没有到来。现在还不大可能只用一个账户就能在任何一个单一的金融机构进行汽车贷款、获得抵押、收到投资规划建议和建立养老基金。不过，这是大银行机构努力的方向。

从长远来看，互联网的承诺是希望通过对消费者及其金融行为、生活状况和独特需要的充分理解，用一站式的金融超市模式向消费者提供一种真正个性化的、定制的和集成的服务。建立技术基础结构，改变消费者的行为，使之与网上金融服务机构建立更紧密的联系，将需要很多年的时间。

9.5.2 网上金融消费者行为

调查表明，消费者被吸引到金融网站是因为他们希望节省时间和获取信息，而不是为了存款，尽管存款是大部分富有经验的网上金融消费者的一个重要目标。大约67%的X一代和57%的Y一代在网上获得财务信息，或使用网上银行或其他金融服务（Pew Internet & American Life Report，2009b；USC Annenberg School Center for the Digital Future，2009）。另外，有6 970万户家庭使用网上银行，有6 440万户家庭至少在网上做过一次交易（Fiserv，2009）。绝大多数网上消费者使用金融服务网站来进行一般的金融管理活动，如查询已有账户的余额，而这些账户大部分是在线下窗口办理的。一旦熟悉了一般的金融管理活动，消费者将会转向使用更复杂的功能，如使用个人金融管理工具，进行贷款偿还，以及考虑接受网上机构所提供的其他服务。表9—6列出了金融消费者对不同金融服务类型的偏好程度，从中可以看出消费者对网上银行服务的偏好程度仍在提升。

表9—6　　网上个人金融服务的偏好

网上银行服务	偏好百分比（%）
免费身份防盗服务	63
免费信用评分检测	52
个人金融管理	37
聊天/即时信息服务	30
小工具服务	27
博客服务	20

资料来源：Based on data from comScore，2009；Reuters，2009.

9.5.3 网上银行和经纪

网上银行业务是由美国的NetBank和Wingspan分别于1996年和1997年开拓出来的。传统银行开拓了早期的电话银行业务，但直到1998年才开始提供网上服务。虽然落后了一两年，但是如果以单独访问者数量来衡量的话，传统的老牌全国性银行在市场份额上仍处于显著的领导地位。根据网站访问量，表9—7列出了2010年排名前5位的网上银行。这些银行都是大型的国际化的网上银行。像ING

Direct 和 VirtualBank 这样纯粹的网上银行在继续给消费者带来很高的回报，尽管其业务增长率并没有达到当初的预期。NetBank 是最早的网上银行之一，但由于次级贷款危机，其在 2007 年宣布破产。

表 9—7　　2010 年 9 月网上银行排名

银行（访问量排名）	访问量百分比（%）
美国在线银行	7.33
大通银行在线	6.93
富国在线银行	4.16
美联银行在线服务	3.23
第一资本在线银行	1.82

资料来源：Based on data from Hitwise，2010.

根据 eMarketer 的报告，2010 年大约有 9 900 万美国消费者希望从事网上银行的活动，这个数字将以每年 4%～5%的速度缓慢而稳定地增长，到 2014 年将增长到大约 1.16 亿（eMarketer，Inc.，2010b；comScore，2010a）（见图 9—4）。

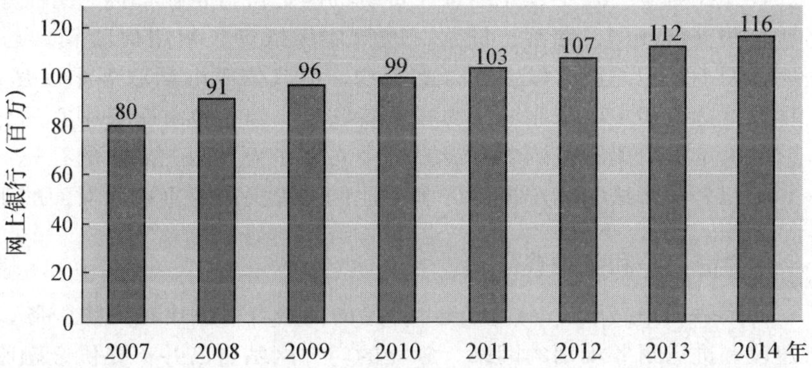

图 9—4　网上银行的发展趋势

说明：使用网上银行的用户数目有望在 2014 年达到 1.16 亿。大约 60%的用户至少访问排名前 20 位的网上银行之一。随着移动银行的增加，接下来 3 年网上银行用户的数量可能会有所变化。

资料来源：Based on data from comScore，2010；eMarketer，2010b；authors' estimates.

经纪公司也是如此，早期创业者 E* Trade 的领导地位已经被金融巨头富达公司（Fidelity，拥有的共同基金客户数和管理的基金数额超过美国任何一家公司）和折扣经纪业务的开拓者嘉信理财公司（Charles Schwab）取代了。

根据 Nielsen Net Ratings 的报告，现在有 2 000 万投资者从事网上业务，这一数字有望在 2013 年增长到 2 900 万。对美国成年互联网用户在过去的 12 个月的调查显示，20%的用户从事股票交易（eMarketer，Inc.，2009）。2010 年，最受美国互联网用户欢迎的网站是富达投资（见表 9—8）。

表 9—8　　2010 年网上经纪排名

公司	网站访问量（百万）
Fidelity.com	4.5
ShareBuilder	3.7
Scottrade	2.2

续前表

公司	网站访问量（百万）
Ameritrade	1.8
E* Trade	1.8
Vanguard	1.7
Charles Schwab	1.5
Merrill Lynch	0.8
SaneBull	0.7
Troweprice. coml	0.7

资料来源：Based on data from Marketingcharts. com，2010.

多渠道金融服务公司与纯粹的网上金融服务公司

网上消费者更愿意访问一些有固定营业网点的金融服务网站。一般而言，既有固定营业网点又有可靠的网上产品的多渠道金融服务公司比纯粹的网上公司增长更快，并在竞争中处于领先地位。传统的网上银行企业都拥有上千个支行，客户可以在这些支行开户、储蓄、贷款、进行住房抵押、租用保险箱。与网上银行企业相比，网上经纪并没有较多的分支机构，但其依靠电话服务来加强自己的网上地位。尽管富达公司主要依靠电话与投资者联系，但它也有服务中心的分支机构。嘉信理财已决定在全美国范围内开设投资中心来作为其网上战略的补充。纯粹的网上银行和经纪公司无法向客户提供许多对他们来说仍需要直接面对面的服务。

金融门户和账户整合

金融门户（financial portals）是向消费者提供比较购物服务、提供独立的理财建议和进行财务规划的网站。独立的门户网站自己并不提供金融服务，而是作为网上服务提供者的转换机制，其收入主要来源于广告费、推荐介绍费和订阅费。以雅虎的金融门户 Yahoo Finance 为例，其主要向消费者提供信用卡购买追踪业务、市场纵览、实时股市行情、新闻、理财建议、采访金融领袖的流媒体录像以及雅虎的数字钱包。其他一些独立的金融门户网站包括：Intuit 的 Quicken. com、MSN 的 MSN Money 以及 AOL 的理财频道（Money & Finance channel）。一些新兴的小型的金融门户网站能够给消费者提供金融管理与筹划服务，如 Mint. com、SmartPiggy、Wesabe 和 Credit Karma。

一般来说，金融门户并不提供金融服务（主要通过广告赚钱），但它们加剧了行业内的网上价格竞争，并与大银行机构的战略相冲突。大银行机构的战略是，用一个单一的账户和较高的转换成本来使客户只使用一个单一品牌的金融机构系统。

账户整合（account aggregation）就是将客户的所有金融（甚至是非金融）数据都集中到一个单一的个性化网站上——包括经纪业数据、银行数据、保险数据、贷款数据、常旅客飞行里程数据、个性化的新闻等。例如，客户可以在某个单一的网站上看到他在美林公司的经纪业务账户、富达公司的 401（k）账户、旅行者保险公司的年金账户以及美国航空公司的常旅客飞行里程数据。这一设想的目的是使客户能浏览其所有资产的数据，而不管这些资产实际由哪家金融机构管理。

Yodlee 公司是提供账户整合技术的领头羊企业。这家公司使用屏幕剪贴技术和其他软件工具从近 12 000 家不同的网站获取信息。同时还使用智能映射技术，这样，当所引用信息的网站发生变化时，剪贴软件也能随之调整并且仍然找到相关信息。目前，世界范围内有 2 500 万用户在使用 Yodlee 提供的个人金融管理工具（personal financial management，PFM），同时有 200 多家主要的金融机构在使用其提供的账户整合技术（Yodlee，2010）。

9.5.4　网上抵押和贷款服务

第一代电子商务时期，有几百家公司创建了纯粹的网上抵押网站，以期从这一市场中获得丰厚的收益。这些早期的进入者希望彻底简化和改变传统的抵押业务流程，大幅缩短完成抵押所需要的时间，与消费者共同分享低利率所带来的经济效益。

2003 年，一半以上的早期进入者（即那些纯粹的网上抵押公司）都失败了。这些早期的纯粹网上抵押机构很难负担创建品牌所需要的资金，也未能简化传统的抵押流程，最终因为高额的创建成本和管理成本、高额的客户获得成本、居高不下的利率以及企业战略执行的不力而倒闭。

尽管如此，网上抵押市场仍在缓慢发展。在这一市场中占主导地位的是那些传统金融机构开办的网上银行和网上金融服务公司、传统的抵押公司以及少数几家获得成功的网上抵押公司。

由于住房市场的崩溃和银行业的疲软，抵押贷款的价值从 2008 年的 2.8 万亿美元下降到 2009 年的 2 万亿美元（MBA，2010）。实际上，超过一半的抵押贷款消费者研究网上抵押贷款，但很少申请抵押贷款。目前，抵押贷款主要由中介抵押经纪人控制，银行仍然扮演着重要的角色，但并不提供抵押贷款服务。

网上抵押贷款只占整个抵押贷款业很小的比例，尽管受到 2010 年次级贷款的影响，网上抵押贷款预计在未来几年内将缓慢增长。

下面是网上抵押机构的三种类型：

- 传统的网上银行、经纪公司和贷款公司。例如，Chase、Bank of America/Countrywide Credit Industrics、Wells Fargo、Ameriquest Mortgage 和 Citigroup（负责 Mortgage. com 的运营）。
- 纯粹的网上抵押银行/经纪机构。例如，E-Loan、Quicken Loans 和 E* Trade Mortgage。这些公司的目的是加快处理抵押业务的过程，但是，完成抵押仍需要大量的书面工作。
- 抵押经纪公司。例如，LendingTree. com（由 IAC/InterActiveCorp 控股）。这些公司的工作是将需要进行抵押的客户介绍到抵押公司。

网上抵押对客户（抵押人）的好处是，可以缩短申请时间，可以尽快获得市场利率信息，而且可以在抵押过程的所有参与人（授权人、担保人、贷款公司）共享信息的基础上简化抵押过程。例如，能够从减少网上申请流程的成本中获利，同时其所收取的费率也要比传统机构低。

但是，网上抵押业并没有改变传统的抵押业务流程。复杂的抵押业务流程极大地影响了网上抵押市场的扩张，整个流程需要亲笔签名和大量的文件，需要多家机构的参与，需要考虑复杂的财务细节——如过户手续费和贷款费用，这些都使得抵押人很难对抵押机构进行比较。然而，从另一方面来看，抵押人能够在网上找到较低的抵押率，这能够降低传统抵押机构向客户索要的费用和利率。

9.5.5 网上保险服务

1995年，一个40岁的健康男性，保额为50万美元的定期寿险的保费是一年995美元。2010年，同样的保险，保费下降了60%，只有400美元，而同期其他物品的价格却上升了15%。在最近一项有关定期寿险业务的研究中，布朗和古尔斯比发现，互联网的使用使整个行业（无论是网上的还是网下的）的定期寿险的保费下降了8%～15%，消费者剩余大约每年增加1.15亿美元（因此，行业的利润也减少了相同的数额）(Brown and Goolsbee，2000)。最初，定期寿险的保费是上涨的，但随着越来越多的人利用互联网来获取保险报价单，其价格最终趋于下跌。

对于图书和CD来说，它们的网上价格要比网下价格高，其他很多商品也是如此。但定期寿险则不同，它与人们常规的想法是一致的，即网络的使用将降低搜寻成本、增加价格的可比性、降低消费者的价格。定期寿险属于日用商品，不过对于其他的保险产品，网络为保险公司提供了使其保险产品和服务实现差异化和实行价格歧视的新机会。

保险业在总值2.8万亿美元的金融服务业中占了很大一部分。其主要由四部分组成：汽车保险、人寿保险、健康保险和财产损失险。实际中的保险产品是相当复杂的。例如，非车险的财产损失险就有很多种：责任保险、火险、家庭财产保险、商业保险、劳工补偿险、海上保险、意外险以及其他险种如休假保险等。填写任何一种保险单都需要有大量的信息，如对保险条款的深入理解、对实际经验数据的考虑。人寿保险的政策和条款也有了很多扩展，因而更加复杂，不容易进行比较，一般只能由那些有经验的保险代理来对具体的保险政策作出解释和出售人寿保险。过去，保险业都是依靠上千家地方保险营业所和保险代理来出售唯一适合被保险人或被保险财产的复杂的保险产品。事实上，复杂的保险市场并不是由国家来管理的，而是由50个州的保险委员会来管理的，这些保险委员会在很大程度上受到当地保险代理的影响。网站在提供保险报价单之前，必须首先获得在各个州开展保险业务的授权，才能在相应的州提供保险报价单和出售保险。

与网上抵押业一样，网上保险业已经成功地吸引了那些查找保险价格和保险条款的来访者。虽然许多大型的全国性保险公司起初并不在网上直接提供竞争性的保险产品，以免影响其传统的地方保险代理的业务，但是现在几乎所有这些公司都提供网上报价查询的功能。尽管真正在网上购买保险的人很少，但互联网确实大大地降低了搜寻成本并改变了查询价格的方式。一些主要的网上保险服务公司有：InsWeb、Insure.com、Insurance.com、QuickQuote和NetQuote。

9.5.6 网上房地产服务

房地产是一个1.7万亿美元的行业。商业房地产涉及大约490万套商品房，约640亿平方英尺的面积。2009年，美国大约有1.29亿套房屋，其中大约1 870万套是用来销售和出租的。尽管经济出现下滑，房地产市场仍然具有很大的吸引力(U.S. Census Bureau，2010)。

电子商务初期，房地产业开始发展起来，这是由于互联网革命使得过去仅限于本地的、复杂的、由本地代理商垄断消费者信息并掌控整个行业的房地产业变得合理化。按道理来说，互联网和电子商务应该会淘汰这个巨大市场中的中介组织，允许买方和卖方、承租人和出租人直接进行交易，使搜寻成本降到近乎零，并大幅降低价格。但是，事实并非如此。不过，买方和卖方以及房地产代理商确确实实从中受益很大。目前，互联网上大约有 10 万家房地产网站。其中许多网站已经不复存在了。对美国绝大多数的房地产经纪公司来说，它们除了与其他上千家房地产经纪公司一起参与联卖资讯服务网外，一般都有自己的网站，可以与客户直接进行经纪业务。主要的房地产网站有 Realtor. com、HomeGain、RealEstate. com、ZipRealty、Move. com、Craigslist. com，以及 Zillow。

房地产服务与其他类型的网上金融服务不同，因为它不可能完全在网上完成房地产交易。显然，房地产网站对房地产业的主要冲击是影响消费者在网下的购房决策。互联网已经成为一个房地产专业人士、建筑商、物业管理者和业主，以及配套服务提供商与消费者沟通，并向消费者提供信息的方法。全国房地产经纪人协会进行的一项调查显示，在最近一年中受访者从互联网接受线索的比例上升到 50%。大多数的调查显示，与报纸广告所提供的静态体验相比，他们更喜欢互联网提供的动态在线体验（Center for Realtor Technology，National Association of Realtors，2007）。

房地产网站所提供的主要服务是发布可供出售或出租的房地产信息。例如，Realtor. com 提供了 400 多万套房产的信息。房地产网站所提供的服务正在逐步多样化和综合化，通过提供多种图片和 360 度的浏览视角来进行详细描述。消费者可以通过网站直接链接到抵押出租人、资信评估人、房屋审查人以及鉴定人。网站上还提供了网上贷款计算器、房屋评估报告、周边地区的历史销售价格、附近学校的分布情况、犯罪情况以及邻近地区的社会信息和历史信息。一些网上房产经纪人要比传统经纪人（通常为售价的 6%）的收费低，这是因为买方（有时是卖方）代替了传统房产代理人的工作。例如，Move. com 提供了"选择社区"的服务，该服务可以让用户选择想要居住的社区类型，具体的选择是以社区周围学校的质量（和税收成本）、居住人口的年龄情况、附近有孩子家庭的数目、可以提供的社会服务和娱乐设施情况等为权重因子来进行的。

尽管可提供的信息发生了变化，但整个行业的价值链并没有发生什么改变。网站上发布的信息是由当地房地产代理商所支持的本地联卖资讯服务网提供的。通常，网站上提供的房产信息中不显示房屋所在地址，只显示了提供信息的当地房地产代理商，这些代理商一般是受房东委托的。那些传统的房地产经纪人会带客户去看房，帮助房屋所有者一起处理所有的交易事务，并收取一定的手续费，手续费率一般为交易额的 5%～6%。

9.6　网上旅游服务

旅游业为美国 GDP 创造了 7 480 多亿美元的价值，而网上旅游又是其中较大的一部分。网上旅游服务可以说是 B2C 电子商务中最成功的一个部分。联网已成为消费者查找旅游去处、查找最合适的价格、预订机票、预约租车、预订旅馆、预订游程和预订观光行程时最常用的一种工具。根据 eMarketer 报告，2007 年是网上旅游预订（51%）多于网下旅游预订的第一年。受经济萧条的影响，网上预订收入从 2008 年的 940 亿美元下降到 2009 年的 880 亿美元，但从 2010 年起开始逐渐回暖，预计 2014 年将增长到1 190亿美元（见图9—5）（eMarketer，Inc.，2010c）。关于网上旅游服务的更多问题可以阅读社会透视“税收之争：在线旅游业 vs. 当地政府”。

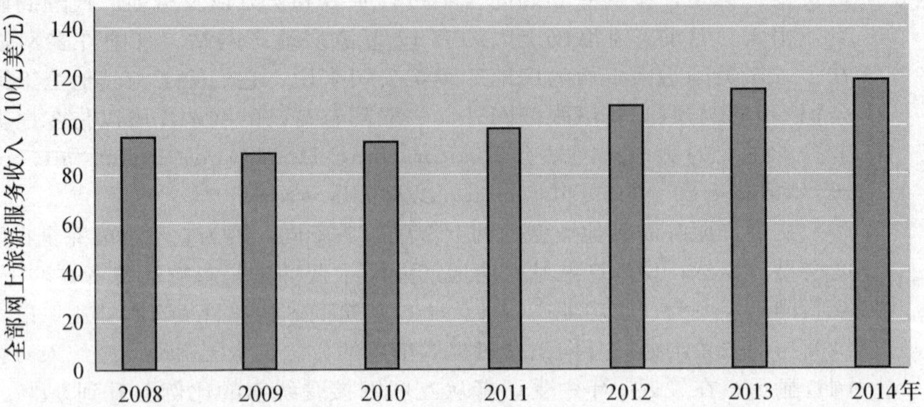

图9—5　网上旅游服务收入

说明：在2008—2009年间，美国网上旅游服务的收入有所下降，但是从2010年起开始逐渐增长。
资料来源：Based on data from eMarketer，2010c.

社会透视

税收之争：在线旅游业 vs. 当地政府

网上旅游代理商（Online Travel Agencies，OTAs）是电子商务的重要组成部分。2010年6月，有超过4 700万用户访问旅游网站。诸如Expedia、Orbitz、Priceline和Travelocity都是非常成功的旅游网站，在经济出现下滑时，仍然能够盈利。这些网站之所以会如此成功，部分原因是它们与旅店之间的协作关系。旅店向OTAs提供房间，OTAs则向消费者推销旅店。这种关系对双方而言都是有利的，代理商可以从旅店的销售中获得提成，旅店也可以提高销售业绩。

然而，当地政府要向代理商收税时，代理商则认为这是不公平的，也是不合法的。旅游网站在处理旅店事务时采用的是“批发零售”模式——旅游网站与旅店签订合同，旅店以较低的折扣向旅游网站提供一批房间，之后旅游网站则以通常的价格向消费者出售这些房间。但是在Expedia向当地政府缴税时，它采用批发价格来计算应纳税额，而不是用实际销售价格。

我们用一个例子来说明网上旅游代理商的做法。假设Expedia以每间70美元的价格“购买”了一批房间，而消费者通常需要100美元才能预订这些房间。如果旅店要缴纳10%的税，那么Expedia则以110美元（100美元是房间的价格，另外10美元是税金）出售这些房间。Expedia在这种交易下已经取得了收益，当然要向当地政府纳税。但是Expedia却以70美元为基础来计算纳税额，而不是以100美元。这样，当地政府只收到了7美元的税款，而不是10美元。另外3美元去哪儿了？当然是装进Expedia的口袋了。

3美元看起来并不多，但是像Expedia这样的旅游网站，2010年就有近3 200万人访问，这样看来，总数也就不小了。但是网上旅游代理商协会（ITSA）声称，当地政府的做法是不合法的。OTAs也声称，在低折扣上加收的是一种不可征税的“服务费用”，因此它们反对这种税收政策。ITSA的发言人安德鲁·温斯坦（Andrew Weinstein）则说：“我们相信在这方面会有明确的法律标准，网上旅游公司不收占用费，因为它们不拥有或经营旅店。”

事实上，法律也没有明确的规定。一些现成法规和法律案件能够对 OTAs 进行辩护。例如，密苏里州通过了一项法令，规定不允许向 OTAs 收取额外的费用。其他一些地区和城市也实行了同样的措施。但是，还有一些地方则规定 OTAs 必须向政府纳税。纽约市已经再次修改法规，以确定在多少数额时才向 OTAs 征税。另外，纽约州政府公布了一项影响政府预算的政策——2010 年将对 OTAs 征税的税率调整为 20%。目前有 40 多个城市处理过与 OTAs 有关的诉讼案件，并且这一数字仍在不断增长。

因为旅店预订是旅游网站的主要收入来源，因此它们不会轻易接受征税。Expedia、Orbitz、Tavelocity，以及其他一些旅游网站提出了一项政策，称作 ITTFA（Internet Travel Tax Fairness Act）。ITTFA 是 ITSA 提出的一个政策的草案（在 TravelFirst.org 上能读到该草案），ITSA 声称，“这有利于防止 OTAs 被两次征税——一次征税是旅店房间占用费，另一次是对网上预订服务征税”。许多旅游网站都向消费者发送电子邮件，并且在官网上也有 TravelFirst 的链接，希望消费者能够支持这一草案。

然而，反对组织 AHAL（American Hotel and Lodging Association）和 NACO（National Association of Counties）却对 ITTFA 进行反驳，声称对旅游网站的优待会增加旅店公司和当地政府的费用，旅店应该强制从旅游网站上拉回一些客房，以降低自己的劣势；当地政府应该向旅店征税，以弥补向 OTAs 征税的损失。

网上旅游代理商和当地政府之间的摩擦只会给消费者和旅游业带来不利。例如，在佐治亚州，法律规定 OTAs 必须以最后销售价格向政府纳税。于是 OTAs 就将类似城市的旅店从自己的网站上删除了，这样一来就限制了消费者的选择。目前旅游业正受到经济衰退、失业、恐怖力量及社会不确定性的影响，如果两者一直进行法律之争，那么行业状况将更加不容乐观。

资料来源：“Leading US Online Travel Sites, Ranked by Number of Unique Visitors, July 2009-July 2010,” eMarketer, August 19, 2010; “New York Eyes Special Hotel Occupancy Tax on Online Travel Intermediaries,” Dennis Schaal, tnooz.com, August 2, 2010; “Cities, Websites and Hotels At Odds Over Taxes”, Alan Greenblatt, npr.org, July 30, 2010; “Online giants take their hotel-tax battle to consumers,” Jeri Clausing, *Travel Weekly*, July 14, 2010; “Hotel-Tax Debate Widens,” *Wall Street Journal*, July 8, 2010; “TravelersFirst.org Debuts to Fight Taxes on Online Travel”, www.travelpulse.com; “It May Be ‘Bon Voyage’ for a Travel Site's Fee,” Gretchen Morgenson, *New York Times*, June 6, 2009.

9.6.1 为什么网上旅游服务如此受欢迎

旅游服务网站向消费者提供一站式的方便的休闲旅游和商务旅行服务。这些网站上提供了旅游内容介绍（关于度假情况和设施情况的介绍）、旅游社区（包括聊天室和 BBS）、商务服务（提供所有差旅相关服务）和消费者服务（通常是通过呼叫中心）。旅游网站声称，它们所提供的旅游信息和旅游项目要比传统旅游代理多得多。对于旅游服务提供商（旅馆、汽车出租公司、航空公司）来说，网站将大量的消费者集中到一个单一的“消费者池”中，通过网站上推出的广告和促销活动，可以有效地影响这些消费者。旅游网站还声称，它们创造了一个更有效的市场，可以让消费者和供应商在一个交易成本较低的环境中进行交易。

对互联网来说，旅游服务似乎是一种非常理想的产品/服务，因此电子商务业务模式应该在旅游产品中发挥很好的作用。旅游属于一种信息密集型的产品，需要对消费者的情况作大量的调查研究。旅游也可以说是一种电子化的产品，因为绝大部分的工作（制定计划、进行调查、比较购物、进行预订、资金支付）都是在网络这一数字环境中完成的。从旅游产品的实际履行来说，它不需要任何“库存”：不存在实际资产。旅游产品的供应商——旅馆、航空公司、汽车出租公司、度假别墅、观光导游，都是高度分离的，而且常常是供过于求。因此为了让自己空闲的客房和汽车租出去，供应商往往愿意降低价格，也愿意在网站上做广告以吸引大量的客户。以 Travelocity.com、Expedia.com 以及其他网上旅游公司为例，这些网上旅游代理商不需要在全国各地部署上千个实际的营业场所，只要通过统一的界面与全国的消费者联系就可以了。与网上金融服务不同，网上旅游服务不需要实施有固定营业网点支撑的昂贵的多渠道战略（一般只需要运营一些集中化的呼叫中心来提供个性化的客户服务就可以了）。因此，旅游服务可以较好地扩大其规模，使收益的增加速度能够赶上成本增加的速度。

9.6.2 网上旅游市场

网上旅游市场主要由四部分组成：预订机票、预订旅馆、预订汽车和预订旅程/观光行程。机票预订是网上旅游服务收入的最大来源，2010 年创造了大约 540 亿美元的价值，并且每年以 5%～6%的增长率增长，预计 2014 年将达到 690 亿美元。旅馆预订和汽车预订虽然没有机票预订带来的收入多，但它们也在以同样的速度增长（见图 9—6）。

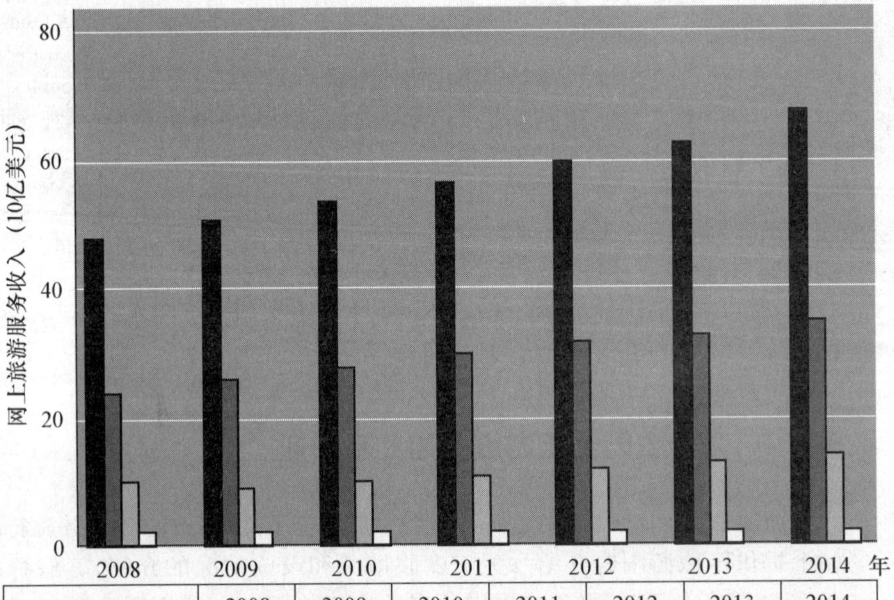

	2008	2009	2010	2011	2012	2013	2014
■预订机票	48	51	54	57	60	63	68
■预订旅馆	24	26	28	30	32	33	35
■预订汽车	10	9	10	11	12	13	14
□旅行/观光	2	2	2	2	2	2	2

图 9—6 网上旅游市场的预期增长

说明：尽管旅馆预订和汽车预订在迅速增长，但是机票预订将继续在旅游市场上占据优势地位。

资料来源：Based on data from eMarketer, Inc., 2010c.

相对于其他旅游服务项目而言，网上机票预订的规模很大，并且继续以强劲的速度增长，这主要是由下面几个因素造成的。机票预订在很大程度上就像是日用品的买卖，机票很容易在网上描述清楚。同样，租车业务也是如此，通过电话或网络，绝大多数人一定能够租到自己所希望预订的车（见商务透视“Zipcars”）。虽然酒店在某些方面难以用语言来形容，但是包含描述、照片和虚拟浏览在内的网站能够向消费者提供大量的信息，使他们更舒服地在网上进行酒店预订。

商务透视

Zipcars

拥有汽车之后，你可以享受各种功能，但是也要面临一些头痛的事情，如维修、车险、车位等。也许租车会好些，但是你需要到租车代理商那里排长队、填单子等，这些事情至少要花费一天时间。那该怎么办呢？

看来很难如愿以偿了，但其实不是。早在20世纪90年代末期，欧洲就出现了一种新的租车模式——网上租车。今天，Zipcars与其他小公司都在采用这种模式开展业务。

Zipcars创立于1999年，当时在剑桥以及马萨诸塞州出租大众汽车，之后将业务范围扩展到整个城市。Zipcars的会员能够在剑桥的任何停车点获得汽车，如果不需要了，只需将车开回原地即可。今天，公司经过整合，已经拥有9 000辆汽车以及40万会员。在美国的13个大都市、150多所院校以及伦敦、多伦多和温哥华等地，会员只需要支付25美元的注册费和50美元的年费，就可以以每小时最低7美元的价格来使用汽车。

Zipcars将Web 2.0文化融入到汽车运输市场，同时注册费只需25美元，花上几分钟就能完成注册，所以许多人都愿意注册。Zipcars旗下的汽车分散在各地的车库。在拥有450万人的纽约有超过1 000辆汽车，人们每行驶10分钟的路程就能见到一辆。在曼哈顿，人们可以租到本田思域、丰田、大众、沃尔沃以及宝马迷你等车型。正如一位评论员所说，“Zipcars所做的，看上去只有在共产主义社会才会实现。”Zipcars说共享带来了无限商机，也就是说在新经济时代下胜利将属于那些能够解决资源稀缺问题的人。换句话说，租用Zipcars的汽车比拥有一辆宝马车更酷。

为了使业务顺利地开展，Zipcars采用了多种技术，同时尽可能降低租赁者的成本。下面看看该公司是如何运作的。首先，顾客支付年度订阅费，然后公司将向他发放一张Zip卡。在网上或者电话预订车辆之后，他就可以利用这张卡打开和锁上预订的汽车。租金率为7美元每小时（根据不同的交通工具会有所变化），或者77美元包全天。一旦客户租了一辆车，那么中心计算机就会激活车辆的钥匙卡，以使客户可以启动引擎。当顾客将车驶回原地点时，卡上将会被扣除相应的金额。此外，公司还在城市的中心办公处应用无线技术、互联网以及自动语音识别软件来降低成本。

Zipcars不仅得到了大学支持，而且得到了政府支持。政府一直在寻找分散汽车所有权的方法，Zipcars恰好是政府所要找的，这样一来政府就会鼓励汽车共享，同时可以减少环境污染和车辆拥挤。此外，Zipcars已经与约翰霍普金斯大学、密歇根大学、北卡罗来纳大学、圣母玛利亚大学、耶鲁大学以及其他学校达成了协议。在这些交易中，大学声称使用这些汽车将会减少开支（通常为每年10万美元），如果没有达到预定的目标，也会弥补一定的差额。2009年，在洛杉矶Zipcars又新增了40辆车，并且与当地政府、UCLA以及USC形成了合作伙伴。

同年9月，当洛杉矶海湾大桥因维修而关闭时，恰巧有350多辆Zipcars汽车停在了临近的BART快速交通终端，人们可以利用它们去车站以及其他目的地。可见，在紧急情况下，Zipcars的汽车能够扮演小型运输系统的角色。

Zipcars的顾客并不是美国中产阶级（他们拥有大约2亿辆车）。相反，大部分顾客都是年轻的工作者或者学生。对学生来说，一方面，传统的租赁市场是不会将车租赁给21岁以下的年轻人的；另一方面，如果自己购买了车辆，由于课业的原因，会带来车辆闲置成本，而网上租车可以很好地解决这种情况。在城镇，Zipcars的使用者说，通过这种方式每月可以节省500多美元。比如，在曼哈顿租赁小公寓每月要交2 500美元的租金，同时还要支付300美元的停车费。

汽车出租是绿色环保的。国家报告显示，每辆出租车可以代替20辆私家车。在大城市，许多公司都在考虑削减自己的车队，而使用租车服务。

然而，如果Zipcars在大城市和大学之外的地方实行这种方式，其前途尚不明确。这种方式在乡村不太好实现，因为顾客不愿意将汽车驶回Zipcars中心。此外，Zipcars的CEO说将来在城市中会新增大约100万辆车，这些车将替代2 000万辆私家车，占美国私家车的1/10。那么谁来做郊区市场呢？传统的汽车租赁公司则通过建立小型租赁店，向Zipcars发起了挑战。但是，这些企业不具有网络服务，并且缺乏技术设施与Zipcars竞争。例如，Zipcars曾在车辆预订系统上花费50万美元，使用户、网站和车相互连接。随着Zipcars开拓车辆共享市场，这些企业开始慢慢兴起。2009年，赫兹（Hertz）将位于纽约、伦敦、巴黎等地的宝马迷你车型与汽车共享服务连接。赫兹降低每小时服务费用，同时采用低于Zipcars的租金率。在纽约地区，赫兹已经拥有4万辆车。

到目前为止，Zipcars完全不必考虑竞争。2010年6月，Zipcars提出了IPO。尽管还没有确定募股日期和价格，但是公司希望此举能使公司价值增加7 500万美元。Zipcars虽然还没有盈利，但是却能在经济萧条时期保持收益的稳定增长。作为汽车共享行业的领头者（占有75%市场份额），大多数分析家都看好它。分析者预言，这个行业将从现在的2.53亿美元增长到2016年的33亿美元。可见Zipcars的前途一片光明。

资料来源："Car Sharing: Ownership by the Hour," by Ken Belson, *New York Times*, September 10, 2010; "Zipcar Files for an IPO," by Lynn Cowan and Brendan Conway, *Wall Street Journal*, June 2, 2010; "The IPO Class of 2010," by Steve Schaefer, Forbes.com, September 2, 2009; "Share My Ride," by Mark Levine, *New York Times*, March 8, 2009.

越来越多的企业都将安排差旅的事务外包给那些提供基于网络的、优质低价的旅游安排服务的旅游公司。一些网上旅游公司向企业推出了一种名叫**"企业网上订票方案"**（corporate online-booking solutions，COBS）的服务，可以在一个单一的网站上提供机票预订、旅馆预订、会议中心预订、汽车租赁预订等一揽子服务。

9.6.3 网上旅游业的动态

因为绝大多数的旅游代理网站提供的都是类似日用品的无差异商品，并且它们面临的是同样的成本，因此各网站间的竞争非常激烈。因为购物者和网站管理员能够很容易地进行购物比较，所以进行价格战是很困难的。因此，网站间的竞争主要是集中在所提供的服务/产品的范围、网站使用的方便程度、支付工具的可选范围以及网站的个性化服务上。表 9—9 列出了一些著名的旅游网站。

表 9—9　　著名的旅游网站

名称	说明
休闲旅游/不受限定的商务旅行	
Expedia	最大的旅游服务网站，主要从事休闲娱乐
Travelocity	第二大旅游服务网站，主要从事休闲娱乐；隶属于 Sabre Holdings 旗下
TripAdvisor	查询最低价格的旅游购物网站
Orbitz	起初是个预订系统，现在隶属于上市公司 Orbitz Worldwide
Priceline	“自主定价”模式；主要从事休闲娱乐
CheapTickets	打折机票、旅店预订、轿车出租；现在隶属于 Orbitz Worldwide 公司
Hotels. com	最大的旅店预订网站；主要从事休闲娱乐；隶属于 Expedia 旗下
Hotwire	寻求打折票价；隶属于 Expedia 旗下
受限定的商务旅行	
GetThere. com	提供企业网上预订解决方案；隶属于 Sabre Holdings
Travelocity Business	全方位服务的公司旅行社

网上旅游业已经经过了一段时期的整合，以便建立更强的多渠道的旅游网站。Orbitz 和 Expedia 都进行了行业整合。Orbitz 最初是个行业协会，之后公开上市，然后被 Cendant 收购，之后又卖给了 Blackstone Group，最后在 2007 年又再次上市。Expedia 最初由微软建立，后来被 Barry Diller 的企业集团 IAC/InterActiveCorp 收购，现在被拆分成多个独立的公司，包括 IAC's Hotels. com、Hotwire、TripAdvisor 和 TravelNow。

除了行业整合，在线旅游业受到元搜索引擎技术的影响，这种技术能够找到网站上最低的旅游价格和食宿价格，然后通过向消费者发送这一信息来收取会员费。商品化的在线旅游服务导致过度的价格竞争，行业收入开始向那些对库存和系统进行投资的大型知名企业转移。

9.7　招聘服务

继旅游服务之后，招聘服务（招聘网站）是互联网上最成功的网上服务之一。这些网站提供免费发布个人简历的服务，同时还提供很多相关的就业咨询服务。企业可以付费在这些网站上列出对人才的需求情况。招聘服务网站的收入还来自于向用户提供增值服务费，以及向相关的服务提供者收取的费用。

网上招聘市场主要被两个企业——CareerBuilder 和 Monster 控制。还有一些知名的招聘网站，如 Job. com、Indeed. com、SimplyHired 和 USAJobs。这些网站每年从求职者那里获得了超过 10 亿美元的收入。根据 comScore 的报告，2008—2010 年由于失业率上升，许多美国人开始在网上寻找工作，使得网上招聘服务网站成为增长速度最快的 10 类网站（comScore，2010b）。另外，与 2009 年相比，职业社交网站 LinkedIn 在 2010 年的流量增加了 20%。

企业一般采用 5 种方式招聘员工：印刷分类广告、招聘会（或者交易会）、校园招聘、专门的职业介绍所（现在称为职业中介公司）以及内部推荐。与网上招聘相比，这些方式存在很明显的不足之处。例如，印刷广告通常按字收费，因此无法将用人单位所招聘岗位的大量详细信息都罗列出来，同时印刷广告还受到广告刊登期限的限制。招聘会上，企业无法对所有的求职者都一览无遗，招聘人员与每个应聘者接触的时间也有限。职业介绍所的收费很高，而且也有缺陷，通常只能选择当地的应聘者。校园招聘同样也限定了招聘人员在一次招聘中所能面试的应聘者的数量，而且招聘者要走访很多学校。而内部推荐则可能使有些员工为了得到报酬或是怀有其他动机而推荐不合格的应聘者。

网上招聘克服了这些缺点，提供了效率更高、更具成本效益、更有效的方法来使招聘者和潜在的应聘者相联系，同时节省了招聘的时间。借助网上招聘，求职者可以在收集所期望的求职信息和找工作的同时，更方便地建立、更新和分发自己的简历。

9.7.1 只涉及信息：理想的网络商务形式？

网上招聘显然是一种很适合网络的理想形式。招聘的过程其实是一个信息密集型的业务处理过程，涉及发现个人的技能和对工资的要求，并将这些条件与相应的职位相匹配。为了完成这种匹配，起初并不需要面对面的交流，也没有许多个性化。在互联网普及之前，这类信息一般只能在一个由朋友、熟人、过去的雇主以及亲戚所组成的小范围的人际交往圈中共享，另外职业介绍所也建立了求职者的相关文档。显然，互联网可以使这些信息的流动自动化，缩短各方的搜索时间，降低各方的成本。

表 9—10 列出了一些最受欢迎的招聘网站。

表 9—10　　流行的网上招聘网站

招聘网站	简述
一般招聘网站	
CareerBuilder	由 Gannett、Tribune、McClatchy（都是报业公司）和 Microsoft 控股；9 000 多家网站（包括 AOL、MSN 和 140 多家报业公司）的工作搜索中心；提供 160 万条工作目录。
Monster	1994 年首批商业网站之一，现在是提供 50 多个国家工作搜索的大众公司，年收入达到 9.05 亿美元。
Yahoo HotJobs	一般性的招聘网站，与 Hearst、Cox、MediaNews General 等报业公司合作；2010 年，被 Monster 以 2.25 亿美元收购。
Kenexa（formerly Brassring）	管理招聘和工作搜索。
Craigslist	非常受欢迎的分类服务，专注于当地招聘。
Indeed. com	综合性的招聘网站。
SimplyHired	综合性的招聘网站。
猎头网站	
Futurestep	Korn/Ferry 公司的网站，低端人员招聘。
Spencerstuart. com	中层人员招聘。
ExecuNet	猎头公司。
利基招聘网站	
USAJobs	联邦政府工作。

续前表

招聘网站	简述
HigherEdJobs	教育行业。
EngineerJobs	工程工作。
Medzilla	医疗行业。
Showbizjobs	娱乐行业。
Salesjobs	销售与营销。
Dice	信息技术工作。
MBAGlobalNet	MBA 相关的社团网站。

为什么有如此多的求职者和招聘者使用招聘网站呢？招聘网站受欢迎的重要原因在于它使求职和招聘双方都节省了时间和金钱。对于招聘者来说，网上招聘扩大了招聘范围，降低了成本，能够更快地做出雇佣决定。

对那些求职者而言，招聘网站受欢迎不仅仅是因为求职者可以把自己的简历发送给很多招聘者，还因为求职者可以得到很多与求职有关的服务。自 1996 年首次出现招聘网站以来，招聘网站所提供的服务范围不断扩大。以前，招聘网站仅仅提供电子版的报纸分类广告。但现在，招聘网站上还提供其他很多服务，包括技能评估、个性测评问卷、求职者的个人账户管理、企业文化的评估、职位查询工具、雇主封锁功能（防止你的雇主看到你所投递的简历）、雇员封锁功能（作为雇员的老板，防止你的员工看到你要招聘的岗位名单）以及电子邮件通知。招聘网站还提供很多教育类的服务，如撰写简历方面的建议、软件技能的准备以及面试技巧等。

招聘网站在很大程度上联系着求职者和用人单位，但它事实上只是人们寻找工作的众多方式中的一种。一项调查发现，有 70%的求职者通过网络和报纸来寻找工作。因为在网上发布简历的成本是零，所以边际回报率相当高。

与劳动力市场发展趋势一样，招聘网站最主要的功能也许并不在于其将招聘单位与应聘者相匹配的能力，而在于它们有能力制定市场价格和规则。招聘网站可以为雇主和应聘者确定薪资水平，并确定为达到这样的薪资水平所需要的技术技能。从这一意义来说，招聘网站是制定劳动力市场交易规则的全国性网上市场。例如，Monster. com 在线提供美国就业指数。通过监测 1 500 多家在线招聘网站，为国家、地区和特定专业计算就业需求。这些全国性网站的存在将会引导薪资水平更加合理化、加大劳动力市场的流动性、提高招聘和相应处理工作的效率，因为招聘单位可以快速地找到它们所需要的人才。

9.7.2　网上招聘的发展趋势

2010—2011 年网上招聘的发展趋势包括以下几点：

- **合并**：最大的两家招聘服务企业是 CareerBuilder 和 Monster。在 2010 年，这两家企业控制着整个招聘市场。
- **多样化**：虽然网上求职市场越来越大，并且兼并了一些传统企业，但是仍然出现了一些专业网站，这就使网上求职市场更加多样化。
- **地方性**：由于地方报纸是求职广告的重要途径，因此大型的国际招聘网站需要建立地方业务。另外，地方报纸也都有自己的网站。

● **职业搜索引擎**：与旅游服务一样，职业搜索引擎对在线求职网站又提出新的挑战。例如，Indeed. com、SimplyHired 和 JobCentral 能够从成千上万个招聘网站中为求职者寻找合适的工作。这些公司不向雇主收取费用，而主要采用点击收费和广告收费模式。

● **社交网络**：LinkedIn 是著名的社交网络，2010 年 9 月它在 200 多个国家 150 多个行业中拥有 7 500 万名成员。求职者会在这些网站上寻找潜在的工作，招聘者也可以在这些网站上发布招聘信息。对 2 667 名管理者和人力资源员工进行的研究表明，其中有 45%的人使用社交网络筛选应聘者，有 35%的人因网络内容而拒绝了应聘者（Careerbuilder. com，2009）。

案例研究

OpenTable：期待您来订餐

OpenTable 是为饭店提供订餐服务、餐桌管理和客户管理软件的杰出供应商，用 12 年的时间从刚刚起步发展成一个成功的公司，而且从未停止前进的脚步。此外，该公司还经营着全球知名网站——OpenTable. com，提供在线订餐服务，美国 1/3 提供订餐业务的饭店都是它的客户，2010 年第二季度平均每月有 500 万订餐者。

今天，在美国、加拿大、墨西哥、英国、德国、法国、西班牙和日本等地，有超过 1. 2 万家饭店在使用 OpenTable 的硬件和软件。这套系统实现了预订和餐桌管理的自动化，并且能够为饭店建立用餐者数据库，用以提高顾客识别，并进行电子邮件营销。在公司网站上，用餐者能够实时查找合适的桌位。此外，公司网站是由上千个子预订系统连接起来形成的，能够在饭店的电子预订本上记录预订。

饭店可以订阅电子预订本（Electronic Reservation Book，ERB）（OpenTable 拥有专利权）。ERB 安装在一台触屏电脑上，并且有资产保护和安全工具支持，能够为饭店提供实时平面地图，使得饭店可以保留适合各种聚会的用餐模式，这对于饭店来说是一个 CRM 系统。2010 年 8 月公司发布新版 ERB，新版本更易使用，提供了餐桌的完整视角，增强了客户服务，协调预订次序和最大化顾客就座。在 OpenTable 的饭店客户里，ERB 系统一旦连接网络，就成了一个在线订餐系统。

OpenTable 的利润来源于两部分。一部分是饭店为网站建设和培训而一次性支付的费用，以及每月对硬件和软件的订阅费用（199 美元）；另一部分是交易费（每笔 1 美元）。而在线预订服务对用餐者免费，这种商业模式便于进行病毒式营销——一旦有人进行预订，网站会建议他直接从 OpenTable. com 上向其就餐伙伴发送电子邀请函，而电子邀请函中包括一个返回 OpenTable 网站的链接。

OpenTable 是一个基于服务（软件即服务（SaaS））的电子商务公司。换言之，顾客不能购买安装在自己电脑上的软件，而只能通过上网以订阅模式来使用软件的功能。OpenTable 所提供的在线服务并不销售货物，但为用餐者提供预订功能，与社交网站提供的服务相似。

互联网对餐饮行业发挥的杠杆作用是缓慢的，主要是因为这个行业一直都是零散的行业，由 3 万多个小规模的独立公司和地方餐馆组成。

公司创建者意识到，很难将这些餐馆作为一个单一的市场来处理。同时他们发现，利用网络向用餐者提供用餐信息和评论可以改变这种情况。然而，当时没有办法进行网上预订，而且我们知道，电话预订通常是费时、低效的，并且容易出错。要开发一个高效的订餐系统，实时性和网络覆盖范围很重要。对于订餐者来说，他们需要实时获取当地餐馆的数量以及能够随时生成订单。如果消费者飞往其他城市，那么就有必要将那些城市的旅馆也添加进系统。

1998年公司以 Easyeats.com 起家，总部位于旧金山，1999 年更名为 OpenTable.com。当公司刚刚成立的时候，很多餐馆没有电脑，更不用说一个通过中心网站进行在线预订的系统了。公司最初的战略是，向饭店评论者支付酬劳使他们链接到自己的网站上，以达到快速扩张形成全国性链条。这使得公司扩张到 50 多个城市，但公司一个月的开支达到 100 万美元而收入只有 10 万美元。成功是没有法则的，最初的投资者认为这是一个可行的商业前景。他们进行了一系列管理上的改变，包括任命投资人兼董事托马斯·莱顿（Thomas Layton，CitySearch.com 的创立者）为公司的 CEO。莱顿削减薪酬，减少营销费用，并且使公司从其他城市撤出，只保留 4 个城市：芝加哥、纽约、旧金山和华盛顿。

公司对硬件和软件进行了升级，创建用户友好的 ERB 系统，并且从高端饭店开始加强营销。实用性、用户友好的技术和营销策略的应用，使得 OpenTable 的 4 个市场充满生机，联网饭店和用餐者不断增加。OpenTable 已在全国实施了相同战略，现在分布在 50 个州的餐馆客户大约有 12 250 家，其中有超过 1 800 家是美国以外的市场。在 12 年间，公司为大约 1.6 亿订餐者提供过服务。

随着公司的发展，投资者计划使公司进一步面向大众。2007 年，莱顿卸任 CEO 职位，但仍是董事成员。接任者是前 PayPal 的总裁杰弗里·乔丹（Jeffrcy Jordon），他有在面向大众服务的公司——eBay 工作的经验。2009 年，尽管当时的经济环境和金融市场都不容乐观，他还是选择了一个很激进的战略——IPO。目前看来，他赌赢了。在上市的第一天，OpenTable 的股价上升了 59%，2010 年 9 月底的股价为 66.23 美元。

尽管经济形势不好，OpenTable 依然状况良好，截至 2007 年年末和 2008 年年末，收益分别为 4 110 万美元和 5 580 万美元。从 2006 年 1 月到 2008 年 12 月的 3 年内，OpenTable 的收益以每年 43%的速度增长。在经济萧条时，2009 年第一季度的结果显示仍然是增长的，2010 年第二季度的收入为 2 120万美元，同比增长 36%。

基于盈利模式，公司的收入来源于订阅费用和交易费用，而不是依靠广告收入。此外，OpenTable 收入的 50%来源于 B2B 订阅，并且都是一些长期合同，况且订阅饭店也不想支付因变更订阅软件而带来的费用。

公司成功的另一原因是拥有大量的忠诚客户。饭店所有者说，其员工发现软件很容易使用，并且可以帮助他们更好地管理工作，尤其是优化了业务流程，改善了服务质量，提高了客户满意度。

此外，OpenTable 能够抓住饭店和用餐者的需求。饭店想以低成本来吸引顾客和管理顾客的订单，而用餐者想方便地找到合适的饭店。通过在饭店和用餐者之间建立一个在线的途径，帮助两者达成协议，这就是 OpenTable 所做的。

随着使用的人越多，OpenTable 获得的效用就越大。OpenTable 的增长不断为就餐者提供更多选择，而更多的就餐者发现使用在线预订系统的好处，反过来，这种价值传递给饭店客户，有助于吸引更多的饭店加入到网络中，在这里用餐者就扮演了病毒营销源头的角色。由于 OpenTable 鼓励用餐者向朋友发送电子邀请函，当他们这样做时，在电子邮件中就会提供返回 OpenTable 网站的链接。同时，OpenTable 链接也会出现在饭店网站上，直接指向预订界面。

在订餐市场中，OpenTable 是最大的一家，同时也是成功提供多种在线服务的参与者。当然，OpenTable 也有竞争对手。MenuPage.com 提供访问饭店菜单和评论的服务，但不能进行预订，而且只覆盖 8 个城市。UrbanSpoon.com 提供预订服务，但它的技术不能与 OpenTable 兼容，所以预订信息需要手动输入到 OpenTable 系统中。与 OpenTable 一样，UrbanSpoon 也向用餐者收取1美元的费用。UrbanSpoon 也有提供网上预订服务的能力，并且对愿意避开就餐高峰的人提供折扣。2009年，它为全国范围的1 500家饭店提供服务，远远少于 OpenTable 的14 000多家。Foodline. com 和 SavvyDiner. com 也提供相似服务。然而，只有 OpenTable 和 Foodline 向饭店提供跟踪行为的服务。

有些人认为，提高预订的最好方式是留住访问者（一旦有人打开 OpenTable 链接，他们就会获得多样选择）。但是，饭店所有者喜欢 OpenTable 软件，而用餐者也有更多的用餐选择，这两种因素使得这个论调相对变弱。在过去的6个月，OpenTable 的订单增加了3倍，可见未来将是美好的。

公司一直在进行创新。例如，最近发布了在 PDA 上的应用程序（包括 Palm Pre、黑莓和 iPhone），这些应用帮助使用者通过 GPS 寻找饭店并进行跟踪。OpenTable 也可以链接到 Facebook，允许用户分享预订。与 Facebook 上一款名为 Reservations 的应用一样，合作饭店可以在 Facebook 上直接提供预订。

除了技术创新，OpenTable 还尝试模式创新，即将技术与“门对门”销售相结合。通过这种模式，OpenTable 在北美市场的增长超过预期，并且增长势头不减。OpenTable 还有选择地进行国际扩张，进入那些有大量在线用户交易和饭店预订的国家。公司现在已经在德国、日本和英国进行运作，每一个地方都有一个销售点，并且在这些市场上，已经和大约1 000家饭店签约。

公司的国际战略是复制其在美国的成功模式，即集中力量构建一个饭店客户基础。OpenTable 相信其软件的本地化版本可以与对手的软件竞争，也可以满足当地饭店的多样选择。

对于未来的发展，公司正处在一个有利时期，其规模、发展轨迹和客户满意度都将继续朝着有利的方向发展。

资料来源：“Behind OpenTable's Success,” Kevin Kelleher, CNNMoney. com, September 23, 2010; “OpenTable Introduces the Next Generation of Its Electronic Reservation Book Software,” RestaurantNews. com, August 17, 2010; “OpenTable, Inc., Announces Second Quarter Financial Results,” OpenTable. com, August 3, 2010; “Open Table: the Hottest Spot in Town,” by Maha Atal, CNNMoney. con, August 14, 2009; “OpenTable Unveils Version 2.0 of its iPhone App,” AppScout. com, August 14, 2009; Open Table,. Form 10-Q for quarter ended June 30, 2009, filed with the Securities and Exchange Commission, August 11, 2008; “Gadgetell: Fight for Your Dinner: Urbanspoon vs. Open Table,” NewsFactor. com, August 8, 2009; “Urbanspoon is Now Taking Online Reservations: Takes on OpenTable,” by Federic Lardinois, ReadWriteWeb. com, August 7, 2009; “OpenTable Launches BlackBerry App,” by Jamie Lendino, PCMag. com, August 5, 2009; “OpenTable App Hits the Palm Pre,” AppScout. com, July 29, 2009; “Yelp vs. OpenTable—Where Should Restaurants Spend Their Marketing Dollars,” Dinner Rush Blog, reservationdc. wordpress. com, July 19, 2009; May 22, 2009; “What Media Companies Could Learn from Open Table,” The Media Wonk, May 20, 2009; Open Table S-1/A Amendment #6, filed with the Securities and Exchange Commission, May 19, 2009.

［案例思考题］

1. 为什么 OpenTable 的竞争对手难以与其竞争？

2. 饭店市场的哪些特征使得预订系统工作困难？

3. OpenTable 是如何改变营销策略来取得成功的？

4. 为什么采用 SaaS 模式的饭店是非常具有吸引力的？

关键术语

耐用品（durable goods）　消费期较长（通常超过一年）的商品。

易耗品（nondurable goods）　消费很快、生命期较短的商品。

经济生存能力（economic viability） 指企业在一定时期内作为有盈利的商业企业生存下来的能力。

毛利润率（gross margin） 毛利润除以销售净额。

经营收益率（operating margin） 经营收入或亏损除以销售净额。

净利润率（net margin） 净收入或亏损除以销售净额。

资产负债表（balance sheet） 提供截至某一天的企业资产和负债的简要财务描述。

资产（assets） 企业所有有价值的东西。

流动资产（current assets） 包括现金、证券、应收账款、存货以及其他能在一年内变现的投资。

负债（liabilities） 企业的未清偿债务。

流动负债（current liabilities） 必须在一年内偿还的债务。

长期债务（long-term debt） 在一年或者一年以上才需偿还的债务。

虚拟商家（virtual merchants） 单渠道的网上企业，收入几乎全部来自网上销售。

鼠标加水泥型零售商（bricks-and-clicks） 既将实体店铺作为主要零售渠道，又通过互联网出售商品的零售商。

目录零售商（catalog merchants） 以面向国内市场的网下目录零售为主要销售渠道，但最近也开始涉足网络零售的零售商。

制造商直销（manufacturer-direct） 单渠道或多渠道的制造商绕过零售商这一中介，直接通过互联网向消费者出售商品。

供给推动模式（supply-push model） 没有订单，根据需求预测来生产产品的模式。

需求拉动模式（demand-pull model） 根据实际收到的订单来生产产品的模式。

服务职业（service occupations） 从事与家政、商业企业、机构有关的活动。

服务行业（service industries） 向消费者、企业、政府以及其他组织提供服务的机构。

交易经纪（transaction brokering） 像中间人那样起到推动交易的作用。

金融门户（financial portals） 向消费者提供比较购物服务、提供独立的理财建议和进行财务规划的网站。

账户整合（account aggregation） 将客户的所有金融（甚至是非金融）数据都集中到一个单一的个性化网站上。

企业网上订票方案（corporate online-booking solutions，COBS） 在一个单一的网站上提供机票预订、旅馆预订、会议中心预订、汽车租赁预订等一揽子服务。

思考题

1. 为什么那么多的企业家都开始纷纷开展网络零售业务？

2. 今天，盈利和没有盈利的网上企业之间的主要区别是什么？

3. 线下零售的哪部分业务更像网络零售？为什么？

4. 请举出美国零售销售总额中所占份额最大的业务，并解释为什么经营这一业务的企业已经并能够继续统治网络零售市场。

5. 请描述电子商务时代以前的技术革命。哪些技术创新使得后来的网络零售成为可能？

6. 请列举出电子商务分析家早期作出的关于消费者的两个假设，这两个假设后来被证明是错误的。

7. 为什么早期认为在互联网上获得客户的成本是很低的？哪些因素可以降低获得客户的成本？

8. 解释与网络零售有关的非居间化和超级中介之间的差别。

9. 你对十大网络零售商的印象如何？例如，它们是否占据了网络零售市场的很大份额？

10. 对比虚拟商家与鼠标加水泥型零售商。哪种网络零售商与虚拟商家最为相似？

11. 供给推动模式与需求拉动模式的区别何在？为什么大多数直销厂商很难实现两者的转换？

12. 与企业能力特别有关系的五个战略因素是什么？它们与行业战略因素有何区别？

13. 以下哪个指标最适合衡量企业的财务状况：收入、毛利润率、或净利润？为什么？

14. 在网络环境下提供服务会遇到什么困难？举例说明服务业和零售业有什么不同。

15. 请比较两类主要的网上服务业的不同。服务业与其他行业相区别的两个主要特征是什么？

16. 列出并说明基本的网上抵押机构。使用网上抵押网站有什么优点？阻碍这类服务发展的因素是什么？

17. 在全国发展网上保险业所面临的最大困难是什么？

18. 什么是渠道冲突？解释抵押业和保险业中的渠道冲突现象。举出两家网上保险公司或经纪公司的名字。

19. 房地产网站的最主要用途是什么？绝大多数消费者访问这些房地产网站的目的是什么？

20. 列出网上金融服务机构提供的四种服务并予以说明。

21. 在当今世界范围内的金融服务业合并过程中，谁是主要的玩家？

22. 解释两个全球化趋势对金融服务业结构的冲击以及对网上经营的影响。

23. 旅游服务的供应商是如何从消费者对旅游网站的使用中获得收益的？

24. 列出并说明企业用来寻找和吸引求职者的5种传统的招聘方式。与新的网上招聘方式相比，这些方式有哪些不足之处？

25. 除了将求职申请与职位空缺信息相匹配之外，招聘网站还提供了哪些更大的功能？解释为什么这类网站能够影响薪资以及所要求的技能。

设计题

1. 登录美国证券交易委员会的网站 www.sec.gov，收集 EDGAR 的文章。通过这些文章你可以了解所有上市公司的10-K文档。选择两家网络零售商并找出其最近一个财年的完整10-K报告（两家零售商最好属于同一个领域，如 Staples 和 Office Depot）。准备一份演讲稿，比较两家企业的财务状况和发展前景。其中，要特别关注两家企业各自的网上经营业绩。

2. 分析本章中亚马逊和百思买两家企业的财务报表。你能从中发现什么？哪家企业的财务状况更好？为什么？哪个企业的业务模式更弱？为什么？两家企业的主要问题都有哪些？准备一份演讲稿说明你的观点。

3. 选择以下任一家企业并完成一份完整的分析报告，包括战略分析与财务分析：Bluefly、Drugstore.com 和 1-800-Flowers.com。准备一份演讲稿，说明你对于这些企业的网上业务和未来前景的观点。

4. 为4种网络零售业务模式中的每一种都找出一个本书没有提到过的企业代表。准备一份简短的报告，对每家企业进行描述，并解释你认为该企业具备相应业务模式的原因。

5. 利用本章内容和你自己的研究材料写一篇简短的论文，说明你对网络零售商面临的主要社会与法律问题的看法。

6. 在下面几家公司中选择一家，从战略一直到财务状况对其作仔细分析，总结你观察到的公司经营情况和前景展望。公司：Progressive.com，Insure.com，Insweb.com。

7. 选择一种本章中没有讨论过的服务业（如法律服务、医疗服务、会计服务或其他）。准备一份3～5页的报告，讨论对网上提供这些服务造成影响的最近趋势。

8. 以小组的形式对无线技术在金融服务领域的应用进行调查。根据你们小组的调查结果准备一份简短的小组报告。

9. 至少找出两家本章未提到的提供交易经纪服务的公司、两家提供面对面服务的公司。概述每一家公司所提供的服务，并说明将它们归入提供交易经纪服务类型或归入提供面对面服务类型的原因。

第 10 章 网络内容服务与网络媒体

学习目标

学完本章，你将能够：

- 了解媒体服务和网络内容服务的主流发展趋势
- 了解媒体整合的含义与当前面临的挑战
- 掌握 5 种基本的网络内容服务盈利模式
- 了解内容创作者与内容提供商目前面临的主要挑战
- 了解影响网络报纸、电子图书和网络杂志行业的主要因素
- 了解影响网络娱乐业的主要因素

章首案例

信息不再免费

“免费信息”的时代已经过去，免费模式也是一种失败的商业模式。人们常说“信息不会收费”，然而这句话已经被“信息不再免费”代替，尤其对那些具有高价值且具有独特性的信息来说更是如此。

2007 年，在收购了道琼斯公司之后，新闻集团 CEO 鲁珀特·默多克（Rupert Murdoch）宣称，他会在短期内降低《华尔街日报》网上版本的订阅费用，同时使网上读者的数量增加到 5 000 万人。但是，两年后的 2009 年 8 月，他发表声明说，公司将会向在线阅读新闻的读者收费。

在过去两年内，由于广告收入（展示的和分类的）持续下降，默多克和报纸所有者才做出了上面的改变。2009 年第二季度，新闻集团亏损 2.3 亿美元，收入下降了 11%。尽管公司在 2010 年又开始实现盈利，但前途尚不明朗。当传统报纸的读者在减少，

广告也向网上转移时，网上读者的数量在迅速增长，尤其是年轻人，越来越多的人开始在网上寻找信息资源。每个月都有超过3/5的用户在网上阅读报纸。2010年5月，有1.23亿美国人浏览了网上报纸。一些人认为报纸团队（包括报道者、编辑、管理者）将不复存在，只是因为他们并没有关注到这些数据。然而，网上展示广告的收入并不能弥补传统报纸广告收入的损失。这就需要人们去思考如何从网上报纸服务中取得收入，而不是如何吸引人们网上阅读。在网络时代，人们认为放弃传统的免费方式而采用广告模式可以让报纸业生存下来，然而现实的收入不容乐观。

当新闻上充满了有关"报纸业能否在网络环境下生存"的旧话题时，一个分析小组认为这是一个错误的问题，应该考虑的问题是："报纸业能否创造人们愿意付费的有价值的内容？"然而，后一个问题的提出又引起了其他问题，如"什么才是有价值的内容"。《华尔街日报》和《金融时报》是世界上成功采用网上订阅模式的两份报纸。下面让我们一起分析一下《华尔街日报》，看看它是如何在网上取得成功，又如何成为其他报业公司的典范的。

道琼斯新闻服务中心在1889年开始出版《华尔街日报》，其内容整合了国内和国际新闻，还包括深度分析的财务报告。《华尔街日报》的读者大约有270万人。1996年4月，《华尔街日报》开通了自己的网站——WSJ.com。2010年，其网上版本的订阅用户达到41.4万人，同时每月吸引了1 100万之多的非订阅用户。就收入和利润而言，《华尔街日报》是最成功的网上报纸，同时也是少有的成功采用订阅盈利模式的报纸。过去，几乎所有的报刊都采用广告支持的"免费"模式。现在，《华尔街日报》纸质版本的订阅者每年只要支付49美元就可以浏览网上版本，非订阅用户每年要支付99美元。另外，纸质版订阅者每年支付119美元还可以享受送报上门的服务。

《华尔街日报》与其他大多数报纸是不同的。全球1万多家网上报纸提供免费内容。它们一直认为绝大多数的消费者希望信息是免费的。例如，当网上杂志公司Salon采用订阅付费模式时，它失去了90%的读者。之后，它实行免费内容与高级付费订阅的混合模式，读者数量开始稳步增长，但是一直未能实现盈利。这些公司通常依靠分类广告取得收入，而不是采用每月订阅付费模式。它们有必要从Salon的经历中学到经验，同时还要学习iTunes作为内容提供商的经验。

为什么《华尔街日报》能成功地实施订阅模式呢？品牌当然是一个原因。《华尔街日报》在美国人中有很强的品牌影响力。另外，它还提供股票价格服务，以及对商业问题和重大新闻事件的深入分析报告。然而，许多报纸如《洛杉矶时报》、《华盛顿日报》，也有强大的品牌影响力，但是它们害怕实行订阅收费模式。

《华尔街日报》成功的一个关键原因就是，订阅模式能够让用户访问有关公司背景的深入分析报告，能够访问追溯到1996年的新闻内容，还能够访问道琼斯公共图书馆提供的有关7 000份报纸、杂志和商业新闻的过去和现在的资源。如果你是一个股票分析者，或是一个寻找特定企业信息的投资者，这些有价值的档案信息是值得每年支付订阅费用的。通过与优化的搜索引擎相链接，《华尔街日报》提供的内容与其他报业公司提供的内容是不同的。你可以购买更高价值的信息（是你所读报纸内容的延伸）。相反，没有人想为大家共享的信息付费。

及时性和网络适用性也吸引了大量读者。利用OmniMark公司的内容搜索系统，可以提供结构化查询，作者和编辑都能迅速找到相关文章的印刷版和网络版。利用这个系统，他们能够对内容进行必要的删除和增加，而不需要重新排版。此外，当作者和编辑发布最新文章时，主要的页面元素（标题大小、文章间距、导航按钮的布局、广告位）都是OmniMark系统提供的。同时，系统为这些新闻和观点创建了档案，以便订阅用户可以查询、搜索。这样看来，网络传播技术导致了内容创造和传播的整合：无论新闻是印刷在报纸上还是呈现在网络上，新闻还是新闻。

新技术改变了报纸的发展历程。与每天更新的印刷型报纸相比，网上版本能够及时提供重大新闻，与电视一样，还能提供重大新闻事件的视频。《华尔街日报》通过使用个性化的功能增加内容的吸引力。订阅者可以在 WSJ.com 网页上创建自己的主页，自己选择专栏、股票以及公司新闻。另外，用户可以通过 RSS 源查找相关主题的内容。《华尔街日报》还在网上增加主要环节——与读者互动，比如讨论退休、年终分红以及保险计划等。《华尔街日报》还有许多免费网站，从 MarketWatch 到房地产，再到大学日报。《华尔街日报》已经将这些功能充分利用到订阅模式之中了。

《华尔街日报》充分将 Internet 和 Web 2.0 相结合。网上融合了有关报告、博客、文章和视频的用户评论，并且所有这些内容都能实时更新。最大的变化就是社交网络能力的提升：允许大部分用户评论任何文章，提出任何问题，给其他人发送电子邮件，以及制作简历，让其他人知道自己在网上还做些什么。目标就是提高读者的忠诚度，延长用户在线时间，当然还包括增加广告收入。2009 年 4 月，《华尔街日报》开发了 iPhone 终端应用程序，使得部分内容可以在 iPhone 上免费浏览。将来可能采用订阅模式和广告模式推出《华尔街日报》的 iTunes 版本。虽然《华尔街日报》和《金融时报》都成功地对其内容收费，但其他报纸也可以通过自己的能力（提供高价值的内容）和网络文化来取得成功。

《纽约时报》因其每月都有 3 200 万名浏览者而成为浏览最频繁的网上报纸，很快也会采用订阅盈利模式。从 2011 年 1 月起，读者只能在网上阅读每月有限的免费文章，只要支付一定的费用就可以继续访问。然而，大多数的读者只阅读一小部分的内容，并没有注意到这种变化。《纽约时报》希望开发一个系统，能够将读者的忠诚度转化为收益。尽管《纽约时报》主要的收入来源于网上广告，但它需要放弃部分广告收入来实施模式转型。《纽约时报》希望依靠订阅模式获得的收入高于放弃广告引起的损失。其他杰出的报纸（包括《今日美国》）也都通过数字化运营来改变自己的商业模式。

一直以为网络用户期望所有的信息都是免费的，并且不会为内容支付费用。但是，网络环境正在迅速发生改变。iTunes 的数据显示，5 000 万网络用户愿意为音乐内容付费。Kindle 的成功也表明，数百万读者愿意为电子书支付 9.99 美元的费用。在新的网络环境下，人们愿意为高质量、高价值、与众不同的内容支付费用。

资料来源："USA Today to Remake Itself to Stress Digital Operations," by Jeremy W Peters, *New York Times*, August 27, 2010; "*The New York Times* Ranks as Top Online Newspaper According to May 2010 U. S. comScore Media Metrix Data," comScore, June 16, 2010; "Newspaper Circulation Falls Nearly 9%," by Joseph Plambeck, *New York Times*, April 26, 2010; "The Times to Charge for Frequent Access to Its Web Site," by Richard Perez-Pena, *New York Times*, January 21, 2010; "NAA/Nielsen Stats Show Newspapers Own Less Than One Percent of the U. S. Online Audience Page Views, Time Spent," Nieman Journalism Lab, Niemanlab. org, August 10, 2009; "Is Free News a Thing of the Past?" by Clare Davidson, BBC News, August 7, 2009; "News Corp. Plans Fees for Newspaper Sites," by Associated Press, *New York Times*, August 6, 2009; "Looking to Big Screen E-Readers to Help Save the Daily Press," by Brad Stone, *New York Times*, May 4, 2009; "Newspapers' Essential Strengths," by David Carr, *New York Times*, May 4, 2009; "Annual Internet Survey by the Center for the Digital Future Finds Large Increases in Use of Online Newspapers," Center for the Digital Future, USC Annenberg School of Communication, April 28, 2009; "*Wall Street Journal* iPhone App Sets Content Free," by John Abell, *Wall Street Journal*, April 15, 2009; "Media Executives Plan Online Service to Charge for Content," by Richard Perez-Pena, *New York Times*, April 15, 2009; "They Pay for Cable, Music, and Extra Bags. How About News?," by Richard Perez-Pena, *New York Times*, April 8, 2009; "Information Wants to Be Expensive," by L. Gordon Crovitz, *Wall Street Journal*, February 23, 2009.

开篇案例说明了，传统媒体是如何通过开发面向网上消费者的网络内容服务，来抓住互联网赋予的得天独厚的商机的。这些内容（包括新闻、音乐和视频）有一个明显的特点，即它们都是网络形式的。过去，网络公司难以盈利。现在，出版行业（包括报纸和杂志）正处于抓住网上读者的艰难时期。广播电视、好莱坞电影以及唱片公司都在改变过时的商业模式。传统媒体巨头也正在向网络内容、新技术、新数字传播渠道以及新型商业模式方面加大投资。在本章，我们着重讨论出版业和娱乐业，因为这些行业正在努力将自己的传统模式向网络模式转变。

10.1 网络内容服务

在美国，网络给内容服务业带来的挑战是其他任何行业都无法比拟的。内容服务业涉及出版、电视和电影在内的商业，也包括一些分支商业，如报刊、广播电视、卫星、印刷和内容零售店（如音乐和视频出租店）。从人际交流沟通的媒介这一角度来看，我们可以把 Web 定义为所有网络内容的发源地。在本章中，我们主要关注出版业（报纸、图书、杂志）和娱乐业（唱片、电影、电视）的最新动态。这些行业占据了网上和网下商业化内容服务市场的绝大部分。出版业和娱乐业在网下都有知名的企业巨头，在网上也有一些引人注目的专营网络内容服务的新兴企业，同时这两个行业都具有强大的用户吸引力和众多的发展机会。此外，出版业和娱乐业在快速转向网络内容服务的过程中也都面临着一系列的法律难题和技术挑战。

表 10—1 描述了 2010—2011 年网络内容服务的发展趋势。

表 10—1　　2010—2011 年网络内容服务的趋势

- 媒体消费：美国人每年要在不同媒体上花费 3 900 多个小时，几乎是他们工作时间的 2 倍。上网时间在快速增加，超过了报纸和音乐，但还没有赶上电视和广播。
- 收入：网络媒体收入是增长最快的媒体收入。
- 数量：传统受众向网络转移，网络受众年增长率是所有媒体中最高的。
- 用户创造内容：网络上，用户可以创造内容，这种方式改变了传统的商业模式。社交网站、视频网站和博客都在快速增长，对传统娱乐公司提出了很大挑战。
- 技术：智能手机和上网本的出现，使得基于网络的音乐、新闻和娱乐节目可以在任何时间、任何地点被人们分享。
- 广告：网络观众的增长引起了网络广告的收入增长，广告商开始将广告投向网络受众所关注的地方。
- 商业模式：内容拥有者采用混合的商业模式，既有广告支持的模式，也有订阅模式，如音乐、电视节目和电影等。
- 付费内容与免费内容共存：之前大家一致认同"互联网带来了免费信息"，现在人们更愿意接受付费内容，而且付费内容增长的速度相当快。与此同时，音乐、电视和好莱坞电影则通过广告支持模式来免费播放内容。
- 整合：基于新技术和新的行业合作，传统媒体——报纸、杂志和广播——将走向整合。传统电视广播将新增网络广播；报纸和杂志的网站上可以看到一些视频；雅虎、谷歌、AOL、微软和苹果将向传统媒体进军，开辟多种多样的网络媒体服务。
- 印刷媒体：报纸业和杂志业正处于向网络模式转型的艰难时期，虽然网络广告在增长，但是并不能弥补传统广告的收入。在线报纸的读者数量每年平均增长 12%，而排名前 10 位的其他媒体的受众数量每年增长超过 16%。

- 娱乐内容：随着音乐和网络视频的爆炸性增长，以及人们对网络电视和电影大片兴趣的不断增长，网络成了最大的娱乐场所，能够与广播和卫星电视相媲美。
- 消费者偏好：消费者渴望自我控制。越来越多的人希望能够在任何时间、任何地点去看和听自己想要的，而不受时空的限制，他们通常使用个人电脑、移动电话、个人数字助理等设备。

10.1.1 网络内容服务的用户与商机何在

美国成年人的年平均娱乐时间为 3 900 小时，几乎是其年平均工作时间的 2 倍（2 000 小时/年）（见图 10—1）。2010 年，媒体服务业的收入大约是 9 730 亿美元，并且有望以 8%的速度增长（U. S. Census Bureau，2010）。

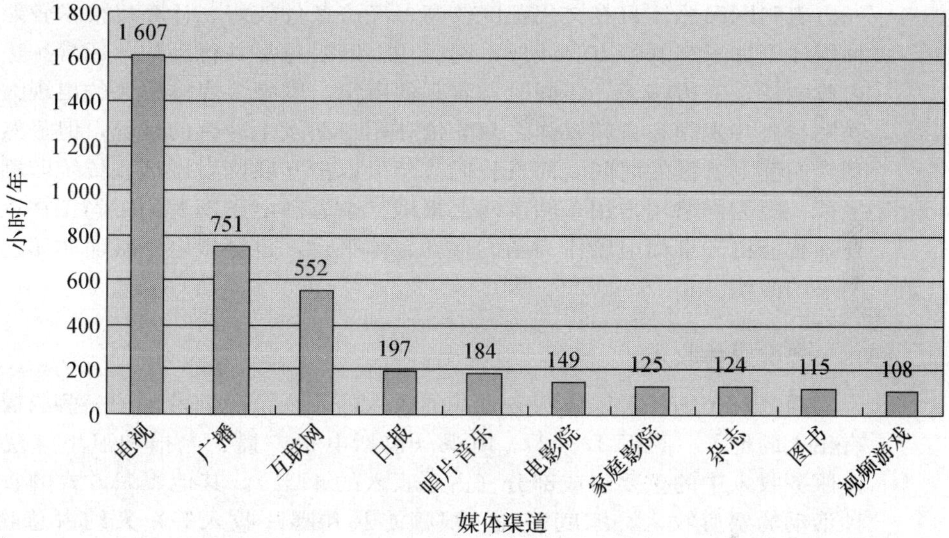

图 10—1　媒体消费

说明：美国人年平均娱乐时间为 3 900 小时，主要用于电视、广播和唱片音乐。另外，互联网在 2000 年之后以每年两位数的速度增长，已经超过了报纸、音乐和杂志。

资料来源：Based on data from U. S. Census Bureau，2010；authors' estimates.

各类媒体的使用

在美国，最流行的媒体是电视，广播和上网紧随其后。美国人在这三种娱乐方式上花费的时间占据了其总体娱乐时间的 80%以上。虽然上网目前在各种娱乐方式中只排在第 3 位，但网络的使用还将继续增长（U. S. Census Bureau，2010）。另一方面，网络出版协会调查发现，人们每月的上网时间从 2003 年的大约 11 小时（一年 132 小时）增加到 2010 年的 44 小时之多，与观看电视的时间相同（eMarketer，Inc.，2010a）。尽管电视收视率服务公司尼尔森（Nielsen）没有报道人们收看电视的时间在下降，对用户的调查却发现 20%～30%的媒体用户很少使用像电视、广播和报纸这样的传统媒体，取而代之的是网络。有半数之多的电视观看者使用电脑在网上观看电视（Frank N. Magid Associates，2009；Emigh，2008）。

互联网与传统媒体：争夺市场与互补合作

很多研究表明，人们上网冲浪的时间越多，则享受其他娱乐方式的时间就越少（Pew Internet & American Life Project，2010a）。一旦发生传统受众开始向网络媒体的巨大转变，将会有更多的时间用于浏览网络内容。2010 年，消费者将 38%的上网时间（平均每月大约 17 小时）用于浏览内容网站（如新闻、信息和娱乐），25%的时间（大约 11 小时）用于浏览社区网站，21%的时间（大约 9 小时）用于通信网站（如电子邮件和即时信息），11%的时间（大约 5 小时）用于商务网站，2%的时间（大约 2 小时）用于搜索引擎网站（Online Publishers Association，2010）。一般来说，如果你上网，那么你用于读书、看报、看杂志、打电话或听广播的时间会比不上网的人少 15%～20%。从另一个角度来看，网民在网上可以接触到所有类型的媒体，远远超出非网民的接触面，花费的时间自然也要多一些。这一点表明网民总体具有文化程度较高、经济条件较好、计算机技术较熟练以及对各种媒体更加了解的特点。此外，网民在上网时总是并行动作，通常一边听音乐或一边看电视，一边聊天，还同时做着其他事情。网络多媒体服务的出现大大减少了互联网与一些视频和音频媒体之间为抢夺用户而发生冲突的情况，但显然还是会影响到人们读书看报的时间。而且我们甚至可以把互联网看做这些传统印刷媒体的升级换代，因为网络用户用于阅读网上报纸、杂志和电子图书的时间正在逐渐增加。此外，智能机和桌面电脑作为新的移动媒体平台，也导致电子版而非印刷版的报刊和图书的激增。

各类媒体收入

通过对美国各类媒体服务方式的收入的调查，我们发现了一些与媒体的使用率有出入的地方（见图 10—2）。电视（包括电视广播、电报和卫星电视）仍旧是媒体服务收入中的重要组成部分（占总收入的 41%）。其他娱乐方式的收入（包括各种活动的票房收入、家庭影院、视频游戏和唱片收入等）大约占总收入的 28%，而报业收入从上一年的 10%下降到 4%。

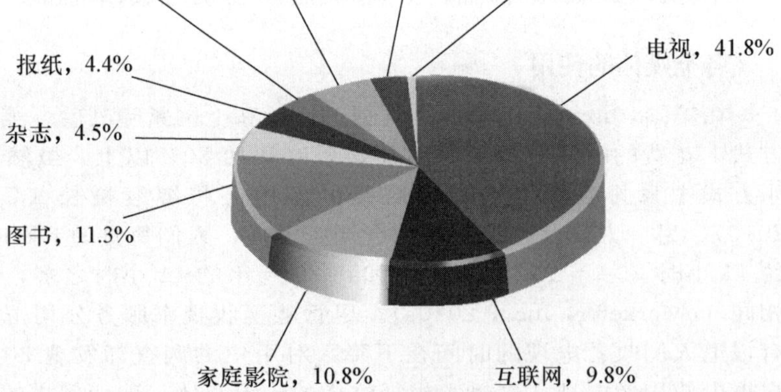

图 10—2　各类媒体收入

说明：电视、家庭影院和互联网占全部媒体收入的 66%。尽管图书出版多年来一直保持稳定收入，但像报纸、杂志这样的传统媒体的收入正在减少。

资料来源：Based on data from U. S. Census Bureau，2010；authors' estimates.

2010 年互联网收入占全部媒体收入的 9.8%，远高于 2004 年的 5%。另外，未来几年，网上收入将会在全部媒体收入中占据较大份额。下一节，我们将讨论当前和今后网络内容服务市场的有关内容。

根据个人消费情况，图 10—3 列出了内容服务市场的相关数据。电视和家庭影院年收入比网络内容收入的 3 倍还要多，但网络内容的增长速度是家庭影院或电视的 2 倍。在不久的将来，网上收入将会超过广播和有线电视的收入之和。

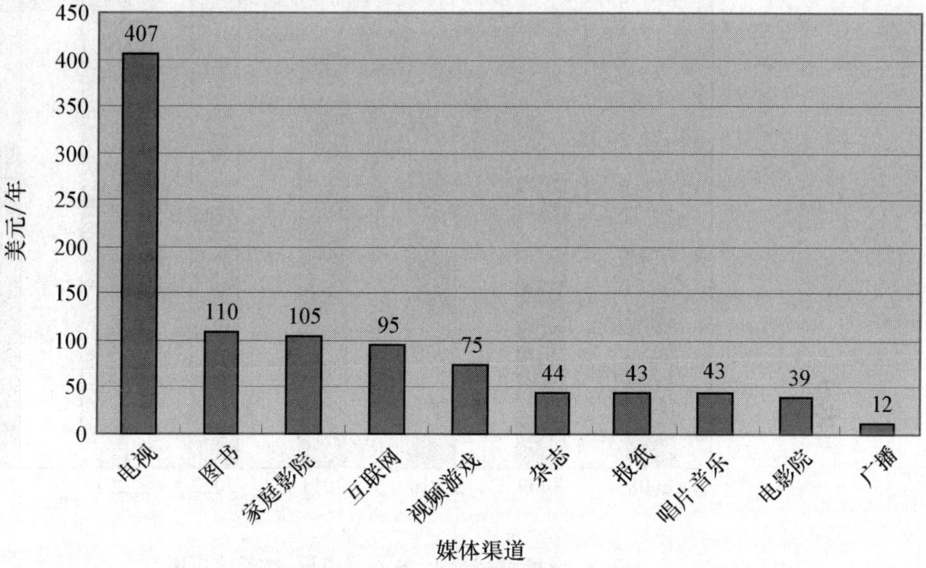

图 10—3　内容服务市场的规模

资料来源：Based on data from U. S. Census Bureau，2010；authors' estimates.

数字化内容的两种交付方式：付费的内容和用户生成的内容

内容在网络上的传播有三种商业模式：付费模式、广告支持的免费模式以及免费增值模式（部分内容是免费的，但是要浏览更全面的内容需要支付订阅费用）。还有一种是完全免费的用户生成内容模式，之后会讨论这部分内容。早期分析者认为免费模式会淘汰付费模式，事实证明两种模式在现在以及将来都是可用的。越来越多的消费者愿意为高质量、便捷的、独特的内容付费，并且愿意接受广告支持的免费内容。三种模式并不冲突，而是相互协作的：免费内容驱使消费者接受付费内容。

现在让我们看看消费者在网络上购买了哪些产品。大约 37% 的网络用户（8 100 万人）下载过音乐，其中 6 200 万人为下载音乐支付过费用。大约 80% 的用户（1.77 亿人）在网上观看视频，其中 22% 的用户（4 800 万人）为观看视频内容付费。网络付费内容的用户每年在以 20% 的速度增长，比网络用户的增长速度更快。由于高质量、更专业的视频和包括音乐、电视在内的娱乐产业的增长，所以这些用户的增长速度相当快。

图 10—4 显示了数字音乐、在线电视和数字电影的收入变化趋势。在 2010 年，这三种内容的全部收入为 63 亿美元，预计 2014 年将会增长到 122 亿美元。

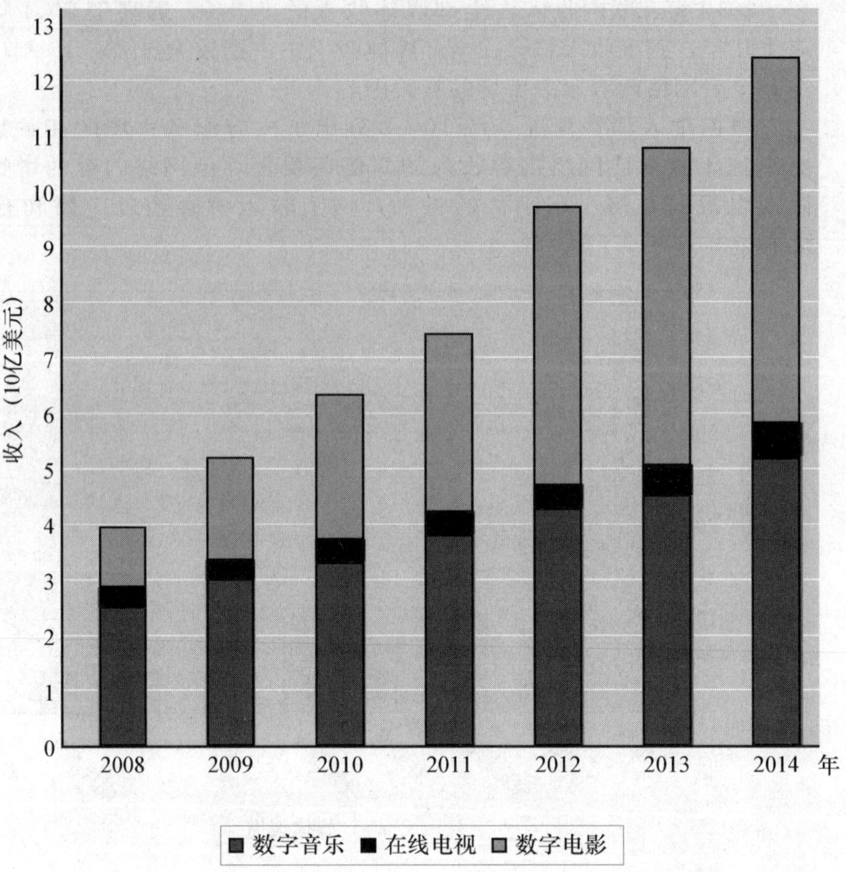

图 10—4　2008—2014 年美国数字音乐、电视和电影的收入比较

资料来源：Based on data from eMarketer，2010b，2009a；industry sources；authors' estimates.

现在让我们分析一下用户生成的数字化内容的消费者。这一消费者群体是庞大的，并且仍在迅速增长。用户生成内容（包括音乐、视频以及博客中的留言）是免费的，通常是广告支持的。2010 年，大约 8 900 万网络用户创造了这些内容，近 1.24 亿人浏览过这些内容（eMarketer，Inc.，2009b）。用户生成内容网站的收入来自于广告商，这些广告商还打算在 2014 年将 6.15 亿～8.7 亿美元的资金用于用户制造内容。表 10—2 列出了知名的视频与用户生成内容网站。用户生成内容主要由七个部分构成：视频、音频、图片、信息（包括新闻）、个人数据、评论和说明（有关爱好和社会书签）。对商家来讲，网上视频观众是最大的群体，并且拥有最大的潜在价值。

表 10—2　　2009 年 7 月和 2010 年 7 月美国排名前十位的视频网站

网站	2010 年独立访问者数量（百万）	平均每人浏览视频次数	相比 2009 年 7 月访问者数量增长百分比	2009 年 7 月独立访问者数量
Google sites	144.6	101.2	+20	121
Yahoo! sites	46.0	7.3	−2	47
VeVo	45.6	9.4	NA	NA

续前表

网站	2010 年独立访问者数量（百万）	平均每人浏览视频次数	相比 2009 年 7 月访问者数量增长百分比	2009 年 7 月独立访问者数量
Facebook	45.5	5.4	+128	20
Fox Interactive Media	44.3	7.4	−15	52
Hulu	43.5	27.0	+14	38
CBS Interactive	41.0	8.1	+32	31
Microsoft sites	39.4	16.3	−39	65
Turner Network	35.3	9.4	−2	36
Viacom Digital	34.6	10.0	−18	42

毫无疑问，YouTube 是最大的广告支持型的视频网站，视频观众的总量要比传统电视观众的数量多得多。在高峰时期，YouTube 的每秒流量可达到 3 000 万兆，每年支付的宽带费用大约为 3.6 亿美元。社交网络正在学习如何通过广告收入来使受众货币化，但目前为止只是不赚不赔。

付费内容和广告支持型的免费内容在网上的同步增长，表明了在某些情况下两者是互补的，能够共同增长。这对报纸和杂志来说，就可能不确切了，因为网络内容减少了报纸和杂志的读者数量。但音乐行业能够说明这种互补性。不合法的 P2P 文件共享非常普遍，其中包括成千上万首歌曲。然而，像 iTunes 这样的付费内容网站却同样得到发展，这就说明两种模式能够共存。

然而有一个问题：依靠付费或订阅模式获得商业内容的行业（包括音乐、视频和文本）能否运用广告支持型的模式，弥补传统模式带来的损失，进而实现盈利呢？对于音乐来讲，尚无定论。对于高质量的视频来讲，这种模式有可能适用。

免费还是付费：对付费的态度和对广告的容忍度

在网络早期，多方调查发现，尽管相当多的人将广告视为一种为获得免费内容而支付的费用，但绝大多数的用户希望不为网络内容支付任何费用。实际上，在互联网早期，并没有多少高质量的内容，直到像 iTunes 这样的网络服务出现。之前没有人会认为付费模式能够与免费模式相竞争，绝大多数的网络爱好者和“专家”也都认为“信息（互联网上的）将会是免费的”。Cable TV 则具有完全不一样的历史：它向服务和内容收费，并且 Cable TV 的专家也从不认为信息将会是免费的。好莱坞和纽约的媒体公司也不这么认为。与 Cable TV 一样，苹果 iTunes 也向服务和内容收费。在一项“什么样的网络内容才值得付费”的说明中，苹果出售了 100 亿首歌曲、1 亿部电视剧和超过 200 万个视频。尽管在美国有 3 300 万网络用户从非法的 P2P 网站上下载歌曲，但 2010 年有 2 900 万的用户是从合法的网站上购买音乐。许多专家认为免费模式推动付费模式。当像 YouTube 这样的公司开始与好莱坞和纽约的厂家合作时，网络文化也正在发生变化。斯图尔特 · 布兰德（Stuart Brand）说过“信息不再免费”，同时他也说道“信息还是免费的”。布兰德写道：“一方面，信息不再免费，因为它是有价值的。恰当地使用信息将会改变你的生活。另一方面，信息仍是免费的，因为发布信息的成本越来越低。因此，你应该从两个方面看待信息的问题。”（Brand，1984.）

10.1.2 媒体服务业的行业结构

1990年以前，媒体内容服务行业一直是由电影、电视、图书出版以及报刊出版等不同行业中那些专注于内容创作的众多小型独立企业构成的。然而，在经历了20世纪90年代的大合并之后，娱乐业和出版业中的超大型集团企业终于应运而生。

媒体业基本上由三个独立的部分组成，每一部分都由少数大型企业所垄断。我们这里所讲的并不包括传输平台企业，如AT&T、Verizon、Sprint、Dish Network及Comcast，因为它们并不创造内容，而只是通过电缆、卫星和电话来传播内容。通常，每个部分之间又很少有联系。报纸业并不创造好莱坞电影，出版公司也不拥有报纸或电影产品。在不同部分组成的媒体中，每个独立的部门控制着相应的媒体组成部分。大型公司之间的竞争通常比市场的竞争更激烈。另一方面，随着越来越多的受众向网络转移，媒体整合将会更加集中。

尽管媒体公司是分散的，但媒体业将会更加集中，形成媒体系统。媒体系统由成千上万的独立企业构成，这些独立企业主要以博客、视频及音乐的形式在YouTube、VeVo及MySpace上创造内容。有时，这些比较小的但玩家众多的媒体公司的受众数会超过媒体巨头。

10.1.3 媒体整合：技术、内容和行业结构

媒体整合一词经常使用，却一直没有完美的定义。既然使用整合一词，那么至少应在三个方面实现整合统一：技术、内容（艺术设计、加工和销售）以及全行业的组织结构。对消费者而言，整合能够使自己在想要的时候得到自己想要的内容，同时能够应用于不同的平台——从iPod到无线个人电脑，再到掌上电脑。

技术整合

不同媒体平台在技术层面上的相互统一（**技术整合**（technological convergence））要求企业开发出一种能够包容两种或多种现有媒体平台技术的综合设备，如同时具备读书、看报、看电视、听广播以及听音乐等功能的设备。技术整合的例子包括：iPad、iPhone、黑莓和Palm Pre，它们都将声音、互联网、WiFi及媒体设备整合在一起；iPod，它将音乐、图片和文本整合到一个手持计算设备上；具备上网冲浪功能的数字交互电视机和游戏机，可以用来录制和播放音乐的个人电脑。

内容整合

媒体整合的另一个方面就是**内容整合**（content convergence）。内容整合又包括三个层面：创作、加工和销售。

媒体服务商过去已经有过在内容上从旧技术向新技术无损过渡的成功经历。随着技术的不断发展，不同媒体平台开始趋于统一，这样消费者就可以在不同媒体服务商提供的内容服务中任意遨游，创作人员（还有内容提供商）在利用新技术上也更加得心应手。稍后，当创作人员已经懂得如何在创作过程中完全发挥新技术的强大能力时，内容本身也就完成了向新型媒体平台的转变。从这一意义来说，我们已

经实现了内容整合和转变，但整合后的创作技巧与整合前完全不同，因为新技术赋予了创作人员许多全新的设计手段。例如，15 世纪意大利、法国和荷兰等国的欧洲绘画大师很快就接受了当时刚刚出现的各种新式光学设备，如透镜、平面镜以及可以把图片以接近照片质量的效果投影在画布上的称作暗箱（camera obscura）的早期投影设备，并且在使用这些设备辅助自己创作的过程中，发展出一系列关于透视画法的新理论和风景、人物绘画的新技巧。这样，绘画仿佛是在一夜之间就与照片在精确度、细腻度和真实度上不相上下（Boxer，2001）。而今天艺术家和创作人员对各种新式的数字化和网络化工具的广泛采用，与当年可谓是异曲同工。例如，苹果公司的 GarageBand 软件能够使预算较少的独立乐队（字面意思是在车库工作）在有限的经费内，通过混合和控制 8 个不同的音轨来制作专业的录音。

从加工的角度来看，数字化编辑与处理流程（主要用于电影和电视节目）所采用的各种新式工具又进一步推进了媒体内容的整合。众所周知，内容服务中最费钱费力的就是创作过程。如果需要将创作好的作品在不同的媒体平台上进行发布，那么开发一种一次创作就可在多种媒体平台上发布的新技术无疑是一个明智之举。这种想法通常意味着使用数字化设备（包括软件和硬件）进行创作，从而使作品可以在多种数字平台上同时发布。一旦最终作品输入数字化设备中，就可根据不同媒体平台和销售渠道的要求对原作品进行压缩、分割和重新包装。

从销售的立场出发，分销商和最终用户拥有能够接收、存储和欣赏数字化作品的设备至关重要。尽管大多数技术公司已成功地向消费者提供接受网上内容的便捷设备，但是对内容拥有者而言，开创新的有利可图的销售平台还是比较困难的。音乐行业已经意识到过去的音乐存储模式的不足。电影业也苦苦挣扎于网上数字化的销售。传统图书行业同样面临着电子书所带来的挑战。好莱坞的电影公司在过去使用卡车运输的方式向全国数千家影院运送新影片的拷贝。一部一般长度的电影需要用 6 个巨大的笨重的箱子来放置放映用的 35 毫米胶片。2010 年，美国大约有 16 000家电影公司使用了数字化技术，电影能够通过卫星或光缆进行传播（MPAA，2010）。

图 10—5 以图书出版为例，向大家介绍了媒体内容整合和转变的发展进程。以本书为例，撰稿之初就希望能够在传统的印刷媒体平台和互联网平台上同时进行销售，这就意味着本书处于发行平台的切换阶段。在接下来的几年里，读者既可以在纯粹的数字化环境里（如互联网）购得本书，也可以按照印刷图书加网络版本的混合方式得到本书。最终，随着消费者可以使用不同的数字化设备共同体验本书的视听内容，本书很可能只以数字化产品的方式进行销售。到那时，“学习的体验”将会真正改变。虽然传统的印刷制品仍会继续存在（因为印刷出版的图书具有很多优点），但这些印制版本的图书很有可能是消费者根据自己的需要使用自己的打印设备生成的。

行业整合

媒体整合的第三个方面是不同媒体服务行业的行业结构。**行业整合**（industry convergence）是指多家媒体服务企业通过合并组成强大的合作联合体，从而占领多种媒体平台的服务市场，创造出可同时使用多种媒体平台的新型服务方式。行业整合要么通过兼并实现，要么通过战略联盟实现。过去，每种媒体平台如电影、印刷出版、音乐、电视，都有属于自己的独立行业，每个行业中也都存在着几家大型

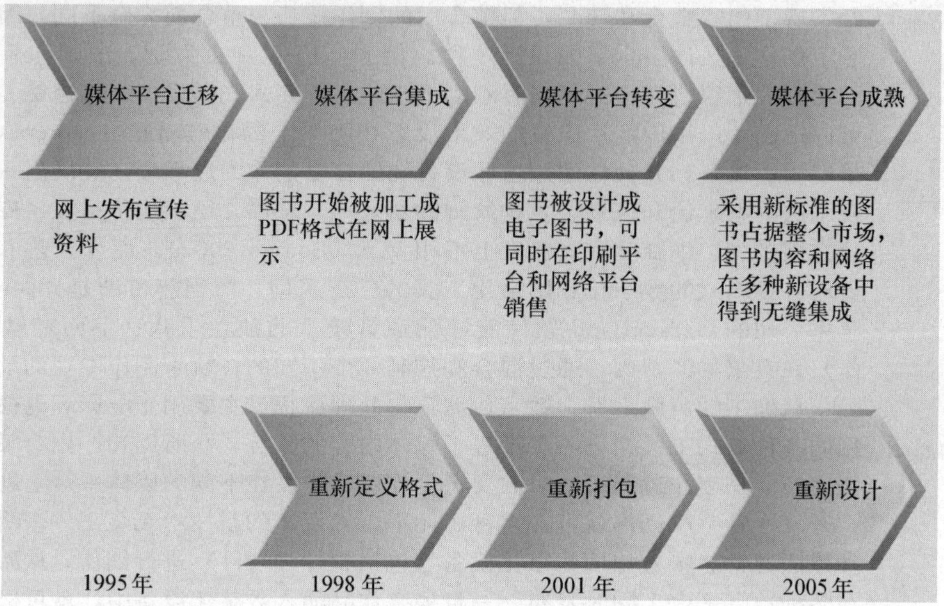

图 10—5 媒体内容的整合和转变

说明：互联网的不断发展使得出版商和作者把传统图书变成同时包容文本内容和网络元素在内的新式图书的这一愿望的实现成为可能，同时也改变了图书自身的内容。

企业。例如，电影娱乐业就被好莱坞的几家大型电影制作公司垄断，图书出版业也被几家大型出版商牢牢控制，而唱片业更是5家跨国公司的天下。

但是，互联网的迅猛普及使得不同媒体服务行业中企业的合并成为大势所趋，甚至成为未来发展的必由之路。行业的整合也会为技术平台与内容服务的变革带来必要的资金支持，因为大多数传统媒体服务企业自身在核心能力、资金基础、服务内容以及推广渠道等方面也有很大欠缺，很难由一家企业来完成互联网时代的媒体服务整合。

行业整合案例中最有名的当数2001年1月美国在线和时代华纳的1 000亿美元整合。时代华纳集团是美国最大的媒体服务企业，但是在合并前一直缺少网上内容服务的项目，而且早年进军互联网的尝试也以失败而告终。美国在线为两者合并后的企业带来了数量惊人的美国国内网络用户（约占美国全部上网用户的40%）、通过ISP服务与消费者建立的稳固的合作关系，以及在网络内容服务方面的丰富经验。两家企业的相互配合最终为高质量内容的创作和推广创造了一个单一的运作平台。美国在线/时代华纳将内容和推广紧密结合。两家企业的高层管理者也都认为，在合并后的单一运作环境中，新的作品必然会为同时在传统媒体平台和互联网这样的新兴媒体平台上的推广而精心设计，而已经实现盈利的传统媒体平台，如有线网络、电影和电视等赚取的收入，也为传统媒体平台和服务内容尽早向互联网的转变提供了财力支持。在这个例子中，整合并没有发挥多大作用，并且人们也把合并认为是一种最糟糕的方式。合并后的10年，时代华纳出售了美国在线（其在2009年创造了32亿美元的收入，比前两年下降了38%）。2010年，美国在线的收入大约只有24亿美元。

新闻集团是一个成功的整合的案例。2005年，新闻集团收购了网上最活跃、增长速度最快的社交网络MySpace。尽管MySpace失去了社交网络市场中的部分份额，但这次收购还是成功的，因为MySpace已经实现了盈利。如果传统媒体公司处理不好网络平台公司的收购，那么像苹果、微软、谷歌这样的技术拥有者将会在内容和内容推广渠道方面取得进展。苹果已经创建了自己的网上音乐商店，并且销售的音乐唱片比其他任何零售商销售的都多；微软创建了自己的 Xbox 360，并且拥有其他内容资源；谷歌收购了一个社交网站，并且开发了包含娱乐内容的软件应用。像亚马逊这样的纯网络公司也对数字化内容的推广做出了重要贡献。2010 年，亚马逊从电子图书中获得的收入要多于从印刷书籍中获得的收入。

最后，在任何地点、任何时间甚至任何设备上，消费者对内容的需求也促使了技术公司和内容服务公司之间的合作和收购。

10.1.4　网络内容服务的盈利模式和业务流程

我们已经讨论了付费模式和免费模式（广告支持的）。但是还有更复杂的情况：有多种不同的免费盈利模式。基本的盈利模式包括营销模式、广告模式、付费收看模式、订阅模式和混合模式（其他盈利模式的组合）（见表 10—3）。

表 10—3　　网络内容服务的盈利模式

盈利模式类型	说明	备注
营销模式：Tide. com	通过网上的免费内容服务吸引用户，进而推动网下销量的上升	对某些强势品牌或特定服务比较适用；可用来强化用户体验
广告模式：雅虎	由广告商出资，向消费者提供免费的内容服务	依赖于在线广告容量、收益率以及用户规模
在线收看/在线下载模式：苹果公司的 iTunes Store	针对高级内容服务向消费者收取费用，可以是按收看次数收费，也可以是按整个服务一次性收费，如电子图书下载	为未绑定的数字产品提供了机会；适合集成平台，如 iTunes Store、iPhone、iPod、iPad
订阅模式：Rhapsody	按月向订阅内容服务的用户收取费用	主要的付费内容模式（占全部付费内容的 80%之多）；对高价值产品比较有效
混合模式：MSN	以上各种模式的组合	市场细分让这种模式更加有吸引力，通常向高级服务收费

在营销模式中，媒体服务企业在网站上向消费者提供各种免费的内容服务，从而达到增加网下销售量或收视率的目的。此时，网站的主要职能是吸引消费者的注意力，改善企业在消费者中的口碑，并且加强网下服务用户对企业的好感。消费品公司宝洁采用的就是这种模式。这种模式所带来的收益是难以直接计量的。营销模式为企业创造的收入很难直接衡量。网站的运作成本可能会被企业巨额的营销预算掩盖，而且多少能够从产品相关的附属品，如 T 恤、帽子和玩具等的销售收入中得到一些补偿。营销模式在加强消费者对企业产品的好感方面非常有效，因此也能够提高消费者对企业的忠诚度。通常，在汽车、个人保健产品、新电影和媒体事件上使用这种模式是有效的。

在广告模式中，内容服务对于消费者来说是免费的，但这种免费是建立在网站的广告客户向网站支付广告费用这一基础上的。通常，这种模式对门户网站、搜索引擎网站及社交网站来说是比较有效的。YouTube、Facebook 和 Photobucket 都采用了这种模式，尽管这些免费网站都在自己的网站上增加了高级服务和内容。报纸将这种模式和订阅模式（付费）结合起来，随着大多数读者开始阅读网络版本，报纸越来越依靠与线下模式一样的线上模式，同时对网上高级服务和内容采用订阅模式。像 Salon.com 这样的小型网站可能会由于没有足够的观众而不能使这种模式发挥效果。

在付费收看/付费下载模式（有时称作"点菜"模式）中，消费者每次使用内容提供商提供的高级内容服务都要缴纳费用。这些高级内容服务包括视频、书籍、报刊的过期文章和咨询报告等。苹果公司的 iTunes 音乐商店是最好的例子，它对每首音乐的下载要收取从 99 美分到 1.99 美元不等的价格。网上付费收看模式一般只对价值含量高且具有唯一性和针对性的内容服务有效。但由于消费者目前还不能直接使用互联网收看体育赛事转播、欣赏电影和视频内容，而下载这些内容又需要耗费大量的时间和资源，因此付费收看模式现在还有很大的局限性。换句话说，如果可收看的内容寥寥无几，企业就没有任何理由向消费者收费。不过，如果未来互联网能够快速传送电视质量的视频内容或进行体育赛事、电影新片和音乐会的网上直播，那么付费收看模式可能会像有线电视那样，在这些需要高带宽的媒体服务领域中有所作为。

在订阅模式中，像《华尔街日报》和 *Comsumer Reports* 这样的内容提供商会按月或按年向大量使用自己内容服务的用户收取费用。像 Rhapsody 和 Napster 这样的音乐网站就采用这种模式，每月向下载数字音乐的用户收取 9.95～14.95 美元（移动服务）的费用。付费收看模式和订阅模式与通过 P2P 提供服务的"免费"模式形成了竞争。然而，订阅模式和付费模式的用户在以两位数的速度增加，因为消费者信任合法的企业，并且愿意为品牌质量付费。

订阅模式对有价值的利基内容是有效的。基于订阅模式，Hoover 向其他公司提供商业信息服务，并且股票分析者愿意每年或每月支付订阅费用。RealNetworks 是最成功的提供网上内容服务的公司之一。RealNetworks 的出名主要是因为它的网上媒体播放器 RealPlayer。但它也提供在线订阅服务。RealNetworks 是一个内容集成商，它将有关 CNN、NASCAR 自由赛事、专业运动员及 ABC 新闻的信息整合在一起，并且允许浏览者选择不同的内容。为了获得最大利益，大多数内容提供商采用混合盈利模式（见表 10—4），并且常常提供"高级"服务。

表 10—4　　采用混合盈利模式的网络内容服务商

公司	内容
Salon Media Group	订阅服务：每年 29 美元，没有弹出式广告，桌面登录，年订阅者可以获得免费的或打折的报纸，可以将 Salon 下载到 PDA 或手机上。
雅虎	实时行情：每月 10.95 美元（年利率），每月 13.95 美元（月利率） Web 托管：每月 12.95 美元，3 个月是 26.88 美元，一年是 111.93 美元 雅虎邮件：MailPlus——每年 19.95 美元，没有图形广告和垃圾短信 雅虎游戏：Allstar——每月 7.95 美元，每年 59.95 美元，没有广告
RealNetworks	Real SuperPass——免费使用 14 天，订阅之后每月 14.99 美元 Rhapsody Unlimited：每月 12.99 美元 Rhapsody ToGo：每月 14.99 美元
MSN	Windows Live Hotmail：免费；升级版每年 19.95 美元
《纽约时报》	字谜：每年 39.95 美元，每月 6.95 美元
《金融时报》	标准在线订阅：每年 181 美元，高级服务每年 299 美元
《华尔街日报》	印刷和网上订阅：每年 155 美元

大多数网上内容出版商都采用混合模式。例如，网上杂志公司 Salon 的 40%的收入来自订阅模式，60%的收入来自广告模式。Salon 也向讨论板块收费。公司声称自己网站上每月有超过 300 万读者，其中有 7.4 万是付费订阅者。大多数门户网站和一些过去提供免费内容的网站现在开始采用混合模式来获得收入和利润。另外，免费内容依然大量存在，但这些内容与付费收看内容、订阅内容混在了一起。

利用网络内容服务获取利润：从免费走向收费

尽管在电子商务初期有许多用户反对，但还是有许多网站一致认为，大约 25%并且越来越多的消费者愿意为高质量的内容支付费用。为了使收益最大化，这些网站既会提供免费内容，也会提供付费内容。

这种企业需要具备 4 个要素：备受关注的市场、专业化的内容服务、对服务资源的独家垄断以及消费者对企业服务的网络价值的高度认可（见图 10—6）。**网络价值**（net value）是指消费者对企业服务的价值估量中由互联网贡献的那部分价值。消费者对企业服务的网络价值的认可，主要归功于网络可以帮助消费者迅速找到自己所需的信息、检索大量深入的历史文献以及网络信息与其他文档之间方便的转换复制。例如，Hoover's Online 就是一家可为用户提供全球企业与管理人员详细信息的公司，提供 4 种不同的订阅类型，收费从每月 75 美元到专业内容订阅的每年 2 995 美元不等。Hoover 的内容服务面向大家高度关注的市场（可以帮助众多企业分析家和高级管理人员进行企业信息的搜索），具有很强的专业性（数据都是从公司自己的调查报告或其他专业渠道中获得），而且 Hoover 对这些内容具有唯一的所有权。此外，由于用户可以在 Hoover 的网站上迅速检索出自己所需的信息，轻松下载数据，并将这些数据作为自己商业决策的辅助工具，因此用户对 Hoover 内容服务的价值含量具有非常高的认可度。同时，消费者能够及时得到这些信息。总之，收费内容服务能否最终获得成功，与内容服务本身的特性和用户的特点息息相关。

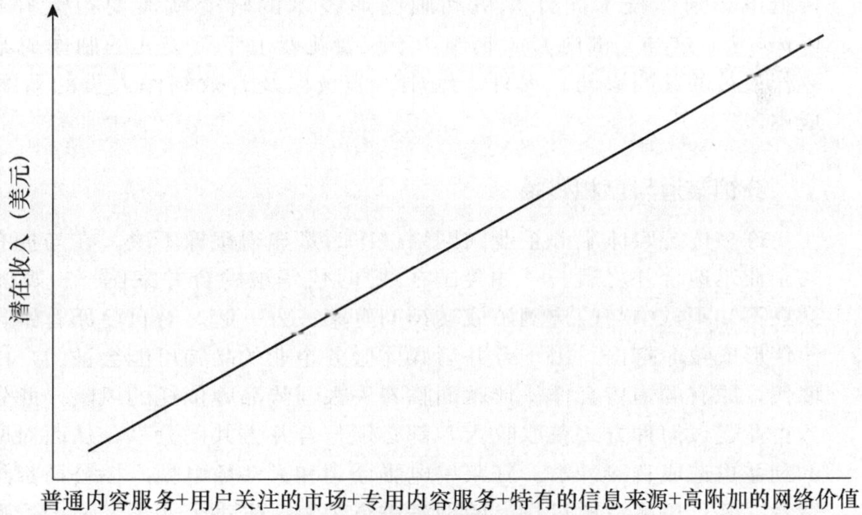

图 10—6　内容服务的特性与创造的收入

说明：随着内容服务越来越受网民关注，以及服务自身朝专业化的方向不断发展，内容服务已经开始逐渐被少数大型内容服务企业垄断，在互联网诸多优势（如快速、可检索以及便携性等）的帮助下为消费者创造真正的价值，同时服务收费也有望持续上涨。

10.1.5 内容提供商与内容作者面临的主要挑战

内容提供商除了要解决通过何种业务模式才能使企业获得盈利这一棘手难题之外，还面临其他许多挑战。

技术

过去，技术问题（包括低带宽、不稳定的桌面操作系统、提供互联网访问的移动网站的带宽较窄、低端的数字产品平台等）是影响网络内容发展的主要因素。现在，这些问题已经解决了。传输网络内容的技术平台是可用的。仅存的问题就是缺乏传输高清电影、高质量电视和音乐的宽带。但是，现在的视频传输质量还是可以接受的，并且要比过去好多了。

成本

内容服务的网上销售成本远远超出人们的预期。媒体服务企业在整合、重新包装以及为了适应网络推广而对内容服务全部重新设计等工作上的开支都异常巨大。最简单也是最省钱的做法就是把企业现有的内容服务直接与网络平台进行整合。但即使是这样，企业也需要雇用掌握新技术的新职员，设置新的网络营销机构，聘请网站设计人员和技术人员。只有当整合真正促进了企业网下销售的增长，才能认为整合工作是物有所值的。传统内容服务的重新包装更需要企业在创作和管理上投入大量的人力和物力，而内容服务的重新设计则是传统内容服务的变革中最费时费力的工作。由于艺术家、作家、制片人、导演以及编辑既要继续使用传统的创作手法和影视技术完成手头的工作，又要花费大量的精力创作出“全新”的适合互联网技术的内容服务，因此这种情况下企业用于内容创作的开销是相当惊人的。例如，传统电影制作技术向计算机动画图形技术的转变就需要很大开销，像 *X-Men：Wolverine* 这样一部电影的制作，不仅要花费上千万美元的制作成本，还需要许多创作人员的共同参与。另外，编剧、演员以及音效制作人员的薪酬也增加了电影成本。

分销渠道与自相残杀

许多传统媒体服务企业向网络进军时都显得犹豫不决。在与拥有大量网络用户的企业迅速合并之后——如美国在线/时代华纳的合并案例——媒体服务企业通常会在不知不觉中与门户网站或转销商等第三方一起，对自己原有销售渠道中的合作伙伴形成致命打击。由于合并后媒体服务企业的品牌可能会被门户网站或合并企业取代，原有的销售合作伙伴就面临着失去强势品牌依托的风险。此外，不论媒体服务企业通过何种方式获取收入，都必须与合并方共同分享，从而对原销售合作伙伴的利益也造成直接冲击。好莱坞电影公司和大多数电视广播公司都想拥有自己的消费者，并且更愿意通过自己的网站进行销售。先举个例子，迪士尼通过苹果公司的 iTunes Store 来推销电视节目和视频，并且确实拥有了自己的消费者。但是，为什么视频和电视节目要通过 YouTube 或苹果 iTunes 来销售呢？为什么不建立自己的网上销售渠道呢？例如，Hulu. com 在 2008 年由 NBC Universal、福克斯娱乐集团和 ABC 服务有限公司建立，负责视频和电视节目的销售。2010 年，Hulu. com 已经成为网上排名前 10 位的音频销售商。

传统媒体服务企业网络化的进程中还面临另一个更让企业感到苦恼的挑战，即企业现有销售渠道与网络销售渠道的自相残杀。试想一下，如果同样的图书或唱片在网上以半价甚至更低的价格销售，书店或唱片商店该如何应对？如果电影可以下载或在线观看，电影院又该如何应对？因此，媒体服务企业在定价问题上必须慎之又慎。企业自己的内容服务的网上销售价格绝对不能无原则地随意降低，以致最终损害为企业创造大多数利润的高价销售渠道的利益。

数字版权管理

内容保护的不确定性是当前缺少高质量网上内容服务的原因之一，尤其对商业视频来说更是如此。**数字版权管理**（digital rights management，DRM）是指技术（包括硬件和软件）与法律的结合，以防止数字内容在未经授权的情况下被无限制地使用。例如，2003 年苹果就和音乐行业通过限制音乐复制多次（最多 5 次）技术，控制从 iTunes 上下载的音乐的传播，并且使用专有的 AAC 文件格式来防止音乐被其他的 MP3 播放器播放；同时，还采用每首音乐最多允许被刻录 7 次的技术。这些措施提升了苹果在音乐下载市场的地位，使其拥有 90%的市场份额。最后，它又通过《数字千年版权法案》来防止黑客破解加密的技术。由于用户的反对，再加上 2007 年亚马逊开放了不受 DRM 保护的网上音乐商店，苹果在 2009 年宣布放弃 DRM 软件。

一些订阅服务的公司采用了限制音乐播放次数的技术。例如，从 Napster 和 RealOne 上下载的音乐在 30 天后将不能播放，用户需要再支付一个月的订阅费用才可以继续播放。如果不付费的话，你将无法访问任何音乐。

尽管在内容拥有者与传播和使用“免费”内容的黑客之间经常发生数字版权管理的纠纷，但是行业巨头不再使用 DRM。许多公司已经从无限制的非法音乐下载中取得了利益。例如，乔布斯认为电脑行业就是一个允许在原作之上进行再加工进而获得利益的行业，苹果、英特尔、索尼和微软都从中取得了利益。换句话说，电脑行业的收入在很大程度上取决于 P2P 网络和盗版音乐软件的应用。同样，Verizon、SBC 通信以及时代华纳也都是依靠尽可能忙碌的网络访问取得成功的。奇怪的是，许多公司都是强大的技术拥有者，如 AOL、时代华纳和索尼。通常，像苹果、微软、谷歌和雅虎这样的技术型公司极力反对 DRM。这些公司并不制造内容，但拥有传输内容的设备和软件。然而，内容的创作者和拥有者都赞同 DRM：它们没有传输设备和软件，只能靠内容取得收入。电信公司也反对 DRM，因为它们依靠传输内容来获利。要明白这些内容，你需要关注这些公司的收入来源。

商业透视“谁才是文件的所有者”深入探讨了这些内容。

商业透视

谁才是文件的所有者

1984 年，乔治·奥韦尔的幻想小说 *Big Brother* 中，描述了一个电子屏幕监视网络，它能够监视大洋洲人的所作所为。2009 年 7 月 17 日，在一项“生活模拟艺术”

的管理活动中，亚马逊将《1984》和奥韦尔的另一本小说 *Animal Farm* 的电子版本，从许多客户的 Kindle 上删除，同时也删除了学生利用 Note Function 找来的一些短文。在 Kindle 的经营中，亚马逊发现，一些小书贩利用自助设备上传了奥韦尔的小说，其实他们并没有小说版权，版权是属于奥韦尔和其他公司的。Kindle 是一种移动网络设备，用户可以从亚马逊的服务器上下载电子图书，但是这些图书只能在 Kindle 上运行。在未获得用户许可的情况下，亚马逊就可以对用户的 Kindle 进行添加或删除文件操作。显然，用户还有许多不知道的事情。

在用户起诉之后，亚马逊向用户道歉，承认自己的过错，并且承诺再也不删除用户下载的文件。亚马逊的事件引起了一个社会比较关注的问题：一旦这些文件下载到你的电脑或智能手机中，谁对这些文件拥有控制权？目前回答不一，也没有明确的结果。

过去，当你买了一张 CD 或一本书之后，它就归你所有，并且你可以用它做你想做的任何事情。所有权在法律上意味着你有绝对的权利使用和处理你的财产（包括有形的和无形的资产）。如果你创造了或拥有了某种东西，那么你就对其拥有绝对的权利。对消费者而言，道理也是一样的。根据“首次销售原则”，消费者可以对其购买的产品进行再次销售，这并不侵犯版权。在数字化以前，有版权的东西是不能无限制地传播的。而现在，无限制地复制和传播非常容易。从版权所有者的商业视角来看，复制和传播的便易性威胁到了版权产品的未来收入。

内容创作者（从音乐家到作家）以及出版商（从唱片公司到图书出版商）都已经采取措施应对这种威胁。主要有两方面措施：在软件方面，采用数字化版权管理（DRM）；在硬件方面，采用固化方式，也就是只允许内容可供阅读和使用，但不能被复制到其他任何硬件设备上。下面让我们简单看看这两方面的措施。

DRM 软件旨在禁止内容无限制地复制和传播。使用 DRM 软件之后，除了内容所有者允许你可以做的事情之外，你几乎不能做其他任何事情。事实上，你并不拥有音乐，而是获得了在某种特定条件下的“许可”，这就是所谓的最终用户许可协议（End User License Agreement，EULA）。当你打开包裹，撕开封条，就意味着你同意了协议中的条款。DRM 软件是一种计算机编码，植入在音乐、电影或电子书中用来支配这些文件的使用。不同的群体对 DRM 软件的态度不一。消费者通常反感 DRM 软件，但是在许多情况下，如果条款不太苛刻，消费者还是会忍受的。例如，DRM 会限制音乐的使用、复制和传播。

最有名的 DRM 当数苹果公司的 FairPlay，能够对你购买的每首歌曲（以 99 美分从 iTunes 上购买的）进行监控，为此，这些歌曲最多只能在 5 台电脑上播放，并且最多只能被刻录 7 次。更为苛刻的要求是，这些歌曲的默认格式为 AAC 格式，而且只能在 iPod 设备上播放，与其他 MP3 设备不能匹配。用户不能对这些歌曲进行编辑或采样，否则苹果会随时追究责任。苹果并不愿意这样做，而是与唱片公司签了协议。如果不实施这些限制措施，唱片公司就不会向苹果公司提供任何内容。

尽管用户有抱怨，苹果还是成功地运用了这种模式。但是，2009 年 1 月，苹果放弃使用 DRM 软件，而且从 iTunes 网站上删除了所有反复制的条款。早前购买 DRM 保护音乐的消费者，现在可以兑换奖励音乐。三家主要的唱片公司（索尼、环球和时代华纳）与苹果达成协议：反复制条款的取消不能对唱片公司的音乐定价造成影响，唱片公司对新发行歌曲的价格提高到 1.29 美元，大多数流行歌曲的价格仍然维持在 99 美分，少数的价格则为 69 美分。这就是所谓的价格歧视，是一种基本的市场策略。并且唱片公司发现，采用价格歧视能给企业带来收益。苹果公司也发现，实施不同价格策略能够提高销量，消费者购买的音乐、iPod 和 iPhone 设备的数量都会增加。

苹果还需要与亚马逊竞争。尽管 iTunes 拥有 80%的音乐下载市场份额，但是亚马逊在一年中将自己的市场份额从 0 提升到 20%。2007 年亚马逊进入音乐市场，提供了 200 万首歌曲，这些歌曲来自 18 万多名艺术家和 2 万多个唱片公司。2010 年，亚马逊的音乐库中存储了 800 多万首歌曲。所有这些歌曲都可以用 MP3 播放，并且没有数字版权保护，价格也采取多样化的方式，从 89 美分到 1.29 美元不等，专辑价格从 5.99 美元到 9.99 美元不等。在苹果实行无 DRM 音乐措施的前一年，唱片公司与亚马逊达成了一项协议，目的在于削弱苹果在音乐下载市场的统治地位。这一策略已经起到了作用。

这样看来，尽管 DRM 还在好莱坞电影和报纸内容中应用，但是音乐行业已经不再使用 DRM。2009 年 7 月，由主要报业公司组成的组织 AP（Associated Press）宣称，通过使用追踪网络内容的新闻数据库，能够对文章、图片、视频和新闻头条进行跟踪保护。AP 的 CEO 汤姆·柯利（Tom Curley）在接受《纽约时报》采访时说："如果有人（谷歌）利用关键字打造出数十亿美元的业务，我们也可以利用新闻头条创造出数百亿美元的业务，而且我们将要做这个。"有线电视行业也在使用 DRM，通过使用加密软件，付费观看的视频不能录制、存储或者复制。

付费音乐下载业务在快速增长，比非法音乐下载的增长速度还要快。但是苹果和亚马逊在订阅服务和社交网络之间的竞争，已经对整个音乐下载商业模式造成了影响。虽然大家都听说过 iTunes 和亚马逊，但是消费者开始转向流行音乐网站，如 Last.FM、Spotify 以及杰出的潘多拉（规模是 2008 年的 2 倍，吸引了 18%的互联网用户）。与 iTunes 和亚马逊（用户需要付费下载音乐）相比，潘多拉的流媒体服务对用户是免费的，其采用广告盈利模式。2010 年，社交网络，如 MySpace、YouTube、Facebook，拥有大量的音乐听众——20%的网络用户（青年听众占 50%）。虽然非法网站吸引了大量 25 岁以下的网络消费者，但是随着人们步入 30 岁或者更大年龄的时候，只有 4%的人从非法网站上下载音乐。由于高等法院强烈反对文件共享网站，BearShare 在唱片行业的反对下倒闭了。然而，2010 年在 20 岁以下群体的支持下，国外网站仍然盛行 P2P 下载。

在不久的将来，许多主要的音乐提供商，如苹果和谷歌，将会通过"云"技术来平衡音乐的可用性。"云"技术就是指云计算，也就是由全国大型数据处理中心通过互联网提供计算机服务，包括音乐和视频文件的存储。可以确信的是，与传统音乐销售模式相比，以云计算为基础的音乐服务可以提供多样化的选择。用户可以使用任何网络设备，在任何时间、任何地点收听音乐。为此，苹果收购了音乐流式服务提供商 Lala，Lala 的专有软件能够在云计算中检测音乐文件的硬件驱动，同时可以复制这些文件。谷歌也学习苹果的做法，收购了 Simplify Media。Simplify Media 开发了一种产品，利用这种产品，用户可以通过多种设备和系统从"云"中访问所有的文件。现在的问题是，能否开发一个统一标准的系统，既能满足音乐流式服务公司、唱片公司和艺术家，又能完善流式音乐技术，最重要的是提高下载速度。2010 年前期，苹果不再将 Lala 作为独立的服务部门，而是将其技术作为云计算模式的基础。然而，云计算模式并不能解决所有权问题：你购买了音乐，但你并不能拥有它，尤其是音乐又不在你的硬件设备上。

消费者所有权利益和版权所有者所有权利益看上去恰好是对立的。消费者既希望下载到免费的内容，又不想向内容提供商支付费用。与实体商品一样，他们想得到实实在在的一本书或音乐专辑。当然，消费者还希望能够利用自己购买的东西做任何想做的事。版权所有者则希望，消费者为下载的书籍或音乐支付费用。网络渠道的出现使这种状况变得更加复杂。Verizon 和 AT&T（两者从事移动网络服务）、苹果、微软以及谷歌等公司，都是通过吸引浏览免费内容的顾客来获得收益的。免费内容越多，用户也就越多。在保护音乐、电影、作家、艺术家、音乐家和内容所有者的版权方面，这些公司并不能获得商业利益。1997 年，MP3 音乐文件开始在网上流行起来，随之而来的讨论也盛行起来。像"信息会是免费的"这样口号的传播，以及唱片公司与文件共享者之间的法律诉讼，都将讨论推向了高潮。两者合作看来是不可能的。

但是，现实慢慢好转：内容提供商和网络传播者都意识到双方互不可缺。数字化设备公司，如苹果——经营世界上规模最大的音乐下载服务，已经意识到它们需要唱片公司和好莱坞电影公司提供的高质量的内容。在线内容服务提供商，如谷歌（尤其是 YouTube），也意识到如果没有报纸公司、电影公司以及唱片公司，它们就没有高质量的内容去销售。如果没有新闻报道和报纸，谷歌的新闻又将会怎样呢？没有好莱坞的 MV，YouTube 又将会怎样呢？随着商业利益的多样化，消费者文化也会发生变化。正如 iTunes Store 的做法，消费者现在开始接受付费内容了（如在线音乐）。

资料来源："Tech Heavyweights Set to Move Music into the Cloud," by MacGregor Campbell, *New Scientist*, September 6, 2010; "Apple Kills Lala Music Service," by Eliot van Buskirk, Wired. com, April 30, 2010; "Blood on the Tracks: DRM Debate Heats Up," by Pat Pilcher, *New Zealand Herald*, August 5, 2009; "Associated Press to Protect News with Digital Rights Management," Out-law. com, July 27, 2009; "Amazon Faces a Fight Over Its E-Books," by Brad Stone, *New York Times*, July 27, 2009; "A. P. Cracks Down on Unpaid Use of Articles on Web," by Richard Perez-Pena, *New York Times*, July 24, 2009; "Sony Agrees to Provide Its Older Songs to eMusic," by Brad Stone, *New York Times*, June 1, 2009; "Music Labels Cut Friendlier Deals with Start-Ups," by Brad Stone, *New York Times*, May 28, 2009; "Music Consumption Habits Continue to Shift: NPD," by Joseph Palenchar, Twice. com, March 17, 2009; "Want to Copy iTunes Music? Go Ahead, Apple Says," by Brad Stone, *New York Times*, January 7, 2009.

10.2 网络出版业

阅读是文明社会最基本的标志之一。文字则是我们记录历史、重要事件、思想以及对未来的向往，并把这些记录与文明社会中其他具备阅读能力的成员共享的工具。今天，基于印刷的出版发行已经形成了一个产值高达 2 000 亿美元的庞大产业，现在正朝互联网方向发展（U. S. Census Bureau, 2010）。而互联网的出现又为传统出版企业提供了一个转向新型产销流程的绝佳机会，可以帮助这些企业实现报纸、杂志和图书的网络化创作、加工、存储、发行和销售。同样，互联网也有可能导致许多传统的印刷企业无法实现盈利。

10.2.1 网上报业

2010 年，报纸是出版业中最让人担忧的部分，由于应对网络环境的行动迟缓，传统报业的前途不明。更重要的是，未能有效管理有价值的内容的传播（如大型公司雅虎、MSN、谷歌传播这些内容)。事实证明，如果没有传统报纸内容的报道者和编辑者，也不会有谷歌新闻和雅虎新闻。

过去3年，超过60%的报业公司都削减了职员数目，61%的报告表明报纸业的规模在缩小。读者数量降到10年前的水平，广告收入在以每年15%的速度减少，报纸订阅量也在下降，年轻读者（在线阅读新闻）并没有取代老龄读者。更糟糕的是，2009年经济萧条时期，网上广告收入下降了28%，而网上广告的成本与报纸广告的成本相当。对许多美国人来说，网上新闻资源（如雅虎新闻、谷歌新闻、博客）已经成为主要新闻资源。许多新闻都是被再次传播的。报纸分类广告商已经赚取了大量报纸分类广告的收入。

但是，也有好的消息。在线报纸的读者数量在以每年16%的速度增长。新的电子阅读设备，从智能手机到电子阅读器，到iPad，再到可以连接无线网络的个人电脑，都提供了在任何地点阅读报纸的机会。人们愿意为有质量的内容支付费用。面对竞争，报业所有者正在寻求保护内容的方式，同时也在宣传需要付费的“高级服务”。纯粹的在线新闻提供商（如谷歌、雅虎）开始意识到，如果没有报纸行业，自己也将无法整合、传播新闻。人们可以在博客和Twitter上发表个人观点，及时评论事件，但博客和Twitter并没有取代专业的报道，也没有取代商标广告商。因此，网络传播者意识到，他们有义务维持报业正常运营。

根据美国报纸协会的报告，纸质报纸的订阅用户大约有4 900万人，比1990年的6 200万人下降了许多。平均每天有9 500万人阅读报纸，星期天阅读报纸的人数超过1.05亿。与YouTube（每天有1 800万～2 000万浏览者）相比，报纸的读者规模还是相当大的。近几年，阅读传统报纸的读者数量在以每年2%的速度减少，而网上报纸的读者数量在以每年17%的速度增长，在2010年达到7 200万人。有1/3的用户会花上一天的时间去阅读报纸。网上读者的增加也带来了报纸媒体的发展。2010年，报纸业的全部广告收入达到260亿美元，但每年以5%的速度减少。但是，2010年网上广告收入达到40亿美元，并且每年以14%的速度增长。总而言之，报纸业面临的问题就是：如何快速提高网上收入，以弥补传统报纸广告收入的减少（eMarketer，2010c；Newspaper Association of America，2010）。

读者数量与发展规模

目前，全世界共有10 000多份通过网络发行的报纸。网上报纸的读者数量每年以17%的速度增长。据统计，2010年前七个月美国网上报纸的读者数量达到7 000万～7 500万（Newspaper Association of America，2010）（图10—7列出了读者数量排名前10位的报纸）。阅读网络报纸的平均时间为35～45分钟。在不同的地区，报纸类网站都拥有很高的点击率：62%的网上用户会使用当地报纸类网站查找新闻。既然网络报纸的读者群如此庞大，虽然传统的印刷报纸依旧会出版发行，但网络已经成为报业未来发展的必由之路。

从社交网络来讲，网上报纸拥有最大的读者数量，从某种意义上说，报纸已经成为迄今最成功的网络内容服务方式。互联网既为那些老牌报纸提供了一个向网络读者扩展自己品牌影响力的难得机会，也帮助众多专职企业完成了过去通过印刷报纸向读者提供的各种服务的成功转型，如分类职介服务。在美国，网上报业为网络用户提供了查询当地新闻的最佳机会。

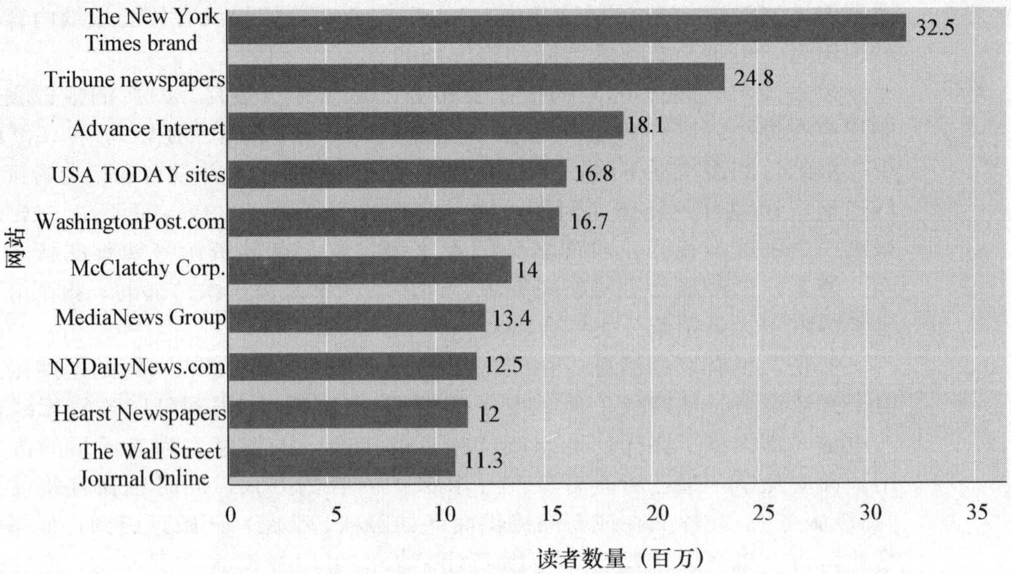

图 10—7　月访问量排名前十的报纸网站

资料来源：Based on data from comScore，2010b；eMarketer，Inc.，2010d.

尽管网络报纸在提高网络读者数量方面的工作不错，但是许多企业的经营状况只是不赔不赚，甚至有些企业已经倒闭。相反，网上收入并没有传统印刷版本的收入多。造成这种情况的原因有以下几点：来自向内容集成方面发展的门户网站的竞争，缺少与门户网站、工作网站以及提供免费服务（如 Craigslist）有关的分类广告。据悉，Craigslist 已经从单独为 *Sen Francisco Chronicle* 做的分类广告中获得了 5 000 万美元。

网络既为报纸业提供了一个扩展自己品牌影响力的机会，同时也为许多企业提供了一个参与报业内容（如天气预报、分类广告、国内国际新闻）的机会。

许多网络公司正面临由于将分类广告从报纸中剔除所带来的威胁。Monster、Craigslist、Autobytel 以及 CNET 等网站正极力为求职、汽车和房地产开发网上分类广告。而其他网站则在一些专业领域（如汽车、计算机、照相机）发掘深度的丰富的内容。由于内容具有深度，并且具有专业性，许多公司都获得了大量消费者，并且形成了以前并不存在的全国性市场，同时向分类收入迈出了重要一步。报纸分类收入大约占全部报纸收入的 40%。

网上报纸的商业模式

网上报纸经历了几种商业模式，从付费到免费，现在又要回到基于付费的商业模式。过去，像《纽约时报》、《华尔街日报》和《金融时报》这样的网上报纸对某些或全部网上内容服务，尤其是高级内容向消费者收费。以 *Times* 为例，访问 *Times* 档案就是一项收费内容。大多数网上报纸并不对网上内容收费，*Times* 也放弃了为查询档案内容而要支付的订阅费用。结果就是，报纸内容通过搜索引擎的检索迅速在网上传播。另外，报纸头条则成了谷歌新闻和雅虎新闻的主要内容。报纸业也从中取得了利益，因为谷歌将读者引向了报纸。2010 年，报纸业遭到了重大损失，这也引起报业管理者再次考虑是否实行广告支持的免费内容服务。有关出版社已经与谷歌进行谈判，认为谷歌应该为其报纸头条支付费用，同时这些报业公司也使用 DRM 软件来保护头条的版权。2008 年，《华尔街日报》放弃了付费模式，而 2009 年世界最大的报纸拥有者新闻集团声称要在全球对其网上内容收费。

由于收入增长放慢，许多报业公司考虑与其他报业公司进行合作。为了应对纯粹分类职介网站带来的挑战，报业公司考虑与网上技术公司进行联盟。此外，报业公司还考虑与行业范围外的企业合作，共同开发具有竞争力的网站，同时采用增值的盈利模式。例如，为了同 TMP 的 Monster. com 进行竞争，《纽约时报》、时代明镜公司（Times-Mirror）、*Tribune* 和《华盛顿邮报》共同建立了 CareerBuilder. com，该网站是一个职介网站，每个月都有超过 100 万～2 300 万的浏览者。Gannett、McClatchy 和 Turibune 共同创建了 Open Network 网站，为广告商提供有关全国报业广告的信息。雅虎则与全国提供 176 种日报的 7 家报业公司合作，它们能够共享内容、技术和广告。另外，谷歌为大型报业公司（包括 Gannett，Tribune，New York Times，Hearst 等）提供一个竞拍广告位的系统。

为了应对网络环境带来的变化，报业公司采取了许多努力，其中包括与谷歌、雅虎这样的网络巨头合作，还包括与网络合作者分享收益。随着电子阅读设备的激增，报业公司还会采取一些不同的策略。这些电子阅读设备包括像 iPhone 这样的智能手机，像 Kindle、索尼电子阅读器、Barnes & Noble's Nook 这样的专业设备。2010 年新电子阅读设备销售中包括超过 300 万部专业阅读器和 700 多万部 iPad。每一种电子阅读设备都有阅读应用程序，这种程序以与传统版本相匹配的方式呈现报纸内容，并且对读者来说也是很友好的。

这些新型的电子阅读设备为报纸提供了一个可以在任何时间、任何地点，与读者直接接触的机会。遗憾的是，没有 iTunes Store 的报纸版本，但是不需要等多久就会有了。Newspaper Direct 是一家网上商店，拥有 92 个国家、48 种语言的超过 1 600 种报纸的网上版本。无限制的订阅费用为每月 29 美元，订阅 31 篇文章（每篇大约需要 99 美分）的经济版只需要 9. 95 美元。Newspaper Direct 为报纸提供了一种在数字化平台上传播内容的方式。

整合

从我们讨论过的整合的涉及面——技术、内容和行业结构来看，报纸业正在推进新闻、内容与服务方面的整合。不久，报纸业就会向社交网络提供服务。

技术。由传统印刷方式向网络出版方式的转变只是报业技术整合的第一步，但是并没有充分利用互联网的互动特点。尽管在视频、RSS 订阅、博客及用户反馈方面有所发展，但报纸业在网络技术投资进程方面还是比较缓慢的。

内容。网上报纸已经向多媒体平台转移，发展多种数字化内容。内容方面的变化主要表现在四个方面：高级服务、搜索优化、视频报告和 RSS 订阅。图 10—8 总结了报纸向数字化产品转移的情况。

网络环境为传统报纸内容向网上扩展提供了机会。例如，报业公司提供访问高级档案内容的服务。网络平台固有的搜索优化能力使消费者更容易获得新闻和档案信息。内容方面最大的变化就是及时性。网络使报纸业摆脱了传统时间绑定和印刷的特征，并且能够及时更新重大新闻。从这个意义来看，报纸业第一次能够直接与报道重大新闻的电视和广播相竞争。登录《续约时报》或者《华尔街日报》的网站，你就能看到几分钟前更新的重大新闻。这对传统报纸来说是个重大改变。

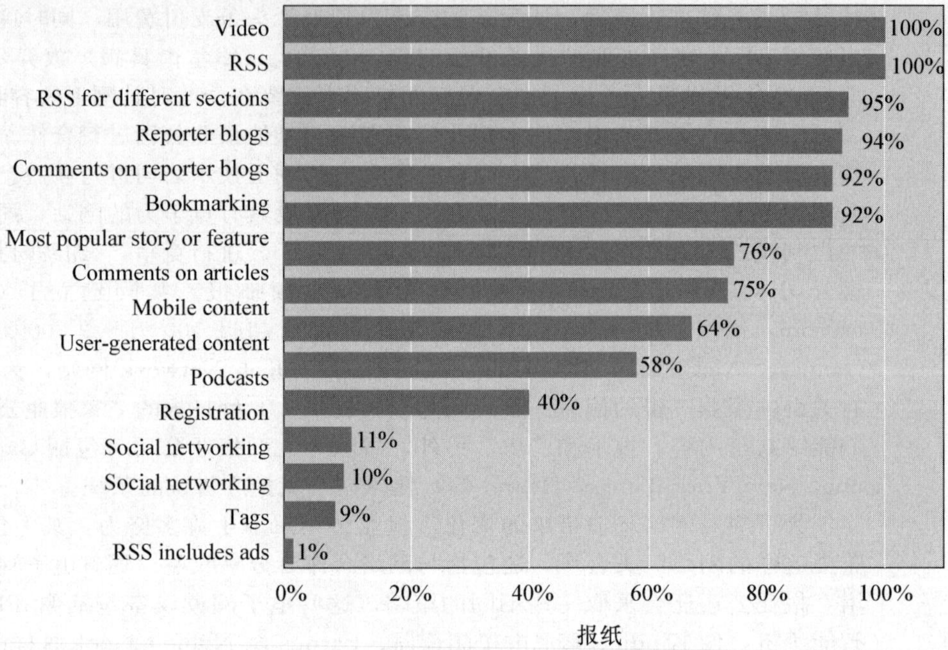

图 10—8　美国前 100 位报纸的网站互动应用的占比

说明：通过分析排名前 100 位的报纸网站，图中列出了各种互动应用的占比情况。
资料来源：the Biving Group，2008；eMarketer，2009c.

行业结构。报纸业是一个发展成熟的行业。从历史上看，许多地方报纸都经历过合并的浪潮。现在，为了创建一个真正的全国性广告市场，同时更充分地利用读者资源，报纸业需要再次进行整合。一些大型媒体巨头收购了一些报业公司，并且进行了大量的技术投资。通常，报业的投资回报并不能弥补媒体巨头的损失。2006 年 6 月，McClatchy 公司收购了第二大报业公司 Knight Ridder。2007 年 4 月，芝加哥房产公司 Sam Zell 以 82 亿美元收购了 Tribune 公司，但其只为公司创造了 3.15 亿美元的价值，公司亏损了大约 80 亿美元。2008 年，公司宣布破产。这种模式唯一的例外就是新闻集团对道琼斯（《华尔街日报》的出版商）的收购。

未来的挑战：破坏性技术

网上报纸行业是利用现代技术改变传统商业模式的典型案例。模式的改变可以说明这是典型案例，但不能得出最后的结论。这个行业变化太快了。报纸业拥有重要的资产——丰富的内容和作品、强大的地方读者、强大的地方广告以及分散但巨大的近 1 亿人的受众（能与雅虎、谷歌、微软的受众数量相竞争）。内容依旧为王：成千上万的博客都依赖于电视和报纸等传统报告媒体创造内容，博客作者会对这些内容作出回应。如果没有以专业报道和新闻杂志的形式表现出来的最初创作，博客将是一个无人问津的地方。阅读报纸的人与浏览 YouTube 网站的人是不同类型的：他们富有，受过更多的教育，年龄也都比较大。对广告商和报业的潜在进入者来说，这是一种理想的人口结构。网上报纸的受众将继续迅速增长，并且需要更多高质量的服务。网上报纸行业也对网上内容和传播进行了大量技术投资。许多全国性报业公司降低了对网上运营的投资，首要的原因是它们没有取得利润。尽管没有达到投资标准，对报业公司的拥有者和管理者来说，它们所要面临的挑战就是通过增加差别化的、及时的、专业的内容来创造价值，并且在任何时间、任何地点、任何设备上都能浏览这些内容。iTunes 开发了微支付系统，以 0.99 美元的价格向消费者销售音乐内容，另外还在一个合理的价位上销售音乐（或唱片）包。iTunes 的这种做法为报业的将来指明了方向。没有证据说明，报业不可以采用 iTunes 的做法。但到目前为止，还没有这样做。

10.2.2　网络图书：电子图书革命

2000 年 4 月，美国著名作家斯蒂芬·金（Stephen King）的新著《骑弹飞行》（*Riding the Bullet*）正式出版。这部小说只采取"电子图书"的发行方式。金也因此成为第一位只采用电子出版方式出版自己新作的主流悬疑小说作家。金的出版商 Simon & Schuster 公司为其打理一切网上销售事宜，通过与亚马逊这样的网上零售商的合作，直接向读者出售新书。仅在发行首日，就有 40 多万次下载，亚马逊网站的服务器几度陷于瘫痪。小说发行一周后，下载数量已经突破 50 万。《骑弹飞行》共有 66 页，网上售价为 2.5 美元。按照每页价格计算，与金以往精装出版的小说售价相当。尽管亚马逊在新书上市头两周免费促销该书，但促销期过后，《骑弹飞行》的销售依旧火爆异常。

2010 年亚马逊的电子图书大约有 65 万种（许多是免费的传统图书，还有一些是拥有版权的图书）。目前大约有 60 万部 Kindle 在使用，并且亚马逊每周能销售 60 多万种电子图书（Kindle 用户是有读书愿望的读者，通常每周要买一本书）。2010 年，亚马逊单本电子图书的销售额首次超过单本装订本图书的销售额。

由于谷歌与主要技术公司、作者、出版商、美国国会以及欧洲数字图书协会发生了矛盾，2010 年电子图书成了最畅销的。同时，设备制造商，如苹果、亚马逊、索尼、IREX 和巴诺，几乎每个月都在市场上发布新的阅读设备。

在互联网时代，图书行业被认为是死气沉沉的行业。当 YouTube 提供成千上万个人们最想观看的视频时，当谷歌提供了能够访问世界信息的服务时，谁还会去读书呢？史蒂夫·乔布斯在与使用 Kindle 电子阅读器的读者谈话时注意到："产品（电子图书阅读设备）的好坏并不重要，实际上人们也读不了太多的图书。去年美国有 40%的人只读了一本书，甚至更少。因为人们读了太多的书，因此这个行业是没有发展前途的。"然而，2010 年美国有超过 30 亿本图书销售一空，创造了大约 240 亿美元的收入。事实上，美国人平均每人每年要读 10 本书。

图书出版业必须面对的问题是，第一，如果人们愿意购买印刷版图书，他们还会购买电子图书吗？第二，读者愿意为电子图书支付多高的价格？第三，如果要鼓励人们在网上购买电子图书，图书出版行业自身的经营理念该如何转变？2010 年电子图书的销售结果就对这些问题做了初步回答。其中销售了 300 万部专业阅读设备和 700 万部 iPad（并不包括 iPhone 和 iPod Touch），估计总共销售了 2 200 万部电子图书阅读设备。由于电子图书的变革才刚刚开始，因此这些结果只能给出最初的回答。

其实，互联网早已为图书的销售和发行带来了翻天覆地的变化，并且开始逐渐影响到图书的设计、创作和加工等环节。图书自身与读者看书时的体验也在不知不觉中改变。传统图书也开始从死板的娱乐形式转变为更具交互性的灵活方式。

现代图书与17世纪就已在欧洲出现的两面写字、装订成册的图书相比，的确有很大不同。传统图书制作简单，没有任何数字化的成分在内：文字从左到右排列，纸张按页码排序，每本书都有坚硬的封皮和封底，纸张通过针线或胶水装订在一起。对于教育类图书或参考书籍，往往在书末还有一个按字母排序的索引表，以帮助读者直接查找需要的内容。虽然传统图书便于携带、使用方便、适用于各种场合，肯定还会伴随我们多年，但新式的电子图书有望在未来的5年内与传统图书一起为我们服务。

电子图书

电子图书经历了从诞生到灭亡，从灭亡到再次诞生的曲折历史。2010年电子图书再次兴起，与此同时，诸如亚马逊、索尼、雅虎、谷歌和微软这样的公司也在电子图书界掀起了狂潮。同一期间，IREX公司也“复活”了。谷歌图书库计划是一个可以扫描大型的大学图书馆中的图书的工具。当你点击查找的结果时，你就会看到许多书目信息，同时一些语句会提示这些内容是不是你要找的。如果选中的书没有版权的话，你就能下载全部内容。另外，网页中还有一些你能够买到或下载到这本书的链接（有书店的，也有图书馆的）。当然谷歌书库是通过谷歌搜索引擎工作的，但是所扫描的图书并不能兼容由微软和开放图书联盟中的成员所扫描的图书。

电子图书早在互联网普及多年前就已经问世了。1971年，迈克尔·哈特在伊利诺伊大学的Materials Research实验室启动了古腾堡计划。哈特从《独立宣言》做起，随后陆续为大学的计算机中心增加了2 000多部电子版的古典图书。这些电子图书统一使用纯文本的ASCII编码，没有传统图书的字体和格式。虽然阅读时有些费劲，但它们全部免费。1990年，总部设在纽约的媒体服务公司Voyager Company开始以光盘为介质出售电子图书，如《侏罗纪公园》和《爱丽丝梦游仙境》。但是，由于人们对电子版的百科全书和参考文献更感兴趣，所以通过光盘发售的大众化的电子图书并未取得商业成功。这些光盘版电子图书不仅制作和销售成本巨大，而且当时大多数电脑甚至都未配备光驱。

不过，随后互联网的快速发展极大地改变了电子图书的命运。一方面互联网大大降低了出版商的销售成本（网上电子图书的每份“拷贝”下载成本几乎为零）；另一方面由于Adobe公司的PDF文档格式（Portable Document Format）的广泛普及，出版商现在可以为读者提供格式、字体和色彩都比早期电子图书更完美的产品。

商业销售的电子图书可以分为多种类型（见表10—5）。其中，网络阅读型和网络下载型是两种最常见的电子图书。**网络阅读型电子图书**（Web-accessed e-books）存放在出版商的服务器上，读者付费在线阅览，有时甚至可以打印出来。运作最成功的网络阅读型电子图书当数各种在线百科全书，例如《大英百科全书》的电子简装版，以及资源开放型的百科全书，例如Wikipedia.com。CourseSmart是一种电子教材设备，由全球最大的6家教材出版社创建。利用CourseSmart，大学生可以按购买装订成册的图书的一半价格订阅网上教材。通过能够连接到互联网上的计算机，学生在任何地点、任何时间都可以阅读图书。另外，学生还可以打印其中的章节。

表 10—5　电子图书的种类

电子图书种类	说明
网络阅读型电子图书	存放在出版商的网站上，只能在线阅览的电子图书。读者按照阅读次数支付费用。
网络下载型电子图书	可以下载阅读的电子图书，大部分具备打印功能。读者需要在第一次下载时支付费用。以后再次下载时，可能还要付费。
专用阅读器型电子图书	只能下载至与网络或电脑相连的专用阅读器的电子图书，如 Kindle、索尼、Nook 等电子图书阅读器。
通用 PDA 型电子图书	可以从网上下载至任何一款通用的手持智能机器，如 iPhone、Plam Pre、黑莓。
随时打印型电子图书	存储在网络服务器上，但读者可随时下载并对其进行本地打印的电子图书。读者甚至还可以把打印好的内容装订成册。

网络下载型电子图书（web-downloadable e-book）在易用性上更胜一筹。读者可以从网站下载图书，作为一个单独的文件存储在自己的电脑中。尽管有些下载型电子图书具有防止用户打印的保护措施，但多数情况下读者仍可打印书中的内容。网上规模最大的下载型电子图书馆是谷歌控制的（谷歌图书馆计划和谷歌书库计划）。谷歌图书馆计划包括上万种图书的电子版本，并且许多都没有版权。谷歌从不公布通过谷歌图书馆计划能够浏览多少图书，但估计在图书数据库中应该有 100 万～200 万本图书。谷歌书库计划就是能够查询许多大型的图书馆，并且把这些图书馆的内容作为一个整体向公众开放。谷歌的计划就是将广告内嵌在图书中来获取利益。由于作者和出版商对谷歌的起诉，这些计划暂时难以执行。其他大型的下载型电子图书馆还有 NetLibrary 和 Questia。

专用阅读器（dedicated e-book readers）是一种单功能的设备，装备专用操作系统，可从网络中下载专用格式的电子文档并显示其内容。每种专用阅读器都拥有数千部通俗流行的作品供读者选择。Franklin 公司的 eBookMan 是专业电子图书阅读器之一。阅读器的零售价也从最低 129 美元到最高 199 美元不等。2001 年由于没有完成预期销售，公司开始不再生产该产品。之后，其他参与者进入这个市场。亚马逊、索尼和 IREX 开始从事这个被认为是死气沉沉的电子图书阅读设备市场。亚马逊的产品 Kindle 已经是第三代产品，具有两个版本——WiFi 版本与 3G 和 WiFi 集成版本，能够支持 3 500 多种电子图书。另外，Kindle DX 系列产品都有较大的屏幕。专业的阅读器都依赖于电子墨水显示技术，这种技术能使屏幕上阅读的内容和打印的一样清晰。另外，专业阅读器还有 3G 技术和 WiFi 网络技术的应用，因此读者可以通过阅读器购买新书或下载新书。

像 iPhone、iPad、黑莓这样的设备是专业阅读器的主要竞争对手。iPhone 大约有 350 万个电子图书应用程序，是在游戏（20%的应用程序）之后第二大类的应用程序。在 iTunes Store 中大约有 10 000 种电子图书应用程序，其中 90%是免费的。

随时打印型电子图书（print-on-demand books）的普及面相当窄，但却有充分的数据表明随时打印型电子图书的市场是各种电子出版物中最大的。随时打印型电子图书，有时也称为“自助出版型”电子图书，一般以专业类图书和教育类图书为主。这种类型的电子图书存放在大型主机的存储设备中，随时可供小批量打印。例如，大部分大学出版社现在都有“自助出书”的服务，允许教授把多本电子图书中的内容与学术期刊中的文章组合在一起，为某一班级进行小批量打印，如一次打印400本。总的来说，这种类型的电子图书的制作和购买成本并不低，但它们的内容灵活多变，可以满足读者的各种特殊要求。随时打印型电子图书也是对网上自助出版图书的委婉说法。尽管要知道市场的大小或者谁会购买这种图书是有困难的，但对网上自助图书出版来说这个市场仍然充满活力。

读者数量与发展规模

2010年，消费者购买32亿本图书的总额达到250亿美元，其中商业图书的销售额为130亿美元，各种专业图书和教育类图书的销售额为120亿美元。实际上，美国人平均每人每年要阅读10本图书，有甚者可高达17本。在经济下滑时期，图书行业一直稳定发展，并且比其他行业（如消费品、金融业）都要好，另外比高技术的硅谷公司也要好一点。由于现在的年轻人比过去读的书少，而老年人读的书要比过去多，因此图书行业的读者数量几乎保持不变。

通过出版相同数量的图书，提高图书价格，出版商一直能够获得收入。与报纸业不同，图书的读者数量是恒定的、大规模的，其中大部分是40多岁的人。2009年，人均买书的消费大约是106美元，比视频游戏（44美元）高，也比电影消费（44美元）要高。换句话说，图书在人们的业余生活和消费预算中具有无法替代的地位，专业图书和教育类图书的增长速度几乎为同期美国经济增速的2倍以上（U. S. Census Bureau，2009）。

尽管电子图书销售收入只占全部图书销售的2%左右，但2014年电子图书销售收入有望增长到20亿美元，占全部图书销售的10%。电子图书的销售增长速度是最快的：2004年后的年增长速度达到45%，到2013年可能会达到50%。

图10—9显示了对未来网上电子图书销售的预测。由于没有统一的电子图书分类目录，我们很难估计每年新发行的电子图书的数量。不过，仅2010年一年就有3 000～4 000种商业电子图书上市，其中还不包括个人在网上直接出版的数千种新书，也不包括谷歌图书馆计划中的种类。

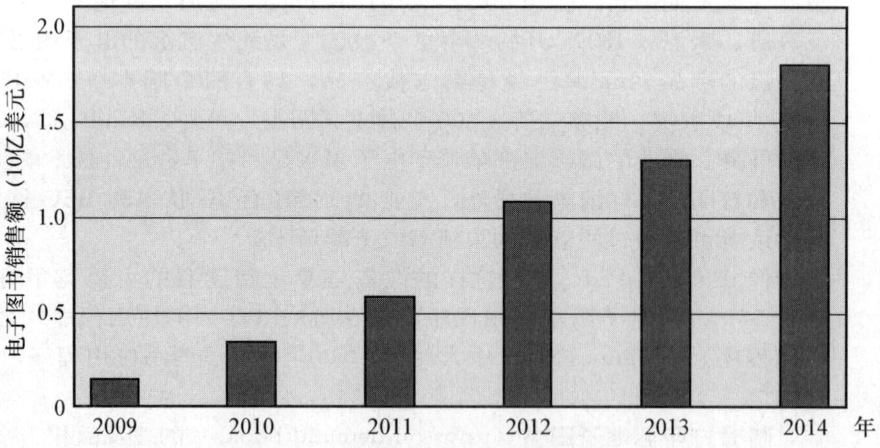

图10—9　2009—2014年电子图书收入增长

说明：电子图书是图书出版行业中增长最快的，但仍然占图书出版行业很小的份额。

资料来源：Based on data from Association of American Publishers，2010；authors' estimates.

电子图书行业的盈利模式

电子图书行业的构成非常复杂，包括中间零售商、传统出版商、技术开发商以及独立出版商。表 10—6 列举了新兴的电子图书行业中的一些主要企业。这些企业的业务模式各不相同，并且已经结成多个联盟，希望通过集体的力量加快印刷图书向电子图书的转变。

表 10—6 电子图书企业举例

公司	电子图书业务
分销商	
亚马逊	最大的实体书和电子书零售商；研发电子阅读器 Kindle
谷歌	世界最大的电子书下载基地
Barnesandnoble. com	实体书零售与电子书出版
NetLibrary	第二大的网络电子图书馆，隶属于 EBSCO
Questia	最大的订阅型科研图书网站（70 000 多种图书，200 多万篇文章）
ebrary	订阅型科研图书网站，需要专门的阅读器
Fictionwise	适合多种平台的电子图书分销商，由巴诺控股
Adobe eBookstore	电子图书零售，需要 Acrobat 平台
技术研发	
Adobe Systems	创造了 Acrobat 和 PDF
Intertrust Technologies	DRM 软件工具
微软	研发了可以在手机和电脑上使用的阅读器，提倡开放式的电子图书平台
Palm	智能手机硬件和操作系统，能够用于电子图书阅读
索尼	电子阅读器制造商
MobiPocket	一家法国公司，发行 DRM 软件，创造了通用型的阅读器
亚马逊	最受欢迎的电子阅读器（Kindle）的制造者
苹果	最受欢迎的智能手机平台（可用于阅读）的制造者
传统出版商	
Pearson PLC	在线教育电子书
Cengage Learning	教材出版商，提供各种教材的电子版本
Random House	最大的商业书出版商
CourseSmart	第六大文本出版商，以半价向学生出售各种电子图书
独立出版商	
Xlibris（Random House）	网上自助出版
Ebooks. com	网上零售和网上出版
AuthorHouse	网上自助出版

按照传统商业图书的业务模式，出版商会参照收入向作者支付一定数量的定金，以鼓励作者写作。书稿完成之后，由出版商提供编辑、营销以及销售领域的专业服务。出版商既向全国的分销商供货，也直接向大型零售商销售图书。如果独立出版商无法提供足够的专业编辑和营销服务，非商业图书作者的新书销售收入可能会相当少。不过，电子图书的蓬勃发展已经为这种传统模式带来了诸多改变。

付费下载是电子图书行业最主要的盈利模式，在这种模式下，传统出版商和作者共同制作电子图书，再由出版商把这些电子图书全部出售给诸如 Barnesandnoble. com 和 Amazon. com 这样的第三方网络书商。电子图书并没有明显改变传统图书行业的盈利模式。一般来说，由于出版商还没有刻意发展自己的网络销售能力，出版商不会直接向读者出售电子图书，不过未来可能会是另外一种局面。但 Barnesandnoble. com 是一个特例：它最早只是美国最大的图书零售商的子公司，但现在已经成为身兼电子图书零售商和电子图书出版商两种角色的独立实体企业。

电子图书的另一种盈利模式是由电子图书馆发售访问许可证。实行这种模式的市场主要包括机构型消费者，如公共图书馆、大学图书馆和企业图书馆。这种方式类似于收取订阅费的模式，读者既可以选择缴纳月租费，也可以选择缴纳固定的年费，从而获得电子图书馆内所有藏书的使用权。许可证模式的典型代表是 NetLibrary 公司。NetLibrary 是第一家尝试将整个电子图书馆的使用权出售给高校的企业。许多公共图书馆开始向网络用户发展，同时还通过提供电子图书来拓展图书种类。例如，纽约城市图书馆已经有 7 000 多种电子图书；华盛顿的金郡图书馆有超过 8 500 种电子图书。

第三种盈利模式就是广告模式，采用这种模式的典型代表就是谷歌公司。分销商（谷歌公司）从出版商那里获得展示图书的权利，之后两者共享通过广告获得的收益（出版商分享其中的 70%）。

整合

就技术平台、内容和行业整合方面而言，出版业在向媒体整合的过程中步伐是不一致的。过去，由于商业模式落后，缺乏资金，所以整合的进程是缓慢的。现在，由于受到来自技术公司的竞争，这个进程仍然是缓慢的。这些技术公司都在寻求专有的解决方案，以解决如何通过有效的商业模式来获得网上图书。

技术。大家也许会认为书本文字与互联网的整合将会轻而易举，因为它们都是字符型的媒体平台。但是，我们面临的四大技术难题已经大大延缓了出版业技术整合的进度，它们分别是：电脑显示器的低分辨率，缺少可与传统图书在便携性上相抗衡的便携阅读设备，缺少可有力保护数字作品版权的数字版权管理技术，以及缺少跨平台电子图书的统一标准。其中一些问题已经随着新的移动平台的诞生而解决，但是开放的 PC 平台又给电子图书行业带来了新的问题。采用电子墨水显示技术的专业阅读设备和拥有高分辨率 LCD 屏幕的 iPhone、iPad，都采用高分辨率技术以便于读者阅读。移动阅读设备保证了平台的安全性：图书文件不能被专有设备以外的其他设备识别。然而，在 PC 上文件可以被轻易地复制和传播到其他设备上。

不能匹配的标准和平台也带来了问题：使用 Kindle 购买的图书不能在 PC 上阅读，而只能在安装 Kindle 应用程序的 iPad 上阅读，同样也不能在 Nook 上阅读。表 10—7 列举了目前几种领先的电子图书标准。当前普及率最高的标准当数 Adobe 公司的 PDF 文档标准。数百万电脑用户都在使用与 PDF 标准相关的电子文档处理软件。这种标准包括字体、格式以及图像信息的编码规则，几乎可以应用于任何一种计算机平台，如苹果电脑、Unix 电脑或个人电脑。开放式电子图书标准（Open eBook，OEB）则是一种新兴的行业格式标准，由数家出版商和微软这类软件企业共同发起制定。OEB 基于 HTML 和 XML，因此 OEB 格式的电子图书可以跨平台通用，从而为电子图书编码找到了一条新的途径。目前，OEB 标准还只能支持最小范围的格式定义，非常适合简单文本的编码，而对包含图像的复杂内容则有些力不从心。

表 10—7　　电子图书标准

电子书软件标准	说明
屏幕显示	
Microsoft Reader Clear-Type	在微软 CE PDA 设备的基础上提高 LCD 文本显示的免费软件
Adobe CoolType	在 PDA 基础上提高 LCD 文本显示的免费软件
E-Ink	电子墨显示
格式	
Open eBook（OEB and OEB. LIT）	微软支持的行业小组定义的电子图书格式
Adobe Portable Document Format（PDF）	Adobe 专为 PC 和 PDA 开发的软件，最适合于 PC
MobiPocket	所有手持设备上的专有格式
AZW	亚马逊 Kindle DRM 格式
图书业产品描述	
ONIX	描述图书产品的通用标准，内容是基于 XML 的

在线信息交换标准（Online Information Exchange standard，ONIX）是一个用于电子图书信息传递，即所谓的“元数据”交换的行业标准。例如，一本书的封面上可能会有书评、内容简介、作者照片以及作者简介等内容。在现有技术条件下，出版商还无法把这些信息直接通过网络传递给那些希望在自己网页上展示这些内容的网上书店。而 ONIX 标准在 XML 的基础上定义了近 200 个标记符（如＜PublisherName＞Scribner's＜PublisherName＞），从而帮助出版商与分销商和零售商轻松交换电子图书的各种相关信息（Editeur. org，2009；Book Industry Study Group，2009）。

内容。目前电子图书的内容整合进展不大。大多数电子图书只有文字和图片，内容输出的方式也非常简单，只要把 PDF 文档送进打印机就算完成。其实，未来电子图书的发展将会涉及一系列的转变升级（与成本增加）。当前电子图书还停留在媒体平台整合阶段，只是为了适应电子化显示方式而对文本内容进行了重新格式化。这仅仅是一个低成本的开始，帮助出版商把注意力和资金预算向建立自己的在线销售网络倾斜。不过，一些企业已经开始了电子图书向多媒体形式过渡的试验。未来的电子图书中将会包括作者的授课、座谈或演讲录音、在线注册验证、在线内容升级以及与图书内容相关的视频资料，从而大大增强读者与电子图书之间的互动（见社会透视“图书的未来”）。

社会透视

图书的未来

“书”是什么，或者是什么样子的？你一定会想到传统的“书”——纸质的，硬或软的封面，以及简短的开篇序言、内容和结尾。提到电子图书时，人们就会想到将传统的图书转换成可以翻页的软件，读者阅读的是虚拟的书页。但是在不久的将来，人们对图书的传统观念将会改变，未来的图书中会加入声音、视频等元素。也许我们可以称之为一种"学习体验"，或者就叫做"体验"。将来，你无须再问你的朋友"你是否读过这本书"，而是问他"你体验过这些吗"。

例如，人们可以用不同类型的电子阅读设备（如Kindle、iPad等）阅读文章，但这仅仅是将传统书籍搬到一个新的平台上而已。放眼电子图书的未来，2014年之后，阅读环境将会变得丰富多彩，有音频、视频以及互动参与。你可以在《华尔街日报》网站上了解电子图书的未来发展。你会发现，世界最成功的出版机构已经在传统文本中加入了视频、报道性博客、读者社区、实时报道、访谈和热点提示。此外，社交网站也添加了财经评论版块。如果报纸可以做成这样，电子图书为什么就不能呢？

但是，图书的样式是怎样的呢？为什么有的图书有一个作者，而有的图书有几个作者？为什么只能独自读书？以口头传诵而被人们熟知的古代传奇故事就有很多作者，而且在群体中不断传诵。网上有一种读者社区，称作"社会性出版"或"社会性写作"，读者不仅可以阅读电子图书，而且可以分享体验。例如，维基百科就是一个持续更新的电子图书式百科全书，由数万人的分享构成。Wikibooks则将这种创作方式引入到文本图书的创作之中。《纽约时报》记者戴维·卡尔（David Carr）和Simon & Schuster共同创建了NightoftheGun.com网站，这是一个根据卡尔的报告 *The Night of The Gun* 改编的网站。在卡尔作报告时，他提出了内容数据库的概念，其中包含成千上万条的评论、报告、公文、书信、法律讯息、图片以及纪念品。当读者打开网站的时候，他就会沉浸于多媒体体验之中，仿佛身临其境。

为了提供这样的多媒体体验，诸如苹果、亚马逊这样的电子图书销售商在新开发的产品中增加了新技术。例如，2010年出版的英国作家、评论家史蒂芬·弗赖伊（Stephen Fry）的自传——*The Fry Chronicles* 是平装本，带有硬皮封面，同时具有Kindle的电子版本，而在iPad和iPhone的软件myFry上则有增强电子版。读者可以通过myFry软件的目录界面轻松选读自己感兴趣的章节。未来，随着在线图书生产商开发出与myFry一样的各种多媒体式图书软件，消费者将会有多种形式的图书选择，如精装本、交互式电子图书以及iPhone平台图书，这样的多媒体混合阅读模式将是出版商吸引读者的一种有效方式。

通过开发包含文本和多媒体的在线体验，Unigo用另一种视角展示了未来的图书。如果你是一名大学生或是即将考入大学，那么你获取大学信息的第一步就是查询大学指南，如 *The Insider's Guide to Colleges*，可以是普林斯顿出版社、培生出版社、美国与世界新闻报道或是耶鲁每日新闻出版的。但是在长达数百页的书中，很难提供遍布全美国的数千所大学的信息。26岁的乔丹·戈德曼（Jordan Goldman）是刚从Weslsyan大学毕业的学生，他提出了一种解决方法，这种方法打破了传统出版业的瓶颈（通过出版图书传达信息）。

2008年9月，戈德曼开发了Unigo.com。这是一个免费的、依靠广告收入运营的网站，提供了有关美国南部大学的指南。另外，得到了索罗斯基金管理公司前主席弗兰克·西卡（Frank Sica）的支持。网站先简单描述每个大学的特点，而详细的信息则是以问卷调查、图片、视频和上传的评论等形式向学生展示。网站一经推出，就有许多人上传内容。目前，有15 000名大学生上传了250所大学的信息，既有文本的又有视频的。例如，大约230名Davidson大学的在校学生（占全校学生的1/8）上传了图片、评论和视频。15位编辑会对上传的内容进行审核。正如有人描述的，你可以一边阅读有关学校的信息，一边观看学生在优雅的环境中学习的视频。

注册成为Unigo会员的学生都会有使用

说明，并且使用者可以通过上传的资料在网上寻找与他们有相似背景的人。例如，使用者可以在搜索哈佛大学英语专业的资料时，通过资料后面的问题来联系上传资料的学生。使用者还可以通过学校规模、地理位置、选报条件以及学费来搜索学校。另外，网站上 MyUnigo 功能允许使用者根据个人兴趣组织网站内容，也可以添加个人内容。

正如戈德曼所说："那些花费 4 年时间，耗费 20 多万美元，没有图片、视频和互动，仅仅用 3～5 页对每个学校进行介绍，而且几年才更新一次内容的图书，是不会取得这样的成就的。"对于大多数学生和家长而言，需要花费 3 000～5 000 美元才能从大学咨询顾问那里获得的信息，在 Unigo 网站上多花几小时的时间就可以获得了。戈德曼以及 Unigo 的投资者认为，这一做法会给学生填报志愿带来一些变化。

正如我们在本章看到的，网络改变了消费者对娱乐甚至教育的观念。注重参与、强调自我控制的体验，促使消费者转向网络和内容提供商（因为它们能够提供这种体验），同时也为善于创新的出版商提供了机遇。图书的未来发展才刚刚起步。

资料来源："MyFry iPhone App Presents Stephen Fry's Autobiography in Easy-to-Read Format," Gizmodo. com, September 13, 2010; "The Conversation: College Rankings that Make Parents Blush," ABCnews. com, August 25, 2010; "Unigo. com Gives Everyone a Say About College Picks," by Walter Mossberg, *Wall Street Journal*, February 19, 2009; "About This Site," Nightofthegun. com, September 24, 2008; "Envisioning the Next Chapter for Electronic Books," by Brad Stone, *New York Times*, September 7, 2007.

行业结构。与唱片行业不同，图书行业还没有发生由互联网所带来的改变。然而，图书行业面临着一些挑战：谷歌和微软都想通过索引有版权的图书来占领部分网上图书市场；大学生及其父母，还有国会，都希望能够以较低的价格来购买图书；像巴诺这样的大规模分销商，也想进军低成本的图书出版行业；以博客和自助出版图书为表现形式的用户生成内容有所减少，以及装订成册的图书销售增长比较缓慢。由于大型媒体公司（如 Bertelsmann）和大型出版公司（如培生、汤姆森、麦格劳-希尔）兼并了小型企业，使行业水平得以整体提升，所以图书出版业以及电子图书的创作、加工和销售仍然被几家巨头公司垄断。不过，互联网还是为作者、出版商、分销商和专业零售商创造了许多新的机遇。众多由个人创办的企业，如 NetLibrary 就为我们证明了低价数字化图书馆服务市场的存在。而众多由个人创办的网上图书销售企业，从亚马逊和巴诺到一些规模更小、专业性更强的网上图书专卖店，也为我们验证了巨大的传统图书网上销售市场的存在。巴诺这样的网上图书经销商不仅已经开始了电子图书的销售，而且开始涉足电子图书的出版业务。此外，作者现在可以绕过出版商直接在网上出版新作。开放资源的发展形成了在线百科全书，例如维基百科提供了丰富的知识（包括一些让人误解的词条）。像兰登书屋这样的出版商同时也在尝试通过网络直接把特定图书送到读者手中（但另一方面，出版商还在继续同亚马逊这样的网上图书经销商进行合作）。这样看来，图书行业变得更加多样化了，甚至硬件和软件制造商也想进入电子图书行业。

10.3　网络娱乐业

通常认为，娱乐业主要由四种传统的商业参与者和一种新进入者组成：电视、广播、好莱坞电影、音乐和音频游戏（新进入者）。图 10—10 说明了 2010 年这些组成部分的市场份额。到目前为止，最大的娱乐业产业是电影（尤其是好莱坞大片），其次是电视（包括有线广播、卫星和电报），紧接着是音频游戏、音乐和无线广播。尽管电脑游戏收入比电影票房多，但是随着 DVD 的销售和出租、电影的许可经营以及外围产品的增加，好莱坞电影的全部收入要超过游戏行业的收入。

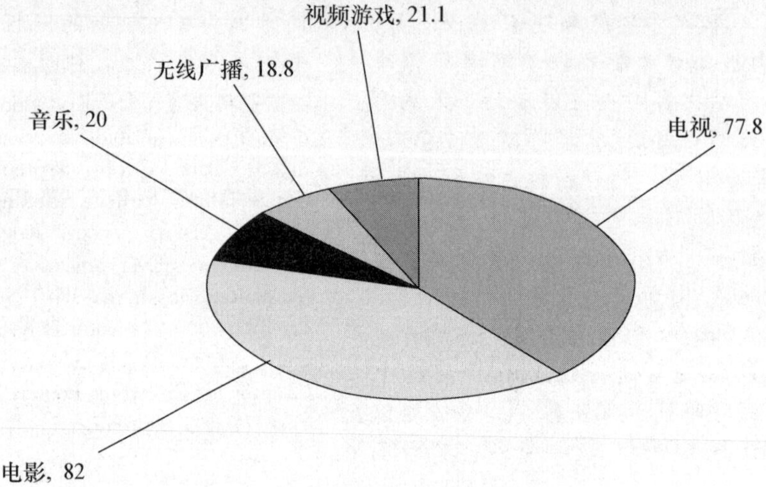

图 10—10　娱乐业的五个主要组成部分及其市场份额（10 亿美元）

资料来源：Based on data from U. S. Census Bureau，2010；NPD Group，2010；authors' estimates.

与其他内容行业一样，网上娱乐业正经受互联网带来的变革。一些变革力量已经发挥作用。快速的平台发展，如 iPhone/iPad，以及数字化网络的发展，改变了消费者的偏好，增加了人们对网上视频、电视和游戏娱乐的需求，既包括订阅模式，也包括“菜单式”的付费观看模式。其他社交网络平台也促使娱乐内容向 PC 和智能手机方向发展。iTunes 和其他正规音乐订阅服务公司（如 Rhapsody）向人们展示了一种有效的商业模式——数万消费者愿意为高质量、方便的服务支付合理的价格。广播的发展使得网上娱乐的有线传播方式和无线传播方式都成为可能，同时也代替了电报和广播电视网络。娱乐网站上高质量消费体验的发展在某些方面减少了对数字化版权管理的需要。封闭式平台，如 Kindle，也减少了对 DRM 的需求。音乐和视频的订阅服务本来就需要版权保护，因为这些服务内容是不允许下载到 PC 上的。2010 年，这些变革力量都会给娱乐行业带来变化。

在电子商务时代，完美的互联网世界应当可以让网民随时欣赏自己喜爱的电影、音乐或电视节目，并且每月只需向一家互联网服务商如有线电视公司或电话公司付费即可。虽然这种理想化的各种媒体服务高度整合的美好世界与我们还相距甚远，但是实现这一愿望所需的各种基础性工作已经逐步展开。

一提到现实世界中的娱乐业的生产者，我们自然会联想到 ABC、NBC 或 CBS 这样的电视网络集团，米高梅、迪士尼、Paramount 以及 20 世纪福克斯这样的好莱坞电影公司，或者是大西洋唱片、哥伦比亚唱片以及华纳唱片这样的唱片公司。但有一个有趣的现象，这些全世界都家喻户晓的企业集团竟然在互联网上风光不再，都成为无名小辈。尽管传统的娱乐形式，如电视节目和好莱坞电影，已开始向网上转移，但电视行业和电影行业都没有建立行业外的分销系统。相反，它们与媒体传播的主要参与者（如雅虎、谷歌、MSN、苹果）建立联盟关系。

面对这些新兴的网上娱乐形式，网上消费者需要重新审视娱乐的概念。通常，我们将这些发展称为非传统的娱乐内容，或者用户生成内容。用户生成内容就反映了消费者偏好在某些方面的转变——人们也想参与内容的制作和分销。

10.3.1 娱乐业的消费者数量与发展规模

确定网上内容受众的数量和增长速度，远没有确定电视观众的数量和增长速度那么准确，因为网上没有可靠的受众测量方法。通常通过调查的方式来估计网上受众的数量，而不是实际去考察消费者的行为。

传统娱乐方式

认识到上面所说的困难之后，我们再来看一下第一波上网的"传统"娱乐服务方式，如电影、音乐、体育活动和游戏，之后我们将对非传统的网上娱乐方式进行探讨。图 10—11 显示了音乐、广播、在线电视、在线游戏和在线视频等娱乐服务方式当前和今后的发展情况。2010 年，音乐在娱乐业中创造的收入最高，紧接着是在线游戏、电视、广播和在线视频。

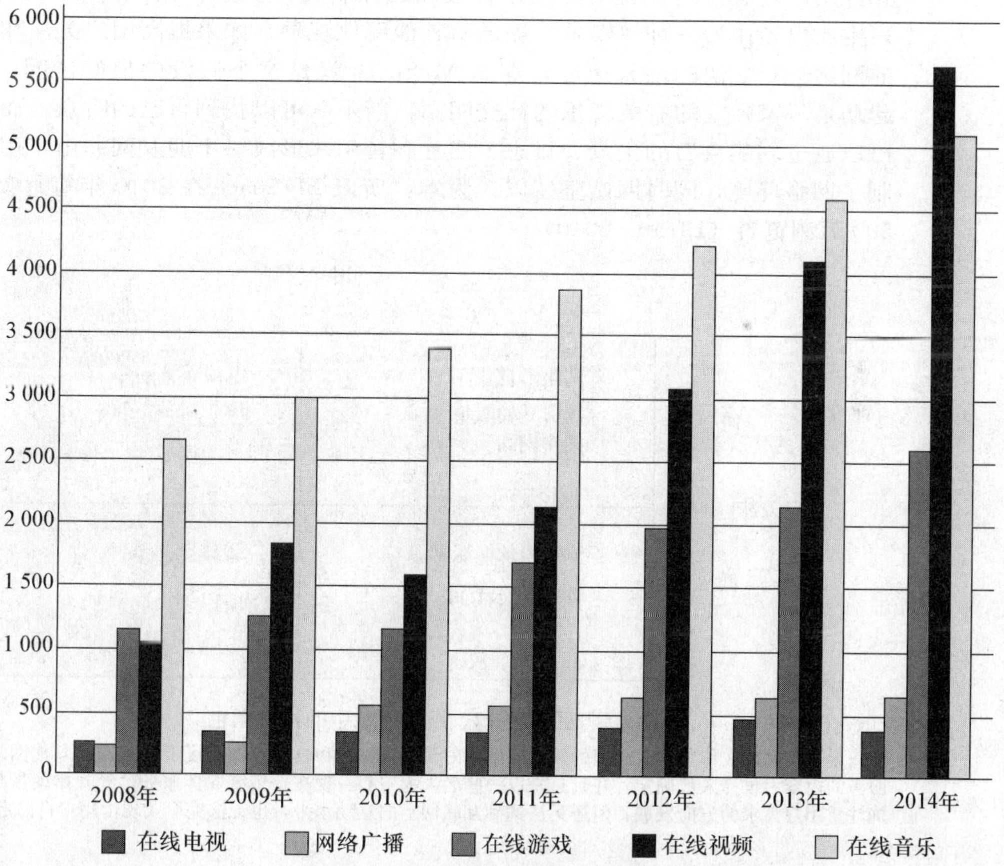

图 10—11 网上娱乐业的预期收入

说明：在各种娱乐方式中，在线音乐在 2010 年拥有最多的受众数和收入。然而，在接下来的 4 年里，在线视频和在线游戏将快速发展，在线视频收入将会与在线音乐收入持平。

资料来源：Based on data from eMarketer，2010a，b，c；Veronis Suhler Stevenson，2010；authors' estimates.

到 2014 年，将会发生一些变化。视频将会超过音乐成为娱乐业中最大的一部分，在线游戏会在原来的基础上快速发展。在线电视和广播依然保持着相对较小的份额，与音乐和视频相比则处于下滑趋势。

用户生成内容：何处适用

传统的商业娱乐内容都是由专业的娱乐公司生产的，而用户生成的娱乐内容包括所有的人们为了取乐而自愿进行的各种活动，如射击视频，自拍图片，自制音乐，以及写博客等。在前面的章节中，我们已经说明用户生成内容的有关内容。本节要讨论的问题就是："用户生成内容是如何适应娱乐业的?"

很明显，用户生成内容既是对传统商业娱乐的一种取代，又是对传统商业娱乐的一种补充。当人们花费更多的时间消费用户生成内容时，有些人就会以为在商业内容方面花费的时间将会减少。事实并非如此，用户生成内容增加了网络的访问频率，并且所有的内容消费都在增长。

图 10—12 通过两个维度——用户关注和用户控制描述了网上娱乐业的四种类型。提供用户生成内容的娱乐网站是与众不同的，不仅因为它们提供访问大型数字档案的服务，提高了优化查询的效率，使得用户能够创建自己的档案，还因为它们允许用户对项目内容和项目焦点有很高的控制力。例如，社交网站 MySpace 将用户生成内容作为一种"娱乐"提供给其他用户观看。如果提高用户关注和用户控制的网站会有最快的增长速度，那么 MySpace 就是这个假设的最好证明。MySpace 起初是一家独立的有关音乐的社交网站，新乐队可以找到自己的听众，而且人们也可以通过创建自己的主页、日志、图片和音乐来形成一个朋友网。由于用户自己控制了网络环境，同时网站坚持以人为本，所以 MySpace 在 2010 年每月吸引了约 9 500 万浏览者（Efrati，2010）。

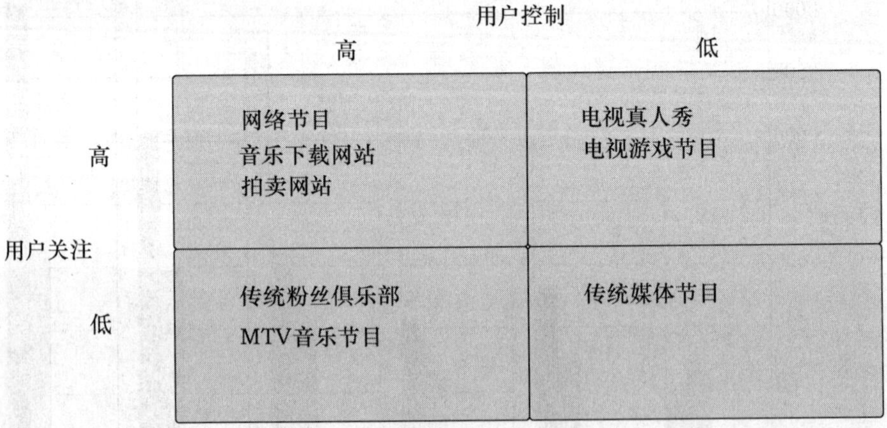

图 10—12　娱乐网站中的用户角色

说明：网民在那些大受欢迎的娱乐网站中的受重视程度和自我控制程度要远远高出其他网站。传统媒体服务的内容由设计人员确定，并且总是以一些名人为中心。现在，传统媒体服务已经开始朝参与性更高和更加注重用户需求的方向发展，但还无法达到互联网上的互动水平，也无法完全实现由用户自己定制内容。

10.3.2　内容

网络在很大程度上改变了传统娱乐内容的打包、发行、营销和销售手段。其中对音乐行业的影响是最大的。音乐行业的变化要比电影和电视行业早。音乐的打包方式从传统的 CD 唱片（包含 12～15 首歌曲）形式向网上"菜单式"的音乐下载形式转变。换句话说，网络没有束缚传统的音乐打包方式，而是允许用户购买自己想要的内容。音乐的发行也从传统零售方式转向网上传播方式，一首歌曲可以在 iPad、PC、PDA 这样的数字化媒体上重复播放。最后，音乐的营销和销售业发生了同样的变化。通过在 MySpace 和其他网站上寻找自己的利基观众，新的唱片公司可以建立自己的网站，能够更加民主地组建一个乐队。传统唱片公司可以通过创建自己的网站，来代替传统的营销和销售方式。没有太多的传统唱片公司完全采用这种方式，但大多数公司利用网络做营销。

10.3.3　网络娱乐业的盈利模式

正如之前表 10—3 所描述的，娱乐网站采用多种盈利模式：营销模式、广告模式、付费收看模式、订阅模式、增值模式以及混合模式。电视网络和好莱坞电影采用付费收看的模式，在 iTunes 上销售部分节目，而系列节目内容则在自己的网站上。

10.3.4　整合

虽然网络娱乐业在技术平台、内容和行业结构的整合中都取得了一定的成绩，但由于受到技术和市场的限制，网络娱乐业整合的进度还非常缓慢。

技术。在音乐娱乐领域，技术平台的不断进步已经把电脑和苹果 iPod 这样的手持设备整合为能够播放 MP3 的数码音乐播放器。电脑现在也可以像专用游戏机那样，运行各种互动性非常强的高质量游戏。另一方面，许多专用游戏机，如微软的 Xbox 和索尼的 Playstation，则可以直接连接网络，让玩家进行多人对战或下载新版的游戏软件。

之所以电影和电视行业的技术整合比较缓慢，是因为电影公司不愿意将自己的产品应用在广泛的网络接入设备上，更主要的原因则是盗版问题。由于下载的电影比较大，再加上电影公司封杀非法的电影共享网站，所以非法电影下载的数量并没有达到非法音乐下载的数量，但非法电影下载的增长速度与非法下载音乐的增长速度是一样的。据估计每年网络盗版给电影行业造成了 50 亿美元的损失，同时伪劣 DVD 光盘也造成了 40 亿美元的损失。

盗版问题以及缺乏网络安全所带来的问题，引起了好莱坞和纽约电影电视制造商的高度重视。它们采取了一些重要措施，譬如通过合作伙伴（如苹果、亚马逊、NetFlix、CinemaNow、Hulu）的销售平台来发行自己的产品。

截至 2010 年 9 月，NetFlix 在美国覆盖了近 50%的电影流。2010 年 4—6 月，NetFlix 有超过 60%的订阅用户的视频时长至少为 15 分钟，比 2009 年的 36%有很大增长（Liedtke and Nakashima，2010）。

CinemaNow 通过公共互联网和私人宽带网络持有网络经销权，能够提供最广泛和最全面的内容。CinemaNow 提供大约 12 000 种电影、音乐和电视节目，这些内容由 250 家电影厂商提供。

也许最大的电影赞助商，网络上最成功的案例就是 Hulu.com。Hulu 是一家合资企业，投资者包括 NBC 环球电影、迪士尼、新闻集团和私人投资者。Hulu 采用广告支持的模式免费提供流媒体电视节目和老电影。2010 年 6 月，Hulu 宣布其目标就是跻身互联网前 10 名。

尽管形成了强大的传播能力，但还要面临的问题是：如果众多网民在某个周六的晚上都选择观看同一部非常受欢迎的电影，将会占用互联网总带宽的一半以上，从而导致网络剩余带宽明显“不足”，造成当地网络服务的瘫痪。

内容。在已经达到内容整合要求的行业环境中，娱乐内容服务的创作、加工和销售都将完全实现数字化处理，即使还有模拟设备以及实体的产品服务和销售渠道存在，从数量上看也是微不足道的。网络直接与电缆和卫星传播渠道形成了竞争，另外，这些实体和模拟销售渠道已经开始受到基于互联网的数字化销售渠道带来的不断增强的猛烈冲击。因此，娱乐内容正远离传统的传播平台，而转向用户可以控制的网络平台。

在内容创作和加工领域，数字化工具的普及程度已经有目共睹。好莱坞电影制作公司正在逐步增加使用数码摄像机拍摄画面的频数，而数码特效也已在许多电影中担当重任。目前，大部分电影的编辑工作是在计算机工作站上完成的，之后再使用普通 35 毫米胶片向各大影院发行。小成本的电影制作者可以利用数码相机来创作电影，在数字化环境中编辑，直接在网络上传递给利基观众。电视节目的制作也开始使用数码摄像机，编辑和加工则都已全部实现数字化处理。唱片行业的情况与此相似，在数字 CD 的制作前，总是先使用数字设备录音，再使用数字混音器进行混音处理。今后，唱片也许可以直接从数字混音器传送到互联网上，从而彻底摆脱 CD 的制作工序。作曲家、编曲家和音乐教育工作者现在已经广泛使用两种数字符号程序——Finale 和 Sebelius 进行歌曲乐谱的创作。

行业结构。现存的行业价值链是极其没有效率的，而且是相当分散的。娱乐业要向网络上发展就要对现存价值链进行整合，整合的方式可以采用公司兼并的形式，也可以采用战略同盟的方式，还可以两者一起使用。在整合的过程中，传统分销商很有可能面临倒闭，因为网络作为分销媒体替代了它们。

图 10—13 展示了行业参与者、行业价值链和三种可选择的行业结构整合模式。现在的娱乐业再也不是以前所说的成分整齐划一的行业了，形形色色的参与者，包括政府监管层和执法机构都融入其中。在现有模式中，唱片制作公司这样的娱乐内容创作企业向分销商出售自己的产品，分销商再向零售商店出售，零售商店最终向消费者提供销售或租赁服务。对于电影行业，由于担心好莱坞的大型电影公司可能会垄断整个行业，执法机构曾经于 20 世纪三四十年代强制电影制作企业放弃对国内影院的控制。一种行业结构整合模式就是内容直销模式。互联网则帮助娱乐内容创作企业绕开分销商与零售商，直接向消费者出售产品，为这些企业提供了控制行业价值链的绝佳机会。这并不是一种成功的模式，因为内容创作者对网络环境了解得太少。第二种模式是网络整合模式。网络中介，如雅虎、谷歌、亚马逊和 MSN，将大规模的观众融入自己的战略联盟中，以便内容拥有者直接向“联盟”提供服务。雅虎适合这种模式，因为它有自己的新闻报道，能够在自己的门户网站上宣传电影。

第三种模式就是网络创新模式。提供技术平台的公司（如苹果、微软）及网络通信公司（如 Verizon、ComcastCable）是价值链上重要的环节，它们通过专有的平台和渠道来分销自己创造的内容。成功的案例有：微软公司开发了 Xbox 视频游戏平台，苹果公司的 iTunes，以及 Verizon 公司提供高级服务包。

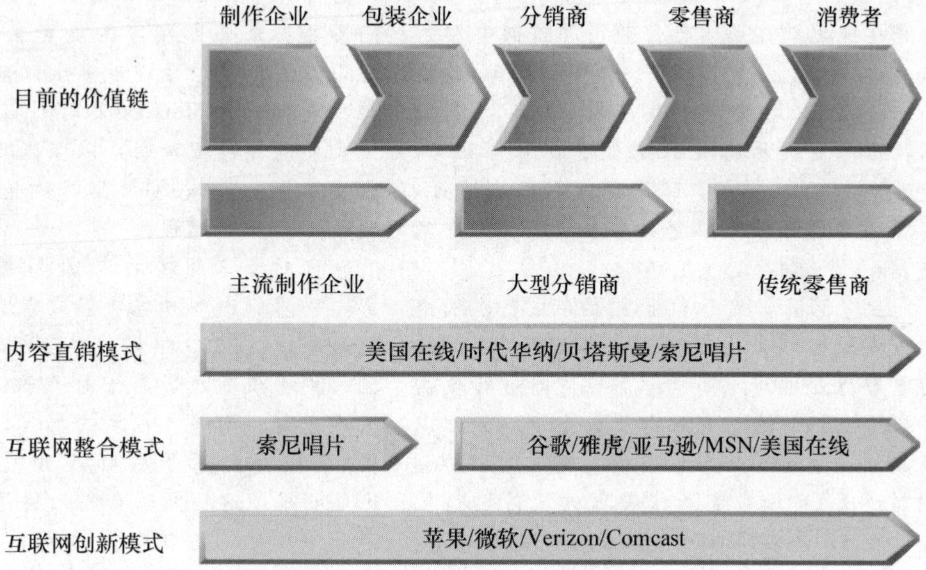

图 10—13　娱乐行业价值链

说明：在可以预计的将来，娱乐业的价值链构成将会呈现百花齐放的局面。

技术透视“好莱坞应对网络问题：第三次变革”描述了好莱坞电影是如何应对网络所带来的问题的。

技术透视

好莱坞应对网络问题：第三次变革

无论过去还是现在，大家都比较喜欢看电影。总体来说，2009 年电影业还是比较景气的，尽管经历了 20 世纪 30 年代以来最严重的经济衰退，但是美国的票房收入仍然达到 104 亿美元，较上年上升了 5%。在全美的 40 000 个电影屏幕中，有 16 000 个转向数字化。值得夸耀的是，2009 年《阿凡达》以 27 亿美元创下了票房历史最高纪录，而《阿凡达》的预算估计为 3 亿美元。如果每部电影都能这样的话，好莱坞将又一次实现辉煌。

然而，从 2006 年开始，DVD 的销售量却螺旋式地持续下降。2010 年，DVD 的销售从上年的 320 亿美元下降到了 286 亿美元。据估计，2013 年将只能达到 162 亿美元。意识到这一点，对好莱坞非常重要，因为 DVD 销售是其盈利的重要组成部分，每张 DVD 的利润大概是 12～17 美元。尽管这些利润的减少可以从蓝光版本的销售中得到弥补，但总体来看，电影业的收益开始下降，从两年前的 600 亿美元下降到了 550 亿美元。在经济不景气时，成本的增加更是雪上加霜，平均每部电影的成本达到 1.2 亿美元，然而与此同时，DVD 和蓝光光盘的售价却没有上涨。

导致 DVD 销售下降的原因很多，但最主要的原因还是盗版 DVD 的生产和其他分销渠道，比如付费节目和有线电视价格的下降，以及网上其他方式的电影、娱乐节目的替代。盗版者经常在电影上映之前盗窃高质量的 DVD，然后放在网络上供人分享。例如，一部基于美国漫画中的超级英雄的电影——

《金刚狼》于2009年5月1号上映，但不幸的是在此之前盗版者已经获得了这部电影的未完成的碟版复制品，据BT观察网站Torren Tfreak统计，截至2001年3月1日，这部复制品已被下载了超过100万次，导致票房至少减少100万人次。总体统计，盗版每年给好莱坞带来的损失大概在50亿美元。

至今为止，音乐行业主要专注于以法律的方式对盗版者进行攻击，并取得了成效，而电影行业则与此不同，需要同时进行攻击和自卫。好莱坞一直致力于数字版权管理以及其他一些策略来阻止盗版。美国电影协会也对违反DVD数字版权管理的软件进行攻击，比如RealNetwork公司的RealDVD，这种软件被认为违反了《数字千年版权法案》。但是，有时《数字千年版权法案》绕过了一些数字版权管理，反而保护了非法的事件。

另外，电影行业还在在线交付机制和创新产品上取得了一些进步。它们引进了蓝光光盘技术，彻底改变了电影的画面质量。其他一些创新包括，用户可以通过iTunes将电影下载到苹果手机内。另外，好莱坞还计划一种云电影，这种电影存储在网上，你可以在任何时间以任何方式进行订阅或者购买。

但好莱坞最前卫的想法是通过建立自己的视频网站（如Hulu和Cinemanow）来控制电影的网上发布，而不是通过谷歌的YouTube。通过这些网站，好莱坞将电影传送给客户，同时控制价格、发布方式和总收入。YouTube、亚马逊、苹果也开始意识到去应对好莱坞的这些问题，以便获得客户需要的高质量的内容。2009年，YouTube为了寻找高质量视频，和米高梅公司达成协议，获得了米高梅的老电影和《星际迷航》的全集发布权。

越来越多的电影观众喜欢在线或者在移动装置上看电影，电影公司也在不断满足客户的需求。2010年8月，包括派拉蒙、狮门影业、米高梅在内的电影公司和Netflix公司达成协议，允许后者比以前更早地发布在线电影。而Netflix公司则需支付大约10亿美元的许可证费用，以取得5年的网上电影发布权。对Netflix公司和电影公司来说，这是一个双赢过程。

面对越来越多的人喜欢用手机来看电影，手机制造商和电影供应者都开始去满足这种需求。2009年第四季度，近1 760万美国人用手机看电影，相对于2008年的1 120万人来说，有较大幅度的上升。高通公司花费10亿美元用于移动视频发布频道——F10电视，这一做法有利于将体育电视网和音乐电视频道的信息发送到手机上。此外，Bitbop以每24小时5美元的极低价格向手机用户出租电影。

总之，好莱坞通过多样的途径（包括网络），以合理的价格在各种设备上将产品公之于众。此外，网络文化也正在改变，在内容支付方面变得更加成熟。也许这就是“灰色美国”的结果，或者说源于对网络多元群体的包容，为得到高质量的内容而支付合理的价格是值得的。当然，好莱坞也希望通过各种平台获取收益。

资料来源：“Movie Industry Slouches Toward Digital Future,” by Paul Verna，eMarketer，Inc.，August 30，2010；“Netflix to Stream Films From Paramount，Lions Gate，MGM,” by Brian Stelter，*New York Times*，August 10，2010；“Theatrical Market Statistics,” Motion Picture Association of America，MPAA.org，2009；“Hollywood Wins Key Round Against RealNetworks' RealDVD,” by Stephen Wildstrom，BusinessWeek.com，August 11，2009；“Warner Brothers Launches On Demand DVD Sales,” by Thomas Arnold，*USAToday*，July 17，2009；“In Digital Age Can Movie Piracy Be Stopped?” by Lisa France，CNN.com，May 2，2009；“Fox's New Plan to Spur DVD Sales：Rip Out the Extras from Rentals,” by M. G. Siegler，Digitalventurebeat.com，March 5，2009.

案例研究

谷歌收购 YouTube：爆炸新闻背后的意图

自 2006 年 9 月谷歌收购 YouTube，一些人就想确切地知道这 16.5 亿美元的收购价格是否值得。相反，华尔街并不认为谷歌这样做是不值得的。2007 年，谷歌的股价达到前所未有的 500 美元的水平，同年 9 月上涨到 700 美元的天价。这给谷歌带来了 49%的投资回报率和 2 000 亿美元的市场价值——这是同一时期世界上最大的汽车公司通用汽车的市场价值的 10 倍之多。2008 年，世界经济处于萧条时期，广告（尤其是网络广告）增长缓慢，谷歌的股价下跌了大约 70%，达到 250 美元左右。随着经济的复苏，2010 年谷歌的股价回升到大约 500 美元，同时带来了 22.5%的投资回报率，另外搜索引擎广告也开始增长。尽管收购 YouTube 并没有带来什么回报，但分析者预计在多年无利的情况下，2010 年年末 YouTube 可能会盈利。为什么当初会有人觉得这笔交易不值得呢？他们又有什么说法呢？他们是在嫉妒谷歌的成功吗？

然而，谷歌的计划是将网络上最大的视频库（包括用户共享的）转变成巨大的“广告杀手程序”（killer app for advertising），也就是打造最大的广告平台，比搜索平台大，也比电视平台大。它要告诉投资者的是，在视频旁边投放广告和在宽屏上陈列横幅广告都可以获得利益。

YouTube 到底有多少视频呢？这个问题引起了人们的好奇。最近的估计表明，YouTube 存储了 8 400 万～1.42 亿个视频，将近 1 PB 的数据量，保存了相当多有价值的视频。2010 年 YouTube 每天提供 20 多亿单位的视频流量，每月达到 330 亿单位的视频流量。如果每一单位的流量只带来 1 美分的收益！YouTube 隐藏了部分视频，因为庞大的视频数量带来了一些问题，如“如果不能赚取足够的钱来支付租金的话，为什么还要这么多的视频？”“YouTube/谷歌将如何继续承担这么多视频的基础成本？”

有多少人会观看这些视频呢？时间又是多长呢？comScore 的调查显示，2010 年 8 月 YouTube 吸引了美国 1.46 亿的浏览者，平均每人每天的在线时间大约为 15 分钟。然而，与雅虎每天都有 40%的用户浏览网站相比，YouTube 只有 2%的月订阅用户每天浏览网站。雅虎网站每月大约有 1.79 亿的浏览者，平均花费 1 小时的时间来浏览所有的内容（不仅仅是视频）。谷歌（仅搜索引擎网站）每月就有 1.45 亿的浏览者，平均至少要花费 24 分钟来寻找内容。因此，随着 YouTube 的迅速发展，它仍需要追赶雅虎和谷歌，增加访问频率和时间。

YouTube 需要的不是更多的内容，而是有质量的内容，真正有意义的内容才会吸引浏览者停留在网站上，增加浏览者的访问频率。这并不意味着，用户生成内容（通常每条内容的平均浏览观众为 10 人）某天排名第一，而后就被遗忘了。真正流行的用户生成视频或 MV 是唱片公司推出的，以病毒传播的方式在网络上传播，并且有超过 200 万的访问量，但这是很少见的事情，通常只出现在名人、音乐家或者非法传播的版权视频上。

但是，YouTube 更需要的就是用户关注的内容，其中很大一部分是专有视频。到哪里可以获得这些视频呢？在早些年，依靠浏览者上传好莱坞电影和电视节目片段来获得这些内容，如 *The Sopranos*，*The Colbert Report*，以及乔·斯图尔特（Jon Stewart）主持的 *The Daily Show*。正如你在第 8 章学到的，这种情况引起了版权所有者的不满，如 Viacom（一个拥有 Paramount Pictures、MTV 和 BET 有线电视网络的传媒公司）在 2007 年起诉谷歌，要求赔偿 10 亿美元。起诉的原因是，“YouTube 蓄意建立一个不合法的数据库，以便控制市场份额，获得更大利益，增加公司价值”。谷歌回应称，依据相关法律，用户对于上传的内容无须承担法律责任。2010年6月，这场诉讼最终以谷歌的获胜而结束。但是，YouTube在放弃用户上传高质量的盗版内容的策略之后，还有很长的路要走。

为了应对好莱坞大型电影制片公司和纽约电视制片公司的抱怨，YouTube只在得到版权所有者允许的网站上做广告。同时，谷歌也开发了版权管理技术，称作Content ID，这项技术能够定时检查所有网站内容，以防出现版权侵犯问题。而版权所有者有两个选择：他们可以让YouTube把内容删除，或者在侵权内容的旁边打广告。后者是明智的做法，在这种情况下，谷歌将与版权所有者的对立关系转变成了共同获利的机会。2010年9月，超过1/3的广告都是以这种方式获得的：使用Content ID定位没有获取版权而上传的内容，然后根据版权所有者的选择来处理情况。同时，大多数广告商不想让广告在业余的家庭视频旁边展现，而是更希望将广告放在高质量、有版权的内容旁边。Universal Pictures和其他电影公司就在YouTube上放置它们的电影片段，利用YouTube的病毒式的市场平台来做宣传。现在，版权所有者都在说："观看我们的视频，传播吧。"

在过去的两年，面临多次侵权的诉讼案，以及随着可供选择的视频的增多（电影与电视公司的兴起带来更多的视频，如Hulu、Epix、CinemaNow、Movielink、苹果公司的iTunes Store），YouTube和谷歌彻底改变了它们进入质量视频内容的商业策略，尽管它们每天仍旧从业余爱好者那里得到百万条视频，但是它们开始偏向于好莱坞和纽约电影、电视公司。2008年，YouTube与CBS、ESPN、HBO、Showtime、G-Span以及MGM达成协议，获得在版权内容上投放广告的权利。YouTube强调，这一做法是增加价值内容的重要举措。同时，YouTube允许关键合作者在网站上建立自己的"渠道"，控制自己的内容和广告安置，并且与YouTube一起分享利润。这一点在很大程度上提升了YouTube作为一个广告集合地点的吸引力。

2010年，YouTube继续扩大高价值内容的供给。公司与索尼、Lions Gate、BBC、Starz、Discovery以及National Geographic签订了合同，这些公司同意在YouTube上免费提供完整的电影和电视节目。其他的合作者还有Anime Network、Cinetic Rights Management、Current TV、Documentary Channel、FirstLook Studios以及IndieFlix。所提供的电影都是一些奖项的"提名电影"，或者是公认的经典电影。对YouTube来说，这些措施提供了一个在商业不景气时投放广告的机会，并且为浏览者提供一个相关的、可靠的娱乐菜单。此外，据内部人士透露，YouTube正在考虑向"高价值视频"收费。2010年，随着宽带传输速度的提高和体育联赛更有吸引力，YouTube宣称将提供在线直播。

索尼之所以与YouTube签订合同，是因为它想提高自己的电影网站Crackle.com的浏览量。Crackle.com提供免费的电影和电视节目，通过在视频前、中、后加入广告获得收益。Crackle现在有大约60部电影，仅仅在YouTube上提供其中的12部电影。一个知情人说："这全是为了推进Crackle的浏览量。"同样，其他电影公司也会将浏览者引向自己的视频服务网站，或者与YouTube分享广告收入。在与主要的内容提供商达成合同的过程中，谷歌才意识到YouTube不会成为网上视频的唯一来源。谷歌现在承认这是一个多元的不断变化的世界，每个参与者都想生存和获得利益。早年，YouTube曾宣称版权是不重要的，然而现在一切都变了。

YouTube也开发了一个"赞助视频"（sponsored videos）（或者叫做"推荐视频"（promoted videos））的程序，能够根据"关注度"（unusual appeal）来选择业余视频，并且在视频窗口的下方投放文字广告。另外，广告商要根据关键字（如谷歌的AdSence）进行竞价，谷歌则利用搜索算法将关键字与合适的视频匹配。在正式的视频播放前10秒，视频窗口会出现一段动画，一旦用户点击这段动画，就会被引向广告商的网站。谷歌的调查显示，点击这些动画的人要比点击传统广告的人多 10 倍（传统广告不会带来很大收入）。在动画广告播放的过程中，视频是暂停的，这是非常令人烦恼的！例如，点击“会弹钢琴的猫 Nora”，就会弹出一个视频，在视频窗口下面的 1/4 处显示着一个关于宠物保健产品的广告。每天都有很多人在 YouTube 上搜索，令人惊奇的是他们都没有考虑到这种情况。然而，广告商仍对这个程序很谨慎，因为它们担心广告会被放在一个不受欢迎的视频旁边。分析者认为，只有 4%的 YouTube 视频能很好地宣传广告。

撇开页面访问量的来源，谷歌想从这项买卖中获得什么收益呢?《华尔街日报》的评论是，16.5 亿美元的收购价格预示着谷歌期望每年能获得超过 1.5 亿美元的收益（前提假设是贴现率为 10%、源源不断的利润流以及人们不会对视频厌倦）。谷歌的想法是向 1.46 亿浏览者宣传广告。然而，大多数用户希望视频是免费的，并且没有广告。实际上，尽管视频广告带来比传统广告更好的效果，但是视频广告的响应率却只有 4%。每当人们想观看视频时，总会有一些视频广告不断地闪现在眼前，面对广告，多数观众也仅仅点击回放按钮，而不是坐在视频广告前等待或点击那些标示“浏览此处”的按钮。

目前为止，YouTube 一直未能盈利，但是将来情况会有所变化。2010 年 9 月，谷歌公司 CEO 埃里克·施密特声明：“YouTube 将会盈利并且带来很大的利润。”虽然一些谷歌的董事之前已经预测了 YouTube 的盈利能力，但尚未得到验证。相反，与高质量内容提供商合作同时对大部分视频收费的策略看起来得到了回报。YouTube 在报道中指出，2010 年带有广告的视频平均每个星期都带来了超过 20 亿次的访问量，这将是公司盈利的希望。访问者已经习惯了广告支持的视频，并且会在必要时购买优质内容。可以看到 YouTube 将很快独立运作，但仍旧需要谷歌用户的参与。

资料来源：“YouTube Ads Turn Videos Into Revenue,” by Claire Cain Miller, *New York Times*, September 2, 2010; “Judge Sides with Google in Viacom Video Suit,” by Miguel Helft, *New York Times*, June 23, 2010; “YouTube Surpasses Two Billion Video Views Daily,” by Ben Parr, Mashable.com, May 17, 2010; “Google to Host Time Warner Content on YouTube,” by John Kell, *Wall Street Journal*, August 19, 2009; “Google to Buy On2 as It Looks To Boost Video,” by Jerry Dicolo, *Wall Street Journal*, August 6, 2009; “Google Still Loves YouTube,” by Jessi Hempel, Brainstormtech.net, July 31, 2009; “YouTube Logs Film, TV Deals,” by Marc Graser, Variety, April 16, 2009; “YouTube May Lose $470 Million in 2009: Analysts,” by Todd Spangler, Multichannel.com, April 3, 2009; “YouTube is Missing a Golden Opportunity,” by Liz Gannes, *Business Week*, March 16, 2009.

[案例思考题]

1. 结合 YouTube 的发展过程，在你看来，YouTube 用户是否愿意接受在播放视频期间插入广告?

2. YouTube 在删除网站上的版权内容时需要履行哪些责任? YouTube 承诺遵守《数字千年版权法案》，为什么这样做对 YouTube 有利，而对版权所有者不利?

3. 假设你是一家运动产品的制造商，你想利用 YouTube 视频进行营销，进而打造自己的品牌。在利用 YouTube 时，你需要考虑哪些内容? 如何利用 YouTube 的多样化工具进行营销?

4. 当谈论 YouTube 时，你会有哪些想法? 你认为 YouTube 会成为好莱坞大片的零售商吗?

关键术语

技术整合（technological convergence） 能够包容两种或多种现有媒体平台技术的综合设备的实现。

内容整合（content convergence） 内容服务在创作、加工和销售三个层面上的整合。

行业整合（industry convergence） 多家媒体服务企业组成可在多种媒体平台上进行创作并向用户提供内容服务的合作联合体。

网络价值（net value） 消费者对企业服务的价值估量中由互联网贡献的那部分价值。

数字版权管理（digital rights management，DRM） 技术（包括硬件和软件）与法律的结合，以防止数字内容在未授权的情况下被无限制地使用。

网络阅读型电子图书（Web-accessed e-book） 存放在出版商的服务器上，可供读者在线阅览的电子图书。

网络下载型电子图书（Web-downloadable e-book） 可以从网站下载至本地存储，有时甚至可以进行打印的电子图书。

专用电子图书阅读器（dedicated e-book reader） 装备专用操作系统，可从网络中下载专用格式的电子文档并显示其内容的单一功能的设备。

随时打印型电子图书（print-on-demand book） 自助出版的电子图书。

思考题

1. 媒体整合涉及哪三个方面？每个方面包含哪些具体内容？

2. 为何媒体服务行业的整合并未像第一代电子商务时期预计的那样取得圆满成功？

3. 请列举出网络内容服务的5种基本盈利模式，以及每种模式面临的主要挑战。企业应当采取哪些措施克服这些困难，实现盈利？

4. 什么是付费收看盈利模式？什么类型的内容服务适合采取这种模式？付费收看模式何时有望见效？

5. 为了取得真正意义上的收入，内容提供商应当在哪四个方面付出艰辛的努力？

6. 内容创作者与内容服务企业面临的技术难题是什么？

7. 请说明内容创作者与内容服务企业面临的另外四种挑战。

8. 互联网如何影响报纸的内容？

9. 报纸在分类广告方面有何改变？

10. 网络报业面临的主要挑战是什么？

11. 电子图书的优点和缺点各是什么？

12. 网络杂志业是否已经出现技术平台、内容设计以及行业结构的整合浪潮？如有，请详细说明。

13. 哪些因素使得标新立异的非传统娱乐网站迅速得到网民的认可？

14. 如果娱乐行业完全实现了内容整合，这个行业将会怎样？这一状况现在是否已经出现？

设计题

1. 考察报纸行业的媒体整合问题。你认为整合是否对新闻业有益？举行一场辩论，让正反方学生都能详细阐述自己的观点，最后针对这一话题写出一份3～5页的调查报告。报告中应当包括你对当前媒体整合所面临的种种阻碍的看法，以及你对是否应当消除这些阻碍的观点。

2. 登录Amazon.com，浏览网站中的各种数字化商品。准备一份陈述报告，向其他同学讲述你在网站中的发现。是否提供了付费阅读、付费下载、专用电子图书等商品？哪种商品的数量更多一些？

3. 登录www.TBO.com（Tampa Bay Online）。浏览网站，并对其中的商品进行抽样。准备一份陈述报告，详细描述你对该网站在技术、内容和行业结构整合等方面的工作的评价，以及该网站采用的盈利模式的详细说明。谁拥有该网站？

4. 浏览网络，并报告有关电影方面取得的进展。

5. 网上杂志业是否在技术平台、内容设计或者行业结构方面进行了整合？准备一份简短的报告讨论这一问题。

第 11 章 社交网络、拍卖网站与门户网站

学习目的

学完本章，你将能够：

- 解释传统社交网络与在线社交网络的区别
- 了解社交网络与门户网站的区别
- 认识各种类型的社交网络及其业务模式
- 认识拍卖网站的主要类型，了解其运作方式、优势与成本
- 知道企业何时选择在线拍卖为佳
- 认清拍卖中可能存在的滥用现象和欺诈行为
- 认识门户网站的主要类型
- 了解门户网站的业务模式

章首案例

社交网络之风蔓延到专业领域

社区网络刚起步那几年，人们普遍认为这种现象只会止步于那些浪费所有时间、近乎疯狂地沉溺于视频游戏的年轻人中间。硅谷和华尔街的多数资深投资师也纷纷表示，社交网络不过是一时之风，难成气候。他们的全部注意力都集中在搜索引擎、搜索引擎营销和在线广告上。但是，当社交网络网站的用户数突破 5 000 万时，即使是技术精英也幡然醒悟。人们再也不能忽视这样的事实：社交网络用户并不只是一群年轻人，相

反，一大批社会人士也参与其中。2007年9月，微软公司CEO鲍尔默称："我觉得这一事物（社交网络）未来将会大展拳脚，尽管现在它还只是在年轻人中风行。"发表此番言论不到1个月，微软就斥资2.5亿美元认购Facebook公司的部分股份，这使Facebook的市场估值高达150亿美元。谷歌前CEO埃里克·斯密特也语重心长地表示："我深知很多人认为社交网络微不足道，但这大错特错。"随后，谷歌花费16.5亿美元收购了视频娱乐网站YouTube。截至2010年，Facebook网站的全球订阅用户数已增至5亿，着实撼动了谷歌和雅虎互联网霸主的地位。

社交网络的风靡显然已经引起技术巨头的注意。然而，技术公司比较偏重于基础用户群体庞大的综合性社交网络，比如Facebook、MySpace和YouTube。事实上，这背后还有一大批小型社交网络网站如雨后春笋般迅速成长起来，这些社区大多面向对实务或特定领域兴趣浓厚的群体。

以LinkedIn为例，它可谓当前最流行、最负盛名的商务社区网站。LinkedIn社区的用户数已超过7 500万，覆盖200多个国家，社区成员来自170个不同行业。几乎平均每秒就有一位新用户加入LinkedIn社区。社区成员可创建个人档案，展示自己的专业成就，并附上照片。成员的社交网络不仅包括自己的熟人，还有朋友的朋友以及他们认识的人，这样个人能够轻易地跟数千人产生联系和交流。据投资者估计，LinkedIn网站的市场价值已达10亿美元，披露出的网站年收入超过1亿美元。多数分析人士预测，LinkedIn将会在2010年的某个时间上市。但是LinkedIn执行主席里德·霍夫曼（Reid Hoffman）声称："公司确实有上市计划，但绝不会是未来几年内考虑的事情。"

对股市情有独钟的人们可以加入针对股民的社交网络。这类社区的成员都很乐意跟其他股民分享自己的投资心得。这类社区网站不仅是能够匿名评论的电子公告栏，还是实名制的活动社区。网站会根据社区成员以往的选股表现对其评分、排行。StockTickr就是此类网站之一，它拥有约2 500名成员。成员登录社区后，首页就会显示好友所投资股票的列表，附注有好友以往的选股得分。与大型社交网络站点一样，金融类社区也为投资者提供相互交流的工具，成员可以讨论某个特定股票市场的相关话题，或者只是单纯地炫耀自己的投资眼光。新兴的金融社区网站还包括：Duedee网站（根据成员的虚拟资产投资表现进行排名）、TradeKing网站（用户能够搜索到与自己有类似投资风格的其他成员，浏览其近期的交易动向）。尽管这些社交网络的成员数都少于5 000人，但它们毕竟是新生事物，发展潜力无限。知名的在线股票投资服务提供商Motley Fool在2006年才启动自建的CAPS社交网络，目前注册成员数就已达近17万。

除金融服务外，市场上还有一系列面向特定专业群体的类似社交网络，例如健康保健社区DailyStrength.org、法律社区LawLink、医生社区Sermo、无线通信行业高管社区INmobile.org以及职业广告设计师社区AdGabber。这类社交网络鼓励成员间交流各自的专业知识和实践经验，分享以往成败的案例。当然也有一些综合性的商务社区，例如Ecademy和Ryze。它们倾向于创建围绕职业生涯发展和职位晋升的社区环境。社交网络向专业领域的迅速蔓延显示，社交网络的吸引力何其巨大，几乎遍及全球。尽管电子邮件还是目前最活跃的网络活动，但不久后将会被社交网络取代。社交网络何来如此大的魅力呢？电子邮件在帮助人们与他人或小群体沟通方面表现卓越，但它难以让用户感知到群体中所有成员的想法，特别是当群体人数较多时。社交网络的优势就在于群体成员都能够分享自己的观点、价值观和实践经验。

加入专业领域社区网站的用户需对自己发布的内容及其可能的去向尤为谨慎。随着商务社区网站的不断发展，社区成员的规模日渐壮大。雇主渐渐发现这块能够看清职位候选人真实内心的宝地。微软公司近期的一项调查发现，79%的雇主会通过社交网络监视职位候选者的行为，70%的雇主在看过其网络社交行为后决定不雇用某些候选者。候选者发布煽动性的图片，或者与酗酒、吸毒相关的链接，是雇主拒绝候选者最常见的原因。因此，选择使用 Facebook 或其他隐私权限更高的社区网站实为明智之举。用户应当只将一些无伤大雅的内容开放给所有人。同样，访问那些不允许用户移除个人主页内容的社区网站时，就要格外小心。

资料来源："The Social Network That Gets Down to Business," by Miguel Helft, *New York Times*, September 29, 2010; "Linkedln IPO Hopes Face Global Challenge," by Brad Stone, *Bloomberg Businessweek*, September 6, 2010; "About LinkedIn," Linkedin. com, September 2010; "Linkedln Now 60 Million Strong," by Leena Rao, Techcrunch, February 11, 2010; "Online Reputation in a Connected World," Cross-Tab Marketing, January 2010; "Influence Marketing With Social Networks," by Lee Oden, Toprankblog. com, September 16, 2009; "Online Social Networks Go to Work," by Xeni Jardan, Msnbc. com, September 16, 2009.

本章将对社交网络、拍卖网站和门户网站加以讨论。也许有人会问："拍卖网站、门户网站与社交网络三者有何共同之处?"三者其实都遵循共同的理念，即创造一种相互分享、自我认同的环境，即社区氛围。社交网站的用户通常都具有共同的特征，比如种族、性别、宗教信仰、政治观点，或者是在爱好、体育和旅行等方面志趣相投。eBay 就是由社交网络起家，后来才发展成拍卖网站。eBay 为想要出售二手物品的人们提供了一个现实中并不存在的场所。社交网络迅速发展壮大，几乎超出所有人的预期。门户网站同样具备明显的社区特征——它能为用户提供社区所依赖的种种技术，如电子邮件、聊天室、BBS 和讨论区等。

11.1 电子商务社交网站

互联网最初是被设计用来连接美国所有计算机科学部门的科学家，为他们之间的沟通提供一个网络平台。从一开始，互联网就多少带有一些虚拟社区的技术成分在内。科学家可以通过互联网在一个实时的环境中分享数据、探讨知识、交换心得（见第 3 章）（Hiltzik，1999），而早期互联网的这些应用直接导致了"虚拟社区"的出现（Rheingold，1993）。20 世纪 80 年代末，互联网进入到更多的科学领域和成百上千的大学校园，由小批科学家组成的上千家社交网站悄然而生。这些科学家的专业领域各不相同，他们经常利用电子邮件、邮寄清单和 BBS 等工具在线沟通。80 年代中后期，理论研究领域也开始关注电子社区，一批批文献和书籍相继发表、出版（Kiesler, et al.，1984；Kiesler，1986）。1985 年，旧金山的几个人共同创建了 The Well 网站，成为最早的在线社区之一。这些人曾经同是田纳西州一处 1 800 英亩公社的成员。The Well 现在已拥有数千名成员，他们每天在社区上讨论、辩论、交流意见并相互帮助（Hafner，1997；Rheingold，1998）。90 年代初期，Web 技术发展迅速，越来越多的人开始拥有互联网账号和电子信箱，互联网社交网络对人们日常生活的影响日渐增强。到 90 年代末期，社交网络的商业价值得到公认，它将成为一种崭新的商业模式（Hagel and Armstrong，1997）。

早期在线社区的用户往往是一些网络发烧友，他们对技术、政治、文学以及创意设计有强烈的兴趣。社区 BBS 上只能张贴文本消息，电子邮件发送也仅是一对一或者一对多，这大大限制了社交网络技术的发展。GeoCities 网站也是起步较早的社交网络，它将服务器划分成以地球上城市命名的分站，配上分区和门牌，向用户提供网页寄存服务。然而，到2002年社交网络的“在线”特质开始转变。手机和移动网络设备大大扩展了社交网络的可访问性，用户几乎能随时与亲朋好友交流，以一种原本不可能的方式保持联系。用户自创网页（即博客）的成本日益下降，而且其创建过程更简单，无须专业的技术知识。随着数码相机、数码摄像机、拍照手机和便携式音乐播放器等设备广泛使用，社交网络也开始能分享诸如相片、视频等多媒体资源。一时之间，一大批人涌入到社交网络，分享自己的爱好和活动，社区内容变得愈加丰富。

与此同时，一种新的文化开始诞生。社交网络网站不再局限于小部分人使用，越来越多的人群加入到社区网络当中，尤其是青少年和大学生。他们通常能最快地接受新技术的出现和应用。社交网络的文化非常强调个性化，是以自我为中心的。人们能够在社区上发布相片，广播最近的活动，公开兴趣爱好和好友信息等。如今，社交网络网站更多的是一种社会化现象，而非单纯的技术环境。

今天，参与社交网络活动已成为人们上网的主要目的之一。美国1.75亿网民中，近80%曾经或正在使用社交网站。Facebook目前的全球激活用户数多达5亿，其中美国有1.5亿。这让MySpace网站望尘莫及，它只有1.3亿的全球激活用户，在美国只有7 000万。作为社交网络舞台后起之秀的Twitter则取得指数式的惊人增长。自2010年9月起，Twitter每天的全球独立访客总数估计有1.45亿（eMarketer，Inc.，2010a；comScore，2010）。

社交网络之风在全球刮得更为强劲。麦肯锡的一项全球调研显示，俄罗斯、印度、中国、巴西、英国、韩国和西班牙这七个国家网民参与社交网络的比例比美国更高。2010年，16～54岁的网民中，超过60%拥有社交网络账号，70%以上访问过朋友的社区档案。用户每月使用社交网络的时间平均为5.5小时，俄罗斯以6.6小时独占鳌头（Nielsen Company，2010）。虽然Fackbook和MySpace两家独霸了全球的社交网络市场，但在某些国家还是有许多知名的本土化社交网络网站，例如巴西的Orkut（谷歌旗下）、日本的Mixi、中国的51游戏社区和德国的Werkentwenn。无论你走到哪里，都能找到合适的社交网络。遗憾的是，社交网站彼此之间的连接尚未建立起来。

11.1.1 何谓社交网络

那么社交网络的准确定义是什么？它与日常生活中的现实社区有何区别？虽然社会学家经常抨击社交网络已对传统社区造成严重破坏，但他们至今尚未对社区作出准确的定义。一项针对94种社区定义的研究发现，它们有四个共同点。**社区**（social network）应当包括：（1）一定数量的人；（2）相互影响的社交活动；（3）成员之间的共同关系；（4）成员在一定时期之内共同使用的场所（Hillery，1955）。本书对社区的定义就以此为基础。每个成员加入社区的目标、目的或意图并不一定相同。即使人们只是在网上闲逛，只要是相互沟通和分享的空间，也可成为社交网络。

引申开来，**社交网络**（online social network）就是具有共同关系的人们在网络中相互交流的场所。这一定义与The Well的创始人之一霍华德·莱因戈尔德（Howard Rheingold）的观点非常相近。霍华德认为，社交网络就是“网络中一定数量的人聚集以后，频繁沟通而形成的文化群体”。社交网络的成员并不真正碰面，而是以网络空间为媒介交流想法和观点。互联网突破了传统社区所受的地域和时间限制。有了社交网络，人们不必再在同一时间到同一地点碰面。

11.1.2　社交网络与门户网站的区别

门户网站将在本章后面进行讨论。门户网站起始于搜索引擎，随后逐步加入内容、互联网和电子商务服务而形成。为求生存，门户网站已开始提供聊天室、BBS、免费网站设计和主机托管等社交网络的服务功能，以吸引访问者留在网站与志趣相投的其他网友相互交流。例如，雅虎网站通过向用户提供垂直的专业化内容服务留住访问者，以便最大化其盈利机会。门户网站已开始将各种社交网络的服务作为衡量运营是否成功的重要指标。例如，在雅虎公司收购的众多网站中，不乏提供社交网络功能的站点，如照片分享网站 Flickr。门户网站纷纷朝着综合型社交网站方向迈进，以保持现有用户市场份额，吸引新用户，增加网站收入。门户网站中的用户自创内容就是吸引用户留驻之举。

与此同时，那些原本只关注某个领域专业内容的网站或者是基于亲密关系的社交网络，如以女性为主题的 iVillage.com，也纷纷与门户网站合作，推出更多的综合门户网站服务，如互联网搜索、综合新闻、天气预报、旅游资讯以及一系列的电子商务服务。Firefox 和 IE 7、IE 8 等浏览器中也嵌入了社交网络的一些功能。社交网络不应当只局限于像 Facebook 那样的纯社交网站。社交网络是一大功能，而非一类网站。因此，社交网络和门户网站已日益趋同、难分彼此。

11.1.3　社交网络的发展历程

Facebook、MySpace、Twitter 及 Classmates.com 皆是知名的社交网站。图 11—1 列出了前十大社交网络站点，占据互联网社交网络市场份额的 90%以上。

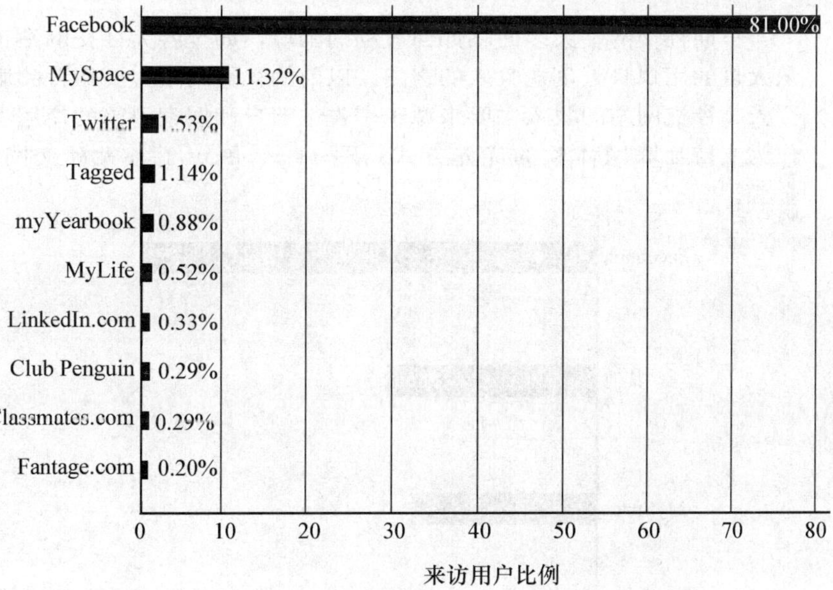

图 11—1　2010 年十大社交网络网站（按来访用户比例）

资料来源：eMarketer，Inc.，2010b；Hitwise，2010.

2009 年，Facebook 超过 MySpace，跃居成员总数最多的社交网络站点。MySpace 被挤到老二的位置，其全球用户数约为 1.3 亿，美国地区每月的独立访客总数大约 7 000 万。虽然最早使用网络社区的多数是年轻网民，但如今的社交网络早已不只是青少年和大学生的天地，越来越多的社会人士参与进来。54%的 Facebook 用户年龄超过 35 岁。

社交网络的影响力较难估量。根据 comScore 的数据，美国社交网络的用户总数约为 1.75 亿。相比之下，四大门户搜索网站（谷歌、雅虎、MSN 和 AOL）的用户数共计超过 5.1 亿。（显然，由于美国网民数只有 2.21 亿，多数用户都不只使用一个门户网站。）在美国，雅虎旗下所有网站的独立访客总数在 1.8 亿左右，而仅 Facebook 网站就有 1.5 亿的独立访客。4 年来，Facebook 从一家用户数不到 2 000万的小网站成长为互联网前三大站点之一，堪称最具潜力的黑马。

独立访客只是衡量网站影响力的指标之一，网站停留时间是另一个重要的衡量维度。用户停留在网站的时间越长，网站就能向客户展示越多的商业广告，从而增加广告收入。从这种意义上说，Facebook 的吸引力是上述其他网站的 3 倍多。用户每天停留在 Facebook 的时间超过 6 小时，而雅虎的用户停留时间只有 2 小时，谷歌和微软甚至 2 小时都不到。

网站的广告收入可看成是衡量其影响力的终极指标。2010 年，四大门户搜索网站在美国地区的广告收入将达 140 亿美元。相比之下，美国社交网站 2010 年的广告收入预计在 16 亿美元左右。社交网络是互联网中发展最快的应用形式，但从独立访客、访问次数和广告收入角度看，尚不能与传统门户搜索网站相媲美。原因之一可能是社交网络用户并不会在社交网站上寻找相关产品的广告，或者说一晃而过的广告很难引人注意。

11.1.4 社交网络的商业化步伐

早期社交网站大多面临如何盈利的困境，如今各大社交网站正逐渐掌握着如何从大量的用户身上创造收入的窍门。以前的社交网站主要靠订阅服务获取收入，而今天，社交网站的收入主要来源于广告。门户和搜索引擎的使用者开始接受将广告作为支持互联网体验的优先方式。图 11—2 展示了各大社交网站上的广告投入金额。

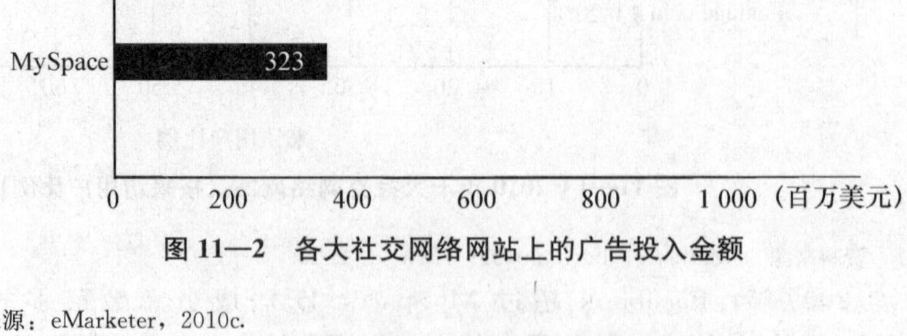

图 11—2　各大社交网络网站上的广告投入金额

资料来源：eMarketer，2010c.

社交网站一直在探索适合的营销技术。门户网站上张贴旗帜广告已被广泛接受，但社交网站并非如此。要在像 LinkedIn 这样的社区网站上放置旗帜广告是不现实的，必然会遭到用户反对。

11.1.5　社交网络的类型与盈利模式

社交网络的类型多种多样，可从多个角度对其进行分类。社交网站最普遍的盈利模式是广告，但也有其他许多盈利来源。社交网络的发起人和用户类型也各不相同。例如，有些社交网络是由企业创建的，只允许企业内部员工使用（称为企业内部社区或 B2E（Business-to-Employee）社区）；有些社交网络则是专为供应商或零售商而建立的（称为跨组织社区或 B2B 社区）；还有些社交网络是由个人创办，用以与自己志趣相投的网友相互交流（称为 P2P（people-to-people）社区）。本章将主要介绍 B2C 虚拟商务社区，同时也会就 P2P 社交网络进行简要讨论。

表 11—1 详细描述了 5 种常见的社交网络类型：综合型、实务型、兴趣型、群体关系型和赞助型。每种类型都各有其商业目的或商业动机。下面就基于该表对社交网络的商业模式加以讨论。

表 11—1　社交网络的类型

社区类型	说明
综合型	朋友间进行社交活动的在线聚集地，人们分享内容、日程和兴趣。例子：Facebook 和 MySpace。
实务型	专家、实务工作者和艺术创造者的在线社区，如计算机编程、作曲等。例子：Just Plain Folks（音乐人社区）和 LinkedIn（商务人士社区）。
兴趣型	有共同兴趣爱好的人们组成的社区，如游戏、体育、音乐、炒股、政治、健康、财经、外交事务和生活方式等。例子：E-democracy. org（政治讨论）和 SocialPicks（股票市场）。
群体关系型	面向具有相同人口统计和地域分布特征的群体的社交网络，例如女性、非裔美国人、阿拉伯裔美国人社区。例子：BlackPlanet（非裔美国人社区）和 iVillage（女性社区）。
赞助型	企业、政府部门或者非营利组织出于特定目的建立的社交网络。例子：耐克、IBM、思科等。

综合型社交网络（general communities）以主题讨论方式组织社区成员相互交流。每个主题之下都会有数百个特定的讨论组，每个小组由众多对该话题感兴趣的社区成员组成。综合型社交网络的最终目标是吸引到足够数量的成员加盟，从而组成覆盖各个领域的主题和讨论小组。综合型社交网络的典型业务模式是通过出售页面广告和视频广告盈利。

实务型社交网络（practice networks）为社区成员提供某一实务领域的专题讨论、帮助和知识。例如，Linux. org 就是为支持开放源代码运动而建立的非营利社区。全世界数千名程序员参与到开源运动中，共同为 Linux 操作系统开发源代码，并与所有人共享其开发成果。其他实务型社交网络还包括艺术家、教育工作者、经纪人、摄影师和护士等各行各业。实务型社交网络可以是营利性的，也有非营利性的。社区的运作主要依赖于广告收入或由用户共同承担。

兴趣型社交网络（interest-based social networks）为对某一特定主题感兴趣的

用户提供专题讨论小组，例如职业生涯、划船、马术、健康、化学等成千上万的主题。由于兴趣型社交网络的成员数量少，针对性强，因此这类社区一般依靠广告和租赁/赞助获取收入。Spoke. com、Jigsaw. com、Fool. com、Military. com 以及 Sailing Anarchy 都是吸引有共同追求的用户参与的兴趣型社区。这些网站的运营大多依靠广告收入支撑。

群体关系型社交网络（affinity communities）为具有相同特征的成员提供讨论和交流机会。群体关系指的是根据某种特征划分的群体。例如，人们可以根据宗教、种族、性别、性取向、政治理念、所处地域以及其他方方面面来划分群体。比如，iVillage、Oxygen 和 NaturallyCurly 都是针对女性的群体关系型社区。这些网站为女性用户提供诸如育儿、美容、读书、减肥、娱乐、健康、家居和园艺等主题的讨论和服务。这些网站的收入来源包括广告和商品销售。

赞助型社交网络（sponsored communities）是政府部门、营利或非营利组织出于特定目的建立的在线社区。赞助型社交网络的成立动机各式各样，有的是提供便民信息（比如纽约州韦斯切斯特县政府创建的网站 Westchestergov. com），有的是进行在线拍卖（比如 eBay），还有的是展示和宣传特定产品（如宝洁公司的 Tide. com）。思科、IBM、惠普等数百家企业都已开发企业内部的在线社区作为共享知识的途径。

11.1.6 社交网络的功能

社交网络开发出一系列软件应用，帮助社区成员完成各项活动。社交网络的功能不尽相同，但目前在大型的社交网络中逐渐兴起一些共同的新功能。有些软件工具内嵌在网页中，而有些工具却需要用户自己添加到个人主页上（即前面章节所介绍的小工具）。表 11—2 描述了常见的社交网络功能。

表 11—2　社交网络的功能

功能	描述
个人主页	用户自创的、多维度展现个人信息的页面
好友网络	创建好友、群组之间的相互关联
搜索好友	搜寻其他网络、新好友和群组
收藏	交流喜爱的站点、书签、内容等
游戏、小工具和应用	Facebook 网站有近 10 万应用和游戏，超过 60%的用户正在使用
电子邮件	向社区内好友发送电子邮件
存储	为社区成员提供网络存储空间
即时信息	在社区中与好友进行即时的、一对一的交流
留言板	向组内成员或其他群组张贴消息
在线投票	用户根据自身观点投票
聊天室	群组间在线实时讨论或是网上实时聊天（Internet relay chat，IRC）
讨论组	按特定话题组织的讨论组和论坛
专家在线	特定领域经认证的专家在线答疑解惑
管理工具	提供网站管理员编辑内容、与用户交流、删除反动言论以及保障安全和隐私的工具

11.1.7 社交网络的未来

目前的社交网络市场中，十大综合型社区网站呈现鼎足之势，但这种场景不大可能一直持续。许多新兴的网站虽然成员数目很少，但成员间的归属感和共鸣感更加强烈。社交网络市场也正朝这个方向发展。大多数的在线社区中成员网络关系反映了线下实际的关联。可见在综合型社交网络中，结交新朋友并非易事。

现在，你还需要在线去访问社交网站。随着越来越多搜索网站、门户网站和一般站点提供内置的社交网络功能，用户无须再亲自访问社交网站，社交网络的功能可能会主动奔向你（见技术透视“社交网络运营系统：谷歌 vs. Facebook 巅峰对决”）。全球最大的电子邮件服务商，同时也是一家大型门户网站，正在向用户提供一些社交网络的功能，例如定位好友、创建个人主页、加入群组等。此外网络聚合应用也纷纷浮出水面，SocialURL、ProfileFly 和 ProfileLinker 能够帮助用户聚合不同社交网络的订阅和应用，用户无须再单独访问每个社交网络站点，极为方便。

技术透视

社交网络运营系统：谷歌 vs. Facebook 巅峰对决

硅谷上演着一场场关于实质内容与广告宣传、虚拟与现实以及狂妄与谦逊的争论，是当之无愧、无可企及的互联网战场。谷歌想要掌握全世界的信息，亚马逊希望成为全民的零售店。如今 Facebook 也不甘示弱，其创始人兼 CEO 扎克伯格宣称要将 Facebook 发展成整个互联网的社交网络运营系统，实现全世界的互连。扎克伯格期望通过 Facebook 连接世上的任何人，他称之为社交图谱。如果 Facebook 能实现如此丰功伟绩，拥有全球 95%桌面计算机市场份额的微软公司也不得不望而却步，谷歌公司也不得不满足于搜索引擎的角色，眼看着用户停留片刻就离开。2010 年 9 月，Facebook 公司宣称其网站的全球用户数已超过 5 亿。仅在美国，Facebook 平均每月的独立访客总数就高达 1.5 亿，使用移动设备访问 Facebook 的全球活跃用户数超过 1 亿，相比 2009 年的 6 500 万有大幅增加。

社交网络运营系统到底是怎样一番景象呢？提到 Windows、Mac OS、Linux 等操作系统时，容易想到它是控制计算机资源的系统软件，为其他应用程序的创建、开发和运行提供平台。Facebook 如何能取而代之？答案是 Facebook 不能。但是，Facebook 能做到的是亲自或者鼓励他人创建只在 Facebook 系统内核上运行的海量应用程序（就像苹果公司的应用只能在苹果系统内核上运行一样）。

2007 年，Facebook 对外开放了公司的两大主要资产：成员数据库和社区核心技术。Facebook 采取开放技术平台的战略，任何人都能够获得系统的核心代码，从而创建供所有 Facebook 社区成员使用的应用程序。开发者可以创建网页小工具或者 Java 程序完成复杂的任务，甚至在程序中嵌入广告，所有广告收益归开发者所有。这样一来，Facebook 在某种程度上就成为“网络中的网络”，即所有网页皆由用户创造（称为“个人主页”）、连接所有网络用户、应用程序由外部开发者提供的在线平台。应用程序可以是像 iLike 这样的小工具软件，也可以是 FarmVille 那样每月有 6 200 万活跃用户的游戏程序。iLike 工具能够帮助用户找到有音乐共鸣的朋友。iLike 搬到 Facebook 网站后所创造的广告收入和歌曲、演唱会门票销售收入，远比自身网站 iLike.com 高得多。

2010 年 9 月，已有来自 180 个国家、超过 100 万的开发者加入 Facebook 平台，开发出 55 万种已上线运行的应用程序。其中，拥有 100 万以上用户的程序超过 150 种。70%的 Facebook 用户每个月都会使用网站的应用程序。相比之下，2010 年苹果手机的 Apps 商城中只有 25 万种左右的应用。

Facebook 真的完美无瑕吗？并非如此。Facebook 的应用程序就像在密闭的沙箱中运行，只有网站的注册用户才能使用。这会将全球的其他用户拒之门外，此外网络中还有数千家其他的社交网络网站，Facebook 程序无法登上这片舞台。Facebook 的管理层期望能联通整个世界，所有人都只在 Facebook 的后花园“嬉戏”（付出时间和金钱）。这与苹果公司的 iPhone 应用程序如出一辙，只能在 iPhone 操作系统上运行。

未来某个时刻，这些应用程序将强大到足以涵盖典型微软办公软件的功能，如文字处理和电子数据表。但也不一定如此，因为现有的微软和其他类似办公软件已经十分普及。不过，Facebook 可以开发用于协作和会议的软件，帮助员工提高生产率。面对 Facebook，微软大可不必忧心忡忡，因为未来人们也仍旧需要基于 Windows 或 Mac OS 等其他操作系统访问 Facebook。因此，社交网络运营系统并不是计算机操作系统的替代品，至少现在看来不是。微软会想在社交网络的舞台上横插一脚吗？是的。2007 年 10 月，微软就向 Facebook 投资 2.5 亿美元，换取 1.6%的股权。这意味着微软对 Facebook 市值的估价为 150 亿美元，同时也说明微软对于如何在社交网络领域运筹帷幄也是无计可施。分析人士预测，Facebook 网站 2010 年的收入在 12 亿～20 亿美元之间，实现盈利自然不在话下。但是，这个数字距离微软所估计的 150 亿美元市场价值还相差甚远。

谷歌不甘于被一家新兴的企业赶超，它拒绝放弃硅谷这片全球最佳的技术创新圣地。如果说 Facebook 承诺要连接整个世界，谷歌就希望自己也能在社交网络领域大展拳脚。事实上，谷歌想要控制整个社交网络世界，现有和未来的社交网络网站都基于它所制定的标准运行。网络中存在许多专业化的社交网络站点，其发展速度远超过 Facebook 和 MySpace 等巨头。谷歌已开发出一系列的标准程序，来实现社交网络通用的三大核心功能：个人档案（用户数据）、好友信息（社交图谱）以及社交活动（新闻、日程、好友新鲜事等）。这些标准程序能够在任何社交网站上运行。你可以在 Opensocial.org 网站上找到这些程序。

许多社交网络站点都已经使用寄托在 OpenSocial 网站上的这类应用程序，例如 MySpace、Orkut、LinkedIn、XING、Bebo、hi5、Hyves.net、Ning、Socialtext 等。这类应用程序的开发者有 Oxylabs、Viadeo 和甲骨文这样专业的大公司，也有成千上万的小公司。截至 2010 年 9 月，所有使用 OpenSocial 网站上应用程序的社交网络，其用户数之和已超过 60 亿，足以与 Facebook 相抗衡。对开发者而言，这种模式的好处在于：一方面他们只需开发一个版本的程序，就能在所有的社交网络上运行；另一方面所开发的程序能够方便地添加到任何程序、浏览器和 Office 软件中。例如，当你在处理某个烦人的电子表格遇到困难时，你可以立即向精通电子表格软件的业务伙伴寻求帮助。或者你正在使用文字处理软件，保存的 Word 文件丢失后，何时向朋友们求助为佳？当然是即刻。未来社交网络功能将能附加到任何软件中，用户无须再登录到 Facebook 等网站上就能使用社区功能。社交网络将不再是某个站点，而是一类功能。社交网络作为功能添加到任何软件程序中，就能为任何人所用。

资料来源：“Facebook Platform Statistics,” Facebook.com，September 30，2010；“comScore：Facebook's

May US Traffic Nears Record ... for Number of New Users," by Eldon, InsideFacebook.com, June 7, 2010; "Facebook Crosses the 500-Million Threshold, Comscore Says," by Jennifer Valentino-DeVries, *Wall Street Journal*, May 18, 2010; "Facebook Mobile: 100 Million and Growing," Facebook.com, February 10, 2010; "Facebook's Private Surprise," by Taylor Buley, Forbes, September 16, 2009.

11.2 在线拍卖

在线拍卖网站是最受欢迎的消费者对消费者（Consumer-to-Consumer，C2C）电子商务网站之一，尽管近年来，消费者渐渐偏向固定价格、"秒杀"式的购物体验，拍卖业务的流行度和增长率正逐年下降。然而，当 2008 年美国经济整体不景气时，在线拍卖行业却保持了超过 10%的增长率，不过随后 2009 年的增长率回落到 2%。eBay 是当之无愧的 C2C 拍卖市场的老大，其在美国的活跃用户数就有 9 100万，拍卖商品品类多达 18 000 种，每天在线的拍卖商品数都超过 1.4 亿。2010 年 8 月，eBay 网站的独立访客在 7 000 万左右，跻身于全球 50 大网站排行榜的第 14 位，与位列第 11 位、单月独立访客总数为 7 900 万的劲敌亚马逊相差无几（comScore，2010）。2009 年，eBay 拍卖业务的净收入为 87 亿美元，受经济衰退影响，比 2008 年下降了 5%。此外，消费者也逐渐由拍卖转向亚马逊和其他竞争对手所提供的固定价格的购买方式。仅在美国就有几百家在线拍卖网站，有些专注于邮票、货币等收藏品市场，其他则采取多元化的经营方针，任何商品都能够在网站进行交易。现有的许多门户网站和在线零售商——从雅虎、MSN 到杰西潘尼、山姆会员店——都纷纷在网站上增加拍卖服务。2010 年，拍卖也占据了 B2B 电子商务的相当份额，超过 1/3 的采购经理通过拍卖竞标的方式采购原材料。那么，在线拍卖为何如此受宠？消费者通过拍卖得到的价格是否总是更加实惠？如果拍卖成交价格非常之低，商家为何还是愿意继续通过拍卖来出售商品呢？

11.2.1 拍卖市场与动态定价的含义和发展

拍卖市场（auctions）是指商品价格不断变化，最终由购买或销售产品和服务的市场参与者相互竞争而确定的交易市场。**动态定价**（dynamic pricing）是指物品的价格随时可变，取决于买方的需求特征和卖方的供给情况。因此，拍卖是动态定价的类型之一。采用动态定价机制的市场类型多种多样，既包括简单的讨价还价、物物交换和一买一卖之间的价格协商，也包括众多买家和卖家共同参与的复杂公开拍卖，如证券市场中的股票交易。

在动态定价环境中，商家会判断商品在消费者心目中的价值含量，综合自身的期望售价，不断改变商品的价格。同样，消费者也会根据对卖家销售意愿的感知及自身对商品的需求来确定购买意向。在动态定价机制下，作为一名消费者，如果你需要立即购买某种商品，商家就会索要更高的价格，而且你也愿意为该商品支付更高的价格。那么，最终的成交价格肯定比该商品对你无足轻重又不是事态紧急的情况下高得多。

与动态定价相反，传统大众市场上的商家通常使用**固定价格**（fixed pricing）的方式，即在任何地方对任何消费者实行全国统一售价。固定价格方式最早产生于19世纪，随着销售范围覆盖全国的交易市场与零售商店的出现而发展起来。在此之前，定价机制是动态、局部的，最终商品价格经由消费者和商家协商确定。计算机和互联网的出现给动态定价机制带来了新的生机。不同的是，与以往相比，现在的动态定价过程基于互联网完成，实现全球化、连续化与低成本。

互联网出现之前，还存在许多动态定价方式。早在20世纪80年代，航空公司就采用动态机制给机票定价。机票价格取决于剩余的座位数和商务旅行者为了能立即预订而支付额外高价的意愿。航空公司的收益管理系统尽力确保时效商品（一旦航班起飞，空的座位就没有任何价值）能在航班起飞前以高于零的价格售罄。

商店寄给特定客户的折扣券，甚至是大学为吸引学生报考而提供的奖学金，都是价格歧视和动态定价的例子。这些例子中，商品价格根据实际的供需情况进行调整。对于同一商品，比如折扣商品或大学教育，受价格歧视的顾客需要支付更高的费用，相反受重视的优质顾客却能享受到低价优惠。

目前，互联网上涌现出一系列新兴的动态定价方式，包括捆绑定价、触发定价、使用率定价以及个性化定价等。正如第6章所述，电子产品的捆绑销售就是把一些市场需求量不高的商品免费搭配到其他商品进行销售，以促进销售总收入的增加。**触发定价**（trigger pricing）主要应用于移动商务领域，根据消费者所处位置动态调整价格。例如，当顾客到达距离某家餐馆400码的范围之内时，餐馆的定价系统就会触发一张仅限当时使用的9折优惠餐券，发送到顾客的移动网络设备上。**使用率定价**（utilization pricing）则是根据商品的使用程度来动态调整价格。例如，Progressive保险公司就是依据行驶里程数来调整汽车每年缴纳的保费额度。**个性化定价**（personalization pricing）是指商家在估计商品对不同消费者的实际价值的基础上制定相应价格。例如，在实体店发售某位音乐家的新专辑之前，在线商家可凭借提前收到新专辑的特权而向铁杆粉丝收取更高的价格。精装版的图书通常成本较高，因此都是优先面向作者的忠实读者销售，不太痴迷的读者就会等到平装版发行后再入手。

作为一种动态定价机制，拍卖方式的应用已经渗透到整个电子商务领域。大家最熟悉的拍卖方式是**C2C拍卖**（consumer-to-consumer（C2C）auctions）。这种交易方式下，拍卖场所只是单纯的中介市场，为用户（买家和卖家）协商价格、达成交易提供支持的平台。其次是**B2C拍卖**（business-to-consumer（B2C）auctions），这种方式下拍卖市场归企业所有或是控制，企业利用动态定价机制确定商品价格。商家有时会利用B2C拍卖处理积压商品。动态定价的B2C拍卖将与C2C拍卖一起实现长远发展。预计2009—2013年，在线拍卖市场的年增长率将达5%～10%。2009年，美国C2C拍卖网站共创造约250亿美元的总收入，而B2C网站的总收入在190亿美元左右。

表11—3列举了一些知名的拍卖网站。拍卖不限于商品和服务的交易，还可以用于在群体间分配资源和资源包。例如，你要给办公室的一群文职人员分配任务，你可以利用拍卖的方式制定出最优计划。通过让员工主动投标擅长的任务，可在短时间内获得一个近乎完美的分配方案（Parkes and Ungar，2000）。总之，和所有市场一样，拍卖市场也是在独立的机构（竞标者）间配置资源的方式。

表 11—3　知名的拍卖网站

综合网站	
eBay. com	全球最大的拍卖网站，拍卖商品达数百万件，网站平均月访问量达 7 200 万
uBid	入驻商户要事先认证，商家通常在此销售积压商品
eBid	1998 年上线运营，目前已覆盖包括美国在内的 18 个国家，eBay 最大的竞争对手，其网站收取的服务费用更低
Bid4Assets	政府、公共部门、企业、重组或破产公司清理受损固定资产的网站
Auction. samsclub	经销山姆会员店各类品牌商品
专业网站	
BidZ	在线珠宝拍卖网站
Racersauction	专营跑车零部件的拍卖网站
Philatelic Phantasies	面向专业集邮人士的网站，每月举行在线邮票拍卖会
Teletrade	全美最大的全自动拍卖公司，主营经鉴定的古币、银币和铜币，也提供一些体育赛事纪念卡
Baseball-cards. com	第一家在线买卖棒球卡片的网站，每周举行一次棒球、足球、篮球、曲棍球球员卡片和照片的专场拍卖会
Oldandsold	专注于古董的在线拍卖服务商，每达成一笔交易，拍卖方要支付给网站 3%的服务手续费

11. 2. 2　拍卖网站崛起的原因：拍卖的优势与成本

互联网的发展可算是拍卖网站崛起的首要功臣。虽然像日本 AUCNET（一家二手汽车的电子拍卖公司）这样基于网络的电子拍卖公司早在 20 世纪 80 年代后期就已建立，但这些前互联网时期的电子拍卖公司都需要昂贵的通信网络作为支持。互联网能够聚集数百万买家，因此能提供一个固定和运营成本都十分低廉的全球化市场。在互联网上，消费者只需使用简单、通用的网络浏览器就能选购商品。

拍卖的优势

除了能在拍卖过程中体验到游戏般的乐趣之外，消费者、商家乃至整个社会都能从在线拍卖中获得巨大的经济利益。这些利益包括：

- **高流通性**：卖家可以轻松地找到潜在买家，买家也能方便地接触到卖家，传统拍卖方式通常要求所有参与者都集中同一拍卖场所，互联网能够极大地提高传统拍卖方式的流通性。如今，买家和卖家可分布在世界各个角落。此外，交易双方还能够寻求稀有物品的全球市场，这在互联网实现之前简直就是异想天开。
- **价格发现**：针对价值难以评估、价格由供需决定或者稀有商品，通过在线拍卖可帮助交易双方快速、高效地确定价格。例如，商家（或者买家）如何为一盏公元前 550 年的希腊油灯定价？（这只是在 eBay 网站上找到的众多稀有商品之一。）如果没有互联网，消费者上哪里去找一盏古希腊油灯？这会耗费交易双方大量的精力和财力。
- **价格透明**：公开的在线拍卖允许任何人查看物品的投标竞价过程。因此，商家很难对拍卖的商品实行价格歧视（向某些消费者索取高价）。但是，即使像 eBay 这样的大型拍卖网站，也无法包含全世界的在线拍卖物品（还存在其他许多拍卖网站），因此，有些物品还是有可能存在多种价格（即拍卖市场间存在价格差异）。

● **市场效率**：拍卖通常都会降低商品价格，从而减少商家的收益，增加消费者福利。而消费者福利是衡量市场效率的重要指标，因此可以说拍卖能够提高市场效率。拍卖网站不但可以帮助消费者以接近成本的价格购得真正实惠的物品，还可以帮助消费者轻松地浏览无法亲自去店铺购买的各种商品。

● **交易成本低廉**：在线拍卖能够显著降低商品交易成本，使买卖双方都能从中受益。与其他网络交易市场类似，例如在线零售市场，拍卖网站的交易成本非常低廉（尚未实现零成本）。与实体市场相比，拍卖网站成交迅速，交易成本大大降低。

● **聚集人气**：大型拍卖网站把数量众多的热衷于网上购物的消费者聚集起来，这让卖家受益匪浅。拍卖网站的搜索引擎能帮助消费者直接找到他们想要的商品。因此，访问过某个特定拍卖品的消费者是真正的潜在客户，极有可能出钱购买。

● **网络影响力**：拍卖网站的人气越旺、商品种类越丰富，上述高流通、低成本、高效率以及价格透明等优势就越明显，网站的市场价值和地位也就越高。例如，eBay 几乎占据美国 C2C 拍卖市场 90%的份额，如此大的规模让它成为人们购买物美价廉商品或是销售物品的不二之选。

在线拍卖的风险与成本

拍卖过程中会发生一系列的风险和成本。和其他市场一样，拍卖网站有时也会陷入危机（后面章节将详细讨论拍卖网站失败的问题），消费者应当小心谨慎。主要的风险和成本包括：

● **交易延迟成本**：在线拍卖可能会持续数天之久，商品运输也要耽误额外的时间。邮购方式购买商品，收货时间会比拍卖短得多。而如果去实体店购买，能够立即拿到所购商品。

● **监督成本**：参与拍卖意味着要花费大量的时间监视整个竞标过程。

● **设备成本**：要使用在线拍卖网站，消费者需要购买计算机设备、支付互联网接入费用，并学习使用复杂的操作系统。

● **信任风险**：在线拍卖是网络欺诈发生最多的场所之一。参与在线拍卖也意味着蒙受损失的风险大大增加。

● **履约成本**：在线拍卖通常要求买家支付额外的商品包装、运输和保险成本。而在实体商店中，这些成本都已计入商品的零售价当中。

eBay 等拍卖网站纷纷采取一系列措施来减少消费者参与在线拍卖的成本与信任风险。例如，很多拍卖网站都尝试使用评分系统来解决信任问题。较早与卖家有过交易的消费者可以根据自己的购物体验给卖家打分。虽然有一定成效，评分系统有时也会出现问题。联邦执法委员会处理的电子商务诉讼中，拍卖欺诈案件占据绝对比重。采用固定价格是降低监督成本的有效方案之一，但这颇具讽刺意味，毕竟在线拍卖建立在动态定价的基础之上。例如，消费者只需简单地点击 eBay 网站页面上的“立即购买”按钮，就能以支付较高的价格为代价结束整个拍卖，从而降低监督成本和等待时间。“立即购买”和拍卖方式成交价格之间的差额，就是监督成本。大多数拍卖网站还通过提供“列表监视”和“自动代理竞价”服务来帮助消费者降低监督成本。**列表监视**（watch lists）允许消费者监视特定物品的拍卖过程，消费者只需在拍卖结束前数分钟之内密切关注物品价格的变化。**自动代理竞价**(proxy bidding)则允许消费者在系统中输入自己能够接受的最高价格，之后代理软件会以很小的价格增幅自动投标竞价，直至达到消费者设定的价格上限为止。

尽管在线拍卖过程会产生各种成本，但在线拍卖的商品成本通常更低，在某种程度上弥补了这些额外成本。另一方面，由于不存在任何中介渠道，通常也无须向地方或州政府纳税，消费者只需花费极低的搜寻成本和交易成本。(当然，除非卖家是在拍卖网站上经营的网上店铺，这种情况下会发生中介成本。)

不仅是消费者，参与在线拍卖的商家也会面临风险与成本。拍卖网站最终的成交价格可能会比市场价格低得多。此外，卖家还面临着赖账、假投标、串通等风险，也要承担拍卖监督成本、拍卖网站收取的交易费用、信用卡结算处理费用以及展示商品信息与价格的管理成本。本章后面的内容将深入探讨参与在线拍卖的卖家所面临的收益与风险。

拍卖网站运营商的收益：一种电子商务商业模式

在线拍卖已成为零售和B2B商务领域最成功的商业模式之一。最赚钱的在线拍卖网站eBay似乎从一开始就在盈利。eBay的策略是充分发掘整个拍卖周期所有阶段的潜在盈利机会。eBay收入来源较多：基于交易金额收取的交易费用、展示商品的费用、从PayPal等支付系统收取金融服务费用、广告费用以及卖家为特别展位等服务所支付的额外费用。此外，eBay收购了互联网电话公司Skype，这样买卖双方就能在拍卖过程中在线进行交流。2006年，eBay以26亿美元认购Skype，到2008年才将其价值计入公司的财务报表中。2009年，eBay又以27.5亿美元的价格将Skype公司70%的股份卖给一个投资集团。

在线拍卖网站相比传统的零售或目录销售网站具有得天独厚的成本优势。拍卖网站无须储备库存，也无须执行履行交易的任何业务操作——拍卖网站不设仓库，没有任何运输或物流设施。由卖家和买家负责提供这些服务并承担相应成本。从这点看，拍卖网站只涉及简单的信息传递，是最理想的数字化企业之一。

尽管eBay取得了空前成功，但由于目前在线拍卖过度集中，整个行业的成功还诸多受限。eBay目前稳坐在线拍卖市场龙头老大的交椅，eBid和uBid紧随其后。而众多小型拍卖网站却由于缺少足够的参与者而无法实现高度流通，现在还处在亏本状态。对拍卖网站而言，网络影响力至关重要。当前行业的发展趋势是由一两家大型拍卖网站主导市场，众多小型专业化拍卖网站(专营邮票等商品的站点)勉强略有盈余。

11.2.3 拍卖网站的类型与实例

拍卖理论在经济学研究领域已较为成熟(McAfee and McMillan，1987；Milogram，1989；Vickrey，1961)。这些研究早在公开网络拍卖出现之前就已开始，由于缺乏有关拍卖和消费者竞拍行为的经验数据，因此大多停留在理论层面。早期文献把拍卖分为多种类型，有些侧重于卖方，有些侧重于买方。在线拍卖与传统拍卖方式截然不同。传统拍卖持续时间较短(如索斯比的艺术品拍卖会)，竞标人数固定，而且通常在同一场所参加。相反，在线拍卖持续时间较长(一周左右)，竞标人数不断变化，消费者可随时加入或退出拍卖过程。

在线拍卖的基本概念

在将拍卖网站作为一种市场渠道之前，企业管理人员需要理解在线拍卖的一些基本概念。

动态定价市场的市场力量与侧重点。从市场力量的分布对商品价格的影响这一角度来看，动态定价市场并不总是“中性”的。图 11—3 描述了动态定价市场中四种不同的市场侧重情况。

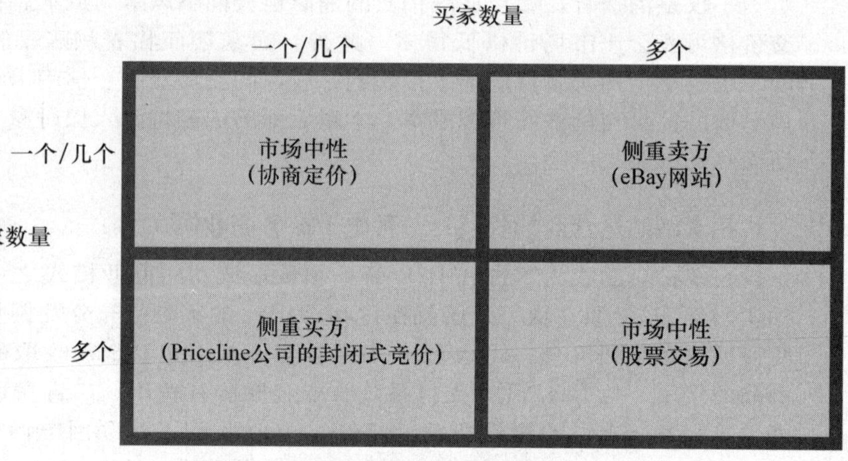

图 11—3　动态定价市场的侧重点

说明：动态定价市场有些是中性的，也有的侧重买方或侧重卖方。

当买家和卖家的数量都很少或相当时，市场一般是中性的，既不偏向买方，也不偏向卖方。一对一协商、物物交换和股票交易市场都属于中性市场，尽管交易代理人和市场创建者会对交易双方的匹配服务收费。股票交易市场中竞价与叫价持续不断，有时也称为“双向拍卖”市场。众多买家和卖家会一直围绕着某只股票喊价（股票的可成交量巨大），直至达成交易为止。相反，eBay 或者是像 Priceline 营运的反向拍卖网站都有一定的市场侧重点。eBay 中，一般只有一个或几个卖家向数百万的买家提供数量有限（有时甚至是稀缺）的商品。这样，买家就不得不在价格上展开竞争。Priceline 拍卖市场的侧重点与 eBay 刚好相反，它采用密封投标的拍卖报价方式。Priceline 的反向拍卖机制（后文将详细阐述）中，买家张贴出自己对特定商品和服务的需求以及可接受的价格，而众多卖家根据张贴的信息展开竞争。当然，拍卖市场侧重某一方并不意味着买卖双方无法实现满意的交易，目的明确的买方乐于以合理的价格购买所需的商品。

但是，拍卖市场的商品价格有时会被炒高至超出商品的公允市价，有时又会由于卖家迫切需要尽快出手而以远低于商品公允市价的价格成交。因此，拍卖市场的侧重点应当引起买卖双方的足够重视。**公允市价**（fair market value）是指商品或服务在全球众多的动态定价市场和固定价格市场中的平均价格。后面的章节将对拍卖市场的种种缺陷加以讨论。

定价机制：统一定价与价格歧视。当商品的数量较多，例如一次出售 10 台联想笔记本时，确定最终中标人及中标价格的方式多种多样。**统一定价规则**（uniform pricing rule）下，拍卖的胜出者不止一人，他们都支付相同价格（通常是最低竞标价格，有时也称为市场出清价格）。而在**价格歧视规则**（discriminatory pricing rule）下，胜出者需根据自己的投标价格购买商品。例如，Ubid. com 网站就采用价格歧视来定价。与其他拍卖规则一样，定价机制也会影响人们在拍卖中采取的策略。例如，如果使用统一定价机制拍卖 10 台联想笔记本，明知道他人不会跟随，你就可以喊出相对高的价格，而最终，你只需要支付最低的竞标价格。投标第 10 台笔记本的买家报价可能只有你的 3/4，这个价格正是你实际要支付的价格，即市场出清所有笔记本的价格。然而，在价格歧视规则下，你就不得不支付自己所报的高价。显然，从买家的角度看，统一定价规则更具优势。而卖家则更青睐于价格歧视机制。

动态定价市场中的信息公开与信息保密。在有些动态定价市场中，竞标者的报价是保密的，只有自己知道。例如，某家企业向电器承包商发起一项新建筑物内部供电服务后，承包商纷纷将自己的报价密封到信封中提交上去，满足资质要求的最低报价者将赢得合同。本案例中，竞标者相互不知道他人的报价，只能根据自身实力喊出最有竞争力的价格。但是，这里存在**串通出价**（bid rigging）的风险，即竞标者在报价前事先串通，以便抬高最终的中标价格（这对竞标者有好处，因为本例中的承包商最终收到的工程款就是其最终报价）。串通出价是密封竞标机制中普遍存在的问题。然而，在线拍卖市场上，竞标者的报价往往是对外公开的。这时潜在的风险在于竞标者网下达成协议压低价格、卖家找托儿抬高价格以及卖家在市场上传递价格信号哄抬价格等。公开市场中允许大型卖家采用价格标注。**价格标注**（pricing matching）是指卖家正式或非正式地设定自己的最低售价。此时串通行为就可能发生在卖方。当卖方数量相对较少时，很容易出现固定价格现象。

拍卖网站的类型

前面已经介绍了一些拍卖机制和行为的基本概念，下面将对网上和网下的主要动态定价市场和拍卖网站加以讨论。表 11—4 列举了拍卖网站的主要类型、交易规则以及市场侧重点。由表可知，除市场机制和规则不同外，拍卖网站间还存在各种差异。如前所述，定价机制包括统一定价和价格歧视，其中统一定价更为常见。此外，有些拍卖中拍卖品的数量较多，而有些拍卖只涉及单一商品。在线拍卖网站的主要类型有：英式拍卖、荷兰式拍卖、自主定价拍卖和集体竞价拍卖等。

表 11—4　　动态定价拍卖网站的主要类型

市场类型	交易机制	侧重点
密封式投标拍卖（B2B 电子采购市场：Ariba Soucing 和 Elance）	提交密封式投标竞价。具备资质要求的最低报价者最终胜出。	侧重买家：多个卖家间相互竞争
维克里拍卖（Vickrey auction）（会员制拍卖网站）	单件商品的密封式竞价。出价最好的投标者获胜，却只需支付第二高价。	侧重卖家：单个卖家，多个买家间展开竞争
英式拍卖（eBay）	单件拍卖品，公开向上叫价。出价最高的竞拍者获胜，通常最高价只比第二高价多一点点。买家不必参加每次投标，可在价格合适的时机进入。	侧重卖家：单个卖家，多个买家间展开竞争

续前表

市场类型	交易机制	侧重点
传统荷兰式拍卖（荷兰鲜花交易市场）	单件拍卖品，公开向下叫价。卖家逐渐降低商品的价格，直到有买家愿意购买。	侧重卖家：单个卖家，多个买家间展开竞争
荷兰式在线拍卖（eBay的荷兰式拍卖）	多件拍卖品，公开向上叫价。买家报出自己竞标的数量和价格，单位商品的最终价格为最低成交价格，所有胜出者支付相同价格（统一定价机制）。	侧重卖家：少数卖家，众多买家
日式拍卖（会员制拍卖）	单件拍卖品，公开向上叫价。出价最高者获胜，最高价通常只比第二高价（保留价格）多一点点。买家必须参加每个竞价过程。	侧重卖家：单个卖家，众多买家
美式在线拍卖（荷兰式拍卖演变而来）	多件拍卖品，公开向上叫价。买家报出自己竞标的数量和价格。根据买家报出的单价、购买数量和投标时间进行排名，胜出者支付实际投标价格（价格歧视机制）。	侧重卖家：单个卖家，多个买家间展开竞争
逆向拍卖	与英式拍卖相反，单价拍卖品，公开向下叫价。卖家就提供的商品或服务展开竞价，报价最低的卖家胜出。类似密封式拍卖市场。	侧重买家：多个卖家展开竞争
集体议价拍卖（需求聚合）	公开的逆向拍卖，多件拍卖品，向下叫价。买家报出自己的竞标数量和价格，卖家联合竞标，报价最低的卖家胜出。	侧重买家：多个卖家展开竞争
自主定价拍卖（Priceline）	与逆向拍卖类似，区别在于买家的出价固定不变，卖家的报价相互保密。买家承诺与第一个出价满足自身要求的卖家成交。	侧重买家：多个卖家展开竞争
双向拍卖（纳斯达克股票市场）	公开的讨价还价，卖家要价，买家出价。一旦双方在价格和数量上达成共识就成交。	市场中性：众多买家与卖家同时竞争。对交易代理人（中介）比较有利

注：公开是指所有拍卖参与者都能看到他人的报价。

英式拍卖。**英式拍卖**（English auction）是eBay网站上最简单也是最常用的拍卖方式。一般情况下，由一个卖主出售一件物品。英式拍卖会设定拍卖截止时间、卖家的保留价格（一般是保密的）以及买家每次叫价的最小增幅。众多买家相互竞价直至拍卖结束。出价最高的买家最终获胜（前提是出价必须等于或高于卖家的保留价格）。由于是众多卖家在拍卖过程中相互竞争，而且一般是匿名叫价，因此英式拍卖是侧重卖方的。

传统荷兰式拍卖。在荷兰阿尔斯梅尔市，5 000家鲜花种植户建立起一个拍卖市场，利用传统荷兰式拍卖机制向2 000多个买家出售鲜花。拍卖开始前种植户事先设定一个起拍价，向所有的竞拍者公开。每过几秒钟，价格就下降一定幅度。如果某个时刻买家愿意支付当时的价格，就按下"竞拍"按钮表明愿意以该价格成交。如果买家未能及时投标，就可能被对手抢去。这种拍卖方式十分有效：阿尔斯梅尔每天平均成交 5 万笔交易，销售鲜花 1 500 万份。如今，荷兰的鲜花拍卖市场已搬到互联网上。买方无须亲自到拍卖市场去，卖家也不必把鲜花运送到拍卖市场附近的仓库，而是直接从农场运送给买家（Kambil and vanHeck，1996）。

荷兰式在线拍卖。eBay、OnSale 等网站都提供**荷兰式在线拍卖**（Dutch Internet auction）。这种方式的拍卖规则和过程与传统荷兰式拍卖相去甚远。荷兰式在线拍卖方式非常适合要销售大量拍卖品的卖家。卖家在拍卖开始前列出物品的最低价（或是起拍价）以及竞拍数量。竞标者报出自己的竞标数量和价格。这种拍卖一般采用统一定价机制：所有胜出者都支付最终成交价中的最低价格。这一市场出清价格可能会低于某些竞标者的报价。如果买家需求的数量超过竞拍品的供给数量，卖家一般按成交的先后次序分配商品。总的来说，最终胜出的竞拍者中，出价高的（即先成交）以最低成交价格获得所投标数量的商品，而出价低的却不一定能被满足（至少能买到一部分，可能还有一定的补偿）。荷兰式在线拍卖成交迅速，不使用自动代理竞价。表 11—5 展现了某家荷兰式在线拍卖网站上一批笔记本电脑拍卖结束后的样本数据。如表所示，每次竞拍会先根据价格再按照竞拍数量进行排序。统一定价机制下，出清所有 10 台笔记本的最低成交价格是 736 美元。所有的获胜者都按这一价格支付。然而，最后成交的竞拍者 JB505 只能获得 3 台笔记本，而不是所竞标的 4 台，因为要优先满足前面成交买家的需求。

表 11—5　多件拍卖品的荷兰式在线拍卖

拍卖结束的相关数据				
拍卖品编号	8740240			
总数量	10			
描述	惠普 Pavilion DV7T 笔记本；Win 7 系统；处理器 Intel Core i5，3 GHz；屏幕 17″宽屏；内存 4 GB；硬盘 500 GB			
保留价格	无			
买家	日期	时间	投标价（美元）	数量
JDMTKIS	10/25/10	18：35	750	4
KTTX	10/25/10	18：55	745	3
JB505	10/25/10	19：05	736	4
VAMP	10/25/10	19：10	730	2
DPVS	10/25/10	19：20	730	1
RSF34	10/25/10	19：24	725	1
CMCAL	10/25/10	19：25	725	2

自主定价拍卖。**自主定价拍卖**（Name Your Own Price auction）首先由 Priceline 公司推出，目前已成为第二受欢迎的在线拍卖方式。尽管 Priceline 公司本身也做中介，先购进打折的机票和度假套餐，再根据商品剩余情况以较低的零售价格转卖给消费者，但 Priceline 最知名的还是其所采用的自主定价拍卖。自主定价拍卖中，最终消费者先为商品和服务设定自己愿意支付的价格，之后众多卖家展开竞标。此时，商品的价格不再是递减而是固定的：用户最初设定的价格即为其承诺的最终购买价格。2009 年，Priceline 的年总收入在 20 亿美元左右，2010 年每月的平均独立访客大约有 1 000 万。Priceline 是美国排名顶尖的旅游网站。如今，Priceline 还涉足新车销售、酒店预订、租车、长途电话服务和家庭理财等多个领域。

表 11—6 描述了 Priceline 网站的自主定价业务所交易的商品和服务类别。

Priceline的明显优势在于为消费者提供一个以个人偏好为中心的偏重买方的交易市场，成交价格要比市价便宜40%。针对消费者的服务需求，众多品牌供应商展开竞争。然而，Priceline的商业模式能否推广到其他品类的商品和服务，目前尚不清楚。有人曾试着在Priceline上出售汽油和百货用品，结果功亏一篑。

表11—6　　Priceline网站的自主定价拍卖业务

服务/产品类型	说明
机票	知名航空公司针对个人业务展开竞争。航空公司愿意借此在起飞前销售出最后的座位。
酒店预订	知名酒店针对消费者的需求展开竞争。酒店希望借此在最后关头出售有时效性的附加服务。
租车	租赁公司针对消费者的需求展开竞争。汽车租赁公司对这种处理即将过期服务的销售方式也非常热衷。
行李打包	知名酒店和航空公司针对消费者的需求展开竞争，借此出售部分有时效性的附加服务。
游轮	知名游轮公司对消费者的需求展开竞争，淡季尤为活跃。

但是，Priceline缘何能够提供比大型品牌服务商低40%的优惠价格呢？原因很多：首先，Priceline网站不对外公开商品的售价，这样就能避免与直销等传统渠道相互冲突；其次，网站上出售的商品和服务都是有时效性的，如果没有消费者出价购买剩余航班座位、租车或预订房间，时间一过卖家将一无所获。因此，卖家通常都愿意在现货市场上以相对较低的价格提供商品或服务，从而收回成本。

卖家的经营战略是利用盈利性强的渠道尽可能多地进行销售，之后再通过Priceline这样的现货市场处理积压的库存。买家和卖家都能从Priceline网站中受益，同时网站自身也能通过向卖家收取交易费而获取收入。

集体竞价拍卖：需求汇聚。需求汇聚网站（demand aggregator）能够方便消费者组团购买特定商品，此时商品的价格折扣将根据购买数量动态调整。需求汇聚这一概念最早由Mercata公司提出。Mercata网站创建于1998年，一直保持着零售领域最大的在线需求汇聚网站的称号。直到2000年1月，公司因风险融资未及时到位而最终倒闭。Mercata拥有许多需求汇聚领域的专利。目前最大的需求汇聚系统提供商是一家B2B的需求汇聚网站Ewinwin。可见，需求汇聚不适合零售行业，但在B2B商务领域却具备得天独厚的优势，能够汇集多家采购方的需求。贸易协会和行业采购群体一直在苦苦寻求一种集体采购的方案，以便增强与大型供应商的谈判力，降低采购成本。

建设在线需求汇聚网站有两条原则：首先，卖家愿意提供数量折扣；第二，当价格不断下降时，买方的需求量会增加。此时，价格将随着订单量的多少动态调整，由于价格下降而引起的需求增加反过来又可能推动供应商进一步降价。

尽管致力于发展需求汇聚业务的在线网站并未取得商业成功，但需求汇聚软件及其业务模式的实践，已被总结成一种动态定价机制，整合到众多B2B和B2G网站中。例如，美国国土安全局正在建立一个集中式的采购平台，以汇集众多下属部门对IT设备（包括计算机、路由器等）的需求，从而降低采购成本。由于众多企业都需要频繁地采购大量MRO商品，因此，需求汇聚模式非常适合MRO商品的批量销售。

专业服务拍卖。eBay 网站上提供专业服务的交易市场 Elance 或许是最有意思的在线拍卖应用之一。这种拍卖方式采用密封式竞价，为具备专业技能的自由职业者提供一个动态定价的交易市场。所涉及的专业服务从法律咨询、营销到绘图设计、计算机编程，应有尽有。企业若要寻求专业服务，可直接到 Elance 上发起招标项目，描述清楚项目需求。符合条件的服务提供者就可据此竞标。而企业可根据竞标者的报价以及网站上其他客户对竞标者的评价信息挑选合适的专业人员。这种拍卖方式是一种与维克里拍卖类似的反向拍卖机制。在维克里拍卖中，竞标者的报价相互保密，通常都是报价最低的服务提供商最终胜出。SoloGig 也是一家类似的需求汇聚网站。

拍卖汇聚网站（拍卖信息收集网站）。互联网上的拍卖网站成千上万，你本人、你的客户或者公司如何寻找合适的拍卖网站购买或是出售商品呢？拍卖汇聚网站（有时也称拍卖信息收集网站）能够解决在线拍卖网站星罗棋布、市场间价格参差不齐的难题。**拍卖汇聚网站**（auction aggregators）利用计算机程序搜索数千家拍卖网站，收集有关商品、竞标、拍卖时限以及价格增幅等信息。消费者可在拍卖汇聚网站上输入想要购买的商品，网站会将正在出售该商品的固定价格网站和拍卖网站列表返回给消费者。拍卖汇聚网站会在夜间对数千家拍卖网站进行爬虫（有时也在白天），像普通消费者一样收集与产品相关的信息。但是，现在很多大型站点都在屏蔽未经授权的拍卖汇聚网站的爬虫软件。

11.2.4　企业何时使用拍卖（以及用于哪些产品）

企业在很多情况下都可以考虑将拍卖网站作为某种合适的渠道。本章的大部分篇幅都是从消费者的视角对拍卖网站加以考察。消费者的最终目标是以最小的付出实现最大的价值。下面将目光转向企业。企业使用拍卖网站的目的在于充分挖掘自身产品和服务的真正市场价值，从而使企业的收入最大化（即对消费者剩余的占有量），产品和服务在拍卖市场的价格有望比传统渠道的固定价格要高一些。表 11—7 列举了企业在使用拍卖网站前所需考虑的诸多因素。

表 11—7　　企业选择拍卖网站前应当考虑的因素

考虑因素	具体内容
产品类型	产品是稀有的、独特的、常见的还是具有时效的
产品生命周期	产品处于生命周期的早期、中期还是晚期
渠道管理	与零售分销商的冲突，差异化管理
拍卖网站类型	侧重买家还是侧重卖家
起拍价	商品的起拍价是高还是低
叫价增幅	叫价的增幅是大还是小
拍卖时限	拍卖时限是长还是短
商品数量	拍卖品是单件还是多件
定价机制	统一定价还是价格歧视
信息分享程度	密封竞价还是公开竞标

这些因素包括：

● **产品类型**：一般来说，在线拍卖最适合销售稀有或者独特的产品，因为这些产品的价格难以确定，现实中甚至不存在交易这些产品的市场。然而，Priceline 却在对实体零售价格已确定的时效性商品（如机票）实行在线拍卖中大获成功。也有一些 B2B 拍卖网站正在经营着像钢材等生产经营日常用品，取得了不错的业绩（成交价通常较低）。新式服装、新款数码相机和电脑等商品的价格比较容易发现，标价高且价格的持续性较强。此外，这些商品也没有时效性的限制，原本就已经存在较多有效的零售市场渠道，因此通常不在拍卖网站上销售。

● **产品生命周期**：一般情况下，企业大多在拍卖网站上销售处于产品生命周期后期，以及拍卖成交价格会高于清仓销售的固定价格的产品。但是，越来越多处于产品生命周期初期的产品也纷纷在拍卖网站出售。比如，首批发售的音乐碟片、图书、录像带、游戏及数码设备，就可通过拍卖网站销售给那些强烈希望提前得到新产品的发烧友。在美国，各种活动门票（从音乐会到体育赛事）的在线销量已占据整个市场的 25%。

● **销售渠道管理**：一些已经具备相当规模的零售商，如杰西潘尼和沃尔玛，以及传统生产厂商都必须尽量避免对现有盈利销售渠道的冲击。也正是缘出于此，许多老牌零售网站上不是拍卖已经快过时的商品，就是对购买数量加以限制。

● **拍卖网站类型**：销售方显然应当选择买家数量众多，而卖家数量较少，最好只有自己一家的拍卖网站。像 eBay. com 上的英格兰式增价拍卖最适合卖家，因为这种拍卖方式下竞标者越多，最后的成交价也就越高。

● **起拍价**：研究表明，拍卖商品时起拍价应当设低点，这样才能吸引更多的竞标者参与投标（参见“叫价增幅”）。起拍价越低，慕名而来的竞标者就越多。竞标者越多，商品的成交价格就越容易被抬高。

● **叫价增幅**：保险起见，通常设定较小的叫价增幅，以吸引更多的竞标者频繁出价。如果能让卖家相信只要再多出价几美元就能赢得拍卖，他们往往就会忽略拍卖品的实际市场价值，而报出更高的价格。

● **拍卖时限**：一般来说，拍卖的预期时限越长，吸引到的竞标者就越多，最终的成交价格也就越高。但是，只要新的叫价频率逐渐下降至接近零，竞标价格也将稳定。因此，eBay 上大多数拍卖都是持续 3 天左右。

● **拍卖品数量**：如果企业一次性出售大批商品，买家通常会期望获得数量折扣，这种预期最终会导致成交价格偏低。因此，卖家应考虑将大量商品分批次出售，每次拍卖少量的商品。

● **定价机制**：当企业拍卖多件商品时，大多数买家都认为每位胜出者支付相同的价格是天经地义的，因此统一定价机制是一种好的选择。eBay 网站上的荷兰式拍卖业务就应用了这一逻辑。由于买家对商品的需求程度不同，商家可向其收取不同的价格，这种观点尚未被顾客普遍认同。因此，想要实行价格歧视定价规则的企业，最好选择在多家拍卖市场或者不同时段出售同一商品，以避免买家能够方便地对比价格。

● **密封竞标与公开竞标**：对卖家而言，密封竞标优势明显。该拍卖方式能在不会冒犯买家的情况下实行价格歧视，因此只要可行，卖家就应当尽量采用这种方式。但是，公开竞标能够激发“羊群效应”（后文将详细加以讨论），即众多买家出于赢得拍卖的竞争心理，会把商品的成交价格推高至密封竞标难以达到的水平。从这个角度看，公开竞标也颇具优势。

11.2.5　拍卖过程中卖家与消费者的行为

除前面所述的框架性问题外，企业在进行网上拍卖前还应当认真考察拍卖过程中消费者的行为。虽然针对这方面的研究日渐增多，但尚处于起步阶段。不过，我们仍能从早期的某些研究中发现一些有意义的结果。

卖家盈利指标：投标率、拍卖时限以及拍卖品数量

卖家的利润是拍卖的投标率、拍卖时限和拍卖品数量的函数。如果三者的数量配比超过最佳比例，卖家的收益将会大大受损（Vakrat and Seidman，1998，1999）（见图 11—4）。正因为如此，eBay 网上的实际拍卖中，如果需要出售大量商品，如数百台便携电脑，卖家通常会同时举行多场拍卖，每场拍卖只出售 10 台左右，拍卖期限均为 3 天。3 天的期限既能保证充分吸引到绝大多数的潜在竞标者，又不会太长而导致维持拍卖的成本过高侵蚀利润。拍卖的人气越旺（即参与拍卖的竞标者越多），拍卖期限也应适当延长，直到维持拍卖的成本将超过最后一位竞标者所带来的额外收益。这种动态机制很可能会引发一场拍卖热潮，商品的最终成交价格由竞标人数、拍卖时限和拍卖品数量共同决定。

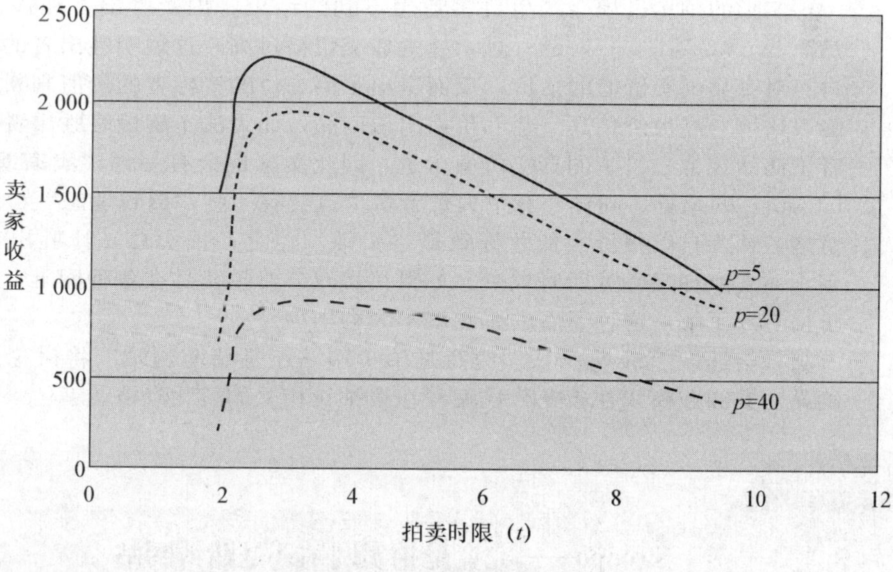

图 11—4　拍卖中卖家的收益

说明：卖家收益由投标率（p）和拍卖时限（t）共同决定。图中，卖家的收益在拍卖初期迅速增加，达到最高点后又快速下降。此外，卖家的收益也会随着拍卖品数量的增加而先上升，在数量达到一定的限制后又大幅下降。

拍卖价格：是否真的最低

多数人都会认为，拍卖市场上商品的成交价格要比其他固定价格市场低得多。但实际情况却并非如此。瓦克拉特和塞德曼（Vakrat and Seidmann，1999）发现，同一零售商出售的同种商品，其平均拍卖成交价要比一般零售价格低 25%。布林约尔松和史密斯（Brynjolfsson and Smith，2001）也注意到 CD 的拍卖成交价比网上商店便宜不少。但是，李（Lee）却发现日本一家二手车拍卖网站 AUCENT 上

的二手车报价要比固定价格市场高出不少。部分原因可能在于拍卖网站上二手车的质量要优于一般的二手车市场（Lee，et al.，1999—2000）。

同等质量商品的拍卖价格有时要高于固定价格市场，不同拍卖市场的成交价格也是参差不齐，造成这些现象的原因有很多。大量研究都表明，消费者在决定是否购买时不仅受到价值最大化的驱动，还会被诸多环境因素以及与交易无关或错误的信息影响（Simonson and Tversky，1992）。网上拍卖是一种社会行为，竞标者参加拍卖时也会像现实社会中那样相互攀比（Hanson and Putler，1996）。简单来说，竞标者会根据先前其他投标人的竞价情况来决定自己的报价，进而产生一种层叠效应，使价格不断攀升（Arkes and Hutzel，2000）。2001年，通过深入研究eBay网上数百次拍卖索尼游戏机、CD机、墨西哥陶器和意大利丝质领带的记录，杜拉基亚（Dholakia）和索尔琴斯基（Soltysinski）发现竞标者会争相竞拍某些商品（易引起购买欲望的竞拍品），却对另一些商品不闻不问（容易忽略的竞拍品），表现出明显的**羊群效应**（herd behavior，即竞标者纷纷涌向单件或某些已有人投标的商品，为此展开价格竞争）。对于那些价值受到公认或者存在客观衡量标准的商品，羊群效应现象会大为减少。例如，与意大利丝质领带相比，索尼游戏机的拍卖过程中发生羊群效应的概率要小得多。因此，由于消费者缺乏对市场实际情况的了解，羊群效应会导致消费者花费远超出商品实际价值的成本竞拍商品。

实际的拍卖过程会产生许多意想不到的结果。拍卖胜出者往往会有“**赢家心痛**”（winner's regret）的心理，感觉成交价格过高。这说明胜出者的报价并不代表自身对商品真实价值的估价，反而是出于第二位的竞标者的价值判断。由于卖家只能以比第二高报价稍高一些的价格出售商品，而无法了解最终胜出者的真实判断或者说商品在他心目中的真实价值含量，因此卖家也会有一种“**卖家遗憾**”（seller's lament）的感觉。同样，竞拍失意者多少也会有一些“**自我埋怨**”（loser's lament）情绪，认为自己报价太低才导致最终失败。总之，拍卖总是让胜出者觉得付出过多，而卖家却又感觉所得太少。如果买卖双方对拍卖品在各种网上、网下市场中的价格有所了解，这种矛盾的感觉就不大会出现。

社会透视“Swoopo——究竟是拍卖网站还是赌博网站”将讨论一类在线拍卖网站，其商业模式在于充分挖掘与在线拍卖相关的行为经济。

社会透视

Swoopo——究竟是拍卖网站还是赌博网站

许多谈及Swoopo的报道、博文中，经常会用到类似“上瘾的”、“潜在的”等修饰词，将其比作高纯度的可卡因。有些人怀疑Swoopo到底是一家在线拍卖网站，还是打着拍卖幌子的赌博网站。甚至有人怀疑Swoopo网站的运作机制在美国是否合法。2005年，Swoopo在德国创立，取名为Telebid，当时自称是一家以“娱乐消费、刺激购物”为特色的下一代在线拍卖网站。听上去十分诱人，只可惜不管竞拍者技巧如何高超，个人都难以左右Swoopo拍卖的结果。此外，每次竞拍都要付出成本，难免让人有种变相赌博的感觉。

Swoopo拍卖网站是如何运作的呢？Swoopo网站的拍卖品以电子类消费品为主。注册买家相互竞价，最终可能以极其便宜的折扣价格购买到电子产品。Swoopo采用的是B2C模式，网站直接向消费者提供商品，这与充当买卖双方交易中介平台的 eBay 大不相同。Swoopo 网站上通常同时在线拍卖好几百件商品，有的仅限当地或美国地区用户参与，有的则向全球的注册客户开放。

Swoopo 拍卖中，商品的起拍价设得非常低，然后以较小的增幅往上竞价，一般是 0.12 美元/次，有时也低至 0.01 美元。用户每次叫价都需要支付 0.6 美元购买竞拍资格。Swoopo 拍卖的玄机在于，每当有人竞拍，拍卖时限就会重置，通常是倒计时 20 秒。因此，买家不可能像在 eBay 那样最后几秒杀进去，出较高的价格夺走拍卖品。

买家注册 Swoopo 网站后，需要花费 60 美分/次的成本购买 BidPacks（竞拍资格），BidPacks 表现为不同的叫价增幅，有 40 美分、75 美分、150 美分、400 美分和 1 000 美分。购买后买家就可以开始他的“娱乐购物”之旅了。用户也可使用一种自动化的代理工具 BidButler，只需设定最高价格和最低价格，交由代理软件完成其余的竞拍任务。这样，用户就不必停留在 Swoopo 网站上时刻关注拍卖的动态。

Swoopo 网站的 FAQ 页面向用户提供如何竞拍以及避免各类陷阱的建议。其潜台词似乎是确实存在某些竞拍策略能够增加胜算。但事实上，竞拍者根本无计可施，再怎么做也不可能增加一丁点赢的概率。而由于用户每次竞拍都要支付 0.6 美元，Swoopo 才是最大的赢家，有点像拉斯维加斯或大西洋城的赌场。Swoopo 网站还限制每个用户在 28 天内最多竞拍到 8 件商品，更加营造出一种用户可能在短时间内竞拍到许多商品的假象。

举个实际的例子。日前 Swoopo 网站推出一款新的苹果笔记本的拍卖，最终成交价格只有 35.86 美元，而这款笔记本的建议零售价是 1 799 美元。在用户看来似乎是天上掉馅饼的好事，但其实得到好处最多的是 Swoopo 自身。本场拍卖中，每多一位竞拍者参与进来，价格就增加 0.01 美元。因此从成交价格看，总共发生了 3 587 次竞拍。按每次竞拍 0.6 美元计算，Swoopo 在出售笔记本前就已经到手 2 151 美元的竞拍费用。最终胜出的竞拍者叫价超过 750 次，支付竞拍费用 469.8 美元。加起来胜出者还是有赚到，但竞拍失败者却是赔了夫人又折兵，不仅空手而归，还搭上了数百美元的竞拍费用。当然，拍卖进行过程中，竞拍者也可选择点击“即刻购买”按钮，只需再支付市场价格与自身之前所付出的竞拍费用的差额就能买走商品。

Swoopo 的模式在于将赌博、游戏经验、行为经济和科学理论巧妙地结合到互联网购物中，让不少消费者为之沉迷。每当有竞拍者叫价后，就进入倒计时 20 秒，这会给人以竞拍即将结束的感觉，但实际上却可能还会持续数小时之久。倒计时会让潜在竞拍者有种时间正在流逝的紧迫感，他们就会不断地竞拍，以免在最后的时刻错失良机。数轮竞拍之后就产生沉没成本。竞拍者会觉得，既然已经花费那么多的成本，或许再多报价几次就能胜出。但事实绝非如此。只要拍卖还在进行，竞拍者先前所付出的所有成本都不会对最终结果产生影响，甚至不能增加一点点获胜的概率。花费再多的金钱也不会让竞拍者离目标更近一步。在沉没成本的错误诱导下，Swoopo 却能让人们做出错误的决定。

此外，人们有强烈的愿望找到一种能够击败这种体制的策略，但这根本不存在。事实上，Swoopo 的规模越大，参与竞拍某件商品的人就越多，要胜出就更难上加难。这跟彩票很类似。你不买就不可能赢，买得越多也不会增加赢的概率，因为你无法控制他人购买彩票的数量。

Swoopo 网站中还会出现某种累积效应。当竞拍者过度投入、求胜心切时，往往就会忽视竞拍成本的增加。这种原理与老虎机类似，只不过 Swoopo 拍卖中产生随机数的是其他竞拍者的行为。Swoopo 网站的首页看上去也像一台老虎机，始终有某六个正在进行的拍卖的倒计时。网站使尽浑身解数让用户觉得自己掌握一定的控制权，但事实上他们根本没有。

Swoopo拍卖中甚至还有关于大脑如何运作的科学理论的身影。研究表明，当人们接近成功时就会产生多巴胺，而不是在成功之后。所以，竞拍者只需知道就快大功告成，只要再坚持一会成功就会降临。甚至当人们最终失败后，也会有种失之交臂的感觉。人们依旧会产生尚有掌控余地的错觉。失之交臂会让人们觉得下次胜出的可能性更大，但事实并非如此。

到2010年，Swoopo网站的注册用户数已达2 500万。自成立以来，尽管公司CEO弗兰克·汉（Frank Han）声称65%的拍卖都在亏本，网站每年的收入却一直成倍增长。亏本的拍卖主要是一些小件的商品，如DVD。而公司靠的是苹果新款笔记本等大金额商品实现盈利。2009年春天，Swoopo声明美国一家风投公司August Capital正计划投资1 000万美元帮助公司实现全球化扩张。

Swoopo不是唯一一家采取这种商业模式的电子商务公司。Bid-Cactus、RockyBid等网站纷纷效仿Swoopo，编写复杂的脚本来实现Swoopo网站的基本功能。随着Swoopo规模日益扩大，许多竞拍者渐渐流向这些小型拍卖网站。Swoopo的许多竞争对手投机取巧，利用一些木马程序抬高拍卖的价格，或者干脆不给胜出者配送竞拍品。因此Swoopo公司的前景大受影响，成本也有所提高。近年来公司内部也发生了较大的动荡：2009年年末公司CEO冈纳·皮宁（Gunnar Piening）离职，接任的拉尔夫·沃纳（Rlaph Werner）也在上任仅8个月后选择离开。

除上述行为问题外，对Swoopo的支付体系也存在是否合法的争议。当地的立法并不允许这种类型的支付系统，但同时也没有明确的条文禁止采用这种支付。截至目前还没有发生任何诉讼，因此Swoopo网站到底是不是一家打着在线拍卖幌子的赌博公司，尚不能下定论。

资料来源："New Swoopo CEO Campaigns Against Copycats," by Liz Gannes, GigaOm.com, April 8, 2010; "Swoopo Loses Another CEO," by Jochen Krisch, ExcitingCommerce.com, March 2010; "Swoopo! Do Penny Auction Sites Run Afoul of California Gambling Laws?" by David Johnson, Digitalmedi-allawyerblog.com, August 18, 2009; "Sites Ask Users to Spend to Save," by Brad Stone, *New York Times*, August 16, 2009; "This Company is Inside Your Head," by John Rosevear, Fool.com, August 14, 2009; "At Swoopo, Shopping's Steep Spiral into Addiction," by Mark Gimein, Washingtonpost.com, July 12, 2009; "Swoopo: The Frontal Cortex," by Jonah Lehrer, Scienceblogs.com, July 10, 2009; "August Capital Helps Fund Online Shopping Site Swoopo," *Silicon Valley/San Jose Business Journal*, April 2, 2009.

拍卖网站如何建立消费者信任机制

尽管在线拍卖市场的运营商既不能控制拍卖品的质量，也无法直接为消费者的诚信提供担保，在线交易市场还是会像其他电子商务网站一样，遇到如何建立消费者信任的问题。拍卖网站中，犯罪分子可能肆意伪装成卖家或消费者。eBay就是互联网上消费欺诈案件的最大来源。多项研究表明，如果拍卖网站上存在可信的第三方认证，或者是网站向用户提供一系列交易跟踪（欺诈检测）服务，用户就能拥有一定的控制权。这样随着用户经验的积累，信任和信用机制就能慢慢建立起来（Krishnamurthy，2001；Stanford Makovsky，2002；Nikander and Karnonen，2002；Kollock，1999）。鉴于信任对消费者的在线拍卖行为有强烈影响，eBay和大多数拍卖网站都不遗余力地建立自动的信任增强机制，如买家和卖家信用排名、委托契约服务和信用保证等（见下一节）。

11.2.6　拍卖市场何时失灵：滥用与欺诈行为

拍卖市场会由于信息不对称、垄断势力、公共物品以及外部效应四种因素的制约，而无法实现公众所期望的目标（即消费者福利最大化）。

在线和网下的拍卖市场都很容易滋生各种欺诈行为，这使得买卖双方及买家之间存在严重的信息不对称，最终导致整个市场失灵。根据美国互联网犯罪投诉中心（IC3）的数据，在线拍卖欺诈是第四大最常被投诉的互联网犯罪行为，超过所有投诉的 10%（National White Collar Crime Center/FBI，2010）。在线拍卖欺诈的平均损失金额为 610 美元。货到付款和信用卡付款是两种最常发生欺诈的支付手段。2009 年，联邦贸易委员会的消费者投诉排行中，在线拍卖欺诈位列第六，全年共发生 57 000 起投诉（约占 4%）（Federal Trade Commission，2010）。但是，这些数据还不足以完全反映当前在线拍卖欺诈行为的严重性和危害程度，因为还有许多受骗的消费者并未向联邦贸易委员会投诉。表 11—8 列举了一些最常见且会造成严重危害的诈骗伎俩。

表 11—8　　在线拍卖欺诈的惯用伎俩

欺诈类型	说明
评价欺诈	
假信用评价	利用两个账号或者伙同其他网站成员人为抬高相互的信誉评分
滥用评价	任何滥用评价论坛的行为
评价勒索	买家以负面评价要挟卖家给予优惠
评价请求	提供信用评价交易
买家欺诈	
干涉交易	发电子邮件警告买家不要与某卖家发生交易
操纵竞价（撤销竞价）	利用可撤销竞价的机会故意报出高价，诱使当前竞价者报出更高的价格，之后再撤销自己的报价
持续竞价	忽视所受到的警告，不停地报价
不速之客	硬是要违背卖方设定的条款强行交易
投标屏蔽	利用两个账号或伙同其他用户人为地抬高成交价格
拒不付款	故意报出高价但拒不支付，从而阻止其他买家竞拍商品
卖家欺诈	
哄抬价格	利用两个账号或者伙同其他卖家人为抬高商品的价格
不履行交易合同	收到货款后故意不发货或发错货（仿冒品或次品）
空头交易	拍卖结束后，拒绝收款也不发货
逃避交易费用	包括任何逃避拍卖网站收费的行为
拦截交易	伪装成卖家接受买家的付款
联系信息/身份欺诈	故意宣称自己是网站的成员；或者伪装成网站的其他用户
联系信息错误或空缺	提供错误的联系信息，或者不留任何联系信息
电子邮件欺诈	故意留下无用的电子邮件等联系信息
未成年用户	未满 18 周岁的用户
其他欺诈行为	
干涉网站	使用软件工具干涉网站的正常运行
恶意报价	发电子邮件给其他卖家的竞拍者，提供稍低的价格抢夺客源
发送垃圾信息	向竞标者发送无用的垃圾信息

eBay 和其他许多拍卖网站都已成立专门的调查部门来处理用户投诉，深入核查举报的各种违规交易行为。但是，网站的周访客总数超过数百万，有数以万计的拍卖交易需要监督，eBay 仍需高度依赖买卖双方的诚实守信来维持整个交易市场的良好秩序。

11.3 电子商务门户网站

英文 Port 一词起源于拉丁文中的 porta，意为通往某处的入口或大门。

如果仅从人们通常都将门户网站设为首页这一角度看，门户网站算是网友访问频率最高的站点。像雅虎、MSN、Facebook、AOL 这样的顶级门户网站，其每月的全球独立访客人数已达数亿。门户网站是通往互联网数千亿个网页的大门，门户网站最为核心的服务或许就是帮助人们在网上搜寻到所需要的信息。电子商务发展早期，门户网站只是扮演搜索引擎的角色，用户通过门户网站进入网上丰富多彩的信息宝库。随后，门户网站开始朝多元化的方向发展，逐渐融入其他网站的功能，开始为用户提供新闻、娱乐、深度分析以及远程教育等服务。如今，各门户网站早已不再满足于只是充当“大门”的简单角色，都在为如何留住用户而绞尽脑汁。从这点看，门户网站与电视网络有几分相似：它们都是向用户提供内容服务且通过广告获得收入。门户网站现在都热切期盼着用户能在自己网站上多逗留一会儿，越久越好。许多大型门户网站获取成功，已家喻户晓，用户经常会在它们的站点驻足。

门户网站在企业内部也具有重要的作用，大多数企业、大学、教会以及各类正式组织都有自己的**企业门户网站**（enterprise portals），用以帮助企业内部员工了解人力资源信息、企业的新闻以及企业通知等内部重要信息。例如，通过你所在大学的门户网站，你可以注册课程、了解教室安排，以及处理其他与学生事务相关的重要活动。而且，越来越多的门户网站开始提供公共新闻，提供来自外部内容提供商如 MSNBC News 的实时财经报道，以及提供通用的网络搜索服务。有关企业门户网站以及企业内部网的内容，在其他有关企业网络技术应用的书中有详细的介绍（参见 Laudon and Laudon，2011），但这些已超出了本书的范围。本书仅聚焦于电子商务门户网站的内容。

11.3.1 门户网站的发展与演进

与早期相比，现在的门户网站可谓“面目全非”，其功能和角色定位大有改变。正如前面所说，大多数知名的门户网站都是从搜索引擎起家的。雅虎、Lycos、Excite、AltaVista、Ask Jeeves 以及后来的谷歌等门户网站最初都是根据内容创建网页索引，从而帮助用户更方便地寻找感兴趣的内容。因此，人们一般只在这些早期门户网站上停留数分钟。到 20 世纪 90 年代末期，全世界的网民数量呈百万级增长，这些提供搜索服务的门户网站的访问量也随之出现爆炸式的上升态势。起初，由于门户网站的功能只是简单地将用户传送到目的地，人们纷纷对其如何盈利表示怀疑。但是，搜索引擎积累到海量的基础用户，这为它成为营销和广告平台创造了良好的基础条件。之后，搜索引擎站点纷纷意识到海量用户中蕴藏的无限商机，相继拓展自己所提供的服务内容，从简单的导航推广到商务（在网站上直接向用户出售商品，或者给零售网站做广告）、内容提供（最初是新闻，后来涵盖天气预报、投资资讯、在线游戏、健康频道等多个主题），以及其他内容网站的推广服务。这三种服务构成了基础门户网站的定义，即门户网站是提供网页导航、电子商务和内容资讯三大服务的综合性站点。

对于广告商和内容提供商来说，门户网站的价值与其所能接触到的网民数量成正比，因此各大门户网站的竞争力就体现为站点的到达率和独立访客数。网站的到达率是指一个月（或其他时间周期）内曾经访问特定网站的用户占全体网民人数的比例。独立访客数则是指一个月内访问特定网站的、能够被唯一标识（通常是用IP 地址）的用户的数量。此外，门户网站不可避免地会受到网络效应的影响，即门户网站对于广告商和消费者的价值会随着网站到达率的增加而呈几何式增长，进而能够吸引到更多的用户。这种效应使得门户网站市场分化为三个层级：占有60%～80%上网用户的少数大型综合门户网站、到达率在 20%～30%左右徘徊的二级综合门户网站、独立访客仅占上网用户 2%～10%的三级垂直型专业门户网站。正如第 3 章所述，美国前五大门户网站（谷歌、雅虎、MSN/必应、AOL、Ask. com）总共占据在线搜索市场超过 95%的份额。受众占有率方面也出现了类似的集中化模式（见图 11—5）。但是，随着越来越多的用户转向使用社交网络，这一市场布局正在悄然改变。数百万的用户将这些网站设置成首页或导航页。

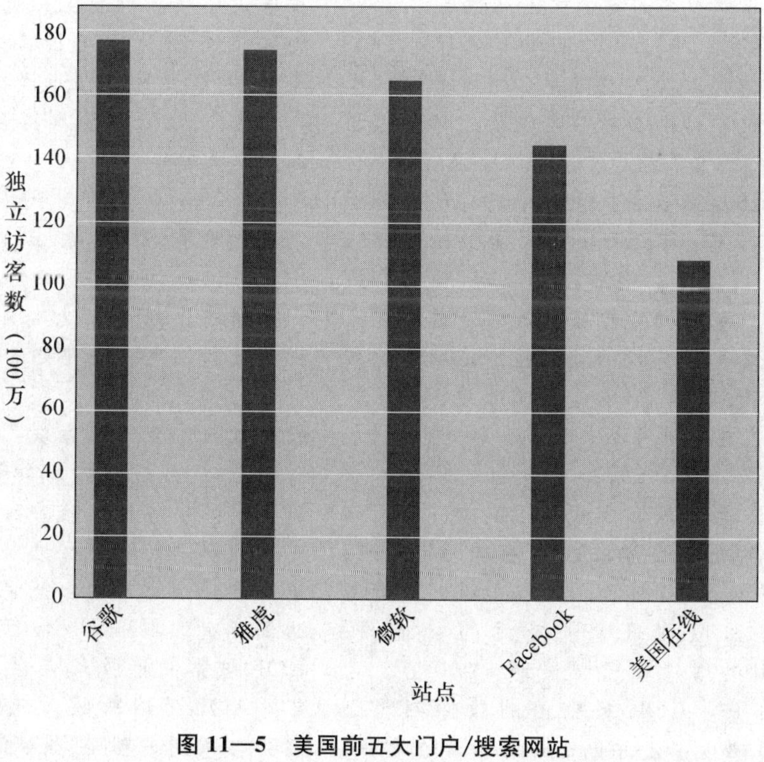

图 11—5　美国前五大门户/搜索网站

资料来源：comScore，2010b.

更多有关顶级门户网站间的竞争和转变历程，参见商务透视“美国在线的华丽转身”。

商务透视

美国在线的华丽转身

20 世纪 80 年代末，Control Video 公司因业绩不佳被迫倒闭。公司转而推出一项名为 Gameline 的新颖服务，为 Atari 公司 2 600多个视频游戏控制台提供在线服务。这就是美国在线的前身。用户只需支付 1 美元的订阅费就能享受 Gameline 的服务，短时间内可以下载任意一款游戏，跟高分纪录保持者相互交流，而且无限期地使用直至用户下载其他的新游戏。但是，公司的盈利状况依旧不佳。1983 年 5 月，公司经过一番重组，变身为量子计算机服务公司，提供专门针对海军准将 C64 和 C128 系列计算机的在线“量子连接”服务。1988 年，该公司又相继推出苹果连接和电脑连接服务。到 1989 年，公司正式更名为美国在线（AOL）。

1991 年 2 月，AOL 启动一项针对 DOS 操作系统（微软公司早期基于文本命令的操作系统）的在线服务项目，随后一年又推出针对 Windows 系统的在线服务。AOL 将自身定位成为电脑生手提供帮助的在线服务运营商。这与 CompuServe 公司服务技术社区的模式大相径庭。确实，AOL 在发展初期将目标用户锁定为电脑新手，算是选对了市场。但随着宽带连接的逐渐推广，用户的技术能力日渐熟练，AOL 也面临重重困难，人们普遍认为它过于呆板、迟钝，缺乏创新。

当时，AOL 公司提供专用的软件，帮助用户接入聊天室以实现相互交流。公司开始收取高额的服务费，这让用户大为不满。到 1996 年，AOL 转而采用基于订阅的计费模式，每月收取 19.99 美元的功能费。AOL 那时的用户就已增长到 1 000 万。为开发新客户，AOL 将公司的软件刻录到 CD-ROM 磁盘中，并免费邮寄给潜在客户。由于软件易于使用，AOL 品牌一时之间得以快速推广，当时可谓漫天遍地都是 AOL。许多用户是通过 AOL 才首次接触到网络、电子邮件、即时信息和聊天室的。AOL 的用户交互也十分友好。然而，从一开始就有用户抱怨说网络连接经常掉线，经常碰到信号繁忙，接入公开互联网站点的速度也太慢。尽管如此，公司还是连续保持快速增长的态势。1996 年，AOL 与微软签署了一项长达 5 年的协议，AOL 网络连接服务将绑定到所有新电脑的 Windows 系统中，这无疑给 AOL 品牌打了一剂强心针。第一家面向公众的大型网络门户正在悄然诞生。

1999 年，AOL 公司 CEO 史蒂夫 • 凯斯（Steve Case）声称，Windows 已是过去式，AOL 将会成为未来的“微软”。事情并未像凯斯所预测的那样发展。尽管 AOL 成功地发展为数百万美国网民拨号上网连接的首选供应商，但它在一次次地尝试挖掘品牌的认知度和关注度时，却总是功败垂成。AOL 的最大失误在于没有预料到宽带连接会在未来互联网接入舞台上闪亮登场。当然，这些都是后话。

2000 年，美国时代华纳公司出资 1 650 亿美元收购 AOL。抛开媒体沸沸扬扬的炒作和评论，两家公司的合并从一开始就存在许多隐患。到今天这次合并依旧臭名昭著，可谓互联网史上最糟糕的一次投资失误。被收购的消息一出，一路高走的 AOL 公司的股价如飞流直下般大跌，投资者都表示很担心时代华纳的传统媒体资产会拖累 AOL。时代华纳毕竟是传统的实体媒体企业，没有任何互联网经验，在这个虚拟舞台上难有才华可施。两家公司合并后的第一年，就无法达到既定的增长目标，原因可能是兼并前 AOL 披露的年收入存在虚高的成分。2002 年，AOL 的广告收入急剧下滑。公司 ISP 服务订阅用户数在当年的秋天达到巅峰的 2 670万，之后就一直减少。如今，AOL 公司的 ISP 用户数只有 440 万，甚至还在以平均每月 20 万的速度减少。

也有人认为结局本不该如此。全球最具

前景的实体媒体运营商和全球最大的在线服务分销商的牵手，如果管理得当的话，本该大有一片光明的未来。但是，事实往往不尽如人意。

由于很少人参与到合并计划中，两家公司的管理人员都不觉得这次合并与自己有什么利害关系。时代华纳的高层甚至相当愤怒，斥责收购 AOL 就是在浪费时间和金钱。更糟糕的是，公司的管理者也无意去说服战略层面的领导者承担起责任，让合并后的公司走上正轨。时代华纳的主管担心 AOL 会将他们扫地出门，让自己的团队来接管华纳公司，因此他们都拒绝合作。时代华纳的内容提供商，如 CNN、HBO、Fortune 及 Sports 等，都纷纷与其他的网站合作，就是不选 AOL。

此后宽带连接登上舞台。过去很长的时间里，几乎没有宽带服务商可供选择，AOL 的用户不得不一直使用 AOL 公司的服务。很不幸，AOL 低估了宽带连接的发展潜力。到 2004 年，人们纷纷投向宽带服务提供商的怀抱。与此同时，谷歌公司的搜索引擎营销逐渐起步，网页条幅广告也随之出现。雅虎公司在条幅广告市场颇有建树。这些公司都在网站上添加丰富的内容来吸引宽带用户。美国在线/时代华纳公司也提供大量的内容，包括新闻、文稿和杂志等。公司还拥有经验丰富的写手和监制，但都只是摆设。公司无法把这些东西全搬到网上。很快，AOL 跟不上时代发展的步伐，沦落到渐渐地被市场淘汰的地步。AOL 甚至还免费开放网站唯一收费的内容，但为时已晚。

2006 年，AOL 放弃原本以网络接入服务营销为核心的经营策略，专心做一家免费的网络站点。公司解雇了时任 CEO，取而代之的是一位来自美国全国广播公司（NBC）的高管。丝毫没有互联网背景的他，却偏偏在公司正值混乱的状况下接手。随后的 3 年里公司连换 3 任 CEO，撤换 5 位营销副总裁。

2007 年，AOL 采取全新的发展战略，要创造众多不同的品牌子公司。2008 年，时代华纳公司开始与谷歌和微软等公司接洽，想要卖掉 AOL。2009 年，时代华纳决定将 AOL 拆分出去。在此之前，它又花费 2.83 亿美元的高价从谷歌手中买回 AOL 5%的股份。谷歌 2005 年购买这部分股权时足足花了 10 亿美元。

第三位 CEO 蒂姆·阿姆斯特朗（Tim Armstrong）在 2009 年上任接手，还带来一批原在谷歌和雅虎工作的老员工。阿姆斯特朗一直强调要将公司打造成互联网上最富创新力的优质内容提供商和最大的在线广告服务提供商。他将 AOL 比作经历过大风大浪的小公司，正尝试依靠创新的理念实现突破，重返舞台。

战略确定后，阿姆斯特朗开始按部就班地执行。2009 年，AOL 的年收入为 32 亿美元，两年内下滑 37%。公司的市场价值远比 2005 年的 200 亿美元低得多，据估计只有不到 30%，57 亿美元左右。这个数字与 2000 年 1 650 亿美元的收购价格相比，简直是九牛一毛，微不足道。阿姆斯特朗宣布，AOL 短期内不会考虑放弃 ISP 订阅业务，因为这项业务虽有一定程度的缩水，但仍为公司创造了可观的收益。

在 AOL 的纽约总部，随处可见公司的新战略。总部的 300 名员工（全球员工数为 7 000 名）每天都在争分夺秒地创造新的内容。这些员工中大部分是刚从杂志社、报社等传统媒体公司跳槽过来的。他们能够与遍布全球的自由作家和程序员连接起来，共同创作文稿、编辑图片，再将这些内容发布到 AOL 旗下的 80 多个网站上。这些网站中有 10 家跻身于 Technorati 搜索引擎列出的前 100 家最受关注的网站之列。传统报纸、杂志行业的不景气，使得 AOL 能够雇用来自《纽约时报》、《华盛顿邮报》、《今日美国》、《时代》和《新闻周刊》等出版社的最具天赋的撰稿者创造出上述内容。最后，AOL 以内容为核心，大力发展网站、博客等电子传播渠道。公司致力于营造出一种新兴公司的氛围，将战略转变视作一次重生。

很明显，这种做法颇见成效。2009年4月，AOL公司的Politics Daily网站正式上线，到如今平均每月的独立访客总数已有300万之多。而成立更早的Politico网站也有285万。AOL旗下所有媒体资源，包括Engadget、TMZ和FanHouse站点，其每月的独立访客共有1.07亿。在线广告能够将这些客户的价值转化为公司的收入。这些网站中，大多数表面上完全看不出其归属AOL旗下。阿姆斯特朗称这就是精明的经商之道。他指出，ABC和ASPN皆为迪士尼所有，但每天看电视的观众根本没意识到这点。网站要想得到网民的青睐，就不应该让自己看上去像是某家呆板的大型集团旗下的产品。新战略的另一方面强调本土化的经验和内容，包括为消费者和广告商提供自助式的服务。因此，AOL创建了一批提供本土化服务的本地网站。阿姆斯特朗曾说，本地广告是创新战略的第一步，公司具备庞大的用户基础。每年美国的广告投入中，39%属于本地广告。

2010年，AOL进一步推进其本土化扩张计划，收购了包括TechCrunch、5Min和Thing Labs在内的诸多网站。TechCrunch是一家深受欢迎的技术类博客网站，仅在美国每月的独立访客数就有380万，年收入1 000万美元。5Min是一家覆盖教育、知识、生活领域的视频学习网站，而Thing Labs网站则专注于社交媒体应用领域。这些举措体现出AOL以自创为主，对外兼并为辅的内容创造战略。

AOL采取以内容和广告为核心的战略相当冒险。公司依然有40%的收入来自日渐缩水的拨号上网服务业务，而AOL能否通过自创内容弥补这部分收入的缺失，尚不得而知。创造内容的成本较高。此外，条幅广告市场也处于供给过剩的境况。相比搜索引擎广告，条幅广告营销收效甚微，因此价格也要低得多。不过话说回来，雅虎公司亦是如此。数百万网民的首页都是雅虎，同时还使用雅虎公司的电子邮箱，阅读网站上的新闻和名人轶事。

AOL公司还在建设和收购一些垂直博客网站。这批网站招揽到许多关注度高的忠实用户。因此，博客网站上条幅广告的反馈率要比雅虎这类综合门户网站高得多。若是能开发出覆盖数千家博客网站的网络系统，未来也将大有所为。那么究竟垂直博客市场有多大呢？答案是大到足以一直让AOL的博文创作者忙得不可开交，创造出可观的收益。正如前面所述，AOL网站美国地区每月的独立访客总数就已超过1亿，垂直市场容量之大不言而喻。

最后，对AOL来说，从时代华纳拆分、独立出来可谓明智之举。但真正推动AOL成功转型的“东风”应该是从谷歌、雅虎等公司招揽来的能人志士。他们在消费者行为分析方面经验丰富，从而能引导AOL更好地定位广告的目标市场，获得更多的收入。但是，目前AOL的业绩整体上还在持续下滑，公司新战略的成功尚且任重道远。

资料来源：“AOL Buys TechCrunch，5Min and Thing Labs,” by Jessica E. Vascellaro and Emily Steel, *New York Times*, September 29, 2010; “AOL's New Phase and Phrase: It's a ‘Start-Around’,” by Brian Stelter, *New York Times*, June 8, 2010; “AOL Blossoms as Print Retreats,” by David Carr, *New York Times*, August 17, 2009; “Google Dumps Investment,” Venturebeat, *New York Times*, July 27, 2009; “Eleven Years of Ambition and Failure at AOL,” by Saul Hansell, *New York Times*, July 24, 2009; “Daring to Dream of a Resurgent AOL,” by Saul Hansell, *New York Times*, July 23, 2009; “Before Spin-off, AOL Tries for that Start-up Feeling,” New York Times, July 20, 2009; “Advertising Overhaul Among Changes at AOL,” by Rachel Metz, Thestreet. com, July 20, 2009.

11.3.2 门户网站的类型：综合门户网站与垂直门户网站

门户网站主要包括两种类型：综合门户网站与垂直门户网站。**综合门户网站**

(general purpose portals) 尽全力吸引大批普通网民，开设各种垂直的内容频道，提供诸如新闻、金融、汽车、电影和天气预报等主题的深度内容来留住用户。综合门户网站一般都会提供 Web 引擎搜索、免费电子邮件、个人主页、聊天室、社交网络创建软件和电子公告栏等功能。综合门户网站上的垂直内容频道则为用户提供体育赛事、股市行情、健康资讯、时事新闻、汽车资讯和拍卖等方面的内容服务。

垂直门户网站（vertical market portals，有时也称为目的站或 vortal）则致力于吸引大批对社区或特定内容兴趣浓厚、关注度高的忠诚用户。垂直门户网站涉及的领域从体育到气象无所不有。除专业化的内容外，垂直门户网站也开始渐渐引入综合门户网站的某些服务。例如，Facebook 目前已转变为一家门户网站——数百万用户通往互联网的大门。Facebook 以人际关系为基础，属于群体关系型门户网站。Facebook 网站提供各种电子邮件、搜索（必应）、在线游戏和应用程序服务，新闻资讯等内容尚未完善。

门户网站的受众占有率呈集中式分布，这反映出消费者上网时间的有限性，网络效应也是如此。这种时间限制对综合门户网站有利。消费者花费在互联网上的时间有限，因此大多数消费者每个月访问的站点不超过 30 个。由于时间的限制，消费者往往会集中访问某几家能够满足其广泛兴趣的网站，这些站点往往能提供从天气信息、旅游资讯、股市行情、体育赛事到娱乐消遣等综合内容。

像雅虎这样的综合门户网站一直致力于成为全民化的门户站点，希望通过提供一般导航服务和各类专业内容服务吸引大批的忠实用户。例如，雅虎已成为最大的网络新闻提供商，其新闻频道的访问用户数远远超过包括在线报纸在内的其他任何新闻网站。然而，消费者的上网行为正在悄悄地发生变化，他们浏览网页的时间减少了，而更倾向于深入的搜索调查或者参与到社交网络当中。这些行为趋势则让垂直门户网站的前景一片大好。垂直门户能够提供高度专业化、深入的内容和社区服务。

大型综合门户网站一般都远近闻名，而垂直内容和群体关系型门户网站则稍逊一筹。图 11—6 列举了一些为人熟知的综合门户网站、垂直市场和群体关系型门户网站。

图 11—6　两种主要的门户网站类型：综合门户网站与垂直门户网站

说明：门户网站主要包括两种类型：综合门户网站与垂直门户网站。垂直门户网站一般又可分为群体关系型和专业内容型两类。

11.3.3 门户网站的业务模式

门户网站的收入来源多种多样。门户网站的收入基数处于动态变化之中，主要的收入来源正渐渐缩水。表 11—9 总结了门户网站的主要收入来源。

表 11—9　　门户网站的主要收入来源

收入来源	说明
ISP 服务	提供互联网接入和电子邮件服务，按月计费
综合广告	依据广告到达的受众数量计费
租赁业务	将网站页面中的特殊位置以固定的费用出租，供企业进行广告宣传，付费企业拥有对该位置的唯一使用权
销售佣金	根据每笔交易金额向网站中独立商家收取佣金
信息订阅费	向订阅高级内容服务的用户收取费用
应用程序和游戏	用户收费下载游戏和应用，在应用中植入广告

尽管 ISP 服务收入仍旧是某些门户网站，如 AOL 的主要收入来源，但它占门户网站收入基数的比重日益下降。如今，越来越多的美国家庭开始使用大型电话或电缆公司提供的宽带连接服务接入网络。随着搜索引擎广告和智能广告位置网站的迅速发展，综合门户网站和垂直门户网站也都纷纷转变其业务战略。所谓智能广告位置网站，就是能够根据网站内容在数千家网站上有针对性地投放广告的网站，例如谷歌的 AdSense。AOL、MSN 和雅虎等综合门户网站由于缺乏完善的搜索引擎功能，其发展速度远远落后于拥有强大搜索引擎的谷歌。这些综合门户网站已花费数十亿美元的技术投资，以期赶超谷歌。另一方面，门户网站提供许多内容服务，这是谷歌早期所没有的。不过谷歌后来收购了 YouTube，将其内容引入到谷歌网站上，同时还新增了新闻、金融资讯、图片、地图等多个领域的内容服务站点。访问雅虎和 MSN 的网民会在网站上停留较长时间阅读新闻等内容，或是发送电子邮件。Facebook 的访客停留时间是雅虎等传统门户网站的 3 倍之多。正因为如此，社交网络站点，尤其是 Facebook，已成为雅虎、谷歌等门户网站的直接竞争对手。综合门户网站正在尝试创建网站子社区，为用户提供更多的高级内容。门户网站的广告商对专注度高、效果好的高端服务情有独钟，因为这些服务能够吸引到更多用户订阅。

例如，金融服务公司愿意为投放在门户网站金融服务频道（如雅虎的金融页面）的广告支付额外的费用。第 6 和 7 章也有提及，网站的每客户收入与自身对客户细分市场的专注度之间有直接关系（见图 11—7）。

因此，未来门户网站的生存策略将是开发更深入、更丰富的垂直内容吸引客户。而对于大多数小型的垂直门户网站而言，其策略应当是汇聚一系列的垂直网站，向用户提供更深入、更丰富的内容。谷歌等搜索引擎网站的策略则是获取更多的内容吸引用户长时间驻足，从而吸引更多的广告商。

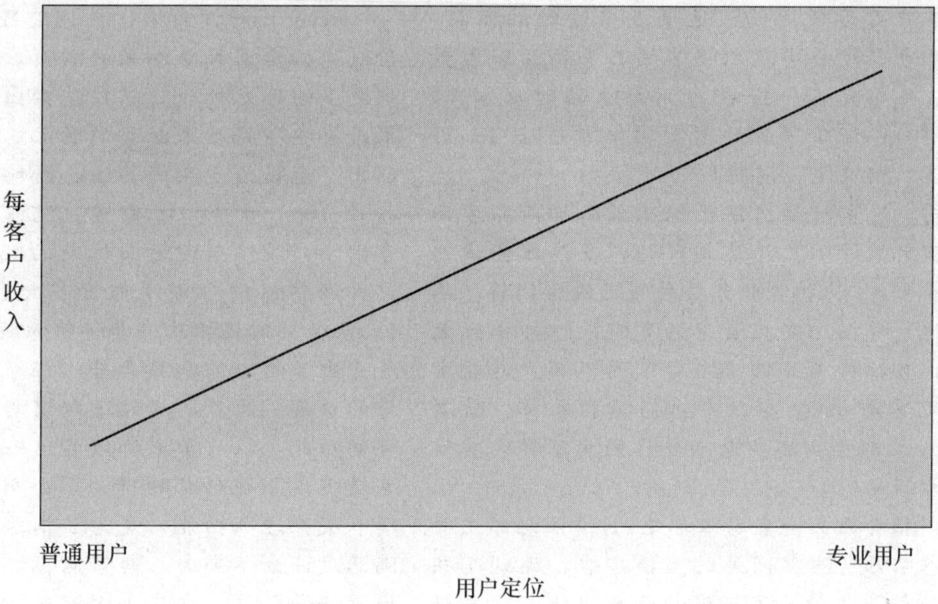

图 11—7　市场专注度与每客户收入

说明：网站越是关注专业用户，用户就越愿意为量身定制的产品和服务掏腰包。

案例研究

eBay，盛宴已结束？

eBay 甫一出现，就一直是在线拍卖的代名词。它是全球第一家也是迄今为止最成功的一家互联网拍卖公司，在短短时间内就迅速成长为覆盖全球 2 500 万卖家的庞大电子交易市场。皮埃尔·奥米迪亚（Pierre Omidyar）于 1995 年创办了 eBay 网站，当时取名为 AuctionWeb。网站拍卖出的第一件物品是一只坏掉的激光指示器。自此之后，eBay 便一路蒸蒸日上。如今网站上拍卖的物品不计其数，种类千差万别，一举成为全世界认知度和知名度最高的网站之一。数万人依靠在 eBay 上销售商品谋生，无数人通过 eBay 网站赚取外快。每逢节假日，eBay 必定是网友最常登录的站点之一。

2009 年 eBay 的年收入为 87 亿美元，同比仅增长 2%左右，收入中的绝大部分来自于拍卖业务。eBay 的发展步伐缘何有所放缓？消费者似乎渐渐被在线零售商所采用的固定价格模式吸引。比如，即使在经济萧条时期，亚马逊也保持着稳定的增长。对多数买家而言，在线拍卖的新鲜感已日渐淡薄，他们纷纷转向更简单、便捷的固定价格购物模式。搜索引擎和比较购物网站能帮助用户更方便地找到其他拍卖网站上出售的商品，因此也造成 eBay 拍卖业务一定程度的流失。事实表明，多数人都不愿意一直等待拍卖过程结束，而只是想快点购买到商品。

eBay 自然也意识到消费者需求的变动趋势（由拍卖转向固定价格购物方式），公司的管理层已采取种种必要的应对措施。eBay 发布了一个为期 3 年的复兴计划，总的目标是建立一个集多类复杂市场于一体的在线购物中心。届时客户可在 eBay 的网络旗舰店或子网站上竞拍、点击广告、浏览分类信息或直接购物，享受一站式购物的体验。

eBay 公司 CEO 约翰·多纳赫（John

Donahoe）表示公司将关注二级市场渠道，让客户更方便地购买过剩或者过时的商品，当然也包括公司赖以扬名的二手物品和古董等。他希望客户在 eBay 网站上的购物体验，能够与以低价著称的大型实体零售店（如好市多）相媲美。同时他还效仿 Overstock.com 公司，这家网站在销售积压或断货商品方面确实大放异彩。为达到目的，多纳赫尝试逐渐将 eBay 从拍卖业务转向固定价格销售。尽管这一举措深受投资者的肯定，但却招致无数出售独特商品的小型卖家的不满。这些卖家可算是 eBay 以往丰功伟绩的象征。随着 eBay 的转型，不少长期合作的卖家转向其他拍卖网站。

拍卖业务一直以来都是 eBay 网站的主要收入来源，当然网站的直接广告、端到端在线服务等也带来了可观的收益。例如，同样是 eBay 旗下的 PayPal 服务，因提升 eBay 拍卖业务的便捷性而创造了价值。eBay 网站向卖家收取的费用类目繁多，包括每笔拍卖的刊登费以及交易达成后的成交费等。eBay 常被视作小卖家的福音，尤其适合贩卖某些稀缺或价值难以衡量的物品。

作为复兴计划的一部分，eBay 大幅调整了公司的收费结构，以吸引更多小卖家到 eBay 网站上销售固定价格的商品。eBay 调低每笔交易的上架费用，相反抬高了交易的成交费。例如，单笔拍卖的上架费从原来的 1.2 美元降低到 1 美元，而其成交费率却从原来的 5.75%上涨至 8.75%。2008 年 8 月，eBay 面向“立即购买”频道的所有固定价格卖家调低其上架费。显然管理层认为卖家会对高额上架费相当敏感，因为这是他们实实在在能看到的。相反，对交易费的敏感程度将大大降低。降低眼前的费用，而提高背后的费用，无疑能帮助 eBay 实现利润最大化。

费用结构的调整对大多数卖家来说也是极大的利好。调整前，上架大量的商品是比较大的支出，但其实只有一部分商品能最终成交，对于那些未售出商品来说，额外的上架费造成不小的成本压力。但是，对出售独特或贵重物品的卖家而言，成交费率的提高会牺牲掉不少的销售收入。

eBay 还对搜索排行系统进行改造，将评价最高的卖家置于结果的首页，从而使其得到更多的曝光机会。以往搜索出的第一条结果是那些即将结束拍卖的物品。新搜索系统使用一套极为复杂的算法，能综合考虑拍卖品的价格、卖家以往的客户满意度排行等诸多因素，最终确定返回结果的顺序。乍一看这种调整似乎对哪方都没多大意义或差别。但 eBay 同时还推出一套评价系统，卖家必须花费更多的时间和精力苦心经营，才能获得好的口碑。此外，网站还取消卖家给买家差评的功能，以前卖家都依靠这一功能防范买家延迟或拒绝付款的行为。公司解释称，之所以废弃这项功能，是为了消除买家给出的满意度评分不高时，卖家蓄意报复，故意给出差评的现象。许多小卖家对此表示十分愤怒，声称公司不应该如此对待将其推向市场主导地位的幕后功臣。

不久前，公司的发展战略着眼于地域和规模的扩张，以及持续的产品创新，来提高网站的多样性和吸引力。eBay 已经在积极地开发和收购任何跟人们上网活动有关的新产品和服务。早年间，eBay 就已设立一系列的子公司，涉及互联网活动的方方面面，包括购物、通信、搜索和娱乐。如今，eBay 的管理者才渐渐意识到，有些并购并不能很好地糅合到企业的核心业务体系中。

PayPal 服务能帮助人们通过互联网交换货币。PayPal 业务给 eBay 创造了不少交易以外的收益，已成为公司未来发展的一大亮点。eBay 指望 PayPal 能够成为在线交易的支付标准。PayPal 已不再局限于 eBay 网站的业务，开始为许多其他企业提供支付服务。2010 年 PayPal 业务的增长率预计将达 40%，eBay 希望借此巩固网站的地位，带动新一轮的增长。2010 年，PayPal 服务的收益将占据 eBay 总收入的 34%，创造 40%的利润，使利润的同比增长率达到 26%。按照这个速度，不出几年 eBay 就将成为一家金融服务公司兼交易平台服务商。

2005 年，eBay 收购了比较购物网站

Shopping.com 和技术公司 Skype。Skype 公司主要提供基于互联网的免费或低价的语音呼叫服务。以往 eBay 一直无法渗透到房地产、旅游、新车销售以及收藏品的市场，因为这些市场上买卖双方的沟通程度是 eBay 无法提供的。而 Skype 通信服务则能帮助买卖双方协商价格，促成交易。

但是，eBay 却在 2009 年卖掉所持有的 Skype 公司的 70%股权，承认收购这家公司是一个错误的决策。eBay 原本以为卖家和买家会利用 Skype 就交易进行沟通，但是现实往往不尽如人意，Skype 并未像预计的那样流行起来。

近年来，eBay 继续通过并购实现扩张。公司收购了二手票交易网站 StubHub，买下分类广告网站 Craigslist 25%的股份，同时还拿下帮助用户在线开店的技术公司 Kurant（现更名为 ProStores）。有分析人士称，eBay 的数次收购单看起来似乎都很成功，但被并购的公司并没有发挥出应有的协同作用，同时多元化经营已对公司的核心拍卖业务造成不少冲击。

这些分析人士似乎没抓住重点。eBay 的管理层是有意要放下部分的拍卖业务，尽管无数卖家表示强烈反对。多纳赫最近经常上榜"最不受欢迎的 CEO"。卖家也纷纷通过在线论坛、股东大会等表达自己的不满。但是多纳赫和 eBay 的其他高管始终坚持称，引入可信的零售商，以固定价格出售商品，能使 eBay 网站的购物体验更得消费者的心，同时也更具预测性。2010 年年初，为消除卖家的担忧，eBay 完全取消小件商品的上架费，同时通过各方面的调整，使得商品上架更加便宜、便捷，从而进一步促进业务的增长。

要说这些变革能够奏效还为时尚早。往好的方面看，eBay 公司 2010 年第二季度的收入为 22 亿美元，超过分析人士的预期。公司 2010 年旺季的销售也将蒸蒸日上。然而，随着消费者渐渐被吸引到亚马逊和其他类似网站，eBay 网站的流量一直在下降。eBay 要复兴昔日之勇还任重道远。互联网最有前景的在线拍卖网站，是否有足够的决心大刀阔斧地砍向以往克敌制胜的战略法宝，让我们拭目以待。

资料来源："eBay Inc. Reports Strong Second Quarter Revenue and Earnings Growth," MarketWatch.com, July 21, 2010; "eBay Cuts Auction Fees for Sellers," by Scott Morrison, *Wall Street Journal*, January 27, 2010; "Is John Donahoe Finally Turning eBay Around?" by Kevin Kelleher, www.gigaom.com, June 14, 2009; "EBay Outlines Three-Year Revival Plan," by Peter Burrows, *Business Week*, March 12, 2009; "Auctions Fade in eBay's Bid for Growth," by Geoffrey A. Fowler, *Wall Street Journal*, May 26, 2009; "EBay Retreats in Web Retailing," by Geoffrey A. Fowler, *Wall Street Journal*, March 12, 2009; "EBay to Unload Skype in IPO, Citing Poor Fit," Geoffrey A. Fowler, *Wall Street Journal*, April 15, 2009.

[案例讨论题]

1. 就 eBay 早期和最新的业务模式做比较。

2. eBay 当前面临哪些问题？eBay 想如何解决这些难题？

3. eBay 所尝试的方案能否奏效？原因何在？是否存在其他 eBay 应加以考虑的方案？

4. eBay 的前三大对手是哪三家网站？eBay 的新战略如何与之抗争？eBay 是否在向用户提供差异化的服务？

关键术语

传统社交网络（社区）（social network，又称 communities）　包括一定数量的人、相互影响的社交活动、成员间的共同关系以及成员在一定时期之内共同使用的场所。

社交网络（虚拟社区）（online social network，又称 virtual community）　具有共同关系的人们在网络中相互交流的场所。

综合型社交网络（general communities）

以主题讨论方式组织社区成员相互交流的社交网络。

实务型社交网络（practice networks）为社区成员提供某一实务领域的专题讨论、帮助和知识的社交网络。

兴趣型社交网络（interest-based social networks）为对某一特定主题感兴趣的用户提供专题讨论小组的社交网络。

群体关系型社交网络（affinity communities）为具有相同特征的成员提供讨论和交流机会的社交网络。

赞助型社交网络（sponsored communities）出于特定目的（通常是商业目标）而建立的社交网络。

拍卖市场（auctions）商品价格不断变化，最终由购买或销售产品和服务的市场参与者相互竞争而确定的交易市场。

动态定价（dynamic pricing）物品的价格随时可变，取决于买方的需求特征和卖方的供给情况。

固定价格（fixed pricing）在任何地方对任何消费者实行全国统一售价。

触发定价（trigger pricing）根据消费者所处位置动态调整价格。

使用率定价（utilization pricing）根据商品的使用程度制定相应价格。

个性化定价（personalization pricing）商家在估计商品对不同消费者的实际价值的基础上制定相应价格。

C2C 拍卖（consumer-to-consumer（C2C）auctions）交易场所只是作为单纯的中介市场，为买卖双方协商价格、达成交易提供支持平台。

B2C 拍卖（business-to-consumer（B2C）auctions）拍卖市场归企业拥有或控制，利用各种动态定价确定商品价格。

列表监视（watch lists）允许消费者监视特定物品的拍卖过程。

自动代理竞价（proxy bidding）消费者输入所能接受的最高价格，之后由代理软件以很小的价格增幅自动投标竞价，直至达到消费者设定的价格上限为止。

公允市价（fair market value）商品或服务在全球众多的动态定价市场和固定价格市场中的平均价格。

统一定价规则（uniform pricing rule）拍卖的胜出者不止一人，但都支付相同的价格。

价格歧视规则（discriminatory pricing rule）每位拍卖胜出者按照自己的投标价格购买商品。

串通出价（bid rigging）竞标者事先相互通气，为确保最后成交价格不会过低而串通出价。

价格标注（price matching）卖家正式或非正式地设定并标注出最低售价。

英式拍卖（English auction）最常用的拍卖方式，出价最高者最终胜出。

荷兰式在线拍卖（Dutch-Internet auction）面向大众的多件商品的降价拍卖。最终成交价格为所有胜出竞标者报价中的最低价格，并对所有买家有效。

需求汇聚（demand aggregators）供应商或市场创建者将众多不相关的买家聚集起来一次性采购，从而提供更优惠的价格促成交易。需求汇集方式下的价格会随着买家数量的增加而下降。

拍卖汇聚网站（auction aggregators）利用计算机程序搜索大量的拍卖网站，收集整理有关商品、竞标、拍卖时限以及增价幅度等信息。

羊群效应（herd behavior）竞标者纷纷涌向单件或某些已有人投标的商品，并为此展开价格竞争的现象。

赢家心痛（winner's regret）拍卖胜出者事后觉得自己的报价有些过高的心理感受。

卖家遗憾（seller's lament）卖家对于自己永远无法了解最终胜出者内心的价值判断或者说商品在他心目中的真实价值含量而感到遗憾的心理。

自我埋怨（loser's lament）拍卖失意者认为是自己出价太低才导致失败的心理感受。

企业门户网站（enterprise portals）帮助企业或组织的员工与人力资源部门进行沟

通，让员工随时掌握企业内部信息的企业内部站点。

企业门户网站（enterprise portals） 用以帮助企业内部员工了解人力资源信息和企业新闻等。

综合门户网站（general purpose portals） 尽全力吸引大批普通网民，开设各种垂直的内容频道来留住用户的门户网站。

垂直门户网站（vertical market portals） 致力于吸引大批对社区或特定内容兴趣浓厚、关注度高的忠诚用户的门户网站。

思考题

1. 什么是个性化定价？企业在产品上市之初如何使用这种定价方式来增加收入？
2. 我们在拍卖网站中可以获得哪些益处？请列举出三点并简要解释。
3. 消费者在拍卖中承担的四种主要成本是什么？
4. 什么情况下拍卖市场会侧重卖方？什么情况下又会侧重买方？
5. 拍卖市场使用哪两种价格分担规则？请说出它们之间的差别。
6. 什么是拍卖汇聚网站？它又是如何运作的？
7. 哪些类型的产品比较适合在拍卖网站上销售？在产品生命周期的哪个阶段应用拍卖销售能够为企业带来更大的收益？
8. 当前门户网站必须具备的三个特点是什么？
9. 什么是专业门户网站？近期网民上网习惯的改变如何推动专业垂直门户网站的进一步发展？
10. 垂直市场门户网站的两种主要类型是什么？它们之间的区别又是什么？
11. 请简要说明门户网站的收入来源。
12. 什么是群体关系型社交网络？它的业务模式又如何？
13. 什么原因导致第一代电子商务时期的大多数社交网络以失败告终？哪些因素可以帮助第二代电子商务时期的专业社交网络蓬勃发展？
14. 赞助型社交网络如何成为企业重要的客户关系管理工具？

设计题

1. 搜寻两家群体关系型门户网站和两家专业内容型门户网站。准备一份陈述报告，向大家解释你的分类理由。例如，可以从每个网站提供的服务项目入手进行分析。尽量向大家说明这些网站的业务模式。如有可能，最好能够找出这些网站注册用户的数量。
2. 调查企业使用拍卖网站的情况。登录任意一家拍卖网站（如 Lycos Auctions〈http://auctions.lycos.com〉），并至少对三件商品的拍卖交易进行调查。这些商品在拍卖时处于产品生命周期的哪个阶段？增价幅度是多少？拍卖时限又是多少？分析这些企业使用拍卖网站的原因，并对此准备一份调查报告。
3. 登录一家营利性的赞助型社交网站和一家非营利性的赞助型社交网站。准备一份PowerPoint文稿或其他类型的陈述报告，向大家说明这些社交网站都向用户提供哪些服务？每家社交网站的组织目标是什么？营利性社区如何利用社交网络技术帮助企业进行客户关系管理？

第 12 章 B2B 电子商务：供应链管理与协同商务

学习目标

学完本章，你将能够：

- 定义 B2B 商务，理解其范畴和发展历程
- 了解采购流程、供应链和协同商务的内容
- 认识 B2B 电子商务的两种主要类型：在线交易市场与会员专用网络
- 了解在线交易市场的四种类型
- 认清在线交易市场的主流发展趋势
- 了解会员专用网络对供应链变革的重要作用
- 了解会员专用网络在支持协同商务方面的积极作用

章首案例

大众集团自建 B2B 在线交易市场

大众公司（Volkswagen AG）是全球最大的汽车制造商，2010 年共生产汽车、卡车和货车 630 万辆，年收入超过 1 470 亿美元。除大众外，公司旗下还拥有其他众多品牌，如豪华车奥迪、宾利、布加迪、兰博基尼，以及家用车西雅特和斯柯达。集团员工总数达 37 万人，生产工厂遍布欧洲、非洲、美洲和亚太地区。

大众集团下设众多子公司和 61 家生产工厂，每年采购的组件、零配件及间接物料

的总价值高达 754 亿欧元（约 1 000 亿美元，占大众年收入的 83%）。显然，采购流程和供应商关系无疑是大众公司成功经营的关键所在。

如今，大众集团利用互联网来管理近乎全部的采购需求。公司于 2000 年着手构建互联网采购平台 VWGroupSupply.com。大众集团一直致力于探寻深化供应商关系、消除纸质流程、降低采购成本的经营之道。但是，公司不希望借助独立的公开交易市场或行业合作集团来完成自动化采购，因为这样的话它就不得不调整业务流程以与其他众多机构所采用的通用框架相适应。大众期望通过建立自己的 B2B 网络平台，获取差异化竞争优势。例如，大众决定不加入汽车行业大型合作集团 Covisint。Covisint 是由福特、通用汽车和戴姆勒克莱斯勒等汽车制造商共同发起创立的，旨在为这些公司、其他汽车制造商和供应商提供采购等多项供应链服务。

相反，大众选择创建私有的交易平台，让供应商更紧密地融合到自身业务流程中，也便于更准确地控制参与供应链的成员。如今，大众集团超过 90% 的全球采购业务都基于 VWGroupSupply 平台完成，包括所有汽车部件和零配件的采购。该平台已跻身全球汽车行业最完善的电子采购系统之一。该采购平台最初仅包含 7 种应用，公司选择包括 Ariba、IBM 和 I2Tech 在内的一系列供应商提供技术支持。发展至今，网站已能提供 60 多种不同的在线应用，如报价请求、合同洽谈、目录购买、采购订单管理、项目变更管理、项目管理以及在线支付等。

所有供应商，不论规模大小，都可通过标准的浏览器访问 VMGroupSupply 系统。网站访问设有限制，只有与大众集团下属一家或多家子公司有业务往来的供应商，或者是经过授权的潜在新供应商能够进入。目前，注册供应商已超过 36 000 家，网站用户数多达 11 万。该系统使用大型的通用数据库，存储每家供应商在采购、物流、生产、质量、技术设计及财务等项目的详细信息。

VWGroupSupply 网站的在线产品目录已涵盖全球 590 家供应商提供的近 250 万种物料。14 200 位网站内部用户成为在线目录的使用者，促成超过 150 万笔交易，价值总计约 3.8 亿欧元（相当于 4.47 亿美元）。该目录采用 eCl@ss 标准对物料项目进行分类。所有参与目录订购流程的供应商都基于该标准进行产品分类。

在线洽谈应用为供应商提供投标多份采购合同的功能。VWGroupSupply 能确保所有竞标者都具备相关技术和商业资格。某项在线竞标开始前，系统会将相关数据和竞标的明细规则发送给供应商。2010 年，VWGroupSupply 共促成近 3 000 份在线洽谈合同，合同价值总计 119 亿欧元（相当于 166 亿美元）。

市场需求变动对大众公司的生产活动有极大影响，同时也影响着供应商交付产品和服务的能力。如果需求突然大幅增加，而供应商又始料未及，就会导致生产瓶颈。若供应商持有的库存过量，又会产生生产过剩的超额成本。VWGroupSupply 提供一种叫做电子产能管理（electronic Capacity Management，eCAP）的应用，能够在需求出现变动趋势时提前警示大众公司和供应商。

eCAP 能帮助供应商实时跟踪大众公司的持续生产计划和物料需求。该应用收集供应商的最大和最小预期产能信息，当大众公司的生产需求超过产能范围时，系统就会发出警告，以便双方都能快速响应。eCAP 应用系统共维护 400 多家供应商和超过 4 000 种关键零部件的信息。

2009 年 3 月，VWGroupSupply 新版网站正式上线。新网站在多方面都有改进，导航和整个站点结构更加清晰，增添了新功能，此外还简化了供应商的注册流程。

资料来源：VWGroupSupply.com，September 2010；“Automotive B2B Developments at Odette25，” GXS.com，June 22，2010；“Best Practices：VW Revs Up its B2B Engine，” by Martin Hoffman，*Optimize*，March 2004.

VWGroupSupply 系统的案例充分表明 B2B 电子商务在降低生产成本、加速产品创新等方面的巨大潜力。20 世纪初期遗留下来的制造和工业品采购流程极可能会因此而发生彻底变革。该网站还只是 B2B 电子商务的冰山一角，还有许多同样颇具前景的方式，可利用互联网改变制造企业与供应商关系。VWGroupSupply 这样由国际大型汽车公司运营的网站的巨大成功，与早期一家由行业发起的在线交易市场（称作“Covisint”）的落寞形成鲜明对比。1999 年，全球最大的 5 家汽车制造商（通用汽车、福特、克莱斯勒、日产、标致）联合创办了 Covisint，旨在成立一个能连接数千万供应商和部分大型采购商、基于拍卖和采购服务的电子交易市场。Covisint 创建之初曾大红大紫，但是到 2004 年 6 月，却被迫关闭并以低价出售。其拍卖业务卖给了较早成立的 B2B 拍卖公司 FreeMarkets，该公司 2004 年年末又被 Ariba 公司收购。2010 年，Ariba 成功转型为一家专注于采购流程的软件公司。剩下的采购和其他业务则卖给了软件服务公司 CompuWare，该公司保留 Covisint 品牌名称，继续面向汽车行业提供软件服务。

Covisint 的失败与同期 VWGroupSupply 等 B2B 电子商务公司的蓬勃发展表明，要实现电子商务早期所确立的远大目标任重道远。B2B 在线交易市场在 2000 年高峰时多达 1 500 个，如今只有不到 200 个生存下来。与 B2C 商务一样，B2B 市场也经历了整合、发展和稳定期。在此过程中，许多 B2B 企业经过努力取得非凡成功，也有部分企业功亏一篑。这足以引发所有管理者的深省。

本章将深入探讨基于互联网的 B2B 电子商务的不同类型。12.1 节给出 B2B 商务的定义，介绍其在供应链管理领域的发展趋势。B2B 商务以实现供应链管理为最终目标，帮助企业管理供应商的信息流，为生产提供必要支持。后两节介绍两种基本的电子商务类型：在线交易市场和会员专用网络。首先详细阐述 4 种主要的在线交易市场、各自的侧重点（卖家、买家或两者兼顾）、可访问性（专用还是公用）以及价值创造动因。之后介绍基于互联网的会员专用网络的产生与发展，它能够连接大量小规模企业形成协同商务系统。

表 12—1 总结了 2010—2011 年 B2B 电子商务的主流发展趋势。其中最为关键的主题当属企业利用互联网完成采购、支付和供应链协作的便捷程度日益提高。第二大主题便是云计算的发展，使企业可通过互联网而不是购买软硬件获取计算服务和功能。

表 12—1　　2010—2011 年 B2B 电子商务的主流趋势

- 企业能获取基于互联网的经验与知识，B2B 电子商务持续增长，但受大规模经济衰退的影响，发展速度比往年有所放缓。
- 企业保障在线安全和提供在线支付的便捷度日益提高，有利于扩展 B2B 渠道的应用。
- 企业放弃自建服务，转向通过云计算和软件即服务（software-as-a-service，SaaS）获取 B2B 服务。
- 企业逐渐意识到 B2B 电子商务的最大益处并非降低原材料成本（尽管成本确实得以下降），而在于提高供应链和支出管理的效率，优化业务流程。
- 独立在线交易市场的交易额的增长速度下降，而电子采购和会员专用网络实现迅猛增长。
- 基于专用网络的 B2B 商务协作应用迅速发展。
- B2B 在线交易市场与软件市场继续整合，如同 B2B 电子商务产生早期少数大企业收购小企业一样。
- 出现 B2B 社区，同行业的企业能够相互协作，通过整合相互的企业资源管理（ERP）系统降低成本。
- B2B 系统转移到拥有核心技术的云提供商处，如 IBM、甲骨文、亚马逊、谷歌和惠普。
- 越来越多的 B2B 软件提供商转换到软件即服务模式，企业可低成本地在线访问传统系统平台。

12.1　B2B 电子商务与供应链管理

企业间的贸易往来构建了一个巨大的市场：美国的 B2B 贸易总额在 2010 年约达 16 万亿美元，B2B 电子商务（在线 B2B）占据其中的 3.6 万亿美元（U. S. Census Bureau，2010；authors' estimates）。若以每年 9%的平均增长率估算，到 2014 年美国 B2B 电子商务总额将增长至 5.1 万亿美元。

企业间的交易过程错综复杂，需要大量人工干预，因此要耗费大量资源。有企业估计，平均每笔采购订单的管理成本超过 100 美元，其中包括处理各种文件、批准采购决策、通过电话和传真寻找货源并组织采购、安排发货以及接收货物等。每年整个经济所花费的采购管理成本高达数万亿美元，这本可通过自动化采购流程节省下来。即使是企业间的一部分交易过程实现自动化，再借助互联网完成某些采购流程，也可节省数万亿美元资金用于生产，产品价格就可能下降，企业生产效率提高，进而促进整个国家的经济持续增长。这正是 B2B 电子商务的诱人之处。而实现 B2B 电子商务的挑战在于企业需要彻底变革现有的采购模式和系统，设计并实施基于互联网的 B2B 新方案。

12.1.1　B2B 商务的定义与发展

互联网诞生以前，企业间的贸易活动只不过是简单的交易或采购流程。**企业间贸易总额**（total inter-firm trade）特指企业间传递的价值流的总和。现在，我们用 **B2B 商务**（B2B commerce）统称所有的可借助计算机技术（如利用互联网或其他网络技术实现跨组织的价值交换）完成的企业间贸易活动。B2B 商务的这一定义还不包括单个企业内部的数字贸易活动，如分公司间交换产品和价值，或利用内联网管理企业等。此外，用**基于互联网的 B2B 商务**（Internet-based B2B commerce，或 B2B 电子商务（B2B e-commerce））特指 B2B 商务中通过互联网实现的贸易活动。

12.1.2　B2B 商务的演进历程

B2B 商务出现已有 35 年，根据其所采用的技术划分为如下阶段（见图 12—1）。首先是 20 世纪 70 年代中期出现的**订单自动录入系统**（automated order entry system）。医疗设备公司使用该系统通过电话调制解调器发送数字化订单。比如，白特医疗（Baxter Healthcare）是一家医疗器材综合供应商，它将电话调制解调器安装在客户的采购部门，使客户可从公司的库存数据库中自动再订货（同时避免客户从竞争对手处采购）。电话调制解调器后来逐渐被 20 世纪 80 年代后期出现的连接专用网络的个人计算机技术，以及 20 世纪 90 年代末出现的基于互联网的在线电子目录工作站取代。订单自动录入系统属于**卖方解决方案**（seller-side solutions）。系统为供应商所有，属于偏卖方市场，即只展示单个卖家的商品。系统可帮助客户大大减少补货成本，加之大部分的系统使用费用由供应商承担，因此该系统也让客户获益良多。如今，订单自动录入系统仍在 B2B 商务中起重要作用。

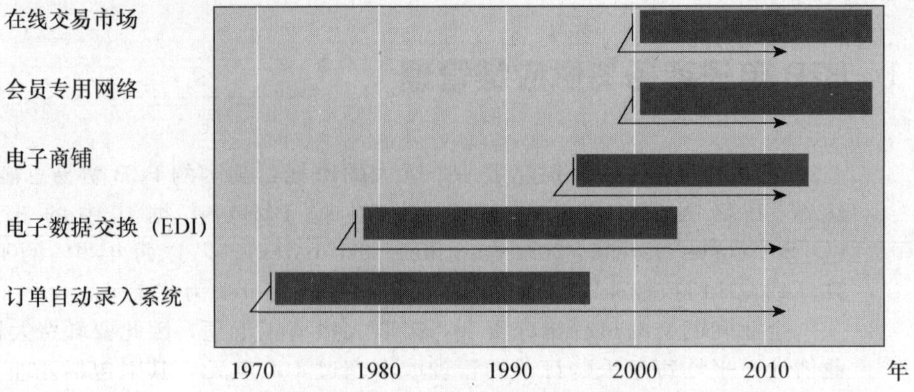

图 12—1　B2B 商务技术平台的演进

说明：从 20 世纪 70 年代至今，B2B 商务经历了若干发展阶段。每一阶段都代表一次技术平台上的巨大飞跃，从大型机到专用网络，最后到互联网。

20 世纪 70 年代后期出现了一种全新的计算机通信方式——**电子数据交换**（electronic data interchange，EDI）。本章后文将详细阐述 EDI，现在只需要知道 EDI 是一种在少数企业间传递和共享诸如发货单、采购单、装货单、库存单（SKU）和结算清单等商业文件的通信标准。事实上，大型企业一般都拥有自己的 EDI 系统，多数行业组织还专门建立了适用于本行业的 EDI 标准。EDI 系统为买方所有，因此它属于**买方解决方案**（buyer-side solution），侧重于特定的采购企业，帮助其有效减少采购成本。当然，由于交易过程实现自动化，卖方也能从 EDI 系统中受益，使客户服务成本大大降低。从拓扑结构来看，EDI 系统属于**中心辐射型系统**（hub-and-spoke system），买方位于整个系统的中心，供应商则通过专用网络与买方直接相连。

EDI 系统通常应用于垂直结构的市场。**垂直市场**（vertical market）是指针对特定行业提供专业化产品和服务的市场。如汽车行业。相反，为多个不同行业提供通用产品和服务的市场则称为**水平市场**（horizontal market）。

20 世纪 90 年代中期，随着互联网商业化程度的不断提高，电子商铺应运而生。**B2B 电子商铺**（B2B electronic storefronts）是 B2B 电子商务中最简单、最易理解的形式，即由一家供货商面向公开市场提供在线产品目录，类似于 B2C 零售市场中的亚马逊网站。B2B 电子商铺归供货商所有，只提供单家供货商的产品信息，属于卖方解决方案，侧重于特定的供货商。

电子商铺可看做订单自动录入系统顺应技术发展的自然产物，但两者间存在两点显著差异：（1）电子商铺采用低成本且已广泛普及的互联网取代专用网络作为双方通信的主要媒介；（2）电子商铺通常应用于水平市场，电子商铺中展示的是可用于多个行业的通用产品。尽管电子商铺的出现早于后面讨论的在线交易市场，但通常也把电子商铺看做在线交易市场的一种类型。

随后电子商铺的业务范围不断外延，规模持续扩大，到 20 世纪 90 年代后期发展为**在线交易市场**（net marketplaces）。12.2 节将详细阐述各种类型的在线交易市场，但所有在线交易市场的基本特征在于将数以千计的供应商和众多潜在的采购企业汇集到同一个基于互联网的商务环境中，通过由每家供应商提供在线产品目录进行交易。

在线交易市场的所有权模式呈现多样化。有些在线交易市场为接受风险投资的独立第三方所有，有些属于处于行业主导或领先地位的现有企业，其他则为两者的混合。在线交易市场中主要有四种定价方案：固定目录价格、协商定价、拍卖定价和竞标（"交易所"模式）。在线交易市场的盈利来源众多，包括交易费用、订阅费用、服务费用、软件许可费用、广告和营销费用以及出售数据和信息的收益等。

尽管在线交易市场的主要受益者和侧重方要视其所有权和定价机制而定，但通常情况下，在线交易市场对供应商来说是不利的，因为它们不得不向市场上的其他同行暴露自己的价格和付款方式。同时，在线交易市场力图实现买卖双方采购价值链上的交易自动化，其益处比简单的电子商铺要多得多。

会员专用网络也出现于 90 年代后期，由 EDI 系统在大型工业企业与供应商的关系日益密切的背景下发展形成。**会员专用网络**（private industrial networks），有时也称为**私有交易市场**（private trading exchange，PTX），是一种基于互联网的通信环境，它对传统的采购模式加以扩展，实现真正意义上的协同商务。通过会员专用网络，采购企业与其主要供应商能共享产品设计、开发、市场、库存、生产计划等信息，并进行非结构化的交流。和 EDI 系统一样，会员专用网络也为采购企业所有，属于买方解决方案。这些系统的直接目的是提升大型工业企业的成本优势和灵活性（Kumaran，2002）。

显然，会员专用网络的应用也使供应商获益匪浅。加入大型工业企业的直接采购供应链中，供应商能够实现收入和利润的显著增长。这是因为会员专用网络内部仅有少数几家供应商，竞争程度远低于外部环境。会员专用网络是当前最流行的 B2B 电子商务模式，在可预见的未来将持续发展。

12.1.3　2009—2014 年 B2B 电子商务的增长趋势

2010—2014 年，美国 B2B 电子商务占企业间贸易总额的比例将从 30%增至 35%。交易额将从 2010 年的 3.6 万亿美元增长到 2014 年的 5.1 万亿美元（见图 12—2）。

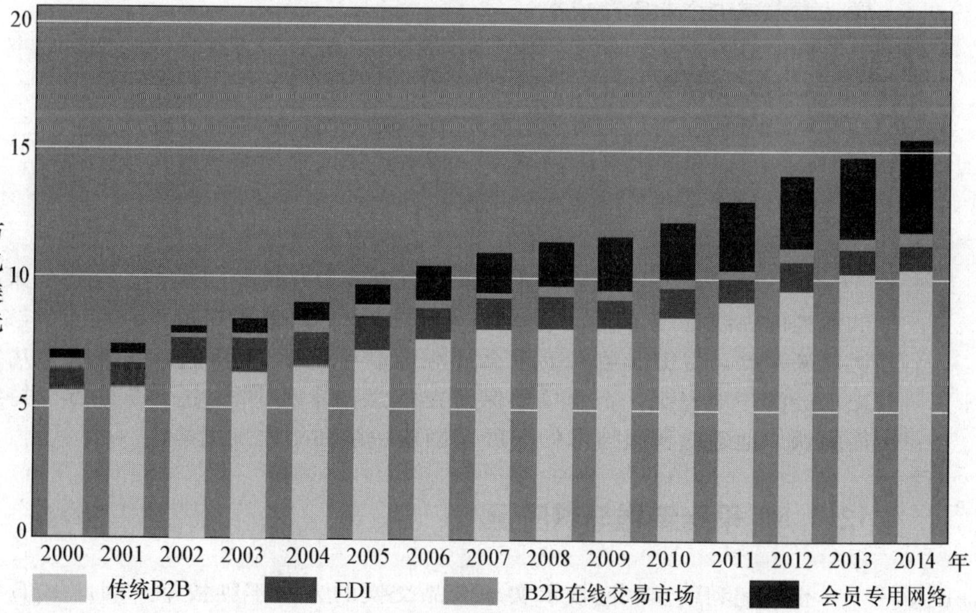

图 12—2　2000—2014 年 B2B 电子商务的增长

说明：EDI、在线交易市场和会员专用网络三种 B2B 电子商务形式中，会员专用网络发展最为迅速。
资料来源：Based on data from U. S. Census Bureau，2010；authors' estimates.

图12—2中有几个要点值得关注。首先，在线交易市场诞生初期，人们普遍认为它会发展成B2B商务的主要形式，这一观点并未得到图中数据的支持。其次，会员专用网络无论现在还是将来，都是B2B电子商务中占据主导地位的交易方式。最后，会员专用网络和在线交易市场是B2B电子商务中发展最快的交易形式，EDI系统当前规模相对较大，但未来将会缩减。

行业发展前景

B2B电子商务对所有行业的影响大不相同，各行业从B2B中受益的方式也各有千秋。诸多因素会影响企业向B2B电子商务过渡的速度和贸易额。已经广泛使用EDI系统（意味着已将交易双方聚集起来）且在信息技术和互联网基础设施方面投资巨大的行业，估计会最先以最快速度向B2B电子商务过渡。航空、国防、计算机以及工业设备制造等都属于这类行业。而能源、化工等行业由于市场高度集中，不论集中于买方还是卖方或者二者兼而有之，也已具备迅速发展B2B电子商务的成熟条件。在医疗保健行业，联邦政府、医疗服务方（医生和医院）和大型保险公司也都纷纷采用全国病历系统，并使用互联网完成对医疗支付的管理。

12.1.4 B2B电子商务的潜在益处

如果不考虑其特定类型而从整体来看，B2B电子商务能为合作双方创造巨大战略利益，整个经济也会因此获益匪浅。B2B电子商务能够：

● 降低企业的管理成本；

● 降低买方的搜寻成本；

● 通过加强供应商之间的竞争（价格透明度提高）并降低库存水平至最低限度，大大减少企业库存成本；

● 通过减少文档处理工作和自动完成某些采购流程来减少交易成本；

● 通过确保零部件的准时交货来增强企业的生产弹性；

● 通过加强交易双方的合作和减少质量纠纷来提高产品质量；

● 通过与供应商共享产品设计和生产计划来缩短企业的生产周期；

● 增加企业与供应商和分销商的合作机会；

● 形成更透明的价格机制——实际的买卖价格在市场上一目了然。

B2B电子商务还能给企业带来获取先发战略优势的机会。企业如果率先实现采购流程的在线处理，就能大幅提高生产效率，降低生产成本，而且能够更快地推广优质新产品。尽管竞争对手也会如法炮制，但B2B电子商务短短十几年的发展历史已经清楚地表明，企业只要保持在信息技术和B2B电子商务方面持续投资，就能更快速地适应新兴技术的发展，创造一系列的先发优势。

12.1.5 采购流程与供应链

企业间利用互联网技术实现商品交换的方式不胜枚举，因此B2B电子商务涉及的领域相当广泛。但不论何种方式，实施B2B电子商务本质上就是对企业的**采购流程**（procurement process，即企业为了生产最终产品而向其他企业购买商品和服务的过程）进行改造。

为了解 B2B 电子商务领域，首先来看一下企业现有的采购流程（见图 12—3）。制造商向不同的供应商采购商品，供应商转而向自己的系列供应商采购原料。这些企业通过一系列的贸易活动相互连接，从而形成通常所说的**供应链**（supply chain）。供应链中不仅包括众多企业，还包括企业间的相互关系和连接它们的采购流程。

搜寻供应商	质量鉴定	协商谈判	发出订单	开具发票	装箱发运	货款支付
产品目录	调查	价格	订购产品	收到订单	录入承运商发货跟踪系统	接收货物
互联网	信用记录	赊购条件	初始化订单	录入财务系统	货物装箱	承运文件
推销员	向竞争对手核实	担保要求	录入采购系统	录入生产系统	货物发运	录入仓储系统
宣传册	电话调查	产品质量	邮寄订单	开具发票	录入供应商订单跟踪系统	核实更正
电话		交货期		核对发票		发票数据
传真				内部控制		重新寄出发票
				录入仓储系统		填写支票
						最终发票
						录入企业后勤办公系统

图 12—3　采购流程

说明：采购流程由一系列漫长、复杂的步骤构成，通过一连串的关联交易把供应商、采购企业和物流企业连接起来。

整个采购流程通常可划分为 7 个阶段。前三个阶段主要涉及供应商选择和付款条件的决策：搜寻所需商品的供货商，核实供货商资质和商品质量，再就价格、赊购条件、担保要求、质量要求和交付计划等与对方协商。一旦确定供应商，采购企业就发出正式采购订单，供应商向采购方开具发票，并安排货物装箱发运，采购企业收到货物后付清全部货款，至此整个采购流程结束。采购流程中的每个阶段又包括许多独立的业务活动，每项活动都必须在采购企业、供应商和承运商的信息系统中作相应记录。大部分数据录入工作尚未实现自动化处理，仍需手工操作。

采购类型

关于电子商务如何改进企业的采购流程，首先要明确以下两点：第一，企业向供应商采购的商品可分为两大类：直接物料和间接物料。**直接物料**（direct goods）是指直接用于产品生产过程的各种原材料，如汽车制造商为生产汽车车身而采购的钢板。**间接物料**（indirect goods）是指不直接用于产品生产过程的其他原材料，如办公用品和维护保养用品。这类商品通常也称为 **MRO 物料**（MRO goods）——支持维护、维修和运行的物料。

第二，企业通常采用两种采购方式：合同订购与现货购进。**合同采购**（contract purchasing）是通过写有双方同意的条款和质量要求，且在较长时间内有效的书面文件来购买所需商品。直接物料一般通过长期合同采购。而**现货采购**（spot purchasing）则是指企业直接通过市场向众多供应商订购急需商品。间接物料一般采取现货采购方式，直接物料有时也使用这种方式。

据估计，直接物料的合同采购额占整个企业间贸易总额的 80%，剩下的 20% 则为间接物料的现货采购（Sodhi，2001；Kaplan and Sawhney，2000）。这一数据对接下来真正理解 B2B 电子商务具有重要意义。

虽然采购过程主要涉及商品的购置行为，但其中还包括大量信息在不同企业系统间的传递，因此，采购流程属于信息密集型的活动。目前的采购流程同时也属于人力密集型，仅在美国，与采购直接相关的雇员人数就超过 450 万，这还没算上运输、财务、保险或一般行政管理等采购相关工作的从业人员（U. S. Census Bureau，2010b）。

从长远看，B2B 电子商务的成败取决于这 450 万采购人员能否转变日常工作习惯。采购流程中的关键人物是企业的采购经理，由他们最终决定向谁购买、购买什么和购买多少。采购经理（即商业报道中提到的“procurement managers”）也是 B2B 电子商务实施的核心决策者。

互联网通过将买卖双方汇聚到单个市场中，在很大程度上简化了整个采购流程，同时减少了搜寻、调研和谈判成本。这对间接物料的现货采购尤为重要。另一方面，互联网作为强大的沟通媒介，在帮助买、卖与运输三方传递信息、协助经理人员对采购过程进行协调等方面同样作用明显。这对直接物料的合同采购来说意义重大。在很大程度上，这正是 B2B 电子商务的优势所在，但绝非全部。

通过图 12—3，我们对企业采购流程的复杂程度略有了解，但更重要的是，要意识到企业的采购行为涉及千千万万的商品和供应商，这些供应商又会向自己的供货商采购原料。像福特汽车这样的大型制造商，仅一级的零件、包装和技术供应商就超过 2 万家，其二、三级供应商也至少如此。这条扩展而成的**多级供应链**（multi-tier supply chain，一级和二、三级供应商共同构成的供应链）就构成了经济体中该行业的基础核心。图 12—4 描绘了一条典型的多级供应链。

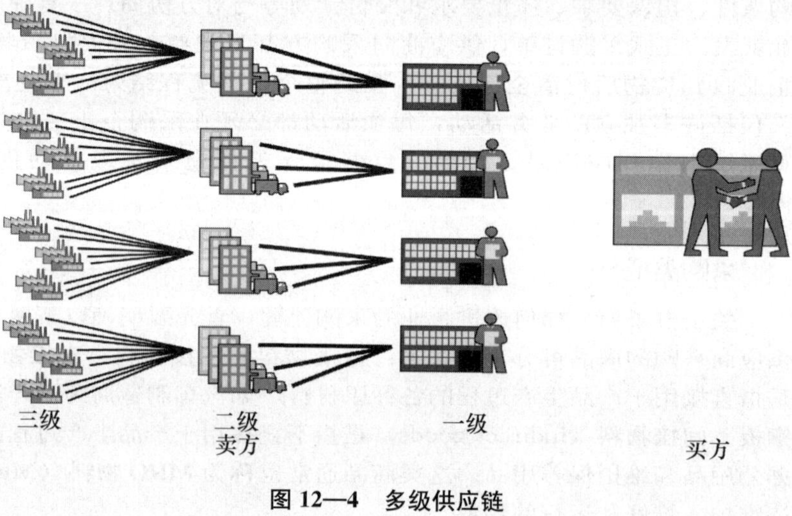

图 12—4　多级供应链

说明：每家企业的供应链均由多级供应商构成。

图 12—4 所示的是简化的三级供应链，仅作示例之用。实际上，《财富》1 000 强中的大型企业都拥有上千家供应商，这些供应商又各自拥有更小型的供货商。考虑到组合问题，实际的供应链更为复杂。假设某家制造商拥有 4 家一级供应商，每家供应商又有 3 家一级供货商，而每家供货商又有另外 3 家供货商。那么，包括采购企业在内，整条供应链就涉及 53 家企业。这一数字还不包括整个交易过程的相关货运商、保险与金融机构。

从图 12—4 可以很直观地看出，企业的采购流程涉及众多的供应商，而且每家供应商都必须协调配合作为最终买方的采购企业的生产需求。

现有计算机系统的作用

供应链上企业相互协调的障碍在于大多数企业都有自身专用的计算机系统，信息难以在这些系统之间有效地传递。现有**计算机系统**（legacy computer systems）指的是企业原有的建立在大型机上的系统，用以管理企业的制造、后勤、财务和人力资源等职能部门的核心业务。要将这些系统全部转换成基于互联网的客户端/服务器系统，不仅价格不菲，而且非常耗时。

物料需求计划系统（materials requirement planning（MRP）system）就是一种典型的现有计算机系统。企业可以利用它对汽车、机床、工业设备等复杂制造品的零部件进行预测、跟踪和全方位管理。MRP 系统不仅能自动生成并记录所有产品生产零部件的物料清单，还可以自动生成描述各种零部件的投产顺序以及生产中各环节用时信息的生产计划表。企业再根据物料清单和生产计划表向供应商下达采购订单。MRP 系统可全天候运行，按需使用，从而为企业营造动态的生产环境。

如今，许多大型企业都部署了**企业资源计划系统**（enterprise resource planning（ERP）system），它在 MRP 系统的基础上将人力资源和财务管理等复杂功能集成到生产过程中。ERP 系统能直接将客户订单转换为相应的物料清单、生产计划表和人员与资金需求表，还能提醒财务部门向客户开具发票和向供应商支付货款。尽管 ERP 系统的设计初衷并不在于协调众多供应商间的信息流动，如今大多数的 EPR 系统供应商都已经提供用于管理企业间交易流程的 B2B 模块。

12.1.6　供应链管理与协同商务的发展趋势

早在电子商务发展之前，人们就已经通过一系列的供应链管理措施为采购流程的优化做出不懈努力。在尚未理解这点之前，要想领会 B2B 电子商务的实际和潜在效能，抑或是 B2B 电子商务市场和供应商的成败之道，几乎是不可能的。

供应链管理（supply chain management，SCM）是指企业间和行业间协调采购流程中关键成员之间相互合作的各种业务活动。目前，大多数采购部门经理仍使用电话、邮件、传真、面谈，甚至是凭借对长期合作伙伴的信任这一主观感受，来完成重要的直接物料的采购活动。

在互联网出现前的 20 年间，供应链管理领域共发生过 4 次重大变革，确定了理解 B2B 电子商务成败之道的基本规则。这些重大变革分别是供应链精简、电子数据交换、供应链管理系统和协同商务。

供应链精简

在过去的 20 年里，大多数制造企业都致力于精简供应链，加强与少部分战略供应商的密切合作，从而在减少制造成本和管理成本的同时，提高产品质量。例如，汽车行业在日本企业的带领下，已经有计划地将供应商的数量精简了 50%以上。如今，大型企业不再公开招标订单，而是纷纷与部分供应商签订长期采购协议，发展成为战略合作伙伴。这种做法既能保证供应商的业务量，又能保证既定的质量、成本和交货时间等目标。这种战略关系对准时制造型生产企业而言不可或缺，它通常要求制造商和供应商联合进行产品的研发设计，集成相互的计算机系统，并实现生产流程的紧密合作与协调。**紧密合作生产**（tight coupling）是一种确保供应商能够在规定的时间和地点交付企业所采购的零部件，从而保证企业的生产过程不会因物料缺乏而中断的一种合作机制。

电子数据交换（EDI）

如前所述，B2B 电子商务的根源不是互联网，而在于 20 世纪 70 年代中期至 80 年代发展起来的电子数据交换等技术。EDI 其实就是由各行业自行制定的用于在计算机之间交换文档的通信协议，这些协议一般都遵循美国国家标准化协会的技术标准（ANSI X12 标准）和联合国等国际组织制定的标准（EDIFACT 标准）。

EDI 旨在降低手工交换采购订单、装箱单、价目表、付款清单和客户数据文件等业务文档的成本，减少延迟与错误。与非结构化的信息不同，EDI 数据由若干独立的字段组成，每个字段都代表商业交易信息的一个重要维度，例如交易日期、订购产品和数量、发送方姓名、地址以及收货方姓名等。

目前，美国和大多数工业国家的主要行业都已建立起各自的 EDI 行业委员会，负责定义本行业通用电子文档的信息字段和结构。EDI 通信最早依赖点对点的专用电路交换通信网络和连接供应链主要成员的专用增值网络的支持（Laudon and Laudon，2011）。据估计，到 2010 年通过 EDI 系统实现的贸易总额将高达 1 万亿美元，占 B2B 电子商务贸易总额的近 30%（U. S. Census Bureau，2010a；authors' estimates）。从这点来看，EDI 对 B2B 电子商务的发展至关重要。

自 20 世纪 80 年代产生以来，EDI 经历了巨大的变化（见图 12—5）。最早的 EDI 系统只关注文件处理的自动化（第一阶段）。在该阶段，采购代理方生成电子采购订单，将其传送给供应商，供应商再将订单完成信息和发货通知单回传给采购商，之后还传送发票、付款清单和其他文档。早期的 EDI 系统成功地取代邮政系统进行文件的传递，还能实现订单的当天发货（而不像邮政系统常有一周左右的延迟），同时减少出错的概率，降低交易成本。

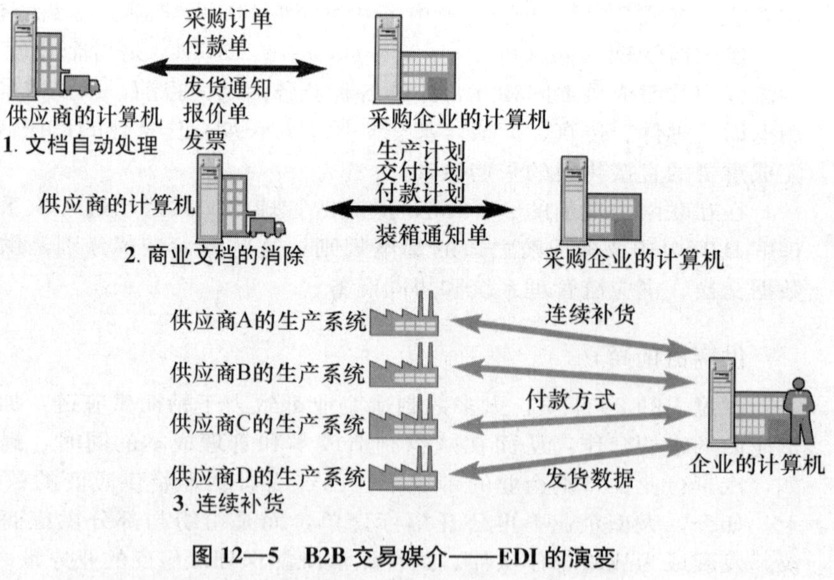

图 12—5　B2B 交易媒介——EDI 的演变

说明：EDI 系统已从简单的点对点数字通信媒介发展成能帮助企业实现多对一的连续库存补给工具。

EDI 系统发展的第二阶段始于 20 世纪 90 年代初期，其主要的推动力来自行业内部生产过程逐步实现自动化，以及生产向准时制造和连续制造的逐渐转变。这些新的生产机制要求供应商在生产、交付和资金方面具备更大的柔性。此时，EDI 系统成为消除商业文档的系统。为支持新的自动化生产流程，制造企业使用 EDI 系统全面消除采购订单和其他文档，取而代之的是生产计划和库存平衡。供应商每个月都会收到生产需求说明和详细的预定交货时间。此外，供应商还需要连续完成订单，每月底会调整库存和付款情况。

20 世纪 90 年代中期开始，EDI 的发展步入第三阶段。采购方与供应商签订长期合同，授权供应商在线访问自身生产和交付计划的特定部分，要求其自觉遵守交货计划，无须采购方代理人进行干涉。90 年代开始，大型制造企业和工艺企业（如炼油厂和化工厂）纷纷实施 ERP 系统，这对当时 EDI 系统连续在线访问模式的发展起到了推波助澜的作用。ERP 系统要求业务流程高度标准化，从而实现生产、物流和财务处理过程的自动化。新的业务流程要求供应商确保更精确的交货时间和更灵活的库存管理，因此采购企业需要与供应商建立更紧密的合作关系。若由采购人员手工处理，根本无法实现如此精确的程度。EDI 发展的第三阶段也引领企业步入连续补货的新时期。例如，沃尔玛和玩具反斗城就授权供应商在线访问门店库存信息，由供应商根据预定目标制定货架上商品的补货决策。杂货店行业也发生着同样的变化。

如今，我们必须将 EDI 视为一种支持多种业务流程、实现计算机系统间核心业务信息交换的通用技术。EDI 是一种重要的行业专用网络技术，适合为建立在长期、直接贸易关系上且数量不多的战略合作伙伴之间的信息交流提供支持。EDI 的硬件平台已从大型机过渡到个人计算机，而网络环境也正从专用网络向互联网转换（称为基于互联网的 EDI 系统）。此外，许多行业组织也逐渐采用 XML 作为 EDI 系统中商务文件编码和企业间通信的标准语言。

EDI 系统的优势在于，能够在行业网络上为关系密切的战略伙伴间的直接商业活动提供支持，但这也正是 EDI 的缺点所在。EDI 系统无法适应在线交易市场的发展，因为在线交易市场需要支持数千家的供应商和采购企业同时在线议价。EDI 系统只能支持少数企业间的双向直接通信，无法满足真实市场环境中多方、动态关系的需求。EDI 系统并非实时的通信环境，它不支持大批供应商的价格透明化，新厂商的加入也较为困难。此外，EDI 系统的通信功能不够强大，无法同时进行电子邮件收发、图像文件共享、网络会议或者帮助用户轻松实现数据库的创建和管理。而这些功能在后面要讨论的基于互联网的应用中均已实现。针对大型企业的 EDI 系统成本高昂，需要专业的编程人员来实施，有时甚至要花费大量时间对企业现有的计算机系统进行改造，使其能够兼容 EDI 所使用的协议。小型企业通常是为了成为大型企业的供应商才采用 EDI 系统，而应用于小型企业的 EDI 解决方案要便宜得多。

供应链管理系统

供应链精简、战略伙伴发展、ERP 系统和连续库存补给都是现今供应链管理系统的基础。**供应链管理系统**（supply chain management（SCM）system）可把企业的采购过程、生产过程和从供应商到企业的物资流动无缝连接起来，同时通过与订单自动录入系统的集成把企业供销两端的客户也纳入整个系统。有了 SCM 系统与连续补货，企业能够实现零库存，产品生产可在订单到达后才正式开始（见图12—6）。这对那些易腐产品或是产成品的市场价值下跌迅速的行业而言显得尤为重要。个人计算机就是个很好的例子。

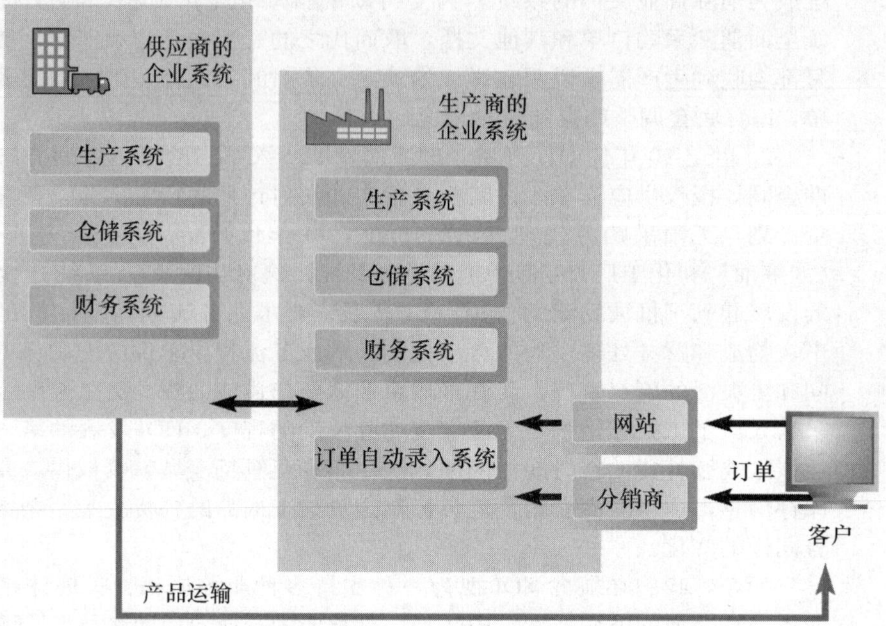

图12—6　供应链管理系统

说明：供应链管理系统要协调供应商、承运商以及订单自动录入系统间的各类活动，帮助企业实现生产、付款和运输等业务流程的自动记录。

惠普公司使用的是一套基于Web、订单拉动的供应链管理系统。当客户在线下达订单或者公司收到经销商的订单后，整个系统便开始运作。订单首先由订单自动录入系统传送到惠普公司的生产和交付系统，再转往惠普的某个供货承包商，例如位于美国佛罗里达州弗里蒙特市的Synnex公司。对于Synnex公司，首先由计算机向惠普核实订单，然后确定订单中的机器配置，以保证能够开始生产该批机器（比如，不会出现零部件短缺或者惠普的设计说明不存在错误）。之后，该订单会被转到生产控制系统，该系统会根据订单自动生成附带条形码的生产通知单，并传送给车间的装配工人，同时向Synnex公司的仓库和库存管理系统发送零部件订单。这样，工人开始组装计算机，再经过包装、贴签，最后交到客户手中。惠普的供应链管理系统还与提供24小时配送服务的公司（如Airborne Express、Federal Express和UPS）的货运系统直接相连，实现对交付过程的全程监控与跟踪。整个订单从下达到发货仅需48小时。自从应用该SCM系统，惠普和Synnex都无须持有PC机库存，生产周期从一周减至48小时，出错率也有所下降。惠普已将该系统扩展成一个针对大型客户的全球B2B订单跟踪、报告和支持系统。目前该网站运行有10种语言，包含43种货币，覆盖全球200多个国家（Synnex Corporation，2010；Hewlett-Packard，2010）。

然而，实施订单拉动的Web供应链管理系统并非易事。下面的技术透视“RFID自动识别让供应链可视化”说明了这一点。

技术透视

RFID 自动识别让供应链可视化

深夜 10 点，如何知道集装箱的位置呢？如果你的生意遍及全球，恰好又经营实体商品，就极有可能要利用集装箱来装运货物。事实上，每年有超过 2 亿个集装箱在全球各地的海港间来回流转，海港贸易额已占美国进口贸易总额的近 50%。码头工人把集装箱装载上货轮，堆砌到甲板上。集装箱也适用于货车、火车运送。因此，到达目的港后，海运集装箱从船上卸下来，转载到货车或火车车厢中继续配送到下一站点。借助集装箱能够快速、高效地装运货物。标准的集装箱长约 20 英尺，宽、高各 8 英尺，能够容纳 4.79 万磅的货物。

集装箱出现之前，所有远洋运输的货物都是由码头工人搬运到货船上，再用一张巨大的网将货物捆绑在一起。集装箱的发展掀起了海路运输的一场革命，不仅大幅提高运输效率，而且货物破损的现象大大减少。但是，如何实时跟踪 2 亿多个集装箱的位置，却是一个大难题。尽管每个集装箱箱体一侧都有唯一的永久喷码标识或条形码标签，但码头工人必须亲自在现场找到集装箱后才能手工抄写或扫描这些标识。集装箱的标识过程变得缓慢，而且容易出错。想象在存放超过 1 000 个集装箱的码头，要找到某个特定的集装箱，必须逐个查看箱体的标识，任你再心急也无计可施。

跟踪集装箱只是 B2B 贸易中商品识别问题的冰山一角。对沃尔玛、塔吉特、亚马逊等零售商而言，记录每天进进出出仓库和门店的数百万商品也让它们费尽心力；汽车行业在零部件入厂同步问题上面临重重困难；美国国防部也苦于其后勤管理系统难以对军事供需品运送实施有效的追踪；航空公司则经常遗失乘客的行李包裹。

30 年前，通用产品代码（UPC）的编制迈出了商品自动标识的第一步，各种条形码标签无处不在。但是，20 世纪 70 年代，条形码标签仍需人工进行核实，机器扫描尚未推广。就自动识别而言，条形码最大的缺点在于不能“说话”，只能被动地通过扫描传递信息。

如今，一项新的技术正逐渐取代条形码，受到不少大型制造商和零售商的青睐。在商品或其包装外部贴上电子标签，射频识别（RFID）技术能够持续发射频率范围在 850～2 500 兆赫的射频信号，这样仓库、工厂、门店及轮船上的工作人员就能够用 RFID 接收器读取商品信息。RFID 标签由微电脑芯片和电池构成，用于向附近的接收者传送商品的电子标识码信息。

与传统的条形码扫描技术相比，RFID 具有明显的优势。首先，RFID 突破了条形码技术所受的距离限制，将扫描距离由原来的几英寸延长至 90 英尺。其次，RFID 系统可应用于任何需要唯一标识的商品，从服装、导弹、宠物到食品比比皆是。电子标签中的信息可以比较简单，如宠物主人的姓名地址、衣物的洗涤说明，也可能复杂到诸如汽车的组装说明。最后，用户不必再到堆满无数不能“说话”的物品的仓库去苦苦搜寻，而是去“倾听”仓库中物品自己“坦白”的声音。这样，物品的搜寻过程得以极大地简化。RFID 标签能够产生稳定的数据流，利用接收器就能传输到基于互联网或内联网的企业系统中，如 SCM、ERP 系统。

2010 年，全球 RFID 市场预计达到 55 亿美元，美国市场约为 30 亿美元。随着 RFID 在政府、私人企业的广泛应用，RFID 的市场规模还将呈现突破性的增长。

目前，RFID 在服装行业的应用处于扩张阶段，玛莎百货、美国服饰等品牌纷纷加入到 RFID 队伍中。2010 年全球服装企业（包括洗衣店）共使用 2 亿枚 RFID 标签。而当年 RFID 标签的总销量约为 23.5 亿枚。微软、IBM 和惠普也对这个市场觊觎已久，均投资数亿美元以在未来5年开发出实现RFID数据与供应链系统对接的软件方案。全球最大的零售商沃尔玛也将RFID纳入其供应链的核心战略中。最初，沃尔玛要求公司的前100大供应商对所有送往达拉斯分销中心的货物都贴上RFID标签。目前，已经有600多家供应商加入RFID阵营。此外，有1 000家沃尔玛门店正在使用RFID，另有400家门店和六大分销中心也计划引入该技术。2010年，沃尔玛甚至使用更为复杂的电子标签来追踪每一件内衣和每一条牛仔裤，而不只是标识整批衣服的外包装。沃尔玛计划未来要在每件衣服上嵌入所谓的可移除式“智能标签”。在收银台和门店的任何角落都能用手持式扫描器读取智能标签的内容。这样，沃尔玛的管理层就能随时知道，哪个型号的Wrangler牛仔裤快要缺货，或者说哪个型号需要再次补货等。2008年1月，所有的山姆会员店都强制应用RFID系统，如果供应商送来的货物没有贴上RFID标签，就要缴纳每个纸箱2美元的罚款。沃尔玛一直致力于技术的提升。据其自身估计，RFID技术将为公司创造2.87亿美元的额外收入。但是，RFID技术的实施却似乎不尽如人意。许多供应商不愿意承担贴在纸箱上的电子标签的成本。要获得供应商的支持，沃尔玛本该主动补贴这部分成本。

随着技术的日渐成熟与普及，RFID将对B2B电子商务产生深远的影响。RFID不仅能降低整个行业供应链的商品跟踪成本，还能降低出错的概率，提高商品配送的准确度。

资料来源：“Walmart Will Track You and Your Undies With RFIDs,” by Matthew Zuras, Switched.com, July 26, 2010; “Wal-Mart Radio Tags to Track Clothing,” by Miguel Bustillo, *Wall Street Journal*, July 23, 2010; “RFID Market Projected to Grow in 2010,” by Ilya Leybovich, Thomasnet.news.com, March 11, 2010; “RFID Printers Adapt to Changing Market Needs,” by Brian Albright, *Integrated Solutions*, September 2009; “Bar Code Labelling, RFID, ASNs All Smooth the Flow of Goods,” SCDigest.com, September 9, 2009; “Global RFID Market to be Worth USD 5.56 Billion in 2009,” Report, ThePaypers.com, August 27, 2009; “IDTechEx Report: Apparel RFID 2008—2018,” by Cathryn Hindle, Just-style.com, August 12, 2009; “The Up and Down of Wal-Mart RFID Implementation,” by EcoSensa, March 24, 2009; “Apparel RFID 2008—2018,” by Cathryn Hindle, *IDTechEx Report*, August 12, 2008; “Wal-Mart RFID Plan Has Mixed Results,” *RFID News*, April 28, 2008; “Wal-Mart Gets Tough on RFID,” by Mary Hayes Weier, *InformationWeek*, January 19, 2008.

协同商务

协同商务由供应链精简和供应链管理系统演化而来。**协同商务**（collaborative commerce）是指多家企业通过数字化技术，在产品的整个生命周期中进行协作设计、研发、制造和管理的一种合作方式。与EDI或者企业间信息流的简单管理相比，协同商务涉及的范围更广，涉及以“交易过程”为中心向以“供应链上合作企业的关系”为中心的决定性转变。协同商务鼓励采购方和供货方共享自己内部的敏感信息，改变过去两者之间的紧张对立关系。因此，协作商务管理要求企业必须做到与适当的伙伴共享准确的信息。协同商务在供应链管理的基础上，加入多家合作企业协同开发新产品和服务等活动。

Group Dekko是协同商务方面的典范。Group Dekko的产品种类繁多，从线束、成型塑料零件到汽车、机械设备和办公家具使用的金属冲压件。为了与汽车或机械设备制造商等大客户合作，Group Dekko必须实施符合ISO 9000国际标准的质量监控程序。因此，Group Dekko的服务部门利用Lotus Domino软件包建立了一个公用、共享的ISO文档数据库，用于集团内部合作企业在质量控制方面的工作。Lotus Domino 是 Lotus Notes 的互联网版本，可实现协作伙伴间文档的管理与沟通。这样，Dekko 集团下属子公司就能够共享质量标准、文档、图片以及实施质量标准方面的经验。这种协同环境还扩展到共享新产品的工程图样、原料清单、价格和工艺路线信息。Group Dekko 的最终目标是要实现设计与产品信息在集团内部企业、供应商和客户之间的完全流动。

尽管协同商务可使企业的客户和供应商都参与到产品研发过程中，但很大程度上协同商务依赖于强大的通信环境，实现企业间共享产品设计、生产计划、库存数据、交货计划甚至是合作产品的研发信息（见图 12—7）。

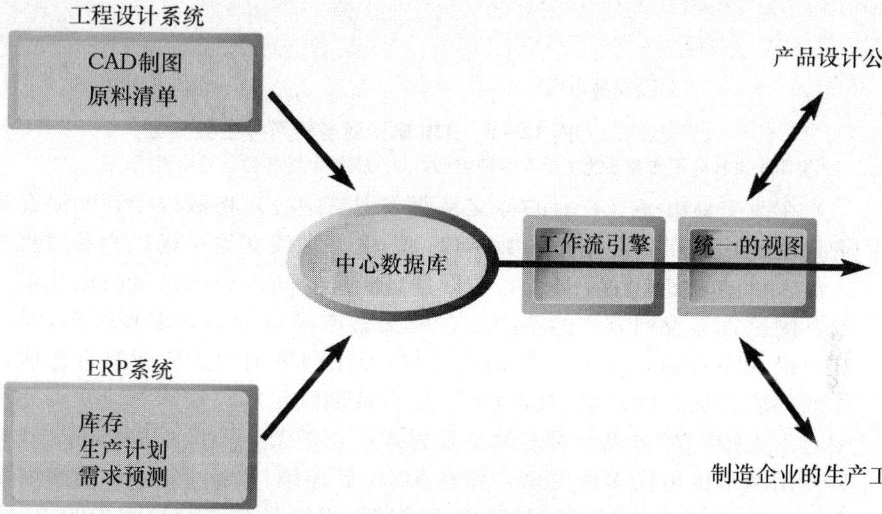

图 12—7　协同商务系统的构成要素

说明：协同商务环境包括一个中心数据库，可供众多企业的员工存储工程图样和其他文件。工作流引擎负责确定数据的访问权限以及数据在个人工作站上的显示规则。视图可以是工作站上运行的某个浏览器。

协同关系的提出最早可追溯到 20 世纪 70 年代，当时施乐公司的帕洛阿尔托研究中心尝试与供货商建立密切的合作关系。到 90 年代初，软件公司 Lotus 开始致力于大容量通信软件的深入研究。互联网经过长期的发展，已取代专用软件工具，成为大容量通信的主要媒介。如今，协同商务应用基本上依靠互联网技术实现对图样设计、文档、消息和网络会议共享的支持。

协同商务与 EDI 之间存在显著差别。EDI 是一种支持企业间结构化通信的技术，而协同商务更像是供应链成员之间进行互动电话会议的工具。EDI 和协同商务却有个共同特征，即两者都不是面向开放的竞争性市场。相反，从技术上说，它们是连接供应链上战略伙伴的会员专用网络。

12.3 节将从会员专用网络的角度进一步讨论协同商务技术。

12.1.7　B2B 电子商务的主要类型

B2B 电子商务系统主要有两大基本类型：在线交易市场和会员专用网络（见图 12—8）。后面章节将对这两种类型下各种具体的子类加以论述。

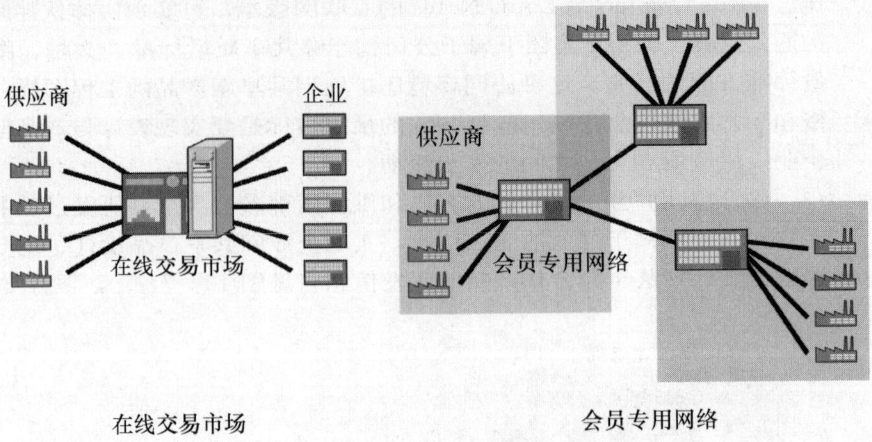

图 12—8　B2B 电子商务的两种主要类型

说明：B2B 电子商务系统主要有两种类型：在线交易市场和会员专用网络。

在线交易市场（有时亦称交易所或交易中心）将数以千计的潜在买家和卖家汇聚到单个基于互联网运行的数字化市场中。在线交易市场以交易过程为中心，支持一对多和多对多的交易类型，与纽约证券交易所等金融市场略微相似。根据定价机制、侧重方与盈利方式的不同，在线交易市场可细分为多种类型，将在 12.2 节详细讨论（Kerrigan et al.，2001）。会员专用网络则为少数战略合作伙伴提供相互协作的环境，从而提高供应链效率，更有效地满足客户需求。会员专用网络以关系为中心，支持一对多或少对多的交易方式，与单个企业内部的协同工作环境类似。会员专用网络也包括多种类型，将在 12.3 节详细讨论。会员专用网络是目前应用最广的 B2B 电子商务形式，其所创造的贸易总额是在线交易市场的 10 倍多。

12.2　在线交易市场

B2B 电子商务最引人关注的类型之一就是基于互联网的数字化交易市场。在该市场上，数以千计分散在各地的供应商能直接与多家大型工业品采购商建立联系，从而实现“无障碍”的交易。建立在线交易市场的初衷是希望众多供应商能在价格上形成竞争，同时自动完成交易过程，保证交易的低成本。因此，行业供给价格将最终下降。第三方中介市场提供商通过在每笔交易中向买卖双方收取一定的手续费，获得可观利润。这类在线交易市场只需增加计算机和通信设备，就能轻松实现市场扩容。

由于人们的竞相追捧，电子商务早期就有 1 500 多个在线交易市场如雨后春笋般发展起来。但令人遗憾的是，它们中的大多数已逐渐销声匿迹，真正稳定生存下来的预计只有 200 个左右。此外，一些幸存的在线交易市场则与在其他领域取得巨大成功的在线交易市场（公开的或私有的）合并以求发展。

12.2.1　在线交易市场的种类与特征

目前，在线交易市场的种类令人眼花缭乱，分类方法也多种多样。例如，有些作者根据定价机制的不同将在线交易市场分为拍卖型、竞价型、议价型与固定价格型四种类型，而有些则依据在线交易市场所服务市场的特征（垂直结构还是水平结构，卖方主导还是买方主导）或者在线交易市场所有权的归属（由本行业内的企业所有还是由独立的第三方中介所有）来进行分类。表 12—2 描述了在线交易市场的某些重要特征。

表 12—2　　用 B2B 术语描述的在线交易市场的其他特征

特征	含义
市场侧重点	侧重买方、卖方或者中立。表明交易市场把哪一方的利益放在首位，买者、卖者还是一视同仁。
市场所有权	行业内企业还是独立的第三方？这一点说明交易市场最终归谁所有。
定价机制	固定价格目录、拍卖、投标竞价以及书面询价/报价。
市场结构	水平结构还是垂直结构？
价值创造	市场能够使供应商或客户在哪些方面受益？
市场准入性	任何企业均可加入的公开市场还是仅获准后才能进入的私有市场？

12.2.2　在线交易市场的“纯”类型

上述各项特征虽然有助于描绘在线交易市场的大体轮廓，但是没有突出在线交易市场的核心商务功能，因此不能作为划分在线交易市场的依据。

图 12—9 展现的是根据在线交易市场的核心商务功能而进行的分类，即在线交易市场提供了什么样的采购解决方案。图中的四个分类是依据在线交易市场的两个维度划分的，分别是：在线交易市场提供的商品是间接物料（用于协助企业生产）还是直接物料（直接用于生产）；市场交易方式是合同采购（即采购方依据与供应商签订的长期合同购买商品）还是现货采购（即交易的发生是偶然和匿名的——企业和供应商之间不存在长期合作关系，甚至不知道对方的身份）。通过两个维度将在线交易市场划分为四种相对简单的“纯”类型：电子分销市场、电子采购市场、电子交易市场和行业合作集团。值得一提的是，随着业务模式的不断变化和商业机遇的瞬息万变，现实中的某些在线交易市场可能同时属于多种类型。但是，由这四种“纯”类型出发展开对电子交易市场的探讨仍是明智之举。

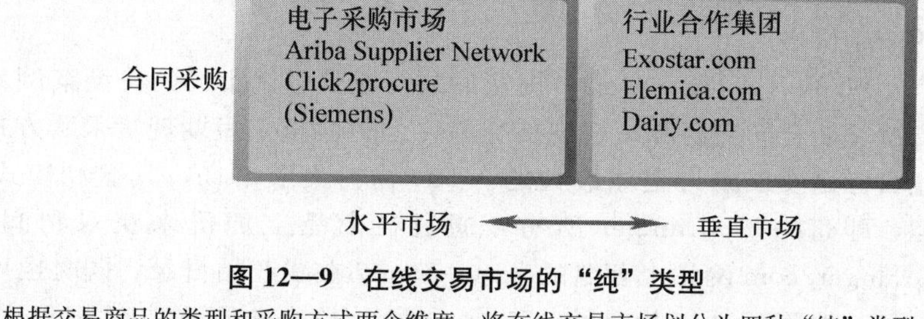

图 12—9　在线交易市场的“纯”类型

说明：根据交易商品的类型和采购方式两个维度，将在线交易市场划分为四种“纯”类型，市场结构维度（水平还是垂直）也可区分在线交易市场的不同类型。

上述四种在线交易市场为客户创造价值的方式各不相同，下面将一一详述。

电子分销市场

电子分销市场是最常见也是最易理解的一类在线交易市场。**电子分销市场**（e-distributor）采用电子目录来展示数以千计供应商的产品信息（见图12—10），可将其看做亚马逊网店的工业翻版。电子分销市场一般都是独立的中介交易市场，为企业客户提供采购间接物料（通常是MRO物料）的单一货源，客户可按需进行现货购买。大部分的企业采购无法由企业现已签订的合同完成，必须采用现货采购的方式。电子分销市场通过提高所售商品的标价实现盈利。

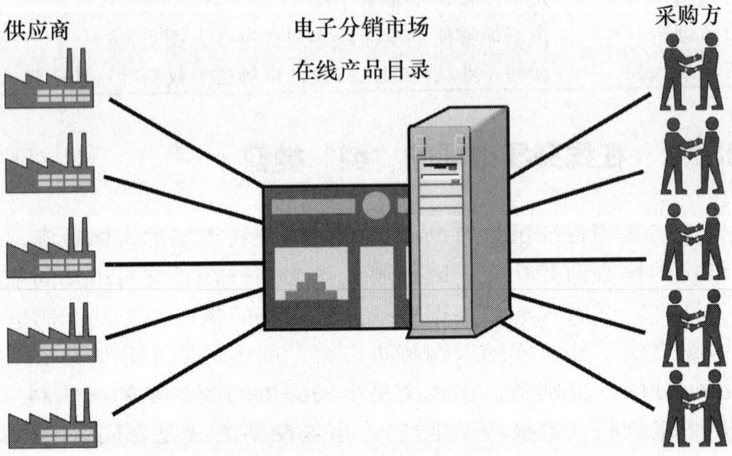

图12—10　电子分销市场

说明：电子分销市场把数千家供应商的产品集中到在线产品目录中，再面向众多采购企业销售。电子分销市场有时也称为一对多的交易市场，即一家供应商向多家采购企业提供服务。

各行各业的企业都需要MRO商品。MRO商品主要起维修、保养作用，保证厂房及内部的供暖、通风、空调和照明等机械设备的正常运转。

电子分销市场属于水平结构，因为它提供来自不同行业的多家供应商的产品。电子分销市场的经营方针通常是“面向大众”，这意味着任何企业都能订购在线目录中的商品。相反，私有市场要求对会员进行严格的筛选。

在电子分销市场中，商品价格一般是固定的，但是大客户可享受折扣和其他优惠条件，如赊购，同时也必须遵守交易限制条件（例如，如果不发出正式采购订单，任何单项商品的购买额不得高于500美元）。电子交易市场还可以让企业用户享受到更低的搜寻成本和交易成本、更大的选择空间、更快的交货速度以及更低廉的产品价格。

W. W. Grainger是最常提及的公开电子分销市场的典型案例。Grainger可同时支持长期合同交易和短期现货交易，但更侧重于短期现货采购方式。Grainger的商业目标是发展成为全球最大的MRO物料集散市场，其盈利模式与传统零售商类似，即商品归Grainger所有，通过在商品上加价来获取利润。用户能够访问Grainger. com网站上著名的sever-pound在线产品目录，同时也可购买目录中未涵盖的其他零配件（共有约475 000种），整个购买和支付过程完全能够在线完成（W. W. Grainger Inc.，2010）。

电子采购市场

电子采购市场（e-procurement Net marketplace）也是独立的中介市场。它将数百家在线供应商集中到一起，为付费加盟的企业用户提供数百万保养和维修商品（见图 12—11）。电子采购市场一般应用于间接物料（MRO）的合同交易方式，属于水平结构的在线交易市场。但是它也能为会员企业提供 MRO 商品的现货交易。电子交易市场通过收取交易提成、咨询服务费和软件许可费以及网络使用费等方式实现盈利（Trkman and McCormack，2010）。

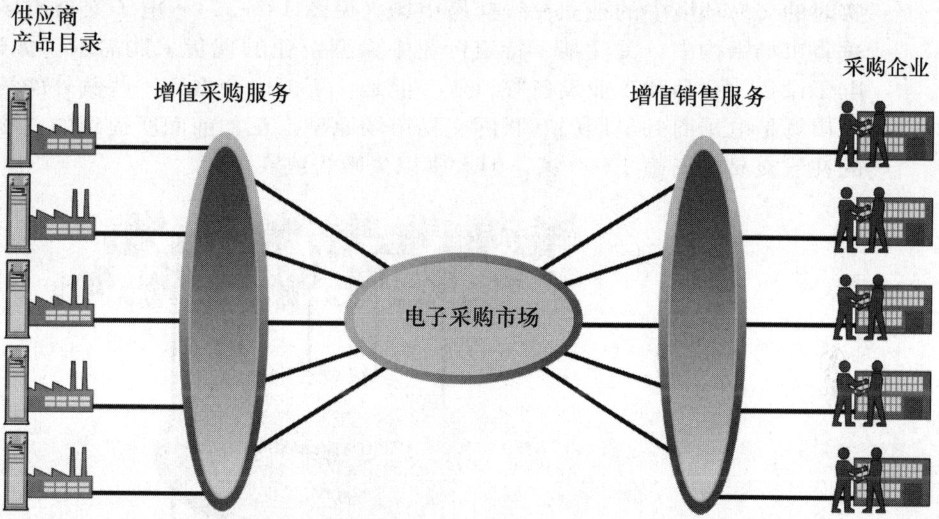

图 12—11　电子采购市场

说明：电子采购市场将数百家供应商的在线目录集中到单个交易市场，采购企业可定制查看特定供应商的产品信息。

电子采购市场的业务模式由单一的电子分销市场扩展而来，在其基础上提供上百家供应商的在线目录，并向买卖双方提供价值链管理服务。**价值链管理服务**（value chain management（VCM） services）是指电子采购市场向买方提供全程自动化的采购服务，同时也向卖方提供全程自动化的销售服务。对于采购方来说，电子采购市场能够自动生成订单、发出申请、寻找货源、执行交易规则、接收发票以及支付货款。对于供货方来说，电子采购市场可以提供目录建立与内容管理、订单管理、订单执行、发票开具、发货管理以及货款计算等服务。

电子采购市场有时也称为“多对多”交易市场。由于市场接受独立的第三方（代表买卖双方利益）的仲裁，因此可认为电子采购市场属于中立性市场。另一方面，电子采购市场上的供应商或分销商可能是相互竞争的，因此电子采购市场又略微偏重买方。尽管如此，随着众多采购企业的加盟，电子采购市场在降低买方采购成本的同时，也让供货方在营销活动方面受益匪浅。

电子采购市场领域的角逐者有 Ariba、Perfect Commerce、BravoSolution，A. T. Kearney PAS 和 Emptoris。其中，Ariba 公司于 2004 年收购其主要的竞争对手 Freemarkets。如今，甲骨文、SAP、i2、JDA 集团（2006 年兼并 Manugistics）等大型软件公司也纷纷为用户提供采购解决方案，直接向那些市场先入者提出挑战。

空气化工产品有限公司（Air Products & Chemicals）是全球最大的工业气体、化工品和环境保护解决方案提供商。公司使用 Ariba 的采购软件方案进行供应商谈判管理，员工能够直接根据在线目录订购产品。Ariba 采购软件为公司节省了15%～40%的采购成本，并缩短了采购周期。“以往需要 4 周的采购活动如今只需 2 周就能完成。”空气化工公司的战略采购经理说（Ariba，2010）。

电子交易市场

电子交易市场（exchanges）是把数千家供应商和潜在客户集中在同一个动态、实时的交易环境中的独立在线交易市场（见图 12—12）。电子交易市场主要应用于垂直市场结构中，关注某个特定行业中大型企业的现货采购需求，如计算机通信、电子设备、食品和工业设备等行业。但是，下面也会看到一些例外的情况。电子交易市场是电子商务早期的互联网交易市场原型。正如前面所提到的，该时期涌现出的在线交易市场逾 1 500 家，但大多以失败告终。

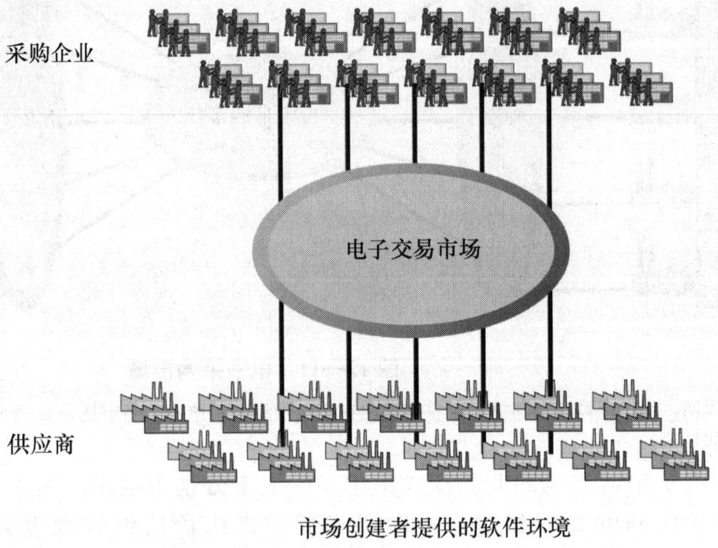

图 12—12　电子交易市场

说明：电子交易市场将众多供应商集中到垂直（特定行业）的市场中，面向数千家采购企业销售产品。由于电子交易市场中是由多家供应商为多家采购商提供服务，因此也称为多对多交易市场。

电子交易市场通过收取交易佣金来获得收入。市场中的定价机制灵活，包括在线议价、拍卖、询价报价以及固定价格。电子交易市场为用户创造的价值在于降低零部件的搜寻成本，减少企业闲置生产能力。此外，由于全球的供应商都能够加入市场，供应商之间的竞争将会异常激烈，某些供应商可能会以相当低的边际利润和全球统一价格出售产品，因此，商品价格有望下降，电子交易市场的用户也能获益良多。而对供应商来说，它们能够进入全球性的采购市场，有望摆脱生产过剩的局面（尽管售价与边际利润都比较低）。虽然电子交易市场属于专用的中介市场，但从市场允许任何有诚意的买家或卖家参与交易来看，它又可算作是一个开放市场。

电子交易市场是独立的中介市场，按理来说应当是中立的，但它却比较偏重于买方。电子交易市场让供应商不得已卷入到全球的价格竞争中，以致边际利润下降。正因为此，许多供应商拒绝加入电子交易市场，一批电子交易市场由此倒闭，现存市场的流动性也大打折扣，市场目标与期望难以实现。所谓的**市场流动性**（liquidity），通常是用市场中买卖双方的数量以及交易的金额与规模来衡量。如果在某个市场上能够随时购买或出售任意数量的商品，这样的市场就可认为是高度流动的。从这些指标来看，多数电子交易市场都是失败的。因为市场的参与者屈指可数，成交量惨淡，单笔交易额也相当不济。企业不愿意使用电子交易市场的最主要原因在于市场中缺乏值得信赖的老牌供应商。

大多数电子交易市场属于提供直接物料的垂直型市场，但也有少部分市场提供间接物料，如电力能源、运输服务（一般面向交通运输行业）和各类专业化的服务市场。表 12—3 列举了现有的一些提供间接物料的电子交易市场。

表 12—3　　电子交易市场实例

市场名称	主营范围
PowerSource Online	计算机零配件
Converge	半导体和计算机外围设备
Smarterwork	从网站设计到法律咨询等各方面的专业服务
Active International	企业闲置生产能力的交易服务
IntercontinentalExchange	涵盖 600 种日用消费品的全球在线市场

下面将简要概述两家电子交易市场的发展以及现有的功能。

Global Wine & Spirits 公司（GWS）算得上电子交易市场的翘楚，它不仅是电子交易市场开辟者中为数不多的幸存者，也是 B2B 电子商务社区的后起之秀。GWS 公司成立于 1999 年，但却直到 2001 年 5 月才开始进行在线商品交易。公司位于加拿大魁北克省蒙特利尔市，其运营由本国的交互技术公司 Mediagrif 负责。Mediagrif 公司同时负责一大批面向各行各业的电子交易市场的运营。GWS 提供一个酒类的现货交易市场，生产商可在 GWS 网站上销售各类葡萄酒和烈性酒，同时它又是一个招标市场，会员企业在购买商品时需要先报价。此外，GWS 网站上的贸易数据库中包含数千位葡萄酒和烈酒行业的专业人士列表，其在线目录涵盖超过 35 000 种商品和 6 700 家供应商（Globalwinespirit. com，2010）。

Inventory Locator Service 公司（ILS）最早是一家线下的中介服务商，面向航天工业提供售后零配件的目录清单服务。自 1979 年创建以来，ILS 公司开始用电话和传真向飞机所有者、机械工和政府采购专家提供售后零配件目录。早在 1984 年，ILS 公司就尝试使用电子邮件完成零配件的报价请求（RFQ）服务。到 1998 年，ILS 针对搜寻难度较大的零配件施行在线拍卖的交易方式。2010 年，ILS 公司的数据库中已包含超过 50 亿种飞机和舰艇零配件，全球各地均可在线访问。公司还开发出电子报价请求功能，帮助用户完成流水化的采购工作。ILS 网站的订阅用户数多达 22 000 位，遍及 93 个不同国家。网站的日访问量逾 60 000 次（Inventory Locator Service，2010）。

行业合作集团

行业合作集团（industry consortia）是由行业所有的垂直型交易市场，帮助采购企业从有限的经授权合作的供货商处购买直接供给品（包括商品和服务）（见图 12—13）。行业合作集团侧重长期合同交易方式，强调交易双方发展稳定的合作关系（与仅要求匿名交易的市场大相径庭），致力于共同创建全行业的数据标准。相比独立的在线交易市场，行业合作集团对完善供应链长期合作关系更加关注。行业合作集团的最终目标是通过共同的数据定义、网络标准和计算平台，跨越多个层级，实现全行业供应链的协调统一。同样，与独立电子交易市场截然不同，行业合作集团的建设资本来源于本行业，而非风险资本家和投资银行。这意味着行业合作集团所创造的利润将返回到本行业的企业手中。

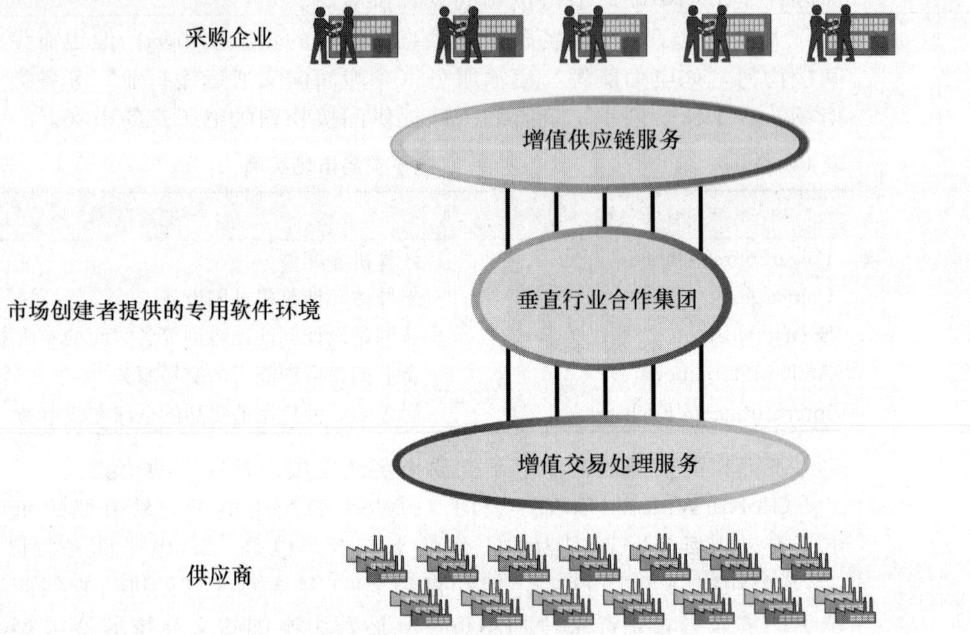

图 12—13　行业合作集团

说明：行业合作集团让数千家供应商与少数几家超大型采购企业进行直接接洽，由市场创建者为交易双方提供有关采购、交易管理、商品运输及货款支付等多种增值软件服务。行业合作集团有时又称为多对少市场，市场中较多的供应商（经过采购企业筛选）利用各种增值服务为少数几家超大型采购企业服务。

行业合作集团于 1999—2000 年间涌现，从某些角度可以说是早期独立电子交易市场的产物。电子交易市场一直被诸如汽车、化工等大行业视作眼中钉，因为它只顾赚足自己和那些风险投资者的腰包，而不是尽心为采购企业谋利。因此，大型企业决定，与其花钱去参与第三方市场，倒不如自掏腰包建立属于自己的交易市场。让这些企业忧心的另一事实是，在线交易市场的价值只有在供应商和采购商同时参与，且商品流通性得到充分保障后才能实现。然而，目前的电子交易市场都无法吸引到足够多的企业参与进来，商品的流通性不强。此外，电子交易市场未能提供有助于整个行业价值链变革的额外价值增值服务，比如实现新型交易市场与企业 ERP 系统的连接。如今已发展起 60 多个行业合作集团，其中不少行业拥有两个以上的合作集团（见表 12—4）。

表 12—4　　2010 年 9 月各行业中的行业合作集团

行业	行业合作集团名称
航空航天	Exostar
汽车制造	SupplyOn
化工	Elemica

续前表

行业	行业合作集团名称
金融	MuniCenter
食品	Dairy. com，EFSNetwork
酒店	Avendra
医疗设备与服务	GHX（全球医药交易中心）
金属采矿	Quadrem
纸张与木材	PaperFiber
航运	OceanConnect
纺织	The Seam（棉花行业集团）
交通运输	Transplace

大多数行业合作集团都集中在食品、金属和化工行业，但其所创造的收益并非最高。《财富》500 强和一些私人企业都纷纷投资于行业合作集团。例如，全球最大的私人企业 Cargill 公司就投资了 6 家行业合作集团，这 6 家行业合作集团都处于 Cargill 和食品行业的复杂价值链环节。

行业合作集团的盈利途径丰富。合作集团网站一般由行业成员合资建立，初期的运营资本也是由成员企业所贡献。此后，行业合作集团主要向采购方和供应方收取交易费和信息订阅费。行业合作集团能合理改造采购流程，平衡供应商间的竞争并加深合作关系。因此，买卖双方都有望得到远远超越其付出的收获。

行业合作集团提供多样化的定价机制，从拍卖到固定价格到竞价投标应有尽有。交易双方可根据具体商品和交易类型按需选择。同时，价格还可通过协商确定。尽管市场存在竞争性，但整个市场环境还是以少数的买方和那些经过严格筛选、值得信赖的供应商为主。这些供应商通常与采购企业建立起长期合作关系，被视作本行业的战略伙伴。一方面，采购方能够控制整个市场的进入渠道；另一方面，市场中供应商间的相互竞价也使采购方享受到最低的价格。因此，行业合作集团无疑是偏向买方型在线交易市场。供应商则可接触到大型采购企业，与其建立稳定的长期关系，从而获得大额订单，因此也受益匪浅。

行业集团通常强制供应商使用集团的内部网络和专用软件，作为向集团成员出售产品的前提条件。在线交易市场因缺乏供应商加盟和商品流通性而屡屡失败，但行业集团成员的市场影响力却能为吸引供应商加入提供保障，自由交易的市场环境得以维系。与以风险资本为支撑的独立电子交易市场相比，行业合作集团优势明显。因为发起企业能为合作集团提供雄厚的财力支持，而商品的流通性也因大企业源源不断的订单而得以保证。然而，行业合作集团毕竟是新兴市场，其长期盈利能力，尤其是在同一行业内存在多个合作集团的情况下，还有待时间的检验。

下面简单描述两大行业合作集团，该类型在线交易市场的生命力和潜在成长性从中可见一斑。

Exostar 是航空航天业的知名合作集团，由 BAE 系统、波音、洛克希德-马丁、雷神和劳斯莱斯 5 家公司发起创办。Exostar 集团在建立其技术平台时采用慢中求稳的策略。它专注于大型成员企业的直接采购需求和供应链环境，花费很长时间开发出一套满足用户需求的整体技术方案。目前该行业集团提供的产品包括 Supply Pass 集成工具套件（供应商用以在线处理订货交易）、SourcePass（为买卖双方提供动态竞标环境）和 ProcurePass（采购方用以在线处理采购交易）等。截至2010年9月，Exostar已为超过70 000个交易伙伴提供服务（Exostar，2010）。

Quadrem是面向金属采矿行业的合作集团，由14家企业于2000年5月创建。如今其股权所有者包括许多世界级的大型自然资源公司，如美国铝业、戴比尔斯和菲尔普斯·道奇公司。这些企业每年的采购支出合计有近900亿美元之巨。截至2010年，Quadrem网站拥有60 000多家供应商用户和1 500多家采购企业用户，每年处理的订单交易额超过220亿美元（Quadrem International Ltd.，2010）。

12.2.3 在线交易市场的长期趋势

早期电子交易市场屡屡失败，市场参与主体逐渐意识到只有对整个采购体系、供应链和企业协作机制进行彻底变革，才能实现B2B电子商务的真正价值。因此，在线交易市场正处于快速变化时期。许多行业合作集团都成功变身为行业的数据标准和在线论坛。在线交易市场的稳步发展能促进优胜劣汰，存活下来的企业更加强健，能实现再一次的快速增长。事实上，全球B2B在线交易市场增长旺盛，美国的年交易额增长率达到20%～30%。

图12—14展示了些许这样的变化。纯粹的电子交易市场正逐步脱离以往那种简单的"电子市场"模式，在企业采购流程变革中崭露头角。电子交易市场已建立起强大的技术基础，是行业合作集团的理想收购对象。无论如何，行业集团和电子交易市场已在许多领域逐步开展合作。同样，电子分销市场也努力想在大型企业采购系统中占据一席之地，致力于成为行业合作集团中间接产品的供应商。

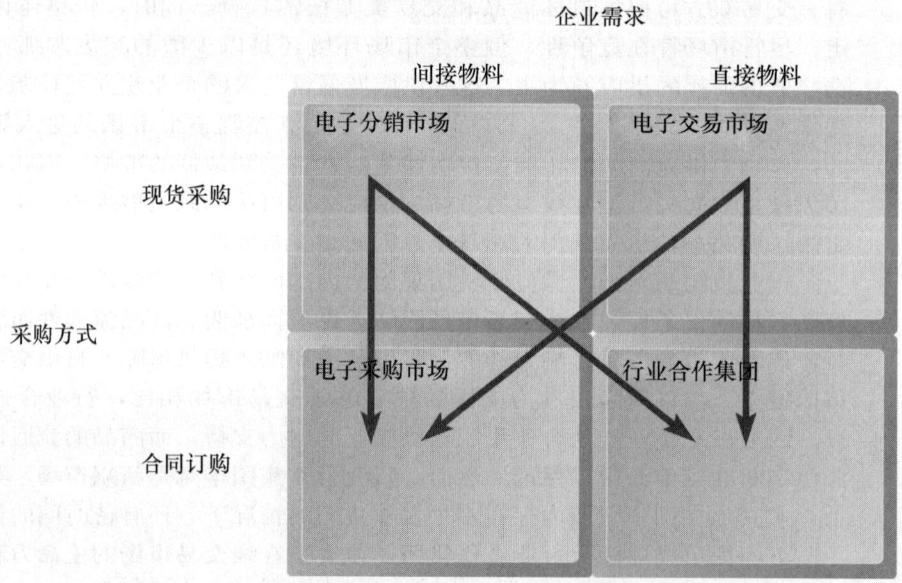

图12—14 在线交易市场的发展趋势

说明：电子分销市场和电子交易市场纷纷通过提供电子采购服务及参与到行业合作集团中实现业务模式的变革创新，朝着加深供应商与采购企业之间稳定、高附加值的关系的方向发展。

电子交易市场发展的另一显著趋势是逐渐由以现货购买为主的简单交易向包括直接和间接物料在内的长期合同交易转变（Wise and Morrison，2000）。随着交易复杂程度和持续性的日渐提升，供求双方都已逐渐适应数字化工作环境，传真和电话的使用频率越来越低。迄今为止，在线交易市场和会员专用网络已掀起一股大型企业之间进行大规模合作之风。但是，在线交易市场也可能成为某些企业相互串通、密谋价格、瓜分市场、非法设置市场进入壁垒的理想平台。这些行为有悖公平竞争原则，会导致整个市场效率的下降。

12.3 会员专用网络

无论是否使用互联网技术，会员专用网络已成为当前规模最大的 B2B 电子商务类型。行业分析师估计，2010 年大型企业在开发会员专用网络上的投资将超过其 B2B 支出的一半。会员专用网络可谓“跨边界组织”的根基，通过深化与供应链及物流伙伴的联系，超越组织边界，实现业务流程变革。

12.3.1 什么是会员专用网络

正如章首所述，会员专用网络是已有电子数据交换系统发展的直接产物，同时也与大型企业所使用的 ERP 系统息息相关。会员专用网络（也称作专用交易市场，PTX）是使用 Web 技术，协调企业间业务流程的专用网络。**企业间业务流程**（trans-organizational business process，有时也称为协同商务）指涉及两个及以上独立企业的业务处理过程（Laudon and Laudon，2010）。会员专用网络产生于制造及相关服务行业，绝大多数现有网络也与制造业息息相关，因此有时我们也称其为“工业”网络，尽管将来它也可轻松应用于其他服务领域。会员专用网络能够覆盖整个行业，但通常呈现出以单家大型制造企业为中心，一系列供应商围绕制造企业自发协调合作的格局。会员专用网络通常由某家企业的 ERP 系统扩展而来，各主要供应商纷纷通过外联网参与其中。因此，从某种意义上说，会员专用网络可看做“跨边界的组织”。图 12—15 展示了美国宝洁公司创建的会员专用网络，用以协调供应商、分销商、运货商和零售商等供应链成员间的行为。

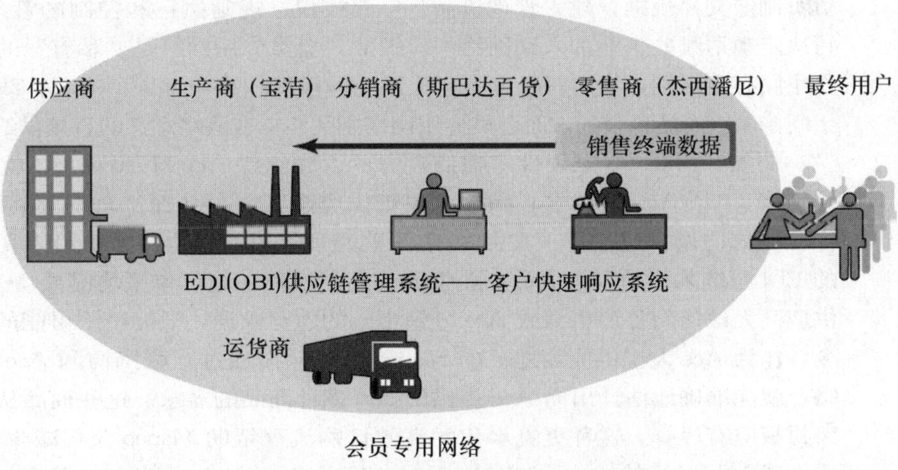

图 12—15　宝洁公司的会员专用网络

说明：宝洁公司的会员专用网络主要用来协调公司与消费品行业内的其他合作伙伴之间的业务处理过程。

由图 12—15 可知，当顾客付款时，收银机会自动触发生成相关的信息流，回送给分销商、宝洁公司及其供应商。这些信息能明确地告诉宝洁及其供应商公司数千种商品的准确需求。供应商根据市场需求信息安排生产计划，将产成品供应给宝洁公司。宝洁再通过运货商补给分销商和零售商的订货。整个处理流程称作客户快速响应系统（需求拉动型生产方式），其实现依赖于一套同样高效的供应链管理系统来协调和调度供应商的处理流程。

有关会员专用网络的详细资料难以获悉，这也不足为奇。那些领先创建和加入会员专用网络的公司都将其视作一种竞争优势，自然不愿对外透露会员专用网络的成本与运作信息。通用电气、戴尔、思科、微软、IBM、耐克、可口可乐、沃尔玛、诺基亚和惠普等诸多知名企业都已成功实施自己的会员专用网络。

12.3.2 会员专用网络的特点

会员专用网络专注于提供一套面向整个行业的全球解决方案，旨在最大限度地提高供应链效率。会员专用网络的具体目标表现在：

- 开发面向整个行业的高效采购与销售业务流程；
- 开发全行业的资源管理系统，补充完善企业资源管理系统；
- 增加供应链的透明性——互相了解供需双方的库存水平；
- 实现更密切的买方—卖方合作关系，包括需求预测、沟通交流以及冲突解决；
- 实现全球化运作；
- 建立相应的金融衍生品市场、保险市场和期货市场，防止供需失衡，降低行业风险。

会员专用网络与在线交易市场截然不同，后者主要以交易为导向，会员专用网络则更注重企业间业务流程的长期协调。因此，会员专用网络涵盖的内容比单纯的供应链管理系统要广泛得多，包括产品设计、货源管理、需求预测、资产管理、销售和市场营销等。会员专用网络固然也提供交易支持，但这并非其首要目标。

会员专用网络通常以作为网络发起者的企业为中心，该企业拥有网络的所有权，负责制定交易规则，建立管理机制（一套授权、规则执行和控制的管理架构），并自行决定邀请哪些企业加入到网络中。因此，会员专用网络是“私有”的。这与行业合作集团有所区别，后者一般由多家大型企业按股权参与共同所有。在线交易市场侧重于间接供给商品和服务，而会员专用网络则关注具有战略意义的直接供给商品和服务。

例如，由 5 100 家硬件零售商创办的合作组织 Ace Hardware，就使用会员专用网络将 14 个 Ace 分销中心和 9 家关键供应商互连，从而实现对库存的有效管理和供应商的协调。过去，一支由 30 名采购经理组成的采购团队使用传真、电话和古老的 EDI 系统来帮助零售成员企业采购商品。处理一笔订单平均需要 7～10 天的时间。供应商无法访问各零售商或 Ace 分销中心的库存数据，只能猜测可能的生产需求。如今，作为 Ace 大型供应商之一的 Manco 公司只需通过互联网访问 Ace 的会员专用网络，就能准确地估计出向 Ace 提供的 200 多种商品的需求。这些商品从管道胶带到货架衬板应有尽有。这种更流水化的高效订购流程帮助 Manco 公司减少了 28%的分销成本和 18%的运输成本（VICS，2004；ADX Corporation，2004；Gleason，2003）。

要讨论会员专用网络给企业带来的种种好处，也许没有一家企业比沃尔玛公司更有发言权，详见商务透视“沃尔玛的会员专用网络”。

商务透视

沃尔玛的会员专用网络

沃尔玛在利用网络技术协调供应链方面是公认的领头羊。2009 财年（截至 2010 年 1 月 31 日），沃尔玛利用信息技术获得了显著的成本领先优势，年总销售额超过 4 050 亿美元，将竞争对手远远甩在身后。不难理解，作为全球最大的零售商，沃尔玛的供应链也堪称“天下第一”，其供应商数量已超 6 万家。公司未来 5 年的规划目标是，将美国零售门店数从目前的 4 200 家（包括山姆俱乐部）扩张至 5 000 家以上，引入汽车、钢琴、杂货、潮服、个人计算机等新的品类，增加消费者的可选择性。换言之，沃尔玛的战略是开辟现有触角之外的全新市场。2010 年 9 月，沃尔玛出价 46 亿美元意欲收购南非零售商 Massmart。该公司在南非拥有 292 家零售店。这一战略的实施需要远比现有会员专用网络更高效的系统来支撑。

早在 20 世纪 80 年代后期，沃尔玛就踏上了协同商务的征程。它利用一套基于 EDI 的供应链管理系统，开发出协同商务应用的雏形。该系统要求沃尔玛的主要供货商使用沃尔玛的专用 EDI 网络处理采购订单。1991 年，沃尔玛引入 Retail Link 系统，大大增强了原有 EDI 网络系统的功能。新系统能实现主要供货商与沃尔玛库存管理系统的对接。这样一来，供货商就能实时跟踪沃尔玛每家门店的实际销售情况，再根据沃尔玛事先制定的规则，按需随时给分店补货。沃尔玛还开发出支付和财务子系统，确保在商品到达上架之前，完成货款支付流程。

1997 年，沃尔玛将 Retail Link 子系统转移到企业外网上，供应商就能够直接通过互联网访问公司的库存管理系统。2000 年，沃尔玛又与一家第三方专业公司合作对 Retail Link 进行升级，将其从单一的供应链管理工具扩展为集预测、计划和补货功能于一体的协作系统。如今，沃尔玛采购部门使用 Atlas 公司的需求聚合软件，能将美国地区 4 200 家门店的需求汇聚成一份报价申请书（RFQ）集中采购。如此一来，再大的供应商，沃尔玛都有实力与之谈判。沃尔玛和 Atlas 公司计划先建立一个覆盖全球的货源网络。以前，沃尔玛的海外采购员主要依赖电话、传真和电子邮件向公司汇报各自的采购计划。新系统则能够让他们通过互联网在线提交预采购方案，总部聚集所有门店的采购需求后再统一向全球的供应商发出报价申请。Atlas 软件还能帮助沃尔玛采购部门选择最优的投标方案，协助最终合同的协商谈判。

此外，沃尔玛的供应商现在还能在线获取库存、采购单、发票状态、销售预测等方面的实时数据，这些数据每周都在不断更新。有了新系统，小供应商无须上线昂贵的 EDI 软件，只要在电脑上安装沃尔玛提供的免费软件，使用标准浏览器就够了。目前已有 20 000 家大大小小的供应商加入到沃尔玛的会员专用网络中。

2002 年，沃尔玛切换到一套完全基于互联网的会员专用网络系统。公司采用达拉斯的软件公司 iSoft 提供的软件包 AS2，该软件包提供一个互联网标准版本的 EDI 套件，结果通信成本大幅降低。沃尔玛还选择斯特林商务公司（EDI 行业通信系统的最大供应商）和 IBM 为 EDI 系统提供支持。AS2 软件能保证供应商通过互联网安全地连接、传送、响应及验证数据。IBM 公司发挥所长，帮助沃尔玛供应商选择并实施最能满足其需求的 AS2 认证方案。斯特林则负责为沃尔玛及其供应商间的 EDI 系统提供交互支持。2007 年，沃尔玛实现飞速发展，海外业务迅速扩张，这就要求沃尔玛将其财务运营服务系统延伸至海外。沃尔玛找到企业管理解决方案提供商 SAP 公司，为其建立一套全球财务管理系统。

2009—2010 年，整体经济尽显萧条之势，多数零售商的销售收入下降 5%～10%，沃尔玛却仍能保持增长态势，只是增幅有所放缓。沃尔玛2010年上半年的销售收入为2 020亿美元，同比增长5%，其利润为68亿美元，同比提高6%左右。此外，第一季度美国地区可比店销售增长5.6%。沃尔玛持续推进产品和服务的创新进程。2009年，沃尔玛宣称要开发一个方便供应商直接面向客户销售的网络平台（类似Amazon.com），还将进军电子病例市场，建立一套软硬件包，以竞争对手一半的价格为小型医务室提供服务支持。

沃尔玛的巨大成功激励其零售业对手纷纷组建整个行业的会员专用网络，例如Global NetXchange（现为Agentrics）就希望复制沃尔玛的成功。对此，沃尔玛高层表示，公司不会加入类似这样的行业合作集团或独立在线交易市场，因为这样只会帮助竞争对手实现Retail Link为沃尔玛取得的种种成功。为在供应链效率方面与沃尔玛竞争，杰西潘尼等零售商也纷纷实施自身的外部会员专用网络，使供应商可直接通过互联网访问门店库存数据。杰西潘尼甚至将部分库存控制和产品选择功能授权给公司最大的服装提供商——香港TAL服装公司。

资料来源：Wal-Mart Stores Inc., Report on Form 10-Q for the fiscal quarter ended June 30, 2010, filed September 1, 2010; Wal-Mart Stores Inc., Report on Form 10-K for the fiscal year ended January 31, 2010, filed March 31, 2010; "Wal-Mart Says Its Market Share Is Rising," by Stephanie Rosenblum, *New York Times*, May 15, 2009; "Wal-Mart Stores Web Site Creates New Program That Lets Outside Retailers Offer Products," Taragana.com, August 31, 2009; "Wal-Mart Plans to Market Digital Health Records System," by Steve Lohr, *New York Times*, March 14, 2009; "Wal-Mart Stores Inc. —Requirements," Walmart.com, September 25, 2008; "How Wal-Mart Lost Its Technology Edge," by Thomas Wailgum, *Network World*, October 5, 2007; "Who Gains, Who Loses, from RFID's Growing Presence in the Marketplace?," Knowledge@Wharton, March 23, 2005.

12.3.3 会员专用网络与协同商务

会员专用网络的应用绝不应局限于服务供应链管理和客户快速响应系统，还可涵盖大型制造企业的其他众多业务活动，如产品设计、工程制图、营销计划和需求预测等。协同商务的表现形式丰富，包括从单纯的供应链管理到根据市场反馈改进设计等一系列业务活动（见图12—16）。

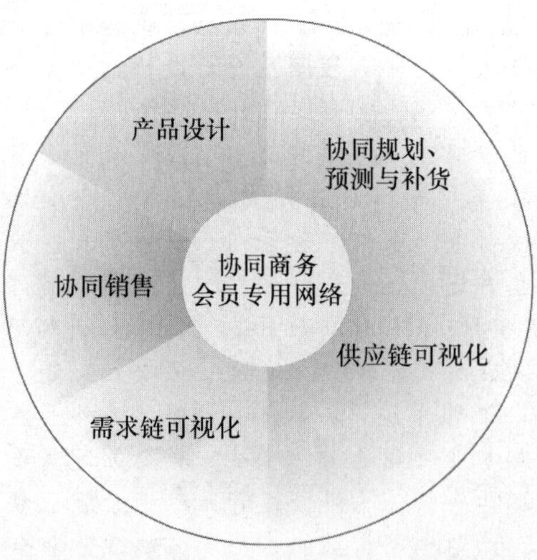

图12—16 协同商务应用一览

说明：协同商务涵盖某家大型企业与关系密切的供应商和销售商之间通过会员专用网络进行协作的各种业务活动。

整个行业内的**协同资源计划、预测与补货**（collaborative resource planning，forecasting，and replenishment，CPFR）算得上是协同商务中合作程度最高、意义最大的一种协作形式。这主要是指企业与其他的网络成员通力合作，共同完成需求预测、生产计划制定、运输协调、仓库及库存管理等活动，以确保批发商和零售商的补货策略能根据货架空间的变化及时、合理地调整。如果这一目标能够实现，那么整个行业超额生产与库存所占用的数亿美元资金将得以释放。仅这一点就足以说明会员专用网络在协同商务方面所能创造的巨大收益，企业开发会员专用网络的投入必将物有所值。

协同商务的另一应用领域在于需求链的可视化。过去，要了解供应或分销链中哪个环节存在超额生产或供给简直是天方夜谭。例如，零售商可能已经出现严重的库存积压，然而供应商和制造商由于无法获悉这一情况，甚至可能制定过剩的生产或供给计划。这样一来，超额的库存将增加整个行业的成本，迫使企业折价处理过剩商品，最终降低所有供应链成员的利润。

协同商务的第三大应用就是协同营销和设计。使用或制造高精密工程部件的企业可利用会员专用网络，协调企业内部的产品设计和营销活动以及相关供应和分销伙伴的行为。制造企业邀请供应商参与到产品设计和营销活动中，以保证所生产出部件完全符合市场的实际需求。反过来，营销人员可直接将客户的反馈转述给企业及其供应商的产品设计人员。这样，先前在第 6 章讲述的"闭环式营销"——客户反馈直接作用于产品设计和生产，就能得到真正意义上的实现。

例如，克莱斯勒公司就为其供应商开发出一套协同商务应用系统——Supply Partner Information Network（SPIN）。SPIN 是一个基于外联网技术的供应链管理和支持系统，使得全球任何位置的供应商都能够直接访问克莱斯勒公司的实时采购、库存与需求预测系统及其他一些长期战略应用系统。克莱斯勒的零部件质量支持系统（Part Quality Supply System）是 SPIN 的一部分，用来对零部件从供应商、运输商到装配车间，再到售后维修的整个环节进行全程跟踪。据克莱斯勒估计，整套系统将包括自身与供应商在内的整体生产能力提高了 20%。

12.3.4　实施障碍

尽管会员专用网络是未来 B2B 市场的主角，但要成功实施也绝非易事（Watson and Fenner，2000）。例如，成员企业必须与供应链上下游的合作伙伴共享敏感的商业数据。这些过去被认为是私有和机密的东西如今不得不与人共享。而在数字化环境中，很难对信息共享的界限加以控制。企业原本自愿分享给大客户的信息，最终可能落得被主要竞争对手获悉的地步。

会员专用网络与现有 EPR 系统和 EDI 网络的集成工作也需投入大量的财力和时间。大多数 ERP 系统在设计之初并没有考虑要在外联网上运行，甚至无法与互联网兼容。同时，大部分 EPR 系统模块都是完全以企业内部业务处理流程为基础的。

会员专用网络的实施也是对所有员工心态和工作习惯的一次巨大转变。员工不仅要对本企业忠诚，还要对组织边界的网络内部成员忠诚，同时必须意识到自身与供应商和分销商之间实质上是生死与共的关系。供应商也应当转变其管理和配置资源的方式，因为它们的生产已与网络内合作伙伴的需求紧密相连。除会员专用网络的所有者以外，所有供应链和分销链上的参与企业都多少失去一些独立与自由，必须立即大幅调整工作习惯，从而更好地融入网络集体。

12.3.5 行业会员专用网络

单家企业的会员专用网络应用收效颇丰，因此逐步推广到整个行业层面，同时也完全可以用来协调不同行业企业间的业务活动。例如，前面提到的宝洁公司的会员专用网络系统空前成功，因此宝洁将整套系统出售给 IBM 公司，再由 IBM 将系统推广到美国整个快速消费品行业。宝洁坚信，只有彻底变革整个行业的供应、采购和分销方式，公司才能实现提高效率和效益的目标。ISYNC 和 Agentrics 也是行业会员专用网络的例子。2005 年 8 月，UUCnet 和 Transora 两家公司合并成立了 ISYNC 新公司。ISYNC 面向 4 000 多家领先制造企业及其交易伙伴提供在线协作社区，覆盖酒水、饮料、汽车、娱乐、零售、医疗和办公用品等多个行业。ISYNC 主要提供一系列的数据同步服务，以便消除数据错误、提高供应链效率，同时也引入诸如电子产品标码等下一代新型技术（ISYNC，2010）。

2000 年，全球八大零售巨头西尔斯、家乐福、科斯迈尔、卡尔施泰特、克罗格、麦德龙、巴黎春天和塞恩斯伯里共同发起创办了一个全球性的行业会员专用网络 GNX。2005 年，GNX 收购了一家零售业行业合作集团 WorldWide Retail Exchange，合并后改名为众所周知的 Agentrics。Agentrics 专注于面向零售企业提供拍卖等服务，并致力于开发和创建行业标准。全球 50 家超大型零售商及其 250 多家供应商都是 Agentrics 的顾客（Agentrics，2010）。

图 12—17 展示了行业会员专用网络的基本框架。

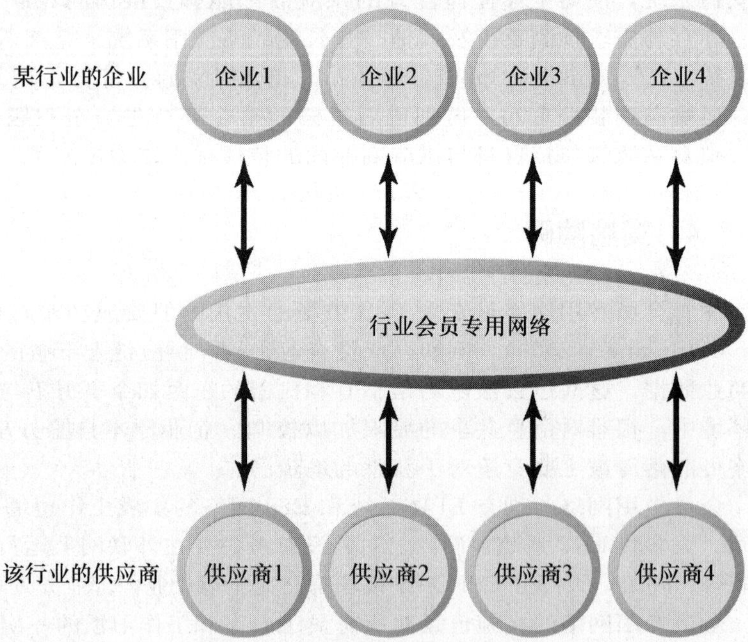

图 12—17 行业会员专用网络

说明：某些会员专用网络已经横跨整个行业，可协调供应商、运货商、制造商、分销商和零售终端之间的业务处理活动。

未来，只要不受到反垄断方面的干涉，多数会员专用网络有望扩展为规模更大的全行业网络组织，设法为垂直市场中数千家关键企业的协作提供支持。

12.3.6　会员专用网络的长期动态

随着大型企业逐渐适应与供应链伙伴和需求端分销商建立密切合作关系，它们会设法突破组织内部网络的边界，延伸至整个行业，甚至是其他行业，从而寻找自身新的角色定位。这一趋势已相当明显。例如，计算机制造商惠普公司在会员专用网络上发现，树脂供应商出售给制模企业的树脂价格过高，这些树脂将用于生产惠普电脑的塑料外壳。这是由于长期以来制模企业经常延迟付款造成的。由于在向制模企业收取货款方面，惠普公司比树脂供应商具有明显优势，因此，惠普公司决定以市场创建者的身份介入其中，按照市场价格向树脂供应商采购树脂，再以相同价格转手出售给制模企业（Turek and Gilbert，2001）。未来 5 年内，单家大型企业将有能力介入全球的供应关系，从而克服原本制造商可能难以发现的瓶颈。

案例研究

Elemica：谈判合作、协同商务、社区服务

将整个行业说成是社区似乎有点异乎寻常，社区一词往往指的是一群人聚集的地方，群体成员或多或少都有点交情。但是，贸易协会就是一种行业社区。成立贸易协会的目的在于为社区所有成员谋求利益。通常情况下，客户不会加入贸易协会。Elemica 公司就是一家 B2B 行业贸易中心，一直致力于推进化工、轮胎和橡胶及特定制造行业的供应链变革。为此，Elemica 公司创办了一个联结所有客户、供应商和第三方交易伙伴的网络社区，其宗旨并不是培育企业内部一对一的协作，或者促进多家企业间的合作，而是提高所有企业的供应链效率，最终促进整个行业水涨船高。Elemica 也经历过 B2B 电子商务早期的泡沫，是为数不多的幸存者之一。2010 年，Elemica 的供应链网络已覆盖 2 500 多个合作伙伴，全年成交的贸易总额超过 600 亿美元。

Elemica 是一家全球化的电子商务公司，由 22 家化工行业（包括石油和工业气体）的领头企业共同发起成立，主要提供基于云的订单采购和供应链服务。Elemica 利用单一平台推出一体化的交易服务，买卖双方只需使用自己的 ERP 系统或者访问 Elemica 网络平台就能完成整个化工产品的交易。Elemica 还能帮助客户企业实现业务流程的自动化，提高供应链效率，创造规模经济效益，从而有效降低供应链成本。

Elemica 如何维系一大批遍及全球、经营背景各异的成员所构成的社区，特别是成员间的交易关系相当错综复杂？Elemica 的绝招在于能够实现成员企业间 ERP 系统的彼此互连，为它们提供统一的交流平台，无缝连接交易、物流、支付和发票等业务流程，最终增进整个社区的黏性。Elemica 平台一方面为客户和供应商提供标准化的业务流程，有效地屏蔽各企业间 ERP 系统的差异；另一方面也为技术实力不够雄厚的贸易伙伴提供在线 ERP 服务，营造出公平的竞争环境。因此 Elemica 是一个中立的商务平台，旨在为所有社区成员谋求便利。从这层意义上讲，Elemica 是 B2B 领域最有经验、最全面的技术平台之一。

企业最大的投资之一就是 ERP 系统。但

即使已投入巨额资金，由于供应商关系管理常常流于形式，ERP也难以发挥其功效。企业往往因此蒙受数十亿美元的损失。Elemica公司的eCommerce平台能够改善这种状况，它能让企业的ERP系统与外部伙伴实现对接，促进贸易的顺利进行，从而收回ERP的投资。Elemica平台提供的ERP-to-ERP连接功能，可将企业各自的内部系统连接起来，因此信息能够在确保安全和机密的前提下流转于企业的数据库之间。化工和石油行业是ERP系统（当时还是制造资源计划系统（MRP））的早期实践者。当时，设计这些大型系统的目的是要帮助单个企业优化和控制制造流程。因此，系统明确地定义了输入、输出和业务处理流程，对库存控制计划、过程控制、仓储、物流运输等关键业务实施自动化。如果某家企业要生产10吨聚乙烯塑料，ERP系统能够精确地告诉企业需要多少吨石化原料，原材料应当何时投入生产，生产过程需多少机械和人工，生产将耗时多久，产成品存放到何处，以及如何安排运输等一系列问题。同时，系统还能估计出每个阶段的成本。

Elemica也是化工行业第一家成功实现ERP-to-ERP互连的电子商务公司。Elemica平台能够简化包括订单处理、支付和物流在内的所有业务流程。但是，与其他竞争对手不同，Elemica公司自身并不采购和销售原材料，它只是充当中介的角色，把交易双方聚在起来，自动完成交易的过程，并保障交易的安全性。和eBay或信用卡公司类似，Elemica公司的收入主要来源于按交易量收取的服务费。Elemica的客户网络还能为成员企业创造与其他企业做生意的机会。

Elemica为化工行业的供应商和采购企业提供一系列的电子商务服务，帮助它们实现采购和业务流程自动化。Elemica系统提供模块化的功能，能够简化销售、采购和财务流程，整合供应链资源，从而消除企业间的沟通障碍，减少协调错误，降低供应链成本。

Elemica采用基于云的业务流程网络（BPN）来集成全球贸易伙伴间的信息流。客户只需单点连接到Elemica，由Elemica负责管理该客户与其他外部伙伴的连接。这意味着企业只需要维护与Elemica的单点接触，而不是所有贸易伙伴的复杂连接，这在企业的ERP系统维护或升级时显得尤为重要。企业只要连接到Elemica，就能访问其他数千家客户。Elemica根据服务的使用量向客户收费。这种机制比古老的EDI方案要高效得多。Elemica将客户、供应商和第三方贸易伙伴整合到一体化网络中，从而构建起自动化的协同商务平台。

Elemica平台有四大功能模块，分别是：物流管理、客户管理、供应商管理和货源管理。这些模块能够帮助企业自动完成订单、发票、跟踪运输等业务以及其他日常经营活动。企业可按需选择注册单个或多个模块。

下面举例说明Elemica平台的运作机理。假如你要从某家供应商处采购醋酸乙烯，首先你要在自己内部的ERP系统下订单。之后订单将自动传递到Elemica，Elemica再将订单传递给供应商的内部ERP系统，最后你将会收到订单传送成功的确认消息。Elemica平台能够保证所订购物品及其数量的准确性，出现任何问题都会给你发送警告。订单一经确认，企业就可利用Elemica平台来计划和协调运输，开具发票自动发送给供应商。针对尚未实施ERP系统的中小企业，可通过Elemica网络门户在线登录社区。Elemica平台采用一套端到端的闭环式流程，从下单、确认、招标、竞标到配送跟踪、运输调度等循环往复。所有流程能在几秒钟的时间内完成，几乎无须人工干预。Elemica甚至允许用户利用电子邮件或传真发送采购订单，Elemica将收到的订单调整成事先定义好的格式，再传递给供应商。这种格式与供应商的ERP系统完全兼容，能与真的电子订单一样实现交互。Elemica还提供一套综合的订单管理方案，供应商能够自动完成与核心客户的交易流程，而不影响客户自身的业务。对供应商和采购方而言，是一种双赢的局面。

汽车或航空业通常由少数企业垄断，而化工行业的市场则由无数大大小小的企业构成。前十大化工企业只占据整个行业市场10%的份额，其中身为行业老大的陶氏化学公司也只获得2%的市场份额。此外，有些化工企业的产成品往往是其他化工企业的生产原料，因此相互之间既是客户，又是竞争对手的关系。这也是化工行业的特性所在。

20 世纪 90 年代末，许多大型化学公司的高管逐渐意识到技术领域的变革，信息技术和电子商务备受瞩目。问题在于企业如何利用技术进步来提升业务流程，如何建立行业的电子交易标准并广泛普及。陶氏、杜邦等大公司的领导者聚在一起共同探讨该问题，认为建立合作联盟或许是推动行业向前发展最有效的途径。这一观点最早受到营销和销售人员的质疑，他们担心在线采购会疏远供应商，对供应商关系造成负面影响。当时管理者也不确定电子商务将如何在化工行业大放异彩。对于电子商务技术基础设施的投资支出，企业也都比较小心谨慎。

但是，电子商务可是千载难逢的机遇，岂容错过。企业有望大幅缩减成本，增进与客户和供应商的关系，获取有别于低价的其他竞争优势。与此同时，e-Chemicals、PlasticsNet 等新进入者给传统化工企业造成极大威胁。如果这些新兴企业能成功使用信息技术优化供应链，进而抢占市场份额，那么传统企业将迎来噩耗。换言之，如果传统企业此时还视若无睹、停滞不前的话，它们将最终束手无策，只能眼睁睁看着业绩滑坡、利润锐减。

陶氏化学慢慢意识到这些新企业正在使用电子商务技术与客户接触，而客户也很愿意投资在线的交流平台。陶氏和杜邦就此达成共识，创建中立的、一对一的连接平台，让客户自行决定是否接入。这无疑是最有效、最具经济效益的方案，因为这能够避免多重连接可能带来的麻烦。此外，强大的第三方网络平台也能消除供应商和客户对缺乏控制权的担心。因此，陶氏和杜邦决定与其他企业共同出资成立一家中立的电子商务公司。

1999 年，陶氏和杜邦的董事会一致认同买卖双方在线交易和交流具有显著优势。客户会有资金和时间投入方面的考虑，显然不大愿意使用多重连接，因此建立集中式的连接平台更为合理。这样一来，中立的社区无疑是不二之选。

所有参与的企业必须有共同的理念：建立中立平台的最终目的在于简化企业间交易的流程，提高业务效率。新公司的所有权属于所有企业。陶氏和杜邦还提出要设立相关的监管机构，获得一致性的赞同。最终，22 家化工领头企业着手创建 Elemica 平台。

1999 年 Elemica 上线时，同期还有 50 家新的化工业 B2B 电子商务公司成立。这些电子商务公司几乎都是第三方的在线交易市场，适用于直接物料的采购。到 2009 年，生存下来的交易市场屈指可数。Elemica 引入供应链承诺和契约机制，专注于长期商业关系的构建。公司本身只充当商业交易的催化剂，不直接参与化工产品的采购和销售。

加入 Elemica 社区的企业都能获得 Elemica 专业服务和实施团队的支持，对员工进行在线培训，使其认可核心商业伙伴的价值，保证业务流程的成功切换。Elemica 公司大部分员工都来自化工行业，将为成员企业提供一套完整的培训方案。一旦企业亲眼见证订单的传送越来越快，应收账期逐渐缩短，后期的培训就变得水到渠成。

如今 Elemica 拥有 150 位员工，其供应链网络覆盖 2 600 多家企业，年交易额超过 600 亿美元。公司总部位于宾夕法尼亚州，并在阿姆斯特丹、法兰克福、伦敦、首尔、上海、新加坡和东京等地设有海外办事处。

2009 年 7 月，Elemica 宣布与 RubberNetwork 公司合并。后者是轮胎和橡胶行业领先的全球采购和供应链服务公司。Elemica 公司总裁兼 CEO 迈克·麦圭根（Mike McGuigan）继续执掌合并后的公司。

Elemica 公司的业务模式能取得成功，关键在于其注意到也十分重视化工、轮胎和橡胶、能源及某些制造行业大大小小公司对电子商务的强烈需求。因此Elemica提供多种连接方案和功能产品，供客户自由选择，其宗旨是保证客户的ERP系统只需单点接触就能处理所有交易。客户可以充分利用Elemica提供的技术，而无须额外购买内部系统。

Elemica能够帮助客户消除系统冗余，减少库存积压，提高交付的安全度和可靠性，从而提高运营效率，降低运营成本。Elemica的功能模块和灵活的连接集简单、标准化和高效等特性于一体。此外，便捷的支付能改善客户企业的现金流状况，提升利润空间。

许多大型化工企业都在使用Elemica平台。壳牌石油公司意识到纸质流程和交付的协调存在较多问题后，选择加入Elemica。以前，卡车司机到达交付地点后，需要等待近2小时填写纸质表格。这些延迟给壳牌公司带来了巨大的成本。壳牌公司使用Elemica后，情况明显好转。如今，以往的书面工作能够每天24小时进行，卡车等待的时间从平均2小时缩短到15分钟。旗开得胜后，壳牌公司进一步扩大了与Elemica的合作。

陶氏化学早在2007年就转向Elemica完成全自动化的采购。如今已有300多家MRO供应商加入Elemica。陶氏的业务错误率降低了75%，公司还实现了规模经济，成本得以大幅缩减。Elemica帮助陶氏公司整合原本独立的业务流程，降低与合同供应商的交易成本，提升了采购、运营、IT和支付业务的效率。

空气化工产品公司是一家领先的工业气体供应商，在全球拥有2.2万名员工，年收入达100亿美元。一家大客户曾向公司表示希望能在线完成采购，双方最初讨论的方案需要相当大的投入和额外工作。由于两家公司都是Elemica社区的成员，Elemica的供应链托管解决方案是它们的上乘之选。

2010年4月，Elemica推出两套“傻瓜式”的服务系统，旨在消除落后的电子邮件和传真纸质订单。Print-to-Market和Email-to-Market系统能将传统的传真或电子邮件订单转换成供应商事先设定好的格式。这样一来，卖家不必再手工处理订单，大大减少错误发生的概率，加速订单处理，完善对订单变更的管理。这两个系统都不需要供应商或客户配置任何的IT资源。消除电子邮件和传真订单的产品尚有巨大的市场空间。从这一事实看，订单录入要完全实现自动化，还有很长一段路要走。

资料来源：“Elemica Procurement Case Study: Dow,” Elemica Corporation, September 2010；“Elemica Order Management Case Study: BP,” Elemica Corporation, September 2010；“Elemica Case Study: LanXess,” Elemica Corporation, September 2010；“Elemica and Rubber-Network Merge,” SDCExec. com, August 25, 2009；“Case Study: Elemica,” http://www. ebusinesswatch. org/studies, August 25, 2009；“Once Elemica Tackled the Hard Part, the Rest Was Easy,” Supply ChainBrain. com, August 5, 2009；“Elemica Merger with Rubber Network,” Philly. com, August 3, 2009；“Elemica Automates B2B Transactions Between Trading Partners—Speeding Up Orders by 78%,” Softwareag. com, January 2009；“Top Chemical Company Selects Elemica's Business Process Network to Automate Global Procurement,” Redorbit. com, December 18, 2008；“Elemica: Standards and Business,” by Mike McGuigan, CEO, November 6, 2007, www. pidx. org/events/upload/Elemica. ppt；“Elemica: Simplification + Efficiency = Increased Profitability,” by Fran Keeth, Elemica Business Leadership Forum, Philadelphia, Pennsylvania, www. static. shell. com, September 13, 2005；“The Journey of Elemica: An e-Commerce Consortium,” by Andrew Liveris, Business Group President, Performance Chemicals. Strategic Alliances Conference, www. dow. com/ebusiness/news/ecspeech. htm, April 9, 2002.

［案例讨论题］

1. 作者为什么把Elemica看做行业合作集团？它与其他类型的在线交易市场有何区别？

2. 对一家小型化工企业而言，加入Elemica前需考虑哪些问题？

3. Elemica声称要为社区成员提供一个谈判、协调和协作的平台。但在将化工产品出售给汽车、航空或制造行业的最终客户时，社区成员间又是相互竞争的关系。这其中是否存在矛盾？

4. 回顾行业会员专用网络这一概念，说明 Elemica 具备哪些行业会员专用网络的特征。

关键术语

企业间贸易总额（total inter-firm trade）企业间传递的价值流的总和。

B2B 商务（B2B commerce）可以借助计算机技术完成的企业间的贸易活动。

基于互联网的 B2B 商务/B2B 电子商务（Internet-based B2B commerce/B2B e-commerce）B2B 商务中可以通过互联网实现的贸易活动。

订单自动登录系统（automated order entry system）使用电话调制解调器自动发送数字化订单的系统。

卖方解决方案（seller-side solutions）归单一供货商所有、只提供该供货商产品并侧重于卖方的市场。

电子数据交换（electronic data interchange，EDI）一种在少数企业之间共享商务文件和结算信息的通信标准。

买方解决方案（buyer-side solutions）属于偏卖方市场，归采购企业所有，旨在降低企业采购成本。

中心辐射型系统（hub-and-spoke system）众多供应商通过专用网络与位于中心位置的采购企业建立连接。

垂直市场（vertical market）针对特定行业提供专业产品和服务的市场。

水平市场（horizontal market）同时为多个不同行业提供通用产品和服务的市场。

B2B 电子商铺（B2B electronic storefronts）一家供应商面向公开市场提供在线产品目录。

在线交易市场（Net marketplace）把众多的供应商集中在一个单一的互联网商务环境中进行交易。

会员专用网络（private industrial networks）对传统采购模式加以扩展从而将真正意义的协同商务也包容进来的互联网通信环境。

采购流程（procurement process）企业为了生产最终产品而向其他企业购买商品和服务的过程。

供应链（supply chain）由采购企业、供货商以及供货商的供应商所组成的链条。供应链中不仅包括企业本身，还包括企业间的相互关系以及连接它们的采购流程。

直接物料（direct goods）直接用于产品生产过程的各种原材料。

间接物料（indirect goods）不直接用于产品生产过程的各种原材料。

MRO 物料（MRO goods）用于维护、维修与运行的各种物料。

合同采购（contract purchasing）通过长期有效的、写有双方同意条款与质量要求的书面文件采购所需商品。

现货采购（spot purchasing）企业直接通过市场向众多供应商订购急需商品。

多级供应链（multi-tier supply chain）由一级和二、三级供应商共同构成的供应链。

现有计算机系统（legacy computer systems）企业原有的、建立在大型机上、对企业各部门的核心业务流程进行管理的系统。

物料需求计划系统（materials requirements planning（MRP）system）一种帮助企业对复杂制造品的零部件进行预测、跟踪和管理的现有计算机系统。

企业资源计划系统（enterprise resource planning（ERP）system）在 MRP 系统基础上将人力资源和财务管理功能集成到生产过程中的复杂系统。

供应链管理（supply chain management，SCM）企业间和行业间协调采购流程中关键成员之间相互合作的各种业务活动。

紧密合作生产（tight coupling） 确保供应商能够在规定的时间和地点交付企业所采购的零部件，从而保证企业的生产过程不会因物料缺乏而中断的一种合作机制。

供应链管理系统（supply chain management（SCM）system） 把企业的采购过程、生产过程和从供应商到企业的物资流动无缝连接起来，同时通过集成订单自动录入系统把企业供销两端的客户也纳入供应链管理中的系统。

协同商务（collaborative commerce） 多家企业使用数字化技术，在产品的整个生命周期中进行协作设计、研发、制造和管理的一种合作方式。

电子分销市场（e-distributors） 采用在线电子目录展示数千家供应商的产品信息，帮助双方完成交易的市场。

电子采购市场（e-procurement Net marketplace） 将数百家网上供应商聚集起来，为付费加盟的企业提供数百万保养和维修商品的独立中介交易市场。

价值链管理服务（value chain management（VCM）services） 电子采购市场向买方提供全程自动化的采购服务，同时也为卖方提供全程自动化的销售服务。

电子交易市场（exchanges） 将数千家供应商和潜在客户集中在同一个动态、实时的交易环境中的独立在线交易市场。

市场流动性（liquidity） 通常用市场中买卖双方的数量以及交易的金额和规模来衡量。

行业合作集团（industry consortia） 企业自己拥有的、允许采购企业从有限的经授权合作的供货商处购买直接供给品（包括商品和服务）的垂直交易市场。

企业间业务流程（trans-organizational business process） 涉及两个及以上独立企业的业务处理过程。

协同资源计划、预测与补货（collaborative resource planning，forecasting，and replenishment，CPFR） 企业与其他网络成员通力合作，共同完成需求预测、生产计划制定、运输协调、仓库及库存管理等活动，以确保批发商和零售商的补货策略能根据货架空间的变化及时、合理地调整。

思考题

1. 解释企业间贸易总额、B2B商务和B2B电子商务三者之间的区别。
2. 电子商铺的主要特征是什么？它是从哪些早期技术发展而来的？
3. 请至少列举出B2B电子商务的五个潜在优点。
4. 企业的采购品可分为哪两种类型？解释两者的差别。
5. 定义两种主要的采购方式。
6. 何谓“供应链”？供应链系统的主要功能是什么？供应链精简涉及哪些内容？
7. 请解释水平市场与垂直市场的区别。
8. 采购方如何从电子采购市场提供的价值链管理服务中受益？供应商又能获取哪些服务？
9. 从业务功能上看，电子采购市场的三个主要特征是什么？从市场角度看，它又有哪两大特性？
10. 你是否认为在线交易市场有可能会违反公平竞争原则？请简要说明。
11. 请列举出会员专用网络的三个主要目标。
12. 电子商务发展初期建立的在线交易市场屡屡失败的原因何在？
13. 阐述行业合作集团与会员专用网络的区别。
14. CPFR代表什么含义？它能给会员专用网络的成员带来哪些好处？
15. 全面实施会员专用网络将遇到哪些障碍？

设计题

1. 选择你所感兴趣的行业以及该行业的一家 B2B 垂直市场提供商。浏览其网站，根据所获取的信息准备一份报告，简要阐述网站所服务行业的规模、在线市场所属类型、网站向买卖双方承诺的利益以及这家提供商的发展历史。此外，还应当对市场的侧重点（买方还是卖方）、所有权（卖方所有、买方所有还是第三方所有）、定价机制、涉及领域、市场重点以及可访问性（公共网络还是专用网络）等方面加以考察。

2. 从图 12—9 列示的电子分销市场和电子采购市场中各选择一家，访问其网站，对两者进行比较。如果你是一家中型企业的经理，你会从哪个市场采购间接物料，是电子分销市场还是电子采购市场？准备一份报告简要阐述你的分析。

3. 假设你在一家制造钢质办公设备的办公家具企业担任采购经理。公司唯一的工厂设在中西部，拥有 2 000 名员工。公司 40% 的产品出售给像 Quill 那样面向零售业的产品目录提供商，以快速响应特殊客户订单。其余产品则采用长期合同方式出售给家具分销商。现在需要采购钢材原料，其中以冷轧钢板为主，有两种选择：电子交易市场和行业合作集团。你将如何决策？原因何在？准备一份报告，向管理层陈述你的观点。

4. 挑选一个失败的在线交易市场（比如 Aerospan. com，Chemdex. com，Petrocosm. com，E-steel. com 或者其他你感兴趣的网站），调查该市场失败的原因。准备一份简短的报告，阐述调查结果，分析可从这个市场的失败中吸取哪些教训。

参考文献

第1章

Aguiar, Mark and Erik Hurst. "Life-Cycle Prices and Production." *American Economic Review* 97:5, 1533-1559. (January 1, 2008).

Alessandria, George. "Consumer Search, Price Dispersion, and International Relative Price Fluctuations." *International Economic Review* 50:3, 803-829 (September 1, 2009).

Bailey, Joseph P. *Intermediation and Electronic Markets: Aggregation and Pricing in Internet Commerce*. Ph. D., Technology, Management and Policy, Massachusetts Institute of Technology (1998a).

Bakos, Yannis. "Reducing Buyer Search Costs: Implications for Electronic Marketplaces." *Management Science* (December 1997).

Banerjee, Suman and Chakravarty, Amiya. "Price Setting and Price Discovery Strategies with a Mix of Frequent and Infrequent Internet Users." (April 15, 2005). SSRN: http://ssrn.com/abstract=650706.

Baye, Michael R. "Price Dispersion in the Lab and on the Internet: Theory and Evidence." *Rand Journal of Economics* (2004).

Baye, Michael R., John Morgan, and Patrick Scholten. "Temporal Price Dispersion: Evidence from an Online Consumer Electronics Market." *Journal of Interactive Marketing* (January 2004).

Brynjolfsson, Erik, and Michael Smith. "Frictionless Commerce? A Comparison of Internet and Conventional Retailers." *Management Science* (April 2000).

Compete.com. "Site Profile for Digg.com." September 30, 2010).

comScore. "comScore Releases August 2010 U.S. Online Video Rankings." (September 30, 2010a).

comScore. "comScore Media Metrix Ranks Top 50 U.S. Web Properties for August 2010." (September 23, 2010b).

eBay, Inc. Report on Form 10-K for the fiscal year ending December 31, 2009 filed with the Securities and Exchange Commission (February 17, 2010).

eMarketer, Inc. (Jeffrey Grau) "Retail E-commerce Forecast: Room to Grow. (March 2010a)

eMarketer, Inc. (Lisa E. Phillips). "US Internet Users." (April 2010b).

eMarketer, Inc. "Online Sales of the Top 500 US Retail Websites, by Company Type, 2009 (billions and % share)." (May 1, 2010c).

eMarketer, Inc. "Top 10 Online Retailers, Ranked by Online Sales, 2009 (billions)." (May 1, 2010d)

Evans, Philip, and Thomas S. Wurster. *Blown to Bits: How the New Economics of Information Transforms Strategy*. Cambridge, MA: Harvard Business School Press (2000).

Evans, Philip, and Thomas S. Wurster. "Getting Real About Virtual Commerce." *Harvard Business Review* (November-December 1999).

Evans, Philip, and Thomas S. Wurster. "Strategy and the New Economics of Information." *Harvard Business Review* (September-October 1997).

Fink, Eugene, Josh Johnson, and Jerry Hu. "Exchange Market for Complex Goods: Theory and Experiments." *Communications of the ACM*. (April, 2004).

Forrester Research. "Forrester Research Web Influenced Retail Sales Forecast 12/09," (February 25, 2010).

Google. "More Google Products." Google.com (accessed September 30, 2010).

Internet Retailer. "Top 500 Guide 2010 Edition." (2010).

Internet Systems Consortium, Inc. "ISC Internet Domain Survey." (January 2010).

Internet World Stats. "Internet Usage Statistics : The Internet Big Picture: -World Internet Users and Population Stats (as of June 30, 2010)." (September 2010).

Kalakota, Ravi, and Marcia Robinson. *e-Business 2.0: Roadmap for Success, 2nd edition*. Reading, MA: Addison Wesley (2003).

Kambil, Ajit. "Doing Business in the Wired World." *IEEE Computer* (May 1997).

Kincaid, Jason. "Five Years In, YouTube Is Now Streaming Two Billion Views Per Day." TechCrunch.com, May 16, 2010.

Mesenbourg, Thomas L. "Measuring Electronic Business: Definitions, Underlying Concepts, and Measurement Plans." U. S. Department of Commerce Bureau of the Census (August 2001).

Naone, Erica. "Peer to Peer File Sharing Usurped by Streaming Video." *Technology Review* (October 14, 2009).

Nash-equilibrium.com. "Relative Dispersion as of October 1, 2010." (October 1, 2010).

National Retail Foundation. "NRF Forecasts 2.5% Increase in Retail Sales for 2010." (January 26,

2010).

Pew Internet & American Life Project. "Daily Internet Activities." (September 2010).

Photobucket.com "About Photobucket." (September 30, 2010).

PricewaterhouseCoopers/National Venture Capital Association. MoneyTree Report, Data: Thomson Financial (2010).

Rayport, Jeffrey F., and Bernard J. Jaworski. *Introduction to E-commerce, 2nd edition*. New York: McGraw-Hill (2003).

Reuters. "Retail Industry Sales Seen Up 2.5 Percent for 2010." (April 1, 2010).

Secondlife.com. "Economic Statistics (Raw Data Files), Logged_in_users.xml." (September 30, 2010).

Shapiro, Carl, and Hal R. Varian. *Information Rules. A Strategic Guide to the Network Economy*. Cambridge, MA: Harvard Business School Press (1999).

Sinha, Indajit. "Cost Transparency: The Net's Threat to Prices and Brands." *Harvard Business Review* (March-April 2000).

Smith, Michael; Joseph Bailey; and Erik Brynjolfsson. "Understanding Digital Markets: Review and Assessment." In Erik Brynjolfsson and Brian Kahin (eds.) *Understanding the Digital Economy*. Cambridge MA: MIT Press (2000).

Tversky, A., and D. Kahneman. "The Framing of Decisions and the Psychology of Choice." *Science* (January 1981).

U.S. Census Bureau. "Census Bureau Projects U.S. Population of 308 Million on New Year's Day 2010." (December 29, 2009)

U.S. Census Bureau. *Statistical Abstract of the United States: 2010* (2010a).

U.S. Census Bureau. "E-Stats Report 2008 E-commerce Multi-Sector Report." (May 27, 2010b).

Varian, Hal R. "When Commerce Moves On, Competition Can Work in Strange Ways." *New York Times* (August 24, 2000a).

Varian, Hal R. "5 Habits of Highly Effective Revolution." *Forbes ASAP* (February 21, 2000b).

Wikipedia.org "Wikipedia: About." (September 30, 2010).

Wikimedia.org. "User:Stu/comScore data on Wikimedia." (September 30, 2010)

WordPress.com. "Stats." (September 2010)

第2章

Agentrics LLC. "Fact Sheet." Agentrics.com (January 2010).

Arthur, W. Brian. "Increasing Returns and the New World of Business." *Harvard Business Review* (July-August 1996).

Bakos, Yannis. "The Emerging Role of Electronic Marketplaces on the Internet." *Communications of the ACM* (August 1998).

Barney, J. B. "Firm Resources and Sustained Competitive Advantage." *Journal of Management* Vol. 17, No. 1 (1991).

Bellman, Steven; Gerland L. Lohse; and Eric J. Johnson. "Predictors of Online Buying Behavior." *Communications of the ACM* (December 1999).

Day, George S.; Adam J. Fein; and Gregg Ruppersberger. "Shakeouts in Digital Markets." *California Management Review* Vol. 45, No. 3 (Winter 2003).

eBay, Inc. eBay Inc. Reports Strong Second Quarter Revenue and Earnings Growth." (July 21, 2010).

Fisher, William W. III. "The Growth of Intellectual Property: A History of the Ownership of Ideas in the United States." Cyber.law.harvard.edu/people/tfisher/iphistory.pdf (1999).

Gerace, Thomas. "Encyclopedia Britannica." Harvard Business School Case Study 396-051 (1999).

Ghosh, Shikhar. "Making Business Sense of the Internet." Harvard Business Review (March-April 1998).

JiWire.com. "Wi-Fi Finder." (September 30, 2010).

Kambil, Ajit. "Doing Business in the Wired World." *IEEE Computer* (May 1997).

Kambil, Ajit; Ari Ginsberg; and Michael Bloch. "Reinventing Value Propositions." Working Paper, NYU Center for Research on Information Systems (1998).

Kanter, Elizabeth Ross. "The Ten Deadly Mistakes of Wanna-Dots." *Harvard Business Review* (January 2001).

Kaplan, Steven, and Mohanbir Sawhney. "E-Hubs: The New B2B Marketplaces." *Harvard Business Review* (May-June 2000).

Kim, W. Chan, and Renee Mauborgne. "Knowing a Winning Business Idea When You See One." *Harvard Business Review* (September-October 2000).

Magretta, Joan. "Why Business Models Matter." *Harvard Business Review* (May 2002).

Nielsen Company. "Bing Overtakes Yahoo! as the #2 U.S. Search Engine" (September 14, 2010).

Porter, Michael E. "Strategy and the Internet." *Harvard Business Review* (March 2001).

Porter, Michael E. *Competitive Advantage: Creating and Sustaining Superior Performance.* New York: Free Press (1985).

Rigdon, Joan I. "The Second-Mover Advantage." *Red*

Herring (September 1, 2000).
Teece, David J. "Profiting from Technological Innovation: Implications for Integration, Collaboration, Licensing and Public Policy." *Research Policy* 15 (1986).
Timmers, Paul. "Business Models for Electronic Markets" *Electronic Markets* Vol. 8, No. 2 (1998).
U.S. Census Bureau Statistical Abstract of the United States: 2010 (2010a).
U.S. Census Bureau. "E-Stats Report 2008 E-commerce Multi-Sector Report." (May 27, 2010b).

第3章

Apple, Inc. "Apple Premieres iTunes 9." (September 9, 2010).
Arstechnica.com. "Capitol Hill, The Internet, and Broadband: An Ars Technica Quarterly Report." (September 2010).
Berners-Lee, Tim; Robert Cailliau; Ari Luotonen; Henrik Frystyk Nielsen; and Arthur Secret. "The World Wide Web." *Communications of the ACM* (August 1994).
Bluetooth.com. "Press & Analysts." (2010).
Brandt, Richard. "Net Assets: How Stanford's Computer Science Department Changed the Way We Get Information." *Stanford Magazine* (November/December 2004).
Bush, Vannevar. "As We May Think." *Atlantic Monthly* (July 1945).
Cerf, V., and R. Kahn, "A Protocol for Packet Network Intercommunication." *IEEE Transactions on Communications*, Vol. COM-22, No. 5, pp 637-648 (May 1974).
Cisco Systems, Inc. "IP Multicast Technical Overview." (August 2007).
Computer Science and Telecommunications Board. National Research Council (NRC). Networking Health: Prescriptions for the Internet." Washington DC: National Academy Press (2000).
comScore. "comScore Releases August 2010 U.S. Search Engine Rankings." (September 16, 2010a).
comScore. "comScore Media Metrix Ranks Top 50 Web Properties for August 2010." (September 23, 2010b).
comScore. "comScore Releases May 2010 U.S. Online Video Rankings" (June 24, 2010c).
eMarketer, Inc. (Paul Verna). "Podcasting: Into the Mainstream." (March 2009)
eMarketer, Inc. (Lisa E. Phillips). "US Internet Users." (April 2010a).
eMarketer, Inc. "Active Mobile Internet Users Worldwide, 2009 & 2010 (millions)." (March 23, 2010b).
eMarketer, Inc. (Paul Verna). "The Blogosphere: Colliding with Social and Mainstream Media." (September 2010c).
Federal Networking Council. "FNC Resolution: Definition of 'Internet.'" (October 24, 1995).
Gartner, Inc. "Gartner Says Worldwide Cloud Services Market to Surpass $68 Billion in 2010." (June 22, 2010).
Gaudin, Sharon. " PC Shipments Set to Grow 22% in 2010, Gartner Says." *Computerworld* (May 26, 2010).
Geni.net. "Global Environment for Network Innovations." (September 2008).
Gross, Grant. "NSF Seeks Ambitious Next-Generation Internet Project." *Computerworld* (August 29, 2005).
Hansell, Saul. "Plugging in $40 Computers." *New York Times* (March 5, 2009).
International Data Corporation (IDC). "Worldwide Quarterly Mobile Phone Tracker." (February 4, 2010).
Internet Corporation for Assigned Names and Numbers (ICANN). "Top-Level Domains (gTLDs)." Icann.org (2010).
Internet Society. "ISOC's Standards Actitivies." Internet Society. (September 2010).
Internet Society. "RFC 2616: Hypertext Transfer Protocol-HTTP/1.1." (June 1999).
Internet Society. "RFC 2821: Simple Mail Transfer Protocol" (April 2001).
Internet Society. "RFC 1939: Post Office Protocol-Version 3." (May 1996).
Internet Society. "RFC 3501: Internet Message Access Protocol-Version 4rev1" (March 2003).
Internet Society. "RFC 0959: File Transfer Protocol." (October, 1985).
Internetworldstats.com "Internet Usage Statistics : The Internet Big Picture-World Internet Users and Population Stats." As of June 30, 2010 (September 2010)
Kleinrock, Leonard. *1964 Communication Nets: Stochastic Message Flow and Delay*. New York: McGraw-Hill (1964).
Leiner, Barry M.; Vinton G. Cerf; David D. Clark; Robert E. Kahn; Leonard Kleinrock; Daniel C. Lynch; Jon Postel; Larry G. Roberts; and Stephen Wolff. "All About the Internet: A Brief History of the Internet." *Internet Society* (ISOC) (August 2000).
Marketshare.hitslink.com. "Top Browser Share Trend." (September 2010).
National Research Council. "The Internet's Coming of Age." Washington DC: National Academy

Press (2000).
Netcraft. "September 2010 Web Server Survey." (September 17, 2010).
NLR.net. "National LambdaRail: About Us." (September 2010).
Pew Internet & American Life Project. "Daily Internet Activities." (September 2010).
Point Topic. "Global Broadband Statistics" (June 22, 2009).
Radicati Group. "The Radicati Group Releases "Email Statistics Report, 2010-2014."" (April 19, 2009).
Shein, Esther. "Netbook Sales to Almost Double by 2013." *Information Week* (July 23, 2010).
Stross, Randall. "The PC Doesn't Have to Be an Anchor." *New York Times* (April 18, 2009).
Technorati, Inc. "State of the Blogoshpere/2009" (2009).
U.S. Department of Commerce. "Letter to ICANN Chairman." http://www.ntia.doc.gov/comments/2008/ICANN_080730.html (July 30, 2008).
Visualware, Inc., "VisualRoute Traceroute Server." Visualroute.visualware.com (September 2007).
Zakon, Robert H. "Hobbes' Internet Timeline v8.1." Zakon.org (2005).
Ziff-Davis Publishing. "Ted Nelson: Hypertext Pioneer." Techtv.com (1998).
Zillman, Marcus. "Deep Web Research." LLRX.com (2005).

第4章

Banker, Rajiv D., and Chris F. Kemerer. "Scale Economies in New Software Development." *IEEE Transactions on Software Engineering*, Vol. 15, No. 10 (1989).
Bluefly, Inc. Report Form 10-K for theYear Ended December 30, 2008 filed with the Securities & Exchange Commission (March 5, 2009).
Doyle, Barry and Cristina Videria Lopes. "Survey of Technologies for Web Application Development." ACM, Vol.2., No. 3. (June 2005).
eMarketer, Inc. (Lisa E. Phillips). "US Internet Users" (April 2010).
Google. "Google Analytics Product Tour." (2009).
Hostway. "Hostway Pet Peeves Survey: Top Line Results." Hostway.com, (2007).
IBM (High Volume Web Sites Team). "Best Practices for High-Volume Web Sites." *IBM Redbooks* (December 2002).
IBM (Nigel Trickett, Tatsuhiko Nakagawa, Ravi Mani, Diana Gfroerer). "Understanding IBM eServer pSeries Performance and Sizing." IBM Redbooks (January 24, 2003).
Laudon, Kenneth C. and Jane P. Laudon. Management Information Systems: *Managing the Digital Firm*. 12th edition. Upper Saddle River, NJ: Prentice Hall (2011).
Lientz, Bennet P., and E. Burton Swanson. Software *Maintenance Management*. Reading MA: Addison-Wesley (1980).
RealStoryGroup.com. "Research: CMS Vendor Evaluations." (September 2010).
WebTrends, Inc. "WebTrends Analytics 9." (2009).

第5章

Associated Press. "FBI Ditches Carnivore Surveillance System." Foxnews.com (January 18, 2005).
Boncella, Robert J. "Web Security for E-Commerce." *Communications of the Association for Information Systems*, Vol. 4. (November 2000).
Borden, Anne. "Credit Card Theft: An 'Inside Job'." Lawyersandsettlements.com (May 14, 2007).
Butterfield, Ethan. "Agencies Making Little Progress Against Cybervandalism." *Government Computer News* (September 1, 2005).
Channelinsider.com. "Network Solutions Suffers Large Data Breach." (July 24, 2009).
Computer Security Institute. "CSI Computer Crime and Security Survey 2009." (2009).
Cybersource, Inc. "Online Fraud Report-2010 Edition." (2010).
Davies, Shaun. "Japan's Wallet Phone Explosion." News.ninemsn.com.au (March 4, 2009).
Denning, Dorothy E., and William E. Baugh. "Hiding Crimes in Cyberspace." *Information, Communication, and Society* Vol. 2, No. 3 (Autumn 1999).
Electronic Privacy Information Center (EPIC). "Cryptography and Liberty 2000. An International Survey of Encryption Policy." Washington D. C. (2000).
Fiserv, Inc. "2007 Consumer Bills Payment Trends Survey: Volume of Electronic Payments." (2007).
Forrester Research, Inc. (Emmettt Higdon). "US Online Bill Payment Forecast: 2009 To 2014" (October 19, 2009).
Forrester Research. "State of Enterprise IT Security: 2008-2009." (December 24, 2008).
Javelin Strategy & Reseach. "2010 Identity Fraud Survey Report." (February 10, 2010).
Javelin Strategy & Research "Online Retail Payments Forecast 2010-2014 Report." (February 17, 2010).
Kerner, Sean Michael. "Researchers: Conficker Still a Threat." Internetnews.com (July 31, 2009).
MacKie-Mason, K. Jeffrey and Kimberly White.

"Evaluating and Selecting Digital Payment Mechansims." Selected Papers from the 1996 Telecommunications Policy Research Conference, Lawrence Erlbaum Associates, Inc, 1996.

Markoff, John. "VeriSign Moves to Address an Internet Security Problem." *New York Times* (February 8, 2007).

Microsoft, Inc. "Microsoft Security Intelligence Report Volume 8 (July through December 2009)" (March 2010).

Mills, Elinor. "Firms Tackle Virus-laden Web sites, Ads." CNET News (May 26, 2010).

National White Collar Crime Center and the Federal Bureau of Investigation. "Internet Crime Complaint Center 2009 Internet Crime Report." (2010).

Peretti, Kimberly. "Data Breaches: What the Underground World of 'Carding' Reveals," *Santa Clara Computer and High Technology Journal*, Vol. 25 (2008).

Ponemon Institute. "Fourth Annual US Cost of Data Breach Study: Benchmark Study of Companies." (January 2009).

Schwartz, John. "Fighting Crime Online: Who is in Harm's Way?" *New York Times* (February 8, 2001).

Stein, Lincoln D. *Web Security: A Step-by-Step Reference Guide*. Reading, MA: Addison-Wesley (1998).

Symantec, Inc. "Internet Security Threat Report Volume XV: April 2010." (April 2010).

US-CERT "Cyber Security Bulletin SB10-270 Vulnerability Summary for the Week of September 20, 2010." (September 27, 2010).

第6章

Adomavicius, Gediminas, and Alexander Tuzhilin. "Expert-Driven Validation of Rule-Based User Models in Personalization Applications." *Data Mining and Knowledge Discovery* (January 2001a).

Adomavicius, Gediminas, and Alexander Tuzhilin. "Using Data Mining Methods to Build Customer Profiles." *IEEE Computer* (February 2001b).

Ailawadi, K.L.; D.R. Lehmann; and S.A. Neslin. "Revenue Premium as an Outcome Measure of Brand Equity." *Journal of Marketing* (October 2003).

Akerlof, G. "The Market for 'Lemons' Quality Under Uncertainty and the Market Mechanism." *Quarterly Journal of Economics* (August 1970).

Awad, Neveen; Michael Smith, and Mayuram Krishnan. "The Consumer Online Purchase Decision: A Model of Consideration Set Formation and Buyer Conversion Rate Across Market Leaders and Market Followers." Working Paper Series, SSRN (September 2007).

Ba, Sulin, and Paul Pavlou. "Evidence on the Effect of Trust Building Technology in Electronic Markets: Price Premiums and Buyer Behavior." *MIS Quarterly* (September 2002).

Bailey, J., and Erik Brynjolfsson. "An Exploratory Study of the Emerging Role of Electronic Intermediaries." *International Journal of Electronic Commerce* (Spring, 1997).

Bakos, J. Y., and Erik Brynjolfsson. "Bundling and Competition on the Internet: Aggregation Strategies for Information Goods." *Marketing Science* (January 2000).

Barry, John and Ed Keller. *The Influentials: One American in Ten Tells the Other Nine How to Vote, Where to Eat, and What to Buy*. Free Press (2003).

Baye, Michael R.; John Morgan; and Patrick Scholten. "Price Dispersion in the Small and in the Large: Evidence from an Internet Price Comparison Site." Nash-equilibrium. com, (August 2002a).

Baye, Michael R.; John Morgan; and Patrick Scholten. "The Value of Information in an Online Consumer Market." *Journal of Public Policy and Marketing* (August 2002b).

Bell, David R. and Sangyoung Song. "Social Contagion and Trial on the Internet: Evidence from Online Grocery Retailing." Unpublished paper. The Wharton School, University of Pennsylvania (May 12, 2004).

Berg, Julie, John Matthews, and Constance O'Hare, "Measuring Brand Health to Improve Top Line Performance." (Fall 2007).

Brynjolfsson, Erik, and M. D. Smith. "Frictionless Commerce? A Comparison of Internet and Conventional Retailer." *Management Science* (April 2000).

Brynjolfsson, Erik; Michael D. Smith; and Yu Hu. "Consumer Surplus in the Digital Economy: Estimating the Value of Increased Product Variety at Online Booksellers." *Working Paper, Information, Operations, and Management Sciences Research Seminar Series*, Stern School of Business (April 17, 2003).

Carpenter, Phil. *eBrands: Building an Internet Business at Breakneck Speed*. Cambridge MA: Harvard Business School Press (2000).

Carr, Nicholas. "Does the Internet Make You Dumber?" *New York Times* (June 5, 2010).

Catalyst. "Buying Power." (February 25, 2010).

Chan, P. K. "A Non-Invasive Learning Approach to Building Web User Profiles." In *Proceedings of ACM SIGKDD International Conference* (1999).

Channel Advisor, "How Consumers Shop Online." (2009).

Clay, K.; K. Ramayya; and E. Wolff. "Retail Strategies on the Web: Price and Non-Price Competition in the On Line Book Industry." Working Paper, *MIT E-commerce Forum* (1999).

Compaq, Inc. "Compaq White Paper." Compaq.com (November 1998).

comScore. "Smartphone Subscribers Now Comprise Majority of Mobile Browser and Application Users in U.S." (October 1, 2010).

Corritore, C.L., B. Kracher, S. Wiedenbeck, "On-line trust: concepts, evolving themes, a model," *International Journal of Human-Computer Studies* (2006).

Cross, Robert. "Launching the Revenue Rocket: How Revenue Management Can Work For Your Business." *Cornell Hotel and Restaurant Administration Quarterly* (April 1997).

Doolin, Bill; Stuart Dillion, and Fiona Thompson. "Perceived Risk, the Internet Shopping Experience, and Online Purchasing Behvaior." In Annie Becker (editor), Electronic Commerce: Concepts, Methodologies, Tools and Applications. Information Science Reference (2007).

Ellison, Sarah. "Web-Brand Study Says Awareness Isn't Trust." *Wall Street Journal* (June 7, 2000).

eMarketer, Inc. (Lisa E. Phillips). "US Internet Users." (April 2010a)

eMarketer, Inc. (Jeffrey Grau). "Retail E-commerce Forecast: Room to Grow" (March 2010b).

eMarketer, Inc. "US Internet Users Who Have Changed Their Mind About Buying Online due to Privacy/Security Concerns, by Age," (April 14, 2010c).

eMarketer, Inc. (Paul Verna). The Blogosphere: Colliding with Social and Mainstream Media (September 2010d).

eMarketer, Inc. "US Social Network Ad Spending, by Venue, 2009 & 2010." (July 28, 2010e).

eMarketer, Inc. "B2B Spending on Social Media to Explode." (June 1, 2010f)

eMarketer, Inc. (Debra Williamson) "Social Media Marketing by the Numbers." (February 2010g).

eMarketer, Inc. "Sources Used by US Online Buyers," Chart (August 2009a).

eMarketer, Inc. (Noah Elkin). "Mobile Social Networks" (November 2009b.)

eMarketer, Inc. (Paul Verna). "The Blogosphere: A Mass Movement from Grass Roots." (May 2008a).

Evans, P., and T. S. Wurster. "Getting Real About Virtual Commerce." *Harvard Business Review* (November-December 1999).

Fawcett, Tom, and Foster Provost. "Adaptive Fraud Detection." *Data Mining and Knowledge Discovery* (1997).

Fawcett, Tom, and Foster Provost. "Combining Data Mining and Machine Learning for Effective User Profiling." In *Proceedings of the Second International Conference on Knowledge Discovery and Data Mining* (1996).

Federal Communications Commission. "Broadband Adoption and Use in America." (February 23, 2010).

Feldwick, Paul. "What Is Brand Equity Anyway, and How Do You Measure It?" *Journal of the Market Research Society* (April 1996).

Forrester Research, Inc. "Designing Transactive Content." (February 1998).

Forrester Research, Inc. "Transactive Content." (October 1997).

Forrester Research, Inc. (Sucharita Mulpuru and Peter Hult) "US Online Retail Forecast, 2009 To 2014 Online Retail Hangs Tough For 11% Growth In A Challenging Economy." (March 5, 2010a).

Forrester Research, Inc. "Retailers Plan To Expand Online Customer Service Channels In 2010." (March 18, 2010).

Godin, Seth. *Permission Marketing*. New York: Simon & Schuster (1999).

Golder, Peter. "What History Teaches Us About the Endurance of Brands." *Stern Business* (Fall 2000).

Greenfield, Patricia. "Technology and Informal Education: What Is Taught, What Is Learned. *Science Magazine* (January, 2009).

Gulati, Ranjay, and Jason Garino. "Getting the Right Mix of Bricks and Clicks." *Harvard Business Review* (May-June 2000).

Giuliani, John. "Dotomis Riding Personalized Media Beyond Behavioral Targeting." AdExchanger.com (September 15, 2009).

Higgins, Michelle. "Blink and You'll Miss These Deals." *New York Times* (May 17, 2009).

Humphreys, Jeffrey M. "The Multicultural Economy 2008." Terry College of Business, University of Georgia (January 2009).

Interbrand. "Best Global Brands: 2010 Rankings." (September 2010).

Internet Retailer. "Top 500 Guide 2010 Edition." (2010).

Kim, D. and I. Benbasat. "The Effects of Trust-Assuring Arguments on Consumer Trust in Internet Stores," *Information Systems Research* (2006).

Kim, D. and I. Benbasat. "Designs for Effective Implementation of Trust Assurances in Internet Stores," *Communications of the ACM* (July 2007).

Kotler, Philip, and Gary Armstrong. *Principles of Marketing, 13th Edition*. Upper Saddle River, NJ: Prentice Hall (2009).

Leiter, Daniel B. and Thierry Warin. "An Empirical Study of Price Disperson in Homogeneous Goods Markets." Middlebury College Economics Discussion Paper No. 07-10. 2007

Lohse, L. G., G. Bellman, and E. J. Johnson. "Consumer Buying Behavior on the Internet: Findings from Panel Data." *Journal of Interactive Marketing* (Winter 2000).

Malamud, Ofer and Cristian Pop-Eleches. "Home Computer Use and the Development of Human Capital." University of Chicago and NBER Columbia University (January 2010).

McIntyre, Douglas. "10 Brands That May Disappear in 2010." 24/7Wallstreet.com (July 8, 2010).

Mishra, D. P., J. B. Heide, and S. G. Cort. "Information Asymmetry and Levels of Agency Relationships." *Journal of Marketing Research*. (1998).

Mobasher, Bamshad. "Data Mining for Web Personalization." Center for Web Intelligence, School of Computer Science, Telecommunication, and Information Systems, DePaul University, Chicago, Illinois. (2007).

Nash-equilibrium.com. "Relative Dispersion." (September 9, 2008).

Nie, Norman, and Lutz Erbring. "Internet and Society: A Preliminary Report." *Stanford Institute for the Quantitative Study of Society* (February 17, 2000).

Nielsen Company. "What Americans Do Online: Social Media and Games Dominate Activity." (August 2, 2010).

Opinion Research Corporation. "Online Consumer Product Reviews Have Big Influence." Opinion Research Corporation (April 16, 2009).

Pavlou, Paul. "Institution-Based Trust in Interorganizational Exchange Relationships: The Role of Online B2B Marketplaces on Trust Formation." *Journal of Strategic Information Systems* (2002).

Pavlou, Paul A. and Angelika Dimoka. "The Nature and Role of Feedback Text Comments in Online Marketplaces: Implications for Trust Building, Price Premiums, and Seller Differentiation." *Information Systems Research* (August 2006).

Pavlou, P. A. and M. Fygenson (2005). "Understanding and Predicting Electronic Commerce Adoption: An Extension of the Theory of Planned Behavior." *MIS Quarterly* (2005).

Pew Internet & American Life Project. "May-June 2005 Tracking Survey." (August 9, 2005a).

Pew Internet & American Life Project (Amanda Lenhart, Mary Madden and Paul Hitlin). "Teens and Technology." (July 27, 2005b).

Pew Internet & American Life Project. "Daily Internet Activities." (September 2010a).

Pew Internet & American Life Project. "Demographics of Internet Users." (September 2010b).

Rayport, J. F., and J. J. Sviokla. "Exploiting the Virtual Value Chain." *Harvard Business Review* (November-December 1995).

Reichheld, Frederick F., and Phil Schefter. "ELoyalty: Your Secret Weapon on the Web." *Harvard Business Review* (July-August 2000).

Retail Advertising & Marketing Association (RAMA). "Social Media: An Inside Look at the People Who Use It." (March 3, 2010).

Rodgers, Zachary. "Measuring Blog Marketing." Clickz.com (January 12, 2005).

Saunders, Peter Lee, and Andrea Chester. "Shyness and the Internet: Social Problem or Panacea?" Division of Psychology, School of Health Sciences, RMIT University, City Campus, Melbourne, Victoria, Australia (2008).

Scholten, Patrick, and S. Adam Smith. "Price Dispersion Then and Now: Evidence from Retail and E-tail Markets." Nash-equilibrium.com. (July 2002).

Shapiro, Carl, and Hal Varian. *Information Rules: A Strategic Guide to the Network Economy*. Cambridge, MA: Harvard Business School Press (1999).

Shapiro, Carl, and Hal Varian. "Versioning: The Smart Way to Sell Information." *Harvard Business Review* (November-December 1998).

Shklovski, Irina; Sara Kiesler, and Robert Kraut. "The Internet and Social Interaction: A Meta-analysis and Critique of Studies, 1995-2003." Carnegie Mellon University (2004).

Sinha, Indrajit. "Cost Transparency: The Net's Real Threat to Prices and Brands." *Harvard Business Review* (March-April 2000).

Smith, M. D.; J. Bailey; and E. Brynjolfsson. "Understanding Digital Markets: Review and

Assessment," in E. Brynjolfsson and B. Kahin (eds.), *Understanding the Digital Economy*. Cambridge, MA: MIT Press (1999).

Starbuck, William, and Paul C. Nystrom. "Why Many Firms Run Into Crises, and Why Some Survive." Working Paper. Stern School of Business, Management and Organizational Behavior (1997).

Sterling Commerce and Deloitte Consulting. "What Consumers Want in Their Shopping Experience." (August 2007).

Surowiecki, James. The Wisdom of Crowds: *Why the Many are Smarter than the Few and How Collective Wisdom Shapes Business, Economies, Societies and Nations*. New York: Doubleday, (2004).

Sweeney, Campbell. "One-Touch Shopping, For Members Only." *New York Times* (March 3, 2010).

Takahashi, Dean. "Freemium Summit: Evernote shares the insider secrets of free apps," Mobileventurebeat.com (March 26, 2010).

Teece, David J. "Profiting from Technological Innovation: Implications for Integration, Collaboration, Licensing and Public Policy." *Research Policy*, 15 (1986).

TRUSTe. "2009 Study: Consumer Attitudes About Behavioral Targeting." (March 4, 2009).

USC Annenberg School Center for the Digital Future. "Web Insight 67." (April 12, 2010).

Van den Poel, Dirk and Wouter Buckinx. "Predicting Online Purchasing Behavior." *European Journal of Operations Research*, Vol. 166, Issue 2 (2005).

von Hippel, Eric. *The Sources of Innovation*. New York: Oxford University Press (1994).

von Hippel, Eric. *Democratizing Innovation*. Cambridge : MIT Press, (2005).

Watts, Duncan. *Six Degrees of Freedom*. W.W. Norton (2004).

Wigand, R. T., and R. I. Benjamin. "Electronic Commerce: Effects on Electronic Markets." *Journal of Computer Mediated Communication* (December 1995).

Williamson, O. E. *The Economic Institutions of Capitalism*. New York: Free Press (1985).

Wolfinbarger, Mary, and Mary Gilly. "Shopping Online for Freedom, Control and Fun." *California Management Review* (Winter 2001).

第7章

Anderson, Eric; Erik Brynjolfsson, Yu Hu, and Duncan Simester, "Understanding the Impact of Marketing Actions in Traditional Channels on the Internet: Evidence From a Large Field Experiment." (January 2005).

Battelle, John. "Search Blog." Battellemedia.com/archives/000063.php (November 13, 2003).

Beval Saddlery Ltd. "Products." Beval.com (2008).

Briggs, Rex. "How Internet Advertising Works." ESOMAR "Net Effects" Conference, London. (February 22, 1999).

Cable & Telecommunications Association for Marketing."Tracking Entertainment and Technology: Consumer Value in Media." June/July Pulse Report (August 4, 2009).

Cable & Telecommunications Association for Marketing (CTAM). "Social Networking Feeds Americans' Hunger for Television." (June 23, 2010).

Center for Digital Democracy, "In the Matter of Real Time Targeting and Auctioning, Data Profiling Optimization, and Economic Loss to Consumers and Privacy." Before the Federal Trade Commission. Washington D.C. (April 2010.)

Click Forensics. "Click Fraud Rate Rises Slightly in Q2 2010 to 18.6 Percent" (July 21, 2010).

Clifford, Stephanie. "There's An App for That. But a Revenue Stream?" *New York Times* (August 10. 2009).

comScore. "comScore Releases May 2010 U.S. Online Video Rankings." (June 24, 2010a).

comScore. "comScore Media Metrix Ranks Top 50 U.S. Web Properties for August 2010." (September 21, 2010b).

Consumer Reports WebWatch. "Searching for Disclosure: How Search Engines Alert Consumers to the Presence of Advertising in Search Results." Consumerwebwatch.org (November 2004).

Consumer Reports Web Watch. "Still in Search of Disclosure: Re-evaluating How Search Engines Explain the Presence of Advertising in Search Results." (June 9, 2005).

Davern, Michael J.; Dov Te'eni; and Jae Yun Moon. "Information Environments and Human Behavior Over Time: From Initial Preferences to Mature Usage." Department of Information Systems, Stern School of Business, New York University (2001).

Direct Marketing Association (DMA). "DMA Releases 2010 Response Rate Trend Report." (June 15, 2010).

Direct Marketing Association (DMA), "DMA: The Power of Direct Marketing." (October 19, 2009)

Dynamic Logic. "Video Ads Achieve Greater Branding Impact With Fewer Impressions." *Beyond the Click: Insights from Marketing Effectiveness Research* (December 2004).

eGain. "Multichannel Experience Most Dysfunctional Aspect of Customer Service, According to New North America Research Survey." (February 23, 2010).

Ellison, Nicole, Charles Steinfeld, and Cliff Lampe. "Spatially Bounded Online Social Networks and Social Capital: The Role of Facebook." Department of Telecommunications, Information Studies, and Media, Michigan State University. Paper presented at the Annual Conference of the International Communication Association, Dresden, Germany (June 2006).

eMarketer, Inc. (David Hallerman) "US Ad Spending: How Big a Bounce?" (June 2010a).

eMarketer, Inc. (Jeffrey Grau), "The Role of Catalogs in the Multichannel Model." (March 2010b).

eMarketer, Inc. (Jeffrey Grau). "US Retail E-commerce Forecast: Room to Grow." (March 2010c.)

eMarketer, Inc., "Online Advertising Metrics in North America." (June 2010d).

eMarketer, Inc. "E-mail Marketing Performance Metrics in North America." (September 2010e)

eMarketer, Inc. "US Social Network Ad Spending, by Venue, 2009 & 2010." (July 28, 2010e).

eMarketer, Inc. "The Sad Tale of the Abandoned Cart." (June 30, 2009b).

eMarketer, Inc. "How Much Time People Really Spend with Ads." (August 24, 2009c).

eMarketer, Inc. (Paul Verna) "The Blogosphere: Mass Movement From the Grass Roots." (May 2008a).

eMarketer, Inc. (David Hallerman) "Behavioral Targeting: Marketing Trends." (June 2008b).

eMarketer, Inc. (David Hallerman). "US Advertising Spending." (November 2007).

eMarketer, Inc. (David Hallerman). "Ad Spending Trends: The Internet and Other Media." (October 2005).

E-Tailing Group. "9th Annual Merchant Survey." (April 20, 2010).

Eyeblaster. "Trends of Time and Attention in Online Advertising." (July 22, 2009).

Fair Isaac Corporation. "New Fair Isaac Research Indicates Click Fraud is Potentially Large Problem in Parts of Search Engine Advertising." (May 18, 2007).

Flanigan, Andrew, and Miriam J. Metzger. "The Role of Site Features, User Attributes, and Information Verification Behaviors on the Perceived Credibility of Web-based Information." *New Media & Society*, Vol. 9, No. 2 (2007).

Fogg, B.J., Cathey Soohoo, David Danielson, Leslie Marable, Julliane Stanford, and Ellen Tauber. "How Do Users Evaluate the Credibility of Web Sites? A Study with Over 2,500 Participants." Proceedings of DUX2003, Designing for User Experiences. (2003).

Google, Inc.. "Eye-tracking Studies: More than Meets the Eye." googleblog.blogspot.com (February 6, 2009).

Hotchkiss, Gord , Tracy Sherman, Rick Tobin, Cory Bates and Krista Brown. "Search Engine Results 2010." Enquiroresearch.com (September, 2007).

Interactive Advertising Bureau. "IAB Standards and Guidelines." Iab.net (September 2008). Interactive Advertising Bureau (IAB)/PricewaterhouseCoopers. "IAB Internet Advertising Revenue Report 2010 Full Year Results" (March 2010).

Internet Retailer. Top 500 Guide 2010 Edition. (2010a).

Internet Retailer. 2010 Guide to Retail Web Site Design & Usability. (2010b).

Kane, Yukari and Emily Steel. "Apple Fights Rival Google on New Turf." *Wall Street Journal* (April 8, 2010).

LeClaire, Jennifer. "Quattro Wireless to Be Closed as Apple Focuses on iAd." Toptechnews.com (August 20, 2010).

Lohse, L. G.; G. Bellman; and E. J. Johnson. "Consumer Buying Behavior on the Internet: Findings from Panel Data." *Journal of Interactive Marketing* (Winter 2000).

Network Advertising Initiative. "Study Finds Behaviorally Targeted Ads More Than Twice as Valuable, Twice as Effective as Non-targeted Ads." (March 24, 2010).

National Conference of State Legislatures. "State Laws Relating to Unsolicited Commercial of Bulk E-mail (SPAM)." (February 10, 2010).

Nielsen, Jakob. "F-Shaped Pattern For Reading Web Content, Nielsen's Alertbox." (April 17, 2006).

Nielsen Company. "Facebook Users Average 7 hrs a Month in January as Digital Universe Expands." (February 16, 2010).

Novak, T. P.; D. L. Hoffman; and Y. F. Yung. "Measuring the Customer Experience in Online Environments: A Structural Modeling Approach." *Marketing Science* (Winter, 2000).

Pew Internet & American Life Project. "Daily Internet Activities." (September 2010).

Pew Internet & American Life Project (Lee Rainie). "Search Engine Use November 2005." (November 2005).

Shrestha, Sav and Kelsi Lenz. "EyeGaze Patterns while Searching vs. Browsing a Website." Software Usability Research Laboratory, Department of Psychology, Wichita State University, Wichita, KS 67260-0034 (September, 2007).

Story, Louise. "It's an Ad, Ad, Ad World." *New York Times* (August 6, 2007).

Sullivan, Danny. "FTC Recommends Disclosure to Search Engines." Searchenginewatch.com (February 13, 2003).

Symantec Message Labs. "MessageLabs Intelligence: August 2010 Report" (August 2010).

Tsai, Janice; S. Egelman, L. Cranor, and A. Acquisti. "The Effect of Online Privacy Information on Purchasing Behavior: An Experimental Study." Paper presented at the Workshop on the Economics of Information Security, June 7-8, 2007, Pittsburgh, PA. (June 2007).

Turow, Joseph; Jennifer King; Chris Hoofnagle; Amy Bleakley; and Michael Hennessy. "Americans Reject Tailored Advertising and Three Activities that Enable It." Available at SSRN: http://ssrn.com/abstract=1478214 University of California, Berkeley; University of Pennsylvania. (September 29, 2009).

第8章

Apple Computer, Inc. v. Microsoft Corp. 709 F. Supp. 925, 926 (N. D. Cal. 1989); 799 F. Supp. 1006, 1017 (N. D. Cal., 1992); 35 F. 3d 1435 (9th Cir.); cert. denied, 63 U. S. L. W. 3518 (U.S., Feb. 21, 1995) (No. 94-1121).

Associated Press. "Google Settles Final Piece of Geico Case." BizReport.com (September 8, 2005).

Audi AG and Volkswagen of America, Inc. v. Bob D'Amato No. 05-2359, 6th Circuit (November 27, 2006).

Bernina of America, Inc. v. Fashion Fabrics Int'l., Inc. 2001 U. S. Dist. LEXIS 1211 (N. D. Ill., Feb. 8, 2001).

Bilski et al. v. Kappos, 561 U.S. ______(2010).

Brown Bag vs. Symantec Corp., 960 F. 2d 1465 (9th Cir. 1992).

Chiappetta, Vincent. "Defining the Proper Scope of Internet Patents: If We Don't Know Where We Want to Go, We're Unlikely to Get There." *Michigan Telecommunications Technology Law Review* (May 2001).

Clifford, Stephanie. "Web Privacy on the Radar in Congress." *New York Times* (August 10, 2008).

Diamond v. Chakrabarty, 447 US 303 (1980).

Dueker, Kenneth Sutherlin. "Trademark Law Lost in Cyberspace: Trademark Protection for Internet Addresses." *Harvard Journal of Law and Technology* (Summer 1996).

E. & J. Gallo Winery v. Spider Webs Ltd. 129 F. Supp. 2d 1033 (S.D. Tex., 2001) aff'd 286 F. 3d 270 (5th Cir., 2002).

Elgin, Ben and Bruce Einhorn. "The Great Firewall of China." *BusinessWeek* (January 12, 2006).

eMarketer, Inc. "The Controversy Over Personalized Ads." (June 25, 2009).

eMarketer, Inc. "Some Users Distrust Search Engines." (July 23, 2007a).

eMarketer, Inc. "When Bad Ads Harm Good E-commerce." (July 3, 2007b).

Federal Trade Commission. "FTC Staff Revises Online Behavioral Advertising Principles" (February 12, 2009).

Federal Trade Commission. "Privacy Online: Fair Information Practices in the Electronic Marketplace." (May 2000a).

Federal Trade Commission. "Online Profiling: A Report to Congress." (June 2000b).

Federal Trade Commission. "Privacy Online: A Report to Congress." (June 1998).

Federal Trade Commission. "Individual Reference Services: A Report to Congress." (December 1997).

Field v. Google, Inc. 412 F.Supp. 2nd 1106 (D. Nev., 2006).

Fisher, William W. III. "The Growth of Intellectual Property: A History of the Ownership of Ideas in the United States." Law.harvard.edu/Academic_Affairs/coursepages/tfisher/iphistory.html (1999).

Ford Motor Co. v. Lapertosa 2001 U. S. Dist. LEXIS 253 (E. D. Mich. Jan. 3, 2001).

Frackman, Andrew; Claudia Ray, and Rebecca C. Martin. *Internet and Online Privacy: A Legal and Business Guide*. ALM Publishing (2002).

Google, Inc. v. American Blind & Wallpaper Factory, Inc. Case No. 03-5340 JF (RS) (N.D. Cal., April 18, 2007).

Government Employees Insurance Company v. Google, Inc. Civ. Action No. 1:04cv507 (E.D. VA, December 15, 2004).

Greenhouse, Linda. "20 Year Extension of Existing Copyrights Is Upheld." *New York Times* (January 16, 2003a).

Greenhouse, Linda. "Justices Back Law to Make Libraries Use Internet Filters." *New York Times*

(June 24, 2003b).
Greenhouse, Linda. "Supreme Court Upholds Child Pornography Law." *New York Times* (May 20, 2008).
Gross, Grant. "House Panel Votes to Extend Net Tax Ban." *InfoWorld* (October 11, 2007).
Gruenwald, Juliana. "Poll Finds Public Concern Over Online Privacy." National Journal.com, June 8, 2010.
Hafner, Katie and Matt Richtel. "Google Resists U.S. Subpoena of Search Data." *New York Times* (January 20, 2006).
Harmon, Amy. "Pondering Value of Copyright vs. Innovation." *New York Times* (March 3, 2003).
Helft, Miguel. "Facebook Bows to Pressure of Privacy." *New York Times* (May 26, 2010).
Ho, Victoria. "China Accused of Rerouting Search Traffic to Baidu." CNETNews.com (October 22, 2007).
Hoofnagle, Chris Jay. "Privacy Self-Regulation: A Decade of Disappointment." Electronic Privacy Information Center (Epic.org) (March 4, 2005).
Kelly v. ArribaSoft. 336 F3rd 811 (CA 9th, 2003).
Laudon, Kenneth. "Markets and Privacy." *Communications of the ACM* (September 1996).
Leon, Pedro G., and Lorrie F. Cranor, Allecia M. McDonald, and Robert McGuire. "Token Attempt: The Misrepresentation of Website Privacy Policies through the Misuse of P3P Compact Policy Tokens." CMU-CyLab-10-014, Carnegie Mellon University (September 10, 2010).
MarkMonitor. "MarkMonitor Year-in-Review Report Shows How Rising Rates of Online Brand Abuse Are Used to Monetize Web Traffic." (March 15, 2010).
McMillan, Robert. "Porn Typosquatter Fined Again by FTC." *InfoWorld* (October 16, 2007).
Miller, John W. and Christopher Rhoads, "U.S. Fights to Keep Control Of Global Internet Oversight." *Wall Street Journal* (November 16, 2005).
Nakashima, Ellen. "NebuAd Halts Plans for Web Tracking." *Washington Post* (September 4, 2008).
Nash, David B. "Orderly Expansion of the International Top-Level Domains: Concurrent Trademark Users Need a Way Out of the Internet Trademark Quagmire." *The John Marshall Journal of Computer and Information Law* Vol. 15, No. 3 (1997).
Nettis Environment Ltd. v. IWI, Inc. 46 F. Supp. 2d 722 (N. D. Ohio 1999).
Network Advertising Initiative. "IAB and NAI Release Technical Specifications for Enhancing Notice to Consumers for Online Behavioral Advertising." (April 14, 2010).
Network Advertising Initiative. "Participating Networks." (September 2009a).
Network Advertising Initiative. "Highlights from the Federal Trade Commission Staff Report for Online Behavioral Advertising." (February 17, 2009b).
New York Times. "Bailouts Gone Wild. Porn Chiefs Seek $5 Billion." (January 7, 2009).
Nissan Motor Co., Ltd. v. Nissan Computer Corp. 289 F. Supp. 2d 1154 (C. D. Cal.), aff'd, 2000 U. S. App. LEXIS 33937 (9th Cir. Dec. 26, 2000).
PaineWebber Inc. v. Fortuny, Civ. A. No. 99-0456-A (E. D. Va. Apr. 9, 1999).
Perfect 10, Inc. v. Amazon.com, Inc. 487 F3rd 701 (CA 9th, 2007).
Pew Internet & American Life Project. "Daily Internet Activities." (September 2010).
Playboy Enterprises, Inc. v. Global Site Designs, Inc. 1999 WL 311707 (S. D. Fla. May 15, 1999).
Playboy Enterprises, Inc. v. Netscape Communications, Inc. 354 F. 3rd 1020 (9th Cir., 2004).
Ram, Vidya. "Google's Luxury Victory." *Forbes* (September 22, 2009).
Schwartz, John. "Justices Take Broad View of Business Methods Patents." *New York Times* (June 28, 2010).
Sharma, Amol, and Don Clark. "Tech Guru Riles the Industry By Seeking Huge Patent Fees." *Wall Street Journal* (September 17, 2008).
State Street Bank & Trust Co. v. Signature Financial Group, 149 F. 3d 1368 (1998).
Stone, Brad. "Scaling the Digital Wall in China." *New York Times*, January 15, 2010
Story, Louise. "F.T.C. Member Vows Tighter Controls of Online Ads." New York Times (November 2, 2007).
Takenaka, Toshiko. "International and Comparative Law Perspective on Internet Patents." *Michigan Telecommunications Technology Law Review* (May 15, 2001).
Tam, Pui-Wing and Ben Worthen. "Funds Invest in Privacy Start-Ups." *Wall Street Journal* (June 20, 2010).
Thurm, Scott. "The Ultimate Weapon: It's the Patent." *Wall Street Journal* (April 17, 2000a).
Ticketmaster v. Tickets.com. 2000 U.S. Dist. Lexis 4553 (C.D. Cal., August 2000).
United States Copyright Office. "Digital Millennium Copyright Act of 1998: U.S. Copyright Office Summary." (December 1998).
United States Department of Health, Education and

Welfare (US-DHEW). Records, Computers and Rights of Citizens. Cambridge, MA: MIT Press (1973).

United States Patent and Trademark Office. "Class 705 Application Filing and Patents Issued Data." (May 13, 2010).

Van Kirk, Andrew. "Platform for Privacy Preferences (P3P): Privacy Without Teeth." (March 10, 2005).

Varian, Hal, "Forget Taxing Internet Sales. In Fact, Just Forget Sales Taxes Altogether." New York Times (March 8, 2001).

W3C Platform for Privacy Preferences Initiative." P3P 1.0: A New Standard in Online Privacy." Platform for Privacy Preferences Initiative. (June 16, 2003).

Washington Post, The et al. v. TotalNews, Inc., et al., S.D.N.Y., Civil Action Number 97-1190 (February 1997).

Winston, Brian. Media Technology and Society: A History From the Telegraph to the Internet. Routledge (1998).

Wondracek, G. , Thorsen Holz, Christian Platzer, Engin Kirda, and Christopher Kruegel. "Is the Internet for Porn? An Insight into the Online Adult Industry." In Proceedings (online) of the 9th Workshop on Economics of Information Security, Cambridge, MA (June 2010).

Worthen, Ben. "Red Light Sites Give Green Light to IT Innovation." ITBusiness.ca (August 13, 2009).

第9章

Amazon.com, Inc. Amazon.com Inc. Form 10-K for the fiscal year ended December 31, 2009, filed with the Securities and Exchange Commission (January 28, 2010).

Brown, Jeffrey, and Austan Goolsbee. "Does the Internet Make Markets More Competitive? Evidence from the Life Insurance Industry." John F. Kennedy School of Government, Harvard University. Research Working Paper RWP00-007 (2000).

Brynjolfsson, Erik; Astrid Andrea Dick and Michael D. Smith. "Search and Product Differentiation at an Internet Shopbot," Center for eBusiness@MIT (December, 2004).

California Association of Realtors. "2008 Survey of California Home Buyers." (September 11, 2008).

Careerbuilder.com. "More Employers Screening Candidates via Social Networking Sites." (September 2010).

Center for Realtor Technology, National Association of Realtors. "2007 Technology Survey." (2007).

comScore,. "comScore State of Online Banking." (April 21, 2009a).

comScore,. "The 2010 State of Online Banking Report." (May 11, 2010a).

comScore. "comScore Media Metrix Ranks Top-Growing Properties and Site Categories for January 2010." (February 23, 2010b).

Dell Inc. Form 10-K for the fiscal year ended January 30, 2010, filed with the Securities and Exchange Commission (March 16, 2009).

eMarketer, Inc. (Jeffery Grau). "Retail E-commerce Forecast: Room to Grow." (March 2010a).

eMarketer, Inc. (Noah Elkin) "Mobile Banking ." (May 2010b)

eMarketer, Inc. (Victoria Petrock) "Online Leisure Travel." (April 2010c)

eMarketer, Inc. "Frequency With Which US Internet Users Perform Financial Transactions Online." (April 27, 2009).

eMarketer, Inc. (Jeffrey Grau). "E-commerce in the US: Retail Trends." (May 2005).

Evans, Philip, and Thomas S. Wurster. *Blown to Bits:How the New Economics of Information Transforms Strategy*. Cambridge, MA: Harvard Business School Press (2000).

Fiserv. "Fiserv Survey Shows Online Banking Growing, Now Used by Four of Five Online Households." (July 14, 2009).

Halkias, Maria. "J.C. Penney to Quit Catalogs But Will Keep Sending 'Look' Books that Refer Shoppers to Stores, Website." Dallasnews.com (September 25, 2010).

Hitwise. "Top 20 Banking Websites." (September 25, 2010).

Internet Retailer. "Top 500 Guide 2010 Edition." (2010).

JC Penney Company, Inc. Report on Form 10-K for the fiscal year ended January 31, 2010 filed with the Securities and Exchange Commission (March 31, 2010).

Lands' End, Inc. "About Lands' End." Landsend.com (2010).

Laudon, Kenneth C., and Jane P. Laudon. *Management Information Systems: Managing the Digital Firm, 12th edition*. Upper Saddle River, NJ: Prentice Hall (2011).

LinkedIn.com. "LinkedIn Launches New Tools to Boost HR Professionals' Efficiency as Responses to Job Posting Double in Challenging Economy." (February 2, 2009).

MarketingCharts.com. "Top 10 Online Trading Sites - March 2010." (March 2010).

Microsoft. "Automakers Should Turn to Technology to Target Millennials, Reports New Microsoft Survey." (January 26, 2009).
Mortgage Bankers Association. "MBA Mortgage FInance Forecast." December 8, 2009.
Pew Internet & American Life Project. "Daily Internet Activities." (September 2010).
Pew Internet & American Life Project. "Generations Online in 2009 Charts." (January 28, 2009b).
Reuters. "Number of U.S. Online Banking Customers Continues to Grow Despite Challenging Financial Times." (April 21, 2009).
U. S. Census Bureau. "Census of Service Industries." (2001).
U.S. Census Bureau. *Statistical Abstract of the United States 2010* (2010).
U.S. Department of Labor. Dictionary of Occupational Titles, 4th edition. (1991).
University of Southern California Annenberg School Center for the Digital Future "2009 Digital Future Report." (April 28, 2009).
Weil, Jonathon. "Securities Rules Help to Close the Earning Reports GAAP." *Wall Street Journal* (April 24, 2003).
Yodlee, Inc. "Yodlee Names Jim Frankola Chief Financial Officer." (June 22, 2010).

第10章

American Association of Publishers. "Industry Statistics 2009." (April 7, 2010).
Bivings Group. "The Use of the Internet by America's Largest Newspapers." (December 18, 2008).
Book Industry Study Group. "What We Do: ONIX for Books: Downloads andLists." Bisg.org (2009).
Boxer, Sarah. "Paintings Too Perfect? The Great Optics Debate." New York Times (December 4, 2001).
Brand, Stuart. "The First Hackers conference in 1984." Transcript in The Media Lab: Inventing the Future at MIT, Viking Penguin, (1987).
comScore. "comScore Releases August 2010 U.S. Online Video Rankings." (September 30, 2010a).
comScore. "comScore Releases May 2010 U.S. Online Video Rankings." (June 24, 2010b).
comScore." "The New York Times Ranks as Top Online Newspaper According to May 2010 U.S. comScore Media Metrix Data." (June 16, 2010c).
Editeur.org. "ONIX for Books."(2009).
Efrati, Amir. "Tweet This Milestone: Twitter Passes MySpace." Wall Street Journal (September 28, 2010).
eMarketer, Inc. (Lisa Phillips) "US Internet Users, 2010." (April 2010a)
eMarketer, Inc. (XXX) "Paid Music Content." (January 2010b)
eMarketer, Inc. (Paul Verna) "Video Content and Syndication." (July 2010b)
eMarketer, Inc. (XXX) "US Ad Spending." (June 2010c).
eMarketer, Inc. "Top 10 US Online Newspaper Groups, Ranked by Total Unique Visitors, May 2010." (June 16, 2010d).
eMarketer, Inc. (Paul Verna) "Paid Video Content." (December 2009a)
eMarketer, Inc. (Paul Verna) "User-Generated Content: More Popular than Profitable." (January 2009b).
eMarketer, Inc. Newspapers in Crisis (Carol Krol). (January 2009c).
Emigh, Jacqueline. "Analysts: Consumers Drop TV, Turn to Internet for Entertainment." Betanews.com (November 25, 2009).
Frank N. Magid Associates. "Magid Media Futures 2009." (June 2009).
Google Inc. "AdWords Help: Overview and Value of Advertising on YouTube." (2010).
Liedtke, Michael and Ryan Nakashima. "Netflix to Stream Paramount, Lionsgate, MGM Movies." msnbc.msn.com (August 10, 2010).
Motion Picture Association of America. "Theatrical Market Statistics 2009." (March 20, 2010).
Newspaper Association of America. "Trends and Numbers." (September 2010.)
NPD Group. "Video Games Revenues." (January 2010).
Online Publishers Association. "Internet Activity Index (IAI)" (September 30, 2010).
Pew Internet & American Life Project (Kristen Purcell). "Understanding the Participatory News Consumer." (March 2010a).
Pew Internet & American Life Project (XXX) "The State of Online Video." (June 3, 2010b)
Pew Internet & American Life Project (John B. Horrigan). "The Internet as a Resource for News and Information About Science." (November 20, 2006).
U.S. Census Bureau. Statistical Abstract of the United States 20109 (2010).
Veronis Suhler Stevenson. "VSS Communications Industry Forecast, 2004-2014." (August 10, 2010).

第11章

Arkes, H. R., and L. Hutzel. "The Role of Probability of Success Estimates in the Sunk Cost Effect." Journal of Behavioral Decisionmaking (2000).

Bailey, Brian P.; Laura J. Gurak; and Joseph Konstan, "Do You Trust Me? An Examination of Trust in Computer-Mediated Exchange," In Human Factors and Web Development, 2nd Edition. Mahwah, NJ: Lawrence Erlbaum (2002).

Brynjolfsson, Erik, and Michael Smith. "Frictionless Commerce? A Comparison of Internet and Conventional Retailers." Management Science (April 2000).

comScore. "comScore Media Metrix Ranks Top 50 U.S. Web Properties for August 2010." (September 23, 2010a).

comScore. "comScore Releases August 2010 U.S. Search Engine Rankings." (September 16, 2010).

Dholakia, Utpal, and Kerry Soltysinski. "Coveted or Overlooked? The Psychology of Bidding for Comparable Listings in Digital Auctions." Marketing Letters (2001).

eMarketer, Inc. "Top 10 Countries, Ranked by Unique Social Networking Site Users, July 2009 & July 2010 (millions an % change) (August 25, 2010a).

eMarketer, Inc. "Top 10 Social Networking Websites Among US Internet Users, Ranked by Market Share of Visits, August 2010." (September 9, 2010b)

eMarketer, Inc. "US Social Network Ad Spending, by Venue, 2009 & 2010 (millions and % of total)." (July 28, 2010).

Federal Trade Commission. "FTC Releases Report if 2009 Top Consumer Complaints." (February 24, 2010).

Hafner, Katie. "The Epic Saga of The Well: The World's Most Influential Online Community (and It's Not AOL)." Wired (May 1997).

Hagel, John III, and Arthur G. Armstrong. Net Gain: Expanding Markets Through Virtual Communities. Cambridge, MA: Harvard Business School Press (1997).

Hanson, Ward, and D. S. Putler. "Hits and Misses: Herd Behavior and Online Product Popularity." Marketing Letters (1996).

Hillery, George A. "Definitions of Community: Areas of Agreement." Rural Sociology (1955).

Hiltzik, Michael. Dealers of Lightning: Xerox PARC and the Dawn of the Computer Age. New York: Harper Collins (1999).

Hitwise.com "US Data Center. "Top Social Networking Sites."" (August 2010)

Kambil, Ajit, and Eric van Heck. "Competition in the Dutch Flower Market." New York University, Stern School of Business, Center for Information Systems Research (1996).

Kiesler, Sara. "The Hidden Messages in Computer Networks." Harvard Business Review (January-February 1986).

Kiesler, Sara; Jane Siegel; and Timothy W. McGuire. "Social Psychological Aspects of Computer-Mediated Communication." American Psychologist (October 1984).

Kollock, Peter. "The Production of Trust in Online Markets" In Advances in Group Processes (Vol 16) edited by E. J. Lawler, M. Macy, S. Thyne and H. A. Walker. Greenwich, CT: JAI Press (1999).

Krishnamurthy, Sandeep. "An Empirical Study of the Causal Antecedents of Customer Confidence in ETailers." First Monday (January 2001).

Laudon, Kenneth C. and Jane P. Laudon. Management Information Systems: Managing the Digital Firm. 12th edition. Upper Saddle River, NJ, Prentice Hall (2011).

Lee, H. G.; J. C. Westland; and S. Hong. "The Impact of Electronic Marketplaces on Product Prices: An Empirical Study of Aucnet." International Journal of Electronic Commerce (Winter 1999-2000).

McAfee R., and John McMillan. "Auctions and Bidding." Journal of Economic Literature (June 1987).

Milogram, Paul R. "Auctions and Bidding: A Primer." Journal of Economic Perspectives (Summer 1989).

National White Collar Crime Center and the Federal Bureau of Investigation. "Internet Crime Complaint Center 2009 Internet Crime Report." (2010).

Nielsen Company. "Social Networking Usage Surges Globally." (September 2010).

Nikander, Pekka, and Kristina Karvonen. "Users and Trust in Cyberspace." In the Proceedings of Cambridge Security Protocols Workshop 2000, April 3-5, 2000, Cambridge University (2002).

Parkes, David C., and Lyle Ungar. "Iterative Combinatorial Auctions: Theory and Practice." Proceedings of the 17th National Conference on Artificial Intelligence (AAAI-00) (2000).

Rheingold, Howard. Hosting Web Communities. New York: John Wiley and Sons (1998). Also see Rheingold.com for more recent articles by Rheingold.

Rheingold, Howard. The Virtual Community. Cambridge MA: MIT Press (1993).

Stanford Persuasive Technology Lab and Makovsky & Company. "Stanford-Makovsky Web Credibility Study 2002." Stanford Persuasive Technology Lab. (Spring 2002).

Vakrat, Yaniv, and Abraham Seidmann. "Can Online Auctions Beat Online Catalogs?" Proceedings of the 20th Conference on Information Systems (December 1999).

Vakrat, Yaniv, and Abraham Seidmann. "Analysis and Design Models for Online Auctions." Proceedings of the 4th Informs Conference on Information Systems and Technology. (May 1998).

Vickrey, William. "Counterspeculation, Auctions and Competitive Sealed Tenders." Journal of Finance (March 1961).

第12章

ADX Corporation. "Ace Hardware Expands Relationship with ADX for Improved Supply Chain Integration." (January 12, 2004).

Agentrics. "Fact Sheet." (January 2010).

Ariba Inc. "Ariba Case Studies: Air Products." (September 2010)

Exostar LLC. "About Exostar." (September 2010).

Gleason, Karen. "CPFR At Ace Hardware." (2003).

Globalwinespirits.com. "About GWS." Globalwinespirts.com (September 2010).

Hewlett-Packard. "HP.com Business to Business." Hp.com (September 2010).

Inventory Locator Service LLC. ILSmart.com "About Us." (September 2010).

Kaplan, Steven, and Mohanbir Sawhney. "E-Hubs: The New B2B Marketplaces." Harvard Business Review (May-June 2000).

Kerrigan, Ryan; Eric Roegner; Dennis Swinford; and Craig Zawada. "B2B Basics." McKinsey Quarterly (2001).

Kumaran, S. "A Framework-Based Approach to Building Private Trading Exchanges." IBM Systems Journal (July 2002).

Laudon, Kenneth C. and Jane P. Laudon. Management Information Systems: Managing the Digital Firm. 12h edition. Upper Saddle River, NJ: Prentice Hall (2011).

Laudon, Kenneth C. "The Promise and Potential of Enterprise Systems and Industrial Networks." The Concours Group (2000).

1Sync. "About Us" 1Sync.org (September 2010).

Quadrem. "About Us." (September 2010).

Sodhi, Manmohan S. "2001: A Cyberspace Odyssey." OR.MS Today (February 2001).

Synnex Corporation. Form 10-K for the fiscal year ended November 30, 2009, filed with the Securities and Exchange Commission (February 5, 2010).

Turek, Norbert, and Gilbert, Alorie. "Atlas Shoulders The Private Exchange Load." InfoWeek (March 26, 2001).

Trkman, P.; McCormack, K.; "Estimating the Benefits of Implementing E-Procurement," Engineering Management, IEEE Transaction, Volume 57, Issue 2, May 2010

U.S. Census Bureau. "eStats Report 2008 E-commerce Multi-sector Report." Table 7 (May 27, 2010a).

U.S. Census Bureau. Statistical Abstract of the United States: 2010. (2010b).

VICS. (Voluntary Interindustry Commerce Standards). "Collaborative Planning, Forecasting, and Replenishment (CPFR)." (May 2004).

Watson, James K., and Joe Fenner. "So Many Choices, So Little Integration." Informationweek.com (October 16, 2000).

Wise, Richard, and Dave Morrison. "Beyond the Exchange: The Future of B2B." Harvard Business Review (November-December 2000).

W.W. Grainger. Inc. Form 10-K for the fiscal year ended December 31, 2009, filed with the Securities and Exchange Commission (February 25, 2010).

中国人民大学出版社工商管理类翻译版教材

序号	书名	作者	定价	出版年份	ISBN 978-7-300-

(一) 工商管理经典译丛

1	管理学（第 11 版）	罗宾斯（Stephen P. Robbins）	69	2012	15795-5
2	罗宾斯《管理学（第 11 版）》学习指导	罗宾斯（Stephen P. Robbins）	35	2013	17932-2
3	管理学（精要版第 9 版）	孔茨（Harold Koontz） 韦里克（Heinz Weihrich）	58	2014	18405-0
4	管理经济学（第 4 版修订版）	彼得森（H. Craig Petersen）	69	2009	11367-8
5	管理经济学（第 11 版）	赫斯切（Mark Hirschey）	69	2008	09287-4
6	组织行为学（第 14 版）	罗宾斯（Stephen P. Robbins）	72	2012	16663-6
7	组织行为学（第 9 版）	格林伯格（Jerald Greenberg）	75	2011	13603-5
8	战略管理：概念与案例（第 10 版）	希特（Michael A. Hitt）	59	2012	16621-6
9	战略管理：概念与案例（第 13 版・全球版）	戴维（Fred R. David）	68	2012	15855-6
10	战略过程：概念、情境、案例（第 4 版）	明茨伯格（Henry Mintzberg）	69	2012	16331-4
11	人力资源管理（第 12 版）	德斯勒（Gary Dessler）	79	2012	15723-8
12	会计学（第 8 版）	亨格瑞（Charles T. Horngren）	79	2010	12543-5
13	公司理财：核心原理与应用（第 3 版）	罗斯（Stephen A. Ross）	76	2013	18161-5
14	项目管理：管理新视角（第 7 版）	梅雷迪思（Jack R. Meredith）	78	2011	12977-8
15	MBA 运营管理（第 3 版）	梅雷迪思（Jack R. Meredith）	49.8	2007	08650-7
16	运作管理（第 10 版）	海泽（Jay Heizer）	89	2012	14890-8
17	供应链管理（第 5 版）	乔普拉（Sunil Chopra）	65	2013	16974-3
18	市场营销原理（第 13 版）	科特勒（Philip Kotler）	65	2010	11854-3
19	营销管理（第 14 版・全球版）	科特勒（Philip Kotler）	79	2012	15310-0
20	营销管理（第 13 版・中国版）	科特勒（Philip Kotler）	75	2009	10459-1
21	管理信息系统（精要版・第 9 版）	劳东（Kenneth C. Laudon）	59	2012	16254-6
22	质量管理与质量控制（第 7 版）	埃文斯（James R. Evans）	65	2010	12027-0
23	数据、模型与决策（第 4 版）	埃文斯（James R. Evans）	59	2011	13605-9
24	电子商务导论（第 2 版）	特伯恩（Efraim Turban）	59	2011	13747-6
25	电子商务——商务、技术、社会（第 7 版）	劳东（Kenneth C. Laudon）	72	2014	18478-4
26	商务统计学（第 5 版）	莱文（David M. Levine）	65	2010	12492-6
27	管理沟通——以案例分析为视角（第 4 版）	奥罗克（James S. O'Rourke）	49	2011	12920-4
28	管理思想史（第 6 版）	雷恩（Daniel A. Wren）	62	2012	14821-2
29	企业伦理学——伦理决策与案例（第 8 版）	费雷尔（O. C. Ferrell）	49	2012	16016-0
30	职业生涯发展与规划（第 3 版）	里尔登（Robert C. Reardon）	39	2010	11843-7
31	商业法律环境（第 4 版）	库巴塞克（Nancy K. Kubasek）	69	2007	08187-8

(二) 工商管理经典译丛・市场营销系列

1	市场营销学（第 9 版）	阿姆斯特朗（Gary Armstrong）	65	2010	12524-4
2	市场营销学基础（第 18 版）	佩罗（William D. Perreault, Jr.）	65	2012	15644-6
3	营销管理（第 5 版・全球版）	科特勒（Philip Kotler）	39	2012	15367-4
4	营销管理（亚洲版・第 5 版）	科特勒（Philip Kotler）	75	2010	11369-2
5	营销管理：知识与技能（第 10 版）	彼得（J. Paul Peter）	65	2012	15751-1
6	战略营销：教程与案例（第 11 版）	凯琳（Roger A. Kerin）	65	2011	13868-8
7	战略品牌管理（第 3 版）	凯勒（Kevin Line Keller）	72	2009	10655-7
8	服务营销（第 6 版）	洛夫洛克（Christopher Lovelock）	68	2010	12155-0
9	消费者行为学（第 8 版・中国版）	所罗门（Michael R. Solomon）	69	2009	10654-0
10	消费者行为学（第 10 版）	希夫曼（Leon G. Schiffman）	65	2011	13608-0
11	消费者行为学案例与练习（第 2 版）	格雷厄姆（Judy Strauss）	20	2011	14211-1

12	营销调研（第 6 版）	伯恩斯（Alvin C. Burns）	55	2011	13336-2
13	营销渠道（第 7 版）	科兰（Anne T. Coughlan）	59	2008	09525-7
14	网络营销（第 5 版）	斯特劳斯（Judy Strauss）	55	2010	12425-4
15	网络营销实务：工具与方法	米列茨基（Jason I Miletsky）	45	2011	12687-6
16	广告学：原理与实务（第 7 版）	维尔斯（William Wells）	65	2009	08781-8
17	广告与促销：整合营销传播视角（第 8 版）	贝尔奇（George E. Belch）	78	2009	10661-8
18	组织间营销管理（第 10 版）	赫特（Michael D. Hutt）	59	2011	13027-9
19	零售管理（第 11 版）	伯曼（Barry Berman）	79	2011	13093-4
20	专业化销售：基于信任的方法（第 4 版）	英格拉姆（Thomas N. Ingram）	48	2009	11219-0
21	销售管理（第 9 版）	科恩（William L. Cron）	48	2010	11849-9
22	销售管理——塑造未来的销售领导者	坦纳（John F. Tanner Jr.）	48	2010	11767-6
23	营销战略与竞争定位（第 3 版）	胡利（Graham Hooley）	49	2007	07898-4

（三）工商管理经典译丛·会计与财务系列

1	会计学：管理会计分册（第 23 版）	里夫（James M. Reeve）	36	2011	13552-6
2	会计学：财务会计分册（第 23 版）	里夫（James M. Reeve）	65	2011	13783-4
3	会计学原理（第 19 版）	怀尔德（John J . Wild）	65	2012	14820-5
4	成本与管理会计（第 13 版）	亨格瑞（Charles T. Horngren）	79	2010	12594-7
5	中级会计学（上、下册）（第 12 版）	基索（Donald E. Kieso）	168	2008	09457-1
6	高级会计学（第 10 版）	比姆斯（Floyd A. Beams）	69.8	2011	14636-2
7	审计学：一种整合方法（第 14 版）	阿伦斯（Alvin A. Arens）	72	2013	16828-9
8	公司理财	伯克（Jonathan Berk）	89	2009	11220-6
9	中级财务管理（第 8 版）	布里格姆（Eugene F. Brigham）	69	2009	10427-0
10	财务报表分析（第 10 版）	苏布拉马尼亚姆(K. R. Subramanyam)	59	2009	10826-1
11	跨国公司财务管理基础（第 6 版）	夏皮罗（Alan C. Shapiro）	59	2010	11779-9

（四）工商管理经典译丛·运营管理系列

1	运营管理：创造供应链价值（第 6 版）	拉塞尔（Roberta S. Russell）	59	2010	11613-6
2	供应链设计与管理（第 3 版）	辛奇—利维（David Simchi-Levi）	55	2010	11614-3
3	当代物流学（第 9 版）	墨菲（Paul R. Murphy）	49	2009	10975-6
4	物流管理与战略——通过供应链竞争（第 3 版）	哈里森（Alan Harrison）	39	2010	11612-9
5	项目管理：流程、方法与经济学（第 2 版）	施塔布（Avraham Shtub）	69	2007	08677-4
6	IT 项目管理（第 3 版）	马尔海夫卡（Jack T. Marchewka）	49	2011	13481-9
7	质量管理：整合供应链（第 4 版）	福斯特（S. Thomas Foster）	59	2013	17142-5
8	供应管理（第 8 版）	伯特（David Burt）	68	2012	15794-8

（五）人力资源管理译丛

1	人力资源管理：赢得竞争优势（第 7 版）	诺伊（Raymond A. Noe）	79	2013	17773-1
2	人力资源管理基础（第 3 版）	诺伊（Raymond A. Noe）	65	2011	13823-7
3	薪酬管理（第 9 版）	米尔科维奇（George T. Milkovich）	68	2008	09561-5
4	战略薪酬管理（第 5 版）	马尔托奇奥（Joseph J. Martocchio）	49	2010	11213-8
5	绩效管理（第 3 版）	阿吉斯（Herman Aguinis）	45	2013	18106-6
6	雇员培训与开发（第 3 版）	诺伊（Raymond A. Noe）	45	2007	08186-1
7	国际人力资源管理（第 5 版）	赵曙明 道林（Peter J. Dowling）	45	2012	14734-5
8	组织行为学（第 6 版）	克赖特纳（Robert Kreitner）	78	2007	08573-9
9	组织中的人际沟通技巧（第 3 版）	杰纳兹（Suzanne c. de Janasz）	49	2011	13824-4
10	谈判与冲突管理	科尔韦特（Barbara A. Budiac Corvette）	39.8	2009	10388-4

（六）工商管理经典译丛·国际化管理系列/国际商务经典译丛

1	全球商务	彭维刚（Mike Peng）	65	2011	12819-1

2	国际商务谈判	塞利奇（Claude Cellich）	42	2013	18404-3
3	国际商务（第 9 版）	希尔（Charles W. L. Hill）	75	2014	18469-2
4	全球营销学（第 4 版）	基根（Warren J. Keegan）	69	2009	10662-5
5	国际企业伦理——全球政治经济中的决策（第 2 版）	克兰（John M. Kline）	39	2013	18089-2

（七）管理科学与工程经典译丛

1	数据、模型与决策（第 10 版）	泰勒（Bernard W. Taylor Ⅲ）	78	2011	14005-6
2	管理科学（第 2 版）	劳伦斯（John A. Lawrence）	75	2009	10318-1
3	管理信息技术（第 5 版）	图尔班（Efrain Turban）	69	2009	10976-3
4	制造计划与控制（第 5 版）	沃尔曼（Thomas E. Vollmann）	69	2009	09952-1
5	创新管理——技术变革、市场变革和组织变革的整合（第 4 版）	蒂德（Joe Tidd）	59	2012	15657-6
6	工程经济学（第 5 版）	帕克（Chan S. Park）	75	2012	16014-6
7	管理信息系统（第 15 版）	奥布赖恩（James A. O Brien）	65	2012	16779-4
8	管理信息系统案例——利用应用软件进行决策（第 4 版）	米勒（M. Lisa Miller）	49	2013	18076-2
9	现代数据库管理（第 10 版）	霍弗（Jeffrey A. Hoffer）	68	2013	17076-3
10	知识管理：一种集成方法（第 2 版）	贾夏帕拉（Ashok Jashapara）	48	2013	17172-2
11	管理科学	史蒂文森（William J. Stevenson）	55	2013	17681-9
12	现代系统分析与设计（第 6 版）	霍弗（Jeffrey A. Hoffer）	69	2013	15844-0

（八）工商管理经典译丛·简明系列

1	创业学（亚洲版）	弗雷德里克（Howard H. Frederick）	55	2011	13506-9
2	战略管理	韦斯特三世（G. Page West Ⅲ）	45	2011	13607-3
3	战略管理精要（第 5 版）	亨格（J. David Hunger）	45	2012	15161-8
4	管理学（第 8 版）	舍默霍恩（John R. Schermerhorn）	50	2011	14220-3
5	管理学原理（第 6 版）	罗宾斯（Stephen P. Robbins）	62	2009	09989-7
6	创业学（第 2 版）	卡普兰（Jack M. Kaplan）	48	2009	09957-6
7	商务沟通——数字世界的沟通技能（第 12 版）	伦茨（Kathryn Rentz）	49	2012	15331-5

（九）工商管理经典译丛·旅游管理系列

1	饭店业战略管理（第 3 版）	奥尔森（Michael D. Olsen）	45	2013	18013-7
2	饭店经营管理（第 2 版）	海斯（David K. Hayes）	52	2013	17035-0
3	旅游服务业市场营销（第 4 版）	莫里森（Alastair M. Morrison）	54	2012	16351-2
4	休闲与旅游研究方法（第 3 版）	维尔（A. J. VeaL）	48	2008	09019-1
5	旅游学（第 10 版）	格德纳（Charles R. Goeldner）	65	2008	09156-3

（十）工商管理经典译丛·创业与创新管理系列

1	中小企业创业管理（第 3 版）	卡茨（Jerome A. Katz）	75	2012	14271-5

（十一）其他教材

1	组织行为学经典文献（第 8 版）	奥斯兰（Joyce S. Osland）	65	2010	12919-8
2	战略管理：解决战略矛盾，创造竞争优势	德威特（Bob de Wit）	39	2008	09299-7
3	案例学习指南：阅读、分析、讨论案例和撰写案例报告	埃利特（William Ellet）	39	2009	10202-3

Authorized translation from the English language edition, entitled E-COMMERCE: BUSINESS, TECHNOLOGY, SOCIETY, 7E, 9780136091196 by Kenneth C. Laudon and Carol Guercio Traver, published by Pearson Education, Inc. , publishing as Prentice Hall, Copyright © 2011, 2010, 2009 by Kenneth C. Laudon and Carol Guercio Traver.

CHINESE SIMPLIFIED language edition published by PEARSON EDUCATION ASIA LTD. , and CHINA RENMIN UNIVERSITY PRESS Copyright © 2013.

This edition is manufactured in the People's Republic of China, and is authorized for sale and distribution in the People's Republic of China exclusively (except Taiwan, Hong Kong SAR and Macau SAR).

PEARSON ALWAYS LEARNING

尊敬的老师：

您好！

为了确保您及时有效地申请培生整体教学资源，请您务必完整填写如下表格，加盖学院的公章后传真给我们，我们将会在2～3个工作日内为您处理。

请填写所需教辅的开课信息：

采用教材			□中文版 □英文版 □双语版
作　者		出版社	
版　次		ISBN	
课程时间	始于　年　月　日	学生人数	
	止于　年　月　日	学生年级	□专　科 □本科 1/2 年级 □研究生 □本科 3/4 年级

请填写您的个人信息：

学　校			
院系/专业			
姓　名		职　称	□助教 □讲师 □副教授 □教授
通信地址/邮编			
手　机		电　话	
传　真			
official email（必填） （eg：xxx@ruc.edu.cn）		email （eg：xxx@163.com）	
是否愿意接受我们定期的新书讯息通知：	□是 □否		

系/院主任：＿＿＿＿＿＿（签字）

（系/院办公室章）

＿＿＿年＿＿＿月＿＿＿日

资源介绍：

——教材、常规教辅（PPT、教师手册、题库等）资源：请访问 www.pearsonhighered.com/educator；（免费）

——MyLabs/Mastering 系列在线平台：适合老师和学生共同使用；访问需要 Access Code；（付费）

100013 北京市东城区北三环东路 36 号环球贸易中心 D 座 1208 室

电话：（8610）57355169　传真：（8610）58257961

Please send this form to：Service.CN@pearson.com

Website：www.pearsonhighered.com/educator

教师教学服务说明

中国人民大学出版社工商管理分社以出版经典、高品质的工商管理、财务会计、统计、市场营销、人力资源管理、运营管理、物流管理、旅游管理等领域的各层次教材为宗旨。

为了更好地为一线教师服务，近年来工商管理分社着力建设了一批数字化、立体化的网络教学资源。教师可以通过以下方式获得免费下载教学资源的权限：

在“人大经管图书在线”（www. rdjg. com. cn）注册，下载“教师服务登记表”，或直接填写下面的“教师服务登记表”，加盖院系公章，然后邮寄或传真给我们。我们收到表格后将在一个工作日内为您开通相关资源的下载权限。

如您需要帮助，请随时与我们联络：

中国人民大学出版社工商管理分社

联系电话：010－62515735，62515749，82501704

传　　真：010－62515732，62514775　　　电子邮箱：rdcbsjg@crup. com. cn

通讯地址：北京市海淀区中关村大街甲 59 号文化大厦 1501 室（100872）

教师服务登记表

姓名		□先生　□女士	职　　称		
座机/手机			电子邮箱		
通讯地址			邮　　编		
任教学校			所在院系		
所授课程	课程名称	现用教材名称	出版社	对象（本科生/研究生/MBA/其他）	学生人数
需要哪本教材的配套资源					
人大经管图书在线用户名					

院/系领导（签字）：

院/系办公室盖章